Karl-Werner Schulte, Stephan Bone-Winkel, Wolfgang Schäfers (Hrsg.)

Immobilienökonomie I

Immobilienökonomie I

Betriebswirtschaftliche Grundlagen

Herausgegeben von
Karl-Werner Schulte,
Stephan Bone-Winkel,
Wolfgang Schäfers

5., grundlegend überarbeitete Auflage

DE GRUYTER
OLDENBOURG

ISBN 978-3-486-71255-1
e-ISBN (PDF) 978-3-486-85454-1
e-ISBN (EPUB) 978-3-11-039881-6

Library of Congress Cataloging-in-Publication Data
A CIP catalogue record for this book has been applied for at the Library of Congress.

Bibliografische Information der Deutschen Nationalbibliothek
Die Deutsche Nationalbibliothek verzeichnet diese Publikation in der Deutschen Nationalbibliografie; detaillierte bibliografische Daten sind im Internet über http://dnb.dnb.de abrufbar.

Coverabbildung: Thinkstock
Satz: le-tex publishing services GmbH
Druck und Bindung: CPI books GmbH, Leck
♾ Gedruckt auf säurefreiem Papier
Printed in Germany

www.degruyter.com

Inhalt

Teil C: Institutionelle Aspekte der Immobilienökonomie

Teil D: Phasenorientierte Aspekte des Immobilienmanagements

Teil E: Funktionsspezifische Aspekte des Immobilienmanagements

Teil F: Strategiebezogene Aspekte des Immobilienmanagements

Teil G: Managementfunktionen in Immobilienunternehmen

Vorwort zur fünften Auflage

Zum letzten Mal schreibe ich allein ein Vorwort für dieses Buch.

Zunächst bitte ich Alle, die seit Jahren auf eine Neuauflage warten, um Verständnis und bedauere die Verzögerung, die verschiedenen Umständen geschuldet ist. Zum einen handelt es sich um ein wirklich völlig überarbeitetes und in vielen Teilen neu geschriebenes Buch. Zum anderen übe ich meine wissenschaftlichen Aktivitäten seit dreieinhalb Jahren ohne jegliches Personal aus. Zudem war die Koordination und das Controlling der Buchbeiträge der über 70 Autoren sehr zeitaufwändig.

Neu sind als Mit-Herausgeber meine Schüler Prof. Dr. Stephan Bone-Winkel und Prof. Dr. Wolfgang Schäfers, heute Kollegen von mir an der IREBS International Real Estate Business School der Universität Regensburg.

In logischer Fortführung der bisherigen Vorgehensweise wurden die Beiträge nicht länger allein von Schulte und „Schulte's Schülern", sondern auch von „Schülern von Schulte's Schülern" geschrieben, aber die Herausgeber waren natürlich für die Endredaktion aller Beiträge verantwortlich.

In der wissenschaftlichen Literatur gibt es eine immerwährende Diskussion darüber, in welcher Reihenfolge die Autoren bei Gemeinschaftsbeiträgen genannt werden. Bei diesem Buch haben die Herausgeber sich für die gleiche Regelung entschieden, die auch schon vorher praktiziert wurde, als ich Allein-Herausgeber war. Bei jedem Beitrag wird zunächst der Autor genannt, der Professor ist, dann der, der promoviert ist und dann der Nicht-Promovierte – bei mehreren „Gleichqualifizierten" jeweils in alphabetischer Reihenfolge. Die Begründung liegt darin, dass es – zumal über 5 Auflagen – nahezu unmöglich ist festzustellen, welchen prozentualen oder ideellen Beitrag jeder Autor zu dem Artikel geliefert hat. Autoren, die meinen, den größten Beitrag zu einem Artikel geleistet zu haben und nicht an erster Stelle aufgeführt werden, bitte ich um Verständnis.

Diese Regelung gilt auch für mich als bisherigen Allein-Herausgeber, da ich mich alphabetisch hinter Bone-Winkel und Schäfers einsortiere. Eine Ausnahme bildet nur die Reihenfolge der Herausgeber auf der Titelseite, bei der ich auf Wunsch des Verlages weiter an erster Stelle stehe.

Ich danke allen Autoren dieses Buches für Ihre engagierte Mitwirkung und natürlich auch jenen, die Beiträge zu früheren Auflagen geleistet haben.

In dem Buch finden sich etliche neue Kapitel über Fachgebiete, die erst in den vergangenen Jahren in den Mittelpunkt gerückt sind:

- Kirchliches Immobilienmanagement,
- Real Estate Asset Management & Property Management,
- Immobilien-Risikomanagement,
- Immobiliencontrolling.

Damit musste eine Änderung beim „Haus der Immobilienökonomie“ einhergehen. Neben den obengenannten Bausteinen wurde auf Anregung von Frau Dr. Maike Dziomba das Fundament durch die Aufnahme des Fachgebietes „Wirtschaftsgeografie“ verstärkt.

Da jetzt Band 1 der Tetralogie grundlegend überarbeitet wurde, möchte ich die Leserschaft gern auch auf die weiteren Bände hinweisen:

– Band 2: Rechtliche Grundlagen, 3. Auflage,
– Band 3: Stadtplanerische Grundlagen, 2. Auflage und
– Band 4: Volkswirtschaftliche Grundlagen.

Für ihre Mithilfe bei der Redaktion der Beiträge danke ich Frau Mirjam Franz und Herrn Stephan Lang beide MSc (BWL).

Zum Abschluss danke ich auch allen wissenschaftlichen Mitarbeiterinnen und Mitarbeitern, die mich seit Beginn meiner „wissenschaftlichen Immobilienkarriere“ am ebs Department of Real Estate bzw. IREBS Institut für Immobilienwirtschaft und an der ebs bzw. IREBS Immobilienakademie begleitet haben. Hier Einzelne herauszugreifen, wäre schwierig bis unmöglich. Dies gilt nicht für meine beiden persönlichen Assistentinnen, Frau Simone Schlager und einige Jahre davor Frau Ute Derstroff, die meinen Kalender und viele andere Aufgaben mit viel Engagement und Geschick gemanagt haben.

Besonders viel verdanke ich meiner Familie. Meine liebe Frau Gisela hat mich während der ganzen Zeit als Geschäftsführerin der Immobilienakademie beruflich begleitet. Unsere drei Söhne haben ihre Studien erfolgreich abgeschlossen:

– Frank-Michael, Dipl.-Kfm. (ebs), arbeitet bei einem Berliner Immobilienprojektentwickler.
– Kai-Magnus, Dipl.-Kfm., MScRE (University of Reading) und Dr. rer.pol. (Universität Regensburg), ist bei einem internationalen Developer beschäftigt.
– Sven-Marten studierte das Fachgebiet „Peace & Conflict Studies“, ist Bachelor der London Metropolitan University, Master der UN-Mandated University for Peace in Costa Rica und Master der Universität Innsbruck und arbeitet jetzt in einer NGO in Kambodscha.

Mein Frau und ich haben unsere Söhne schon früh zu internationalen Kongressreisen mitgenommen. Daher bin ich besonders glücklich gewesen, dass wir zu Fünft an der ARES Conference 2014 teilgenommen haben und jeder von uns an den insgesamt drei Vorträgen beteiligt war.

Auch im Namen meiner Mit-Herausgeber hoffe ich, dass das vorliegende Buch Studierenden, Wissenschaftlern und Praktikern gefällt. Für Anregungen und Kritik sind wir sehr dankbar.

Regensburg, im April 2015
Karl-Werner Schulte

Vorwort des Herausgebers zur vierten Auflage

Die vierte Auflage stellt im Wesentlichen eine Aktualisierung der dritten Auflage dar.

Der Wechsel des Department of Real Estate und der Immobilienakademie von der ebs European Business School International University Schloß Reichartshausen an die IRE|BS International Real Estate Business School der Universität Regensburg in 2006/2007 machte auch eine Anpassung des Kapitels „Aus- und Weiterbildung für Immobilienberufe“ erforderlich. Ansonsten wurden Daten und Aussagen auf den neuesten Stand gebracht.

Der wissenschaftliche Fortschritt meiner Schüler zeigt sich vor allem auf dem Deckblatt und im Autorenverzeichnis. Hier waren zahlreiche Ergänzungen mit den Buchstabenkombinationen „Dr.“ und „Prof.“ vorzunehmen.

Für die Umsetzung danke ich vor allem Herrn Dipl.-Inf.wiss. Fritz Guthmann und meinem Sohn Kai-Magnus.

Auch im Familienkreis ist die akademische Immobilienbasis breiter geworden. Frank-Michael schloss sein Studium als Dipl.-Kfm. (ebs) mit Immobilienschwerpunkt ab, Kai-Magnus graduierte an der University of Reading zum Master of Science in Real Estate.

Aus der Triologie des Werkes „Immobilienökonomie“ wurde inzwischen eine Tetralogie: im Februar 2008 ist Band IV: Volkswirtschaftliche Grundlagen erschienen.

Johannisberg, im März 2008
Karl-Werner Schulte

Vorwort des Herausgebers zur dritten Auflage

Die dritte Auflage unterscheidet sich in vielerlei Hinsicht von der ersten und zweiten Auflage.

Inhaltlich wurde die Gliederung vollständig auf das „Haus der Immobilienökonomie" ausgerichtet, das erneut geringfügig „umgebaut" wurde. Einige Kapitel wurden komplett neugeschrieben, andere erstmals aufgenommen. Alle Statistiken sind auf dem im Juni 2004 verfügbaren Informationsstand.

Personell hat sich der Kreis der Autoren auf 44 erhöht. Alle sind oder waren am Stiftungslehrstuhl Immobilienökonomie, der ebs Immobilienakademie und der ebs Finanzakademie beschäftigt. 30 Doktoranden haben ihr Promotionsstudium erfolgreich abgeschlossen, vier von ihnen sind inzwischen Professor an einer Universität oder Fachhochschule.

Bei vielen Beiträgen wurden den bisherigen Autoren junge Assistenten zur Seite gestellt, denen die Überarbeitung oblag. So ist es zu erklären, dass manche Artikel fünf oder sechs Autoren haben. Eine Namensnennung in der Reihenfolge des Inputs der einzelnen Autoren würde große Probleme aufwerfen. Daher habe ich mich entschieden, dem Anciennitätsprinzip „halbstreng" zu folgen, d.h. zuerst die Professoren aufzuführen, dann die Doktores und dann die noch nicht Promovierten, untereinander jeweils in alphabetischer Reihenfolge.

Trotz der Vielzahl der Autoren hoffe ich, dass das Buch sich wie aus einem Guss liest. Ich selbst habe viel Zeit in die Überarbeitung dieses Buches investiert. Tatkräftige Unterstützung habe ich durch Herrn Dipl.-Kfm. Tobias Müller und durch Herrn Dipl.-Kfm. Philip Hofmann erfahren. Beiden danke ich herzlich für ihr Engagement und die sehr gute Zusammenarbeit.

Weiter bedanke ich mich bei Frau Christiane von Ehr für das Korrekturlesen.

Formal wurden die neuen amtlichen Rechtschreibregeln verwandt, obwohl ich mich mit den meisten „Reformen" nicht anfreunden kann.

Weibliche Leser mögen mir verzeihen, dass ich auf Schreibweisen wie „der Projektentwickler/die Projektentwicklerin" oder „ProjektentwicklerIn" verzichtet habe.

Da einige Kapitel stark untergliedert sind, wurden im Inhaltsverzeichnis der einzelnen Kapitel die Gliederungspunkte aus Platzgründen erst ab der fünften Ebene eingerückt.

Die schon im Vorwort der ersten Auflage angekündigte Trilogie wird hoffentlich bald fertig gestellt sein. Der dritte Band mit dem Titel „Stadtplanerische Grundlagen" wird Ende 2004 oder Anfang 2005 erscheinen.

Meine Familie, die schon die Entstehung des „Hauses der Immobilienökonomie“ konstruktiv begleitet hat, war auch beim „Refurbishment“ unterstützend dabei. Daher gebührt mein ganz lieber Dank Gisela, Frank-Michael, Kai-Magnus und Sven-Marten.

Johannisberg, im Juli 2004
Karl-Werner Schulte

Vorwort des Herausgebers zur zweiten Auflage

Die noch junge wissenschaftliche Disziplin Immobilienökonomie erfreut sich eines regen Interesses von Wissenschaftlern und Praktikern. Diess kommt darin zum Ausdruck, dass die erfreulich große Nachfrage schon nach einem Jahr eine Neuauflage erforderlich macht. Um das Buch schnell wieder auf den Markt zu bringen, wurden nur in geringem Umfang Aktualisierungen vorgenommen. Zahlreiche Leser haben mich auf Fehler und Unklarheiten im Text und in Beispielrechnungen hingewiesen, wofür ich ihnen herzlich danke.

Für die Durchführung der Korrekturen bin ich Frau cand. rer. pol. Nino Wirubowa und Herrn cand. rer. pol. Timo Singer zu Dank verpflichtet.

Johannisberg, im Dezember 1999
Karl-Werner Schulte

Vorwort des Herausgebers zur ersten Auflage

Die Immobilienökonomie ist in Deutschland eine noch junge wissenschaftliche Disziplin. Ihr Fundament bildet die Betriebswirtschaftslehre; aber auch die Volkswirtschaftslehre, die Rechtswissenschaft, die Raumplanung sowie Architektur- und Ingenieurwesen steuern wichtige Erkenntnisse zur Immobilienökonomie bei. Insofern handelt es sich um ein interdisziplinäres Fachgebiet.

Bislang werden – anders als in den angelsächsischen Ländern – immobilienbezogene Fragestellungen in der betriebswirtschaftlichen Aus- und Weiterbildung an deutschen Universitäten kaum behandelt. Diese Lücke füllt seit 1990 die ebs Immobilienakademie mit dem Kontaktstudium Immobilienökonomie und seit 1994 der Stiftungslehrstuhl Immobilienökonomie an der European Business School (ebs) Schloß Reichartshausen mit dem Wahlpflichtfach Immobilienökonomie.

Was ist unter Immobilienökonomie zu verstehen? Der Begriff ist ebenso neu wie die Wissenschaftsdisziplin. Die Immobilienökonomie befaßt sich zum einen mit den Immobilien selbst, und zwar mit allen Phasen des Lebenszyklus von Gewerbe-, Wohn- und Sonderimmobilien – von der Projektentwicklung über das Bau-Projektmanagement bis zum Facilities Management. Ein Schwerpunkt liegt in den funktionalen Aspekten Immobilieninvestition und -finanzierung, Immobilienanalyse- und -bewertung sowie Immobilienmarketing. Zum anderen ist das Management von Immobilienunternehmen (Planung, Organisation, Kontrolle) Gegenstand des Fachgebiets; insofern handelt es sich um eine branchenbezogene Betriebswirtschaftslehre. Aus der Perspektive des Nutzers stellt die Immobilie dagegen einen Produktionsfaktor dar, der zur Leistungserstellung benötigt wird. Daher steht das Management von Unternehmensimmobilien (Corporate Real Estate Management) sowie von Immobilien der öffentlichen Hand (Public Real Estate Management) ebenfalls im Blickfeld der Immobilienökonomie. Vom Investor schließlich wird die Immobilie als Anlagemedium betrachtet, das mit Bank- und Börsenprodukten im Wettbewerb steht. Diese kurzen Ausführungen mögen genügen, um zu demonstrieren, dass die Immobilienökonomie eine reizvolle wissenschaftliche Disziplin darstellt.

Als Konsequenz aus dem interdisziplinären Ansatz wird das Gesamtwerk aus drei Bänden bestehen: Auf den vorliegenden ersten Band über „Betriebswirtschaftliche Grundlagen" werden in den nächsten Jahren die Bände 2 und 3 über „Rechtliche Grundlagen" und „Raumplanerische Grundlagen" folgen.

Als ich im Jahre 1990 die Entscheidung traf, das Fachgebiet Immobilienökonomie als wissenschaftliche Disziplin in Deutschland zu etablieren, war mein eigenes Wissen über Immobilien noch relativ bescheiden. In dieser Phase habe ich sehr viel von den Führungskräften der Bau-, Immobilien- und Finanzwirtschaft gelernt. Ihnen sei an dieser Stelle für ihre Aufgeschlossenheit gegenüber meinen Ideen und für die tatkräftige Unterstützung herzlich gedankt. Über die Jahre stießen immer mehr junge Wissenschaftler zu meiner Mannschaft. Jeder fand rasch ein Spezialgebiet; auf diese Weise gelang es in relativ kurzer Zeit, eigenes Immobilien-Know-how aufzubauen und in unser oben skizziertes Forschungskonzept einzubringen, das durch das „Haus der Immobilienökonomie“ visualisiert wird (vgl. S. 58).

Da ich allein nicht in der Lage gewesen wäre, alle „Bausteine selbst aufzuschichten“, habe ich mich entschieden, nicht als Alleinautor des Buches, sondern „nur“ als Herausgeber und Mitverfasser einzelner Beiträge aufzutreten. Geschrieben wurde das Werk im Wesentlichen von wissenschaftlichen Assistenten sowie Doktoranden des Stiftungslehrstuhls Immobilienökonomie an der European Business School Schloß Reichartshausen und der ebs Immobilienakademie. Die meisten Teammitglieder betraten – um im Bild zu bleiben – zum ersten Mal eine wissenschaftliche „Baustelle“, und mitunter bedurfte es tatkräftiger Hilfe und guten Zuredens seitens des „Bauleiters“, um das „Bauwerk“ fristgerecht fertigzustellen.

Allen „Mit-Arbeitern“ bin ich zu großem Dank verpflichtet. Wertvolle Anregungen haben auch die Dozenten, Teilnehmer und Absolventen des Kontaktstudiums und des Stiftungslehrstuhls beigesteuert. Ihnen sei an dieser Stelle herzlich gedankt. Bei der inhaltlichen Koordination hat mich Herr Dipl.-Kfm. Klaus Homann unterstützt; die aufwendige EDV-technische Erstellung der Druckvorlage oblag Herrn Martin Vaas. Auch ihnen gebührt Dank.

Bei der inhaltlichen Abstimmung der Beiträge bin ich davon ausgegangen, daß der Leser dieses Buch nicht in einem Zuge von Anfang bis Ende durcharbeitet. Daher wurde darauf Wert gelegt, daß die einzelnen Kapitel weitgehend isoliert gelesen werden können, was gewisse Überschneidungen nicht nur unvermeidbar sondern erforderlich macht. Eingriffe in den eigenen Stil und die individuelle Darstellungsform jedes Autors habe ich in Grenzen gehalten.

Da das vorliegende Buch nicht nur ein Lehrbuch, sondern auch ein wissenschaftlich anspruchsvolles Werk sein soll, wurden Quellenangaben in den Text eingefügt. Dies ist in unterschiedlicher Dichte geschehen. Um dem Leser eine tiefere Durchdringung zu erleichtern, wurde vor allem in jenen Kapiteln viel zitiert, zu denen fast nur (meist englischsprachige) Aufsätze vorliegen. Am Ende eines jeden Kapitels findet sich ein ausführliches Literaturverzeichnis. Das Stichwortverzeichnis ist auf das Wesentliche beschränkt, da sich der Leser anhand der Inhaltsübersicht und des ausführlichen Inhaltsverzeichnisses zu Beginn jedes Kapitels recht gut orientieren kann.

Ein von 27 Autoren verfaßtes Werk kann natürlich nicht „mängelfrei“ sein. Es bedarf nun noch der „Abnahme“ durch die „Bauherren“, die Leser. Die „Mängelbeseitigung“ muß allerdings späteren Auflagen vorbehalten bleiben. Hinweise und Verbesserungsvorschläge dazu sind stets willkommen.

Meine Familie hat die Entstehung des „Hauses der Immobilienökonomie“ nicht nur aus der Ferne betrachtet, sondern auf unterschiedliche Weise die „Bauphase“ aktiv unterstützt. Meine Frau Gisela war täglich auf der „Baustelle“ und hat sich um die Aus- und Weiterbildung gekümmert. Meine Söhne Frank-Michael, Kai-Magnus und Sven-Marten haben wichtige Hilfsdienste (Kopieren, Sortieren etc.) erbracht und gelegentlich für den „Bauleiter“ anregenden Rheingauer Wein geschleppt. Auch sie haben einen großen Anteil am Gelingen des Werkes.

Johannisberg, im September 1997
Karl-Werner Schulte

Teil A: **Einführung in die Immobilienökonomie**

Stephan Bone-Winkel, Christian Focke, Karl-Werner Schulte

1 Begriff und Besonderheiten der Immobilie als Wirtschaftsgut

Inhalt

1.1 Einführung

Im Zentrum der Immobilienökonomie steht die Immobilie, der Betrachtungsgegenstand dieser Forschungsdisziplin. Der **Begriff „Immobilie“** ist jedoch nicht einheitlich definiert – weder im allgemeinen Sprachgebrauch noch in den diversen Wissenschaftsdisziplinen, die sich mit der Immobilie mittelbar oder unmittelbar beschäftigen. Stattdessen existiert eine Vielzahl von teilweise synonym gebrauchten Wörtern wie: „Grundstück“ und „grundstücksgleiches Recht“, „Gebäude“, „Grund und Boden“, „Liegenschaft“, „Grundbesitz“ oder auch „Realvermögen“ bzw. „Grundvermögen“.

Dieses Buch orientiert sich am interdisziplinären Ansatz der **Immobilienökonomie**, der am Stiftungslehrstuhl Immobilienökonomie an der ebs und später am IREBS Institut für Immobilienwirtschaft der Universität Regensburg entwickelt wurde. Dieser Ansatz wird im Kapitel A.3 ausführlich beschrieben.

In der Immobilienökonomie geht es um Grundstücke und deren Nutzung durch den Menschen. Aus der Übersicht über die **aktuelle Flächennutzung** in Deutschland (vgl. Tabelle 1) geht hervor, dass 82,4 % der Gesamtfläche auf die Land- und Forstwirtschaft entfallen. Dabei ist allerdings zu beachten, dass es sich bei den hier genannten Prozentzahlen um Flächenanteile handelt. Betrachtet man den wertmäßigen Anteil der Flächennutzungen, ergibt sich ein anderes Bild: Während ein Quadratmeter Ackerland auch in teuren Lagen nicht mehr als etwa zehn Euro kostet und gute Waldflächen regelmäßig im Bereich von einem bis drei Euro pro Quadratmeter gehandelt werden, kostet beispielsweise ein Quadratmeter Grundfläche in bester Lage in der Düsseldorfer Innenstadt bis zu 12.500 Euro. Dieses ist wohlgemerkt der reine Bodenpreis, zu dem noch der Wert aufstehender Gebäude hinzugerechnet werden muss. An diesen Zahlen erkennt man leicht, dass der überwiegende Teil des Immobilienvermögens in den urban genutzten Flächen gebunden ist.

Tab. 1: Flächennutzung in Deutschland (Quelle: Statistisches Bundesamt, 2014; Datenstand: 2012)

Flächennutzung in Deutschland		
Nutzungsart (Beispiele)	Fläche [km²]	Anteil
Landwirtschaftsflächen (Acker- und Weideland, Obstgärten, Baumschulen, Weinberge, etc.)	186.465	52,2 %
Waldflächen	107.970	30,2 %
Gebäude und Freiflächen (Wohnhäuser, Bürogebäude, Fabriken, Lagerhäuser, unbebaute Grundstücke)	24.797	6,9 %
Verkehrsflächen (Straßen, Wege, Plätze)	18.032	5,0 %

Tab. 1: (fortgesetzt)

Flächennutzung in Deutschland		
Wasserflächen (Seen, Flüsse)	8.634	2,4 %
Erholungsflächen (Sportplätze, Grünanlagen, Parks, etc.)	4.148	1,2 %
Gewerbliche Flächen (Betriebsflächen: Halden, Lagerplätze, Entsorgung; Abbauland)	2.464	0,7 %
Sonstige Flächen (Friedhöfe, Felsen, Dünen, Übungsgelände, etc.)	4.658	1,3 %
Summe	357.169	100,0 %

1.2 Der Immobilienbegriff in den Wissenschaften

In verschiedenen Wissenschaften werden sehr unterschiedliche Immobilienbegriffe verwendet. Grob unterscheiden kann man dabei ingenieurwissenschaftliche (physische), rechtliche und ökonomische Definitionen.

1.2.1 Physischer Immobilienbegriff

Die intuitivste und wohl auch am meisten verbreitete Definition des Begriffs Immobilie ergibt sich, wenn man die Betrachtung auf die physischen Dimensionen beschränkt. Die materiellen Eigenschaften der Immobilie sind dann allein ausschlaggebend. In der angelsächsischen Literatur wird diese Sichtweise treffend als **„bricks and mortar concept"** beschrieben. Aus der schematischen Zeichnung in Abbildung 1 wird deutlich, dass die materiellen Eigenschaften bei dieser Herangehensweise die bestimmenden Merkmale der Immobilie sind: Wände, Böden, Decken und Dächer werden auf einem Segment der Erdoberfläche errichtet und grenzen einen Teil des darüber liegenden Luftraums künstlich ab. Die Immobilie ist also ein dreidimensionales Gebilde, das Flächen und Räume schafft, indem es „innen" und „außen" durch eine künstliche, materielle Barriere trennt. Diese Darstellung ist eingängig. Kann sie aber die Grundlage für die Immobilienökonomie darstellen? Wohl kaum, denn diese Sichtweise ist aus zwei Gründen zu eng: Erstens stellt sie nur auf die Gebäudestrukturen ab und lässt daher Grund und Boden unberücksichtigt. Zweitens werden die Gebäude vom Menschen nicht um ihrer selbst Willen errichtet, sie sind vielmehr dazu da, einen Nutzen zu stiften. Eine Definition, die nur auf die materiellen Dimensionen beschränkt ist und die Nutzenstiftung nicht mit einbezieht, ist für die Immobilienökonomie daher zwangsläufig zu eng gefasst.

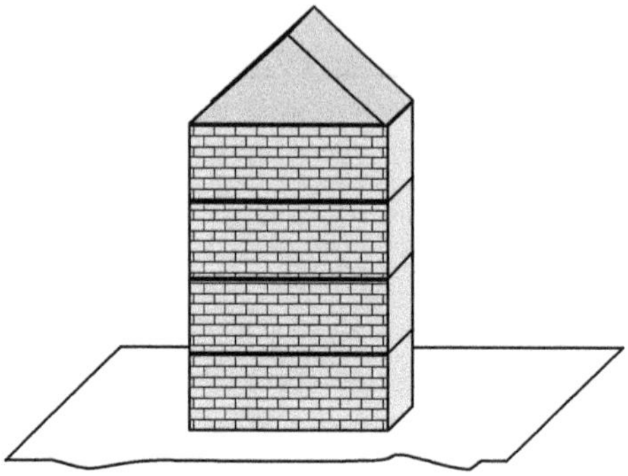

Abb. 1: Physischer Immobilienbegriff (Quelle: Eigene Darstellung)

1.2.2 Juristischer Immobilienbegriff

Deutlich differenzierter wird die Immobilie in der Rechtswissenschaft betrachtet. Leider geht diese Differenzierung zu Lasten der Einheitlichkeit: Eine allgemeingültige Legaldefinition für den Ausdruck „Immobilie" gibt es in Deutschland nicht. Im Gegenteil, das Wort „Immobilie" wird in den wichtigen Gesetzespassagen, insbesondere im Bürgerlichen Gesetzbuch (BGB) nicht einmal verwendet. Das BGB spricht hier von „Grundstücken" und regelt das Grundstücksrecht vor allem in den §§ 93–97 (Allgemeiner Teil) und §§ 873–902 (Sachenrecht). In §§ 93–97 wird geregelt, welche Bestandteile dem Grundstück zugerechnet werden. Aus diesen Normen ergibt sich z. B., dass Gebäude rechtlich ein Bestandteil des darunter liegenden Grundstücks sind, weil sie fest mit dem Grund und Boden verbunden sind. Die Paragraphen 873–902 regeln die Übertragung des Eigentums an Grundstücken und die Belastung eines Grundstücks mit Rechten und schreiben die Eintragung solcher Vorgänge im Grundbuch vor.

Im Sinne des BGB ist ein Grundstück ein **räumlich abgegrenzter Teil der Erdoberfläche**. Zum Grundstück gehören dabei aber auch der Raum über der Erde und der Boden unter der Oberfläche. Das Eigentum am Grundstück erstreckt sich also auf ein kegelförmiges Gebilde, das vom Erdmittelpunkt ausgehend theoretisch unendlich weit ins All hineinreicht, wie Abbildung 2 veranschaulicht. Jedoch bestimmt das BGB auch, dass der Eigentümer „Einwirkungen" in großer Höhe und Tiefe nicht ausschließen darf (§ 905 BGB). So muss der Eigentümer beispielsweise Luftverkehr über und Bergbau unter seinem Grundstück zulassen (vgl. Palandt, S. 1553 f.).

Die wesentlichen Bestandteile eines Grundstücks sind gemäß §§ 94 ff. BGB die mit dem Grund und Boden fest verbundenen Sachen, wie z. B. Gebäude und Gebäudeteile. Sie gehören ebenso zum Eigentum am Grundstück, wie die mit dem Grundstück verbundenen Rechte. Mit dem Eigentum am Grundstück gehen nämlich verschiedene Rechte einher. Manche bestehen in jedem Fall und für jedes Grundstück, andere bestehen nur im konkreten Einzelfall. Beispielsweise ist das Jagdrecht (nicht aber das Jagdausübungsrecht) untrennbar mit dem Eigentum an einem Grundstück verbunden (vgl. § 3 BJagdG), besteht also immer und für jedes Grundstück. Rechte, die mit dem Eigentum an einem Grundstück einhergehen können, sind z. B. Vorkaufs- und Wegerechte. So ist denkbar, dass im Grundbuch einer Parzelle A eingetragen ist: „ein Wegerecht zugunsten des Eigentümers der Nachbarparzelle B." Dieses Wegerecht an der Parzelle A ist nun Bestandteil des Eigentums an Parzelle B. Eine solche Konstruktion kann sinnvoll sein, wenn Parzelle B von der Straße aus nicht erreichbar ist, ohne Parzelle A zu überschreiten.

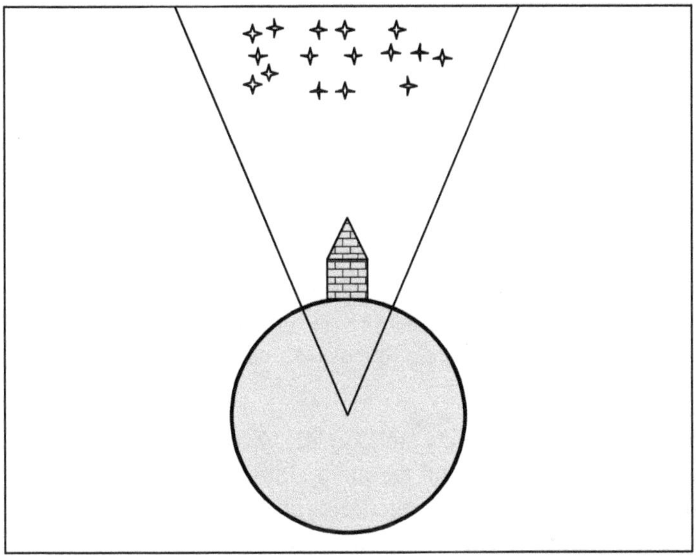

Abb. 2: Juristischer Immobilienbegriff (Quelle: Eigene Darstellung)

Die wichtigsten Rechte, die an einer Immobilie bestehen können, sind das Eigentumsrecht, das Miet- bzw. Pachtrecht, das Erbbaurecht, das Grundpfandrecht und das Baurecht. Eine detaillierte Auseinandersetzung mit dem Rechtsrahmen der Immobilienökonomie bietet Band II dieser Lehrbuchreihe mit dem Titel „Rechtliche Grundlagen".

Ein Grundstück wird durch die Eintragung im **Grundbuch** konstituiert. Praktisch geschieht dies in der Regel durch die Ausstellung eines „Grundbuchblattes" für dieses Grundstück. Zur besseren Übersichtlichkeit werden oft gemeinschaftliche Grundbuchblätter angelegt. Ein gemeinschaftliches Grundbuchblatt enthält mehrere Grundstücke eines einzigen Eigentümers im betreffenden Grundbuchbezirk (vgl. §§ 3, 4 GBO). Alle Grundbuchblätter zusammengenommen bilden das Grundbuch des entsprechenden Bezirks.

Das **Bewertungsgesetz** (BewG) unterscheidet weiter zwischen bebauten und unbebauten Grundstücken. Es gliedert bebaute Grundstücke nach Nutzungsarten (vgl. §§ 68–77 BewG) weiter auf in
- Mietwohngrundstücke,
- Geschäftsgrundstücke,
- Gemischtgenutzte Grundstücke,
- Einfamilienhäuser,
- Zweifamilienhäuser,
- Sonstige bebaute Grundstücke.

Das **Einkommensteuergesetz** (EStG) erfasst Grundstücke und Gebäude als Teilmenge des unbeweglichen Vermögens (§ 21 EStG). Auch andere Rechtsnormen wie z. B. die Immobilienwertermittlungsverordnung (ImmoWertV), das Wohnungseigentumsgesetz (WEG) und das Erbbaurechtsgesetz (ErbbauRG) treffen eigene Begriffsbestimmungen.

Es gibt also in der Rechtswissenschaft keine konsistente Begriffsauffassung der Immobilie. Dennoch lässt sich ein „kleinster gemeinsamer Nenner" der juristischen Definitionen folgendermaßen beschreiben:

> Juristische Definitionen erschließen den Immobilienbegriff über den Grund und Boden. Im Gegensatz zur physischen Definition werden Gebäude nicht als rechtlich eigenständige Sachen aufgefasst; sie sind lediglich als ein Bestandteil des Grundstücks anzusehen (vgl. im Einzelnen Schulte und Usinger).

Auch die juristischen Begriffsbestimmungen sind für die Zwecke der Immobilienökonomie nicht ausreichend. Zum Einen sind sie nicht einheitlich und daher nicht umfassend genug, zum Anderen gehen sie mit der Grundstücksfokussierung am Kern der Sache vorbei: Die Bedeutung des Grund und Bodens mag zur Zeit der Einführung des BGB noch im Vordergrund gestanden haben. Im Zeitalter der Wolkenkratzer dominiert aber das Interesse an der Gebäudestruktur in aller Regel über die Betrachtung des Grund und Bodens.

1.2.3 Ökonomischer Immobilienbegriff

Die Wirtschaftswissenschaften unterscheiden ein investitionstheoretisches und ein produktionstheoretisches Verständnis von Immobilien. Investitionstheoretisch sind Immobilien Kapitalanlagen oder Sachvermögen, während die produktionswirtschaftliche Analyse vom Verständnis der Immobilie als Produktionsfaktor ausgeht (vgl. Schäfers, S. 14 ff.). Der wirtschaftliche Charakter der Immobilie ergibt sich sowohl nach investitionstheoretischer Sichtweise als auch im produktionstheoretischen Verständnis aus der Nutzung, nicht aus ihrer physischen Produktion. Nicht die historischen Herstellungskosten bestimmen den Wert, entscheidend ist, welche Honorierung die Nutzung durch den Markt erfährt.

1.2.3.1 Das investitionstheoretische Verständnis

James A. Graaskamp, der in Amerika die Immobilieninvestment-Theorie mitbegründete, beschreibt den Immobilienbegriff aus der investitionstheoretischen Perspektive sehr anschaulich:

> Ein Neandertaler rollte einst einen Fels vor den Eingang seiner Höhle und schuf eine Immobilie, indem er neben dem leeren Raum zusätzliche, in der Natur nicht vorhandene Güter, wie Wärme, Sicherheit oder Exklusivität, bereitstellte. Damit vereinte er erfolgreich Land (eine begrenzte natürliche Ressource) mit der künstlichen Schöpfung (dem Fels – der ersten massiven Tür), um das bislang unbekannte Bedürfnis nach Raum-Konsum zu befriedigen. [...] Eine Immobilie ist demnach ein Produkt künstlich abgegrenzten Raums mit einer institutionellen Zeitdimension (Quadratmeter pro Jahr, Raum pro Nacht, Höhle pro Mondperiode,) konzipiert, um die Gesellschaft mit der natürlichen Ressource Grund und Boden zu verbinden.
>
> (Graaskamp, S. 513)

Demnach sind die zentralen Inhalte des Immobilienbegriffs:
- der abgeschlossene Raum,
- die Nutzenstiftung des Raumes,
- die zeitliche Dimensionierung der Nutzung.

Noch prägnanter wird die investitionstheoretische Sicht von Graaskamp durch Phyrr et al. (vgl. Phyrr et al., S. 4) auf den Punkt gebracht: **„Real estate is space and money over time“**. Diese Aussage beschreibt einen Investitionskreislauf: Ein Investor nutzt sein „Geld“-Kapital (Bestandsgröße), um eine Immobilie zu bauen oder zu kaufen. Nachdem sein Geld „in Beton gegossen“ worden ist, ist er der Eigentümer einer Immobilie, die während ihrer Lebensdauer Raum-Zeit-Einheiten abgibt. Streng ökonomisch betrachtet erzeugt die Immobilie keinen Nutzen, sondern lediglich eine **Nutzungsmöglichkeit**, die sich als Stromgröße darstellen lässt – die Raum-Zeit-Einheiten lassen sich nämlich weder lagern, noch kann die Produktion der Einheiten verringert oder eingestellt werden, ohne die Immobilie zu zerstören. Der Eigentümer der Immobilie kann nun als Vermieter auftreten und einem Dritten (dem Mieter) die Nutzung der Immobilie überlassen. Dafür verlangt er ein Entgelt (die Miete), das in Geld-Zeit-Einheiten bemessen wird. Bei den Geld-Zeit-Einheiten handelt es sich ebenfalls um eine Stromgröße. Die Höhe des Nutzungsentgelts pro Raumeinheit ist nicht konstant, es unterliegt Marktschwankungen und anderen Veränderungen im Zeitablauf. Zum Beispiel verändern sich die Attraktivität und das Nutzungspotenzial über die Zeit. Wertminderungen des Gebäudes treten durch Abnutzung und technische Veralterung ebenso auf wie Wertsteigerungen, die aus dem Anstieg der Bodenpreise, einem professionellen Management und aus Mobilitätsschranken der Mieter resultieren können.

Durch die Mietzahlungen werden die Raum-Zeit-Einheiten in Geld-Zeit-Einheiten gewandelt. Die Geld-Zeit-Einheiten erhöhen das Kapital des Investors, der am

Ende seines Investitionszeitraums die Immobilie veräußert. Damit ist der Investitionskreislauf geschlossen, denn der Investor verfügt wie zu Beginn ausschließlich über einen Bestand an Geldkapital.

1.2.3.2 Das produktionstheoretische Verständnis

Im produktionstheoretischen Verständnis stellen Unternehmensimmobilien Betriebsmittel dar, die für den leistungswirtschaftlichen Faktorkombinationsprozess in Unternehmen gebraucht werden Als solche gehören sie – wie Abbildung 3 verdeutlicht – zum Ressourcen- bzw. Produktionsfaktorbestand von Unternehmen.

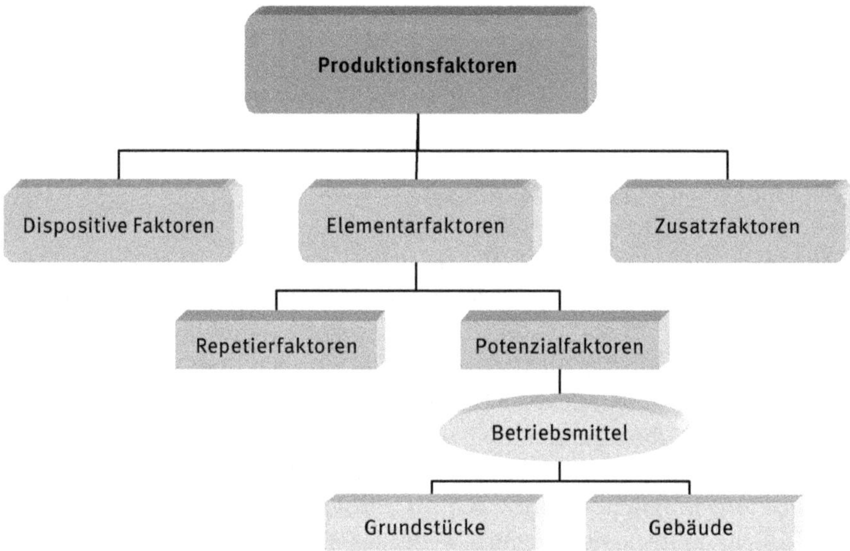

Abb. 3: Immobilien als Produktionsfaktor in Unternehmen (Quelle: In Anlehnung an Busse v. Colbe/ Lassmann, S. 83)

Produktionsfaktoren oder Input sind Güter, die der Produktion anderer Güter dienen (vgl. Corsten, Grössinger S. 4) und somit das quantitative und qualitative Potenzial von Unternehmen zur Leistungserstellung umfassen. Immobilien bilden in diesem Sinne die räumliche Dimension des Leistungsprozesses in Unternehmen (vgl. Schäfers, S. 15 f).

Die Kategorisierung der Immobilien als Potenzialfaktoren macht zudem deutlich, dass Grundstücke und Gebäude bei der Leistungserstellung nicht ver- sondern gebraucht werden. Sie verkörpern also ein **Ressourcen- oder Nutzungspotenzial** (vgl. Gutenberg; Heinen, S. 247; Fandl S. 33 und 101), das im Rahmen des Unternehmenszwecks sukzessive genutzt wird und dabei eine Vielzahl, z. T. sogar eine nahezu unendlich große Zahl (z. B. unbebaute Grundstücke) von Nutzungsleistungen abgeben kann. Die produktionstheoretische Sichtweise geht von der Erkenntnis aus, dass Sachgüter oder Dienstleistungen nur dann produziert werden können, wenn menschliche Arbeitsleistungen mit Betriebsmitteln (u. a. Immobilien) im Rahmen des Faktorkombinationsprozesses verbunden werden. Als Fazit lässt sich festhalten, dass „eine Immobilie für sich genommen keinen intrinsischen, isolierbaren Wert besitzt“ (vgl. Bone-Winkel, S. 23), sondern erst durch eine ökonomisch sinnvolle Nutzung im Rahmen des betrieblichen Leistungserstellungsprozesses ihren wirtschaftlichen Charakter erhält.

An dieser Stelle wird auch die in der Immobilienwirtschaft häufig verwendete Unterscheidung zwischen „Immobilienunternehmen“ bzw. „Property-company“ und „Nicht-Immobilienunternehmen“ bzw. „Non-property-company“ deutlich. Die Unterscheidung erfolgt nach dem Kriterium des Geschäftsgegenstandes: Als **Immobilienunternehmen** werden diejenigen Unternehmen bezeichnet, die immobilienspezifische Leistungen als extern gerichtete Primär- bzw. Marktleistungen für ihre Kunden erbringen, wie etwa Projektentwicklung, Vermittlung, Finanzierung. Die Kunden dieser „Property-companies“ können dabei entweder ebenfalls Unternehmen oder auch Privatpersonen sein. Demgegenüber handelt es sich bei **Nicht-Immobilienunternehmen** um Unternehmen, bei denen die immobilienspezifischen Leistungen intern gerichtete Sekundärleistungen sind. Die immobilienspezifischen Leistungen werden also erbracht, um die primären Aufgaben der Unternehmung erfüllen zu können. Auch bei „Non-property-companies“ sind die immobilienspezifischen Leistungen regelmäßig unabdingbar, um das Kerngeschäft des Unternehmens zu betreiben. Mit anderen Worten: Bei Immobilienunternehmen gehört das Immobiliengeschäft zum originären Unternehmenszweck, bei Nicht-Immobilienunternehmen nicht. Diese idealtypische Sichtweise ist in der Praxis jedoch nicht immer trennscharf durchzuhalten. Probleme ergeben sich, wenn ein Großunternehmen seine Immobilien von einem Tochterunternehmen halten und verwalten lässt: Beispielsweise ist die Siemens AG eine Non-property-company. 1994 wurde ein Tochterunternehmen, die Siemens Real Estate GmbH & Co. OHG, gegründet, die seither die meisten Immobilien des Konzerns in einer Hand hält und bewirtschaftet, Grundstücke kauft und verkauft und Projektentwicklungen durchführt. Für sich genommen ist diese Immobiliengesellschaft eine Property-company. Aus Konzernsicht kann man dies jedoch anders beurteilen, denn die Leistungen der Siemens Real Estate GmbH & Co. OHG werden überwiegend an die anderen Konzernunternehmen abgegeben und an der Ausrichtung des Konzerns als Non-property-company hat sich durch die Reorganisationsmaßnahme nichts geändert.

Bei den Funktionen, die Immobilien im Rahmen der betrieblichen Leistungserstellung wahrnehmen, kann man zwischen **mittelbaren und unmittelbaren Funktionen** unterscheiden (vgl. Abbildung 4). Die mittelbaren Funktionen überwiegen im Regelfall (vgl. Kern, S. 14; zum Folgenden vgl. Schäfers, S. 18 ff.; Brittinger, S. 34 ff.).

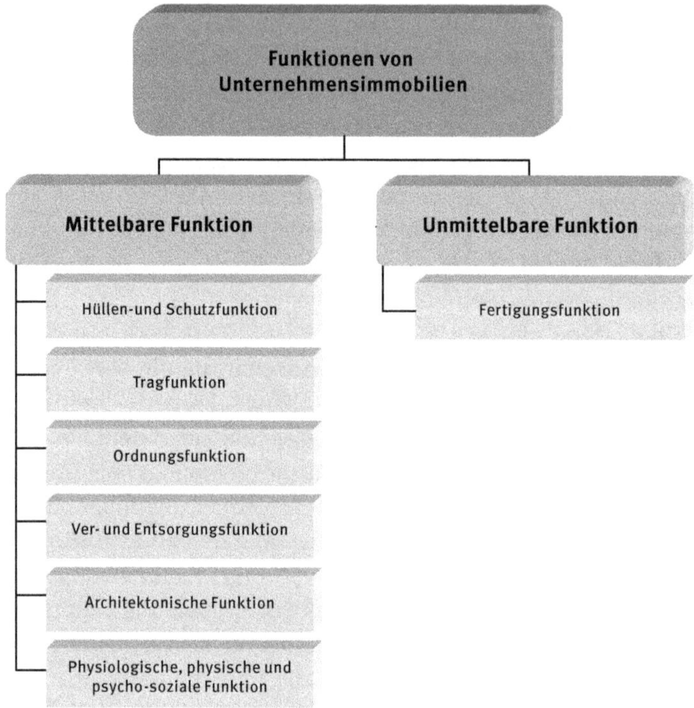

Abb. 4:Funktionen von Immobilien im Rahmen der betrieblichen Leistungserstellung (Quelle: in Anlehnung an Brittinger, S. 34)

Die wohl wichtigste mittelbare Funktion von Immobilien ist die **Hüllen- oder Schutzfunktion**. Die bauliche Hülle schützt den Produktionsprozess und die in den Gebäuden arbeitenden Menschen vor umwelt- und witterungsbedingten Einflüssen (z. B. Lärm, Regen, Wind etc.). Umgekehrt schützen Immobilien die Umwelt vor den Auswirkungen des Leistungserstellungsprozesses, indem sie Lärm, Erschütterungen, Abgase etc. eindämmen oder nur geordnet nach außen dringen lassen.

Eng mit dieser Funktion verbunden ist die **Tragfunktion** von Gebäuden: Lasten, die durch den Aufenthalt von Menschen, die Lagerung von Werkstoffen und Fertigprodukten sowie durch die Installation von Anlagen und Maschinen entstehen, werden von der Gebäudestruktur aufgenommen und in den Boden abgeleitet. Da Immobilien dem Leistungserstellungsprozess in Unternehmen räumliche Grenzen auferlegen, erfüllen sie dabei auch eine gewisse **Ordnungsfunktion**. Daneben kommt den Gebäuden eine **Ver- und Entsorgungsfunktion** zu, da sie einerseits die Arbeits- und Produktionsprozesse mit Energie, Wasser etc. versorgen, andererseits die anfallenden Abfallprodukte entsorgen.

Immobilien müssen ferner **physischen, physiologischen und psycho-sozialen Anforderungen** gerecht werden. Sie stellen Raum unterschiedlicher Quantität und

Qualität für die betriebliche, private und öffentliche Nutzung zur Verfügung. In ihrer Schutzfunktion sollen die Gebäude den in ihnen lebenden Menschen bei wechselnden externen und internen Einflüssen möglichst angenehme und gleich bleibende Bedingungen in Bezug auf Temperatur, Feuchtigkeit, Licht und Lärm bieten. In sozialer Hinsicht müssen Immobilien die Strukturierung sozialer Beziehungen ermöglichen und so den unterschiedlichen Bedürfnissen der Menschen nach Kommunikation und Rückzugsmöglichkeiten gerecht werden. Je nach Verwendungszweck bzw. Immobilienart erfahren diese Anforderungen unterschiedliche Gewichtungen: Bei Wohnraum steht die Befriedigung des Schutz- und Rückzugsbedürfnis der Menschen im Vordergrund. Das wird schon dadurch deutlich, dass die Unverletzlichkeit der Wohnung ein verfassungsmäßig garantiertes Grundrecht darstellt (vgl. Art. 13 GG). In gewerblich genutzten Immobilien wird regelmäßig die Kommunikation zwischen Menschen stärker gewichtet. Die Ursache liegt darin, dass in diesen Räumen der Produktionsprozess möglichst effizient organisiert werden muss. So ist beispielsweise der Handelsraum einer Börse immer als Großraum konzipiert, da der vitale Informationsaustausch unter den handelnden Marktteilnehmern so am schnellsten vonstatten geht.

Gestaltung und Architektur von Immobilien haben also großen Einfluss auf die Nutzung und Nutzungsmöglichkeiten eines Gebäudes. Dieser Einfluss besteht nicht erst in jüngerer Zeit, vielmehr lässt er sich auch in der Geschichte der Immobilien erkennen: Die Pyramiden in Ägypten sollten die Macht der Pharaonen dauerhaft repräsentieren und als Grabstätten „für die Ewigkeit" dienen. Folgerichtig ist die Architektur der Pyramiden darauf ausgelegt, die Dauerhaftigkeit und Stabilität der Struktur zu gewährleisten. In neuerer Zeit wurde diese Gebäudeform nur sehr selten verwendet. Am pyramidenförmigen Hotel Luxor in Las Vegas erkennt man, warum: sollen Räume im Innern des Gebäudes geschaffen werden, die für lebende Menschen nutzbar sind, ist eine adäquate Beleuchtung der einzelnen Räume, am besten mit Tageslicht, erforderlich. Das ist aber nur für Räume mit Nähe zur Oberfläche der Pyramide möglich. Der innere Raum liegt brach. Daher ist die Raumausbeute, d. h. das Verhältnis von umbautem zu genutztem Raum, gering. Bei einem einzelnen Themenhotel kann der von der Architektur ausgehende Anziehungseffekt auf die Touristen diese Ineffizienz zwar kompensieren, als Standardarchitektur ist eine solche Bauform jedoch ungeeignet. Auch Schlösser und Burgen, die wir heute als Baudenkmäler und Museen betrachten, weisen eine Architektur auf, die zur jeweiligen Entstehungszeit zweckdienlich war. Sei es, dass Burgen als schwer einnehmbare Festungen konzipiert, oder dass Schlösser zur Repräsentation und als Herberge für Regenten und Staatsgäste angelegt wurden.

In letzter Zeit wird das architektonische Konzept immer häufiger bewusst in das unternehmerische Gesamtkonzept integriert. Die Immobilie wird so ein wesentlicher Bestandteil der Corporate-Identity-Politik der Unternehmen.

Neben äußerlichen Gestaltungsaspekten sind in den vergangenen Jahren auch Fragen der technischen Ausführung in Form von Energieeffizienz (Stichwort „Green Buildings“) oder allgemein „Nachhaltigkeit“ in den Vordergrund gerückt (vgl. Koch). Ein prominentes Praxisbeispiel ist die Zentrale der Deutsche Bank AG in Frankfurt. Die beiden Bürotürme aus dem Jahr 1984 wurden zwischen 2007 und 2011 umfassend modernisiert. Dabei wurden insbesondere auch Nachhaltigkeitsaspekte berücksichtigt, so dass das Gebäude sowohl nach dem so genannten LEED-Standard die höchste Kategorie, „Platin“, als auch nach dem Standard der Deutschen Gesellschaft für nachhaltiges Bauen (DGNB) die dort höchste Kategorie, „Gold“, erreichte und somit als besonders nachhaltig zertifiziert wurde. Zu diesem aktuellen „Megatrend“ ist kritisch anzumerken, dass Immobilien, wie vorstehend bereits erläutert wurde, schon immer für eine langfristig effiziente Nutzung über viele Jahrzehnte konzipiert worden sind und dass sich die Nachhaltigkeit einer Immobilie prinzipiell erst im Nachhinein, am Ende der Nutzungsdauer beurteilen lässt. Ob die heute als nachhaltig erachteten und zertifizierten Gebäude tatsächlich über ihren Lebenszyklus betrachtet einen ökonomischen, d. h. finanziell messbaren Mehrwert erzielen, oder ob sich die Zertifizierung als Instrument zur Imagepflege vor dem Hintergrund einer modernen gesellschaftlichen Strömung erweisen wird, bleibt also abzuwarten. Dass, um bei dem zitierten Beispiel zu bleiben, eine in ihrem Kern auf finanzielle Zahlen fokussierte Organisation wie die Deutsche Bank in ihren Verlautbarungen über den erfolgreichen Umbau zwar die eingesparten Energie- und Wassermengen feiert, über die Kosten der Renovierungsmaßnahme aber kein Wort verliert, gibt in dieser Hinsicht jedenfalls zu denken (vgl. Deutsche Bank).

Mit den bislang dargestellten Funktionen leisten Immobilien einen mittelbaren Beitrag zur Leistungserstellung, da sie lediglich die räumlich notwendigen Voraussetzungen für die Arbeits- und Produktionsprozesse bilden. Demgegenüber zeichnet sich ein **unmittelbarer Leistungsbeitrag** dadurch aus, dass die Immobilie direkt an der Erstellung des Produktes beteiligt ist. Dies ist vor allem im Bereich der Urproduktion und bei bestimmten Sonderimmobilien der Fall, wie z. B. bei Kesseln in der chemischen Industrie, die – ohne weitere Einwirkung anderer Faktoren – bei Vorliegen der notwendigen Temperaturen und Druckbedingungen eine chemische Stoffumwandlung ermöglichen. Dieser unmittelbare Leistungsbeitrag von Immobilien wird als **Fertigungsfunktion** bezeichnet.

1.3 Definition des Immobilienbegriffs

Ist die wirtschaftswissenschaftliche Betrachtung der Immobilie hinreichend als Grundlage für die Immobilienökonomie? Zwar ist „real estate is space and money over time“ knapp und treffend formuliert, die Reduktion der Immobilie auf eine

„Cashflow-Maschine“ bzw. einen Produktionsfaktor wird aber den anderen beteiligten Wissenschaften kaum gerecht. Daher soll in der Immobilienökonomie und für dieses Buch folgendes unter dem Begriff „Immobilie“ verstanden werden:

Immobilien sind Wirtschaftsgüter, die aus unbebauten Grundstücken oder bebauten Grundstücken mit dazugehörigen Gebäuden und Außenanlagen bestehen. Sie werden von Menschen im Rahmen physisch-technischer, rechtlicher, wirtschaftlicher und zeitlicher Grenzen für Produktions-, Handels-, Dienstleistungs- und Konsumzwecke genutzt.

Der erste Satz definiert die Immobilie als ein Wirtschaftsgut. Damit kommt die Gründung der Forschungsdisziplin auf die Betriebswirtschaftslehre zum Ausdruck. Der Begriff „Wirtschaftsgut“ ist dabei nicht steuerrechtlich sondern volkswirtschaftlich zu verstehen. Der wirtschaftswissenschaftliche Fokus zeigt sich auch im postulierten Zweck der Immobilie, nämlich der Nutzung. Die Nutzung kann dabei für gewerbliche Zwecke erfolgen – dies kommt der produktionsorientierten Sichtweise nahe, sie kann aber auch konsumtiv (z. B. „wohnen“) sein – eine Nutzungsart, die sich eher der investitionstheoretischen Sichtweise zuordnen lässt.

Die Zusammensetzung des Wirtschaftsgutes Immobilie aus Grundstück zuzüglich dessen „Außenanlagen“ trägt der juristischen Vorstellung Rechnung. Der Begriff „Gebäude und Außenanlagen“ soll dabei „im weitesten Sinne“ verstanden werden, d. h. der Begriff umfasst alles, was ein Mensch auf einem Grundstück geschaffen hat, um dieses zu nutzen. Das sind in erster Linie Gebäude und Außenanlagen im engeren Sinne, aber auch z. B. das Getreide auf einem Acker, die Bäume im Wald, kurz jede aufstehende Frucht auf einer landwirtschaftlichen Fläche ist ebenfalls eine Außenanlage im weitesten Sinne.

Schließlich findet auch der physische Immobilienbegriff Eingang in die Definition durch die Maßgabe, dass die Nutzung physisch-technischen Grenzen unterliegt. Die räumliche Abgrenzung erfolgt in der Regel durch Gebäudestrukturen, bei unbebauten Grundstücken kann sie aber auch symbolisch (durch das Setzen von Grenzsteinen) erfolgen. Technisch ist die Nutzung einer Immobilie z. B. durch die Tragfähigkeit der Gebäudestrukturen beschränkt.

1.4 Besonderheiten der Immobilie als Wirtschaftsgut

Aus der vorangegangenen Begriffsabgrenzung ergibt sich, dass sich Immobilien wesentlich von anderen Wirtschaftsgütern unterscheiden. Insbesondere im Vergleich mit den Eigenschaften beweglicher Güter zeigen sich grundlegende Unterschiede, die für Wissenschaft und Praxis bedeutend sind.

Die Besonderheiten von Immobilien werden im Folgenden nacheinander erläutert. Die wesentlichen Charakteristika des Wirtschaftsgutes Immobilie sind (vgl. Bone-Winkel, S. 27 ff.)
- Immobilität,
- Heterogenität,
- Dauer des Entwicklungsprozesses,
- Höhe des Investitionsvolumens,
- Höhe der Transaktionskosten,
- Länge des Lebenszyklus,
- Begrenzte Substituierbarkeit.

Diese Eigenschaften lassen sich danach unterscheiden, ob sie physisch-technischer oder ökonomischer Natur sind. Die physisch-technischen Eigenschaften sind absolut und nicht veränderbar – zumindest nicht beim gegebenen Stand der Technik. Demgegenüber können Beschränkungen durch ökonomische Eigenschaften prinzipiell entweder durch geschicktes Management oder durch eine Änderung der gesellschaftlichen Gewohnheiten überwunden werden.

(1) Immobilität

Diese sowohl physische als auch ökonomische Eigenschaft ist das zentrale Charakteristikum einer Immobilie. Die Standortgebundenheit kann nicht überkommen werden. Die Lage bestimmt nicht nur die Nutzungsmöglichkeiten, sie ist auch eine wichtige Determinante des ökonomischen Wertes (siehe auch das Beispiel zu (2) Heterogenität). Entscheidend ist, dass eine schlechte Standortentscheidung eines Investors selten mit wirtschaftlich vertretbarem Aufwand geheilt werden kann. Durch die wirtschaftliche Identität von Grundstück und Gebäude entstehen wesentliche Abhängigkeiten, welche in die Analyse der gesellschaftlichen, ökonomischen und technischen Umwelt einbezogen werden müssen. Die Einbindung in den Mikro-Standort bedingt eine Abhängigkeit von benachbarten Nutzungen, die eine Abstimmung mit angrenzenden Eigentümern, Investoren und Entwicklern erforderlich macht. Rechtliche und faktische Gegebenheiten, wie beispielsweise die Planungs- und Genehmigungshoheit der Kommunen, beschränken die Verfügungsberechtigung über den Grund und Boden. Großräumig gesehen ist die Immobilie Teil eines urbanen Umfelds, begonnen mit dem direkten Standortmilieu über Bezirk, Stadt, Region bis hin zum Land, in dem die Immobilie beheimatet ist.

Aber gilt das für alle Immobilien? Was ist z. B. mit „Mobile Homes", pneumatischer Architektur oder Großzeltbauten, den so genannten „fliegenden Bauten"? In der Tat werden mancherorts Gebäudestrukturen errichtet, die nur temporär an einem Ort stehen und später anderenorts erneut aufgebaut werden. Ein gutes Beispiel liefert die Betrachtung sportlicher Großereignisse. So dienten temporäre Gebäude als Unterkünfte für die Sportler bei den Olympischen Winterspielen 1994 in Lillehammer. Für das 24-Stunden-Rennen in Le Mans wurde 1999 ein Hotel auf Basis eines Zeltbaus errichtet. Eine kluge Lösung, denn nach den kurzlebigen Ereignissen reisen Sportler und Besucher ja wieder ab. Wohnräume und Hotelzimmer wurden also erst wieder beim nächsten Großereignis in einer anderen Stadt gebraucht (vgl. Niehüser, S. 34 f.).

Nach der immobilienökonomischen Definition besteht eine Immobilie aus der Kombination von Grundstück und baulicher Anlage. Wenn die bauliche Struktur auf ein anderes Grundstück bewegt wird, entsteht folglich eine neue Immobilie. Praktisch kann man den Sachverhalt auch so ausdrücken: Das gleiche Großzelt, einmal in Le Mans und einmal in Lillehammer aufgebaut, ist ein unterschiedliches Produkt. Einmal besteht der Bedarf für Raum aufgrund des Bedürfnisses, die Olympischen Spiele zu sehen, im anderen Fall wird die Anwesenheit beim 24-Stunden-Rennen begehrt.

Andersherum gesehen unterstreicht die Tatsache, dass Gebäudestrukturen mit nicht unerheblichen Kosten abgebaut, transportiert und anderenorts wieder aufgebaut werden, die Bedeutung, die der Standort für die Immobilie hat. Eine erfolgreiche Immobilie muss zur richtigen Zeit am richtigen Ort sein. Ist nur ein Zeitpunkt für einen bestimmten Ort „richtig", ist oftmals das „Recycling der Gebäudestruktur" durch Wiederaufbau an einem anderen Ort ökonomisch sinnvoll.

(2) Heterogenität

Die Ortsgebundenheit der Immobilie impliziert bereits diese ökonomische Besonderheit des Wirtschaftsgutes. Da jeder Standort einzig ist, kann es keine zwei wirklich gleichen Immobilien geben, wie das folgende Gedankenexperiment illustriert:

Nehmen wir an, es gäbe die in Abbildung 5 mit „A" und „B" bezeichneten Grundstücke. Nehmen wir weiter an, diese Grundstücke sind absolut identisch: Gleich groß, gleicher Zuschnitt, gleiche Topographie. Die Grundstücke liegen an einer Ausfallstraße, die die Innenstadt (rechts) mit einem Wohnviertel (links) verbindet. Die Grundstücke sind jeweils mit einem Supermarkt bebaut, auch diese Supermärkte sind identisch. Gleiche Kette, gleiche Fläche, gleiche Architektur, gleiches Sortiment, gleiche Preise, gleicher Service. Dennoch wird der Markt A aus einem einfachen Grund erfolgreicher sein als Markt B: Menschen kaufen lieber erst nach Feierabend auf dem Heimweg ein als bereits morgens auf dem Weg zur Arbeit – allein schon um verderbliche Lebensmittel nicht den ganzen Tag über kühlen zu

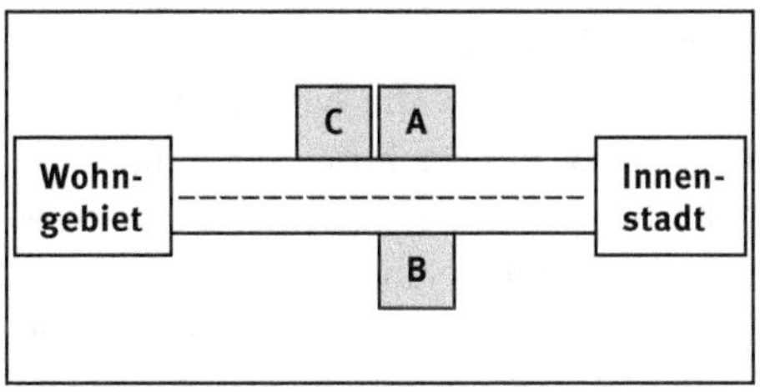

Abb. 5: Gedankenexperiment Supermarkt
(Quelle: Eigene Darstellung)

müssen. Für einen Fahrer, der stadtauswärts fährt, ist Markt A viel einfacher zu erreichen: Er biegt rechts ab und steht auf dem Parkplatz. Um in Markt B einzukaufen, müsste man zeitraubend links abbiegen, um auf den Parkplatz zu kommen, und nach dem Einkauf wiederum links auf die stark befahrene Straße einbiegen, um den Nachhauseweg fortzusetzen.

Ganz ähnlich ist es, wenn man an einen Markt C denkt, der wiederum identisch zu A sein soll und auf derselben Straßenseite liegt (siehe Abbildung 5). Auch hier hat Markt A einen Vorteil: Die Kunden werden ihn zuerst anfahren und nur dann, wenn der Parkplatz überfüllt ist oder das gesuchte Produkt ausverkauft ist, auf Markt C ausweichen. Der Grund ist ähnlich wie im vorausgegangenen Fall: Stellt ein Kunde fest, dass er von A auf C ausweichen muss, kann er das durch zweimaliges unkompliziertes Rechtsabbiegen erledigen. Umgekehrt muss er zweimal links abbiegen und fährt außerdem noch einen kleinen Umweg.

In der Praxis sind aber wohl nie zwei derart ähnliche Immobilien anzutreffen wie im hier skizzierten Fall. Allein schon Architektur und Nutzung unterscheiden in praxi ein Gebäude von jedem anderen. Jede Immobilie ist einzigartig und ein individuelles, autonomes Wirtschaftsgut.

(3) Dauer des Entwicklungsprozesses

Für die Entwicklung einer Immobilie von der Projektidee und Grundstücksakquisition bis zur Baufertigstellung und Übergabe an die Nutzer ist erfahrungsgemäß ein Zeitraum von zwei bis fünf Jahren zu veranschlagen. Die Projektlaufzeit ist abhängig vom Planungs- und Baurecht, der Größe und Komplexität des Vorhabens, der Bauweise, sowie von der Organisationsfähigkeit des Bauherrn und der Projektbeteiligten. Neben der eigentlichen Bauphase steigen insbesondere die Vermietungs-/Vermarktungsdauer und die Zeit für die Akquisition des Grund und Bodens mit zunehmender Projektgröße signifikant an. Bemerkenswerterweise ist für das Genehmigungsverfahren unabhängig vom Volumen der beabsichtigten Baumaßnahme mit relativ konstanten sechs bis zehn Monaten zu rechnen. Die Zahlen machen deutlich, dass jedes Neuangebot an Flächen eine relativ lange Vorlaufzeit benötigt. Dazu kommt, dass aus betriebswirtschaftlichen und produktionstechnischen Gründen die Fertigstellung begonnener Projekte nicht beliebig gestreckt werden kann: Auf der technischen Seite können Nässe und Frost im Winter in einem unvollendeten Rohbau schwere Schäden anrichten. Aus ökonomischer Sicht ist ein Herauszögern unmöglich, weil die Zinskosten während der Unterbrechung weiterhin anfallen, und potenzielle Mieteinnahmen zum Ausgleich der Kosten gleichzeitig erst später möglich werden. Die Langwierigkeit des Produktionsprozesses bedingt, dass die Reaktionsfähigkeit und Anpassungsflexibilität des Immobilienangebotes auf Nachfrageschwankungen sehr träge sind. Dieses und der auch empirisch beobachtbare Time-Lag führt zu einem höheren ökonomischen Risiko der Projektentwicklung und ist Ursache für die schon oben erläuterten zyklischen Schwankungen von Miethöhe und Leerstand.

Während die Dauer der reinen Bauphase im Wesentlichen eine physisch-technische Eigenschaft ist, stellt die Dauer des gesamten Entwicklungsprozesses auch eine ökonomische Eigenschaft dar. Das liegt daran, dass wirtschaftliche Überlegungen wie beispielsweise das Ziel einer Fertigstellung zum wirtschaftlich sinnvollsten Zeitpunkt („timing") die Dauer des Entwicklungsprozesses stark beeinflussen.

(4) Höhe des Investitionsvolumens
Nur ein begrenzter Kreis potenzieller Investoren ist in der Lage, Immobilien zu erwerben. Die entscheidende Zugangsbarriere für eine weitere Verbreiterung von Realeigentum als Vermögensanlage ist der hohe, dauerhafte Kapitaleinsatz. Bei diesem Charakteristikum handelt es sich folglich um eine ökonomische Besonderheit des Wirtschaftsgutes; sie basiert nicht auf physisch-technischen Ursachen und kann daher überwunden werden. Das Investitionsvolumen des direkten Immobilienerwerbs kann gemildert werden, indem man indirekte Anlageformen nutzt. Insbesondere eine Investition in Anteile von Immobilienfonds und der Kauf von Immobilienaktien oder REIT-Anteilen sind Möglichkeiten, das erforderliche Mindestkapital auf ein für jedermann erschwingliches Niveau zu senken. Dass beispielsweise in den offenen Immobilien-Publikumsfonds trotz deren Schwierigkeiten in der Finanzkrise der letzten Jahre aktuell ein Fondsvermögen über 80 Milliarden Euro investiert ist (vgl. BVI), belegt, dass ein großer Bedarf nach indirekten Immobilienanlageprodukten besteht (vgl. zu diesem Thema auch Kapitel E.4).

(5) Höhe der Transaktionskosten
Eine wesentliche Komponente eines jeden Immobilieninvestments sind die hohen Transaktionskosten. Einerseits lösen Eigentumsübertragungen bei Immobilien direkte Zahlungen aus, wie die Grunderwerbsteuer, Grundbuch- und Notargebühren. Andererseits bedingt die geringe Markttransparenz Informations- und Suchkosten, angefangen von den Maklerprovisionen bis hin zu Aufwendungen für die Immobilienbegutachtung. Diese ökonomische Besonderheit der Immobilie scheint auf den ersten Blick ebenso durch indirekte Anlagen überwindbar zu sein, wie das Problem des Investitionsvolumens. Das ist aber nicht vollständig der Fall. Zwar können Anteile an offenen Fonds oder Aktiengesellschaften schneller, einfacher und günstiger gehandelt werden als Immobilien selbst. Aber auch die Akquise von Immobilien durch das Anlagevehikel führt zu Transaktionskosten für Vermittlung und Bewertung. Folglich kann eine indirekte Anlage nicht alle Arten von Transaktionskosten verringern. Es entstehen im Gegenteil sogar weitere Kosten, wie zum Beispiel der Ausgabeaufschlag bei offenen Fonds oder Überwachungskosten zur Kontrolle des Managements.

(6) Länge des Lebenszyklus
Immobilien zählen zu den langlebigsten Wirtschaftsgütern – sowohl in physisch-technischer als auch in ökonomischer Hinsicht. Durch die definitorische Einheit von

Grund und Boden und Gebäude ist ein wirtschaftlicher „Untergang“ der gesamten Immobilie kaum zu erwarten. Während die Nutzungsmöglichkeit des Bodens im Normalfall zeitlich nicht begrenzt ist, ist für das Gebäude die ökonomische Nutzungsdauer von der physisch-technischen zu unterscheiden. Die technische Lebenszeit übertrifft regelmäßig die ökonomische Nutzungsdauer der Immobilie bei weitem. Sie beschreibt die Abnutzung der technischen Infrastruktur und der Einbauten. Für die immobilienökonomische Auseinandersetzung mit Immobilien ist vorwiegend die wirtschaftliche Nutzungsdauer von Bedeutung. Sie endet im Allgemeinen dann, wenn die Verzinsung des Kapitalwertes einer Nachfolgeinvestition die laufenden Reinerträge aus der bestehenden Immobilie übersteigt. Durch die Geschwindigkeit des technischen Fortschritts haben sich die Anforderungen der Gebäudenutzer an die Immobilien in den letzten Jahren immer schneller verändert. Daraus entsteht die Tendenz, dass sich die ökonomische Nutzungsdauer von Gebäuden verkürzt.

(7) Begrenzte Substituierbarkeit

Ebenso wie das Wohnen bzw. das Verfügungsrecht über Wohnraum zu den grundlegenden Bedürfnissen zählt, ist der für gewerbliche Nutzungen notwendige Raum eine Grundvoraussetzung für die Erhaltung der unternehmerischen Existenz. Nutzer können das Gut „Raum“ nur sehr begrenzt durch andere Wirtschaftsgüter ersetzen, z. B. „Temporary Buildings“ (vgl. Niehüser). Der Bedarf lässt sich in zeitlicher und qualitativer Hinsicht nur aufschieben.

1.5 Besonderheiten des Immobilienmarktes

Die besonderen Eigenschaften des Wirtschaftsgutes Immobilie führen zu spezifischen Charakteristika des Immobilienmarktes – oder besser gesagt der Märkte für Immobilien. Einen einzigen und einheitlichen Immobilienmarkt gibt es nämlich nicht, sondern es lassen sich räumliche und sachliche Teilmärkte unterscheiden. Die **räumlichen Teilmärkte** ergeben sich aus den Unterschieden in Angebot und Nachfrage in verschiedenen Regionen, Städten oder Stadtteilen.

Aufgrund der föderalen Struktur der Bundesrepublik Deutschland existiert hierzulande keine dominierende Metropole wie London für Großbritannien oder Paris für Frankreich. Die bedeutendsten Immobilienmärkte in Deutschland sind:
- Hamburg,
- Berlin,
- München,
- Frankfurt am Main,
- Düsseldorf.

Aber auch Hannover, Dresden, Leipzig, Stuttgart, Nürnberg, Köln, Essen und Dortmund weisen wichtige Immobilienmärkte auf. Auch innerstädtisch lassen sich räumliche Teilmärkte abgrenzen. In einer Hafenstadt könnte beispielsweise die Nachfrage nach Büroflächen durch Reedereien aufgrund eines gestiegenen Außenhandels und Schiffsverkehrs zunehmen, während gleichzeitig Banken weniger Fläche nachfragen. Wenn nun die Banken im Bankenviertel der Stadt einige Büros räumen, werden diese nicht notwendig von den Reedern angemietet, da diese aus nahe liegenden Gründen lieber in der Nähe des Hafens angesiedelt sind. Die (Teil-) Märkte in den beiden Stadtteilen entwickeln sich also unterschiedlich.

Neben den räumlichen existieren auch **sachliche Teilmärkte**. Beispiele sind etwa der Markt für Büroflächen, der Wohnungsmarkt, der Markt für Einfamilienhäuser, Hotels oder für Handelsimmobilien. Dass fehlender Wohnraum nicht mit einem Überschuss an Supermärkten ausgeglichen werden kann, überrascht nicht. Wie schon bei den räumlichen Teilmärkten sind aber auch hier die Unterscheidungen wesentlich feiner und auch innerhalb von Nutzungsarten bedeutsam. Die Bürofläche einer Behörde mit langen Reihen von Zellenbüros wäre als Handelsraum für eine Investmentbank oder als Fläche für ein Softwareunternehmen schlichtweg ungeeignet, weil die Raumaufteilung die notwendige Kommunikation unmöglich machen würde.

Für alle Teilmärkte sind jedoch einige gemeinsame Eigenschaften auszumachen. Diese sind im Einzelnen:

- **Geringe Markttransparenz**: Aufgrund der Heterogenität der Immobilien ist es schwierig, für den Gesamtmarkt gültige, also objektübergreifende Aussagen zu formulieren. Wird eine Aktie an der Börse verkauft, ist eine andere Aktie der gleichen Firma zu dem bestimmten Zeitpunkt dasselbe wert. Bei einer Immobilie kann man das nicht sagen, weil es keine zwei gleichen Immobilien gibt. Darüber hinaus werden Börsenkurse unmittelbar veröffentlicht, Daten über Immobilien sind aber in der Regel private Daten, die nicht oder erst mit großer Zeitverzögerung und unvollständig herausgegeben werden. Marktforschungsinstitute, wie die bulwiengesa AG, die Marktberichte von Maklerhäusern und Banken, die IPD International Property Databank und andere haben in den letzten Jahren erheblich zu einer Erhöhung der Markttransparenz beigetragen, aber im Vergleich zu Aktien- und Rentenmärkten hat der Immobilienmarkt noch Nachholbedarf.
- **Abhängigkeit von Entwicklungen der Volkswirtschaft**: Die Flächennachfrage hängt von der volkswirtschaftlichen Entwicklung oder der Entwicklung einzelner Wirtschaftszweige ab. So wird die Nachfrage nach Büroflächen von der Anzahl der örtlichen Beschäftigten im Dienstleistungssektor determiniert. Die Nachfrage nach anderen Flächenarten, z. B. Wohn- oder Handelsflächen, hängt von der Höhe des Einkommens der Haushalte ab. Diese Einflussfaktoren werden wiederum durch die konjunkturelle Entwicklung bestimmt.

- **Geringe Anpassungselastizität an Marktveränderungen:** Die Länge des Lebenszyklus einer Immobilie bedingt, dass jedes Jahr nur ein kleiner Teil des Flächenbestandes durch Abriss und Obsoleszenz vom Markt genommen wird. Auf der anderen Seite führt die Dauer des Entwicklungs- und Bauprozesses dazu, dass der Bestand kurzfristig auch nicht ausgeweitet werden kann. Das Angebot ist kurzfristig betrachtet also eine feste Größe und kann nur sehr langsam auf Veränderungen der Nachfrage reagieren.
- **Zyklizität:** Diese Eigenschaft wird am Besten erklärt, indem man von einem ursprünglichen Marktgleichgewicht ausgeht, und beobachtet, wie der Markt reagiert, wenn dieses Gleichgewicht durch einen exogen verursachten, beispielsweise konjunkturbedingten, Anstieg der Flächennachfrage gestört wird: Die Flächenmenge kann kurzfristig nicht ausgeweitet werden, also muss der Preis allein für die Markträumung sorgen. Der Preis (die Miete) steigt daher stark an. Dadurch erhöht sich das Einkommen der Gebäudeeigentümer. Sie erwirtschaften also eine höhere Rendite als zuvor. Relativ zu anderen Anlageformen ist die Rendite einer Immobilienanlage gestiegen. Folglich werden Kapitalanleger verstärkt Immobilieneigentum nachfragen. Auf dem Markt für Immobilieneigentum ergibt sich dadurch ebenfalls eine Nachfragesteigerung, die auch hier – aufgrund konstanten Bestands – zu höheren Preisen führt. Diese verstärken die Aktivitäten der Projektentwickler, deren Gewinn sich aus der Differenz der Verkaufspreise und der Herstellungskosten fertiger Gebäude ergeben. Bei unveränderten Herstellungskosten führt die Steigerung der Kaufpreise zu höheren Profiten und damit zu einer Ausweitung der Produktion. Nach einiger Zeit erhöht sich daher das Angebot auf dem Mietmarkt durch die Fertigstellung neuer Flächen. Da sich die Nachfrage nicht mehr verändert hat, fällt die Miete stark und die Wirkungskette geht mit umgekehrtem Vorzeichen weiter. Durch die geringe Anpassungselastizität des Angebotes in der kurzen Frist und durch die starre und preisunelastische Nachfrage entsteht auf diese Weise ein zyklisches Auf und Ab im Marktgeschehen (vgl. hierzu weiterführend DiPasquale, Wheaton S. 6–10 sowie Bone-Winkel, Sotelo, S. 199–205 und Schulte, Holzmann).

Die Immobilie ist ein facettenreiches Wirtschaftsgut, dessen spezifische Eigenschaften und Besonderheiten von diversen Wissenschaftsdisziplinen untersucht werden. Aber auch und gerade in der Praxis befassen sich viele unterschiedliche Unternehmen mit dem Phänomen Immobilie. Von der Bedeutung der Immobilien in der Wirtschaft und für die Wirtschaft handelt das nächste Kapitel.

1.6 Literatur

BewG: Bewertungsgesetz in der Fassung der Bekanntmachung vom 01.02.1991 (BGBl. I 1991 S. 230), zuletzt geändert durch Artikel 3 des Gesetzes vom 18. Dezember 2013 (BGBl. I S. 4318).

BGB: Bürgerliches Gesetzbuch in der Fassung der Bekanntmachung vom 02.01.2002 (BGBl. I S. 42, ber. S. 2909; 2003 I S. 738), zuletzt geändert durch Gesetz vom 1.10.2013 (BGBl. I S. 3719).

BJagdG: Bundesjagdgesetz in der Fassung der Bekanntmachung vom 29. September 1976 (BGBl. I S. 2849), zuletzt geändert durch Artikel 1 des sechsten Gesetzes vom 29.05.2013 (BGBl. I S. 1386).

BONE-WINKEL: Bone-Winkel, Stephan: Das strategische Management von offenen Immobilienfonds unter besonderer Berücksichtigung der Projektentwicklung von Gewerbeimmobilien, in: Schulte, K.-W. (Hrsg.): Schriften zur Immobilienökonomie, Band 1, Köln 1994.

BONE-WINKEL, SOTELO: Bone-Winkel, Stephan; Sotelo, Ramon: Warum werden Büroflächen (nicht) vermietet? Einige grundlegende Anmerkungen über den Immobilienmarkt am Beispiel Berlins, in: Grundstücksmarkt und Grundstückswert 6 (1995) 4, S. 199–205.

BRITTINGER: Brittinger, T.: Betriebswirtschaftliche Aspekte des Industriebaues: eine Analyse der baulichen Gestaltung industrieller Fertigungsstätten, Diss. Berlin 1992.

BUSSE VON COLBE, LAẞMANN: Busse von Colbe, W.; Laßmann, G. Betriebswirtschaftstheorie, Band 1, Grundlagen, Produktions- und Kostentheorie, 4. überarb. u. erg. Auflage, Berlin u. a. 1988.

BVI: Bundesverband Investment und Asset Management e. V.: Statistik Offene Immobilienfonds, Status und Fondsvermögen zum Stichtag 31.07.2015, http://www.bvi.de/fileadmin/user_upload/Statistik/2015_07_OIF_Status_und_FV.pdf, Downloaddatum: 17.09.2015.

CORSTEN, GÖSSINGER: Corsten, H., Gössinger, R.: Produktionswirtschaft: Einführung in das industrielle Produktionsmanagement, 13. Aufl., München 2012.

DEUTSCHE BANK: Deutsche Bank AG (Hrsg.): Facts and Figures – Pressemitteilung vom 24.02.2011, www.deutsche-bank.de, Downloaddatum: 30.09.2011.

DiPASQUALE, WHEATON: DiPasquale, D., Wheaton, W. C.: Urban Economics and Real Estate Markets, Englewood Cliffs 1996.

ErbbauRG: Erbbaurechtsgesetz in der im Bundesgesetzblatt Teil III, Gliederungsnummer 403-6, veröffentlichten bereinigten Fassung, zuletzt geändert durch Artikel 4 Absatz 7 des Gesetzes vom 01.10.2013 (BGBl. I S. 3719).

EStG: Einkommensteuergesetz in der Fassung der Bekanntmachung vom 08.10.2009 (BGBl. I S. 3366, 3862), zuletzt geändert durch Artikel 11 des Gesetzes vom 18.12.2013 (BGBl. I S. 4318).

FANDL: Fandl, G.: Produktion I – Produktions- und Kostentheorie, 6. Aufl., Berlin, Heidelberg, New York 2007.

GBO: Grundbuchordnung in der Fassung der Bekanntmachung vom 26.05.1994 (BGBl. I S. 1114), zuletzt geändert durch Artikel 12 des Gesetzes vom 10.10.2013 (BGBl. I S. 3786).

GG: Grundgesetz für die Bundesrepublik Deutschland in der im Bundesgesetzblatt Teil III, Gliederungsnummer 100-1, veröffentlichten bereinigten Fassung, zuletzt geändert durch Artikel 1 des Gesetzes vom 11.07.2012 (BGBl. I S. 1478).

GRAASKAMP: Graaskamp, J.A., A Rational Approach to Feasibility Analysis, in: The Appraisal Journal, October 1972, S. 513–521.

GUTENBERG: Gutenberg, E.: Grundlagen der Betriebswirtschaftslehre Band 1 – Die Produktion, 24., unveränd. Aufl., Berlin, Heidelberg, New York 1983.

HEINEN: Heinen, E.: Betriebswirtschaftliche Kostenlehre, 6., verb. u. erw. Aufl., Wiesbaden 1983.

ImmoWertV: Immobilienwertermittlungsverordnung vom 19. Mai 2010 (BGBl. I S. 639).

KERN: Kern, W.: Industrielle Produktionswirtschaft, 5., durchges. u. aktualisierte Aufl., Stuttgart 1992.

KOCH: Koch, M.: Ein internationales Gebäudebewertungssystem für Nachhaltigkeit: Mögliche Anwendungen für Immobilieninvestoren und -nutzer in: Rottke, N. (Hrsg.): Ökonomie vs. Ökologie – Nachhaltigkeit in der Immobilienwirtschaft?, Köln 2010.

NIEHÜSER: Niehüser, L.: Temporary Buildings. Ein Vergleich von konventionellen Gebäuden mit temporären Baulösungen, Diplomarbeit (EUROPEAN BUSINESS SCHOOL), 2001.

PALANDT: Beck'sche Kurz-Kommentare Band 7 Palandt Bürgerliches Gesetzbuch, 73. neubearbeitete Auflage, München 2014.

PHYRR ET AL.: Phyrr et al.: Real Estate Investment – Strategy, Analysis, Decisions, 2. Aufl., New York, 1989.

SCHÄFERS: Schäfers, W.: Strategisches Management von Unternehmensimmobilien – Bausteine einer theoretischen Konzeption und Ergebnisse einer empirischen Untersuchung, in Schulte, K.-W. (Hrsg.): Schriften zur Immobilienökonomie, Band 3, Köln 1997.

SCHULTE/SCHÄFERS: Schulte, K.-W./Schäfers, W.: Immobilienökonomie als wissenschaftliche Disziplin, in Schulte K.-W. (Hrsg.): Immobilienökonomie Band 1: Betriebswirtschaftliche Grundlagen, 4. Aufl., München 2008, S. 47–69.

SCHULTE: Schulte K.-W. (Hrsg.): Immobilienökonomie Band 2: Rechtliche Grundlagen, 3. Aufl., München 2013.

SCHULTE, HOLZMANN: Schulte, K.-W., Holzmann, C.: Zyklen in der Immobilienökonomie in: Wernecke, M., Rottke, N. (Hrsg.): Praxishandbuch Immobilienzyklen, Köln 2006.

STATISTISCHES BUNDESAMT: Statistisches Bundesamt (Hrsg.): Bodenfläche nach Art der tatsächlichen Nutzung 2012, Fachserie 3, Reihe 5.1, 2013.

USINGER: Usinger, W.: Immobilien Recht und Steuern: Handbuch für die Immobilienwirtschaft, 3., überarb. Aufl., Köln 2004.

WEG: Wohnungseigentumsgesetz in der im Bundesgesetzblatt Teil III, Gliederungsnummer 403-1, veröffentlichten bereinigten Fassung, zuletzt geändert durch Artikel 4 Absatz 6 des Gesetzes vom 01.10.2013 (BGBl. I S. 3719).

Stephan Bone-Winkel, Karl-Werner Schulte, Kai-Magnus Schulte, Dominik Pfrang*

2 Bedeutung der Immobilienwirtschaft

Inhalt

* In früheren Auflagen dieses Werkes hat auch Tobias Müller an diesem Kapitel mitgewirkt. Die Herausgeber danken ihm für seinen Beitrag zur Entwicklung des vorliegenden Kapitels.

2.1 Definitorische Abgrenzung des Begriffs Immobilienwirtschaft

Im vorangegangenen Kapitel wurde sowohl der physische, der juristische als auch der ökonomische Immobilienbegriff hergeleitet. Mit der Definition der Immobilienwirtschaft und ihrer volkswirtschaftlichen Bedeutung hat sich ein Gutachten mit dem Titel „Wirtschaftsfaktor Immobilien 2013“ befasst, das von IdW, IREBS und ZEW erstellt und von der gif und vom Dt. Verband für Wohnungswesen, Städtebau und Raumordnung in Auftrag gegeben wurde. Die Immobilienwirtschaft zählt zu den größten und vielfältigsten Wirtschaftszweigen einer jeder Volkswirtschaft, was nicht zuletzt an der Vielzahl an immobilienbezogenen Tätigkeiten liegt. Diese reichen von der Immobilienbewirtschaftung bis zur Vermittlung, Finanzierung, Planung und Bautätigkeit. Entsprechend schwer ist es, die Immobilienwirtschaft trennscharf zu erfassen. So erzielen Baukonzerne heutzutage oftmals einen Großteil ihrer Umsätze mit dem Facility Management. Insofern werden in der zitierten Studie zwei Definitionen vorgeschlagen, eine weite und eine enge. Nach der engen Definition zählen zur Immobilienwirtschaft, entsprechend der Wirtschaftszweigklassifikation des Statistischen Bundesamtes, alle Selbstnutzer, Kleinvermieter und Unternehmen, die in den Bereichen Vermittlung, Verwaltung, Handel und Vermietung tätig sind. Nach der weiten Definition zählen zu diesem Wirtschaftszweig zusätzlich unter anderem die Architekten, Planer, Kreditgeber, Berater und Bauunternehmen. (Vgl. Deutscher Verband für Wohnungswesen, Städtebau und Raumordnung e. V./ Gesellschaft für Immobilienwirtschaftliche Forschung e. V., S. 12 f.)

Um den Begriff Immobilienwirtschaft weiter zu konkretisieren, kann man die beteiligten Gruppen noch zusätzlich unterteilen. Als Basis für die hier vorgenommene Unterscheidung dient das **Haus der Immobilienökonomie** (vgl. dazu ausführlich Kapitel A.3.3), welches insgesamt sechs Gruppen von Institutionen unterscheidet. Diese werden in Teil C dieses Buches noch ausführlicher dargestellt. Die hier vorgenommene kurze Darstellung dient lediglich zur besseren Einordnung der weiteren Ausführungen:

- **Immobilienprojektentwickler** übernehmen die Konzeption und Verwirklichung von Neubauprojekten und in zunehmendem Maße auch die Revitalisierung von Bestandsobjekten. Darüber hinaus übernehmen sie als Dienstleister für eine Reihe von Marktteilnehmern Einzelaufgaben im Rahmen des Projektentwicklungsprozesses.
- **Immobilieninvestoren** übernehmen die Eigentümerfunktion über einen meist umfangreichen Bestand an Grundstücken und Gebäuden. Man kann die Investorengruppen grundsätzlich in private und institutionelle Investoren unterscheiden. Darüber hinaus ist eine weitergehende Untergliederung der Gruppe der institutionellen Investoren möglich. Zum einen in solche mit einem Single-

Asset-Portfolio, also einem Anlageportfolio mit nur einer Anlageklasse (hier Immobilien) und zum anderen in solche mit einem Multi-Asset-Portfolio, also einem Anlageportfolio mit mehr als einer Kapitalanlageklasse (also beispielsweise Immobilien, Aktien und Anleihen). Zu den Immobilienbestandshaltern gehören auch Wohnungsunternehmen, Non-Property-Companies, die öffentliche Hand und die Kirchen mit ihren – zum Teil – umfangreichen Immobilienbeständen. Diese verfolgen aber i. d. R. anderen Ziele mit dem Erwerb der Immobilien als klassische Investoren. Auch Stiftungen lassen sich der Gruppe der Investoren zurechnen.

- **Bauunternehmen** übernehmen die „Produktion" der Immobilie nach den Vorgaben der Eigentümer bzw. des Entwicklers. Sie stehen in vielfältigen Leistungsbeziehungen und in ständigem Austausch mit den anderen Gruppen der Immobilienwirtschaft und erbringen einen wesentlichen Bestandteil der immobilienwirtschaftlichen Wertschöpfung. Die bauwirtschaftliche Institutionenlehre unterscheidet zwischen Bauhauptgewerbe bestehend aus Bauindustrie und Bauhandwerk sowie Baunebengewerbe bestehend aus Baustoffhandel, Gerüstbau, etc.
- **Immobilienfinanzierer** stellen das zur Verwirklichung von Immobilienprojekten sowie zum Erwerb von Immobilienobjekten benötigte Fremdkapital zur Verfügung. Ihnen kommt große Bedeutung zu, da die Finanzierungsstruktur in Deutschland meist fremdkapitaldominiert ist. Im Gegensatz zu den Immobilieninvestoren sind sie i. d. R. bemüht, keine direkten wirtschaftlichen Risiken zu tragen.
- **Immobiliendienstleister** Unter diesem Oberbegriff lässt sich eine heterogene Gruppe verschiedenster Marktteilnehmer subsumieren. Gemeinsam ist ihnen, dass die von ihnen erbrachte Dienstleistung unmittelbar mit der Immobilie verbunden ist. Dazu zählen Planer, Projektsteuerer, Sachverständige, Makler, Berater, Facility Manager/Immobilienverwalter und Immobilienbetreiber. Außerdem können weitere Berufsgruppen wie Notare, Steuerberater oder Juristen, die im Rahmen ihrer beruflichen Tätigkeit immer wieder mit dem Wirtschaftsgut Immobilie in Berührung kommen, in diese Gruppe eingeordnet werden.
- **Immobiliennutzer** absorbieren als Käufer oder als Mieter das von den übrigen Gruppen erstellte und bewirtschaftete Immobilienangebot zur persönlichen oder betrieblichen Nutzung und bilden so die Nachfrageseite des Immobilienmarktes. Dem in diesem Artikel zu Grunde gelegten investitionstheoretischen Verständnis des ökonomischen Immobilienbegriffs folgend, entscheiden sie durch diese Nachfrage über den Wert der zur Verfügung stehenden Immobilien. Auf diese Weise bilden sie ein Regulativ für die Angebotsseite des Marktes und determinieren maßgeblich deren Entwicklung.

2.2 Einfluss der Bau- und Immobilienwirtschaft auf die deutsche Volkswirtschaft

2.2.1 Entwicklung des Bruttoinlandsproduktes (BIP)/ Bruttowertschöpfung

Von 1991 bis 2011 ist die deutsche Bruttowertschöpfung von ca. 1.400 Bio. € auf ca. 2.300 Bio. € gestiegen, was einer Steigerung von ca. 64 % entspricht. Zeitgleich erhöhte sich die Bruttowertschöpfung der Immobilienwirtschaft von ca. 244,5 Mrd. € auf ca. 434,4 Mrd. €, was einer Steigerung von ca. 78 % entspricht. Beachtlich ist, dass während die deutsche Bruttowertschöpfung im Rahmen der Finanz- und Wirtschaftskrise von 2008 bis 2009 rückläufig war, die Bruttowertschöpfung der Immobilienwirtschaft mit Ausnahme des Jahres 2009 konstant gestiegen ist. Insgesamt lässt sich erkennen, dass die sehr stetige Entwicklung der Immobilienwirtschaft zu einer Stabilisierung der gesamten Volkswirtschaft beigetragen hat. In 2011 betrug der Anteil an der gesamten Bruttowertschöpfung ca. 18,7 % im Vergleich zu ca. 17,5 % in 1991 (vgl. Abbildung 1).

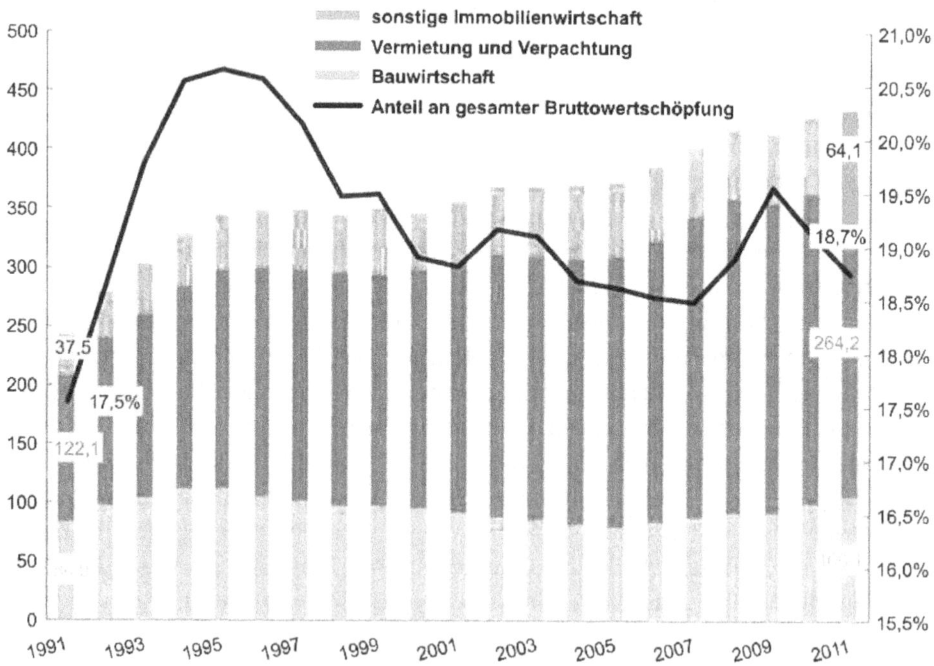

Abb. 1: Bruttowertschöpfung des Immobilienwirtschaft im Vergleich zur gesamtwirtschaftlichen Bruttowertschöpfung in Deutschland in den Jahren 1991 bis 2011 (in Milliarden Euro) (Quelle: Deutscher Verband für Wohnungswesen, Städtebau und Raumordnung e. V./Gesellschaft für Immobilienwirtschaftliche Forschung e. V. (2013), S. 23)

Nach der Wiedervereinigung Deutschlands erlebte die Baubranche vor allem in Ostdeutschland zu Beginn der 90er Jahre einen deutlichen Aufschwung. In Wohn- und Gewerbebauten, vor allem aber in die Infrastruktur war über Jahrzehnte hinweg nur unzureichend investiert worden, sodass hier ein erheblicher Nachholbedarf bestand. In 1995 setzte jedoch ein gegenläufiger Trend ein, der bis ca. 2005 anhielt. Dieser Rückgang hatte mehrere Ursachen. Neben der notwendigen Reduzierung zuvor aufgebauter Überkapazitäten wurde die steuerliche Förderung von Bauinvestitionen in den neuen Bundesländern sukzessive zurückgefahren. Darüber hinaus ist die Bauwirtschaft eine besonders **konjunkturabhängige Branche**. Daher war sie von der schwachen wirtschaftlichen Entwicklung der ersten Hälfte der 2000er besonders betroffen. Darüber hinaus war (und ist) die Lage der öffentlichen Finanzen seit Jahren angespannt. Die notwendige Sparpolitik führte zu massiven Einschnitten bei den öffentlichen Investitionen, was die Krise zusätzlich verschärfte. Jedoch hat sich währenddessen die Bruttowertschöpfung aus Vermietung und Verpachtung deutlich positiver entwickelt, so dass sich die Bruttowertschöpfung der gesamten Immobilienwirtschaft nichtdestotrotz positiv entwickelt hat. Die Abwärtsbewegung der Baubranche hielt bis 2005 an. Seitdem haben sich die Bauinvestitionen wieder deutlich erhöht (vgl. Abbildung 2).

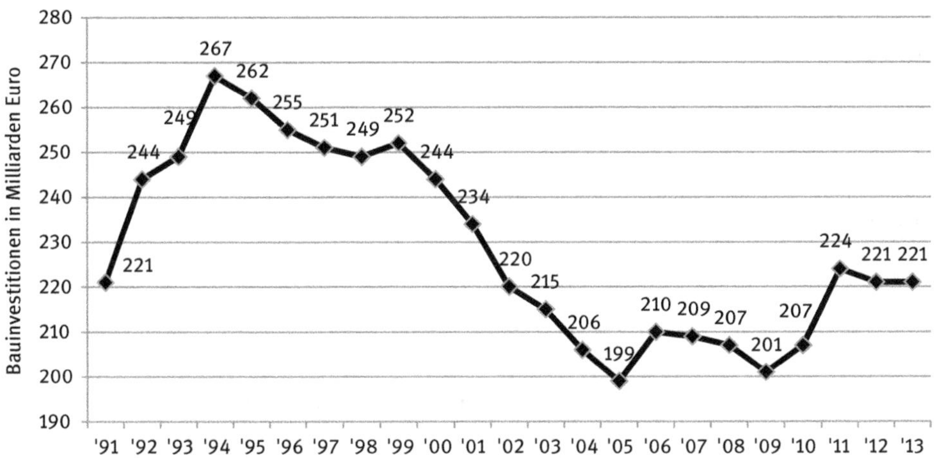

Abb. 2: Entwicklung der Bauinvestitionen in Deutschland in den Jahren 1991 bis 2013 (in Milliarden Euro) (Quelle: Statista (2014b), aus: Statistisches Bundesamt; ZDB)

Seit 1991 ist das Bruttoinlandsprodukt (BIP) von 1,534 Bio. € auf 2,737 Bio. € in 2013 angewachsen, was einer durchschnittlichen Steigerung von 2,7 % entspricht. In 2013 wurden 9,9 % des Bruttoinlandsprodukts für Bauinvestitionen verwendet. Dies belegt die bedeutende Rolle der Baubranche im wirtschaftlichen Gefüge Deutschlands. So ist die Bau- und Immobilienwirtschaft nicht nur als stabilisierender Faktor während der Finanz- und Wirtschaftskrise durch seine stabile Wertschöpfung sondern auch an den deutlichen Wachstumsraten des BIPs in den letzten Jahren durch verstärkte Bauinvestitionen maßgeblich beteiligt.

2.2.2 Entwicklung der Beschäftigung

Die große volkswirtschaftliche Bedeutung der Immobilienwirtschaft spiegelt sich auch in der Zahl der Erwerbstätigen wider, die dort eine Beschäftigung finden oder deren Beschäftigung indirekt davon abhängt. Abbildung 3 verdeutlicht die Entwicklung der Beschäftigung in der Immobilienwirtschaft zwischen 1991 und 2011. Über diesen Zeitraum stieg die Anzahl der Erwerbstätigen von ca. 243.000 auf ca. 435.000 an, was einer Steigerung von ca. 80 % entspricht. Fast identisch verlief die Entwicklung der Anzahl der Arbeitnehmer, deren Zahl über den gleichen Zeitraum von ca. 205.000 auf ca. 370.000 anstieg (ein Zuwachs von ca. 80 %). Auffällig ist die kurzfristig sinkende Anzahl an Beschäftigten in den jüngsten Krisenjahren 2008 und 2009, von denen sich die Immobilienwirtschaft – zumindest bezüglich der Beschäftigtenzahlen – noch nicht wieder erholt hat.

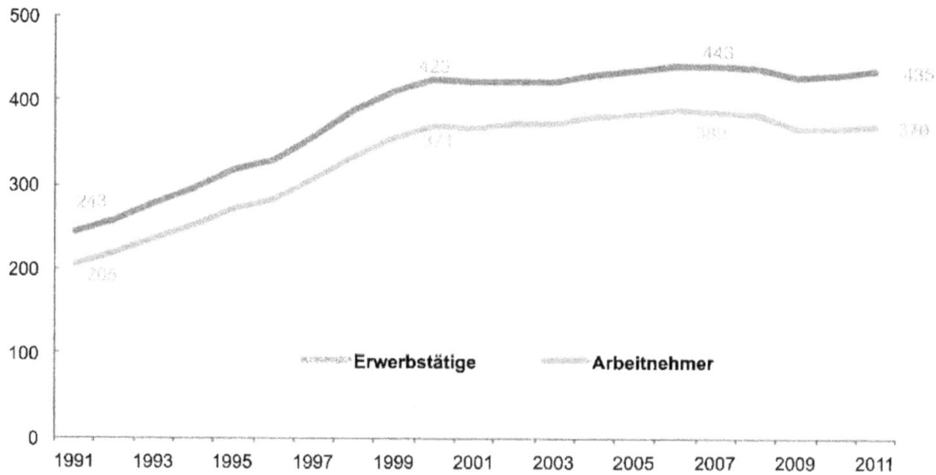

Abb. 3: Erwerbstätige und Arbeitnehmer in der Immobilienwirtschaft in Deutschland 1991 bis 2011 in Tsd. (Quelle: Deutscher Verband für Wohnungswesen, Städtebau und Raumordnung e. V./ Gesellschaft für Immobilienwirtschaftliche Forschung e. V. (2013), S. 17)

2.3 Bau- und Investitionsvolumina

2.3.1 Entwicklung der Bautätigkeit

Wie zuvor beschrieben war die Bautätigkeit in der Bundesrepublik Deutschland seit 1999 rückläufig. Von dieser Entwicklung waren alle Bereiche der Bauwirtschaft – Wohnungsbau, Wirtschaftsbau und öffentlicher Bau – gleichermaßen betroffen. Gleichzeitig berührte die Schwäche der Baubranche auch alle anderen Bereiche der Immobilienwirtschaft wie Immobilienfinanzinstitutionen, Projektentwickler oder zahlreiche Immobiliendienstleister. Erst kürzlich hat sich der anhaltende Abwärtstrend abgeschwächt und in Wachstum umgewandelt.

Das gesamte **Bauvolumen** betrug in Deutschland im Jahr 2005 ca. **224 Mrd. €, wobei dieser Wert in 2002 noch bei ca. 255 Mrd. € lag.** Mittlerweile hat sich das Bauvolumen signifikant erhöht und beläuft sich momentan auf **309,37 Mrd. €**. Dieser Anstieg ist nicht zuletzt durch den nach der Finanz- und Wirtschaftskrise deutlichen wirtschaftlichen Aufschwung in Deutschland zu begründen (vgl. Statista 2014c).

In identischem Verlauf hat sich die Anzahl der Baufertigstellungen von Wohn- und Nichtwohngebäuden in Deutschland entwickelt. Diese reduzierten sich von 213.000 in 2001 auf nur noch 110.000 in 2009, was einer Reduzierung von ca. 48 % entspricht. Am dramatischsten war der Rückgang im Wohnungsbereich, in dem sich die Fertigstellungen im gleichen Zeitraum von 178.000 auf 83.000 mehr als halbierten. Auch hier hat sich seitdem ein positiver Trend herauskristallisiert. In 2013 betrug die Zahl der Baufertigstellungen nunmehr 131.000 und wird erwartet, weiter zu steigen (vgl. Abbildung 4).

Der zuvor sinkende Trend der Bautätigkeit war insbesondere auf Rückgänge in den neuen Bundesländern durch die Einschränkung der steuerlichen Förderung und die anhaltende Abwanderung der Bevölkerung zurückzuführen.

Abbildung 5 verdeutlicht die Entwicklung der Baugenehmigungen zwischen den Jahren 1995 und 2013. Auch hieraus wird deutlich, dass nach einem konstant hohen Niveau an Baugenehmigungen nach der deutschen Wiedervereinigung diese signifikant abgenommen haben. So reduzierte sich die Anzahl der Baugenehmigungen (sowohl Wohn- als auch Nichtwohngebäude) zwischen 1995 und 2008 von ca. 640.000 auf nur noch ca. 175.000. Erst in den letzten Jahren – insbesondere nach dem Hochpunkt der globalen Finanz- und Wirtschaftskrise – haben sich die Baugenehmigungen merklich erholt und lagen in 2013 bei ca. 270.000. Insbesondere im Wohnsektor sind für diesen Anstieg die historisch niedrigen Bauzinsen als Grund anzuführen, die viele Privatpersonen nicht nur zum Kauf von Bestandsimmobilien, sondern insbesondere zum Bau verleitet haben.

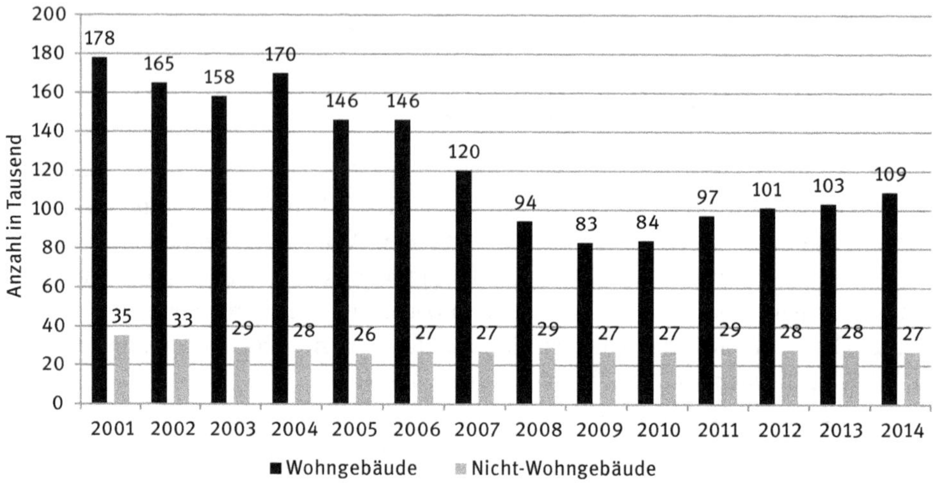

Abb. 4: Anzahl der Baufertigstellungen von Wohn- und Nichtwohngebäuden in Deutschland in den Jahren 2001 bis 2013 (in 1.000) (Quelle: Statista (2014d), aus: Statistisches Bundesamt)

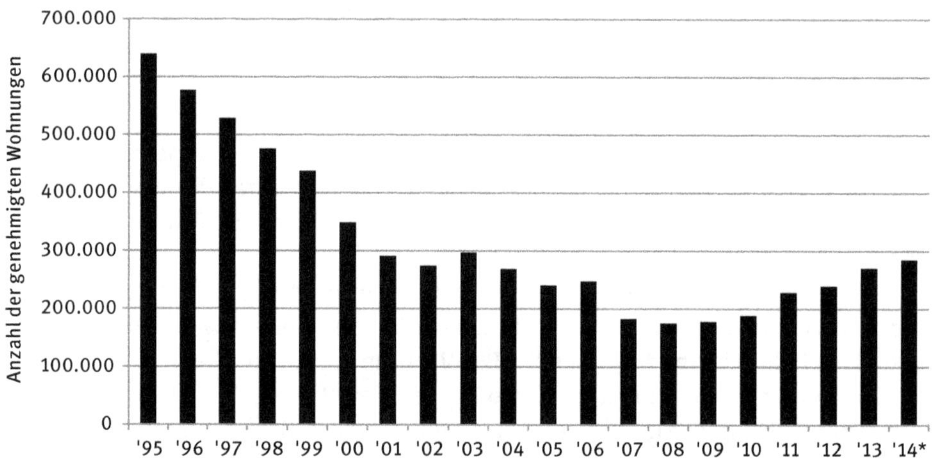

Abb. 5: Anzahl der genehmigten Wohnungen in Wohn- und Nichtwohngebäuden in Deutschland in den Jahren 1995 bis 2013 (Quelle: Statista (2014e), aus: Statistisches Bundesamt)

Der Verlauf der **Bauinvestitionen**, die im Gegensatz zum Bauvolumen Verbesserungen und Reparaturen von Gebäuden nur berücksichtigen, wenn sie größeren Umfangs sind, wurde bereits in Abbildung 2 verdeutlicht und betrug in 2013 ca. 220 Mrd. €. Hiervon entfielen ca. 59 % auf den Wohnungsbau, der somit mit Abstand die größte Bedeutung zukommt. Der gewerbliche Hochbau folgt mit 23 %, der öffentliche Tiefbau mit ca. 8 %, der gewerbliche Tiefbau mit ca. 7 % und der öffentliche Hochbau mit ca. 5 % signifikant abfallen. Tatsächlich ist der Anteil des Wohnungsbaus von 48 % in 1991 bis auf das heutige Niveau gestiegen. Aufgrund des hohen Anteils des Wohnungsbaus ist es nicht verwunderlich, dass die deutlich sinkenden Bauinvestitionen von 1999 bis 2005 überwiegend auf die stetig gesunkene Aktivität im Wohnungsbaubereich (vgl. Abbildung 5) zuzuschreiben ist.

2.3.2 Immobilieninvestitionen institutioneller Investoren

Der Markt für Immobilieninvestoren in Deutschland kann in **sechs Teilnehmergruppen** unterteilt werden. Neben den Privatanlegern gibt es auf institutioneller Seite Versicherungsgesellschaften und Pensionskassen, geschlossene Immobilienfonds, offene Immobilienfonds (Publikumsfonds und Immobilienspezialfonds), Immobilienleasinggesellschaften sowie Immobilienaktiengesellschaften/REITs.

Seit dem Ende des Börsenbooms im Jahr 2000 erfreuten sich Immobilienanlagen bei den verschiedenen Investoren großer Beliebtheit. Durch die **geringere Volatilität der Renditen** im Vergleich zu anderen Anlageformen wie etwa Aktien sind sie im Portfolio vor allem unter Risikogesichtspunkten bei vielen privaten wie institutionellen Kapitalanlegern ein wichtiger Bestandteil. Für diese These spricht die Entwicklung des **Deutsche Immobilien Index (DIX)**, der von der Investment Property Databank Ltd. mit Sitz in Frankfurt am Main veröffentlicht wird und die Wertentwicklung von knapp 2.176 Immobilien im Wert von ca. 49 Mrd. € abbildet. Seit seiner erstmaligen Veröffentlichung 1996 hat er mit Ausnahme der Jahre 2005/2006 (Bürosektor) bzw. 2009 (Logistiksektor) in jedem Jahr positive Renditen erwirtschaftet. Über die letzten 10 Jahre (2004–2013) lies sich im Durchschnitt eine Rendite von 3,2 % erwirtschaften, über die letzten 5 Jahre (2009–2013) von 4,2 % und über die letzten 3 Jahre (2011–2013) von 4,9 % (vgl. Abbildung 6). Auch wenn Aktien während dieser Zeiträume mit Renditen von 9,1 %, 15,0 % bzw. 12,0 % deutlich rentabler waren, ist ihre Volatilität doch deutlich höher als die von Immobilienanlagen. Darüber hinaus muss berücksichtigt werden, dass bei Immobilieninvestitionen ein Großteil der Rendite durch die regelmäßige Rendite (Netto-Cashflow-Rendite) bestimmt wird. So wurde von den 5,1 % Rendite im Jahr 2013 5,3 % durch den Netto-Cashflow generiert und -0,1 % durch Wertänderungen. Aktien zeigen im Durchschnitt deutlich niedrigere Dividendenrenditen und Staatsanleihen haben ohnehin eine geringere Rendite als Immobilienanlagen.

Aufgrund ihres Mindestzinsversprechens haben deshalb gerade Versicherungen, Pensionskassen und Versorgungswerke ihre Immobilienquoten signifikant erhöht und verstärkt in Immobilien investiert. Belastbare Zahlen zur Investitionstätigkeit dieser Gruppe stehen nur eingeschränkt zur Verfügung, da die meisten nicht direkt als Käufer auftreten sondern über Immobilienspezialfonds investieren. In 2013 investierten Pensionskassen und Versicherungen zusammen 3,525 Bio. € in deutsche Immobilien, was ca. 15 % des gesamten Investitionsvolumens von 23,051 Bio. € entspricht. Unter Hinzunahme der Immobilienspezialfonds mit einem Investitionsvolumen von 5,500 Bio. € ergibt sich ein Anteil von 39 % (vgl. BNP Paribas Real Estate 2014).

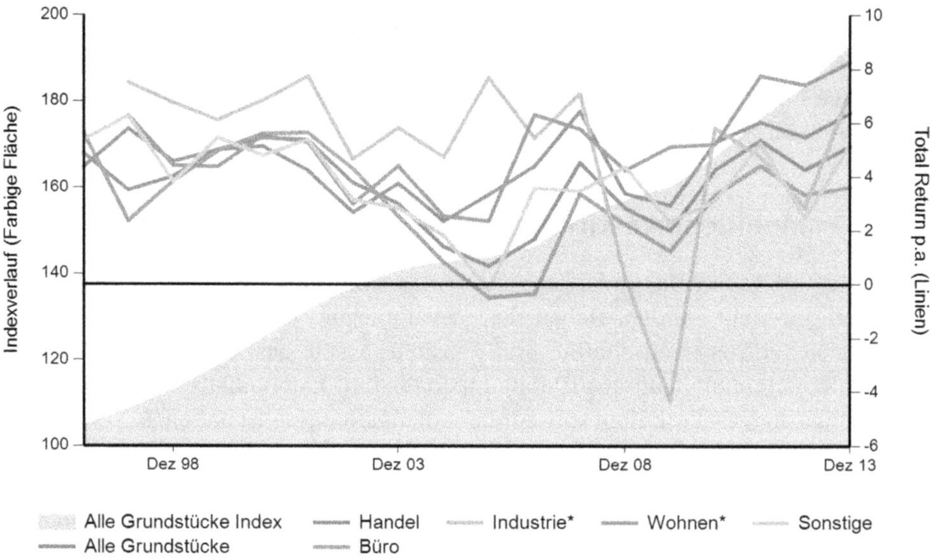

Abb. 6: DIX Deutscher Immobilien Index – Ergebnisse zum 31 Dezember 2013 (Quelle: IPD (2014a))

Bezüglich der Renditen und Volatilitäten zeigen sich jedoch signifikante Unterschiede von Stadt zu Stadt sowie von Land zu Land. So ist innerhalb Deutschlands der Frankfurter Büroimmobilienmarkt aufgrund der starken Abhängigkeit vom Banken- und Finanz(-dienstleistungs-)sektor – beides Sektoren, die stark konjunkturabhängig und entsprechend zyklisch sind – der volatilste Immobilienmarkt in Deutschland, während sich der Stuttgarter Büroimmobilienmarkt einer sehr hohen Stabilität erfreut. Gleichwohl ist der Londoner Immobilienmarkt signifikant volatiler als jeder deutsche Immobilienmarkt. Entsprechend ist die Investition in Immobilien kein Garant für stabile, sichere Renditen.

2.4 Die deutsche Immobilienwirtschaft im internationalen Vergleich

2.4.1 Bautätigkeit und Renditen

Die Bautätigkeit in Deutschland liegt im europäischen Vergleich auf einem der vorderen Plätze. In 2012 wurden in Deutschland insgesamt 190.000 Wohnungen fertiggestellt. Dies wurde nur von Frankreich übertroffen, wo insgesamt 380.000 Wohnungen fertiggestellt wurden. Abbildung 7 gibt einen Überblick über die Bautätigkeit in den restlichen westeuropäischen Ländern.

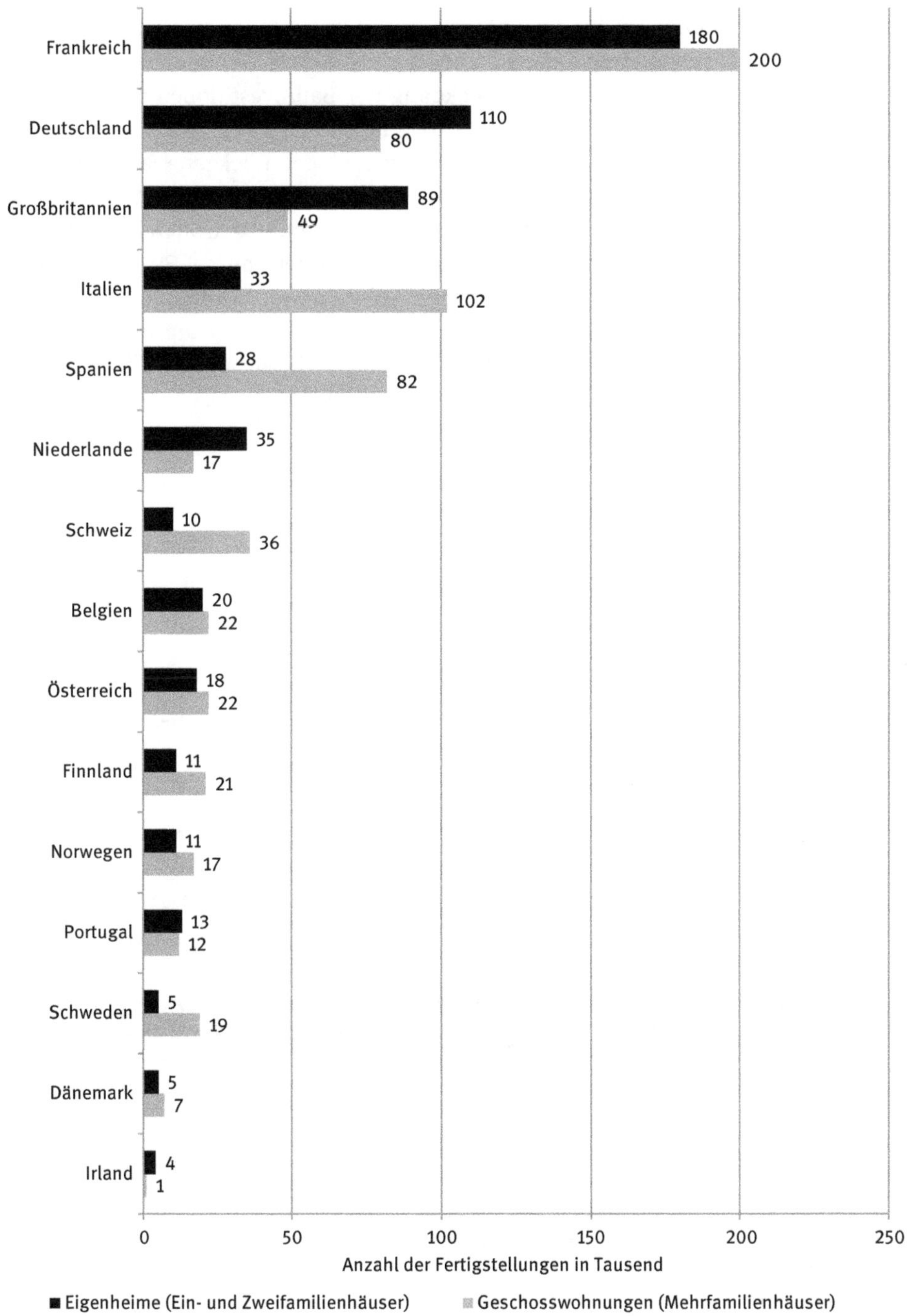

Abb. 7: Anzahl der Wohnungen in neu errichteten Wohngebäuden in ausgewählten Ländern Europas im Jahr 2012 (in 1.000) (Quelle: Statista (2014 f), aus: Euroconstruct)

Alle **Bauinvestitionen in der Europäischen Union** summierten sich in 2013 auf ca. **1,102 Mrd. €.** Hierzu trug Deutschland mit ca. 220 Mrd. € ungefähr 20 % bei. Insgesamt ist jedoch europaweit ein Rückgang der Bauinvestitionen festzustellen. Während diese von 1995 bis 2007 von 1,071 Mrd. € auf 1,422 Mrd. € stiegen, hat seitdem ein gegenläufiger Trend eingesetzt mit einem Rückgang auf nunmehr 1,102 Mrd. €. Ursächlich hierfür war die europäische Finanz- und Wirtschaftskrise. Der Rückgang der Bauinvestitionen war in den am stärksten getroffenen Krisenländern Griechenland, Irland, Italien, Portugal und Spanien mit ca. 39 % besonders ausgeprägt. Auf diese fünf Länder, die einen Anteil an der EU-Bauproduktion von weniger als einem Drittel haben, entfiel ein Anteil von ca. 70 % am Rückgang der europäischen Bautätigkeit. Der deutsche Markt hat sich insgesamt stabilisierend auf die europäischen Bauinvestitionen ausgewirkt (vgl. Abbildung 8).

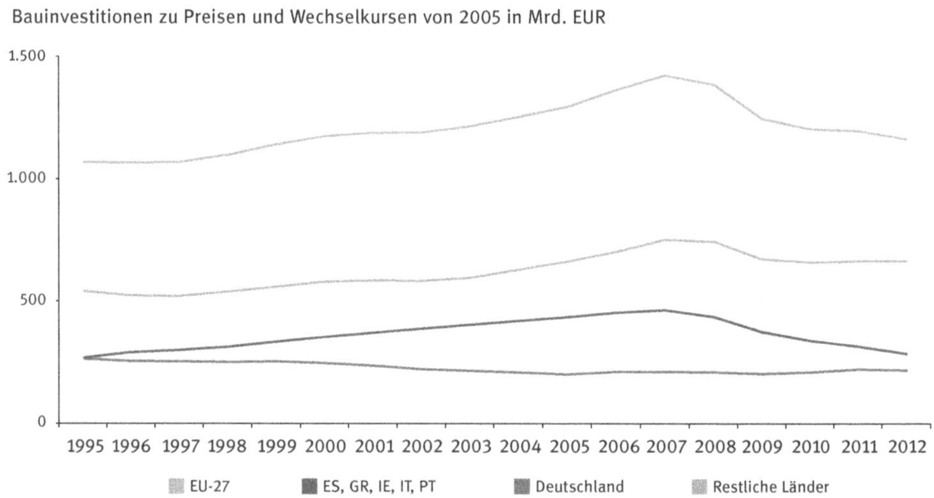

Bauinvestitionen zu Preisen und Wechselkursen von 2005, in Mrd. EUR									
	1995	2000	2005	2007	2009	2010	2011	2012	2013
EU 27	1.071,0	1.191,0	1.288,0	1.422,0	1.221,4	1.178,6	1.182,8	1.137,4	1.102,0
ES, GR, IE, IT, PT	266,0	350,0	432,9	462,5	372,8	338,2	308,3	280,5	258,4
Deutschland	262,0	244,2	198,9	208,8	200,8	207,3	223,0	220,0	220,0
Restliche Länder	544,0	597,0	656,0	751,0	647,8	633,1	651,4	636,9	623,6

Abb. 8: Bauinvestitionen zu Preisen und Wechselkursen von 2005 in Mrd. EUR (Quelle: Hauptverband der Deutschen Bauindustrie (2013), aus: Eurostat, in € Mrd.)

Beim **Wohnungsbau je Einwohner** ist Deutschland im internationalen Vergleich in den letzten Jahren deutlich zurückgefallen. 1997 lag die Bundesrepublik mit einem Wert von 7,0 neugebauten Wohnungen pro 1.000 Einwohner noch deutlich oberhalb des europäischen Schnitts von 5,4, vor allem getragen von einem massiven Wohnungsneubau in den neuen Bundesländern. Für 2014 ist eine Quote von nur noch 2,8 Wohnungen pro 1.000 Einwohnern prognostiziert. Insbesondere in Ländern wie Norwegen (6,4), Schweiz (6,2) sowie Frankreich (5,1) wird signifikant mehr gebaut als in Deutschland. Schlusslichter sind die europäischen Krisenländer Spanien, Irland, Portugal und Italien. Abbildung 9 gibt einen Überblick über die jeweiligen Quoten.

Bei der **Wohneigentumsquote** hat Deutschland gegenüber den meisten Ländern noch Nachholbedarf, wie Abbildung 10 zu entnehmen ist. Der Anteil von Eigentumswohnungen in Deutschland beträgt 53,3 % und lag damit im Jahr 2012 an vorletzter Stelle. Nur die Schweiz weist mit 43,9 % eine geringere Eigentumsquote auf. Insbesondere in den ost- und südeuropäischen Ländern stellt das Mieten von Wohnungen eine Ausnahmeerscheinung dar; hier liegen die Wohneigentumsquoten deutlich über 70 % bis zu 96,6 % in Rumänien.

Bei den **durchschnittlichen Renditen** für direkt gehaltene Immobilienanlagen liegt Deutschland im europäischen Vergleich im Mittelfeld. Abbildung 11 veranschaulicht die durchschnittlichen Renditen in den von der IPD abgedeckten Märkten über einen 1, 3 und 5 Jahreshorizont. Dabei rentierten **Direktanlagen** in Deutschland in 2013 mit durchschnittlich **5,1 %,** über die letzten 3 Jahre mit durchschnittlich 4,9 % und über die letzten 5 Jahre mit 4,2 %. Wie die Abbildung verdeutlich, wurde Deutschland nicht nur von anderen europäischen Ländern teils deutlich übertroffen. So vergleichen sich die im Durchschnitt über die letzten 5 Jahre erzielten 4,2 % p.a. in Deutschland mit ca. 8,0 % in England, 6,9 % in Schweden, 6,5 % in der Schweiz, 5,6 % in Frankreich 5,5 % in Finnland. Global sticht Südafrika mit einer Rendite von 12,6 % hervor (vgl. IPD Investment Property Databank IPD 2014c).

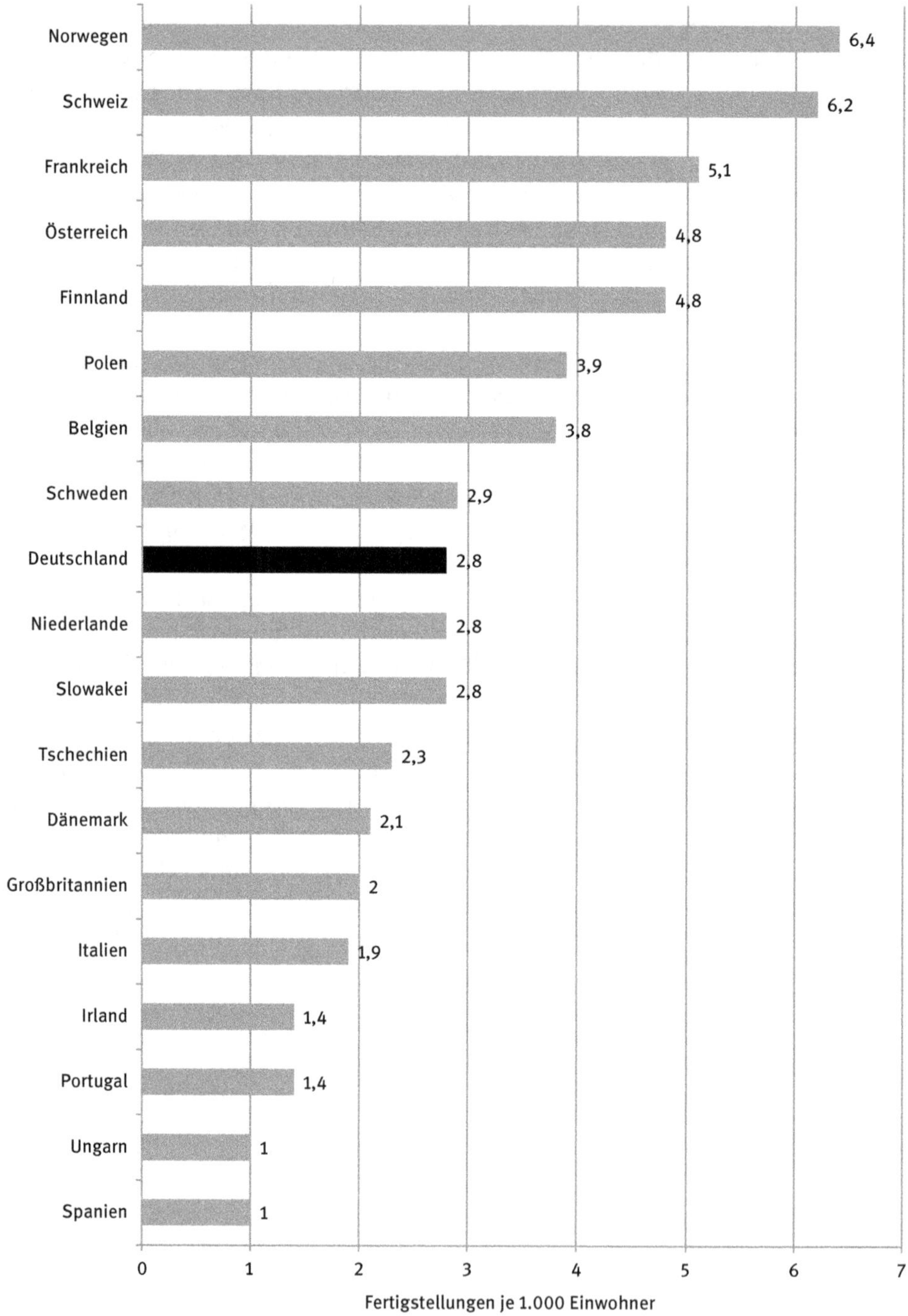

Abb. 9: Prognose für den Wohnungsneubau in Europa im Jahr 2014 nach Fertigstellungen je 1.000 Einwohner (Quelle: Statista (2014 g), aus: LBS, CESifo-Gruppe, Euroconstruct)

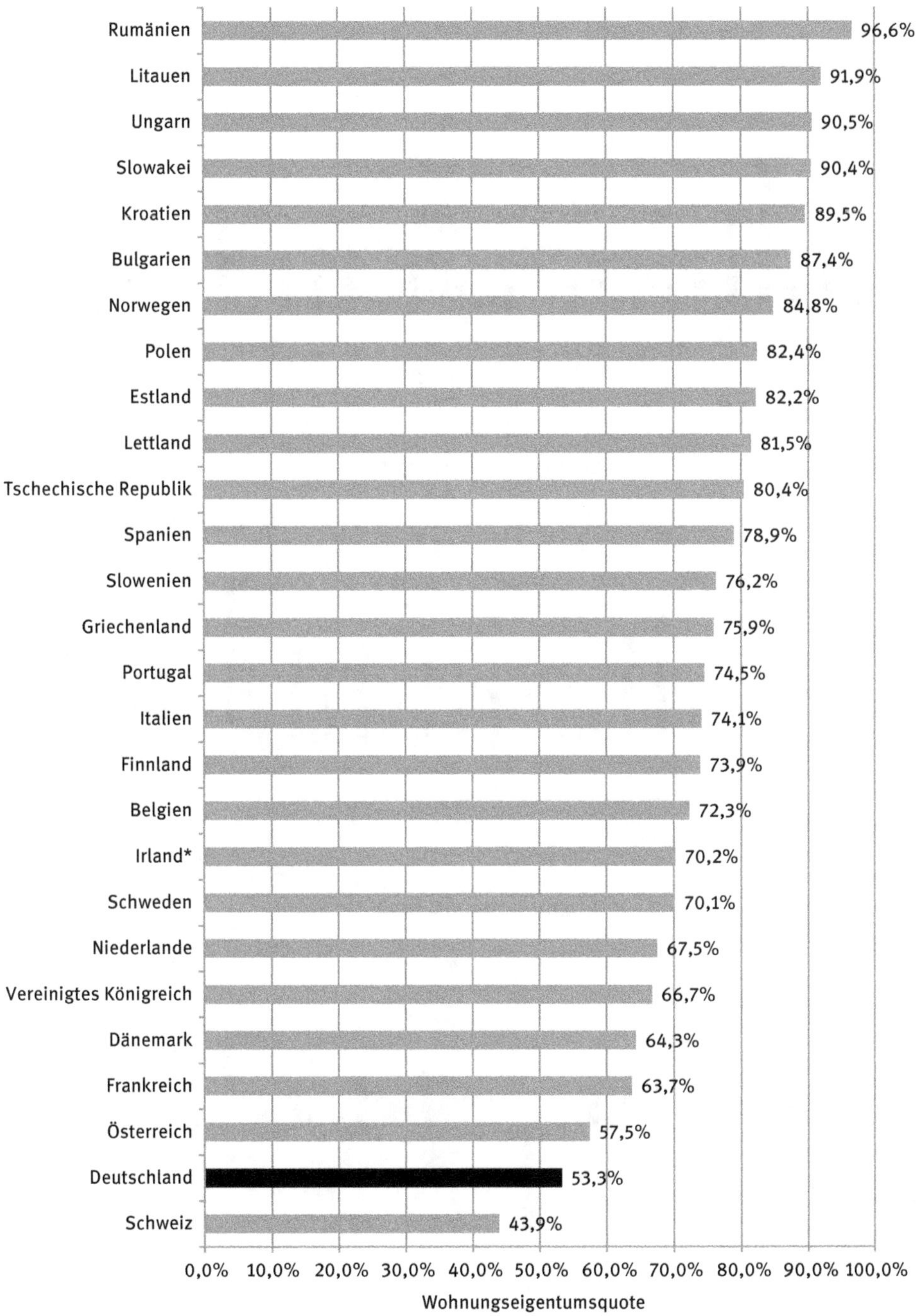

Abb. 10: Wohneigentumsquoten in ausgewählten europäischen Ländern im Jahr 2012
(Quelle: Statista (2014 h), aus: Eurostat)

1-Jahres-Durchschnitt

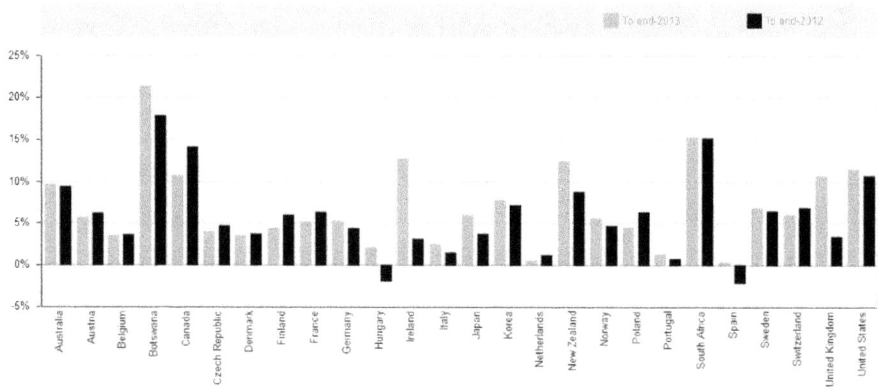

3-Jahres-Durchschnitt

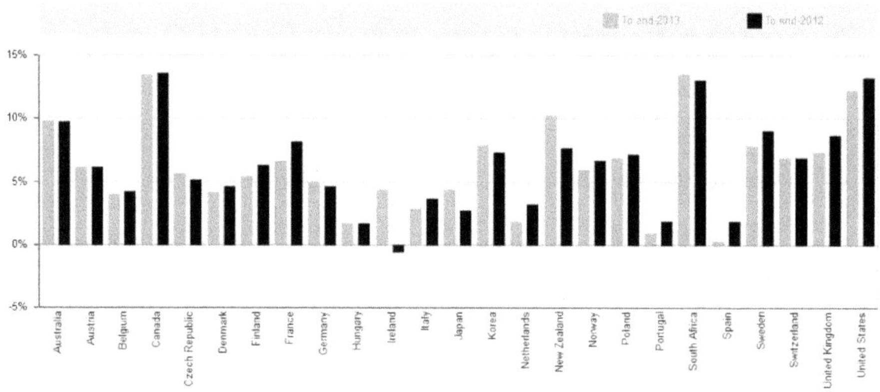

5-Jahres-Durchschnitt

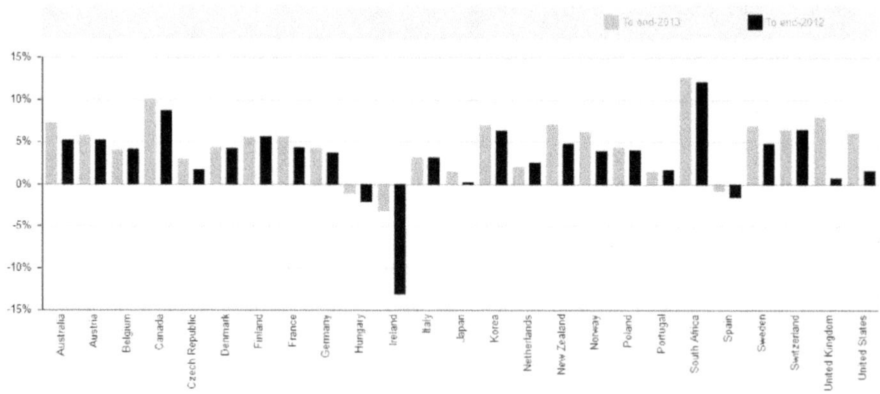

Abb. 11: IPD Indices – Jährliche Total Returns (Stand 2013) (Quelle: IPD (2014c))

2.4.2 Grenzüberschreitende Immobilieninvestitionen

Eine Folge dieser Ergebnisse ist das Anlageverhalten der institutionellen Immobilieninvestoren in Europa und Global. Alleine im ersten Halbjahr 2014 wurden laut Jones Lang LaSalle ca. 300 Mrd. US$ in globale Immobilien investiert. Hiervon entfiel ca. 38 % auf die sogenannte EMEA Region (Europe/Middle-East/Africa). Von den ca. 300 Mrd. US$ an Immobilieninvestitionen entfallen hierbei 103 Mrd. US$ (34,7 %) auf grenzüberschreitende Immobilientranskationen. Dies belegt eindrucksvoll die Internationalität des Kapitals und der Immobilienmärkte. Abbildung 12 gibt einen Überblick über die internationalen Kapitalströme.

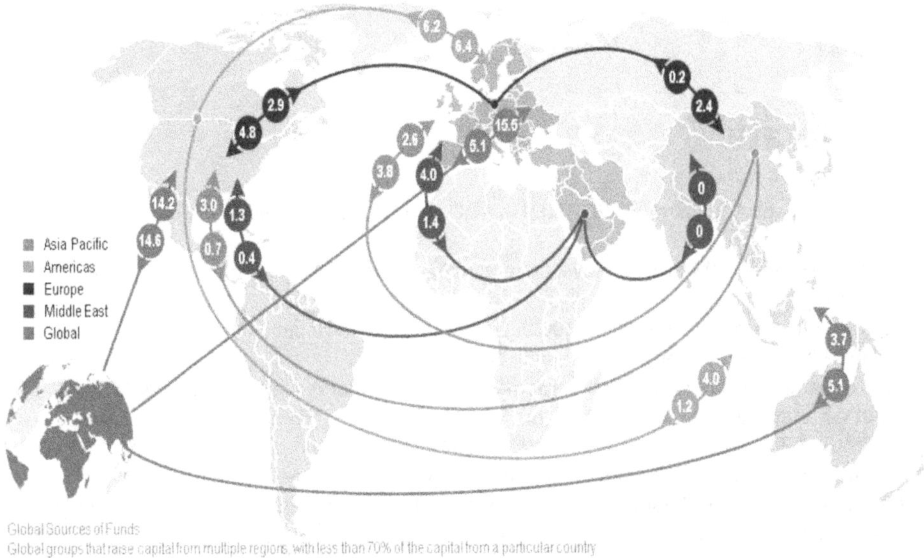

Abb. 12: Internationale Kapitalströme H1 2014 (103 Mrd. US$) (Quelle: Jones Lang LaSalle (2014))

Büroimmobilien (ca. 140 Mrd. US$) und Einzelhandelsimmobilien (ca. 75 Mrd. US$) stellen sowohl für nationale als auch internationale Investoren die beliebtesten Immobilientypen dar. Wichtigste Zielländer sind in 2014 die USA (ca. 39 Mrd. US$), Großbritannien (ca. 20 Mrd. US$), Deutschland (ca. 12 Mrd. US$), Frankreich (ca. 9 Mrd. US$) sowie Japan (ca. 7 Mrd. US$). Zusammen mit Australien (ca. 8 Mrd. US$) und China (ca. 3 Mrd. US$) vereinen diese Märkte insgesamt ca. 58 % der globalen Investmentaktivität auf sich. Schätzt die gesamte globale Investmentaktivität in 2014 auf ca. 700 Mrd. US$.

2.5 Schluss

Die Bedeutung der Immobilienwirtschaft wird in der Politik und in der Bevölkerung eklatant unterschätzt. 2011 betrug der Umsatz der 286.000 Unternehmen 152 Mrd. €; darunter sind ca. 350 Großunternehmen mit mehr als 25 Mio. € Jahresumsatz. Gemessen an der Bruttowertschöpfung ist die Immobilienwirtschaft mit 264 Mrd. € größer als der Fahrzeugbau (rd. 81 Mrd. €), die Gesundheitswirtschaft (164 Mrd. €) und der gesamten Handel (226 Mrd. €). Die Branche wächst seit 2008 um durchschnittlich zwei Prozent pro Jahr und ist ein wesentlicher Stabilitätsanker der deutschen Wirtschaft (vgl. Deutscher Verband für Wohnungswesen, Städtebau und Raumordnung e. V./Gesellschaft für Immobilienwirtschaftliche Forschung e. V., S. 14 ff.).

2.6 Literatur

BNP Paribas Real Estate (2014): INVESTMENTMARKT DEUTSCHLAND Property Report 2014, Berlin 2014.

bsi Bundesverband Sachwerte und Investmentvermögen (2014): Branchenzahlen 2013, Frankfurt 2014.

Bulwien AG/Empirica AG/GfK prisma (2003): Frühjahrsgutachten Immobilienwirtschaft 2003 des Rates für Immobilienweisen, Wiesbaden 2003.

Bundesverband Deutscher Leasing Unternehmen e. V. (2014): Jahresbericht 2014, Berlin 2014.

BVI (2014a): Status und Fondsvermögen zum Stichtag 30.6.2014, Frankfurt am Main 2014.

BVI (2014b): BVI Investmentstatistik zum Stichtag 30.6.2014, Frankfurt am Main 2014.

Deutsche Bundesbank (2013): Kapitalmarktstatistik Juni 2003.

Deutscher Verband für Wohnungswesen Städtebau und Raumordnung e. V./Gesellschaft für Immobilienwirtschaftliche Forschung e. V. (2013): Wirtschaftsfaktor Immobilien 2013 Gesamtwirtschaftliche Bedeutung der Immobilienwirtschaft, in: Zeitschrift für Immobilienökonomie, Sonderausgabe 2013, Berlin 2013, S. 23.

Ellwanger & Geiger (2014a): Zusammensetzung des DIMAX, Stichtag 22.08.2014, aus: http://www.privatbank.de, Stuttgart 2014.

Ellwanger & Geiger (2014b): E&G Dimax vs. Dax, Stichtag 22.08.2014, aus: http://www.privatbank.de/download/dimax_vs_dax, Stuttgart 2014.

Ernst & Young (2014): Trendbarometer Immobilienanlagen der Assekuranz 2013, Frankfurt am Main 2014.

Hauptverband der Deutschen Bauindustrie (2013): Bauinvestitionen zu Preisen und Wechselkursen von 2005, in Mrd. EUR, Berlin 2013.

IPD Investment Property Databank (2014a): DIX Deutscher Immobilien Index – Ergebnisse zum 31 Dezember 2013, Frankfurt 2014.

IPD Investment Property Databank (2014b): IPD Offene Fonds Immobilien Index (OFIX) – Ergebnisse zum 31 August 2014, Frankfurt 2014.

IPD Investment Property Databank (2014c): IPD indexes annual total returns to end-2013, Frankfurt 2014.

IPD Investment Property Databank/BVI (2014): IPD/BVI Spezialfonds Immobilien Index (SFIX) – Ergebnisse zum 30 Juni 2014, Frankfurt 2014.

Jones Lang LaSalle (2014): Europe & Americas move markets towards US$ 700 bn – Global Capital Markets Research Q2 2014, London 2014.

Statista (2014a): Immobilienvermögen der privaten Haushalte in Deutschland in den Jahren 1991 bis 2012 (in Milliarden Euro), aus: Statistisches Bundesamt, Deutsche Bundesbank: http://de.statista.com/statistik/daten/studie/310037/umfrage/immobilienvermoegen-der-privaten-haushalte-in-deutschland/, abgerufen am 13.09.2014, 2014.

Statista (2014b): Entwicklung der Bauinvestitionen in Deutschland in den Jahren 1991 bis 2013 (in Milliarden Euro), aus: Statistisches Bundesamt, ZDB: http://de.statista.com/statistik/daten/studie/192151/umfrage/entwicklung-der-bauinvestitionen-in-deutschland-seit-1991/, abgerufen am 13.09.2014, 2014.

Statista (2014c): Entwicklung des Bauvolumens in Deutschland in den Jahren 2008 bis 2012 (in Milliarden Euro), aus: DIW Berlin: http://de.statista.com/statistik/daten/studie/167953/umfrage/bauvolumen-in-deutschland-seit-2008/, abgerufen am 13.09.2014, 2014.

Statista (2014d): Anzahl der Baufertigstellungen von Wohn- und Nichtwohngebäuden in Deutschland in den Jahren 2001 bis 2013 (in 1.000), aus: Statistisches Bundesamt: http://de.statista.com/statistik/daten/studie/70370/umfrage/baufertigstellungen-wohngebaeude-und-nichtwohngebaeude-seit-1998/, abgerufen am 13.09.2014, 2014.

Statista (2014e): Anzahl der genehmigten Wohnungen in Wohn- und Nichtwohngebäuden in Deutschland in den Jahren 1995 bis 2013, aus: Statistisches Bundesamt: http://de.statista.com/statistik/daten/studie/70362/umfrage/anzahl-der-baugenehmigungen-seit-1995/, abgerufen am 13.09.2014, 2014.

Statista (2014 f): Anzahl der Wohnungen in neu errichteten Wohngebäuden in ausgewählten Ländern Europas im Jahr 2012 (in 1.000), aus: Euroconstruct, http://de.statista.com/statistik/daten/studie/152210/umfrage/baufertigstellungen-in-westeuropa-im-jahr-2008/, abgerufen am 13.09.2014, 2014.

Statista (2014 g): Prognose für den Wohnungsneubau in Europa im Jahr 2014 nach Fertigstellungen je 1.000 Einwohner, aus: LBS, CESifo-Gruppe, Euroconstruct: http://de.statista.com/statistik/daten/studie/5054/umfrage/prognose-fuer-den-wohnungsneubau-in-europa/, abgerufen am 13.09.2014, 2014.

Statista (2014 h): Wohneigentumsquoten in ausgewählten europäischen Ländern im Jahr 2012, aus: Eurostat: http://de.statista.com/statistik/daten/studie/155734/umfrage/wohneigentumsquoten-in-europa/, abgerufen am 13.09.2014, 2014.

Statistisches Bundesamt (2014): Immobilienvermögen privater Haushalte in Deutschland um knapp 8 % gestiegen, https://www.destatis.de/DE/ZahlenFakten/GesellschaftStaat/EinkommenKonsumLebensbedingungen/VermoegenSchulden/Immobilienvermoegen_EVS.html, abgerufen am 13.09.2014, 2014.

Stephan Bone-Winkel, Wolfgang Schäfers, Karl-Werner Schulte

3 Immobilienökonomie als wissenschaftliche Disziplin

Inhalt

3.1 Einführung

Anfang der 90er Jahre erwachte die Immobilienwirtschaft in Deutschland aus ihrem „Dornröschenschlaf" im Hinblick auf ihre Wahrnehmung in der Öffentlichkeit. Die FAZ führte eine Immobilienseite in ihrer Freitagsausgabe ein, das Magazin „Immobilienmanager" und die „Immobilienzeitung" wurden am Markt platziert. Hiermit ging ein Bedeutungszuwachs immobilienbezogener Themen und Problemstellungen einher, die bei Lesern auf großes Interesse stießen.

In der Wissenschaft war nicht einmal der Begriff „Immobilie" existent; so suchte man ihn in Handwörterbüchern der Betriebswirtschaftslehre und Volkswirtschaftslehre, in Lehrbüchern zur Allgemeinen BWL vergeblich (vgl. Schulte 1992). Aufsätze in wissenschaftlichen Zeitschriften wie ZfB Zeitschrift für Betriebswirtschaft und ZfbF Zeitschrift für betriebswirtschaftliche Forschung mit immobilienbezogenen Inhalten gab es nicht.

Allerdings existierten zur damaligen Zeit bereits die Bauwirtschafts-/betriebslehre (vgl. Pfarr; Möller; Schulte/Walbröhl) und die Wohnungswirtschaftslehre/BWL des Wohnungswesens (vgl. Kühne-Büning; Jenkis).

Hier wurden primär die Rahmenbedingungen und Prozessstrukturen des Bauens, der Baubetriebsplanung und der Baubetriebsführung bzw. die Errichtung und Bewirtschaftung von Wohnungen behandelt.

Sicherlich war die Forschung in diesen beiden Disziplinen verdienstvoll, aber sie deckte nicht das breite Spektrum der Immobilienwirtschaft ab. Die Wohnungswirtschaft wird hier als ein Teilbereich der Immobilienwirtschaft betrachtet und die Bauwirtschaft gehört nicht zur Immobilienwirtschaft.

Auch in der Lehre an den wirtschaftswissenschaftlichen Fakultäten von Hochschulen spielten immobilienbezogene Themen bis 1990 keine Rolle.

Aus der zunehmenden Bedeutung der Immobilienwirtschaft erwuchs die Notwendigkeit einen übergreifenden wissenschaftlichen Bezugsrahmen für ein Fachgebiet zu entwickeln, das sich mit Immobilien, den Immobilienunternehmen, den Immobiliennutzern, der Immobilienwirtschaft und angrenzenden Branchen beschäftigt. Für die Disziplin wurde der neue Begriff „Immobilienökonomie" kreiert. Er steht für die fachliche Breite und die Interdisziplinarität des Lehr- und Forschungskonzeptes.

3.2 Charakteristika des Fachgebietes Immobilienökonomie

Schon Kant hat in seiner Erkenntnistheorie Folgendes ausgeführt: „Wenn man eine Erkenntnis als Wissenschaft darstellen will, so muss man zuvor das Unterscheidende, was sie mit keiner anderen gemein hat und was ihr also eigentümlich ist, genau bestimmen können“ (Kant, S. 13).

Wissenschaftstheoretisch wird ein Wirklichkeitsbereich wie z. B. die Auseinandersetzung mit Immobilien zu einer Wissenschaft, wenn es gelingt, diesen Wirklichkeitsbereich deutlich von anderen Realitätsbereichen abzugrenzen, ihn mit Hilfe von Definitionen und durch die Bildung von Begriffen systematisch zu ordnen, um ihn anschließend planmäßig mit wissenschaftlichen Methoden zu untersuchen (vgl. Hennings, S. 54).

In Kapitel A.1 wurde bereits der Nachweis erbracht, dass sich Immobilien von anderen Wirtschaftsgütern und die Immobilienwirtschaft von anderen Branchen unterscheiden. Im Folgenden werden die konstituierenden Merkmale und anschließend das Konzept der Disziplin „Immobilienökonomie“ beschrieben. Die Entwicklung dieses Ansatzes erfolgte Anfang der 90er Jahre an der Immobilienakademie sowie am Stiftungslehrstuhl Immobilienökonomie der EUROPEAN BUSINESS SCHOOL und wurde nach dem Wechsel der Autoren an die Universität Regensburg von der dortigen International Real Estate Business School, der IREBS Immobilienakademie und dem IREBS Institut für Immobilienwirtschaft fortgeführt.

1. Inhaltlich muss sich die Disziplin an alle Wirtschaftssubjekte richten, die sich als Eigentümer mit Immobilien befassen (vgl. Abbildung 1).
   Die Disziplin Immobilienökonomie greift also weit über die Immobilienwirtschaft hinaus. Daher wurden auch nicht die Begriffe „Immobilienwirtschaftslehre“ oder „Immobilienbetriebslehre“ gewählt, weil viele Marktakteure eben nicht zur Immobilienwirtschaft gehören oder kein Immobilienbetrieb sind.
   Die Immobilienökonomie versteht sich also nicht als Branchen-BWL, obwohl immobilienwirtschaftliche/-betriebliche Fragestellungen einen großen Teil des Fachgebietes einnehmen.
2. Die Basis der Immobilienökonomie bildet die Betriebswirtschaftslehre, aber nur durch die Einbeziehung der Volkswirtschaftslehre, der Rechtswissenschaft, der Stadtplanung, der Wirtschaftsgeographie, der Architektur und des Ingenieurwesens lassen sich ökonomische Sachverhalte in ihrer Vieldimensionalität hinreichend begreifen. Die in diesen Wissenschaftsdisziplinen erarbeiteten Erkenntnisse sollten nicht einfach übernommen werden, sondern müssen aufgrund der unterschiedlichen Erkenntnisziele zunächst hinterfragt werden. Die Immobilienökonomie versteht sich also als interdisziplinäre Wissenschaft.
3. Die Immobilienökonomie befasst sich mit allen Arten von Immobilien (Wohn-, Gewerbe-, Industrie- und Sonderimmobilien) über ihren gesamten Lebenszyklus. Damit gehen die Erkenntnisse der Wohnungswirtschaftslehre und der Bauwirtschaftslehre in das Wissenschaftsprogramm der Immobilienökonomie ein.
4. Wissenschaftstheoretisch beruht die Immobilienökonomie auf dem entscheidungstheoretischen Ansatz (vgl. Kirsch, S. 110 f.) Erkenntnisziel der Immobilienökonomie ist die Erklärung und Gestaltung realer Entscheidungen von mit Immobilien befassten Wirtschaftssubjekten. Ziel des wissenschaftlichen Bemühens

ist es, diese Entscheidungsprozesse zu unterstützen und durch Lösungshilfen zu deren Verbesserung beizutragen. Sie begreift ihre Aussagen nicht als bloße Informationen über die Realität, sondern versteht ihre Erkenntnisse als Empfehlungen für die Marktteilnehmer für ein besseres Managementhandeln.

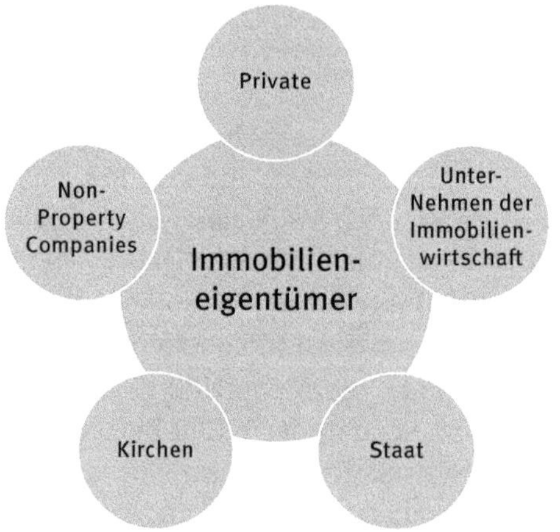

Abb. 1: Eigentümer von Immobilien

3.3 Bausteine der Immobilienökonomie als Wissenschaftsdisziplin

Zur Veranschaulichung des verbal nicht einfach zu erklärenden interdisziplinären Lehr- und Forschungskonzeptes wurde etwa 1993 das **„Haus der Immobilienökonomie"** errichtet und in zahlreichen Publikationen bekannt gemacht (vgl. Schulte/ Schäfers 1999a und b; Schulte 2000; Schulte 2002). Wie im wirklichen Leben wurde das Gebäude inzwischen mehrfach umgebaut und das derzeitige Aussehen unterscheidet sich daher von früheren Auflagen dieses Werkes (vgl. Abbildung 2).

Danach lassen sich managementorientierte, institutionelle, typologische sowie interdisziplinäre Aspekte unterscheiden.

Das Fundament der Immobilienökonomie bildet die Betriebswirtschaftslehre, jedoch verleiht erst die Einbeziehung der Disziplinen Volkswirtschaftslehre, der Rechtswissenschaften, der Stadtplanung, der Wirtschaftsgeographie, der Architektur und des Ingenieurwesens dem „Haus der Immobilienökonomie" die notwendige Stabilität. Die Anwendung der Betriebswirtschaftslehre bezieht sich sowohl auf die Allgemeine BWL als auch auf die speziellen Betriebswirtschaftslehren (wie Bankbetriebslehre, Bauwirtschaftslehre, Wohnungswirtschaftslehre). Es geht um die Übertragung von Erkenntnissen der BWL auf mit Immobilien befasste Marktakteure, wie sie bei den institutionellen Aspekten beschrieben werden.

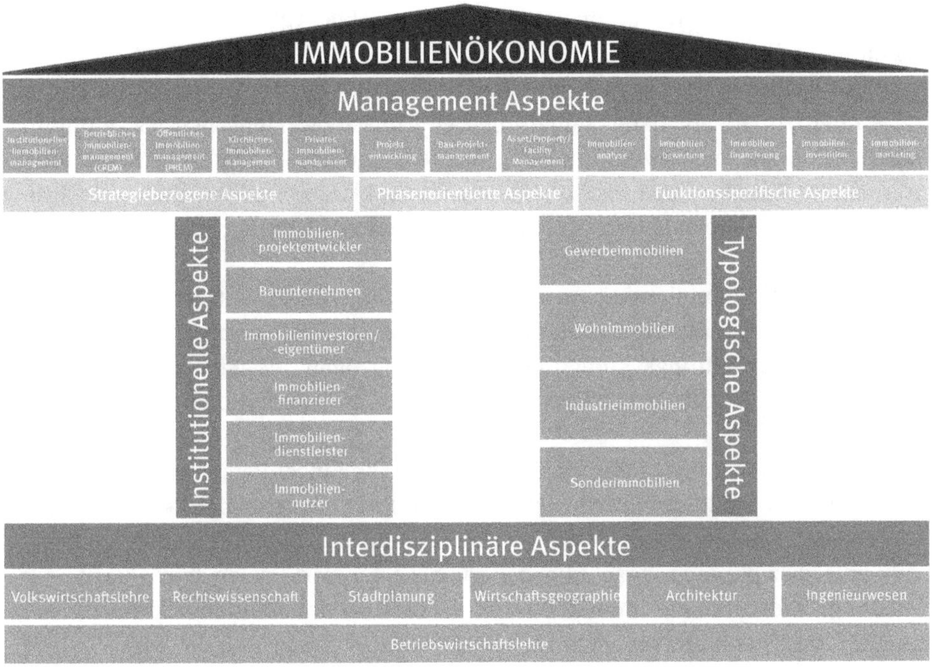

Abb. 2: Rahmengerüst zur Immobilienökonomie als wissenschaftliche Disziplin („Haus der Immobilienökonomie") (Quelle: Eigene Darstellung)

Die Anwendung der **Betriebswirtschaftslehre** bezieht sich in diesem Buch vor allem auf die Management-Aspekte Rechnungslegung, Controlling, Corporate Governance, Corporate Social Responsibility und Risikomanagement (vgl. Teil G).

Die **Volkswirtschaftslehre** vermag für die Unternehmensführung wichtige Erkenntnisse zu generieren. Entscheidungen über Immobilien werden in erheblichem Maße von gesamtwirtschaftlichen Größen wie Inflationsrate, Zinsniveau, Steuersätzen, Wechselkursen beeinflusst. Viele Fragestellungen an der Schnittstelle zwischen Volkswirtschaftslehre und Immobilienökonomie sind nur unzureichend erforscht, wie der Zusammenhang zwischen gesamtwirtschaftlichen Konjunktur- und Immobilien-Zyklen oder die Auswirkungen bestimmter wirtschaftspolitischer Steuerungsinstrumente auf die Immobilienwirtschaft (vgl. dazu Schulte 2008).

Die Schnittstellen zwischen der Immobilienökonomie und der **Rechtswissenschaft** sind umfangreich und vielfältig. Die meisten Aktivitäten „rund um die Immobilie" haben mit Verträgen zu tun. Vor allem die Rechtsgebiete Grundbuchrecht, Mietrecht, privates Baurecht, öffentliches Planungs- und Baurecht, Recht der Immobilienverwaltung, Maklerrecht und Steuerrecht sind zu beachten. Gesetze und Verordnungen wirken auf betriebswirtschaftliche Entscheidungen des Immobilienmanagements ein und berühren sowohl die funktionsspezifischen und phasenorientierten als auch die strategiebezogenen Aspekte (vgl. dazu Schulte/Kühling/Servatius/Stellmann).

Stadtplanung hat zur Aufgabe, die Entwicklung der Stadt zum Wohle der Allgemeinheit zu lenken. Dabei stehen die Bedürfnisse der Menschen wie Wohnung, Arbeit, Bildung, Versorgung, Erholung, Verkehr und gesellschaftliche Kommunikation im Mittelpunkt. Dazu benötigt sie einerseits klare Leitbilder, die die Richtung weisen, und andererseits ein gesichertes Instrumentarium zur Umsetzung der erkannten Ziele.

Der Begriff Raumplanung wurde in der Vergangenheit als Oberbegriff für Landesplanung, Regionalplanung, Stadtplanung und Stadtteilplanung verstanden. Hier hat sich eine Bedeutungsverengung insoweit vollzogen, als mit Raumplanung die großmaßliche Planung bezeichnet wird, die sich auf die nationale und regionale Ebene bezieht.

Der „Bird's Eye View" des Stadtplaners und die Einzel-Perspektive des Projektentwicklers führen in der Praxis nicht selten zu Problemen bei der Realisierung von Immobilienvorhaben. Auch zwischen Stadtplanung und Immobilienökonomie besteht interdisziplinärer Forschungsbedarf; als Stichworte seien hier Quartiersentwicklung, Stadtumbau, innerstädtische Mixed-Use Immobilien, Gentrifizierung, „Smart Cities" genannt (vgl. dazu Schulte 2011).

Die **Wirtschaftsgeographie** stellt eine Verbindung zwischen den wirtschaftlichen Aspekten und den geographischen Gegebenheiten vor Ort her und spielt daher eine wichtige Rolle in der Immobilienwirtschaft, die durch standortgebundene, langlebige und kapitalintensive Wirtschaftsgüter charakterisiert ist. Die Wirtschaftsgeographie befasst sich traditionell intensiv mit Immobilienthemen, wie der Marktberichterstattung, der Standortlehre, der Handelsgeographie und der GIS-Anwendung zur Einzugsgebietsanalyse und ist damit eng verknüpft mit der Immobilienökonomie (vgl. Dziomba/Krajewski).

Die Disziplin **Architektur** befasst sich vorrangig mit dem Entwerfen von Bauwerken. Immobilienwirtschaftliche Kriterien wie Wirtschaftlichkeit, Funktionalität und Nutzeranforderungen spielen in dem Fachgebiet bislang eine nur geringe Rolle. Hier liegt in der Praxis ein Konfliktfeld zwischen dem „Künstler-Selbstverständnis" von Architekten einerseits und den ökonomischen Interessen von Projektentwicklern, Investoren und „Raumkonsumenten" (vgl. Schulz-Eickhorst). Für die interdisziplinäre Forschung lassen sich auch hier Fragestellungen denken, wie etwa die Untersuchung des Zusammenhangs zwischen hochwertiger Architektur und Immobilien-Wertentwicklung.

Ingenieurwesen ist eine breit gefächerte Disziplin, die nicht nur die klassischen Gebiete Bauingenieur- und Vermessungsingenieurwesen (Geodäsie), sondern in zunehmendem Maße auch die für das Facility Management wichtigen Felder der Gebäudetechnik umfasst. Themen wie ökologisches Bauen, kostengünstiges Bauen und Nutzungskostenoptimierung liegen an der Schnittstelle zur Immobilienökonomie.

Die **immobilientypologischen Aspekte** (vgl. Teil B) beinhalten die Analyse, Strukturierung und Lösung von Problemen, die sich aus der Befassung mit einzelnen Immobilienarten ergeben. In einer stark vereinfachenden Systematisierung soll in diesem Zusammenhang nach Gewerbe-, Wohn-, Industrie- und Sonderimmobilien unterschieden werden. Jeder Immobilientyp und die ihm zuzuordnenden Nutzer stellen spezielle Anforderungen an das Immobilienmanagement.

Im Hinblick auf die **institutionellen Aspekte** (vgl. Teil C) existiert ein breites Spektrum an Marktakteuren, deren Management Besonderheiten aufweist. Die Institutionen werden hier grob eingeteilt in Immobilienprojektentwickler, Immobilieninvestoren und -eigentümer, Bauunternehmen, Immobilienfinanzierer, Immobiliendienstleister und Immobiliennutzer.

Innerhalb der **Management-Aspekte** kann zwischen phasenorientierten, funktionsspezifischen und strategiebezogenen Aspekten unterschieden werden. Während phasenorientierte Aspekte die zeitliche Determinante im Lebenszyklus von Immobilien zum Ausdruck bringen, haben funktionsspezifische Aspekte die Betrachtung von immobilienbezogenen Besonderheiten einzelner betriebswirtschaftlicher Funktionen zum Gegenstand. Demgegenüber befassen sich strategiebezogene Aspekte mit dem strategischen Immobilienmanagement verschiedener Eigentümergruppen:

- Institutionelles Immobilienmanagement,
- Betriebliches Immobilienmanagement (Corporate Real Estate Management),
- Öffentliches Immobilienmanagement (Public Real Estate Management),
- Kirchliches Immobilienmanagement,
- Privates Immobilienmanagement (Private Real Estate Management).

Die einzelnen Management-Aspekte sollen im Folgenden kurz beschrieben werden.

Bei den **phasenorientierten Aspekten** des Immobilienmanagements (vgl. Teil D) sind nach ihrem zeitlichen Ablauf Immobilien-Projektentwicklung, Bau-Projektmanagement und Asset/Property/Facility Management zu unterscheiden, wobei zwischen den einzelnen Phasen enge Interdependenzen bestehen.

Immobilien-Projektentwicklung bedeutet, die Faktoren Standort, Projektidee und Kapital so miteinander zu verbinden, dass eine einzelwirtschaftlich rentable und zugleich gesamtwirtschaftlich sozial und umweltverträgliche Investition gewährleistet wird (vgl. Kapitel D.1).

Das **Bau-Projektmanagement** hat die Funktion, die technischen, qualitativen, rechtlichen und wirtschaftlichen Ziele bei der Realisierung eines Immobilienprojektes zu erreichen. Dabei stellen Kosten, Qualität und Termine die zentralen Kriterien dar (vgl. Kapitel D.2).

Real Estate Asset Management, Property Management und Facility Management zählen auch zu den phasenorientierten Aspekten. Das **Asset Management** betrachtet die Immobilie als Vermögensanlage, die vor dem Hintergrund investorenspezifischer Erwartungen bestmöglich zu verwalten ist. Während sich das Asset Management auf strategischer Ebene mit der Immobilie auseinandersetzt, werden im Property und Facility Management operative Aufgaben wahrgenommen. Das **Property Management** ist insbesondere für die Pflege des Kontakts zu Mietern bzw. Nutzern und die Beauftragung und Überwachung der ausführenden Dienstleistungsunternehmen zuständig. **Facility Management** umfasst die Wahrnehmung von Aufgaben im Rahmen der Erbringung technischer, kaufmännischer und infrastruktureller Dienstleistungen für Immobilienobjekte; es geht jedoch über die isolierte Betrachtung von Immobilien hinaus, indem auf die Integration von Menschen, Immobilien, Anlagen und Einrichtungen abgestellt wird, um den Unternehmenszweck zu unterstützen und nachhaltig zu gewährleisten (vgl. Kapitel D.3).

Unter den **funktionsspezifischen Aspekten** des Immobilienmanagements (vgl. Teil E) sind Immobilienanalyse, Immobilienbewertung, Immobilienfinanzierung, Immobilieninvestition und Immobilienmarketing zu verstehen.

Bei der **Immobilienanalyse** (vgl. Kapitel E.1) handelt es sich um eine fundierte Untersuchung der räumlichen, technischen und marktseitigen Rahmenbedingungen zu Bestimmung des Erfolgspotenzials einer Immobilie.

Die **Immobilienbewertung** (vgl. Kapitel E.2) befasst sich mit der Ermittlung des Wertes von Immobilien. Dabei werden in Deutschland vier unterschiedliche Wertbegriffe verwendet:
- der Verkehrswert bzw. der Marktwert,
- der Beleihungswert,
- der Versicherungswert,
- der Einheitswert bzw. der steuerliche Bedarfswert.

Die **Immobilienfinanzierung** (vgl. Kapitel E.3) dient der Deckung des Kapitalbedarfs von Immobilieninvestitionen, wobei grundsätzlich Eigenkapital, Fremdkapital oder Hybrid-Formen in Betracht kommen.

Immobilieninvestition (vgl. Kapitel E.4) lässt sich als Planung und Kontrolle der langfristigen Festlegung von finanziellen Mitteln in Immobilien interpretieren. Dabei ist zu unterscheiden zwischen direkten Immobilienanlagen, die mit Hilfe einer Investitionsrechnung beurteilt werden, und indirekten Immobilienanlagen, bei denen der Zusammenhang zwischen Anlagepräferenzen und Immobilieneigenschaften einerseits und den -anlageformen andererseits untersucht werden.

Immobilienmarketing (vgl. Kapitel E.5) ist die Gesamtheit aller systematischen und zielgerichteten Maßnahmen, die zur Vermarktung von Immobilien und/oder immobilienspezifischen Dienstleistungen mit einer konsequenten Kundenorientierung dienen.

Die **strategiebezogenen Aspekte** des Immobilienmanagements (vgl. Teil F) unterscheiden sich danach, wer Immobilieneigentümer ist. Gemeinsames Thema ist das Immobilienportfoliomanagement.

Das institutionelle **Immobilienmanagement** (vgl. Kapitel F.1) umfasst die systematische Planung, Steuerung und Kontrolle eines Bestandes von Grundstücken und Gebäuden mit dem Ziel, Erfolgspotenziale aufzubauen. Offene Immobilienfonds, Versicherungsgesellschaften und Pensionskassen sowie Immobilien-AGs zählen zu den institutionellen Immobilieninvestoren. Die Einführung des Deutschen Immobilien Index (DIX) hat die Transparenz des Immobilienmarktes deutlich erhöht und ermöglicht den institutionellen Investoren eine Immobilien-Performancemessung sowie ein Benchmarking im Rahmen der Portfolioanalyse.

Unter dem Begriff **betriebliches Immobilienmanagement** bzw. Corporate Real Estate Management (CREM) (vgl. Kapitel F.2) wird das aktive, ergebnisorientierte, strategische wie operative Management betriebsnotwendiger und nicht betriebsnotwendiger Immobilien verstanden. Als unternehmerische Führungskonzeption richtet es sich an „Non-Property-Companies", die im Rahmen ihrer Unternehmensstrategie über umfangreichen Grundbesitz verfügen.

Im Unterschied zum betrieblichen Immobilienmanagement, wo mittels eines aktiven Immobilienmanagements die Erreichung wettbewerbsstrategischer Zielsetzungen verfolgt wird, liegt der Fokus des **öffentlichen Immobilienmanagements bzw. Public Real Estate Managements** (PREM) (vgl. Kapitel F.3) auf einer Optimierung der Wirtschaftlichkeit des Immobilienbestandes, wobei unter Beachtung der Belange der öffentlichen Auftragserfüllung flankierende politische und verwaltungsorientierte Ziele berücksichtigt werden müssen.

Das **kirchliche Immobilienmanagement** (vgl. Kapitel F.4) beschäftigt sich mit der Verwaltung des Immobilienbestandes der evangelischen und katholischen Kirche. Der Bestand umfasst sowohl unmittelbare Immobilien wie Sakralbauten und Friedhöfe als auch Gebäude, die der direkten kirchlichen Aufgabenerfüllung dienen, d. h. Kindergärten, Schulen, Büro- bzw. Wohnimmobilien.

Das **Private Immobilienmanagement** bzw. Private Real Estate Management (vgl. Kapitel F.5) bezeichnet das umfassende Management privater, also von Einzelpersonen oder Familienverbünden gehaltenen direkten oder indirekten Immobilieninvestments. Es ist zentraler Bestandteil des Private Wealth Managements und betrachtet das Immobilienmanagement vor dem Hintergrund der gesamten individuellen Vermögenssituation des Anlegers.

Dieser von Karl-Werner Schulte begründete und durch das „Haus der Immobilienökonomie" visualisierte interdisziplinäre Ansatz hat international große Anerkennung gefunden (vgl. Taltavul). Das Fachgebiet wird in deutschen Universitäten zwar zum Teil mit anderen Begriffen wie „Immobilienwirtschaft" oder „Immobilienmanagement" belegt (vgl. Kapitel A.4) und anders strukturiert (vgl. Kämpf-Dern/Pfnür; Kämpf-Dern), dennoch wird nahezu ausnahmslos das interdisziplinäre Konzept der „Immobilienökonomie" verfolgt.

3.4 Konzept der Immobilienökonomie im internationalen Kontext

Der oben beschriebene interdisziplinäre Ansatz stellt die konsequente und detaillierte Fortführung des „multidisciplinary approach" dar, der von James A. Graaskamp, dem 1988 verstorbenen akademischen Vater der „Real Estate Discipline", in den USA entwickelt wurde (vgl. Graaskamp 1991a und b; DeLisle/Worzala). Was die Bezeichnung anbetrifft, erscheint der Begriff „interdisciplinary" prägnanter, weil es nicht um das Nebeneinander verschiedener Disziplinen geht, sondern um ihre Integration. Die Disziplin hat sich in den USA jedoch in eine andere Richtung entwickelt, die als „Finance Approach" beschrieben wird (vgl. Dasso/Woodward). Wie eine Analyse von Academic Journals und der Annual Conferences der ARES American Real Estate Society eindeutig zeigt, dominiert eine Betrachtungsweise, in der „Real Estate" lediglich eine „Asset Class" darstellt, die – ähnlich „stocks and bonds" – einen „stream of cashflows" und „yields" generiert. Hier ist kein Platz für viele praxisrelevante Themen wie etwa Immobilienmarketing, Architektur, Immobilienrecht oder Bau-Projektmanagement. Kolleginnen und Kollegen in den USA beklagen in den „Annual Real Estate Center Directors & Chairholders Meetings", die bei ARES Konferenzen stattfinden, regelmäßig die fachliche Enge ihres wissenschaftlichen Ansatzes. Viele würden gern interdisziplinär lehren und forschen, aber sie sind in den Fesseln des „Finance Approach" gefangen. Sie stehen unter dem Druck, möglichst in den bestgerankten Zeitschriften zu publizieren, aber diese akzeptieren nahezu ausnahmslos nur Beiträge, in denen theoretische Modelle diskutiert oder weiterentwickelt werden oder in denen mit aufwändigen statistischen Analysen bestimmte Zusammenhänge nachgewiesen werden (vgl. Schulte 2014a).

Da die Forschungsschwerpunkte die Wünsche der Immobilienpraxis in weiten Teilen nicht erfüllen (vgl. Newell/Worzala/McAllister/Schulte) werden die Beiträge in den englischsprachigen Academic Journals von der Praxis kaum zur Kenntnis genommen.

Anders sieht die Situation im deutschsprachigen Raum aus. Allerdings gibt es nur wenige Zeitschriften, die sich ausschließlich mit Immobilienthemen befassen und – neben ihrer Praxisorientierung – einen gewissen wissenschaftlichen Anspruch haben.

– Seit 2002 erscheint die ZIÖ Zeitschrift für Immobilienökonomie, die von der gif Gesellschaft für Immobilienwirtschaftliche Forschung herausgegeben wird; sie enthält praxisorientierte, interdisziplinäre Aufsätze zu allen Facetten der Immobilienökonomie, Buchrezensionen und Kurzfassungen von Dissertationen. Am Ende der wissenschaftlichen Beiträge finden sich ausführliche Zusammenfassungen in englischer Sprache. Künftig soll die Zeitschrift unter neuem Namen durchgehend in englischer Sprache erscheinen.

- ZfiFP (Zeitschrift für immobilienwirtschaftliche Forschung und Praxis) wird gemeinsam von der ADI und „Der Immobilienbrief" herausgegeben.
- Immobilien & Finanzierung ist schon seit mehr als 60 Jahren die Fachzeitschrift für Immobilienmärkte, Immobilienpolitik und Immobilienfinanzierer.
- GuG Grundstücksmarkt und Grundstückswert ist die führende Fachzeitschrift für die Grundstücksbewertung.
- Sonderhefte der BFuP Betriebswirtschaftliche Forschung und Praxis zum Thema Immobilienwirtschaft, die beginnend mit Heft 4/2014 künftig einmal jährlich erscheinen sollen.

Für die wissenschaftliche Anerkennung einer Zeitschrift sind primär zwei Faktoren entscheidend:
1. das Begutachtungsverfahren,
2. das Ranking.

Zu 1. Nach internationalen Standards sollten eingereichte Manuskripte einem doppelt verdeckten Begutachtungsverfahren (double-blind-review-Verfahren) unterzogen werden, d. h. ein Manuskript wird durch mindestens zwei Gutachter geprüft, Autoren und Gutachter erfahren dabei ihre Identität gegenseitig nicht. Durch dieses Verfahren soll die fachliche Qualität der Beiträge gesichert werden. Die Gutachter sollen das jeweilige Manuskript ausführlich würdigen und ggf. Korrekturvorschläge unterbreiten. Die Korrekturvorschläge werden dem Autor durch die Schriftleitung zur Kenntnis gebracht. Das Manuskript wird angenommen, wenn beide Gutachter der Veröffentlichung zustimmen. Bei Unstimmigkeiten zwischen den Gutachtern wird ein dritter Gutachter bestellt. Die endgültige Entscheidung, ob ein Manuskript abgelehnt oder einem erneuten Begutachtungsverfahren unterzogen wird, liegt bei dem Herausgeber.
Die ZIÖ entspricht voll diesem internationalen Standard. Bei den anderen genannten Zeitschriften mit Ausnahme des BFuP ist das Begutachtungsverfahren nicht transparent und/oder die Inhalte genügen nicht den Ansprüchen an eine wissenschaftliche Zeitschrift.

Zu 2. Von großer Bedeutung für die wissenschaftliche Anerkennung von Zeitschriften in Deutschland ist das Journal-Ranking des Verbands der Hochschullehrer für Betriebswirtschaft. Die Einschätzung zur Qualität einschlägiger wissenschaftlicher Zeitschriften aus dem Bereich der BWL wird durch die Mitglieder vorgenommen. Die Liste der Real Estate Journals (nur 9) ist sehr lückenhaft, ihre Einordnung unter ABWL und Bankbetriebslehre/Finanzierung nicht sachgerecht und damit sind die Ergebnisse der Bewertungsprozedur äußerst zweifelhaft. Die ZIÖ, seit 2011 als einzige deutschsprachige wissenschaftliche Zeitschrift mit Immobilienbezug in der Liste enthalten und mit der schlechtesten Note D gerankt, wurde im 2015 veröffentlichten Journal 3.0 nun als „C" gelistet

(vgl. VHB-Journal). Damit wird die künftig in Englisch erscheinende Zeitschrift als Veröffentlichungsorgan deutlich attraktiver.
International existiert eine Vielzahl an Journals, die sich jungen Wissenschaftlern nur schwer erschließt (vgl. Schulte 2014c). Die IRES International Real Estate Society als weltweite Dachorganisation von Immobilienforschern hat nun eine „global list of real estate journals across a diverse range of real estate areas" erstellt, wobei Journals als A, B und C gerankt werden. Die Liste „is based on a consensus view from previous journal ranking surveys and the views of leading real estate researchers in the international community". In das Ranking wurde auch die ZIÖ aufgenommen und mit „C" eingestuft. Diese Liste wird leider erst nach Drucklegung dieses Buches zugänglich sein.

Zum Thema „Defining Real Estate Body of Knowledge" sind in internationalen Journals zahlreiche Beiträge erschienen, in denen die Ergebnisse von Professoren-Befragungen, dem Vergleich von Curricula, der Analyse der Inhalte von Aufsätzen dargestellt werden.

Abschließend bleibt festzuhalten:
- es gibt eine gewisse Schnittmenge der Inhalte zwischen dem „Interdisciplinary Approach" und dem „Financial Approach".
- der „Financial Approach" ist an den US Universitäten und in wenigen Ländern außerhalb (z. B. National University of Singapore) weit verbreitet.
- der „Interdisciplinary Approach" dominiert in Europa, Afrika, Südamerika und der Pacific Rim Region.

3.5 Wissenschaftsorganisation der Immobilienökonomie

Parallel zur Aus- und Weiterbildung (vgl. dazu Kapitel A.4) hat sich auch die immobilienbezogene Forschung international verbreitet. Wie in kaum einer anderen Disziplin (vgl. Schulte 2014b) besteht ein Netzwerk von Forschern, zu denen auch wissenschaftlich interessierte Praktiker zählen. Die **IRES International Real Estate Society** übt eine „umbrella"-Funktion aus. Darunter gruppieren sich länderübergreifende Organisationen wie die **ERES European Real Estate Society** sowie Schwestergesellschaften in anderen Regionen (vgl. Abbildung 3). Ziel der IRES ist es, folgende Aspekte zu fördern (vgl. Bond):
- Cooperation. The Society shall encourage and facilitate cooperation concerning real estate and real estate related research and education world-wide.
- International research. The Society shall encourage research on international real estate topics and issues.

- Faculty exchanges. The Society shall encourage the exchange of real estate and real estate related faculty members world-wide.
- Establishment of real estate programs. The Society shall encourage and assist in the development of real estate and real estate related education and research programs world-wide.

Unter der ERES hängen verschiedene nationale Gesellschaften, die in unterschiedlichem Maße integriert sind; Mitglieder der gif (Deutschland) und von VOGON Vereniging van Vastgoed Onderzoekers in Nederland (Niederlande) sind assoziierte ERES Members.

Ziel der gif ist die Förderung immobilienwirtschaftlicher Forschung und Lehre. Die gif wurde 1993 als eingetragener Verein gegründet und hat inzwischen mehr als 1.300 Mitglieder aus Wissenschaft und Praxis. Mit der Gründung der gif wurde eine Plattform geschaffen, deren Mitglieder sich gemeinsamen Zielen verpflichtet fühlen:

1. Erhöhung der Markttransparenz,
2. Schaffung und Verbesserung von Standards in der Immobilienwirtschaft,
3. Erarbeitung von Richtlinien und Definitionen für immobilienrelevante Themen,
4. Vergabe von Forschungspreisen und Stipendien zur wissenschaftlichen Aus-, Fort- und Weiterbildung,
5. Herstellung von nationalen und internationalen Kontakten zwischen den an der immobilienwirtschaftlichen Forschung Beteiligten,
6. Schaffung eines Diskussionsforums für Fragestellungen aus der Immobilienwirtschaft,
7. Durchführung von wissenschaftlichen Foren zu aktuellen Themen,
8. Herausgabe wissenschaftlicher Zeitschriften (u. a. ZIÖ Zeitschrift für Immobilienökonomie).

Abb. 3: Immobilienwirtschaftliche Forschung auf internationaler Ebene (Quelle: Eigene Darstellung)

3.6 Fazit

In der Forschung hat Deutschland Anschluss an die internationale Spitze gefunden. Davon zeugt eine Vielzahl von

- englischsprachigen Dissertationen,
- Beiträgen in Academic Journals,
- Vorträgen auf internationalen Research Conferences,
- Research Awards.

Allerdings wächst die Gefahr, dass die immobilienökonomische/-wirtschaftliche Forschung an deutschen Hochschulen vom interdisziplinären Ansatz in den „Finance Approach“ abgleitet. Zum einen nimmt die Zahl der Kumulativ-Dissertationen, bei denen die „Doktorarbeit“ durch Journal-Beiträge ersetzt wird, zu, und zum anderen werden Bewerber in Berufungsverfahren primär nach ihren Beiträgen in Academic Journals beurteilt. Immer öfter wird eine variable Vergütung in Abhängigkeit von der „Forschungsleistung“ vereinbart. Wenn aber nur bei Verfolgung des „Finance Approach“ eine Chance auf Veröffentlichung besteht, werden sich wissenschaftliche Nachwuchskräfte in diese Richtung orientieren.

Hier sei auf die warnenden Worte von Jürgen Ehrlich beim RICS-Focus 2013 verwiesen: „Es ist ... wichtig, dass wir nicht, wie in den letzten Jahren an vielen Stellen geschehen, die Immobilien auf die Stufe eines Finanzproduktes degradieren und darüber hinaus meinen, sie als Mathematikaufgabe behandeln zu können, die über Modellrechnungen gemanagt werden kann.“

3.7 Literatur

Bond, S. (Hrsg.): International Real Estate Society 1994–2014 – 20th Anniversary Monograph, Dezember 2014.

Bone-Winkel et al. (Hrsg.): Stand und Entwicklungstendenzen der Immobilienökonomie: Festschrift zum 60. Geburtstag von Karl-Werner Schulte, 2006.

Dasso, J./Woodward, L.: Real estate education: past, present, and future – the search for a discipline, in: The Appraisal Journal 49 (1981), Nr. 3, S. 413–425.

DeLisle, J.R./Worzala, E.: Essays in Honor of James A. Graaskamp: Ten Years After, Springer, 2000.

Dziomba, M./Krajewski, C. (Hrsg.): Die Immobilienwirtschaft als geographisches Berufsfeld; Arbeitsberichte der Arbeitsgemeinschaft Angewandte Geographie Münster e. V., Heft 41, Münster 2012.

Ehrlich, J.: RICS-Fokus, 2013.

Graaskamp, J. A.: Redefining the role of university education in real estate and urban land economics, in: Jarchow, S. P. (Hrsg.): Graaskamp on real estate, Washington 1991a, S. 40–50.

Graaskamp, J. A.: The failure of the universities to teach the real estate process as an interdisciplinary art form, in: Jarchow, S. P. (Hrsg.): Graaskamp on real estate, Washington 1991b, S. 51–67.

Hennings, G.: Immobilienökonomie – ein innovatives Lehr- und Forschungskonzept?, in: Schulte, K.-W. (Hrsg.): 10 Jahre ebs IMMOBILIENAKADEMIE – Festschrift, Frankfurt am Main 2000, S. 48–57.

Jenkis, H. W. (Hrsg.): Kompendium der Wohnungswirtschaft, 4. Aufl., München 2001.

Kämpf-Dern, A./Pfnür, A.: Grundkonzepte des Immobilienmanagements: Ein Vorschlag zur Strukturierung immobilienwirtschaftlicher Managementaufgaben, in: Arbeitspapiere zur immobilienwirtschaftlichen Forschung und Praxis 14, 2009.

Kämpf-Dern, A.: Immobilienwirtschaftliche Managementebenen und -aufgaben: Definitions- und Leistungskatalog des Immobilienmanagements, in: Arbeitspapiere zur immobilienwirtschaftlichen Forschung und Praxis 15, 2009.

Kant, I.: Prolegomena zu einer jeden künftigen Metaphysik, die als Wissenschaft wird auftreten können, unveränd. Nachdr., Hamburg 1969.

Kirsch, W.: Die verhaltenswissenschaftliche Fundierung der Betriebswirtschaftlehre, in: Raffée, H./Abel, B. (Hrsg.): Wissenschaftstheoretische Grundfragen der Wirtschaftswissenschaften, München 1979, S. 105–120.

Kühne-Büning, L.: Besonderheiten des Wirtschaftsgutes Wohnung und seiner Nutzungsleistungen, in: Kühne-Büning, L./Heuer, J. H. (Hrsg.): Grundlagen der Wohnungs- und Immobilienwirtschaft – vormals Lehrbuch der Wohnungswirtschaft, 3., überarb. u. erw. Aufl., Frankfurt am Main 1994, S. 6–17.

Möller, D.-A.: Planungs- und Bauökonomie, Bd. 1: Grundlagen der wirtschaftlichen Bauplanung, 4., völlig überarb. Aufl., München 2001.

Newell, G./Worzala, E./McAllister, P./Schulte, K.-W.: An International Perspective on Real Estate Research Priorities, in: Journal of Real Estate Portfolio Management, 10 (2004), Nr. 3, S. 161–170.

Pfarr, K.: Grundlagen der Bauwirtschaft, Essen 1984.

Schulte, K.-W.: Immobilienökonomie als Wissenschaft, in: Bronner, O. (Hrsg.): Immobilien in Europa II – Märkte in Bewegung, Wien 1992, S. 230–235.

Schulte, K.-W.: Immobilienökonomie – ein innovatives Lehr- und Forschungskonzept!, in: Schulte, K.-W. (Hrsg.): 10 Jahre ebs IMMOBILIENAKADEMIE – Festschrift, Frankfurt am Main 2000, S. 36–47.

Schulte, K.-W.: Die Immobilienökonomie als interdisziplinäres Lehr- und Forschungskonzept, in: Zeitschrift für Immobilienökonomie 1 (2002), Nr. 1, S. 8–14.

Schulte, K.-W. (Hrsg.): Immobilienökonomie, Band III: Stadtplanerische Grundlagen, 2. Auflage, München 2011.

Schulte, K.-W. (Hrsg.): Immobilienökonomie, Band IV: Volkswirtschaftliche Grundlagen, München 2008.

Schulte, K.-W.: Real Estate Education Throughout the World: Past, Present and Future, in: Research Issues in Real Estate, Volume 7, 2002 (softcover reprint of the original first edition 2013).

Schulte, K.-W.: Immobilienökonomie als Wissenschaftsdisziplin – was braucht Europa?, in: gif im Fokus: Immobilienwirtschaft im Wandel? 20 Jahre gif!, 1/2014a, S. 5–6.

Schulte, K.-W.: Personal Reflections, in: Bond, S. (Hrsg.): International Real Estate Society 1994–2014 – 20th Anniversary Monograph, Dezember 2014b, S. 42–43.

Schulte, K.-W.: Global Achievments of IRES, in: Bond, S. (Hrsg.): International Real Estate Society 1994–2014 – 20th Anniversary Monograph, Dezember 2014c, S. 80–85.

Schulte, K.-W./Kühling, D./Servatius, W./Stellmann, F. (Hrsg.): Immobilienökonomie, Bd. 2: Rechtliche Grundlagen, 3. Auflage, München 2013.

Schulte, K.-W./Schäfers, W.: Immobilienökonomie als wissenschaftliche Disziplin, Teil 1, in: Grundstücksmarkt und Grundstückswert 10 (1999a), Nr. 1, S. 25–30.

Schulte, K.-W./Schäfers, W.: Immobilienökonomie als wissenschaftliche Disziplin, Teil 2, in: Grundstücksmarkt und Grundstückswert 10 (1999b), Nr. 2, S. 92–98.
Schulte, K.-W./Walbröhl, V.: Bauwirtschaft in der Betriebswirtschaftslehre, in: Gesellschaft zur Förderung des deutschen Baugewerbes (Hrsg.): Baubetriebswirtschaftslehre in Theorie und Praxis, Bonn 1996, S. 7–32.
Schulz-Eickhorst, A.: Die Bauherren-Architekten-Beziehung – Eine institutionenökonomische Problemanalyse mit Lösungsansätzen, in: Schulte, K.W. (Hrsg.): Schriften zur Immobilienökonomie, Band 19, Köln 2002.
Taltavul, P.: Real Estate Education in Europe during Last Twenty Years (1994-2014), in: Bond, S. (Hrsg.): International Real Estate Society 1994–2014 – 20th Anniversary Monograph, Dezember 2014, S. 60–65.
VHB (Hrsg.): VHB-Jourqual 3; URL: http://vhbonline.org/service/jourqual/vhb-jourqual-3/ (Zugriff: 29.04.2015).

Karl-Werner Schulte*

4 Aus- und Weiterbildung für Immobilienberufe

Inhalt

* In früheren Auflagen dieses Werkes hat auch Gisela Schulte-Daxbök an diesem Kapitel mitgewirkt. Die Herausgeber danken ihr für ihren Beitrag zur Entwicklung des vorliegenden Kapitels.

4.1 Einführung

Die Immobilienwirtschaft zählt zu den volkswirtschaftlich bedeutendsten Wirtschaftszweigen nicht nur in Deutschland (vgl. gif 2013), sondern auch weltweit. Nicht nur aus diesem Grunde sind Aus- und Weiterbildung für Immobilienberufe wichtig: Mitteleuropäer verbringen etwa 85 % ihres Lebens in Immobilien. Immobilienberufe haben daher eine große Verantwortung für die bebaute und unbebaute Umwelt.

In Großbritannien, den USA und anderen Ländern hat man seit langem erkannt, dass Führungs-, Fach- und Führungsnachwuchskräfte in der Immobilienwirtschaft eine ähnlich gute Qualifikation benötigen wie in anderen Wirtschaftszweigen.

Anfang der 90er Jahre des 20. Jahrhunderts existierten in den USA und in Großbritannien jeweils etwa 50 etablierte Real Estate Undergraduate und (Post-)Graduate Programs. Zu dieser Zeit wurden an der EUROPEAN BUSINESS SCHOOL in Oestrich-Winkel und an der University of Amsterdam die ersten Studiengänge in Kontinentaleuropa ins Leben gerufen. Inzwischen besteht eine kaum noch zu übersehende Vielfalt an Aus- und Weiterbildungsprogrammen für Immobilienberufe in Europa und erst recht weltweit. Leider gibt es nur die wenigen nachfolgenden Studien bzw. Broschüren. Während die beiden Erstgenannten nur einmal erschienen sind, wurden die Veröffentlichungen der ULI und der RICS jeweils jährlich neu aufgelegt und dann eingestellt:
- Schulte, K.-W. (Ed.): Real estate education throughout the world: past, present and future, Boston 2002.
- Lizieri, C./Baum, A.: Real estate education in Europe – a report for the Urban Land Institute, May 2002, Reading 2002.
- Urban Land Institute (Ed.): The directory of real estate development and related education programs, 11th ed., Washington D. C. 2008.
- Royal Institution of Chartered Surveyors (Ed.): RICS prospectus of surveying education: higher education courses in land, property and construction, 10th ed., London 2006/2007.

Dieser Beitrag versucht, das Angebot an Studiengängen in den USA und Europa, hier insbesondere Großbritannien und Deutschland, zu strukturieren, Kriterien für die Auswahl von Studiengängen und Hochschulen zu definieren und damit die Transparenz für Anbieter und Nachfrager zu verbessern.

4.2 Studiengänge in den USA

Historisch entwickelte sich die Aus- und Weiterbildung für Immobilienberufe in den USA zu Beginn des 20. Jahrhunderts zunächst über die National Association of Real

Estate Brokers, den nationalen Verband der Makler. Vergleichbar den Zielen der RICS in Großbritannien standen auch hier Ausbildung und Forschung in Verbindung mit ethischen Standards im Mittelpunkt. Erreicht werden sollte dies über verschiedene universitäre Kurse, die zwischen 1908 und 1923 zunächst als Weiterbildungsangebot für Makler eingerichtet wurden. Führend waren hier die University of Pennsylvania, die University of Wisconsin, die University of Pittsburgh und die University of Washington. Die sehr praxisorientierten Inhalte zielten auf marktorientierte Schwerpunkte sowie wirtschaftliche und soziale Zusammenhänge. Erst später wurde diese Form der universitären Weiterbildung in den Primärbereich der Ausbildung herunter gebrochen (vgl. dazu auch Webb/Smith).

Bei den US Real Estate Programs wird grundlegend zwischen Undergraduate und (Post-)Graduate Programs unterschieden, wobei letztere sowohl als „Student Education" oder auch als „Executive Education" anzutreffen sind. Die Palette der US Real Estate Programs reicht von einem full „Bachelor of Science in Real Estate" über „Bachelor of Business Administration Programs" mit „Majors in Real Estate" bis hin zu „Minors in Real Estate" oder „Majors in Finance with Emphasis in Real Estate" (vgl. Wikipedia Undergraduate Real Estate Programs).

Gibt man bei Google www.study.com ein, erscheint eine Seite „Top Schools for Real Estate and Real Estate Finance". Man erfährt „what three of the top schools have to offer". Es handelt sich um:

1. University of Pennsylvania in Philadelphia,
2. University of Wisconsin-Madison,
3. University of California-Berkeley.

Weiter wird darauf hingewiesen „where else you can study real estate in the U.S.". Hier werden zehn Universitäten (darunter auch die drei oben genannten) gelistet. Es wird jedoch nicht klar, wer nach welchen Kriterien diese Universitäten ausgesucht hat.

Der U.S. News and World Report rankt regelmäßig die UG Real Estate Programs. Die nachfolgend aufgeführten Universitäten bilden derzeit die Top 10:

1. University of Pennsylvania,
2. University of Wisconsin-Madison,
3. University of California-Berkeley,
4. University of Georgia,
5. University of Southern California,
6. New York University,
7. University of Florida,
8. University of Texas-Austin,
9. University of Connecticut,
10. University of Illinois Urbana-Champaign.

Das dem Ranking zugrundeliegende Verfahren ist nach Einschätzung namhafter US Professoren völlig intransparent und führt zu fragwürdigen Ergebnissen. So erscheinen Universitäten unter den Top 10, die gar kein UG Real Estate Program anbieten (z. B. die University of Florida).

Bei Wikipedia erfährt man unter „Graduate Real Estate Education“, dass es kein US Real Estate Master Ranking gibt. Es werden aber 39 Programme aufgeführt. Die Bandbreite der angegebenen Master Degrees:
- Master of Science in Real Estate,
- Master of Science in Real Estate Development,
- Master of Arts in Real Estate,
- MBA Real Estate Major,
- MBA Real Estate Concentration,

variiert von stark ausgeprägtem bis zu schwachem Real Estate Anteil an den Inhalten der Programme.

Wikipedia empfiehlt Studieninteressenten die Orientierung an den Resultaten von Wettbewerben:
- ULI Student Competition,
- ARGUS Software University Challenge,
- National Real Estate Challenge,
- CASE Competition at MIT.

Auch das Vorhandensein von Real Estate Research Centern kann Hinweise auf die Qualität von Real Estate Programs liefern.

Unter „real estate phd programs“ findet man bei Wikipedia keine Übersicht, sondern nur die Angebote verschiedener Universitäten.

Einen ersten Hinweis auf Immobilienstudiengänge in Europa liefert Wikipedia unter „Graduate real estate programs outside the United States“. Hier werden 68 Programme aufgeführt, darunter auch 8 von deutschen Hochschulen und 16 von UK Hochschulen. Einen entsprechenden Eintrag über „Undergraduate real estate programs outside the United States“ gibt es nicht.

4.3 Studiengänge in Europa, insbesondere Großbritannien

Großbritannien gilt als das Mutterland von „real estate education & research“. Von hier gingen wertvolle Impulse für die Entwicklung von Aus- und Weiterbildung für Immobilienberufe in Kontinentaleuropa aus (vgl. French/Palmer).

Umgekehrt hat die Entwicklung des Fachgebiets vor allem in Deutschland großen Einfluss auf die Inhalte der Real Estate Programs in Großbritannien. Der in den

90er Jahren dominierende „surveying approach" (vgl. Schulte/Schulte-Daxbök) wurde durch den „interdisciplinary approach" ersetzt und die Schools of the Built Environment sind an vielen Universitäten als Real Estate Departments in Business Schools integriert worden (z. B. University of Reading/Henley Business School). In Großbritannien existieren mehrere Rankings von Real Estate Schools/Departments.

Der TIMES Good University Guide war lange Zeit das weitverbreitetste Ranking, aber da es im Web nicht mehr frei verfügbar ist (subscriptions only), ist seine Popularität gesunken.

Gegenwärtig wird der Complete University Guide am meisten verwandt. Das Ranking 2015 der „Land & Property Management" – Studiengänge sieht wie folgt aus:
1. Cambridge,
2. Reading,
3. Aberystwyth,
4. Glasgow,
5. Northumbria,
6. Ulster,
7. Sheffield Hallam,
8. West of England Bristol,
9. Oxford Brookes,
10. Nottingham Trent.

The GUARDIAN hat einen anerkannten University Guide, aber keine Real Estate oder Property Section.

Ein Vergleich der einzelnen Programme über die Ländergrenzen in Europa erweist sich als äußerst schwierig. Es existieren „barriers that are cultural and linguistic. There are major differences in both the educational system and the institutional structure of real estate markets that have an impact on the development of real estate education and training. Furthermore, the European real estate networks that do exist are predominantly English-speaking and under-represent the southern European and Romance-language countries. This produces a bias in sampling methods that is difficult to overcome. Although efforts were made to overcome this, there will be an inevitable tendency for northern European universities to be identified as market leaders"(Lizieri/Baum, S. 1).

In ihrer ULI Auftragstudie identifizierten Lizieri und Baum Anfang 2000 in Europa immerhin „475 degree-level programs that appear to be in the fields supported by the Urban Land Institute" (Lizieri/Baum, S. 5). Diese verteilten sich etwa zur Hälfte auf britische und nichtbritische Länder.

Seitdem hat sich vor allem in Kontinentaleuropa viel zum Positiven verändert.

4.4 Studiengänge in Deutschland

Betrachtet man die deutsche Hochschullandschaft bis Anfang der 90er Jahre, so existiert eine Reihe von „klassischen" Studiengängen, in denen immobilienspezifische Inhalte mehr oder weniger intensiv und aus unterschiedlichen Blickwinkeln vermittelt wurden:
- Architektur,
- Betriebswirtschaftslehre,
- Ingenieurwesen,
- Raumplanung,
- Rechtswissenschaft,
- Verwaltungswissenschaft,
- Volkswirtschaftslehre,
- Wirtschaftsgeographie,
- Wirtschaftsingenieurwesen.

Allerdings wurden in diesen Studiengängen nur Teilaspekte behandelt, die einen fachübergreifenden Bezug vermissen ließen.

Es kann daher nicht verwundern, dass aus der Immobilienwirtschaft der Wunsch artikuliert wurde, dieser wichtigen Branche in den Studienangeboten der Hochschulen mehr Raum zu geben, um qualifizierte Absolventen zu attrahieren (vgl. Schulte 2000).

Die universitäre Weiterbildung für Immobilienberufe begann 1990 mit der Gründung der ebs Immobilienakademie und dem Kontaktstudium Immobilienökonomie, das in der Immobilienwirtschaft sofort eine große Resonanz fand. Die universitäre Ausbildung für Immobilienberufe als Wahlpflichtfach im Rahmen eines Studiums der Betriebswirtschaftlehre (BWL) begann 1994 mit der Gründung von zwei Stiftungslehrstühlen an der ebs (Prof. Dr. Karl-Werner Schulte) und an der Universität Leipzig (Prof. Dr. Wolfgang Pelzl). Dies war auch der „Startschuss" für die Forschung über Promotionen zum Dr. rer. pol.

In den Folgejahren wurde an der ebs das „Department of Real Estate" mit zuletzt 6 Professuren aufgebaut. Durch den Wechsel der Immobilienakademie und der meisten Professoren des Department of Real Estate an die Universität Regensburg entstand – zusammen mit den dort bereits vorhandenen Professoren – ein neuer großer Anbieter am Markt der Aus- und Weiterbildung für Immobilienberufe: die IREBS International Real Estate Business School.

Sie ist Teil der Wirtschaftswissenschaftlichen Fakultät der Universität Regensburg und besteht aus
- dem IREBS Institut für Immobilienwirtschaft (Ausbildung und Forschung) und
- der IREBS Immobilienakademie (Weiterbildung und Beratung).

Das Bachelorstudium an der Wirtschaftswissenschaftlichen Fakultät der Universität Regensburg beinhaltet zwei Immobilien-Schwerpunktfächer. Darauf aufbauend wird ein 4 semestriges (Vollzeit-)Studium zum Master of Science in Real Estate (MScRE) angeboten, das optional einen einjährigen Studienaufenthalt an der

- University of Reading,
- University of Hongkong,
- Tongji University Shanghai,

einschließt und zu Doppel-Master Degrees führt.

Durch die RICS Anerkennung können Absolventen auch die MRICS Designation erlangen, die die Ausbildung zum „Global Junior Property Professional" abrundet.

Die IREBS Immobilienakademie setzt unter neuem Namen die erfolgreiche Arbeit der ebs Immobilienakademie an den Studienorten Eltville (Rhein-Main-Gebiet), Berlin, München und Essen fort. Sie bietet neben dem RICS-akkreditierten Kontaktstudium Immobilienökonomie auch eine Palette von Intensivstudiengängen sowie maßgeschneiderten Firmenprogrammen.

In den vergangenen Jahren hat es in Deutschland einen Boom am „Immobilienaus- und -weiterbildungsmarkt" gegeben. Den besten Überblick über das vielfältige Angebot bieten der gif-Studienführer, die Präsentation von Hochschulen auf der EXPO REAL sowie das Hochschulranking der IMMOBILIENZEITUNG.

Die Tabellen 1 und 2 enthalten eine Zusammenstellung von Studiengängen (Stichtag 31. Mai 2015), wobei der Auswahl die folgenden Überlegungen zugrundeliegen:

- Erfasst wurden nur Studiengänge, die an Hochschulen oder hochschulnahen Einrichtungen durchgeführt werden.
- Gemeinhin werden Bachelor-, Master-, Diplom- und Zertifikatsstudiengänge unterschieden. Diese Unterscheidung sagt jedoch nichts über die Zielgruppe von Studiengängen aus. Hier ist grundlegend zwischen Ausbildungs- und Weiterbildungsstudiengängen zu unterscheiden; letztere richten sich an Personen, die über mehrjährige Berufserfahrung verfügen, häufig bereits einen Hochschulabschluss aufweisen und i. d. R. berufsbegleitend studieren.
- Einbezogen wurden nur Studiengänge mit Immobilienfokus, nicht dagegen Studiengänge mit primär Baubetriebs-, Stadtplanungs- und anderen Schwerpunkten.
- Obwohl sich dieses Buch an deutschsprachige Leser richtet, wurden nur Studiengänge in Deutschland aufgenommen, da dem Verfasser die Kenntnisse über die Hochschullandschaft in Österreich und der Schweiz fehlen.
- Intensivstudiengänge, wie sie z. B. von der IREBS Immobilienakademie (Handelsimmobilien, Real Estate Asset Management, Corporate Real Estate Management) angeboten werden, sind nicht in der Tabelle enthalten, weil ihre Einbeziehung den Rahmen sprengen würde.

Es liegt in der Natur der Sache, dass die nachfolgenden Listen den ein oder anderen Fehler enthalten und Änderungen im Zeitablauf eintreten können.

Tab. 1: Zusammenstellung von immobilienwirtschaftlichen Studiengängen in Deutschland

Institution	Studiengang	Abschluss	Ausbildung (AB) Weiterbildung (WB)
ADI Akademie der Immobilienwirtschaft	Kontaktstudium Immobilienökonomie	Diplom-Immobilien-ökonom/in RICS	WB
Akademie der Hochschule Biberach	Internationales Immobilienmanagement	MBA Internationales Immobilienmanagment RICS	WB
Akademie der Immobilienwirtschaft Berlin in Kooperation mit HTW	Real Estate Management	MBA Real Estate Management	WB
Bauhaus-Universität Wiemar	Management (Bau Immobilien Infrastruktur)	B.Sc.	AB
BBA – Berlin Brandenburgische Akademie	Immobilienmanagement	B.A.	AB
BBA in Kooperation mit EBZ Bochum	Real Estate Distance Learning	B.A. Real Estate	AB/WB
BBA in Kooperation mit HTW Berlin	Business Administration in Real Estate Management	MBA Real Estate Management RICS	WB
Bergische Universität Wuppertal	Real Estate Management and Construction Project Management	M.Sc.	WB
Berufsakademie Sachsen	Immobilienwirtschaft	B.A.	AB
CRES Center for Real Estate Studies, Berlin	Immobilienwirtschaft Real Estate	B.A.	AB
CRES Center for Real Es-tate Studies, Berlin	Immobilienwirtschaft Real Estate	B.A.	WB
CRES Center for Real Estate Studies, Berlin	Professional Skills and Management mit der Vertiefungsrichtung Real Estate	M.Sc.	WB
Deutsche Immobilienakademie an der Universität Freiburg	Kontaktstudium Immobilienwirtschaft	Diplom-Immobilienwirt (DIA)	WB

Tab. 1: (fortgesetzt)

Institution	Studiengang	Abschluss	Ausbildung (AB) Weiterbildung (WB)
DHBW Duale Hochschule Baden-Württemberg, Stuttgart	BWL – Immobilienwirtschaft	B.A. Immobilienwirtschaft RICS	AB
EBS Universität für Wirtschaft und Recht, Oestrich-Winkel	Real Estate	Master of Science in Real Estate (M.Sc.) RICS	AB
EBS Universität für Wirtschaft und Recht, Oestrich-Winkel	Business mit Spezialisierung in Real Estate	M.A.	WB
EBS Universität für Wirtschaft und Recht, Oestrich-Winkel	Immobilienökonomie	Immobilienökonom/in (EBS) RICS	WB
EBZ Business School, Bochum	Real Estate	B.A. Real Estate	AB
EBZ Business School, Bochum	Real Estate Management	M.A. Real Estate Management	WB
EBZ Business School, Bochum	Projektentwicklung	M.Sc. Projektentwicklung	WB
EIPOS Europäisches Institut für postgraduale Bildung an der TU Dresden	Immobilienmanagement	M.Sc. Immobilienmanagement	WB
FH Mainz	Bau- und Immobilienmanagement	Bachelor of Engingeering	AB
HAWK Hochschule für angewandte Wissenschaft und Kunst, Holzminden	Immobilienwirtschaft	B.Sc. Immobilienwirtschaft RICS	AB
HAWK Hochschule für angewandte Wissenschaft und Kunst, Holzminden	Immobilienmanagement	M.Sc. Immobilienwirtschaft RICS	AB
Hochschule Anhalt, Bernburg	Immobilienwirtschaft	B.A. Immobilienwirtschaft	AB
Hochschule Anhalt, Bernburg	Immobilienbewertung	M.Sc. Immobilienbewertung	WB

Tab. 1: (fortgesetzt)

Institution	**Studiengang**	**Abschluss**	**Ausbildung (AB) Weiterbildung (WB)**
Hochschule Aschaffenburg	Immobilienmanagement	M.A. Immobilienmanagement	AB
Hochschule Aschaffenburg	Internationales Immobilienmanagement	B.A. RICS	AB
Hochschule Biberach	BWL/Bau und Immobilien	B.A.	AB
Hochschule für Wirtschaft und Umwelt, Nürtingen-Geislingen	Immobilienwirtschaft	B.Sc. Immobilienwirtschaft RICS	AB
Hochschule für Wirtschaft und Umwelt, Nürtingen-Geislingen	Immobilienmanagement	M.Sc. Immobilienmanagement	AB
Hochschule Ingolstadt	BWL, Schwerpunkt Immobilienmanagemnt	B.A.	AB
Hochschule Mannheim	Immobilienwirtschaft	B.A.	AB
Hochschule Rhein/Main	Immobilienmanagement	Bachelor of Engineering	AB
HTW Hochschule für Technik und Wirtschaft, Berlin	Immobilienwirtschaft	B.A.	AB
HWR Hochschule für Wirtschaft und Recht, Berlin	BWL/Immobilienwirtschaft	B.A.	AB
IBA Internationale Berufsakademie, Freiburg	International Business Management mit Schwerpunkt Immobilienmanagement	B.A. in International Business Management	AB
IREBS Immobilienakademie an der Universität Regensburg	Kontaktstudium Immobilienökonomie	Immobilienökonom/-in (IREBS) RICS	WB
IREBS Immobilienakademie in Kooperation mit der Universität Regensburg	Business Administration, Economics & Real Estate	Executive MBA Real Estate	WB
IREBS Institut für Immobilienwirtschaft	Immobilienwirtschaft	M.Sc. in Real Estate (MscRE) RICS	AB

Tab. 1: (fortgesetzt)

Institution	Studiengang	Abschluss	Ausbildung (AB) Weiterbildung (WB)
IUBH School of Business and Management, Bad Honnef	BWL mit Spezialisierung Immobilienmanagement	B.A.	AB
TU Berlin	Real Estate Management	Master in Real Estate Management	WB
TU München	Real Estate Management	M.Sc. in Real Estate Management	WB
Universität Leipzig	BWL, Schwerpunkt Immobilienmanagement	M.Sc. Betriebswirtschaftslehre	AB
Universität Stuttgart	Immobilientechnik und Immobilienwirtschaft	B.Sc	AB
Universität Stuttgart	Immobilientechnik und Immobilienwirtschaft	M.Sc.	AB

Tab. 2: Zusammenstellung von Hochschulen in Deutschland mit dem Studiengang „Facility Management"

Institution	Studiengang	Abschluss	Ausbildung(AB) Weiterbildung (WB)
DHBW Duale Hochschule Baden-Württemberg, Stuttgart	Facility Management	Bachelor of Engineering	AB
FH Aachen	Facility Management	Master of Engineering	AB
FH Gelsenkirchen	Wirtschaftsingenieurwesen – Facility Management	B.Sc.	AB
FH Mainz	Technisches Gebäudemanagement	Master of Engineering oder M.Sc.	AB/WB
FH Münster	Total Facility Management	Bachelor of Engineering	AB
Hochschule Anhalt, Bernburg	Facility Management	B.Sc. Facility Management	AB
Hochschule Anhalt, Bernburg	Facility- und Immobilienmanagement	M.Sc. Facility- und Immobilienmanagment	AB
Hochschule Mittweida	Immobilienmanagement und Facility Management	Bachelor of Engineering	AB

Tab. 2: (fortgesetzt)

Institution	Studiengang	Abschluss	Ausbildung(AB) Weiterbildung (WB)
HTW Hochschule für Technik und Wirtschaft, Albstadt-Sigmaringen	Facility Management	B.Sc.	AB
HTW Hochschule für Technik und Wirtschaft, Albstadt-Sigmaringen	Facility Design und Management	M.Sc.	AB
HWR Hochschule für Wirtschaft und Recht, Berlin	Technisches Facility Management	B.A.	AB
Technische Hochschule Nürnberg	Facility Managemnet	Master of Facility Management	WB
THM Technische Hochschule Mittelhessen, Friedberg	Facility Management	B.Sc.	AB
THM Technische Hochschule Mittelhessen, Friedberg	BWL, Fachrichtung Facility Management	B.A.	AB
TU Kaiserslautern	Facility Management	B.Sc.	AB
TU Kaiserslautern	Facility Management	M.Sc.	AB

Im letzten Hochschulranking der IMMOBILIENZEITUNG aus dem Jahre 2012 belegen die IREBS Immobilienakademie, EBS und DHBW Stuttgart in dieser Reihenfolge die ersten Plätze. Für das Ranking beurteilten Studierende ihre eigene Hochschule. 714 Studierende immobilienwirtschaftlicher Studiengänge aus mehr als 50 Hochschulen vergaben in 8 Kategorien Schulnoten von 1 bis 6.

Sicher orientieren sich viele Studieninteressierte an dem IZ Hochschulranking; seine Aussagekraft ist aber insofern zu hinterfragen, als nicht zwischen Primär- und Weiterbildungsstudiengängen getrennt wird und die gesamte Systematik intransparent ist.

4.5 Auswahl von Studiengängen

Angesichts der inzwischen großen Zahl an Aus- und Weiterbildungsstudiengängen werden Auswahlkriterien benötigt, anhand derer Studieninteressierte eine Entscheidung für eine Hochschule bzw. für ein Programm rational treffen können.

4.5.1 Auswahlkriterien

Die RICS-Akkreditierung wird von der Immobilienpraxis als Qualitätssiegel eingeschätzt. Daher kommt ihr für umfassende Degree- und Kontaktstudiengänge große Bedeutung zu. Für andere, zum Beispiel kürzere und spezialisiertere Programme, für die eine RICS-Akkreditierung nicht in Frage kommt, ist die RICS Anerkennung der Institution von Bedeutung, bürgt doch die Prüfung der Prozessabläufe der Institution durch die RICS für eine hohe Qualität.

Darüber hinaus sind als weitere Hauptkriterien
- die Reputation der Institution, die Aus- und/oder Weiterbildung anbietet sowie
- das Konzept und die Qualität des betreffenden Studiengangs

anzusehen (vgl. Tabelle 3), die jeweils aus verschiedenen Teilkriterien bestehen.

Tab. 3: Hauptkriterien der Auswahl von Studiengängen

RICS-Akkreditierung
Reputation der Institution
– Hochschulanbindung – Aufnahmekriterien – Qualität des Managements – „Impact on Industry“ – „Magisches Viereck“ – Forschungsoutput – Absolventennetzwerk
Konzept und Qualität des Studiengangs
– Vollzeit- oder Teilzeitstudium – „Philosophie“ des Programminhalts – Theorie-Praxis Relation – Qualität der Dozenten und des Programmmanagements – Studienort(e) – Vielfalt der Teilnehmer – Nutzen/Kosten-Verhältnis

4.5.2 RICS-Akkreditierung

Die Immobilienorganisation mit dem weltweit höchsten Renommee ist die **RICS Royal Institution of Chartered Surveyors**. Zunächst nur auf Großbritannien und das Commonwealth begrenzt, akkreditiert die RICS seit Anfang 1990 auch Studiengänge in Kontinentaleuropa; hier war das Kontaktstudium Immobilienökonomie der ebs Immobilienakademie der „Bahnbrecher". Derzeit sind in Kontinentaleuropa 48 Studiengänge in 14 Ländern von der RICS akkrediert, darunter in Deutschland 13 Studiengänge an 7 Hochschulen. Durch die Akkreditierung zahlreicher Studiengänge in den USA, in China und in Afrika wurde der „Chartered Surveyor" zu einem weltweit anerkannten Gütesiegel.

Zunächst sollen die wichtigsten Hintergrundinformationen zur Royal Institution of Chartered Surveyors vermittelt werden. Diese 1868 als Vereinigung der Landvermesser gegründete Berufsorganisation setzt die fachlichen und ethischen Standards im Immobiliengeschäft und machte dadurch eine gesetzliche Regelung der Berufszulassung unnötig. Um eine hohe Professionalisierung ihrer Mitglieder zu gewährleisten, wird einerseits eine spezifische akademische Ausbildung durch eine Hochschule gefordert, an die sich eine ein- bzw. zweijährige praktische Berufserfahrung, das Assessment of Professional Competence (APC) mit Abschlussprüfung (Final Assessment), anschließt.

Die RICS bietet verschiedene Zugangswege zur Mitgliedschaft an, abhängig von den akademischen und beruflichen Qualifikationen, sowie von der relevanten Praxiserfahrung des jeweiligen Bewerbers. Für Absolventen von Ausbildungsstudiengängen gilt die Route 1, von Weiterbildungsstudiengängen die Route 2.

Durch die Akkreditierung von Studiengängen regelt die RICS den Zugang zur Mitgliedschaft. Aufgrund der hohen Standards gilt die RICS Akkreditierung eines Studiengang als „Gütesiegel" für dessen Qualität.

Die Aufnahme in die RICS erfolgt zunächst als Professional Member (MRICS); nach in der Regel weiteren fünf Jahren einwandfreier Berufspraxis folgt die Ernennung zum Fellow (FRICS). Eine ständige Weiterbildung, Continuing Professional Development (CPD), ist für alle Mitglieder Pflicht. Hinzu kommt ein Verhaltenskodex (Professional Conduct), dessen Einhaltung durch spezielle Gremien, denen Sanktionsmaßnahmen (Disciplinary Procedures) zur Durchsetzung der Standesregeln zur Verfügung stehen, kontrolliert wird. Die RICS hat inzwischen mehr als 118.000 praktizierende Mitglieder weltweit.

Die „global structure" der RICS beinhaltet sieben „world regions":
- United Kingdom,
- Americas,
- Asia,
- South Asia,
- Europe,
- Middle East & Africa,
- Oceania.

In RICS Europe bestehen 18 „national groups", unter denen die 1994 gegründete RICS Deutschland die größte Organisation ist (vgl. Immobilienwirtschaft Verlagsbeilage).

Von der RICS Accreditation ist die Akkreditierung von Studiengängen im Zuge des Bologna-Prozesses zu unterscheiden. Hier geht es um die Beurteilung der Qualitäten von Lehre und Studium durch unabhängige Experten einer Akkreditierungsagentur (wie z. B.: ACQUIN, FIBAA, ASIIN).

Wichtige Hinweise liefert ein „Leitfaden und Positionspapier" des Arbeitskreises Nr. 20 der gif Gesellschaft für Immobilienwirtschaftliche Forschung zur „Akkreditierung immobilienwirtschaftlicher Studiengänge" (vgl. gif 2011).

Das Papier behandelt folgende am zeitlichen Ablauf des Akkreditierungsprozesses orientierte Punkte:

1. Auswahl der Agentur,
2. Verhandlung mit der Agentur und Vertragsschluss,
3. Einreichung der Unterlagen,
4. Akkreditierungsbesuch,
5. Ergebnisprozess,
6. Reakkreditierung.

Da fast alle Aus- und Weiterbildungssprogramme an Hochschulen inzwischen akkreditiert sind, die Qualität und die Ausrichtung der Akkreditierungsagenturen unterschiedlich ist und die Vorgehensweise nur Hochschulinternen bekannt ist, spielt die Akkreditierung durch die vom Akkreditierungsrat zugelassenen Agenturen für die Auswahl eines Studiengangs praktisch keine Rolle.

4.5.3 Reputation der Institution

In einer Welt von Hunderten von Real Estate Degree-, Diploma- und Certificate-Abschlüssen zählt letztendlich die Reputation der Institution, die die Abschlüsse vergibt. Was macht die (schwer zu greifende) Reputation aus?

- Wichtig ist sicherlich die institutionelle Anbindung an eine Hochschule. Die Weiterbildung findet in Deutschland zumeist an Institutionen statt, die in der ein oder anderen Form an eine Hochschule angebunden sind. So ist die IREBS Immobilienakademie „eine Wissenschaftliche Einrichtung an der Universität Regensburg" und unterliegt der Kontrolle der Wirtschaftswissenschaftlichen Fakultät.
- Während die Aufnahmekriterien für Studienanfänger per Gesetz oder durch die Hochschule geregelt sind, gibt es bei Weiterbildungsstudiengängen größere Spielräume. Damit wird die Auswahl der Studierenden zu einem Erfolgskriterium.
- Zur Reputation der Institution trägt auch die Qualität des Managements bei. Die wissenschaftliche Leitung sollte aus Professoren bestehen. Die administrative Leitung sollte ebenfalls Fachkenntnisse und möglichst auch Praxiserfahrung aufweisen.

- Das Management insgesamt sollte einen wahrnehmbaren „Impact on Industry“ ausüben. Dazu zählen Firmenbesuche, Teilnahme an den wichtigsten Branchentreffs (EXPO Real, Mipim, etc.), Mitarbeit in Gremien von Verbänden, Publikationen in Praxiszeitschriften u. ä.
- Die Institution sollte ein breites Angebot für „Life-Long-Learning“ bieten und alle Kanten des „magischen Vierecks“ in eigener Kompetenz abdecken (vgl. Abbildung 1). Besondere Bedeutung kommen der Forschung und Beratung zu. Ergebnisse anwendungsorientierter Forschung werden über die researchbasierte Beratung an die Immobilienpraxis weitervermittelt, die Rückkopplung verhilft der Wissenschaft zu neuen Erkenntnissen. Diese findet Eingang in die Aus- und Weiterbildung, die sich wiederum gegenseitig befruchten und Anregungen für die Forschung liefern. Nur über Forschung und Beratung lassen sich innovative Ansätze in die Aus- und Weiterbildung integrieren.
- „Cutting Edge Research“ sorgt auch für die Reputation in der „Academic Community“. Die Präsentation von „Papers“ auf internationalen Konferenzen im Rahmen des IRES-Networks (vgl. Kapitel 1.3), die Publikation von Beiträgen in angesehenen „Real Estate Journals“ und „Visiting Professorships“ an ausländischen Hochschulen dienen dazu, Ideen einem kritischen fachkundigen Publikum zu unterbreiten und zur Diskussion zu stellen. Auch die aktive Mitarbeit in Arbeitskreisen der gif Gesellschaft für Immobilienwirtschaftliche Forschung, im ZIA Zentraler Immobilienausschuss, in Alumni Netzwerken etc. gehört in diesen Kontext.
- Was bleibt vom Studium über den Tag der Zeugnisvergabe hinaus? Darüber entscheidet, ob für die Absolventen einer Institution „für die Zeit danach“ ein funktionierendes Netzwerk zur Verfügung steht, das einen Meinungs- und Erfahrungsaustausch an den wichtigsten Immobilienstandorten ermöglicht. Um ein bundesweites Netzwerk zu etablieren und aufrechtzuerhalten, werden erfahrungsgemäß mehrere hundert Mitglieder benötigt. Diese Hürde wird nur von wenigen Ehemaligenvereinigungen genommen. Der „Verein der Ehemaligen und Förderer der Post-Graduate und Masterstudiengänge zur Immobilienökonomie an der European Business School und der Universität Regensburg (IMMOEBS) e. V.“ ist mit rund 2.500 Mitgliedern das größte Alumni-Netzwerk der Immobilienwirtschaft in Deutschland. Dass die Ehemaligen von zwei verschiedenen Hochschulen in einem Verein engagiert sind, ist durch den Wechsel von Prof. Dr. Karl-Werner Schulte an die Universität Regensburg begründet, wodurch die ebs Immobilienakademie in IREBS Immobilienakademie unbenannt und das ebs Department of Real Estate zum IREBS Institut für Immobilienwirtschaft wurde. IREBS CORE (Community of Real Estate) ist die Studenteninitiative des IREBS Instituts für Immobilienwirtschaft. Sie ermöglicht Studierenden durch aktive Mitarbeit in verschiedenen Projekten und durch die Teilnahme an attraktiven Events Einblicke in die immobilienwirtschaftliche Praxis zu gewinnen und stärkt die Gemeinschaft an der IREBS auch über die

Studienzeit hinaus. Der Verein verzeichnet derzeit mehr als 400 Mitglieder. Weniger bekannte Ehemaligen-Netzwerke sind „Immopoint“ (FH Nürtingen), „REMI-Club“ (TU Berlin) und ADI Alumni.

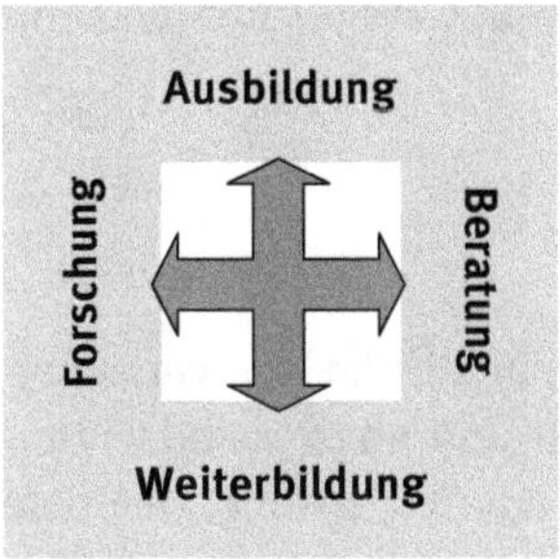

Abb. 1: Das „magische Viereck“ (Quelle: Eigene Darstellung)

4.5.4 Konzept und Qualität des Studiengangs

Neben der Reputation der Institution spielen für die konkrete Auswahl eines Studiengangs natürlich sein Konzept und seine Qualität die entscheidende Rolle.

- Grundlegend ist die Unterscheidung zwischen Vollzeit- oder Teilzeitstudium. Teilzeitstudiengänge richten sich in der Regel an Personen mit mehrjähriger Berufserfahrung.
- Im Hinblick auf die Programminhalte ist für die Auswahl eines Studiengangs wichtig, ob er interdisziplinär ausgerichtet ist oder nur auf betriebswirtschaftliche Aspekte (z. B. Immobilieninvestition und -finanzierung) fokussiert.
- Weiter von Bedeutung ist, ob ein Studiengang eher wissenschaftliche Inhalte vermittelt oder eher anwendungsorientiert ist (Theorie-Praxis-Relation).
- Ein Studiengang steht und fällt mit der Qualität der Dozenten. In Ausbildungsstudiengängen dominieren die Wissenschaftler, in Weiterbildungsstudiengängen sollte eine gute Mischung aus Wissenschaftlern und renommierten Immobilienprofessionals sein, die wegen des größeren Koordinierungserfordernisses besondere Anforderungen an die Qualität des Programmmanagements stellt.
- Gerade für die Weiterbildungsstudiengänge kommt der bundesweiten Präsenz der Institution in oder in der Nähe der Immobilienzentren große Bedeutung zu, um Reisezeiten und -kosten zu reduzieren. Auch das Ambiente des Studienortes und die Qualität des Veranstaltungsraums sind wichtig.
- Während die Studierenden in einem Ausbildungsstudiengang eine weitgehend homogene Gruppe darstellen, sind Weiterbildungsstudiengänge häufig durch Teilnehmer mit unterschiedlicher Vorbildung gekennzeichnet. In der Heterogenität der Teilnehmer liegt die Stärke erfolgreicher Programme, die dem interdisziplinären Ansatz folgen. Inhalte aus Disziplinen wie BWL und VWL, Recht, Stadtplanung, Wirtschaftsgeographie, Architektur- und Ingenieurwesen lassen

sich besser vermitteln, wenn unter den Teilnehmern Absolventen von Primärstudiengängen der o. g. Disziplinen sind.

- Die Studiengebühren für Weiterbildungsstudiengänge unterscheiden sich stark; insofern spielt natürlich auch die Kosten-Nutzen-Relation eine wichtige Rolle. Dieser Aspekt kommt bei Ausbildungsstudiengängen weit weniger zum Tragen.

4.6 Fazit

Die Managementanforderungen in der Immobilienwirtschaft sind in den vergangenen Jahren erheblich gestiegen. Die Immobilienwirtschaft und angrenzende Branchen fragen daher in einem nie gekannten Ausmaß gut aus- oder weitergebildete Fachleute nach. „Das große Werben um Talente“ kennzeichnet den Arbeitsmarkt für Immobilienberufe. Die Immobilienwirtschaft bietet vielfältige und anspruchsvolle Berufsbilder. Darüber informieren der „IZ Karriereleitfaden für Nachwuchskräfte“ (vgl. IZ Karrieleitfaden für Nachwuchskräfte) und die gif Publikationen „Berufsbilder der Immobilienwirtschaft“.

Vor allem seit dem Erscheinen der Monographie „Real Estate Education Throughout the World“ (Schulte 2000b) wird viel über den „Real Estate Body of Knowledge“ diskutiert. Auf internationalen Konferenzen gibt es regelmäßig „sessions“ zum Thema „real estate education“. Seit 2005 exisitiert das ERES Real Estate Education Seminar, das jährlich im Dezember stattfindet. Auch in „Journals“ wie z. B. dem Journal of Real Estate Practice and Education finden sich Beiträge über Aus- und Weiterbildungssthemen (vgl. dazu Schulte 2002a; Black/Rabianski, Webb; Newell; Roulac; Manning/Roulac; Poon).

Die Institutionalisierung der Immobilienökonomie als Wissenschaftsdisziplin sollte jedoch nicht einseitig auf Wissensvermittlung und Erkenntnisgewinnung ausgerichtet sein, sondern auch das Ziel verfolgen, in Deutschland eine „property profession“ zu schaffen, bei der Fachkompetenz und Berufsethik eine enge Verbindung eingehen (vgl. Abbildung 2).

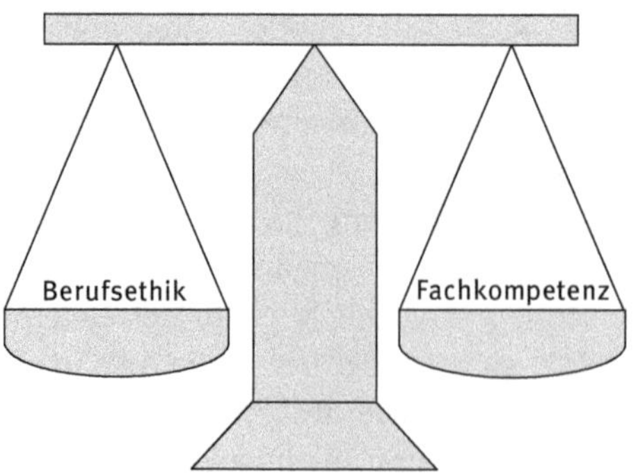

Abb. 2: Das angestrebte Gleichgewicht (Quelle: Eigene Darstellung)

4.7 Literatur

Black, R. T./Rabianski, J. S.: Defining the real estate body of knowledge: a survey approach, in: Journal of Real Estate Practice and Education 6 (2003), Nr. 1, S. 33–54.

Complete University Guide: Land and Property Management – Top UK University Subject Tables and Rankings 2015, in: http://www.thecompleteuniversityguide.co.uk/league-tables/rankings?s=Land%20%26%20Property%20Management, (Zugriff 17.05.2015).

French, N./Palmer, S.: Great Britain, in: Schulte, K.-W. (Ed.): Real estate education throughout the world: past, present and future, Boston 2002, S. 149–164.

Gesellschaft für Immobilienwirtschaftliche Forschung (Hrsg.): Akkreditierung immobilienwirtschaftlicher Studiengänge, 2011.

Gesellschaft für Immobilienwirtschaftliche Forschung (Hrsg.): Berufsbilder der Immobilienwirtschaft, 2010.

Gesellschaft für Immobilienwirtschaftliche Forschung (Hrsg.): Studie Wirtschaftsfaktor Immobilien – Gesamtwirtschaftliche Bedeutung der Immobilienwirtschaft, 2013.

Guardian University Guide: University league table 2015, in http://www.theguardian.com/education/ng-interactive/2014/jun/02/university-league-tables-2015-the-complete-list, (Zugriff 18.05.2015).

IZ – Immobilienzeitung: IZ Karriereführer 2014/15 für die Immobilienwirtschaft, in: http://www.iz-shop.de/buch-1849/IZ-karriereführer-2014-15-fuer-die-immobilienwirtschaft?utm_source=Newsletter&utm_medium=e-mail&utm_campaign=Wochennewsletter+kw39_2014, (Zugriff 17.05.2015).

IZ – Immobilienzeitung: IZ Hochschulranking, in: http://www.immobilien-zeitung.de/1000009418/hochschulranking-irebs-ebs-und-dhbw-stuttgart-sind-sieger, (Zugriff 17.05.2015).

Lizieri, C./Baum, A.: Real estate education in Europe – a report for the Urban Land Institute, May 2002, Reading 2002.

Manning, C./Roulac, S. E.: Where can real estate faculty add the most value at universities in the future?, in: Journal of Real Estate Practice and Education 4 (2001), Nr. 1, S. 17–39.

Newell, G.: The quality of property education in Australia, in: Pacific Rim Property Research Journal 9 (2003), Nr. 4, S. 361–378.

Poon, J.: Real estate graduates' employability skills: The perspective of human resource managers of surveying firms, Property Management (2012), Jg. 30, Nr. 5, S. 416–434.

Rabianski, J. S.: Education in the real estate profession, in: Real Estate Issues 28 (2003), Nr. 2, S. 21–27.

Roulac, S. E.: Requisite knowledge for effective property involvements in the global context, in: Schulte, K.-W. (Ed.): Real estate education throughout the world: past, present and future, Boston 2002, S. 3–24.

Royal Institution of Chartered Surveyors (Ed.): Immobilienwirtschaft Verlagsbeilage 20 Jahre RICS Deutschland (1994–2014), Heft 7-8, 2014, (Zugriff 18.05.2015).

Royal Institution of Chartered Surveyors (Ed.): RICS prospectus of surveying education: higher education courses in land, property and construction, 10th ed., London 2006/7.

Royal Institution of Chartered Surveyors (Ed.): RICS Wege zur RICS-Mitgliedschaft, in: http://www.rics.org/de/archive/member-mricsl/wege-zur-rics-mitgliedschaft/, (Zugriff 18.05.2015).

Schulte, K.-W.: Die Geschichte der ebs Immobilienakademie, in: Schulte, K.-W. (Hrsg.): 10 Jahre ebs IMMOBILIENAKADEMIE – Festschrift, Frankfurt am Main, 2000, S. 8–33.

Schulte, K.-W.: Germany, in: Schulte, K.-W. (Ed.): Real estate education throughout the world: past, present and future, Boston 2002a, S. 125–147.

Schulte, K.-W. (Hrsg.): Real estate education throughout the world: past, present and future, Boston 2002b.

Schulte, K.-W./Schulte-Daxbök, G.: Immobilienökonomie – ein Vergleich des ebs Aus- und Weiterbildungskonzeptes mit den „Real Estate Studies“ in Großbritannien und den USA, in: Schulte, K.-W. (Hrsg.): 10 Jahre ebs IMMOBILIENAKADEMIE – Festschrift, Frankfurt am Main 2000, S. 58–63.

Study.com (Hrsg.): Top Schools for Real Estate and Real Estate Finance, in: http://study.com/articles/Top_Schools_for_Real_Estate_and_Real_Estate_Finance.html, (Zugriff 18.05.2015).

The Times: Good University Guide 2015, in: http://www.thetimes.co.uk/tto/public/gug/, (Zugriff 18.05.2015).

U. S. News and World Report (Ed.): Best undergraduate business programs, in: http://colleges.usnews.rankingsandreviews.com/best-colleges/rankings/business-real-estate, 2014.

Urban Land Institute (Ed.): The directory of real estate development and related education programs, 11th ed., Washington D. C., Oct. 2008.

Webb, J. R.: A global view of real estate education and research: past, present and future. In: Australien Land Economics Review 3 (1997), Nr. 2, S. 3–7.

Webb, J. R./Smith, H. C.: United States. In: Schulte, K.-W. (Ed.): Real estate education throughout the world: past, present and future, Boston 2002, S. 319–330.

Wikipedia, the free encyclopedia (Hrsg.): Graduate Real Estate Education, in: http://en.wikipedia.org/wiki/Graduate_real_estate_education, (Zugriff 18.05.2015).

Wikipedia, the free encyclopedia (Hrsg.): Undergraduate real estate programs, in: http://en.wikipedia.org/wiki/Undergraduate_real_estate_programs, (Zugriff 18.05.2015).

Wikipedia, the free encyclopedia (Hrsg.): „Real Estate phd programs“, in: http://en.wikipedia.org/wiki/Undergraduate_real_estate_programs, (Zugriff 18.05.2015).

Wikipedia, the free encyclopedia (Hrsg.): Graduate real estate programs outside United States, in: http://en.wikipedia.org/wiki/Graduate_real_estate_programs_outside_the_United_States, (Zugriff 18.05.2015).

Teil B: Typologische Aspekte der Immobilienökonomie

Jenny Arens*

1 Unterscheidung nach Immobilienarten

Inhalt

* In früheren Auflagen dieses Werkes hat auch Barbara Walzel an diesem Kapitel mitgewirkt. Die Herausgeber danken ihr für ihren Beitrag zur Entwicklung des vorliegenden Kapitels.

1.1 Einteilungskriterien

Es gibt zwei Systematiken, die verschiedenen Arten von Immobilien zu ordnen: einerseits nach den Nutzern und andererseits nach der Funktion der Immobilie. Bei der Systematisierung über den **Immobiliennutzer** wird davon ausgegangen, dass eine Immobilienart von einer speziellen Nutzergruppe nachgefragt wird. Als Nutzergruppen werden neben privaten Haushalten und Non-Profit Organisationen Handels-, Dienstleistungs- und Industrieunternehmen unterschieden (vgl. Abbildung 1). Somit können beispielsweise Eigentumswohnungen den privaten Haushalten zugeordnet werden und Einkaufszentren den Handelsunternehmen. Allerdings wird schnell deutlich, dass eine eindeutige Zuordnung nicht möglich ist, weil beispielsweise Lagerhallen zwar hauptsächlich von Industrieunternehmen aber durchaus auch von Dienstleistungsunternehmen und Handelsunternehmen genutzt werden.

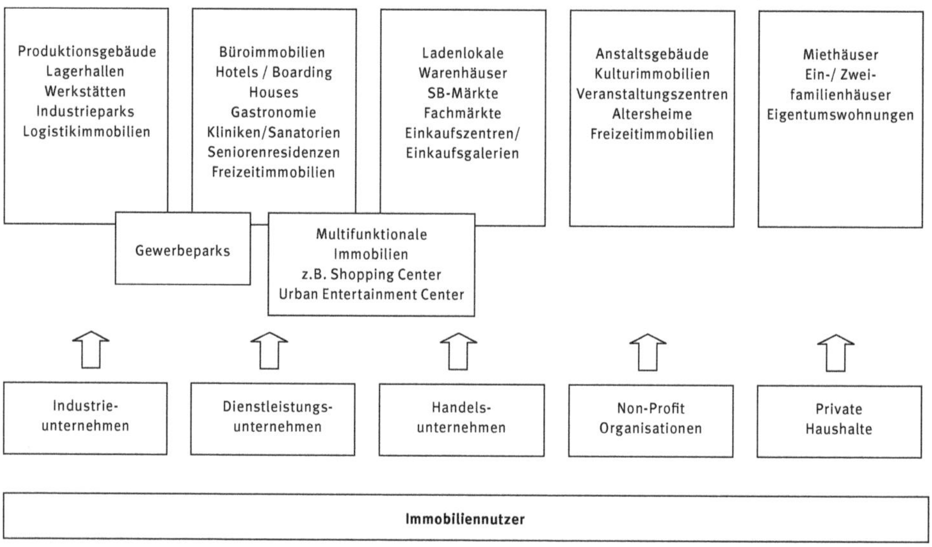

Abb. 1: Typologische Betrachtung nach den Immobiliennutzern (Quelle: In Anlehnung an Schmitz-Morkramer, S. 440)

Als Standard zur Systematisierung von Immobilien hat sich die Unterteilung nach ihrer **Funktion** etabliert, wobei in der Literatur die Anzahl der dargestellten Immobilienarten variiert (vgl. dazu Gondring 2013, S. 15 und Rußig et al., S. 3). Bei einer Aufteilung in vier Hauptkategorien kann zwischen Wohn-, Gewerbe-, Industrie- und Sonderimmobilien unterschieden werden (vgl. Abbildung 2). Hierbei stellen Wohnimmobilien Raum zur Befriedigung von Wohnbedürfnissen zur Verfügung. Gewerbeimmobilien umfassen verschiedene Typen an Immobilien, denen gemein ist, die

Teilnahme am wirtschaftlichen Verkehr zu ermöglichen und dadurch Gewinne zu erzielen. Werden industrielle Zwecke wie Fertigung, Montage, und Lagerhaltung ausgeklammert, bieten Industrieimmobilien Raum zur Produktion industrieller Güter. Von Sonderimmobilien wird gesprochen, wenn das Grundstück auf eine spezielle gewerbliche, nicht industrielle Nutzung ausgerichtet ist. Es können daher verschiedenste Immobilien als Sonderimmobilie bezeichnet werden.

Neben den genannten Immobilienarten gibt es auch Mischformen. Beispielsweise können sich Büros, Arztpraxen und Wohnungen in einem Gebäude befinden. Aus immobilienwirtschaftlicher Perspektive kann von einer **Mischnutzung (gemischt genutzte Immobilie)** gesprochen werden, „wenn mindestens zwei disparate, voneinander unabhängige Nutzungen mit relevanten Flächenanteilen in einem räumlich-baulichem Zusammenhang errichtet sind" (Henckel et al., S. 333). So haben beispielsweise bei einem Bürogebäude mit 10.000 m² zwei Hausmeisterwohnungen mit 100 m² kaum Relevanz. Ebenso wenig sind in einem großen Mehrfamilienhaus zwei kleine Ladeneinheiten im Erdgeschoss von Bedeutung. Neben der geschilderten immobilienwirtschaftlichen Perspektive nehmen auch das Steuer- und das Versicherungsrecht auf den Begriff der Mischnutzung Bezug (Fischer et al., S. 2087).

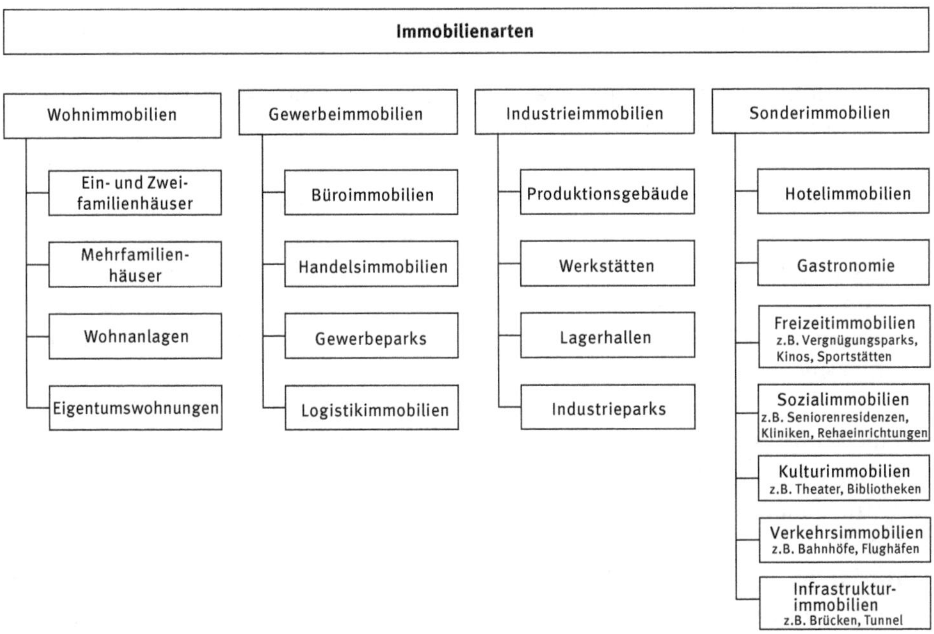

Abb. 2: Typologisierung nach Immobilienarten (Quelle: Walzel, S. 120)

1.2 Wohnimmobilien

Wohnimmobilien sind Gebäude oder Gebäudeteile, bei denen die reine Wohnfunktion im Vordergrund steht. Dabei ist es unerheblich, ob die Nutzung durch den Eigentümer selbst oder den Mieter erfolgt.

Als eine Wohneinheit gilt die einzelne **Wohnung**. Davon kann nach Wohnungseigentumsgesetz gesprochen werden, wenn verschiedene Räume so zusammengefasst werden, dass die Führung eines selbständigen Haushalts möglich ist. Dazu muss die Wohnung u. a. von anderen Wohnungen baulich getrennt sein, einen selbständigen Zugang haben und über Küche bzw. Kochnische, Wasserversorgung, Anschlussmöglichkeit für Gas- oder Elektroherd sowie Toilette und Bad verfügen.

Es können verschiedene Arten von Wohnimmobilien unterschieden werden:

- **Ein- und Zweifamilienhäuser.** Einfamilienhäuser sind Wohngrundstücke, die lediglich eine Wohnung enthalten. Es gibt sie in Form freistehender Einfamilienhäuser (ohne ein an die Hauswand angrenzendes Nachbargebäude), Doppelhäuser (zwei aneinander anschließende Gebäude auf jeweils separaten Grundstücken) und Reihenhäuser (mehr als zwei aneinander anschließende Gebäude auf jeweils separaten Grundstücken). Das Zweifamilienhaus ist ein Gebäude mit zwei Wohneinheiten.
- **Mehrfamilienhäuser** sind Gebäude mit mindestens drei Wohneinheiten. Sie können weiter differenziert werden nach der Anzahl der vom Treppenhaus erschlossenen Wohnungen (Ein-, Zwei- und Mehrspänner). Mehrfamilienhäuser mit mehr als 20 Wohneinheiten werden auch als **Wohnanlagen** bezeichnet.
- Eine **Eigentumswohnung** ist eine Wohnung in einem Gebäude mit mehreren Wohneinheiten. Der Käufer erwirbt das Sondereigentum an einer Wohnung inklusive der dazugehörenden Nebenräume wie Garage, Keller- oder Abstellraum. Daneben hält er einen Anteil am gemeinschaftlichen Eigentum, den Miteigentumsanteil.

Für die **Ermittlung der Wohnfläche** gibt es verschiedene Berechnungsmethoden. Für den preisgebundenen, d. h. öffentlich geförderten Wohnraum, ist für Mietverträge ab dem 01. Januar 2004 die **Verordnung zur Berechnung der Wohnfläche (WoFlV)** heranzuziehen. Für ältere Mietverträge gelten die Regelungen der **II. Berechnungsverordnung**. Dabei umfasst die Wohnfläche grundsätzlich die Grundfläche aller Räume, die ausschließlich zur Wohnung gehören. Kellerräume, Waschküchen u. ä. werden nicht berechnet. Besondere Regelungen sind hinsichtlich der Anrechenbarkeit von Dachschrägen und Balkonen zu beachten. Anders als im preisgebundenen kann im freien Wohnungsbau auch auf die **DIN 277** „Grundflächen und Rauminhalte von Bauwerken im Hochbau" Bezug genommen werden. Diese ermittelt jedoch nicht die Wohnfläche, sondern die Nutz- und Verkehrsflächen einer Wohnung und bewertet diese nicht hinsichtlich ihrer Wohnnutzqualität. So werden beispielsweise nach der DIN 277 Balkonflächen zu 100 % berechnet, während sie nach der WoflV in der Regel nur zu 25 % und maximal zur Hälfte eingehen. Die Wohnflächenberechnung nach der DIN 277 fällt damit regelmäßig höher aus als nach der WoflV. Aufbauend auf der DIN 277 hat die Gesellschaft für Immobilienwirtschaftliche Forschung e. V. (gif) eine **Richtlinie zur Berechnung der Mietfläche für Wohnraum MF/W** entwickelt. Auch sie stellt wie die DIN 277 nicht auf die Wohnnutzqualität ab, legt aber darüber hinausgehend fest, welche Grundflächen als Mietfläche anrechenbar sind und wie mit der anteiligen Nutzung von Gemeinschaftsräumen verfahren wird (Gesellschaft für Immobilienwirtschaftliche Forschung e. V. 2012a).

Wohnimmobilienmarkt

Der **Wohnungsbestand** belief sich im Jahr 2012 auf rund 41,5 Mio. Wohneinheiten. Dabei handelt es sich zum größten Teil um Wohnungen mit drei und mehr Räumen (87,5 %). Nur 3,2 % sind Einzimmerwohnungen und 9,3 % sind Zweizimmerwohnungen (Statistisches Bundesamt 2012, S. 6–7). Rund 28 % des aktuellen Wohnungsbestandes stammen aus Baujahren bis 1949 und weitere 48 % aus Baujahren 1950 bis 1978 (Basis: 39,4 Mio. Einheiten in 2010) (Statistisches Bundesamt 2014). Das auf Wohnbauten entfallende Bruttoanlagevermögen (zu Wiederbeschaffungspreisen) belief sich im Jahr 2012 auf rund 7,04 Bio. Euro. Der Hauptteil der Wohnbauten lag dabei im Eigentum privater Haushalte und Organisationen (86 %), Kapitalgesellschaften hielten rund 13 % und die öffentliche Hand lediglich 1 % (Institut der deutschen Wirtschaft et al., S. 29–30). Die Quote der Privathaushalte, die in den eigenen vier Wänden lebt (Eigentumsquote), belief sich am Jahresanfang 2013 auf 43 % (Statistisches Bundesamt 2013c, S. 11–12).

Der Wohnimmobilienbestand ist in den letzten Jahren deutlich gewachsen (1995: 36,0 Mio. Einheiten und 2000: 38,4 Mio. Einheiten). Große Zuwächse waren vor allem in den Jahren nach der Wiedervereinigung zu verzeichnen (vgl. Abbildung 3). Nach 1995 gingen die **Baufertigstellungszahlen** in Folge des aufgebauten Überangebots, der zunehmenden Regulierung und der Rückführung von Fördermitteln deutlich zurück. Wurden 1995 noch 602.757 Wohnungen fertig gestellt, waren es 1999 noch 472.638 Wohnungen und in 2009 nur noch 158.987 Wohnungen. Eine kurze Gegenbewegung gab es im Jahr 2006 in Folge von Vorzieheffekten durch die Streichung der Eigenheimzulage. Im Jahr 2010 wurde der Rückgang vorerst beendet und die Zahl fertiggestellter Wohnungen stieg auf 159.832 Einheiten (2012: 200.466 Einheiten) (Statistisches Bundesamt 2013a, S. 3).

Beachtet werden muss, dass zwar grundsätzlich die Einwohnerzahl ein Indikator für die Zahl der benötigten Wohnungen ist. Letztlich bestimmt aber die Zahl der **Privathaushalte**, wie viele Wohnungen tatsächlich nachgefragt werden. Dabei zeigt sich, dass sich die Entwicklung der Haushaltszahlen von der Entwicklung der Bevölkerungszahl abgekoppelt hat. So lag der Zuwachs der Haushalte seit 1993 mit Ausnahme von 1995 über dem Zuwachs der Bevölkerung. Selbst als ab 2003 die Bevölkerungszahlen sanken, stieg die Zahl der Haushalte weiter an, sodass es in 2012 rund 40,7 Mio. Haushalte gab. Grund für diese Entwicklung ist u. a. die zunehmende **Singularisierung** der Gesellschaft: Handelte es sich in 2012 bei 41 % aller Haushalte um Einpersonenhaushalte und bei weiteren 35 % um Zweipersonenhaushalte, waren dies im Jahr 1991 erst 34 % respektive 31 % (Statistisches Bundesamt 2013b, S. 49).

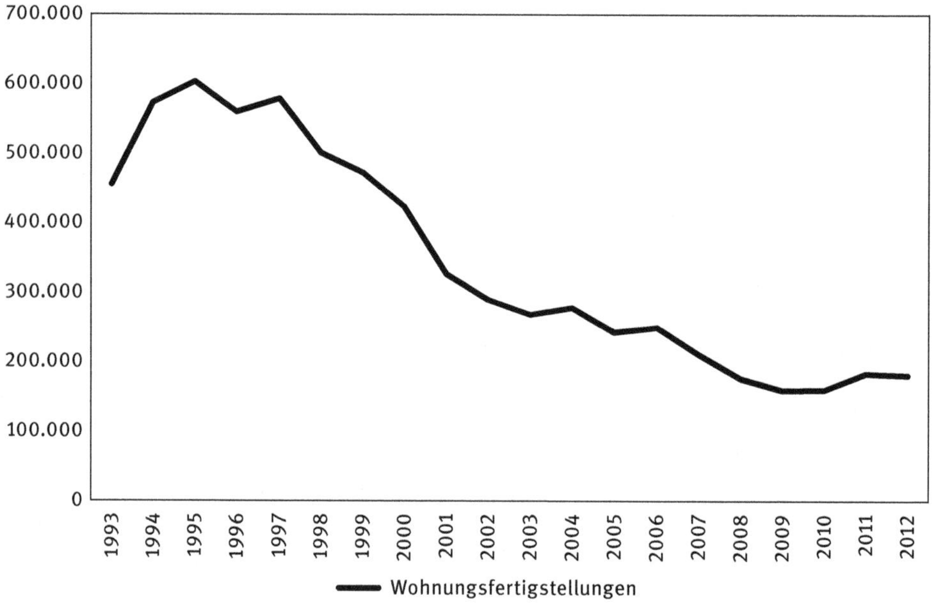

Abb. 3: Fertiggestellte Wohnungen in Wohn- und Nichtwohngebäuden 1990–2012 (Quelle: Eigene Darstellung, Daten: Statistisches Bundesamt 2013a, S. 14–16)

Die Systematisierung der Nachfrage nach Wohnimmobilien erfolgt klassischer Weise nach Einkommen (**ökonomische Dimension**) und nach Altersgruppen bzw. Haushaltstypen (**soziostrukturelle Dimension**). So gibt die soziostrukturelle Dimension Hinweise darauf, welche Art von Wohnraum ein Haushalt nachfragen möchte und die ökonomische Dimension welche Art er nachfragen kann. Als drittes Kriterium, welche Art von Immobilie nachgefragt wird, gilt vermehrt die **psychografische Dimension**, die Lebensstile, Wertorientierungen und bevorzugte Wohnformen von Haushalten analysiert und damit eine Antwort auf die Pluralisierung der Haushaltsformen darstellt (Gondring 2012, S. 79–81).

Wesentlich für das Verständnis des Wohnimmobilienmarktes ist, dass es sich bei einer Wohnimmobilie nicht nur um ein Wirtschaftsgut, sondern auch um ein Sozialgut handelt. Wird die **Wohnung als Wirtschaftsgut** betrachtet, handelt es sich um ein Gut wie jedes andere, das angeboten und nachgefragt wird und für das sich – je nach Marktverhältnissen – der (Miet-) Preis bildet. Es gibt keine staatlichen Interventionen wie Subventionen oder Mieterschutz. Den Rahmen stellen nur Normen wie der Wucherparagraf und der Grundsatz „Kauf bricht Miete nicht" dar. Diese Perspektive wurde in Deutschland v. a. bis zum Ersten Weltkrieg vertreten. Wird die **Wohnung als Sozialgut** aufgefasst, sind weniger ökonomische Belange von Bedeutung, sondern soziale Aspekte. Ziel staatlicher Eingriffe in den Wohnungsmarkt ist es, sozial unbefriedigende Marktergebnisse zu korrigieren. Im Extremfall der DDR wurden marktliche Prozesse vollkommen ausgesetzt und Wohnungen konnten vom gesellschaftlichen Konsumtionsfonds gegen eine nominale Miete angemietet werden. Mit der im Jahr im Jahr 1948 eingeführten „Sozialen Marktwirtschaft" erfolgte in Deutschland die Weiterführung der Wohnungsmarktwirtschaft als **soziale Wohnungsmarktwirtschaft**. Hierzu wurde die technische Einheit Wohnung vom Konsumvorgang „Wohnen" getrennt und das **Wohnen als Sozialgut** erklärt. Als Wirtschaftsgut muss die Wohnung für den Investor eine ausreichende Rendite erwirtschaften, damit sich Wohnungsneubau und Instandhaltungsmaßnahmen lohnen. Ist Wohnen ein Sozialgut, werden dementsprechend die Konsumkosten, d. h. die Miete, normiert. Die Differenz zwischen Sozial- und Marktmiete wird durch staatliche Subventionen aufgefangen. Wie hoch diese Förderung ausfällt, entscheidet darüber, in welchem Maß eine Politik Wohnen als Sozialgut auffasst (Jenkis, S. 87–88). So war es beispielsweise Ziel des zweiten Wohnungsbaugesetzes von 1956 (Vorläufer: erstes Wohnungsbaugesetz von 1950), den eklatanten Wohnungsmangel in breiten Schichten der Bevölkerung durch Neubau zu beheben. Ab 2001 gilt das Wohnraumförderungsgesetz (WoFG), das vor allem solchen Personenkreisen Wohnraum verschaffen will, denen es aus eigener Kraft nicht gelingt.

1.3 Gewerbeimmobilien

Gewerbeimmobilien umfassen verschiedene Flächen, Nutzungen und Typen an Immobilien, denen gemein ist, die Teilnahme am wirtschaftlichen Verkehr zu ermöglichen und dadurch Gewinne zu erzielen (Falk et al. 2006, S. 26). Eine mögliche Kategorisierung kann nach Büro- und Handelsimmobilien sowie Gewerbe- und Logistikparks erfolgen. Findet sich ein Mix verschiedener gewerblicher Nutzungen innerhalb eines Objekts, sprechen Investoren häufig auch von **gemischt genutzten Immobilien**, die jedoch nicht mit der Mischnutzung aus Wohn- und Gewerbeimmobilien zu verwechseln sind (Henckel et al., S. 333). Objekte, die für industrielle

Zwecke (z. B. Fertigung, Montage, Transport, Lagerhaltung) genutzt werden, werden gesondert in der Kategorie „Industrieimmobilien" betrachtet.

Es gibt verschiedene Methoden, die **Mietfläche** von Gewerbeimmobilien zu berechnen. Nach DIN 277 wird zwischen verschiedenen Flächenarten wie Brutto- und Nettogrundfläche (BGF bzw. NGF) unterschieden. Entsprechend kann eine **„BGF- oder NGF Vermietung"** erfolgen. Daneben hat die gif Richtlinien zur Mietflächenberechnung entwickelt, um einheitliche Standards zu etablieren und die Vergleichbarkeit von Gewerbeimmobilien zu erhöhen. So ist für Büroflächen nach der neuesten Aktualisierung im Mai 2012 die **„Richtlinie zur Berechnung der Mietflächen für gewerblichen Raum MF/G"** heranzuziehen, die auch auf die Bereiche Hotel, Produktion und Logistik angewendet werden kann (Gesellschaft für Immobilienwirtschaftliche Forschung e. V. 2012b).

1.3.1 Büroimmobilien

Als **Büroflächen** gelten Flächen, die für typische Schreibtischtätigkeiten dienen. So definiert Falk Büroimmobilien als „Gebäude bzw. Gebäudeteile, in denen ausschließlich oder überwiegend [...] Büroarbeit als Wechsel aus konzentrierter und kommunikativer Arbeit durchgeführt wird" (Falk 2004, S. 182). Darüber hinaus sind aus immobilienwirtschaftlicher Sicht nur marktfähige Büroflächen von Relevanz, das heißt solche Büroflächen – inklusive ihrer Nebenflächen wie z. B. Archive und Sozialräume – die gesondert vermietbar sind. Arbeitszimmer in privaten Wohnungen oder innerhalb von Werkstätten werden folglich anders als Bürotrakte von Industrieunternehmen oder auch eigengenutzte und öffentliche Bürogebäude nicht betrachtet.

Die in der Praxis etablierten **Büroformen** von Zellenbüros über Großraum-, Gruppen- und Kombibüros bis hin zu modernen reversiblen Büros und Business Clubs werden im Folgenden beschrieben und die erforderliche Fläche pro Arbeitsplatz in Tabelle 1 dargestellt (vgl. weiterführend Bauer et al., S. 263–268). Abbildung 4 zeigt, dass die einzelnen Konzepte – als Antwort auf die Bedürfnisse der Unternehmen – zu jeweils unterschiedlichen Zeiten entstanden sind. Beurteilungsgrößen für die Büroformen sind dabei Arbeitsabläufe, Kommunikationsfluss, Störungsanfälligkeit und Flächenökonomie (Fischer et al., S. 2174).

Das **Zellenbüro** – die bis heute dominierende Büroform in Deutschland – reiht Einzel- oder Mehrpersonenbüros linear aneinander. Einzelbüros eignen sich vor allem für konzentriertes, störungsfreies Arbeiten und Vertraulichkeit. Mehrpersonenbüros für bis zu sechs Mitarbeiter – wobei der Übergang zu Gruppenbüros fließend ist – ermöglichen verstärkt Zusammenarbeit und Kommunikation, wodurch jedoch parallel das Störpotential steigt. Erschlossen werden die Büros in der Regel über lange Mittel- oder Seitengänge, die als reine Verkehrsflächen meist künstlich beleuchtet werden. In den Büros selber sind die Arbeitsplätze größtenteils fensternah angeordnet, Klima und Licht individuell steuerbar und Bürotechnik wie Fax und Drucker direkt am Arbeitsplatz vorhanden. Problematisch erweist sich der relativ hohe Flächenverbrauch im Einzelbüro, der durch Mehrpersonenbüros gesenkt werden kann. Weiterhin entstehen bei der nachträglichen Zusammenlegung von Büros aufgrund starrer Wände relativ hohe Kosten. Der Einsatz leicht zu versetzender Trennwandsysteme erhöht zwar die Flexibilität, führt aber zu erhöhten Investitionskosten und der Versatz von Wänden ist weiterhin nur im Raster möglich.

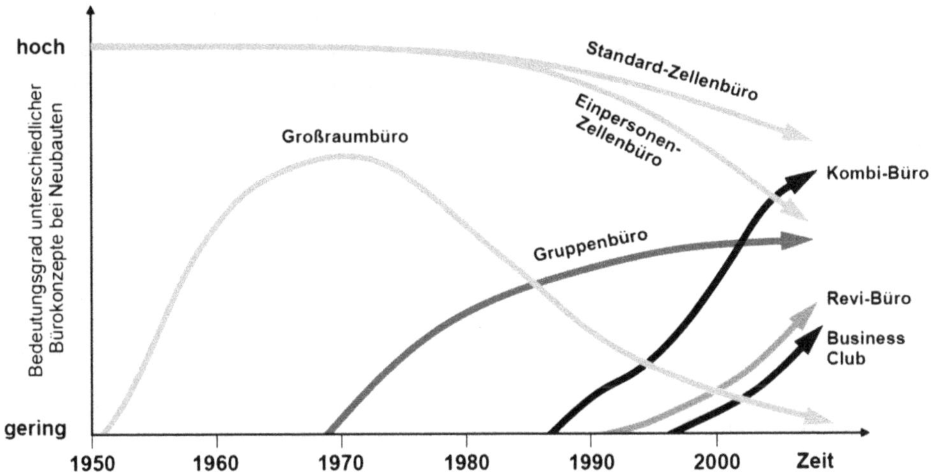

Abb. 4: Nachfragezyklen und Bedeutungsgrad unterschiedlicher Bürokonzepte bei Neubauten (Quelle: Giesemann, S. 32)

Als Antwort auf das Zellenbüro wurde ab Mitte der 1960er Jahre das **Großraumbüro** (Open-Space-Büro) für 25 bis 100 Mitarbeiter entwickelt. Teilbereiche werden hier nicht durch raumhohe Trennwände und Türen, sondern lediglich durch halbhohe Stellwände, Schränke oder Pflanzen abgegrenzt, wodurch eine freie Möblierbarkeit der Räume erfolgen kann. Dadurch sollten gleichwertige Arbeitsplätze geschaffen, Kommunikation gefördert und Arbeitsabläufe flexibel gestaltet werden. Problematisch erwiesen sich jedoch schnell akustische Probleme, mangelnde Rückzugsmöglichkeiten für Mitarbeiter sowie deutliche Qualitätsunterschiede der Arbeitsplätze aufgrund ihrer Entfernungen zum Fenster. Zudem ist diese Büroform aufgrund der notwendigen künstlichen Beleuchtung und Vollklimatisierung mit vergleichsweise hohen Kosten verbunden. Genutzt werden Großraumbüros heute in der Regel bei hochkommunikativer Büronutzung (z. B. Callcenter).

Als Weiterentwicklung des Großraumbüros entstanden ab Mitte der 1970er Jahre **Gruppenbüros** für 6 bis 25 Mitarbeiter, die auf überschaubaren Flächen Projekt- und Teamarbeit sowie arbeitsgruppenübergreifende Kommunikation ermöglichen und flache Hierarchien signalisieren sollten. Aufgrund geringerer Raumtiefen befinden sich vergleichsweise viele Arbeitsplätze am Fenster. Klima und Licht sind überwiegend natürlich (geringere Betriebskosten im Vergleich zum Großraumbüro), jedoch aufgrund der Gruppensituation nur bedingt individuell regelbar. Die Bürotechnik wird von den Mitarbeitern gemeinsam genutzt. Nicht zuletzt deshalb ist mit erhöhten akustischen und visuellen Störungen in dieser Büroform zu rechnen.

In Skandinavien entwickelt, fand ab Mitte der 1980er Jahre das **Kombibüro** in Deutschland Verbreitung. Hierbei werden klassische Ein- bis Zweizellenbüros entlang der Außenwände aufgereiht und mittels Glaswänden zu einer innenliegenden Multifunktionszone abgeschlossen, die für Teamarbeit, Archivierung, Postverteilung, Pause, etc. dient. Ein Wechsel zwischen konzentrierter Einzelarbeit und gemeinschaftlicher Arbeit ist damit möglich. Problematisch ist, dass Mitarbeiter sich bei Einzelarbeit teilweise beobachtet oder sogar kontrolliert fühlen. Zudem sind die Büros, weil Stauraum in den Multifunktionsbereich verlegt ist, oft recht klein dimensioniert und werden daher als einzwängend empfunden. Gleichzeitig wird die Multifunktionsfläche oft nur als größerer Flur oder Wartezone wahrgenommen.

Tab. 1: Erforderliche Fläche pro Arbeitsplatz bei Standardbelegung (Quelle: Bösch et al., S. 530)

Büroform	Nettogrundfläche (NGF)	Bruttogrundfläche (BGF)
Zellenbüro (Standard)	19,50 m²	22,40 m²
Zellenbüro (Komfort)	26,00 m²	28,90 m²
Großraumbüro	23,20 m²	26,40 m²
Gruppenbüro	22,60 m²	25,90 m²
Kombibüro	20,20 m²	23,10 m²

Das **reversible Büro** ist keine eigene Büroraumart. Vielmehr steht es für Multifunktionalität und Flexibilität, weil es verschiedene Büroformen wie das Zellen-, Gruppen- oder Kombibüro in einer gemeinsamen Gebäudestruktur verbindet. Gleichzeitig soll dem Nutzer ermöglicht werden, auch während der Nutzungszeit die Büroraumstruktur einfach zu verändern. Maßgeblich hierfür ist der Einsatz flexibler Trennwandsysteme, variabler Belüftungs- und Beleuchtungskonzepte sowie standardisierter leichter Büromöbel. Die damit verbundenen höheren Investitionskosten amortisieren sich, wenn ein Unternehmen flexibel auf den Markt reagieren muss und daher im Zeitablauf unterschiedliche Raumstrukturen benötigt.

Entwicklungen in der IT Branche, ein zunehmend projekt- und ergebnisorientiertes Arbeiten sowie flexible Arbeitszeitmodelle führten ab Mitte der 1990er Jahre zur Entwicklung des **nonterritorialen Büros**. Hierbei ist Arbeit nicht mehr an einen Ort gebunden, sondern es werden unterschiedlichste Orte in wechselnder Intensität genutzt. Entsprechend wird einem Mitarbeiter kein fester Arbeitsplatz zugewiesen, vielmehr teilt er sich diesen mit anderen Mitarbeitern (**Desk Sharing**). Dazu wird er mit einem persönlichen, mobilen Rollcontainer ausgestattet. Ist der Mitarbeiter vor Ort, sucht er sich einen freien Arbeitsplatz und loggt sich ins Unternehmensnetzwerk ein („plug and work"). Auch wenn sich nonterritoriale Bürokonzepte grundsätzlich in allen Büroraumformen realisieren lassen, sollten unterschiedliche Arbeitsplatztypen angeboten werden, weil neben Einzelarbeit insbesondere Raum für Austausch und interne Kommunikation benötigt wird. Als Umsetzungsvariante etabliert hat sich der sogenannte **Business Club**, der über drei verschiedene Zonen verfügt: Das Business-Center hält Sekretariate und technische Büroinfrastruktur vor. Das Team-Center besteht aus einer Vielzahl unterschiedlichster Arbeitsräume und in der Lounge kann sich zu Gesprächen getroffen werden (Walzel, S. 126–127).

Büroimmobilienmarkt

Lässt sich der Wohnimmobilienmarkt statistisch relativ gut erfassen, muss bei Gewerbeimmobilien und damit auch bei Büroimmobilien vielfach auf Schätzungen und Hochrechnungen zurückgegriffen werden. In der Studie „Wirtschaftsfaktor Immobilien 2013" wird dementsprechend von einem **Büroflächenbestand** gemäß MF-G von 326,3 Mio. m² ausgegangen, was einer Brutto-Grundfläche von 407 Mio. m² entspricht. Der Wert dieser Flächen belief sich Ende 2011 auf geschätzte 509 Mrd. Euro (Institut der deutschen Wirtschaft et al., S. 40–44).

Die **Baufertigstellungszahlen** von Büroimmobilien werden stark von wirtschaftlichen Entwicklungen beeinflusst. So zogen sie in Folge von Wiedervereinigung und Dotcom-Boom an, um in den Jahren danach sowie in Folge der Schuldenkrise deutlich niedriger zu liegen. Die zuletzt rückläufige Bautätigkeit bewirkte, dass in den 127 größten Städten Deutschlands der Leerstand auf durchschnittlich 7,2 % in 2012 zurückging, wobei er in Ostdeutschland etwa doppelt so hoch war wie im Westen. Von vergleichsweise höheren Leerständen sind zudem die sieben **Hauptbürostandorte (A-Städte)** betroffen, wozu Berlin, Hamburg, Düsseldorf, Köln, Frankfurt am Main, Stuttgart und München zählen. Grund hierfür ist, dass sich institutionelle Investoren oft auf diese Städte konzentrieren, weil nur hier größere Anlagevolumen in entsprechend großen Büroprojekten platzierbar sind. Sobald Kapital leicht verfügbar ist, wachsen die Büroflächenbestände in den Metropolen in wirtschaftlich guten Zeiten überdurchschnittlich stark (Institut der deutschen Wirtschaft et al., S. 41–43).

Mietpreisbestimmende Merkmale bei Büroflächen sind einerseits die Lage und andererseits die Konfiguration der Immobilie. Hinsichtlich der Lage lassen sich City, City-Randlage, Bürozentren bzw. Backoffice-Standorte, das übrige Stadtgebiet und das Stadtumland unterscheiden. Hinsichtlich der Ausstattungsmerkmale sind u. a. die Verfügbarkeit von Parkplätzen, vorhandener Sonnenschutz, eine passende Architektur oder auch ein repräsentativer Eingang zu nennen. Weil die Klimatisierung der Gebäude sehr kostenintensiv ist, erfolgt eine Voll- oder Teilklimatisierung tendenziell nur in sehr guten Lagen. Hinsichtlich der Grundrisse sind die Größe der Flächen, die Flexibilität ihrer Nutzbarkeit und ihre Teilbarkeit entscheidend (vgl. dazu weiterführend Fischer et al., S. 2173–2176).

1.3.2 Handelsimmobilien

Einzelhandelsunternehmen verkaufen ausschließlich oder überwiegend Waren an Endverbraucher. Sie lassen sich weiter in den Versandhandel und den (halb)stationären Handel unterteilen. Zu den Handelsimmobilien zählen damit alle stationären Verkaufsstellen, vom kleinen **Ladenlokal** (einzelne Räumlichkeiten z. B. in Einkaufsstraßen) über **Geschäftshäuser** (Gebäude mit mehreren selbstständigen Ladenlokalen, die ihren Eingang zur Straße haben und nicht über Passagen verbunden sind) bis hin **großflächigen Einzelhandelsagglomerationen** wie Shopping Centern (vgl. Abbildung 5).

Bei der Bestimmung der Einzelhandelsfläche beziehen sich insbesondere multinationale Handelskonzerne und internationale Investoren auf die brutto vermietbare Fläche (**Gross Leasable Area, GLA**). Als Mietfläche in diesem Sinne gilt die gesamte betrieblich genutzte Fläche, d. h. neben Verkaufs- und Ausstellungsräumen werden auch Lager-, Versand-, Büro- und Sozialräume betrachtet. Gemessen wird von Außenwand zu Außenwand beziehungsweise hälftig bei von zwei Mietern geteilten Wänden.

Spezifisch für Deutschland ist darüber hinaus der Begriff der „**Verkaufsfläche**", der bei der baurechtlichen Genehmigung von Einzelhandelsflächen Anwendung findet. Die Größe der Verkaufsfläche ist wesentliches Kriterium dafür, in welchen Gebieten Einzelhandel angesiedelt werden kann. In diesem Sinne wird ab einer Verkaufsflächengröße von 800 m^2 von **großflächigem Einzelhandel** gesprochen. Großflächige Handelsimmobilien sind beispielsweise Warenhäuser, Shopping Center und Selbstbedienungswarenhäuser (SB-Warenhaus). Auch wenn zur Verkaufsfläche grundsätzlich die dem Kunden zugänglichen Flächen zählen (z. B. Gänge und Treppen aber auch Kassenzonen und Schaufenster), gibt es keine Legaldefinition der Verkehrsfläche. Dies führt dazu, dass bei der Bestimmung der Verkaufsflächengröße oder der Flächenproduktivität verschiedene Sichtweisen vertreten werden können. Selbst Gerichte fällen unterschiedliche Urteile (Butt, S. 55–57). In der Folge hat die gif die **Richtlinie zur Berechnung der Verkaufsfläche im Einzelhandel MF/V** entwickelt, die insbesondere bei Genehmigungen angewendet werden kann und einen einheitlichen Standard begründen soll (Gesellschaft für Immobilienwirtschaftliche Forschung e. V., 2012c)

Wesentliches Kriterium für den Erfolg einer Einzelhandelsimmobilie ist der Umsatz, den die Händler auf der Fläche erwirtschaften können. Dieser wiederum hängt neben dem Händlerkonzept maßgeblich von der **Lagequalität** der Immobilie ab.

Diese kann anhand von Standortfaktoren wie der Sichtwirkung des Geschäfts, der Passantenfrequenz, dem Branchenmix, der Erreichbarkeit mit dem PKW aber auch der Höhe der Kaufkraft beurteilt werden. Handelt es sich um eine hochfrequentierte Einkaufslage im Hauptgeschäftszentrum wird von einer **1a-Konsumlage** gesprochen. Es gibt allerdings auch 1a-Lagen, die weniger durch ihre Passantenfrequenz als durch die Passanten„qualität", d. h. deren Kaufkraft und Kaufbereitschaft, überzeugen. In diesem Fall wird von **1a-Luxuslagen** gesprochen. In direkter Nachbarschaft zu den 1a-Lagen finden sich die sogenannten **B-Lagen** (Nebenstraßen der Haupteinkaufsstraßen) und daran anschließend die **C oder IIa-Lagen** (gelockerter Besatz mit Einzelhandelsgeschäften). Weiter außerhalb gibt es **City-Randlagen** (außerhalb der Stadtkerne), **Stadtteillagen** (im Einzugsbereich eines gewachsenen Wohnumfelds), **Streulagen** und die **„grüne Wiese"** (Fischer et al., S. 2234).

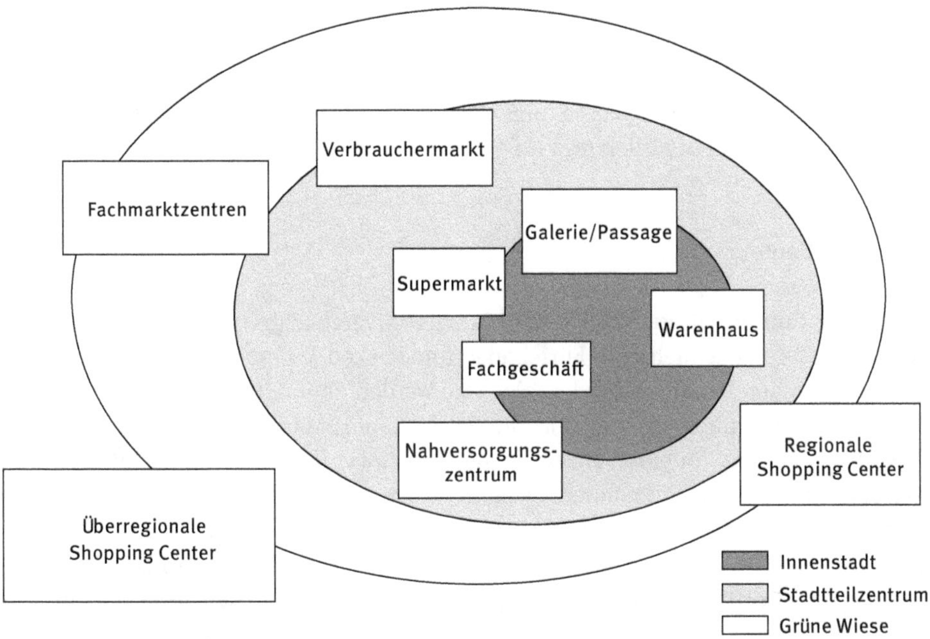

Abb. 5: Die wichtigsten Handelsimmobilienarten und ihre Standorte (Quelle: Walzel et al., S. 495)

Handelsimmobilienmarkt

Ende 2012 belief sich der **Flächenbestand** der Handelsimmobilien auf ca. 123 Mio. m², was einem geschätzten Wert von 410 Mrd. Euro entsprach. Der Flächenbestand ist in den letzten Jahren deutlich gestiegen (2000: 109 Mio. m²). Dabei wurde der Flächenbestand in den letzten Jahren stärker ausgeweitet als der Einzelhandelsumsatz, mit der Folge, dass der Umsatz je Quadratmeter Verkaufsfläche gefallen ist. Belief sich dieser beispielsweise im Jahr 2000 noch auf 3.779 Euro wurden im Jahr 2012 nur noch 3.473 Euro pro m² Verkaufsfläche erzielt – ein Hinweis auf den hohen Wettbewerb im Einzelhandel (Institut der deutschen Wirtschaft et al., S. 44–46). Parallel haben **Strukturverschiebungen** innerhalb des Einzelhandels stattgefunden. So hat nach Angaben des Instituts für Handelsforschung insbesondere der nicht filialisierte Fachhandel deutliche Umsatzanteile verloren (von 31,9 % in 2000 auf 20,6 % in 2012). Gleichfalls hatten Kauf- und Warenhäuser wie Karstadt oder Kaufhof in 2012 nur noch einen Marktanteil von 2,7 % (2000: 4,2 %). Gründe hierfür sind vor allem die gestiegene Bedeutung des interaktiven Handels (Katalog- und v. a. Online-Versand) sowie des filialisierten Fachhandels. Zwar ist der **Onlinehandel** lediglich von 0,2 % auf 2,5 % gestiegen, was vergleichsweise gering erscheint. Hierbei handelt es sich jedoch um die höchste relative Steigerungsrate (Institut für Handelsforschung). Um dieser Entwicklung entgegen zu wirken, entwickelt der stationäre Handel u. a. sogenannte Multi-Channel-Konzepte. Hierbei wird das stationäre Angebot beispielsweise mit eigenen Onlineshops verbunden. Diese sogenannten „Click and Collect Stores“ bieten dem Kunden die Möglichkeit, online einzukaufen und zu bezahlen und die Ware später im Geschäft abzuholen.

Shopping Center

Shopping Center (Einkaufszentren) bestehen – vergleichbar mit traditionellen Geschäftsstraßen – aus mehreren Einzelläden und decken je nach Typ den kurz-, mittel- und langfristigen Bedarf ab. Anders als diese werden Shopping Center jedoch als eine wirtschaftliche Einheit geplant und durch ein Center Management verwaltet. Seine Aufgabe ist es u. a., für einen erfolgreichen Mietermix zu sorgen und die Mieter durch Werbung oder Events zu unterstützen. Inklusive Nebenflächen verfügen Shopping Center über eine Mietfläche von mindestens 5.000 m² (Lambert, S. 35). Das EHI Retail Institute geht von einer Mindestgröße von 10.000 m² aus. Zu den größten Shopping Centern im Jahr 2011 gehörten der Ruhrpark in Bochum mit 126.000 m², das Paunsdorf Center in Leipzig mit 120.000 m² und das Main-Taunus Zentrum bei Frankfurt mit 116.000 m² (DekaBank Deutsche Girozentrale).

Es gibt verschiede Typen von Shopping Centern, wobei die Übergänge fließend sind und zahlreiche Zwischenformen existieren (vgl. weiterführend Walzel et al.). Klassifiziert man Center nach ihrem Einzugsgebiet, verfügen **Nachbarschaftscenter** (Neighbourhood Center) über ein Einzugsgebiet von bis zu 15.000 Personen und bieten auf einer Fläche von 3.000 bis 8.000 m² Artikel des täglichen Bedarfs sowie ergänzende Dienstleistungen wie Reinigung oder Friseur an. Ankermieter sind vor allem Lebensmittelsupermärkte. Bei sogenannten **Gemeinde- oder Nahversorgungscentern** (Community Center) wächst das Einzugsgebiet auf bis zu 100.000 Personen und das Angebot wird auf einer Fläche von rund 8.000 bis 15.000 m² um Nonfood-Angebote ergänzt. Ankermieter sind weiterhin Supermärkte aber auch häufig kleine Warenhäuser. **Regionale Center** – auch als Stadtteilzentren bekannt – verfügen schließlich über ein Einzugsgebiet von über 100.000 Personen. Sie bieten auf einer Fläche von mindestens 15.000 m² ein Vollsortiment im Einzelhandelsbereich sowie eine breite Palette an Dienstleistungen an. Ankermieter sind meist ein oder mehrere große Warenhäuser. Ab einer Fläche von rund 50.000 m² wird von **überregionalen Shopping Centern** (Super Regional Mall) gesprochen. Sie haben ein Einzugsgebiet von mindestens 300.000 Einwohnern. Das Angebot stimmt im Wesentlichen mit dem des Regionalzentrums überein, allerdings gibt es eine größere Auswahl in den einzelnen Angebotssegmenten und zusätzlich einen Mix an Gastronomie und Entertainment.

Neben den genannten Centertypen lässt sich eine Reihe weiterer Center unterscheiden (Auszug, vgl. weiterführend Walzel et al., S. 449): **Mixed-Use-Center** liegen an attraktiven Shopping- und Bürostandorten. Sie verbinden unterschiedliche Nutzungsformen wie Einzelhandel und Büro aber auch Wohnen und Freizeit und sind i. d. R. als Passage oder Galerie konzipiert. In **Vertical Malls** erstreckt sich die Mietfläche über mehrere Etagen. Weil die Erschließung der oberen Etagen eine Herausforderung darstellt, finden sie sich vor allem in stark konzentrierten Innenstadtbereichen. In **Specialty-Centern** findet sich ein Mietermix, der auf ein bestimmtes Handelssegment wie beispielsweise Mode, Sport- und Freizeitartikel oder Inneneinrichtung spezialisiert ist. **Fachmarktzentren** verbinden großflächige Einzelhandelsbetriebe unter einem Dach – oft mit Gastronomie kombiniert und in der Peripherie großer Städte gelegen. In **Factory-Outlet-Centern** (FOC) wird Markenware im Direktvertrieb mit oft deutlichen Preisnachlässen angeboten.

Weil sich die Konsumbedürfnisse der Kunden im Laufe der Zeit verschoben haben, hat sich – als Antwort darauf – das Erscheinungsbild der Shopping Center verändert. Es können sechs Entwicklungszyklen definiert werden, die auch als **„Generationen"** bezeichnet werden (Groner, Pittroff, S. 7):

- Die **erste Generation** entstand in den Jahren 1964 bis 1975. Hierbei handelte es sich um eingeschossige Großobjekte mit nicht überdachten Ladenstraßen nebst ebenerdigen Parkflächen und oft auf der „grünen Wiese" gelegen. Die Objekte wurden meist als reine Einkaufsstätten genutzt und Kauf- und Warenhäuser fungierten als Magnetbetriebe. Beispiele sind der Ruhrpark in Bochum und das Main-Taunus-Zentrum bei Frankfurt/Main.
- Die **zweite Generation** wurde zwischen 1970 und 1980 überwiegend an städtischen Standorten erbaut. Es entstanden mehrgeschossige, überdachte Center mit angrenzenden Parkhäusern. Die Ladenstraßen hatten niedrige Deckenhöhen, waren dunkel gehalten und voll klimatisiert. Charakteristisch für die Objekte war ihre multifunktionale Nutzung mit einem Mix aus Läden, Büros, Freizeiteinrichtungen, Wohnen und Praxen. Beispiel ist das Rhein-Ruhr-Zentrum in Mülheim/Ruhr.

- Im Rahmen der **dritten Generation** entstanden zwischen 1980 und 1990 schwerpunktmäßig innerstädtische Passagen für den umfassenden Tagesbedarf. Die Center sind hell und freundlich gestaltet und bieten Freizeitwert: Glasdächer sorgen für Tageslicht und Atrien bieten Platz für Kommunikation. Beispiele sind das Hanse-Viertel in Hamburg und die Kö-Galerie in Düsseldorf.
- Im Zuge der **vierten Generation** wurden zwischen 1985 und 1995 zahlreiche Shopping Center der ersten und zweiten Generation revitalisiert: So wurden beispielsweise das Rhein-Ruhr-Zentrum oder der Ruhr Park umfassend renoviert und mit Erlebnis- und Freizeitkomponenten wie Multiplex-Kinos oder Themengastronomie ergänzt.
- In der **fünften Generation** entstanden in den neuen Bundesländern nach der Wiedervereinigung zwischen 1990 und 1997 v. a. großflächige Fachmarktzentren.
- Die **sechste Generation** der Shopping Center wird ab Beginn des neuen Jahrtausends errichtet. Die Center entstehen verstärkt in den Innenstädten und auch in kleineren Städten werden Objekte realisiert. Wesentlich bei der Gestaltung der Center ist eine attraktive Einkaufsumgebung in Kombination mit Unterhaltung.

Shopping Center sind wie der Einzelhandel insgesamt mit veränderten Konsumgewohnheiten (z. B. Erlebnis- und Freizeitorientierung), einer älterwerdenden Kundschaft und einem erstarkenden E-Commere konfrontiert (vgl. dazu weiterführend Nitt-Drießelmann, S. 32–55). Vor diesem Hintergrund entwickeln sich Shopping Center vermehrt zu sogenannten **dritten Orten** („Third Places"), die Oldenburg als „informal public gathering places" definiert (Oldenburg, S. XVII). Wie Shopping Center zu dieser Art „Zwischenraum" werden können, wird die **siebte Generation** an Shopping Centern zeigen (vgl. dazu weiterführend Kühne).

Markt für Shopping Center

Rund 11 % der gesamten Einzelhandelsfläche entfielen im Jahr 2012 auf Shopping Center, wobei die Zahl der Center in den letzten Jahren stark gestiegen ist. Gab es im Jahr 1990 nur 93 Center, belief sich die Zahl im Jahr 2000 bereits auf 279 Center und stieg bis zum Jahr 2012 auf insgesamt 444 Center (vgl. Abbildung 6). Damit entwickelte sich die Verkaufsfläche in Shopping Centern im selben Zeitraum von 2.781.000 m² über 9.212.000 m² auf über 14.310.000 m² (Institut der deutschen Wirtschaft et al., S. 45). Der Flächenzuwachs pro Center ist in den letzten Jahren zurückgegangen. Grund hierfür ist, dass ein Großteil der neu eröffneten Center in den Innenstädten lag. In attraktiven Innenstadtlagen finden sich jedoch kaum großflächige freie Grundstücke. Und auch in mittelgroßen Kommunen, wo vermehrt Shopping Center realisiert werden, wären größere Center überdimensioniert (Bundesinstitut für Bau-, Stadt- und Raumforschung (BBSR), S. 5).

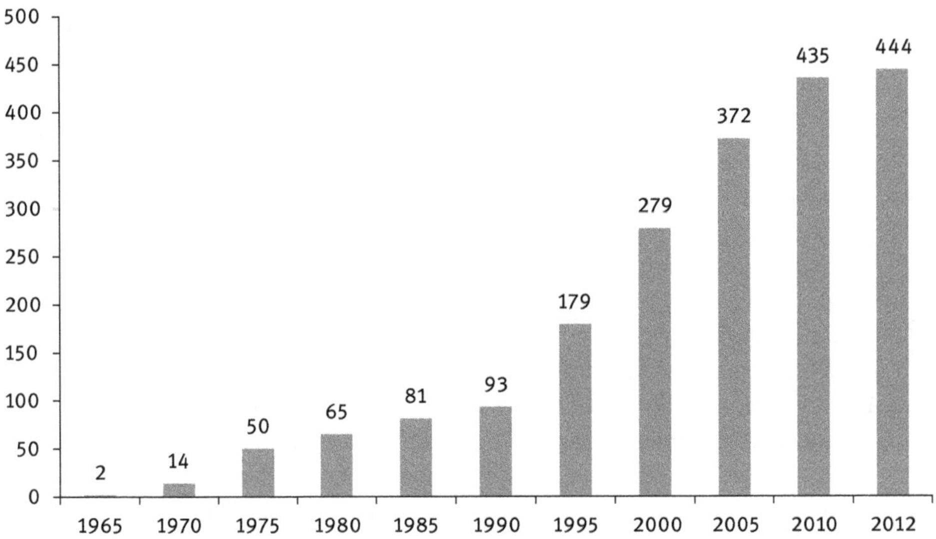

Abb. 6: Zahl der Shopping Center von 1965 bis 2012 (Quelle: Institut der deutschen Wirtschaft et al., S. 45)

1.3.3 Gewerbeparks

Der Gewerbepark ist ein in sich geschlossenes Gewerbegebiet, in dem Büro-, Service- und Lagerflächen in eine parkähnlich gestaltete Umgebung eingebettet sind. Kombiniert mit einem professionellen Management werden die Objekte mehreren Nutzern zur Miete angeboten. Zwar könnte der Park auch an einen einzelnen Nutzer vermietet werden, allerdings würde er dann als Industrieimmobilie klassifiziert werden (Walzel, S. 135). Die Größe der Gewerbeparks schwankt zwischen 30.000 und 80.000 m² (Fischer et al., S. 2190).

Es können vier **Typen von Gewerbeparks** unterschieden werden, die in Analogie zu ihrer zeitlichen Entwicklung auch „**Generationen**" genannt werden (Jones Lang LaSalle Research, S. 18 und BulwienGesa, S. 12):

Typ 1 Die Gewerbeparks der ersten Generation entstanden nach dem Vorbild britischer Parks in Deutschland ab Mitte der 1970er Jahre. In einfacher Bauweise errichtet und eingebettet in spärliche Grünflächen verfügen sie über einen Lagerflächenanteil von bis zu 90 % und 10 % Bürofläche. Gebaut wurden die Parks oft auf der „grünen Wiese" mit direktem Autobahnanschluss. Hauptnutzer sind daher bis heute Speditionen und transportintensive Unternehmen.

Typ 2 Angesichts des steigenden Büroflächenbedarfs der Unternehmen und einer zunehmenden Bedeutung der Standortqualität, wurden ab Mitte der 1980er

Jahre Gewerbeparks der zweiten Generation mit einem Büroflächenanteil von rund 40 % in oft größerer Nähe zu den Ballungszentren gebaut. Die Aufteilung der Flächen sowie das insgesamt bessere Erscheinungsbild kamen verstärkt Unternehmen entgegen, die die Flächen ab 1990 im vereinten Europa als regionale Distributionsstützpunkte nutzten.

Typ 3 Weil Nutzer erhöhte Anforderungen an Dienstleistung und Standortqualität stellten, wurde in Gewerbeparks der dritten Generation neben Büro- (45 %) und Lagerflächen (45 %) die Servicefläche (10 %) als neuer Flächentypus geschaffen. Zugleich nahmen die Ansprüche an architektonische Qualität und Außengestaltung zu. Angesprochen fühlten sich jetzt v. a. Nutzer, die Werkstätten und Ausstellungsräume zu repräsentativen Zwecken benötigen.

Typ 4 Gewerbeparks der vierten Generation richten sich vor allem an High Tech und entwicklungsintensive Unternehmen, die neben Büroflächen kleinere Serviceflächen für Lager, Werkstatt oder Schulungen sowie eine gute Infrastruktur benötigen. So verfügen die i. d. R. attraktiv gestalteten Gewerbeparks oft über einen Anteil von rund 80 % Büro- und 20 % Servicefläche und sie sind direkt an Flughäfen und Autobahnen angebunden.

Je nach Zielgruppe werden Gewerbeparks auch als **Business Parks** (für Büronutzer), **Science Parks** (für F&E Unternehmen) oder **Technologieparks** (für High Tech Unternehmen) bezeichnet. **Technopole** sind Areale mit mindestens 10 ha, in denen sich Business, Science und Technologieparks mischen. Sie finden sich häufig am Rand großer Städte und in direkter Nähe zu Hochschulen. Aufgrund ihrer Größe werden oft auch Einkaufsmöglichkeiten, Restaurants und Hotels integriert. Ein professionelles Management ist für den gesamten Park zuständig.

Markt für Gewerbeparks

Der Flächenbestand von Gewebeparks belief sich im Jahr 2012 auf rund 6,6 Mio. m², was einem Wert von 8,9 Mrd. Euro entsprach. Rund 90 % davon sind investmentfähig. So wird diese Asset-Klasse auch bereits seit rund 10 bis 15 Jahren insbesondere von institutionellen Investoren wie beispielsweise Offenen Immobilienfonds gehandelt (BEOS, S. 2).

Klassischer Weise befinden sich Gewerbeparks in der Peripherie von Metropolregionen wie Frankfurt oder Stuttgart und garantieren damit einen guten Anschluss an den Schwerlast- und Güterverkehr. Weil Unternehmen jedoch vermehrt zentrale Standorte nachfragen, finden sich jüngere Projekte auch an innenstadtnahen Standorten. Allerdings sind sie dann deutlich kleiner dimensioniert (BulwienGesa, S. 12).

Mietpreisbestimmende Merkmale bei Gewerbeparks sind – je nach Nutzungsart – eine flexible Raumaufteilung der Gebäude, niedrige Mietpreise, ein repräsentativer Eindruck, ein hoher Standard der Grundausstattung, eine ausreichende Lagerhöhe, eine überproportionale Anzahl von Parkplätzen, eine großzügige Anlieferung und eine Kombination von Lager- und Serviceflächen (Fischer et al., S. 2190). Bezüglich der Raumaufteilung der Gebäude wird heute insbesondere der **Flächenmix** klassischer Gewerbeparks kritisch betrachtet. So ist beispielsweise der Büroflächenanteil von Gewerbepark Typ 2 einerseits für eine untergeordnete Büronutzung oft zu hoch und andererseits für eine eigenständige Bürovermietung zu gering. Dennoch ist die Drittverwendungsfähigkeit von Gewerbeparks grundsätzlich als relativ hoch zu bewerten, weil sie breitgefächerte Nutzerstrukturen von Dienstleistern über kleinere Transport- und Handelsunternehmen bis hin zu (Leicht-) Produktion und Freizeitnutzung zulassen (BulwienGesa, S. 12 u. 22).

1.3.4 Logistikimmobilien

In der Literatur findet sich keine einheitliche Definition von Logistikimmobilien. Grund hierfür ist, dass Logistikimmobilien sehr heterogen sind: Sie umfassen sowohl kleine einfache Lagerhallen mit 2.000 m² als auch hochtechnisch vernetzte Distributionszentren mit 200.000 m². Dementsprechend können Logistikimmobilien als Funktionsgebäude definiert werden, „die je nach Unternehmenskonzept entweder nur der Lagerung dienen und dementsprechend einfach ausgestattet sind, oder auch Aufgaben der Verpackung, der Kommissionierung, des Bestandsmanagements, der Auftragsabwicklung bis hin zu Servicefunktionen (Kundendienst, Produktgestaltung, Logistikberatung, Qualitätskontrolle und Montage) übernehmen" (Klaus et al., S. 381–382).

Aufgrund ihrer Heterogenität können Logistikimmobilien nach unterschiedlichen Kriterien klassifiziert werden. Dabei finden sich innerhalb einer Immobilie oft mehrere der nachfolgend genannten Kriterien wieder (Klaus et at., S. 380–381).

- **Klassifikation nach Stellung im Wertschöpfungsprozess**: innerhalb des Produktionsprozesses: z. B. Beschaffungs-, Werks- oder Absatzlager und innerhalb des Distributionsprozesses: z. B. Zentral-, Regional- oder Auslieferungslager.
- **Klassifikation nach Art der Nutzung**: z. B. Lagerhalle, Umschlagshalle, Distributionszentrum.
- **Klassifikation nach Anzahl der Nutzer:** ein Nutzer (Single-Tenant-Objekt), mehrere Nutzer (Multi-Tenant-Objekte).
- **Klassifikation nach Branche der Nutzer:** z. B. Fertigwarenlager für Industrie, Versandhandelszentrum für Handel, KEP-Depot (Kurier-Express-Paket), Speditions-Depot für Logistikdienstleister.
- **Klassifikation nach Art der gelagerten bzw. umgeschlagenen Güter:** z. B. Gefahrgutlager, Sperrgutlager, Zolllager, Ersatzteillager.

- **Klassifikation nach baulichen Merkmalen:** z. B. nach Hallenfläche und -höhe, Anzahl der Tore, Büroflächenanteil.
- **Klassifikation nach technischen Ausstattungsmerkmalen,** z. B. Kühllager, Tanklager.

Eine Sonderform der Logistikimmobilien ist das **Hochregallager**: Es besteht überwiegend aus einem Stahlgerüst, das mit einer leichten Außenhaut verkleidet ist. Ausgestattet mit einer Verteileranlage, Greifern und Fahrschlitten sind moderne Hochregallager vollautomatisch computergesteuert. Während des Betriebs können sie nicht betreten werden. Aus steuerlicher Perspektive werden solche Hochregallager als Betriebsvorrichtung und nicht als Gebäude gewertet. Zudem sind Hochregallager als Betriebsvorrichtung nicht realkreditfähig, außer wenn das Lager als Gebäude auch ohne die besonderen Betriebseinrichtungen wirtschaftlich tragfähig ist. Die Drittverwendungsfähigkeit wird jedoch tendenziell als gering eingeschätzt (Fischer et al., S. 2207).

Markt für Logistikimmobilien

Nach Schätzungen belief sich im Jahr 2012 der Gesamtbestand an Logistikflächen in Deutschland auf rund 324 Mio. m², was einem Wert von rund 189 Mrd. Euro entspricht. Dieser Bestand setzt sich zusammen aus modernen Logistikflächen (rund 69 Mio. m², Marktwert rund 62 Mrd. Euro) und Bestandslogistikimmobilien (255 Mio. m²; Marktwert rund 127 Mrd. Euro). Davon investitionsfähig sind 80 % respektive 50 % (BEOS, S. 2).

Aufgrund seiner strategisch günstigen geografischen Lage innerhalb Europas und wegen seines großen Binnenmarktes mit rund 82 Mio. Einwohnern ist Deutschland seit Mitte der 1990er Jahre bevorzugter Standort für Logistikunternehmen. Innerhalb Deutschlands lassen sich wiederum verschiedene **Logistikstandorte** identifizieren, die sich je nach Lage, Infrastrukturanbindung, lokaler Industrie und Bevölkerungsdichte für unterschiedliche logistische Aufgaben eignen (Klaus et al., S. 384):

- **Globale Air & Sea Gateways** verfügen wie Hamburg über eine Seehafenanbindung oder das Rhein-Main-Gebiet über einen internationalen Flughafen.
- **Europäische Gateways** wie Duisburg, Hannover oder Nürnberg übernehmen vor allem überregionale und internationale Aufgaben.
- **Regionale Versorger** übernehmen die Versorgung der lokalen Industrie und Bevölkerung in Ballungsräumen wie München, Berlin und Stuttgart.
- **Spezialisten** sind auf logistische Nischenaufgaben spezialisiert. Beispielsweise finden sich in der Region Kassel, Bad Hersfeld und Göttingen aufgrund der zentralen Lage verstärkt Netzwerk-Logistikdienstleister und die Donauregion profitiert von der Binnenschifffahrt.

Die Eigentümerstruktur bei Logistikimmobilien hat sich in den letzten zehn Jahren deutlich verändert. Wurden Logistikimmobilien traditionell von den Nutzern gehalten, werden sie heute intensiv gehandelt. Dementsprechend haben sich die Anforderungen an Logistikimmobilien gewandelt: Waren sie früher hinsichtlich Ausstattung und Standort auf die Bedürfnisse eines speziellen Nutzers zugeschnitten, wird investmentfähigen Logistikflächen eine hohe **Drittverwendungsfähigkeit** abverlangt. Hinsichtlich des Standortes sind wirtschaftlich starke Regionen mit einer hohen Verfügbarkeit qualifizierter Arbeitskräfte und einer guten Anbindung an verschiedene Verkehrswege zu wählen. Bezüglich baulicher Anforderung gilt der Grundsatz „form follows function“:

So sollten Hallenböden dem Niveau der LKW-Ladeflächen entsprechen und Fußböden für Gabelstapler ausgelegt sein, um dem immer schnelleren Warenumschlag entsprechen zu können („just in time“). Zudem sollten die Hallen mindestens 10.000 m² groß und die Hallenkonstruktion für mehrere Nutzer unterteilbar sein. Soll die Immobilie auf das neue Logistikgeschäft im Zuge des wachsenden Onlinehandels abgestimmt werden, werden u. a. Behälterfördertechnik, Packplätze und automatische Verteiler benötigt. Wesentlich für eine funktionale Gestaltung sind weiterhin u. a. ausreichend große Grundstücke (ca. 150–250 % der benötigten Gebäudegröße je nach Nutzungsart), breite Straßenfronten mit Zu- und Abfahrtsmöglichkeiten, Rangierflächen mit einer Mindesttiefe von 35 m, eine ausreichende Anzahl an Toren (min. 1 Tor pro 1.000 m² Lagerfläche) und Hallenhöhen von 8 bis 12 m (vgl. Fischer et al., S. 2194–2195 und BulwienGesa, S. 23 u. 46–47).

1.4 Industrieimmobilien

Industrieimmobilien werden für industrielle Zwecke, d. h. beispielsweise für Fertigung, Montage, Transport, Qualitätskontrolle und Lagerhaltung genutzt (Falk 2004, S. 262). Dennoch hat sich bislang keine eindeutige und allgemeingültige Definition von Industrieimmobilien (engl. „Industrial Property“) etabliert. Grund hierfür ist – neben dem Mix aus den verschiedensten Flächenarten wie Büro, Lager bis hin zu Fabrikgebäuden – dass sich viele der Immobilien im Besitz deutscher Konzerne und Unternehmen befinden, mit der Folge, dass Industrieimmobilien häufig als Sondergruppe wahrgenommen werden.

Es lassen sich drei Typen von Industrieimmobilien unterscheiden:

- **Produktionsimmobilien** (Light manufacturing), in denen Tätigkeiten wie Leichtproduktion/-montage, Verpackung, Reparatur etc. durchgeführt werden.
- **Industrieimmobilien/-anlagen** (Heavy manufacturing) wie Chemie- und Automobilfabriken oder Stahlwerke.
- **Produktionshallen** wie Flughafenhallen, d. h. relativ große Räume mit wenigen Innenausbauten.

Können die genannten Immobilien ohne wesentliche Veränderungen der Bausubstanz in verschiedenster Weise industriell genutzt werden, handelt es sich um sogenannte multifunktional nutzbare Immobilien („**Multi-Use-Property**"). Sind verschiedene Nutzungen hingegen nur unter erheblichen Eingriffen in die Bausubstanz oder mit einem Verlust der effektiven Nutzungsmöglichkeit verbunden, handelt es sich um monofunktional nutzbare Gebäude („**Single-Use-Property**") (Falk 2004, S. 363).

Befinden sich mehrere voneinander unabhängige Unternehmen auf einem abgegrenzten Industriegelände, handelt es sich um einen sogenannten **Industriepark.** Die Unternehmen, deren Wertschöpfungsprozesse häufig ineinander greifen, teilen sich dabei – ähnlich wie beim Gewerbepark – Infrastruktur und Dienstleistungen und werden teilweise zentral gemanagt. Ist in einem Park vor allem die chemische Industrie ansässig, wird von einem **Chemiepark** gesprochen.

Markt für Industrieimmobilien

Der **Industrieflächenbestand** (z. B. von Auto- und Chemiewerken) belief sich in Deutschland im Jahr 2012 auf geschätzte 1.358 Mio. m², was einem Wert von insgesamt rund 475 Mrd. Euro entspricht. Werden neben Industrieflächen auch Flächen in kleineren Objekten betrachtet (z. B. Handwerk) betrachtet, ergibt sich ein Flächenbestand von insgesamt rund 1.668 Mio. m² oder 568 Mrd. Euro (BEOS, S. 1). Davon investmentfähig waren in 2009 allerdings nur rund 12 % (BulwienGesa, S. 33). Grund hierfür ist u.a., dass die mittelständische Struktur in Deutschland traditionell mit hohen Eigennutzerquoten verbunden ist. So liegen die Eigennutzerquoten heute bei rund 69 % und es werden auch keine weiter fallenden Eigentumsquoten prognostiziert (Pfnür, S. 269). Desweiteren ist das produzierende Gewerbe in Deutschland stark dezentral organisiert, sodass sich anders als beispielsweise in Großbritannien oder Frankreich kaum Agglomerationsschwerpunkte für Industrie und Gewerbe gebildet haben, die für Investoren interessant wären.

Hinsichtlich der Handelbarkeit sind in Deutschland lediglich **Produktionsimmobilien** („Light Manufacturing") sowie **Transformationsimmobilen** (oft ehemalige Fertigungsstandorte mit einer betriebsbedingt organisch gewachsenen Gebäudestruktur und vergleichsweise zentral gelegen) relevant. Für diesen Immobilientyp belief sich der Flächenbestand im Jahr 2012 auf geschätzte 602 Mio. m² (entspricht rund 340 Mrd. Euro). Wesentlicher Unterschied zu den vorgenannten Industrieflächen ist, dass viele der Objekte eine hohe Drittverwendungsfähigkeit aufweisen. So sind rund 40 bis 50 % als investmentfähig einzustufen (BEOS, S. 2).

1.5 Sonderimmobilien

Sonder- oder **Spezialimmobilien** (engl. „Special-Purpose Property") sind bislang nicht eindeutig definiert. Grundsätzlich können sie als Immobilien beschrieben werden, die auf eine spezielle Nutzung ausgerichtet sind. Bei dieser handelt es sich um eine gewerbliche Nutzung, die weder Büro noch industriell gelagert ist (Fischer et al., S. 2267). Dementsprechend werden zu den Sonderimmobilien beispielsweise **Hotels**, **Gastronomiebetriebe** und **Freizeitimmobilien** wie Vergnügungsparks, Theater und Kinos aber auch **Verkehrs- und Infrastrukturimmobilien** wie Flughäfen, Bahnhöfe, Tank- und Rastanlagen und Autohöfe, Brücken, Tunnel, Kraftwerke und Kläranlagen gezählt. Unter dem Oberbegriff **Sozialimmobilien** zählen auch Seniorenresidenzen, Kliniken und Rehaeinrichtungen zu dieser Kategorie (Walzel, S. 137–138).

Bei der Konzeption von Spezialimmobilien richten sich Entwickler oft stark nach den spezifischen Bedürfnissen eines bestimmten Nutzers. Dies betrifft sowohl die architektonische und räumliche Gestaltung als auch den nutzerspezifischen Ausbau. Denn Ziel ist es, dass das Objekt wie maßgeschneidert zur Geschäftstätigkeit des Nutzers passt. Laufen Mietverträge aus oder erleidet der Nutzer wirtschaftlichen Misserfolg, ist die Weitervermietbarkeit der Immobilie aufgrund ihrer **geringen Drittverwendungsfähigkeit** oft stark eingeschränkt.

Neben der vorgenannten Klassifikation von Immobilien, werden im Rahmen der Sonderimmobilien auch Betreiber- und Managementimmobilien unterschieden (Walzel, S. 138). Bei **Betreiberimmobilien** liegt das Management der Immobilie in den Händen eines einzelnen Betreibers. Dessen Geschäftstätigkeit ist überwiegend von der Nutzenziehung aus der Immobilie geprägt und er verfügt i. d. R. nicht über deren Eigentum. Der Betreiber mietet oder pachtet das Objekt also häufig über einen längeren Zeitraum und nutzt es als Produktionsfaktor zur Erstellung einer marktfähigen Leistung. Typische Beispiele sind Hotels, Seniorenimmobilien oder Krankenhäuser. Bei **Managementimmobilien** müssen mehrere Betreiber zeitgleich akquiriert bzw. koordiniert werden. Demensprechend ist beispielsweise ein Shopping Center sowohl eine Management- als auch eine Betreiberimmobilie, bei der die Einzelhändler die Betreiber sind, die zusätzlich über ein Center-Management koordiniert werden. An dieser Stelle wird deutlich, dass die Abgrenzung der Sonderimmobilien zu anderen Immobilienkategorien unscharf ist: So können Shopping Center einerseits als Handels- respektive Gewerbeimmobilien und andererseits als Management- respektive Sonderimmobilien klassifiziert werden (Fischer et al. 2014, S. 2086). Büroimmobilien sind keine Managementimmobilien, weil kein Bedürfnis zur Koordination der Nutzer besteht.

1.6 Literatur

Bauer, W./Kelter, J./Haner, U.-E.: Nutzungskonzepte und architektonische Ausgestaltung, in: Schäfer, J./Conzen, G. (Hrsg.): Praxishandbuch der Immobilien-Projektentwicklung. Akquisition, Konzeption, Realisierung, Vermarktung, 3. Aufl., München 2013, S. 251–285.

BEOS (Hrsg.): Unternehmensimmobilien: Bestands- & Investmentstrukturen, Survey 02, Berlin März 2013.

Bösch, H./Metzger, B.: Hochhäuser, in: Bobka, G. (Hrsg.): Spezialimmobilien von A–Z. Bewertung, Modelle, Benchmarks und Beispiele, Köln 2007, S. 525–536.

BulwienGesa (Hrsg.): Gewerbe- und Industrieimmobilien in Deutschland 2010. Gemeinschaftsstudie, Berlin 2010.

Bundesinstitut für Bau-, Stadt- und Raumforschung (BBSR) (Hrsg.): Innerstädtische Einkaufszentren. Positionen und Interpretationen, Bonn 2013.

Butt, M.: Genehmigung von Einzelhandelsgroßprojekten. Aktuelle Rechtsprechung und Entwicklungen, in: Immobilien & Finanzierung – Der Langfristige Kredit, Vol. 64, Nr. 2, 2013, S. 55–57.

DekaBank Deutsche Girozentrale (Hrsg.): Größte Shopping-Center in Deutschland nach Fläche im Jahr 2011, http://de.statista.com/statistik/daten/studie/240734/umfrage/groesste-shopping-center-in-deutschland-nach-flaeche/, Abrufdatum: 07.02.2014.

Falk, B./Falk, M. T.: Gewerbeimmobilien, in: Falk, B. (Hrsg.): Handbuch Gewerbe- und Spezialimmobilien, Köln 2006, S. 23–64.

Falk, B. R. (Hrsg.): Fachlexikon Immobilienwirtschaft. Immobilien-Wissen, 3., akt. u. erw. Aufl., Köln 2004.

Fischer, R./Kleiber, W./Werling, U.: Verkehrswertermittlung von Grundstücken. Kommentar und Handbuch zur Ermittlung von Marktwerten (Verkehrswerten) und Beleihungswerten sowie zur steuerlichen Bewertung unter Berücksichtigung der ImmoWertV. Bau und Immobilien, 7., vollst. neu bearb. Aufl., Köln 2014.

Gesellschaft für Immobilienwirtschaftliche Forschung e. V. (Hrsg.): Richtlinie zur Berechnung der Mietfläche für Wohnraum MF/W, Wiesbaden 2012a.

Gesellschaft für Immobilienwirtschaftliche Forschung e. V. (Hrsg.): Richtlinie zur Berechnung der Mietflächen für gewerblichen Raum MF/G, Wiesbaden 2012b.

Gesellschaft für Immobilienwirtschaftliche Forschung e. V. (Hrsg.): Richtlinie zur Berechnung der Verkaufsfläche im Einzelhandel MF/V, Wiesbaden 2012c.

Giesemann, S.: Zukunftsorientierte Bürokonzepte. Eine Betrachtung aus Sicht der Immobilienentwicklung, DEGI Gesellschaft für Immobilienfonds mbH (Hrsg.), Frankfurt 2003.

Gondring, H.: Zukunft der Immobilie. Megatrends des 21. Jahrhunderts – Auswirkungen auf die Immobilienwirtschaft; Handbuch für Studium und Praxis. Immobilienfachwissen, Köln 2012.

Gondring, H.: Immobilienwirtschaft. Handbuch für Studium und Praxis, 3. Aufl., München 2013.

Groner, B./Pittroff, R.: Keine Sättigung in Sicht, in: Stores & Shops, EHI Research, Entwicklung der Shopping-Center, Nr. 1, 2007, S. 6–12.

Henckel, D./Besecke, A.: Planen – Bauen – Umwelt. Ein Handbuch, Wiesbaden 2010.

Institut der deutschen Wirtschaft et al.: Wirtschaftsfaktor Immobilien 2013. Gesamtwirtschaftliche Bedeutung der Immobilienwirtschaft, in: Zeitschrift für Immobilienökonomie, Sonderausgabe 2013.

Institut für Handelsforschung: Umsatzverteilung im Einzelhandel in Deutschland nach Vertriebsformen in den Jahren 2000 bis 2012, http://de.statista.com/statistik/daten/studie/220824/umfrage/umsatzanteil-der-vetriebswege-im-deutschen-handel/, Abrufdatum: 07.02.2014.

Jenkis, H. W.: Einführung in die Wohnungswirtschaftspolitik, in: Jenkis, H. W./Bischoff, B. (Hrsg.): Kompendium der Wohnungswirtschaft, 4., erg. Aufl., München, Wien 2001, S. 65–122.

Jones Lang LaSalle Research (Hrsg.): Immobilienmarkt. Definitionen, Hamburg 2012.

Klaus, P./Krieger, W./Krupp, M.: Gabler Lexikon Logistik. Management logistischer Netzwerke und Flüsse, 5. Aufl., Wiesbaden 2012.

Kühne, M.: Shopping Center – 7. Generation, German Council of Shopping Centers (Hrsg.), Ludwigsburg 2009.

Lambert, J.: One Step Closer to a Pan-European Shopping Center Standard, in: Research Review, Vol. 13, Nr. 2, 2006, S. 35–40.

Nitt-Drießelmann, D.: Einzelhandel im Wandel, Hamburgisches WeltWirtschaftsInstitut (Hrsg.), Hamburg 2013.

Oldenburg, R.: The great good place. Cafés, coffee shops, bookstores, bars, hair salons, and other hangouts at the heart of a community, New York, Berkeley, Calif. 1999.

Pfnür, A.: Modernes Immobilienmanagement. Immobilieninvestment, Immobiliennutzung, Immobilienentwicklung und -betrieb, 3., vollst. überarb. u. akt. Aufl., Berlin u. a. 2011.

Rußig, V./Dorffmeister, L./Kuhlmann, Andreas/Schedl, Hans: Die wirtschaftliche Bedeutung der Immobilienwirtschaft, in: Zeitschrift für Immobilienökonomie, Sonderheft 2005, S. 14–153.

Schmitz-Morkramer, G.: Beurteilung von Gewerbeimmobilien und Bewertung an ausgewählten Beispielen aus Sicht eines Kreditinstitutes, in: Falk, B. (Hrsg.): Gewerbe-Immobilien, 6., überarb. u. erw. Aufl., Landsberg/Lech 1994, S. 437–471.

Statistisches Bundesamt: Bautätigkeit und Wohnungen. Fachserie 5, Heft 3, Wiesbaden 2012.

Statistisches Bundesamt: Bauen und Wohnen. Baugenehmigungen/Baufertigstellungen. Lange Reihen z. T. ab 1949. 2012, Wiesbaden 2013a.

Statistisches Bundesamt: Statistisches Jahrbuch 2013, Wiesbaden 2013b.

Statistisches Bundesamt: Wirtschaftsrechnungen. Einkommens- und Verbrauchsstichprobe Ausstattung privater Haushalte mit ausgewählten Gebrauchsgütern. Fachserie 15, Heft 1, Wiesbaden 2013c.

Statistisches Bundesamt: Wohnungen nach Baujahr, https://www.destatis.de/DE/ZahlenFakten/GesellschaftStaat/EinkommenKonsumLebensbedingungen/Wohnen/Tabellen/WohneinheitennachBaujahr.html, Abrufdatum: 07.02.2014.

Walzel, B.: Unterscheidung nach Immobilienarten, in: Schulte, K.-W./Allendorf, G. J. (Hrsg.): Immobilienökonomie Band I. Betriebswirtschaftliche Grundlagen, 4. Aufl., München 2008, S. 117–140.

Walzel, B./Trabzadah, M./Wittig, S.: Bauten für den Handel, in: Schulte, K.-W. (Hrsg.): Immobilienökonomie Band III. Stadtplanerische Grundlagen, 2., vollst. überarb. Aufl., München 2011, S. 481–516.

Christian Focke, Andrea Pelzeter*

2 Art und Maß der baulichen Nutzung

Inhalt

* In früheren Auflagen dieses Werkes hat auch Antje Schulz-Eichhorst an diesem Kapitel mitgewirkt. Die Herausgeber danken ihr für ihren Beitrag zur Entwicklung des vorliegenden Kapitels.

2.1 Einführung

Der Wert eines Grundstücks wird wesentlich durch dessen Nutzungsmöglichkeiten bestimmt. Die Nutzungsmöglichkeiten wiederum ergeben sich im Wesentlichen aus der Frage, ob das Grundstück bebaut werden darf oder nicht. Wenn es bebaut werden kann, ist es wiederum werterheblich, welche Gebäudearten in welcher Größe errichtet werden dürfen. Da der Art und dem Maß der baulichen Nutzung somit eine wichtige Bedeutung in der Immobilienwirtschaft zukommen, gibt es Definitionen, die die unterschiedlichen Nutzungsarten von Grundstücken festlegen und auch genau vorschreiben, wie das Maß der baulichen Nutzung zu berechnen ist. Diese Definitionen von Nutzungsarten, Flächen- und Raumeinheiten wurden teils vom Gesetzgeber, teils von Normenausschüssen und teilweise auch von wissenschaftlich geprägten Institutionen aufgestellt. Sie haben im Bereich von Planungs- und Genehmigungsverfahren im öffentlichen Baurecht und bei der Planung von Bauprojekten eine zentrale Bedeutung, werden darüber hinaus aber auch in fast allen Zweigen der Immobilienwirtschaft verwendet. Sie gehören daher zum Grundwissen eines jeden Immobilienpraktikers und Immobilienökonomen.

In diesem Kapitel werden die wichtigsten Normen, Begriffe und Definitionen erläutert. Die Abfolge der Erläuterungen orientiert sich dabei an der Reihenfolge, in der die Begriffe im „Lebenszyklus" eines Grundstücks bedeutsam werden. Bevor sich die Frage nach Art und Maß der baulichen Nutzung eines Grundstücks stellt, muss eine bauliche Nutzung der entsprechenden Parzelle überhaupt möglich und zulässig sein. Bevor ein Grundstück „baureif" ist, bevor es also bebaut werden darf, durchläuft es Entwicklungsphasen, die in § 5 der „Verordnung über Grundsätze für die Ermittlung der Verkehrswerte von Grundstücken" (Immobilienwertermittlungsverordnung – ImmoWertV) beschrieben sind. Liegt ein baureifes Grundstück vor, stellt sich die Frage: „Was für ein Gebäude darf auf dem Grundstück gebaut werden?" – Die Frage nach der Art der baulichen Nutzung also. Die Antwort auf diese Frage gibt die Öffentliche Hand durch die Bauleitplanung vor. Die Planer sind dabei an die Baunutzungsverordnung (BauNVO) und an das Baugesetzbuch (BauGB) gebunden. Der erste Abschnitt der BauNVO (§§ 1–15) definiert die unterschiedlichen Nutzungen, die einem Grundstück zugewiesen werden können. Liegt die Nutzungsart fest, erfolgt darüber hinaus eine rechtliche Begrenzung des Ausmaßes der baulichen Nutzung durch die Planungsbehörden. Dieses Maß der baulichen Nutzung wird im zweiten Abschnitt (§§ 16–21a) der BauNVO geregelt.

Die Normen der BauNVO beziehen sich ausschließlich auf das äußere Maß eines Gebäudes. Darüber hinaus existieren verschiedene Flächen- und Raumdefinitionen, die Berechnungsvorschriften auch für Innenräume enthalten. Diese Berechnungsvorschriften sind für die Praxis unabdingbar, weil es oft erforderlich ist, die Größe von Räumen und (Nutz-) Flächen genau zu messen. Sei es, weil Objekte für Bewertungen miteinander verglichen werden sollen, sei es, dass Vorgaben an ein Gebäude objektiv geprüft werden müssen, oder lediglich weil die Fläche als Maßstab für das Nutzungsentgelt dient. Besonders anschaulich ist die Notwendigkeit am Beispiel eines Mietvertrags, der eine flächenabhängige Mietzahlung vorsieht: Über die Miete können sich Vermieter und Mieter nur dann einigen, wenn sich beide Parteien neben dem Preis je m² auch über die Größe der Fläche (und damit über deren Definition und Berechnungsweise) einig sind.

Der Gesetzgeber regelt die Flächenberechnung nur lückenhaft, eine allgemeingültige Rechtsnorm zur Ermittlung der Größe von Immobilienflächen existiert nicht. Daher entstammen die einschlägigen Definitionen zu einem großen Teil aus nichtgesetzlichen Normen. Allein die Wohnflächenberechnung für öffentlich geförderten Wohnraum ist im vierten Teil der „Verordnung über wohnungswirtschaftliche Berechnungen nach dem Zweiten Wohnungsbaugesetz“ (Zweite Berechnungsverordnung – II. BV) gesetzlich festgeschrieben. Im freien Wohnungsmarkt wird dieses Berechnungsschema in Ermangelung einer eigens für dieses Marktsegment geltenden Norm teilweise ebenfalls verwendet.

<table>
<tr><th colspan="12">Entwicklungszustände von Grundstücken</th></tr>
<tr><td colspan="3">Agrarland § 5 ImmoWertV, Abs. 1</td><td colspan="3">Bauerwartungsland, § 5 ImmoWertV, Abs. 2</td><td colspan="3">Rohbauland, § 5 ImmoWertV, Abs. 3</td><td colspan="3">Baureifes Land, § 5 ImmoWertV, Abs. 4</td></tr>
<tr><th colspan="12">Art der baulichen Nutzung von Grundstücken §§ 1-15 BauNVO</th></tr>
<tr><td colspan="3">Wohnbauflächen (W)</td><td colspan="3">Gemischte Bauflächen (M)</td><td colspan="3">Gewerbliche Bauflächen (G)</td><td colspan="3">Sonderbauflächen (S)</td></tr>
<tr><th colspan="12">Maß der baulichen Nutzung von Grundstücken §§ 16-21a BauNVO</th></tr>
<tr><td colspan="3">Grundflächenzahl GRZ, § 19, Abs. 1, BauNVO</td><td colspan="3">Geschossflächenzahl GFZ, § 20, Abs. 2, BauNVO</td><td colspan="3">Baumassenzahl BMZ, § 21, Abs. 1, BauNVO</td><td colspan="3">Bauhöhe § 18, BauNVO
Zahl d. Vollgeschosse § 20, Abs. 1, BauNVO</td></tr>
<tr><th colspan="12">Flächen- und Raumeinheiten von Gebäuden</th></tr>
<tr><td colspan="4">Wohnflächenberechnung nach II. BV §§ 42 - 44</td><td colspan="4">Grundflächen und Rauminhalte von Bauwerken im Hochbau DIN 277</td><td colspan="4">Richtlinie zur Berechnung der Mietfläche für gewerblichen Raum (MF-G) gif</td></tr>
</table>

Abb. 1: Übersicht der Normen und Begriffe

Auch für Gewerbeimmobilien bestehen keine gesetzlichen Vorschriften zur Flächenberechnung. Stattdessen erfolgt das Aufmaß hier mithilfe der DIN 277 „Grundflächen und Rauminhalte im Hochbau". Sie definiert zwar einzelne Flächenarten, im Unterschied zur II. BV macht sie aber keine Aussagen darüber, welche Flächen der **Mietfläche** zuzurechnen sind. Um diese Lücke zu schließen, hat die Gesellschaft für Immobilienwirtschaftliche Forschung e. V. (**gif**) Richtlinien zur Berechnung der Mietfläche herausgegeben. Die „Richtlinie zur Berechnung der Mietfläche für gewerblichen Raum", kurz „MF-G" basiert auf der DIN 277 und klassifiziert die dort aufgeführten einzelnen Flächentypen als Mietfläche oder „Nicht-Mietfläche".

Abbildung 1 gibt einen Überblick über die wichtigsten Normen und Begriffe, die im Zusammenhang mit der Art und dem Maß der baulichen Nutzung stehen.

2.2 Entwicklungsstufen von Grund und Boden

In Kapitel A.1 wurde aufgezeigt, dass die Nutzung einer Immobilie im Zentrum des immobilienökonomischen Interesses steht. Wie eine Fläche genutzt werden kann, ist abhängig vom Entwicklungszustand des Grundstücks. Idealtypisch folgt die Entwicklung von unbebauten Grundstücken einem Prozess, der vom Ödland zur baureifen Parzelle führt und im Folgenden ausführlich erklärt ist.

Jedes Grundstück war zu einem Zeitpunkt in der Geschichte nicht vom Menschen genutztes

- **Ödland**: Unter Ödland oder Unland versteht man Flächen, die vom Menschen weder baulich noch für Zwecke der Land- und Forstwirtschaft genutzt werden können, oder bei denen der Aufwand für die land- und forstwirtschaftliche Bewirtschaftung nach gegebenem Stand der Technik den Ertrag übersteigt. Einzig eine jagdliche Nutzung ist möglich.
- **Agrarland** sind laut § 5 Abs. 1 ImmoWertV Flächen, die für eine land- und forstwirtschaftliche Nutzung geeignet sind und die in absehbarer Zeit nur diesen Zwecken dienen werden. Der überwiegende Teil der Fläche der Bundesrepublik Deutschland gehört zu dieser Kategorie. Agrarland entsteht aus Ödland durch die „Urbarmachung". Welche Flächen land- und forstwirtschaftlich nutzbar sind, hängt maßgeblich vom Stand der Technik ab. Ein Großteil des Agrarlandes in Mittel- und Westeuropa wurde bereits in Antike und Mittelalter urbar gemacht. Aber auch noch in den 1930er Jahren konnte durch die Mechanisierung der Landwirtschaft die Anbaufläche deutlich ausgeweitet werden. Einen weiteren Schub könnte in Zukunft die Gentechnologie bringen, wenn Pflanzen geschaffen werden, die auch in extremen Lebensbedingungen gedeihen. Der Ertrag des Agrarlandes bestimmt sich aus dem Ertrag der aufstehenden Frucht – Bäume, Getreide oder Gras – und den Erträgen aus jagdwirtschaftlicher Nutzung.

- Der Begriff **„Begünstigtes Agrarland"** wird in der Praxis bisweilen noch verwendet. Die Legaldefinition dieser besonderen Agrarlandflächen erfolgte durch § 4 Abs. 1 Nr. 2 der Wertermittlungsverordnung (WertV ’98). Mit der Ablösung der Wertv ’98 durch die ImmoWertV im Jahr 2010 entfiel diese Kategorie jedoch. Begünstigtes Agrarland war definiert als Fläche der Land- und Forstwirtschaft, die auch für andere Nutzungen geeignet sind, wobei diese alternativen Nutzungen ohne eine Änderung des Flächennutzungsplanes durchführbar sein mussten. Eine Erwartung einer baldigen Nutzung als Bauland durfte zudem nicht bestehen. Diese letztgenannte Einschränkung wurde im praktischen Sprachgebrauch mitunter nicht zutreffend berücksichtigt (Kleiber, S. 658). Der Begriff war bei richtiger Verwendung nur für wenige Grundstücke zutreffend. Der Ertrag des begünstigten Agrarlands wird entweder aus der „anderen Nutzung" generiert, oder er entspricht dem von reinem Agrarland. Ein Beispiel für Flächen, die man als begünstigtes Agrarland bezeichnet hat, wäre eine Wiese, die verkehrsgünstig und stadtnah liegt und im Sommer für Open-Air-Konzerte genutzt wird.
- **Bauerwartungsland** (§ 5 Abs. 2 ImmoWertV): Darunter versteht man Flächen, die in absehbarer Zeit eine bauliche Nutzung erwarten lassen. Die Erwartung muss dabei durch „konkrete Tatsachen" hinreichend gesichert sein. Vor allem aus einer Darstellung im Flächennutzungsplan, dem Planungsverhalten der Gemeinde oder der allgemeinen städtebaulichen Entwicklung des Gebiets lassen sich eine Bauerwartung begründende Tatsachen ableiten. Auch beim Bauerwartungsland generieren sich die laufenden Erträge ausschließlich aus der land- und forstwirtschaftlichen Nutzung. Während der Entwicklung eines Grundstücks vom Agrarland zum Bauerwartungsland kommt es aber zu einer erheblichen Wertsteigerung.
- **Rohbauland** (§ 5 Abs. 3 ImmoWertV) bezeichnet Flächen, die nach §§ 30, 33 und 34 Baugesetzbuch (BauGB) für eine bauliche Nutzung bestimmt sind. Zwar liegt für das Gebiet ein Bebauungsplan vor, jedoch ist entweder die Erschließung des Grundstücks nicht gesichert, oder Lage, Form oder Größe stehen einer Bebauung noch entgegen. Auch wenn die laufenden Erträge ebenfalls noch aus der Landwirtschaft erzielt werden, steht eine Umnutzung kurzfristig bevor. Daher orientiert sich der Wert in Richtung von baureifen Flächen, abzüglich eines Risikoabschlags für verbleibende Planungsunsicherheiten und Abzinsungen für die erwartete Dauer bis zur endgültigen Baureife. Im Vergleich zum Bauerwartungsland findet erneut eine Wertsteigerung statt.
- **Baureifes Land** (§ 5 Abs. 4 WertV) schließlich darf nach öffentlich-rechtlichen Vorschriften bebaut werden und ist hierfür auch aufgrund der physischen Eigenschaften geeignet.

Abbildung 2 zeigt noch einmal die Entwicklungsstufen von Grundstücken. Dabei ist zweierlei zu beachten: Erstens sind die Prozentzahlen, die den Wert von Flächen auf einer bestimmten Entwicklungsstufe im Verhältnis zum Wert der baureifen Fläche (100 %) beziffern, als grobe Richtschnur zu verstehen. Die Werte variieren in der Praxis deutlich, und die Wertentwicklung geht nicht sprunghaft vonstatten sondern ist vielmehr ein kontinuierlicher Prozess. Zweitens ist der Prozess vom Ödland zum Bauland idealtypisch. Nicht jede Fläche entwickelt sich zur Baureife, eine „Abwärtsentwicklung“ z. B. vom Bauerwartungsland zum Agrarland ist ebenfalls möglich. Im Zuge des prognostizierten Bevölkerungsrückgangs und der entsprechenden Stadtumbau- bzw. -rückbauprogramme und der Bestrebungen, den „Flächenverbrauch“ zu reduzieren, ist auch die Umwandlung von Siedlungsflächen in Agrarland denkbar. Andererseits können auch Stufen „übersprungen“ werden, z. B. wenn eine vormalige Ödlandfläche ohne zwischenzeitliche landwirtschaftliche Nutzung mit einem Windpark bebaut wird.

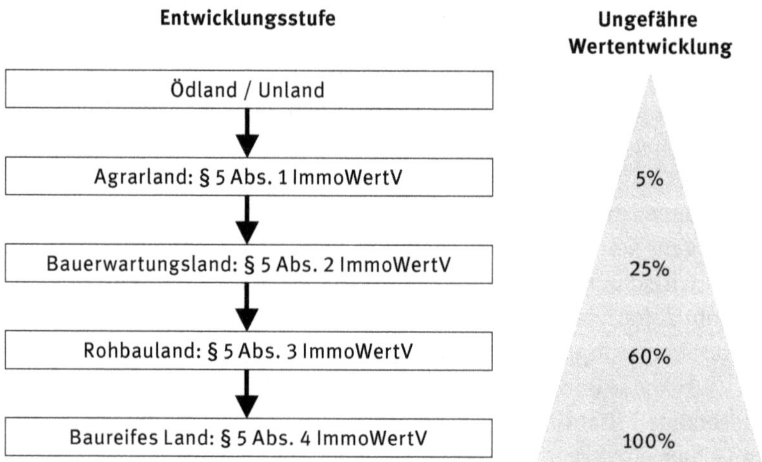

Abb. 2: Entwicklungsstufen von Grundstücken (Quelle: Eigene Darstellung in Anlehnung an Reinhardt, S. 3.1.3/19)

Für eine bauliche Nutzung kommt also nur baureifes Land in Frage. Aber welche Gebäudearten kann man auf einem solchen Grundstück errichten? Die bauliche Nutzung ist nicht frei wählbar, denn sie unterliegt den Bestimmungen und Auflagen der Bauleitplanung.

2.3 Bauleitplanung

Das Ziel der Bauleitplanung besteht darin, eine nachhaltige städtebauliche Entwicklung und eine dem Gemeinwohl entsprechende, sozial gerechte Bodennutzung zu gewährleisten. So soll eine menschenwürdige Umwelt mit ihren natürlichen Lebensgrundlagen gesichert werden. Die Aufgabe der Bauleitplanung ist es daher, die bauliche und sonstige Nutzung der Grundstücke in der Gemeinde nach Maßgabe des Baugesetzbuches (BauGB) vorzubereiten und zu leiten. Die Kommunen müssen dabei eine Vielzahl unterschiedlicher Bedürfnisse berücksichtigen und gegeneinander abwägen. Die wichtigsten sind: Wohnen, Arbeit und Wirtschaft, Sicherheit, Verteidigung und Zivilschutz sowie Umwelt- und Denkmalschutz. Die Ergebnisse des Abwägungsprozesses werden im Bauleitplan dokumentiert. Hier wird sichtbar, welchen Belangen die Kommune Vorrang vor anderen einräumt.

Die Bauleitplanung ist zweistufig aufgebaut. Der **Flächennutzungsplan** ist ein vorbereitender Bauleitplan. Er stellt in den Grundzügen die beabsichtigte Art der Bodennutzung nach den voraussehbaren Bedürfnissen der Gemeinde für das gesamte Gemeindegebiet dar. Der Flächennutzungsplan schafft als vorbereitender Plan allerdings grundsätzlich kein Baurecht auf einem Grundstück. Erst der **Bebauungsplan** enthält als verbindlicher Bauleitplan rechtsverbindliche Festsetzungen für die städtebauliche Ordnung eines Grundstücks. Er ist aus dem Flächennutzungsplan zu entwickeln. Bei den Bebauungsplänen unterscheidet man den einfachen Bebauungsplan, den qualifizierten Bebauungsplan und den vorhabenbezogenen Bebauungsplan.

Der **einfache Bebauungsplan** (§ 30 Abs. 3 BauGB) hat einen begrenzten Regelungsinhalt, etwa über die Zulässigkeit baulicher Nutzungen, und eignet sich vor allem für Nutzungsausschlüsse und Nutzungseinschränkungen. Neben die Festsetzungen des einfachen Bebauungsplans tritt das Einfügungserfordernis, also die Forderung, dass das Bauwerk auf dem Grundstück nicht aus dem Rahmen fallen darf, der durch die Nachbarbebauung vorgegebenen ist. Der **qualifizierte Bebauungsplan** (§ 30 Abs. 1 BauGB) enthält mindestens Festsetzungen über die Art und das Maß der baulichen Nutzung, über die überbaubare Grundstücksfläche und über die örtlichen Verkehrsflächen. Er ist ausschließlich maßgebend für die bauplanungsrechtliche Zulässigkeit eines Vorhabens. Ein Einfügungserfordernis in die Umgebung besteht nicht. Der **vorhabenbezogene Bebauungsplan** (§ 12 BauGB) ist die Planungsgrundlage für ein konkretes Bauvorhaben, das aufgrund der gegebenen Rechtslage nicht zulässig wäre. Der Vorhabenträger legt einen Vorhaben- und Erschließungsplan vor, der zum Bestandteil des vorhabenbezogenen Bebauungsplanes wird. Der Vorhabenträger stellt dazu einen förmlichen Antrag für die Planaufstellung an die jeweilige Gemeinde. Zwischen dem Vorhabenträger und der Gemeinde wird ein Durchführungsvertrag mit Bau- und Erschließungspflichten abgeschlossen.

2.4 Art der baulichen Nutzung von Grundstücken

Die Information über die Zulässigkeit von Nutzungen in den verschiedenen Bereichen ist für den Bauherrn eine der wichtigsten Grundlagen für Investitionsentscheidungen. Ob ein zukünftiges Projekt realisierbar ist oder nicht, hängt entscheidend davon ab, welche Gebäude und Anlagen auf dem Grundstück planungsrechtlich zulässig sind. Beispielsweise muss bei Planungen für Grundstücke im Innenbereich, für die kein Bebauungsplan besteht, darauf geachtet werden, nicht gegen das „Einfügungsgebot“ zu verstoßen, d. h. die geplante Nutzung des Grundstücks muss in ihrer Art und im Ausmaß mit den Nutzungen in der Umgebung kompatibel sein.

Die „Art der baulichen Nutzung“ wird im ersten Abschnitt (§§ 1–15) der Baunutzungsverordnung (BauNVO) ausführlich geregelt. In § 1 der BauNVO sind die verschiedenen allgemeinen und besonderen Nutzungsarten vollständig aufgezählt und in §§ 2 ff. genau beschrieben. Die Nutzungsarten sind dort nach dem von ihnen ausgehenden bzw. von ihnen zu duldenden Ausmaß der Störung oder Belästigung geordnet. Es werden zunächst vier Typen der allgemeinen Nutzungsart unterschieden, die bei der Erarbeitung von Flächennutzungsplänen verwendet werden (§ 1, Abs. 1 BauNVO): Wohnbauflächen, Gemischte Bauflächen, Gewerbliche Bauflächen sowie Sonderbauflächen. Für die Erstellung von Bebauungsplänen erfolgt eine weitergehende Differenzierung in Gebietstypen entsprechend der besonderen Art ihrer baulichen Nutzung (§ 1, Abs. 2 sowie §§ 2–11 BauNVO):

- **Wohnbauflächen** (W)
  Kleinsiedlungsgebiet (WS), reines Wohngebiet (WR), allgemeines Wohngebiet (WA), besonderes Wohngebiet (WB).
- **Gemischte Bauflächen** (M)
  Dorfgebiete (MD), Mischgebiete (MI), Kerngebiete (MK).
- **Gewerbliche Bauflächen** (G)
  Gewerbegebiete (GE), Industriegebiete (GI).
- **Sonderbauflächen** (S)
  Sondergebiete (SO), die der Erholung dienen und sonstige Sondergebiete.

Nach der in der BauNVO aufgeführten Definition (§ 2 BauNVO) dienen **Kleinsiedlungsgebiete** vorwiegend der Unterbringung von Kleinsiedlungen einschließlich Wohngebäuden mit entsprechenden Nutzgärten, landwirtschaftlichen Nebenerwerbsstellen, Gartenbaubetrieben, der Versorgung des Gebiets dienenden Läden und Gaststätten, sowie nicht störenden Handwerksbetrieben (z. B. Friseur).

In **reinen Wohngebieten** (§ 3 BauNVO) sind hingegen ausschließlich Wohngebäude zulässig. Ausnahmen wie Läden zur Deckung des täglichen Bedarfs der Bewohner des Gebietes sind möglich, werden jedoch selten genehmigt oder bereits im Textteil des Bebauungsplanes ausgeschlossen.

In **allgemeinen Wohngebieten** (§ 4 BauNVO) sind Wohngebäude sowie die der Versorgung des Gebiets dienende Läden, Schank- und Speisewirtschaften, nicht störende Handwerksbetriebe sowie Anlagen für kirchliche, kulturelle, soziale oder gesundheitliche Zwecke zulässig. Folgende Ausnahmen sind unter Umständen genehmigungsfähig: Betriebe des Beherbergungsgewerbes, Anlagen für Verwaltungen, Gartenbaubetriebe und Tankstellen. Unzulässig sind hingegen störende Handwerksbetriebe (Kfz-Werkstatt, Schreinerei u. ä.).

Zu den **besonderen Wohngebieten** (§ 4a BauNVO) werden überwiegend bebaute Gebiete gerechnet, die aufgrund ausgeübter Wohnnutzung und vorhandener sonstiger Anlagen eine besondere Eigenart aufweisen und in denen unter Berücksichtigung dieser Eigenart die Wohnnutzung erhalten und fortentwickelt werden soll. Diese Gebiete dienen vorwiegend dem Wohnen und der Unterbringung von damit vereinbaren Gewerbebetrieben und sonstigen Anlagen. Ein typisches Beispiel für besondere Wohngebiete sind innerstädtische Altbau-Sanierungsgebiete.

Dorfgebiete (§ 5 BauNVO) sind vor allem die Innerortsbereiche ländlich strukturierter Gemeinden. Diese dienen vorwiegend dem Wohnen und der Unterbringung der Wirtschaftsstellen von land- und forstwirtschaftlichen Betrieben samt Anlagen zur Verarbeitung ihrer Erzeugnisse. Des Weiteren sind möglich: sonstige Gewerbebetriebe, Anlagen für örtliche Verwaltungen oder für kirchliche, soziale, kulturelle, gesundheitliche und sportliche Zwecke sowie Gartenbaubetriebe und Tankstellen. Ausnahmsweise können auch Vergnügungsstätten im Sinne von § 4 a Abs. 3 BauNVO eingerichtet werden.

Mischgebiete (§ 6 BauNVO) dienen dem Wohnen und der Unterbringung von Gewerbebetrieben, die das Wohnen nicht wesentlich stören. Zulässig sind: Wohn-, Geschäfts-, Hotel-, Verwaltungs- und Bürogebäude, Einzelhandelsbetriebe, Gaststätten, Sportanlagen, Gewerbebetriebe, Tankstellen, sowie Vergnügungsstätten (in Teilen des Gebiets, die überwiegend durch gewerbliche Nutzung geprägt sind). Die Qualität als gewerblicher Standort kann je nach Bereich und Zusammensetzung des Quartiers mitunter erheblich differieren.

In den **Kerngebieten** (§ 7 BauNVO) sind Geschäfts-, Hotel-, Verwaltungs- und Bürogebäude, Einzelhandelsbetriebe, Gaststätten, Sportanlagen, Gewerbebetriebe, Tankstellen im Zusammenhang mit Parkhäusern sowie Vergnügungsstätten zulässig. Darüber hinaus sind Wohnungen für Aufsichts- und Bereitschaftspersonen oder Betriebsleiter zulässig. Sonstige Wohnungen können nur ausnahmsweise zugelassen werden. Stadtzentren entsprechen in ihrer Zusammensetzung überwiegend dem Typus des Kerngebietes.

In den §§ 8 und 9 BauNVO werden schließlich **Gewerbegebiete** und **Industriegebiete** definiert. In beiden Gebieten sind Gewerbebetriebe aller Art, Lagerhäuser und -plätze, Tankstellen, sowie öffentliche Betriebe zulässig. In Gewerbegebieten können zusätzlich Geschäfts-, Büro- und Verwaltungsgebäude sowie Sportstätten erstellt werden.

Sondergebiete, die der Erholung dienen (§ 10 BauNVO) sind meist Wochenend-, Ferienhaus- sowie Campingplatzgebiete.

Als **Sonstige Sondergebiete** (§ 11 BauNVO) sind solche Gebiete gekennzeichnet, die sich von den Baugebieten nach den §§ 2 bis 10 wesentlich unterscheiden. Darunter fallen u. a. Gebiete für den Fremdenverkehr, für Einkaufszentren und großflächige Handelsbetriebe, Gebiete für Messen, Ausstellungen und Kongresse, Hochschulgebiete, Klinikgebiete sowie Hafengebiete.

2.5 Maß der baulichen Nutzung

Neben der Nutzungsart entscheidet das Maß der maximal zugelassenen baulichen Nutzung über die wirtschaftlichen Verwertungsmöglichkeiten eines Grundstücks, was sich i. d. R. bereits im Grundstückspreis widerspiegelt. Bestimmungen zum Maß der baulichen Nutzung von Grundstücken trifft der zweite Abschnitt der BauNVO, §§ 16–21a. Die grundstücksspezifischen Vorgaben werden zwar bereits im Flächennutzungsplan „dargestellt“, aber erst im Bebauungsplan endgültig „festgesetzt“.

2.5.1 Definitionen der Baunutzungsverordnung (BauNVO)

Die BauNVO kennt einerseits **absolute Maßvorgaben** z. B. die Größe von Grundfläche, Geschoßfläche und Baumasse, sowie:

- **Anzahl der Vollgeschosse**
  Welche baulichen Gegebenheiten zur Geltung als Vollgeschoss führen, ist in den einzelnen Landesbauordnungen geregelt. Dies spielt für die Anrechnung von Sockel- und Dachgeschossen eine besondere Rolle. Beispiel: Die Bauordnung Berlin definiert ein Untergeschoss, bei dem zwischen Oberkante-Fußboden Erdgeschoss und Oberkante-Gelände mehr als 1,40 m liegen, als Vollgeschoss (Bauordnung Berlin 2011).
- **Gebäudehöhe**
  Die Festsetzung einer Gebäudehöhe erfordert gleichzeitig die Bestimmung eines entsprechenden Bezugspunktes (§ 18 BauNVO).

Andererseits definiert die Baunutzungsverordnung **relative Maßfaktoren** – Zahlen also, die auf die Größe des jeweiligen Grundstücks bezogen werden. Flächenanteile an Gemeinschaftsanlagen werden dabei zur Grundstücksfläche hinzuaddiert.

- **Grundflächenzahl (GRZ):**
  Sie gibt an, wieviel m^2 Gebäude-Grundfläche je m^2 Grundstücksfläche zulässig sind. Dabei sind mitzurechnen: Garagen, Stellplätze, Zufahrten, Nebenanla-

gen (z. B. für Tierhaltung oder für Versorgung mit Strom, Wasser/Abwasser, Gas, Wärme etc.) und unterirdische Anlagen (§ 19 BauNVO). Das Maß der max. überbaubaren Fläche ist aus stadtplanerischer Perspektive wichtig für die Begrenzung des Anteils der versiegelten Flächen. Die unversiegelten Grundstücksflächen dienen der Versickerung und damit der Rückhaltung von Regenwasser.

- **Geschoßflächenzahl (GFZ):**
  Sie legt fest, wieviel m² Geschoßfläche je m² Grundstücksfläche errichtet werden dürfen. Angesetzt werden die Bruttoflächen der Gebäude – von Außenkante zu Außenkante – in allen Vollgeschossen. Unberücksichtigt bleiben: Flächen in Geschossen, die nicht als Vollgeschoss gelten, z. B. Dach- und Kellerräume, Nebenanlagen (s. o.), Balkone, Loggien, Terrassen und bauliche Anlagen, die nach Landesrecht in den Abstandsflächen zulässig sind, z. B. Garagen (§ 20 BauNVO).
- **Baumassenzahl (BMZ):**
  Sie bestimmt, wieviel m³ Baumasse je m² Grundstücksfläche „umbaut" werden dürfen. Gerechnet werden die Außenmaße des Gebäudes von der Oberkante-Fußboden des untersten Vollgeschosses bis zur Oberkante-Decke des obersten Vollgeschosses. Unberücksichtigt bleiben wie schon bei der GFZ: Nebenanlagen, Balkone, etc. (§ 21 BauNVO). Die Baumassenzahl ist vor allem für Gewerbegebiete von Bedeutung, wo die Geschosshöhen teilweise über 3,50 m liegen und eine GFZ wenig aussagefähig wäre.

Die Festsetzung von Art und Maß der baulichen Nutzung im Zuge der Bauleitplanung darf gemäß § 17 BauNVO folgende Obergrenzen nicht überschreiten.

Wenn es stadtplanerische Überlegungen erfordern, können auch Mindestmaße bzgl. Höhe, GFZ etc. vorgeschrieben werden.

Tab. 1: nach § 17 BauNVO

Baugebiet	GRZ	GFZ	BMZ
(WS) Kleinsiedlungsgebiet	0,2	0,4	–
(WR)Reines Wohngebiet	0,4	1,2	–
(WB) Besonderes Wohngebiet	0,6	1,6	–
(MI)Mischgebiet (MD) Dorfgebiet	0,6	1,2	–
(MK) Kerngebiet	1,0	3,0	–
(GE) Gewerbegebiet (GI) Industriegebiet	0,8	2,4	10,0
Wochenendhausgebiet	0,2	0,2	–

Die Anwendung der Kennziffern wird im folgenden Beispiel verdeutlicht:
Ein Grundstück in einem Gewerbegebiet (GE) hat eine Größe von 1.000 m²; der Bebauungsplan gibt als Obergrenzen eine GRZ von 0,8, eine GFZ von 2,4 sowie eine BMZ von 10,0 vor. Hieraus ergibt sich eine zulässige Gebäudegrundfläche („Fußabdruck" des Hauses) von maximal 800 m² (1.000 m² × 0,8); die errichtete Geschoßfläche darf 2.400 m² (1.000 m² × 2,4) nicht übersteigen; die Baumasse des zu errichtenden Gebäudes ist auf 10.000 m³ (1.000 m² × 10,0) begrenzt. Werden darüber hinaus die Zahl der Vollgeschosse auf drei und die zulässige Bauhöhe auf 15 m festgelegt, ergibt sich die folgende Baubeschreibung, wenn die Kennziffern bestmöglich ausgenutzt werden sollen:

Das zu errichtende Gebäude muss bei drei zulässigen Vollgeschossen eine Grundfläche von 800 m² einnehmen, um 2.400 m² Geschoßfläche aufzuweisen. Aufgrund der zulässigen Baumasse von 10.000 m³ ergibt sich eine Gebäudehöhe (Flachdach) von maximal 12,5 m.

Eine weitere Einschränkung der Ausnutzung eines Grundstückes kann sich ergeben, wenn die Landesbauordnungen Abstandflächen zwischen Gebäude und Grundstücksgrenze fordern, die nicht bebaut werden dürfen.

$$\text{BMZ} = \frac{\text{Gebäudevolumen}}{\text{Grundstücksfläche}} = \frac{12{,}5\ \text{m} \times 800\ \text{m}^2}{1000\ \text{m}^2} = 10$$

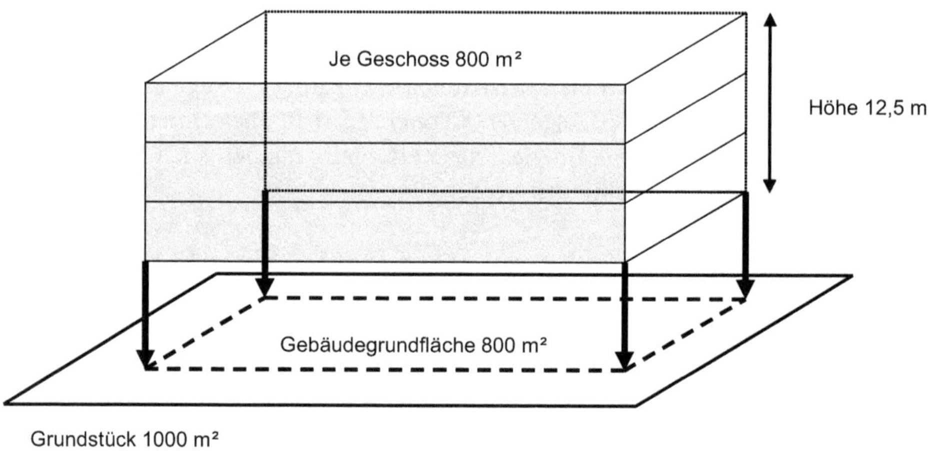

$$\text{GRZ} = \frac{\text{Gebäudegrundfläche}}{\text{Grundstücksfläche}} = \frac{800\ \text{m}^2}{1000\ \text{m}^2} = 0{,}8$$

$$\text{GFZ} = \frac{\text{Summe Geschossflächen}}{\text{Grundstücksfläche}} = \frac{3 \times 800\ \text{m}^2}{1000\ \text{m}^2} = 2{,}4$$

Abb. 3: GRZ, GFZ und BMZ (Quelle: Eigene Darstellung)

Innerhalb der Gebäude entstehen Flächen und Räume unterschiedlicher Nutzungsarten. Sowohl für die Planung als auch für die Vermietung/Anmietung oder für den Kauf/Verkauf von Flächen müssen deren Maße genau bestimmt werden. Dazu wäre eine einheitliche Definition von Flächen für die jeweiligen Immobilienarten wünschenswert. Tatsächlich werden jedoch in der immobilienwirtschaftlichen Praxis verschiedene Regeln zur Flächenermittlung angewendet, was beim Vergleich von Kennzahlen zu Verzerrungen führen kann.

2.5.2 Flächen- und Rauminhaltberechnung nach DIN 277

Die DIN 277 normiert die Berechnung der „Grundflächen und Rauminhalte von Bauwerken im Hochbau". Teil 1 befasst sich mit den Flächenarten und den Berechnungsgrundlagen, während in Teil 2 die Grundflächen nach Nutzungsarten untergliedert werden (vgl. Fröhlich, 2010). Folgende Flächenarten werden unterschieden:

- **Brutto-Grundfläche (BGF)**
  Sie umfasst die Grundflächen aller nutzbaren Grundrissebenen eines Bauwerkes, unabhängig von ihrer Klassifizierung als Vollgeschoss. Für die Berechnung sind die äußeren Maße der Bauteile (incl. Putz oder sonstige Verkleidung) anzusetzen. Nicht angerechnet werden konstruktive Hohlräume, nicht begehbare Dachräume o. ä. Die Brutto-Grundfläche wird unterteilt in Konstruktions- und Netto-Grundfläche.
- **Konstruktions-Grundfläche (KGF)**
  Sie beinhaltet die Grundflächen der aufgehenden Bauteile aller Grundrissebenen eines Gebäudes (z. B. Wände, Stützen oder Pfeiler) incl. Putz oder sonstiger Verkleidung. Auch die Grundflächen von Schornsteinen, nicht begehbaren Schächten, von Türöffnungen, Nischen und Schlitzen gehören zur Konstruktions-Grundfläche. Die KGF kann alternativ aus der Differenz zwischen BGF und NGF ermittelt werden.
- **Netto-Grundfläche (NGF)**
  Sie bezeichnet die Summe der nutzbaren Grundflächen aller Grundrissebenen eines Gebäudes, die zwischen den aufgehenden Bauteilen liegen. Für ihre Berechnung sind die lichten Maße der Räume in Höhe des Fußbodens anzusetzen (oberhalb von Fuß-, Sockelleisten oder Schrammborden), incl. freiliegende Installationen und festeingebaute Gegenstände, z. B. Öfen, Heizkörper oder Tischplatten. Grundflächen von Räumen oder Raumteilen unter Schrägen mit lichten Raumhöhen unter 1,50 m sind getrennt auszuweisen. Treppen und Rampen werden als Projektion auf die darüberliegende Grundrissebene berechnet. Ebenso werden betretbare Schächte für Aufzüge oder Installationen in jedem Geschoss, durch das sie führen, als Grundfläche angesetzt. Die Netto-Grundfläche untergliedert sich weiter in Nutz-, Funktions- und Verkehrsfläche.

- **Nutzfläche (NF)**
  Sie bezeichnet den Teil der Nettogrundfläche, der der eigentlichen Nutzung dient. DIN 277, Teil 2 unterscheidet sechs NF-Arten: 1. Wohnen und Arbeiten; 2. Büroarbeit; 3. Produktion, Hand- und Maschinenarbeit, Experimente; 4. Lagern, Verteilen und Verkaufen; 5. Bildung, Unterricht und Kultur; 6. Heilen und Pflegen.
  Als „NF 7: Sonstige Nutzungen" gelten: Sanitärräume, Garderoben, Abstellräume, Fahrzeugabstellflächen, Fahrgastflächen, Räume für zentrale Technik, Schutzräume.
  In der immobilienwirtschaftlichen Praxis wird die Flächeneffizienz eines Gebäudes häufig mit der Prozentzahl aus dem Verhältnis von BGF zu NF abgebildet. Eine Nutzfläche von 80 % der Brutto-Grundfläche ist z. B. für Bürogebäude ein angestrebter Zielwert.
- **Technische Funktionsfläche (TF)**
  Derjenige Anteil der NGF, der für die Aufnahme betriebstechnischer Anlagen von Gebäuden vorgesehen ist (z. B. für Wasser- und Stromversorgung, Heizung oder für Aufzugs- und Förderanlagen), wird als Funktionsfläche bezeichnet.
- **Verkehrsfläche (VF)**
  Dieser Anteil der NGF dient dem Zugang zu den Räumen (z. B. Flure, Treppen oder Eingangsbereiche), dem allgemeinen Verkehr innerhalb eines Gebäudes sowie dem Verlassen im Notfall.
- **Brutto-Rauminhalt (BRI)**
  Er bezeichnet den Rauminhalt des Gebäudes, der von den äußeren Begrenzungsflächen sowie nach unten von der Gebäudesohle umschlossen wird. Nicht berechnet werden: Fundamente und Bauteile von untergeordneter Bedeutung, z. B. Kellerlichtschächte, Außentreppen, Vordächer, Dachüberstände, konstruktive und gestalterische Vor- und Rücksprünge, Schornsteinköpfe und Lichtkuppeln.
- **Netto-Rauminhalt (NRI)**
  Zu ihm zählen die Rauminhalte aller Räume, deren Grundflächen der NGF zugerechnet werden.

Abbildung 4 fasst die Systematik der Flächendefinition nach DIN 277, Teil 1, nochmals zusammen.

An dieser Stelle sei darauf hingewiesen, dass in der immobilienwirtschaftlichen Praxis häufig, jedoch nicht DIN-konform, Brutto- oder Netto-Grundfläche als Brutto- oder Netto-Geschoßfläche bezeichnet werden.

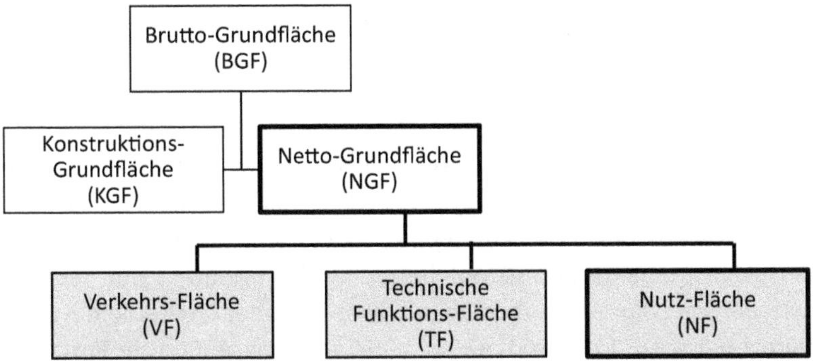

Abb. 4: Flächenbegriffe der DIN 277, Teil 1 (Quelle: in Anlehnung an DIN 277 (2005))

2.5.3 Wohnflächenberechnungsverordnung

Die Wohnflächenberechnungsverordnung (WoFlV, 2004) gilt als verbindliche Rechtsnorm nur für den öffentlich geförderten Wohnraum sowie für den frei finanzierten Wohnraum bei Anwendung des Zweiten Wohnungsbaugesetzes. Die vor 2004 üblicherweise angewendete II. Berechnungsverordnung (II. BV) verweist in § 42 in der Fassung von 2007 auf o. g. WoFlV. Deren ausschließlicher Gegenstand sind Wohnungen und Flächen, die zu Wohnungen gehören. Zubehörräume (z. B. Keller, Waschküche, Abstellräume außerhalb der Wohnung oder Garagen) und Geschäftsräume zählen nicht zur Wohnfläche.

Die Grundfläche eines Raumes wird aus den lichten Fertigmaßen (analog DIN 277, NGF) ermittelt. Abgezogen werden die Grundflächen aufgehender Bauteile $> 0{,}1\,m^2$ z. B. von Schornsteinen, Säulen und Mauervorlagen. Auch Treppen mit mehr als 3 Steigungen und Treppenpodeste werden nicht zur Wohnfläche gerechnet. Hinzuaddiert werden: bis zum Fußboden offene Fenster- oder Wandnischen, wenn sie tiefer sind als 0,13 m; die Flächen von Einbaumöbeln und Raumteile unter Treppen, die höher sind als 2,00 m. Türnischen bleiben unberücksichtigt. Zu 50 % angesetzt werden: Raumteile, die zwischen 1,00 m und 2,00 m hoch sind. Balkone, Loggien, Dachgärten oder Terrassen werden in der Regel mit 25 % ihrer Fläche angerechnet, maximal sind 50 % ansetzbar (§ 4 WoFlB).

Anwendung dieser Flächenberechnung auf Nichtwohnflächen wird durch ihre ausschließliche Ausrichtung auf Wohnflächen erschwert, da bestimmte (Rest-) Flächen eines Gebäudes durch sie nicht berücksichtigt werden und zudem aus Sicht eines Vermieters ein signifikanter Flächenanteil nicht als Nutz- bzw. Mietfläche anerkannt wird.

2.5.4 gif-Richtlinie zur Berechnung der Mietflächen für gewerblichen Raum

Durch die DIN 277 werden alle Flächen eines Gebäudes in differenzierter Form berücksichtigt bzw. erfasst. Ein Flächenaufmaß nach der DIN 277 liefert somit alle möglichen Flächeninformationen sowohl für Eigentümer als auch für Nutzer bzw. Mieter einer Fläche. Es stellt sich jedoch die Frage, welche Anteile einer Fläche tatsächlich und exklusiv nutzbar sind und welche nicht oder eventuell nur gemeinschaftlich genutzt werden. Daraus ergibt sich, welcher Flächenanteil einem Nutzer oder Mieter zugerechnet wird, für den dann auch ein Nutzungsentgelt in Form der Miete berechnet wird. In der Vergangenheit gab es in Deutschland keine einheitliche Auffassung über die Definition der **vermietbaren Fläche**. Sie variierte in Abhängigkeit von der Region oder der Marktsituation. Dies führte dazu, dass manchmal die gesamte BGF als Mietfläche angerechnet wurde oder aber die NGF mit unterschiedlichen Anteilen der NF. Hierdurch war eine vergleichende Analyse von Flächenangeboten nur unter erschwerten Bedingungen möglich.

Dieses Defizit hat die Arbeitsgruppe Flächendefinition der Gesellschaft für Immobilienwirtschaftliche Forschung e. V. **(gif)** aufgegriffen und im April 1996 eine Richtlinie zur Berechnung der Mietfläche für Büroraum (MF-B) veröffentlicht. Im Juli 1997 folgte die Richtlinie zur Berechnung der Mietfläche für Handelsraum (MF-H). Im November 2004 wurden diese beiden Richtlinien in der Richtlinie zur Berechnung von Mietflächen für gewerblichen Raum (MF-G) zusammengefasst, harmonisiert und weiterentwickelt.

Ziel der **MF-G** ist es, die Mietflächenberechnung transparent zu machen auf der Basis einer breiten Akzeptanz sowohl bei Eigentümern, Investoren, Vermietern als auch bei Mietern, Nutzern, Verwaltern, Planern, etc. (gif 2004, S. 4). Damit wird eine Grundlage für vergleichende Analysen geschaffen.

Um die in der DIN 277 definierten Flächen wirtschaftlich zu bewerten, unterscheidet die Richtlinie Mietflächen mit exklusivem Nutzungsrecht (MF-G 1), Mietflächen mit gemeinschaftlichem Nutzungsrecht (MF-G 2) und nicht vermietbare Flächen (MF-G 0, vgl. Abbildung 5).

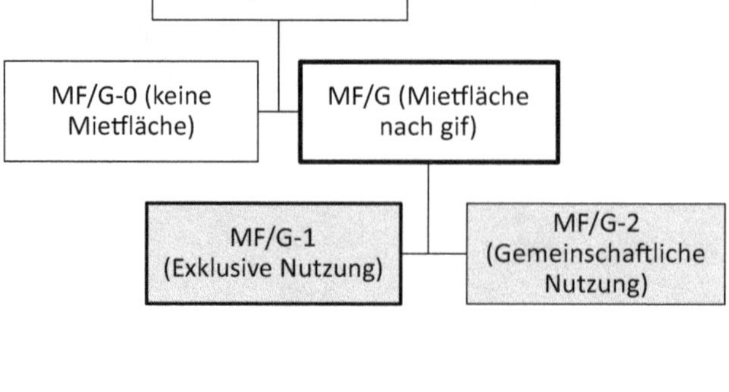

Abb. 5: gif-Flächenarten (Quelle: gif 2004, S. 6)

2.5.4.1 MF-G 0: keine Mietfläche

Technische Funktionsflächen:

- Alle technischen Funktionsflächen, die nicht aufgrund von individuellen Mieteranforderungen beansprucht werden, u. a. für Hausanschlüsse, Wasserver- und -entsorgung, Stromversorgung, Fernmeldetechnik, Raumlufttechnik, Maschinenräume für Aufzüge und Fahrtreppen, Schachtflächen, Heizung, Brennstofflager, etc.

Verkehrsflächen:

- Wege, Treppen und Balkone, die überwiegend der Flucht bzw. der Rettung dienen.
- Grundflächen der Vertikalerschließung (je Etage), sofern sie nicht durch mieterindividuelle Anforderungen bedingt sind. Das schließt die Aufzugsschacht-Grundflächen je Haltepunkt mit ein, ebenso Treppenläufe, Rampen und deren Zwischenpodeste.
- Im Fall von Shopping-Centern: Eingangshallen, Ladenstraßen und Atrien.

Konstruktions-Grundflächen:

- Außenwände,
- Grundflächen von tragenden Bauteilen (Wände, Stützen, Aussteifung),
- Grundflächen der Wände, die o. g. Verkehrsflächen und Technische Funktionsflächen umgeben,
- Schächte und Kanäle für Installationen und Schornsteine, wenn sie nach DIN 277 als Konstruktions-Grundfläche zählen,
- Fahrzeugverkehrsflächen.

Alle genannten Flächen können als Folge einer individuellen Mieteranforderung im Mietvertrag als MF-G 1 bezeichnet und vermietet werden.

2.5.4.2 MF-G 1: Mietfläche mit exklusivem Nutzungsrecht

Nutzflächen:

- generell alle Haupt- und Nebennutzflächen für die jeweilige gewerbliche Nutzung, z. B. Büroräume, Verkaufsräume, Werkhallen, Versammlungsräume, Sporträume, Bühnen, Unterrichtsräume, etc.
- Aufsichts-, Pförtner-, Empfangsräume, etc.
- Innenhöfe, Archiv-, Lager- und Musterräume, etc.
- Wohnräume, Balkone oder Terrassen, wenn sie innerhalb der Mieteinheit liegen.
- Sanitär-, Putz- und Abstellräume, Umkleiden (jeweils inklusive Vorräumen), Teeküchen, Kopierräume, etc., die nicht gemeinschaftlich genutzt werden.

Technische Funktionsflächen:
- Räume, die die individuellen betriebstechnischen Anlagen (z. B. Rechenzentrum, Kommunikation) des Mieters beherbergen.

Verkehrsflächen:
- Flure, Eingangshallen (außer in Shopping-Centern),
- Etagenpodeste von Treppen,
- Vor- und Warteräume,
- Differenzstufen (bis zu 3 Stufen) und Rampen, die innerhalb der Mieteinheit liegen.

Konstruktions-Grundflächen:
- leichte Trennwände,
- Mietbereichstrennwand je zur Hälfte, wenn sie nicht MF-G 0 ist,
- Aufgrund individueller Mieteranforderungen erforderliche Konstruktions-Grundflächen.

Die Flächen werden zwischen den ortsgebundenen, d. h. konstruktiv erforderlichen Wänden in Höhe des Fußbodens gemessen, jedoch ohne Berücksichtigung von eventuellen Fußleisten, Schrammborden oder ähnlichem, von Heizkörpern oder sonstigen Ein- und Anbauten.

Flächen mit einer Raumhöhe kleiner oder gleich 1,50 m im Lichten, d. h. von der Oberkante des Fußbodenbelags bis zur Unterkante des Deckenbelags, müssen jeweils separat ausgewiesen werden.

2.5.4.3 MF-G 2: Mietfläche mit gemeinschaftlichem Nutzungsrecht

Nutzflächen:
- in der oben beschriebenen Art; ihre Grundfläche wird gesondert ausgewiesen; die Zuweisung erfolgt nach einem frei wählbaren Schlüssel, der entsprechend zu dokumentieren ist.

Verkehrsflächen:
- anteilig nach definiertem Aufteilungsschlüssel z. B. Windfang, Eingangshalle, Aufzugsvorräume oder Erschließungsflure.

Tabelle 2 fasst die Systematik der MF-G nochmals schematisch zusammen.

Tab. 2: Mietflächenschema nach MF-G (Quelle: gif 2004, S. 9)

DIN 277	Flächenarten nach gif	
BGF	**MF/G-0**	**MF/G**
NF	Kraftfahrzeugabstellflächen Räume für den Zivilschutz	Büro- und Bürotechnikräume Besprechungs-, Pausen- und Sozialräume Sanitärräume, Abstellräume Schalter- und Bedienräume Lagerräume, Archive, Kühlräume Verkaufs- und Ausstellungsräume Medizinische Räume Fahrradkeller Ausgleichsstufen mit max. 3 Steigungen (einschließlich solche ersetzende Rampen) etc.
TF	Wasserversorgung Heizung Brennstofflagerung Elektrische Stromversorgung Raumlufttechnische Anlagen Aufzugs- und Förderanlagenmaschinenräume Hausanschluss und Installation etc.	
VF	Ladenstraßen, Malls Treppenläufe, Zwischenpodeste, Rampen Aufzugsschächte Ausschließlich Flucht und Rettung dienende Wege, Treppen und Balkone Zuwegung von außen Fahrzeugverkehrsflächen	Flure, Eingangshallen, Foyers, sowie darin befindliche Ausgleichsstufen mit max. 3 Steigungen Geschosspodeste mit direktem Austritt ins Freie oder in eine Geschossebene
KGF	Außenwände und -stützen Innenwände und -stützen, die konstruktiv notwendig sind Alle Wände, welche MF/G-0 umschließen	leichte Trennwände Konstruktiv nicht notwendige Wände, sofern keine MF/G-0-Umschließung Versetzbare oder veränderbare Konstruktionen

2.5.4.4 Sonstige Mietobjekte

Folgende Flächen können vertraglich als Mietobjekte vereinbart werden, obgleich sie nicht nach obigen Ausführungen zur MF-G zählen (vgl. gif 2004, S. 12).

- Fahrzeugabstellflächen:
  ausgewiesen nach Anzahl der Stellplätze.
- Schaufenster:
  „Die Differenzfläche zwischen der Innenkante der Fassadenflucht und der MF-G-Fläche des Verkaufsraumes in der Breite der Fassadenöffnung, gemessen in Fußbodenhöhe. Die Grundflächen aller Schaufensterbauteile sind eingeschlossen. Grundflächen von aufgehenden Bauteilen der Fassade zählen nicht zu diesem Mietobjekt." (gif 2004, S. 12)
- Kundenbedienzonen:
  sofern nicht innerhalb der MF-G-Fläche, mit einer maximalen Tiefe von 1,00 m.
- Großformatige Deckenöffnungen:
  wenn sie innerhalb einer exklusiven Mietfläche befindlich sind.
- Gastronomiezonen, Eventzonen, Marktstände, überdachte Bereiche:
  soweit sie außerhalb der MF-G aber auf dem Grundstück des Vermieters liegen.

Da die MF-G-Richtlinie in der Immobilienwirtschaft auf breite Zustimmung stößt und insbesondere von Immobilienfonds als Basis für Mietverträge herangezogen wird, wurde 2005 eine englische Version erstellt, der „Standard for calculating the rental area of commercial premises (RA-C)".

2.6 Literatur

II. BV: Verordnung über wohnungswirtschaftliche Berechnungen (Zweite Berechnungsverordnung – II. BV), in der Fassung der Bekanntmachung vom 12. Oktober 1990, zuletzt geändert durch Art. 78 Abs. 2 des Gesetzes vom 23.11.2007.

BauNVO: Verordnung über die bauliche Nutzung der Grundstücke (Baunutzungsverordnung) in der Fassung der Bekanntmachung vom 23. Januar 1990.

BauO Bln: Bauordnung für Berlin, vom 29. September 2005 (GVBl. S. 495), zuletzt geändert durch Gesetz vom 29. Juni 2011.

Fröhlich, P. J.: Hochbaukosten – Flächen – Rauminhalte, DIN 276 – DIN 277 – DIN 18960; Kommentar und Erläuterungen, Wiesbaden 2010.

Reinhardt: Entwicklungszustände und weitere Grundstücksmerkmale – Bauland in: Gerardy et al. (Hrsg.): Praxis der Grundstücksbewertung, Grundwerk incl. 90. Nachlieferung, 2010.

gif 2004: Richtlinie zur Berechung der Mietfläche für gewerblichen Raum (MF-G).

ImmoWertV: Verordnung über die Grundsätze für die Ermittlung der Verkehrswerte von Grundstücken (Immobilienwertermittlungsverordnung) vom 19. Mai 2010.

Kleiber, W.: Verkehrswertermittlung von Grundstücken – Kommentar und Handbuch zur Ermittlung von Marktwerten (Verkehrswerten), Versicherungs- und Beleihungswerten unter Berücksichtigung der ImmoWertV, 6., vollständig neu bearbeitete Auflage, Köln 2010.

Teil C: Institutionelle Aspekte der Immobilienökonomie

Karl-Werner Schulte, Christoph Holzmann, Daniel Wurstbauer

1 Institutionelle Aspekte der Immobilienökonomie

Inhalt

1.1 Einleitung

Institutionelle Aspekte sind eine der beiden tragenden Säulen im Haus der Immobilienökonomie. Der Begriff des „Institutionellen“ hat in den Wirtschaftswissenschaften unterschiedliche Bedeutungen. Zum einen wird mit Institution jede Form der erkennbaren Organisation bezeichnet, zum anderen besteht ein Zusammenhang mit der Neuen Institutionenökonomik (vgl. Spars, S. 29 ff.). Während der zweitgenannte Aspekt das Theorieverständnis der Immobilienökonomie berührt und daher dem Kapitel A.3 zuzuordnen ist, soll hier der Begriff Institution Verwendung finden, um die verschiedenen Wirtschaftssubjekte zu beschreiben, die sich mit Immobilien befassen; dies ist in Kürze bereits in Kapitel A.2 geschehen und soll nun vertieft werden. Die nachfolgenden Kapitel befassen sich daher mit den Projektentwicklern, den Investoren, den Finanzierern, den Dienstleistern und den Nutzern. Die diesen Wirtschaftssubjekten zuzuordnenden Managementaspekte werden in den Kapiteln behandelt.

1.2 Immobilien-Projektentwickler

Im deutschsprachigen Raum hat die Definition des Begriffs Projektentwicklung im engeren Sinne von Diederichs (Diederichs, 1994, S. 43) große Verbreitung erfahren: „Bei der Projektentwicklung sind die Faktoren Standort, Projektidee und Kapital so miteinander zu kombinieren, dass einzelwirtschaftlich wettbewerbsfähige, arbeitsplatzschaffende und -sichernde sowie gesamtwirtschaftlich sozial- und umweltverträgliche Immobilienprojekte geschaffen und dauerhaft rentabel genutzt werden können.“ Diederichs spricht von einer Projektentwicklung im weiteren Sinne, wenn unter Anlehnung an den Lebenszyklusgedanken noch das Bau-Projektmanagement und das Facilities Management als Leistungsbestandteile hinzukommen.

Die Akteure am Markt für Projektentwicklung können nach verschiedenen Kriterien, dem **Developer-Typ**, dem **typologischen Schwerpunkt** und dem **geographischen Schwerpunkt** eingeteilt werden. Nach dem Developer-Typ können Projektentwickler allgemein in die folgenden drei Gruppen eingeteilt werden:

- Trader-Developer (Projektentwicklung mit anschließendem Verkauf),
- Service-Developer (Projektentwicklung als Dienstleister für Dritte),
- Investor-Developer (Projektentwicklung für den eigenen Bestand).

Der **Trader-Developer** leistet eine Projektentwicklung i. e. S. im Sinne der Definition von Diederichs und trägt damit alle Risiken einer Projektentwicklung, nämlich das Entwicklungsrisiko (Marktkonformität bei Vermietung und Verkauf), das Prognose- und Planungsrisiko, das Zeitrisiko, das Genehmigungsrisiko, das Finanzierungsrisiko, das Boden- und Baugrundrisiko und das Kostenrisiko. Er veräußert die Projektentwicklung entweder in deren Verlauf oder im Anschluss an deren Fertigstellung an einen Intermediär oder an einen Endinvestor.

Der **Service-Developer** erbringt eine Dienstleistung, die sich mindestens über die Phasen der Projektinitiierung und Projektkonzeption hinweg bis zur Projektkonkretisierung erstreckt, oft jedoch auch das Projektmanagement und die Projektvermarktung einschließt. Risikoträger ist hierbei hauptsächlich der Auftraggeber, bei dem es sich häufig um einen Bestandshalter oder um einen Eigennutzer handelt.

Der **Investor-Developer** ist dadurch gekennzeichnet, dass er die Projektentwicklung in Eigenregie durchführt und die fertig gestellte Immobilie in den eigenen Bestand übernimmt. Da er das Projekt möglicherweise zu einem späteren Zeitpunkt noch einmal verkaufen wird, ähnelt der Investor-Developer grundsätzlich dem Trader-Developer, jedoch ändern sich durch den zeitlich verschobenen Exit häufig die Zielstruktur und das Anspruchsniveau an die Projekte. Allgemein sind in Deutschland nur wenige Investor-Developer am Markt aktiv.Untersucht man die typologischen und regionalen Schwerpunkte von Projektentwicklern, so zeigt sich, dass die meisten Projektentwickler auf regionaler Ebene operieren und sich auf einen oder wenige Immobilientypen spezialisiert haben. Einige Projektentwickler sind auf einem überregionalen Markt aktiv, konzentrieren sich jedoch hauptsächlich auf einen Immobilientyp:

- Wohnimmobilien: PATRIZIA, GAGFAH, VIVAWEST(vormals THS),
- Einzelhandelsimmobilien: ECE, Brune, mfi,
- Seniorenimmobilien: Alloheim AG, Curanum AG,
- Gewerbeparks: Calliston, GiP.

Die Zahl der international aktiven Developer erweist sich ebenfalls als limitiert. Folgende Unternehmen sind beispielsweise auf diesem Markt aktiv:

- Hines (mehrere Immobilientypen),
- Tishman Speyer (mehrere Immobilientypen),
- AM Development (Einzelhandel),
- MAB (Mixed-Use Developments).

Eine Sonderkategorie bilden Unternehmen, die sich als Töchter von internationalen Bauunternehmen ebenfalls in mehreren Märkten bewegen, so z. B. Hochtief Solutions. Dasselbe gilt für die Töchter von „Non-Property-Companies“ wie z. B. ThyssenKrupp Real Estate und Siemens Real Estate.

Aufgrund einer **erheblichen Marktintransparenz** ist es schwierig, über diese Ausführungen hinaus detaillierte Aussagen zu den Projektentwicklern in Deutschland zu treffen. Erhebungen über die Struktur und Organisation der meist mittelständisch positionierten Unternehmen bestehen kaum. Um dieser Problematik zu begegnen, führte die BulwienGesa AG 2007 zum dritten Maleine Befragung einer repräsentativen Auswahl von Projektentwicklern in Deutschland durch (vgl. Schulten/Lippold, S. 491 ff.). Sie fanden heraus, dass schätzungsweise **30 %** der (unter anderem) in der Projektentwicklung tätigen Unternehmen **reine Developer** sind. 71,1 % der Projektentwickler waren im Bürobereich aktiv, dicht gefolgt von Wohnimmobilien und Einzelhandelsimmobilien mit jeweils 64,9 %. Aufgrund des demografischen Wandels ist der Anteil der Seniorenimmobilien auf 27,8 % gestiegen. Dieser lag in 2005 bei nur 14 %. 23,7 % der befragten Unternehmen gaben an, im Segment Logistik aktiv zu sein, 12,4 % im Klinikbereich. Der Großteil der befragten Unternehmen (44,7 %) weisen einen **bilanziellen Umsatz von bis zu 25 Mio.** Euro aus und bilden damit die tragende Säule des Projektentwicklungsmarktes. Umsatzvolumina von **25–50 Mio Euro bzw. 50–250 Mio. Euro** werden von jeweils ca. 25 % der Unternehmen erzielt. Der Anteil von Unternehmen mit einem Umsatz von **über 250 Mio. Euro** stieg von 3,8 % in 2004 auf 6,4 % an. Gemessen an der Zahl der Beschäftigten bewegten sich 90 % **der Unternehmen im Bereich von mehr als 50 Mitarbeitern** und nur 1 % im Bereich von 1 bis 10 Mitarbeiter.

Der **Markt für Projektentwicklung** befindet sich gegenwärtig **im Umbruch**. Dies ist vor allem auf zwei Aspekte zurückzuführen: die schwache Ausstattung der Marktteilnehmer mit Eigenkapital und die mittelständische Ausrichtung vieler Unternehmen, die vielfach mit einer mangelnden Organisation und einer fehlenden Bereitschaft zur Transparenz einhergeht. Vor dem Hintergrund der neuen Baseler Eigenkapitalvereinbarung und einer durch die Finanz- und Wirtschaftskrise 2008/2009 beeinträchtigen Bankenlandschaft sind Banken zunehmend weniger bereit, Geld an Unternehmen zu verleihen, deren Risiken sie aufgrund von fehlenden Einblicken in vergangene und gegenwärtige Projekte nicht beurteilen können. Die daraus resultierenden, wegen des Risikozuschlages stark ansteigenden Finanzierungskosten erschweren den Projektentwicklern somit ein wirtschaftliches Betreiben ihres Kerngeschäfts.

1.3 Immobilieninvestoren

Unter Immobilieninvestoren werden Wirtschaftssubjekte verstanden, die Geld in Immobilien anlegen oder Immobilienbestände halten. Zumeist, aber nicht immer steht die Renditeerzielung im Vordergrund.

1.3.1 Private Investoren

Die **privaten Investoren** stellen eine wichtige Investorengruppe am Immobilienmarkt dar, die über ein geschätztes Immobilienvermögen von ca. 3,9 Bio. Euro (Stand Ende 2002) verfügt und damit einen Großteil des deutschen Immobilienbestandes besitzt. Dieser Wert stieg nach Angaben der Deutschen Bundesbank bis Ende 2005 auf 4,1 Bio. Euro an. Für das Jahr 2006 wies die Bulwien AG ein privates

Haus- und Grundvermögen von 4,16 Bio. Euro aus. Eine in 2011 durchgeführte Erhebung der Deutschen Bundesbank im Zuge der Panelstudie „Private Haushalte und ihre Finanzen“ hat sogar ein geschätztes privates Immobilienvermögen von ca. 5 Bio. Euro ermittelt (vgl. Deutsche Bundesbank, S. 41).

Somit machen Immobilien einen Anteil von ca. 45 % am Privatvermögen der deutschen Haushalte aus. Trotz dieser Dimension kann man jedoch nicht zwangsläufig auf ein professionelles Vermögensmanagement im Sinne der modernen Finanzlehre schließen. Ähnlich äußerte sich 1991 der Nobelpreisträger Markowitz, indem er verdeutlichte, dass er seine heute vielfach zur Anwendung kommende **Portfoliotheorie** auf das Profil eines institutionellen Anlegers abgestimmt habe und dass sich Investitionen von Institutionen und Investitionen von Privaten klar unterscheiden (vgl. Markowitz, S. 2 f.).

Dass diese Aussage vor allem auf Immobilienmärkten zutrifft, verdeutlichte wenige Jahre später Roulac mit seiner Klassifizierung der Unterschiede zwischen privaten und institutionellen Investoren auf Immobilienmärkten (vgl. Tabelle 1; vgl. Roulac, S. 35 ff.).

Auf Aktienmärkten ist es aufgrund der geringeren Kapitalbindung bei einzelnen Aktien auch weniger finanzstarken Teilnehmern möglich, ähnlich wie größere Marktteilnehmer anzulegen. Demgegenüber hat auf Immobilienmärkten die Größe eines Investors einen entscheidenden Einfluss auf die Art verfügbarer Immobilien-Anlagestrategien, jeweils sowohl zum Vor- als auch zum Nachteil der einzelnen Investorengruppen. So unterliegen private Investoren i. d. R. keinen Beschränkungen in Bezug auf den Immobilientyp, in den sie investieren, jedoch stehen ihnen für den Kauf von größeren und insbesondere gewerblichen Immobilien meistens keine ausreichenden Ressourcen zur Verfügung. Auf der anderen Seite ist institutionellen Investoren vielfach der Weg zu Immobilienwertpapieren verschlossen, da deren eingeschränkte Marktkapitalisierung einen angemessenen Anteil am Portfolio erschwert, während private Investoren hier über einen Vorteil verfügen. Für Investitionsstrategien folgt daraus, dass private Immobilieninvestoren tendenziell versuchen werden, im Rahmen einer stark fremdfinanzierten, steuergetriebenen Transaktion kleinere Immobilien von geringerer Qualität unter Ausnutzung von besonderen Umständen zu erwerben (z. B. Zwangsversteigerung) und deren Wert durch besseres Management und Revitalisierung zu erhöhen (vgl. Roulac, S. 40). Sie erwerben üblicherweise kleinere Wohn- oder Geschäftshäuser, Eigentumswohnungen sowie Anteile an offenen und geschlossenen Immobilienfonds.

Im Gegensatz zu **institutionellen Investoren** fehlt privaten Investoren oft der Zugang zu guten und zumeist teuren Marktinformationen und Reports, sodass es ihnen schwerer fällt, Marktchancen zu erkennen. Auf der anderen Seite organisieren sich private Investoren in kleinen Einheiten, die sie ohne Rechtfertigungen vor Anlageausschüssen und ähnlichen Gremien lenken und umlenken können, wodurch es ihnen leichter fällt, Marktchancen wahrzunehmen.

Tab. 1: Eigenschaften von Immobilieninvestoren (Quelle: In Anlehnung an Roulac, S. 50)

Kriterium	Private Anleger	Institutionelle Anleger	Implikationen
Größe	Klein	Groß	*Institutionelle* verfügen über Einfluss- und Finanzkraftvorteile; *Privaten* sind Strategien möglich, die für Institutionelle unwirtschaftlich oder untersagt wären; zudem weisen Private eine schnellere Anpassung an den Markt auf
Steuern	Steuerpflichtig	Oft steuerbefreit	Vorteile je nach steuerrechtlichen Umständen
Verwaltung	Selbst	Oft Outsourcing	Komplexe Immobilientypen mit aufwendigem Management sind Privaten schlechter zugänglich
Hauptmotiv	Spekulation, Selbstnutzung	Vorsichtsprinzip	Langfristigkeit der Anlagestrategie oft nicht erfüllt; kurzfristiges Reporting überlagert institutionelle Ziele
Regulierung	Keine Besondere	Gesetzliche Reglementierung und erweiterte Offenlegungspflichten	Private Investoren sind freier in der Wahl der Immobilientypen
Eigennutzung	Ggf. Wohnraum	Ggf. Büroraum	Wichtiger bei privaten Investoren
Verantwortung	Eigen-/gegenüber Familie	Gegenüber Dritten	Für viele Institutionelle überwiegen die Konsequenzen von Misserfolgen bei weitem die von Erfolgen
Zeithorizont			
1) Theorie	Mittelfristig	Langfristig	Langfristigkeit ermöglicht Strategien, die Privaten (wg. Alter, Gesundheit ...) nicht immer möglich sind
2) Praxis	Mittelfristig	Kurzfristig	Institutionelles Verhalten nutzt diesen Freiraum häufig nicht aus
Strategie und Glück	Tendenz: Erfolg durch Glück	Tendenz: Erfolg durch Strategie	Private sind oftmals eher trotz als aufgrund ihrer Strategie erfolgreich
Zugang zu Informationen	Eingeschränkt	Breit	Institutionelle können Marktgeschehen oft besser einschätzen

Trotz aller Unterschiede zwischen den beiden Investorenklassen darf nicht vernachlässigt werden, dass die Anlagevolumina von privaten und institutionellen Investoren nicht getrennt voneinander betrachtet werden können: „Ultimately, the vast majority of institutional funds are in fact linked to individual sources" (Roulac, S. 39). Der Zusammenhang wird deutlich wenn man bedenkt, dass Versicherungsunternehmen die Prämien ihrer Versicherten anlegen, während Pensionskassen die kollektiven Einlagen von Arbeitnehmern investieren. Letzten Endes stellen demnach institutionelle Investitionen gebündelte Investitionen von privaten Investoren dar.

1.3.2 Institutionelle Investoren

Institutionelle Investoren sind definiert als „juristische Personen [...], die im Sinne von Kapitalsammelstellen für Dritte Gelder professionell anlegen und verwalten, wobei die Kapitalanlagetätigkeit Haupt- oder Nebenzweck der unternehmerischen Tätigkeit sein kann" (Walbröhl, S. 9). Zu ihnen zählen daher verschiedene Gruppen von Marktteilnehmern.

1.3.2.1 Kapitalverwaltungsgesellschaften

Kapitalverwaltungsgesellschaften verwalten **Investmentvermögen**, welches in offene und geschlossene Fonds unterteilt werden kann. Das am 22. Juli 2013 in Kraft getretene Kapitalanlagegesetzbuch (KAGB) unterscheidet zudem zwischen „Organismen für gemeinsame Anlagen in Wertpapieren" (OGAW) und „alternative Investmentfonds" (AIF). Während viele Aktien- und Rentenfonds als OGAW gelten, werden alle geschlossenen Fonds als AIF eingeordnet. Alle investmentrechtlich regulierten offenen Fonds, die nicht als OGAW gelten, werden ebenfalls als AIF eingestuft. Dies trifft vor allem auf offene Immobilien-Spezialfonds und offene Immobilien-Publikumsfonds zu. Damit entfällt per se die Fondskategorie „offener Publikums-Immobilienfonds" und „offener Immobilien-Spezialfonds" und beide Kategorien werden nun allgmeiner als „Publikums-AIF" bzw. „Spezial-AIF" bezeichnet. Im weiteren Verlauf wird aus Gründen der besseren Nachvollziehbarkeit an den alten Bezeichnungen festgehalten.

Ein offener Immobilien-Publikumsfonds (jetzt Publikums-AIF) wird als rechtlich selbständiges **Grundstücksondervermögen** bezeichnet, das nach den Grundsätzen der Risikostreuung und Gewinnerzielung überwiegend in Grundstücke und grundstücksgleiche Rechte investiert und von einer **Kapitalverwaltungsgesellschaft** als **Sondervermögen** von ihrem eigenen Vermögen getrennt verwaltet wird (vgl. Alda, S. 93). Bei einer Anlage in einen Immobilien-Publikumsfonds erwirbt ein (zumeist privater) Investor bei einer Vertriebsstelle (Sparkasse oder Bank) einen Anteil an dem Sondervermögen (z. B. Deka-ImmobilienEuropa), den er bis 2012 jederzeit zum Gegenwert wieder einlösen konnte (**Rücknahmeverpflichtung**). Im Zuge von massiven Mittelabflüssen in den Jahren nach 2005 und der weltweiten Finanz- und Wirtschaftskrise 2008/2009, gerieten viele offene Immobilienfonds in eine Liquiditätskrise und mussten daher geschlossen und mittlerweile teils abgewickelt werden. Als Reaktion wurde infolgedessen eine **Novelle des Investmentgesetzes** erlassen. Gem. § 80c InvG gelten seit 01.01.2013 für Anleger nun **Ersthalte-/Rückgabefristen**, um weiteren Schließungen und Abwicklungen von Fonds vorzubeugen. Im Zuge der Umsetzung der europäischen AIFM-Richtlinie wurde das Investmentgesetz (InvG) aufgehoben und durch das **Kapitalanlagegesetzbuch**

(KAGB) ersetzt und erweitert. Neuanleger dürfen nunmehr ihre Anteile erst nach einer Haltedauer von 24 Monaten erstmalig zurückgeben, Altanleger sind von dieser Regelung ausgenommen.Das Fonds-Sondervermögen wird von einer **Depotbank** verwahrt und überwacht, jedoch von der Kapitalverwaltungsgesellschaft fachmännisch verwaltet. Die Kapitalverwaltungsgesellschaft entscheidet dabei über die Immobilienanlagestrategie und zeigt sich für das Fondsmanagement verantwortlich. Abbildung 1 stellt die nach Fondsvermögen bedeutendsten offenen Immobilien-Publikumsfonds dar. Die mit * gekennzeichneten Fonds befinden sich dabei bereits in Abwicklung, da sie die Anteilsscheinrückgabe bei Wiederöffnung nicht bedienen konnten.

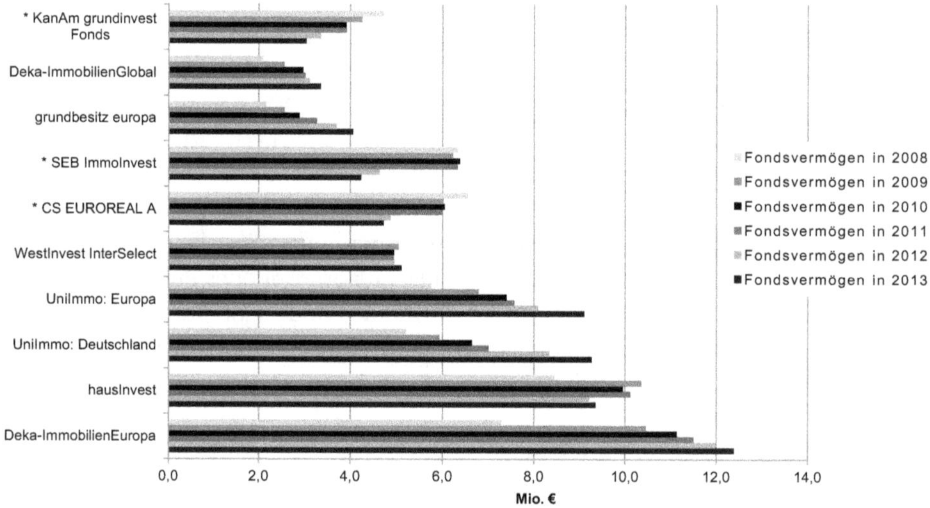

Abb. 1: Offene Immobilien-Publikumsfonds nach Fondsvermögen (Top 10), Stand 2013 (Quelle: Bundesverband Investment und Asset Management e. V.)

Wie Abbildung 2 unterstreicht, ist das Fondsvermögen bei den offenen Immobilien-Publikumsfonds in 2006 stark gesunken. Erst im Jahr 2007 war wieder ein erster Anstieg der Fondsvolumina knapp unter das Niveau von 2005 zu verzeichnen. Seitdem stagniert das Fondsvolumen etwa auf diesem Niveau und nur wenig neue Fonds wurden aufgelegt bzw. Fonds teilweise final abgewickelt. Das Ausmaß des Einflusses des KAGB auf die weitere Entwicklung der offenen Immobilienfonds in Deutschland wird die Zukunft zeigen. Im Jahr 2013 sank das Fondsvermögen vermutlich im Zuge der Einführung des KAGB und der damit verbundenen Marktunsicherheiten.

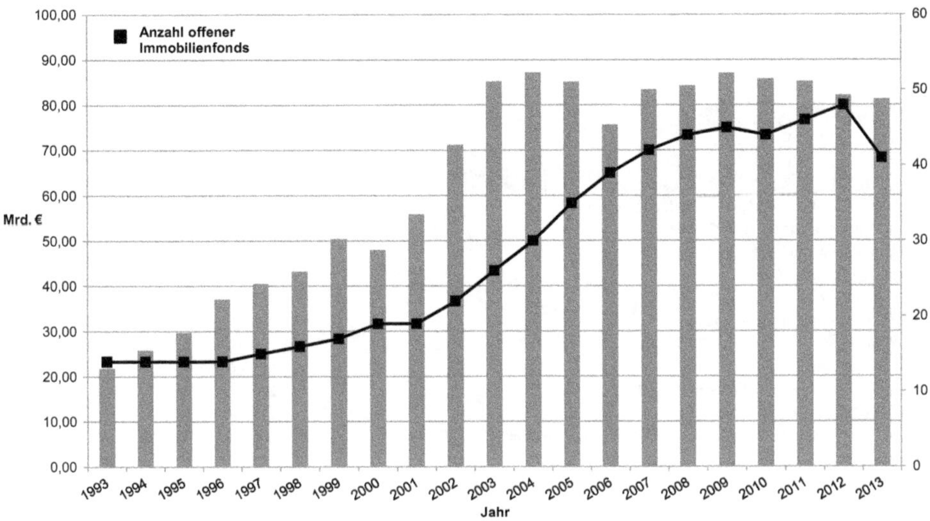

Abb. 2: Entwicklung des jährlichen Fondsvolumens offener Fonds in Mrd. Euro, Stand 2012 (Quelle: Bundesverband Investment und Asset Management e. V.)

Neben den offenen Immobilien-Publikumsfonds kommt den offenen **Immobilien-Spezialfonds (jetzt Spezial-AIF)** eine bedeutende Rolle auf den Immobilienmärkten zu. Offene Spezial-AIF dürfen, im Gegensatz zu offenen AIF, gem. § 1 Abs. 6 KAGB lediglich an professionelle und semiprofessionelle Investoren vertrieben werden. Werden die Mittel des Sondervermögens nicht in Wertpapieren oder Beteiligungen, sondern in Grundstücken angelegt, so spricht man von einem Immobilien-Spezialfonds. Auch hier wird damit ein offener Immobilienfonds bezeichnet, da für die Beteiligung am Sondervermögen jederzeit neue Anteilsscheine ausgegeben und zurückgenommen werden können. Hauptinvestoren in einen Immobilien-Spezialfonds sind Versicherungen, Pensionskassen sowie Kirchen und Stiftungen. Aufgrund der über Jahre anhaltenden starken Nachfrage seitens dieser Marktteilnehmer existieren aktuell 271 Spezialfonds am Markt (vgl. Tabelle 2), im Gegensatz zu 58 Fonds im Jahre 2003.

Geschlossen Immobilienfonds werden von Fondsinitiatoren aufgelegt und neben institutionellen Anlegern, überwiegend vermögenden Privatanlegern zum anteiligen Erwerb angeboten. Investitionsobjekt ist in der Regel eine einzelne Immobilie. Sobald alle Anteile platziert sind, wird der Fonds geschlossen. Mit der Einführung des KAGB sind geschlossene Fonds nun auch erstmalig dazu angehalten gesetzliche Anforderungen zu erfüllen. Vor Einführung des KAGB unterlagen geschlossene Fonds nicht den Regelungen des InvG.

Tab. 2: Übersicht über Immobilienspezialfonds, Stand 2013 (Quelle Bundesverband Investment und Asset Management e. V.)

Offene Immobilien-Spezialfonds zukünftig: Spezial-AIF	Bestand 2013 (in Mio. €)	Netto-Mittelaufkommen 2013 (in Mio. €)	Anzahl 2013
AACHENER GRUNDVERMÖGEN Kapitalanlagegesellschaft mbH	2,655.00	338.80	12
Aberdeen Asset Management Gruppe	1,464.90	81.40	6
aik Immobilien-Kapitalanlagegesellschaft mbH	1,655.70	101.00	10
Ampega Investment GmbH	279.60	0.10	7
AXA-IM Gruppe	1,226.30	216.60	12
BNP Paribas Real Estate Gruppe	3,242.70	-72.00	10
DeAWM Gruppe	2,688.10	90.00	9
DekaBank Gruppe	1,859.40	172.10	12
HANSAINVEST Hanseatische Investment-GmbH	2,451.60	292.70	11
Internos Spezialfondsgesellschaft mbH	1,117.90	-66.00	19
IntReal International Real Estate Kapitalanlagegesellschaft mbH	1,395.00	370.50	15
IVG Institutional Funds GmbH	7,066.90	-177.80	47
IVG Luxembourg S.a.r.l.	109.90	0.00	1
MEAG Gruppe	1,055.20	10.20	5
PATRIZIA Gruppe	3,410.50	768.60	36
Schroder Property Kapitalanlagegesellschaft mbH	373.10	17.80	2
SEB Gruppe	2,184.20	392.60	6
UBS Gruppe	259.50	28.50	8
Union Investment Gruppe	1,583.70	282.20	8
Universal-Investment Gruppe	683.90	609.50	21
WARBURG-HENDERSON Kapitalanlagegesellschaft für Immobilien mbH	3,312.80	303.70	14
Insgesamt	**40,075.90**	**3,760.50**	**271**

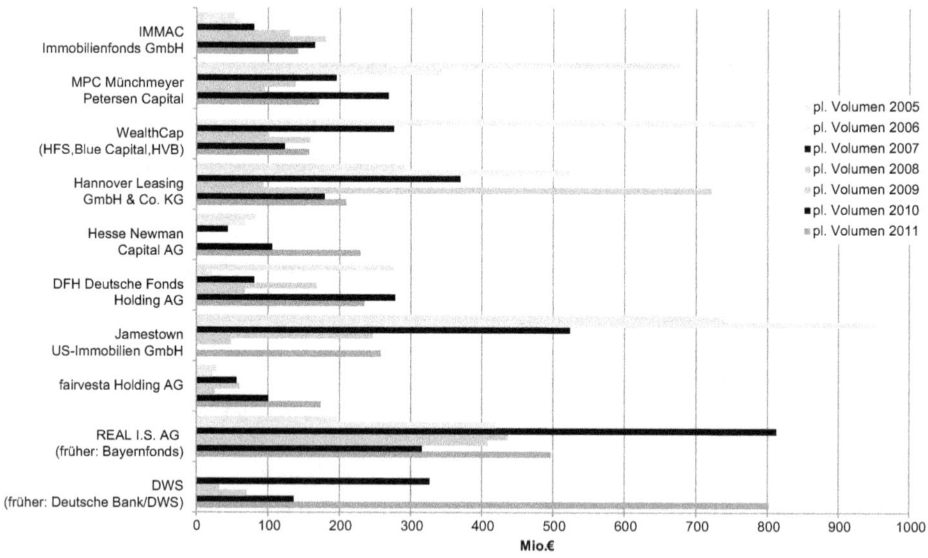

Abb. 3: Geschlossene Immobilienfonds nach jährlich platzierten Volumen (Top 10), Stand 2011 (Quelle: Feri Euro Rating Services)

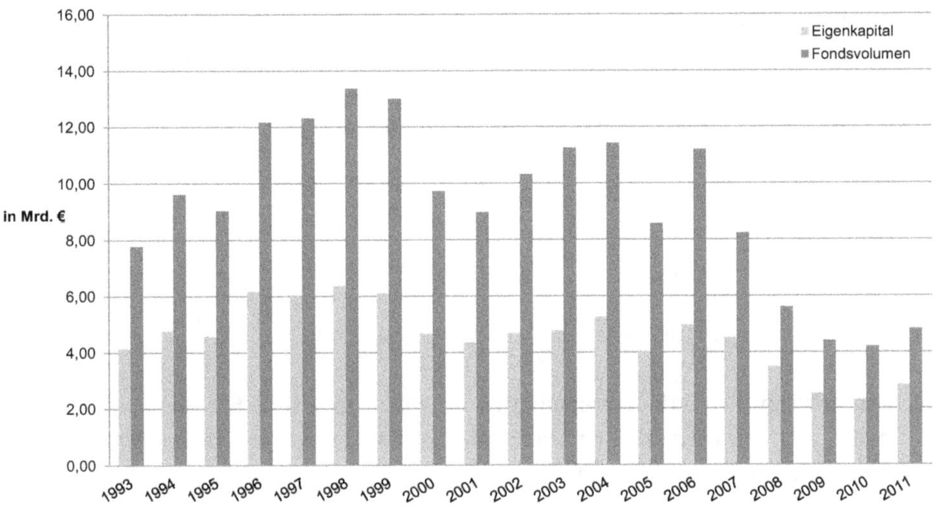

Abb. 4: Entwicklung der Neuanlagen privater Investoren in geschlossenen Immobilienfonds, Stand 2011 (Quelle: Feri Euro Rating Services)

Abbildung 3 führt die wichtigsten deutschen Fondsinitiatoren auf. Nachdem Ende der 90er Jahre die steuerliche Verlustverrechnung stark eingeschränkt wurde, ging das jährlich neu aufgelegte Fondsvolumen in den Folgejahren stark zurück. Ebenso führte die globale Finanz- und Immobilienkrise zu rückläufigen Eigenkapitalplatzierungen in den letzten Jahren (vgl. Abbildung 4). Sowohl private als auch institutionelle Anleger investieren dabei aktuell überwiegend in Fonds mit deutschen Immobilien, während Fonds mit Investitionen in ausländische Immobilien derzeit eher weniger interessant erscheinen (vgl. Verband geschlossene Fonds, S. 13).

1.3.2.2 Immobilienaktiengesellschaften/REITs

Neben Kapitalanlagegesellschaften und Fondsinitiatoren stellen die 70 deutschen Immobilienaktiengesellschaften und REITs weitere unter immobilienökonomischen Gesichtspunkten relevante Institutionen dar. REITs unterscheiden sich von Immobilienaktiengesellschaften dergestalt, dass u. a. besondere Anlage- und Ertragsvorschriften, steuerliche Regelungen sowie Verschuldungsvorgaben gelten. So dürfen REITs beispielsweise keine spekulative Immobilienprojektentwicklung betreiben und Immobilien müssen zwingend 75 % der Aktiva in der Bilanz darstellen. Weiterhin sind REITs steuerlich „transparent", so dass eine Besteuerung erst auf Anlegerebene zu erfolgen hat. Von besonderer Bedeutung ist zudem, dass REITs dazu verpflichtet sind, min. 90 % des handelsrechtlichen Gewinns auszuschütten. Die genauen regulatorischen Bestimmungen zu REITs sind im deutschen REIT-Gesetz geregelt.

In Deutschland bildet seit 1995 der DIMAX-Index des Bankhauses Ellwanger und Geiger die Performance von Immobilienaktiengesellschaften und REITs ab, bei denen mindestens 75 % von Umsatz und Ertrag aus dem Immobiliengeschäft stammen. Als relevante Geschäftsfelder der Immobilienwirtschaft wurden dabei hauptsächlich die folgenden definiert:
– Vermietung und Verpachtung,
– Immobilienverwaltung,
– Immobilienhandel,
– Projektentwicklung,
– Immobilienberatung.

Zudem müssen die Aktiengesellschaften entweder im Prime Standard, im General Standard oder im Freiverkehr notiert sein, sodass insgesamt 70 Gesellschaften im DIMAX abgebildet werden (Stand 2014).

Im Folgenden sind die nach Marktkapitalisierung gegenwärtig wichtigsten deutschen Immobilienaktiengesellschaften dargestellt (vgl. Abbildung 5). Interessant ist, dass im aktuellen Marktumfeld vor allem Immobilienaktiengesellschaften mit Fokus auf Wohnimmobilien, wie die Deutsche Annington, Deutsche Wohnen oder GAGFAH die höchste Marktkapitalisierung aufweisen. Allgemein verfügt ein Teil der Immobilienaktiengesellschaften ursprünglich über ein anderes Kerngeschäftsfeld als das Immobiliengeschäft. Dieses wurde jedoch im Lauf der Zeit abgespalten, eingestellt oder zurückgestuft, wie dies bei der Hamborner REIT AG oder TAG Immobilien AG der Fall ist. Ebenso gibt es die Unternehmen, die bewusst in das Geschäftsfeld Immobilien diversifiziert haben, wie beispielsweise die IVG AG.

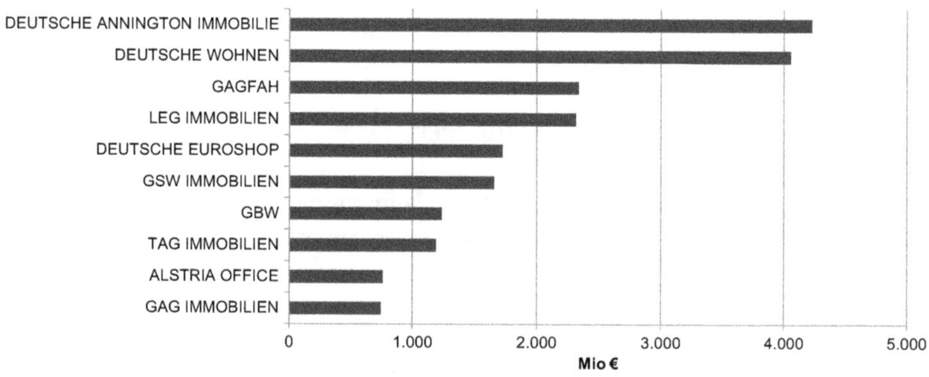

Abb. 5: Marktkapitalisierung Immobilien-Aktiengesellschaften (Top 10), Stand 21.01.2014 (Quelle: Ellwanger & Geiger)

Allgemein ist der deutsche Immobilienaktienmarkt im Vergleich zu anderen Ländern, wie England oder den USA, wenig stark ausgeprägt und repräsentiert nur ca. 1,25 % des gesamten Aktienmarktes (vgl. Schäfers/Schulte, S. 331). Weiterhin kam es nur in seltenen Fällen Neugründungen von Immobilien-Aktiengesellschaften: insgesamt gab es in Deutschland seit 1986 30 Immobilien IPOs, von denen ein Großteil auf die Jahre 2006/2007 entfiel. Selbiges gilt für REITs, welche erst zum Januar 2007 in Deutschland eingeführt wurden. Anders als in anderen Ländern nehmen REITs in Deutschland nur eine geringe Bedeutung ein. Derzeit sind nur drei REITs gelistet: alstria office REIT-AG, Fair Value REIT-AG und Hamborner REIT-AG (Stand 2014).

1.3.2.3 Versicherungsgesellschaften und Pensionskassen

Versicherungsgesellschaften und Pensionskassen verbindet, dass sich beide in unterschiedlichsten Vermögensklassen engagieren, um Ansprüche aus ihrem Kerngeschäft zu decken. Im Fall von Versicherungsunternehmen hängt dieses Kerngeschäft von der Natur des Versicherers ab (Lebensversicherung, Sachversicherung, Krankenversicherung oder Rückversicherung). Pensionskassen sind außerbetriebliche Versorgungseinrichtungen, die von einem oder mehreren Unternehmen (ggf. unter Beteiligung der Arbeitnehmer) Gelder im Rahmen der betrieblichen Altersvorsorge erhalten und diese anlegen, um die in der Zukunft geltend gemachten Rechtsansprüche abzusichern. Sie sind somit langfristig ausgerichtet. Bei Versicherungen bedingt die Natur des Kerngeschäfts die Art der gewählten Anlageklassen (Wertpapiere, Immobilien, Beteiligungen), sodass beispielsweise Schadensversicherer einen

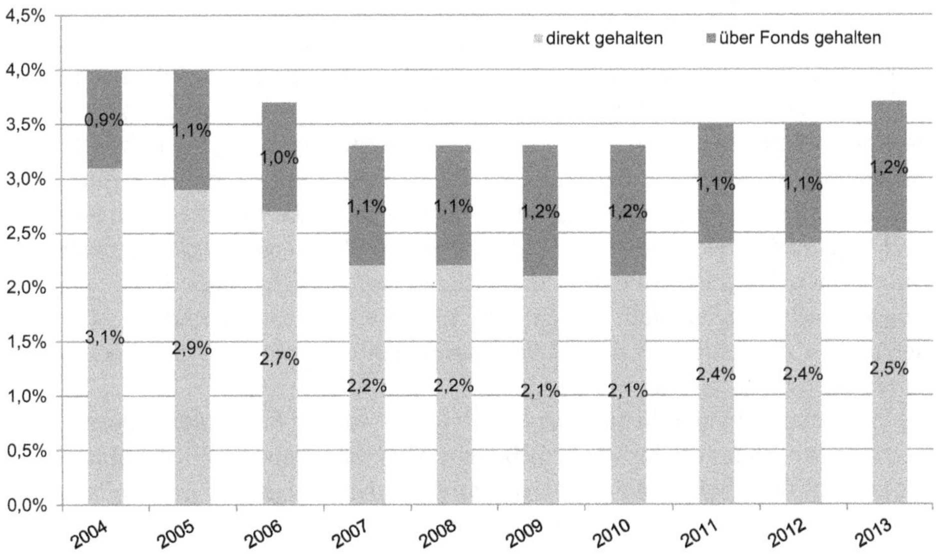

Abb. 6: Immobilienanteil an den Kapitalanlagen von Versicherungen und Pensionskassen, Stand 2013 (Quelle: Gesamtverband der Deutschen Versicherungswirtschaft e. V.)

höheren Liquiditätsbedarf aufweisen und sich demnach weniger in illiquiden Anlageklassen wie Immobiliendirektanlagen engagieren werden (vgl. Walz, S. 179 ff.). Demgegenüber stellen Immobilien eine attraktive Anlageklasse für Lebensversicherungen dar, die als Eigentümer von ca. 50 % aller von Versicherungen und Pensionskassen gehaltenen Immobilien über ein höheres Gewicht auf Immobilienmärkten verfügen.

Insgesamt sind sowohl Versicherungsgesellschaften als auch Pensionskassen bedeutende Investoren auf den Immobilienmärkten, jedoch kann ihr Engagement in Immobilien gemessen am Gesamtwert aller Kapitalanlagen als relativ gering bezeichnet werden kann (vgl. Abbildung 6).

1.3.2.4 Immobilienleasinggesellschaften

Immobilienleasing ist eine Form der mittel- und langfristigen Vermietung von Grundstücken, Gebäuden und sonstigen Betriebsanlagen, bei der sich der Vermieter (**Leasinggeber**) verpflichtet, im Rahmen eines Leasingvertrages, dem Mieter (**Leasingnehmer**) das Leasing-Objekt gegen periodische Zahlung eines Entgelts (Leasingraten) für eine vereinbarte Grundmietzeit zur Nutzung zu überlassen. Der Leasingvertrag ist unkündbar, sodass das Investitionsrisiko bei zufälligem Untergang oder Beeinträchtigung der Nutzung durch Einwirkung Dritter bis zum Ende der Laufzeit des Vertrages bei der Leasinggesellschaft verbleibt. Darüber hinaus beinhalten die Leasingverträge gewöhnlich Mietverlängerungs-, Kauf- und Verkaufsoptionen (vgl. dazu Kapitel E.3.3.1.3).

Eine Erweiterung des einfachen Leasingvertrages zwischen einem Leasingnehmer und einem Leasinggeber stellen so genannte **Leasingfonds** dar, die nach ähnlichen Kriterien wie geschlossene Immobilienfonds investieren. Die im Fondsvermögen befindliche Immobilie wird dabei dem Leasingnehmer gegen Zahlung der Leasingrate zur Nutzung überlassen. Wie beim einfachen Leasing ist auch hier genau geregelt, für welchen Restwert der Leasingnehmer die Immobilie am Ende der Vertragslaufzeit erwerben kann. Somit entfällt die Wertsteigerungskomponente mit einer hohen Wahrscheinlichkeit. Abbildung 7 verdeutlicht, dass Immobilienleasinggesellschaften ebenfalls bedeutende Immobilieninvestoren auf den Immobilienmärkten darstellen, in den letzten Jahren aber mit Blick auf das Neugeschäft zunehmend an Bedeutung verloren.

Bedeutende Immobilienleasinggesellschaften sind CommerzReal (Düsseldorf), Deutsche Anlagen-Leasing (Mainz), Deutsche Immobilienleasing (Düsseldorf), die VR-Leasing (Eschborn), Movesta Lease and Finance (Düsseldorf), KG Allgemeine Leasing (Grünwald) und LHI Leasing (München).

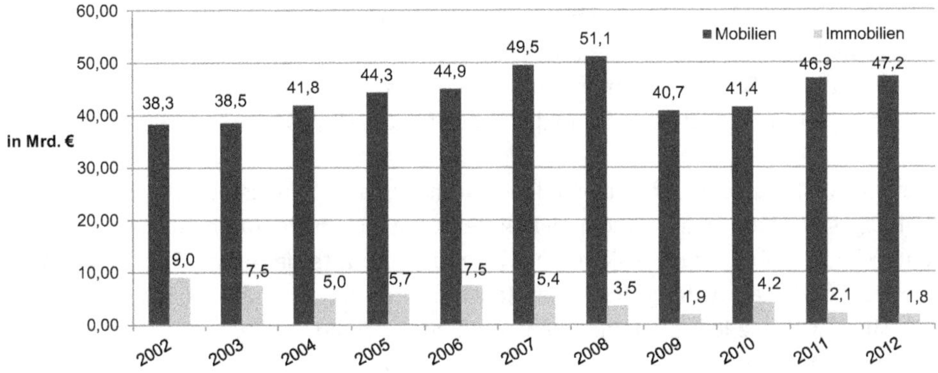

Abb. 7: Immobilienleasing-Investitionen pro Jahr, Stand 2012 (Quelle: Bundesverband Deutscher Leasing-Unternehmen e. V.)

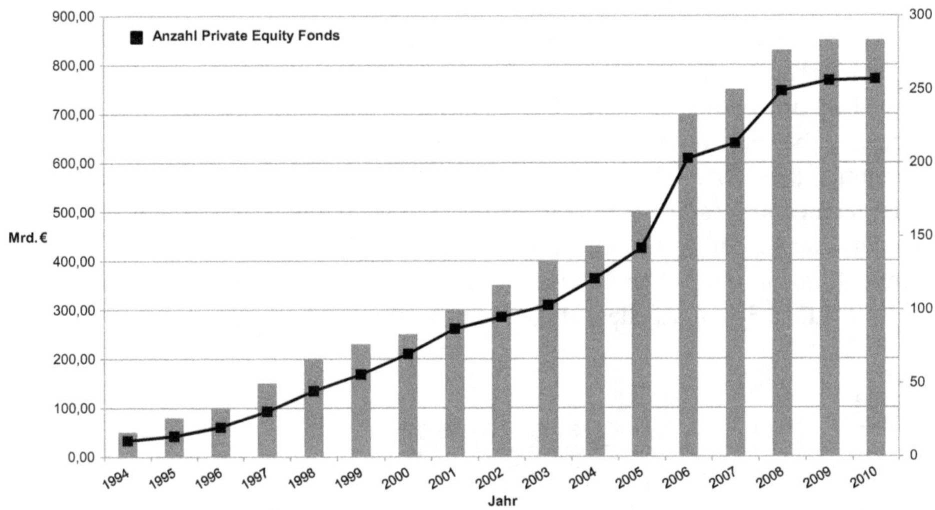

Abb. 8: Anzahl und kumulierte Mittelzuflüsse Private Equity Fonds (Quelle: Ernst & Young 2010)

1.3.2.5 Ausländische Investoren und Opportunity Funds

Zu der Gruppe der ausländischen Investoren zählen international agierende Versicherer oder Pensionsfonds, internationale Property-Companies sowie Investmentfonds. BULWIEN identifiziert die folgenden Hauptakteure (vgl. Bulwien, S. 64):

- Holländische und belgische Fondsgesellschaften, Pensionskassen und Versicherungen,
- Britische Investoren; mittelgroße Versicherungen und börsennotierte „Property-Companies",

- Skandinavische institutionelle und private Investoren,
- Französische Gesellschaften und Bauunternehmen,
- Japanische Bauunternehmen und Vermögensverwaltungen,
- Investoren aus Österreich und der Schweiz, den USA, Kanada und Südamerika.

Neuere ausländische Akteure stellen internationale, zumeist U.S.-amerikanische Fondsgesellschaften mit einem risikotoleranten bis risikoafinen Investitionsprofil dar. Wie in Abbildung 8 ersichtlich wird, stieg die internationale Anzahl der platzierten Fonds seit Anfang des neuen Jahrtausends rasant an. Zu beachten ist, dass die Mittelzuflüsse lediglich die Eigenkapitalzusagen darstellen und das tatsächliche Fondsvolumen aufgrund der hohen Fremdkapitalquote bei Private-Equity-Investitionen folglich deutlich höher ist.

Zu den Investoren gehören auf der einen Seite die **„Value-Added"-Investoren** wie LaSalle Investment Management sowie Henderson Global Investors und auf der anderen Seite die **„Opportunity Funds"**. Beide Gruppen unterscheiden sich primär durch den Risikograd der getätigten Investitionen und die damit zusammenhängende Zielrendite, die im Falle von „Value-Added"-Investoren ca. 10–14 % Internal Rate of Return beträgt und sich bei Opportunity Funds in Dimensionen um bzw. über 20 % bewegt. Während manche Opportunity Funds wie Peabody (HPE) und Prudential Real Estate Investors (Bauwert, TMW) sich durch Akquisitionen von Unternehmen am Markt positioniert haben, verfolgen Fonds wie Carlyle, Lone Star, Doughty Hanson, und Orion Capital Management dieses Ziel durch die Eröffnung eigener Büros in Deutschland. Wieder andere Unternehmen wie Starwood (DIC AG) und Soros Real Estate (Apellas) gingen Joint Ventures mit deutschen Immobilienun-

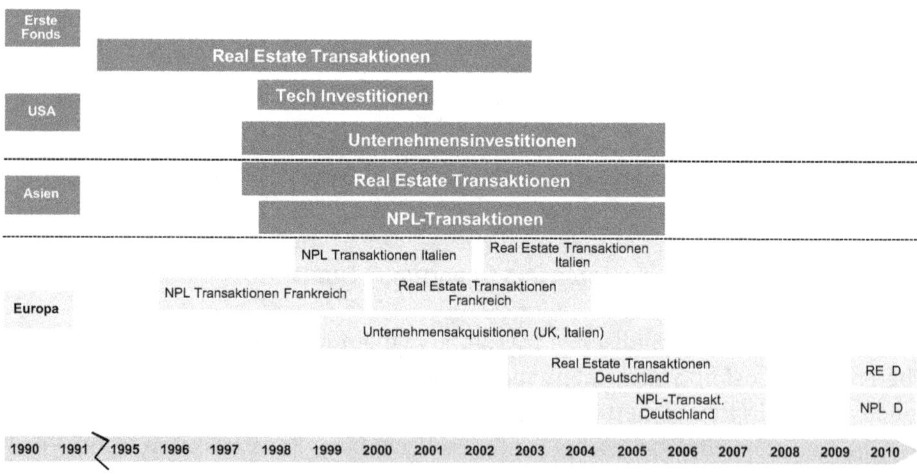

Abb. 9: Internationale Marktentwicklung Real Estate Private Equity (Quelle: in Anlehnung an Goldmann Sachs 2003)

ternehmen ein. Derzeitig muss sich noch zeigen, ob die Renditen, die manche dieser Gesellschaften gegen Ende der 80er Jahre und Anfang der 90er Jahre in den Vereinigten Staaten erwirtschaften konnten, auch in Deutschland erzielt werden können. Davon wird ebenfalls die Dauer ihres Engagements auf dem deutschen Immobilienmarkt abhängen. Die historische Entwicklung von Real Estate Private Equity ist in Abbildung 9 dargestellt. Der Ursprung liegt vor allem in den USA, bevor Transaktionen in Asien folgten. Den Großteil des Private Equity Geschäfts in Deutschland machten in den Jahren vor der Finanzkrise vor allem großvolumige Gewerbeportfoliotransaktionen und Privatisierungen in der Wohnungswirtschaft aus. Darüber hinaus nahmen NPL-Transaktionen (Non Performing Loans) einen erheblichen Anteil ein. Im Zuge der jüngsten Finanzkrise geriet der Privat Equity Markt aber insgesamt zunehmend ins Stocken.

1.3.3 Non-Property-Companies

Non-Property-Companies sind Unternehmen, deren Kerngeschäft außerhalb der Immobilienwirtschaft angesiedelt ist. Sie stellen ebenfalls wichtige Investoren- bzw. Eigentümergruppen auf dem Immobilienmarkt dar (vgl. Schulte/Schäfers, S. 32). Wie eine im Frühjahr 2002 auf dem deutschen Immobilienmarkt durchgeführte Untersuchung zeigte (vgl. Pfnür/Hedden), unterscheidet sich das von ihnen betriebene **Corporate Real Estate Management** (vgl. Kapitel F.2) jedoch in vielen Aspekten vom Immobilienmanagement der bereits beschriebenen Investorenklassen. Im Gegensatz zu Letzteren, die zumeist über genaue immobilienwirtschaftliche Anlageziele verfügen, um ihren finanziellen Verpflichtungen nachkommen zu können, hatte lediglich knapp die Hälfte der befragten Unternehmen ihre immobilienwirtschaftliche Planung mit der des Kerngeschäfts verknüpft. Zudem schien ein Trend dahingehend zu bestehen, dass immobilienwirtschaftliche Leistungen unternehmensintern erbracht wurden. So befanden sich 2002 mehr als zwei Drittel der genutzten Büroflächen und über drei Viertel der benötigten Produktionsflächen im Eigentum der Unternehmen.

Dieser Trend hat sich in den letzten Jahren deutlich umgekehrt: Zunehmend wurden Portfolien von Unternehmensimmobilien am Markt angeboten und stießen dort auf reges Interesse. So hat beispielsweise die Deutsche Bank eine Konzentration auf das Kerngeschäft beschlossen und vor diesem Hintergrund im Jahr 2003 auf der einen Seite 51 Immobilien an den Opportunity Fund Blackstone veräußert und auf der anderen Seite innerhalb des Konzerns Immobilienbeteiligungen in einen Fonds der Real Estate Opportunities Group (REOG) eingebracht, an dem externe Investoren beteiligt sind. Die Deutsche Telekom AG ging hier einen anderen Weg und gründete zusammen mit der Immobiliengesellschaft Corpus und der Investment Bank Morgan Stanley die Asset Management Gesellschaft Sireo, die sich überwiegend mit dem Verkauf der Liegenschaften der Telekom beschäftigte und mehrere

Portfolien erfolgreich platzieren konnte. Im Jahr 2007 übernahm Corpus 100 % der Anteile und firmierte in Corpus Sireo um. Weitere Unternehmen wie beispielsweise die Metro AG und die KarstadtQuelle-AG boten in der Vergangenheit ebenfalls große Portfolien am Markt an, die nachfolgend veräußert werden konnten.

1.3.4 Wohnungsunternehmen

Bei Wohnungsunternehmen wird zwischen den Unternehmen der öffentlichen Hand und den Unternehmen in privater Trägerschaft unterschieden. Abbildung 10 bildet die größten Unternehmen der deutschen Wohnungswirtschaft ab, wobei die Deutsche Annington und Deutsche Wohnen die größten privaten Wohnungsgesellschaften darstellen, während dies im öffentlichen Bereich die degewo und die SAGA sind.

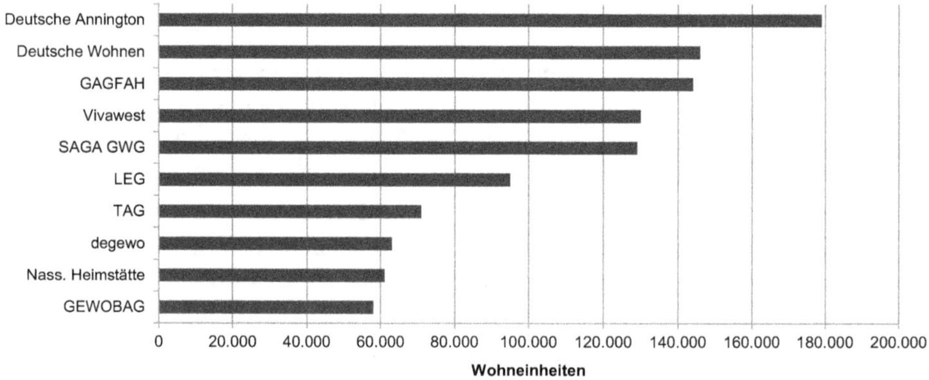

Abb. 10: Unternehmen der Wohnungswirtschaft (Top 10), Stand 2013 (Quelle: eigener Research)

Die **öffentlichen Wohnungsunternehmen** entstanden größtenteils in den ersten Jahrzehnten des 20. Jahrhunderts als Reaktion auf eine eklatante Wohnungsverknappung und das damit verbundene soziale Elend in der Bevölkerung. 70 bis 100 Jahre später ist von der früheren Wohnungsverknappung besonders in den neuen Bundesländern, aber auch in den alten Bundesländern nichts mehr zu spüren. In den vergangenen Jahren kam somit vielfach die Frage nach der Rechtfertigung eines starken Engagements des Staates auf diesem Markt auf und führte zu ersten Privatisierungen, d. h. der Veräußerung von Wohnungbeständen der öffentlichen Hand an Unternehmen der Privatwirtschaft (vgl. Schäfers, W./Högner, J., S. 89). Auch gegenwärtig zeigen sich viele nationale und ausländische Investoren interessiert an möglicherweise zu privatisierenden Wohnungsunternehmen, sodass vor dem Hintergrund knapper staatlicher Ressourcen weitere Privatisierungen nicht auszuschließen sind.

Private Wohnungsunternehmen wurden hauptsächlich in den 90er Jahren gegründet und stellen vielfach das Resultat von bereits erfolgten Privatisierungen dar. In anderen Fällen liegen ihre Ursprünge in der Wohnungsverwaltung traditioneller Industriekonzerne.

1.3.5 Kirchen und Stiftungen

Per Definition ist eine Stiftung „eine juristische Person ohne Gesellschafter oder Mitglieder. Dies unterscheidet sie von anderen juristischen Personen und Körperschaften. Sie ist eine Zusammenfassung von Vermögen und auf Dauer angelegt. Ihr Vermögen darf in seiner Substanz grundsätzlich nicht angegriffen werden und ist zugriffsicher festzulegen" (Wiegand, S. 5). Jede Stiftung verfolgt einen bestimmten, vom Stifter festgelegten Zweck, der je nach Art der Stiftung unterschiedlich ist (vgl. Wiegand, S. 8 ff.):

- **Stiftung des bürgerlichen Rechts**: Stiftungen, die unter diesen Begriff gefasst werden, unterliegen den §§ 80 ff. BGB und verfolgen entweder private (Förderung eines begrenzten Personenkreises) oder als öffentliche Stiftung gemeinschaftsfördernde Zwecke (Religion, Wohltätigkeit, Wissenschaft, etc.). Hier wird zwischen Unternehmensstiftungen, Familienstiftungen, gemeinnützigen Stiftungen und Stiftungs-GmbHs unterschieden.
- **Stiftung des öffentlichen Rechts**: Die öffentlich-rechtliche Stiftung unterscheidet sich von der öffentlichen Stiftung durch ihre Entstehung durch einen hoheitlichen Verwaltungsakt. Sie unterliegt den allgemeinen Vorschriften der öffentlichen Verwaltung.
- **Kirchliche Stiftungen**: Kirchliche Stiftungen gehören zu den ältesten Stiftungen des Landes und bestehen teilweise bereits seit Jahrhunderten. Sie werden von einer Kirche gegründet und unterliegen der kirchlichen Aufsicht.
- **Kommunale Stiftungen**: Kommunale Stiftungen werden von den Gemeinden oder anderen kommunalen Gebietskörperschaften eingerichtet und verfolgen ausschließlich kommunale Zwecke.
- **Unselbständige Stiftungen**: Von der in den §§ 80 ff. BGB geregelten rechtsfähigen Stiftung ist die unselbständige, treuhänderische oder fiduziarische Stiftung zu unterscheiden. Sie ist dadurch gekennzeichnet, dass der Stifter einer natürlichen oder juristischen Person als Treuhänder Vermögenswerte zur Verfolgung des von ihm vorgegebenen Stiftungszwecks übergibt.
- **Ausländische Stiftungen**: Schließlich ist am Markt noch die Gruppe der ausländischen Stiftungen aktiv, die nach ihrem Heimatrecht Rechtsfähigkeit erworben haben und daher auch im Inland rechtsfähig sind (beispielsweise österreichische Privatstiftung sowie die Stiftung nach liechtensteinischem Recht).

Gemäß Untersuchungen der Investment Bank Lazard in 2003 hat sich die Zahl der rechtsfähigen Stiftungen in Deutschland in den Jahren 1980–2000 mehr als verdoppelt und liegt bei über 13.000. Genaue Zahlen über das Gesamtstiftungsvermögens in Deutschland existieren nicht, jedoch geht man von einer Größenordnung zwischen 40 bis 60 Mrd. Euro aus. Hierbei muss jedoch Beachtung finden, dass eine geringe Anzahl bedeutsamer Einrichtungen dominiert und dass die 15 größten Stiftungen bürgerlichen Rechts mit ca. 13,5 Mrd. Euro über 33 % des deutschen Gesamtstiftungsvermögens verfügen (vgl. Lazard Asset Management, S. 10). Zu ihnen gehören als die wichtigsten deutschen Stiftungen bürgerlichen Rechts die Robert Bosch Stiftung GmbH, die Volkswagenstiftung und die ZEIT Stiftung. Gewichtige Stiftungen öffentlichen Rechts umfassen die Stiftung Erinnerung, Verantwortung und Zukunft sowie die Stiftung Preußischer Kulturbesitz. In einer im Jahr 2011 durchgeführten Erhebung des Bundesverbandes Deutscher Stiftungen gaben von 4.377 befragten Stiftungen 941 an, Immobilien im Stiftungsvermögen zu halten (vgl. Abbildung 11). Der gewichtete durchschnittliche Immobilienanteil am Vermögen von Stiftungen betrug im Jahr 2005 etwa 12 % (vgl. Heissmann, S. 13), was die Bedeutung dieser Institutionen als Investoren auf Immobilienmärkten deutlich macht.

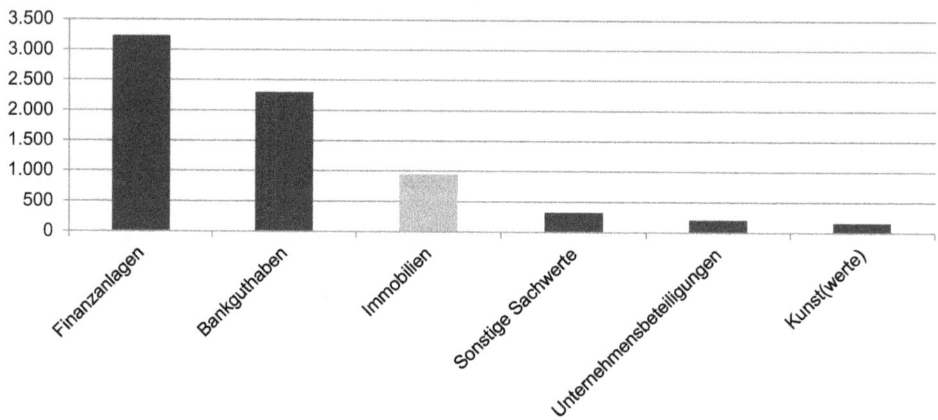

Abb. 11: Stiftungsvermögen nach Assetklassen, Stand 2011 (Quelle: Bundesverband Deutscher Stiftungen)

Über das Immobilienvermögen der Kirchen in Deutschland liegen nur wenige Informationen vor. Dies liegt zum einen an der komplexen Struktur einer Kirche und ihrer Organisation in beispielsweise Bistümer, Landeskirchen, Caritas, Diakonie, Krankenhäuser und Jugendeinrichtungen. Zum anderen legen die Kirchen zwar detaillierte Haushaltspläne vor, sind „dann aber doch nicht an einem genauen Blick in Vermögensverhältnisse interessiert“ (Drobinski, S. 16).

Daher finden sich dazu keinerlei öffentlich zugängliche Statistiken oder Studien. Lediglich die Evangelische Kirche Deutschland veröffentlicht auf ihrer Homepage, wenn auch wenig detailliert, Statistiken zu ihrem Grundbesitz (www.evd.de). Die einzige vollumfängliche Schätzung zum Vermögen der deutschen Kirchen findet sich im 2002 erschienen Buch „Finanzen und Vermögen der Kirchen in Deutschland“ von Dr. Carsten Frerk. Das Immobilienvermögen der beiden großen Kirchen in Deutschland wird dabei auf rund 500 Mrd. EUR und 6.800 km² Fläche geschätzt. Hiervon sei jedoch nur ungefähr die Hälfte sofort verfügbar. So seien schätzungsweise 150 Mrd. EUR Immobilien- und Grundbesitz kapitalisierbar, während der Wert der historischen und vielfach unverkäuflichen Kirchenbauten vielfach nur geschätzt werden kann.

Zunehmend verschwimmen jedoch angesichts der Finanznot der Kirchen die Grenzen zwischen dem verkäuflichen und dem unverkäuflichen Immobilienbesitz. Während früher die Devise galt, dass das, was „einmal erworben wurde, die Hände des Klerus nicht wieder verlassen sollte“, so wenden sich Kirchen in den letzten Jahren zunehmend an den Markt und verkaufen nicht nur beispielsweise Wohnungsgesellschaften wie das Petruswerk in Berlin, sondern stellen sogar Sakralbauten selbst auf den Prüfstand (vgl. Kolwitz, S. 10).

1.3.6 Öffentliche Hand

Neben seiner Funktion als rechtlicher und steuerlicher Rahmengeber agiert die öffentliche Hand auch als bedeutender Grundbesitzer am Immobilienmarkt (vgl. Kapitel F.3). Gemäß des Statistischen Bundesamtes beziffert sich das Immobiliennettoanlagevermögen von Bund, Ländern und Gemeinden auf ca 7,5 Bio. Euro (Stand 2012), von denn ca. 4,5 Bio. Euro auf Wohnbauten entfallen. Von den drei staatlichen Verwaltungsebenen sind die Gemeinden die wichtigsten Teilnehmer am Immobilienmarkt (vgl. Dieterich/Dransfeld/Voß, S. 108). Dies erklärt sich unter anderem dadurch, dass die Verfügbarkeit von Land für die Ansiedlung und Entwicklung von Gewerbebetrieben nicht nur aus steuerlichen Gesichtspunkten eine wichtige Rolle spielt. Zudem stellte die Verfügbarkeit von kostengünstigem Wohnraum bis heute vielfach ein wichtiges Instrument der staatlichen Sozialpolitik dar. Aufgrund der zunehmenden Engpässe in den öffentlichen Haushalten, aber auch vor dem Hintergrund sich entspannender Wohnungsmärkte hat sich zusätzlich in den letzten Jahren ein Druckpotenzial zur Effizienzsteigerung bei der Bewirtschaftung in öffentlichen Eigentum befindlicher Immobilien gebildet. Um dem entgegenzutreten, empfehlen Forscher ein dem privaten Sektor entlehntes Vorgehen für das Management öffentlicher Immobilienbestände (vgl. Schulte, K.-W./Schäfers, W./Pöll, E./ Amon, M., S. 22 ff.).

1.4 Bauunternehmen

Die bauwirtschaftliche Institutionenlehre befasst sich ausführlich mit der Charakterisierung der Baubetriebe. Diese werden in Betriebe des Bauhauptgewerbes (Bauindustrie und Bauhandwerk) und Baunebengewerbes (z. B. Gerüstbau, Fertigteilproduktion, Baustoffhandel) unterteilt. Neben einer gewissen Anzahl von bedeutenden, überregional agierenden Unternehmen (vgl. Tabelle 3) operieren hauptsächlich kleine mittelständische und lokale Unternehmen am Markt.

Tab. 3: Unternehmen der Bauwirtschaft (Top 10 Deutschland), Stand 2012 (Quelle: Bulletin Europeen du Moniteur/Ausgabe 1034 vom 17.12.2012)

Bauunternehmen	Umsatz 2011 in Mio. €	Veränderungsrate 2010/2011
HOCHTIEF	23,282	15.50%
BILFINGER BERGER	8,209	3.20%
STRABAG Köln	4,504	14.30%
ED. ZÜBLIN	2,522	16.20%
MAX BÖGL	1,600	14.30%
GOLDBECK	1,300	18.20%
BAUER	1,220	7.80%
EUROVIA DE	918	21.10%
KÖSTER	850	6.30%
LEONHARD WEISS	723	5.00%

Die Hauptprobleme der Bauwirtschaft sind deren Konjunktur-, Saison- und Auftragsabhängigkeit in Verbindung mit einer relativ geringen Eigenkapitalbasis (vgl. Schulte/Väth). Zentrale Managementherausforderung in Bauunternehmen ist damit die Optimierung der Kapazitätsauslastung bei gleichzeitiger Aufrechterhaltung einer hinreichenden Betriebsbereitschaft, da Bauunternehmen weder Einfluss auf die Auftragszusammensetzung, die technischen Vorgaben noch den zeitlichen Auftragsanfall haben (vgl. Pfarr, S. 123). Das Baugewerbe ist demnach als klassisches Bereitschaftsgewerbe definiert. Die Produktion der Güter erfolgt nach den Vorgaben von Eigentümern; eigenständige Vorratserstellungen als originäre Tätigkeit des Bauunternehmens sind per se nicht möglich. Rahmenbedingungen der Unternehmensführung sind die Konkurrenz durch Großunternehmen aus dem Ausland (Frankreich, Großbritannien, Italien), die Bürokratisierung und (Über-) Reglementierung des Bauens durch Vergaberichtlinien, das Zinsniveau der Kapitalbeschaffung, die hohen Personal- und Personalzusatzkosten, der Mangel an qualifizierten Facharbeitern, Ingenieuren und Baukaufleuten sowie die Unterkapitalisierung vieler Bauunternehmen (vgl. Diederichs, 1996, S. 56). Die **branchentypischen Besonderheiten des Baumarktes** können der nachfolgenden Übersicht entnommen werden (vgl. Tabelle 4).

Tab. 4: Besonderheiten des Baumarktes (Quelle: In Anlehnung an Mahold, S. 317)

Besonderheit	Implikationen
Auftragsfertigung	– Auftragsrisiko – Kapazitätsauslastung
Baustellen-Einzelfertigung	– Kalkulationsrisiko – Personalintensive handwerkliche Fertigung
Regionaler Wirkungsbereich/Standortbildung	– Wechselnde Produktionsstandorte – Hohe Transportkosten
Investitionsart	– Langfristigkeit & Höhe – Vorfinanzierung – Eigenkapital-Knappheit
Heterogene Auftraggeberstruktur	– Bevorzugung (positiv) bekannter Anbieter – Dominanz der Öffentlichen Hand
Funktionale Dienstleistungen	
Spezifische Risiken	– Witterungsabhängigkeit – Baugrund
Spezifische Risiken	– Mangelndes Marktverständnis – Unzureichende Fähigkeiten

Der Markt für Bauleistungen befindet sich in Deutschland mit Ausnahme der vereinigungsbedingten Sonderkonjunktur seit 1972 in einer Stagnationsphase. Aufgrund der strukturellen Probleme des klassischen Baugewerbes sowie der zunehmenden Konkurrenz von Bauunternehmen aus Niedriglohnländern erschließen sich die Anbieter von Bauleistungen Geschäftsbereiche der baubezogenen Dienstleistungen. Neben der Projektentwicklung und Projektfinanzierung sind das vor allem Ingenieur- und Planungsleistungen, Projektsteuerung und Qualitätsmanagement sowie Betreiber- und Facility Management-Dienste. Darüber hinaus sind jedoch auch innerhalb des klassischen Baugeschäfts eine Abkehr vom Neubaugeschäft und ein verstärktes Augenmerk auf den Bau im Bestand zu verzeichnen. Wie die Zahlen in untenstehender Tabelle 5 belegen, spiegelt sich diese Entwicklung sowohl in Wohn- als auch Nichtwohnbauten nieder und Bestandsmaßnahmen nehmen den Großteil des insgesamten Bauvolumens in Deutschland ein. Ein nicht unerheblicher Anteil von ca. 25 % geht dabei auch energetische Sanierungen zurück (vgl. BMVBS, S. 25 ff.).

Tab. 5: Bauvolumen in Deutschland, Stand 2013 (Quelle: Statistisches Bundesamt, DIW Berlin)

in Mrd. €	2006	2007	2008	2009	2010	2011	2012
Wohnen (Neubau)	45,77	37,03	32,16	31,39	32,90	40,98	44,30
Wohnen (Bestand)	89.21	104.99	112.41	111.97	118,88	123.86	127,18
Nichtwohnen (Neubau)	25,53	27,88	30,78	30,11	27,32	30,40	29,22
Nichtwohnen (Bestand)	40.91	46.01	50.24	50.52	55,59	57,70	57,34

1.5 Immobilienfinanzierer

Typischerweise ist die **Finanzierungsstruktur** von Immobilien-Projektentwicklungen und Immobilieninvestitionen in Deutschland fremdkapitaldominiert. Aufgrund der Charakteristika des Wirtschaftsgutes Immobilie – insbesondere der Dauer des Entwicklungszyklus, der Länge des Lebenszyklus und der Höhe des Investitionsvolumens – kommt den Immobilienfinanzierern eine entscheidende ökonomische Rolle in der Immobilienwirtschaft zu, da sie, je nach Bedarf, kurz-, mittel- oder langfristig Kapital zur Verfügung stellen.

Unter dem Oberbegriff der Immobilienfinanzierer werden, im Gegensatz zu den Immobilieninvestoren, die **Fremdkapitalgeber** verstanden. Immobilienfinanzierer sind bemüht, möglichst keine direkten wirtschaftlichen Risiken zu tragen. Daher erfolgt im Rahmen der **Kreditwürdigkeitsprüfung** neben der Objektanalyse immer auch eine Bonitätsanalyse der Kreditnehmer. Zusätzlich sollen dingliche und persönliche Sicherheiten potenzielle Ausfallrisiken kompensieren.

Volkswirtschaftlich bedeutsam ist in diesem Zusammenhang die **Losgrößen- und Fristentransformationsfunktion** der Immobilienfinanzierer. Während die Kreditnehmer langfristig hohe Beträge zur Finanzierung ihrer Investitionen benötigen, zeichnen sich Kapitalanlagen (z. B. Spareinlagen) i. d. R. durch geringere Volumina und relativ kurzfristige Kapitalbindungsdauern aus.

Das **Kerngeschäft der Immobilienfinanzierer** lässt sich entsprechend der Darlehenslaufzeit und Beleihungsrisiken in zwei Gruppen unterteilen:

- Zwischenfinanzierung von Bauvorhaben; sie dient der Kapitalbeschaffung für die Herstellungsphase einer Immobilie.
- Langfristige Finanzierung der Immobilieninvestitionen; sie dient der Kapitalbeschaffung für die Nutzungsphase der Immobilie.

Betrachtet man die Anteile verschiedener Bankengruppen an den Märkten für **gewerbliche Hypothekarkredite** und für Wohnkredite, so wird deutlich, dass die Sparkassen und Kreditgenossenschaften eine zentrale Position sowohl bei den gewerblichen Krediten (vgl. Abbildung 12), als auch den **Wohnungskrediten** innehaben (vgl. Abbildung 13). Der Grund hierfür liegt in der Einführung des Pfandbriefgesetzes, infolgedessen die Hypothekenbanken ihre Monopolstellung als Pfandbriefemittent verloren haben.

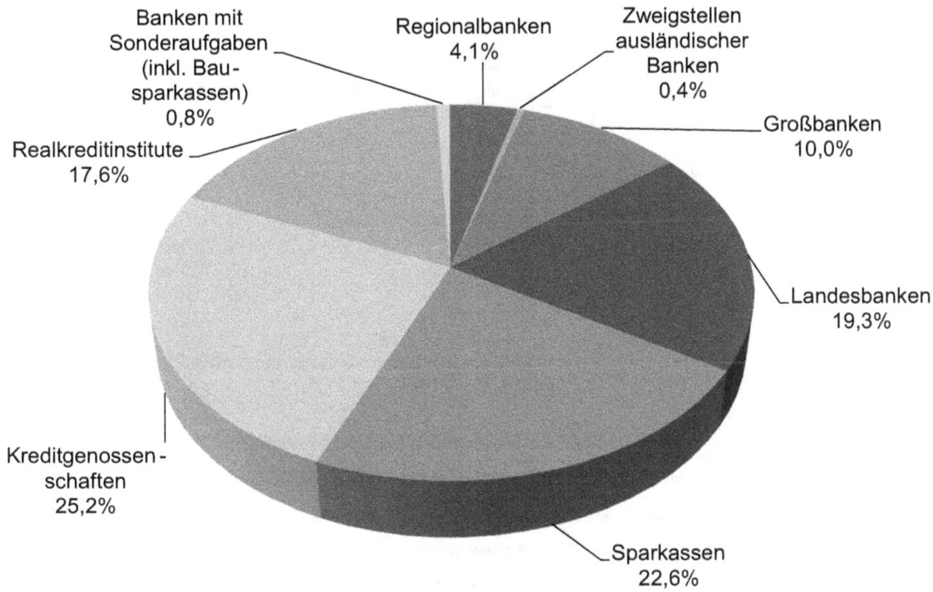

Abb. 12: Gewerbliche Hypothekarkredite, Stand 2012 (Quelle: Verband deutscher Pfandbriefbanken)

Als Folge der Finanz- und Immobilienkrise 2008/2009 hat sich das Marktumfeld im Finanzierungsgeschäft in den letzten Jahren stark verändert. 2012 stellte die Hypothekenbank Frankfurt (vormals Eurohypo) als Teil der Commerzbank-Gruppe jedoch nach wie vor, mit knapp 80 Mrd. Euro Hypothekenbestand, den größten Marktakteur im Geschäft mit Immobilienfinanzierungen dar. Die Position als Marktführer wird diese jedoch in den nächsten Jahren zwangsläufig verlieren, da sich die Bank seit 2012 im Abwicklungsprozess befindet und folglich das Neugeschäft einstellt. Weiterhin ist sie nicht mehr Mitglied im Verband deutscher Pfandbriefbanken (vdp) und daher nicht in Abbildung 14 abgebildet. Unter den vdp-Mitgliedern ist die ING Di-Ba mit einem Bestand von ca. 56 Mrd. Euro an rein wohnungswirtschaftlichen Immobilienfinanzierungen der größte Akteur. Weiterhin befindet sich die Deutsche Pfandbriefbank mit ca. 32 Mrd. Euro in den Top 10, welche das zukunftsträchtige Pfandbriefgeschäft der verstaatlichten Hypo Real Estate weiterführt.

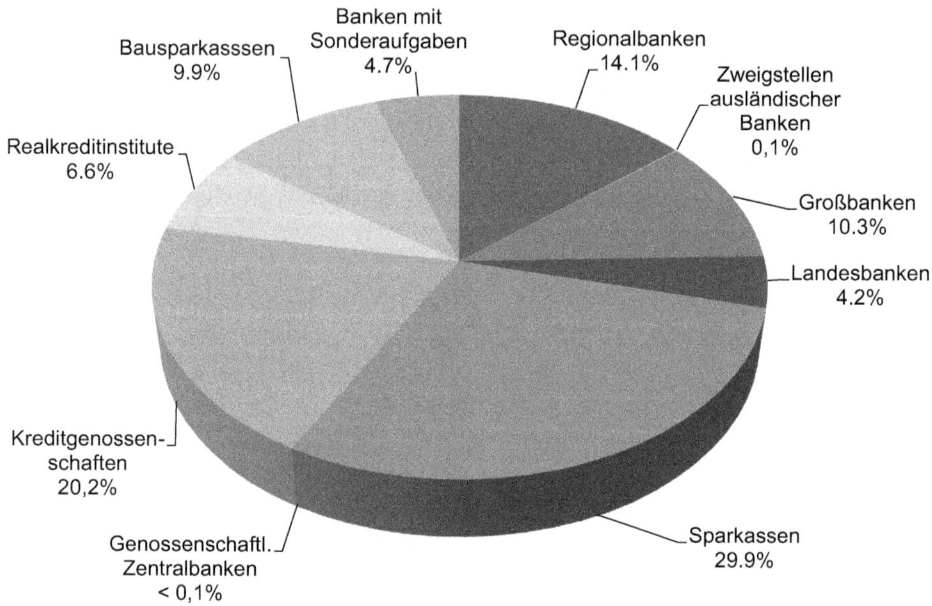

Abb. 13: Bestand an Wohnungskrediten, Stand 2012 (Quelle: Verband deutscher Pfandbriefbanken)

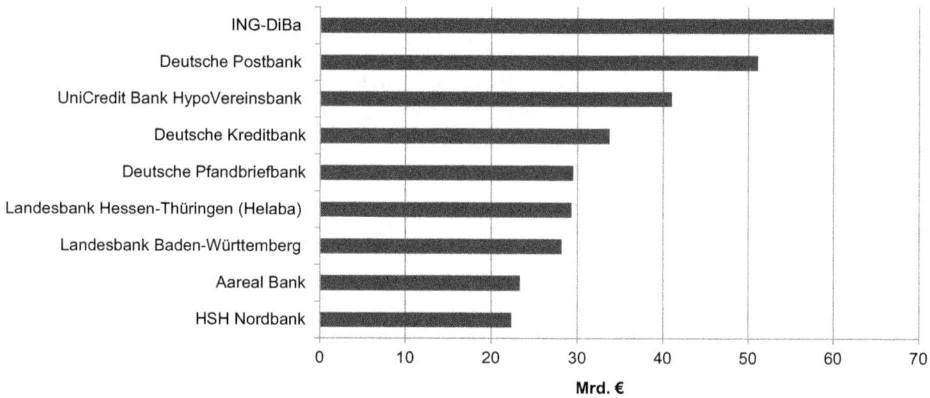

Abb. 14: Hypothekenbestand der deutschen Hypothekenbanken (Top 10), Stand 2012 (Quelle: Verband deutscher Pfandbriefbanken)

Die Konditionen, zu denen eine Bank einen Kredit vergeben kann, hängen unter anderem von ihrer **Refinanzierungsstruktur** ab. **Refinanzierung** beschreibt in diesem Zusammenhang eine Kreditgewährung, die nicht aus eigenen Mitteln erfolgt, sondern aus Mitteln, die eigens dafür beschafft werden müssen bzw. die Rückfinanzierung für bereits gewährte Kredite. Man unterscheidet dabei zwischen einer Umfinanzierung, also einer Vermögensumschichtung, und einer Fremdfinanzierung.

Im Rahmen einer **Umfinanzierung** nehmen die Geschäftsbanken kurzfristige Kredite bei der Europäischen Zentralbank auf (Offenmarktgeschäfte) oder erhalten von ihr Liquidität mit einer Laufzeit von bis zu einem Geschäftstag bzw. können Liquidität mit einer Laufzeit von einem Geschäftstag bei ihr anlegen (ständige Fazilitäten: Spitzenrefinanzierungsfazilität und Einlagefazilität). Zudem müssen Geschäftsbanken ein gewisses Maß an Eigenkapital als Mindestreserve halten.

Bei der **Fremdfinanzierung** unterscheiden sich die verschiedenen Institute in der Form ihrer Refinanzierung. Realkreditinstitute refinanzieren sich durch Ausgabe von festverzinslichen Wertpapieren wie Pfandbriefen und Kommunalobligationen. Demgegenüber refinanzieren sich Sparkassen und Kreditbanken u. a. durch Spareinlagen, festverzinsliche Wertpapiere und die Interbankengeschäfte. Bausparkassen wiederum refinanzieren sich durch das Kollektivsystem von Bausparern während Lebensversicherungen sich durch die Prämien ihrer Kunden refinanzieren.

Der Refinanzierung sind nicht nur über die Erhältlichkeit der Mittel Grenzen gesetzt, sondern auch über den Einsatz der auf diese Weise erhaltenen Mittel, da die Interessen von Gläubigern gewahrt werden müssen und verhindert werden soll, dass risikoreiche Geschäfte eine Rückzahlung der Fremdmittel gefährden. Vor diesem Hintergrund müssen Banken für risikobehaftete Aktiva in ihrer Bilanz Eigenmittel bereitstellen, wobei die Höhe des einzubehaltenden Eigenkapitals – vor allem unter der neuen Baseler Eigenkapitalvereinbarung – abhängig vom Risikograd der Anlage (bzw. des Immobiliendarlehens) ist. Im September 2010 wurden abermals striktere Kapital- und Liquiditätsvorschriften für Banken beschlossen. Unter Basel III, welches auf den Bestimmungen von Basel II aufbaut und die Lehren aus der jüngsten Finanzkrise zieht, wird nun eine noch stärkere Eigenkapitalbasis der Banken gefordert. Die Krise hatte gezeigt, dass das vorhandene Eigenkapital einiger Banken nicht ausreichte, um deren Risiken abzusichern. Infolgedessen müssen Banken nun mehr Kernkapital unterlegen und darüber hinaus einen Zusatzpuffer bereitstellen. Dadurch soll sichergestellt werden, dass Risiken aus eigener Kraft und ohne staatliche Hilfe aufgefangen werden können. Daraus folgt aber auch eine kostenintensivere Refinanzierung für risikointensivere Aktiva und infolgedessen eine faktische Geschäftsbegrenzung bei Kreditvergaben an bonitätsschwache Schuldner. Die finale zeitliche Umsetzung von Basel III ist bis dato noch nicht geklärt, jedoch ist mit einer Einführung bis 2018 zu rechnen.

Erschwerend tritt hinzu, dass sich die Bankenlandschaft gegenwärtig inmitten einer ihrer größten Umbrüche befindet, da sich infolge eines jahrelangen Mengenwettbewerbs bei geringen Margen und geringer Rentabilität unverhältnismäßig viele Kreditrisiken in ihren Bilanzen angesammelt haben, die im Zuge der Finanz- und Immobilienkrise 2008/2009 schlagend geworden sind. Banken beschränken daher aufgrund der verschärften Regulierungen das von ihnen übernommene Kreditrisiko im Neugeschäft und versuchen zunehmend, die übernommenen Ausfallrisiken über Kreditderivate (z. B. Credit Default Swaps) an Dritte zu übertragen. Sie ziehen sich somit sukzessive von ihrer ursprünglichen Funktion der Kreditbereitstellung zurück.

1.6 Immobiliendienstleister

1.6.1 Planer

Idealtypischerweise kann der Planungs- und Bauprozess in vier Stufen unterteilt werden, die wiederum in einzelne Projektphasen unterteilbar sind (vgl. Schulz-Eickhorst, S. 23):

- Projektvorbereitung,
- Projektplanung,
- Vorbereitung der Projektrealisierung,
- Projektrealisierung.

Abbildung 15 zeigt, dass planerische **Dienstleistungen in verschiedener Form und in verschiedenen Phasen** notwendig sind. Den ersten planerischen Schritt bildet im Rahmen der **Projektvorbereitung** die Bedarfsplanung, bei der vor dem Hintergrund einer Zielvorstellung und möglicher Restriktionen die Eckpunkte des Projektes abgesteckt werden. In der darauf folgenden **Projektplanung** wird der Hauptteil der planerischen Arbeit durchgeführt, wobei es nicht nur um die Planung von technischen Elementen geht, sondern auch um die Planung der Abläufe. Schließlich folgt im Rahmen der **Vorbereitung der Projektrealisierung** die Planung der Ausführung.

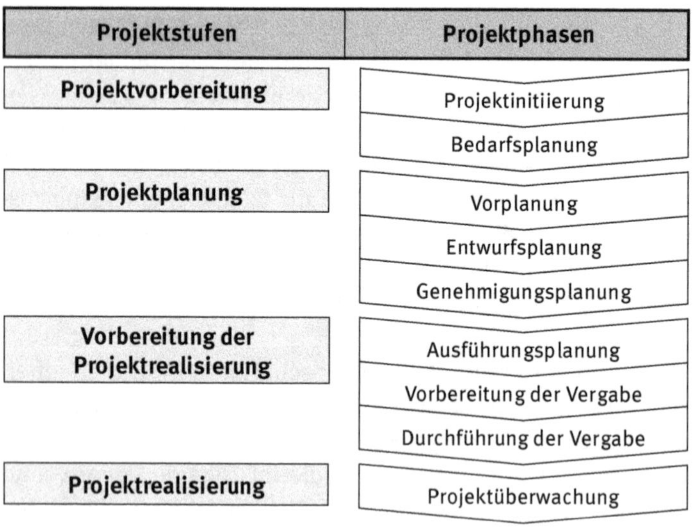

Abb. 15: Stufen und Phasen des Planungs- und Bauprozesses (Quelle: Schulz-Eickhorst)

Im Rahmen eines jeden Immobilienprojektes fallen somit eine Vielzahl von Planungsaufgaben an, die in der Verantwortung unterschiedlicher Verantwortungsträger liegen. Gemäß der Honorarordnung für Architekten und Ingenieure (HOAI) unterscheidet man hier zwischen Objektplanern und Fachplanern (vgl. Abbildung 16).

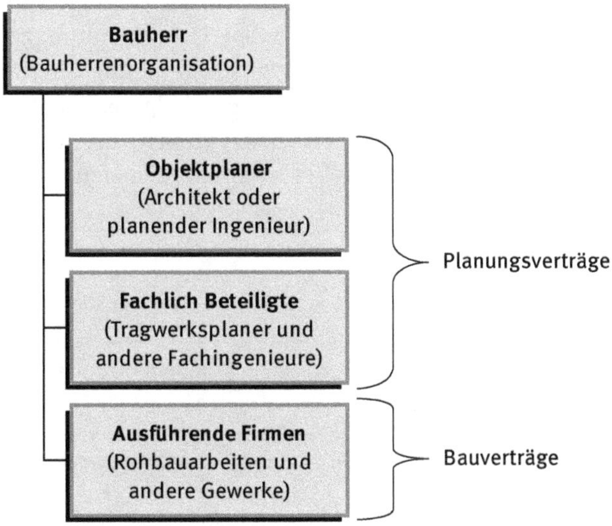

Abb. 16: Der Bauherr und seine Vertragsbeziehungen (Quelle: In Anlehnung an Kalusche, S. 36)

Als **Objektplaner** werden dabei vor allem planende Architekten und Ingenieure bezeichnet. Da deren jeweiliges Fachgebiet jedoch nicht alle notwendigen Planungsaufgaben abdecken kann, werden zusätzlich Fachplaner hinzugezogen, welche sich gemäß HOAI mit den Bereichen der Tragwerksplanung (Statik), Technischen Ausrüstung, Thermischen Bodenphysik, Bodenmechanik, Erd- und Grundbau sowie vermessungstechnischen Leistungen auseinandersetzen (vgl. Kalusche, S. 323 ff.). Rund 43.000 Ingenieure sind in Deutschland im Rahmen der Bundesingenieurkammer (BingK) organisiert, welche sechzehn deutsche Länderingenieurkammern auf Bundesebene und bei der Europäischen Union vertritt. Das offizielle Sprachrohr für deutsche Architekten stellt die Bundesarchitektenkammer dar, die in ihrem Bereich eine dem BingK ähnliche Funktion übernimmt und insgesamt die Interessen von ca. 114.000 Architekten wahrnimmt.

Im weiteren Sinne gehört zu der Gruppe der Planer ebenfalls die Gruppe der Stadtplaner, die über die von ihr verabschiedeten Pläne (z. B. Bebauungsplan, Grünordnungsplan, Erschließungspläne) einen erheblichen Einfluss auf den Erfolg und die Durchführbarkeit eines Immobilienprojektes ausübt.

1.6.2 Projektsteuerer

Gemäß § 1 der Berufsordnung des Deutschen Verbandes der Projektmanager in der Bau- und Immobilienwirtschaft e. V. (DVP) beinhaltet **Projektsteuerung** die „Wahrnehmung von Auftraggeberfunktionen bei der Realisierung von Bau- und Immobilienprojekten in beratender Funktion (Stabsfunktion)“. Sie ist damit abzugrenzen von der **Projektleitung**, die sich mit dem nicht delegierbaren Teil der Auftraggeberfunktion auseinandersetzt. § 31 HOAI definiert für die Projektsteuerung die folgenden acht Aufgabenfelder (vgl. Tabelle 6). Generell ist es die Aufgabe der Projektsteuerung, die Erreichung „der grundlegenden Projektzielgrößen, die in der Projektentwicklung als Rahmenbedingungen erarbeitet wurden“ sicherzustellen (Kyrein, S. 363).

Tab. 6: Aufgabenfelder der Projektsteuerung (Quelle: § 31 HOAI)

• Klärung der Aufgabenstellung, Erstellung und Koordinierung des Programms für das Gesamtprojekt,
• Klärung der Voraussetzungen für den Einsatz von Planern und anderen an der Planung fachlich Beteiligten (Projektbeteiligte),
• Aufstellung und Überwachung von Organisations-, Termin- und Zahlungsplänen, bezogen auf Projekt und Projektbeteiligte,
• Koordinierung und Kontrolle der Projektbeteiligten, mit Ausnahme der ausführenden Firmen,
• Vorbereitung und Betreuung der Beteiligung von Planungsbetroffenen,
• Fortschreibung der Planungsziele und Klärung von Zielkonflikten,
• laufende Information des Auftraggebers über die Projektabwicklung und rechtzeitiges Herbeiführen von Entscheidungen des Auftraggebers,
• Koordinierung und Kontrolle der Bearbeitung von Finanzierungs-, Förderungs- und Genehmigungsverfahren.

Über den deutschen Markt für Projektsteuerung liegen nur sehr wenige Daten vor. Der fachliche Hintergrund von Projektsteuerern ist tätigkeitsbedingt oft technischer Natur, wobei Architekten und Ingenieure in der Branche überwiegen. Der DVP schätzt, dass in Deutschland ca. 8.000 Projektsteuerer auf Honorarbasis operieren und sich ein jährliches Marktvolumen von ca. 1,5 Mrd. Euro aufteilen. Diese Schätzung, die lediglich die Projektsteuerung für fremde Rechnung mit einbezieht, umfasst vor allem die Mitglieder des Deutschen Verbandes der Projektmanager in der Bau- und Immobilienwirtschaft e. V. (DVP), die Mitglieder der Deutschen Gesellschaft für Projektmanagement e. V. (GPM), die Mitglieder des Verbandes beratender Ingenieure (VBI) sowie die Mitarbeiter von ca. 150 Bauunternehmen mit entsprechenden Projektsteuerungsabteilungen.

Namhafte Unternehmen auf dem Gebiet der Projektsteuerung umfassen unter anderen die Drees und Sommer AG, die Homola Projektmanagement AG, die Assmann Beraten und Planen GmbH, die DU Diederichs Projektmanagement AG und & Co. KG sowie die SMV Bauprojektsteuerung Ingenieurgesellschaft mbH und die Lend Lease Project Management & Construction.

1.6.3 Sachverständige

Sachverständige beschäftigen sich zu einem großen Anteil mit der Immobilienbewertung. In der Bundesrepublik Deutschland besteht, anders als in anderen Staaten, keine gesetzlich geregelte Zulassung zum Sachverständigenwesen, sodass sich Sachverständiger nennen kann, wer sich dazu berufen fühlt. Dennoch muss zwischen verschiedenen Arten von Sachverständigen unterschieden werden (vgl. Sohni, S. 8 ff.):

Sachverständige der Gutachterausschüsse sind als einzige Sachverständige an die Regelungen der ImmoWertV und der WertR gebunden. Normalerweise werden sie in Kreisen und kreisfreien Städten angetroffen, wobei jedoch ein Gutachterausschuss sich aus nur einer geringen Anzahl von Gutachtern zusammensetzt. Sachverständige der Gutachterausschüsse setzen die Kaufpreissammlungen fest, welche wertvolle Einsichten in die Struktur und das Volumen lokaler Immobilientransaktionen beinhalten. Für gewöhnlich erfolgt die Berufung zum Sachverständigen eines Gutachterausschusses nach Landesrecht.

Staatlich anerkannt aus dem Kreis der übrigen Sachverständigen ist die Gruppe der **öffentlich bestellten und vereidigten Sachverständigen**, die hauptsächlich von IHKs oder Handwerksgruppen gemäß § 36 der Gewerbeordnung (GewO) oder § 91 der Handwerksordnung (HwO) bestellt werden, nachdem sie in schriftlicher und mündlicher Form die notwendigen Fachkenntnisse und Erfahrungen nachgewiesen haben. Sie sind nicht gesetzlich an die ImmoWertV bzw. die WertR gebunden, halten sich jedoch im Regelfall an deren Vorgaben. Öffentlich bestellte und vereidigte Sachverständige erhalten erleichterten Zugang zu den Kaufpreissammlungen der Gutachterausschüsse.

Eine weitere Gruppe am Markt bilden die **zertifizierten Sachverständigen**, deren Zahl in den letzten Jahren stark zugenommen hat. Die Qualität der Zertifizierung hängt von der zertifizierenden Institution ab und kann daher nicht per se vorausgesetzt werden. **Hypzert** stellt eine der führenden zertifizierenden Institutionen am

Markt dar und zertifiziert vor allem Mitarbeiter der Hypothekenbanken, die im Rahmen der Kreditvergabe unabhängige Wertgutachten zu erstellen haben.

Davon abzugrenzen sind die **freien Sachverständigen**, die keine öffentliche Prüfung abgelegt haben. Ihre Grenzen finden sie lediglich in den Regelungen gegen den unlauteren Wettbewerb in dem Sinne als die Bezeichnung nicht irreführend verwendet wird oder eine öffentliche Bestellung suggerieren darf.

In Deutschland ist das Sachverständigenwesen hauptsächlich in den folgenden Verbänden organisiert (vgl. Sohni, S. 49):

- Das IfS Institut für Sachverständigenwesen e. V. regruppiert nicht nur Immobiliensachverständige, sondern alle Arten von Sachverständigen. Es ist jedoch Fachinstitut des Bundesverbandes der öffentlich bestellten, vereidigten und qualifizierten Sachverständigen (BVS).
- Der BVS selbst stand ursprünglich nur tatsächlich öffentlich bestellten und vereidigten Sachverständigen offen, hat sich jedoch im Lauf der Zeit auch für andere Sachverständige geöffnet, sofern diese eine entsprechende Qualifikation nachweisen können.
- Schließlich ist das Sachverständigenwesen auch regional gegliedert in die Landesverbände öffentlich bestellter und vereidigter Sachverständiger.

Es ist zu erwarten, dass das deutsche Sachverständigenwesen und die deutschen Wertermittlungsstandards im Rahmen der Harmonisierung der Wertermittlung zunehmend in den Hintergrund treten und durch internationale Wertermittlungsstandards beeinflusst werden. Dieser Tatsache wurde beispielsweise durch die Einführung der ImmoWertV im Jahre 2010 Rechnung getragen. Als maßgebliche standardsetzende Organisationen sind in diesem Zusammenhang vor allem die Royal Institution of Chartered Surveyors (RICS), die The European Group of Valuer's Associations (TEGoVA) und das International Valuation Standards Committee (IVSC) zu nennen.

1.6.4 Makler

„Makler ist, wer gegen Entgelt den Abschluss von Verträgen oder die Gelegenheit zum Abschluss von Verträgen vermittelt" (Falk et al., S. 573). Je nach Tätigkeitsfeld unterscheidet man zwischen Zivil- und Handelsmaklern, wobei Immobilienmakler zu der Gruppe der Zivilmakler zählen und damit den Bestimmungen des BGB (§ 652 ff.) sowie den öffentlich-rechtlichen Vorschriften der **Makler- und Bauträgerverordnung (MaBV)** unterliegen. In Deutschland bedarf es zur Ausübung der Maklertätigkeit im Immobilienbereich keines besonderen Fachkundenachweises. Es genügt eine Erlaubnis der zuständigen Gewerbebehörde. Der Grabener Verlag geht von einer deutschlandweiten Zahl von ca. 11.600 Vollerwerbsbetrieben (keine nebenberufliche Tätigkeit) aus, von denen ca. 4.500 im Ring Deutscher Makler (RDM) und ca. 2.500 im Verband Deutscher Makler für Grundbesitz, Hausverwaltung und Finanzierung (VDM) organisiert sind. Im Jahr 2004 entstand aus dem Zusammenschluss der Traditionsverbände der Immobilienverband Deutschland (IVD) mit aktuell rund 6.000 Mitglieder (Stand 2013). Unterschieden wird hierbei zwischen Wohnungsmaklern und Gewerbemaklern.

Der **Wohnungsmakler** vermittelt sowohl Kaufverträge als auch Mietverträge über Wohnraum und ist damit zusätzlich an die Sondervorschriften des **Wohnungsvermittlungsgesetzes** gebunden, die hauptsächlich dem Schutz des Mieters gelten. Es begrenzt die rechtlich zulässige Höhe der Vermittlungsprovision auf zwei Monatsmieten zuzüglich Umsatzsteuer. Außerdem sieht es vor, dass eine Provision Verwaltern und Eigentümern bei der Verwaltung von Wohnungen im Bestand untersagt ist. Das Gros der wohnungswirtschaftlichen Immobilienmakler setzt sich aus kleinen Unternehmen zusammen. Es gibt jedoch auch überregional aktive Unternehmen, zu denen beispielsweise Landesbausparkassen, BHW Immobilien, Eschner & Partner, RE/MAX sowie Engel & Völkers gehören.

Gewerbemakler beschäftigen sich als Intermediäre zwischen Mietern und Vermietern wie zwischen Käufern und Verkäufern mit allen Arten von gewerblichen Immobilien (Büroimmobilien, Einzelhandelsimmobilien, etc.). Durch die zunehmende Komplexität auf dem Immobilienmarkt ändern sich zunehmend die Anforderungen, die an Gewerbemakler gestellt werden. Der Immobilienmakler „entwickelt sich dabei immer mehr vom reinen Nachweis- und Vermittlungsmakler zum universalen Fachberater, der neben der Markttransparenz auch das notwendige Know-how in allen Bereichen der Immobilienwirtschaft aufweisen sollte" (Falk et al., S. 456). Zu den größten gewerblichen Maklern auf dem deutschen Immobilienmarkt zählen internationale wie nationale Unternehmen (z. B. Jones Lang LaSalle, DTZ Zadelhoff Tie Leung, BNP Paribas und Aengevelt), jedoch verfügen regionale Marktteilnehmer häufig über eine sehr hohe Durchdringung in einzelnen Märkten (z. B. Grossmann & Berger in Hamburg, Colliers Schauer und Schöll in München und Brockhoff & Partner im Ruhrgebiet).

1.6.5 Berater

Bei vielen immobilienwirtschaftlichen Transaktionen ist eine umfassende Rechtsberatung notwendig, die nur von spezialisierten und möglichst personalstarken **Kanzleien** erbracht werden kann. Dies trifft auf internationale Akquisitionen, Kreditsyndizierungen und Fondstrukturierungen ebenso zu wie auf die Käufe großer Immobilien- oder Darlehensportfolien und die Strukturierung und Emission von Wertpapieren im Rahmen einer Asset Securitisation. Zu den größten – zumeist durch einen Zusammenschluss von deutschen mit englischen oder amerikanischen Unternehmen entstandenen – Kanzleien, die mit derartigen Mandaten betraut sind, gehören vor allem Clifford Chance (CC), Freshfields Bruckhaus Deringer (FBD),

Linklaters, Oppenhoff & Rädler (LOR) und Hogan Lovells. Eine nicht zu unterschätzende Funktion am Immobilienmarkt übernehmen ebenfalls die **Wirtschaftsprüfungsgesellschaften**, die oft gleichzeitig über Wirtschaftsprüfungs-, Rechtsberatungs- und Immobilienberatungsabteilungen verfügen, durch die sie für den Kunden Synergien realisieren können. Wichtige Unternehmen in diesem Bereich in Deutschland sind vor allem die „Big Four" Deloitte & Touche, PricewaterhouseCoopers (pwc), KPMG und Ernst & Young (EY).

Daneben bieten **Unternehmensberatungen** wie beispielsweise The Boston Consulting Group, Mercer Management Consulting und Roland Berger Beratungsleistungen in einzelnen Bereichen der Immobilienbranche an. Beispiele für derartige Leistungen sind die klassische Strategieberatung bei Immobilien-Aktiengesellschaften, die Optimierung von Kostenstrukturen im Facility Management oder die Entwicklung von Risikomanagementsystemen im Rahmen der Projektentwicklung.

Schließlich spielen internationale **Beratungsunternehmen der Immobilienbranche**, die wie CBRE, Cushman & Wakefield, Colliers, Savills oder Jones Lang LaSalle aus Zusammenschlüssen von internationalen Maklern und Beratern bzw. Investoren hervorgegangen sind, eine zunehmende Rolle.

1.6.6 Facility Manager/Immobilienverwalter

Während der Begriff des **Facility Managements** häufig in Verbindung mit gewerblichen Immobilien genutzt wird, wird der Begriff **Immobilienverwaltung** im Zusammenhang mit wohnwirtschaftlichen Immobilien verwandt. Allgemein gesagt bezweckt Facility Management (FM) die „Integration von Menschen, Prozessen, Immobilien und Anlagen, um den Unternehmenszweck zu unterstützen und nachhaltig zu gewährleisten" (vgl. Schulte/Pierschke, S. 39). Akteure an diesem atomistisch geprägten Markt sind (vgl. Staudt/Kriegesmann/Thomzik, S. 53):
- Bauplaner,
- Bauerrichter,
- Bauausstatter,
- Anbieter infrastruktureller Dienstleistungen (z. B. Sicherheit, Wartung, Reinigung),
- Versorgungsunternehmen,
- Softwareanbieter und
- Sonstige Anbieter (z. B. Immobilienbetreiber, Entsorger).

Laut einer Studie des InterConnection Consulting Group (IC) aus Wien erreichte der deutsche FM-Markt im Jahr 2004 einen Jahresumsatz von 54 Mrd. Euro, wobei das externe Facility Management mit ca. 30 Mrd. Euro einen überwiegenden und voraussichtlich noch steigenden Anteil hat. Eine Teilmenge von 8–10 % des externen Facility Managements entfällt dabei auf ein integriertes, ganzheitliches Facility

Management. Es sei davon auszugehen, dass sich diese Zahl aufgrund eines zunehmenden Trends hin zu Komplettangeboten erhöhen werde. „Gründe dafür sind die zunehmende Standardisierung, Rationalisierung (vor allem durch moderne Gebäudetechnik) und die Nachfrage nach Komplett- und Sammelverträgen auf Kosten von Einzelleistungen" (zitiert nach Engelhardt, S. 11). IC prognostiziert in diesem Zusammenhang eine Konzentration auf höchstens fünf Anbieter, die innerhalb der nächsten drei bis vier Jahre anstünde.

Der FM-Branchenreport 2010 der German Facility Management Association (GEFMA) verdeutlicht die Bedeutung der Branche für die deutsche Wirtschaft. Die FM-Branche steuert mit 112 Mrd. Euro Bruttowertschöpfung einen beachtlichen Anteil von 5,03 % am Bruttoinlandsprodukt (BIP) bei. Weiterhin sind ca. 10 % aller 40 Mio. Erwerbstätigen in Deutschland in der FM-Branche im weitesten Sinne beschäftigt. Die führenden Facility-Service Unternehmen in Deutschland nach Umsatz sind Abbildung 17 zu entnehmen.

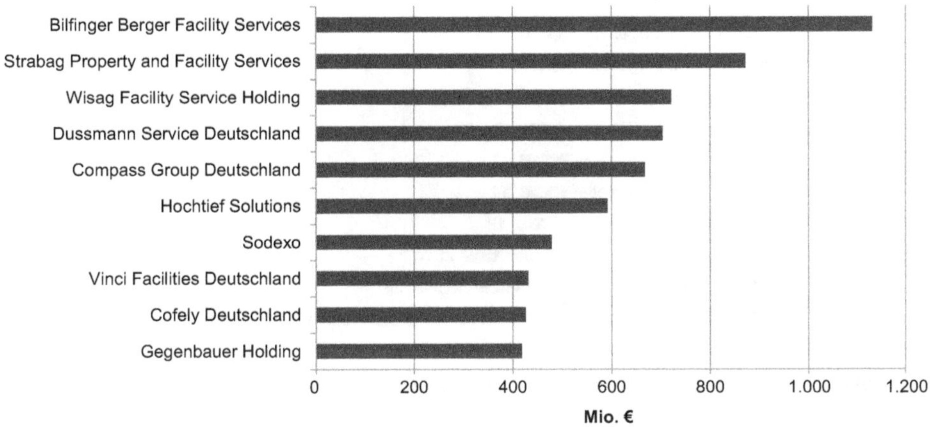

Abb. 17: Führende Facility-Service-Unternehmen in Deutschland nach Umsatz, Stand 2012 (Quelle: Lünendonk 2012)

1.6.7 Immobilienbetreiber

Betreiberimmobilien liegen dann vor, wenn das Management des Objektes bei einem Betreiber liegt, dessen Geschäftstätigkeit weitestgehend von der Nutzenziehung aus der Immobilie abhängt, wobei er jedoch nicht unbedingt über das Eigentum an der Immobilie verfügt (z. B. Hotels oder Seniorenimmobilien). So stellt ein Hotel, das von einem Betreiber gepachtet wird, für diesen einen reinen Produktionsfaktor im Rahmen der durch ihn erbrachten Dienstleistung dar.

Immobilienbetreiber sind vor allem für **Sonderimmobilien,** also Hotels, Seniorenimmobilien, Sportimmobilien und Freizeitimmobilien wie Urban Entertain-

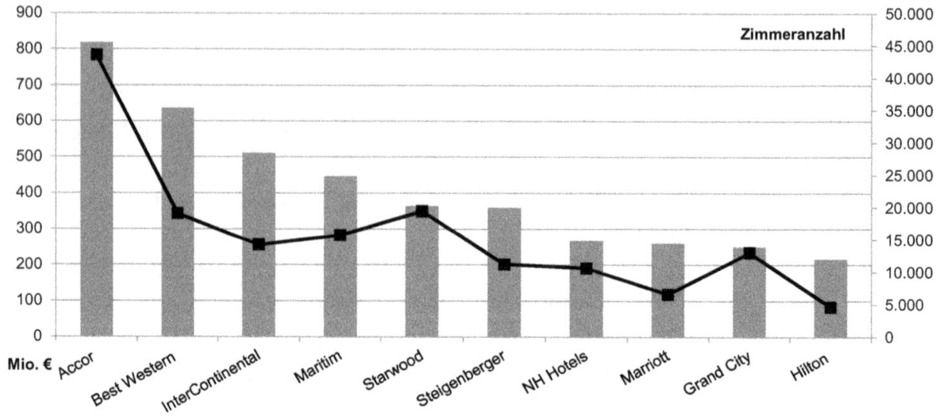

Abb. 18: Die größten Hotelbetreiber Deutschlands nach Umsatz (Top 10), Stand 2011 (Quelle: Hotelier)

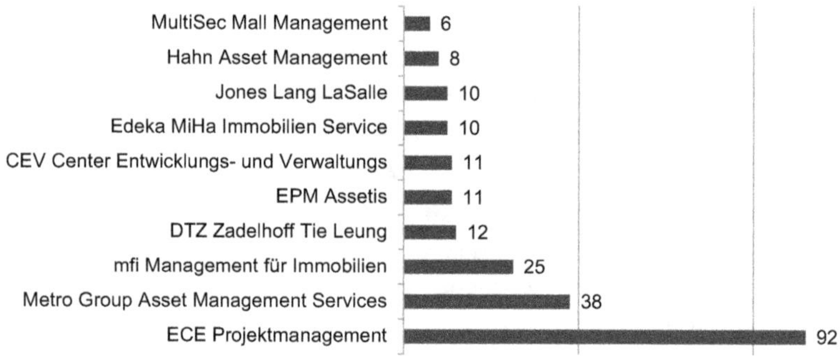

Abb. 19: Die größten SC Betreiber in Deutschland nach Anzahl der Objekte (Top 10), Stand 2012 (Quelle: EHI Retail Institute Köln)

ment Center, Multiplexkinos und Musicaltheater von großer Bedeutung. So steht und fällt beispielsweise der Erfolg von Hotelimmobilien in vielen Segmenten mit dem Renommee des Betreibers, da Banken sich bei der Finanzierung daran orientieren und Kunden sich standortunabhängig auf die gewohnten Qualitätsstandards verlassen wollen. Abbildung 18 bietet einen Überblick über die größten Hotelbetreiber Deutschlands.

Auch bei **Einzelhandelsimmobilien** kommt es stark auf den Betreiber des Centers bzw. das **Centermanagement** an, da dieser die Verantwortung für Mietvertragswesen, Marketing und Öffentlichkeitsarbeit, technisches Gebäudemanagement, infrastrukturelles Gebäudemanagement, Sortimentsoptimierung und das Berichtswesen übernimmt. Größter Center Manager ist in Deutschland die ECE, wobei das Eigentum an der Immobilie und der Betrieb hier ebenfalls nicht zwangsläufig einhergehen (beispielsweise betreibt die ECE das Main-Taunus-Zentrum vor Frankfurt, ohne jedoch Eigentümer zu sein). Die wichtigsten Shopping-Center Betreiber in Deutschland sind in Abbildung 19 veranschaulicht.

Für **Freizeitimmobilien** gilt, dass die sorgfältige Betreiberauswahl eine Kernbedingung für den Erfolg einer Freizeitimmobilie darstellt. Erfolgsfaktoren sind hier vor allem Seriosität, Bonität und Finanzstärke sowie Managementerfahrung. Je nach Art der Immobilie sind verschiedene Akteure auf dem Markt aktiv (vgl. Westdeutsche Immobilienbank):

- **Freizeit- und Themenparks** wurden traditionell durch Familienunternehmen betrieben. Inzwischen sind jedoch auch internationale Unternehmen und von ihnen betriebene Freizeitparks wie der Warner Movie Park in Bottrop-Kirchhellen und das Legoland Deutschland in Günzburg anzutreffen. Disney, die Tussaud-Gruppe sowie Anheuser-Busch stellen weitere international bekannte Betreiber von Freizeitparks dar.
- **Themengastronomie**: Bisher haben sich am Markt vor allem Eigenentwicklungen (z. B. diverse Erlebnisbrauereien) sowie nationale und internationale Franchiseunternehmen bzw. Filialunternehmen (Planet Hollywood, Hard Rock Cafés, Dave & Buster's, etc.) positioniert.
- **Musicaltheater**: Seit der Übernahme der Stella AG durch die Stage Entertainment Germany GmbH behauptet sich diese mit Musicals wie „Cats", „Phantom der Oper", „Tanz der Vampire", „Les Miserables" als erfolgreiches Unternehmen am Markt. Weitere Akteure am Markt reichen von Andrew Lloyd Webber, dem Autor diverser Musicals (Firma „The Really Useful Group") bis zu mehreren kleinen Unternehmen, die sich im Markt allerdings alle noch nicht durchsetzen konnten.
- Das erste **Multiplexkino** in der Bundesrepublik Deutschland wurde im Oktober 1990 im Hürth-Park von UCI eröffnet. Seitdem hat eine Vielzahl von Anbietern den Markt betreten, was zu einer gewissen Übersättigung des Marktes führte.
- **Freizeitbäder** werden hauptsächlich durch Kommunen betrieben, was nicht zuletzt daran liegt, dass sie sich häufig als defizitär erweisen.

1.7 Immobiliennutzer

Der Nutzer einer Immobilie wird mit seinen Bedürfnissen gelegentlich nachrangig berücksichtigt, sollte jedoch im Fokus der Aufmerksamkeit beim unternehmerischen Handeln aller Marktteilnehmer stehen. Besonders wichtig ist die Nutzerorientierung der Projektentwicklung; dies gilt für alle Immobilientypen.

Da der Nutzer das „unbekannte Wesen" darstellt, versuchen empirische Untersuchungen den Nutzerbedürfnissen auf den Grund zu gehen. Eine Studie der Kienbaum Management Consultants, Berlin/Düsseldorf, aus dem Jahr 2003/2004 offenbarte stark divergierende Vorstellungen von Mietern und Vermietern der deutschen

Wohnungswirtschaft, die zu einer nicht optimalen Erfüllung der Bedürfnisse des Mieters führten. So maßen Mieter beispielsweise der regelmäßigen Kommunikation mit dem Vermieter und dem Internetauftritt des Vermieters einen deutlich geringeren Stellenwert bei als dieser selbst. Entgegengesetzt verhielt es sich bei der Einrichtung eines zentralen Beschwerdemanagements, das Mietern deutlich wichtiger erschien.

Eine Studie der IVG identifizierte die Erwartungen von gewerblichen Mietern und unterschied darin zwischen den so genannten „harten“ und den „weichen“ Nutzerzufriedenheitsfaktoren. Zu den harten Nutzerzufriedenheitsfaktoren zählten hier Miethöhe, Vertragsgestaltung und Zustand des Mietgegenstandes, während weiche Faktoren standardisierte Kundeninformation, Service-Orientierung und (im Gegensatz zu den oben präsentierten Ergebnissen aus der Wohnungswirtschaft) die persönliche Kommunikation einschlossen (vgl. Rücker, S. 155 f.). Ebenso wie die wohnwirtschaftlichen Mieter zeigten sie nur wenig Interesse am Internetauftritt des Vermieters.

Es ist davon auszugehen, dass eine detaillierte Auseinandersetzung mit den Bedürfnissen der Mieter vor dem Hintergrund demographisch und wirtschaftlich bedingt stagnierender bis sinkender Nutzerzahlen in Zukunft immer mehr an Bedeutung gewinnen wird.

1.8 Zusammenfassung und Ausblick

Immobilienökonomie ist eine interdisziplinäre Wissenschaft, die eine Vertrautheit im Umgang mit Erkenntnissen unterschiedlichster Disziplinen und Fachgebiete erfordert. Hierbei sollte nicht übersehen werden, dass sich hinter jeder dieser Disziplinen und hinter jedem dieser Fachgebiete eine Fülle von Marktteilnehmern verbirgt, die für die Positionierung und den Erfolg einzelner Immobilien an der einen oder anderen Stelle eine entscheidende Rolle spielen. Dieses Kapitel hatte daher zum Ziel, die Charakteristika und Strukturen dieser Marktteilnehmer darzustellen, die alle gemeinsam als die institutionelle Aspekte einen festen Bestandteil des Hauses der Immobilienökonomie bilden und nicht von ungefähr eine seiner tragenden Säulen darstellen. Es kann hierbei jedoch nur einen ersten Einblick bieten, da sich das institutionelle Gefüge aufgrund zunehmender Internationalisierung und struktureller Veränderung der Immobilienwirtschaft im Wandel befindet. Grenzüberschreitende Transaktionen erfordern eine Kenntnis der strukturellen und institutionellen Eigenheiten nicht nur des eigenen Marktes, sondern auch ausländischer Immobilienmärkte, während gleichzeitig verschiedene ausländische Marktteilnehmer in Abhängigkeit von ihrer Geschäftsstrategie an unterschiedlichen Zeitpunkten im Immobilienzyklus Engagements in Deutschland forcieren. In Anbetracht der Tatsache, dass Immobilienmärkte regional geprägt sind, erhöht sich somit die Notwendigkeit von Netzwerken und Partnerschaften zwischen Mitgliedern unterschiedlicher Gruppierungen und Nationalitäten. Jeder, der sich in Theorie oder Praxis mit der Immobilienökonomie auseinandersetzt, sollte sich dessen bewusst sein.

1.9 Literatur

Alda, W./Lassen, J.: Kapitalanlagegesellschaften, in: Schulte, K.-W./Bone-Winkel, S./Thomas, M. (Hrsg.): Handbuch Immobilien-Investition, 2., vollständig überarbeitete Aufl., Köln 2005, S. 87–122.

BMVBS (Hrsg.): Strukturdaten zur Produktion und Beschäftigung im Baugewerbe, Berlin, 2013.

Bulwien, H.: Überblick über Immobilieninvestoren und -anlageprodukte in Deutschland, in: Schulte, K.-W./Bone-Winkel, S./Thomas, M. (Hrsg.): Handbuch Immobilien-Investition, 2., vollständig überarbeitete Aufl., Köln 2005, S. 45–66.

Deutsche Bundesbank: Das PHF: Eine Erhebung zu Vermögen und Finanzen privater Haushalte in Deutschland, in: Deutsche Bank Monatsbericht Januar 2012, Frankfurt 2012.

Diederichs, C. J.: Grundlagen der strategischen und taktischen Bauunternehmensführung, in: Diederichs, C.J. (Hrsg.): Handbuch der strategischen und taktischen Bauunternehmensführung, Wiesbaden 1996, S. 47–81.

Diederichs, C. J.: Grundlagen der Projektentwicklung/Teil 1, in: Bauwirtschaft, 1994, Heft 11, S. 43–49.

Dieterich, H./Dransfeld, E./Voß, W.: Urban Land and Property Land Markets in Germany, London 1993.

Drobinski, M.: Zinsen für den lieben Gott, in: Süddeutsche Zeitung, 29. Mai 2002, S. 16.

Engelhardt, A.: IC-MARKTSTUDIE – Fünf große Anbieter bleiben übrig, in: Immobilien Zeitung, Nr. 04/2004, 12.02.2004, S. 11.

Falk, B./Haber, G./Spitzkopf, H./Winden, S./de Witt, S.: Fachlexikon Immobilienwirtschaft, 3. Aufl., Köln 2004.

Feri Euro Rating Services: Marktstudie der Beteiligungsmodelle 2012, Bad Homburg, 2012.

Frerk, C.: Finanzen und Vermögen der Kirche, 3. Aufl., Aschaffenburg 2002.

GEFMA: FM-Branchenreport 2010, Bonn 2010.

Heissmann (Hrsg.): Heissmann Stiftungsstudie 2005, Wiesbaden 2005.

Kalusche, W.: Projektmanagement für Bauherren und Planer, 3. Aufl., München 2012.

Kolwitz, K.: Die Kirche entdeckt den Markt, in: Immobilien Wirtschaft und Recht, 04/2004, S. 10–12.

Kyrein, R.: Immobilien-Projektmanagement, Projektentwicklung und -steuerung, 2. Aufl., Köln 2002.

Lazard Asset Management: Stiftungen in Deutschland, in: Hintergrund, September 2003.

Lündendonk (Hrsg.): Führende Facility-Service-Unternehmen in Deutschland, Kaufbeuren 2012.

Marhold, K.: Baumarketing, in: Diederichs, C.J. (Hrsg.): Handbuch der strategischen und taktischen Bauunternehmensführung, Wiesbaden 1996, S. 309–344.

Markowitz, H. M.: Individual versus Institutional Investing, in: Financial Services Review, 1(1): 1–8, 1991, S. 1–8.

Pfarr, K.: Grundlagen der Bauwirtschaft, Essen 1984.

Pfnür, A./Hedden, N.: Ergebnisbericht zur empirischen Untersuchung „Corporate Real Estate 2002 – Institutionalisierung des betrieblichen Immobilienmanagements“, Arbeitsbereich öffentliche Wirtschaft am Fachbereich Wirtschaftswissenschaften der Universität Hamburg, Arbeitspapier Nr. 28, 2002.

Roulac, S. E.: Implications of Individual Versus Institutional Real Estate Investing Strategies, in: Schwartz, Jr. A.L./Kapplin, S.D., Real Estate Research Issues, Vol. 2, 1995, S. 35–58.

Rücker, T.: Konzeption und Implementierung eines Kunden-Management und Informationssystems, in: Schulte, K.-W./Brade, K. (Hrsg.): Handbuch Immobilien-Marketing, Köln 2001, S. 149–168.

Schäfers, W./Högner, J.: Möglichkeiten zur Privatisierung im Public Real Estate Management, in: Schulte, K.-W./Schäfers, W./Pöll, E./Amon, M. (Hrsg.): Handbuch Immobilienmanagement der öffentlichen Hand, Köln 2006, S. 83–106.

Schäfers, W./Schulte, K.-M.: REOCs and REITs, in: Just, T./Maennig, W. (Hrsg.): Understanding German Real Estate Markets, Heidelberg 2012, S. 331–348.

Schulte, K.-W./Pierschke, B.: Begriff und Inhalt des Facilities Managements, in: Schulte, K.-W./ Pierschke, B. (Hrsg.): Facilities Management, Köln 2000, S. 31–40.

Schulte, K.-W./Schäfers, W.: Modernes Immobilien-Management bei Corporates und Publics, in: Schulte, K.-W./Schäfers, W. (Hrsg.): Handbuch Corporate Real Estate Management, 2. aktualisierte und erweiterte Aufl., Köln 2004, S. 29–53.

Schulte, K.-W./Schäfers, W./Pöll, E./Amon, M.: Grundlagen des Immobilienmanagements der öffentlichen Hand, in: Schulte, K.-W./Schäfers, W./Pöll, E./Amon, M. (Hrsg.): Handbuch Immobilienmanagement der öffentlichen Hand, Köln 2006, S. 21–36.

Schulte, K.-W./Väth, A.: Finanzierung und Liquiditätssicherung; in: Diederichs, C. J. (Hrsg.): Handbuch der strategischen und taktischen Bauunternehmensführung, Wiesbaden 1996, S. 47–81.

Schulten, A./Lippold, M.: Projektentwickler in Deutschland – Der Markt – Die Player – Die Zukunft, in: Schulte, K.-W./Bone-Winkel, S. (Hrsg.): Handbuch Immobilien-Projektentwicklung, 3., akt. und erw. Aufl., Köln 2008, S. 491–505.

Schulz-Eickhorst, A.: Die Bauherren-Architekten-Beziehung: eine institutionenökonomische Problemanalyse mit Lösungsansätzen, in: Schulte, K.-W. (Hrsg.): Schriften zur Immobilienökonomie, Band 19, Köln 2002.

Sohni, M.: Sachverständigenwesen in Deutschland und Europa, in: VDH Verband deutscher Hypothekenbanken e. V. (Hrsg.): Studienschriften, Dezember 1997.

Spars, G.: Die Wohnungs- und Immobilienwirtschaft im Licht der Neuen Institutionenökonomik, in: Gondring, H.-P. (Hrsg.), Handbuch der Immobilienwirtschaft, Stuttgart 2001, S. 29–47.

Staudt, E./Kriegesmann, B./Thomzik, M.: Facility Management – Der Kampf um Marktanteile beginnt, Frankfurt am Main 1999.

Verband deutscher Pfandbriefbanken: Jahresbericht 2012, Berlin 2013.

Verband deutscher Pfandbriefbanken: Der Pfandbrief 2013/2014, Berlin 2013.

Verband geschlossene Fonds: VGF Branchenzahlen – Geschlossene Fonds 2012, Berlin, 2012.

Walbröhl, V.: Die Immobilienanlageentscheidung im Rahmen des Kapitalanlagemanagements institutioneller Anleger – eine Untersuchung am Beispiel deutscher Lebensversicherungsunternehmen und Pensionskassen, in: Schulte, K.-W. (Hrsg.): Schriften zur Immobilienökonomie, Band 15, Köln 2001.

Walz, E./Walbröhl, V.: Versicherungsgesellschaften und Pensionskassen, in: Schulte, K.-W./Bone-Winkel, S./Thomas, M. (Hrsg.): Handbuch Immobilien-Investition, 2., vollständig überarbeitete Aufl., Köln 2005, S. 173–202.

Westdeutsche Immobilienbank (Hrsg.): Der Freizeitmarkt und seine Bedeutung für die Immobilienwirtschaft, Marktbericht Nr. 3, Düsseldorf 1997.

Wiegand, K.: Stiftungen in Deutschland, Studie, Bridges Kanzlei Wiegand, München 2002.

Teil D: Phasenorientierte Aspekte des Immobilienmanagements

Stephan Bone-Winkel, Björn Isenhöfer, Philip Hofmann, Mirjam Franz

1 Projektentwicklung

Inhalt

1.1 Einführung

Projektentwicklung wird in der Praxis häufig als der „Motor der Immobilienwirtschaft" bezeichnet, gleichzeitig aufgrund der Komplexität und der Risiken als Königsdisziplin in der Branche. Und Absolventen der immobilienwirtschaftlichen Studiengänge sehen einen Einstieg als Projektentwickler in Befragungen der Immobilienzeitung seit Jahren unangefochten als Berufswunsch Nummer eins.

Hinsichtlich des Begriffs und der Funktion der **Projektentwicklung** bestehen in der Immobilienwirtschaft unterschiedliche und teilweise unklare Vorstellungen. Eine gesetzliche Regelung der Projektentwicklungstätigkeit – wie sie etwa für die Baubetreuung oder die Projektsteuerung geschaffen wurde – liegt nicht vor (vgl. Wagner, S. 665). In wissenschaftlicher Hinsicht lassen sich statische und dynamische Ansätze der Projektentwicklung unterscheiden.

1.1.1 Der statische Ansatz der Projektentwicklung

Im deutschsprachigen Raum hat zunächst eine statische, auf die Produktionsfaktoren des Projektentwicklungsprozesses abstellende **Definition** von Diederichs Verbreitung erlangt: „Durch Projektentwicklung sind die Faktoren Standort, Projektidee und Kapital so miteinander zu kombinieren, dass einzelwirtschaftlich wettbewerbsfähige, arbeitsplatzschaffende und -sichernde sowie gesamtwirtschaftlich sozial- und umweltverträgliche Immobilienobjekte geschaffen und dauerhaft rentabel genutzt werden können" (Diederichs, 1994, S. 43).

Wenn man in wirtschaftlicher Hinsicht Immobilien als „Space and money over time" definiert, dann wäre Projektentwicklung im Graaskampschen Sinne auch als Produktion von **Raum-Zeit-Einheiten** zu begreifen, die in Geld-Zeit-Einheiten transferiert werden können.

Das Begriffsverständnis von Diederichs wird durch Abbildung 1, in welcher der Faktor „Zeit" ergänzt wurde (vgl. Schulte/Bone-Winkel, S. 27 f.), wiedergegeben. Es werden **zwei Wirkungsebenen** der Projektentwicklung angesprochen: Zum einen wird die **gesamtwirtschaftliche** Ebene berührt, auf welcher die Frage zu beantworten ist, inwieweit die Bauinvestition bzw. die Immobilie als deren Ergebnis öffentlichen Belangen entgegenkommt. Zum anderen wird die **einzelwirtschaftliche** Ebene angesprochen, die im Folgenden im Zentrum des Interesses steht.

Als einzelwirtschaftliches Effizienzkriterium für die erfolgte Entwicklung nennt Diederichs die Wettbewerbsfähigkeit der Bauinvestition. Diese ist Ergebnis der von der Immobilie ausgehenden Nutzenstiftung bzw. ihrer Problemlösungskapazität. Der Aspekt der **Wettbewerbsfähigkeit** stellt die Funktion der Projektentwicklung zugleich in einen übergeordneten strategischen bzw. unternehmenspolitischen Zusammenhang. Demnach kann Projektentwicklung aus der Sicht eines Immobilienunternehmens auch als ein strategischer Ansatz zum Aufbau von Erfolgspotenzialen und – damit verbunden – zur Erzielung von verteidigungsfähigen Wettbewerbsvorteilen vor der Branchenkonkurrenz interpretiert werden (vgl. Diederichs, 1994, S. 46).

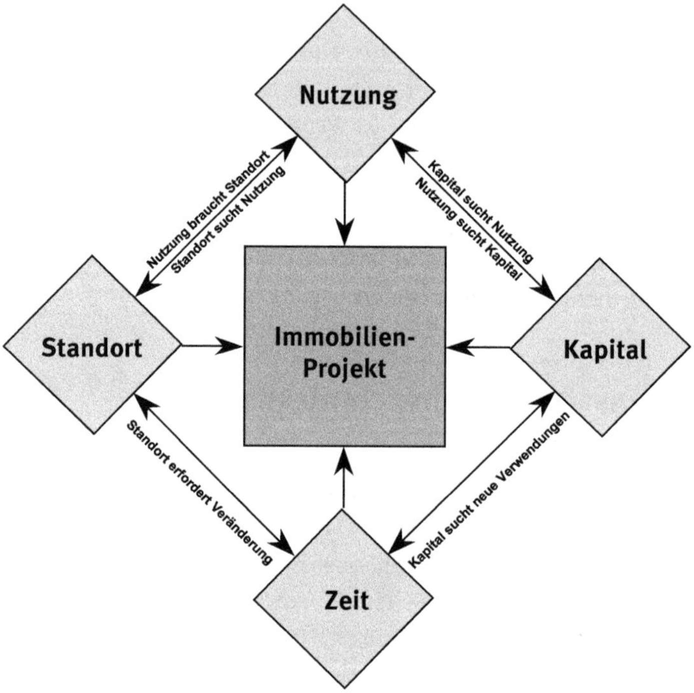

Abb. 1: Ausgangssituationen der Projektentwicklung (Quelle: In Anlehnung an Diederichs, 1994, S. 46)

Abbildung 1 verdeutlicht, dass grundsätzlich **drei Ausgangssituationen** einer Projektentwicklung unterschieden werden können.

So kann zunächst ein bereits vorhandenes **Grundstück**, für das der Grundstückseigentümer eine höherwertige Nutzung anstrebt, den Ausgangspunkt einer Projektentwicklung markieren. In der Immobilienpraxis dürfte die bei weitem größere Zahl der Entwicklungen vom Grundstück ausgehen. Typischerweise prüfen Entwickler hier die Art und das Maß der baulichen Nutzung für ein Grundstück in Abstimmung mit den Genehmigungsbehörden und potentiellen Nutzungsinteressenten. Hier seien beispielhaft solche Projektentwicklungen angeführt, die Non-Property-Unternehmen (Unternehmen, deren Hauptgeschäftszweck nicht im Bereich Immobilien liegt) im Zuge der gestiegenen Bedeutung des Corporate Real Estate Management (betriebliches Immobilienmanagement) auf ihren nicht mehr betriebsnotwendigen Grundstücken verwirklicht haben (vgl. dazu ausführlich Kapitel F.2).

Darüber hinaus kann der Ausgangspunkt einer Projektentwicklung auch in einer **Projektidee** bzw. einem konkreten Nutzerbedarf liegen, die bzw. den der Projektentwickler an einem geeigneten Standort umsetzen soll. Als typische Beispiele eines solchen Ablaufs gelten die Projektentwicklungen von Hotels und Einzelhandelsflächen. Dabei steht nicht der einzelne Standort im Vordergrund, sondern die Suche von Nutzern nach adäquaten Standorten zum flächendeckenden und konsumentennahen Angebot ihrer Dienstleistungen oder Waren. Entsprechend halten beispielsweise Filialisten im Lebensmitteleinzelhandel präzise Suchprofile bereit, in denen Standort- und Grundstücksbeschaffenheit sehr detailliert vorgegeben sind. Auch die auf den Grundstücken zu errichtenden Gebäude werden in Baubeschreibungen exakt definiert. Für den Entwickler und insbesondere für den späteren Eigentümer dieses spezialisierten Flächenbedarfs stellt sich die Frage der Drittverwendungsfähigkeit der Gebäude falls die originäre Nutzung mit Auslauf des Mietvertrages oder der Insolvenz des Mieters enden sollte.

Schließlich können Projektentwicklungsprozesse auch durch nach geeigneter Verwendung suchendes **Kapital** insbesondere von institutionellen Investoren begründet werden. Entsprechen in einer solchen Situation die am Markt befindlichen Immobilienobjekte nicht den hohen Anforderungen der Investoren, so kann das Kapital langfristig nur in neue Projektentwicklungen investiert werden. In der Praxis kommt es häufig zu Joint Ventures zwischen Entwicklern und Investoren für die Entwicklung von weitgehend vermieteten und daher nicht-spekulativen Projekten, z. B. in den Segmenten Hotels, Seniorenheime, Fachmarktzentren, etc.

Die drei genannten Ausgangssituationen der Projektentwicklung sind unter dem Einfluss des Faktors **„Zeit“** zu betrachten. Grund und Boden sind unverwüstlich und haben theoretisch eine unbefristete Nutzenstiftung, solange die möglichen Kosten einer Beräumung oder einer Sanierung des Bodens noch eine Wirtschaftlichkeit des Gesamtprojektes zulassen. Da sich auch über die Zeit hinweg durch externe Veränderungen, wie z. B. Bauplanänderungen, der den höchsten Ertrag bringende Nutzen für ein Grundstück ändert, erfordert der Standort regelmäßig Veränderung. Ebenso sind Engagements in Projekte fristiger Natur, sodass auch das Kapital im Laufe der Zeit neue Verwendungen sucht. In diesem Sinne muss der Faktor Zeit in der Projektentwicklung Berücksichtigung finden. Wie wichtig insbesondere Timing in Bezug auf Projektentwicklung ist, verdeutlichen Immobilien-Marktzyklen, die den Preismechanismus-, Konstruktions- und Entscheidungs-Timelags unterworfen sind (vgl. Peiser/Hamilton, S. 15 ff.). Darüber hinaus können in der Praxis bei bestimmten Projekttypologien auch Produktlebenszyklen beobachtet werden. So sind nutzerinitiierte Konzepte häufig an ein Zeit- und Finanzierungsbudget geknüpft, etwa die Ende der 1980er Jahre entstandenen Multiplex-Kinos oder die heute zu beobachtenden Einsternehotels bestimmter Betreiber. Aber auch in baulicher und konzeptioneller Hinsicht unterliegen Bauten einem Produktlebenszyklus, etwa hinsichtlich der Grundrisstypologien im Bürobereich (Zelle, Großraum, Kombi, BusinessClub), der energetischen Fassadengestaltung (Ganzglas oder Lochfassade), oder der technischen Ausstattung der Gebäude vor dem Hintergrund der Entwicklung neuer Technologien.

1.1.2 Der dynamische und interdisziplinäre Ansatz der Projektentwicklung

Der statische Ansatz erweist sich als gut geeignet, um ein geplantes Projekt in seiner individuellen Balance aus Projektidee/Nutzungskonzept, Standort und Kapital zu beschreiben. Diese Faktorkombination beschreibt jedoch nur die Ausgangslage eines Projektes, weniger dessen Umsetzung als dynamischer und iterativer Prozess. Auch die interdisziplinäre Prägung der Entwicklung und die Aspekte der Lebenszyklusorientierung werden nicht berücksichtigt.

Die inhaltlich aber bedeutendste Kritik macht an der statischen Betrachtung selbst fest: Projektentwicklung (im engeren Sinne) wird von vielen Akteuren noch immer als ein der Planung vorgelagerter und mit Bauplanungsbeginn abgeschlossener Prozess verstanden, sozusagen als Phase 0 der HOAI. Dieses statische Verständnis kann als Ursache vieler Fehlplanungen angesehen werden, da einmal verabschiedete Projektkonzepte „durchgezogen" werden statt sie veränderten Marktbedingungen anzupassen. Auch wenn die baulichen und gestalterischen Eingriffsmöglichkeiten im späteren Bauverlauf abnehmen, so ist dennoch eine permanente Prüfung des Nutzungskonzepts, der Finanzierungs- und der Vermarktungsstrategien zwingend, um die Gefahr nicht marktgerechter Immobilien zu verringern.

Aus dieser Kritik heraus entstand der dynamische und interdisziplinäre Ansatz der Projektentwicklung: „Immobilien-Projektentwicklung umfasst das interdisziplinäre Management von planungs- und baubezogenen Wertschöpfungsprozessen im Lebenszyklus der Immobilie.

Dazu gehören die Bausteine Akquisition, Nutzungskonzeption und Machbarkeitsanalyse, Baurechtschaffung, Eigen- und Fremdkapitalbeschaffung, Marketing und Vermietung, Projektmanagement sowie die Verwertung der Immobilie."

Statt das Ergebnis einer Projektentwicklung zu definieren, stellt dieses Verständnis eher auf die Eigenschaften der Entwicklungstätigkeit selbst und die Bausteine der Projektentwicklung ab. Zu den einzelnen Eigenschaften:

Interdisziplinär: Entwicklungstätigkeiten basieren auf dem koordinierten Zusammenwirken unterschiedlichster Disziplinen und Berufsgruppen, insbesondere Planer, Ingenieure, Gutachter, Finanzierer, Juristen, Makler und Berater.

Management: Developments werden von einem professionellen Entwickler geplant, gesteuert und kontrolliert. Er wirkt als Team- und Prozessmanager. Aufgrund der häufig gegenläufigen Interessen der Prozessbeteiligten, wirkt der Entwickler auch als Konfliktlöser und Motivator. Der Entwickler übernimmt in der Regel selbst keine planungs- oder bauausführenden Tätigkeiten, sondern konzentriert sich auf die Bauherrenaufgaben in der Projektrealisierung.

Wertschöpfungsprozesse: Die Transformation eines Grundstücks in ein Gebäude oder die Revitalisierung eines Bestandsgebäudes hat die Wertschöpfung zum Ziel, d. h. die Schaffung eines Mehrwerts für den Eigentümer des Objektes.

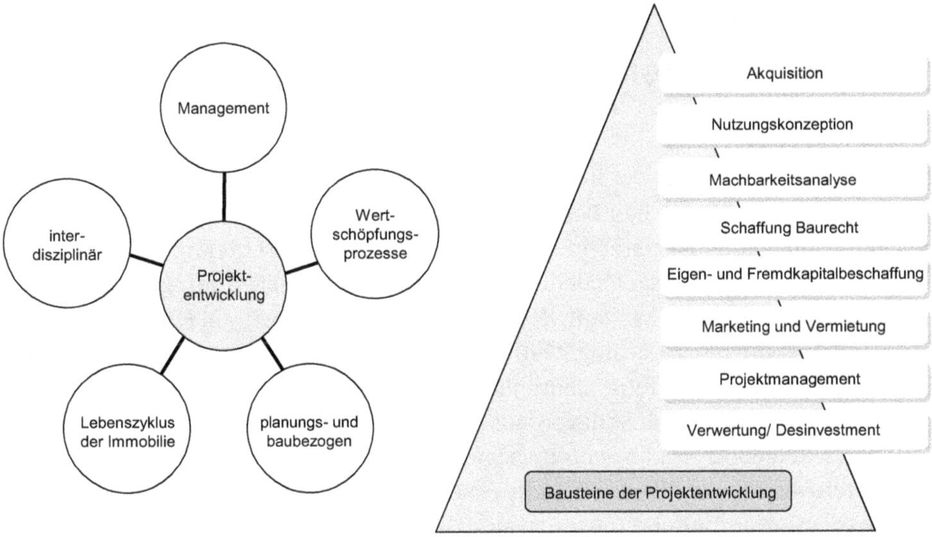

Abb. 2: Der Dynamische Ansatz der Projektentwicklung

Planungs- und baubezogen: In Abgrenzung zur Spekulation oder zum Investment basiert die Wertschöpfung in der Projektentwicklung auf konkreten Planungs- und Bauaktivitäten, die vom Entwickler eingeleitet und koordiniert werden.

Lebenszyklus der Immobilie: Entwicklungsaktivitäten richten sich nicht ausschließlich auf Neubauten, sondern auch auf den Bestand. So wird Projektentwicklung im Rahmen des Lebenszyklusses einer Immobilie in der Regel mehrfach erforderlich, und zwar immer dann, wenn eine vorhandene Nutzung endet und eine Nachnutzung nur durch erhebliche konzeptionelle und bauliche Änderungen erreicht werden kann. Die Dauer der Nutzungsphasen in wirtschaftlicher und technischer Hinsicht lässt sich durch die Intensität und Qualität der Projektentwicklungsphase beeinflussen. Dies bezieht sich nicht nur auf die technische Lebensdauer der verwendeten Baustoffe, sondern vor allem auf die Flexibilität und Reversibilität des gefundenen Nutzungskonzeptes.

Die einzelnen Bausteine der Projektentwicklung werden in Abschnitt D.2.3. noch einmal aufgegriffen. In institutioneller Hinsicht ist festzustellen, dass heute Grundstückseigentümer regelmäßig einzelne Bausteine der Projektentwicklung an externe Gutachter oder Berater vergeben. Gleichzeitig finden einzelne Bausteine der Projektentwicklung auch Anwendung bei anderen Managementaufgaben in der Immobilienpraxis, insbes. im Bereich des Asset Managements (vgl. Bone-Winkel/ Orthmann/Amon, S. 10 ff. und Bone-Winkel/Feldmann, S. 468 ff.).

1.2 Modelle zur Erklärung von Projektentwicklungsprozessen

1.2.1 Überblick

Hinsichtlich der inhaltlichen Beschreibung und Konzeptualisierung des Projektentwicklungsprozesses existieren in der anglo-amerikanischen Literatur eine Reihe von Modellen. Healey hat diese Modelle systematisiert und **drei grundlegende Ansätze** zur Beschreibung der Projektentwicklung identifiziert, denen die Modelle zugeordnet werden können (vgl. Healey, 1990, S. 4 ff.; Healey, 1991, S. 219 ff.)
- **Gleichgewichtsmodelle** („Equilibrium models“), die auf der Grundlage volkswirtschaftlicher Ansätze davon ausgehen, dass Projektentwicklungsaktivitäten durch Angebots- und Nachfragebewegungen zustande kommen, die am Markt durch Mieten, Renditen und Kaufpreise induziert werden.
- **Institutionenmodelle** („Agency models“) welche vor dem Hintergrund behavioristischer bzw. institutionenökonomischer Überlegungen die an dem Projektentwicklungsprozess beteiligten Akteure und ihre Beziehungen in den Mittelpunkt der Betrachtung stellen.
- **Phasenmodelle** („Event-sequence models“), die sich aus betriebswirtschaftlicher Sicht auf das Management des Projektentwicklungsprozesses konzentrieren und diesen hierfür in einzelne Phasen zerlegen.

Neben den drei oben genannten Ansätzen identifiziert Healey einen weiteren Ansatz, den sie als **Strukturmodell** bezeichnet. Dieser liegt zu wesentlichen Teilen in der marxistischen Systemauffassung begründet und untersucht in erster Linie das Spiel der Kräfte von Kapital, Arbeit und Eigentum innerhalb des Produktionsprozesses sowie dessen Einfluss auf das bauliche Umfeld und die kapitalistische Gesellschaft. Auch wenn Strukturmodelle vom analytischen Standpunkt her bestechend sind, sollen sie aufgrund ihrer einseitigen, dialektischen Orientierung hier nicht näher behandelt werden (vgl. Bone-Winkel, S. 49).

1.2.2 Gleichgewichtsmodelle („Equilibrium Models“)

1.2.2.1 Grundlagen

Gleichgewichtsmodelle veranschaulichen die Entstehung und die Wirkungsweise von Angebots- und Nachfrageüberschüssen sowie Preisschwankungen auf Teilmärkten. Sie gehen von der grundlegenden Annahme aus, dass Nachfrage nach Raumnutzungen Projektentwicklungsprozesse induziert. Es wird im Rahmen von Ursache-Wirkungsketten ferner vorausgesetzt, dass Mieten, Renditen und Kaufpreise in der Lage sind, das Verhalten der Marktteilnehmer zu lenken und ein **Gleichgewicht von Angebot und Nachfrage** herzustellen (vgl. Healey, 1991, S. 220; Shafer, S. 34 ff.).

Dieser theoretischen Sichtweise ist jedoch entgegenzuhalten, dass sich die reale Entwicklung des Immobilienmarktes aus verschiedenen Gründen anders verhält. Die Besonderheiten der Immobilie, insbesondere die Aspekte der Standortfixierung, der Produktionsdauer, der Langlebigkeit und der Nichtteilbarkeit, stehen sowohl in kontraktiven als auch in expansiven Marktphasen einem raschen Ausgleich von Angebot und Nachfrage entgegen. Aufgrund der starken Segmentierung des Immobilienmarktes in heterogene Teilmärkte kommt das Problem hinzu, dass die Marktteilnehmer nur unzureichende Informationen über Verhalten und Erwartungen der jeweils anderen Marktteilnehmer besitzen (vgl. Bone-Winkel, S. 50).

Es ist somit davon auszugehen, dass Gleichgewichtsmodelle aufgrund ihres überwiegend **statischen und deterministischen Charakters** nicht in der Lage sind, das komplexe Geschehen realer Projektentwicklungsprozesse hinreichend zu erklären.

Ein anderes Ergebnis wäre zu erzielen, wenn das klassische Gleichgewichtsmodell dynamisiert würde. Die Grundlage hierfür könnte das so genannte **„Cobweb-Theorem“** liefern, welches davon ausgeht, dass die Anbieter in einer Situation vollständiger Konkurrenz ihr Angebot erst mit einperiodiger Verzögerung an den Preis anpassen, während die Nachfrager sofort reagieren. Eine weitere Prämisse ist, dass die Anbieter nicht aus ihren Erfahrungen lernen und dementsprechend die erwarteten Verhaltensänderungen für die nachfolgende Periode vorwegnehmen (vgl. Bone-Winkel, S. 50).

Die dadurch erklärten **Gleichgewichtsschwankungen** besitzen auch in empirischer Hinsicht eine gewisse Relevanz. Auch bei Beobachtung der tatsächlichen Verhältnisse auf dem Immobilienmarkt können hier mit hoher Gewissheit Angebots- und Nachfrageschwankungen bzw. zyklische Marktbewegungen festgestellt werden.

Erst in jüngster Zeit werden verstärkt Forschungsbemühungen im Bereich der „Real Estate Economics“ sichtbar, die Phänomene und Mechanismen der Immobilienmärkte untersuchen.

1.2.2.2 Einfaches Gleichgewichtsmodell

Abbildung 3 zeigt in einem einfachen Modell anhand der drei Märkte Nutzermarkt, Anlegermarkt und Developermarkt das Zusammenspiel von Angebot und Nachfrage. Der vierte Markt, der Kapitalmarkt, ist exogen durch den Zins gegeben (vgl. Keogh, S. 58 ff.).

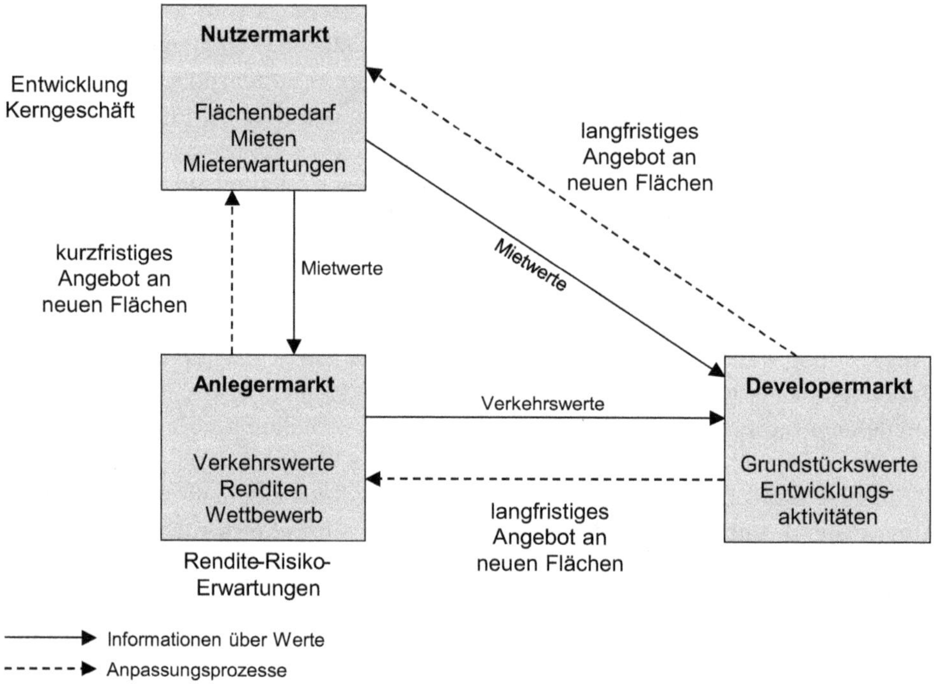

Abb. 3: Gleichgewichtsmodell zur Erklärung der Schwankungen am Nutzer-, Anleger- und Developermarkt (Quelle: Bone-Winkel/Sotelo, S. 202)

Folgendes **Beispiel auf dem Büromarkt** ist denkbar: Durch die Konjunktur bedingt schaffen Unternehmen Arbeitsplätze im Dienstleistungsbereich und mieten die Nutzer mehr Bürofläche an. Da das Angebot kurzfristig konstant ist, steigen die Mietwerte und somit auf dem Anlegermarkt die Verkehrswerte. Auf dem Developermarkt wird registriert, dass höhere Renditen auf dem Anlegermarkt zu erwirtschaften sind, also wird die Entwicklungsaktivität gesteigert. Nach einem Entwicklungslag wird nach einigen Jahren ein erhöhter Prozentsatz zum Bestandsmarkt hinzugefügt und die Mietwerte sinken wieder. Ganz entscheidend ist in diesem Zusammenhang, dass exogene Faktoren wie die Entwicklung des Kerngeschäftes auf Nutzerseite und die Rendite/Risiko-Erwartungen der Investoren das Geschehen am

Projektentwicklungsmarkt beeinflussen. Nicht der Mietpreis induziert ein Nachfrageplus, sondern die Schaffung von Arbeitsplätzen. Und insbesondere die Nachfrage nach Mietflächen ist weitgehend preisunabhängig, da Nutzer ihre Flächennachfrage nicht allein deshalb deutlich steigern, weil die Mietpreise gerade sehr günstig sind.

Ebenso steuert nicht das Angebot an verfügbaren Kaufobjekten das Verhalten der Anleger, sondern die über den Erwerb erzielbare Rendite im Vergleich zu erzielbaren Renditen bei Alternativinvestitionen am Kapitalmarkt.

Die zyklische Entwicklung von Anleger- und Flächenmarkt sind zudem interdependent, d. h. sinkende Mieten gehen häufig einher mit sinkenden Kaufpreisen. Entwickler sind hier besonders betroffen, da sie nur in Aufschwungphasen ausreichend Zugang zu Eigen- und Fremdkapital erhalten und erst dann Projekte starten können, bei Fertigstellung Jahre später aber häufig bereits in einer Abschwungphase hinein vermieten müssen.

1.2.3 Institutionenmodelle („Agency Models“)

1.2.3.1 Grundlagen

Institutionenmodelle konzentrieren sich auf die **Akteure im Projektentwicklungsprozess**. Dabei ist jede Phase dieses Prozesses durch die Zusammenarbeit und den individuellen Beitrag einer Vielzahl von Akteuren gekennzeichnet. Das Erfassen der Schlüsselfiguren, ihrer Rollen, Interessen, Ziele und Beziehungen bildet eine der wesentlichen Voraussetzungen für das Verständnis des Projektentwicklungsprozesses.

1.2.3.2 Das Institutionenmodell nach Graaskamp

Dem Modell von Graaskamp folgend, konstituiert sich der Projektentwicklungsprozess aus der dynamischen Interaktion von **drei Gruppen** von Akteuren:

- Die Gruppe der Flächenkonsumenten (**Space Consumer Group**) umfasst zum einen die individuellen Mieter einer Immobilie und die so genannte „owner-occupiers“, d. h. die selbstnutzenden Immobilieneigentümer. Die Entscheidungen dieser Gruppe von Akteuren sind vorrangig von Standort, Raumangebot und den Gesamtnutzungskosten der Immobilie abhängig. Zum anderen sind die Immobiliennutzungen der öffentlichen Hand („Collective Users“), die in aller Regel auf politischen Bedarfsentscheidungen beruhen, und die Gruppe der potenziellen bzw. zukünftigen Immobiliennutzer zu nennen (vgl. Bone-Winkel, S. 61).
- Der Gruppe der Flächenproduzenten (**Space Production Group**) können diejenigen Akteure zugerechnet werden, die durch die Einbringung ihres Wissens und ihrer Erfahrungen („Site Specific Expertise“) zu dem Prozess der Transformation von Raum-Zeit-Einheiten in Geld-Zeit-Einheiten beitragen. Im Einzelnen

sind dies Developer, Planer, Finanzierungsinstitute, Bauunternehmen sowie Serviceunternehmen.

- Zur Gruppe der öffentlichen Infrastrukturanbieter (**Public Infrastructure Group**) gehört die gesamte Bandbreite der Anbieter öffentlicher Leistungen („Off-site Services and Facilities"), die erforderlich sind, um die Immobiliennutzung funktionsfähig zu erhalten – insbesondere Infrastruktureinrichtungen, Versorgungsunternehmen und Behörden (Bauaufsicht, Ordnungs-/Gewerbeaufsichtsamt, etc.) (vgl. Bone-Winkel, S. 61).
- Die ökonomischen und politischen Relationen zwischen den Angehörigen der drei Gruppen können vielfältige Formen annehmen und bewegen sich zwischen den Polen Harmonie und Disharmonie, Wohlstrukturiertheit und Chaos. Dem Projektentwickler kommt in diesem Beziehungsgeflecht die **Rolle eines Koordinators und Katalysators** („Agent") für die Pluralität der Interessen zu. Er übernimmt in aller Regel nicht alle mit dem Projektentwicklungsprozess einhergehenden Aufgaben in eigener Regie, sondern stellt vielmehr den „Principal Agent" unter den Projektbeteiligten dar und übt Konzeptionierungs-, Motivations-, Integrations-, Entscheidungs- und Risikofunktionen innerhalb des Prozesses aus (vgl. Fraser, S. 239).

Während in der Vergangenheit vor allem die Beziehungen zwischen der „Space Production Group" und der „Public Infrastructure Group" von dem Gegensatz privater bzw. einzelwirtschaftlicher und öffentlicher bzw. gemeinwirtschaftlicher Interessen geprägt war, deutet sich heute eine Änderung der Verhältnisse in der Praxis an, welche in dem Begriff des **„Public Private Partnership"** (PPP) zum Ausdruck kommt. Nach dem vom Bundesministerium für Verkehr, Bau- und Wohnungswesen im August 2003 herausgegebenen Leitfaden zu Public Private Partnership im öffentlichen Hochbau kann man es „abstrakt beschreiben als eine langfristige, vertraglich geregelte Zusammenarbeit zwischen öffentlicher Hand und Privatwirtschaft zur Erfüllung öffentlicher Aufgaben[...]" (BMVBW, S. 1). Der Ursprung dieser Idee wird häufig auf die Initiative zur Revitalisierung der Stadt Pittsburgh im Jahre 1943 zurückgeführt (vgl. Kunzmann, S. 7 ff.).

Ursache hierfür ist die Einsicht, dass größere Entwicklungsvorhaben nicht nur einer der beiden Gruppen überantwortet werden können, sondern gemeinsamer Anstrengungen beider Seiten bedürfen. Die Institutionalisierung des Public Private Partnership führt zu einem tragfähigen Interessenausgleich und gewandelten Rollenverständnis bei öffentlicher Hand und privaten Unternehmen. Sie bewirkt ebenfalls die **Beschleunigung des Projektentwicklungsprozesses** durch die Parallelisierung von Verfahren und die gemeinsame Erledigung von Aufgaben (vgl. Bone-Winkel, S. 62).

Neuere Ansätze bemühen sich, den PPP-Gedanken auf eine breitere Basis zu stellen und in ein Model des **„Urban Processing"** zu überführen, bei dem die Grenzen zwischen Stadtentwicklung und Projektentwicklung aufgehoben werden.

1.2.3.3 Der Real Estate Diamond nach Poorvu

Nach dem von Poorvu an der Harvard Business School entwickelten Modell lassen sich Projektentwicklungsprozesse durch das interdisziplinäre Zusammenwirken von vier Kräften erklären: Immobilienmarkt, Kapitalmarkt, Akteure und Umwelt. Je nach Ausprägung des zu entwickelnden Immobilienprojekts ergibt sich ein individuelles Zusammenwirken der von ihm identifizierten Kräfte und ihrer Parameter (siehe Abbildung 4 Quelle: Poorvu, William J.: The Real Estate Game, New York, 1999, S. 250). Poorvu erläutert das Modell anhand eines Kartenspiels und zeigt auf, wie sich durch Nutzung der einzelnen Kräfte wertbasierte Immobilienstrategien („value-investing strategies") ableiten lassen um Wettbewerbsvorteile am Vermietungsmarkt aufzubauen. Beispiele für solche wertbasierten Strategien sind etwa der Erwerb unter Herstellungskosten, ein besserer Zugang zu Nutzern für leerstehende Flächen, oder die Transformation von Flächen für eine höherwertige Nutzung. Das

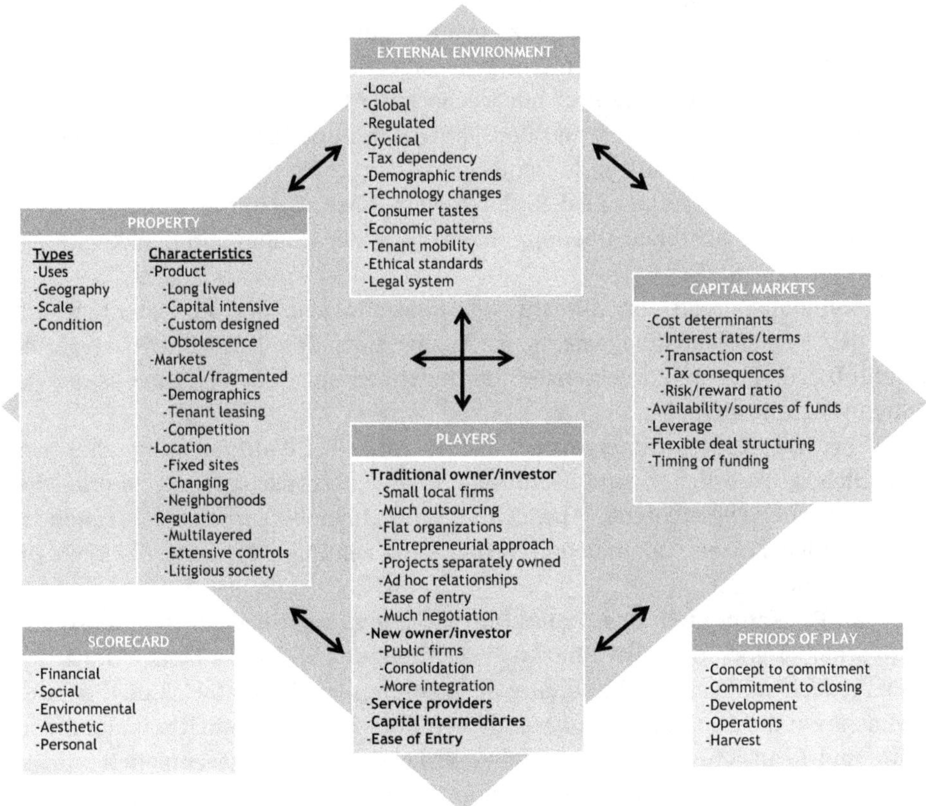

Abb. 4: Der Real Estate Diamond nach Poorvu (Quelle: Poorvu/Cruikshank: The Real Estate Game, 1999)

Ergebnis lässt sich in einer Scorecard zusammenfassen, welche die Strategie und die Annahmen für ein Immobilienprojekt dokumentiert.

1.2.4 Phasenmodelle („Event-Sequence Models")

Phasenmodelle beschreiten einen pragmatischeren Weg, um den Projektentwicklungsprozess zu charakterisieren. Im Allgemeinen handelt es sich hier um deskriptive Modelle, die die in der Realität auftretenden Prozesse der Immobilienentwicklung in einzelne **idealtypische Phasen** zerlegen. Sie kommen dabei den traditionellen **Ablaufschemata** von Produktions- und Dienstleistungsprozessen recht nahe, bei welchen sich die Herstellung eines Produktes bzw. die Erstellung einer Dienstleistung in mehreren aufeinander folgenden Schritten vollzieht. Am Anfang des Prozesses stehen im Falle der Projektentwicklung die drei bereits genannten Faktoren Standort, Projektidee und Kapital, am Ende steht das nutzungsbereite Immobilienobjekt (vgl. Bone-Winkel, S. 51).

Phasenmodelle sind sehr gut dazu geeignet, die Komplexität und Dynamik des Projektentwicklungsprozesses zu erfassen. Dabei durchlaufen Development-Projekte eine **„Development Pipeline"** mit wechselnder Geschwindigkeit, abhängig von Standort, baulichen Faktoren und den Fähigkeiten und Zielen der Projektbeteiligten. Die mittlere Durchlaufzeit in Deutschland beträgt ca. drei bis fünf Jahre. In der Praxis wird der Projektablauf i. d. R. durch **Netzpläne** abgebildet. Außerdem treten im konkreten Projektablauf Überlappungen, parallele Abläufe und Rückkopplungseffekte auf.

Abbildung 5 zeigt ein fünfstufiges Phasenmodell der Projektentwicklung und des Bau-Projektmanagements in Analogie zu den HOAI-Phasen (vgl. Abschnitt D.2.5), das vom Projektanstoß bis zur Inbetriebnahme den Prozess der Projektentwicklung abbildet.

Unter **Bau-Projektmanagement** selbst wird die Wahrnehmung aller wirtschaftlichen, rechtlichen und technischen, organisatorischen und terminlichen Aufgaben zur zielgerichteten Abwicklung eines Immobilienprojektes verstanden. Dabei stellen Kosten, Qualität und Termine die zentralen Kriterien dar (vgl. Diederichs, 1996, S. 31).

Das **Phasenmodell des Projektentwicklungsprozesses** nach Bone-Winkel unterscheidet ebenfalls **fünf Phasen** (vgl. Abbildung 6). Dieses Modell stützt sich dabei jedoch weniger auf die Inhalte der Planungs- und Bauabwicklung, sondern vielmehr auf die Abbildung der wesentlichen **Entscheidungsschritte** in der Entstehung und Realisierung eines Immobilien-Projektes. Dieses Phasenmodell wird als Referenzmodell dazu benutzt, die einzelnen Phasen der Projektentwicklung im nun folgenden Kapitel zu erläutern.

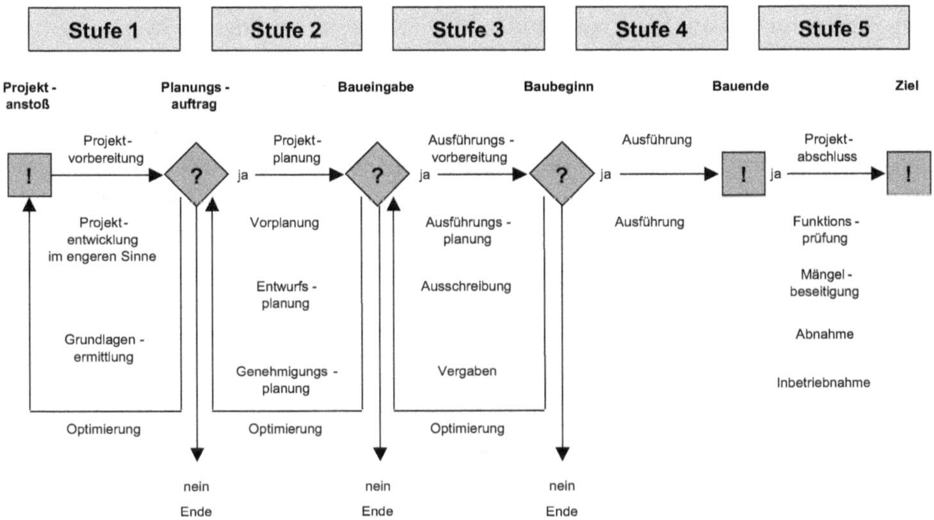

Abb. 5: Immobilien-Projektentwicklung und Bau-Projektmanagement (Quelle: Diederichs, 1996, S. 36 f)

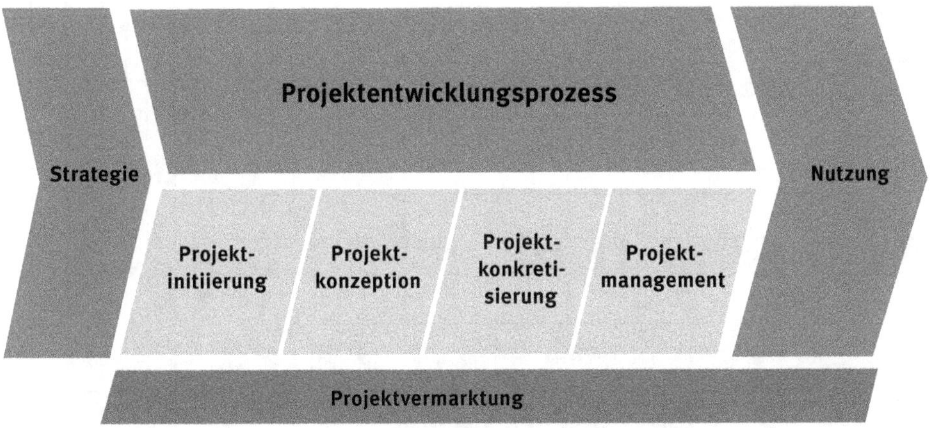

Abb. 6: Phasenmodell des Projektentwicklungsprozesses (Quelle: Bone-Winkel, S. 54)

1.3 Phasen der Projektentwicklung

1.3.1 Grundlagen

Der **Projektentwicklungsprozess** umfasst sämtliche Tätigkeiten, die erforderlich sind, um ein Projekt von der Initiierung bis zur Baufertigstellung und Nutzungsübergabe heranzubilden. Das vorliegende Modell baut dabei auf dem Phasenmodell der School for Advanced Urban Studies der University of Bristol (SAUS) auf (vgl. Barrett/Stewart/Underwood, o. S.). Daraus entwickelte Bone-Winkel ein ursprünglich vierphasiges Modell.

Auf einer zielorientierten Strategie beruhend gliedert sich der Projektentwicklungsprozess in **vier Hauptkomponenten**. Die Projektinitiierung, die Projektkonzeption, die Projektkonkretisierung und das Projektmanagement. Es schließt sich die Nutzungsphase an die Phase des Projektentwicklungsprozesses an. Während der Nutzungsphase übernimmt das Facilities Management die Bewirtschaftung der Immobilie. Facilities Management umfasst das ganzheitliche Betreiben von Gebäuden und Anlagen mit dem Ziel, die Wertschöpfung durch die Immobilie zu optimieren (vgl. Bone-Winkel, S. 51 ff.).

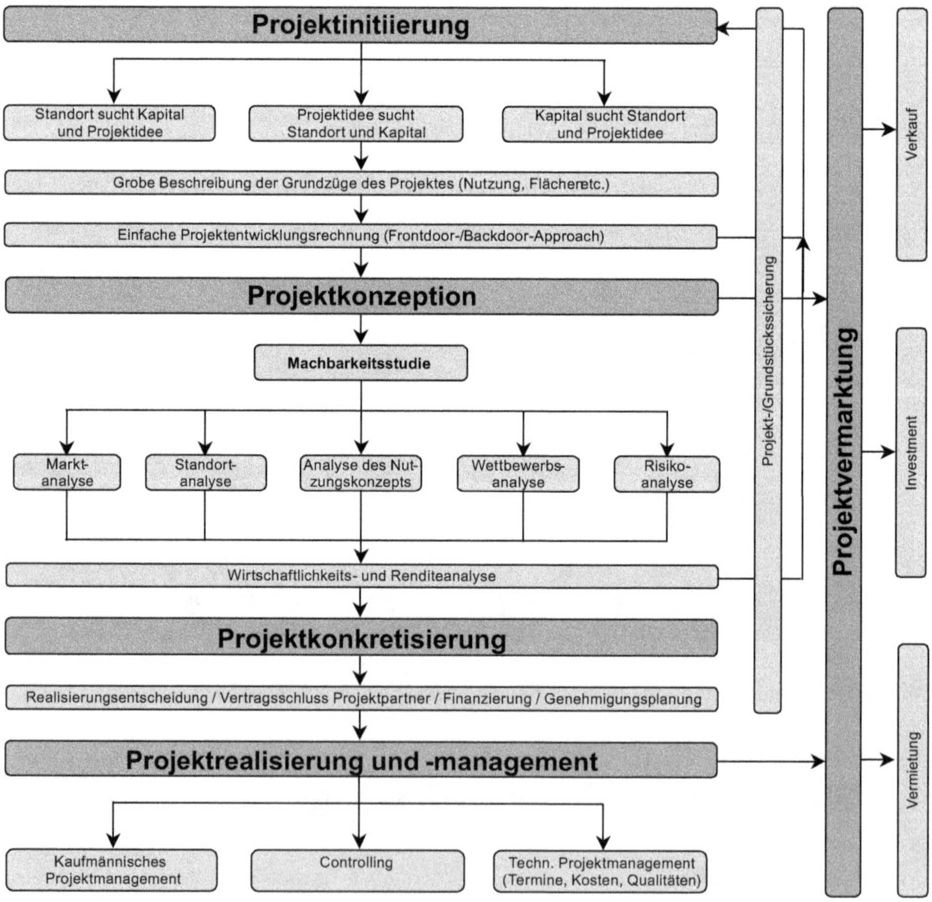

Abb. 7: Detailliertes Phasenmodell des Projektentwicklungsprozesses (Quelle: Schulte/ Bone-Winkel, S. 36)

Dieses Modell wurde zu einem fünfphasigen Modell verfeinert. Sowohl der Projektentwicklungsprozess als auch die Nutzungsphase werden dauerhaft von der fünften Phase, der Projektvermarktung, begleitet. In Abbildung 7 findet sich eine detaillierte Darstellung des fünfstufigen Projektentwicklungsprozesses, welche die Inhalte der einzelnen Phasen im Detail visualisiert. Im Folgenden werden die fünf Phasen näher erläutert.

1.3.2 Projektinitiierung

Die Phase der Projektinitiierung lässt sich allgemein nach folgenden drei Ausgangssituationen für Projektentwicklungen differenzieren:

1.3.2.1 Standort sucht Projektidee

Sofern der Standort vorgegeben ist, wenn also entweder der Projektentwickler oder ein Investor ein bereits vorhandenes Grundstück zu entwickeln beabsichtigen, besteht die Aufgabe des Projektentwicklers zunächst in der Suche nach einer für das Grundstück geeigneten Projektidee bzw. Nutzungskonzeption. Die häufig vertretene Auffassung, dass eine erfolgreiche Projektentwicklung vor allem von den drei Faktoren „Lage, Lage, Lage" abhänge, muss in dieser Ausgangssituation relativiert werden, da der Standort bereits vorgegeben und damit für den Projektentwickler nicht frei wählbar ist.

Obwohl sich der Prozess der **Ideengenerierung** bei jeder Projektentwicklung anders darstellt, spielt er sich grundsätzlich auf zwei Ebenen ab. Einerseits auf der **Ebene von Analysen und Fakten** und andererseits auf der **Ebene von Inspiration und Vision** (vgl. Bone-Winkel/Orthmann/Schleich, S. 116 ff.). Demzufolge wird zunächst vorausgesetzt, dass der Projektentwickler über die Zusammenhänge und das aktuelle Geschehen des Immobilienmarktes informiert ist. Zu diesem Zweck sollte er sich permanent mit der Analyse der Angebots- und Nachfragesituation und dem Verhalten der Wettbewerber beschäftigen. Für ihn sind vor allem die sich wandelnden Anforderungen von Nutzern an Immobilien und die daraus resultierenden Charakteristika bereits erfolgreich am Markt platzierter Objekte von Interesse. Über die Beschäftigung mit dem Immobilienmarkt hinaus sollte er sich auch mit demografischen, soziokulturellen, politisch-rechtlichen, makroökonomischen und technologischen Rahmenbedingungen auseinandersetzen, da diese direkt und indirekt sowohl auf die Nutzer als auch auf die Projektentwicklung wirken.

Solche permanent durchzuführenden Marktbeobachtungen sind durch eine **grobe Standortanalyse** (vgl. hierzu ausführlich Kapitel E.1) zu ergänzen, die darauf abzielt, die Eignung des vorgegebenen Grundstücks für unterschiedliche Immobiliennutzungen festzustellen. Grob deshalb, weil diese Phase des Projektentwick-

lungsprozesses durch maximale Unsicherheit gekennzeichnet ist und noch nicht feststeht, ob die Projektentwicklung überhaupt durchgeführt wird. Demzufolge wird der Projektentwickler die kostspielige Durchführung detaillierter Analysen noch nicht riskieren wollen, sondern sich zunächst mit einer **Voruntersuchung des Grundstücks** begnügen. Hieraus lassen sich ohne großen Aufwand erste Erkenntnisse über die Eignung ableiten, z. B. hinsichtlich:
- Grundstücksgröße,
- Zuschnitt und Topographie,
- Zufahrtsmöglichkeiten,
- Anbindung an Straßen und den ÖPNV,
- Nachbarschaftliche Nutzungen bzw. Umfeldstruktur,
- Altlastenverdachtsmomente.

Anschließend sollte der Projektentwickler Einsicht in das Grundbuch sowie den Bebauungs- und evtl. Flächennutzungsplan nehmen, um sich über die Eigentümerfrage, mögliche Belastungen sowie Art und Maß der zulässigen Bebauung zu informieren, so weit er diese nicht ohnehin kennt (vgl. Stapenhorst/Rodewoldt, S. 329 ff.).

Auf der Grundlage der Einschätzung des Immobilienmarktes und seiner Rahmenbedingungen sowie der Qualität des vorgegebenen Standortes und seines Umfeldes besteht die Aufgabe des Projektentwicklers dann darin, die besondere Eignung des vorgegebenen Grundstücks für eine bestimmte Immobiliennutzung herauszuarbeiten und hierfür ein **grobes Nutzungskonzept** und eine erste **überschlägige Wirtschaftlichkeitsberechnung** zu entwickeln. Hierzu reichen die analytischen Fähigkeiten alleine nicht mehr aus, vielmehr bedarf es zunehmend des **Talents des Projektentwicklers**, aus dem Zusammenspiel der analysierten Fakten und Erfahrungen mit ähnlichen Projekten ein intuitives Gespür für die Erstellung eines Nutzungskonzeptes zu entwickeln, das sowohl dem Standort als auch der gegenwärtigen Lage auf dem Immobilienmarkt und vor allem den Bedürfnissen potenzieller Nutzer gerecht wird.

Ein solches Nutzungskonzept muss nicht notwendigerweise völlig neu sein. So lassen sich Konzepte, die der Projektentwickler oder ein Wettbewerber anderenorts bereits erfolgreich realisiert hat, durchaus übernehmen, sofern sie den geänderten Standortbedingungen und dem **„genius loci“** des Grundstückes entsprechend angepasst und nicht nur bloß kopiert werden, was vor dem Hintergrund der standortbedingten Einzigartigkeit von Immobilien wenig Erfolg versprechend sein würde.

Neben dem Projektentwickler kann die **Initiative zur Projektinitiierung** auch aus dessen **Umfeld** hervorgehen, sei es von Seiten potenzieller Auftraggeber, zu denen insbesondere Grundstückseigentümer, Investoren und Nutzer zu zählen sind, oder von dritter Seite, etwa von Stadtplanern, politischen Institutionen, Architekten, Maklern, Gutachtern, Banken, Bauunternehmern, Interessenvertretern und Initiativen. Dabei gilt es allerdings zu beachten, dass all diese **Institutionen** den

Projektentwicklungsprozess zugleich entscheidend behindern können, sofern sich ihre Interessen mit denen des Projektentwicklers nicht in Übereinstimmung bringen lassen. Aus diesem Grund ist es für den Projektentwickler unabdingbar, die Interessen der durch die Projektentwicklung betroffenen Institutionen bereits in der Projektinitiierungsphase zu identifizieren und entsprechend zu berücksichtigen.

1.3.2.2 Projektidee sucht Standort

Sofern die **Projektidee** vorgegeben ist, die sowohl vom Projektentwickler als auch aus dessen Umfeld stammen kann, besteht die Aufgabe des Projektentwicklers zunächst in der Suche nach einem geeigneten Standort. In diesem Zusammenhang interessieren zunächst die **Informationsquellen**, die den Projektentwickler bei seiner Suche nach einem solchen Standort unterstützen. An erster Stelle stehen dabei möglichst intensive **persönliche Kontakte** zu denjenigen Marktteilnehmern, die an Grundstückstransaktionen beteiligt sind oder Nutzerinteressen vertreten. Aus diesem Grund wird der Projektentwickler das regelmäßige Gespräch mit anderen Projektentwicklern, Maklern und Beratern, Gutachtern, Marktforschern, Investoren, Financiers, Anwälten und Notaren, Unternehmern sowie Vertretern von öffentlichen Institutionen, insbesondere der Bau- und Planungsämter, der Wirtschaftsförderung und der Industrie- und Handelskammer suchen.

Darüber hinaus wird der Projektentwickler regelmäßig die (Fach-)**Presse** hinsichtlich stadtentwicklungspolitischer Veränderungen, Standortveränderungen bzw. -verlagerungen oder sonstigen Nachrichten und Informationen mit potenziellen Auswirkungen auf Angebot und Nachfrage auf dem Flächenmarkt auswerten (vgl. dazu weiterführend Feldmann, o. S.). Der Zugriff auf professionelle, computergestützte **Datenbanken**, wie sie beispielsweise in den USA und Großbritannien existieren, ist in Deutschland erst eingeschränkt möglich. Demgegenüber setzen Anbieter von Grundstücken und Flächen inzwischen nahezu ausnahmslos auf internetbasierte Präsentationen, die eine schnelle und häufig tiefgehende Prüfung der Objekte ermöglichen.

Aus Sicht des Projektentwicklers ist es unabdingbar, sich im Laufe der Zeit hierzu eine **eigene Wissensbasis** aufzubauen, da das Grundstück zu den kritischen Erfolgsfaktoren einer Projektentwicklung zählt. Dabei resultiert die große Bedeutung des Grundstücks für den Entwicklungserfolg zunächst aus der Tatsache, dass zur Entwicklung gut geeignete Grundstücke rar gesät sind und die Grundstückskosten bei vielen innerstädtischen Projektentwicklungen nach den Baukosten den höchsten Kostenblock repräsentieren. Darüber hinaus werden der Wert und insbesondere die Wertsteigerungsmöglichkeiten des Projektes maßgeblich über den Wert von Grund und Boden bestimmt.

Die verschiedenen auf diese Weise in Erfahrung gebrachten Grundstücke sind dann vor dem Hintergrund der vorgegebenen Nutzungskonzeption im Rahmen einer groben Standortanalyse auf ihre **Eignung** zu untersuchen – dabei ist zu berücksichtigen, dass unterschiedliche Nutzungen unterschiedliche Standorte erfordern. Anhand dieser wenigen, den Ansprüchen der Projektinitiierungsphase jedoch durchaus angemessenen Informationen, lassen sich die Grundstücke i. d. R. bereits recht gut einordnen.

Im nächsten Schritt hat dann die Auswahl des für die vorgegebene Projektidee am besten geeigneten Grundstücks zu erfolgen. Hierzu wird gemeinhin eine **Nutzwertanalyse** durchgeführt, bei der zunächst die einzelnen Standortfaktoren entsprechend ihrer Bedeutung für die zugrunde liegende Nutzung gewichtet und anschließend die jeweiligen Zielerfüllungsgrade der Grundstücke bestimmt werden. Anhand dieses Verfahrens lässt sich die Eignung eines Standortes für eine bestimmte Nutzung quantitativ beurteilen (vgl. dazu ausführlich Kapitel E.1).

In der Praxis werden geeignete Grundstücke für eine vorgegebene Nutzung inzwischen regelmäßig über Ausschreibungen und Wettbewerbe gesucht. Grundstückseigentümer und Entwickler müssen bereit sein, erhebliche Vorleistungen und Vorlaufkosten zur Mitwirkung an den Verfahren einzugehen, um die Eignung des Grundstücks für die Realisierung der Projektidee nachweisen zu können.

1.3.2.3 Kapital sucht Standort und Projektidee

In Immobilienmarktphasen, in denen anlagesuchendes Kapital in nicht ausreichendem Maße Immobilienprodukte findet, sei es, weil das Angebot schlicht zu klein ist, oder aber das Angebot zwar insgesamt ausreichend groß ist, sich das Kapital aber auf wenige Produktsegmente (z. B. Core-Einzelhandelsimmobilien) konzentriert, kommt es vor, dass Kapital zum Ausgangspunkt neuer Projektentwicklungen wird, etwa im Zuge von Joint Ventures zwischen institutionellen Investoren und Developern.

Auf die explizite Darstellung dieser **dritten Ausgangssituation** kann an dieser Stelle verzichtet werden, da die zugrunde liegenden Aufgabengebiete, nämlich die Suche nach einer geeigneten Projektidee und einem dazu passenden Grundstück, denen der beiden dargestellten Ausgangssituationen entsprechen.

Hat der Projektentwickler also entweder eine geeignete Projektidee (Ausgangssituation 1) oder ein geeignetes Grundstück (Ausgangssituation 2) identifiziert, wird er gegen Ende der Projektinitiierungsphase eine **einfache Projektentwicklungsrechnung** (vgl. hierzu Punkt D.1.5.5) durchführen. Eine solche Rechnung – bei der die aus Erfahrungswerten abgeleiteten erwarteten Gesamtkosten des Projektes den erwarteten Gesamterträgen gegenübergestellt werden – soll Aufschluss darüber geben, ob das bisher nur in den Grundzügen umrissene Projekt wirtschaftlich tragfähig scheint und damit die zur Verfeinerung unabdingbaren detaillierteren Analysen, die je nach vorhandener Fachkompetenz teilweise den kostspieligen Einsatz externer Berater erfordern, rechtfertigt.

Ist dies der Fall, stellt sich für den Projektentwickler damit die Frage nach Art und Zeitpunkt der **Sicherung des ausgewählten Grundstücks** (Ausgangssituation 2). Sofern es der Wettbewerb um das Grundstück und die Interessenlage des Eigentümers zulassen, sollte dieses im gegenwärtigen Stadium des Projektentwicklungsprozesses noch nicht gekauft werden, da erst im Rahmen der sich anschließenden Projektkonzeptionsphase die Entscheidung darüber fallen kann, ob das initiierte Projekt tatsächlich wirtschaftlich tragfähig ist und in die Tat umgesetzt werden soll. Unter Risikogesichtspunkten sollte sich der Projektentwickler deshalb um eine **Option oder Anhandgabevereinbarung** auf das Grundstück bemühen, für die gegebenenfalls eine Prämie mit dem Eigentümer auszuhandeln ist.

Sollte dem Eigentümer ein Optionsvertrag nicht ausreichen, so könnte sich der Projektentwickler unter Umständen auch für einen **Kauf unter aufschiebender Bedingung** (z. B. unter der Maßgabe, dass ein bestimmtes Baurecht realisiert wird) entscheiden. Da der Kauf in einem solchen Fall jedoch nur durch Nichterfüllung der vereinbarten Bedingung unwirksam würde, sollte sich bereits in der Projektinitiierungsphase sehr deutlich abzeichnen, dass das Projekt tatsächlich realisierbar ist. Umgekehrt spricht für den Kauf unter aufschiebender Bedingung, der ja zwingend eine notarielle Beurkundung voraussetzt, dass der Projektentwickler auch tatsächlich Zugriff auf das Grundstück erhält, sobald die Bedingungen eintreten. Im Falle des Optionsvertrages, der nur einer privatschriftlichen Vereinbarung bedarf, könnte es hingegen passieren, dass der Grundstückseigentümer dem Projektentwickler trotz Bedingungseintritt das Grundstück vertragswidrig nicht verkauft, etwa weil er zwischenzeitlich von einem Wettbewerber ein besseres Kaufangebot erhalten hat. Hier bliebe dem Projektentwickler dann nur der mühsame Weg einer Schadenersatzklage, der Zugriff auf das Grundstück bliebe aber dennoch verwehrt.

1.3.3 Projektkonzeption

1.3.3.1 Aufgaben und Ziele

Wie in Abbildung 7 dargestellt, wird nun das aus der Projektinitiierung grob umrissene Projekt einer systematischen **formalen Analyse** unterworfen, die den Projektentwickler in die Lage versetzen soll, die Realisierungsfähigkeit des Projektes anhand detaillierter Daten und Prognosen zu verifizieren. Zu diesem Zweck sind folgende Analysen durchzuführen:

- Standort- und Marktanalysen,
- Analyse des Nutzungskonzeptes,
- Wettbewerbsanalysen,

- Risikoanalysen,
- Wirtschaftlichkeitsanalysen.

Für diese Vielzahl von Analysen hat sich der Oberbegriff **Machbarkeitsstudie** („**Feasibility Analysis**") herausgebildet. Die Feasibility Analysis setzt voraus, dass ein Projekt nicht nur den Zielen des Projektentwicklers Rechnung trägt, sondern auch den Zielen der übrigen beteiligten Institutionen, insbesondere denjenigen der potenziellen Finanziers, Nutzer und Investoren sowie der Öffentlichkeit. Das Projekt muss darüber hinaus in einem bestimmten zeitlichen Rahmen umsetzbar sein und zwar unter Beachtung eventuell auftretender Probleme in wirtschaftlicher, technischer, rechtlicher oder sozialer Hinsicht und vor dem Hintergrund der vorhandenen, nicht nur finanziellen, sondern auch personellen und persönlichen Ressourcen des Projektentwicklers. Nichtsdestotrotz kann die Feasibility Analysis den Erfolg einer Projektentwicklung nicht garantieren, selbst dann nicht, wenn obige Bedingungen erfüllt sind; sie trägt vielmehr dazu bei, **Entwicklungsrisiken aufzudecken**, darzustellen und zu werten. Gleichzeitig sind die in der Machbarkeitsstudie gesetzten Prämissen während der gesamten Entwicklungszeit des Projektes laufend zu hinterfragen. Bei erkennbaren Abweichungen, die sich zum Teil bereits als „schwache Signale" ankündigen, ist der Analyseprozess wieder in Gang zu setzen und das Nutzungskonzept gegebenenfalls anzupassen. Es ist wichtig festzuhalten, dass das Projekt am Ende der Projektkonzeptionsphase immer noch gestoppt werden kann. Aufgrund der umfangreichen Analysetätigkeiten, die zumindest teilweise den Einsatz spezialisierter Berater erfordern, ist ein Abbruch in diesem Stadium des Projektentwicklungsprozesses allerdings mit höheren Kosten verbunden als nach Ende der Projektinitiierungsphase.

Die der Feasibility Analysis zugrunde liegenden einzelnen **Analysearten** werden im Folgenden näher präzisiert. Dabei ist zu berücksichtigen, dass in der Praxis aufgrund zeitlicher, personeller oder finanzieller Restriktionen häufig auf einzelne Analysen verzichtet wird. Dies ist insbesondere der Fall, wenn das Projekt scheinbar einfach ist, also z. B. bereits ein langfristiger Mietvertrag und eine Baugenehmigung vorliegen. Die Durchführung sämtlicher Analysen insbesondere zu Zwecken der Risikoreduktion und zur Prüfung der Drittverwendungsfähigkeit ist jedoch dringend anzuraten, da die Beeinflussbarkeit des Projektes in dieser Phase noch gegeben ist und selbst ein Abbruch häufig die bessere Alternative als das sture Festhalten an einer von Gremien genehmigten Planung ist. Zugleich zeigt sich die Qualität einer Projektentwicklung erst im weiteren Lebenszyklus der Immobilie, insbesondere in der Nachvermietung. Erst im Wettbewerb mit dann neueren Objekten am Markt zeigt sich, ob ein Projekt nachhaltig am Markt etabliert werden und sich in der Vermietung behaupten kann.

1.3.3.2 Standort- und Marktanalysen

Eine **Standort- und Marktanalyse** (kurz **STOMA**; vgl. ausführlich Kapitel E.1) ist die Informationsgrundlage vieler immobilienwirtschaftlicher Entscheidungen und gehört in den meisten Fällen zu den notwendigen Vorarbeiten für die Präsentation gegenüber Gremien. Aus der Beschreibung der Rahmenbedingungen ergeben sich, ob ausdrücklich formuliert oder als unausgesprochene Konsequenz, Aussagen mit Prognosecharakter.

Das Ziel der **Marktanalyse** ist die kurz- und mittelfristige Abschätzung des Vermietungs- und Verkaufserfolges einer Nutzungskonzeption für ein Objekt oder Projekt. Dazu wird die Angebots- und Nachfragesituation auf den Anlage- und Vermietungsmärkten untersucht. Die Untersuchung erstreckt sich dabei im Wesentlichen auf den relevanten Teilmarkt, z. B. Büroflächen in Citylagen. Der korrekten Abgrenzung des relevanten Marktes kommt hier besondere Bedeutung zu.

In der **Angebotsanalyse** beginnt man zunächst mit dem Flächenbestand, der segmentiert nach verschiedenen Kriterien (Lagen, Qualitäten, etc.) durch maßgebliche Größen wie Leerstandsrate und Flächenangebot charakterisiert wird. Zum Bestand kommen geplante Flächen hinzu, je nach Entwicklungszustand mit unterschiedlichen Realisierungshorizonten und -wahrscheinlichkeiten. Die **Nachfrageanalyse** beschäftigt sich einerseits mit dem aktuellen Flächenbedarf, der zunächst durch vorhandene Gesuche sichtbar wird, aber auch anhand der momentanen Absorptionsrate kurzfristig abgeschätzt werden kann. Mittelfristig entscheidet das grundsätzliche Potenzial des Nutzungssegmentes, also z. B. das Branchenwachstum, über den voraussichtlichen Trend der Nachfrageentwicklung. In der **Preisanalyse** wird das Niveau und die jüngere Entwicklung von differenzierten Miet- und Kaufpreisen untersucht (vgl. Rottke/Wernecke, o. S.).

Die sorgfältige Analyse ist die Voraussetzung, die richtige Schlussfolgerung aber der entscheidende Erfolgsfaktor der Marktanalyse. Die Beschreibung der Dynamik von Angebot, Nachfrage und Preisen erlaubt eine Einschätzung des aktuellen Status im Immobilienzyklus und damit der mittelfristig zu erwartenden Markttendenzen.

Aus Sicht des Projektentwicklers genießt die **Standortanalyse** einen ebenso hohen Stellenwert wie die Marktanalyse. In diesem Stadium des Projektentwicklungsprozesses geht es darum, die Ergebnisse der bereits in der Projektinitiierungsphase eingeleiteten, jedoch noch sehr groben Standortanalyse kritisch zu überprüfen und weiter zu präzisieren.

So werden die räumlichen Rahmenbedingungen eines Objektes oder Projektes betrachtet. Üblicherweise wird zwischen **Makrostandort** (Stadt, Umland) und **Mikrostandort** (Grundstück) unterschieden. Diese räumliche Differenzierung hat zudem einen zeitlichen Aspekt; von größeren Diskontinuitäten abgesehen, wie z. B. dem Regierungsumzug Bonn/Berlin, nehmen viele Entwicklungen auf der Makroebene einen relativ gleichmäßigen Verlauf (Verkehrsstruktur, Wirtschaftsstruktur,

Image) oder sind sogar längerfristig konstant (Entfernung zu Nachbarstädten, Zentralörtlichkeit). Bei den Elementen der Mikroebene gibt es zwar ebenfalls stabile Größen (Grundstücksgröße und -zuschnitt), andere Größen aber können sich manchmal innerhalb weniger Jahre in ihrer Ausprägung oder Bedeutung ändern (Sozialstruktur, Prestige der Lage) (vgl. Rottke/Wernecke, o. S.).

1.3.3.3 Analyse des Nutzungskonzeptes

Auf der Grundlage der gewonnenen Erkenntnisse über die Charakteristika des Mikro- und Makrostandortes des Projektes, über die Konzeption von Konkurrenzimmobilien in diesem Teilmarkt sowie über die gegenwärtigen und zukünftigen Bedürfnisse der avisierten Nutzergruppe, kann der Projektentwickler nun mit einem Architekten für das initiierte, bisher jedoch nur grob umrissene Projekt **erste Planungsunterlagen entwickeln**. Dabei ist es Aufgabe des Projektentwicklers, dem Architekten einen detaillierten Einblick in die angestrebte Funktion – also in das Nutzungskonzept – der projektierten Immobilie zu vermitteln. Die Aufgabe des Architekten besteht dann darin, die Vorgaben des Projektentwicklers in eine architektonisch anspruchsvolle Immobilie umzusetzen, die dem gewählten Standort gerecht wird und sich harmonisch in die Umgebung einfügt, die – ohne den festgelegten Kostenrahmen zu überschreiten – vor allem größtmögliche **Flexibilität** im Hinblick auf potenzielle Nutzungsänderungen bietet und die zugleich so konzipiert ist, dass in der Nutzungsphase ein einwandfreier und kostengünstiger Betrieb gewährleistet ist.

Um die Arbeit des Architekten zu unterstützen, sollte der Projektentwickler bereits in diesem Stadium des Entwicklungsprozesses Fachingenieure und **Spezialisten** aus den Bereichen Projektmanagement, Facilities Management und Vermarktung in das Team aufnehmen, die aufgrund ihrer Erfahrung zur rechtzeitigen Identifizierung und Korrektur konzeptioneller Planungsdefizite beitragen können. Dabei sollte sich das Team, hier illustriert an der Entwicklung einer Büroimmobilie, u. a. mit den folgenden Planungsaspekten eingehend auseinandersetzen:

- **Büroraumkonzeption**: Sämtliche Raumkonzeptionen lassen sich den **vier Grundformen** Großraumbüro, Gruppenbüro, Zellenbüro oder Kombibüro zuordnen. Großraum- und Gruppenbüros bedingen eine sehr spezifische unternehmensbezogene Nutzung. Sie eigneten sich daher bislang kaum für spekulative Projektentwicklungen, Projekte also, die ohne vorher feststehenden Nutzer begonnen werden. Dagegen ermöglichen Zellen- und Kombibüros, die sich bei geschickten Grundrisslösungen sogar im gleichen Gebäude verwirklichen lassen, ein hohes Maß an Nutzungsflexibilität.
- **Typologie der Gebäude**: In Abhängigkeit vom gewählten Büroraumkonzept ergeben sich zwangsläufig unterschiedliche **Grundrissgestaltungen**, welche

die gesamte Konfiguration des Baukörpers wesentlich beeinflussen. Für spekulative Projektentwicklungen eigneten sich bislang insbesondere zweibündige Anlagen, in denen sich sowohl Zellenbüros als auch Gruppenbüros sowie gegebenenfalls Kombibüros verwirklichen lassen und die bei guter Auslegung des Gebäuderasters zudem den Vorteil sehr wirtschaftlicher Bauweise aufweisen. In jüngerer Zeit setzt sich jedoch, getrieben von neuen Arbeitsplatzkonzepten in der Wirtschaft, eine höhere Gebäudetiefe durch. Diese ermöglicht grundsätzlich jede der angesprochenen Grundrisslösungen, wenngleich bei einem reinen Zellengrundriss sich hier eine reduzierte Flächeneffizienz ergibt.

- **Primärstruktur:** Die Primärstruktur eines Bauwerks bezeichnet dessen **Tragwerksstruktur** (Rohbau). Bei der spekulativen Projektentwicklung von Bürobauten wird in Deutschland die Konstruktion in Stahlbetonskelettbauweise favorisiert, da Skelettbauten insbesondere im Hinblick auf in der Zukunft potenziell erforderliche Nutzungsänderungen eine ausgezeichnete Anpassungsfähigkeit aufweisen. Dabei führt der Wunsch des Projektentwicklers nach höchstmöglicher Flexibilität einer gleichermaßen wirtschaftlichen Konstruktion zwangsläufig zu Rastersystemen. Auch der Geschosshöhe kommt verstärkt Bedeutung zu, da insbesondere Großraumlösungen eine lichte Höhe oberhalb von 3 m erfordern.
- **Sekundärstruktur:** Als Sekundärstruktur eines Bauwerks wird dessen **Innenausbau** verstanden. In diesem Zusammenhang sind neben den Aspekten der Bauphysik, die u. a. den Schall- und Brandschutz betreffen, insbesondere Fragen hinsichtlich der Decken-, Wand- und Bodenkonstruktion zu analysieren.
- **Tertiärstruktur:** Die **Haustechnik** bildet die Tertiärstruktur eines Bauwerks. Hierzu zählen u. a. die Heizungs- und Klimatechnik, die Beleuchtungstechnik, die Elektrotechnik, die Datenverkabelung sowie die Aufzüge. Entscheidungen über den Qualitätsstandard der einzubauenden Tertiärstruktur sollten vor allem den Aspekten der Betriebskostenoptimierung, der Wartungsfreundlichkeit bzw. Wartungsfreiheit sowie der Alterungsbeständigkeit Rechnung tragen und sich darüber hinaus an der ermittelten Bedürfnisstruktur der avisierten Zielgruppe orientieren. So kann beispielsweise das Vorhandensein einer Klimaanlage für manche Nutzer eine unabdingbare Voraussetzung für eine Anmietung darstellen, gleichzeitig aber andere Nutzer aufgrund der erforderlichen höheren Miete sowie zusätzlicher Betriebskosten von einer Anmietung abhalten (vgl. dazu weiterführend Gerstner, S. 87 ff.).
- **Technologischer Fortschritt: Innovationen** beeinflussen zunehmend die Arbeit des Architekten. So führt beispielsweise die Entwicklung von Wireless-LAN Systemen zum Verzicht auf die Installation von Doppelböden und trägt somit zur Senkung der Baukosten bei. An Bedeutung gewinnt zudem das Thema Smart Office. Hierunter versteht man die Vernetzung und zentrale Steuerung der gesamten Haustechnik mit dem Ziel der Senkung des Energieverbrauches

bei gleichzeitiger Erhöhung von Flexibilität, Sicherheit und Arbeitskomfort. Zur wachsenden Bedeutung der Zertifizierung von Planungsaspekten betreffend die ökologische und ökonomische Nachhaltigkeit vgl. die Ausführungen in Kapitel G.4 (vgl. dazu weiterführend Schleich, S. 24 ff.).

Häufig arbeitet das gesamte Planungsteam von Architekten, Fachingenieuren und Gutachtern in den HOAI-Phasen der Grundlagenermittlung und Vorplanung auf **Akquisitionsbasis**. Erst bei Projekterfolg bzw. bei definitiver Realisierungsentscheidung wird ein Honorar fällig und eine Weiterbeauftragung in Aussicht gestellt. Gleichwohl sind die Anforderungen an die Planung hoch. Die Planungsunterlagen sollten so detailliert sein, dass sie den Projektentwickler im Rahmen seiner Überzeugungsarbeit bei den Behörden, Financiers, potenziellen Nutzern und Investoren hinreichend unterstützen und die Realisierungsentscheidung ermöglichen.

1.3.3.4 Wettbewerbsanalysen

Wie schon an anderer Stelle erwähnt, laufen die einzelnen Analyseschritte im Rahmen der Feasibility Analysis nicht sequenziell, sondern zumeist parallel und teilweise mit Schleifen ab. Dies gilt insbesondere für die Wettbewerbsanalyse, welche die Markt- und Standortanalyse sowie die Analyse des Nutzungskonzeptes integriert, indem die **relative Marktposition** der projektierten Immobilie im Vergleich zu den wichtigsten Konkurrenzimmobilien bestimmt wird. Die Wettbewerbsanalyse beginnt mit der Identifikation geeigneter Konkurrenzimmobilien im relevanten Marktsegment und ist somit eng verbunden mit der Untersuchung der Angebotssituation im Rahmen der Marktanalyse. Zu den **Konkurrenzimmobilien** zählen sowohl bereits bestehende als auch genehmigte, im Bau befindliche oder projektierte Immobilien, die aus Nutzersicht als potentielle Anmietungsobjekte in Frage kommen können. Diese sind zunächst mit ihren Grunddaten zu erfassen. Hierzu gehören der Name des Eigentümers, die Adresse, die Grundstücksgröße, die Nutzfläche, die Leerstandsquote, das Baujahr bzw. das Jahr der voraussichtlichen Fertigstellung sowie – bei genehmigten, im Bau befindlichen oder projektierten Immobilien – eventuell Angaben über den Projektentwickler und das mit der Vermarktung beauftragte Maklerunternehmen. Ferner sind bereits erfolgte (Vor-)Vermietungen oder Beteiligungen von Investmentpartnern und die jeweilige Deal-Struktur festzuhalten.

Im nächsten Schritt hat der Projektentwickler eine **Checkliste** derjenigen Kriterien zu erstellen, anhand derer die projektierte Immobilie mit den Konkurrenzimmobilien verglichen werden soll; grundsätzlich handelt es sich dabei vor allem um die Mietkonditionen sowie Faktoren der Standortattraktivität und Gebäudeattraktivität. Insofern bestehen enge Wechselbeziehungen zwischen der Wettbewerbsanalyse einerseits und der Analyse von Markt, Standort und Nutzungskonzept andererseits. Im dritten Schritt sind die **Vergleichskriterien** zunächst gemäß ihrer

Bedeutung zu gewichten und anschließend für das initiierte Projekt und die Konkurrenzimmobilien im Hinblick auf ihren jeweiligen Erfüllungsgrad zu bewerten. Aus den Kriteriengewichten und den Erfüllungsgraden kann schließlich ein **Attraktivitätsindex** abgeleitet werden, mit dem sich die relative Wettbewerbsposition des initiierten Projekts bestimmen lässt.

Aus der relativen Wettbewerbsposition des initiierten Projekts kann der Projektentwickler wertvolle Rückschlüsse auf die Stärken und Schwächen des bestehenden Nutzungskonzepts ziehen. Damit stellt die Wettbewerbsanalyse ein wichtiges Instrument im Rahmen der kontinuierlich erforderlichen **Überprüfung des Nutzungskonzepts** dar, die auf die bestmögliche Anpassung an die Bedürfnisse der potenziellen Nutzer ausgerichtet ist und zugleich die weitestgehende Differenzierung von den Angeboten der Konkurrenz anstrebt. Zu berücksichtigen ist, dass die relative Stärke eines Analyseprojektes noch nicht dessen erfolgreiche Vermietung garantiert, da diese vor allem von der Nachfrageentwicklung abhängt. Gleichzeitig liefert die Wettbewerbsanalyse wichtige Hinweise für die Vermarktungsstrategie. Soll das Objekt billiger oder besser sein als die Konkurrenz? Hier werden einzelne Wettbewerbsvorteile (auch USP's oder „Unique Selling Propositions") genannt herausgearbeitet. Wichtig ist hierbei, dass diese Vorteile dem Nutzer und seinen Beratern auch schlüssig vermittelt und von diesen als entscheidungsrelevant erachtet werden.

Da der Auswahl und Gewichtung der oben genannten Kriterien eine gewisse Subjektivität anhaftet und darüber hinaus die Kriterien je nach Objekt durch beliebige Faktoren ergänzt werden können, empfiehlt es sich, Wettbewerbsanalysen durch Team-Arbeit zu objektivieren. Grundsätzlich kann hinsichtlich der Positionierung eines Projektes festgestellt werden, dass in jüngerer Zeit nicht die Orientierung an durchschnittlichen Standards, sondern gerade das **„Abweichen von der Norm"** bei Designkonzept, Arbeitsplatzgestaltung und Marktauftritt besonderen Erfolg zeigte.

1.3.3.5 Risikoanalysen

Sofern die Sonderform der nutzerbezogenen Projektentwicklung, bei der schon zu Beginn des Entwicklungsprozesses der Endnutzer oder Investor feststeht, außer Acht gelassen wird, zählt die Projektentwicklung von Immobilien zu den **risikoreichsten** unternehmerischen Aktivitäten überhaupt, da sie Investitionen hoher Kapitalbeträge in die Schaffung von Produkten erfordert, die in Bezug auf Zeit und Raum sehr fixiert sind und einen i. d. R. relativ kleinen Markt bedienen, über dessen zukünftige Nachfrage Unsicherheit besteht.

Das **Maß des Risikos** wird an einer einfachen Rechnung deutlich. Wenn der durchschnittliche Trading Profit des Developers tatsächlich bei rund 15 % liegt, dann genügt dieser Ertrag in den meisten Fällen, um anderthalb bis zwei Jahre Leerstand zu finanzieren. Zieht man von dem Bruttoertrag die eigenen Kosten des Developers und einen Eigenkapitalverzinsungsbetrag ab, dann dürfte lediglich eine Jahresmiete abzudecken sein. In der Praxis genügt dieser Deckungsbeitrag häufig nicht, um für alle Risiken, insbesondere für die Vermietungsrisiken aus der Projektentwicklung, aufzukommen.

In diesem Zusammenhang spielt die Tatsache, dass im Verlauf des Projektentwicklungsprozesses die Gewissheit über den wahrscheinlichen Erfolg oder Misserfolg zwar steigt, gleichzeitig aber die **Manövrierfähigkeit** sinkt, eine große Rolle. Anders gesagt besitzt der Projektentwickler am Anfang des Prozesses bei maximaler Unsicherheit die maximale Manövrierfähigkeit, am Ende des Prozesses hingegen die maximale Sicherheit ohne die ggf. für Anpassungen gewünschte Manövrierfähigkeit (vgl. Byrne/Cadmann, S. 5). Welchen Investitionsrisiken Projektentwicklungen im Detail unterworfen sind, zeigt in einem Überblick Abbildung 8.

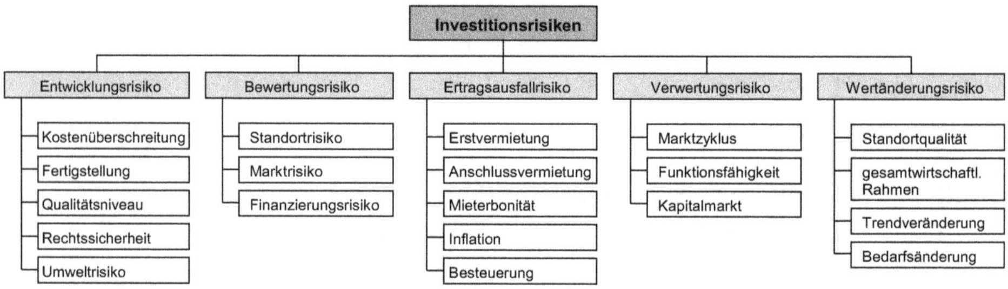

Abb. 8: Risiken der Projektentwicklung (Quelle: in Anlehnung an Schlag, S. 119)

Die Einstellung von Projektentwicklern gegenüber Risikofaktoren variiert erheblich. Insgesamt lässt sich allerdings feststellen, dass Projektentwickler weit weniger Gebrauch von Instrumenten des **Risikomanagements** machen – etwa dem Einsatz der Entscheidungstheorie – als andere Branchen. Dies ist zum Teil darauf zurückzuführen, dass die in erster Linie von kleinen und mittelgroßen Unternehmen dominierte Projektentwicklerbranche größtenteils so organisiert ist, dass wesentliche Entscheidungen zentral von der Geschäftsführung gefällt werden, wobei Erfahrung und Intuition häufig eine größere Rolle spielen als durch Analysen abgeleitete Fakten. Solche Organisationsformen charakterisieren mitunter ebenso die großen Projektentwicklungsunternehmen. Nichts desto trotz wird ein formalerer Ansatz der **Entscheidungsfindung**, der den Risikoaspekten sehr viel stärker Rechnung trägt, erforderlich werden. Teilweise wird er bereits praktiziert. Dies gilt insbesondere vor dem Hintergrund der zunehmenden **Institutionalisierung** der Immobilienmärkte und damit letztlich der Projektentwicklung. In diesem Zusammenhang besteht die Aufgabe der Risikoanalyse darin, die Entscheidungsbasis der Projektentwickler durch die Identifizierung sowohl der beeinflussbaren, als auch der außerhalb des Einflusses liegenden Risikoaspekte zu verbessern (vgl. Byrne/Cadman, S. 3 ff.). Spekulative Projektentwicklungen bergen gemeinhin die folgenden **Risikoarten**, die sich nicht immer eindeutig voneinander abgrenzen lassen:

Das **Entwicklungsrisiko** einer jeden Projektentwicklung besteht zunächst darin, dass durch eine nicht marktkonforme Projektkonzeption im Sinne unzureichender Standort- und Nutzungsadäquanz Schwierigkeiten bei der angestrebten Vermietung bzw. Veräußerung auftreten können. Dieses Risiko ist um so höher, je mehr sich der Projektentwickler von seinem angestammten Marktsegment entfernt und versucht, Immobilienprojekte, mit denen er keine Erfahrung hat, an Standorten, mit denen er nicht vertraut ist, in Größendimensionen, die seine persönlichen und finanziellen Fähigkeiten überfordern, zu entwickeln (vgl. Sorenson, S. 11). Wie in anderen Wirtschaftszweigen lässt sich in der deutschen Projektentwicklungsbranche angesichts des steigenden Wettbewerbsdruckes seit geraumer Zeit eine zunehmende Spezialisierung der Unternehmen auf bestimmte Immobilienarten und/oder Regionen feststellen (vgl. Isenhöfer, S. 30 ff.).

Darüber hinaus lassen sich das Prognoserisiko und das Planungsrisiko ebenfalls als Entwicklungsrisiken auffassen. Dabei bezeichnet das **Prognoserisiko** die Gefahr, dass die in den unterschiedlichen Analysen prognostizierten Rahmenbedingungen, auf deren Grundlage die Entscheidung über die Durchführung der Projektentwicklung abgeleitet wurde, in der Wirklichkeit nicht eintreten. Unter **Planungsrisiko** soll verstanden werden, dass die im Rahmen der Projektinitiierung und Projektkonzeption zu erbringenden Analysen und Planungen zu dem Ergebnis kommen können, dass das Projekt aus wirtschaftlichen, technischen oder planungsrechtlichen Gründen nicht umsetzbar ist und demzufolge gestoppt wird, sodass die bereits erbrachten, mitunter umfangreichen Vorleistungen des Projektentwicklers verloren gehen. Zur **Reduzierung des Entwicklungsrisikos** empfehlen sich u. a. folgende Maßnahmen:

- gewissenhafte Einschätzung der eigenen Fähigkeiten und Ressourcen,
- Auswahl fachlich versierter und erfahrener Projektpartner,
- systematische und umfassende Analysetätigkeit (Markt-, Standort-, Nutzungskonzept-, Wettbewerbs-, Risiko- und Rentabilitätsanalysen),
- rechtzeitige Aufnahme der Projektvermarktung,
- Risikoteilung durch Bildung strategischer Allianzen,
- Überwälzung von Risiken auf Projektbeteiligte.

Die **Zeit** zählt zu den größten Risikofaktoren innerhalb des Projektentwicklungsprozesses. So resultiert das Überschreiten der geplanten Entwicklungs- und/oder Vermarktungsdauer wegen des bei den meisten Projekten hohen Fremdkapitalanteils in einer zusätzlichen Zinsbelastung, die den kalkulierten Gewinn des Projektentwicklers sehr schnell aufzehren kann. Dabei können die Gründe für Abweichungen von den zeitlichen Vorgaben sowohl interner Natur sein, etwa durch die mangelhafte Organisation des Projektteams, als auch externer Natur sein, etwa durch langfristige

Genehmigungsverfahren. Darüber hinaus kann das Überschreiten der Entwicklungs- und/oder Vermarktungsdauer dazu führen, dass sich die ehemals günstigen Rahmenbedingungen hinsichtlich der Nachfrage- und Wettbewerbssituation verschlechtern (vgl. Graaskamp, S. 243). Schließlich können Fristüberschreitungen zu Schadensersatzanspruch führen, wenn vertraglich gesetzte Fertigstellungsfristen nicht eingehalten werden (z. B. gegenüber Mietern oder Erwerbern).

Zur **Reduzierung des Zeitrisikos** empfehlen sich u. a. folgende Maßnahmen:
- professionelle Projektorganisation (Zeitplanung, Terminplanung und Kontrolle),
- Projektmanagement und Projektsteuerung,
- regelmäßige Kommunikation mit sämtlichen Projektbeteiligten,
- Auswahl fachlich versierter und erfahrener Projektpartner,
- rechtzeitige Aufnahme der Projektvermarktung,
- Einbau von Puffern in Fertigstellungsfristen,
- Überwälzung von Risiken (z. B. Ankauf des Grundstücks in Abhängigkeit vom Baurecht, Baubeginn erst bei erfolgreicher Vermarktung).

Projektentwicklungen unterliegen grundsätzlich der **Genehmigungserfordernis** durch die zuständige Bauaufsichtsbehörde. Das Risiko für den Projektentwickler besteht nicht so sehr darin, dass die Baugenehmigung verweigert wird, da das Projekt hierfür öffentlich-rechtlichen Vorschriften entgegenstehen müsste. Aufgrund des Ermessens- und Entscheidungsspielraums der Bauaufsichtsbehörde oder der Einwände von Seiten der Nachbarn bzw. betroffenen Dritten wird die Genehmigung möglicherweise aber nur mit Auflagen erteilt, die unter Umständen die Wirtschaftlichkeit des Projektes in Frage stellen.

Zu den von Projektentwicklern am meisten gefürchteten Auflagen zählen zweifelsohne die seitens der Städte zunehmend geforderten Investoren- und/oder Architektenwettbewerbe. Diese lassen sich zwar städtebaulich gut argumentieren und werden mitunter vom Entwickler zur Generierung guter Planungslösungen begrüßt, führen aber häufig zu schwer steuerbaren Prozessen, funktional unwirtschaftlicheren Lösungen und zeitlichen Ineffizienzen.

In Bezug auf die Baugenehmigungspraxis nicht zu unterschätzen ist zudem die politische Dimension, insbesondere bei großen stadtbildprägenden Bauvorhaben. Nicht erst seit den Auswüchsen der Ereignisse rund um das umstrittene Bauvorhaben Stuttgart 21 kommt dabei dem Prozess der öffentlichen Meinungsbildung eine besondere Bedeutung zu.

Zur **Reduzierung des Genehmigungsrisikos** empfehlen sich u. a. folgende Maßnahmen:
- frühzeitige und regelmäßige Kommunikation mit den jeweiligen Genehmigungsbehörden und Vertretern beteiligter Dritter,
- Berücksichtigung und Ausgleich öffentlicher Interessen bereits in der Projektkonzeptionsphase,

- Einholen eines Bauvorbescheides,
- Freiwillige Durchführung eines Architektenwettbewerbes,
- zeitliche Koordinierung der Planung und Genehmigung,
- Aufbau eines positiven öffentlichen Images sowohl des Projektes als auch des Projektentwicklungsunternehmens durch mediative Maßnahmen.

Das **Finanzierungsrisiko** zählt zu den existenziellen Risiken der Projektentwicklung, da aufgrund der i. d. R. unzureichenden Eigenkapitalausstattung der Projektentwicklungsunternehmen die Durchführung der Entwicklung an die Bereitstellung erheblicher Fremdkapitalmittel geknüpft ist.

Vor dem Hintergrund der bereits praktizierten Basel II-Richtlinien und der sich in der Umsetzung befindenden Basel III-Richtlinien wird insbesondere für die mittelständisch geprägten Developer die Möglichkeit zur Projektentwicklung zunehmend von ihrer Fähigkeit abhängen, strategische Allianzen mit kapitalstarken Partnern zu bilden (vgl. Isenhöfer, S. 269 ff.).

Mit dem Fremdkapitalanteil an der Gesamtinvestitionssumme setzt sich der Projektentwickler darüber hinaus einem außerhalb seines Einflussbereichs liegenden Zinsänderungsrisiko aus. In diesem Zusammenhang ist anzumerken, dass steigende Zinsen oft einen Niedergang der Werte von Immobilien zur Folge haben (vgl. Sorenson, S. 8), sodass die Rentabilität des Projektes neben höheren Finanzierungskosten zusätzlich durch einen niedrigeren potenziellen Verkaufswert belastet wird. Ein weiterer Aspekt des Finanzierungsrisikos bezieht sich auf das Problem, dass unabhängig vom Erfolg der Projektentwicklung der Kapitaldienst für das aufgenommene Fremdkapital zu leisten ist und sich damit jede Verzögerung, vor allem im Rahmen der Projektrealisierung und Projektvermarktung, wie bereits unter dem Aspekt des Zeitrisikos diskutiert, unmittelbar auf den Developer-Gewinn auswirkt.

Zur **Reduzierung des Finanzierungsrisikos** empfehlen sich u. a. folgende Maßnahmen:

- Vermeidung finanzieller Engagements (z. B. Grundstückskauf) vor der endgültigen Entscheidung über die Projektdurchführung,
- Festzinsvereinbarungen oder Zins-Hedging (Zins-Cap-Vereinbarungen/Zins-Collar-Vereinbarungen),
- Risikoteilung durch Bildung strategischer Allianzen (z. B. Joint-Venture-Finanzierung),
- Private-Equity- oder Venture-Capital-Beteiligungen,
- Berücksichtigung ausreichender Reserven im Projektbudget (zur Abdeckung von Cost-Overrun- und Interest-Shortfall-Risiken).

Boden- und Baugrundrisiken „ergeben sich weniger aus den allgemein sichtbaren topographischen Verhältnissen, sondern vielmehr aus nur durch sorgfältige Untersuchungen feststellbaren Eigenschaften wie Kontaminationen aus Altlasten, Nutzungseinschränkungen oder Bauzeitverzögerungen aus vorgefundenen Baudenkmälern, Einschränkungen der zulässigen Bodenpressung bzw. Zusatzkosten aus erforderlichen Sondergründungen, Überraschungen aus unerwarteten hydrogeologischen Verhältnissen mit dem Erfordernis besonderer Auftriebssicherungen und Abdichtungsmaßnahmen“ (Diederichs, 1996, S. 46).

Zur **Reduzierung des Boden- und Baugrundrisikos** empfehlen sich u. a. folgende Maßnahmen:
- umfangreiche Baugrunduntersuchungen (Baugrundgutachten/Altlastenuntersuchungen),
- professionelle Vertragsgestaltung beim Grundstückskauf, z. B. Übernahme von Garantien, Kauf unter aufschiebender Bedingung (vgl. Usinger, S. 449 ff.).

Das **Kostenrisiko** ergibt sich in erster Linie aus der langen Entwicklungsdauer von Immobilienprojekten, die eine hinreichend genaue Kostenprognose in einem frühen Stadium des Projektentwicklungsprozesses erheblich erschwert. So wirken sich sämtliche bereits dargestellten Risikofaktoren direkt auf die Kosten und damit letztlich auf den potenziellen Developer-Gewinn aus. In diesem Zusammenhang sind insbesondere die Palette der Baugrundrisiken, langwierige Genehmigungsverfahren, an die Genehmigung geknüpfte zusätzliche Auflagen, Bauzeitverzögerungen infolge unvorhersehbarer Ereignisse sowie nachträgliche Änderungen der Pläne zu nennen. Kostenüberschreitungen können jedoch auch infolge ungenauer Ausschreibungen, Pläne und Anforderungsprofile entstehen. Das bei komplexeren Projekten mit Pauschalverträgen häufig entstehende Thema des Nachtragsmanagements erfordert eine professionelle und frühzeitige rechtliche Begleitung des Vorhabens.

Zur **Reduzierung des Kostenrisikos** empfehlen sich u. a. folgende Maßnahmen:
- Kostenplanung und Kostenmanagement nach DIN 276,
- professionelle Vertragsgestaltung mit Planern und ausführenden Unternehmen,
- Auswahl fachlich versierter und erfahrener Projektpartner,
- Einrichtung eines professionellen Projektmanagements, gegebenenfalls über Einschaltung externer Berater (z. B. für Projektsteuerung und baubegleitende Rechtsberatung).

1.3.3.6 Wirtschaftlichkeitsanalysen

Auf Basis der Ergebnisse der Markt- und Standortanalyse, der Analyse des Nutzungskonzeptes, der Wettbewerbsanalyse und der Risikoanalyse wird der Projektentwickler gegen Ende der Projektkonzeptionsphase detaillierte Wirtschaftlichkeits- und Renditeanalysen durchführen. Sie dienen in erster Linie dazu, die wirtschaftliche Tragfähigkeit des entwickelten Nutzungskonzeptes zu beurteilen und dessen potentielle Schwachstellen zu identifizieren, die vor der endgültigen

Entscheidung über die Realisierung des Projektes in dieser Phase des Projektentwicklungsprozesses noch behoben werden können. Insofern stellen Wirtschaftlichkeits- und Renditeanalysen eine wichtige Grundlage der unternehmerischen Entscheidungsfindung dar.

Wirtschaftlichkeits- und Renditeanalysen in Form von Investitionsanalysen setzen sich zielgerichtet und systematisch mit den sich aus der Realisation eines Investitionsvorhabens ergebenden wirtschaftlichen Konsequenzen auseinander (vgl. ausführlich Kapitel E.4). Investitionsrechnungen müssen so angelegt sein, dass sich Immobilien mit anderen Kapitalanlagen rechnerisch vergleichen lassen (vgl. Schulte, 1995, S. 45). Die **Investitionsrechnung** bedient sich dabei verschiedener Verfahren, die sich in klassische und moderne Verfahren aufteilen lassen.

Die **klassischen Verfahren** unterteilen sich wiederum in statische und dynamische Methoden. Statische Methoden wie eine Amortisationsrechnung weisen den Vorteil auf, sehr einfach zu sein, haben aber den Nachteil, mit Erlösen und Kosten zu operieren, einfache oder keine Zinsrechnung zu gebrauchen und mit Durchschnittsgrößen zu arbeiten. Diese Nachteile werden in den dynamischen Methoden berücksichtigt, die eine Zinseszinsrechnung einführen, periodenspezifische Größen benutzen und mit Ein- und Auszahlungen, respektive Einnahmen und Ausgaben operieren. Es sei vor allem auf die Kapitalwertmethode und die Interne Zinsfuß-Methode verwiesen.

Während die oben genannten klassischen Methoden auf versteckten, pauschalen nicht frei wählbaren und häufig unrealistischen Annahmen beruhen, können bei den **modernen Verfahren** die Prämissen frei gewählt und beispielsweise in einem Vollständigen Finanzplan (VOFI) transparent, differenziert und realitätsnah abgebildet werden. Das Konzept Vollständiger Finanzpläne unterscheidet sich von den zuvor dargestellten Methoden hauptsächlich dadurch, dass alle mit der Investition verbundenen Zahlungen explizit abgebildet werden. Auf diese Weise wird eine vergleichsweise exakte und transparente Erfassung sämtlicher Zahlungsreihen und der sich ergebenden finanzwirtschaftlichen Konsequenzen ermöglicht (vgl. Schulte/Ropeter, S. 139 f.).

Für eine ausführliche Darstellung der Investitionsanalyse von Immobilien sei auf Abschnitt E.4. verwiesen. Ein detailliertes Rechenbeispiel für eine so genannte einfache Projektentwicklungsrechnung findet sich im Anschluss in Punkt D.1.5.5.

1.3.4 Projektkonkretisierung

Die Bestätigung des Erfolgspotenzials eines Projektes durch die Machbarkeitsanalyse hat die Einleitung einer Verhandlungs- und Entscheidungsphase zur Folge. Spätestens zu diesem Zeitpunkt treten die anderen **Projektbeteiligten** in den Entwicklungsprozess ein. Hierzu gehören Grundstückseigentümer, Architekten und Ingenieure, Baubehörden und andere öffentliche Interessenträger, bauausführende

Unternehmen, Finanzierungsinstitute, Nutzergruppen, spezielle Dienstleistungsunternehmen der Immobilienwirtschaft (Projektsteuerer, Berater, Makler, etc.), sowie, falls nicht für den eigenen Bestand entwickelt wird, Investoren.

Folglich beinhaltet die Projektkonkretisierung die Grundstückssicherung, die architektonische Gestaltung, die Erwirkung der Baugenehmigung, die Vergabe der Bauleistungen, die Verhandlung mit Mietinteressenten, den Abschluss der Finanzierung, sonstige vertragliche Bindungen (Beratungs- und Maklerverträge, etc.) sowie gegebenenfalls die Verhandlungen mit potenziellen Investoren.

War die **Entscheidung über die Realisierung des Projektes** bislang nur vorbehaltlich, so kann diese letztlich erst mit der Baufreigabe und unter der Voraussetzung erfolgen, dass die übrigen Verhandlungen ein bestimmtes, vom Developer festzulegendes Anspruchsniveau, z. B. bezüglich Finanzierungszusage, Vermietungsstand und Bauleistungsvergabe, erreicht haben. Selbstverständlich findet die Projektkonkretisierung nicht in der logischen Sekunde der Realisierungsentscheidung statt. Vielmehr finden Vereinbarungen und Verhandlungen zur Konkretisierung der Projektdurchführung bereits vom ersten Moment der Beschäftigung mit dem Projekt an statt, typischerweise seien hier nur die Grundstücksankaufsverhandlungen genannt. Ebenso werden einzelne Verträge auch erst nach der Realisierungsentscheidung abgeschlossen, so z. B. weitere Mietverträge mit Nutzern oder Verträge mit bauausführenden Firmen.

Eine der Kernaufgaben des Projektentwicklers besteht darin, die einzelnen **Verträge** so auszuhandeln, dass sie in zeitlicher und inhaltlicher Hinsicht das gewünschte Projektergebnis vorwegnehmen, alle Risiken auf dem Weg dahin jedoch beherrschbar machen. Dies gelingt durch die Einfügung aufschiebender Bedingungen und die Strukturierung von Abhängigkeiten dergestalt, dass der Projektenwicklungsprozess Schritt für Schritt mit jeweiligen Exitmöglichkeiten durchlaufen wird. Sollten mehrere Partner das Projekt gemeinsam realisieren, etwa in Form eines Joint Ventures von Grundstückseigentümer, Investor und Entwickler, dann sind die Gesellschaftsverträge anreizkompatibel zu strukturieren und potentielle Interessenkonflikte bereits im Vorfeld durch vertragliche Regelungen aufzuheben.

1.3.5 Projektmanagement

Mit Abschluss der Projektkonzeption und der aus den positiven Ergebnissen der Wirtschaftlichkeits- und Renditeanalysen abgeleiteten Entscheidung, das Projekt tatsächlich zu realisieren, tritt dieses in die Phase des Projektmanagements (vgl. dazu ausführlich Kapitel D.2). In diesem Stadium werden die Ergebnisse der Projektinitiierung und Projektkonzeption in **konkrete Pläne** umgesetzt und es wird mit dem Bau, also der Ausführung der Pläne, begonnen.

Im Rahmen der Projektmanagement-Phase übernimmt der Projektentwickler die **Rolle des Bauherrn**. Dabei unterliegen ihm i. d. R. die nicht delegierbaren Aufgaben der Projektleitung, wohingegen er delegierbare Aufgaben auch auf Projektsteuerer übertragen kann. Es sei in diesem Zusammenhang darauf hingewiesen, dass die Frage, welche Aufgaben vom Projektentwickler/Bauherrn im Einzelfall wahrzunehmen sind, in besonderer Weise von der Organisation des Projektmanagements im Sinne einer Einzel- oder Gesamtbeauftragung abhängt.

Schwerpunkt der Aufgabe des technischen Projektmanagements im Rahmen der Projektrealisierung ist das **Management und Controlling von Qualität, Kosten und Terminen**. Beim kaufmännischen Projektmanagement hingegen stehen Fragen der Budgetverfolgung, der Kontrolle und Freigabe eingehender Rechnungen und des proaktives Liquiditätsmanagements im Vordergrund.

Innerhalb des Projektteams muss der Projektsteuerer insbesondere darauf achten, dass Änderungen in den Rahmenbedingungen unverzüglich zu einer Überprüfung der noch bestehenden Einflussmöglichkeiten auf das Projekt führen. In Abstimmung mit der Projektvermarktung muss er darauf achten, dass Mehr- und Minderkostenüberlegungen auf der Bauseite nicht zu Qualitätseinbußen führen.

Generell übernimmt der Entwickler in dieser Phase die Rolle des aktiven, Einfluss nehmenden Bauherren, der Entscheidungen trifft, Verträge aushandelt und schließt sowie gegebenenfalls notwendige Änderungen im Projektkonzept oder im -verlauf anstößt.

1.3.6 Projektvermarktung

Mit der nahenden Fertigstellung des Bauprojektes beginnt die intensive Phase des **Projekt-Marketings**, nachdem einzelne Marketingaufgaben bereits den gesamten Projektentwicklungsprozess begleitend wahrgenommen werden müssen (vgl. McMahan, S. 393). Das Marketing erstreckt sich im Rahmen dieser Phase vor allem auf die Vermietung und die Veräußerung des Projektes, welche grundsätzlich in jedem Entwicklungsstadium des Prozesses erfolgen können. Die mit dem Marketing in Verbindung stehenden Aufgaben können zum Teil auf Dritte, d. h. Maklergesellschaften, übertragen werden. Da der langfristige Erfolg der Immobilie sehr stark von der funktionsgerechten Vermietung im Allgemeinen und der Findung eines angemessenen Mietermixes im Besonderen beeinflusst wird, behalten viele Developer das Marketing im eigenen Hause (vgl. Levy/Maloomian, S. 288 ff.).

Das **primäre Ziel** des Projektmarketings kann darin gesehen werden, Nutzer zu finden und das Projekt vor den Risiken des Preiswettbewerbs zu schützen (vgl. Graaskamp, S. 633). Im Mittelpunkt steht daher der Aufbau und die Sicherung einer **„Unique Selling Proposition“ (USP)**, die dem Projekt im Auge des späteren Nutzers oder Investors einen Nutzenvorteil gegenüber Konkurrenzprojekten bzw. -objekten verleiht und auf diesem Wege neben dem Preis andere, wichtige Wettbewerbsdeterminanten einführt (vgl. dazu weiterführend Kongela, S. 22 ff.).

Der Projektentwicklungsprozess endet mit der Fertigstellung, Nutzungsübergabe und Verwertung des Projektes. Für den Fall, dass das Projekt nicht zur Veräußerung bestimmt ist, wird es in den Bestand des Developers eingestellt. In einer **Lebenszyklusbetrachtung** der Immobilie beginnt an diesem Punkt die Phase der Nutzung und damit des **Objektmanagements**, die sich bis zu einem erneuten Re-Development der Immobilie erstreckt. Dem operativen Objektmanagement obliegt es zunächst, die laufende Nutzungs- bzw. Funktionsfähigkeit der Immobilie zu erhalten. Darüber hinaus umfasst es in weiterem Sinne aber auch alle Aufgaben – vom Marketing über das Controlling bis hin zur Flächenrevitalisierung – die die Wettbewerbsfähigkeit der Immobilie nachhaltig sichern und ausbauen.

Besonders hohe Anforderungen stellt das Objektmanagement eines Shopping-Centers, da hier der so genannte Centermanager mit seinem Team nicht nur für die Funktionsfähigkeit der Immobilie und den bestmöglichen Ausgleich zwischen Vermieter- und Mieterinteressen einsteht, sondern darüber hinaus durch gezielte Publikumsaktionen und PR-/Werbemaßnahmen ebenso für eine stetige Frequentierung des Centers durch kaufwillige Kunden Sorge trägt, was sich letztlich direkt auf die von den Mietern dort erzielbaren Einzelhandelsumsätze auswirkt.

Im Phasenablauf des Projektentwicklungsprozesses ist mit zunehmender Konkretisierung grundsätzlich von einer abnehmenden Gesamtkomplexität des Projektes einerseits, andererseits aber auch von einer schwindenden Beeinflussbarkeit des Projektes, insbesondere bezüglich des Kapitalengagements bzw. der Kostenbindung, auszugehen.

Zusammenfassend ist festzuhalten, dass mit Hilfe von Phasenmodellen die Komplexität und Dynamik des Projektentwicklungsprozesses in idealtypischer Form wiedergegeben werden können. Gleichwohl muss eingeräumt werden, dass die einzelnen Phasen in der Realität nicht immer in der angegebenen Form durchlaufen werden und bei konkreten Projekten in aller Regel Überlappungen, parallele Abläufe und Rückkopplungseffekte auftreten, die durch die Phasenmodelle nicht hinreichend darstellbar sind. Beispiel hierfür ist etwa das Projekt-Marketing, dessen Instrumentarium bereits in einer frühen Phase des Projektentwicklungsprozesses eingesetzt werden kann bzw. sollte, da eine frühzeitige Vermietung das Projekt überhaupt erst realisierbar, weil (fremd)finanzierbar, macht, Risiken reduziert und den Projekterfolg bzw. die Veräußerungsfähigkeit des Projektes an einen Investor begünstigt.

1.4 Markt und Formen der Projektentwicklung

1.4.1 Akteure der Projektentwicklung

Der Projektentwicklungsprozess ist durch die **interdisziplinäre Zusammenarbeit** einer Vielzahl von Akteuren gekennzeichnet, die vor allem daraus resultiert, dass es dem Projektentwickler vor dem Hintergrund der Vielschichtigkeit der Problemstellungen i. d. R. nicht möglich sein dürfte, sämtliche Aufgaben selbst durchzuführen. Seine Aufgabe besteht vielmehr darin, den Projektentwicklungsprozess zu koordinieren und die effiziente Zusammenarbeit zwischen seinem Entwicklungsteam und externen Akteuren sicherzustellen.

Gemäß Abbildung 9 lassen sich die folgenden Akteure der Projektentwicklung in Deutschland identifizieren:

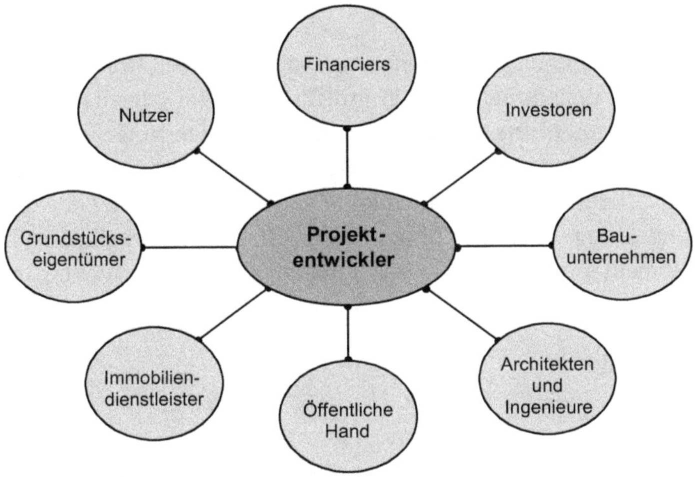

Abb. 9: Akteure der Projektentwicklung (Quelle: Isenhöfer, S. 38)

1.4.1.1 Grundstückseigentümer

Grundstückseigentümer, die dem Projektentwicklungsprozess entweder aktiv unterstützend, diesen eventuell sogar initiierend oder aber passiv ablehnend gegenüberstehen, können prinzipiell nach **drei unterschiedlichen Gruppen** klassifiziert werden. Die erste Gruppe umfasst die öffentlichen Grundstückseigentümer, d. h. Bund, Länder, Städte und Gemeinden, sowie Institutionen wie zum Beispiel die Kirche und Stiftungen. Der zweiten Gruppe sind die Unternehmen des primären, sekundären und tertiären Sektors zuzuordnen, für die Grund und Boden in erster Linie einen Produktionsfaktor darstellen, die diesen mitunter allerdings auch zu Zwecken der Kapitalanlage halten können. Der dritten Gruppe schließlich gehören die privaten Eigentümer an, die Grund und Boden entweder als Gebrauchsgut zu Wohnzwecken oder als direkte/indirekte Kapitalanlage besitzen.

1.4.1.2 Nutzer

Die Nutzerseite tritt als Nachfrager von Projektentwicklungen in Erscheinung. Die Nutzer bestehen insbesondere aus **Unternehmen** sämtlicher Wirtschaftsbereiche, die Gebäude u. a. zu Zwecken der Verwaltung, Forschung, Produktion, Lagerung oder des Verkaufs nachfragen. Darüber hinaus besteht die Nutzerseite aus öffentlichen Institutionen, die Gebäude vor allem zu Zwecken der Verwaltung nachfragen und schließlich besteht sie aus **Privatpersonen**, die Projektentwicklungen in Form verschiedener Wohnimmobilien (Einfamilienhäuser, Apartments, Lofts, etc.) zur Bewohnung nachfragen.

Grundsätzlich stellt sich für den Nutzer immer die Frage, ob er ein Objekt selbst erstellen soll, oder ob er die Erstellung an einen Projektentwickler oder Bauträger überträgt (**Make or buy-Entscheidung**). Diese Frage muss für jeden Nutzer anhand seiner persönlichen Situation (Erstellungskompetenz, Eigenkapitalsituation, Kapazitätsressourcen, Kostenkalkulation, etc.) individuell entschieden werden. Bei einer „Buy-Entscheidung" sind die privaten und öffentlichen Nutzer im Idealfall so früh wie möglich in den Projektentwicklungsprozess einzubinden, damit nicht „am Markt vorbei gebaut" wird.

1.4.1.3 Financiers und Intermediäre

Als Financiers werden diejenigen Institutionen verstanden, die dem Projektentwickler Fremdkapital zur Verfügung stellen, wobei sich zwischen kurzfristigen (Bau-)Financiers und langfristigen Financiers unterscheiden lässt (vgl. ausführlich Kapitel E.3). Die **kurzfristigen Financiers**, zu denen insbesondere die Geschäftsbanken sowie die Hypothekenbanken gehören, finanzieren die Projektentwicklung entsprechend dem Baufortschritt bis zur Fertigstellung zuzüglich ggf. einer gewissen Vermarktungsdauer. Dabei beschränkt sich ihr Risiko für den Fall, dass der Projektentwickler eine langfristige Anschlussfinanzierung oder sogar einen Endinvestor vorweisen kann, auf die nicht termin- oder budgetgerechte Fertigstellung des Projektes, weshalb ihre Finanzierungszusage entscheidend von der Qualifikation und Bonität des Projektentwicklers und seiner Partner abhängt (vgl. Miles/Haney/Berens, S. 58 f.).

Sofern dem Projektentwickler der Verkauf des Projektes vor Fertigstellung noch nicht gelungen ist, er diesen erst später anstrebt oder er beabsichtigt, das Projekt in den eigenen Bestand zu übernehmen, sollte auch die **langfristige Finanzierung** möglichst frühzeitig gesichert sein. Als Anbieter kommen dabei vor allem Hypothekenbanken, aber auch Geschäftsbanken in Betracht, deren Risiko wesentlich höher ist als das der kurzfristigen Financiers und die aus diesem Grund den vom Projektentwickler vorgelegten Marktanalysen und den darauf basierenden Rentabilitätsuntersuchungen besondere Bedeutung beimessen werden. Wegen des langfristigen Charakters der Finanzierung sollte im Hinblick auf die Vergabeentscheidung die Konzeption des Projektes und dessen Fähigkeit zur Erwirtschaftung des Kapitaldienstes eine wesentlich größere Rolle spielen als die Bonität des Projektentwicklers.

Allerdings bleibt festzuhalten, dass heute angesichts der intensiven Diskussion der Basel III-Richtlinie die Banken bei der Entscheidung über kurz- und langfristige Finanzierungen von Projektentwicklungen stärker als zuvor auf die Bonität der Projektentwickler abstellen. Dies findet seinen Ausdruck vor allem in den gestiegenen Eigenkapitalanforderungen. War es in der Vergangenheit möglich, Projekte mit nur 10 % oder teilweise sogar ohne Eigenkapital zu finanzieren, sind heute selbst bei guten Vorvermietungsquoten und entsprechendem Track-Record des Projektentwicklers 30-40 % Eigenkapitalforderung keine Seltenheit.

Diese Verschärfung der Finanzierungsbedingungen führt angesichts der Kapitalschwäche des Gros der Projektentwickler dazu, dass diese vermehrt versuchen, die Lücke zwischen selbst einbringbarem Eigenkapital und der Eigenkapitalanforderung der Banken durch neue Finanzierungsquellen zu überbrücken. Hierzu zählt der Einsatz von Mezzanine Kapital, das in unterschiedlichen Ausprägungen mal stärker eigenkapitalmäßig (z. B. in Form stiller Beteiligung an der Projektgesellschaft) mal stärker fremdkapitalmäßig eingesetzt werden kann. Als Anbieter treten neben Family Offices und Venture-Capital-Gesellschaften auch (Privat)Banken sowie vereinzelt Versicherungsunternehmen in Erscheinung. Angesichts der hohen Zinsanforderungen von häufig 15–20 % eignet sich der Einsatz von Mezzaninekapital jedoch nur für Projekte, die sich in relativ kurzer Zeit realisieren lassen.

Alternativ spielen Joint Ventures eine immer stärkere Rolle im Rahmen der Projektentwicklung. Hierunter sei die direkte Beteiligung eines Partners an der Projektgesellschaft mit entsprechenden Eigentümerrechten verstanden. Für den Projektentwickler ist damit, neben der Teilung des Risikos, der Vorteil einer Reduzierung seines Eigenkapitalanteils und damit die Möglichkeit, mehrere Projekte gleichzeitig in Angriff nehmen zu können, verbunden.

Dies geht allerdings einher mit dem Verzicht auf die alleinige Eigentümerposition und damit auf die alleinige Entscheidungsgewalt. Hinsichtlich der Vergütung kommt es allerdings regelmäßig zu asymmetrischen Verteilungen des Projektgewinns zugunsten des Projektentwicklers, der das Projekt i. d. R. initiiert hat und operativ im Wesentlichen voranbringt. Als Joint Venture Partner kommen vor allem Family Offices, spezialisierte Projektentwicklungsfonds, Private-Equity-Gesellschaften sowie vereinzelt institutionelle Investoren und einige wenige Banken in Betracht. Abzuwarten bleibt, wie sich unter den Finanzierungsintermediären zukünftig insbesondere die kapitalstarke Gruppe der Versicherungen aufstellen wird. Angesichts sinkender Renditen auf den Anleihemärkten sind diese verstärkt auf der Suche nach höher rentierlichen Anlageformen und haben daher in jüngster Vergangenheit den Immobiliensektor stärker als zuvor gewichtet. Dabei treten die Versicherungen schon heute sowohl als Anbieter von Fremdkapital als auch von Mezzanine- und Joint Venture-Kapital in Erscheinung.

1.4.1.4 Investoren

Investoren treten ebenso wie die Nutzer als Nachfrager von Projektentwicklungen in Erscheinung. Dabei handelt es sich insbesondere um die **institutionellen Investoren**, zu denen vor allem die Anbieter offener und geschlossener Immobilienfonds, Versicherungen, Versorgungswerke und Pensionskassen zu zählen sind ferner Immobilien-AGs und andere in- und ausländische Kapitalsammelstellen sowie Finanzintermediäre. In geringerem Ausmaß zählen zudem Unternehmen und private Investoren zu Zwecken der Kapitalanlage zu den Nachfragern von Projektentwicklungen.

Punkt D.1.4.2 geht näher auf die Unterschiede zwischen privaten oder institutionellen Investoren und der öffentlichen Hand ein. Beispielsweise werden bei institutionellen Investoren **moderne Investitionsformen** wie Private Equity oder Opportunity Funds im Single- oder Multi-Asset-Portfolio behandelt.

1.4.1.5 Bau-Unternehmen

Hinsichtlich der Zusammenarbeit mit Bauunternehmen lassen sich grundsätzlich **drei Auftragsarten** unterscheiden. Häufiger als noch in der Vergangenheit wird heute bei Projektentwicklungen auf die Einzelvergabe von Gewerken zurückgegriffen. Hierbei spielt vor allem das Kostenargument eine Rolle, da sie ohne die mitunter hohen Aufschläge auskommt, die die Bauunternehmen bei Generalunternehmer- und -übernehmerverträgen verlangen. Die Komplexität der Vergabe einzelner Gewerke und das daraus resultierende Risiko, vor allem bei unzureichender Erfahrung des Projektentwicklers, dürfen allerdings nicht außer acht gelassen werden. Zu Zwecken der Risikoreduktion und aus organisatorischen Vereinfachungsgründen bevorzugen Projektentwickler und nicht zuletzt die finanzierenden Banken daher die Verträge mit Generalunternehmern oder Generalübernehmern ab.

Die besondere Problematik von Nachträgen, die insbesondere bei sehr komplexen Projekten wie etwa Shopping-Centern unausweichlich sind und die damit i. d. R. selbst bei Generalunternehmerverträgen zu mitunter deutlichen Überschreitungen zuvor garantierter Kosten und Termine führen, sei hier nur am Rande erwähnt.

Gelegentlich erbringen Bauunternehmen zusätzlich Planungs- und Entwicklungsleistungen, dies in erster Linie aber zur Auftragssicherung und zur Erweiterung des Leistungsangebotes in Richtung so genannter Auftrags- oder Bestellerbauten. Eine dezidierte spekulative Projektentwicklung ist bei Bauunternehmen heute nicht mehr anzutreffen.

1.4.1.6 Architekten und Ingenieure

Der Architekt ist in erster Linie mit der Umsetzung des vom Projektentwickler entworfenen Nutzungskonzepts in eine kostengerechte, funktionale, flexible, nachhaltige und architektonisch anspruchsvolle Immobilie betraut. Neben dieser **Planungsaufgabe** übernimmt er häufig beratende Funktionen sowie die Auswahl von Fachingenieuren und sonstigen Planern und darüber hinaus die Dokumentation des Bauprozesses (vgl. dazu ausführlich Schulz-Eickhorst, S. 21 ff.).

Die Aufgaben der Fachingenieure erstrecken sich u. a. auf folgende Bereiche:

- Baugrunduntersuchungen,
- Baugrubensicherung,
- Bauphysik (Schall-/Wärme-/Brandschutz),
- Baustatik,
- Verkehrsplanung,
- Außenanlagen,
- Innenarchitektur/Raumgestaltung/Design,
- haustechnische Gewerke,
  a) HLS (Heizung/Lüftung/Sanitär),
  b) Elektrotechnik/Fördertechnik/zentrale Leittechnik.
- Nachhaltigkeitszertifizierung

Gegebenenfalls bietet es sich für den Projektentwickler an, den Architekten mit der Generalplanung der Immobilie zu beauftragen.

1.4.1.7 Öffentliche Hand

Die erforderliche Zusammenarbeit zwischen der öffentlichen Hand und Projektentwicklern ergibt sich aus der Tatsache, dass es zur Realisierung von Bauvorhaben **baurechtlicher Genehmigungen** bedarf. Insofern gilt es für den Projektentwickler durch frühzeitige Kommunikation herauszufiltern, welche Wünsche und Anforderungen die öffentliche Verwaltung und nicht zu vergessen die Politik mit dem jeweiligen Projekt verbinden.

Angesichts leerer öffentlicher Kassen lässt sich zudem vermehrt feststellen, dass öffentliche Aufgaben im Zuge der Projektentwicklung gerne auf den privaten Sektor verschoben werden, zum Beispiel in Form zusätzlicher Auflagen zur Baugenehmigung, wobei das Spektrum von umfangreicherer Begrünung bis zum Ausgleichsbau einer KITA reichen kann. Dies gilt in besonderer Weise, wenn für das

Projekt kein geeignetes Baurecht besteht und dieses im Rahmen der Bauleitplanung erst noch zu schaffen ist. Hier wird häufig zusätzlich erwartet, dass der Projektentwickler über den Einsatz von Rechtsanwälten und spezialisierten Planungsbüros auf seine Kosten den Prozess der Bauleitplanung koordiniert.

Der ehemals große Hype um neue Formen der Zusammenarbeit mit der öffentlichen Hand in Form sogenannter **Public Private Partnerships** hat in der Projektentwicklungspraxis trotz der damit verbunden Vorteile für beide Seiten nicht die Bedeutung erlangt, die ursprünglich vermutet wurde.

1.4.1.8 Immobilien-Dienstleister

Die Liste möglicher Dienstleister rund um die Projektentwicklung ist so vielfältig, dass an dieser Stelle lediglich auf die bedeutendsten eingegangen werden kann. Hierzu zählen grundsätzlich:

- Immobilienberater, die den Projektentwickler in erster Linie bei den umfangreichen Markt-, Standort-, Nutzungs-, Wettbewerbs- und Risikoanalysen unterstützen können,
- Immobilienbewerter, die unabhängige Gutachten für die potenziellen Financiers und Investoren erstellen,
- Immobilienmakler, die zur möglichst frühzeitigen Identifizierung potenzieller Nutzer oder Investoren beitragen sollen,
- Immobilienverwalter, aus deren langjähriger Erfahrung mit dem Betrieb von Immobilien wertvolle Hinweise für die Planung neuer Projekte abgeleitet werden können,
- sowie Rechtsanwälte, Steuerberater, Versicherungsmakler, Public-Relations- und Werbeagenturen, etc.

1.4.2 Nachfrager nach Projektentwicklungsleistungen

Die **Struktur der Nachfrage** nach Projektentwicklungen ist naturgemäß einem ständigen Wandel unterworfen. Die Zielsetzung der handelnden Akteure (private Investoren, institutionelle Investoren, Non-Property-Companies und Unternehmen der öffentlichen Hand) orientiert sich dabei an einer angemessenen Rentabilität, Sicherheit und Liquidität.

Die Rentabilität wird dabei häufig durch den Begriff der **„Performance“** ersetzt, d. h. die Summe von Ausschüttungsrendite und Wertsteigerung, bezogen auf den Fondsanteil beispielsweise eines offenen Immobilienfonds. Mit Sicherheit in der Kapitalanlage wird die Wahl der Objekte selbst angesprochen und die Maßnahmen des Managements zu Risikostreuung nach Standorten, Projektarten, -größen, -mietern und -alter (vgl. Bone-Winkel, S. 112). Unter Liquidität wird die Gewährleistung der jederzeitigen Zahlungsbereitschaft verstanden, in einer weiteren Sichtweise zudem die kurzfristige Veräußerbarkeit der Kapitalanlage am Investmentmarkt. Liquidität ist Grundvoraussetzung und Nebenbedingung jeden unternehmerischen Handelns.

Private Investoren fragen Immobilien aus zwei Gründen nach: sie werden entweder zur **Selbstnutzung** insbesondere zu Wohnzwecken oder als **Kapitalanlage** gehalten, entweder durch eine Direktanlage in eine spezifische Immobilie oder durch ein indirektes Investment in z. B. Immobilienfonds oder Immobilien-AGs. In den letzten Jahren ist verstärkt die Form der Venture-Capital/Private-Equity-Vergabe durch entsprechend aufgestellte Family-Offices in den Vordergrund getreten, die den in der Regel kapitalschwachen Projektentwicklern fremdkapitalähnliches Mezzanine Kapital oder im Rahmen von Joint Ventures Eigenkapital anbieten.

Die Portfolios **institutioneller Investoren** setzen sich entweder aus so genannten **„Single Asset Portfolios“** oder aus **„Multi Asset Portfolios“** zusammen. Portfolios offener oder geschlossener Immobilienfonds bestehen z. B. aus Single Asset Portfolios und investieren ausschließlich in Immobilien. Auch Immobilien-AGs und Venture-Capital-Gesellschaften investieren meist nur in Immobilien, da die Unternehmen Kernkompetenz in einem speziellen Bereich besitzen. Große Versicherungsunternehmen sowie Pensionskassen oder ausländische Opportunity Funds hingegen koordinieren häufig Multiple Asset Portfolios mit mehreren „Asset Classes“. Neben einer Anlage in Immobilien wird aus Diversifikationsgründen noch in andere Anlageklassen investiert.

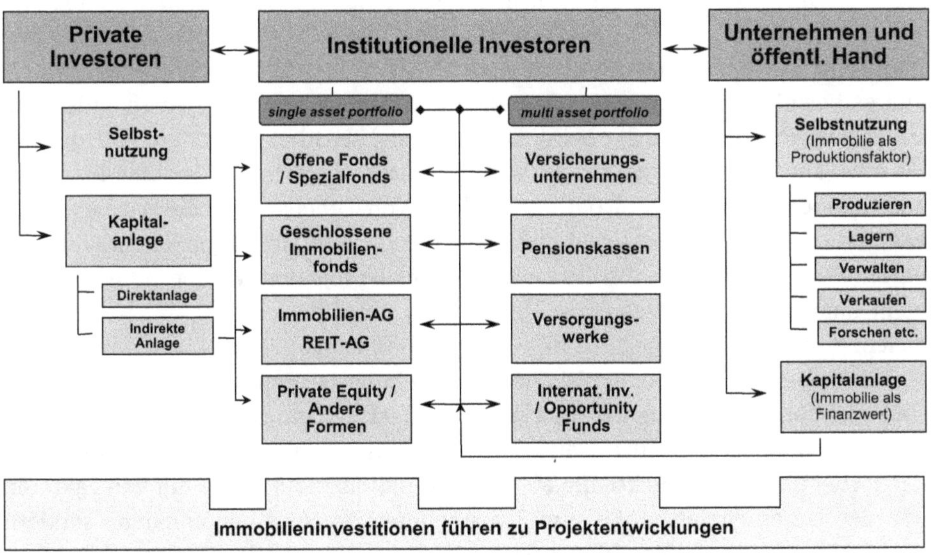

Abb. 10: Nachfrager von Projektentwicklungen (Quelle: In Anlehnung an Isenhöfer, S. 43)

Das **Leasing-Geschäft** kann nur eingeschränkt in den institutionellen Bereich eingeordnet werden, da es sich hier in aller Regel um maßgeschneiderte Finanzierungslösungen für spezifischen Flächenbedarf handelt.

Die Unternehmen, die ihren Kernbereich nicht im Immobiliengeschäft haben (**Non-Property-Companies**) sowie die öffentliche Hand spielen nicht nur als Nachfrager von Projektentwicklungen eine große Rolle. Zusätzlich entwickeln sie für den eigenen Bedarf oder sie weisen nicht betriebsnotwendige Flächen aus, die an den Markt abgegeben oder einer neuen Nutzung zugeführt werden. Bauen diese Non-Property-Companies ihr Immobilienmanagement zu einem eigenen Geschäftsfeld aus, so werden sie zwangsläufig Wettbewerber der bestehenden Immobilienunternehmen (vgl. Abbildung 10).

1.4.3 Strategien und Geschäftsmodelle von Projektentwicklern

Im Hinblick auf seine strategische Positionierung gilt es für den Projektentwickler zunächst festzulegen, in welchem Immobiliensektor er tätig sein möchte. In diesem Zusammenhang spielt die Ausstattung des Unternehmens mit Ressourcen und Kompetenzen (vgl. dazu weiterführend Isenhöfer, S. 211 ff.) sowie der Erfahrungsschatz aus erfolgreichen vergangenen Projekten naturgemäß eine große Rolle. Ähnlich wie in anderen Wirtschaftszeigen ist auch in der Immobilien-Projektentwicklung eine zunehmende Spezialisierung festzustellen. Anders als in der Vergangenheit, in der es eine Vielzahl von Allroundern gab, die ein breites Spektrum von Immobilienarten entwickeln konnten, haben sich im letzten Jahrzehnt einhergehend mit der gestiegenen Professionalisierung der Immobilienbranche insgesamt in der Projektentwicklung zunehmend Spezialisten herausgebildet. So gibt es beispielsweise im breitgefächerten Markt für Einzelhandelsimmobilien Anbieter, die sich auf große Shopping Center spezialisiert haben, andere, die kleinere Einkaufsgalerien im Fokus haben, wieder andere, die sich mit Fachmarktzentren auseinandersetzen oder auf die Entwicklung von Lebensmittelmärkten beschränken und schließlich Spezialisten für Geschäftshäuser in Fußgängerzonen. Während mitunter die Abgrenzung solcher Einzelhandelsprojektentwickler untereinander nicht immer ganz trennscharf ist, finden sich unter diesen aber nur wenige, die gleichzeitig beispielsweise auch Büro-, Logistik- oder Wohnimmobilien entwickeln.

Einhergehend mit der Positionierung in einem bestimmten Immobiliensektor stellt sich für den Projektentwickler die Frage nach seinem gewünschten Aktionsradius, der regional begrenzt, national oder sogar international ausgerichtet sein kann. Hier gilt es zu berücksichtigen, dass der Aktionsradius nicht nur von Faktoren wie der Unternehmensgröße und Unternehmensorganisation abhängt, sondern auch vom gewählten Immobiliensektor. Um beim Beispiel des Marktes für Einzelhandelsimmobilien zu bleiben kann es für einen Entwickler von Geschäftshäusern in Fußgängerzonen oder von Lebensmittelmärkten durchaus ausreichend sein, sich regional zu positionieren, wohingehen sich ein Entwickler großer Shopping Center aufgrund regional begrenzter Projektmöglichkeiten mindestens national, wenn nicht sogar international aufzustellen hat.

Schließlich hat der Projektentwickler darüber zu entscheiden, mit welchem Geschäftsmodell er am Immobilienmarkt tätig sein möchte, oder anders gesagt, welchen Developer-Typ er verkörpern möchte bzw. kann. Hierbei werden drei **drei verschiedene Developer-Typen** unterschieden:

- Service-Developer (Projektentwicklung als Dienstleistung),
- Trader-Developer (Projektentwicklung im engeren Sinne),
- Investor-Developer (Projektentwicklung für den eigenen Bestand).

Der **Service-Developer** erbringt eine Dienstleistung im Sinne der Entwicklung eines Projektkonzeptes bis zur Planungsreife bzw. Baufreigabe mit anschließendem Projektmanagement und ggf. Übernahme von Marketing, Vermietung und Verwertung. Auftraggeber sind häufig größere Bestandshalter mit Kapazitätsengpässen oder Non-Professionals/Eigennutzer. Konzeption und Koordination stehen im Mittelpunkt der Beauftragung. Diese erfolgt i. d. R. nur phasenweise, wobei sich der abgeschlossene Vertrag an den Wertschöpfungsstufen und den Exitüberlegungen orientiert (vgl. dazu weiterführend Hofmann, S. 87 ff.)

Diese Form des Projektentwicklers war in Deutschland aufgrund des bislang fehlenden Leistungsbildes und der geringen Markttransparenz wenig verbreitet. Die Honorarstrukturen orientieren sich bis dato häufig an Maklerprovision, HOAI-Leistungen oder DVP-Leistungen. Mit steigender Professionalisierung innerhalb der Branche nimmt die Nachfrage nach Projektentwicklungen in Form von **Dienstleistungen** allerdings stark zu. Hinzu kommt, dass es insbesondere für mittelständisch geprägte Projektentwickler aufgrund der hohen Eigenkapitalanforderungen seitens der finanzierenden Banken infolge der Basel II- und III-Richtlinien teilweise gar nicht mehr möglich ist, klassische Projektentwicklung auf eigene Rechnung zu betreiben.

Der **Trader-Developer** leistet Projektentwicklung im engeren Sinn und erbringt diese von der Initiierung bis zur Fertigstellung auf eigene Rechnung und eigenes Risiko. Nach Fertigstellung steht die Immobilie zum Verkauf an einen Endinvestor oder zur Vermarktung in einer früheren Phase des Projektentwicklungsprozesses an einen Intermediär. Aufgrund des bekannten Eigenkapitalmangels von reinen Projektentwicklungsgesellschaften werden als Finanzierungsmethoden neben der klassischen Baufinanzierung vor allem innovative Finanzierungsformen wie Projektfinanzierungen, Mezzanine-Finanzierungen, Participating Mortgages oder Private-Equity-Finanzierungen gewählt sowie projektbezogene Joint Ventures (vgl. hierzu Kapitel E.3).

Der **Investor-Developer** ist für die Projektentwicklung von der Initiierung bis zur Fertigstellung verantwortlich. Die fertig gestellten Immobilien gehen in den eigenen Bestand über. Grundsätzlich ist der Investor-Developer dem Trader-Developer sehr ähnlich; durch die zeitliche Verschiebung des Exits, d. h. der Vermarktung des Projektes, ändert sich jedoch häufig auch die Zielstruktur und das Anspruchsniveau an die Projekte.

Während die klare Abgrenzung der Developer-Typen in der Theorie gelingt, zeichnet die Praxis ein anderes Bild (vgl. dazu weiterführend Schulten/Lippold, S. 493 ff.). Veränderte Rahmenbedingungen wie gestiegene Finanzierungsanforderungen führen dazu, dass die Grenzen zwischen den Typen verschwinden. In der nachfolgenden Fallstudie (vgl. Abschnitt D.1.5) soll dies anhand des Beispiels einer Equity-Partnerschaft deutlich gemacht werden, innerhalb derer der Entwickler sowohl Eigenschaften des Service-Developers als auch solche des Trader-Developers übernimmt.

Abbildung 11 fasst die Positionierungsmöglichkeiten von Projektentwicklungsunternehmen noch einmal anschaulich zusammen.

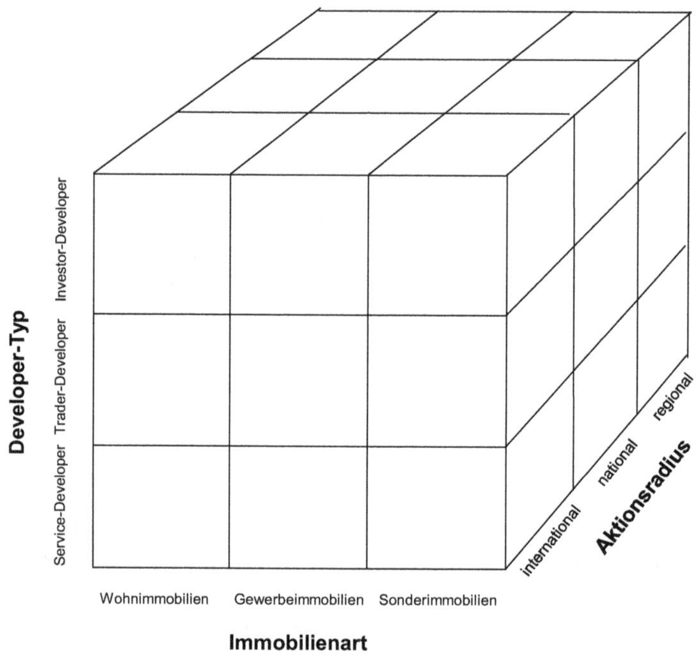

Abb. 11: Positionierung von Projektentwicklungsunternehmen (Quelle: Isenhöfer, S. 45)

Neben der Spezialisierung auf einzelne Nutzungsarten, die geographische Ausrichtung und die geplante Wertschöpfungstiefe zeichnen sich erfolgreiche Geschäftsmodelle in der Projektentwicklung vor allem dadurch aus, dass sie den Kundennutzen für den Mieter besonders herausstellen und dem Mieter klare Unterscheidungsmerkmale von Wettbewerbsflächen liefern. Im Ergebnis beruhen Strategien erfolgreicher Entwickler im Porterschen und Poorvuschen Sinne darauf, entweder günstigere oder bessere Flächen für Mieter anzubieten. Gleichzeitig haben Entwickler stets den Exit im Fokus, d. h. den Verkauf des Projektes in einem möglichst frühzeitigen Entwicklungsstadium an einen Bestandshalter. Neben dem Erfordernis, dass das Objekt dem Nutzer als primärem Kunden gefallen muss, sollte das Projekt auch in die Anlagestrategie bzw. die Asset Allocation der Investoren passen (vgl. hierzu Bone-Winkel, Jenseits von Core, S. 43 ff.)

1.4.4 Anforderungen an den Projektentwickler

Abschließend sei auf die Rolle des Projektentwicklers selbst in der Organisation hingewiesen, der entscheidend zum Gelingen oder Scheitern einer Projektentwicklung beiträgt. Nicht jede Persönlichkeit ist geeignet, die interdisziplinären Anforderungen zu erfüllen, die an einen Developer gestellt werden. Es kristallisieren sich wesentliche Bereiche heraus, in denen eine hohe Kompetenz abverlangt wird:

Kreativität und Intuition stellen die Kernkompetenzen dar, die ein Projektentwickler benötigt, um am Markt erfolgreich zu sein. Ohne das „gewisse Händchen" oder die „Spürnase" wird sich kein Erfolg einstellen. Ein Projektentwickler muss in der Lage sein, kreative Nutzungsideen zu entwickeln und Marktnischen aufzudecken. Ein Standortpotenzial muss für ihn ersichtlich sein und von ihm erkannt werden. Er muss in der Lage sein, Nachfrageentwicklungen richtig einzuschätzen.

Die oben genannte Kreativität muss durch Fähigkeiten unterlegt sein, die dem Projektentwickler die Möglichkeit geben, seine **Intuition analytisch zu hinterfragen**: Marktkenntnisse auf den drei Märkten, dem Vermietungsmarkt, dem Investitionsmarkt und dem Grundstücksmarkt, sind genauso von Nöten wie Kenntnisse über Anbieter- und Nachfragestrukturen, Mieterinteressen und Investorenwünsche. Es obliegt dem Projektentwickler, Entscheidungskriterien zu definieren, die er dem handelnden Nachfrager unterstellt. Somit muss er Lagekenntnisse besitzen, um Trends richtig erkennen zu können.

Neben analytischen Fähigkeiten ist **kaufmännisches und juristisches Handwerkzeug** unabdingbar. Sowohl die rechtlichen Aspekte der Immobilienökonomie wie Baurecht, Grundstücks- oder Vertragsrecht, als auch die steuerlichen Aspekte gehören zum täglichen Handwerkszeug. Der Projektentwickler muss in der Lage sein, den Projektentwicklungsprozess vollständig zu begleiten, weshalb er nicht nur in Investitionsrechnung und Finanzierungswesen geschult sein muss, sondern ebenfalls im ganzheitlichen und prozessbegleitenden Marketing seiner Projekte.

Zu den entscheidenden interdisziplinären Grundlagen der Immobilienökonomie gehören auch die **technischen Kenntnisse**. Neben grundlegenden Kenntnissen der Architektur, verschiedener Bauverfahren, Bauweisen und ihren Besonderheiten ist es notwendig, dass der Projektentwickler Kenntnis über diverse Qualitäten und Kosten von Bausubstanz besitzt, sowie ein funktionierendes Terminmanagement hat und koordinieren kann, sodass ein Projekt schlüsselfertig an einem vorher terminierten Tag auch übergeben werden kann.

Der Projektentwickler muss ebenfalls eine Persönlichkeit sein, die in der Lage ist, neben den oben genannten **„Hard Skills“** auch **„Soft Skills“** einzusetzen. Es wird von ihm die Führung sehr heterogener Gruppen mit den unterschiedlichsten Interessen verlangt. Während einzelne Projektbeteiligte nur ihren Bereich (z. B. Denkmalschutz oder Finanzierung) optimieren müssen, hat der Entwickler den Gesamterfolg im Blick. Dies erfordert die Fähigkeit, **Prozesse simultan zu optimieren** und im Hinblick auf das Ganze auch Kompromisse mit einzelnen Beteiligten auszuhandeln. Dies erfordert neben Verhandlungsgeschick auch erhebliche positive Energie, um ein Projekt auch gegen Widerstände in Richtung eines Pareto-Optimums voranzutreiben. Durch die Interdisziplinarität der Projektentwicklung ist er auf ein Team von Spezialisten angewiesen und muss deshalb teamfähig und kein „Einzelkämpfer“ sein. Auch muss er im Umgang mit der Öffentlichkeit geschult und gegenüber politischen und gesellschaftlichen Entwicklungen aufgeschlossen sein.

Von zunehmender Bedeutung ist auch die ausgeprägte **Dienstleistungsorientierung** des Projektentwicklers gegenüber den zukünftigen Nutzern. Hierzu gehört sowohl deren intensive Betreuung im Vermietungs- und Akquisitionsprozess als auch die während der Planungs- und Bauphase. Insgesamt lässt sich feststellen, dass die oben genannten Anforderungen nur selten in einer Person vereinigt werden können. Vielmehr kommt es darauf an, dass sie innerhalb des Projektteams gewährleistet sind und marktgerecht dem Projekt zugute kommen.

1.5 Fallstudie „Projektorganisation und Wirtschaftlichkeitsberechnung“

Nachfolgend sollen anhand einer idealtypischen Fallstudie einige Aspekte des Projektentwicklungsprozesses vertiefend dargestellt werden. Die anlässlich der Fallstudie gewählte **Kooperationsform eines Joint Ventures** zwischen Entwickler und Kapitalgeber ist in der Praxis zunehmend anzutreffen. Als externer Partner tritt bei dieser Kooperationsform ein Eigenkapitalgeber mit spezifischen Gesellschafterrechten und Verzinsungsansprüchen auf, der so genannte Equity Partner (vgl. dazu ausführlich Fischer, S. 146ff.).

1.5.1 Projektinitiierung

Der AB Projektentwicklung GmbH wird ein brachliegendes innerstädtisches Grundstück in einer westdeutschen Großstadt zum Kauf angeboten. Zum Zeitpunkt des Angebotes befindet sich das Grundstück im Besitz eines ehemaligen Staatsunternehmens, welches sich im Zuge einer Restrukturierung von seinen Liegenschaften trennen möchte. Als Verkäufer ist das Unternehmen bereit, dem Käufer eine Option einzuräumen und den Kauf von der Realisierung des gewünschten Baurechts bzw. dem Erhalt der Baugenehmigung abhängig zu machen. Sollte dies nicht gelingen, kann der Entwickler von seinem Kauf zurücktreten und das Grundstück fällt wieder zurück an den Verkäufer.

Die **Rahmendaten des Projekts** sind in Tabelle 1 dargestellt. Neben Charakteristika des Grundstücks sind hier bereits die Vorgaben des bestehenden Bebauungsplans angegeben, welche Art und Maß der baulichen Nutzung des Grundstücks beschreiben. Zusätzlich beinhaltet die Darstellung erste allgemeine Einschätzungen des Entwicklers zur gewünschten Ausnutzung, zur Flächeneffizienz und zur erzielbaren Miete.

Tab. 1: Rahmendaten des Projektes

Grundstück	Grundstücksgröße	2.000 m²
	Lage des Grundstücks	Innenstadtlage (1a)
Art und Maß der baulichen Nutzung	Grundflächenzahl (GRZ)	0,75
	Geschoßflächenzahl (GFZ)	5,00
	Bruttogrundfläche (BGF)	10.000 m²
Bebauung/Vermarktung	Flächeneffizienz	85,00%
	Stellplätze	50 Stück
	Mieterwartung pro m² Bürofläche/Monat	18,50 €
	Mieterwartung Stellplatz/Monat	100,00 €

Aufgrund der Vorgaben des Bebauungsplans, der Standortfaktoren sowie aus Gründen der Wirtschaftlichkeit entscheidet sich die Geschäftsführung für die Entwicklung eines Bürogebäudes. Auf Basis der gestellten Rahmendaten führt das Entwicklungsunternehmen zunächst eine **wirtschaftliche Voreinschätzung des Projektes** durch. Anhand des Ergebnisses dieser ersten überschlägigen Berechnung („Manschettenrechnung"), die den erzielbaren Verkaufspreis der Gesamtinvestition gegenüberstellt, zeigt sich das Potenzial des Projektes (vgl. Abbildung 12). Da die in diesem Stadium angegebenen Zahlen noch auf groben Schätzwerten beruhen, wird sich das Ergebnis der Kalkulation später ggf. noch verändern. In der Praxis zeigt sich jedoch häufig, dass erste Grobkalkulationen eine hohe Robustheit aufweisen. Sollte sich das Projekt auf Basis dieser Kalkulation nicht rechnen, so sind die einzelnen Parameter zu überprüfen und entsprechend zu modifizieren.

Der sich hier ergebende Saldo wird als Projektentwicklungsgewinn oder **„Trading Profit"** bezeichnet und liegt im vorliegenden Fall bei 15,50 % der Gesamtinvestition. Die Höhe von 15 % wird gemeinhin als Mindestgewinn bei spekulativen Projektentwicklungen angesehen, kann aber je nach Risikoeinschätzung der Kapitalgeber auch nach oben oder unten variieren (vgl. Schulte, 2008, S. 258).

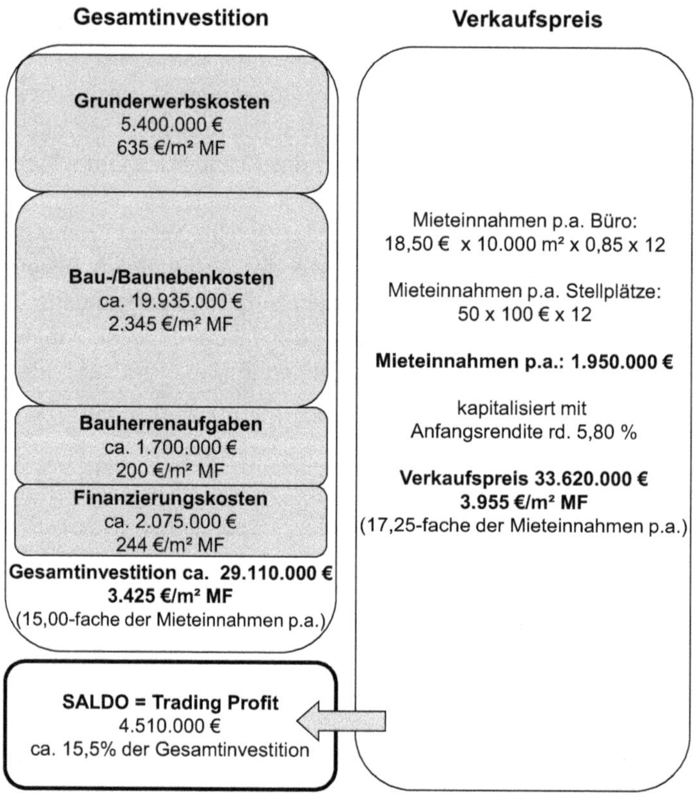

Abb. 12: Wirtschaftliche Voreinschätzung (Quelle: Eigene Darstellung)

In unserem Fall ist die Geschäftsführung des Entwicklungsunternehmens mit der Rendite der wirtschaftlichen Voreinschätzung zufrieden und beschließt, das Projekt zu initiieren. Für die Durchführung des Projektes sieht sich der Projektentwickler allerdings **veränderten Rahmenbedingungen** gegenübergestellt. Die zunehmende Professionalisierung der Immobilienbranche hat gleichsam zu einer Änderung des Prozesses der Projektentwicklung geführt. Die traditionelle Projektentwicklung, in der ein Entrepreneur spekulative Projekte auf Basis seines „Bauchgefühls" initiierte und Finanzierungszusagen und Genehmigungen oftmals auf Grund persönlicher Kontakte zustande kamen, existiert nicht mehr. Insbesondere die gestiegenen Anforderungen auf Seiten der Kapitalgeber führen dazu, dass Projektentwicklungen zunehmend transparenter werden. Kooperationen mit Kapitalgebern, Nutzern und Bestandshaltern werden neu gestaltet und auf **Basis von Partnerschaften** durchgeführt. Dies bedingt, dass **Wertschöpfungsstufen und Leistungsbilder** des Entwicklers definiert, Analysen strukturiert und Prozessschritte standardisiert werden müssen. Nur durch die Gewährleistung einer solchen professionellen Arbeitsweise ist es dem Entwickler möglich, Dritte zu einer Zusammenarbeit zu bewegen.

Die AB Projektentwicklung GmbH hat diese Tendenzen bereits frühzeitig erkannt und führt Projektentwicklungen häufig als Partnerschaften durch. Diese so genannten **Equity-Partnerschaften** bzw. **Equity Joint Ventures** bezeichnen die Zusammenarbeit zweier oder mehrerer voneinander unabhängiger Unternehmen, die zur Realisierung des Kooperationszwecks ein Gemeinschaftsunternehmen gründen, als dessen Gesellschafter sie auftreten. Als zentrales Abwicklungsorgan innerhalb des Projektes dient die **Objektgesellschaft**, deren Geschäftsführung von Vertretern beider Partner wahrgenommen wird. Auf Grundlage des Gesellschaftervertrages stellt sie im Rahmen der Projektentwicklung die Rechtsform nach außen dar und ist de facto Eigentümerin des Immobilienprojektes, mit der die späteren Nutzer ihre Mietverträge abschließen (vgl. Abbildung 13).

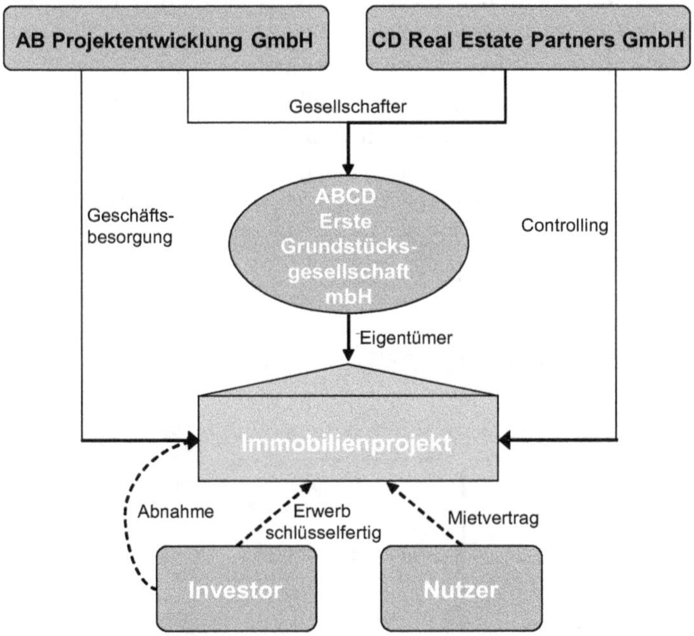

Abb. 13: Equity-Partnerschaft (Quelle: Eigene Darstellung)

Bei dieser Konstruktion wird der Verkauf der Immobilie an einen Endinvestor entweder als so genannter **Share Deal** durchgeführt, bei dem die Projektpartner ihre Anteile der Gesellschaft an den Investor verkaufen, oder als **Asset Deal**, bei dem das Objekt aus der Gesellschaft heraus verkauft und die Gesellschaft anschließend aufgelöst wird, was jedoch i. d. R. grunderwerbsteuerrechtliche Nachteile mit sich bringt. Share Deals sind trotz der Risiken und der Intransparenz des Gesellschaftskaufs in Deutschland zunehmend zu beobachten.

Die AB Projektentwicklung GmbH beabsichtigt so auch für den vorliegenden Fall die Implementierung einer Equity-Partnerschaft und begibt sich auf die Suche nach einem potenziellen Partner. Diesen findet sie in der CD Real Estate Partners GmbH, deutsches Tochterunternehmen eines großen angelsächsischen Immobilieninvestors.

1.5.2 Gestaltung der Zusammenarbeit

Der Gestaltung der Zusammenarbeit zwischen Projektentwickler und Equity Partner kommt eine hohe Bedeutung zu. Insbesondere bei erst- oder einmaliger projektweiser Kooperation bestehen beiderseitige **Informationsasymmetrien** hinsichtlich Informationen, Know-how und Kapital, die von dem anderen Partner jeweils als **Verhaltensunsicherheiten** wahrgenommen werden. Diese werden durch die Komplexität der Aufgabenstellung und die hohen Auftragsvolumina zusätzlich verstärkt.

Insgesamt lassen sich die in Abbildung 14 dargestellten vier Typen von Verhaltensunsicherheiten in der Beziehung zwischen Equity Partner und Projektentwickler unterscheiden (vgl. Bone-Winkel/Fischer, S. 574 ff.; Fischer, S. 109 ff.).

Da die hier beschriebenen Verhaltensunsicherheiten leicht zum Scheitern der Zusammenarbeit führen können, hat die **Lösung dieser Konflikte** für beide Partner bereits vor Vertragsabschluss hohe Priorität.

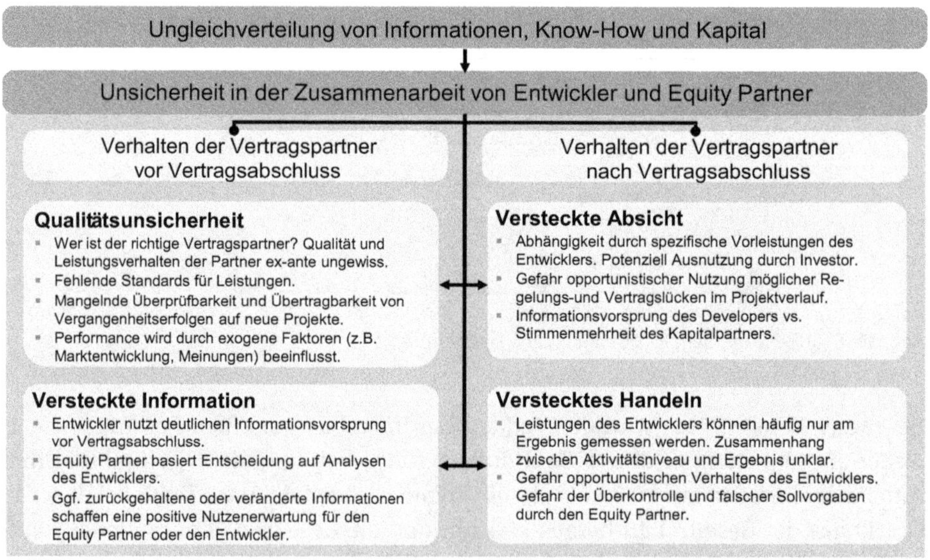

Abb. 14: Verhaltensproblematik von Entwickler und Equity-Partner bei Joint Ventures (Quelle: Eigene Darstellung)

Zunächst geht es darum, dass der Projektentwickler dem Investor bereits vor Vertragsabschluss ein **klares Bild seiner Leistungsfähigkeit** vermittelt. Die dazu benötigte Transparenz schafft der Entwickler durch Übermittlung von Signalen, beispielsweise durch Offenlegung des Bearbeitungsstandes und der relevanten Unterlagen. Zweiter Aspekt zur Erstellung eines überzeugenden Leistungsangebotes ist die **Definition eines Leistungsbildes** für die Projektentwicklung bereits vor Vertragsabschluss. Auf Basis der definierten Leistungen kann in einem nächsten Schritt eine für den Auftraggeber nachvollziehbare **Honorarstruktur** hergeleitet werden, die sich an den Wertschöpfungsstufen des Entwicklungsprozesses orientiert.

Die Wahl der Honorarstruktur hat ebenfalls hohe Bedeutung für die Zusammenarbeit der beiden Parteien nach Abschluss des Vertrages. Da der Projekterfolg nicht ausschließlich von den Entscheidungen des Entwicklers sondern zusätzlich von externen Faktoren abhängt, führt eine **erfolgsabhängige** Honorarstruktur zu einer zusätzlichen Risikoallokation zwischen den Vertragspartnern. Dies bedingt einen Interessensausgleich, der den Projektentwickler von der Wahl opportunistischer Handlungsstrategien abhält und Interessenskonflikte vermeidet. Der Anteil des erfolgsabhängigen Honorars am Gesamthonorar korreliert mit der Risikobereitschaft des Projektentwicklers. Akzeptiert der Entwickler einen hohen Anteil erfolgsabhängiger Vergütung, zeigt er seine Bereitschaft zur Risikoübernahme und damit gleichzeitig seine Überzeugung vom Projekterfolg.

Aufgrund seiner gemeinhin eher schwachen EK-Ausstattung wird der Entwickler allerdings selbst bei absoluter Überzeugung vom Projekterfolg nicht umhin kommen, Teile des Honorars als Fixum oder Pauschale zu vereinbaren, um hiermit für die Dauer des Projektentwicklungsprozesses seinen Ressourcenaufwand finanzieren zu können.

Die Regelung der Zusammenarbeit auf diesen beiden Ebenen erfolgt mittels der **Kooperationsvereinbarung**, die detailliert Leistungsbeziehungen, Haftungsfragen und Gewinn- und Honorarverteilung vertraglich fixiert. Die Kooperationsvereinbarung wird rechtlich entweder in Form eines Gesellschaftsvertrages im Falle des Einsatzes einer Objektgesellschaft oder durch einen Joint Venture-Vertrag fixiert. Entscheidend für den Erfolg einer Projektpartnerschaft ist die Robustheit der Festlegungen vor dem Hintergrund der laufenden Projekte. Leistungsvereinbarungen, Haftungsübernahmen und Finanzierungszusagen müssen auch bei sich ändernden Rahmenbedingungen und zyklischem Marktverhalten stabil bleiben, um das gefundene Gleichgewicht innerhalb der Partnerschaft nicht zu gefährden. In der Praxis zeigt sich, dass gerade in Konzernorganisationen diese Anforderungen nicht ohne weiteres gewährleistet werden können und übergeordnete politische Entscheidungen den Projektfortschritt mitunter sehr stark beeinflussen.

Oberstes Ziel der Projektpartnerschaft muss es sein, die Interessen beider Partner auf den Projekterfolg auszurichten und alle personellen, sachlichen und finanziellen Ressourcen bei Projektstart so bereitzustellen, dass das Projektergebnis im

Rahmen eines beherrschbaren Korridors (Veränderung der Ausgangsprämissen) zu Ende geführt werden kann.

Die Zusammenarbeit von Projektentwickler und Equity Partner findet auf **zwei Ebenen** statt. Die erste Ebene beschreibt die Leistungsbeziehung zwischen Projektentwickler und Investor, in deren Rahmen der Projektentwickler als Auftragnehmer die Durchführung des Prozesses gewährleistet. Auf der zweiten Ebene wird der Projektentwickler durch seinen Kapitaleinsatz zum Gesellschafter des Equity Partners und partizipiert in Abhängigkeit der Höhe seines Gesellschafteranteils an Gewinnen bzw. Verlusten.

Die **Projektorganisation** (vgl. Abbildung 15) orientiert sich an der Aufgabenteilung innerhalb der Partnerschaft. Demnach kommen dem Entwickler die originären Projektentwicklungsleistungen zu. Die Durchführung des gesamten bzw. des teilweisen Entwicklungsprozesses liegt also beim Entwickler, der auch häufig Garantiefunktionen für Planung und Realisierung (Generalplanungs- und/oder GÜ-Leistungen) übernimmt oder koordiniert. Die Rolle des Equity Partners beschränkt sich weitgehend auf Finanzierungs-, Reporting- und Controlling-Funktionen. Darüber hinaus müssen im Verlauf des Entwicklungsprozesses Leistungen diverser externer Akteure (vgl. Punkt D.1.4.1) eingekauft werden. Wichtig bei der Projektorganisation sind die klare Definition der Schnittstellen, die Vermeidung von Kompetenzüberschneidungen und eine klare Zuordnung aufgabenbezogener Weisungsrechte der

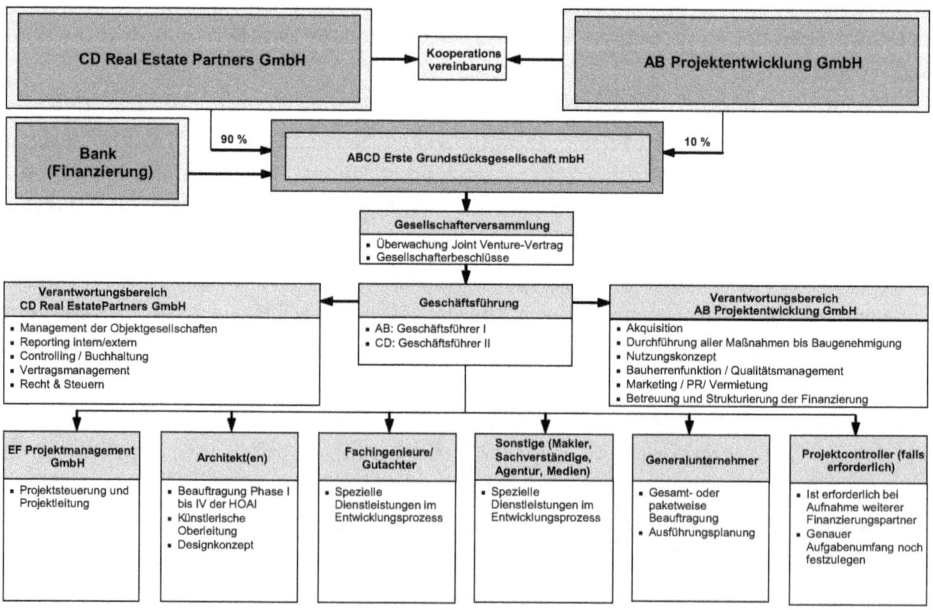

Abb. 15: Projektorganisation (Quelle: In Anlehnung an Bone-Winkel/Fischer, S. 658)

Projektpartner. Die genaue Festlegung ist im Detail nicht immer einfach. Da der Equity Partner stets wesentlich mehr Eigenkapital einbringt als der Entwickler, besteht er auf entsprechende Entscheidungsrechte in der Gesellschafterversammlung. Bei laufenden Projekten müssen jedoch tägliche eine Vielzahl von Entscheidungen getroffen werden, und sei es nur über die Farbe einer Tür und die Auswahl einer Türklinke. Aufgrund des hohen Informationsgefälles zwischen dem operativ am Projekt arbeitenden Entwickler und der nicht im Tagesgeschäft aktiven Kapitalgeber, bedarf es auf deren Seite einer hohen Disziplin, sich nicht zu stark in die Entwicklungsaufgaben „einzumischen", selbst wenn sich Abweichungen vom ursprünglichen Geschäftsplan ergeben. In der Praxis erweisen sich solche Joint Ventures immer dann als außerordentlich belastend, wenn sich die Ausgangsbedingungen ändern und das Projekt an veränderte Markt- oder Rahmenbedingungen anzupassen ist.

1.5.3 Wertschöpfung und Leistungsbemessung

Innerhalb der Kooperationsvereinbarung wird die Vergütung der Equity Partner ausführlich geregelt. Zunächst geht es auf der **ersten Ebene** um die Vergütung der Entwicklungsleistungen (**Projektentwicklungs-Fees**), die seitens der AB Projektentwicklung GmbH im Entwicklungsprozess erbracht werden. Die Grundlage zur Bemessung der Entwicklungsleistungen ist wie bereits erwähnt die Definition eines **Leistungsbildes** für die Projektentwicklung. Dieses basiert auf spezifischen Wertschöpfungsstufen im Entwicklungsprozess, die oft mehrere Projektentwicklungsphasen umfassen. Das Prinzip ist dabei, dass mit Realisation einer neuen quantifizierbaren **Wertschöpfungsstufe** eine neue Leistungsphase einsetzt, an deren jeweiligem Ende Exit-Optionen für beide Vertragspartner stehen. Die Vergütung der AB Projektentwicklung GmbH für die einzelnen Phasen setzt sich aus einem **Basishonorar** und einem erfolgsabhängigen **Leistungshonorar** zusammen. Die Ausschüttung des erfolgsabhängigen Anteils ist an das Erreichen spezifischer **„Meilensteine"** gebunden, die vor Vertragsabschluss als Zielparameter definiert werden. Als Meilensteine fungieren beispielsweise der Erhalt der Baugenehmigung, der Vertragsabschluss mit Ankermietern, die Finanzierungszusage oder auch der Zeitpunkt der Vollvermietung (vgl. Bone-Winkel/Fischer, S. 579 ff.).

Die hier dargestellten Leistungsphasen sind an den idealisierten Entwicklungsprozess angelehnt (vgl. Punkt D.1.2.4) und korrespondieren demzufolge auch mit dessen einzelnen Phasen. Allerdings kann aufgrund des hohen Maßes an Heterogenität unterschiedlicher Entwicklungsprojekte keine Allgemeingültigkeit gewährleistet werden, vielmehr sind die Leistungsbilder den Bedürfnissen des jeweiligen Auftraggebers bzw. des jeweiligen Projektes anzupassen. In diesem Projekt wird die folgende Leistungsstruktur für die Projektpartner vereinbart, die Werte beziehen sich bereits auf die im Anschluss dargestellte Developer-Kalkulation (vgl.

Punkt D.1.5.5), in der von einem erfolgreichen Verkauf des Projektes bei Fertigstellung ausgegangen wird. Das vereinbarte Grundhonorar wird gemäß den erbrachten Leistungen auf die Projektpartner verteilt, wobei der überwiegende Teil der Projektentwicklungs-Fees mit 89 % auf die Leistungen des Developers entfällt. Die Leistungen des Equity-Partners bestehend aus Controlling und Reporting-Aufgaben und werden mit 11 % der Fees vergütet (vgl. Tabelle 2).

Tab. 2: Honorarstruktur für Projektentwicklungsleistungen (Fallbeispiel) (Quelle: in Anlehnung an Bone-Winkel/Fischer, S. 648)

Leistungsphasen	Honorargrundlage	Grundhonorar		Projektentwickler		Equity Partner	
LP1: Objektvorprüfung/-sicherung	Netto-Kaufpreis des Grundstücks	0,20%	**10.200 €**	100%	10.200 €	0%	0 €
LP2: Machbarkeitsstudie	Netto-Kaufpreis des Grundstücks	1,50%	**76.500 €**	100%	76.500 €	0%	0 €
LP3: Nutzungskonzept	Baukosten	0,50%	**82.500 €**	100%	82.500 €	0%	0 €
LP4: Projektfinanzierung	EK-Anteil 25%, Fälligkeit wie bei FK						
LP5: Objektankauf	Netto-Kaufpreis des Grundstücks	1,00%	**51.000 €**	35%	17.850 €	65%	33.150 €
LP6: Baurechtschaffung	Baukosten	1,00%	**165.000 €**	75%	123.750 €	25%	41.250 €
LP7: Baudurchführung	Baukosten	1,00%	**165.000 €**	85%	140.250 €	15%	24.750 €
LP8: Marketing/PR	Monatsmiete	0,60	**97.350 €**	100%	97.350 €	0%	0 €
LP9: Vermietung	Monatsmiete	0,75	**121.688 €**	100%	121.688 €	0%	0 €
LP10: Investment	Verkaufspreis	0,50%	**128.800 €**	100%	128.800 €	0%	0 €
GESAMT			**898.038 €**		**798.888 €**		**99.150 €**
davon:							
Deckungsbeitrag PE			898.038 €	89%	798.888 €	11%	99.150 €
EK Verzinsung			0 €	0%	0 €	0%	0 €

Die **zweite Ebene** der Leistungsbemessung betrifft die **Gewinn- und Verlustpartizipation** der Kooperationspartner. Hierzu muss bereits in der Kooperationsvereinbarung festgelegt werden, zu welchem Zeitpunkt und in welcher Form ein Exit angestrebt werden soll. Im vorliegenden Fall wird von einem Verkauf des Projektes bzw. der Objektgesellschaft an einen externen Endinvestor ausgegangen, sobald die Projektfertigstellung erreicht ist. Die Ermittlung des potenziellen **„Net Trading Profit“** ist der Ausgangspunkt für die Verteilung des Gewinns. Dieser ergibt sich als **Saldo von Verkaufspreis und Investitionssumme**, wobei die Investitionssumme sowohl die direkten Baukosten als auch alle sonstigen Projektkosten (Zwischenfinanzierung, Honorar, Eigenkapitalverzinsung) berücksichtigt. Im Gesellschaftervertrag wird die Ergebnisverteilung dieses Gewinns mittels einer **Honorarfunktion** festgelegt, die in erster Linie vom Beteiligungsverhältnis der Equity Partner abhängig ist. Zusätzlich können Variablen aufgenommen werden, welche die Risiko- und

Rechteverteilung innerhalb des Joint Ventures als Determinanten der Ergebnisverteilung berücksichtigen (vgl. Fischer, S. 252 ff.).

So kommt es in der Praxis regelmäßig zu einer asynchronen Gestaltung dergestalt, dass der Entwickler mit zunehmendem Erfolg (gemessen am internen Zinsfuß IRR) mit einem höheren Anteil am erzielten Projektgewinn partizipiert, während er bis zu einer gewissen Mindestverzinsung nur den gemäß Eigenkapitalquote zustehenden Anteil am Gewinn erhält.

Diese als Promote-Struktur bezeichnete Erfolgsbeteiligung des Entwicklers in Abhängigkeit vom erzielten Projekterfolg trägt zu einer zusätzlichen Senkung von Interessenskonflikten gemäß den Ausführungen in Punkt D.2.5.2 bei. In dem Fallbeispiel vereinbaren die Projektpartner eine mehrstufige Struktur mit steigender Partizipationsrate für den Entwickler. Überschreitet der interne Zinsfuß des Projektes so genannte ‚Hurdles', steigt die Partizipationsrate und damit die Gewinnbeteiligung für den Entwickler wie in der nachfolgenden Abbildung 16 dargestellt überproportional an.

Projekterfolg	Anteil Equity Partner		Anteil Entwickler	
(IRR-Hurdles)	prozentual	monetär	prozentual	monetär
bis 10%	95%	607.809 €	5%	31.990 €
ab 10 bis 20%	80%	2.057.775 €	20%	514.444 €
ab 20 bis 30%	70%	189.840 €	30%	81.360 €
ab 30%	60%	- €	40%	- €
GESAMT	82%	2.855.424 €	18%	627.794 €

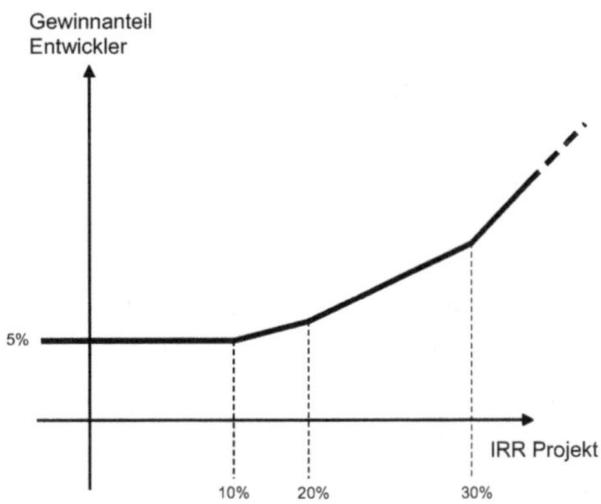

Abb. 16: Promote-Struktur (Fallbeispiel) (Quelle: in Anlehnung an Hofmann, S. 230)

In der Praxis ist zum Teil zu beobachten, dass in Abhängigkeit von der vereinbarten Promote-Struktur die aus Grund- und Leistungshonorar bestehenden Projektentwicklungs-Fees des Entwicklers auf seinen Gewinnanteil angerechnet werden.

1.5.4 Durchführung der Projektentwicklung

Die Projektpartner verständigen sich darauf, dass vor endgültiger Unterzeichnung des Kooperations- und des Gesellschaftervertrages die Durchführung der Machbarkeitsstudie stehen muss. Eine solche fundierte Bestätigung der Voreinschätzung des Developers ist ebenfalls Voraussetzung für eine Finanzierungszusage der

Bank. Konkret beinhaltet die Machbarkeitsstudie die folgenden Analysen (vgl. auch Punkt D.1.3.3.1).
- Standort- und Marktanalysen,
- Analyse des Nutzungskonzeptes,
- Wettbewerbsanalysen,
- Risikoanalysen,
- Wirtschaftlichkeits-/Rentabilitätsanalysen.

An dieser Stelle soll exemplarisch für die Machbarkeitsstudie detailliert die Durchführung der einfachen Wirtschaftlichkeitsanalyse auf Entwicklerseite beschrieben werden, zur genauen Darstellung der einzelnen Teilanalysen sei auf die Kapitel E.1 (Immobilienanalyse) und E.4 (Immobilieninvestition) verwiesen (siehe zu den Analysen ausführlich Schulte/Bone-Winkel (Hrsg.), Handbuch Immobilien-Projektentwicklung, 3. Aufl., Köln 2008).

1.5.5 Wirtschaftlichkeitsanalyse

1.5.5.1 Grundlagen

Die zu Beginn erfolgte Voreinschätzung der Wirtschaftlichkeit bildet die Basis für die detaillierte Wirtschaftlichkeitsanalyse im Rahmen der Machbarkeitsstudie. Zur Durchführung greift die AB Projektentwicklung GmbH auf die so genannte **„einfache Projektentwicklungsrechnung“** zurück.

Dabei handelt es sich um ein in der Praxis weit verbreitetes **statisches Verfahren** zur Ermittlung der Rendite eines Immobilienprojektes. Grundlage dieses Verfahrens sind zwei Vorgehensweisen zur Strukturierung von Projektentwicklungskalkulationen, die nachfolgend erläutert werden.

Beim so genannten **„Frontdoor-Approach“** interessiert den Entwickler die Attraktivität des Projektes aus Sicht eines potenziellen Investors. Dazu wird zunächst die Gesamtinvestitionssumme des Projektes bestehend aus den Projektkosten sowie einem Zuschlag für Wagnis und Gewinn hergeleitet. Diese ist gleichbedeutend mit dem Kaufpreis der Immobilie, also dem Preis, zu dem der Entwickler die Immobilie auf dem Investmentmarkt anbietet. Hauptkriterium des Investors für den Kauf der Immobilie ist die für ihn erzielbare Eigenkapitalrendite, die wiederum von den Mieterlösen des Objektes und seinen Finanzierungskonditionen abhängt.

Deshalb werden in einem nächsten Schritt zunächst Annahmen zu den Finanzierungskonditionen des Investors getroffen und anschließend der jährliche Kapitaldienst für das Fremdkapital sowie die geforderte Eigenkapitalverzinsung hergeleitet.

Diese Summe entspricht dem Jahresreinertrag, den das Objekt mindestens generieren muss. Addiert man hierzu eine Pauschale für Bewirtschaftungskosten ergibt sich der Jahresrohertrag, der von dem Immobilienprojekt minimal geliefert werden muss, um die Renditevorstellungen des Investors zu treffen. Vom Jahresrohertrag kann in einem letzten Schritt auf die erforderliche Monatsmiete pro m² Bürofläche geschlossen werden (vgl.Greer/Kolbe, o. S.).

Die hier beschriebene Vorgehensweise ist in Abbildung 17 dargestellt. Daneben wird der so genannte Backdoor-Approach gezeigt, dessen Vorgehensweise im Anschluss erläutert wird.

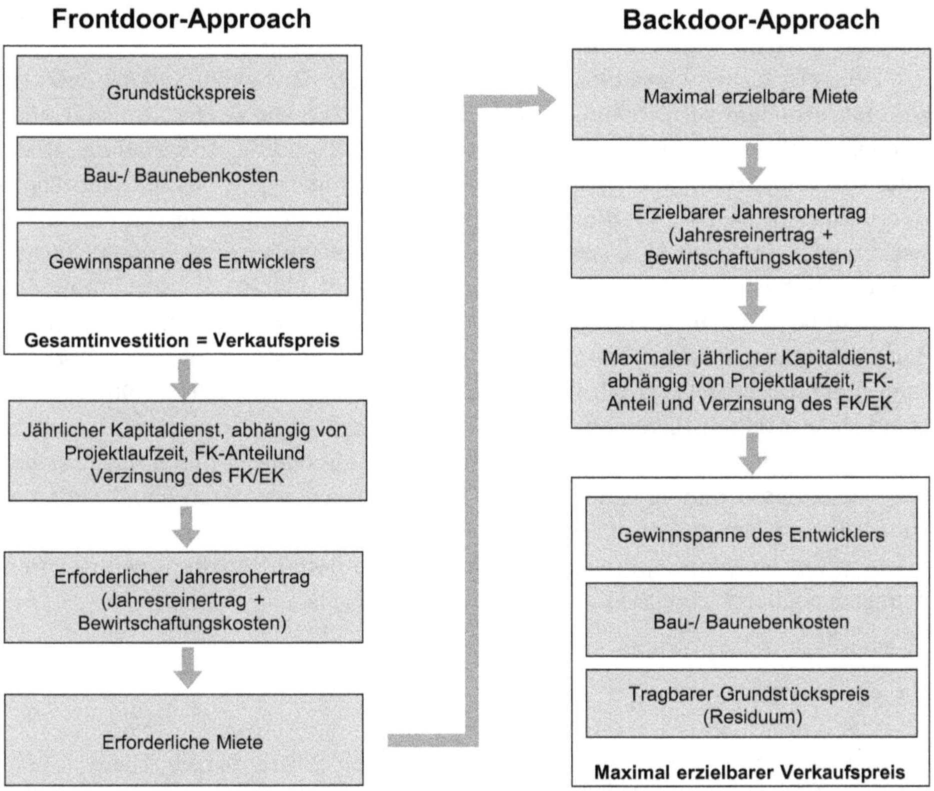

Abb. 17: Frontdoor- und Backdoor-Approach (Quelle: Eigene Darstellung)

Während beim Frontdoor-Approach die Herleitung der erforderlichen Miete im Vordergrund steht, geht es beim **„Backdoor-Approach“** um die Ermittlung des tragbaren Grundstückspreises. Ausgangspunkt des Verfahrens ist die Prognose der maximal erzielbaren Büromiete pro m², von dem durch Subtraktion der Bewirtschaftungskosten auf den Jahresreinertrag geschlossen wird. In Verbindung mit den Finanzierungskonditionen kann dann der maximale jährliche Kapitaldienst festgelegt werden, von dem wiederum auf das insgesamt für die Investition zur Verfügung stehende Kapital rückgeschlossen werden kann. Dieses stellt dann die maximale Investitionssumme dar, die ein Investor für das Projekt zu zahlen bereit ist. Zieht der Entwickler nun die Projektkosten sowie den Zuschlag für Wagnis und Gewinn ab, verbleibt als Residuum der maximal tragbare Bodenpreis (vgl.Greer/ Kolbe, o. S.).

Hier wird deutlich, das der zugrunde liegende Aufbau und die Methodik der beiden Vorgehensweisen prinzipiell gleich sind, sie unterscheiden sich lediglich hinsichtlich der jeweiligen Zielparameter. Während beim Frontdoor-Approach die erforderliche Büromiete hergeleitet wird, steht beim Backdoor-Approach die Ermittlung des gerechtfertigten Grundstückspreises im Vordergrund.

Dementsprechend gestaltet sich auch der Einsatz der beiden Kalkulationsweisen: Insbesondere bei Bebauung von Grundstücken, für die aufgrund mangelnder Vergleichbarkeit keine Bodenwerte zu ermitteln sind, wird das so genannte **„Residualwertverfahren“** (auch Restwertverfahren) herangezogen, das auf dem Backdoor-Approach basiert. Mit diesem Verfahren ist es dem Entwickler möglich, unter Beachtung seines Mindestgewinns den tragfähigen Bodenpreis für ein solches Grundstück herzuleiten (vgl. Kleiber/Simon/Weyers, S. 1381 ff.). Die Ermittlung des **Residuums** ist auch in sinkenden Märkten besonders relevant, da Grundstücke dann i. d. R. „nach Gebot“ bepreist werden und der Käufer eine eigene Wertermittlung durchführt. Gleiches gilt für den Erwerb von Grundstücken der öffentlichen Hand, da hier mittels Bieterverfahren veräußert wird.

Steht wie im vorliegenden Fall der Preis des Grundstücks durch das Angebot des Verkäufers bereits fest, bedient sich der Entwickler der „Frontdoor“-Variante, startet die Berechnung also mit der Herleitung der Investitionssumme, die maßgeblich von den Kosten des Projektes bestimmt wird. Deren Herleitung widmet sich demnach auch das folgende Kapitel.

1.5.5.2 Kosten

Die Kosten des Projektes lassen sich in die vier folgenden Gruppen einteilen:
- Grunderwerbskosten,
- Bau- und Baunebenkosten,
- Bauherrenaufgaben,
- Finanzierung.

An dieser Stelle sei zunächst auf die aktuelle Fassung der **DIN 276** von 2006 verwiesen. Diese Norm gliedert die **„Kosten im Hochbau“** detailliert nach drei Ebenen und gibt eine allgemein anerkannte Standardisierung zur Kostenermittlung vor. Die ersten beiden Ebenen sind in Tabelle 3 dargestellt. Die DIN 276 kennt vier Arten der Kostenermittlung, die sich nach dem Zeitpunkt im Entwicklungsprozess und dem Detaillierungsgrad unterscheiden. Je weiter das Projekt im Entwicklungsprozess fortgeschritten ist, desto höher die Genauigkeit der Kostenermittlung.

Tab. 3: Aufbau der DIN 276 (Ebenen 1 und 2) (Quelle: Deutsches Institut für Normung e. V.)

1. Ebene	2. Ebene
100 Grundstück	110 Grundstückswert 120 Grundstücksnebenkosten 130 Freimachen
200 Herrichten und Erschließen	210 Herrichten 220 Öffentliche Erschließung 230 Nichtöffentliche Erschließung 240 Ausgleichsangaben 250 Übergangsmaßnahmen
300 Bauwerk - Baukonstruktionen	310 Baugrube 320 Gründung 330 Außenwände 340 Innenwände 350 Decken 360 Dächer 370 Baukonstruktive Einbauten 390 Sonstige Maßnahmen für Baukonstruktionen
400 Bauwerk - Technische Anlagen	410 Abwasser-, Wasser-, Gasanlagen 420 Wärmeversorgungsanlagen 430 Lufttechnische Anlagen 440 Starkstromanlagen 450 Fernmelde- und informationstechnische Anlagen 460 Förderanlagen 470 Nutzungsspezifische Anlagen 480 Gebäudeautomation 490 Sonstige Maßnahmen für Technische Anlagen
500 Außenanlagen	510 Geländeflächen 520 Befestigte Flächen 530 Baukonstruktionen in Außenanlagen 540 Technische Anlagen in Außenanlagen 550 Einbauten in Außenanlagen 560 Wasserflächen 570 Pflanz- und Saatflächen 590 Sonstige Außenanlagen
600 Ausstattung und Kunstwerke	610 Ausstattung 620 Kunstwerke
700 Baunebenkosten	710 Bauherrenaufgaben 720 Vorbereitung der Objektplanung 730 Architekten- und Ingenieurleistungen 740 Gutachten und Beratung 750 Künstlerische Leistungen 760 Finanzierungskosten 770 Allgemeine Baunebenkosten 790 Sonstige Baunebenkosten

Während der Phase der Projektinitiierung erfolgt die **Kostenschätzung** noch aufgrund von Pauschalwerten pro m², die aus bereits abgeschlossenen vergleichbaren Projekten stammen. Qualitäts- und Ausstattungsunterschiede werden mit Ab- bzw.

Zuschlägen ausgeglichen. Der Detailierungsgrad der Kostenschätzung entspricht der Gliederung der ersten Ebene.

Mit Beginn der Projektkonzeption, also bei Durchführung der Machbarkeitsstudie, erfolgt eine **Kostenberechnung** bis zur zweiten Ebene, basierend auf der in Zusammenarbeit mit einem Architektenteam entwickelten Nutzungskonzeption für das Grundstück. Grundlage hierfür sind detaillierte Kostenkennwerte, die jährlich aktualisiert für verschiedene Gebäudetypen und -qualitäten veröffentlicht werden (vgl. dazu BKI).

Zu Beginn der anschließenden Projektmanagementphase wird der **Kostenanschlag** durchgeführt. Dieser basiert auf den endgültigen Planungen der Architekten und beinhaltet eine Aufgliederung bis zur dritten Ebene der DIN 276. Der Kostenanschlag bildet gleichzeitig die Basis für die Vergabe der einzelnen Gewerke.

Die Ermittlung der Kosten im Rahmen von Kostenberechnung und Kostenanschlag wird von Bauingenieuren erbracht und erfolgt zumeist anhand von Baupreistabellen, die jährlich aktualisiert detaillierte Preise zu den einzelnen Gewerken der DIN 276 ausweisen. Aufgrund der standardisierten Form der DIN 276 sind die Kosten der einzelnen Gewerke über Bauprojekte hinweg miteinander direkt vergleichbar.

Zuletzt wird bei Fertigstellung des Projektes die **Kostenfeststellung** durchgeführt, welche die Abrechnung der erbrachten Bauleistungen beinhaltet.

Die Orientierung an den Vorgaben der DIN 276 ist für die Durchführung von Projektentwicklungen allerdings nur eingeschränkt möglich, da einige wesentliche Kostenbestandteile nicht in das vorgegebene Schema integriert werden können. Während also die Ermittlung von Grundstückskosten und Baukosten inklusive Baunebenkosten im Rahmen der DIN 276 erfolgen kann, ist dies für das Honorar des Projektentwicklers, die Verzinsung des Eigenkapitals und Kosten im Zusammenhang mit der Vermarktung aufgrund fehlender Positionen innerhalb der Norm nicht bzw. nur sehr eingeschränkt möglich.

Dementsprechend kann die Developer-Kalkulation zur Ermittlung der Grunderwerbskosten und der Bau- und Baunebenkosten auf die Struktur der DIN 276 zurückgreifen, muss darüber hinaus jedoch weitere Parameter integrieren.

Grunderwerbskosten

Der Kaufpreis und die Erwerbsnebenkosten ergeben die gesamten **Grunderwerbskosten**. Erwerbsnebenkosten enthalten typischerweise Grunderwerbsteuer, Notar- und Gerichtskosten, Maklercourtage, Kosten für Bewertungsgutachten und Vermessungsgebühren. In der DIN 276 fasst die Kostengruppe 100 die Grundstückskosten zusammen. Im vorliegenden Fall liegt der vom Verkäufer geforderte Preis bei 2.550 Euro pro m² Grundstücksfläche bzw. bei 600 Euro/m² Mietfläche (MF). Die Höhe des Verkaufspreises wird aufgrund der 1a-Lage und der guten Baumaßzahlen (GFZ, GRZ) als gerechtfertigt angesehen (vgl. Tabelle 4).

Tab. 4: Grunderwerbskosten

Grundstück	2.000 m² * 2.550 €	5.100.000 €
Grunderwerbsteuer	5,0% des Kaufpreises	255.000 €
Notarkosten	0,5% des Kaufpreises	25.500 €
Maklercourtage	2,0% des Kaufpreises	102.000 €
SUMME Grunderwerbskosten	**645 €/m² MF**	**5.482.500 €**

Bau- und Baunebenkosten

Die **Baukosten** stellen i. d. R. den größten Kostenblock einer Projektentwicklung dar. Dementsprechend kommt deren Ermittlung bereits in der Machbarkeitsstudie eine hohe Bedeutung zu. Die von der AB Projektentwicklung GmbH durchgeführte Kostenberechnung beinhaltet die ersten beiden Ebenen der DIN 276 (Kostengruppe 200–600) und ergibt Baukosten pro m² BGF in Höhe von 1.650 Euro. Darin enthalten sind ebenfalls die Kosten für die 50 im ersten UG geplanten Tiefgaragenstellplätze.

Den größten Bestandteil der **Baunebenkosten** (Kostengruppe 700 der DIN 276) nehmen Architekten- und Ingenieurleistungen ein. Sie werden in der Rechnung basierend auf Erfahrungswerten pauschal mit 15 % veranschlagt. Die genaue Vergütungsbestimmung erfolgt auf Basis der abzuschließenden Architekten- bzw. Ingenieurverträge. Referenz für die Vergütung ist die **Honorarordnung für Architekten und Ingenieure (HOAI)**, die detailliert die einzelnen Leistungsbilder und dazugehörige Honorarzonen vorschlägt, wobei in der Praxis vereinbarte Honorare von der HOAI abweichen können (vgl. Kyrein, S. 382–391; HOAI § 15). Dabei beschränkt sich die HOAI nicht auf reine Architektenleistungen wie Entwürfe oder Aufmaße sondern beinhaltet darüber hinaus Projektmanagementleistungen wie Qualitätsmanagement, Terminüberwachung, Kostenkontrolle und Projektleitung. Insbesondere beim Leistungsbild des Projektmanagements in der HOAI kommt es zu Schnittstellen mit dem Leistungsbild der Projektentwicklung (vgl. Punkt D.1.5.3; siehe weiterführend dazu Heft 9 der AHO Fachkommission). Um dies zu synchronisieren, bedarf es einer exakten Leistungsdefinition in den spezifischen Verträgen.

Weiteres Element dieses Kostenblocks ist das Budget für **Unvorhergesehenes**, das hier mit 4,58 % der gesamten Baukosten angesetzt wurde. Es ist nötig, um eventuelle Baukostenüberschreitungen bereits in diesem Stadium zu berücksichtigen (vgl. Tabelle 5). Die Erfahrung zeigt, dass selbst bei strikter Kostenkontrolle in der Bauphase Budgetüberschreitungen an der Tagesordnung sind, da im Projektverlauf häufig nutzungsbedingte Planungsänderungen notwendig werden, die wiederum zu Kostennachträgen der Bauunternehmen führen.

Tab. 5: Bau-/Baunebenkosten

Baukosten	1.650 € *10.000 m² BGF	16.500.000 €
Baunebenkosten	pauschal 15% der Baukosten	2.475.000 €
Unvorhergesehenes	pauschal 4,58% der Bau- und Baunebenkosten	869.055 €
SUMME Bau-/Baunebenkosten	**2.335 €/m² MF**	**19.844.055 €**

Bauherrenaufgaben

Abweichend von der Systematik der DIN 276 können die Bauherrenaufgaben als eigene Kostengruppe in der Developerkalkulation behandelt werden.

Während Projektsteuerungs- und Projektleitungsaufgaben Teil der Baukosten sind und von externen Dienstleistern wahrgenommen werden, kalkulieren Entwickler in der Praxis regelmäßig eine **Projektmanagement-Fee** zur Deckung der eigenen laufenden Kosten über den Bearbeitungszeitraum. Dieses Vorgehen ist von Investoren und Finanzierern weithin akzeptiert (cost of doing business).

Je nach Größe der Projekte kann diese auf rund 5 % der Bau- und Baunebenkosten angegeben werden. Damit werden die eigenen Aufwendungen und Managementleistungen getragen, ein Beitrag zu Wagnis/Gewinn des Developers darf jedoch nicht enthalten sein, um Interessenkonflikte zu vermeiden.

Die Position **Marketing/PR** der Developerkalkulation umfasst alle Kosten, die mit der Vermarktung, also der Vermietung bzw. dem Verkauf des Objektes in Zusammenhang stehen. Die Projektvermarktung hat eine Querschnittsfunktion inne und ist der Höhe nach abhängig vom Projektvolumen. Um dies in der Developerkalkulation auszudrücken, werden als Basis für die Berechnung sowohl Grunderwerbs- als auch Bau-/Baunebenkosten herangezogen. Angesetzt werden zwischen 1 % und 2 % der Kosten, im vorliegenden Fall 1,5 %.

Die dritte Position der Bauherrenaufgaben ist die Position **Vermietung/Makler**. Sie beinhaltet die Innenprovision, die dem Makler bei erfolgreicher Vermietung vom Entwickler zu zahlen ist. Üblicherweise werden hierfür 3 Monatsmieten veran-

Tab. 6: Bauherrenaufgaben

Projektmanagement-Fee	pauschal 5% der Bau- und Baunebenkosten	948.750 €
Marketing/PR	pauschal 1,5% auf die Positionen Grunderwerbskosten und Bau-/ Baunebenkosten	366.863 €
Vermietung/Makler	3 Monatsmieten	486.750 €
SUMME Bauherrenaufgaben	**212 €/m² MF**	**1.802.363 €**

schlagt. Auch wenn im Maklergeschäft traditionell mit Außenprovisionen gearbeitet wird, hat sich im gewerblichen Bereich die Vergütung durch den Auftraggeber durchgesetzt, um auch hier Interessenkonflikte zu vermeiden (vgl. Tabelle 6).

Finanzierung

Aufgrund der hervorragenden Bonität des Equity Partners und dessen Eigenkapitaleinsatzes ist es dem Entwickler möglich, günstige Finanzierungskonditionen der beleihenden Banken zu erhalten. Im Rahmen der Wirtschaftlichkeitsberechnung geht die AB Projektentwicklung GmbH davon aus, dass eine 75 %-ige Fremdfinanzierung mit einem Zinssatz von 5,00 % p. a. realistisch ist. Bei Finanzierungsanträgen wird in der Praxis häufig davon ausgegangen, dass auch das Eigenkapital (EK) laufend zu verzinsen ist. Dabei sind je nach Bonität des Entwicklers und des Projektrisikos Margen von 3–8 % auf den Euribor üblich. In unserem Beispiel wurde der Übersichtlichkeit halber von einer laufenden Verzinsung des Eigenkapitals abgesehen. Stattdessen erfolgt hier die Verzinsung des EK lediglich über den Erfolgsbeitrag (Trading Profit) nach den eingebrachten Anteilen der Projektpartner.

Um die einzelnen Finanzierungsbausteine unterscheiden zu können, orientiert sich die Rechnung am Rahmenterminplan des Projektes, der eine Gesamtlaufzeit von Projektinitiierung bis Fertigstellung von 24 Monaten vorsieht. Daran anschließend geht der Projektentwickler von einer zwölfmonatigen Vermietungsphase aus, innerhalb der er eine Vollvermietung des Objektes erreichen möchte, welche die Grundvoraussetzung für den anschließenden Verkauf darstellt.

Mit Inkrafttreten des Kaufvertrages werden zunächst die Kosten für das Grundstück fällig. Diese **Grunderwerbskosten** für das Grundstück fallen zu Beginn en bloc an und bedürfen einer Finanzierung für die gesamte Projektdauer von 24 Monaten. Im Folgenden werden die einzelnen Finanzierungsbestandteile berechnet, vereinfachend wird auf die Darstellung unterjähriger Verzinsung verzichtet.

$$(0{,}75 \times 5.482.500 \text{ Euro}) \times (24/12) \times 0{,}05 = 411.188 \text{ Euro}$$

Nach 6 Monaten beginnt die 18-monatige Bauphase, die neben den **Bau- und Baunebenkosten** auch die Kosten für die **Bauherrenaufgaben** beinhaltet. Diese entstehen zu verschiedenen Zeitpunkten innerhalb des Entwicklungsprozesses. Die genaue Abbildung dieser unterschiedlichen Zeitpunkte ist im Rahmen der einfachen Developerkalkulation allerdings nicht zu leisten, dies ist nur auf Basis dynamischer Verfahren der Investitionsrechnung (vgl. Kapitel E.4) möglich. Deshalb wird hier vereinfacht angenommen, dass die Kosten über die Bauzeit von 18 Monaten linear anfallen, dementsprechend nur über die Hälfte zu finanzieren sind.

$$21.646.418 \text{ Euro} / 2 = 10.823.209 \text{ Euro}$$

$$(0{,}75 \times 10.823.209 \text{ Euro}) \times (18/12) \times 0{,}05 = 608.805 \text{ Euro}$$

Dritte Position der Finanzierungskosten stellen die Zinsen dar, die auf das gesamte eingesetzte Kapital für den Zeitraum zwischen Projektfertigstellung und Vollvermietung zu bezahlen sind. Dieses Kapital setzt sich zusammen aus der Zwischensumme von Grunderwerbskosten, Bau-/Baunebenkosten, den Kosten für die Bauherrenaufgaben sowie den Finanzierungskosten für die 24-monatige Projektlaufzeit und beträgt 28.148.910 Euro (vgl. Tabelle 7).

Für diese **Leerstandsphase** werden hier 12 Monate veranschlagt.

$$(0{,}75 \times 28.148.910\ \text{Euro}) \times (12/12) \times 0{,}05 = 1.055.584\ \text{Euro}$$

Aus der Addition aller hier dargestellten Kostenblöcke lässt sich die **Gesamtinvestitionssumme** des Projektes zum Verkaufszeitpunkt ermitteln. Diese ist die **erste Determinante** des wirtschaftlichen Erfolges der Projektentwicklung. Damit ergibt sich für die projektierte Immobilie eine Investitionssumme in Höhe von 29.204.495 Euro, deren Zusammensetzung in Tabelle 7 dargestellt ist.

Tab. 7: Zusammensetzung der Gesamtinvestition

Grunderwerbskosten	5.482.500 €	645 €/m² MF	18,8%
Bau-/Baunebenkosten/Unv.	19.844.055 €	2.335 €/m² MF	67,9%
Bauherrenaufgaben	1.802.363 €	212 €/m² MF	6,2%
Finanzierungskosten bis Projektfertigstellung (24 Monate)	1.019.993 €	120 €/m² MF	3,5%
Zwischensumme	28.148.910 €	3.312 €/m² MF	
Finanzierung des Leerstandes (12 Monate)	1.055.584 €	124 €/m² MF	3,6%
SUMME Gesamtinvestition	**29.204.495 €**	3.436 €/m² MF	**100,0%**

1.5.5.3 Exit-Annahmen

Die **zweite Determinante** der einfachen Developerkalkulation bilden die Annahmen zur Vermietung bzw. zum Verkauf des Projektes, auch als **Exit-Annahmen** bezeichnet (vgl. Tabelle 8).

Im vorliegenden Fall liegt die Marktmiete für qualitativ hochwertige Büroflächen in zentraler Lage bei 21,00 Euro/m². Aufgrund der angespannten Marktsituation geht die AB Projektentwicklung GmbH allerdings davon aus, dass diese Miete in Zukunft nicht mehr erzielbar sein wird. Um dieser Annahme gerecht zu werden, wird in der Kalkulation ein geringerer Wert, nämlich 18,50 Euro/m² angesetzt. Zusätzlich wird davon ausgegangen, dass der zum Verkauf benötigte Vermietungsstand erst nach einer zwölfmonatigen Leerstandsphase erreicht werden kann. Für die Vermietung der Tiefgaragenstellplätze kann mit einer Monatsmiete pro Stellplatz von 100 Euro kalkuliert werden.

Tab. 8: Exit-Annahmen

Exit-Annahmen			
Mieteinnahmen p.a. (Jahresreinertrag)			1.947.000 €
Einstandsfaktor / stat. Anfangsrendite	15,00	6,67%	3.436 €/m² MF
Angestrebter Trading Profit		15,00%	4.381.255 €
Angestrebter Verkaufspreis			33.585.750 €
Verkaufsfaktor / stat. Anfangsrendite	17,25	5,80%	3.951 €/m² MF
Return on Equity (RoE)	Trading Profit/Eigenkapitaleinsatz		60,01%
Dauer der Kapitalbindung			24 Monate

Dementsprechend ergeben sich jährliche **Brutto-Mieteinnahmen** (Jahresrohertrag) in der Höhe von:

$$18{,}50 \text{ Euro} \times 10.000 \text{ m}^2 \times 0{,}85 \times 12 + 100 \text{ Euro} \times 50 \text{ Stellplätze} \times 12 = 1.947.000 \text{ Euro}$$

Aus Sicht des Endinvestors wären diese Brutto-Mieteinnahmen noch um nicht-umlegbare Bewirtschaftungskosten zu korrigieren. Da diese jedoch je nach Einschätzung des Investors stark variieren, bleiben sie hier ohne Ansatz. Dementsprechend gilt für das Beispiel Bruttomiete gleich Nettomiete und es ergeben sich jährliche **Netto-Mieteinnahmen** (Jahresreinertrag) in Höhe von 1.947.000 Euro.

Gemeinsam mit der Investitionssumme bildet dieser Wert die wesentliche Grundlage für die Ermittlung des **Verkaufspreises.**

Setzt man die Investitionssumme ins Verhältnis zu den Netto-Mieteinnahmen, ergibt sich ein Wert von 15,00 der als **Einstandsfaktor** (oder auch Mietenmultiplikator) bezeichnet wird. Dessen Kehrwert (1/15,00) beläuft sich auf 6,67 % und wird als **statische Anfangsrendite** bezeichnet.

Zur Ermittlung des Verkaufspreises muss der Entwickler den von ihm angestrebten Gewinn (Trading Profit) zur Investitionssumme addieren, der in diesem Falle bei 15,00 % (4.381.255 Euro) der Gesamtinvestitionssumme liegt. Dies ergibt einen Verkaufspreis von 33.585.750 Euro. Analog zur Ermittlung des Einstandsfaktors erfolgt nun die Herleitung des **Verkaufsfaktors**, der die Perspektive des potenziellen Investors wiedergibt und im vorliegenden Falle bei 17,25 liegt. Ein Investor müsste also bereit sein, das 17,25-fache des Jahresreinertrags zu investieren, um eine statische Anfangsrendite von 5,80 % zu erzielen. Dieses Verhältnis und die beiden zugehörigen Werte sind für Investoren die bekanntesten und entscheidenden Kriterien bei der Kaufentscheidung eines Objektes (vgl. Tabelle 8).

Die hier dargestellte Kennzahl **Trading Profit** (Bruttoertrag) ist nicht als jährliche Rendite zu verstehen, sondern stellt vielmehr eine dimensionslose Größe dar, die als Differenz der Investitionssumme und des Verkaufspreises die Gewinnspanne für den Developer angibt. Die vom Entwickler veranschlagten 15 % der Investitionssumme werden gemeinhin als Mindestgewinn bei spekulativen Projektentwicklungen angesehen, können aber je nach Risikoeinschätzung der Kapitalgeber auch nach oben oder unten variieren. Der Trading Profit hat bei der Ermittlung des Verkaufspreises den Charakter einer **Residualgröße**. Ist also für den angestrebten Verkaufspreis kein Investor zu finden, wird der Entwickler den Verkaufspreis zu Lasten des Trading Profits nach unten senken. Im vorliegenden Fall gehen die Projektpartner allerdings davon aus, dass zum von ihnen geforderten Verkaufspreis ein Investor gefunden werden kann und kalkulieren deshalb mit der Richtgröße von 15 %.

Vergleicht man die hier ermittelten Kosten und Exit-Kennzahlen mit denen der wirtschaftlichen Voreinschätzung (vgl. Punkt D.1.5.1) wird deutlich, dass die grobe Schätzung bereits relativ genaue Werte lieferte. Zwar mussten einige Parameter nach oben bzw. nach unten angepasst werden, der Unterschied in der entscheidenden Größe – dem Trading Profit – liegt aber bei lediglich ca. 0,5 Prozentpunkten.

Die für den Entwickler neben dem Trading Profit wichtigste Kennzahl ist die des „Return on Equity“ (RoE), welcher den Entwicklergewinn auf das eingesetzte Eigenkapital bezieht. Ziel des Entwicklers ist hier die Maximierung des RoE, indem er entweder den Trading Profit erhöht, oder das eingesetzte Eigenkapital und den Zeitpunkt dessen Einsatzes optimiert. So ist es für den Entwickler z. B. vorteilhaft, mit der finanzierenden Bank einen geringeren Eigenkapital-Ansatz bei gleichzeitiger Erhöhung der Zinsmarge oder bei zeitlicher Streckung des EK-Einsatzes (proratarisch) zu verhandeln.

1.5.5.4 Kalkulation

Die in Tabelle 9 dargestellte **„Einfache Developerkalkulation“** (auch „Einfache Projektentwicklungsrechnung“) fasst die zuvor beschriebenen Positionen Eckdaten, Kosten und Exit zusammen. Daraus ergeben sich die dargestellten Erträge. Vom erreichten Trading Profit (Brutto-Ertrag) sind die Kosten für die Projektentwicklungsleistungen in Höhe von 898.038 Euro (vgl. Tabelle 2) abzuziehen. Diese Leistungen werden häufig mit der bereits im Budget berücksichtigten Projektmanagement-Fee von 5 % verrechnet. Auf eine separate Darstellung der EK-Verzinsung wurde hier wie bereits erwähnt verzichtet. Nach Abzug dieses Betrages ergibt sich als resultierende Größe der **Net Trading Profit** (Nettoertrag) in Höhe von 3.483.218 Euro, entsprechend 11,93 % des Einstandes bzw. der Investitionskosten. Auf das eingesetzte Eigenkapital bezogen ergibt sich für die Projektpartner demzufolge eine **Eigenkapitalrendite** in Höhe von 47,71 % (Net Trading Profit/Eigenkapital).

Tab. 9: Einfache Developerkalkulation

Einfache Developerkalkulation						
	Grundstück		2.000 m²		
	Bruttogrundfläche oberirdisch (BGF)		10.000 m²		
	Mietflächeneffizienz		85,00%	= 8.500 m² MF(GiF)	
	Mieterwartung Büro		18,50 €		
	Stellplätze 1. UG		50 Stück	100 €	
	Eigenkapitalquote		25,00%	7.301.124 €	
1	Grundstück	2.000 m²	2.550 €	5.100.000 €	
2	Erwerbsnebenkosten		7,50%	382.500 €	
	Summe Grunderwerbskosten		645 €/m² MF	**5.482.500 €**	19%
3	Baukosten gesamt (inkl. TG)	10.000 m²	1.650 €	16.500.000 €	
4	Baunebenkosten	pauschal	15,00%	2.475.000 €	
5	Unvorhergesehenes	pauschal auf 3.-4.	4,58%	869.055 €	
	Summe Bau-/Baunebenkosten		2.335 €/m² MF	**19.844.055 €**	68%
6	Projektmanagement	pauschal auf 3-4	5,00%	948.750 €	
7	Marketing/PR	pauschal auf 1-4	1,50%	366.863 €	
8	Vermietung/Maklerprovision	innen	3 MM	486.750 €	
	Summe Bauherrenaufgaben		212 €/m² MF	**1.802.363 €**	6%
9	Zinsen Grunderwerb	24 Mon.	5,00%	411.188 €	
10	Zinsen Rest (Faktor 0,5)	18 Mon.	5,00%	608.805 €	
11	Zinsen Leerstand	12 Mon. auf 1.-10.	5,00%	1.055.584 €	
	Summe Finanzierungskosten		244 €/m² MF	**2.075.577 €**	7%
	Gesamtinvestition		3.436 €/m² MF	**29.204.495 €**	100%
	Mieteinnahme p.a.			1.947.000 €	
	Einstandsfaktor / Zins	15,00	6,67%		
	Angestrebter Trading Profit		15,00%	4.381.255 €	
	Angestrebter Verkaufspreis			**33.585.750 €**	
	Verkaufsfaktor / Zins	17,25	5,80%	3.951 €/m² MF	
	Trading Profit	**15,00% vom Einstand**		**4.381.255 €**	
	davon Deckungsbeitrag PE	20,50% vom Bruttoertrag		898.038 €	
	davon EK-Verzinsung	0,00% vom Bruttoertrag		- €	
	Nettoertrag	**11,93% vom Einstand**		**3.483.218 €**	
	Return on Equity			**60,01%**	
	Nettoertrag bezogen auf das EK			**47,71%**	
	IRR (EK zu 100% am Anfang, Rückfluß nach 24 Mon.)			**26,49%**	

Das übliche Verfahren zur Renditeberechnung in der einfachen Developerkalkulation ist die **Interne Zinsfuß-Methode** (vgl. dazu ausführlich Kapitel E.4). Der interne Zinsfuß, im englischen bezeichnet Internal Rate of Return bzw IRR einer Investition ist definiert als derjenige Zinssatz, bei dem der Kapitalwert der Investition den Wert Null annimmt. Er gibt die Verzinsung des zu jedem Zeitpunkt gebundenen

Kapitals an. Als Teil der dynamischen Investitionsrechnung berücksichtigt die Methode bei der Renditeberechnung die Laufzeit des Projektes. In diesem Fall wird der interne Zinsfuß über 24 Monate berechnet. Die Anfangsinvestition besteht aus dem Eigenkapital der Projektpartner in Höhe von 25 % der Gesamtinvestitionskosten, also 7.301.124 Euro. Dem gegenüber stehen Rückflüsse aus dem Verkauf des Objektes am Ende der 24 Monate in Höhe von 11.682.379 Euro, bestehend aus Trading Profit und eingesetztem Eigenkapital. Damit ergibt sich ein interner Zinsfuß in der Höhe von 26,49 %, wie in Tabelle 11 dargestellt.

Tab. 10: Ergebnisverteilung

Ergebnisverteilung		
	Equity Partner	**Entwickler**
PE-Fees	**99.150 €**	**798.888 €**
EK-Verzinsung	**0 €**	**0 €**
Gewinnbeteiligung	**2.855.424 €**	**627.794 €**
SUMME	**2.954.574 €**	**1.426.681 €**

Tab. 11: Interner Zinsfuß der Developerkalkulation

Interner Zinsfuß			
	2013	2014	2015
IKV = 26,49%	- 7.301.124 €	- €	11.682.379 €
ohne Berücksichtigung PE-Fees	100%	0%	

Die Verteilung des Nettoertrags an die Projektpartner erfolgt auf Basis der bereits in Punkt D.1.5.3 beschriebenen Promote-Struktur. Addiert man zu den gemäß Promote-Struktur realisierten Erfolgs- bzw. Gewinnbeteiligungen die anteiligen Projektentwicklungs-Fees und die Eigenkapitalverzinsung (in dieser Fallstudie unberücksichtigt), ergeben sich die in Tabelle 10 dargestellten Gesamteinkünfte für die Projektpartner.

Da die Kalkulation aufgrund des frühen Projektstadiums zahlreiche Annahmen enthält, ist eine gesonderte Betrachtung des dadurch entstehenden Risikos unerlässlich. Im Rahmen der einfachen Developerkalkulation bietet sich die Erstellung einer **Alternativenmatrix** an, in der durch Veränderung der wichtigsten Stellhebel der Kalkulation abweichende Szenarien dargestellt werden können. Wichtigste **Stellhebel** sind zum einen die Mieteinnahmen, zum anderen der Verkaufsmultiplikator. Ausgehend von den respektiven Werten in der Kalkulation werden diese Faktoren analog einer **Best Case-/Worst Case-Betrachtung** nach oben und nach unten variiert. Resultat ist die Alternativenmatrix mit insgesamt neun möglichen Ergebnissen, dargestellt in Tabelle 12. Festzustellen ist jedoch, dass es sich bei dieser Matrix keinesfalls um eine tatsächliche Best Case-/Worst Case-Betrachtung handelt. Für den Entwickler stellt der Verlust des eingesetzten Eigenkapitals den „Worst Case“ dar. Dieser tritt beispielsweise dann ein, wenn das Projekt aufgrund fehlender Vermietung nicht verkauft werden kann und die Objektgesellschaft illiquide wird.

Tab. 12: Alternativenmatrix

Alternativenmatrix

Miete ohne Stellplätze	- 10%	18,50 €	+10%
Faktor - 1	- 729.620 €	2.434.255 €	5.598.130 €
Faktor +/-0	1.022.680 €	**4.381.255 €**	7.739.830 €
Faktor + 1	2.774.980 €	6.328.255 €	9.881.530 €
Faktor - 1	-2,50%	8,34%	19,17%
Faktor +/-0	3,50%	**15,00%**	26,50%
Faktor + 1	9,50%	21,67%	33,84%

Die Variation des Verkaufsmultiplikators um ±1 und der Mieteinnahmen um ±10 % resultiert in den hier angegebenen Abweichungen des Trading Profit vom Ausgangswert, dargestellt jeweils als absoluter Wert und als Prozentzahl. Im ungünstigsten Fall (Multiplikator –1, Mieten –10 %) resultiert ein negativer Trading Profit von –2,50 %, während sich im günstigsten Fall (Multiplikator +1, Mieten +10 %) der Trading Profit mit 33,84 % gar mehr als verdoppelt.

Damit wird ersichtlich, dass bereits kleine Änderungen der Stellhebel, ausgelöst beispielsweise durch Eintritt des Projektes in einen neuen Marktzyklus, das erwartete Ergebnis stark beeinflussen können. Das Instrument Alternativenmatrix gibt den Projektpartnern wichtige Informationen zur Beurteilung der Investition hinsichtlich **Risikogesichtspunkten** und verdeutlicht die Wichtigkeit einer akkuraten und konservativen Schätzung von Parametern bereits zum Zeitpunkt der Machbarkeitsanalyse.

Kritisch an der Alternativenmatrix anzumerken ist allerdings die ausschließliche Betrachtung zweier Variablen der Kalkulation. Hinzu kommt, dass eine Variation um 10 % auf keinen Fall den potenziellen Alternativenraum abdeckt, da in der Praxis auch deutliche Überschreitungen dieser Werte beobachtet werden. Anhand nachfolgender Übersicht (vgl. Tabelle 13) wird die Vielzahl der **Werthebel** einer Developerkalkulation ersichtlich, deren Variation eine Veränderung der Wertschöpfung nach sich zieht.

Die Berücksichtigung dieser Variablen findet mithilfe der so genannten **Sensitivitätsanalyse** statt, die ein weiterführendes Instrument zur Risikoabschätzung darstellt. Durch sequenzielle Variation der einzelnen Stellhebel wird deren unterschiedlicher Einflussgrad auf das Ergebnis deutlich. Dadurch ist es möglich, die erfolgskritischen Faktoren zu identifizieren und im Anschluss einer gesonderten

Analyse zu unterziehen bzw. deren Plausibilität besonders genau zu überprüfen (vgl.Greer/Kolbe, o.S.).

Tab. 13: Werthebel der Developerkalkulation

Wesentliche Werthebel der Developerkalkulation		Beispielfall
1 Miethöhe (netto)	18,50 €/m²	1.947.000 €
2 Effizienz MF/BGF	85%	8.500 m²
3 EK-Quote	25,00%	7.301.124 €
3 Verkaufsfaktor	Faktor	17,25
4 Baukosten	1.650 €/m²	16.500.000 €
5 Planungszeit	Monate	6 Mon.
6 Bauzeit	Monate	18 Mon.
7 Leerstandszeitraum	Monate	12 Mon.
8 Zinssatz Fremdkapital	5,00%	2.075.577 €
9 Zinssatz Eigenkapital	0,00%	0 €

1.5.5.5 Weiterführende Wirtschaftlichkeitsanalysen

Das hier vorgestellte Verfahren der einfachen Developerkalkulation stellt aufgrund seiner Übersichtlichkeit und Nachvollziehbarkeit das in der Praxis am häufigsten angewendete Verfahren zur Investitionsrechnung von Projektentwicklungen dar.

Da das Verfahren auf den Methoden der klassischen Investitionsrechnung aufbaut, gelten allerdings auch die an diesen Methoden geäußerten allgemeinen **Kritikpunkte**, die sich auf die versteckten und häufig unrealistischen Annahmen in den Modellen beziehen. Beispielhaft zu nennen sind hier die unzureichende Darstellung der unterschiedlichen Zahlungszeitpunkte, die dimensionslosen Renditekennzahlen des Trading Profit, aber auch die Wiederanlageprämisse des internen Zinsfußes.

Aufgrund dieser Kritikpunkte werden in der Praxis heute vermehrt Projektentwicklungsrechnungen eingesetzt, die auf den modernen Methoden der Investitionsrechnung basieren. Diesen gemeinsam ist das zugrunde liegende Konzept des Vollständigen Finanzplanes (**VOFI-Konzept**) (vgl. Kapitel E.4), welches die explizite Abbildung aller mit der Investition im Zusammenhang stehenden Zahlungen auf Basis frei wählbarer Prämissen ermöglicht. Das VOFI-Konzept ist für Projektentwicklungsrechnungen insbesondere deshalb gut geeignet, weil das Entstehen der einzelnen Kosten realitätsgenau abgebildet werden kann. Die Kennzahl für die Wirtschaftlichkeit des Projektes ist die **VOFI-Rendite**, die das Endvermögen der Investition dem eingesetzten Eigenkapital unter Berücksichtigung der Kapitalbindungsdauer gegenüberstellt.

Allerdings bleibt anzumerken, dass auf internationaler Ebene das VOFI-Konzept eine untergeordnete Rolle spielt. Insbesondere Angelsächsische Investoren nutzen die dynamischen Methoden der klassischen Investitionsrechnung (**Discoun-**

ted Cashflow-Analysis, vgl. weiterführend Kapitel E.4) und orientieren sich an der Renditekennzahl des Internen Zinsfußes.

Unabhängig von der gewählten Wirtschaftlichkeitsberechnung bleibt anzumerken, dass bei Projektentwicklungsrechnungen den zu treffenden Annahmen die höchste Bedeutung zukommt. Allzu oft kommt es vor, dass der Entwickler die Kostenseite unterschätzt, während er bei der Vermarktung zu optimistische Annahmen trifft. Dies verdeutlicht nochmals die Wichtigkeit der akkuraten Durchführung aller Teilanalysen der Machbarkeitsstudie, da deren Ergebnis gleichzeitig den Input für die Wirtschaftlichkeitsanalyse liefert.

Dies gilt umso mehr vor dem Hintergrund, dass wegen der Vielzahl der in eine Wirtschaftlichkeitsberechnung einzustellenden Parameter bereits kleinste prozentuale Abweichungen einzelner Positionen auf der Kosten- oder Erlösseite das Endergebnis maßgeblich nach oben oder unten beeinflussen können.

1.5.6 Schlussbemerkungen

Mit dem Nachweis der Wirtschaftlichkeit und einer zufrieden stellenden Sicherheit hinsichtlich der Vermietung ist die Voraussetzung für die Realisierung des Projektes und die Unterzeichnung des Joint Venture-Vertrages gegeben. Die Projektpartner können nun mit der tatsächlichen Durchführung beginnen. Typischerweise folgen als nächste Schritte die Finanzierungsverhandlungen und die Schaffung des benötigten Baurechts. Erst wenn diese beiden Schritte erreicht sind, werden die Projektpartner die Kaufoption ausüben. Gemeinhin wird der Übergang des Grundstücks in den Besitz der Objektgesellschaft als gleichbedeutend mit dem offiziellen Start des Projektes angesehen.

1.6 Literatur

AHO Fachkommission (Hrsg.): Untersuchungen zum Leistungsbild, zur Honorierung und zur Beauftragung von Projektmanagementleistungen in der Bau- und Immobilienwirtschaft, Schriftenreihe Nr. 9 des AHO, 4., überarb. Aufl., Köln 2013.

Barrett, S. M./Stewart, M./Underwood, J.: The Land market and the Development Process: A Review of Research and Policy, in: Occasional Paper No. 2, School of Advanced Urban Studies, University of Bristol 1978, o. S.

BKI, Baukosteninformationszentrum (Hrsg.): Baukosten 2013: Kostenkennwerte (Teil 1 + 2) – Komplettpaket, Köln 2013.

BMVBW, Bundesministerium für Verkehr, Bau- und Wohnungswesen (Hrsg.): Public Private Partnership im öffentlichen Hochbau, Band 1: Leitfaden, http://www.bmvbw.de/Anlage17272/Band-I-Leitfaden.pdf, August 2003.

Bone-Winkel, S.: Das strategische Management von offenen Immobilienfonds – unter besonderer Berücksichtigung der Projektentwicklung von Gewerbeimmobilien, in: Schulte, K.-W. (Hrsg.): Schriften zur Immobilienökonomie, Band 1, Köln 1994.

Bone-Winkel, S.: Jenseits von „Core“: Chancen und Risiken von Immobilieninvestitionen in B-Lagen, in: Immobilien Banking 2011/2012, hrsg. vom Verband deutscher Pfandbriefbanken, Berlin 2011, S. 42–49.

Bone-Winkel, S./Feldmann, P.: Asset-Manager, in: Praxishandbuch Immobilienfondsmanagement und –investment, hrsg. von C. Schumacher et al., Köln 2011, S. 461–476.

Bone-Winkel, S./Fischer, C.: Leistungsprofil und Honorarstrukturen in der Projektentwicklung, in: Schulte, K.-W./Bone-Winkel, S. (Hrsg.): Handbuch Immobilien-Projektentwicklung, 3. Aufl., Köln 2008, S. 569–646.

Bone-Winkel, S./Orthmann, A./Amon, A.: Grundlagen des Asset Managements, in: Rechtshandbuch Asset Management, hrsg. v. Grooterhorst, J. et. al., Köln 2009, S. 3–30.

Bone-Winkel, S./Orthmann, A./Schleich, H.: Die Entwicklung einer Nutzungskonzeption als Grundstein der Projektentwicklung, in: Schulte, K.-W./Bone-Winkel, S. (Hrsg.): Handbuch Immobilien-Projektentwicklung, 3. Aufl., Köln 2008, S. 111–131.

Bone-Winkel, S./Sotelo, R.: Warum werden Büroflächen (nicht) vermietet? – Einige grundlegende Anmerkungen über den Immobilienmarkt am Beispiel Berlins, GuG April 1995, S. 199–205.

Byrne, P./Cadman, D.: Risk, uncertainty and decision-making in property development, Cambridge 1984.

Diederichs, C. J.: Grundlagen der Projektentwicklung/Teil 1, in: Bauwirtschaft, 48. Jg. (1994), H. 11, S. 43–49.

Diederichs, C. J.: Grundlagen der Projektentwicklung, in: Schulte, K.-W. (Hrsg.): Handbuch Immobilien-Projektentwicklung, Köln 1996, S. 17–80.

Feldmann, P.: Die strategische Entwicklung neuer Stadtquartiere unter besonderer Berücksichtigung innenstadtnaher oder innerstädtischer, brachgefallener Industrieareale, in: Schulte, K.-W./Bone-Winkel, S. (Hrsg.): Schriften zur Immobilienökonomie, Band 53, Köln 2009.

Fischer, C.: Projektentwicklung: Leistungsbild und Honorarstruktur, in: Schulte, K.-W. (Hrsg.): Schriften zur Immobilienökonomie, Band 26, Köln 2003.

Fraser, W. D.: Principles of Property Investment and Pricing, London 1984.

Gerstner, N.: Entscheidungsprozesse in Unternehmen bei der Anmietung von Büroimmobilien, in: Schulte, K.-W./Bone-Winkel, S. (Hrsg.): Schriften zur Immobilienökonomie, Band 46, Köln 2008.

Graaskamp, J. A.: Fundamentals of real estate development (1981), in: Jarchow, S.P. (Hrsg.): Graaskamp on real estate, Washington D.C. 1991, S. 228–265.

Greer G. E./Kolbe P.: Investment Analysis for Real Estate Decisions, 7. Aufl., o.O. 2009.

Healey, P.: Models of the development process – a review, in: Journal of Property Research, Vol. 8 (1991), S. 219–238.

Healey, P.: Understanding land and property development processes: some key issues, in: Land and Property Development in a Changing Context, P. Healey u. R. Nabarro (Hrsg.), 1990, S. 3–14.

Hofmann, P.: Immobilien-Projektentwicklung als Dienstleistung für institutionelle Auftraggeber, in: Schulte, K.-W./Bone-Winkel, S. (Hrsg.): Schriften zur Immobilienökonomie, Band 44, Köln 2007.

Isenhöfer, B.: Strategisches Management von Projektentwicklungsunternehmen, in: Schulte, K.-W. (Hrsg.): Schriften zur Immobilienökonomie, Band 8, Köln 1999.

Kirsch, D.: Public Private Partnership - Eine empirische Untersuchung der kooperativen Handlungsstrategien in Projekten der Flächenerschließung und Immobilienentwicklung, in: Schulte, K.-W. (Hrsg.): Schriften zur Immobilienökonomie, Band 4, Köln 1997.

Keogh, G.: Use and Investment Markets in British Real Estate, in: Journal of Property Valuation and Investment, 12. Jg., 1994, H. 4, S. 58–72.

Kleiber, W./Simon, J./Weyers, G.: Verkehrswertermittlung von Grundstücken, 6., vollst. neu bearb. Aufl., Köln 2010.

Kongela, S.M.: Framework and Value Drivers for Real Estate Development in Sub-Saharan Africa: Assessment of the Tanzanian Real Estate Sector in the Context of the Competitiveness Model, in: Schulte, K.-W./Bone-Winkel, S. (Hrsg.): Schriften zur Immobilienökonomie, Band 65, Köln 2013.

Kunzmann, K. R.: Pittsburgh: Nichts ist erfolgreicher als der Erfolg, Dortmund (IRPUD) 1988.

Kyrein, R.: Immobilien–Projektmanagement, Projektentwicklung und-steuerung, 2., akt. und erw. Aufl., Köln 2002.

Levy, A.S./Maloomian, D.: Special considerations in developing an office building, in: Cushman, R.F./Evans, M.L./Levy, A.S. (Hrsg.): The Professionals' Guide to Commercial Property Development, Homewood 1988, S. 282–291.

McMahan, J.: Property Development, 2. Aufl., New York, St. Louis u. a. 1989.

Miles, M. E./Haney, R. L., Jr./Berens, G.: Real Estate Development: Principles and process, 2nd Ed., Washington D.C. 1996.

Peiser, R.B./Hamilton, D.: Professional Real Estate Development, 3. Aufl, Washington D.C. 2012.

Poorvu, William J.: The Real Estate Game, New York 1999.

Rottke, N./Wernecke, M.: Management im Immobilienzyklus, Folgen 1–16, in: Immobilien Zeitung: 6/2001-1/2002.

Schlag, A.: Innovative Formen der Kapitalanlage in Immobilien, Kiel 1994.

Schleich, H.: Sustainable Property Portfolio Management – With Special Consideration of Energy Efficiency Improvements in the Property Portfolio Stock, in: in: Schulte, K.-W./Bone-Winkel, S. (Hrsg.): Schriften zur Immobilienökonomie, Band 61, Köln 2012.

Schulte, K.-W.: Die richtige Rendite, in: FAZ, 9. Juli 1995, S. 45.

Schulte, K.-W.: Rentabilitätsanalyse für Immobilienprojekte, in: Schulte, K.-W./Bone-Winkel, S. (Hrsg.): Handbuch Immobilien-Projektentwicklung, 3. Aufl., Köln 2008, S. 235–266.

Schulte, K.-W./Bone-Winkel, S. (Hrsg.): Handbuch Immobilien-Projektentwicklung, 3. Aufl., Köln 2008.

Schulte, K.-W./Bone-Winkel, S.: Grundlagen der Projektentwicklung aus immobilienwirtschaftlicher Sicht, in: Schulte, K.-W./Bone-Winkel, S. (Hrsg.): Handbuch Immobilien-Projektentwicklung, 3. Aufl., Köln 2008, S. 23–90.

Schulte, K.-W./Ropeter, S.-E.: Quantitative Analyse von Immobilieninvestitionen – moderne Methoden der Investitionsanalyse, in: Schulte, K.-W./Bone-Winkel, S./Thomas, M. (Hrsg.): Handbuch Immobilieninvestition, Köln 1998, S. 125–170.

Schulten, A./Lippold, M.: Projektentwickler in Deutschland – Der Markt – Die Player – Die Zukunft, in: Schulte, K.-W./Bone-Winkel, S. (Hrsg.): Handbuch Immobilien-Projektentwicklung, 3. Aufl., Köln 2008, S. 491–504.

Schulz-Eickhorst, A.: Die Bauherren-Architekten-Beziehung – Eine institutionenökonomische Problemanalyse mit Lösungsansätzen, in: Schulte, K.-W. (Hrsg.): Schriften zur Immobilienökonomie, Band 19, Köln 2002.

Shafer, T. W.: Real Estate Economics, Reston, 1975.

Sorenson, R. C.: Why real estate projects fail, in: The Journal of Commercial Bank Lending, April 1990, S. 4–11.

Stapenhorst, H./Rodewoldt, D.: Öffentliches Planungs- und Baurecht, , in: Schulte, K.-W./Bone-Winkel, S. (Hrsg.): Handbuch Immobilien-Projektentwicklung, 3. Aufl., Köln 2008, S. 327–382.

Usinger, W.: Rechtliche Probleme bei Kauf- und Gewerbemietverträgen für Entwicklungsobjekte, in: Schulte, K.-W./Bone-Winkel, S. (Hrsg.): Handbuch Immobilien-Projektentwicklung, 3. Aufl., Köln 2008 , S. 447–489.

Wagner, K.-R.: Projektmanagement – Treuhandschaft – Immobiliendevelopment, in: Baurecht, 21. Jg., 1991, S. 665–676.

Thorsten Bischoff, Carsten Fischer

2 Bau-Projektmanagement

Inhalt

2.1 Einführung

Die Vorbereitung und Durchführung von Bauprojekten ist ein Prozess, bei dem zahlreiche Beteiligte auf verschiedenen Ebenen und aus verschiedenen fachlichen Richtungen zusammen arbeiten müssen. Die Erarbeitung der Teilleistungen bei der Planung und Realisierung eines Projektes muss so gesteuert werden, dass sie, technisch, wirtschaftlich und rechtlich vernetzt, auf allen Entwicklungsstufen des Projektes die Erlangung des genau definierten Zieles gewährleisten. Das Berufsbild des Projektmanagers folgt dieser Managementaufgabe.

Bau-Projektmanagement (Bau-PM) stellt grundsätzlich eine **originäre Aufgabe des Bauherrn** dar. Seine Managementfunktion besteht darin, die technischen, qualitativen, rechtlichen und wirtschaftlichen Ziele des komplexen Gesamtprojektes zu erreichen.

In Marktwirtschaften, die durch Spezialisierung und Tausch gekennzeichnet sind, halten die meisten Bauherren nur geringe bzw. gar keine Kapazitäten für Planungs- und Projekt-managementleistungen im eigenen Unternehmen vor. Oft übernehmen Investoren oder professionelle Projektentwickler und -manager die Funktion des Bauherrn, wobei sie sich zur Realisierung des Bauvorhabens verschiedenartige Leistungen auf den entsprechenden Märkten hinzukaufen. Auch bei den öffentlichen Auftraggebern werden Leistungen zunehmend von Externen ausgeführt. Daher gehören im heutigen Bau-Projektmanagement die Grundlagen der Beauftragung von Leistungen zum Basiswissen eines jeden Bauherrn.

Der vorliegende Beitrag ist folgendermaßen aufgebaut. Zunächst erfolgt eine thematische Einordnung des Bau-Projektmanagements in den Prozess der Projektentwicklung und der Organisation eines Immobilienprojektes. Darauf aufbauend werden die Handlungsbereiche des Projektmanagements bzw. der Projektsteuerung aufgezeigt, um dann eine umfassende Darstellung der Beauftragung von Planungs-, Ausführungs- und Projektsteuerungsleistungen zu geben.

2.2 Bau-Projektmanagement als Teilprozess der Immobilien-Projektentwicklung

Gemäß DIN 69901-5:2009-01 ist **Projektmanagement** die Gesamtheit von Führungsaufgaben, -organisation, -techniken und -mitteln für die Abwicklung eines Projektes. In der praktischen Umsetzung bezieht sich der Begriff des Bau-Projektmanagements üblicherweise mehr auf technische und wirtschaftliche Aspekte, die direkt im Zusammenhang mit der Planung und Ausführung eines Bauvorhabens stehen (vgl. Schäfer/Conzen, S. 3). Zu den Aufgaben des Bauherren zählen die Initiierung, Konzeption und Vermarktung eines Immobilienprojektes, d. h. das Entwickeln einer

Projektidee, die Grundstückssicherung inklusive der Prüfung, Finanzierung und des Ankaufs sowie Marketing, Vermietung und der Objektverkauf. Bau-Projektmanagement umfasst demgegenüber die Aufgabenbereiche der Projektleitungs- und Projektsteuerungsfunktion in den Phasen der Ausführungsvorbereitung bzw. Baurechtschaffung sowie der Baudurchführung (vgl. Fischer, S. 215 ff.).

2.3 Bau-Projektmanagement in der Organisation eines Immobilien-Projekts

Die **Aufbauorganisation** in einem Bauprojekt besteht i. d. R. aus folgenden Gruppen: Der Bauherrenschaft, den Objekt- und Fachplanern, den Projektsteuerern bzw. -managern sowie sonstigen Fachberatern und den ausführenden Unternehmen. Zusätzlich bestehen noch zahlreiche Schnittstellen zu Genehmigungs- und Aufsichtsbehörden (höhere Verwaltungs- und Genehmigungsbehörden, Straßenbaubehörde, Denkmalamt, Landwirtschafts- und Wasserbehörde, etc.) sowie zu Trägern öffentlicher Belange (Energieversorger, Wasserbetriebe, Telekommunikationsunternehmen, Verkehrsunternehmen, etc.).

Im Rahmen der Projektorganisation stellt der **Bauherr** bzw. die Bauherrenorganisation die Institution dar, die selbst oder durch Dritte ein Bauvorhaben für eigene oder fremde Rechnung wirtschaftlich und technisch vorbereitet und durchführt bzw. vorbereiten und durchführen lässt (vgl. Pfarr, S. 99). Die Funktion der Bauherrenschaft im Rahmen eines Bauprojektes wird daher durch die Investoren des Projektes bzw. durch deren Vertreter eingenommen. Aufgrund rechtlicher und steuerlicher Gründe übernimmt häufig eine so genannte Projektgesellschaft unterschiedlicher rechtlicher Ausprägung die Funktion der Bauherrenschaft. Die Gruppe der Fach- und Objektplaner sowie die Gruppe der ausführenden Unternehmen werden unter Punkt D.2.5.1 ausführlich behandelt.

Die **Aufgaben des Bauherrn** zu Beginn des Projektes bestehen daher zunächst in der Definition und Festlegung der Zielvorgaben. Zum Erreichen dieser Zielvorgaben sind im Rahmen der Planung und Realisierung des Bauvorhabens folgende Aufgaben zu erfüllen:

- Aufbau einer Projektstruktur (Organisations- und Terminplan),
- Sicherstellung der Finanzierung und Vermarktung,
- Kostenermittlung und Bestimmung des Projektbudgets,
- Koordination und Steuerung der Projektbeteiligten,
- Vertragswesen (Abschluss sämtlicher Verträge mit Projektbeteiligten),
- Untersuchung von Zielkonflikten zu den Projektzielen und Entscheidung über die Fortschreibung der Ziele (Planungs- und Bauergebnisse vs. Projektziele),
- Entscheidungsfindung und Entscheidungssicherung,

- Sicherstellung der Genehmigungsfähigkeit,
- Überwachung der Termin-, Kosten- und Qualitätsziele.

Das Projektmanagement übernimmt die „Bauherrenaufgaben" durch die Steuerung der verschiedenen Einzelaktivitäten der Organisationsstruktur im Hinblick auf das übergeordnete Gesamtziel auf allen hierarchischen Ebenen (vgl. Kochendörfer/Liebchen/Viering, S. 8).

Je nach Art, Komplexität und Dauer des Projektes ist zur Unterstützung und Entlastung des Bauherrn häufig eine zeitliche und fachliche Unterstützung durch externe Fachleute notwendig. Daher werden oft Projektsteuerungsleistungen an Dritte vergeben. Der Begriff **Projektsteuerung** fand seine offizielle Einführung in dem § 31 Projektsteuerung HOAI a. F. vor 2009.

In der amtlichen Begründung zu § 31 HOAI in der Fassung vom 01.01.1977 heißt es: „Mit steigendem Bauvolumen wachsen die Anforderungen an den Auftraggeber, seine Vorstellungen von der Bauaufgabe in die Praxis umzusetzen, wobei er die Geschehensabläufe in technischer, rechtlicher und wirtschaftlicher Hinsicht zu koordinieren, zu steuern und zu überwachen hat [...]. Infolge der zunehmenden Kompliziertheit der Geschehensabläufe, insbesondere durch Einschaltung von anderen an der Planung fachlich Beteiligten, sind Auftraggeber ab einer bestimmten Größenordnung des Projektes nicht immer in der Lage, sämtliche Steuerungsleistungen selbst zu übernehmen. In der Praxis werden in diesen Fällen Aufträge für Leistungen der Projektsteuerung erteilt. Die Aufträge umfassen insbesondere Beratungs-, Koordinations-, Informations- und Kontrollleistungen" (AHO, S. 3).

Die HOAI hat als Rechtsverordnung zur Regelung von Ingenieur- und Architektenleistungen Gesetzescharakter (vgl. Kochendörfer/Liebchen/Viering, S. 23).

Ziel des § 31 Abs. 1 HOAI war die Entwicklung eines praxistauglichen Leistungsbildes und einer Honorarordnung für Projektsteuerer. Da die HOAI den besonderen Anforderungen der Projektsteuerung nicht mehr Rechnung tragen konnte, erfolgt die Beauftragung von Projektmanagementleistungen nun überwiegend in Anlehnung an die AHO (Ausschuss der Verbände und Kammern der Ingenieure und Architekten für die Honorarordnung e. V., hier speziell Heft Nr. 9 „Projektmanagementleistungen in der Bau- und Immobilienwirtschaft, 4. Auflage, Mai 2014).

Aus der AHO, deren Ausschussmitglieder sich im Wesentlichen aus den Vorständen des DVP (Deutscher Verband der Projektmanager in der Bau- und Immobilienwirtschaft e. V.) zusammensetzt, ergibt sich folgende Definition für die Projektsteuerung: Die Projektsteuerung ist die neutrale und unabhängige Wahrnehmung von Auftraggeberfunktionen in technischer, wirtschaftlicher und rechtlicher Hinsicht (vgl. AHO, S. 2).

Demzufolge obliegt die Wahrnehmung der nicht delegierbaren Auftraggeberfunktionen der Projektleitung. Fasst man die Wahrnehmung der Projektleitungs- und Projektsteuerungsaufgaben zusammen, so spricht man vom Projektmanagement als Ganzes.

Die **Projektleitung** als Entscheidungs- und Weisungsfunktion wird als Linienfunktion für **nicht delegierbare Bauherrenaufgaben** zwischen die Bauherrenschaft und die Dienst- und Werkleister des Projektes geschaltet.

Im Grundsatz muss sie vom Bauherrn selbst wahrgenommen werden, da der Projektleitung stets die direkte Verantwortung für die Erreichung der Projekt- bzw. Auftragsziele obliegt. Die nicht an Externe zu delegierenden Aufgaben des Projektleiters bestehen nach Kalusche (vgl. Kalusche 2002b, S. 307 ff.) in:

- Projektplanung und -controlling (Leistungen, Termine, Kosten),
- Projektorganisation,
- Erarbeitung von Strategien und Maßnahmen zur Erreichung der Zielvorgaben,
- Führung des Projektteams,
- Erfüllung interner Erfordernisse (Herbeiführung von Entscheidungen, Projektinformation, etc.),
- Gestaltung von Kundenbeziehungen,
- Risikomanagement sowie
- Projektadministration und Dokumentation.

„Das entwickelte Leistungsbild und die Honorarordnung Projektmanagement mit den klar strukturierten Grundleistungen und Besonderen Leistungen für klassische Projektkonstellationen decken ein weites Anwendungsfeld für Bau- und Immobilienprojekte ab.“ (AHO, S. 5 ff.). Das Leistungsbild der Projektsteuerung ist zeitlich in fünf Projektstufen und in fünf Handlungsbereiche untergliedert (siehe hierzu weiter unten).

Diese Projektsteuerungsleistungen werden vom Bauherrn in Form von Dienst- bzw. Beraterverträgen an externe Dritte vergeben. Projektsteuerer können sowohl als **Stabsstelle** in beratender Funktion in die Aufbauorganisation des Auftraggebers (Bauherrn) einbezogen als auch mit der Projektsteuerung in **Linienfunktion** beauftragt werden (vgl. AHO, S. 9). Da der Bauherr in diesem Fall allerdings Teile seiner ureigenen Führungsfunktion an externe Projektmanagement-Fachleute vergibt und der Projektsteuerer eine erhöhte Haftung übernimmt, ist die Projektsteuerung als Stabsstelle ohne direkte Weisungsfunktion eher als der Regelfall anzusehen (Aufbau- und Ablauforganisation, vgl. auch Punkt D.2.4.2).

Der Projektsteuerer in der Stabsfunktion berät und entlastet die Projektleitung und trägt damit zur Sicherung des Projekterfolges bei. Es besteht ausschließlich ein Vertragsverhältnis zwischen dem Projektsteuerer und dem Bauherrn/Auftraggeber, d. h. der Projektsteuerer hat kein Vertragsverhältnis mit den anderen Projektbeteiligten. Folglich hat er ohne gesonderte Bevollmächtigung durch den Bauherrn – im Gegensatz zur Projektleitung – keine Weisungsbefugnis gegenüber den anderen

Projektbeteiligten. Die Abgrenzung der delegierbaren und nicht delegierbaren Bauherrenaufgaben erfolgt nach folgender Abbildung:

	nicht delegierbare Bauherrenaufgaben	**delegierbare Bauherrenaufgaben**
mit Vollmacht (Weisungskompetenz)	**Originäre Bauherrenaufgaben** Zielvorgaben Finanzierung	**Projektleitung (PL) o. Projektmanagement (PM)** Bauherr o. Dritte Entscheidungs- und Durchsetzungskompetenz Linienfunktion
ohne Vollmacht		**Projektsteuerung (PS)** operative Aufgaben (Beratung) keine Entscheidungs- und Durchsetzungskompetenz Stabsfunktion

Abb. 1: Abgrenzung Projektleitung/Projektsteuerung (Quelle: Kochendörfer/Liebchen/Viering, S. 10)

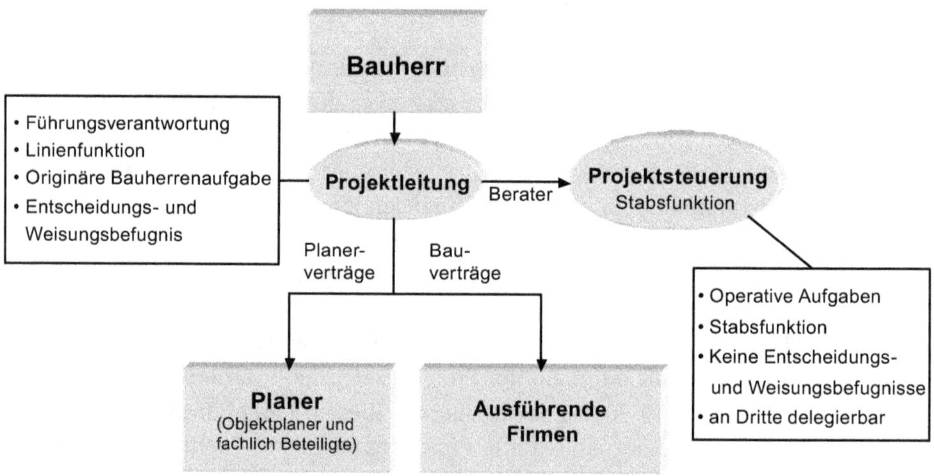

Abb. 2: Bau-Projektmanagement in der Bauherrenorganisation (Quelle: Eigene Darstellung)

Die Projektsteuerung kann insbesondere bei komplexen Bauvorhaben einen positiven Nutzen für das effektive Zusammenspiel der Projektbeteiligten schaffen, indem die Aufgaben fachlich und inhaltlich klar und umfassend formuliert sind, ein hohes Maß an Transparenz und Kommunikation für alle Projektbeteiligten geschaffen wird und eine zusätzliche Qualitäts-, Kosten- und Terminkontrolle im Interesse des Bauherrn erfolgt (vgl. Kalusche 2002b, S. 315 f.).

Eine zentrale Rolle des Projektmanagements ist das Koordinieren der zum Projekterfolg beitragenden Projektbeteiligten. Eine Unterscheidung in den Zielen erfolgt bezüglich der Wichtigkeit der Ziele hinsichtlich Terminen, Kosten und Qualitäten (vgl. Kochendörfer/Liebchen/Viering, S. 55).

Die Organisation eines Immobilien-Projektes ist zunächst von der vorhandenen Bauherrenorganisation und deren Bereitschaft zur Aufgabendelegation abhängig. Dabei ist die Verteilung der Auftraggeberfunktion an Dritte projektspezifisch zu gestalten. Durch den Projektsteuerer erhält der Bauherr eine professionelle Unterstützung seiner Projektleitung (vgl. Abbildung 2).

2.4 Projektsteuerung

2.4.1 Handlungsbereiche

Im Rahmen des Projektmanagements stellt die Projektsteuerung eine häufig beauftragte und zugleich am weitesten strukturierte Teilleistung im Bauwesen dar. Die Aufgaben der Projektsteuerung und damit auch analog des Projektmanagements können in **fünf Handlungsbereiche** zusammengefasst werden:

A Organisation, Information, Koordination und Dokumentation,
B Qualitäten und Quantitäten,
C Kosten und Finanzierung,
D Termine und Kapazitäten und Logistik,
E Verträge und Versicherungen (seit 2009).

Die einzelnen Ziele der Handlungsbereiche können aufgrund der wechselseitigen Abhängigkeiten nicht alle gleichzeitig erfüllt werden. Daher besteht die eigentliche Managementaufgabe darin, den Zielerreichungsgrad ganzheitlich zu optimieren und die auftretenden Zielkonflikte zu reduzieren. In der Literatur wird deshalb auch oft der Begriff des **„Magischen Dreiecks der Projektziele“** für die Handlungsbereiche B, C und D verwendet. Wobei der Handlungsbereich A als Voraussetzung für Projektmanagement/-steuerung angesehen wird und die Projektziele der Handlungsbereiche B, C, D und E zu optimieren sind.

Zur Verdeutlichung der Problematik dient folgendes Beispiel:

Ein Bauherr möchte ein 5-Sterne Luxushotel mit 500 Betten und einem anspruchsvollen Innendesign für 1.200 Euro pro m² BGF (Kostengruppen 300 + 400 nach DIN 276-1:2008-12) in einer Bauzeit von 8 Monaten bauen. In diesem Fall liegt der voraussichtliche Zielkonflikt darin, dass eine sehr hohe Qualität, zu niedrigen Kosten, in einer extrem kurzen Bauzeit erreicht werden soll.

Im § 2 Leistungsbild Projektsteuerung der AHO sind die den zuvor beschriebenen Handlungsbereichen A – E zuzuordnenden Beratungs-, Koordinations-, Informations- und Kontrolltätigkeiten umfassend und eindeutig definiert und die Aufgaben und besonders die Ergebnisse in Art und Umfang spezifiziert Die Vergütung, vor allem den Umfang der Vergütung der beauftragten Besonderen Leistungen regelt die AHO nicht abschließend (AHO, S. 2).

Das AHO Heft 9 Projektmanagementleistungen in der Bau- und Immobilienwirtschaft enthält aber eine umfangreiche und transparente Leistungsbeschreibung der Projektsteuerung und kann als Basis für eine projektbezogene, vertragliche Vereinbarung gut verwendet werden. Allerdings sollte der Bauherr genau prüfen, welche einzelnen Leistungen des gesamten Leistungsbildes für das spezielle Projekt erforderlich sind.

In der aktuellen Fassung der AHO wird zwischen zwei Honorierungsformen unterschieden. Nach der an der HOAI angelehnten Vergütungssystematik, welche an anrechenbare Kosten anknüpft, existiert ebenfalls die Vergütung der Personaleinsatzkalkulation nach Zeitaufwand (vgl. AHO, S. 4).

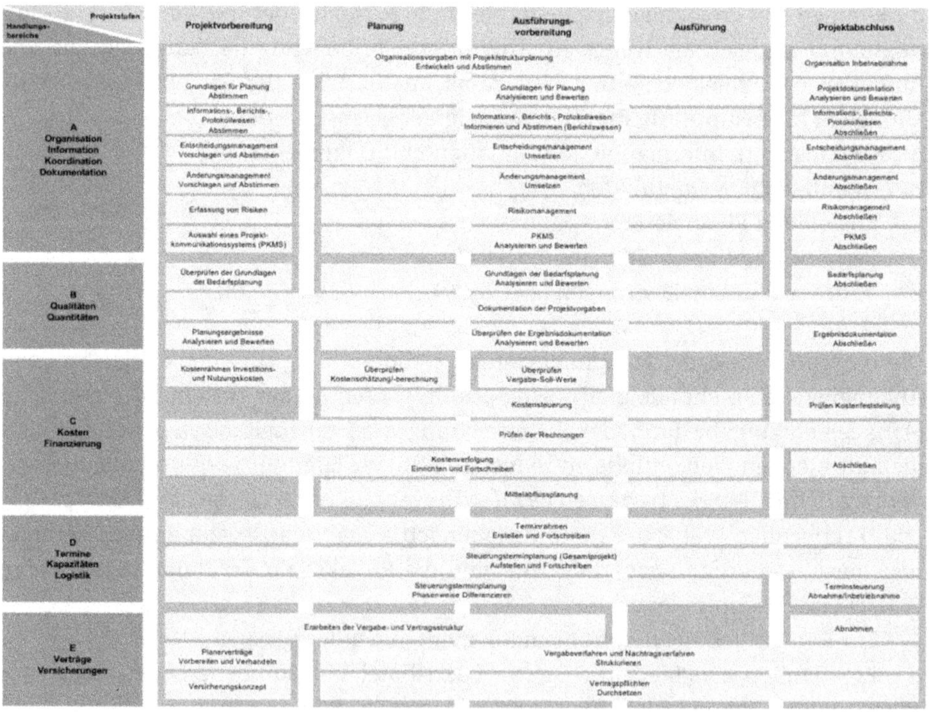

Abb. 3: Projektstufen und Handlungsbereiche der Projektsteuerung gemäß DVP/AHO-Entwurf (Quelle: AHO, S. 12)

2.4.2 Organisation, Information, Koordination und Dokumentation

Als nicht delegierbare Aufgaben sind vom Bauherrn Projektziele zu definieren, zur Verwirklichung der gesetzten Ziele Verträge abzuschließen und die zeit- und mengengerechte Mittelbereitstellung zu gewährleisten. Der Bauherr behält die oberste Kontrolle (vgl. Kochendörfer/Liebchen/Viering, S. 8).

Der Aufbau, die Einrichtung und die Pflege eines Projektorganisations- und Informationssystems, die Systematisierung von Entscheidungen sowie die Festlegung einer Dokumentationssystematik stellen eine unabdingbare Voraussetzung für eine zielgerichtete Planung, Kontrolle und Steuerung der angestrebten **Projektziele** dar, die sich aus den Teilzielen der Qualitäten und Quantitäten, der Kosten und Finanzierung sowie der Termine und Kapazitäten eines Projektes zusammensetzen.

„Nach einer Festlegung der Projektstruktur, d. h. nach Beantwortung der Frage, was, wer, wie, mit welchen Kompetenzen zu veranlassen, zu planen, auszuführen oder abzunehmen hat, ist die **Aufbau- und Ablauforganisation** des Projektgeschehens durch Verträge und Zuständigkeitsfestlegungen zu regeln“ (Müller, S. 129).

Bei der **Aufbauorganisation** werden die Projektbeteiligten zu Funktionsträgern, denen die Aufgabenkomplexe (Teilaufgaben) des Projektes in Form von Verantwortungsbereichen, Weisungs- und Entscheidungsbefugnissen zugeordnet werden (vgl. Kalusche 2002a, S. 63 ff.). Die typischen Formen der Aufbauorganisation sind die

- Linienorganisation (Weisungs- und Entscheidungsfunktion des Funktionsträgers),
- Stablinienorganisation (Beratungsfunktion des Funktionsträgers) und
- Matrixorganisation.

„Während bei der Aufbauorganisation die Bildung von Aufgabenkomplexen als statische Gebilde und ihre aufgabenbezogene Koordination im Vordergrund stehen, betrachtet man bei der **Ablauforganisation** unter zeitlichen und räumlichen Aspekten Aufgabenerfüllungsvorgänge im Sinne von Arbeitsprozessen“ (Gabler, S. 2506 f.), wie z. B.

- Abläufe bei der Vergabe von Planungs-, Ausführungs- und Projektsteuerungsleistungen,
- Abläufe bei der Freigabe von Ausführungs-, Bewehrungs-, Schalplänen, etc.

Folgende wesentliche Organisationsinstrumente sollten zur Erreichung der Zielvorgaben des Projektes eingesetzt werden:

- Einrichtung eines **Organisationshandbuches**, das die Aufgaben, Kompetenzen, Verantwortlichkeiten und die Zusammenarbeit sowie den Informations-

fluss aller Projektbeteiligten einvernehmlich festlegt sowie die stets gleiche, effiziente Abwicklung anfallender Probleme und Entscheidungen sicherstellt.
- Aufbau eines **Informationssystems**, das sowohl die mündliche Kommunikation (sämtliche Formen von Projektmeetings), das Berichtswesen (Projektberichte, Protokolle, Abschlussbericht, etc.) als auch das Dokumentationswesen (Projekthandbuch, Ablagesystem) festlegt.
- Einführung eines **Projektstrukturplanes**, der das Gesamtprojekt in einzelne plan- und kontrollierbare Teilaufgaben gliedert.

Abbildung 4 zeigt exemplarisch einen Auszug aus einem Projekthandbuch.

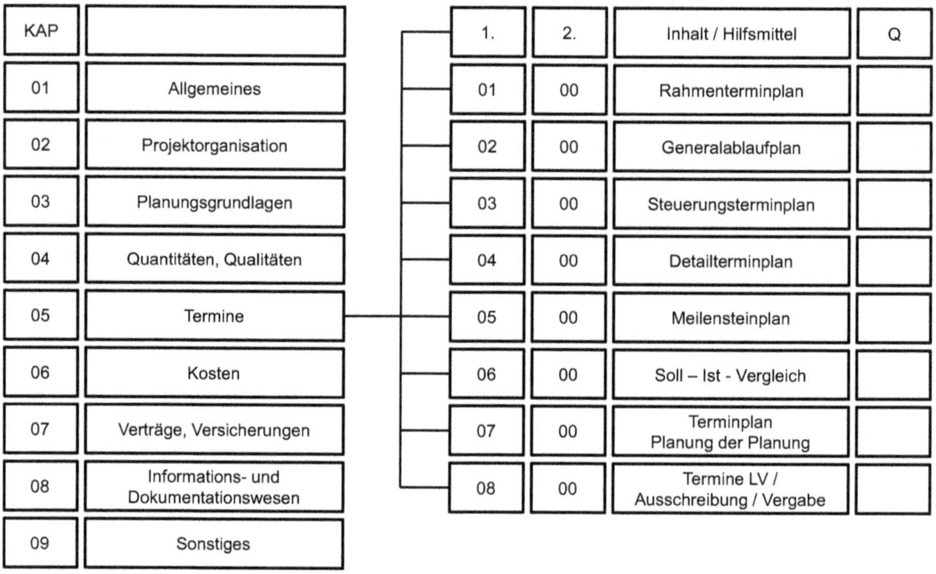

Abb. 4: Auszug Projekthandbuch (in Kochendörfer/Liebchen/Viering, S. 91) (Quelle: KVL Baucon-sult GmbH)

2.4.3 Qualitäten und Quantitäten

In den branchenunabhängigen, europaweiten Qualitätssicherungsnormen (DIN EN ISO 9000:2005-12, Qualitätsmanagementsysteme, Grundlagen und Begriffe, S. 18 f.) heißt es: „Qualität: Grad in dem ein Satz inhärenter (anhaftender, innewohnender) Merkmale Anforderungen erfüllt.“ Übertragen auf ein Bauvorhaben bedeutet **Qualität**, dass die Eigenschaften des Bauwerkes, die durch die Anforderungen, Vorgaben und Wünsche des Bauherrn definiert werden, durch die Projektbeteiligten zu erfüllen sind.

Kalusche empfiehlt deshalb für die praktische Anwendung (vgl. Kalusche 2002a, S. 103):

- Beschreibung der Vorgaben durch eindeutige und exakte Definition der Merkmale und Eigenschaften,
- Messbarkeit des Zielerreichungsgrades der getroffenen Vorgaben und
- Dokumentation des Zielerreichungsgrades der Qualität gegenüber Auftraggeber und Nutzer.

Die Verbesserung und Sicherung der Qualität ist als ein ganzheitlicher Managementansatz zu verstehen. Daher ist ein **Qualitätsmanagementsystem** einzuführen, das den gesamten Herstellungsprozess des Bauvorhabens mit einbezieht. Dieses System sollte neben Planung und Ausführung auch den Projektabschluss in Form einer ordnungsgemäßen Abnahme bzw. Übergabe und einer vollständigen und sinnvollen Dokumentation strukturieren. Durch eine fundierte Dokumentation werden dem späteren Nutzer die Informationen zur Verfügung gestellt, die die Voraussetzungen für einen effizienten Betrieb der Immobilie bzw. Anlage bilden. Im Baubereich ist mittlerweile die Einführung eines Qualitätsmanagementsystems nach der **DIN EN ISO 9000-9004** in welche die EN ISO 8402:1995-08 vollständig integriert ist, weit verbreitet. Die Zertifizierung nach diesen Normen soll sowohl nach innen als auch nach außen den Qualitätsstandard des eigenen Unternehmens bzw. der Büros verbessern, sichern und auch im Wettbewerb kommunizieren.

Als geeignete Hilfsmittel zur Erfassung und Sicherung der Qualitäten eines Bauvorhabens haben sich in der Praxis eine Reihe von Programmen bewährt. Zunächst artikuliert der Bauherr seinen Bedarf an Planungs- und Bauleistungen in Form eines Betreiber- bzw. Betriebsprogramms des geplanten Bauvorhabens. Der festgestellte Bedarf wird anschließend in einem Nutzerbedarfsprogramm umgesetzt. Weiterführend ergeben sich aus den bestimmten Projektanforderungen das Funktions- (Zuordnung einzelner Arbeitsräume und -abläufe, etc.), Raum- (Zusammenstellung der erforderlichen Betriebsflächen, etc.) und Ausstattungsprogramm (Ausrüstung mit Betriebs- und Gebäudetechnik, etc.), die schließlich in ein **Gebäude- oder Raumbuch** überführt werden (vgl. Müller, S. 130).

Ein „Gebäude- oder Raumbuch ist ein räumliches Gebäudeinformationssystem, in welchem die für das Gebäude relevanten Informationen strukturiert abgelegt und verwaltet werden können. Es besitzt zentrale Dokumentations- und Informationsaufgaben“ (GAEB, S. 53). Als zentrales Instrument zur Koordination und Kommunikation der Projektbeteiligten in der Vorbereitung der Planung, der Planung selbst und der Ausführung der Planung sowie der späteren Nutzung sind Änderungen unverzüglich in das Raumbuch einzuarbeiten, sodass die Projektziele immer am aktuellen Stand des Vorhabens gemessen werden können. Als weiteres Instrument zur Vorgabe von Qualitäten bieten sich Bemusterungen für verschiedenste Objekte an, z. B. von Fassadenelementen, Sanitärobjekten, etc.

Zur einheitlichen Beschreibung und Unterscheidung der in den verschiedenen Programmen festgelegten Flächen und Rauminhalte, gelten im Bauwesen die Normen der **DIN 277-1:2005-02 (Grundflächen und Rauminhalte von Bauwerken im Hochbau)**, auf deren Basis ein phasenübergreifendes Abstimmen, Überprüfen und Anpassen der Projektziele und -vorgaben erfolgen sollte (vgl. dazu ausführlich Kapitel B.2).

2.4.4 Kostenmanagement und Finanzplanung

Unter **Kostenmanagement** ist die Gesamtheit aller Maßnahmen zur Kostenermittlung, zur Kostenkontrolle und zur Kostensteuerung zu verstehen. Das Kostenmanagement begleitet kontinuierlich alle Phasen der Baumaßnahme während der Planung und Ausführung. Kostenermittlungen sind dabei die Vorausberechnungen der entsprechenden Kosten bzw. die Feststellung der tatsächlich entstandenen Kosten. Nach § 33 HOAI beinhalten die Grundleistungen der beauftragten Architekten und Ingenieurleistungen auch die **Kostenermittlung**. Die Kostenermittlung im Hochbau erfolgt auf Basis der **DIN 276-1:2008-12**. Diese berücksichtigt die Notwendigkeit einer genaueren Kostenermittlung im fortlaufenden Projekt im Rahmen einer **fünfteiligen Phasengliederung** (vgl. Kochendörfer/Liebchen/Viering, S. 147 f.):

- Kostenrahmen,
- Kostenschätzung zur Vorplanung,
- Kostenberechnung zur Entwurfsplanung,
- Kostenanschlag zur Vergabevorbereitung bzw. zur Ausführungsplanung,
- Kostenfeststellung nach Schlussabrechnung des Gesamtprojektes.

Die **Kostengliederung** sieht drei Kostengliederungsebenen vor, die durch dreistellige Ordnungszahlen gekennzeichnet sind. Die nachfolgende Abbildung 5 gibt am Beispiel der Kostengruppe 3 „Bauwerk und Konstruktion" einen exemplarischen Überblick über die Kostengliederungsstufen der DIN 276-1:2008-12 (vgl. dazu ausführlich Kapitel D.1).

Über die Gliederung der DIN 276-1:2008-12 hinaus hat sich in der Praxis im Hinblick auf eine höhere Kostensicherheit die verfeinerte Unterteilung in 4-ter und 5-ter Ebene bewährt. Hierbei werden die Grob- und Funktionselemente um die Konstruktionselemente und Leitpositionen (ergänzende Leistungseinheiten eines Leistungsverzeichnisses nach den Allgemeinen Technischen Vertragsbedingungen) erweitert (vgl. Kochendörfer/Liebchen/Viering, S. 138 f.).

Eine **Kostenkontrolle** auf Basis der durchgeführten Kostenermittlungen muss demnach permanent während der gesamten Planungsphase sowie während der Ausschreibung und der eigentlichen Baudurchführung erfolgen. Es ist vom Projektsteuer sicherzustellen, dass der vereinbarte Kostenrahmen nicht überschritten wird. Wird er jedoch überschritten, muss der Projektsteuerer, um die Haftung der Kostenüberschreitung auf den Arbeitgeber umzulagern, diesen auf die entstandenen Mehrkosten hinweisen, Vorschläge zum Kostenausgleich unterbreiten und seine Befugnis zur Ausführung der Leistung einholen (vgl. Kochendörfer/Liebchen/Viering, S. 148). Diese Vorgehensweise erfordert eine enge Zusammenarbeit zwischen dem Projektsteuerer und sämtlichen Planungs- und Baubeteiligten. Ein **Soll-Ist-Vergleich der Kosten** bildet die Grundlage für die Entscheidung von Kostensteuerungsmaßnahmen. Dabei kann es sich um Vorschläge zur Planungs- und Projektoptimierung sowie um Vorschläge zur Änderung der Ausführung handeln.

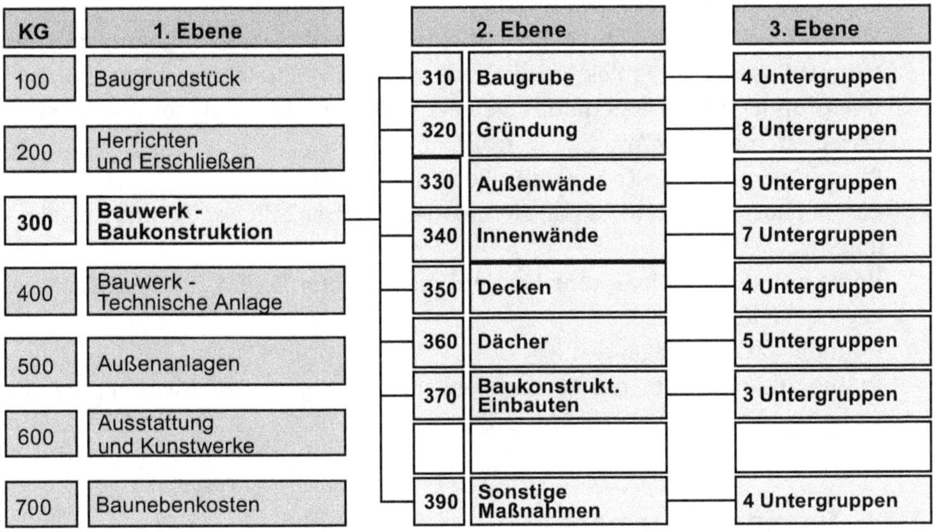

Abb. 5: Kostengruppe 3 nach DIN 276-1:2008-12 (Quelle: Deutsches Institut für Normung e. V.)

Die **Finanzplanung** innerhalb des Bau-Projektmanagements beinhaltet Tätigkeiten zur Abschätzung des Mittelbedarfs und des Mittelabflusses. Diese Vorhersagen und deren Überprüfung sind zwingend notwendig, um die Investitionsmittel zur Verfügung zu stellen und dem Bauherren eine Sicherheit bezüglich der Höhe, der Disposition und der Verwendung der Mittel zu geben. „Während die Kostenziele früher oftmals ausschließlich durch die Investitionskosten definiert worden sind, steht heute die Optimierung des Verhältnisses von Investitions- und Folgekosten im Vordergrund" (Kochendörfer/Liebchen/Viering, S. 133). An den Architekten (vgl. HOAI 2013) oder traditionell den Projektsteuerer (vgl. AHO 2014) werden häufig im Bereich der Kosten und Finanzierung folgende Grundleistungen übertragen:

- Als wichtige Neuerung der AHO ist das vom Architekten nun als Grundleistung erstellte bepreiste Leistungsverzeichnis von dem Projektsteuerer zu überprüfen (AHO, S. 91).
- Mitwirkung beim Festlegen des Rahmens für Investitionen und Baunutzungskosten: Wichtig ist, dass neben der Ermittlung des Kostenrahmens für die Erst-

investition auch die Folgekosten abzuschätzen sind. Sie setzen sich aus den Baunutzungskosten nach DIN 18960:2008-02 sowie den Personal- und Sachkosten der Nutzer zusammen.
- Mitwirkung beim Ermitteln und Beantragen von Investitionsmitteln: Ziel ist es, die betrags- und zeitgerechte Finanzierung des Projektes zu gewährleisten. Dazu sind auch Finanzierungsalternativen und Förderungsfähigkeit zu untersuchen.
- Prüfung und Freigabe von Rechnungen zur Zahlung: Ziel ist es, dass seitens des Auftraggebers nur vertraglich, fachlich bzw. sachlich und rechnerisch gerechtfertigte Ansprüche der Projektbeteiligten geleistet werden.
- Einrichtung, Fortschreibung und Abschluss der Projektbuchhaltung für den Mittelabfluss: In der Projektbuchhaltung erfolgt die Mittelabflusskontrolle.
- Überprüfung der Kostenermittlungen der Objekt- und Fachplaner sowie Veranlassen erforderlicher Anpassungsmaßnahmen.
- Phasenübergreifende Kostenkontrolle und -steuerung.
- Zusammenstellung und Aktualisierung der voraussichtlichen Baunutzungskosten.
- Vorbereitung und Mitwirkung bei der Vergabe unter Berücksichtigung der vorgegebenen Kostenziele.
- Prüfung von Nachträgen.
- Prüfung und Freigabe der Rechnungen zur Zahlung sowie Mitwirkung bei der Freigabe von Sicherheitsleistungen.

2.4.5 Terminmanagement

Unter **Terminmanagement** sind alle Aufgaben und Tätigkeiten traditionell des Projektmanagements, aktuell auch des Architekten (vgl. HOAI 2013), zu verstehen, die zur Planung, Überwachung und Steuerung von Abläufen und Prozessen bei der Projektdurchführung erforderlich sind (vgl. Bohn/Heinzmann, S. 317). Als Instrument der Terminplanung sind Balkenpläne, Liniendiagramme, Terminlisten und Netzplantechnik gebräuchlich. Besonders die Netzplantechnik stellt dabei in diesem Zusammenhang aufgrund der Darstellungsmöglichkeit von komplexen Abhängigkeiten eines Bauvorhabens ein unverzichtbares Instrument des modernen Terminmanagements dar. Dieser wird in der Praxis häufig in einen Balkenplan überführt. Auf die Möglichkeit, mit Hilfe von Softwareprogrammen Projektablaufsimulationen darzustellen, sollte kein Bauherr verzichten.

Bei der Beauftragung von Terminmanagementleistungen im Rahmen der Projektsteuerung ist für den Bauherrn zudem wichtig, welche Leistungen er zu welchem Zeitpunkt vom Projektsteuerer erwarten und abrufen kann. Diese Leistungen sind abhängig vom Projektfortschritt, da die Terminplanung in einzelnen Stufen erfolgt, die sich durch den Detaillierungsgrad der Terminaussagen unterscheiden. Die Genauigkeit und Zuverlässigkeit der Terminaussage nimmt mit zunehmendem Projektfortschritt aufgrund des wachsenden Informationsgehaltes ständig zu. Ein für den Projektmanager wichtiger, aber auch schwieriger Plan ist der der Rahmenterminplan, den er aus eigener Kenntnis und Erfahrung zu einem Zeitpunkt erstellen muss, zu dem die eingeplanten Projektbeteiligten meist noch gar nicht oder nur zum Teil vorhanden sind. Er wird in Zusammenarbeit mit den schon feststehenden Projektbeteiligten auf Grundlage von projektspezifischen und zeitlichen Randbedingungen erstellt. Der Steuerungsterminplan hingegen wird aufbauend auf dem vorangegangenen Rahmenterminplan zur übersichtlichen Darstellung des zeitlichen Gesamtablaufs der Projektrealisierung entwickelt, um weitere Entscheidungen über den weiteren Projektfortschritt zu treffen (AHO, S. 59).

Eine **Rahmenterminplanung** wird für eine langfristige Projektbetrachtung erarbeitet, in der alle wichtigen Eckdaten des Gesamtprojektes dargestellt und verknüpft sind. Der Rahmenterminplan dient dazu, den gesamten terminlichen Ablauf des Projektes in seinen Umrissen darzustellen. Dazu sollte ebenfalls ein ausführlicher Bericht vom Projektsteuerer angefertigt werden. Als zweite Stufe der Terminplanung wird der **Steuerungsterminplan**, welcher auf Grundlage des Rahmenterminplans erfolgt erstellt. Dieser Plan beinhaltet grundsätzlich die Vertragstermine des Bauprojektes und muss die wesentlichen Einzelvorgänge der betroffenen Unternehmen sowie deren Vorgänger- und deren Nachfolgevorgänge betrachten. Hierzu gehören auch Planungsvorläufe und Lieferzeiten für wichtige Leistungsbestandteile. Der Steuerungsterminplan dient der Terminsteuerung und -kontrolle. Alle geplanten Vorgänge des Steuerungsterminplanes müssen nachvollziehbaren Verantwortungsbereichen oder Produktionsfaktoren angehören (vgl. Bohn/Heinzmann, S. 325). Für sehr kritische Einzelbereiche und komplexere Projekte werden häufig noch Detailterminpläne für z. B. Planung, Ausführung und Abnahme erstellt, die allerdings i. d. R. von oder mit den ausführenden Unternehmen erarbeitet werden. Die nachfolgende Abbildung 6 fasst die einzelnen Planungsstufen des Terminmanagements zusammen (AHO, S. 59 ff.).

Für ein effektives Terminmanagement ist zudem wichtig, die Terminüberwachung und Terminsteuerung gezielt in Planungs- und Baubesprechungen durchzuführen und aktiv zu managen. Entsprechende Steuerungsmaßnahmen können Kapazitätserhöhungen, Änderung der Ablaufstruktur, Verkürzung der Folgevorgänge, Ausnutzung von Terminpuffern sowie besondere Maßnahmen wie z. B. Winterbau, etc. sein.

Ziel der Terminplanung ist auch die Optimierung der Kapazitäten. Dabei steht die zeitliche Verteilung von Personal und anderen Einsatzfaktoren im Mittelpunkt der Planung. Für einen aus betrieblicher Sicht optimal gestalteten Arbeitsablauf ist eine gleichmäßige und möglichst hohe Auslastung der Kapazitäten anzustreben. Dabei sind die technischen, organisatorischen und wirtschaftlichen Rahmenbedingungen zu berücksichtigen. In der Praxis sind allerdings oftmals die wirtschaftlichen Gesichtspunkte ausschlaggebend für den Einsatz der Ressourcen (vgl. Kalusche 2002a, S. 162 ff.).

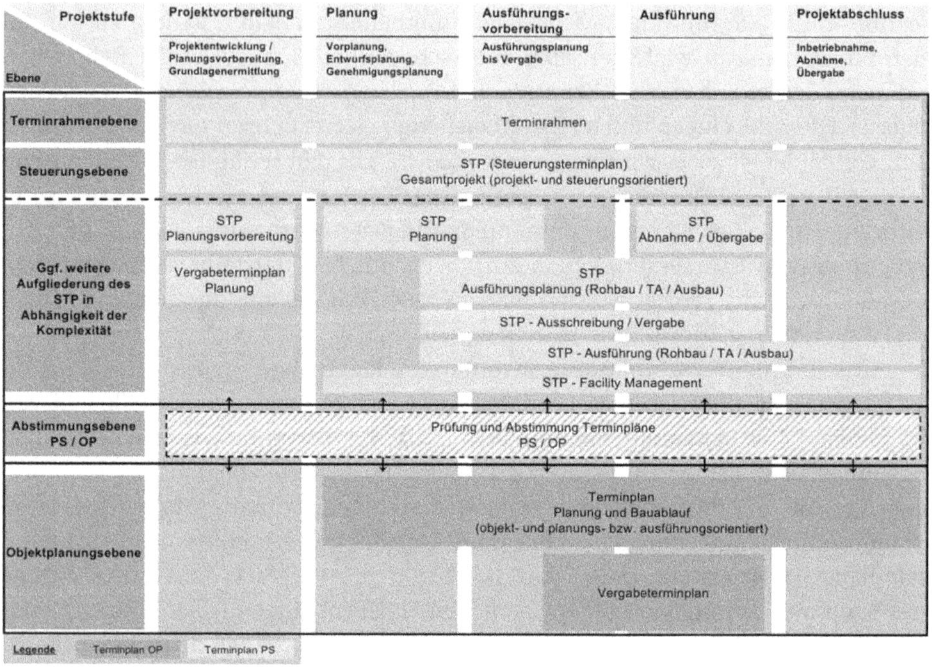

Abb. 6: Ebenen und Stufen der Terminplanung nach HOAI und AHO (Quelle:AHO, S. 60)

2.5 Beauftragung von Planungs-, Bau- und Projektsteuerungsleistungen

In seiner Funktion als Projektmanager vergibt der Bauherr Leistungen im Bereich der Projektsteuerung, der Planung und der Baurealisierung. Dabei hängt der Umfang der zu vergebenden Leistungen von den eigenen Ressourcen und deren Leistungsfähigkeit bzw. von der gewünschten Leistungsübernahme durch den Bauherrn ab. Diese Leistungsübernahme ist stark von der vom Bauherrn angestrebten Risikostruktur abhängig.

2.5.1 Planungsleistungen

2.5.1.1 Elemente der Beauftragung

Zur Verwirklichung seiner Ideen und damit des Bauvorhabens muss der Bauherr wichtige Entscheidungen in Bezug auf Gestaltung, Wirtschaftlichkeit und Funktio-

nalität der Immobilie und deren Wirkung auf die Umwelt treffen. Zu diesem Zweck beauftragt er verschiedene Planer. Dabei stellen sich folgende Fragen:
- Welche Arten von Planern gibt es?
- Welche Planereinsatzform (Einzelplaner vs. Generalplaner) ist sinnvoll?
- Welche Verfahren zur Auswahl eines Planers stehen zur Verfügung?
- Welchen Charakter hat ein Planungsvertrag?
- Wie wird eine Planungsleistung vergütet?

2.5.1.2 Arten von Planern

An der Erstellung eines Bauvorhabens ist eine Vielzahl von Planern beteiligt. Die zentrale Rolle nimmt der **Objektplaner** ein. Er hat neben der Formfindung in gestalterischer, funktionaler, technischer und wirtschaftlicher Hinsicht, auch städtebauliche, bauphysikalische, energiewirtschaftliche, biologische und ökologische Anforderungen des Bauvorhabens zu berücksichtigen (§ 33 ff. HOAI). Generell wird der Objektplaner schon frühzeitig in den Planungsprozess des Bauherrn mit einbezogen. In den Leistungsphasen Grundlagenermittlung und Entwurfsplanung unterstützt der Objektplaner den Bauherrn bei der Umsetzung einer Idee zu einem räumlichen Konstrukt. In den weiteren Phasen (LP 3–5) steht dann die Genehmigung und Umsetzung des Bauvorhabens in konkrete Planung sowie die Begleitung des Vergabe- und Ausführungsprozesses (LP 6–9) im Vordergrund.

Neben der Objektplanung sind allerdings auch spezielle **Fachplanungen** notwendig, die der Objektplaner nicht in seinem Leistungsspektrum hat. Allerdings ist es Aufgabe des Objektplaners, die Leistungen der Fachplaner fachlich zu koordinieren und in die Gesamtleistung zu integrieren.

Die **„Honorarordnung für Architekten und Ingenieure“**, kurz HOAI, systematisiert die unterschiedlichen Planungsleistungen wie folgt:
- Flächenplanung (Bauleit- und Landschaftsplanung) – HOAI Teil II,
- Objektplanung (Gebäude und Innenräume, Freianlagen, Ingenieurbauwerke, Verkehrsanlagen) – HOAI Teil III,
- Fachplanung (Tragwerksplanung, Technische Ausrüstung)– HOAI Teil IV.

Innerhalb der einzelnen Leistungen kann eine weitere Spezialisierung der beteiligten Planer stattfinden. So gibt es im Bereich der Technischen Ausrüstung wiederum Experten für Löschtechnik, Aufzugstechnik, Küchentechnik, Labortechnik, etc.

Die Gesamtplanungsleistung setzt sich aus Objektplanung und zahlreichen Fachplanungen zusammen.

Der Bauherr schließt i. d. R. mit jedem Einzelplaner einen Werkvertrag nach § 631 ff. BGB ab. Als übergeordnete Aufgabe übernimmt der Objektplaner die fachliche **Koordinations- und Integrationspflicht** der Fachplanungen, aber nicht die werkvertraglichen Rechte und Pflichten der Fachplaner gegenüber dem Bauherrn.

Im Gegensatz dazu werden im Generalplanervertrag (vgl. Abbildung 7) Planungsleistungen (Architekten- und Ingenieurleistungen) zusammengefasst, für die der **Generalplaner** im Rahmen des Werkvertragsrechtes gegenüber dem Bauherrn einsteht. Die **Fachplaner** und der Bauherr haben keinerlei vertragliche Beziehung. Sie sind als Drittbeauftragte jeweils Erfüllungsgehilfen und Subunternehmer des Generalplaners (vgl. Minuth, S. 557). Zusammenfassend übernimmt der Generalplaner über die Objektplanung und die Fachplanungen hinaus auch Leistungen des Projektmanagements, wie z. B. Vertragsgestaltung, Abrechnungen, verantwortliche Koordination und Steuerung der Fachplaner, Haftungsübernahme, Abschluss eines Gesamtversicherungsschutzes für die Gesamtleistung sowie die Informationspflicht gegenüber dem Bauherrn (vgl. Kalusche 2002b, S. 191).

	Auftraggeber
+	• Übertragung von Schnittstellenrisiken • vereinfachte Kommunikation mit einem Ansprechpartner • Gesamthaftung des Generalplaners für alle Planungsleistungen • Reduzierung des Aufwands der Bauherrenorganisation, z.B. bei Rechnungsprüfung
–	• Generalplaner-Zuschlag • Abhängigkeit gegenüber Generalplaner • geringer Einfluss auf Subplaner

Abb. 7: Vor- und Nachteile des Generalplaners aus Auftraggebersicht (Quelle: Eigene Darstellung)

2.5.1.3 Vergabe von Planungsleistungen

Die **Auswahl des Architekten** stellt für den Bauherrn eine wichtige Entscheidung in Bezug auf Gestaltung, Wirtschaftlichkeit und Funktionalität der Immobilie und deren Wirkung auf die Umwelt dar (GRW 95, 1.2). Nicht zuletzt ist die Qualität der Architektur auch für spätere Nutzer ein wahrnehmbarer Indikator, der die Arbeitsleistung beeinflussen bzw. sich in der erzielbaren Miete widerspiegeln kann. Zur Architektenauswahl gibt es verschiedene Verfahren, Richtlinien und Vorschriften.

- Verhandlungsverfahren nach § 5 VOF (Verdingungsordnung für freiberufliche Leistungen),
- Wettbewerbe nach § 20 und § 25 VOF,
- Wettbewerbe nach GRW 95 (Grundsätze für Wettbewerbe auf den Gebieten der Raumplanung, des Städtebaues und des Bauwesens),
- Direktbeauftragung,
- Gutachterverfahren (Mehrfachbeauftragung nach HOAI).

Die beiden erstgenannten Vergaben von Architekten- und Ingenieurleistungen nach VOF sind allerdings nur für öffentliche Auftraggeber verpflichtend. Die Vorschriften der VOF sind anzuwenden, wenn der geschätzte Auftragswert den Schwellenwert von 200.000 Euro überschreitet (§ 2 Abs. 2 VOF). Für **private Bauherren** gilt die VOF nicht. Wettbewerbe nach § 20 und § 25 VOF werden auch auf den Grundlagen der GRW 95 durchgeführt.

Allgemein soll die i. d. R. für den öffentlichen Auftraggeber verpflichtende GRW 95 die Grundlage für eine faire, partnerschaftliche Zusammenarbeit aller am Wettbewerb Beteiligter bilden und die Entwicklung der Baukultur in der Bundesrepublik Deutschland unter Verfolgung sozialer, ökonomischer, ökologischer und technologischer Ziele fördern (GRW 95, Präambel).

Der private Bauherr kann die Architektenleistung frei und direkt ohne Durchführung eines Wettbewerbes beauftragen (Direktbeauftragung). Generell ist die Architektenleistung in § 15 HOAI a. F. beschrieben. Sie kann sowohl durch Einzel- als auch durch Generalplaner erfolgen. Vor der Beauftragung sollte der Bauherr ein Anforderungsprofil des Architekten erstellen und anhand dessen überprüfen, ob der ausgewählte Architekt alle notwendigen Voraussetzungen erfüllt. Hilfreich ist es auch, Referenzen und bereits fertig gestellte Arbeiten bei der Entscheidung mit einzubeziehen.

Generell sind Wettbewerbe auch für den privaten Bauherrn sinnvoll, wenn er auf deren Grundlage wirtschaftliche und innovative Lösungen für sein Vorhaben sucht. Insbesondere bei städtebaulich anspruchsvollen Vorhaben kann durch die Durchführung eines Wettbewerbs eine optimierte Lösung mit einer hohen allgemeinen Akzeptanz erzielt werden.

Die Auflage zur Durchführung eines Wettbewerbes kann im Rahmen der Baurechtsdefinition seitens der Stadtplanung auch in einem Bebauungsplan- oder Vorhaben- und Erschließungsplanverfahren vorgeschrieben sein (vgl. Bohn/Heinzmann, S. 255).

Bei der freiwilligen Durchführung eines Wettbewerbs ist allerdings der mögliche projektspezifische Nutzen ins Verhältnis zu den Wettbewerbskosten zu setzen. Regelmäßig vereinbaren private Bauherren als Grundlage der Architektenwettbewerbe die GRW 95, denn Architekten dürfen sich nach den Berufsordnungen ihrer Architektenkammer nur an Wettbewerben beteiligen, die der jeweils gültigen Wettbewerbsordnung entsprechen.

Nach dem Ziel des Wettbewerbs werden zwei Arten von Wettbewerben unterschieden (GRW 95, 2.1.1):
- Ideenwettbewerbe,
- Realisierungswettbewerbe.

In den **Ideenwettbewerben** wird eine Vielfalt von Ideen für die Lösung einer Aufgabe angestrebt, ohne dass eine Absicht zur Realisierung der Aufgabe besteht. Ein Ideenwettbewerb kann insbesondere der Vorbereitung eines Realisierungswettbewerbs oder der Ermittlung von Teilnehmern für einen beschränkten Wettbewerb dienen.

(GRW 95, 2.1.1)

Realisierungswettbewerbe sollen auf der Grundlage eines fest umrissenen Programms und bestimmter Leistungsanforderungen die planerischen Möglichkeiten für die Realisierung aufzeigen.

(GRW 95, 2.1.2)

Die Wettbewerbe können in einer oder mehreren Wettbewerbsstufen in den Arten eines offenen Wettbewerbs, beschränkten Wettbewerbs (begrenzt offene Wettbewerbe, Einladungswettbewerbe und kooperative Verfahren) oder im vereinfachten Verfahren durchgeführt werden (GRW 95). Prinzipiell müssen die Verfasser bis zum Abschluss der Preisgerichtssitzung anonym bleiben (GRW 95, 1.6.1.2). Die Wettbewerbssumme bzw. die Preisgelder werden nach der geforderten Wettbewerbsleistung auf der Basis der HOAI und einer Berechnungstabelle bestimmt (GRW 95, 4.1.2). Der Auslober bestellt die Preisrichter und deren Vertreter, die Sachverständigen und die Vorprüfer sowie deren Hilfskräfte (GRW 95, 3.4.1.1). Aus Bauherrensicht sollte die Jury aus Persönlichkeiten, die eine allgemein hohe Akzeptanz erfahren und ein Verständnis für dessen Interessen mitbringen, zusammengesetzt sein.

Zwischen der Direktbeauftragung und dem Wettbewerb besteht noch die Möglichkeit ein Gutachterverfahren (Mehrfachbeauftragung nach HOAI) durchzuführen. Dabei begutachtet eine beschränkte Anzahl von Teilnehmern die städtebauliche Eingliederung eines Projektes. Die Vergütung der Teilnehmer richtet sich prinzipiell nach vergleichbaren Planungsleistungen gemäß HOAI (vgl. Bohn/Heinzmann, S. 257 f.).

Abschließend ist darauf hinzuweisen, dass Wettbewerbe und Gutachterverfahren sehr sorgfältig vorbereitet werden sollten. Die entsprechenden Stellen wie beispielsweise die Architektenkammer und das Stadtplanungsamt sollten in Vorfeld konsultiert werden, damit spätere Streitigkeiten aus unberechtigten Honoraransprüchen oder der Verstoß gegen öffentliche Interessen aus Sicht des Bauherrn vermieden werden (vgl. Bohn/Heinzmann, S. 258).

2.5.1.4 Rechtsnatur und Vergütung

Bei dem **Architekten- und Ingenieurvertrag** handelt es sich nach heute unumstrittener Meinung wegen der Erfolgsbezogenheit und Ergebnisorientierung um einen Werkvertrag nach den §§ 631 ff. des Bürgerlichen Gesetzbuches BGB. Dabei ist es unerheblich, ob Planungs- oder Bauleitungsleistungen übernommen werden. In Abgrenzung zum Bauvertrag schuldet der Architekt bzw. der Ingenieur nicht das „körperliche“ Bauwerk, sondern dessen mangelfreie geistige Leistung, d. h. er hat eine technisch und wirtschaftlich einwandfreie Planung zu erbringen (vgl. W. Jagenburg, S. 502; Minuth S. 535).

Grundsätzlich wird empfohlen, einen Architekten- und Ingenieurvertrag immer schriftlich abzuschließen, obwohl im Allgemeinen keine Schriftform besteht. In der Praxis kommt es regelmäßig durch unklare mündliche Absprachen zu Abgrenzungsproblemen und Streitigkeiten bezüglich honorarfreier vorvertraglicher Akquisitionsleistungen, die im weiteren Verlauf des Bauvorhabens dem Bauherrn in Rechnung gestellt werden (vgl. W. Jagenburg, S. 504).

Die Kopplung von Grundstückskaufverträgen mit Ingenieur- und Architektenverträgen ist unzulässig. Als Folge gilt der „angebundene" Ingenieur- und Architektenvertrag als ungültig (vgl. W. Jagenburg, S. 501).

Aus Bauherrensicht ist es sinnvoll, den Architekt bzw. den Ingenieur stufenweise zu beauftragen. So sichert er sich einen maximalen **Leistungsanreiz** des Planers und erhält sich seine eigene Flexibilität. Insbesondere bei einem eventuellen Einsatz eines Generalunternehmers behält er sich so die Freiheit, neben den Bauleistungen auch die Ausführungsplanung an den Generalunternehmer zu vergeben (vgl. W. Jagenburg, S. 505 f.). Dabei ist zu beachten, dass Stufen, die eventuell vor Inkrafttreten der HOAI 2013 vereinbart wurden, jedoch erst danach abgerufen werden, nunmehr der aktuellen HOAI unterliegen.

Einen weiteren wichtigen Aspekt stellt die Übertragung der Nutzungsbefugnis des persönlichen Urheberrechts des Architekten bzw. des Ingenieurs an der Planung dar. „Ohne vertragliche Übertragung der Nutzungsbefugnis bekommt der Auftraggeber sonst unter Umständen Probleme, wenn er ohne Hinzuziehung des Architekten bzw. des Ingenieurs nach dessen Plänen bauen will. Das gilt auch bei späteren Um- und Erweiterungsbauten" (W. Jagenburg, S. 522).

Vertiefende Ausführungen zum Architekten- und Ingenieurvertrag sind u. a. bei Jagenburg und Usinger nachzulesen. Grundsätzlich werden Architekten- und Ingenieurleistungen nach den Regelungen der Honorarordnung für Architekten und Ingenieure – kurz HOAI – vergütet. Bei Auftragserteilung wird das Honorar nach Mindest- und Höchstsätzen ausgerichtet, von denen nur in Ausnahmefällen abgewichen werden kann. Bestimmungen in der HOAI sind Preisrecht. Die an Leistungsbildern orientierte Honorarermittlung wird jedoch nicht als normatives Leitbild verstanden (Kochendörfer/Liebchen/Viering, S. 23 ff.).

Als öffentliches und somit **zwingendes Preisrecht** bestimmt sie jedoch die vertraglich geschuldete Leistung inhaltlich nicht. (vgl. HOAI 2013). Diese richtet sich nach dem geschlossenen Werkvertrag (Kochendörfer/Liebchen/Viering, S. 23).

Ein Vergütungsanspruch besteht auch für „Berufsfremde", die Leistungen erbringen, die den Bestimmungen oder Leistungsbildern der HOAI entsprechen. Die Zugehörigkeit zu einem Berufsstand der Architekten oder Ingenieure ist somit keine Voraussetzung, um einen Anspruch auf Vergütung zu erlangen (HOAI, Einführung).

Die HOAI ist in **Leistungsbilder** (z. B. § 34 Objektplanung für Gebäude und Innenräume; § 39 für Freianlagen; § 51 Tragwerksplanung, etc.) unterteilt. Entsprechend der beauftragten Leistungsbilder setzt der Planer die Programm- und Standardvorgaben des Auftraggebers stufenweise in Planungen und Leitungsbeschreibungen für die Ausführung um. Jedes Leistungsbild ist in Leistungsphasen untergliedert. Die neun Leistungsphasen des § 34 Objektplanung für Gebäude und Innenräume sowie auch des § 39 Freianlagen lauten:

1. Grundlagenermittlung,
2. Vorplanung (Projekt- und Planungsvorbereitung),
3. Entwurfsplanung (System- und Integrationsplanung),
4. Genehmigungsplanung,
5. Ausführungsplanung,
6. Vorbereitung der Vergabe,
7. Mitwirkung bei der Vergabe,
8. Objektüberwachung (Bauüberwachung),
9. Objektbetreuung und Dokumentation.

In den Leistungsphasen werden wiederum die einzelnen Leistungen in **Grundleistungen** und **Besondere Leistungen** unterschieden. Grundleistungen umfassen die Leistungen, die zur ordnungsgemäßen Erfüllung eines Auftrags erforderlich sind. Sachlich zusammengehörige Leistungen sind zu jeweils in sich abgeschlossenen Leistungsphasen zusammengefasst (§ 3 Abs. 4 HOAI a. F.). Besondere Leistungen gehen über die Grundleistungen hinaus (§ 3 Abs. 3 HOAI a. F.).

Zu beachten ist, dass die HOAI Gebührentatbestände definiert und keine werkvertraglichen Leistungsdefinitionen darstellt(vgl. Minuth, S. 540).

Daher werden Leistungsziele und Leistungserfolge zwischen dem Auftraggeber und dem Auftragnehmer vertraglich nach dem Werkvertrag fixiert.

In wenigen Fällen kann durch schriftliche Vereinbarungen von den Regelungen der HOAI abgewichen werden (§ 7 Abs. 3 HOAI). Dazu zählen u. a. Planung innerhalb der Familie oder eines Vereins, soziale Härtefälle, etc.

Des Weiteren sind einige Sonderfälle der Vergütung in den §§ 6 und 36 geregelt. Beispielweise ist in § 36, Abs. 2 i. V. m. § 6 Abs. 2 S. 3 ein 50 %-iger Umbauzuschlag für den erhöhten Schwierigkeitsgrad bei Umbauten und Modernisierungen geregelt.

Nach § 7 Abs. 6 HOAI sind Erfolgshonorare für besondere Leistungen mit einem Zuschlag bis zu 20 % zulässig, wenn dadurch wesentliche Kostensenkungen erzielt werden. Bei Vereinbarungen von Pauschalhonoraren kann der Planer bei einer Unterschreitung der Mindestsätze dem Auftraggeber trotzdem die Mindestsätze in Rechnung stellen (vgl. Minuth, S. 545 f.).

Für Generalunternehmer oder ähnliche Anbieter, die gleichzeitig Planungs- und Bauleistungen anbieten, können teilweise geringere Honorarprozentsätze vereinbart werden (vgl. W. Jagenburg, S. 515). Nähere Erläuterungen zur Vergütung und deren rechtlichen Folgen sind bei Usinger und Jagenburg nachzulesen.

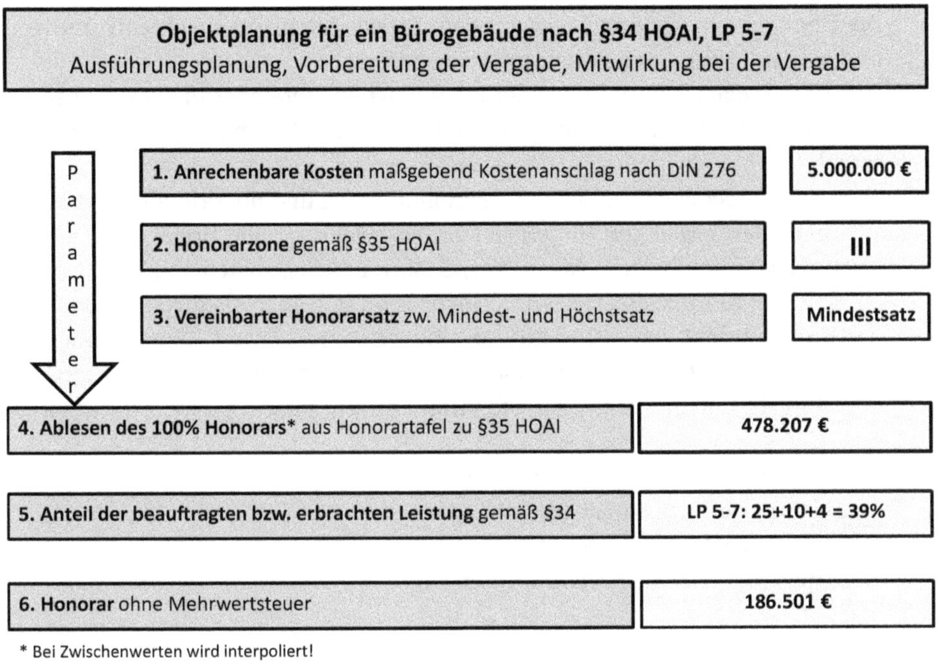

Abb. 8: Beispiel zur Honorarberechnung für die Objektplanung eines Bürogebäudes

Die Honorarberechnung nach HOAI wird anhand von Abbildung 8 erläutert. Zunächst werden jedoch einige Grundlagen der Berechnung beschrieben.

- Die Berechnung des Honorars bezieht sich auf die Vergütung der Grundleistungen der Leistungsphasen (vgl. §§ 20, 28–32, 40, 44, 48, 52, 56 HOAI). Die Vergütung der Besonderen Leistungen ist vertraglich separat nach Anlage 1 (als Orientierungshilfe) zu vereinbaren.
- Zur Berechnung sind vier Komponenten maßgebend: **Anrechenbare Kosten** (Kostenermittlung nach DIN 276-1:2008-12), Honorarzone (Schwierigkeitsgrad der Aufgabe), vereinbarter Honorarsatz (innerhalb der Mindest- und Höchstgrenzen) und Vomhundertsatz der Leistungen (Anteil der Leistung an den Leistungsphasen).
- Dreiteilung der Bemessungsgrundlagen nach dem Kostenermittlungsverfahren nach DIN 276-1:2008-12: Die anrechenbaren Kosten und daraus abgeleitet das Honorar werden für die Leistungsphasen 1–4 nach der Kostenberechnung, LP 5–7 nach dem Kostenanschlag und LP 8–9 nach der Kostenfeststellung ermittelt bzw. bemessen. Reicht der Auftrag bzw. endet das Projekt jeweils vor der Kostenermittlung der LP 4, 7 und 9, gelten jeweils die Kostenermittlungen der Vorphasen.

- Die Honorarzone bestimmt sich aus dem Schwierigkeitsgrad des Bauvorhabens und wird mit Hilfe eines Punktesystems ermittelt.
- Der Honorarsatz basiert auf einer vertraglichen Vereinbarung, die zwischen dem Mindest- und Höchstsatz liegt. Bei keiner Vereinbarung gilt die Mindestsatzfiktion.
- „Aus den anrechenbaren Kosten, der Honorarzone und dem Honorarsatz ergibt sich nach den jeweiligen Honorartafeln, wie viel das volle Honorar bei vollem Leistungsbild beträgt" (W. Jagenburg, S. 514). Bei einer anteiligen Leistung gelten festgelegte Prozentsätze. Wird beispielsweise § 34 „Leistungsbild Gebäude und Innenräume" der HOAI für z. B. die Leistungsphase 5 „Ausführungsplanung" ausgeführt, so werden gemäß Beispiel in Abbildung 8 25 % für Gebäude und 30 % für Innenräume vom vollen Honorar vergütet.

Das Honorar ist nach § 15 HOAI fällig, wenn
- die Leistung vertragsgemäß erbracht,
- eine prüffähige Honorarschlussrechnung erstellt und
- diese dem Bauherrn überreicht worden ist.

2.5.2 Bauleistungen

2.5.2.1 Elemente der Beauftragung

Der private Bauherr bzw. Auftraggeber braucht sich bei der **Vergabe der Bauleistungen** nicht an die Bestimmungen der **„Vergabe- und Vertragsordnung für Bauleistungen, Teil A"** kurz VOB/A zu halten. Allerdings verwenden private Auftraggeber regelmäßig die aus langjähriger Erfahrung und vernünftigem Interessensausgleich erwachsenen Verfahrensregeln der VOB/A. Insbesondere bei der Inanspruchnahme von öffentlichen Fördermitteln ist jedoch auch der private Auftraggeber zur Anwendung der VOB/A verpflichtet (vgl. Heiermann/Riedl/Rusan, S. 311 f.).

Öffentliche Auftraggeber müssen sich bei der Vergabe von Bauleistungen stets nach der VOB/A richten. Sie regelt den Verlauf des **Vergabeverfahrens** bis zum Vertragsabschluss (vgl. Putzier, S. 603). Neben der VOB/A existiert die VOB/B, nach der private Bauherrn regelmäßig ihre Vertragsbedingungen vereinbaren. Diese gelten dann als Allgemeine Geschäftsbedingungen.

Im Vergleich zum BGB-Werksvertragsrecht berücksichtigen sie die besonderen Gegebenheiten beim Bau in ausgewogener Weise.

Im weiteren Verlauf werden die grundlegenden Elemente, die ein Bauherr bei der Beauftragung einer Bauleistung entscheiden muss, dargestellt. Die verwendeten Begriffe und Abgrenzungen finden ihren Ursprung in der Systematik der VOB.

- Welche Vergabeart ist für das Projekt verpflichtend bzw. geeignet (öffentliche Ausschreibung, beschränkte Ausschreibung, freihändige Vergabe; bei privatem Auftraggeber: sinngemäße Verwendung)?
- Welche Form der Vergabe ist zu wählen (Fachlosvergabe, Schlüsselfertige Vergabe)?
- Welche Art der Leistungsbeschreibung vermittelt die Ziele und Vorstellungen des Bauherrn (Leistungsbeschreibung mit Leistungsverzeichnissen und mit Leistungsprogramm)?
- Welche Vertragsarten (Einheitspreisvertrag, Pauschalvertrag) stehen zur Auswahl?
- Welche Unternehmenseinsatzform (Fachunternehmer, Generalunternehmer, Generalübernehmer, Totalunternehmer, Totalübernehmer) ist für die Durchführung des Projektes sinnvoll?

2.5.2.2 Vergabearten und -form

Bei der Wahl der **Vergabeart und -form** kann der Bauherr verschiedene Ziele verfolgen. In Abhängigkeit der eigenen bzw. projektbezogenen Präferenzen kann er den Schwerpunkt auf folgende Ziele legen (vgl. Weeber/Bosch, S. 1).
- Kostensicherheit,
- Terminsicherheit,
- geringer Aufwand bei der Wahrnehmung der Bauherrenaufgaben,
- Übernahme eines geringen Risikos bei der Wahrnehmung der Bauherrenaufgaben,
- Qualitätssicherheit durch sehr detaillierte Festlegungen und starke Kontrolle der Leistungen und
- hohe Flexibilität bei den Änderungsmöglichkeiten.

Generell werden für öffentliche Auftraggeber drei Vergabearten (§ 3 VOB/A) unterschieden. Bei der Überschreitung eines Schwellenwertes sind die Verfahren EU-weit auszuschreiben (§§ 2 ff. VgV: 5 Mio. Euro für Bauaufträge). Sie werden dann als Offenes Verfahren, Nichtoffenes Verfahren und Verhandlungsverfahren bezeichnet. Die Verfahren sind in den EG-Baukoordinierungsrichtlinien näher beschrieben.
- Öffentliche Ausschreibung – Offenes Verfahren (bei EU-weiter Ausschreibung),
- Beschränkte Ausschreibung – Nichtoffenes Verfahren (bei EU-weiter Ausschreibung),
- Freihändige Vergabe – Verhandlungsverfahren (bei EU-weiter Ausschreibung).

Bei **öffentlichen Auftraggebern** hat die Öffentliche Ausschreibung Vorrang vor der Beschränkten Ausschreibung und diese wiederum vor der Freihändigen Vergabe. Aus Sicht des Auftraggebers unterscheiden sich die Verfahren im Wesentlichen durch die Anzahl der am Wettbewerb teilnehmenden Bieter. Die Öffentliche Ausschreibung gewährleistet immer einen Wettbewerb einer unbeschränkten Bewerberzahl, die Beschränkte Ausschreibung begrenzt die Anzahl der Bewerber im Allgemeinen auf drei bis acht. Bei der Freihändigen Vergabe sollte ein Wettbewerb durch die Aufforderung von mehreren Bietern zur Angebotsabgabe erfolgen (vgl. Heiermann/Riedl/Rusam, S. 311).

Private und institutionelle Auftraggeber vergeben ihre Leistungen überwiegend in Beschränkten Ausschreibungen. Es werden sechs bis zehn Bieter zur Angebotsabgabe aufgefordert. Auf Basis der Leistungsinhalte und Preise wird mit den drei günstigsten Bietern verhandelt. Das wirtschaftlichste Angebot erhält dann den Zuschlag. In Abgrenzung zur durch die VOB geregelte Vergabe sind Preisverhandlungen ein fester Bestandteil der privaten Vergabe (vgl. Bohn/Heinzmann, S. 366).

Aus dem in § 5 VOB/A festgelegten Vergabegrundsatz „Einheitliche Vergabe, Vergabe nach Losen“ kann eine grundsätzliche Unterscheidung in **„Vergaben nach Fachlosen“ und „Schlüsselfertigen Vergaben“** getroffen werden. Generell ist die öffentliche Hand nach § 5 Absatz 2 VOB/A gehalten, die Bauleistungen verschiedener Handwerks- und Gewerbezweige getrennt nach Fachlosen, in Abhängigkeit von der Marktsituation, zu vergeben. Aus wirtschaftlichen oder technischen Gründen dürfen allerdings auch mehrere Fachlose (Vergabe in Paketen, schlüsselfertige Vergabe) zusammen beauftragt werden (vgl. Heiermann/Riedl/Rusam, S. 353 ff.).

Bei der Fachlosvergabe wird die Bauleistung in Fachlose aufgeteilt. Die Vergabe der Leistungen erfolgt an einzelne Unternehmen. Charakteristisch für diese Art der Vergabe ist die strikte Trennung zwischen der Bauausführung und der Planungsleistungen analog der Grundprinzipien der Handwerksordnung, der VOB, der HOAI sowie der mittelständisch geprägten Bauwirtschaft in Deutschland (vgl. Blecken/Boenert, S. 122).

Die Fachlosvergabe bietet dem privaten Bauherrn eine hervorragende Möglichkeit, jede einzelne Position anhand eines erstellten **Preisspiegels** mit den Konkurrenzangeboten zu vergleichen. Auf diese Art und Weise werden Verhandlungspotenziale ausgemacht. Dabei kann es zu erheblichen preislichen Unterschieden kommen. Beispielsweise verfolgen die Bieter unterschiedliche Taktiken, um ihre Deckungsbeiträge in den Positionen unterzubringen. Gerne wird ein überproportional großer Anteil der Deckungsbeiträge auf zwingend notwendige und damit nicht vom Bauherrn zu verändernde Positionen verteilt, wie z. B. auf die Baustelleneinrichtung. Daraus entsteht die Gefahr, dass der Bauherr bei späteren Veränderungen des Bausolls, Deckungsbeiträge für nicht geleistete Positionen zahlt.

Tendenziell wird sich ein privater Bauherr für eine Fachlosvergabe entscheiden, wenn er einen größtmöglichen Einfluss auf die Planung beibehalten möchte. Der wesentliche Aspekt besteht dabei in der Qualität und deren inhaltlicher Umsetzung. Voraussetzung ist allerdings, dass die Bauherrenorganisation über ausreichende Kapazitäten und das notwendige Know-how zur Erfüllung dieser Aufgaben verfügt. Analog ist auch die Rolle des Bauherrn in der Bauausführung zu sehen.

Institutionelle Bauherren werden überwiegend aus Gründen der eigenen Risikominimierung keine Fachlosvergabe durchführen (vgl. Bohn/Heinzmann, S. 372).

Bei der „Schlüsselfertigen Vergabe" bündelt der Bauherr die Bauausführungsleistungen. Beauftragt werden nicht einzelne Unternehmen, wie bei der Fachlosvergabe, sondern ein Hauptunternehmer. Des Weiteren werden Planungsleistungen und Projektmanagementaufgaben, die vormals zu den Aufgaben des Bauherrn gehörten, auf den Hauptunternehmer übertragen. Die wesentlichen Merkmale der „Schlüsselfertigen Vergabe" fassen Blecken/Boenert wie folgt zusammen (vgl. Blecken/Boenert, S. 125):

- Verantwortliche Übernahme von Planungs- und Bauausführungsleistungen.
- Übernahme aller oder eines großen Teils der delegierbaren Bauherrenaufgaben wie beispielsweise die Koordination, Beauftragung und Überwachung der an der Bauausführung beteiligten Unternehmen sowie der beteiligten Planer.
- Übernahme der Gesamthaftung für Kosten und Termine sowie Gewährleistung für das Bauprojekt bzw. für die mit der Planung und Ausführung des Bauprojektes zusammenhängenden Arbeiten und Lieferungen.

Die **Schlüsselfertige Vergabe** ist die am weitesten verbreitete Vergabeart bei privaten und institutionellen Bauherren. Das Termin- und Kostenrisiko wird dadurch weitgehend auf den Hauptunternehmer übertragen (vgl. Bohn/Heinzmann, S. 376).

Als eine Mischform zwischen der Fachlosvergabe und der Schlüsselfertigen Vergabe ist die **Vergabe von komplexen Fachlosen** anzusehen. Dabei werden mehrere Fachlose sinnvoll zu einer Einheit zusammengefasst. Oft werden Rohbau, Hülle (Fassade und Dach), Ausbau und Haustechnik an einen Unternehmer vergeben. Der Hauptmotivation beim Einsatz dieser Vergabe besteht im Vergleich zur Fachlosvergabe in einer Reduktion der vorhandenen Schnittstellen. Die Vergabe von komplexen Fachlosen erfolgt je nach Ausprägung der zusammengefassten Leistungsinhalte zwischen den beiden vorherigen Vergabearten.

Exkurs: Neben den genannten gibt es weitere, innovative Wettbewerbsmodelle. Zu ihnen zählen das verstärkt in den Niederlanden angewendete Bauteam und der Bausystemwettbewerb sowie die Target Modelle, wie etwa **Guaranteed Maximum Price (GMP)**. Die Modelle basieren auf einem verstärkt partnerschaftlichen Ansatz. Zur Erzielung der Projektziele wird eine Optimierungsphase eingeschoben. Vertiefende Ausführungen zu diesen Modellen können bei Weeber/Bosch und Blecken/Boenert nachgelesen werden.

Tab. 1: Gründe des Auftraggebers für die Wahl der Vergabeart (Quelle: Eigene Darstellung)

	Gründe des Auftraggebers für die Wahl der Vergabeart	Tendenziell bevorzugt von
Fachlos-vergabe	• starke Einflussnahme des Bauherrn auf die Bauqualität • keine durchgängig abgeschlossene Planung bei Vergabebeginn • keine eindeutige Bausolldefinition möglich • voraussichtlich viele Änderungen in Bauausführung • direkte Kontroll-und Eingriffsmöglichkeiten des Bauherrn auf Teilleistungen der Auftragnehmer • Kostentransparenz für den Bauherrn • vorhandene Bauherrenorganisation für Planungs-und Koordinationsaufgaben • Anwendung der VOB/A bei öffentlichen Auftraggebern	•Öffentliche Auftraggeber • Wohnungs-baugesellschaften mit eigenen Bau-abteilungen • private Bauherren bei kleinen Projekten mit Architekten-unterstützung
Schlüssel-fertige Vergabe	• hoher Risikotransfer auf einen Vertragspartner und damit verbunden frühzeitige Sicherheit in Bezug auf Kosten-, Termin-, Planungs-und Gewährleistungsrisiken • Einbeziehung von Innovations-Know-howdes Auftragnehmers in Planungs-und Ausführungsphase: Kostenreduktion und frühere Fertigstellung • fehlende Bauherrenorganisation für Planungs-und Koordinationsaufgaben	• institutionelle Bauherren • private Bauherren bei großen Projekten

In Tabelle 1 sind die Gründe für die Wahl einer Vergabeart aus Auftraggebersicht zusammengefasst. Die einzelnen Punkte stellen tendenzielle Aussagen dar, die Anhaltspunkte zur Orientierung im Spektrum zwischen Fachlos- und Schlüsselfertiger Vergabe geben sollen.

Die Begründung der Wahl der Vergabeart muss allerdings für jedes Projekt individuell beantwortet werden, wobei auch die Anwendung von Mischformen und innovativen Vergabemodellen geprüft werden sollte.

2.5.2.3 Ausschreibung

Die **Ausschreibung** bildet die Vertragsgrundlage der späteren Ausführung. Abweichungen von der ursprünglichen Ausschreibung können für den Bauherrn erhebliche finanzielle und organisatorische Folgen haben. Daher ist auf die Qualität der Ausschreibungsunterlagen besonders zu achten.

Die Eigenschaften des zu erstellenden Bauwerkes bzw. der Bauleistungen sind vorwiegend in der **Leistungsbeschreibung** zu bestimmen. „Unter Leistungsbeschreibung ist die Gesamtheit aller Unterlagen zu verstehen, in denen die zu erbringende Bauleistung dargestellt wird“ (Putzier, S. 607).

In § 7 VOB/A sind allgemeine Grundsätze für eine ordnungsgemäße Aufstellung von Leistungsbeschreibungen aufgestellt. Sie gelten nicht nur bei der vertraglichen Vereinbarung bzw. im rechtlichen Geltungsbereich (z. B. für öffentliche Auftraggeber) der VOB, sondern auch bei BGB-Verträgen.

Das Herstellen der Leistungsbeschreibung ist als Teil der Ausführungsplanung nach HOAI geschuldet und in den Leistungsbildern der HOAI beschrieben (vgl. Heiermann/Riedl/Rusam, S. 466). An die Baubeschreibung wird die Anforderung gestellt, dass sie die geforderte Leistung eindeutig und so erschöpfend beschreibt, dass alle Bewerber die Baubeschreibung im gleichen Sinne verstehen müssen und ihre Preise sicher und ohne umfangreiche Vorarbeiten berechnen können (§ 7 Abs. 1 Nr. 2 VOB/A). Des Weiteren darf dem Auftragnehmer kein ungewöhnliches Wagnis aufgebürdet werden (§ 7 Abs. Abs. 1 Nr. 3 VOB/A). Neben der Leistungsbeschreibung zählen auch ungeschriebene Leistungsanforderungen, die durch die anerkannten Regeln der Technik umschrieben werden, als Vertragsinhalt (vgl. Putzier, S. 607).

Generell werden zwei Arten von Leistungsbeschreibungen unterschieden:

- Leistungsbeschreibung mit Leistungsverzeichnissen (im Regelfall nach VOB/A) und
- Leistungsbeschreibung mit Leistungsprogramm.

Nach § 7 Abs. 9–12 VOB/A soll bei der **Leistungsbeschreibung mit Leistungsverzeichnissen** die Leistung i. d. R. durch eine allgemeine Darstellung der Bauaufgabe (Baubeschreibung) und ein in Teilleistungen gegliedertes Leistungsverzeichnis beschrieben werden. Des Weiteren wird auf die freie Wahl der Darstellungsform durch Text, Zeichnungen, Probestücke, etc. und auf die explizite Miteinbeziehung von Leistungen, die nach den Vertragsbedingungen, technischen Vertragsbedingungen oder der gewerblichen Sitte zu der geforderten Leistung gehören, hingewiesen. Abschließend wird die Gliederung der Leistungsverzeichnisse beschrieben. Zur Erstellung von Leistungsverzeichnissen gibt es zahlreiche Hilfsmittel wie **Musterleistungsverzeichnisse** und **Standardleistungsverzeichnisse**.

Die **Leistungsbeschreibung mit Leistungsprogramm** findet dann ihre Anwendung, wenn mit der Bauausführung auch der Entwurf für die Leistung dem Wettbewerb zu unterstellen ist, um die technisch, wirtschaftlich und gestalterisch beste sowie funktionsgerechte Lösung der Bauaufgabe zu ermitteln (§ 7 Abs. 13 VOB/A). Das Leistungsprogramm umfasst eine Beschreibung der Bauaufgabe aus der die Bewerber alle für die Entwurfsbearbeitung und ihr Angebot maßgebenden Bedingungen und Umstände erkennen können und in der sowohl der Zweck der fertigen Leistung als auch die an sie gestellten technischen, wirtschaftlichen, gestalterischen und funktionsbedingten Anforderungen angegeben sind (§ 7 Abs. 14 Nr. 1 VOB/A). Von dem Bieter ist ein Angebot zu verlangen, das außer der Ausführung der Leistung, den Entwurf nebst eingehender Erläuterungen und eine Darstellung der Bauausführung sowie eine eingehende und zweckmäßig gegliederte Beschreibung der Leistung – gegebenenfalls mit Mengen- und Preisangaben der Teile der Leistung – umfasst (§ 7 Abs. 15 VOB/A). Der Bauherr kann als Grundlage der Ausschreibung die Anforderungen der Bauleistungen in Form von **Raumbüchern** und **Funktionsdiagrammen** darstellen.

Die Wahl der Art der Leistungsbeschreibung kann wie auch die Wahl der Vergabeart an dem gewünschten Detaillierungsgrad, der direkten Einflussnahme des Bauherrn und an der Bestimmbarkeit des Bausolls festgemacht werden. Je stärker der Anteil an globalen Elementen in der Leistungsbeschreibung ist, desto sinnvoller ist der Einsatz einer Baubeschreibung mit Leistungsprogramm. Als klassische Beispiele für die Leistungsbeschreibung mit Leistungsverzeichnis dient die Fachlosvergabe an einen Fachunternehmer und für die Leistungsbeschreibung mit Leistungsprogramm die „Schlüsselfertige Vergabe" an einen Generalübernehmer.

2.5.2.4 Vertragsarten

Der **Bauvertrag** zwischen Auftraggeber und Auftragnehmer unterliegt generell dem Werkvertragsrecht des BGB (§§ 631 ff.). Daraus folgt, dass der Auftragnehmer nicht nur eine vom Erfolg unabhängige Arbeitsleistung, sondern das vereinbarte Ergebnis der Bauarbeiten bzw. einen bestimmten Erfolg schuldet (vgl. Putzier, S. 602). Das gesetzliche Werkvertragsrecht unterscheidet keine bestimmte Vertragsart und demzufolge auch keine bestimmte Vergütungsart.

Gemäß § 4 VOB/A werden die Verträge nach der Art der Vergütung in **Leistungs- und Stundenlohnverträge, Einheitspreis- und Pauschalverträge** unterschieden. Einheitspreis- und Pauschalvertrag sind Leistungsverträge. Die zu zahlende Vergütung richtet sich nach der erbrachten Leistung. Stundenlohnverträge entsprechenden Aufwandsverträge der VOB/A a. F.. Die Vergütung wird unabhängig von der erbrachten Leistung nach dem entstandenen Aufwand des Auftragnehmers berechnet (vgl. I. Jagenburg, S. 558). Die Systematik der Verträge nach VOB wird auch außerhalb ihres Geltungsbereiches angewandt.

Der **Einheitspreisvertrag** stellt gemäß § 4 Abs. 1 Nr. 1 VOB/A den Regelfall des Leistungsvertrages dar. Der Auftraggeber gibt in den Verdingungsunterlagen (Leistungsbeschreibung) „für technisch und wirtschaftlich einheitliche Teilleistungen, deren Menge nach Maß, Gewicht und Stückzahl" an. Die Leistungsbeschreibung erfolgt in Form eines Leistungsverzeichnisses. Mit dem Auftragnehmer werden für diese Leistungen Preise pro Einheit, die so genannten Einheitspreise vereinbart (vgl. Tabelle 2).

Beispiele für Teilleistungen sind: 125 m^3 Beton B35; 400 m^2 Linoleum, marmoriert, d = 2,0 mm oder 15 Stk. Handtuchhalter, 2-teilig, verchromt, 445 mm.

Der Angebotspreis ergibt sich aus der Addition sämtlicher Positionspreise, die sich wiederum aus der Multiplikation der Menge der Teilleistungen mit dem Einheitspreis ergeben. Der Angebotsendpreis stellt allerdings nur die vorläufige Auftragssumme dar. Die endgültige Vergütung ergibt sich aus der Menge der tatsächlich ausgeführten Leistung. Zu deren Berechnung wird die Menge der Teilleistung nach Fertigstellung mit einem Aufmaß ermittelt. Der vertragliche bestimmte Einheitspreis bleibt grundsätzlich fix, solange nicht eine Veränderung des ursprünglichen Leistungsinhaltes oder eine Mengenänderung „ohne jeden Zugriff" von mehr als 10 % erfolgt. Die Preisanpassungsregelungen sind bei Einheitspreisverträgen nach § 2 Abs. 3 und Abs. 5 VOB/B geregelt, für Pauschalverträge und BGB-Verträge gelten sie nicht. Dabei bezieht sich die Preisanpassung auf die Leistungsteile, welche von den Änderungen der Preisgrundlage betroffen sind (vgl. Franke, H./Kemper, R./Zanner, C./Grünhagen, M., Rn. 51; vgl. Roquette, A./Viering, M./Leupertz, S., Rn. 1325).

Tab. 2: Vor- und Nachteile des EP-Vertrag (Quelle: Blecken/Boenert, S. 186)

	Auftraggeber	Auftragnehmer
+	• einfaches Änderungsmanagement • sichere Angebotsbewertung → geringer Vergabeaufwand • geringer Abrechnungsaufwand	• einfaches Änderungsmanagement • geringe Kalkulationsrisiken • einfache Angebotsbearbeitung • ggf. hohe Nachtrags-Einheitspreise durchsetzbar
-	• hoher Vorplanungsgrad • Vergütung erst nach Ausführung fixiert → späte Kostensicherheit • hoher Risikoanteil bei Auftraggeber (Planung) • hoher Planungs- und Betreuungsaufwand → hohe Kosten für den Auftraggeber • Risiko überhöhter Nachtrags-Einheitspreise	• ausgeprägter Preiswettbewerb • geringe Optimierungsmöglichkeiten → geringes operatives Ertragspotenzial • hoher Abrechnungsaufwand

Der **Pauschalvertrag** regelt für einen vertraglichen Leistungsumfang, das so genannte Bausoll, einen Festpreis. Die Gesamtvergütung steht im Gegensatz zum Einheitspreis nach Vereinbarung der Pauschalsumme fest. Die Höhe der vereinbarten Leistung ist grundsätzlich unabhängig von der tatsächlich erbrachten Leistung (vgl. Putzier, S. 610). Ein Aufmaß der tatsächlich ausgeführten Leistungen findet nicht statt. Da der Pauschalvertrag die Menge der Leistung und nicht den Inhalt mit einer Pauschale vergütet, spielen Mengenänderungen keine erhebliche Rolle (Franke, H./Kemper, R./Zanner, C./Grünhagen, M., Rn. 34 f.). Regelmäßig entstehen aus der unklaren Definition des Bausolls nachträgliche Streitigkeiten zwischen Bauherr und Auftragnehmer. Daher ist zu empfehlen, vor Vertragsabschluss eine exakte Klärung des Bausolls anzustreben (anhand von Plänen, Ausführungsunterlagen, etc.).

Generell werden die Pauschalverträge in Detail-Pauschalverträge, Einfache-Global-Pauschalverträge und Komplexe-Global-Pauschalverträge unterschieden.

Der **Detail-Pauschalvertrag** basiert wie der Einheitspreisvertrag auf einer detaillierten Beschreibung des Leistungsinhaltes in Form eines Leistungsverzeichnisses. Der Auftragnehmer übernimmt im Rahmen der Vertragsgrundlagen durch Pauschalierung der Mengen das Mengenrisiko der ausgeführten Leistungen. Nachträgliche Leistungsänderungen werden zusätzlich vergütet (vgl. Blecken/Boenert, S. 136). In der Praxis werden häufig zusätzliche Einheitspreislisten vertraglich vereinbart, mit deren Hilfe veränderte Bauausführungen abgerechnet werden (vgl. Bohn/Heinzmann, S. 366).

Im Mittelpunkt des **Komplexen-Global-Pauschalvertrages** steht das Leistungsziel. Ziel des Vertrages ist es beispielsweise ein Hotel, ein Stadion oder ein anderes Objekt zu errichten. Die zu erbringenden Leistungen werden nur grob mit globalen Anforderungen beschrieben. Meistens werden zu diesem Zweck **funktionale Ausschreibungen** angewendet (vgl. I. Jagenburg, S. 560). Nach Definition der Anforderungen des Objektes durch den Bauherrn, ist es oft Aufgabe des Auftragnehmers, die funktionalen Anforderungen in eine vollständige Objekt- und/oder Ausführungsplanung umzusetzen. Aufgrund der Komplexität der Vertragsinhalte ist die Vereinbarung von Vollständigkeitsverpflichtungen seitens des Auftragnehmers üblich. Dabei sind allerdings die AGB-Gesetze zu beachten (vgl. Tabelle 3).

Tab. 3: Vor- und Nachteile von Komplexen Global-Pauschalverträgen (Quelle: In Anlehnung an Blecken/Boenert, S. 186)

	Auftraggeber	Auftragnehmer
+	• geringer Vorplanungsgrad frühe Kostensicherheit (scharfes Bau-Soll) • geringer Planungsaufwand • geringer Betreuungs- und Abrechnungsaufwand niedrige Auftraggeber-Kosten, weniger Schnittstellen • geringe Planungsrisiken • geringe Gewährleistungsrisiken, nur ein Ansprechpartner mit einheitlicher Frist • einheitlicher, garantierter Fertigstellungstermin	• reduzierter Preiswettbewerb • verbesserte Optimierungschancen • einfache Abrechnung
-	• durch Risikoaufschlag vglw. höhere Angebote, inkl. Generalunternehmer-Zuschlag • hoher Vergabeaufwand • schwierige Abgrenzung zwischen Änderung und Komplettierung • Abwehr von Nachträgen (unscharfes Bau-Soll)	• hohe Kalkulationsrisiken • aufwendige Angebotsbearbeitung • hohe Angebotskosten • schwierige Abgrenzung zwischen Änderung und Komplettierung • Durchsetzbarkeit von Nachträgen

Als Abstufung zwischen Detail-Pauschalvertrag und Komplexem-Global-Pauschalvertrag ist noch der **Einfache-Global-Pauschalvertrag** zu ergänzen, der auf Basis einer gewerkeweisen Kalkulation globale Elemente enthält (vgl. Weeber/Bosch, S. 37).

Stundenlohnverträge werden bei „Bauleistungen geringen Umfangs, die überwiegend Lohnkosten verursachen" (§ 4 Abs. 2 VOB/A) angewandt. Zu diesen Arbeiten zählen Stemm-, Schlitz-, Bohr-, Aufräumarbeiten, etc., d. h. es handelt sich vornehmlich um nebensächliche Arbeiten, die auf jeder Baustelle anfallen, aber in ihrer Art und Umfang nicht vorhersehbar sind.

2.5.2.5 Unternehmenseinsatzformen

Die Bauleistungen können in unterschiedlichen Unternehmensformen durchgeführt werden. Im Folgenden werden die wesentlichen Unternehmensformen, die auf einem unmittelbaren Vertragsverhältnis zum Bauherrn beruhen, dargestellt.

Der **Fachunternehmer** führt im Regelfall die ihm übertragenen Bauleistungen im eigenen Betrieb als „Alleinunternehmer" aus. Werden Leistungsteile an Nachunternehmer vergeben, so wird er als „Hauptunternehmer" bezeichnet (vgl. Heiermann/Riedl/Rusam, S. 390 f.). Der Fachunternehmer entspricht der in der VOB/A bevorzugten Unternehmensform und mündet regelmäßig in einer Fachlosvergabe. Die Leistungsinhalte werden in Leistungsverzeichnissen beschrieben und in Einheitspreisverträgen umgesetzt. Meist sind Fachunternehmen in Branchenverbänden organisiert (vgl. immobilienpool.de Media GmbH & Co. KG).

„Der **Generalunternehmer** unterscheidet sich vom Fachunternehmer dadurch, dass er Bauaufträge für mehrere Leistungsbereiche annimmt, ohne gleichzeitig gewerbsmäßig tätig zu sein oder alle Leistungen von seiner Kapazität her ausführen zu können". Im Vergabe-Handbuch zur VOB/A wird der Generalunternehmer als derjenige Hauptunternehmer bezeichnet, der sämtliche für die Herstellung einer baulichen Anlage erforderlichen Bauleistungen, abgesehen von Planungsleistungen, zu erbringen hat und wesentliche Teile hiervon selbst ausführt. In der Praxis handelt es sich bei den selbst ausgeführten Arbeiten meistens um Rohbauleistungen (vgl. Heiermann/Riedl/Rusam, S. 398).

Der **Totalunternehmer** übernimmt neben der Bauleistung auch Planungsleistungen, die er eigenverantwortlich ausführt. Dabei erbringt er einen wesentlichen Teil der Bauleistungen selbst (vgl. Heiermann/Riedl/Rusam, S. 401). Die Leistungsinhalte werden hauptsächlich im Sinne der VOB/A in Leistungsbeschreibungen mit Leistungsprogramm ausgeschrieben, die Leistungen werden in der „Schlüsselfertigen Vergabe" vergeben und in Pauschalverträgen umgesetzt.

Der Einsatz der folgenden Unternehmensformen ist nicht mit den Regelungen der VOB/A vereinbar und daher nicht für öffentliche Auftraggeber geeignet.

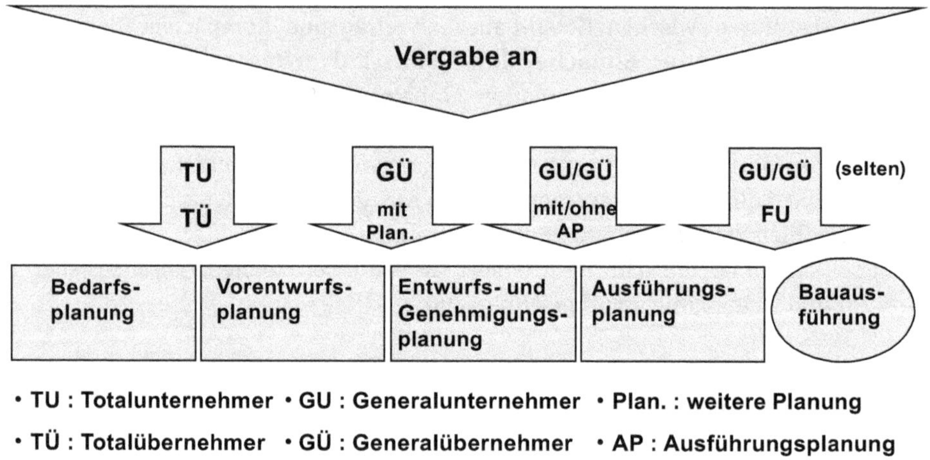

Abb. 9: Vergabe an die Unternehmensformen nach den Planungsphasen der HOAI (Quelle: Weeber/Bosch, S. 145)

Der **Generalübernehmer führt im Gegensatz zum Generalunternehmer keinerlei Bauleistungen selbst aus, sondern er** vergibt sämtliche Leistungen an Nachunternehmer. Als reiner „Bauleistungsvermittler“ nimmt er Managementfunktionen und alle Finanzierungsleistungen war (vgl. Heiermann/Riedl/Rusam, S. 402).

In Abgrenzung zum Generalübernehmer übernimmt der **Totalübernehmer** zusätzlich zur Bauleistung auch Planungsleistungen. Die Planungsleistungen führt er selbst aus oder vergibt sie – wie auch die Bauleistungen – an Dritte (vgl. Heiermann/Riedl/Rusam, S. 403).

Der Einsatz der Unternehmensformen und der jeweils mögliche Vergabezeitpunkt sind in Abbildung 9 anhand der Planungsphasen der HOAI dargestellt.

2.5.3 Projektsteuerungsleistungen

2.5.3.1 Elemente der Beauftragung

Abgeleitet aus dem § 31 der HOAI von 1996 und dem Entwurf des DVP wurde von der Fachkommission Projektsteuerung des Ausschusses der Ingenieurverbände und Ingenieurkammern für die Honorarordnung e. V. (AHO) eine **Leistungs- und Honorarordnung Projektsteuerung** erarbeitet. Als eigenständiges Standardleistungsbild bietet die AHO die Möglichkeit, Projektmanagementleistungen wirtschaftlich auf klaren Leistungs- und Honorargrundlagen zu beauftragen (AHO, S. 1).

Die Aufgaben, Handlungsfelder und die Einbindung der Projektsteuerung in die Bauherrenorganisation wurden im ersten Teil dieses Beitrages bereits intensiv erläutert (vgl. Abschnitt D.2.4).

Zur Beauftragung einer Projektsteuerungsleistung sind allerdings folgende Sachverhalte zu erläutern.

- Wie grenzen sich Architekten- und Projektsteuerungsleistungen voneinander ab?
- Welche Rechtsnatur hat ein Projektsteuerungsvertrag (Dienst-, Werkvertrag oder Geschäftsbesorgungsvertrag)?
- Wie wird eine Projektsteuerungsleistung vergütet?

2.5.3.2 Abgrenzung von Architekten- und Projektsteuerungsleistungen

Die **Leistungsbilder** der Architekten bzw. Ingenieure und Projektsteuerer enthielten nach der Novellierung der HOAI in 2013 zahlreiche **Überschneidungen**. Diese wurden von der AHO Kommission, die mit der Überarbeitung des Heftes 9 beauftragt war beseitigt. Der Architekt übernimmt nachneuester HOAI allerdings sehr viel mehr Koordinationsaufgaben und ist viel umfänglicher für die Terminplanung und -steuerung verantwortlich.

Da diese Leistungen gesondert vergeben werden, sind die Schnittstellen zwischen den Leistungsbildern klar und eindeutig vom Bauherrn zu klären und zu definieren, um auch Überschneidungen in der Vergütung zu vermeiden. Zur besseren Kontrolle kann allerdings auch eine bewusste Doppelbeauftragung sinnvoll sein.

Aus Bauherrensicht ist es empfehlenswert, vor der Beauftragung von Architekten-, Ingenieur- und Projektsteuerungsleistungen eine detaillierte Abgrenzung der Leistungsinhalte vorzunehmen. Zu diesem Zweck sollte auch der Rat von unabhängigen Fachleuten und Juristen eingeholt werden.

2.5.3.3 Rechtsnatur und Vergütung

Gesetzlich sind **Projektsteuerungsverträge** durch einen Werkvertrag geregelt.

Im rechtlichen Kontext zu sehende Leistungen des Projektsteuerers sind das Überwachen der Vertragserfüllung, das Aufdecken von Verletzungen gegen die Vertragsbestimmungen und eine detaillierte Berichterstattung, um das Bauprojekt erfolgreich abzuwickeln (vgl. AHO, S. 105 f.). Nach dem Werkvertrag ist der Unternehmer gegenüber dem Besteller zur erfolgreichen Herstellung des bestellten Werkes, im Rahmen der vereinbarten Vergütung, verpflichtet (vgl. AHO, S. 204).

Die Honorierung von Projektsteuerungsleistungen war in § 31 Abs. 2 HOAI a. F. geregelt, welcher nunmehr aus der HOAI 2013 rausgenommen wurde:

§ 31 (2) HOAI a. F.: Honorare für Leistungen bei der Projektsteuerung dürfen nur berechnet werden, wenn sie bei der Auftragserteilung schriftlich vereinbart worden sind; sie können frei vereinbart werden.

Nach einem **Urteil des Bundesgerichtshofs** vom 9.1.1997 ist allerdings die schriftliche Vereinbarung vor Auftragerteilung als Voraussetzung für einen Honoraranspruch unbeachtlich. Insbesondere die Formvorschrift „schriftliche Honorarvereinbarung“ wurde als nichtig erklärt. „Hintergrund dafür war insbesondere der in § 31 Abs. 2 HOAI a. F. enthaltene Widerspruch zu den gesetzlichen Vorschriften der §§ 611, 612, 631, 632 BGB, wonach auch ohne Schriftform und ohne zeitliche Fixierung eine Vergütung vereinbart werden kann oder als vereinbart gilt (vgl. Heiermann/Franke/Knipp, S. 388 f.).

Im Gegensatz zur Honorierung der Architekten- und Ingenieurleistungen nach HOAI sind Leistungsinhalte für die Vergütung von **Projektsteuerungsleistungen an keine Honorarordnung gebunden**. Es besteht kein zwingendes Preisrecht für diese Leistungen. Daher kann die Honorarhöhe frei vereinbart werden.

Die AHO gibt einen Vorschlag zur Berechnung des Honorars von Projektsteuerungsleistungen, der analog zu den anderen Leistungsbildern der HOAI erfolgt. Maßgebend für die Honorarermittlung sind die anrechenbaren Kosten des Projektes, die Honorarzonen, den übertragenen Leistungen und Leistungsphasen, für Leistungen im Bestand, Honorartafeln und Honoraranteile in den 5 Projektstufen (siehe § 7 Honorartafel für die Grundleistungen der Projektsteuerung im DVP-/AHO-Entwurf). Die Honorarberechnung erfolgt analog zu Abbildung 8, in der die Ermittlung eines Honorars für die Objektplanung gemäß § 35 f. HOAI exemplarisch dargestellt ist. Als Beispiel beträgt dort das Honorar für eine Komplettbeauftragung der Grundleistungen der Projektsteuerung bei anrechenbaren Kosten von 5 Mio. Euro je nach Honorarzone zwischen 2 und 4 % der anrechenbaren Kosten. Generell nimmt der prozentuale Anteil des Honorars bei steigenden anrechenbaren Kosten in der Honorartafel degressiv ab.

Eine Untersuchung der AHO-Fachkommission hat bei der Auswertung von 47 ausgewählten Hochbauprojekten mit durchschnittlichen anrechenbaren Kosten von ungefähr 29 Mio. Euro ergeben, dass der gewichtete Mittelwert des Honorars bei 1,5 % der anrechenbaren Kosten liegt (vgl. Vorwort AHO a. F. S. 1). Knipp verweist auf Untersuchungen (vgl. Heiermann/Franke/Knipp, S. 389), die gezeigt haben, dass die vereinbarten Honorare durchschnittlich 0,4 % bis 2,4 % der tatsächlichen Kosten betragen. In der Praxis erfolgt die Vergütung oft über Pauschalhonorare und zeitabhängige Vergütungsformen.

Aufgrund der direkten Abhängigkeit des Honorars von den anrechenbaren Kosten sollte der Bauherr mit dem Projektsteuerer allerdings Leistungsanreize vertraglich vereinbaren, die zu einer wirtschaftlichen Optimierung des Bauvorhabens bzw. zu einer Kosteneinhaltung oder sogar Reduktion der Kosten führen.

2.6 Fazit

Der vorliegende Artikel hat die hohe Komplexität bei der Vorbereitung und Durchführung von Bauprojekten aufgezeigt. Der heutige Projektmanagement-Prozess ist durch sich verkürzende Projektzeiten, daraus resultierende Überschneidungen von Planung und Ausführung und einen sehr eng gespannten Kostenrahmen gekennzeichnet. Die zahlreichen Beteiligten auf verschiedenen Ebenen und aus verschiedenen fachlichen Richtungen zum Projekterfolg zu führen, ist die wesentliche Aufgabe des Bau-Projektmanagements. Der Projekterfolg begründet sich neben der Beherrschung der beschriebenen Projektmanagementleistungen in den Führungsqualitäten des Projektmanagers.

2.7 Literatur

Ahrens, H.: Handbuch Projektsteuerung – Baumanagement, 4. Auflage, Fraunhofer IRB Verlag 2010.

Blecken, U./Boenert, L.: Baukostensenkung durch Anwendung innovativer Wettbewerbsmodelle, Fraunhofer IRB Verlag 2003.

Bohn, T./Heinzmann, O.: Management für Projektentwicklung und Planung, in: Schäfer, J./Conzen, G.: Praxishandbuch der Immobilien-Projektentwicklung, 3. Auflage, C.H. Beck 2013.

Eschenbruch, K.: Recht der Projektsteuerung, 3., vollst. überarb. Aufl., München 2009.

Fischer, C.: Projektentwicklung: Leistungsbild und Honorarstruktur, in: Schulte, K.-W.: Schriften zur Immobilienökonomie, Band 26, Köln 2003.

Franke, H./Kemper, R./Zanner, C./Grünhagen, M.: VOB-Kommentar. Bauvergaberecht, Bauvertragsrecht, Bauprozessrecht, 4. Auflage, Köln 2011.

Frese, E.: Ziele als Führungsinstrumente- Kritische Anmerkungen zum „Management by Objectives", in: Zeitschrift für Organisation, S. 227–238, Stuttgart 1971.

Heiermann, W./Franke, H./Knipp, B.: Baubegleitende Rechtsberatung, München 2002.

Heiermann, W./Riedl, R./Rusam, M/Kuffer, J./Kullack, A./Mansfeld, L./Baur, J./Schüttpelz, E.: Handkommentar zur VOB: VOB Teile A und B, SektVo, VSVgV, Rechtsschutz im Vergabeverfahren, 13., vollst. überarb. und akt. Aufl., Wiesbaden 2013.

immobilienpool.de Media GmbH & Co. KG: immobilienpool.de, Stand: 17.09.2014: http://immobilienpool.de/thema/bauunternehmen.30.

Jagenburg, I.: Der Bauvertrag, in: Schulte, K.-W.: Immobilienökonomie, Band II: Rechtliche Grundlagen, 3. Aufl., München 2013.

Jagenburg, I.: Der Bauvertrag, in: Schulte, K.-W.: Immobilienökonomie, Band II: Rechtliche Grundlagen, 3. Aufl., München 2013.

Kalusche, W.: Projekt-Management in der Bauplanung und Bauausführung, in: Schulte, K.-W./Bone-Winkel, Handbuch Immobilien-Projektentwicklung, 3. überarb. Aufl., Köln 2008.

Kniffka, R.: Die Zulässigkeit rechtsbesorgender Tätigkeiten durch Architekten, Ingenieure und Projektsteuerer, in: Rechtliche Problemstellungen beim Projektmanagement, Schriftenreihe der Deutschen Gesellschaft für Baurecht e. V., Band 23, S. 125–149, Gütersloh 1995.

Kochendörfer, B./Liebchen, J.H./Viering, M.G.: Bau-Projekt-Management, Grundlagen und Vorgehensweise, 4. Auflage, Wiesbaden 2010.

Minuth, K.: Recht der Architekten und Ingenieure, in: Usinger, W./Minuth, K.: Immobilien-Recht und Steuern, 3. überarb. und erw. Auflage, Köln 2004.

Müller, W.-H.: Aufgaben, Leistungsbild und Honorierung von Projektsteuerungsleistungen, in: Motzel, E.: Projektmanagement in der Baupraxis bei industriellen und öffentlichen Bauprojekten, Berlin 1993, S. 121–149.

Pfarr, K.: Grundlagen der Bauwirtschaft, Essen 1984.

Roquette, A./Viering, M.G./Leupertz, S.: Handbuch Bauzeit, 2. Auflage, Köln 2013.

Usinger, W./Minuth, K.: Immobilien-Recht und Steuern, 3. überarb. und erw. Auflage, Köln 2004.

Weeber, H./Bosch, S.: Vergabeverfahren und Baukosten, Bauforschung für die Praxis, Band 56, Stuttgart 2001.

AHO e. V.: Projektmanagementleistungen in der Bau- und Immobilienwirtschaft, Nr. 9 der Schriftenreihe des AHO, Berlin 2014.

DIN 277: „Grundflächen und Rauminhalte von Bauwerken im Hochbau“, Berlin 02/2005.

DIN 276: „Kosten im Bauwesen – Teil 1: Hochbau“, Berlin 12/2008.

DIN 18960: „Nutzungskosten im Hochbau“, Berlin 02/2008.

DIN 69901: „Projektmanagement – Projektmanagementsysteme“, Berlin 01/2009.

DIN EN ISO 9000: „Qualitätsmanagementsysteme - Grundlagen und Begriffe“, Berlin 12/2005.

HOAI: Honorarordnung für Architekten und Ingenieure, 2013.

Andrea Pelzeter, Michael Trübestein

3 Real Estate Asset Management, Property Management und Facility Management

Inhalt

3.1 Einführung

Während der Nutzungsphase einer Immobilie wird diese in verschiedenster Hinsicht „verwaltet“. Die Verwaltung der Immobilie als eine Vermögensanlage (Asset) obliegt vornehmlich dem Real Estate Asset Management (REAM). Das Property Management (PrM) wird ggf. vom REAM mit der Mieterbetreuung beauftragt, incl. des Managens von Verträgen zur Ver- und Entsorgung sowie zur technischen Betreuung der Immobilie. Letzteres ist die Kernkompetenz des Facility Management (FM), welches seinen Kunden darüber hinaus Sekundärprozesse jeglicher Art anbietet.

Auf diese Weise kann man REAM, PrM und FM als eine Wertschöpfungskette betrachten, die beim REAM beginnt und mit dem FM endet. Je nach Definition bzw. Auslegung seitens der anbietenden Unternehmen gibt es jedoch **zahlreiche Schnittmengen** zwischen den drei Disziplinen. Eine wissenschaftlich fundierte Abgrenzung findet man u. a. bei Teichmann (2007, S. 5 ff.). Auf der Basis von Normen-Analysen und Experteninterviews unterscheidet er die Investment-/Unternehmensebene, die Portfolio- sowie die Objekt-Ebene. Die drei in Frage stehenden Management-Disziplinen werden alle auf der Portfolio-Ebene angesiedelt. Dabei ist das REAM den anderen beiden übergeordnet, während PrM und FM breite Schnittstellen aufweisen.

Nachfolgende Grafik stellt die Beziehung der drei Disziplinen hinsichtlich ihrer gemeinsamen Anliegen und unterschiedlichen Schwerpunkte dar. Im Zentrum steht der **Werterhalt einer Immobilie**, welcher den strategischen Kern sowohl des REAM, als auch des in Vermietung und Verträgen engagierten PrM und nicht zuletzt erklärtes Ziel des FM bildet.

Die nachfolgenden Abschnitte werden wesentliche Ziele und Aufgaben der o. g. Management-Disziplinen im Lebenszyklus der Immobilien vorstellen.

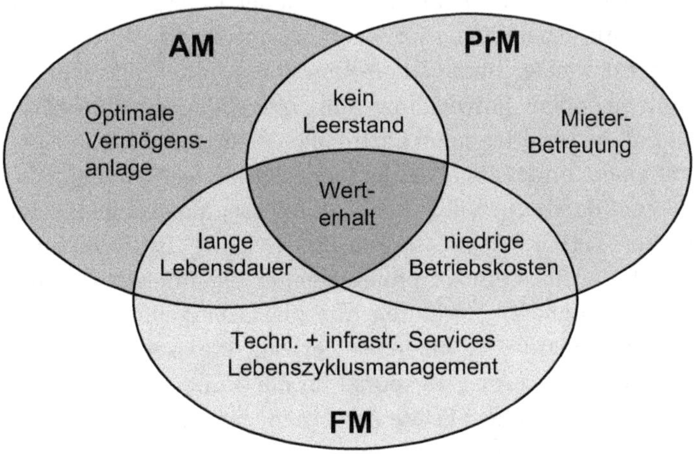

Abb. 1: Abgrenzung Asset-, Property- und Facility Managmeent (Quelle: Eigene Darstellung)

3.2 Real Estate Asset Management

3.2.1 Einführung in das Real Estate Asset Management

Die letzte Dekade war durch einen grundlegenden Wandel innerhalb der Immobilienwirtschaft geprägt, der mit der Einführung neuer Immobilienprodukte, einer Professionalisierung und Neuausrichtung des Immobilienmanagements sowie dem Aufkommen und der Implementierung neuer und vor allem innovativer Managementdisziplinen, darunter auch das Real Estate Asset Management, einherging. Im Zuge dessen wurden weltweit steigende Investitionen in Immobilien bzw. immobilienbezogene Vehikel (sog. „Assets"), getätigt, die es auf verschiedenen Ebenen der jeweiligen Institutionen im Rahmen des allgemeinen Vermögens- oder Kapitalanlagenmanagements bzw. des auf Immobilien spezialisierten Real Estate Asset Management zu betreuen gilt.

In der Praxis ist das Real Estate Asset Management als Managementdisziplin bereits weitverbreitet und diverse Wertschöpfungsstrategien und Konzepte werden von zahlreichen Anbietern innerhalb dieser angeboten. Indessen fehlt – bis auf wenige Ansätze – eine tiefer gehende, klare und einheitliche Konzeption dieser Begrifflichkeit im deutschsprachigen Raum. Diese unzureichende definitorische Abgrenzung dieser Disziplin kann auch in der Theorie wahrgenommen werden und resultiert in Ineffizienzen auf dem Markt und bei den dort agierenden Unternehmen, sowohl aufseiten der Anbieter von als auch seitens der Nachfrager nach derartigen Leistungen.

Im unternehmerischen Umfeld sind die fehlenden definitorischen Grundlagen u. a. in den Besonderheiten des Immobilienmarkts im Allgemeinen und der Immobilien im Speziellen begründet sowie in historisch gewachsenen unterschiedlichen Organisationsstrukturen innerhalb der jeweiligen Institutionen und einer damit verbundenen uneinheitlichen Aufgabenteilung im Managementbereich. Mit dem verstärkten Markteintritt internationaler (Immobilien-)Investoren in den deutschsprachigen Markt, der zunehmenden Entwicklung der Immobilie hin zu einem Finanzprodukt und der daraus resultierenden Cash-Flow-Orientierung bei Immobilieninvestitionen kommt einem professionalisierten, klar definierten immobilienbezogenen Management – und damit auch dem Real Estate Asset Management – immer mehr Bedeutung zu. Verbunden mit dieser Entwicklung ist eine starke Nachfrage nach (externen) Dienstleistern zur professionellen Eigentümervertretung bzw. -verwaltung für (internationale) Investoren, die gleichzeitig über fundierte Marktkenntnisse und lokale Expertise verfügen, bemerkbar. Praxisorientierte Ansätze und Anforderungen stellen den Ausgangspunkt für die Grundstruktur und die Aufgabenbereiche eines praxisnahen Real Estate Asset Management dar und bilden daher die Grundlagen für die folgenden Darstellungen und kritischen Analysen.

Zugleich wurde auch in der finanz- und immobilienwirtschaftlichen Forschung bis dato eine vertiefte Auseinandersetzung mit dem Real Estate Asset Management vernachlässigt und häufig eine Schwerpunktsetzung auf andere, verwandte Forschungsbereiche vorgenommen, bspw. den Bereich des (quantitativen und qualitativen) Portfoliomanagements mit dem Ziel, eine „optimale" Portfoliostruktur zu entwerfen bzw. vorhandene Portfoliostrukturen unter Rendite-Risiko-Aspekten zu optimieren. Überdies wurden intensive Untersuchungen der rein operativen Bereiche und der damit verbundenen immobilienspezifischen Leistungen, (gesetzlichen) Normen und hierin tätigen Managementdisziplinen, wie bspw. des Facility oder Property Management, angestellt. Gleichwohl sind seit einigen Jahren verstärkt Forschungsansätze und (empirische) Studien im Bereich des Real Estate Asset Management zu finden, die in den nachfolgenden Ausführungen aufgegriffen und analysiert werden und damit Eingang in die Gesamtbetrachtung finden.

3.2.2 Begrifflichkeit und Einordnung des Real Estate Asset Management

Das *originäre* Gebiet des Asset Managements ist dem Bereich der Finanzdienstleistungen zuzuordnen und bezieht sich prinzipiell auf die professionelle Kapitalanlage für Dritte und den damit verbundenen Kapitalanlage- bzw. Investmentprozess unter Berücksichtigung von Rendite-Risiko-Vorgaben und investorenspezifischen Zielsetzungen. Definitorische Ansätze zum grundlegenden Verständnis des *immobilienspezifischen* Asset Managements, d. h. des Real Estate Asset Management, sind u. a. in der angloamerikanischen immobilienspezifischen Fachliteratur zu finden bzw. in der Übertragung grundlegender Annahmen zum Asset Management aus anderen Investmentbereichen oder Fachdisziplinen, bspw. aus dem genannten Bereich der Finanzdienstleistungen.

3.2.2.1 Überblick zur Einordnung des Real Estate Asset Management

Konzeptionelle Ansätze aus dem *allgemeinen* Asset Management sind nicht bzw. nur in Ansätzen auf den (deutschsprachigen) Immobilienmarkt übertragbar. Der Immobilienmarkt zeichnet sich generell durch zahlreiche Besonderheiten aus, wie etwa durch räumliche und sachliche Teilmärkte, geringe Markttransparenz, Abhängigkeit von anderen Märkten, geringe Anpassungselastizitäten an Marktveränderungen oder Zyklizität, während die Immobilie durch Standortgebundenheit, Heterogenität, lange Entwicklungs- und Lebenszyklen, hohe Investitionsvolumina und Transaktionskosten, beschränkte Teilbarkeit oder beschränkte Substituierbarkeit geprägt ist. Ferner ist eine Übertragung aufgrund der zahlreichen strategischen und operativen Tätigkeiten bei Immobilieninvestitionen und dem Bestandsmanagement sowie der multiplen beteiligten Fachrichtungen und Organisationsebenen bei Immobilieninvestitionen schwierig. Darüber hinaus hat sich auf dem Markt eine Vielzahl von unterschiedlichen Begriffswelten und Disziplinen etabliert, die in direktem oder indirektem Zusammenhang mit dem Begriff „Real Estate Asset Management“ stehen bzw. in diesen Management- bzw. Tätigkeitsbereich eingreifen, darauf aufbauen oder mit diesem interagieren. Demgegenüber nutzen verschiedene Institutionen gleiche Terminologien für unterschiedliche Aufgabenbereiche.

Konzeptionell ist darum zunächst eine grundlegende Abgrenzung zwischen den *institutionenökonomischen* Begrifflichkeiten „Real Estate Investment Management“, „Corporate Real Estate Management“, „Public Real Estate Management“, „Kirchliches Immobilienmanagement“ und „Private Real Estate Management“ und den *managementorientierten* Termini „Real Estate Portfolio Management“, „Real Estate Asset Management“, „Property Management“ und „Facility Management“ angezeigt (vgl. Abbildung 2).

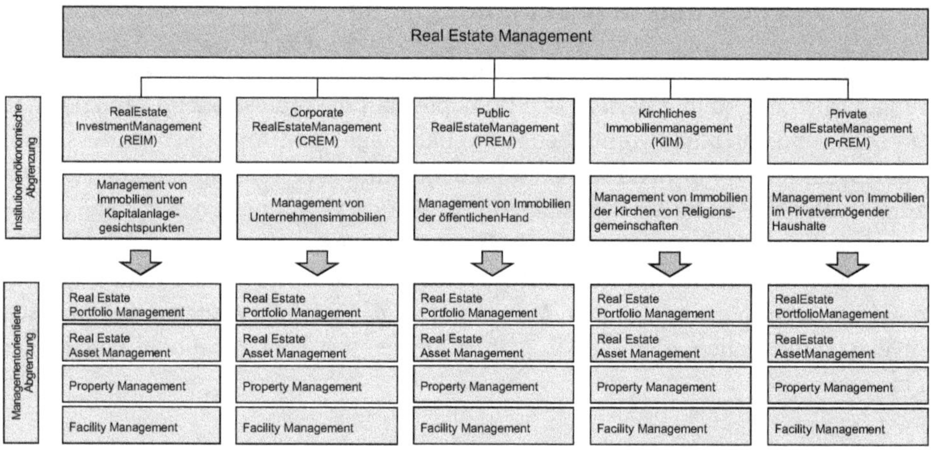

Abb. 2: Institutionenökonomische und managementorientierte Abgrenzung des Real Estate Asset Management (Quelle: eigene Darstellung)

Bei den hier betrachteten *managementorientierten* Abgrenzungen sind in der wissenschaftlichen Fachliteratur und der Praxis wiederum zahlreiche unterschiedliche Definitionsansätze auszumachen, die in Tiefe und Umfang der jeweiligen Tätigkeiten differieren und unterschiedliche Schwerpunkte oder Teilbereiche betonen. Zudem kommt es auch zu Überschneidungen, bspw. im strategischen und/oder operativen Bereich. Die folgenden Betrachtungen beziehen sich primär auf den Bereich des Real Estate Asset Management, jedoch wird an geeigneter Stelle auch auf andere Managementdisziplinen wie Facility Management, Property Management oder Portfoliomanagement zurückgegriffen und diese werden in die Begrifflichkeit des Real Estate Asset Management integriert oder es wird auf diese hingewiesen. Aus institutionenökonomischer Sicht steht der Bereich des Real Estate Investment Management im Vordergrund, wobei strukturbildende und konzeptionelle Ansätze auch auf andere Institutionen, ggf. mit Anpassungen, angewendet werden können. In diesem Zusammenhang sei auch auf die in diesem Kompendium zur Immobilienökonomie dargestellten Ausführungen zu den jeweiligen Disziplinen verwiesen, die mehrere der genannten Themenbereiche detailliert darstellen und kritisch diskutieren.

3.2.2.2 Internationale Definitionsansätze zum Real Estate Asset Management

Im wissenschaftlich weiter fortgeschrittenen angloamerikanischen Raum existieren zahlreiche konzeptionelle Grundlagen zum Real Estate Asset Management sowie zu verwandten Managementansätzen und -disziplinen, die sich schwerpunktmäßig auf Bereiche wie die Eigentümervertretung, immobilienbezogene Managementaufgaben und (Neu-)Positionierungen, die Durchführung von Immobilientransaktionen sowie die Rendite-Risiko-Optimierung konzentrieren, wie die nachfolgend zitierte Definition von Dubben/Sayce (UK) verdeutlicht. Diese betrachten das immobilienbezogene Asset Management als

> The process of maximizing value to a property or portfolio of properties from acquisition to disposition within the objectives defined by the owner. This concept uses strategic planning, which includes investment analysis and operation and marketing analysis, as well as the position of a property in the marketplace in accordance with market trends and conditions.
>
> (Dubben/Sayce, 1991, S. 83)

Alternativ leiten Corgel/Ling/Smith (USA) ab:

> Asset managers analyze investment opportunities, assist in acquiring assets, ensure that assets remain productive during ownership, and assist in asset sales.
>
> (Corgel/Ling/Smith, 2001, S. 173)

Eine theoretische Übertragung dieser Ansätze aus dem angloamerikanischen auf den deutschsprachigen Raum sowie eine empirische Validierung scheinen strukturell zielführend und erfolgen in den nachfolgenden Ausführungen.

3.2.2.3 Definition von Real Estate Asset Management

Ausgehend von internationalen Grundlagen zum Real Estate Asset Management und dem immobilien- und finanzwirtschaftlichen Verständnis von Asset Management konnten in Bezug auf konzeptionelle Definitionsansätze im deutschsprachigen

Raum und im Rahmen einer 2009 erstmals durchgeführten empirischen Vollerhebung unter institutionellen Investoren zum Real Estate Asset Management strukturiert Rückschlüsse auf das Verständnis, die Funktionen und Organisationsstrukturen der Managementdisziplin Real Estate Asset Management in Deutschland gezogen werden (vgl. Trübestein, 2011). Daraus ergaben sich drei grundlegende Sichtweisen zum Real Estate Asset Management, durch die die bestehenden Strukturen und Definitionen der wissenschaftlichen Forschungsvereinigung *gif – Gesellschaft für immobilienwirtschaftliche Forschung e. V.* ergänzt und erweitert wurden und die Disziplin des Real Estate Asset Management weiter unterteilt werden konnte (vgl. Trübestein, 2010; Hoerr, 2011, S. 637; Kämpf-Dern, 2009; Kämpf-Dern/Pfnür, 2009; Kämpf-Dern, 2008, S. 65) in:

- Real Estate Asset Management im *strategischen* Sinn,
- Real Estate Asset Management im *weiteren* Sinn,
- Real Estate Asset Management im *engeren* Sinn.

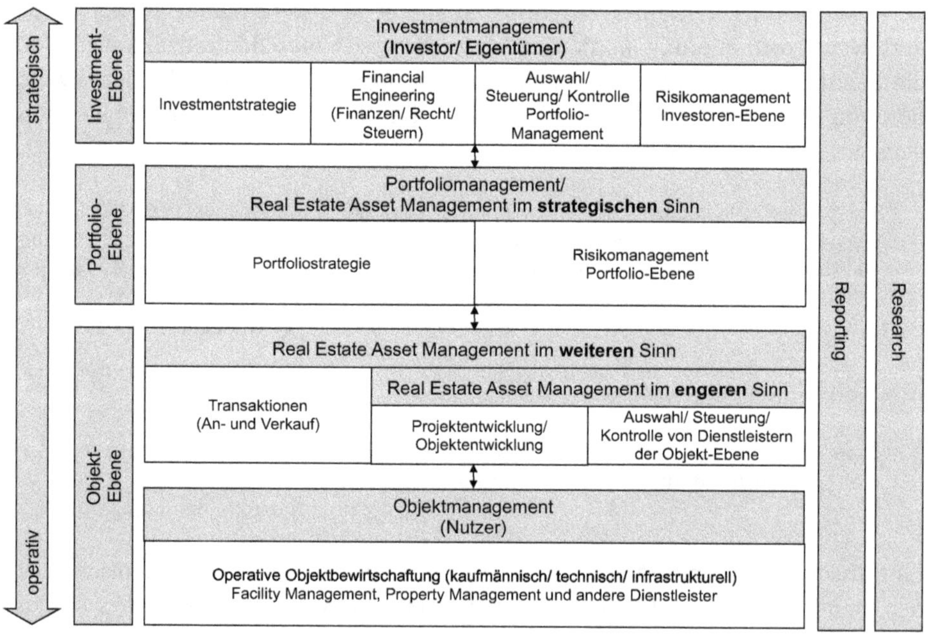

Abb. 3: Managementebenen im Überblick (Quelle: eigene Darstellung in Anlehnung an gif, 2004 a/b, Trübestein, 2011 und Hoerr, 2011, S. 637)

Diesen Erkenntnissen folgend wird Real Estate Asset Management auf unterschiedlichen Ebenen im strategisch-taktischen und operativen Bereich angesiedelt und kann den drei bestehenden Managementebenen Investment-, Portfolio- und Objektebene der *gif* zugeordnet werden (vgl. Abbildung 3). Alternativ könnte die *Asset*

Management Ebene als neue strukturelle Ebene zwischen den Bereichen Portfolioebene und Objektebene hinzugefügt werden. In der Praxis sind naturgemäß Abweichungen von dem dargestellten (idealisierten) Modell, basierend auf den geschilderten Ausgangssituationen, möglich.

3.2.2.4 Investmentebene

Auf dieser Ebene definieren Investoren und Eigentümer die Ausrichtungen und Rahmenbedingungen der Unternehmens- und Anlagestrategie, zu denen u. a. Vorgaben zu Rendite-Risiko-Strukturen, Investitionsländern und -regionen, Assetklassen, Anlagevehikeln und Transaktionszeitpunkten gehören, aber auch (rein) immobilienspezifische Kriterien wie bspw. Objektlagen, Objektalter oder Objekttypen. Diesen Kriterien entsprechend wird das Investmentkapital im Rahmen des Financial Engineering strukturiert, u. a. der Anteil und die Herkunft an Fremdfinanzierungen, die rechtlichen Strukturen der Investition bzw. des Investitionsvehikels und die steuerliche Optimierung der Investitionen sowie der damit verbundenen Zahlungsströme.

Die Realisierung der auf der Investmentebene bestimmten Investitionsvorgaben erfolgt auf den nachgelagerten Managementebenen, d. h. auf der Portfoliomanagementebene, der Asset Management Ebene und idealerweise auch auf den strategisch-taktischen und operativen Objektebenen. Auf dieser Managementebene werden folglich auch die jeweils dort handelnden Akteure ausgewählt, kontrolliert und gesteuert. Des Weiteren ist der Bereich des Risikomanagements für das Gesamtportfolio auf der Investmentebene angesiedelt, das auf Reporting- und Monitoringberichte der ausführenden Managementebenen sowie auf fachspezifische Markteinschätzungen und Forschungsergebnisse zurückgreift.

Die Erarbeitung der Investitionsstrategie stellt einen komplexen und (sehr) unternehmensindividuellen Prozess dar, der vertiefende Marktkenntnisse erfordert und von zahlreichen (auch divergierenden) Zielen der Investoren bzw. Eigentümer begleitet wird. Gleichwohl können auf dieser Ebene in besonderer Weise Renditepotenziale gehoben und Investitionsrisiken reduziert werden bspw. durch die Nutzung eines Financial Engineerings oder der steuerrechtlichen Strukturierung der Investitionen und Investitionsvehikel.

3.2.2.5 Portfolioebene

Auf der Portfolioebene werden die Vorgaben, die auf der Investmentebene definiert wurden, umgesetzt sowie alle den aggregierten Immobilienbestand betreffenden strategischen Fragestellungen analysiert und ausgewertet. Mit Unterstützung von quantitativen und qualitativen Portfoliomanagementsystemen und Researchberichten wird die Portfoliostrategie mit dem Ziel der Rendite-Risiko-Optimierung entwickelt, analysiert, implementiert und kontrolliert (vgl. Wellner, 2003). Gleichzeitig findet auf dieser Ebene das Risikomanagement statt, die Reportings der nachgelagerten Ebenen werden ausgewertet und Reporting- und Monitoringberichte für die Investmentebene angefertigt. Die Portfolioebene hat somit eine integrierende und vermittelnde Funktion zwischen der rein strategischen Investmentebene und den strategisch-taktischen und operativen Objektebenen.

Optimiert wird die Rendite auf der Portfoliomanagementebene insbesondere durch die Wahl bzw. Kombination verschiedener Anlageklassen, -vehikel, -länder und -sektoren, um mittels der sich damit ergebenden Diversifikation die Rendite bei gleichbleibendem Risiko zu steigern bzw. bei einer gegebenen Rendite das Risiko zu minimieren. Zum selben Zweck werden darüber hinaus Handlungsempfehlungen für Investitionen und Desinvestitionen von Immobilien und weiteren Kapitalanlagen in einem immer wiederkehrenden Prozess hergeleitet. Diese Empfehlungen basieren u. a. auf den quantitativen Auswertungen und qualitativen Gruppierungen bspw. mittels einer Analyse der Markt- und Standortdimension der investierten Objekte bzw. Objektportfolien.

Die *klassischen* Aufgaben des Portfoliomanagements, vor allem die Portfolioanalyse und die Optimierung des Anlageportfolios im Hinblick auf Rendite-Risiko-Kriterien, werden auch unter dem Oberbegriff des Real Estate Asset Management subsumiert, bei dem die Sichtweise des Finanzdienstleistungsbereichs im Mittelpunkt steht. Das **Real Estate Asset Management im *strategischen* Sinn** konzentriert sich auf strategische Aspekte zur Optimierung und Gestaltung des Immobilienbestands und umfasst damit die laufende strategische Optimierung und die (Neu-)Positionierung des unter Kapitalanlagegesichtspunkten gehaltenen Immobilienbestands (vgl. Tabelle 1).

Tab. 1: Verständnis von Real Estate Asset Management in Theorie und Praxis (Quelle: eigene Darstellung)

Verständnis des Real Estate Asset Managements		
Real Estate Asset Management im *strategischen* Sinn	**Real Estate Asset Management im *engeren* Sinn**	**Real Estate Asset Management im *weiteren* Sinn**
„Das Real Estate Asset Management im strategischen Sinn umfasst die laufende strategische Optimierung und (Neu-) Positionierung des unter Kapitalanlagegesichtspunkten direkt gehaltenen Immobilienbestandes."	*„Dem Real Estate Asset Management im engeren Sinn obliegt die laufende Renditeverantwortung des direkt gehaltenen Immobilienbestandes."*	*„Das Real Estate Asset Management im weiteren Sinn umfasst die Planung, Steuerung und Kontrolle sämtlicher wertbeeinflussender Maßnahmen vor, während sowie nach der Haltephase einer Immobilie als Kapitalanlage"*

3.2.2.6 Objektebene

Diese Ebene umfasst alle direkt mit dem Objekt verbundenen strategisch-taktischen und operativen (Management-)Aufgaben wie die Entwicklung von (ganzheitlichen) Objektstrategien und die operative Steuerung des Bestands mit der Planung, Steuerung, Umsetzung und Kontrolle der Investitionsentscheidung auf Objektebene und kann damit auch den Ankauf, das Bestandsmanagement und den Verkauf beinhalten. Gemäß der Darstellung in Abbildung 3 sind strategisch-taktische und operative Bereiche auf dieser Ebene zu differenzieren und mittels geeigneter Tätigkeiten abzugrenzen, wobei sich die beiden nachfolgenden grundlegenden Sichtweisen herauskristallisieren.

3.2.2.7 Taktische Objektebene

Dem **Real Estate Asset Management im *engeren* Sinn** obliegt die laufende Renditeverantwortung des direkt gehaltenen Immobilienbestands während der Haltedauer der Immobilie und ist in dieser Funktion Teil des Real Estate Asset Management im weiteren Sinn (vgl. Tabelle 1). Die Renditegenerierung bzw. -steigerung beruht hier ausschließlich auf dem Bestandsmanagement und dem Aufdecken von Optimierungspotenzialen während der Haltephase.

Im weiter gefassten strategisch-taktisch orientierten **Real Estate Asset Management im *weiteren* Sinn** sind indes die Planung, Steuerung und Kontrolle sämtlicher wertbeeinflussender Maßnahmen vor, während und nach der Haltephase einer Immobilie als Kapitalanlage und somit *auch* das Transaktionsmanagement inbegriffen (vgl. Tabelle 1). Renditepotenziale können sich auf dieser Ebene des Asset Managements sowohl durch die Optimierung im Bestand als auch durch die Wahl eines optimalen Ankaufs- und Verkaufszeitpunkts bzw. die hierzu notwendigen Strukturierungen ergeben.

Nach diesem Verständnis fallen sowohl strategisch-taktische Bereiche als auch Teile des operativen Managements im gesamten Lebenszyklus einer Immobilie in den Tätigkeitsbereich des Real Estate Asset Management. Bei der Strategieentwicklung und -umsetzung sowie bei der Entscheidung über und der Durchführung von An- und Verkauf kommt es zu einer Kooperation und Abstimmung mit der Portfolioebene und bei den rein operativen Tätigkeiten u. a. mit den dort agierenden Bereichen des Property und/oder Facility Management. Dazu gehören auch die Auswahl, Steuerung und Kontrolle von (externen) Dienstleistern auf der rein operativen Objektebene.

Das Real Estate Asset Management hat somit eine integrierende und verbindende Funktion zwischen den operativen Bereichen der Objektebene und den rein strategischen Bereichen der Portfolio- und Investmentmanagementebene inne, die durch weitere verbindende Elemente wie das Auswerten und Anfertigen von Controlling-, Research- und Reportingberichten unterstrichen wird. Beide Definitionen von Real Estate Asset Management vereinen ferner die strategisch-taktische (Neu-) Positionierung des Immobilienbestands mithilfe selektiver Objekt- und Projektentwicklungen in sich.

3.2.2.8 Operative Objektebene

Das operative Objektmanagement berücksichtigt die Sichtweise der Nutzer bei der Objektbewirtschaftung in den kaufmännischen, technischen und infrastrukturellen Bereichen, die wiederum teilweise in den Managementdisziplinen des Facility und des Property Management oder der Hausverwaltung angesiedelt sind. Dabei erfolgt eine enge Zusammenarbeit, Kooperation und Koordination mit dem taktisch-strategisch ausgerichteten Real Estate Asset Management.

Zu den wesentlichen Aufgabenbereichen des *kaufmännischen Gebäudemanagements* zählen die direkt mit einem Objekt verbundenen, wirtschaftlichen und administrativen Bereiche wie bspw. die Objektbuchhaltung, das Kosten- und Vertragsmanagement, die Nutzer- und Eigentümerbetreuung, das gebäudebezogene Rechnungswesen, die Überwachung vertraglicher Leistungen von externen Dienstleistern oder das Qualitätsmanagement. Das *technische Gebäudemanagement* stellt dagegen die technische Nutzbarkeit von Gebäuden sicher, für die speziell die Funktionsfähigkeit der Gebäude und Anlagen (u. a. die technische Gebäudeausrüstung) mit dem Anlagenbetrieb, Umbaumaßnahmen und Sanierungen, der Gebäudeversorgung oder dem Umweltmanagement von Bedeutung sind. Im *infrastrukturellen Gebäudemanagement* werden schließlich sämtliche Aspekte des Flächenmanagements zusammengefasst, sprich die Flächenbereitstellung, die Verwaltung sämtlicher Dienstleistungsfirmen wie bspw. Reinigungs- oder Sicherheitsdienste sowie die Organisation von Logistik- und Umzugsdiensten oder das Fuhrparkmanagement.

Auf der operativen Objektebene ist die Steigerung der Gesamtrendite eines Immobilienportfolios bzw. Objekts vornehmlich über eine Kostenoptimierung im Betrieb und in der Bewirtschaftung, im Mieter- bzw. Mietvertragsmanagement, das Angleichen der IT-Plattformen zur Verwaltung oder einheitliche Prozessdefinitionen möglich. Die Prozesse auf dieser Ebene weisen größtenteils eine sehr hohe Standardisierung und eine geringe Profitabilität auf, sodass die Economies of Scale zur Renditesteigerung genutzt werden sollten und Einsparungen bei den klassischen Bewirtschaftungskosten erzielt werden müssen.

Die genannten Tätigkeiten werden in der Theorie und Praxis zum Teil abermals in die Bereiche des Property und Facility Management integriert, wobei auch hier eine einheitliche Abgrenzung fehlt und sich diese Managementdisziplinen mit Bereichen des Real Estate Asset Management überschneiden:

- Die zentralen Aufgaben des *Property Management* beziehen sich auf den Betrieb und die Kontrolle des Immobilienbestands und eine Renditeoptimierung kann durch eine Cashflowmaximierung aus dem Objekt mittels Investitions- und

Cashflowplanungen, einer Implementierung von neuen Standortkonzepten, einer Optimierung des Flächenmanagements oder der Aufdeckung von Renditepotenzialen durch ein Immobiliencontrolling geschehen (vgl. hierzu Kap. D.3.3 Property Management).

- Die hauptsächlichen Aufgabenbereiche des *Facility Management* bestehen in der Verwaltung und Bewirtschaftung von Gebäuden, Anlagen und Einrichtungen (sog. Facilities) über den gesamten Lebenszyklus einer Immobilie unter Berücksichtigung der Nutzerinteressen und -bedürfnisse (vgl. hierzu Kap. D.3.4 Facility Management).

Die Verantwortlichen der genannten Schwerpunkte und Managementdisziplinen sollten frühzeitig in die Entscheidungs-, Ankaufs- und Managementprozesse mit eingebunden werden, um dadurch Synergien zu schaffen und bereichsübergreifende Optimierungspotenziale aufzuzeigen und auszuschöpfen.

Innerhalb der aufgeführten Disziplinen kommt es erneut zu Überschneidungen von Tätigkeiten und Aufgabenbereichen sowie zu divergierenden definitorischen Ansätzen, die für die weitere Betrachtung von Real Estate Asset Management zunächst jedoch vernachlässigt werden. Vielmehr liegt das Augenmerk auf dem Bereich des Real Estate Asset Management im *weiteren* Sinn, das alle Aktivitäten und Wertschöpfungsprozesse in der Haltephase des Objekts und im Transaktionsmanagement einschließt.

In Abbildung 4 sind die beschriebenen Bereiche nochmals detailliert im Rahmen des Wertschöpfungsprozesses einer Immobilieninvestition ersichtlich.

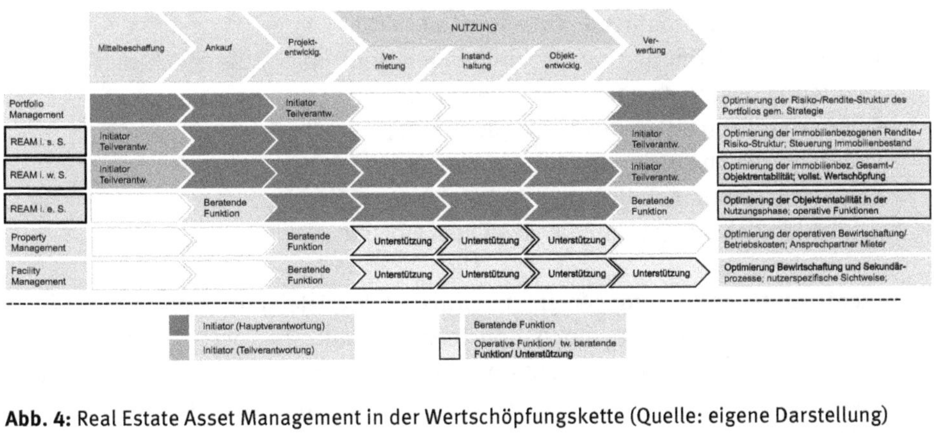

Abb. 4: Real Estate Asset Management in der Wertschöpfungskette (Quelle: eigene Darstellung)

3.2.3 Kernfunktionen von Real Estate Asset Management

Das Real Estate Asset Management agiert stellvertretend für Eigentümer nach deren Vorgaben und verfolgt dabei das Ziel, vorhandene Renditepotenziale von Objekten zu erkennen und strukturiert zu heben.

3.2.3.1 Tätigkeitsbereiche des Real Estate Asset Management

Tätigkeitsschwerpunkte *können* im Real Estate Asset Management die Mitwirkung oder Alleinverantwortung in den Bereichen der objektspezifischen Strategieentwicklung, des Transaktionsmanagements (An- und Verkauf), des Bestandsmanagements und des Controllings sein, die im Folgenden näher betrachtet werden. Dabei nutzt das Real Estate Asset Management seine umfassende (lokale) immobilienbezogene Expertise, um im Idealfall die gesamte Wertschöpfungskette der Immobilieninvestition abzudecken und zu optimieren sowie weitere Möglichkeiten zur Renditesteigerung zu finden.

3.2.3.2 Strategieentwicklung auf der Objektebene

Das Real Estate Asset Management wirkt bei der Erstellung der Objektstrategie mit und unterstützt und überwacht die Strategieumsetzung unter Berücksichtigung der Möglichkeiten zur Rendite-Risiko-Optimierung. In diesen Aufgabenbereich fallen (vgl. Trübestein, 2011):

- (Strategische) Immobilienanalyse und -auswahl,
- Entwicklung/Formulierung der Immobilien- und Objektstrategie (unter Berücksichtigung der Zielvorgaben des Investors),
- Objektspezifische (Des-)Investitionsplanung,
- Objektspezifische Instandhaltungsstrategie,
- Erstellung von immobilienspezifischen Businessplänen,
- Allokation des Budgets auf die jeweiligen Objekte.

Das Real Estate Asset Management identifiziert Wertsteigerungspotenziale, führt werterhöhende Maßnahmen durch und leistet damit einen wesentlichen Beitrag zum Erfolg einer Immobilieninvestition. Damit einhergehen die Planung, Strukturierung und Verwendung von Finanzmitteln für Investitionen, sodass vorhandenes Kapital werterhöhend verwendet wird und Defizite vermieden werden.

Durch die gezielte Planung geeigneter Investitionszeitpunkte – auch mit Bedachtnahme auf Mieterinteressen – können bspw. Modernisierungen immobilienübergreifend und kostensparend organisiert oder bei einem ohnehin anstehenden Mieterwechsel durchgeführt werden. Mittels immobilienspezifischer Businesspläne lassen sich ausgewählte Immobilien zudem gezielt aufwerten und neu auf dem Markt positionieren, um damit die Werthaltigkeit und Rendite von Objekten langfristig und nachhaltig zu erhöhen. Dazu nutzt das Real Estate Asset Management fundierte Markteinschätzungen, die gezielt durch (extern vergebene) Analysen, wie etwa Markt- und Standortanalysen, unterstützt werden.

3.2.3.3 Transaktionsmanagement

Das Transaktionsmanagement umfasst alle Bereiche, die direkt oder indirekt mit dem An- und Verkaufsprozess von Immobilien bzw. Immobilienportfolios in Verbindung stehen. Dank der weitreichenden Marktkenntnisse des Real Estate Asset Management können Erfolg versprechende Immobilien, die hohe Wertsteigerungspotenziale mit sich bringen und das Portfolio des Investors ergänzen, gezielt ausgewählt und für einen Ankauf vorgeschlagen werden. Nach einer positiven Investitionsentscheidung durch den Investor wirkt das Real Estate Asset Management im Ankaufsprozess bei den Immobilientransaktionen mit. Erfolgt hingegen eine Verkaufsentscheidung durch den Investor, bestimmt das Real Estate Asset Management im Interesse des Investors den passenden Verkaufszeitpunkt, wickelt den Verkaufsprozess ab und trägt damit zu einer möglichst hohen Gesamtrendite bei.

Das Real Estate Asset Management unterstützt Transaktionsprozesse u. a. in folgenden Punkten (vgl. Trübestein, 2011):

- Auswahl, Überwachung und Beurteilung der Ankaufs- und Verkaufsstrategie (inkl. Timing),
- Auswahl der Strukturierung der Transaktion im Rahmen von Share- und Assetdeal,
- Vorbereitung und Durchführung von (Des-)Investitionsentscheidungen,
- Durchführung/Mitwirkung bei der Due Diligence (wirtschaftlich, rechtlich, technisch),
- Erstellung der Unterlagen für einen Verkauf,
- Auswertung der Unterlagen bei einem Ankauf.

Im *Ankaufsprozess* greift das Real Estate Asset Management auf seine fundierte Fach- und Marktkenntnis zurück, bspw. bei der Einschätzung von (realistischen) Marktmieten und -risiken, dem potenziellen Vermarktungsaufwand bei Leerständen oder der Wettbewerbs- und Konkurrenzsituation in Bezug auf aktuelle und zukünftige Objekte. In Anbetracht von Immobilienmarktzyklen lassen sich optimale Ankaufszeitpunkte und -objekte identifizieren und es können wesentliche Impulse für die Kaufpreisfindung und Kaufentscheidung durch den Investor sowie die später zu erzielende Rendite gegeben werden. Darüber hinaus wirkt das Real Estate Asset Management unter Einbeziehung von externem Fachwissen bei der wirtschaftlichen, rechtlichen und technischen Due Diligence im Ankaufsprozess mit bzw. übernimmt dabei Organisations- und Koordinationsfunktionen. Um ein bestmögliches Ergebnis zu erzielen, sollte das Real Estate Asset Management allerdings frühzeitig in den Prozess des Objekterwerbs eingebunden werden, um die Renditeerwartungen und Businesspläne des Investors auf ihre Realisierbarkeit zu überprüfen. Hierbei kann das Real Estate Asset Management Erfahrungswerte mit ähnlichen Objekten und bereits bestehenden Mietverträgen in vergleichbaren Objekten einbringen, besondere Nutzerinteressen abstimmen und vertiefende Einblicke in die internen Strukturen des Gebäudes gewinnen.

Nach Abschluss der Transaktion sollten dem Real Estate Asset Management möglichst alle relevanten wirtschaftlichen, rechtlichen und technischen Dokumente und Inhalte übermittelt werden, vor allem der Kaufvertrag bzw. die Kaufvertragsbestandteile, Mieterstrukturen, Mietverträge mit Zahlungsmodalitäten und die Finanzierungsstruktur, denn diese Dokumente unterstützen das Real Estate Asset Management beim Erarbeiten einer optimalen Management- und Objektstrategie, bei der Durchführung von Investitionen und der Planung eines geeigneten Verkaufszeitpunkts sowie um gleichzeitig Wissensverluste und Einarbeitungszeiten zu vermindern. Zugleich können so frühzeitig Reportinganforderungen von Investoren und finanzierenden Institutionen abgestimmt und damit die Effizienz innerhalb des Real Estate Asset Management gesteigert werden (vgl. hierzu Ausführungen zum Bestandsmanagement).

Beim *Verkauf* eines Objekts sind die ausgewogene Objektauswahl sowie insbesondere das Timing von besonderer Bedeutung und die damit verbundene Ausnutzung von Marktzyklen. Folglich obliegt es dem Real Estate Asset Management, Markt- und Objektentwicklungen bzw. Objektentwicklungsmöglichkeiten – auch in Kooperation mit dem Portfoliomanagement – einzuschätzen und zu bewerten. In diesem Zusammenhang gilt es, Kaufpreisminderungen zu vermeiden bzw. diesen aktiv entgegenzuwirken, bspw. durch die rechtzeitige und langfristige Prolongation von Mietverträgen, die Durchführung von werterhöhenden Maßnahmen und Modernisierungen im und am Objekt oder eine Neupositionierung. Weiterhin ist das Real Estate Asset Management dafür zuständig, die strukturellen Voraussetzungen für einen Verkauf zu implementieren, etwa im Rahmen der Anforderungen eines Anteilsübergangs (Sharedeal) oder Objektübergangs (Assetdeal). Hierzu müssen die Vor- und Nachteile der jeweiligen Transaktionsart hinsichtlich der Investorpräferenzen, u. a. Besteuerung und Haftungsmöglichkeiten, abgewogen und ggf. die administrativen Voraussetzungen geschaffen sowie die notwendigen Dokumente der Due Diligence auf Käufer- und Verkäuferseite aufbereitet werden. Gleichzeitig ist zu überlegen, ob ein Portfolio- oder ein Einzelverkauf einen größeren Mehrwert für den Investor generiert (vgl. Hoerr, 2011, S. 656 ff.). Während ein Einzelverkauf in erster Linie den Vorteil einer eindeutigen Erlöszuordnung zu jedem Objekt und einen (eventuell) höheren Kaufpreis durch eine höhere Interessentenzahl bietet, ist der Koordinationsaufwand eventuell aufgrund eben dieser Menge größer, die Transaktionszeiten können länger sein und oftmals sind detailliertere Prüfungen durch die Investoren vonnöten (vgl. Hoerr, 2011, S. 657 ff.). Beim Paketverkauf ist dagegen eine zügige Portfoliooptimierung möglich, ein Portfoliopremium könnte durchgesetzt und ein „Rosinenpicken" des Käufers vermieden werden. Mit Schwierigkeiten behaftet ist hier jedoch die exakte Zuordnung des Erfolgs auf die Einzelobjekte, zumal nur ein Portfoliowert verhandelt wird.

3.2.3.4 Bestandssteuerung in der Haltephase

Die Bestandssteuerung aus Sicht des Real Estate Asset Management umfasst alle Bereiche, die direkt und/oder indirekt mit der Performancesteigerung des Immobilienbestands während der Haltephase durch den Investor zu tun haben (vgl. Trübestein, 2011):
- Treuhänderische Eigentümervertretung,
- Bestandsaufnahme und Analyse der betreuten Immobilien,
- Datenqualitätspflege/Pflege der Datenfelder,
- Vertragsausarbeitung/-controlling,
- Mietvertragsmanagement,
- Flächenmanagement,
- Betriebskostenoptimierung,
- Auswahl/Steuerung externer Facility- und Property-Management-Leistungen,
- Organisation des Rechnungswesens,
- Organisation des Liquiditätsmanagements,
- Immobilienbewertung,
- Initiierung/Steuerung von Projektentwicklungen/Baumaßnahmen,
- Initiierung/Steuerung von Modernisierungs-/Instandhaltungsmaßnahmen,
- Key-Account- bzw. Mietermanagement,
- Durchführung von Markt- und Standortanalysen,
- Anfertigung von Potenzialanalysen/Analyse von Zielgruppen und Wettbewerb,
- Anfertigung von Wirtschaftlichkeitsberechnungen.

Im Rahmen des Portfolio- bzw. Objektübergangs in den Bestand sollten alle Strukturen für einen reibungslosen Ablauf der kaufmännischen, rechtlichen und technischen Bereiche gewährleistet werden, im Besonderen die für das spätere Management zweckdienliche Organisation und Übergabe der zentralen Dokumente. Während der Objektaufnahme dient eine erste Identifikation von Einsparpotenzialen als Grundlage für die weitere Planung, Steuerung und Kontrolle jeglicher wertbeeinflussender Maßnahmen sowie die Strukturierung des Businessplans. Zur Planung und Steuerung initiiert das Real Estate Asset Management außerdem Projektentwicklungen.

Eine Steigerung der Rentabilität im Rahmen des Bestandsmanagements kann durch eine *Optimierung der Einnahmenseite* erfolgen sowie durch *Einsparungen auf der Ausgabenseite* (vgl. Hoerr, 2011, S. 647 ff.).

3.2.3.5 Wertoptimierungsansätze auf der Einnahmenseite

Die Wertoptimierungen auf der Einnahmenseite bedürfen in Anlehnung an *Hoerr* der Erfüllung periodisch und aperiodisch durchzuführender Aufgaben (vgl. auch Abbildung 5).

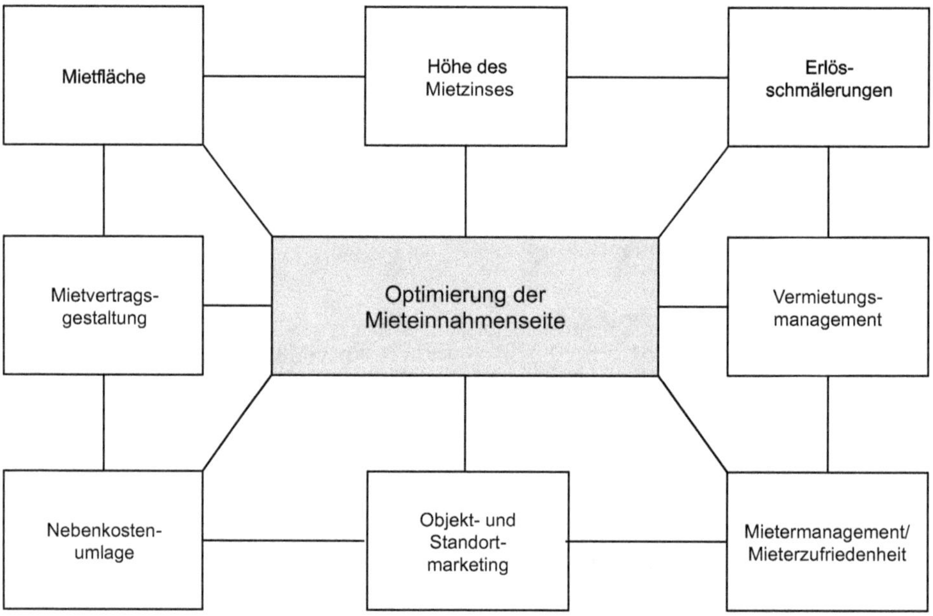

Abb. 5: Möglichkeiten der Optimierung der Mieteinnahmenseite (Quelle: in Anlehnung an Hoerr, 2011, S. 647)

Hierunter fallen (vgl. auch Ausführungen bei Hoerr 2011):

– *Höhe des Mietzinses*
  Die Höhe des nachhaltigen Mietzinses stellt einen zentralen Faktor der ertragsorientierten Wertermittlung dar und ist für die Tätigkeit des Real Estate Asset Management von besonderer Bedeutung, denn eine Erhöhung der Mietzahlungen hat eine direkte und multiplizierende Wirkung auf den Objektwert bzw. die Rendite des Objekts. Das Real Estate Asset Management übernimmt in diesem Zusammenhang die laufende Kontrolle der vertragsmäßigen Mieteingänge,

untersucht Anpassungsmöglichkeiten an die Marktmiete, reagiert vorab auf staatliche Regulierungen (bspw. gesetzliche Mietpreisbremsen, städtische Verordnungen, Sozialcharta), überprüft die Anpassung der Indexmiete in Gewerbemietverträgen, untersucht Gründe bei Zahlungsausfällen in Kooperation mit den betroffenen Mietern, wägt die Marktgerechtigkeit der Mietanpassungsmöglichkeiten ab und kontrolliert die tatsächliche Mietanpassung bei Wohnobjekten, verhandelt Mietverträge nach und legt weiteres Vermietungspotenzial offen (bspw. über Parkplatzvermietungen, Zwischenvermietungen, Werbung oder Automaten).

- *Mietfläche*
  Neben der Miethöhe stellt die Mietfläche einen weiteren wertmultiplizierenden Bestandteil der Immobilienbewertung dar und hat damit direkte Auswirkungen auf die Renditeberechnung. Das Real Estate Asset Management versucht daher, die Mietflächen werthaltiger zu strukturieren, auszuweiten und langfristig zu vermieten, mitunter durch den Abgleich der vermietbaren und vermieteten Flächen, Nachvermietungen, eine Reduktion von Leerständen und die Generierung von neuen Flächen, das Aufzeigen von Umnutzungs- und Drittverwendungsmöglichkeiten oder eine Überprüfung auf Erweiterungs-/Baulandreserven.
- *Erlösschmälerungen*
  Um die Rendite zu steigern, gilt es, die Einnahmen zu erhöhen und Zahlungsausfälle zu verringern bzw. im Idealfall gänzlich zu vermeiden, da Erlösschmälerungen den Wert eines Objekts mindern. Dies bewerkstelligt das Real Estate Asset Management durch ein aktives Forderungsmanagement, die Kündigung von Mietern mit Zahlungsrückständen, die Vermeidung von Mietminderungen mittels einer umgehenden Analyse der Gründe hierfür und der direkten Ursachenbeseitigung, durch Vermietungsincentives, die direkte Mieteransprache und Verhandlung der Mietverträge sowie das Aufzeigen von Veränderungsmöglichkeiten für Mieter im Bestand.
- *Vermietungsmanagement*
  Die in den Mietverträgen festgesetzte Miethöhe und Mietvertragsdauer bilden die Grundlage für nachhaltige Mietzahlungen, die Berechnung des Mietertrags und damit für die Immobilienbewertung. Im Sinne der Investoren arbeitet das Real Estate Asset Management – in Kooperation mit externen Dienstleistern – die Mietverträge aus. Außerdem gehören zu diesem Aspekt bspw. die Verhandlung von kurzfristigen Mietverträgen bei temporären Leerständen, die Unterzeichnung von langfristigen Mietverträgen bei Bestandsimmobilien, die Neuvermietung von Flächen zur Leerstandsreduktion durch bonitätsstarke Mieter, eine Veränderung bzw. Anpassung des Mietermix im Rahmen einer Repositionierung des Objekts, die Nutzung von Synergien zwischen Mietern, die Erarbeitung von Vermietungskonzepten und zielgerichtete Werbemaßnahmen, eine Zusammenarbeit mit ausgewählten professionellen Maklern, die Berücksichtigung der Mieterwünsche/Expansionspläne durch direkten Kontakt mit den Mietern, die De-

finition der Angebotsqualität und Vermietungsincentives, die Festlegung des Ausstattungsstandards der Flächen und ggf. Nachbesserungen dieser Standards, die Durchführung von kontinuierlichen Vermietungsaktivitäten und Mieterveranstaltungen oder eine schnelle Bearbeitung von Mietanfragen.

– *Mietermanagement/Mieterzufriedenheit*
Eine hohe Mieterzufriedenheit trägt zu einer geringen Fluktuation der Mieter bei, sorgt damit für kontinuierliche (hohe und langfristige) Mietzahlungen und verringert wechselbedingte Verwaltungs- und Investitionskosten. Bestehende Mietverträge stellen überdies eine Benchmark für weitere Vermietungsaktivitäten und die geforderte Miethöhe dar und wirken sich damit direkt auf die Rendite aus. Das Real Estate Asset Management ist hierbei u. a. verantwortlich für niedrige Mietausfälle/Vermietungs- und Leerstandskosten, eine intensive Kontaktpflege mit den Bestandsmietern, die Antizipation und Umsetzung von Mieterwünschen zur Steigerung der Mieterzufriedenheit und Vertragsverlängerung, aber auch für die Optimierung des Nutzermix und der Mieterqualität sowie -bonität zur Steigerung der Reputation und Ansiedelung weiterer langfristiger Mieter. Beispielsweise kann ein sehr hochwertiger Mieter als „Magnet" für weitere Mieter dienen, gleichsam suchen Mieter auch die Nähe zu ergänzenden Mieterstrukturen wie bspw. im Bereich Medizin/Gesundheit.

– *Objekt- und Standortmarketing*
Die (Neu-)Positionierung eines Objekts über ein professionelles Objekt- und Standortmarketing führt zu einer positiven Wahrnehmung bzw. Aufwertung des Standorts, was die Immobilie attraktiver für die (potenziellen) Nutzer macht und höhere Mieten rechtfertigen kann. Gleichzeitig besteht durch Marketingevents vor Ort die Möglichkeit, gezielt Mieter für einen Standort zu gewinnen. Das Real Estate Asset Management legt dazu die Zielsetzungen für die Positionierung fest und koordiniert alle erforderlichen strategischen und operativen Aktivitäten, etwa die Organisation von Veranstaltungen und Öffentlichkeitsarbeit bei größeren Objekten, Werbemaßnahmen am Objekt oder die Ansprache von gewünschten Mietern an einem Standort.

– *Mietvertragsgestaltung*
Mietverträge sind im Transaktions- und Bewertungsprozess entscheidend, da Käufer den Wert eines Objekts anhand dieser Verträge und der darin kodifizierten Mietzahlungen/Cashflows bemessen. Gerade bei der Gestaltung der Mietverträge kommt dem Real Estate Asset Management – zumeist in Kooperation mit Anwälten – daher besondere Relevanz zu, da speziell bei Gewerbeflächen Ertrags- und Kostenpositionen frei gewählt werden können und damit direkte Auswirkungen auf die laufenden Einnahmen und den Wert des Objekts haben. Außerdem überprüft das Real Estate Asset Management alle mit dem Mietvertrag verbundenen Positionen, bspw. die Einhaltung des Schriftformerfordernisses, die Zahlung der Mietkaution oder die Anpassung an Indexierungen.

- *Nebenkostenumlage*
  Da die Nebenkosten die Einnahmen aus dem Objekt und damit die Objektrendite mindern, sollten sie möglichst nicht von den Investoren getragen werden. Dies erreicht das Real Estate Asset Management, indem ein möglichst großer Teil der Betriebs-, Instandhaltungs- und Instandsetzungskosten auf die Mieter, insbesondere in Gewerbemietverträgen, übertragen wird. Eine weitere Möglichkeit besteht darin, kostenintensive Verträge, bspw. für Reparaturen, Hausverwaltung, Facility Management oder Property Management, zu kündigen, neue Vertragsstrukturen zu implementieren und damit die Ausgaben zu reduzieren. Darüber hinaus wird analysiert, wie Skaleneffekte bei gemeinsamen Beauftragungen genutzt und doppelte Vergaben reduziert werden können.

3.2.3.6 Wertoptimierungsansätze auf der Ausgabenseite

Das Real Estate Asset Management strebt sowohl bei periodisch als auch bei aperiodisch auftretenden Ausgaben ebenfalls Verbesserungen an (*vgl. Hoerr, 2011*):

- *Periodisch auftretende Ausgaben*
  Um bei periodisch auftretenden Ausgaben im Lebenszyklus einer Immobilie zu sparen, können die Betriebskosten durch Einsparungen und Neuverhandlungen reduziert, Dienstleistungsverträge durch effiziente Verträge optimiert, Economies of Scale, bspw. im Einkauf, sowie eine einheitliche und damit kostensparende IT-Ausstattung genutzt, Redundanzen bei der Auftragsvergabe vermieden, Stichproben mit Leistungs- und Ergebniskontrollen durchgeführt und Benchmarkings mit einem Soll-Ist-Vergleich implementiert werden, um Mehrkosten frühzeitig zu erkennen. Ebenso sind eine kostensparende Kooperation mit Hausverwaltungen, eine ständige Kontrolle und ggf. Optimierung der Nebenkostenumlage und des Umlageschlüssels, Investitionen in effiziente Haustechnik/Gebäudehüllen/Heiz- und Kühltechnik, auch verbunden mit höheren Mietzinsen, eine Reduktion der Leerstandskosten, bspw. durch die Stilllegung von nicht benötigten Flächen, und eine Verbesserung des Reinertrags, etwa durch eine verursachungsgerechte Umlage, von Vorteil.
- *Aperiodisch auftretende Ausgaben*
  Die Leistungen des Real Estate Asset Management zielen darauf ab, aperiodisch auftretende Ausgaben zu reduzieren und damit die Erlöse für die Investoren zu steigern. Hierzu zählen die Reduktion von Einmalausgaben für Instandsetzungsmaßnahmen und Modernisierungskosten, die Durchführung von Mieterausbauten durch die Mieter selbst, das Verringern von Maklerprovisionen und die Beschleunigung von Vermietungsaktivitäten. Hinzu kommt, dass die Ausstattungsstandards vorab definiert bzw. vorgegeben werden, darüber hinausgehende, höherwertige Ausbauten nicht finanziert werden, komplexe Maßnahmen strukturiert gesteuert oder kostenintensive Aufträge neu vergeben werden.

3.2.3.7 Controlling und Reporting

Die Leistungen, Handlungsempfehlungen und externen Beauftragungen des Real Estate Asset Management müssen einem Controlling und Monitoring unterzogen werden, um die Umsetzung der Maßnahmen zu kontrollieren, insbesondere bei externen Dienstleistern (vgl. auch Kapitel F.1.4). Zugleich wertet das Real Estate Asset Management die Reportingberichte der nachgelagerten Ebenen aus, sammelt und interpretiert zentrale Informationen, gibt diese dann strukturiert und gebündelt an die Investoren- bzw. Portfoliomanagementebene weiter und nutzt sie für den eigenen Bedarf. Die Berichte enthalten quantitative Angaben (u. a. Soll-Ist-Vergleiche, Businesspläne, Mietentwicklung) und qualitative Bestandteile (u. a. Beschreibung von Vermietungen, Baumaßnahmen, Konkurrenzsituation und sonstigen Aktivitäten). Ergänzt um das eigene Research von Marktmieten, marktüblichen Incentives und Ausstattungsstandards dienen sie dazu, Chancen und Risiken des Markts und des Objekts frühzeitig zu erkennen.

Das laufende Controlling, Monitoring und Reporting werden durch die ständige Abstimmung der Entscheidungen mit den Investoren/Eigentümern und/oder dem Portfoliomanagement ergänzt und umfassen (vgl. Trübestein, 2009):
- Sicherstellung der Dokumentation auf Objektebene,
- Anfertigung und Auswertung des Reportings,
- Monitoring und Überwachung der geplanten Objektperformance,
- Controlling von Objektbudgets,
- Analyse/Bewertung der Performance des Facility bzw. Property Management,
- Risikomanagement auf Objekt- und Prozessebene.

Das Real Estate Asset Management schafft mit dem Controlling, Reporting und Monitoring einen strukturellen Mehrwert für den Investor, da alle durchgeführten Maßnahmen beschrieben, reflektiert und auf ihren Erfolg hin überprüft werden. Beim Reporting stellt die Struktur des Real Estate Asset Management sicher, dass die Daten transparent dargestellt werden, eine einheitliche Datenbasis – im Idealfall mit gleichen IT-Systemen/Schnittstellen – geschaffen wird und Kennzahlensysteme bereitstehen. Damit können Vergleiche, Szenarioanalysen, Prognosen und Benchmarkings vorgenommen werden und ein schnelles und einheitliches Abrufen der Informationen wird ermöglicht. Im Bereich der Mietverträge kommt dem Controlling darüber hinaus eine Warnfunktion zu, bspw. bei Mietrückständen, Restlaufzeiten oder Indexierungsmöglichkeiten.

3.2.3.8 Anwendung von Real-Estate-Asset-Management-Strategien

Die Wirkungsweise und Einbindung des Real Estate Asset Management sind abhängig von unterschiedlichen Faktoren wie Objektlage, Objekttyp und Objektalter sowie von der Investitionsstrategie des Investors und den daraus resultierenden Vorgaben für die Portfolios und Objekte. Das Real Estate Asset Management ist für die Bestandsaufnahme und -analyse, die Strategieentwicklung, die Umsetzung und Kontrolle der Strategie sowie für das Reporting bezüglich der ihm übertragenen Objekte verantwortlich. Die jeweiligen Investitionen in unterschiedliche Objekte, bspw. Wohnen, Büro, Shopping, Industrial/Light Industrial/Logistik oder Sonder-/Betreiberimmobilien variieren naturgemäß stark in der Strategie, Ausrichtung, Betreuungsintensität und auch im Wertsteigerungspotenzial. Daher sind die (Norm-)Strategien des Real Estate Asset Management nicht universell einsetzbar, sondern müssen auf den jeweiligen Immobilientyp und die investierten Risikoklassen abgestimmt werden (vgl. Abbildung 6). Ferner interagierten die Strategien mit staatlichen Vorgaben und Regelungen, die die Möglichkeiten des Real Estate Asset Management zur Renditesteigerung stark einschränken wie bspw. im Fall von Wohnraummietverträgen.

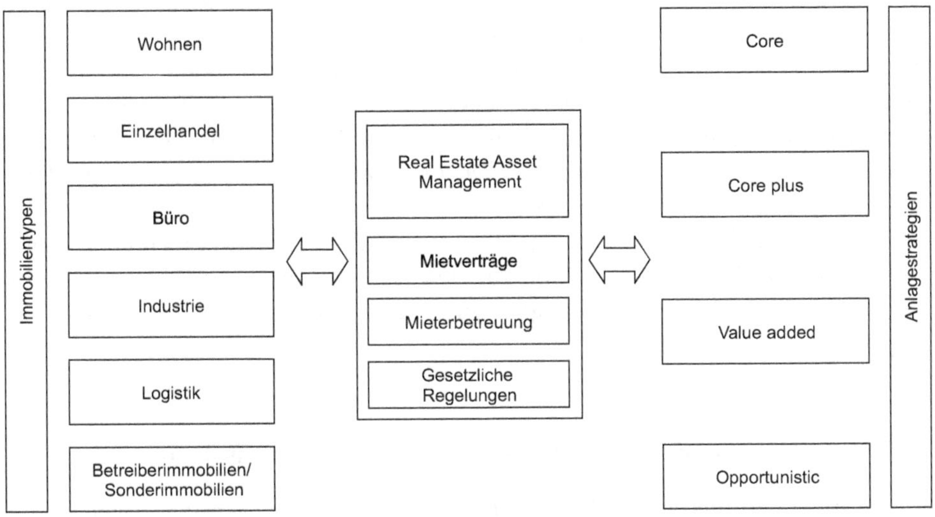

Abb. 6: Entwicklung einer Real-Estate-Asset-Management-Strategie (Quelle: eigene Darstellung)

Investitionsstrategien lassen sich prinzipiell als Core, Core plus, Value-added und Opportunistic klassifizieren und sind jeweils mit sehr unterschiedlichen Tätigkeiten im Real Estate Asset Management verbunden (vgl. Hoerr, 2011).

Bei Investitionen in *Core-Immobilien* (niedriges Risiko und Cashfloworientierung) geht es beim Real Estate Asset Management vor allem um die Sicherstellung eines nachhaltigen Ertrags aus dem laufenden Mietertrag sowie um den Erhalt des (hochwertigen) Gebäudes über eine mittel- bis langfristige Haltedauer. Die gehobene Mieterstruktur gilt in der Regel als anspruchsvoll, was eine hohe Betreuungsintensität mit sich bringt.

Bei Investition in *Core-plus-Immobilien* (niedriges Risiko und niedrige Rendite) bestehen die Aufgaben des Real Estate Asset Management vornehmlich in der Stabilisierung und dem Erhalt des laufenden Mietertrags sowie der guten Gebäudequalität über eine mittel- bis langfristige Haltedauer. Dazu ist eine hohe Integration der tendenziell anspruchsvollen Mieter notwendig, wobei eine Optimierung des Mietermix den Gebäudewert erhöhen kann.

Bei Investitionen in *Value-added-Immobilien* (hohes Risiko und hohe Rendite) liegt der Schwerpunkt der Tätigkeiten des Real Estate Asset Management auf der Realisierung von Wertsteigerungspotenzialen, bspw. durch Neuvermietung, Änderung des Mietermix, Repositionierung des Objekts und Standorts oder Sanierung, über eine kurz- bis mittelfristige Haltedauer. Die Rendite ergibt sich dabei aus der Hebung von Wertsteigerungspotenzialen und dem optimalen Verkaufszeitpunkt.

Bei *opportunistischen* Investitionen (sehr hohes Risiko und sehr hohe Rendite) setzt das Real Estate Asset Management den auf Wertsteigerungen ausgerichteten Businessplan über eine kurz- bis mittelfristige Haltedauer um, wie etwa durch eine Neustrukturierung für Weiterverkäufe. Zudem beschäftigt sich das Real Estate Asset Management mit Projektentwicklungen und einer intensiven Entwicklung des Standorts mit dem Immobilienbestand. Die Rendite basiert in hohem Maß auf Wertsteigerungen und dem geplanten Exit.

Aufgrund der unterschiedlichen Strategien seitens der Investoren und der damit verbundenen Aufgabenbereiche und Tätigkeitsschwerpunkte des Real Estate Asset Management weichen auch die Organisationsstrukturen des Real Estate Asset Management voneinander ab.

3.2.4 Organisation von Real Estate Asset Management

Die Leistungserbringung im Real Estate Asset Management ist durch eine Abwägung zwischen Eigen- und Fremdleistungen (Outsourcing) geprägt, die je nach Organisationsstruktur von Faktoren wie Strategie, Kosten und Personal beeinflusst wird. Möglich sind eine (vollständige) interne Leistungserbringung beim Investor, eine interne Leistungserbringung in Kooperation mit externen Partnern oder eine rein externe Leistungserbringung. Daneben bestehen individuelle Organisationsformen und -ausprägungen innerhalb der vorab dargestellten Leistungen, sodass grundsätzliche Aussagen über einheitliche Organisationsstrukturen nur bedingt möglich sind (vgl. Abbildung 7).

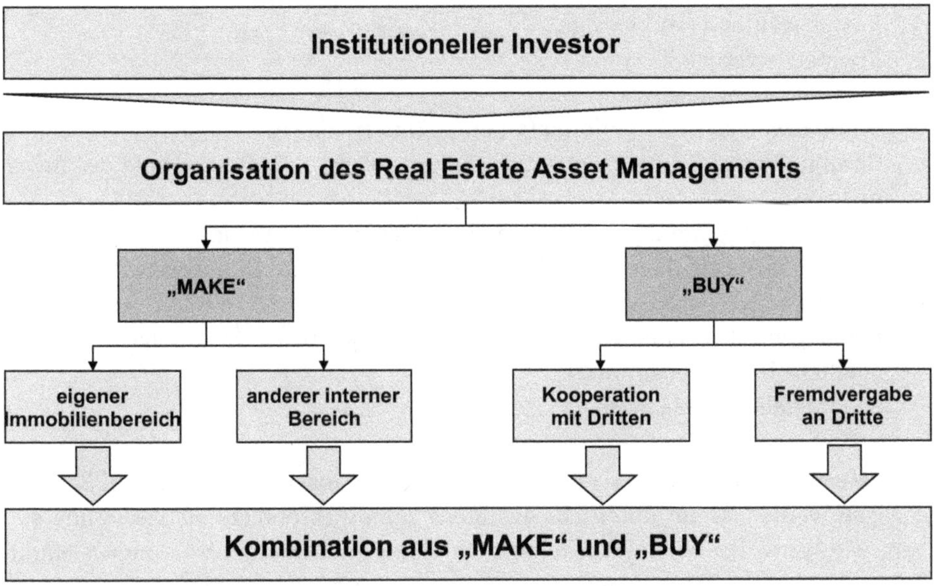

Abb. 7: Make-or-Buy-Entscheidungen im Real Estate Asset Management (Quelle: eigene Darstellung)

Mit dem Immobilienerwerb durch (internationale) Investoren, die lediglich über ein eingeschränktes lokales Real-Estate-Asset-Management-Know-how verfügen, nimmt die Nachfrage nach externen Real-Estate-Asset-Management-Leistungen zu. Je nach der Beschaffenheit und dem Umfang der Leistungen bei einer Fremdvergabe differieren die Transaktionskosten, die im Vergabeprozess von folgenden Faktoren determiniert werden:
- Spezifität (Eigenheit) der Leistung,
- Bedeutung der Leistung,
- Unsicherheit bei der Leistungserstellung,
- Häufigkeit der Leistungserbringung.

Ein **internes Real Estate Asset Management** hat den Vorteil, dass eigenes Immobilien-Know-how aufgebaut und im Unternehmen gehalten wird, der Kontakt zu den Mietern gewährleistest ist und eine Einbindung in die (unternehmens)internen Abläufe erfolgt bzw. die Koordination dieser. Nachteilig können sich indessen eine geringere Flexibilität und hohe Fixkosten für die Mitarbeiter auswirken, die insbesondere bei „kleinen“ Immobilienportfolios vorhanden sind. Weitere Motive und Kriterien für ein internes Real Estate Asset Management sind:
- Keine Gefahr sinkender Objektqualitäten,
- Outperformen einer Benchmark,
- Kosten bei der Vertragsvergabe,

- Kosten während des Vertrags,
- Kompetenzverlust,
- Aufwand beim Insourcen,
- Verbleib von sensiblen Informationen im Unternehmen,
- Gesamte Wertschöpfungskette als Kernkompetenz nicht in der Hand des Investors,
- Verlust von Vergütung und Performancebeteiligung an Dritte,
- Keine Präsenz auf dem Markt und kein Aufbau von Markt-Know-how,
- Wahrung der Vertraulichkeit nicht gesichert,
- Kein eigener Track Record des Investors als Marketing ggü. Kapitalgebern,
- Mögliche Interessenkonflikte,
- Schnittstellenproblematik.

Ein **externes Real Estate Asset Management** sollte insbesondere dann in Betracht gezogen werden, wenn unternehmensintern keine Ressourcen zur Verfügung stehen, wie bspw. bei einem Markteintritt in einen unbekannten bzw. neuen Markt. Zudem besteht die Möglichkeit, nur einzelne Fachbereiche fremd zu vergeben oder diese in einer Kooperation zu erbringen. Im Rahmen einer **Kooperation** mit externen Anbietern bzw. im Rahmen eines Joint Venture kann es zu einem hohen Maß an Interessenkongruenz zwischen den Partnern kommen, bspw. durch eine Unternehmensbeteiligung beider Kooperationspartner oder eine hohe Kontrollmöglichkeit durch die Partner. Zudem kann ein schneller Markteintritt in neue Märkte erfolgen, auf denen folgende Aspekte zuträglich sind:
- Geringe Fixkosten, geringer Zeitaufwand, optimale Skalierbarkeit,
- Hohe Anpassungsgeschwindigkeit und -flexibilität,
- Spezialisierte Dienstleister mit entsprechenden Fach- und Marktkenntnissen,
- (Gegebenenfalls) guter Track Record und gutes Image des Dienstleisters,
- Mögliche Kosteneinsparung,
- Fehlendes Know-how,
- Verbesserung der Wertschöpfung,
- Steigerung des Immobilienwerts,
- Investitionen in neue/fremde Märkte,
- Erhöhung der Flexibilität,
- Konzentration auf Kernkompetenzen,
- Klare Zuordnung der Kosten.

Das Real Estate Asset Management ist wiederum durch unterschiedliche Organisationsstrukturen geprägt, die von einer Eigenerstellung der Leistung bis zu einer vollständigen Fremdvergabe reichen (vgl. Abbildung 8).

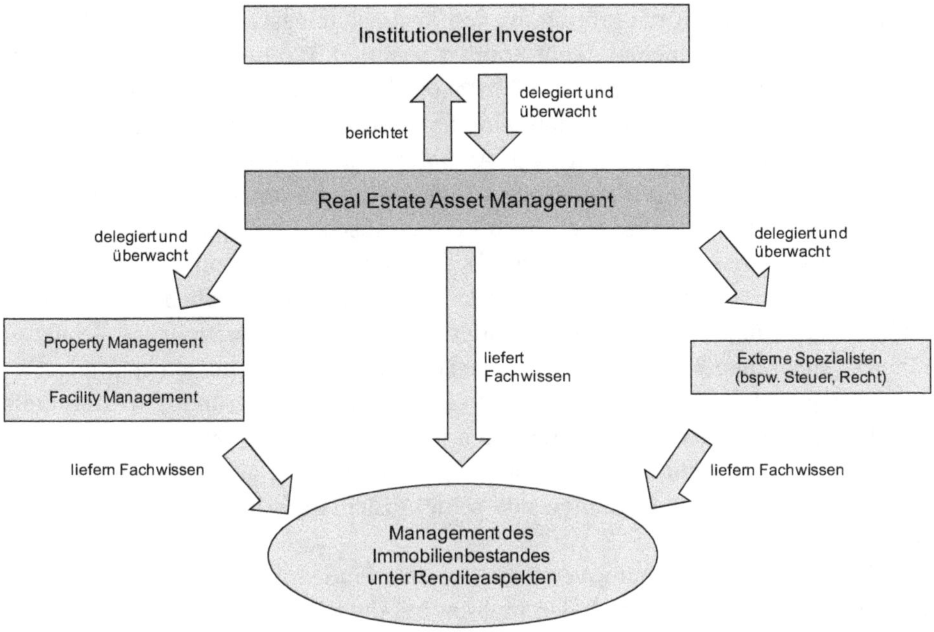

Abb. 8: Entwicklung einer Real-Estate-Asset-Management-Strategie (Quelle: eigene Darstellung)

Vertragsbeziehungen zwischen einem Investor und (internem oder externem) Real Estate Asset Management bzw. zwischen dem Portfoliomanagement und dem Real Estate Asset Management basieren regelmäßig auf einem Dienstvertrag (§ 611 BGB), während Verträge zwischen dem Real Estate Asset Management und den nachgelagerten, rein operativen Ebenen sowohl mittels Dienstvertag als auch mittels Werkvertrag (§ 631 BGB) operationalisiert werden können.

3.2.5 Vergütung von Real Estate Asset Management

Das Real Estate Asset Management erlangt durch sein strategisches und operatives Wirken Einblicke in unternehmensinterne Bereiche und seine Handlungen und Entscheidungen haben direkten und signifikanten Einfluss auf die Strategien und Anlageergebnisse von Investoren. Insbesondere beim Fremdbezug von Real-Estate-Asset-Management-(Teil-)Dienstleistungen besteht daher die Notwendigkeit, einem möglicherweise opportunistischen Verhalten des Leistungsanbieters vorzubeugen, die Motivation des Dienstleisters, den Vertrag optimal zu erfüllen, sicherzustellen und im Idealfall die Erwartungen sogar zu übertreffen.

In einer solchen Auftraggeber-Auftragnehmer-Beziehung (sog. Principal-Agent-Beziehung) ist in diesem Sinne eine hohe Kongruenz der Interessen auf beiden Seiten erforderlich, damit die Erbringung von Real-Estate-Asset-Management-Leistungen nicht in einem Principal-Agent-Konflikt resultiert. Der Investor als Principal ist an einer hohen Wertsteigerung des Portfolios und geringen Kosten interessiert ist, während der Dienstleister als Agent eine hohe Vergütung mit möglichst geringem Arbeitsaufwand erzielen möchte (vgl. Abbildung 9). Problematisch ist dabei, dass Investoren vor der Beauftragung eines internen oder externen Real Estate Asset Management (ex ante), aber auch nach Vertragsabschluss (ex post) die Leistungen des Real Estate Asset Management nur bedingt einschätzen können. Da der Assetmanager aufgrund seiner Nähe zum Objekt „besser" mit den Gegebenheiten und der wahren Situation sowie den Herausforderungen im Objekt vertraut ist, besitzt er einen strategischen Wissensvorsprung, den er opportunistisch nutzen könnte.

Der Agent kann dem Investor seine eigentlichen Beweggründe für bestimmte Handlungsweisen verheimlichen („Hidden Intentions"), seine Fähigkeiten nicht objektiv darstellen („Hidden Characteristics"), Informationen zurückhalten („Hidden Information") oder sein Verhalten und seine Absichten nicht offenlegen („Hidden Action").

Um derartige „Täuschungsversuche" zu unterbinden, bieten sich umfangreiche Reportinganforderungen durch den Investor an, die wiederum kostenintensiv sind, oder eine adäquate Vergütungsstruktur bestehend aus einer fixen Vergütung (Basishonorar), einer variablen und/oder einer erfolgsabhängigen Vergütung.

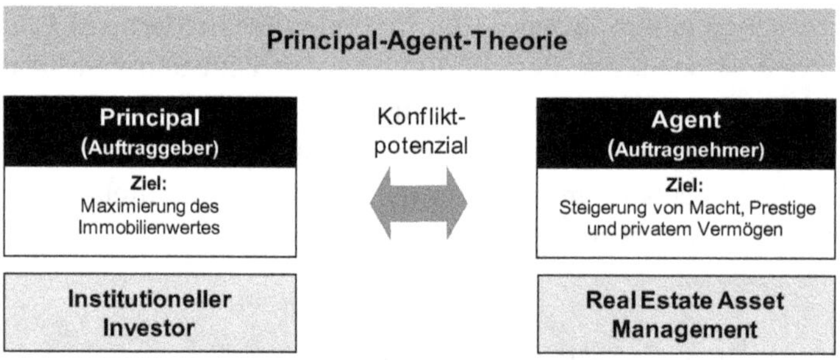

Abb. 9: Principal-Agent-Theorie beim Real Estate Asset Management (Quelle: eigene Darstellung)

Eine erfolgsabhängige Vergütung kann idealerweise eine Angleichung der Interessen beider Vertragsparteien nach sich ziehen, denn das Real Estate Asset Management ist incentiviert, für eine höhere Vergütung die gesetzten (Zwischen-)Ziele zu erreichen und den Objektwert zu steigern, und der Investor hat damit ein Steuerungsmittel in der Hand, um die Leistungsbereitschaft des Real Estate Asset Management zu erhöhen und dessen Kompetenz sicherzustellen.

Bei der Vertragsgestaltung kommt es daher häufig zu einer Mischung unterschiedlicher Vergütungssysteme aus einer fixen Basisvergütung und einer variab-

len/erfolgsbasierten Vergütung als Ergänzung oder Teil der Gesamtvergütung. Hierbei haben sich – theoretisch und empirisch – die Istnettokaltmiete sowie der Portfoliowert als sinnvolle Bemessungsbasis etabliert (vgl. Frensch/Fischer, 2005) u. a. mit:
- Asset Management Fee auf Basis der Istnettokaltmiete zwischen 0,75 und 3,50 %,
- Asset Management Fee auf Basis des Portfolioverkehrswerts zwischen 0,10 und 0,40 %.

Eine erfolgsabhängige Vergütung kann durch Stock Options, die Auszahlung einer Sondervergütung (sog. Bonus), Tantiemen, Prämien bzw. Erfolgsprämien, Provisionen oder sonstige weitere Modellen ergänzt werden. Sondervergütungen können Zahlungen bspw. bei Leerstandsabbau oder Provisionsvereinbarungen bei Vermietungen beinhalten (Frensch/Fischer, 2005, Hoerr, 2011, S. 666; Quante, 2011, S. 179) sowie ferner:
- Neuvermietungen (ein bis vier Monatsnettokaltmieten oder gestaffelter Prozentsatz des Mietwerts in Abhängigkeit von der Mietvertragslaufzeit, vom Quadratmeterpreis und von zusätzlichen Maklerprovisionen),
- Verlängerung der Festlaufzeit bei Bestandsmietern (ein bis zwei Monatsnettokaltmieten oder gestaffelter Prozentsatz des Mietwerts in Abhängigkeit von der Mietvertragslaufzeit, dem Quadratmeterpreis und der neuen Laufzeit),
- Mieterhöhungen (je nach Quadratmetermietpreis und Festlaufzeit gestaffelter Prozentsatz des zusätzlichen Mietwerts),
- Bewirtschaftungskostensenkung (prozentuale Beteiligung an den eingesparten Kosten),
- Baumanagement (in Abhängigkeit von der Leistungstiefe 5 bis 10 % des Investitionsvolumens),
- Projektentwicklungen/Sanierungen (in Abhängigkeit vom Bauvolumen (Nettoauftragswert) rund 6 bis 12 % des Bauvolumens),
- Wertsteigerung/Verkauf (Grundvergütung zuzüglich einer Provision bei Übertreffen eines Mindestverkaufspreises),
- Steigerung des Reinertrags bzw. Net Operating Income,
- Einhaltung des Businessplans und Erfüllung der Zielrendite.

Grundsätzlich scheint eine erfolgsbasierte Vergütung empfehlenswert, jedoch sollten die Vertragspartner u. a. die Bemessungsgrundlage, den Zeitraum der Vergütungsverläufe (bspw. progressiv, linear, degressiv), die Auszahlungsmodalitäten oder die Bezugsgrößen vorab klar definieren. Überdies birgt eine erfolgsabhängige Vergütung auch das Risiko von Fehlsteuerungen in sich, da das Real Estate Asset Management möglicherweise in einem kurzfristigen Zeithorizont handelt, um dadurch seine Performance für die Bemessungsgrundlage zu steigern. Diese kann bspw. in unterlassenen Instandhaltungen resultieren kann, die langfristig suboptimal und wertmindernd für die Investitionen sein können.

3.2.6 Auswahl eines Real Estate Asset Management

Die Auswahl eines Real Estate Asset Management ist in Anbetracht von Principal-Agent-Konflikten mit Herausforderungen für (institutionelle) Investoren verbunden und sollte zur Risikoreduktion für den Auftraggeber u. a. auf vertraglichen Strukturen und „weichen", nicht quantifizierbaren Kriterien wie bspw. Erfahrungen beruhen. Mögliche Auswahlkriterien für ein Real Estate Asset Management sind:
- Wertentwicklung bisheriger Portfolien,
- Erfahrung/Track Record,
- Anzahl sonstiger Mandate,
- Vergütungsstruktur,
- Image/Reputation,
- Internationale/nationale Präsenz,
- Entfernung,
- Eigenkapitalbeteiligung des (externen) Real Estate Asset Management,
- Erreichbarkeit,
- Vertragslaufzeit,
- Implementierung von Vertragsbestandteilen in Mitarbeiterverträgen.

Empirische Erhebungen konnten in diesem Kontext zeigen, dass insbesondere die Erfahrung/Track Record eines Real Estate Asset Management von Relevanz für die Auswahl sind (vgl. Trübestein, 2011).

3.2.7 Zusammenfassung und Ausblick für das Real Estate Asset Management

Einhergehend mit der verstärkten Internationalisierung und Professionalisierung der Immobilienwirtschaft ist es in den letzten Jahren zu einem vermehrten Auftreten neuer immobilienspezifischer Managementdisziplinen, allen voran das Real Estate Asset Management, gekommen. Verstärkt wurde diese Entwicklung durch eine zunehmende Cashflow- und Renditeorientierung bei der Assetklasse Immobilien zusammen mit einem aktiven Immobilienmanagement und professionellen Eigentümervertretungen für internationale Investoren.

Das Real Estate Asset Management vereint unterschiedliche strategische, taktische und operative Bereiche in sich und nimmt in diesem Zusammenhang eine Mittlerfunktion zwischen dem rein strategisch orientierten Investment- und Portfoliomanagement und der operativen Objektebene mit dem Property und Facility Management ein. Empirisch ließen sich mit einem Real Estate Asset Management im strategischen Sinn, einem Real Estate Asset Management im weiteren Sinn und einem Real Estate Asset Management im engeren Sinn drei Sichtweisen von Real Estate Asset Management bestimmen, wobei sich für eine konzeptionelle Betrachtung vor allem die Definition des Real Estate Asset Management im weiteren Sinn anbietet. Diese Ausprägung des Real Estate Asset Management beinhaltet die Planung, Steuerung und Kontrolle sämtlicher wertbeeinflussender Maßnahmen während der Haltephase einer Immobilie als Kapitalanlage sowie auch die Bereiche vor und nach der Haltephase (Transaktionsmanagement), jeweils in enger Kooperation mit weiteren (externen) Dienstleistern, und hat zum Ziel, die Rendite zu steigern und den Eigentümer zu vertreten.

Auf dem Markt sind derzeit unterschiedliche Organisationsstrukturen erkennbar, die von einer vollständigen internen Leistungserbringung über ein Kooperationsmodell zwischen internen und externen Leistungseinheiten bis zu einer vollständigen externen Leistungserbringung reichen. Die Vertrags- und Delegationsbeziehungen zwischen den Vertragspartnern sind durch Konflikte und Eigeninteressen geprägt, die jedoch mittels eines Reportingsystems und/oder einer attraktiven Vergütungsstruktur, optimalerweise in Form einer variablen/erfolgsabhängigen Vergütung basierend bspw. auf der Istnettokaltmiete oder dem Portfoliowert, reduziert werden können. Die Auswahl eines „geeigneten" Real Estate Asset Managements basiert i. d. R. auf dem Track-Record des Anbieters bzw. der Anzahl und Art sonstiger Mandate.

Die Nachfrage nach Real-Estate-Asset-Management-Leistungen dürfte auch zukünftig im Steigen begriffen sein, zumal immer mehr ausländische Investoren auf den deutschsprachigen Markt strömen und in Ermangelung von „Ortskenntnissen" auf ein lokales Real Estate Asset Management angewiesen sind. Angesichts dieser Entwicklung und der weiteren Professionalisierung des Markts ist es zugleich wahrscheinlich, dass es in absehbarer Zeit zu einer Vereinheitlichung der Begriffswelten, der Organisationsstrukturen, der Anbieterleistungen und der Vergütungssysteme kommen dürfte.

3.3 Property Management

3.3.1 Einführung in das Property Management

Property Management ähnelt dem weit gefassten deutschen Begriff „Gebäudemanagement" und ist wie der Ausdruck Real Estate Asset Management nicht eindeutig definiert, vielmehr sind die Leistungstiefen im Property Management, je nach Geschäftsmodell, sehr unterschiedlich und differieren stark (vgl. Trübestein, 2011, S. 79; Teichmann, 2009, S. 70 ff). Das aus dem Englischen stammende Wort „Property" bedeutet übersetzt Vermögen bzw. Eigentum, Immobilie oder Grundstück, womit der Begriff mit Immobilien-, Grundstücks- oder Vermögensverwaltung gleichgesetzt werden kann. Vergleichbar mit dem Real Estate Asset Management stammen grundlegende Definitionen hierzu aus den USA oder UK: *Dubben/Sayce* verstehen Property Management als einen wertschöpfenden Prozess:

> Property management is the process of maintaining and creating value in real property consistent with the owner's objectives through the efficient balance of tenant and owner relations, financial budgeting and expense control, risk management and all other operational aspects of the property in compliance with the highest standard of professional ethics.
>
> (Dubben/Sayce, 1991, S. 51)

Für den deutschen Markt leitet *Teichmann* eine Definition des Property Managements ab:

> Property Management bezeichnet einen ganzheitlichen Ansatz der aktiven, ergebnisorientierten, strategischen und operativen Bewirtschaftung sowie ferner Bereitstellung und Verwertung von einzelnen Immobilien und Immobilienportfolios unter Einhaltung der Zielvorgaben des Investors bzw. Eigentümers. Während in der betrieblichen Praxis üblicherweise kaufmännische Leistungen in eigener Wertschöpfung, d. h. in Eigenleistung erbracht werden, erfolgen technische und infrastrukturelle Leistungen durch Subcontracting, d. h. in Fremdleistung, wobei das Property Management das Gebäude- bzw. Objektmanagement steuert. Das im Wesentlichen kaufmännische und interdisziplinär ausgerichtete Property Management übernimmt dabei die treuhänderische Wahrnehmung der Eigentümerfunktionen und ist Ansprechpartner für Nutzer und Mieter der betreuten Immobilien.
>
> (Teichmann, 2009, S. 71)

Das Property Management nimmt somit treuhänderisch Eigentümerfunktionen für die performanceorientierte Bewirtschaftung eines Gebäudes wahr und ist in dieser Funktion insbesondere für Nutzer und Mieter der Ansprechpartner. Ferner beauftragt, steuert und überwacht es das *reine* Gebäude- und Objektmanagement bzw. die ausführenden Dienstleistungsunternehmen. Damit ist der Property Manager für die aktive, ergebnisorientierte, strategische und operative Bewirtschaftung eines oder mehrerer Immobilienobjekte verantwortlich (Stengel, 2003, S. 325). Zugleich interagiert das Property Management mit dem Real Estate Asset Management und steuert als operative Einheit die Immobilie mit dem Ziel der Renditesicherung und Performanceoptimierung – insbesondere aus kaufmännischer Sicht.

3.3.2 Ziele und Aufgaben des Property Managements

Das Property Management ist in erster Linie für die operative Bewirtschaftung und die Sicherstellung der Renditefähigkeit einer Immobilie mithilfe einer Betriebskostenoptimierung und der physikalischen Instandhaltung der Immobilie verantwortlich (Dubben/Sayce (1991), S. 26; Frensch/Fischer (2007), S. 18; Bogenstätter (2008), S. 2; Galaty/Allaway/Kyle (2001), S. 301). Es ist für operative Steuerungsaufgaben, insbesondere die Pflege des Kontakts zu Mietern bzw. Nutzern und die Beauftragung und Überwachung der ausführenden Dienstleistungsunternehmen, zuständig und komplettiert somit die Aufgaben des Real Estate Asset Managements (Stengel (2003), S. 325) und des Facility Managements. Die Aufgabenbereiche, Kernprodukte und -leistungen des Property Managements umfassen u. a. (Trübestein (2011) S. 79 ff.; Teichmann (2009), S. 72; Dubben/Sayce (1991), S. 26):

- Treuhänderische Eigentümervertretung (in Zusammenarbeit bzw. Delegation durch das Real Estate Asset Management),
- Ansprechpartner vor Ort/operative Mieterbetreuung,
- Analyse Mieterstruktur,
- (operative) Umsetzung der Immobilien- bzw. Objektstrategie und damit Sicherstellung einer optimalen Nutzung der Immobilie u. a. mit Erarbeitung der Bewirtschaftungsstrategien, Bewirtschaftungsorganisation, Vermietungs-/Vermarktungsstrategie,
- Immobilienmarketing u. a. mit Steuerung der Vermietungs-/Vermarktungsaktivitäten und der verantwortlichen Institutionen/Personen,
- Sicherstellung einer reibungslosen technischen und infrastrukturellen Objektbewirtschaftung durch externen FM Dienstleister,
- Aufstellung bzw. Anpassung einer effizienten Bewirtschaftungsorganisation,
- Steuerung bei der operativ ausgerichteten Immobilienbewirtschaftung,
- Grundleistungen des kaufmännischen Facility Management mit u. a. Mietvertragswesen, Objektvertragswesen, Miet- und Objektbuchhaltung, Mahnwesen, Betriebs-/Nebenkostenabrechnung, Versicherungen, Budgetierung/Businessplanung, Reporting,
- Dienstleistungssteuerung, intensive systematische Planung, Umsetzung und Kontrolle auf allen Ebenen der wertschöpfenden Schlüsselfunktionen,
- Unterstützung und Umsetzung der Maßnahmen der wertorientierten Planung, Steuerung und Kontrolle von Immobilienobjekten,
- Unterstützung beim Transaktionsmanagement,
- Kontrolle des Gebäude- bzw. Objektmanagers,
- Allgemeines Immobiliencontrolling (Kostenplanung und -kontrolle, Budgetierung, wertorientierte Steuerung),
- Unterstützung beim Research,
- Reporting an das Real Estate Asset Management.

Das Property Management sorgt für die operative und ergebnisorientierte Umsetzung der genannten Maßnahmen und trägt die Verantwortung für die Bewirtschaftung des Objektes (Dubben/Sayce (1991), S. 26; Frensch/Fischer (2007), S. 18). In diesem Zusammenhang kommt insbesondere ein proaktiver Managementansatz für den Property Manager zum Tragen, der u. a. folgende Handlungsbeispiele umfasst

und in Koordination mit dem Real Estate Asset Management und dem Facility Management erfolgt:
- Überprüfung der Miet- und Bewirtschaftungsverträge bereits während der Implementierungsphase; aktives Aufzeigen von Handlungsnotwendigkeiten,
- Frühestmögliche Überprüfung der Optimierung der Umlagefähigkeit von Bewirtschaftungskosten in bestehenden Mietverhältnissen,
- Proaktive Einbeziehung der Vermietungsmanager in die Vermietungs-/Vermarktungsstrategie, dies in Reflexion zur Objekt-/Bewirtschaftungsstrategie,
- Performanceorientierte Bewirtschaftungs- und Vermietungskoordination,
- Überprüfung der bestehenden Vermietungskonzepte zu ausgewählten Immobilien,
- Proaktive Analyse einzelner Bewirtschaftungsleistungen für ausgewählte Immobilien,
- antizipiert Marktentwicklungen bzgl. des Portfolios,
- setzt konsequent die analysierten Immobilienpotentiale um und bildet sie in ein stringentes Immobiliencontrolling ab,
- Operative Umsetzung der Objektstrategie,
- Regelmäßige Überprüfung des Zielerreichungsgrades,
- Ableitung Handlungsempfehlungen aus dem Berichtswesen,
- Pro-aktive Beratung der Auftraggeber.

Ziel des proaktiven Handelns ist die Optimierung des Cash-In-Flow u. a. mit Optimierung der Vermietungsquote, Investition in neue Nutzungsarten, Optimierung der Kostenumlage/Verträge sowie die Optimierung des Cash Out-Flow u. a. mit Erstellung von Bewirtschaftungsanalysen, Überprüfung der Organisation und der Prozesse, Leistungsbündelung, Analyse Ausschreibung und Vergabe, Optimierung Leerstandskosten, Optimierung Instandhaltung, Optimierung Bewirtschaftungskosten.

3.3.3 Positionierung des Property Managements

3.3.3.1 Wechselwirkung zum Real Estate Asset Management und Facility Management

Das Property Management agiert zwischen dem Real Estate Asset Management, das die strategischen Vorgaben für das Immobilienobjekt definiert, sowie den Nutzern bzw. Mietern und dem Bereich der rein operativen Immobilienbewirtschaftung (Gebäudeverwaltung/Facility Management) und nimmt damit – in Kooperation und Abstimmung mit den jeweiligen Disziplinen – auch originäre Aufgaben des Real Estate Asset Managements und des Facility Managements wahr.

Dabei verantwortet das Property Management u. a. kaufmännische Funktionen des Facility Managements. Aufgrund des multidisziplinären Einsatzgebietes des Property Managements sind vertiefende Kenntnisse in technischen, kaufmännischen und infrastrukturellen Bereichen gefordert sowie operative Kenntnisse in Vermietung und Vermarktung.

3.3.3.2 Vertragliche Grundlagen des Property Management

In der Praxis beruht das Property Management i. d. R. auf einem Dienstleistungsvertrag nach § 611 BGB, während das Real Estate Asset Management in einem Geschäftsbesorgungsvertrag nach § 675 BGB organisiert ist. Der Property Management-Vertrag kann auch als Mischform aus Werkvertag (§§ 631 ff. BGB) mit der Hauptpflicht des Erfolgs und aus Dienstvertrag (§§ 611 ff. BGB) mit der Hauptpflicht der Tätigkeit organisiert sein. Erfolgsbezogene Inhalte im Sinne des werkvertraglichen Erfolges können dabei u. a. umfassen:

- Erstellung der Betriebskosten,
- Strukturierte Erfassung aller Einnahmen und Ausgaben Objektbuchhaltung,
- Erstellung definierter Reportings (Reportinghierarchie),
- Erstellung von Statistiken.

3.3.3.3 Anlagestrategien und Property Management

Die Anforderungen an das Property Management als operativer Renditesicherer variieren stark von den Investmentprofilen des Auftraggebers. Bei Investitionen in Core-Objekte ist das Verständnis für den Mieter als wichtigstes Asset für den Property Manager essentiell. Investitionen in Core plus-Objekte erfordern einen höheren Anspruch an das Reporting und einen höhere zeitpunktbezogene Transparenz durch das Property Management. Im Rahmen von value enhanced-Objekten sind die Planung der Liquidität und Optimierung der Mieter ein wesentlicher Bestandteil der Arbeit. Bei Investitionen in opportunistische Investitionen liegt ein Schwerpunkt auf der Wertoptimierung aus der Bewirtschaftung, einem Schwerpunktgebiet des Property Managers.

3.3.3.4 Auswahlkriterien für ein Property Management

Derzeit ist eine steigende Anzahl an Property Managern und Property Management-Unternehmen am Markt wahrnehmbar, folglich wählen Institutionen aus einem

„unübersichtlichen" Angebot an Dienstleistungen aus. Die Auswahl kann u. a. anhand folgender Kriterien durchgeführt werden:
- Bewirtschaftung: Langjährige Erfahrungen in der Bewirtschaftung von Großportfolien, Einkaufsmacht und effektive Steuerung von Dienstleistern,
- Regionalität: Präsenz in Ober-, Mittel-, Unterzentren,
- Personal: motiviertes Personal (Qualifizierungsnachweise, Referenzen), keine Bindung kundeneigener Ressourcen, Erhöhte Flexibilität in Portfoliostrategie,
- Kommunikation: Partnerschaftliche Kundenbeziehung, ein fester Ansprechpartner für Kunden,
- Integrierter Dienstleister mit komplexem immobilienwirtschaftlichem Knowhow,
- IT: Outsourcing Kompetenz/IT Plattform; Vollintegriertes SAP; Standardreporting.

3.3.4 Zusammenfassung und Ausblick zum Property Management

Der Markt für Property Management-Leistungen ist derzeit durch einen starken Umbruch geprägt mit zahlreichen neuen Marktteilnehmern und unterschiedlichen Leistungsangeboten. Neben den zahlreichen Konzepten und Angeboten kommt erschwerend für eine Vergleichbarkeit der Leistungen und Anbieter das Fehlen von einheitlichen Standards und Normen für Property Management als Dienstleistung hinzu. Folglich existiert auch kein detailliertes und/oder akzeptiertes Leistungsbild und damit keine Vergleichbarkeit der Zugehörigkeit und/oder Qualität der Dienstleistung. Erschwert wird dieser Umstand durch eine fehlende Abgrenzung zwischen Asset Management und Property Management sowie zwischen Property Management und Facility Management – vielmehr kommt es, je nach Geschäftsansatz und Organisationsstruktur, zu Überschneidungen in den Aufgabenbereichen und Kompetenzen.

Gleichwohl kann der Property Management-Markt als Wachstumsmarkt definiert werden, der anhand von Branchenstandards und Normen definiert werden sollte. Diese nachfragegetriebene Marktentwicklung wird u. a. durch internationale Investoren mit einem hohen Potenzial zur Fremdvergabe gefördert. Eine Professionalisierung der Branche wird zukünftig voraussichtlich einen Konsolidierungsprozess beschleunigen und in einer Zunahme der regionalen und sektoralen Spezialisierung bei Property Managern resultieren.

Zusammenfassend wird der Professionalisierungsgrad der bundesdeutschen Akteure in der Disziplin des „proaktiven Verwaltens" steigen. Projekte zum Rating von Property Management ermöglichen eine umfangreiche Definition von Standards, sowohl für Umfang der Dienstleistung als auch deren Qualität – derzeit befinden diese sich allerdings erst am Anfang.

3.4 Facility Management

3.4.1 Definition und Ziele des Facility Management

Seit 1986 der Begriff Facility Management (FM) das erste Mal in der deutschen Fachpresse erwähnt worden ist, haben sich die damit verbundenen Assoziationen mehrfach gewandelt. Das Konzept stammt aus den USA, wo es sich mit der ergonomischen, produktionsverbundenen Arbeitsplatzoptimierung befasste. Seit den neunziger Jahren verbindet man mit FM das Aufspüren von Einsparpotenzialen bei den Betriebskosten. Parallel dazu hat sich jedoch ein umfassenderes Verständnis für die Aufgaben und Möglichkeiten des FM herausgebildet.

Entsprechend variieren die möglichen Definitionen. Das amerikanische Facility Management Institute (später **IFMA**) schuf 1983 auf Anfrage der „Library of Congress" folgenden Eintrag für die Katalogisierung von Informationen: „Facility Management ist die Praxis, den physischen Arbeitsplatz mit den Menschen und mit den Aufgaben der Organisation zu koordinieren, wobei die Grundsätze der Betriebswirtschaft, der Architektur und der Verhaltens- und technischen Wissenschaften integriert werden." (Kahlen, S. 36). Hier steht eindeutig der Arbeitsplatz im Zentrum der Aktionen des FM, was auch in der Formel: PEOPLE – PROCESS – PLACE zum Ausdruck kommt.

Die **GEFMA**, Deutscher Verband für Facility Management e. V., Bonn, setzt in ihrer Definition einen stärkeren Akzent auf das Gebäude: „Facility Management ist der ganzheitliche strategische Rahmen für koordinierte Programme, um Gebäude, ihre Systeme und Inhalte kontinuierlich bereitzustellen, funktionsfähig zu halten und an die wechselnden organisatorischen Bedürfnisse anzupassen. Damit deren höchste Werthaltigkeit erreicht wird, bedarf es der Zusammenführung technischer und betriebswirtschaftlicher Bereiche" (GEFMA 100-1).

Der aus dem deutschen Chapter der IFMA hervorgegangene, deutsche Verband **RealFM** vertritt ebenfalls die Interessen der FM-Branche in Deutschland, sieht sich jedoch vornehmlich als Vereinigung der FM-Auftraggeber, d. h. der Eigentümer von Immobilien, die intern oder extern FM-Dienstleistungen nachfragen. RealFM hat – wie auch o. g. GEFMA – an der Entwicklung einer für ganz Europa gültigen FM Definition mitgewirkt. Diese ist 2006 in ihrer deutschen Fassung erschienen. **DIN EN 15221-1** definiert Facility Management bzw. Facility Management als: „Integration von Prozessen innerhalb einer Organisation zur Erbringung und Entwicklung der vereinbarten, Leistungen, welche zur Unterstützung und Verbesserung der Effektivität der Hauptaktivitäten der Organisation dienen" (DIN EN 15221-1. S. 5). Charakteristisch für diese Definition ist die Unterscheidung von Hauptprozessen des FM-Kunden und Unterstützungsprozessen des FM-Dienstleisters, vgl. Abbildung 10.

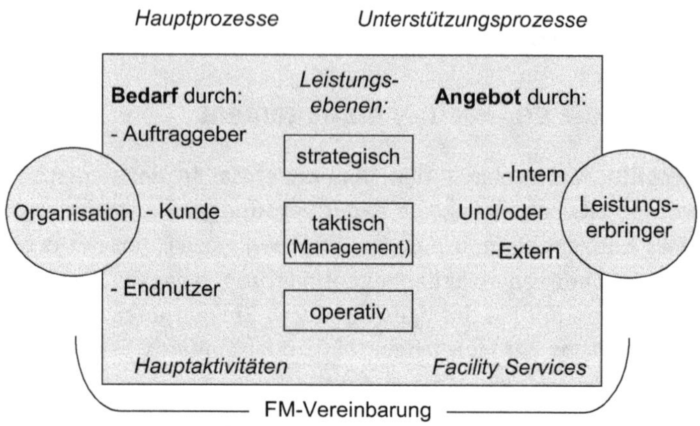

Abb. 10: FM-Definition gemäß DIN EN 15221-1 (Quelle: Eigene Darstellung)

Ziele des FM sind entsprechend der obigen Definitionen die Unterstützung des Menschen an seinem Arbeitsplatz bei der Erbringung seiner wertschöpfenden Hauptprozesse. Dies impliziert, dass die für den Hauptprozess benötigten Facilities, d. h. Gebäude, Anlagen, Geräte verlässlich und ressourcenschonend, d. h. nachhaltig genutzt werden können, was durch konzeptionelle und operative Leistungen des FM für den gesamten Lebenszyklus der Facilities sichergestellt wird. Weitere Ziele des FM bilden die gesicherte Übernahme von Betreiberverantwortung sowie – wenn alle zuvor genannten Ziele erfüllt wurden – die Senkung der Kosten für Gebäudebetrieb, -erhalt und weitere unterstützende Services. Entsprechend kann man von einer **Ziele-Hierarchie** sprechen:

0. (Basis): Einhaltung der gesetzlichen Rahmenbedingungen (u. a. keine Schädigung Dritter),
1. Unterstützung der Produktivität,
2. Werterhalt der Facilities,
3. Reduktion der Kosten.

Wesentlich ist dabei, dass eine Kostenreduktion nicht zu Lasten des Werterhalts der Gebäude oder gar durch Beeinträchtigungen der Produktivität im Primärprozess erzielt werden darf.

Als Konsequenz aus dieser Zieldefinition wird in den folgenden Kapiteln der Mensch mit seinen Arbeits- und Lebensbedürfnissen zum Ausgangspunkt genommen für eine ganzheitliche Konzeption des FM (vgl. Abbildung 11).

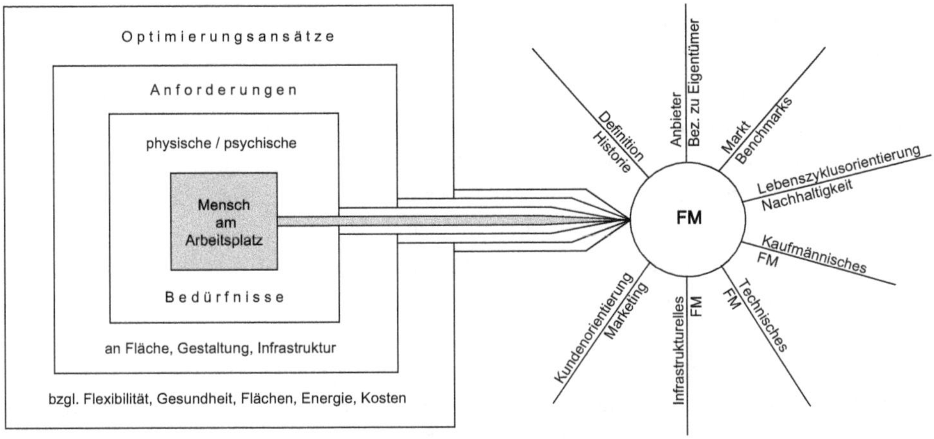

Abb. 11: FM – Ausrichtung an den Bedürfnissen des Menschen am Arbeitsplatz (Quelle: Eigene Darstellung)

3.4.2 Qualität des Arbeitsplatzes

Die Maßnahmen des Facility Management müssen sich an der Effektivität messen lassen, mit der sie die Mitarbeiter in ihrer Leistungserstellung unterstützen. Im Folgenden werden daher die Bedürfnisse des Menschen zum Ausgangspunkt genommen für Ansätze zur Arbeitsplatzoptimierung. Die Effizienz dieses Vorgehens ergibt sich aus dem herausragenden Anteil der Personalkosten an den Gesamtkosten bei Unternehmen in der Dienstleistungs- bzw. Wissensgesellschaft: Im Sinne einer Faustformel verhalten sich Personal- zu Gebäudekosten ungefähr wie 10 : 1.

Die **Produktivität des Arbeitens** ist u. a. abhängig von den räumlichen Rahmenbedingungen. Die eher unbewussten Bedürfnisse des Menschen am Arbeitsplatz treten in der Regel erst ins Bewusstsein, wenn sie eben nicht befriedigt werden, wenn Zugerscheinungen, Lärm oder schlechte Luft die Leistungsfähigkeit und – noch bedeutender – die Motivation der Mitarbeiter beeinträchtigen.

3.4.2.1 Physische Bedürfnisse des Menschen am Arbeitsplatz

Die physischen Bedürfnisse des Menschen an seinem Arbeitsplatz lassen sich nicht mit einer einzigen Richtgröße definieren. Sie sind lediglich als Spannweite der individuell unterschiedlichen Wahrnehmung zu erfassen, jeweils in Abhängigkeit von der konkreten Tätigkeit und der damit verbundenen Bekleidung.

Thermische Behaglichkeit = „Fühlen"
Die gefühlte Raumtemperatur ist abhängig von vier Faktoren: von Temperatur, Feuchtigkeit und Geschwindigkeit der Luft sowie von der Temperatur der Oberflächen. Dabei ist Strahlungswärme durch warme Oberflächen wirksamer für das Behaglichkeitsempfinden als Wärme, die durch die Luft übertragen wird. Eine hohe Luftfeuchtigkeit verstärkt ebenfalls die Temperaturempfindung, was besonders im Sommer nachvollziehbar wird. Luftgeschwindigkeiten über 0,1 bis 0,3 m/sec. werden als Luftzug wahrgenommen und führen dadurch zu thermischer Unbehaglichkeit (vgl. Schramek, S. 50 ff.)

Luftqualität = „Riechen"
Zum einen wird Raumluft nach ihrer geruchlichen Frische beurteilt. Zum anderen bemisst sich die Qualität der Raumluft nach der geruchsneutralen Belastung mit gesundheitsgefährdenden Stoffen: CO_2-Konzentration, TVOC-Konzentration (flüchtige organische Stoffe aus Baustoffen, z. B. Formaldehyd), Anteil von Kleinstpartikeln (Staub, Ruß), Schimmelsporen (durch Feuchte) und Bakterien.

Der Feuchtigkeitsgehalt der Luft sollte sich zwischen 40 % und 70 % bewegen. Zu trockene Luft trocknet die Schleimhäute aus und macht sie anfällig für Krankheitserreger. Zu hoher Feuchtigkeitsgehalt führt zu hygienischen Problemen: er fördert die Bildung von Bakterien und Schimmelpilzen.

Geräusche = „Hören"
Ein dauerhaft überhöhter Geräuschpegel (ab 90 dB(A)) schädigt das vegetative Nervensystem, ab 110 dB(A) leidet die Hörfähigkeit irreversibel. Lange vor dem Eintreten der gesundheitlichen Schäden ist eine laute Umgebung jedoch bereits anstrengend. Es kostet den Menschen Kraft, den Lärm zu ignorieren. Abhängig von der Büroorganisation kann aber auch eine fehlende Geräuschkulisse dazu führen, dass Einzelgeräusche wie z. B. Telefonate von Dritten störend wirken. Darüber hinaus ist die Art des Geräusches und der Informationsgehalt entscheidend: Vogelgezwitscher nimmt man positiver wahr als Verkehrslärm.

Beleuchtung = „Sehen"
Jeder Tätigkeit kann eine optimale Beleuchtungsstärke zugeordnet werden. Neben der absoluten in Lux (lx) gemessenen Beleuchtungsstärke sind die Helligkeits-Kontraste von Bedeutung. Zu starke Helligkeitsunterschiede bewirken Blendung z. B. direkt einfallendes Sonnenlicht oder eine reflektierende weiße Tischoberfläche. Eine allzu gleichmäßige Ausleuchtung wirkt ermüdend, da Kontraste fehlen, die z. B. als Schatten die räumliche Wahrnehmung erleichtern. Durch ein erhöhtes Beleuchtungsniveau kann man die Aufmerksamkeit lenken und Sehschwächen ausgleichen z. B. für Brillenträger und ältere Menschen.

3.4.2.2 Psychische Bedürfnisse des Menschen am Arbeitsplatz

Unsere psychischen Veranlagungen sind vielfach nicht aus den Erfordernissen einer Dienstleistungsgesellschaft zu erklären. Sie sind vielmehr ein Relikt aus der Entwicklungsgeschichte des Menschen (vgl. Pelzeter 2003, S. 16). Dennoch sind die psychischen Bedürfnisse ein wichtiger Faktor, der über das Wohlbefinden am Arbeitsplatz und über die Effektivität des Arbeitens mit entscheidet.

Tageslicht

Die Sonne ist nicht nur als stärkste und dazu kostenlose Lichtquelle zu verstehen, sondern auch als eine psychische Notwendigkeit. Tageslicht ist **dynamisch**: Tageszeit und Witterungsverhältnisse verändern den Lichtcharakter im Tagesablauf und wirken dadurch stimulierend auf den Menschen. Aus diesen Gründen wird in Deutschland durch die „Arbeitsstättenregeln (ASR)“ (vor 2012: Arbeitsstättenrichtlinien) vorgeschrieben, dass Räume, die zum dauernden Aufenthalt von Personen vorgesehen sind, nicht ohne Fenster gebaut werden dürfen (ASR A 3.4).

Kontrolle

Für unsere Vorfahren war es lebenswichtig, ihr Umfeld im Blick zu behalten, da überall Gefahren drohten. Daraus resultiert unser heutiges Bedürfnis, Tür und Raummitte im Blickfeld zu haben, während wir uns gleichzeitig „den Rücken freihalten“ möchten durch eine schützende Wand oder ähnliches. In einem Raum mit verschiedenen, freien Sitzgelegenheiten wird man beobachten, dass jene Plätze, die diese Bedingungen am ehesten erfüllen, als erste besetzt sein werden.

Um uns vor unangenehmen Empfindungen bzw. unnötigem Energieverbrauch zu schützen, versuchen wir, unser physisches Umfeld hinsichtlich Licht, Wärme und Luft zu kontrollieren. Hier tragen individuelle Steuerungsmöglichkeiten sehr zur Zufriedenheit der Benutzer bei.

Reizdichte

So wie Licht und Schatten in einem als angenehm empfundenen Spannungsverhältnis stehen sollten, verhält es sich auch mit anderen Gegensätzen. Ein ausgewogenes, harmonisches Verhältnis zwischen hart und weich, rund und eckig, Ordnung und Vielfalt, etc. wirkt ebenso entspannend wie anregend. Unwillkürlich wird ein Muster gesucht, das weder zu viel noch zu wenig Informationen enthält.

Kommunikation

Die Fähigkeit zur Kommunikation hat unsere Evolution vorangetrieben. Entsprechend ist das Wahrnehmen und In-Beziehung-Treten mit anderen von elementarer Bedeutung auch am Arbeitsplatz. Dabei möchten wir jedoch unsere Kommunikationsmöglichkeiten selber bestimmen, d. h. den Grad der Privatheit nach unserem aktuellen Bedürfnis verändern können.

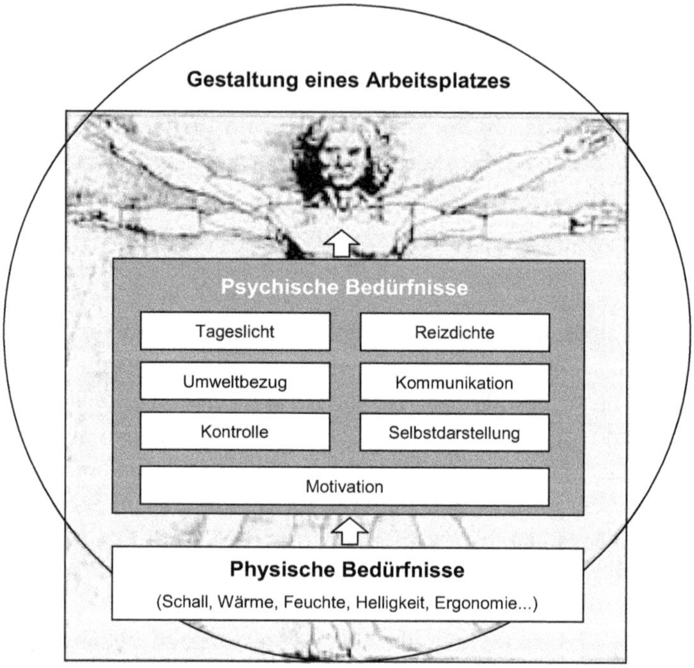

Abb. 12: Bedürfnisse des Menschen am Arbeitsplatz als Maß für die optimale Gestaltung eines Arbeitsplatzes (Quelle: Eigene Darstellung)

Selbstdarstellung

Das Besetzen von Territorium diente einmal zur Sicherung der Lebensgrundlage. Die Größe des beanspruchten und verteidigten Gebietes war ein Maßstab für die Macht des „Territorialherren“, sie zeigte seine soziale Stellung an. Das Aneignen von Raum geschieht heute z. B. durch das Platzieren von persönlichen Gegenständen oder durch individuelles Verändern des Vorgefundenen.

Motivation

Neben der strukturell bedingten Motivation durch Aufgabe, Feedback, Anerkennung, etc. können die äußeren Umstände stimulierende Wirkung haben. Farben haben einen universellen Einfluss auf die Psyche und können entsprechend der geplanten Tätigkeit eingesetzt werden. Positiv besetzte Symbole wirken ebenfalls auf die Stimmung ein, z. B. Früchte, Blumen oder ein Bild.

3.4.2.3 Flächenbedarf

Die für einen Arbeitsplatz benötigte Fläche ist von einer Vielzahl von Faktoren abhängig. Vorrangig sind die ergonomischen Erfordernisse: Welche Tätigkeiten werden dort verrichtet, wie viel Bewegungsfläche erfordern sie und wie viel Platz benötigen die zugehörigen Hilfsmittel?

An den meisten Arbeitsplätzen wird heute mit „**Wissen**" gearbeitet. Wissen hat theoretisch keine Ausdehnung, praktisch erfordert es jedoch zu seiner Dokumentation in der Regel einen Computerarbeitsplatz und eine Aktenablage. Die maßstabsgebende Größe der Schreibtische hängt damit von der Bildschirmstellfläche ab und wurde durch den Einsatz von Flachbildschirmen bzw. Labtops entsprechend reduziert. Auf den Menschen bezogen gelten – im Sinne einer Faustformel – die folgenden Maße: 50 cm Abstand zwischen Auge und Bildschirm, 80 cm Bewegungsfläche vor einem Schreibtisch (vgl. Neufert). Aus gesundheitlichen Gründen sollte ein Wechsel zwischen verschiedenen Arbeitshaltungen, mindestens zwischen Sitzen und Stehen möglich sein.

Flächenbedarf lässt sich auch ausdrücken als erforderlicher Abstand zwischen den einzelnen Arbeitsplätzen, sei es aus akustischen oder territorialen Gründen.

Wissensarbeit ist praktisch gleichbedeutend mit **Kommunikation**. Obwohl die Telekommunikation dazu einen wesentlichen Beitrag leistet, sind die Flächen für persönliche Gespräche besonders wichtig für die Qualität eines Arbeitsplatzes. Gesprächsflächen erfordern ca. 80 cm im Durchmesser für jede Person, gemessen von Ellenbogen zu Ellenbogen bzw. entsprechend dem Platzbedarf zum Stehen vor einem Stuhl, bevor man sich setzt. Gesprächszonen können dem Arbeitsplatz räumlich zugeordnet sein oder als spezielle Besprechungsräume ausgebildet werden. Informelle Kommunikation wird zunehmend als wertvoll für betriebsinterne Synergieeffekte erkannt. Man kann zufälliges Gespräch fördern durch Treffpunkte, die Raum und Anlass zum Verweilen anbieten.

3.4.2.4 Gestaltung

Die Qualität eines Raumes bemisst sich nach dem Ausmaß, in dem er sich für die beabsichtigte Nutzung eignet unter Beachtung der oben genannten physischen und psychischen Bedürfnisse der Nutzer. Dafür gibt es die verschiedensten Gestaltungsmöglichkeiten. Sie lassen sich beschreiben durch: Raumgröße, Raumhöhe, Proportion von Länge zu Breite zu Höhe; Material, Farbe und Struktur der Oberflächen; Lage und Größe der Öffnungsflächen (Fenster und Türen); Einrichtung, technische Ausstattung: Heizung, Lüftung, Sanitärinstallationen, Elektro- und Kommunikationstechnik, etc. Alle diese raumspezifischen Angaben können in einem Raumbuch gesammelt werden, dokumentiert durch Auflistung und entsprechende Zeichnungen: Grundriss, Wandabwicklung und Deckenspiegel.

Gestaltung schafft einen **Mehrwert**, der über das Platzieren von räumlichen Gestaltmerkmalen und die Erfüllung von aktuellen Nutzeransprüchen hinausgeht. Entsprechend dem Satz: „Das Ganze ist mehr als die Summe seiner Teile" wirkt

Gestaltung durch das Zusammenspiel der im Raumbuch dokumentierten physischen Eigenschaften. Beispiel: die raumprägende Wirkung einer farbig beschichteten Wandfläche ist davon abhängig, welche Beziehung sie zu den übrigen Farben des Raumes hat (Harmonie/Kontrast in Farbton und Intensität), welchen Wandflächenanteil sie einnimmt (in % und in Wahrnehmungsbereichen: oben/unten), wie sie beleuchtet wird (Tageslicht und künstliche Beleuchtung), wie ihre Oberfläche beschaffen ist (matt, glänzend, strukturiert) und wie sie im Raum verteilt ist (viele kleine Flächen, zusammenhängender Bereich oder rhythmisch unterbrochen z. B. durch Türen oder Fenster).

Vielfältige Bezüge u. a. zu dem Ort, seiner Geschichte und den Menschen, die dort wirken, verbreitern die Angebote zur Rezeption eines Gebäudes. Vielschichtige Gestaltung spricht **alle fünf Sinne** an. Beispiel: eine in Holz gefasste Fensterlaibung reizt zum Anfassen, tönt das einfallende Licht und weckt Assoziationen an den Geruch von Holz. Alle gestalterische Vielfalt dient jedoch dem übergeordneten Ziel der Schaffung eines **einprägsamen Ortes**, der erinnerbar und zur Identifikation geeignet ist.

Die **Potenziale** eines Raumes entscheiden darüber, ob er dauerhaft die Anforderungen der Nutzer erfüllen wird. Die Zukunftsfähigkeit eines Gebäudes gründet in verschiedenen Ansätzen: Flexibilität, Universalität, Vielfalt, Nachrüstbarkeit, etc. Beispielsweise erfreuen sich die Bauten der Gründerzeit (um 1900) großer Beliebtheit wegen der großzügigen Proportion ihrer Räume, die unterschiedlichste Nutzungen zulassen. Darüber hinaus entspricht ihr Detailreichtum an Stuck, Holzprofilierung und Beschlägen dem menschlichen Bedürfnis nach Vielfalt und maßstabsgerechter Strukturierung.

3.4.2.5 Infrastruktur

Die Qualität eines Arbeitsplatzes hängt nicht nur mit der Gestaltung und Funktionalität der räumlichen Einheit zusammen, sondern auch mit ihrer **Versorgung, Vernetzung und Erreichbarkeit.** Dabei geht es um Fragen der räumlichen Nähe funktionaler Einheiten, der Anbindung an Gemeinschaftsflächen und der Gestaltung von Wegen durch das Gebäude.

Versorgungsdienstleistungen können großen Einfluss auf die Arbeitszufriedenheit haben. Flächenbezogene Versorgungsdienstleistungen sind in ihrem Aufwand von der Größe der Fläche abhängig. Im Unterschied dazu sind die flächenunabhängigen Versorgungsdienstleistungen eine auf Personen bezogene Dienstleistung. Eine mangelhafte Gebäudereinigung emotionalisiert weit über die gesundheitlichen Aspekte von Hygienefragen hinaus. Flächenunabhängige **Service-Angebote** können sein: Postservice, Sekretariatsdienste, IT-Management, Fahrbereitschaft, Kinderbetreuung, Sicherheitsdienst, etc. Alles, was den Arbeitsprozess unterstützt, wird im Zusammenhang mit der Qualität des Arbeitsplatzes wahrgenommen.

In diesem Kapitel wurden elementare, nutzungsbezogene und strukturelle Anforderungen an die Qualität eines Arbeitsplatzes benannt: beginnend mit den grundsätzlichen, d. h. physischen und psychischen Bedürfnissen, die innerhalb der Spannbreite individueller Wahrnehmung erfüllt werden müssen, über die nutzungsbezogenen Anforderungen an eine Gestaltung, die auch für heute noch unbekannte zukünftige Nutzungen passend oder zumindest anpassbar sein sollte, bis hin zu den immateriellen Struktur- und Service-Anforderungen, die unabhängig von einem Gebäude bestehen. Wie man ein Gebäude und seine Organisation daraufhin optimieren kann, ist Gegenstand des folgenden Abschnittes.

3.4.3 Ableitung von Optimierungsansätzen

Wie oben dargestellt, kann ein Gebäude nicht unabhängig von seiner Nutzung optimiert werden. Eine allzu spezifische Nutzeranpassung wird jedoch die Möglichkeiten einer Nachnutzung oder Drittverwertung einschränken. In diesem Spannungsfeld müssen die verschiedenen Handlungsalternativen bewertet werden.

3.4.3.1 Flexibilität

Flexibel ist ein Gebäude, wenn es ohne großen Aufwand an Zeit und Kosten an eine Nutzungsänderung angepasst werden kann. Dafür gibt es unterschiedliche Strategien:

Universalität
Für alle Nutzungen offen sind Flächen, die nur wenige Einbauten haben (Schächte, Stützen, tragende Wände), sodass der Raum entsprechend der Arbeitsorganisation frei aufgeteilt werden kann.

Das universelle **Erschließungskonzept** erfordert ein engmaschiges Netz, um auch eine unabhängige Nutzung kleinerer Raumeinheiten zu ermöglichen. Dies gilt besonders für die Vertikalerschließung: Treppen oder Aufzüge können nur mit großem Aufwand nachträglich eingefügt werden.

Ebenso problematisch ist eine Veränderung der **Raumhöhe.** Großzügige Raumhöhe vereint verschiedene Vorzüge: sie bietet Ausbaureserven für Deckenabhängung, Leitungsführung und Doppelboden. Das größere Luftvolumen ist von Vorteil für die Luftqualität, insbesondere in Versammlungs- oder Besprechungsräumen.

Die Notwendigkeit von **technischen Einrichtungen** zum Betreiben eines Gebäudes kann sich ebenfalls negativ auf seine Flexibilität auswirken. Werden Klimaanlagen oder mechanische Be- und Entlüftung wegen großer Gebäudetiefe erforderlich, so führt das nicht nur zu erhöhten Betriebskosten sondern möglicherweise auch zu Akzeptanzproblemen wegen gesundheitlicher Risiken. Ähnliche Nachteile haben Sprinkleranlagen, wenn der Brandschutz nicht auf andere Weise hergestellt werden kann, oder Befahranlagen, wenn Fensterflächen anders nicht von außen zugänglich sind. Ansätze zur Vermeidung von Technik **(„Low Tech")** müssen bereits in die Konzeption eines Gebäudes eingebracht werden. Damit reduziert man die Störanfälligkeit eines Gebäudes und spart Kosten sowie Energie für Betrieb und Instandhaltung. Die Grenzen des Low-Tech-Ansatzes werden definiert durch die Anforderungen des Nutzers z. B. hinsichtlich der akzeptierten Schwankungsbreite von Raumtemperatur oder -feuchtigkeit.

Veränderbarkeit

Man kann Veränderungen bereits in das Planungskonzept miteinbeziehen, indem man variable oder mobile Elemente vorsieht, z. B. Schiebeelemente oder demontable Trennwände. Oder man reduziert den Umbauaufwand dadurch, dass der Ausstattungsstandard grundsätzlich gering gehalten wird, z. B. Einzelschränke statt Einbauküche, Gipskartonständerwände anstelle von Mauerwerk.

Vorhaltung

Im Bereich der technischen Infrastruktur werden häufig Medienanschlüsse vorgehalten, die momentan noch nicht gebraucht werden, aber im Zuge des technischen Fortschritts oder durch Umstrukturierungen erforderlich werden könnten. Diese Mehrinvestitionen werden jedoch unter Umständen gerade von der technischen Entwicklung überflüssig gemacht: z. B. sind Datenkabel an jedem denkbaren Schreibtischstellplatz für die vielfach kabellose Datenübertragung nicht erforderlich.

Die Statik eines Hauses kann **Lastreserven** vorhalten für eine spätere Erhöhung der Nutzlasten. Damit bleibt es möglich, Lager- und Archivräume zusätzlich einzurichten, oder eine grundsätzliche Umnutzung zu Gewerbeflächen vorzunehmen.

Nachrüstbarkeit

Für eine einfache Nachrüstung der **Versorgungsleitungen** gelten drei Voraussetzungen: Zugänglichkeit, Platzreserve und Flächenversorgung. Eine demontable Kanalverkleidung vereinfacht die Zugänglichkeit, Platzreserven dürfen nicht bereits während der Bauzeit ausgeschöpft werden und die Lage der horizontalen bzw. vertikalen Trassen muss einen sinnvollen Abstand zur versorgten Fläche einhalten. Dazu trägt auch die Grundrissgestaltung bei, indem sie zu versorgende Bereiche zusammenfasst. Eine Konzentration der Sanitärbereiche (horizontal und vertikal) vereinfacht und verbilligt die Führung der Versorgungsleitungen und erlaubt z. B. betretbare Schächte.

3.4.3.2 Gesundheit

Den Wert der Gesundheit seiner Mitarbeiter kann man nur auf dem Umweg über die Kosten für deren Krankheit feststellen. Damit sind nicht die Aufwendungen für die medizinische Versorgung gemeint, sondern vielmehr der entgangene Gewinn, der nicht geschöpfte Mehrwert.

Auch ohne tatsächlichen Arbeitsausfall schadet es dem Unternehmen, wenn die Arbeitsumgebung die Menschen belastet, wenn sie **Energie zum Ausgleichen** der nicht an ihre physischen und psychischen Bedürfnisse angepassten Arbeitsbedingungen aufwenden müssen; Energie, die damit dem produktiven Prozess entzogen wird. Für die Gestaltung eines „gesunden" Arbeitsplatzes gibt es zahlreiche, einander ergänzende Ansätze.

Schadstoffe reduzieren

Schädigende Stoffe, die mit der Haut aufgenommen werden, sind außerhalb von speziellen Labors nicht zu erwarten. Mit der Atemluft aufgenommene Schadstoffe haben unterschiedliche Herkunft:

- **Ausdünstungen aus Baustoffen**, beispielsweise Isolieranstriche, Klebstoffe aller Art, Bodenbeläge, Dichtmassen, Dämmstoffe oder Holzschutzmittel. Hier hilft die Verwendung von natürlichen Baustoffen und die Rückbesinnung auf traditionelle Methoden zum Oberflächenschutz: z. B. Öl oder Wachs zur Versiegelung von Holzflächen.
- Zentrale Klimaanlagen können Bakterien und Schimmelsporen im Gebäude verteilen. **Dezentrale Klimaanlagen** reduzieren den Kreis der ggf. Betroffenen. Sie sind leichter zu revisionieren und unterstützen das Konzept der baulichen Flexibilität.
- Damit Staubpartikel gebunden bleiben und nicht in die Atemluft gelangen, muss die **Luftfeuchtigkeit** über 30 % gehalten werden. Dazu ist während der Heizperiode eine Befeuchtung der Luft erforderlich. Dies kann außer durch mechanische Maßnahmen (Klimaanlage) auch durch Pflanzen oder durch eine Wasserfläche bewirkt werden.
- **Schimmel** benötigt zu seiner Entstehung hohe Feuchtigkeit. Zur Vermeidung von Schimmelbildung muss insbesondere in Neubauten und in Feuchträumen ausreichend gelüftet werden. Die durch den Bauprozess in ein Gebäude eingetragene Feuchtigkeitsmenge wird jedoch häufig unterschätzt. Da moderne Gebäude sehr dicht sein müssen, scheidet eine unbemerkte Lüftung zur Feuchtigkeitsabfuhr aus. Erforderlich ist ein bewusstes Lüften, sei es durch ausdrücklich eingewiesene Nutzer oder durch mechanischen Luftaustausch. Auch wenn die Luftfeuchtigkeit unter 70 % gehalten wurde, kann es an besonders kalten Oberflächenbereichen zum Ausfall von Kondenswasser kommen. Diese so genannten Kältebrücken können baukonstruktiv vermieden werden durch möglichst

gleichmäßige Wärmedämmung und durch thermische Abtrennung von auskragenden Bauteilen.

Sauberkeit

Über den Reinigungsaufwand eines Gebäudes bezüglich Art und Frequenz der **Reinigung** entscheidet nicht nur die Gebäudenutzung, sondern auch die Gebäudekonzeption und die Wahl der Oberflächen. Während die Konzeption von Schmutzfängern und **Sauberlaufzonen** den Eintrag von Schmutz in ein Gebäude reduziert, vereinfacht eine **geradlinige Grundrisskonzeption** mit wenigen Vor- und Rücksprüngen den Reinigungsprozess. Für Nutzungen mit hohen hygienischen Anforderungen, z. B. in Krankenhäusern und Gastronomiebetrieben sind Kehlsockel vorgeschrieben, die die Entstehung von „Schmutzecken" schon im Ansatz verhindern. Am Boden befestigtes Mobiliar erschwert die Sauberhaltung ebenfalls; für Reinigungszwecke optimal sind dagegen verschiebbare Möbel z. B. auf Rollen, wandbefestigte Einbauten oder das System der Shaker (amerikanische Glaubensgemeinschaft), die alle kleineren Möbelstücke zum Aufhängen an umlaufenden Hakenleisten vorrichteten.

Die **Qualität der Oberflächen** ist der zweite Faktor, der die aufzuwendenden Reinigungskosten determiniert. Je nachdem, ob die Oberfläche aus Naturstein, Fliesenbelag, Linoleum, Laminat, Holz, Teppich, etc. besteht, muss sie unterschiedlich gereinigt und gepflegt werden. Hier besteht gleichzeitig ein Interessenkonflikt mit dem Schallschutz: geschlossenporige, harte Oberflächen sind unempfindlich gegen mechanische bzw. chemische Beanspruchung und können daher effektiv gereinigt werden. Andererseits wirken sie schallreflektierend und lassen als Bodenbelag Gehgeräusche entstehen.

Schallpegel absenken

Schall wird entweder durch die Luft oder durch einen Körper übertragen. Entsprechend zielt der **Luftschallschutz** auf das Dämmen von Geräuschen, die durch die Luft übertragen werden. Schwere, offenporige, biegeweiche Materialien sind hierfür besonders geeignet, z. B. gemauerte Wände aus schweren Steinen (d. h. nicht aus Porenbeton), Gipsputz, Gipskartonständerwände mit Schalldämmmatten oder Schallschutzpaneele (gelochtes Obermaterial lässt Schall eindringen, der von einer dahinter liegenden Dämmmatte „geschluckt" wird). Außer den Oberflächen können auch Einrichtungsgegenstände zum Schallschutz beitragen. Textilien, z. B. Vorhänge und offene Bücherschränke wirken schallschluckend; Glas ist dagegen hart, also schallreflektierend.

Noch vor den Maßnahmen zur Schalldämmung sollte die Möglichkeit zur konzeptionellen Reduzierung von Störpotenzialen genutzt werden. Eine **Zonierung**, d. h. Staffelung von leisen zu mittel-lauten und lauten Nutzungsbereichen und deren Zuordnung zu ggf. lauten oder leiseren Außenbereichen, z. B. Straßenseite mit

Verkehrslärm vs. Gartenhof, verringert die Störungen durch die angrenzenden Bereiche ohne materiellen Aufwand.

Der **Trittschallschutz** beschäftigt sich mit o. g. Gehgeräuschen, die eine Form von Körperschall darstellen (Schuhabsatz versetzt Klangkörper Steinfußboden in Schwingungen). Entweder lässt ein weicher Bodenbelag keine Schwingungen entstehen, oder eine unter dem Bodenbelag befindliche Dämmlage verhindert das Durchdringen der Schwingungen durch die Bodenplatte in das darunterliegende Geschoss (z. B. Trittschalldämmung unter „schwimmendem“ Estrich).

Für Räume mit mehreren Arbeitsplätzen ist der Unterschied zwischen Grundgeräuschpegel und Einzelgeräuschen von Interesse. Wenn einzelne Geräusche als Störung empfunden werden, kann man den Grundgeräuschpegel bewusst anheben, z. B. durch Wasserplätschern, Voliere mit Vogelzwitschern oder durch leise Musik.

Ergonomische Einrichtung des Arbeitsplatzes

Damit die Arbeitsplatzeinrichtung optimal an die individuellen körperlichen Verhältnisse des Nutzers angepasst werden kann, ist es sinnvoll, in Höhe und Neigung verstellbare Möbel auszuwählen. Was für Schreibtischstühle schon lange ein Standard ist, wird zunehmend auch für Arbeitstische angeboten. Höhenverstellbare Tische erlauben unterschiedliche Arbeitshaltungen, u. a. den Wechsel vom Sitzen zum Stehen, was zur Entlastung der Wirbelsäule von besonderer Bedeutung ist. Ablagen in entsprechender Höhe können als Stehpult fungieren, z. B. für das Telefonieren.

3.4.3.3 Flächen

Zur Bestimmung von Art und Dimension der benötigten Flächen ist eine genaue Analyse des Nutzerbedarfs erforderlich. Vorrangig wird dafür die Gestaltung der **Arbeitsprozesse** betrachtet, und erst in zweiter Linie die Anzahl der unterzubringenden Mitarbeiter samt ihrer Arbeitsmittel. Die Arbeitsprozesse befinden sich in einem Wandel: Tätigkeiten, die fest an den Ort, die Zeiten und die Struktur eines Büros gebunden sind, nehmen ab z. B. durch Automatisierung und durch globale Verlagerungen, dagegen nehmen solche Aufgaben zu, die von räumlich, zeitlich und strukturell ungebundenen Mitarbeitern verrichtet werden. Dabei handelt es sich vor allem um die Arbeit in einem projektbezogenen Team, das seine Arbeitsabläufe nach den Erfordernissen des Projektes ausrichtet. Entsprechend entwickelt sich das Büro von einem Ort der Sachbearbeitung zu einem **Ort der Kommunikation**; eine Beurteilung der Flächeneffizienz muss diese veränderten Funktionen berücksichtigen.

Büro-Konzepte
Aus den spezifischen Anforderungen des Nutzers – konzentriertes Arbeiten (z. B. Rechtsanwaltssozietäten) einerseits oder kommunikative Gruppenarbeit (z. B. Werbeagenturen) andererseits – ergeben sich die Vorgaben für die Gestaltung des Gebäudes bezüglich tragenden und nichttragenden Elementen, Flächengröße, Geschosshöhe, Deckentragfähigkeit, Raumaufteilung, etc., sowie an die technischen Anlagen, wie Beleuchtung, Raumlufttechnik, Förderanlagen, etc. Nachfolgend werden die wesentlichen Bürokonzepte kurz dargestellt.

- Das **Zellenbüro** (vgl. Abbildung 13) ist das älteste Bürokonzept mit der nach wie vor größten Verbreitung. Es besteht in der Regel aus Ein- bis Zweipersonen-Räumen. Die Raumgröße liegt zwischen 12 und 25 m^2 mit Raumtiefen von 4 bis 6 m^2. Beide Arbeitsplätze können in Fensternähe positioniert werden, was eine optimale Ausnutzung des Tageslichtes ermöglicht. Vor allem das Einpersonen-Zellenbüro ermöglicht unter akustischen und visuellen Gesichtspunkten ein weitgehend störungsfreies Arbeiten.
- Im **Großraumbüro** wird das Lernen vom Nachbarn gefördert, insbesondere wenn Teams mit ähnlichen Projekten aneinandergrenzen. Bedingt durch die teilweise großen Raumtiefen (15–30 m) müssen Großraumbüros künstlich beleuchtet und klimatisiert werden. Moderne Großraumbüros (vgl. Abbildung 14) oft als „Open space“ oder „Bürolandschaft“ bezeichnet. Zudem werden im Sinne eines **Büro-Raum-Mix** auch Denkerzellen und Besprechungsräume integriert, damit unterschiedliche Arbeitsformen parallel ermöglicht werden.
- Das **Kombibüro** (vgl. Abbildung 15) schafft die Voraussetzung für gute Kommunikation bei gleichzeitiger Minimierung akustischer und visueller Störungen. Das Kombibüro ist eine Kombination aus normierten Einzelräumen, die um eine multifunktional nutzbare Gemeinschaftszone angeordnet sind. Während die Einzelräume störungsfreies Arbeiten ermöglichen, finden in der Gemeinschaftszone alle eher kommunikativ geprägten Tätigkeiten statt. Hier befinden sich Besprechungsplätze, Ablagen und Pausenbereiche. Die Einzelräume sind mit durchschnittlich 10 bis 12 m^2 verhältnismäßig klein. Sie werden durch eine gläserne Trennwand von den Gemeinschaftsflächen abgetrennt. Die Raumtiefe der Gemeinschaftszone beträgt ca. 6 bis 8 m. Die Einzelräume können natürlich beleuchtet und belüftet werden. Die Gemeinschaftszone bedarf in der Regel künstlicher Beleuchtung und Lüftung.

Die Eignung der gewählten Büroform für die spezifische Arbeitsstruktur des Unternehmens ist entscheidend für die Beurteilung der Bürogesamtqualität durch die Mitarbeiter (vgl. Spath, u. a., S. 71 ff.). Besonders gute Zufriedenheitswerte werden regelmäßig für die Büroformen Einzelbüro und Kombibüro ermittelt (vgl. Franke, S. 39 ff.). Besondere Flexibilität erweist jedoch der **Büroformen-Mix**, der die meisten Optionen zur Anpassung der Büroform an die jeweilige Tätigkeit bietet und damit die Arbeit im Team am besten unterstützt.

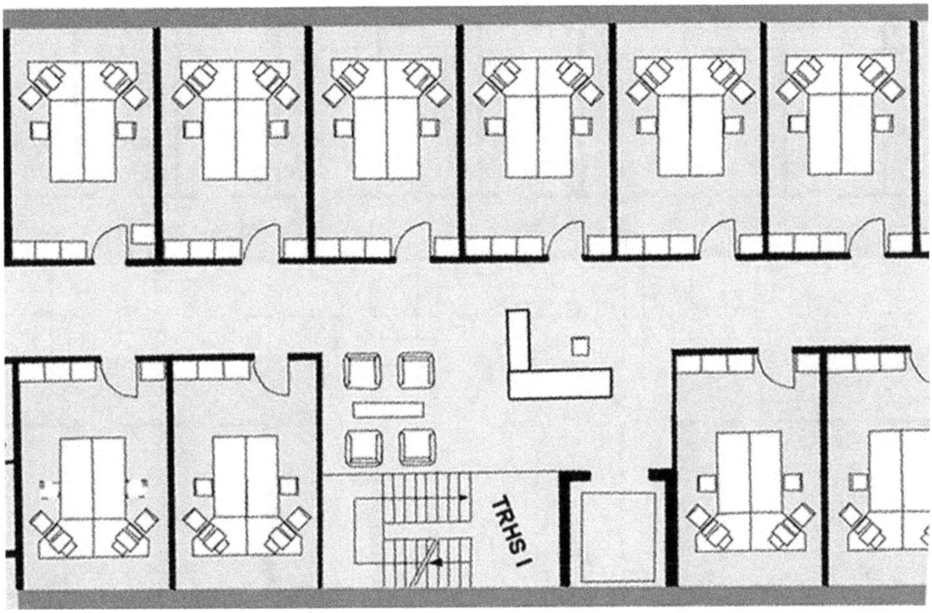

Abb. 13: Zellenbüro (Quelle: wolfram wöhr architekten und Partner – Ausschnitt Wettbewerb Sparkasse Freiburg, 2003)

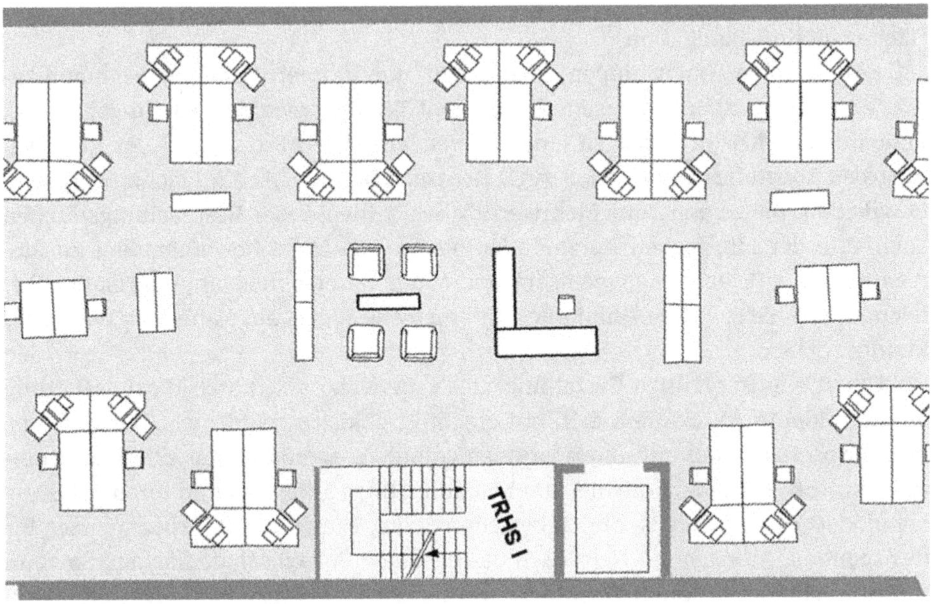

Abb. 14: Großraumbüro (Quelle: wolfram wöhr architekten und Partner – Ausschnitt Wettbewerb Sparkasse Freiburg, 2003)

Abb. 15: Kombibüro (Quelle: wolfram wöhr architekten und Partner – Ausschnitt Wettbewerb Sparkasse Freiburg, 2003)

Flächen für Kommunikation

„80 Prozent aller Innovationen ... entstehen durch interpersonelle Kommunikation“, so wird das Massachusetts Institute of Technology zitiert (Bullinger, S. 20). Kommunikation wird damit zu einem wertschöpfenden Prozess bei der Verarbeitung des Rohstoffes Information (vgl. Heinze, u. a., S. 9 f.). Als Flächen für Kommunikation, als so genannte Mehrwertflächen zählen außer Besprechungsräumen auch Orte der informellen Kommunikation, wo die Menschen ungeplant zusammentreffen, z. B. an der gemeinsam genutzten Bürotechnik, an Informationsbereichen mit Zeitschriften/Bibliothek/Internetcafe, oder an Kaffeebar/Teeküche/Kantine.

Durch eine sorgfältige Gestaltung dieser Bereiche und durch die Ausstattung mit besonderen Attraktoren, z. B. mit einem Tischkicker, wird nicht nur der Austausch von Gedanken und Informationen gefördert, sondern auch eine **Unternehmenskultur** geschaffen, die die zunehmend mobilen Mitarbeiter an ihren Arbeitgeber bindet. Zweckmäßig ist die Einbeziehung von „Touch Down“-Arbeitsplätzen für das spontane Arbeiten mit Netzanschluss in solche Gemeinschaftsflächen. So kann z. B. die häufig als dunkle Restfläche vernachlässigte Teeküche aufgewertet und weiterentwickelt werden zur Lounge mit Aufenthaltsqualität. Voraussetzung sind Tageslichtbezug und eine Fläche von ca. 30 m².

Maßnahmen zur Flächeneinsparung

Im Gegenzug zur Ausweitung der identitätsstiftenden und kommunikationsfördernden Flächen können die Flächen für das Arbeiten am Schreibtisch reduziert werden.

- **Non-territoriales Büro**
  Die Anwesenheit der Mitarbeiter an ihrem individuellen Arbeitsplatz hat sich stark reduziert: Einerseits durch hausinterne Mobilität, bedingt durch das Arbeiten in Projektteams, andererseits durch externe Mobilität, wenn vor Ort oder direkt beim Kunden gearbeitet wird. Gestützt durch die Möglichkeiten der Informations- und Kommunikationstechnik (IuK) wird zuhause, unterwegs und beim Kunden gearbeitet. Darauf antwortet das Konzept der offenen Bürostrukturen, auch bezeichnet als Flexible Office, Free Seating, e-place oder Business Club: Anstelle eines persönlichen Arbeitsplatzes wird der Platz bei Bedarf gebucht. Voraussetzungen dafür sind: „**Plug and Work**“ mit Notebook, Mitnahme der persönlichen Telefonnummer an jeden Arbeitsplatz und „**Clear Desk Policy**“. Dazu kommt – zumindest in der Einführungsphase – mobiler persönlicher Stauraum, der zum Transport der individuellen Aktenablage dient. In einem so genannten „Caddy“ können z. B. drei Ordnerhöhen à 80 cm, d. h. 2,40 lfm Akten mitgeführt werden. Andererseits muss sowohl am Arbeitsplatz als auch an einem Caddyparkplatz entsprechende Stellfläche vorgesehen werden. Das nonterritoriale Bürokonzept kann mit einem Verhältnis von Arbeitsplatz/Mitarbeiter von 1/1,2–1,3 praktiziert werden.
- **Mehrfachnutzung**
  Beispiel: die Nutzung einer Kantine für Besprechungen als „Business-Restaurant“ spart Flächenanteile für Besprechungsräume. Dazu ist jedoch eine kleinteilige Möblierung mit Medienausstattung und eine durchgängige Bewirtschaftung erforderlich.
- **Flächendifferenzierung**
  Entsprechend der Mobilität der Mitarbeiter ist es möglich, Arbeitsplätze auf spezielle Tätigkeiten zu optimieren und damit die an jedem Schreibtisch vorgehaltenen Flächen für unterschiedliche Tätigkeiten zu reduzieren. Beispiele: Denkerzelle ohne Ablagen, Schreibplatz ohne Besprechungsecke.
- **Verzicht auf hierarchiebedingte Flächenzuweisung**
  Die im Beamtenrecht dokumentierten Flächenansprüche je nach Gehaltsgruppe werden vielfach auch privatwirtschaftlich umgesetzt. Hier ist zu hinterfragen, ob die mit der Verantwortung steigende Zimmergröße in einem angemessenen Verhältnis steht zur sinkenden Anwesenheitsquote am eigenen Arbeitsplatz, die bei leitenden Mitarbeitern zu beobachten ist.
- **Auslagerung**
  Aus verschiedenen Gründen wird außerhalb des Büros gearbeitet: ungestörtes Arbeiten ist häufig zuhause am besten möglich, verstärkte Kundenorientierung führt zu vermehrter Anwesenheit beim Kunden vor Ort, nationale oder interna-

tionale Präsenz erhöht die Reisetätigkeit und erfordert das Arbeiten „unterwegs". Auch das Outsourcing von Routineprozessen verringert die benötigten Büroarbeitsflächen.

- **Archivflächen**
  Eine wesentliche Beschränkung des mobilen Arbeitens stellt die Abhängigkeit von umfangreichen Papierarchiven dar. Hier setzt die digitale Dokumentation an. Wenn die rechtlichen Voraussetzungen dafür geschaffen werden, wird der Arbeitsprozess von kürzeren Zugriffszeiten profitieren und die Flächen für Archivierung können für andere Zwecke genutzt werden.
- **Technikflächen**
  Flächenersparnisse ergeben sich aus der Tendenz zur Miniaturisierung der IuK-Technik. Dezentrale Technikanlagen z. B. für Lüftung können in Schränken oder Deckenabhängungen untergebracht werden, wodurch auf spezielle Technikräume verzichtet werden kann. Auch die Verwendung von Glasfaserkabeln erspart Elektro-Verteilerräume, die bei Kupferverkabelung alle 90 m vorzusehen sind.

3.4.3.4 Energie

Der Energieverbrauch eines Gebäudes gilt vielfach als Leitindikator für nachhaltiges Wirtschaften. Er macht entsprechend der Kennzahlen des FM-Benchmarking-Berichtes für Bürogebäude durchschnittlich ca. 15 % der Betriebskosten aus (vgl. Rotermund, S. 33 f.). Auch für die Herstellung eines Gebäudes wird Energie aufgewendet: man spricht von „grauer Energie" oder von **Primärenergieinhalt** (PEI). Darüber hinaus wird zwischen erneuerbarer und nicht erneuerbarer Energie unterschieden, um den Verbrauch erschöpflicher Ressourcen zu erfassen und um aus der Knappheit folgende Preissteigerungen einkalkulieren zu können. Der mit der Energieumwandlung verbundene Schadstoffausstoß muss für den jeweiligen Rohstoff im Zusammenwirken mit der Umwandlungsanlage (Kraftwerk, Heizkessel) betrachtet werden.

Zur **Senkung des Energieverbrauchs** gibt es zwei einander ergänzende Strategien:

- Senkung des Bedarfs durch ein entsprechendes Gebäude- und Nutzungskonzept,
- Steigerung der Effizienz des Energieeinsatzes durch technische Maßnahmen.

Für Einsparungen, die vom Verhalten des Nutzers abhängig sind, ist es wesentlich, sowohl für eine entsprechende Einweisung der Nutzer zu sorgen, z. B. durch eine übersichtliche „Bedienungsanleitung" für das System „Gebäude", sowie für die Aufrechterhaltung der Nutzermotivation, z. B. durch verbraucherbezogene Erfassung und Abrechnung zur Veranschaulichung der realisierten Einsparungen.

Wärme

Energiebedarf für Wärme entsteht durch Lüftungs- und Transmissionswärmeverluste. Die Verluste über die Gebäudehülle sind umso größer, je höher das Temperaturgefälle ist zwischen innen und außen und je geringer der Wärmedurchlasswiderstand der Baumaterialien in der Gebäudehülle ist. Beispiele für Wärmeenergie-einsparende Maßnahmen sind:

- **Kompakt bauen:**
  Ein günstiges A/V-Verhältnis (außenluftberührte Oberflächen/Volumen) wird erreicht durch annähernd würfelförmige Volumen und durch Verzicht auf auskragende Bauteile, z. B. Erker, etc.
- **Wärmedämmung verbessern:**
  Zur Reduzierung der Wärmeverluste. Vermeidung von Wärmebrücken durch thermische Trennung von Bauteilen, die die Ebene der Wärmedämmung durchstoßen.
- **Zonierung der Nutzungen:**
  Staffelung von warm nach kalt zur Verringerung der Temperaturdifferenzen, z. B. durch Pufferzonen wie unbeheizte Atrien/Wintergärten oder Lager-/Kühlräume.
- **Orientierung:**
  Gebäudeöffnungen nach Süden für Wärmegewinne durch Sonneneinstrahlung und geschlossene Bereiche nach Norden zur Reduzierung der Wärmeverluste.
- **Reduzierung der Solltemperatur:**
  Eine Absenkung um 1° Celsius z. B. von 21° auf 20° Celsius spart ca. 6 % der Energiekosten, ganz ohne zusätzliche Investitionen.
- **Verzicht auf Dauerlüftung:**
  Beispielsweise durch gekippte Fenster.
- **Energieeffiziente Technik:**
  z. B. Brennwertkessel, Kraftwärmekopplung (Blockheizkraftwerk BHK), Wärmerückgewinnung bei mechanischer Entlüftung, etc.

Kälte

Kühlung wird erforderlich, wenn im Gebäudeinneren mehr Wärme anfällt, als durch die Gebäudehülle verloren geht, bzw. durch Lüftung abgeführt werden kann. Wärmequellen sind u. a. technische Geräte, Menschen (jede Person strahlt 100 Watt Wärmeenergie ab; besonders spürbar in Versammlungsräumen) und vor allem die Sonneneinstrahlung. Wird die Luft nicht nur gekühlt, sondern auch aufbereitet, z. B. entfeuchtet, dann spricht man von Klimatisierung. Maßnahmen zur **Senkung des Kühlenergiebedarfs** können sein:

- **Sonnenschutz:**
  Wenn die Sonnenstrahlung nicht in das Gebäude gelangt, kann sich ihre Energie nicht in Wärme umwandeln. Daher sollte der Sonnenschutz außerhalb der

Gebäudehülle angebracht werden. Stationärer Sonnenschutz, z. B. durch auskragende Balkonplatten, eignet sich besonders für Südfassaden und ist überdies praktisch wartungsfrei. Optimal sind in dieser Hinsicht Laubbäume, die im Sommer Schatten geben, im Winter jedoch – ohne ihr Laub – nicht zu viel Helligkeit wegnehmen. Für das flacher einfallende, stark blendende Sonnenlicht der Ost- und Westseiten ist ein beweglicher Sonnenschutz besser geeignet.

- **Speichermassen:**
  Massive Bauteile erwärmen sich langsam durch Aufnahme von Wärmeenergie aus der Luft und geben die gespeicherte Wärme wieder ab, wenn die Luft kälter ist als die umgebenden Bauteile. So wirken sie ausgleichend zwischen Tag und Nacht. Speichermassen können sein: schweres Mauerwerk, Naturstein, Beton, aber auch Wasserflächen. Voraussetzung für die Entfaltung der Speicherwirkung ist die direkte Berührung zwischen massivem Bauteil und Raumluft, d. h. der Verzicht auf Deckenabhängungen und Doppelböden. Eine flexibel einsetzbare Speichermasse besteht in den sog. **Phase-Change-Materials (PCM)**: Für den Phasenübergang vom festen zum flüssigen Zustand nimmt das in PCM-Modulen enthaltene Paraffin Energie auf, die es beim Erhärten wieder abgibt – wenn die umgebende Lufttemperatur eine kritische Größe unterschreitet (je nach Produkt z. B. bei 23 Grad C).
- **Nachtauskühlung:**
  Durch Unterstützung der nächtlichen Auskühlung eines Gebäudes wird seine Wärmespeicherkapazität für den nächsten Tag weiter erhöht. Bodennahe Öffnungen in den unteren Gebäudebereichen erzeugen gemeinsam mit Öffnungen am höchsten Punkt des Gebäudes eine Kaminwirkung, ggf. unterstützt durch Ventilatoren. Man kann auch ein System von Hohlräumen innerhalb der Massivdecken vorsehen, das von Nachtluft durchspült wird und so zu einer schnelleren Auskühlung führt.
- **Raumhöhe:**
  Warme Luft sammelt sich oben im Raum.
- **Effiziente Kälteerzeugung:**
  Kälte wird meist durch Strom erzeugt und ist damit besonders kostenintensiv. Alternativen sind die Nutzung der gemäßigten Erdtemperatur zur Kühlung von in der Erde verlegten Luftkanälen oder ein Anschluss an Anlagen mit **Kraft-Wärme-Kopplung** (Kälteerzeugung über Absorptionskältemaschinen). Auch die Dimensionierung einer Anlage entscheidet über ihren Wirkungsgrad: sind die geforderten Spitzenlasten von den Normallasten weit entfernt, wird die Anlage unwirtschaftlich arbeiten.
- **Effiziente Kälteverteilung:**
  Direkt auf einzelne Arbeitsplätze bezogene Lüftungsauslässe wirken zielgenau und sind individuell steuerbar. Das Prinzip der **Quelllüftung** reduziert den Lüftungsbedarf, da sich die in Bodennähe austretende Zuluft nicht vollständig mit der Raumluft vermischt.

Lüftung

Maßstab für die Luftqualität in einem Raum ist nicht ihr Sauerstoff- sondern ihr **CO_2-Gehalt** (max. 0,1 bis 0,15 Vol.%), der auch als Indikator für die in der Raumluft enthaltenen Geruchs- und Schadstoffe dient. Der Frischluftbedarf pro Person beträgt ca. 30 m^3 je Stunde, abhängig von der verrichteten Tätigkeit und von sonstigen Raumluftbelastungen, z. B. Essensgerüche. Aus Frischluftbedarf und Raumluftvolumen ergibt sich die **Luftwechselzahl**, d. h. die Anzahl der Wechsel des gesamten Raumluftvolumens je Stunde. Da moderne Gebäude sehr winddicht sein müssen (DIN 4108, Teil 7), ist eine gezielte Frischluftzufuhr erforderlich.

- **Fenster-Stoßlüftung:**
  die einfachste, kostengünstigste und angenehmste Methode, soweit es den technischen Aufwand betrifft. Es entstehen jedoch Lüftungswärmeverluste. Um Fensterlüftung auch bei ungünstiger Gebäudegeometrie (zu große Gebäudetiefe oder -höhe) oder bei Lärm- und Abgasbelastung der Außenluft zu ermöglichen, kann man Frischluftschächte vorsehen z. B. in Form von durchlüfteten Atrien oder Doppelfassaden.
- **Großes Raumvolumen:**
  wenn die Nutzung in bestimmten Intervallen erfolgt, kann ein aus der Nutzungszeit und der Personenanzahl errechnetes Raumvolumen die mechanische Lüftung zwischen den Intervall-, d. h. zwischen den Fensterlüftungs-Pausen überflüssig machen.
- **Abluftventilator:**
  nur in belasteten Räumen, z. B. Sanitärräumen und Küchen wird die Luft abgesaugt. Nachströmöffnungen, z. B. im Fußbereich der Türen lassen die Luft aus den übrigen Räumen nachströmen. Der dort entstehende Unterdruck saugt Frischluft an, die jedoch nicht aufbereitet oder geheizt ist.
- **Zu- und Abluftsystem mit Wärmerückgewinnung:**
  Geführte Zuluft wird in einem Wärmetauscher von der abgesaugten Abluft erwärmt. Die dadurch mögliche Reduzierung der Lüftungswärmeverluste ist wesentlich für das Konzept von Passiv-Häusern.
- **Dezentrale Systeme:**
  Kleinere Anlagen können wirtschaftlicher auf die Anforderungen der einzelnen Nutzer ausgelegt werden und sind einfacher zu warten.

Strom

Die wesentlichen Stromverbraucher sind: Beleuchtung, Gerätebetrieb und Kälte- bzw. Wärmeerzeugung. Nachfolgend werden Strategien zur Reduzierung des Stromverbrauchs dargestellt:

- **Künstliche Beleuchtung:**
  Eine geringe Anschlussleistung der Leuchtmittel (Energiesparleuchtmittel, LED-Leuchtmittel, OLED Organische Leuchtdioden, flächig einsetzbar) senkt ihren

Verbrauch je Stunde. Eine Steuerung durch Präsenzdetektoren in Verbindung mit einer Zeitschaltung vermindert die Anzahl der Stunden, in denen die künstliche Beleuchtung erforderlich ist. Ebenso wirkt eine Regelung mit Helligkeitssensoren, die auf einfallendes Tageslicht reagiert.

- **Erhöhung des Tageslichtquotienten:**
  Eine optimale Ausleuchtung mit Tageslicht erreicht man z. B. durch große Fensterflächen in Verbindung mit großer Raumhöhe bezogen auf die Raumtiefe, durch helle Oberflächen oder durch Lichtlenkung (Einspiegelung auf reflektierende Deckenflächen). Den Einsparungen an Beleuchtungsenergie mittels größerer Glasflächen steht jedoch ein erhöhter Aufwand gegenüber für Herstellung, Reinigung und Verschattung.
- **Geräte:**
  Niedrigerer Stromverbrauch von neuen Geräten kann ein Argument für den Ersatz alter Geräte sein. Der **Stand-By-Betrieb** stellt ebenfalls einen beachtlichen Kostenfaktor dar, der durch Steuerung oder durch Nutzergewohnheiten beeinflusst werden kann: ca. 10 % des Strombedarfs eines deutschen Haushaltes wird für Stand-by verbraucht, das ergibt bundesweite Stromkosten von ca. 3,3 Mrd. Euro im Jahr (vgl. Umweltamt Wiesbaden).
- **Wärme-/Kälteerzeugung:**
  Grundsätzlich ist die Nutzung von konventionell gewonnenem Strom zur Erzeugung von Wärme oder Kälte weniger energieeffizient, als die Nutzung von Gas oder Erdöl. Effizienter ist die Nutzung von Wärmeenergie aus der Kraftwärmekopplung (KWK, als Nah- oder Fernwärme). Im Idealfall kann Sonnenenergie genutzt werden: z. B. zur Erwärmung von Wasser durch Sonnenkollektoren: 1 m^2 Kollektorfläche für die Warmwassererwärmung kann jährlich 30–50 l Heizöl einsparen (vgl. Preisig, S. 44).
- **Monitoring**
  Soweit das Nutzerverhalten ausschlaggebend für Stromersparnisse ist, kann die Motivation der Nutzer dadurch gestärkt werden, dass die sinkenden Verbräuche in regelmäßigen Abständen anschaulich dargestellt werden. So wird der Erfolg von verändertem Verhalten ablesbar, es entsteht ein Anlass zur Kommunikation, die die Akzeptanz für die erwünschten Verhaltensänderungen weiter verbessern kann.

3.4.3.5 Kosten

Die Bewirtschaftungskosten umfassen nach § 18 Abs. I WertV (Wertermittlungsverordnung) die Verwaltungs-, Betriebs- und Instandhaltungskosten sowie das Mietausfallwagnis. Hohe Bewirtschaftungskosten schmälern den Reinertrag und damit den Ertragswert einer Immobilie. Die Kostenkennwerte werden überwiegend in

Kosten je m² ausgedrückt, wobei die Flächendefinition immer besonders zu beachten ist (vgl. Kapitel B.2 zu Art und Maß der baulichen Nutzung).

Nun hängt aber der auf einer Bürofläche erwirtschaftete Mehrwert nicht in erster Linie von der Größe der zur Verfügung stehenden Fläche ab, sondern vielmehr von der Effizienz der wertschöpfenden Prozesse, die dort ablaufen, und davon, dass diese Prozesse von der Immobilie bestmöglich unterstützt werden. Dies wäre in einer **prozessorientierten Kostenbetrachtung** in Kosten je Aktivität am besten sichtbar zu machen, z. B. Gesamtgebäudekosten je Sachbearbeitungsvorgang.

Ein weiterer Nachteil der m²-Betriebskosten-Kennwerte ist die Tatsache, dass sie den Zusammenhang zwischen Investitions- und Betriebskosten nicht abbilden. Ein in der Bauphase kostengünstiges Material (z. B. Teppichbodenbelag) kann in der Nutzungsphase hohe Reinigungs- und Instandsetzungskosten zur Folge haben. Um hier zu einer ganzheitlichen Betrachtung von verschiedenen Konstruktions- oder Ausstattungs-Alternativen zu kommen, bietet sich das **Konzept der Lebenszykluskosten (LZK)** an. Erst wenn die entstehenden Kosten während des ganzen Lebenszyklus von Planung, Erstellung, Betrieb und Rückbau analysiert werden, kann die nachhaltig beste Lösung für den jeweiligen Einzelfall erkannt werden (vgl. Pelzeter 2006, S. 98 ff.). Umgekehrt bedeutet dies, dass eine Optimierung der Betriebskosten bereits in der Planungsphase beginnen muss, zumal in dieser Phase die Einflussmöglichkeiten noch am größten sind (vgl. Abbildung 16).

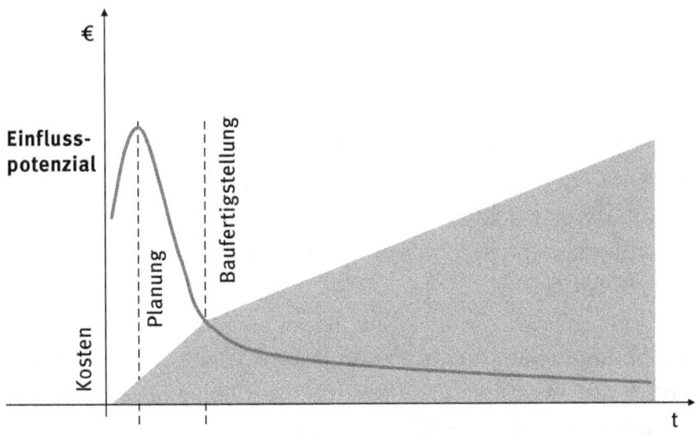

Abb. 16: Lebenszykluskosten (Quelle: eigene Darstellung in Anlehnung an GEFMA 220-1)

Für die LzK-Ermittlung müssen die Kosten der verschiedenen Phasen im Lebenszyklus der Immobilie gemäß klar zu definierender Systemgrenzen abgeschätzt werden, z. B. ist zu definieren, ob Modernisierungen im Lebenszyklus berücksichtigt werden und wie mit den spezifischen Ausgaben von Mietern (z. B. für Strom im Mietbereich) umgegangen wird. Zudem muss die Modellierung der Kostenentwicklung (mit Inflation, ggf. separat für Energie- und andere Kosten) transparent erfolgen. Ein weiterer, entscheidungsrelevanter Faktor in der LzK-Ermittlung ist die Methodik zur Einbeziehung des Zeitwertes von Geld, z. B. in Form der Kapitalwertermittlung. Eine Empfehlung dazu wurde in der **GEFMA 220** ausgearbeitet, die auch eine Tabellenkalkulation für interessierte Nutzer umfasst (Pelzeter/Sigg, 2011).

Da für die Berechnung der LZK zu weiten Teilen Kostenprognosen aufgestellt werden, ist auch eine Betrachtung von **Risiken als Kostenfaktoren**, bzw. eine Sensitivitätsanalyse erforderlich. Solche Risiken können sein: steigende Energiepreise, Einführung einer CO_2-Steuer für Immobilien, Entdeckung gesundheitsgefährdender Emissionen durch synthetische Baustoffe, etc.

Nach den Ausführungen zu neuen Kostenkonzepten, werden im Folgenden mögliche Strategien zur Senkung der Betriebs- und der Instandhaltungskosten vorgestellt.

Ansätze zur Minderung der Betriebskosten

Alle in den vorangegangenen Kapiteln über Flächen und Energie aufgezählten Maßnahmen führen indirekt auch zu einer Einsparung von Betriebskosten. Weitere Optimierungspotenziale bestehen in:

- **Kommunikation mit Vertragspartnern:**
  Ein regelmäßiges „Lieferanten-Audit“, in dem gegenseitige Probleme, Wünsche und Verbesserungsvorschläge besprochen werden, führt zu reduziertem Verwaltungs- und Materialaufwand bei der Vertragsabwicklung (vgl. Gietl/Lobinger, S. 14).
- **Reinigung:**
  Je nach Reinigungsstrategie verändert sich der Aufwand für den Dienstleister. Wird anstelle eines festen Putzplans eine Reinigung nach Bedarf vereinbart, so kann der Aufwand an der tatsächlichen Verschmutzung orientiert werden. Schmutzfänger und Sauberlaufzonen in den Eingangsbereichen reduzieren den Schmutzeintrag in das Gebäude.
- **Verbräuche:**
  Durch starke Preiserhöhungen der Kommunen für Wasser und Abwasser rücken auch in diesem Bereich die Verbräuche stärker ins Blickfeld. Wassersparende Maßnahmen sind: Einbau von Wassersparautomaten und Verzicht auf Warmwasser z. B. in Bürotoiletten. Die Sammlung und Nutzung von Regenwasser zur Pflege der Grünanlagen (Zisterne mit Pumpe) ist wirtschaftlich attraktiv, da auch die anderenfalls erhobene Abwassergebühr entfällt. Die Installation eines Brauchwasser-Leitungsnetzes z. B. für Toilettenspülung ist dagegen aufwendiger bezüglich Technik und Investition.

Ansätze zur Minderung der Instandhaltungskosten

Abhängig von der Höhe der Ausfallkosten werden verschiedene Instandhaltungs-Strategien verfolgt (vgl. Krimmling, S. 98 ff.). Nach der „Vorbeugestrategie“ werden Bauteile unabhängig von ihrem Zustand nach einer bestimmten Betriebszeit ersetzt, z. B. sinnvoll für Sicherheitstechnik. In diesem Fall ist der ggf. noch vorhandene Restnutzen der ausgetauschten Teile geringer zu bewerten als der potenzielle Folgeschaden bei Ausfall. Den Gegenpol dazu bildet die Abwarte- oder auch „Feuerwehrstrategie“ – der Ersatz eines Bauteils erst nach Ausfall, z. B. sinnvoll für Beleuchtungsmittel. Eine Weiterentwicklung der Vorbeugestrategie stellt die „Zustandsstrategie“ dar. Regelmäßige Inspektionen ermöglichen eine optimale Ausnutzung der Bauteil-Lebensdauer bei gleichzeitiger Minimierung von Ausfallschäden.

Vorsicht ist geboten beim Verzögern von Instandhaltungsmaßnahmen an Bauteilen mit hohem Wert- und Kostenanteil, z. B. an den Hüllflächen eines Gebäudes (Fassade, Dach, „Instandhaltungsstau“). Den eingesparten, kapitalisierten Kosten für unterlassene Instandhaltung stehen hohe Kosten für Reparatur und Beseitigung von Folgeschäden gegenüber. Für die Planung, Budgetierung und Überprüfung von Wartung, Inspektion und Instandsetzung der verschiedenen Bauteile haben sich Checklisten bewährt, Empfehlungen finden sich z. B. in den Leitfäden des Verbandes RealFM (vgl. RealFM, 2011 und 2013).

Contracting

Durch die Bündelung von Nachfrage entsteht Marktmacht, die den Einkauf von Waren und Dienstleistungen zu besseren Konditionen ermöglicht. Insbesondere im Bereich der Energieversorgung hat sich Contracting etabliert. Bei der Vertragsgestaltung ist jedoch auf präzise Definition von Service- und Wartungsleistungen zu achten, z. B. wenn Herstellung und Betrieb von Wärmeversorgungs-Anlagen als Paket vergeben werden.

Outsourcing

Die organisatorische Bündelung und Auslagerung von Teilen der FM-Prozesse bis hin zum ganzheitlichen Einkaufen von FM für den eigenen Primärprozess bei externen Anbietern kann zu erheblichen Kosteneinsparungen führen. Gründe dafür können die andere Tarifstruktur im FM verglichen mit dem Hauptprozess sein (z. B. Chemie vs. Gebäudereinigung), aber auch die **Spezialisierung des FM-Anbieters** auf dieses Arbeitsfeld, dessen Ausstattung mit arbeiterleichternden Geräten, sowie eventuelle Marktmacht beim Einkauf von Hilfsmitteln sein.

Kosten und Risiken des Outsourcings bestehen im FM genauso wie in anderen Branchen: es kann zu erhöhten Transaktionskosten kommen, zu Know-how-Verlust und nachfolgender Abhängigkeit von einzelnen Dienstleistern. Im schlechtesten Falle kann auch ein Qualitätsverlust eintreten. Diesen möglichen Nachteilen gilt es durch entsprechende Strategien, z. B. hinsichtlich einer transparenten Dokumentation entgegen zu wirken.

In Tätigkeitsfeldern wie dem Gesundheitssektor steht dem Outsourcing entgegen, dass die beim externen Einkauf der FM-Dienstleistungen fällige Mehrwertsteuer für den Endkunden – den Patienten- zu einer Verteuerung der Leistungen um diesen Betrag führen würde. Daher haben sich im Krankenhausbereich **Organschaften** etabliert, in denen das Krankenhaus einen Mehrheitsanteil (meist 51 %) hat. Auf diesem Wege können externe FM-Dienstleister mit ihrem speziellen Know-how und ihren eigenen Mitarbeitern in die Leistungserbringung integriert werden, ohne dass Mehrwertsteuer für diese Leistungen bezahlt werden muss.

3.4.4 Aufgaben des Facility Managements in den verschiedenen Phasen des Immobilien-Lebenszyklus

Die bisherigen Ausführungen haben die Notwendigkeit deutlich gemacht, im Rahmen des Facility Managements den gesamten Immobilien-Lebenszyklus zu betrachten, angefangen von der Planung und Erstellung, über die Nutzung bis hin zum Abriss. Da das Facility Management in der zeit- und kostenintensiven Nutzungsphase einer Immobilie den hauptverantwortlichen Akteur darstellt, fällt ihm die Rolle des „Anwaltes der Nutzer“ zu. Der Facility Manager bekommt dadurch die Aufgabe, die aus der Nutzerperspektive sinnvollen Optimierungsansätze in alle betroffenen Lebenszyklusphasen einzubringen, insbesondere jedoch in die Planungsphase.

3.4.4.1 Lebenszyklusphasen der Immobilie nach GEFMA 100

Es gibt zahlreiche, verschiedene Konzepte zur Einteilung des Immobilien-Lebenszyklus (Lz) in Phasen. Allen gemeinsam ist die Unterscheidung einer Herstellungsphase einer Nutzungsphase sowie einer Endphase, in der das Gebäude zurückgebaut oder abgerissen wird und an deren Ende das Grundstück einer neuen Nutzung zugeführt werden kann. Die Nutzungsphase ist typischer Weise sehr viel länger als die Anfangs- und die Endphase im Lz der Immobilie. Sie kann auch Unterzyklen umfassen, die z. B. mit Leerstand beginnen und nach einer Modernisierung zu einer erneuten Nutzung führen.

Die GEFMA hat daher in ihrer Richtlinie 100 ein **polyzyklisches Phasenmodell** entwickelt, vgl. Abbildung 17. Dieses Modell hat den Vorteil, dass spezifische Kosten, z. B. für die Gebäudesicherung in der Leerstandsphase entsprechend zugeordnet werden können. In der Konsequenz hat die GEFMA in der Richtlinie 200 „Kosten im FM“ die Lebenszyklusphasen (LzPh) zur Strukturierung der Kosten herangezogen. Alle Kosten der Nutzungsphase beginnen entsprechend mit der 6. Beispielsweise adressiert die Kostengruppe 6.100 die Kosten für das Objektmanagement (mit weiteren Unterscheidungen in der zweiten und dritten Ebene).

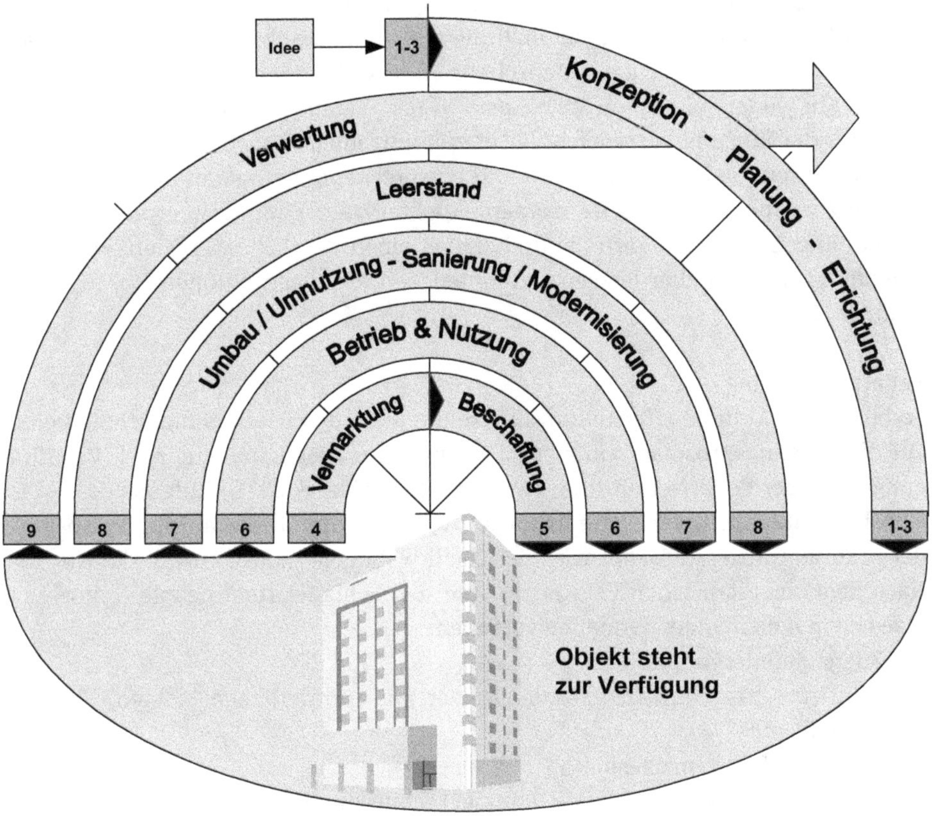

Abb. 17: Lebenszyklusphasen nach GEFMA 100 (Quelle: GEFMA 100)

Im Folgenden werden die LzPh 1–3 zusammengefasst zur Herstellungsphase. Die Phasen Vermarktung, Beschaffung, Betrieb & Nutzung, Umbau/Umnutzung & Sanierung/Modernisierung sowie Leerstand werden gemeinsam als Nutzungsphase angesprochen.

3.4.4.2 Facility Management in der Herstellungsphase

Obwohl das Konzept des FM gerade auf der Lebenszyklusphasen-übergreifenden Optimierung von Facilities beruht, setzt sich die Einbeziehung von Facility Managern bereits während der Herstellungsphase von Immobilien nur allmählich durch.

Vorreiter waren die sogenannten **Public Private Partnership (PPP)-Projekte**, sofern sie Herstellungs- und Nutzungsphase in einem Vertrag vereinten. In diesem Falle gab es eine triftige Motivation, die sonst übliche Aufteilung in Optimierung der Baukosten und späteres Nachbessern in der Nutzungsphase zu überwinden.

Denn jede vermiedene Instandhaltung erspart dem anbietenden, privaten Partner Geld im Rahmen der meist pauschalisierten Verträge, die über bis zu 30 Jahre laufen. Ein weiteres Beispiel: Wählt man in der Planungs- und Herstellungsphase einen für die Nutzung geeigneten, leicht zu reinigenden Bodenbelag, kann die Reinigung mit minimalem Zeitaufwand und entsprechend geringeren Kosten während der Nutzungsphase umgesetzt werden. Auch private Endnutzer erproben inzwischen die Lebenszyklus-Verträge und stellen einen deutlichen Effizienz- und Kostenvorteil fest gegenüber Phasen-getrennten Vertragskonstruktionen (ca. 16 %, vgl. Pfnür S. 15).

Bedarfsermittlung

So fällt dem FM in der Herstellungsphase die Rolle des Beraters hinsichtlich einer auf die Nutzungsprozesse optimierten Planung zu. Dies kann – je nach Beauftragung – mit der Bedarfsermittlung beginnen (Pierschke S. 282 f.) Aufgabe des FM ist es dabei, **nutzungsspezifische Anforderungen** zu formulieren aus der Perspektive der Sekundärprozesse. Damit wird der Facility Manager zum „Anwalt der Nutzer“. Nach dem amerikanischen FM-Konzept mit den Schlagworten: people – prozess – place könnte man folgendermaßen vorgehen:

- Zuerst definieren (**people**):
  Primärprozesse: Arbeitsplatz der Nutzer mit erforderlichen Möbeln, Flächen, Technik, etc.
- Daraus ableiten (**prozess**):
  Sekundärprozesse: Dienende Räume/Technische Unterstützung für Verpflegung, Reinigung, Sicherheit, Wartung/Inspektion, Instandsetzung, Anlieferung, Entsorgung, etc.
- Flächenbedarf gesamt (**place**):
  differenziert nach Flächenart und -Qualität, Ausstattung, Zuschnitt und Zuordnung für Primär- und Sekundärprozesse.

FM-gerechte Planung

Über die Bedarfsermittlung hinaus kann FM beraten hinsichtlich einer FM-gerechten Planung (vgl. D.3.4.2 und D.3.4.3, sowie Krimmling, S. 172 ff.), die nicht nur Zugänglichkeit und Austauschmöglichkeiten für die Instandhaltungsprozesse, reduzierten Aufwand für Reinigung etc. im Blick hat, sondern auch die leicht vergessenen Flächenbedarfe für die Lagerung und Abholung von Müll (mit entsprechenden Trennvorrichtungen, bei Lebensmittel-befassten Kunden auch mit Müllkühlung) oder z. B.

auf das Einplanen von Reinigungsräumen mit Wasserver- und -entsorgung zur Bedienung von Reinigungsmaschinen dringt.

Informationsmanagement
Einen weiteren, geldwerten Vorteil kann FM durch das Informationsmanagement zum Abschluss der Herstellungsphase erzielen. Vielfach wird nämlich versäumt, die in der Planung bereits entstanden Informationen für die Nutzungsphase zu „retten", d. h. aufzubereiten für künftige Planungs- und Auswertungsanforderungen. Denn die Planungsdaten können aus verschiedenen Gründen nicht unbearbeitet weitergenutzt werden. Zum einen gibt es immer ein Delta zwischen Planung und Bauausführung, das in der Dokumentation nachvollzogen werden muss.

Zum anderen hat die Nutzungsphase andere Informationsbedürfnisse, z. B. werden für die zu reinigenden Flächen nicht Rohbaumaße sondern Fertigbaumaße benötigt. Eine Datenaufbereitung z. B. in Form eines **Raumbuches**, das für jeden Raum die Oberflächenmaterialien und Ausstattungsobjekte aufführt, kann als Sonderleistung beim Architekten beauftragt werden.

Optimal wäre dabei eine Aufbereitung direkt für das später verwendete **Computer Aided Facility Management (CAFM)-Programm**, damit ein Transfer am Ende nicht an Datenformaten oder Datenbank-Strukturen scheitert. Misslingt die Datenüberführung, dann muss i. d. R. mit hohem Kostenaufwand eine Daten-Neuerhebung begonnen werden.

3.4.4.3 Facility Management in der Nutzungsphase

Nach Definition der GEFMA 100-1 wird das nur auf die Nutzungsphase bezogene FM als „Gebäudemanagement" (GM) bezeichnet. Die im Jahr 2000 herausgegebene **DIN 32736 „Gebäudemanagement"** ist zwar durch die o. g. DIN EN 15221 in wesentlichen Teilen ersetzt worden, ihre Untergliederung des GM in einen kaufmännischen, technischen und infrastrukturellen Bereich, ergänzt um das Flächenmanagement findet sich jedoch noch in vielen Publikationen aber auch Unternehmensstrukturen wieder. Tabelle 2 zeigt eine Aufgliederung von FM-Leistungen während der Nutzungsphase (LzPh 6) entsprechend der GEFMA 200.

Betreiberkonzept
Wesentliches Steuerungsinstrument des FM während der Nutzungsphase ist das Betreiberkonzept. Es definiert, auf welche Weise die **Sekundärprozesse** erbracht werden sollen. Bestandteile sind u. a.: Generelle Zielstellungen, Art und Qualität der vorgesehenen Tätigkeiten, Qualifikation und Auslastung des eingesetzten Personals, Aufbauorganisation und Schnittstellen zum Auftraggeber (AG). Man kann es auch anhand der W-Fragen (siehe nachfolgendes Beispiel) aufbauen.

Tab. 2: Leistungen des FM in der Nutzungsphase gemäß GEFMA 200: Kosten im FM

KGr.	Bezeichnung
4.000	**VERMARKTUNGSPHASE**
5.000	**BESCHAFFUNGSPHASE**
6.000	**BETRIEBS- & NUTZUNGSPHASE**
6.100	**Objektmanagement**
6.200	**Bereitstellung von Arbeits- / Produktionsstätten**
6.210	*Flächenmanagement in LzPh. 6*
6.220	*Umzugsdienstleistungen*
6.230	*Ergänzung von Austattungen und Einrichtungen*
6.300	**Objektbetrieb /Betriebsführung**
6.310	*Bedienung*
6.320	*Wiederkehrende Prüfungen*
6.330	*Inspektion & Wartung*
6.340	*Instandsetzung & Erneuerung*
6.400	**Ver- und Entsorgung**
6.410	*Versorgung*
6.420	*Energiemanagement*
6.430	*Entsorgung*
6.440	*Entsorgungsmanagement*
6.500	**Reinigung & Pflege**
6.510	*Unterhaltsreinigung*
6.520	*Glas- und Fassadenreinigung*
6.530	*Sonderreinigung*
6.540	*Industriereinigung*
6.550	*Schädlingsbekämpfung*
6.560	*Wäschereidienste*
6.570	*Reinigung & Pflege der Außenanlagen (Sommer- & Winterdienste)*
6.580	*Pflanzenpflege (außen & innen)*

KGr.	Bezeichnung
6.600	**Schutz- & Sicherheitsdienste**
6.700	**Objektverwaltung & Controlling**
6.710	*Hausverwaltung*
6.720	*Mietverwaltung*
6.730	*Verwaltung Sachvermögen / Anlagenbuchhaltung*
6.740	*FM-Rechnungswesen & FM-Controlling*
6.750	*Objektbuchhaltung*
6.760	*Vertrags- und Versicherungsmanagement*
6.770	*Geltendmachen von Mängelansprüchen*
6.780	*Verwaltung FM-Personal*
6.790	*Sonstige Verwaltung*
6.800	**Supportleistungen**
6.810	*Büroservices*
6.820	*Postdienste, Warenannahme und -ausgabe*
6.830	*Bibliotheksdienste*
6.840	*Veranstaltungsdienste*
6.850	*Verpflegung /Catering*
6.860	*Handwerksdienste*
6.870	*Beförderungs- und Transportdienste*
6.880	*Beschaffungen*
6.890	*Sonstiger Support, z. B. EDV-Support*
6.900	**Projekte in LzPh. 6**
7.000	**UMBAU- & SANIERUNGSPHASE**
8.000	**LEERSTANDSPHASE**
8.100	**Management leerer Objekte**
8.110	*Stillsetzung Objekt und Anlagen*
8.120	*Leerstandsverwaltung*
8.130	*Wiederinbetriebnahme Objekt und Anlagen*

Beispiel: Betreiberkonzept für Unterhaltsreinigung

- Was ist zu tun?
  Fußbodenreinigung, differenziert nach Belags- und Nutzungsart (Hartboden im Sanitärraum, Textilbelag im Büroraum, etc.) Quantifizierung durch Flächenauflistung
- Wie ist es zu tun?
  nass wischen/desinfizieren, saugen, fegen, ...
- Durch wen ist es zu tun?
  „Fachkundiges, zuverlässiges Personal"
- Wann ist es zu tun?
  nach Bedarf (in ergebnisorientierten Verträgen), oder -verrichtungsorientiert: täglich, 1 x pro Woche, nach Kernarbeitszeit (ab 17 Uhr), max. 2 Stunden nach Spontanverschmutzung, ...

- Wer trägt die Verantwortung?
  Objektbetreuer des AN, Anweisungen durch Hausmeister des AG sind möglich.
- Wie wird abgerechnet?
  Monatlich, pauschal nach Angebot incl. Verbrauchsmaterialien; Mehraufwand für Reinigung nach kleineren Bauarbeiten wird nicht gesondert vergütet, ...
- Wie wird dokumentiert?
  Jährlicher Nachweis von gesundheitlichen Kontrolluntersuchungen, Nachweis von Anzahl und Arbeitszeit des eingesetzten Personals auf Verlangen des AG, ...

In einem Vertrag wären dem Betreiberkonzept noch verschiedene Vereinbarungen zur Vertragsdurchführung hinzuzufügen. Vertragsmuster gibt es z. B. in der DIN EN 15221-2 oder seitens der GEFMA.

Instandhaltung

Das Betreiberkonzept wird u. a. Aussagen zur Durchführung der Instandhaltung enthalten. Dabei ist die Aufgliederung in Wartung und Inspektion (vgl. Tabelle 3) bzw. Instandsetzung und Verbesserung zu beachten, weil in Wohnungsmietverträgen nur Wartungs- und Inspektionskosten umlagefähig auf die Mieter sind.

Tab. 3: Instandhaltung nach DIN 31051(2003)

Instandhaltung			
Wartung – Prüfen – Nachstellen – Auswechseln – Ergänzen – Schmieren – Konservieren – Reinigen	Inspektion – Prüfen – Messen – Beurteilen	Instandsetzung – Ausbessern – Austauschen	Verbesserung – durch neuen Stand der Technik ersetzen

Nachhaltigkeit im FM

Auch Maßnahmen des FM zur Umsetzung seiner Dienstleistungen unter Berücksichtigung der Belange der Nachhaltigkeit können in einem Betreiberkonzept angesprochen werden. Die GEFMA hat dazu im Jahr 2014 die GEFMA-Richtlinie 160 „Nachhaltigkeit im FM" veröffentlicht, die auch eine **FM-vertragsbezogene Zertifizierung** ermöglichen wird (vgl. Pelzeter/Pohl, 2014). Tabelle 4 zeigt die geplanten Themenfelder auf.

Tab. 4: Themenfelder zur Bewertung von Nachhaltigkeit im FM lt. GEFMA 160

Themenfeld	Nr.	Kriterium
Ökologische Qualität	1.1	Energiemanagement
	1.2	Wassermanagement
	1.3	Entsorgungsmanagement
	1.4	Havariemanagement
Ökonomische Qualität	2.1	Nutzungskostenmanagement
Soziokulturell-funktionale Qualität	3.1	Nutzerzufriedenheitsmanagement
	3.2	Stör- und Beschwerdemanagement
	3.3	Rechtskonformität
	3.4	Raumluft- und Trinkwasserqualität
	3.5	Gebäudesicherheitsmanagement
	3.6	Arbeitssicherheitsmanagement (eig. MA)
Qualität der FM-Organisation	4.1	Betriebsstrategie
	4.2	Personal-Konzept, -Einsatz, -Organisation
	4.3	Ablauforganisation/Prozesse
	4.4	Dokumentation und Berichtswesen
	4.5	Beschaffung
Details der Services	5.1	Flächenmanagement
	5.2	Betreiben nach 32736
	5.3	Instandhaltung nach DIN 31051
	5.4	TGM Projekte (Modernisierung/Sanierung/Umbau)
	5.5	Reinigung
	5.6	Außenanlagen inkl. Winterdienst
	5.7	Catering
	5.8	Security

Dokumentation

Durch die aktuelle Rechtsprechung bzgl. der Übertragung von **Betreiberverantwortung** auf FM-Dienstleister (vgl. GEFMA 190: Betreiberverantwortung) steigen die Erwartungen an eine lückenlose Dokumentation aller sicherheitsrelevanten Aktivitäten, insbesondere im Bereich der Instandhaltung. Eine gute Basis für die Dokumentation wird durch o. g. Datenüberführung in ein CAFM-Tool gelegt.

Damit auch die laufende Dateneingabe möglichst ohne Medienbrüche und Übertragungsfehler erfolgt, werden an der Schnittstelle „Mitarbeiter – Facility“ häufig **PDA (Personal Digital Assistent)** bzw. Smartphones eingesetzt. Der PDA erlaubt nicht nur den Datenabruf vor Ort, sondern auch eine Identifikation der jeweiligen Facility (Raum, Anlage, Möbelstück, etc.) z. B. durch Codenummern, Barcodes oder RFID-Markierung (RFID: Radio Frequency Identification). Automatisiert kann der PDA den Namen der ausführenden Person, Datum und Uhrzeit dokumentieren. Sogar die Zeitdauer lässt sich erfassen und für die Arbeits- und Kostenplanung auswerten.

3.4.4.4 Facility Management in der Verwertungsphase

Eine Gebäudeverwertung im Sinne von Rückbau und Verwendung der Baumaterialien wird i. d. R. im Verantwortungsbereich von Bau- oder Abrissunternehmen liegen. Durch seine Kompetenz im Bereich der Abfallverwertung kann der Facility Manager dazu beitragen die Baumaterialien wieder in den **Wertstoff-Kreislauf** zu integrieren. Diese Entwicklung wird durch den zunehmenden Wert von endlichen Ressourcen, z. B. im Bereich der Metalle gestützt. Je höher der Preis für Kupfer oder Stahl wird, desto lohnender sind Prozesse des sortenreinen Rückbaus.

In Kleinen kommen Verwertungsprozesse bereits in der **LzPh 7 Sanierung** zum Tragen. Hier sollte der Facility Manager im Sinne der Nachhaltigkeit dafür Sorge tragen, dass möglichst hochwertig verwendet wird: Wiedernutzung von Bauelementen ist dem Recyclen vorzuziehen, welches zur Materialverwendung meist Umformungen vornimmt und zudem eine niederwertigere Verwendung zur Folge hat (down-cycling). So ergibt sich folgende **Hierarchie von Verwertungsmöglichkeiten**:
- Wiederverwenden als Element,
- Wiederverwenden als Material (Recycling),
- Energetische Weiternutzung (verbrennen oder vergasen),
- Kompostieren (biotische Materialien, z. B. Holz),
- Deponieren.

3.4.5 Markt für Facility Management

Das Marktpotenzial in Deutschland für FM-Dienstleistungen wurde 2014 in einer volkswirtschaftlichen Studie auf 130 Mrd. Euro geschätzt. Darin sind sowohl unternehmensintern erbrachte als auch extern vergebene FM-Dienstleistungen enthalten. Der Anteil an per Outsourcing marktwirksam gewordenen FM-Dienstleistungen beträgt 47,7 % (62 Mrd. Euro).

Für das Jahr 2012 ermittelte Lünendonk die in Abbildung 18 dargestellten Marktsektoren in einer Umfrage unter den 25 größten FM-Unternehmen Deutschlands. Den größten Umsatzanteil erwirtschaftet man mit der Industrie als Auftraggeber, wobei die Automobil- und die Pharmaindustrie mit 6,2 % bzw. 3,8 % zu den wichtigsten Partnern gehören.

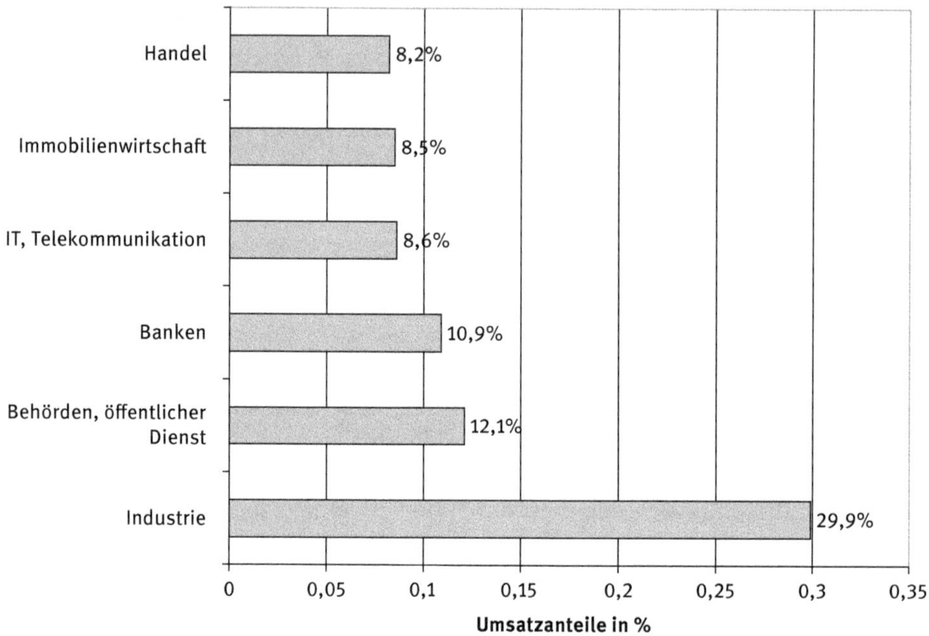

Abb. 18: Hauptauftraggeber der FM-Dienstleister, laut Lünendonk-Studie 2013 (Quelle: Altmannshofer S. 14)

Der FM-Markt ist in Deutschland trotz seines langjährigen Bestehens noch immer **vom Preiswettbewerb bestimmt.** Die große Zahl kleiner Unternehmen mit flachen Hierarchien unter den Anbietern sowie das bisherige Fehlen von Mindestlöhnen in vielen Bereichen der Facility Services tragen dazu bei. Der Marktanteil der kleineren FM-Anbieter beträgt ca. 84 % gegenüber einem Anteil der 25 umsatzstärksten FM-Dienstleister nach Lünendonkliste von 2014 von 15,8 %, bezogen auf die Inlandsumsätze (im extern erbrachten FM, vgl. Lünendonk, S. 2).

3.4.6 Fazit – Facility Management

Facility Management zeichnet sich durch seinen ganzheitlichen Ansatz aus: die Betrachtung einer Immobilie über ihren gesamten **Lebenszyklus** hinweg zielt auf eine nachhaltige Optimierung der baulichen Anlage. Daraus ergibt sich die Forderung, Facility Management nicht erst in der Nutzungsphase sondern bereits in der Planungsphase eines Objektes zu implementieren (häufig als „FM-gerechte Planung" adressiert). So kommt die zu Beginn des Gebäude-Lebenszyklus besonders hohe Effektivität von Einsparmaßnahmen optimal zum Tragen.

Ganzheitlich wird auch ein weit gefasster Lebenszyklus-Ansatz nur, wenn er den Nutzer in den Mittelpunkt aller Überlegungen stellt. Die Erfüllung der physischen und psychischen Bedürfnisse der **Menschen am Arbeitsplatz** ist der Bewertungsmaßstab für die Leistungen des Facility Managements. Dabei befindet sich der Arbeitsplatz im Wandel von einer statischen zu einer dynamischen Größe: Die Analyse von **Arbeitsprozessen** sollte daher der erste Schritt bei der Konzeption eines nachhaltig effizienten Gebäudes sowie der darin zu erbringenden Facility Services sein.

3.5 Zusammenfassung und Ausblick auf die Immobilien-Management-Disziplinen

Der Markt für immobilienbezogene Dienstleistungen – mithin für die hier betrachteten Disziplinen des Real Estate Asset Management, des Property Management und des Facility Management – ist derzeit einem grundlegenden Wandel unterzogen, der u. a. mit dem Markteintritt internationaler Investoren und einer zunehmenden Professionalisierung innerhalb der jeweiligen Management-Disziplinen begründet werden kann. Gleichwohl bestehen weiterhin Unklarheiten in den Abgrenzungen der jeweiligen Managementansätze und der Organisationsformen innerhalb von Unternehmen, was in Ineffizienzen am Markt resultiert. Andererseits besteht ein hohes Maß an Interaktion und Ergänzungen zwischen den genannten Managementebenen und -disziplinen:

- Das Real Estate Asset Management kann auf der taktischen und operativen Objektebene angesiedelt werden und ist in seiner Funktion für die Planung, Steuerung und Kontrolle sämtlicher wertbeeinflussender Maßnahmen vor, während und nach der Haltephase einer Immobilie verantwortlich. In Theorie und Praxis dient es damit als Bindeglied zwischen der strategischen Portfolio- und Investmentebene und der eher operativen Ebene des Property Management und des Facility Management.
- Das Property Management nimmt treuhänderisch operative Eigentümerfunktionen wahr und verantwortet die performance- und ergebnisorientierte Bewirtschaftung des Gebäudes, mithin den kaufmännischen Bereich. In dieser Funktion kooperiert das Property Management mit dem Real Estate Asset Management und ergänzt zielführend die Aufgabenbereiche des Facility Management.
- Das Facility Management verantwortet den operativen Bereich des Immobilienmanagements, inkorporiert insbesondere die Nutzersicht während des gesamten Lebenszyklus einer Immobilie und ist u. a. in den Bereichen des kaufmännischen, technischen und infrastrukturellen Gebäudemanagements tätig. Zahlreiche Normen und Berufsverbände haben bereits zu einem hohen Maß an Profes-

sionalität innerhalb der Facility Management Branche geführt und es erfolgt eine zielführende und strukturierte Kooperation mit dem Property Management.

Die dargestellten Management-Disziplinen unterliegen einem stetigen Wandel und sind in Theorie und Praxis nicht klar voneinander abgegrenzt – zukünftig wird eine weitere Professionalisierung der dort tätigen Unternehmen erfolgen und ggf. eine weitere Konzentration und Spezialisierung der Anbieter mit evtl. klar voneinander abgegrenzten Leistungsprofilen. In Ergänzung hierzu ist auf theoretischer Ebene eine intensive Auseinandersetzung mit den genannten Managementbereichen erkennbar, was sich u. a. in mehreren theoretischen und empirischen Arbeiten zu diesen Themenschwerpunkten manifestiert.

3.6 Literatur

Altmannshofer, R.: Lünendonk-Liste 2013 – Wachstum und Margen unter Druck, in: Der Facility Manager, Juli/August 2013, S. 14–15.

ASR A3.4 Technische Regeln für Arbeitsstätten: Beleuchtung, 2011.

Blumenthal, I.: Anforderungen an ein Marketingkonzept für Facilities-Management-Dienstleistungsunternehmen – Ein Vergleich zwischen Theorie und Empirie, in: Schulte, K.-W. (Hrsg): Schriften zur Immobilienökonomie, Band 28, Köln 2004.

Bogenstätter, U. (2008): Property Management und Facility Management, München 2008.

Bullinger, H.-J. u. a.: Zukunftsoffensive OFFICE 21. Büroarbeit in der dotcom-Gesellschaft gestalten, Köln 2000.

Corgel, J. B./Ling, D. C./Halbert, C. S. (2001): Real Estate Perspectives: An Introduction to Real Estate, New York 2001.

Daniels, K.: Low-Tech Light-Tech High-Tech: Bauen in der Informationsgesellschaft, Basel 1998.

DIN 276: Kosten im Hochbau, 2008.

DIN 4108-7: Wärmeschutz und Energie-Einsparung in Gebäuden, Teil 7: Luftdichtheit von Gebäuden, Anforderungen, Planungs- und Ausführungsempfehlungen, 2011.

DIN EN 15221-1: Facility Management –Teil 1: Begriffe; Deutsche Fassung EN 15221-1:2006.

DIN 18960: Nutzungskosten im Hochbau, 2008.

DIN 31051: Grundlagen der Instandhaltung, 2003.

DIN 32736: Gebäudemanagement, Begriffe und Leistungen, 2000.

Dubben, Nigel/Sayce, Sarah (1991): Property Portfolio Management: An Introduction, London/New York 1991.

Franke, P. J.: Comeback des Zellenbüros – Ausgangssituation und Zukunftsperspektiven für das Modular-System, in: Facility Management 6/2011, S. 39–41.

Frensch, S./Fischer, D. (2005): Asset Management: Der Markt in Bewegung, Eschborn 2005.

Frensch, S./Fischer, D. (2007): Real Estate Asset Management: Transparenz im Leistungsdschungel, Eschborn 2007.

Galaty, F. W./Allaway, W. J./Kyle R. C. (2001): Modern Real Estate Practice in Ohio, 5. Aufl., Chicago 2001.

Gebbers, J-O. /Glück, U.: „Sick building"-Syndrom, in: Schweiz Med Forum, Nr. 5, 2003, S. 109–113.

GEFMA 100-1: Facility Management – Grundlagen, 2004.

GEFMA 100-2: Facility Management – Leistungsspektrum, 2004.

GEFMA 220-1: Lebenszykluskosten-Ermittlung im FM – Einführung und Grundlagen, 2010.
Gietl, G./Lobinger, W.: Leitfaden für Qualitätsauditoren: Planung und Durchführung von Audits nach ISO 9001:2008, 3. Auflage, München 2009.
gif – Gesellschaft für Immobilienwirtschaftliche Forschung e. V. (2004a): Richtlinie: Definition und Leistungskatalog Real Estate Investment Management, Stand: 18.05.2004, Wiesbaden 2004.
gif – Gesellschaft für Immobilienwirtschaftliche Forschung e. V. (2004b): Reportingkatalog Real Estate Investment Management, Stand: 08.09.2004, Wiesbaden 2004.
Heinze, T., u. a. (Hrsg.): Innovation Durch Kommunikation: Kommunikation Als Innovationsfaktor für Organisationen, Wiesbaden 2009.
Hoerr, P. (2011): Real Estate Asset Management in Rottke, Nico/Thomas, Matthias (Hrsg.): Immobilienwirtschaftslehre: Management, Köln 2011, S. 635–668.
Kahlen, H.: Facility Management 1. Entstehung, Konzeptionen, Perspektiven, Berlin, Heidelberg 2001.
Kämpf-Dern, A./Pfnür, A. (2009): Grundkonzept des Immobilienmanagements: Ein Vorschlag zur Strukturierung immobilienwirtschaftlicher Managementaufgaben, in: Pfnür, A. (Hrsg.): Arbeitspapiere zur immobilienwirtschaftlichen Forschung und Praxis: Band 14, Darmstadt 2009.
Kämpf-Dern, A. (2009): Immobilienwirtschaftliche Managementebenen und -aufgaben: Definitions- und Leistungskatalog des Immobilienmanagements, in: Pfnür, A. (Hrsg.): Arbeitspapiere zur immobilienwirtschaftlichen Forschung und Praxis: Band 15, Darmstadt 2009.
Kämpf-Dern, A. (2008): Bestimmung und Abgrenzung von Managementdisziplinen im Kontext des Immobilien- und Facilities Managements: Eine Entgegnung zum gleichnamigen Beitrag von Sven A. Teichmann in der ZIÖ – Zeitschrift für Immobilienökonomie 2/2007, Nr. 2, Wiesbaden 2008, S. 59–68.
Krimmling, J.: Facility Management – Strukturen und methodische Instrumente, 4. akt. Auflage, Stuttgart 2013.
Kummert, K./May, M./Pelzeter, A. (Hrsg.): Nachhaltiges Facility Management, Berlin Heidelberg 2013.
Lünendonk: Presseinformation zur Lünendonkstudie 2014, http://luenendonk.de/wp-content/uploads/2014/05/LUE_PI_FS_Liste_f260514.pdf, abgerufen am 08. September 2014.
Neufert, P./Neufert, C.: Neufert Bauentwurfslehre, 40. erweiterte und überarbeitete Auflage, Braunschweig, Wiesbaden 2012.
Pelzeter, A. (2003): Büroarbeitsplätze – Die Sehnsucht nach der Höhle, in: Immobilien Zeitung Nr. 16/2003, S. 16.
Pelzeter, A. (2006): Lebenszykluskosten von Immobilien – Einfluss von Lage, Gestaltung und Umwelt, Köln 2006.
Pelzeter, A (2013a): Sustainability in Facility Management, in: Hauser, G. u. a. (Hrsg.): Implementing Sustainability – Barriers and Chances, Book of Full Papers, sb13 Sustainable Building Conference, Munich April 24-26, 2013, Fraunhofer IRB Verlag 2013, S. 1185–1191.
Pelzeter, A./Pohl, S. (2014): Neue GEFMA Richtlinie zu Nachhaltigkeit im FM, in: Tagungsband Facility Management Kongress 2014, VDE-Verlag Berlin/Offenbach, Seite 36–42.
Pelzeter, A./Sigg, R.: Ermittlung von Lebenszykluskosten, in: ecomed-Handbuch Facility Management, 30. Erg. Lfg. 09/11, S. 1–64.
Pfnür, A.: Lebenszyklusorientierte Partnerschaft – One-Pilotprojekt: „Erstaunlich hoher Kostenvorteil“, in: Immobilienzeitung, 18.07.2013, S. 15.
Preisig, H. u. a.: Der ökologische Bauauftrag. Ein Leitfaden für die umweltgerechte und kostenbewusste Planung, München 2001.
Quante, R. (2011): Praxishandbuch Immobilien Asset Management, Köln 2011.
RealFM (2013): RealFM-Leitfaden Instandhaltung 2013 – Lösungen für sicheres und ergebnisbasiertes Handeln in der Instandhaltung der Baukonstruktion von Liegenschaften und Gebäuden.

RealFM (2011): RealFM-Leitfaden Instandhaltung 2011.

Rotermund, U. [Hrsg.]: FM Benchmarking Bericht, Höxter 2010.

Schramek, E.-R. (Hrsg.): Taschenbuch für Heizung + Klimatechnik 07/08, München 2007.

Spath, D. u. a.: Gesundes und erfolgreiches Arbeiten im Büro, Fraunhofer IAO, Berlin 2011.

Stengel, R. v. (2003): Portfoliomanagement institutioneller Anleger, in Gondring, H./Zoller, E./ Dinauer, J. (Hrsg.): Real Estate Investment Banking: Neue Finanzierungsformen bei Immobilieninvestitionen, Wiesbaden 2003, S. 313–326.

Thomzik, M.: FM-Branchenreport 2014 – Die volkswirtschaftliche Bedeutung der Facility-Management-Branche, GEFMA-Publikation 980, 2014.

Teichmann, S. A. (2009): Integriertes Facility Management in Europa: Theoretische Konzeption, empirische Untersuchung und Marktanalyse zur Gestaltung und Steuerung von Wertschöpfungspartnerschaften im internationalen Kontext, in: Schulte, K.-W./Bone-Winkel, S. (Hrsg.): Schriften zur Immobilienökonomie: Band 55, Köln 2009, zugl. Diss. Univ. Regensburg, Regensburg 2009.

Teichmann, S. A. (2007): Bestimmung und Abgrenzung von Managementdisziplinen im Kontext des Immobilien- und Facilities Management, in: ZIÖ – Zeitschrift für Immobilienökonomie, Nr. 2/2007, Wiesbaden 2007, S. 5–36.

Trübestein, M. (2011): Real Estate Asset Management für institutionelle Investoren: Eine theoretische Konzeption und empirische Untersuchung aus Sicht institutioneller Investoren in Deutschland in Schulte, Karl-Werner/Bone-Winkel, Stefan/Schäfers, Wolfgang (Hrsg.): Schriften zur Immobilienökonomie – Band 59, Köln 2011, zugl. Diss. Universität Regensburg 2010.

Trübestein, M. (2010): Real Estate Asset Management for Institutional Investors – A Theoretical and Empirical Approach, 26th ARES American Real Estate Society Conference, Naples/USA 2010.

Umweltamt Wiesbaden: Tipps – Stand-by, 2011, http://www.wiesbaden.de/medien/dok/leben/umwelt-naturschutz/Tipps_Stand-by_2011xs.pdf, abgerufen am 24.06.2013.

Weller, K. (2003): Entwicklung eines Immobilien-Portfolio-Management-Systems zur Optimierung von Rendite-Risiko-Profilen diversifizierter Immobilien-Portfolios in Pelzel, Wolfgang (Hrsg.): Reihe Immobilienmanagement – Band 3, zugl. Diss. Universität Leipzig 2002, Norderstedt 2003.

Teil E: Funktionsspezifische Aspekte des Immobilienmanagements

Philipp Feldmann, Nicolai Gerstner, Philip Hofmann,
Bjorn Isenhäfer, Matthias Segerer, Arno Väth

1 Immobilienanalyse

Inhalt

1.1 Einleitung

1.1.1 Stellenwert der Immobilienanalyse

Im Zuge der fortwährend komplexeren Sozial- und Wirtschaftszusammenhänge und deren oftmals unvorhersehbaren und kurzfristigen Auswirkungen auf die Immobilienmärkte einerseits und der zunehmenden Diversifizierung von typologischen und räumlichen Teilmärkten andererseits, steigt aus Sicht der verschiedenen Akteure am Immobilienmarkt die Bedeutung der Immobilienanalyse in Bezug auf die Abschätzung der Tragfähigkeit eines Immobilienprojektes. Insbesondere durch die fortschreitende Institutionalisierung der Immobilie als Asset Klasse und der sich sukzessive verbessernden Transparenz der Immobilienmärkte, ist es möglich – jedoch gleichsam auch notwendig – einem transparenten und fundierten Entscheidungsprozess auch eine belastbare und differenzierte Analyse vorangehen zu lassen.

Auf dieser Grundlage scheint es zunächst sinnvoll, die theoretischen und methodischen Grundfragen des Analyseprozess zu klären, bevor verschiedene Schwerpunkte i.S.v. Analysearten aufgezeigt werden. Denn schließlich ist die Anwendung verschiedener Analysemethoden nicht Mittel zum Zweck, sondern sollte Ergebnis eines sorgfältig abgewogenen Vorgehens sein. Abschließend wird aufgrund der Ortsbezogenheit und der Möglichkeiten durch den technologischen Fortschritt ein gesondertes Augenmerk auf geographische Informationssysteme (GIS) und deren Anwendung in der Immobilienanalyse gelegt. Da hierin die Möglichkeit besteht, räumliche Daten mit weiteren quantitativen und qualitativen Merkmalen zu kombinieren, lassen sich durch eine gezielte Anwendung wertvolle Erkenntnisse erzielen.

1.1.2 Zweck und Anwendungsgebiete der Immobilienanalyse

Wenngleich die Immobilienanalyse im Kontext des Hauses der Immobilienökonomie (vgl. Kap. A.3) gleichwertig mit anderen funktionsspezifischen Aspekten der Immobilienökonomie zu sehen ist, spielt sie in der Einschätzung der Wirtschaftlichkeit eines Immobilienprojektes eine zentrale Rolle. Dass es dabei um eine umfassende Einschätzung der wirtschaftlichen, ökologischen oder ökonomischen Nachhaltigkeit des Projektes in seinem räumlichen, technischen und wirtschaftlichen Kontext geht, spiegelt auch die Definition von Muncke/Dziomba/Walther wieder, die die Immobilienanalyse als „objektive, systematisch aufgebaute, fachlich und methodisch fundierte Untersuchung der räumlichen und marktseitigen Rahmenbedingungen einer Immobilieninvestition" (Muncke/Dziomba/Walther, S. 136) verstehen. Synonym wird in der Praxis dabei oftmals auch die Bezeichnung „Due Diligence" verwendet (vgl. Arndt, S. 14 f.).

Die Anwendungsanlässe sind vielfältig und streng genommen kann die Immobilienanalyse auch nur eine Zeitpunktaufnahme einer sich fortwährend ändernden

Umweltsituation sein. Die klassischen Anwendungsgebiete der Immobilienanalyse sind jedoch zu Zeitpunkten, an welchen die verschiedenen, mit einer Immobilie in Zusammenhang stehenden Institutionen Richtungsentscheidungen hinsichtlich der Weiterentwicklung der Immobilie treffen möchten oder müssen. Beispiele sind Investitions- oder Desinvestitionsentscheidungen von Investoren, Realisierungsentscheidungen von Projektentwicklern, Finanzierungsentscheidungen von Banken und Finanzinstitutionen, etc. Der jeweilige Adressat der Analyse und das dahinterstehende Erkenntnisinteresse bilden daher auch ein maßgebliches Kriterium in der Auswahl des Analysefokus und der Identifikation der Analysefragen.

Schließlich sei jedoch festgestellt, dass die Immobilienanalyse an sich immer nur eine Entscheidungshilfe darstellen kann. Verschiedentlich lässt sich in entsprechenden Entscheidungssituationen eine Tendenz erkennen, dass durch eine entsprechend umfangreiche – und technisch und methodisch in der Regel sicherlich hochwertige – Anhäufung von Daten eine Scheingenauigkeit und -sicherheit hergestellt werden soll, mit der Folge, dass die Entscheidung an sich in den Hintergrund gedrängt wird und die Analyse eher als sich selbsterfüllende Prophezeiung oder Entscheidungslegitimation dient (vgl. Niederdrenk/Müller, S. 17). Um dem entgegenzuwirken sollte es wichtiger sein, als Ergebnis der Analyse strategierelevante und damit erfolgskritische Parameter zu identifizieren und zu analysieren.

1.1.3 Standorttheorien als eine theoretische Grundlage der Immobilienanalyse

1.1.3.1 Überblick

Eine Reihe wirtschaftswissenschaftlich geprägter Ansätze zur Entwicklung von Standorttheorien wurde von deutschen Ökonomen ausgearbeitet, die als Pionierleistungen auf diesem Gebiet gelten. Obwohl diese Theorien teilweise sehr abstrakt angelegt sind, vermitteln sie nicht nur die Problematik der unternehmerischen Standortwahl, sondern auch hilfreiches Hintergrundwissen zur wirtschaftlichen Entstehung von Standortstrukturen. Da die Wertentwicklung bei Immobilien in erster Linie von der Dynamik der örtlichen Wirtschaftsaktivität abhängt, können sie insofern zum Verständnis der Zusammenhänge beitragen.

Schließlich schafft erst die Existenz von Arbeitsplätzen – sei es im primären, sekundären oder tertiären Sektor oder im öffentlichen Bereich – eine kaufkräftige Nachfrage nach „Raum" für die unterschiedlichsten Nutzungen (vgl. Wurtzebach/Miles, S. 41). Deshalb werden die folgenden vier als besonders relevant erscheinenden Standorttheorien nachfolgend kurz vorgestellt:

- Die Standorttheorie der Landwirtschaft von v. Thünen.
- Die Standorttheorie der Industrie von Weber.

- Die Theorie der Zentralen Orte von Christaller.
- Die Theorie der Wachstumspole von Perroux.

1.1.3.2 Standorttheorie der Landwirtschaft von v. Thünen

Der erste Ansatz einer modellhaften Durchdringung von räumlichen Nutzungsstrukturen – und damit Standortstrukturen – findet sich in von Thünens Werk „Der isolierte Staat in Bezug auf Landwirtschaft und Nationalökonomie" aus dem frühen 19. Jahrhundert. Dieses landwirtschaftliche Modell basiert auf gleichförmigen, um einen zentralen Markt verlaufenden Kreisen, in denen in Abhängigkeit von Ertrag, Preis und Transportkosten unterschiedliche landwirtschaftliche Nutzungen stattfinden. Thünens Ansatz ist gewissermaßen die Grundlage des „Highest and best use"-Konzeptes in der Immobilienwirtschaft. Die These dabei ist, dass der Wert landwirtschaftlicher Erzeugnisse einen positiven Zusammenhang zur Nähe des zentralen Marktplatzes hat. Je weniger dieser zentrale Marktplatz vom Herstellungsort (Land) entfernt ist, umso geringer sind die Transportkosten bzw. die Verluste durch den Transportweg. Folglich gehen mit steigender Entfernung zum Marktplatz andere, weniger wertvolle Produktionsgüter und damit fallende Landpreise einher. Wie Abbildung 1 zeigt, entsteht in aggregierter Form durch die verschiedenen Güter auf

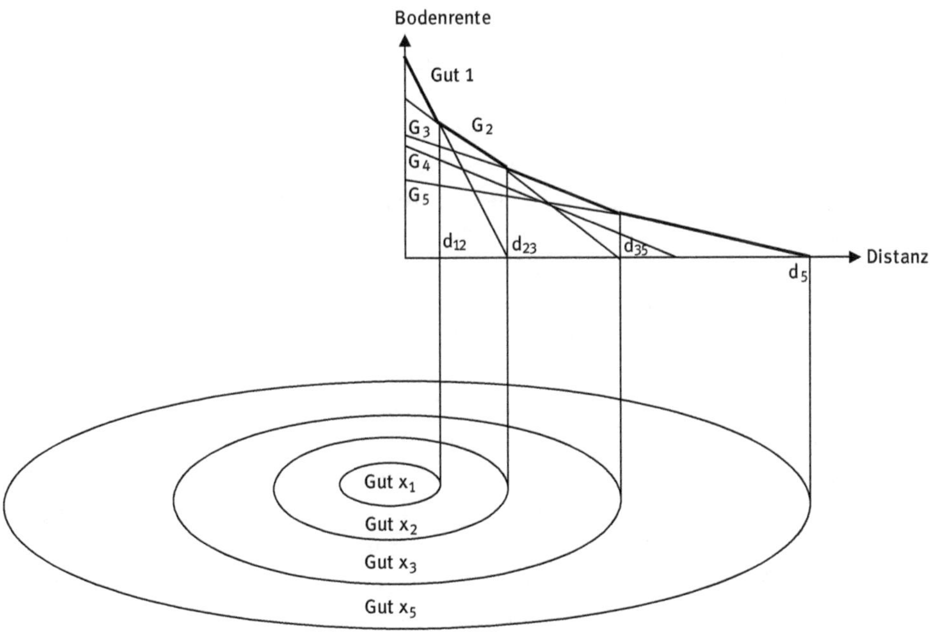

Abb. 1: Thünen-Ansatz (Quelle: Eigene Abbildung in Anlehnung an v. Thünen (1826))

der Landnutzung eine Isoquante zu Entwicklung der Landpreise (vgl. Wurtzebach/Miles, S. 42).

Es handelt sich mithin um ein streng mathematisches Modell, nach dem sich unter Berücksichtigung der Absicht der Gewinnmaximierung die Nutzungen durch Preis- bzw. Kostenverschiebungen verändern (vgl. Läpple, S. 174–176). Dies unterstreicht zwar einerseits die recht abstrakte, stark vereinfachende und auf primär harten Standortfaktoren basierende Form dieser Theorien, vermittelt jedoch andererseits für die Praxis Kenntnisse über die Beweggründe, Motive und Gedankenspiele, die in einer erweiterten Perspektive Industrie-, Handels- und Dienstleistungsunternehmen bei der Standortwahl betreffen und somit die Rahmenbedingungen für immobilienwirtschaftliche Entscheidungen schaffen. Ähnlich verhält es sich mit anderen Theorien zur Entwicklung von Standorten, die jedoch alle mehr oder weniger eine Sicht von Unternehmen einnehmen und andere Einflussfaktoren auf Standorte, die über die bloße Distanz und dadurch verursachten Kosten hinausgehen, maximal implizit berücksichtigen. Die Standortanalyse in der Immobilienwirtschaft muss sich heutzutage natürlich mit mehreren Einflüssen auf den unterschiedlichen Wirkungsebenen auseinandersetzen und differenziert daher weitaus stärker als die klassischen Standorttheorien (vgl. Wurtzebach/Miles, S. 41).

1.1.3.3 Standorttheorie der Industrie von Weber

Die industrielle Standorttheorie begründete Webers Veröffentlichung „Über die Standortwahl der Industrien“ (1909 und 1923). Den historischen Rahmen dieser Veröffentlichung setzt der Prozess der industriellen Verstädterung, die sich aus der Industrialisierung und der damit einhergehenden Bevölkerungsexplosion ergeben hat (vgl. Läpple, S. 181). Innerhalb Webers Werks lassen sich zwei Standorttheorien unterscheiden: Erstens die **„Reine Theorie des Standortes“**, deren Zweck in der mikroökonomisch geprägten Erklärung der Standortwahl und räumlichen Anordnung von Industriebetrieben liegt. Zweitens die **„Kapitalistische Theorie des Standortes“**, die auf Basis deduktiver Erklärungsansätze die Auswirkungen des Großkapitalismus auf Arbeitsmarkt, Bevölkerung und die Entwicklung von Städten beschreibt.

Die „Reine Theorie des Standortes“ ist daher eingebettet in die „Kapitalistische Theorie des Standortes“, die den einschneidenden Wandel der Wirtschafts-, Bevölkerungs-, und Gesellschaftsstruktur und deren räumliche Auswirkungen erklärt (vgl. Läpple, S. 182). Aufgrund ihrer deskriptiven und soziologischen Prägung ging diese Arbeit jedoch in der ökonomischen Forschung weitgehend unter. Stattdessen setzten sich Ökonomen primär mit der „Reinen Theorie des Standortes“ auseinander, die auch als „allgemeine Theorie des Standortes“ bezeichnet wird. Trotzdem erscheint die Feststellung wichtig, dass Weber nicht primär die Entwicklung eines

Modells der unternehmerischen Standortwahl, sondern eine Erklärung des tief greifenden wirtschaftlichen Strukturwandels der Gründerzeit anstrebte.

Webers **Reine Theorie** begründet den Begriff des „Standortfaktors“. Er definiert diesen Begriff „als einen Kostenvorteil, der für eine wirtschaftliche Tätigkeit dann eintritt, wenn sie sich an einem bestimmten Ort (...) vollzieht“ (vgl. Weber, 1909, S. 16 aus Heuer, S. 44). Der Begriff wird weiter präzisiert, indem er zwischen „generellen“ und „speziellen“ Standortfaktoren unterscheidet. Nach seiner Meinung haben generelle Standortfaktoren, d. h. allgemein verfügbare Faktoren, die für alle Industrien bedeutend sind, Deglomerationswirkung. Im Gegensatz dazu können spezielle Standortfaktoren, d. h. Kriterien, die nur für einzelne Wirtschaftszweige oder Unternehmen relevant sind, Agglomerationen erzeugen (vgl. Holz, S. 31).

Die unterschiedliche geographische Verfügbarkeit einzelner Standortfaktoren führt auf diese Weise zu divergierenden wirtschaftlichen Entwicklungen einzelner Regionen. Da seiner Meinung nach für Standortentscheidungen regionale Faktoren relevant sind, vollzieht sich die eigentliche Standortwahl i. d. R. auf lokaler Ebene und wird deshalb primär durch die Transportkosten bestimmt. Unternehmen sollten sich deshalb am so genannten „Transportkostenminimalpunkt“ ansiedeln.

Dieser mikroökonomische Ansatz der Industriestandortlehre stellt das erste theoretische Modell der unternehmerischen Standortwahl dar. Aufgrund des hohen Abstraktionsgrades, der Verwendung eines mechanischen Analogons zur Feststellung des Transportkostenminimalpunktes und der vielen einschränkenden Prämissen stieß er allerdings auf Kritik und wurde durch andere Ökonomen überarbeitet. Die zunehmende Komplexität konnte zwar die Realitätsnähe des Modells steigern, die Grundgedanken bleiben allerdings dieselben.

Im Gegensatz dazu stellt Webers **Kapitalistische Theorie** die so genannte „kapitalistische Arbeitsunterlage“, d. h. den Arbeitsmarkt, in den Mittelpunkt der Betrachtungen. Deren Ausgangspunkt war die Beobachtung, dass die „Milieubedingungen“ des Kapitalismus – hohe Beschäftigungs- und Bevölkerungskonzentrationen – dazu führen, dass die relative Bedeutung der Transportkosten sinkt. Zusätzlich forcieren Produktivitätssteigerungen und Transportkostensenkungen infolge technologischen Fortschritts die Umschichtung der Produktion von schweren geringwertigen Massengütern zu wertschöpfungsintensiven Gütern. In der Folge wird die Transportkostenorientierung durch die Arbeitskostenorientierung ersetzt (vgl. Läpple, S. 185).

Die Wechselwirkungen zwischen Arbeitsmarkt und Kapitalismus beeinflussen daher die Entwicklung der Städte bzw. Städteagglomerationen in hohem Maße. „Was es also bei der heutigen Standortlehre zu erklären gilt sind nicht bloß, wie beim landwirtschaftlichen Körper, die Gesetze der Verteilung der einzelnen Produktionsarten über die Fläche, sondern auch die Zusammenhänge und Verhältnisse, durch die sie im Wege ihrer Standortorientierung jene merkwürdigen Wirtschafts- und Bevölkerungskolosse schaffen, die wir in den Industriebezirken und im Großstadtaufbau der modernen Wirtschaft vor uns sehen“ (vgl. Läpple, S. 181).

Das Erkenntnisinteresse der Standorttheorie sollte daher nicht nur aus dem Blickwinkel der Betriebswirtschaftslehre gesehen werden, sondern auch vor dem Hintergrund der zahlreichen Wechselwirkungen und Kopplungseffekte mit der Beschäftigungs- und Bevölkerungsentwicklung. Nicht zuletzt wegen dieser ganzheitlichen Betrachtungsweise stieß dieser Ansatz auf eine geringe Resonanz seitens der Vertreter der „reinen Lehre“. Trotz aller Einschränkungen und Kritik hat Weber den Grundstein der modernen Standorttheorien gelegt und vor allem die kapitalistische Theorie verdeutlicht die Interdisziplinarität der Standortproblematik.

1.1.3.4 Theorie der Zentralen Orte von Christaller

Im Gegensatz zur Thünens Theorie unter Berücksichtigung eines zentralen Marktplatzes befasst sich das Standortmodell von Christaller mit der Verteilung von Produzenten und Konsumenten innerhalb eines festgelegten Gebiets unter Berücksichtigung mehrerer zentraler Orte. Sein 1933 veröffentlichtes Werk „Die Zentralen Orte in Süddeutschland“ stellt nach eigener Aussage eine „ökonomisch-geographische Untersuchung über die Gesetzmäßigkeit der Anzahl, Verteilung und Größe der städtischen Siedlungen dar“ (vgl. Christaller, S. 3 (Vorwort) aus Heuer, S. 50). In diesem Modell werden wirtschaftliche Beziehungen zwischen den einzelnen Akteuren der Stadt (Produzenten) und des Umlands (Konsumenten) anhand idealtypischer räumlicher Strukturen erläutert, wobei **„Zentrale Orte“** grundlegende Bedeutung haben.

Darunter versteht Christaller Städte, die üblicherweise im Mittelpunkt einer Region liegen und gegenüber den sie umgebenden „dispersen Ortschaften“ aufgrund der Übernahme zentraler Funktionen durch „relativen Bedeutungsüberschuss“ gekennzeichnet sind. Der Grad der Zentralität steigt mit dem Angebot „zentraler“ Güter und Dienste, die wiederum durch die Anzahl der zentralen Einrichtungen vor Ort bestimmt wird. Diese umfassen Institutionen (1) der Verwaltung, (2) von kultureller und kirchlicher Bedeutung, (3) von sanitärer Bedeutung, (4) von gesellschaftlicher Bedeutung, (5) zur Organisation des wirtschaftlichen und sozialen Lebens, (6) des Handels und des Geldverkehrs, (7) gewerbliche Einrichtungen, (8) des Arbeitsmarktes sowie (9) Einrichtungen des Verkehrs (vgl. Christaller, S. 139 aus Heuer, S. 51).

Die jeweilige Anzahl der genannten Einrichtungen an einem Zentralen Ort würde sich als Zentralitätsmaßstab anbieten, eine relative Bestimmung des Zentralitätsgrades ist auf diese Weise allerdings nicht möglich. Daher verwendet Christaller die Anzahl der Telefonanschlüsse als Zentralitätsindikator. Durch die Telefonformel (vgl. Abbildung 2) leitet er eine Hierarchie von zehn Zentralitätsstufen ab, angefangen vom „hilfszentralen Ort“ bis hin zum sog. „Reichshauptort“ (vgl. Christaller, S. 50 aus Heuer, S. 58).

Christaller stellte anhand seiner Untersuchungen empirisch fest, dass „zentrale Güter höherer Ordnung“ mit einem entsprechend großen Einzugsbereich in „zentra-

$$Z_z = T_z - E_z \cdot (T_g / E_g)$$

Z_z = Zentralitätsgrad
T_z = Anzahl der Telefonanschlüsse innerhalb des zentralen Orts
T_g = Anzahl der Telefonanschlüsse innerhalb des Gebietes
E_z = Einwohnerzahl des zentralen Ortes
E_g = Einwohnerzahl des Gebietes

Abb. 2: Telefonmethode von Christaller (1933) (Quelle: HEUER, S. 50)

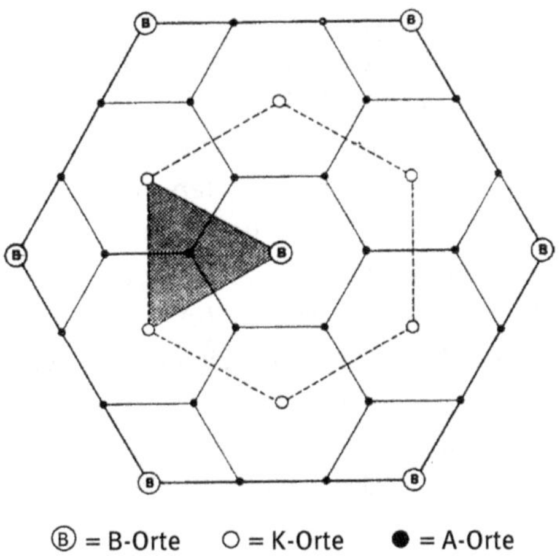

Abb. 3: Bienenwabensystem von Christaller (1933) (Quelle: Heuer, S. 52)

len Orten höherer Ordnung“ angeboten werden müssen, um eine flächendeckende Versorgung zu gewährleisten. Umgekehrt erfolgt die Distribution „zentraler Güter niederer Ordnung“ durch „zentrale Orte niederer Ordnung“.

Falls also ein Gebiet flächendeckend und gleichmäßig versorgt werden soll, lässt sich dies am besten dadurch erreichen, dass alle zentralen Orte dieselbe Entfernung voneinander haben, d. h. wenn diese Orte auf den Eckpunkten gleichseitiger Dreiecke liegen, die sich zu Sechsecken ergänzen (vgl. Heuer, S. 52). Diese Überlegung führt zur Entwicklung des „Bienenwabensystems“, das die ökonomisch idealtypische Verteilung der zentralen Orte innerhalb eines Marktgebietes beschreibt (vgl. Abbildung 3).

Der zentrale „Bezirkshauptort“ (B-Ort) in Abbildung 3 versorgt sein Umland mit „zentralen Gütern“. Während „Güter höherer Ordnung“ aufgrund der Größe des Absatzgebietes i. d. R. großräumig angeboten werden, ist das Angebot an „Gütern niederer Ordnung“ – aufgrund des kleineren Einzugsgebietes – üblicherweise eher kleinräumig. Diese Unterversorgung des Umlandes führt dazu, dass sich um einen

„Bezirkshauptort" sechs sog. „Kreisstädtchen" (K-Orte) entwickeln, deren wirtschaftliche Funktion in der Versorgung ihrer entsprechend kleineren Bienenwabe besteht. Falls der Absatzradius der Güter niederer Ordnung weiter sinkt, entstehen zusätzlich um jedes „Kreisstädtchen" nochmals sechs „Amtsstädtchen" (A-Orte). Die Hierarchie und räumliche Struktur der Zentren ergibt sich insofern aus der Entwicklung eines flächendeckenden Versorgungsnetzes.

Die Kritik an der Theorie der zentralen Orte basiert analog zu Thünens Modell auf den vielen einschränkenden Prämissen: Die Annahme einer gleichmäßigen Verteilung der Ressourcen, der Bevölkerung, der Kaufkraft und der Bedürfnisse ist in der Tat realitätsfern, denn Topografie, Transportsystem sowie Sondereinflüsse durch regionale Spezialisierung werden ignoriert (vgl. Holz, S. 20). Kritiker stellten die Aussagekraft seiner Erhebung, die eigentlich die Theorie empirisch belegen sollte, in Frage (vgl. Fanning/Grissom/Pearson, S. 94). Darüber hinaus wird bemängelt, dass das Modell ungeeignet zur Erklärung der Entwicklung von Industriestandorten erscheint, da es einseitig distributions- und absatzorientiert ist.

Allerdings ist die wabenförmige Erschließung von Marktgebieten das theoretisch optimale Vorgehen bei der Standortwahl von Dienstleistungsunternehmen sowie bei der Ansiedlung von Einrichtungen der öffentlichen Hand. Deshalb wird die Theorie auch als Standortbestimmungslehre des tertiären Sektors und der öffentlichen Hand betrachtet (vgl. Heuer, S. 56). Die Umsetzung der Theorie der Zentralen Orte erfolgte durch das Bundesraumordnungsgesetz, in dem die „Schaffung gleichwertiger Lebensbedingungen im Bundesgebiet" explizit als Ziel formuliert wurde (vgl. Holz, S. 20). Nach einem Jahrzehnt der Diskussionen und des Widerstands einiger Bundesländer wurde es 1975 mit folgender Zielbestimmung verabschiedet (vgl. Hübler, S. 115): „Gleichwertige Lebensbedingungen im Sinne dieses Programms sind gegeben, wenn für die Bürger in allen Teilräumen des Bundesgebietes ein quantitativ und qualitativ angemessenes Angebot an Wohnungen, Erwerbsmöglichkeiten und öffentlichen Infrastruktureinrichtungen in zumutbarer Entfernung zur Verfügung steht und eine menschenwürdige Umwelt vorhanden ist; in keinem dieser Bereiche soll ein bestimmtes Niveau unterschritten werden." Die daraus abgeleiteten Handlungsziele zum Ausgleich regionaler Disparitäten führten zu Maßnahmen zur Verbesserung der Infrastruktur, der regionalen Wirtschaftsstruktur und der Umweltqualität im Zuge der räumlichen Entwicklungspolitik. Insofern wurde Christallers Konzept der **„dezentralen Konzentration"** erfolgreich auf die Praxis der Raumplanung und -entwicklung übertragen.

1.1.3.5 Theorie der Wachstumspole von Perroux

Im Gegensatz zum Modell von Christaller, das primär das Verhältnis zwischen einer einzelnen Stadt und deren Umland charakterisiert, ist die vom Franzosen Perroux formulierte Theorie der regionalen Wachstumspole (1952) auf Standortbeziehungen zwischen einzelnen Regionen ausgerichtet. Ausgangspunkt ist die Beobachtung, dass wirtschaftliches Wachstum selten gleichmäßig stattfindet, sondern oft auf bestimmte „Wachstumspole" konzentriert ist.

Diese regionalen Agglomerationen werden durch bestimmte Wachstumsbranchen geprägt, die auf ihre Umgebung einen dominierenden Einfluss – quasi eine „Vormachtstellung" – ausüben (vgl. Heuer, S. 61). Typisch ist für diese Wachstumsbranchen eine monopolistische oder oligopolistische Struktur. Der Grad der Dominanz bestimmt sich einerseits über Größe, Verhandlungsmacht und Art der „motorischen Industrien", andererseits über Anzahl ihrer Zulieferer und Abnehmer innerhalb der Region und deren Diversifikationsgrad (vgl. Heuer, S. 62). Die langfristigen wirtschaftlichen Impulse, die von diesem Wachstumspol für eine Region ausgehen, hängen in hohem Maße vom Lebenszyklusstadium der motorischen Industrien ab.

Je nachdem, ob die Expansion dieser Schlüsselindustrien zu Ausbreitungs- oder Polarisierungseffekten führt, kommt es entweder zur Dezentralisation oder zur Konzentration des wirtschaftlichen Wachstums um einen „Wachstumspol". Die Polarisierungseffekte können auch geographische (Entstehung kleinräumiger Konzentration), institutionelle (Ansiedlung zentraler Einrichtungen), infrastrukturelle (Errichtung neuer Verkehrsanbindungen), politische (Entwicklung neuer Machtzentren) und psychische (Entstehung einer Wachstumsatmosphäre) Dimensionen haben.

Die Ausrichtung der Theorie der Wachstumspole auf große und wachstumsstarke Schlüsselindustrien verdeutlicht, dass Perroux weiträumige Agglomerationen nationaler Bedeutung als geographischen Bezugspunkt seiner Überlegungen nimmt. Im Gegensatz zu Christaller entstehen zentrale Orte letztlich durch Innovation und nicht durch das Versorgungsprinzip. Insofern ist das Modell nicht auf eine statische Optimierung von Standort- bzw. Marktstrukturen ausgerichtet, sondern auf die Erklärung der regionalen Konzentration des Wachstums über langfristige Zeiträume.

Die Problematik der wirtschaftlichen Abhängigkeit von Wachstumspolen innerhalb einer Region wird besonders deutlich, wenn diese negativen strukturellen oder konjunkturellen Einflüssen unterliegen. Darüber hinaus wird anschaulich dargestellt, wie der wirtschaftliche Diversifikationsgrad eines Agglomerationsraumes dessen wirtschaftliche Stabilität beeinflusst. Obwohl sich das Modell auf Industrieunternehmen als Wachstumspole gründet, lässt es sich ebenso auf den tertiären und den öffentlichen Sektor übertragen; auch intersektorale Verschiebungen können berücksichtigt werden (vgl. Holz, S. 23). Trotz des deskriptiven Charakters erscheint das Modell der Wachstumspole als anschaulicher Erklärungsansatz der Entwicklung von Agglomerationen.

1.1.3.6 Kritische Würdigung

Eingangs wurde durch die Ansätze von v. Thünen, Weber und Christaller verdeutlicht, wie Standortentscheidungen in der Landwirtschaft, der Industrie, dem Dienstleistungsgewerbe und dem öffentlichen Sektor theoretisch optimiert werden können. In jedem Fall ist die räumliche Distanz und deren Auswirkung auf die Kostenstruktur ein relevantes Entscheidungskriterium. Da die Distanz zu relevanten Orten bzw. Einrichtungen relativ leicht bestimmbar ist, handelt es sich dabei um den klassischen harten Standortfaktor. Die Theorie der Wachstumspole deutet jedoch bereits an, dass der größte Engpass für die Formulierung einer „reinen Standortlehre" in dem Problem der externen Effekte liegt, die sich durch Agglomerationseffekte und weiche Standortfaktoren ergeben können. Dies führt dazu, dass rein ökonomisch orientierte Standorttheorien das Problem nie ganzheitlich abbilden können.

So stellte zum Beispiel Porter in seiner Studie „The Competitive Advantage of Nations" fest, dass infolge wirtschaftlicher Spezialisierung zahlreiche Städte oder Regionen bestimmte Industrien beheimaten, die Weltmärkte dominieren. Diese wirtschaftlichen Ballungszentren mit geographischer Konzentration bestimmter Schlüsselindustrien entwickeln sich aus der Vielzahl von Abnehmer- und Zulieferbeziehungen, den so genannten „Forward-" und „Backward-Linkages". Durch diese Agglomerationseffekte ergeben sich für ortsansässige Unternehmen global wirksame Wettbewerbsvorteile, die durch erhöhte Effizienz, Spezialisierung, Innovationen und Kooperationen zum Ausdruck kommen (vgl. Porter, S. 156 f.).

Räumlich verursachte Kostendifferenzen lassen sich zwar rechnerisch exakt ermitteln, bei der quantitativen Ermittlung von Ersparnissen oder wirtschaftlichen Vorteilen durch die geschilderten Agglomerationseffekte stößt allerdings jede Theorie an ihre Grenzen. Zusätzlich scheint sich die relative Bedeutung der Standortfaktoren zu polarisieren: Einerseits wächst die Anzahl standortunabhängiger Unternehmen (so genannte „footloose industries") ständig an, denn sowohl Transportsysteme als auch Produktionsprozesse werden immer effizienter und damit auch billiger (vgl. Diller, S. 107 f.).

Andererseits sind Unternehmen in zunehmendem Maße in Abhängigkeit von ihren Produkt- und Fertigungsstrukturen oftmals entweder rohstoff- , arbeits- , energie- , absatz- , klima- oder kulturorientiert, d. h. ihre Standortwahl wird einseitig dominiert (vgl. Alonso, S. 37). In diesem Zusammenhang hat insbesondere der Prozess der Tertiärisierung dazu beigetragen, dass neben den harten Standortfaktoren der Fokus verstärkt auf weiche (unternehmens- und personenbezogene) Standortfaktoren gerichtet wird (siehe Abschnitt E.1.3.1.1.3).

1.1.4 Stadtentwicklungstheorien als weitere theoretische Grundlage der Immobilienanalyse

1.1.4.1 Überblick

In der ersten Hälfte dieses Jahrhunderts entstanden in den USA eine Reihe sozioökonomisch geprägter Theorien zur Stadtentwicklung. Im Gegensatz zu den rein wirtschaftlich orientierten Standorttheorien beziehen diese sich explizit auf geographische Strukturen. D. h. ihnen liegt jeweils eine konkrete Stadtstruktur bzw. ein Stadtmodell zugrunde, das durch jeweils verschiedene gesellschaftliche Ursachen und Prozesse begründet wird. Bei den hier dargestellten Modellen handelt es sich im Einzelnen um:
- das Ringmodell von Burgess,
- das Sektorenmodell von Hoyt,
- das Axialmodell von Hurd,
- das Mehr-Kerne Modell von Ullman und Harris.

Obwohl die Modelle in erster Linie deskriptiv angelegt sind, geben sie auf anschauliche Art wertvolle Hinweise zum räumlichen Wachstum und der Entwicklung von Städten. Die Klarheit der Grundgedanken sowie die Anschaulichkeit der Modelle führen dazu, dass die entwickelten „Standortmuster" leicht nachvollziehbar sind. Obwohl es sich um idealtypische Modelle handelt, sind die dargestellten Strukturtypen in der Praxis oft in Kombinationen festzustellen. Daher ist eine direkte Übertragung dieser Modelle im Rahmen von Standort- und Marktanalysen i. d. R. nicht möglich. Dennoch lassen sich unter Umständen indirekte Parallelen ziehen, die dazu beitragen können, zukünftige Standortstrukturen in einem bestimmten Markt besser einzuschätzen.

1.1.4.2 Ringmodell von Burgess

Thünens Ringmodell wurde 1925 von dem US-Soziologen Burgess aufgegriffen und in dessen Publikation „The Growth of the City" weiterentwickelt, indem es auf die Entwicklung von Städten übertragen wurde (vgl. Fanning/Grissom/Pearson, S. 80). Daraus entstand das sog. „Ringmodell" bzw. die „Concentric Theory". Grundlage dieses Ansatzes sind empirische Beobachtungen des Wachstums einer Reihe amerikanischer Städte. Das daraus entwickelte Modell basiert auf der Bestimmung fünf typischer Nutzungsarten, die sich ringförmig aneinander anschließen (vgl. Abbildung 4).

Folgende Nutzungsklassen konnte Burgess grob systematisieren: Im Kernpunkt des Modells steht der von ihm als „Central Business District" (CBD) bezeichnete Kernbereich – das wirtschaftliche Herz der Stadt – das von gewerblichen Nutzungen dominiert wird (1). Um diesen Kern lagert sich die Transitional Zone, eine Gegend, die durch Industrienutzung und durch „schlechte“ Wohnviertel gekennzeichnet ist (2); „... this may be an area of considerable poverty and crime...“ (vgl. Fanning/Grissom/Pearson, S. 80). Daran schließen sich – in Abhängigkeit vom Einkommen – die Wohngürtel der Arbeiter (3), der Mittel- und Oberklasse (4) sowie der wohlhabenden Pendler (4) an (vgl. Wurtzebach/Miles, S. 53). Hinter diesen fünf „Ringen“ liegen noch landwirtschaftlich genutzte Flächen, die oft spekulativ zum Zweck von Suburban Developments erworben werden (vgl. Fanning/Grissom/Pearson, S. 81). Mit zunehmendem Wachstum der Stadt können sog. „Overflow Effects“ entstehen, da sich gleichzeitig die einzelnen Ringe i. d. R. weiter ausdehnen. Dadurch kommt es zu Umnutzungs- und Verdichtungserscheinungen in den zentralen Zonen und zunehmender „Suburbanization“ in Randlagen. Burgess entwickelte auf Basis dieses Modells auch den Prozess des „Filtering“. Darunter versteht man die sukzessive Wanderung von wohlhabenden Einwohnern in die attraktiveren Lagen, die dazu führt, dass weniger Wohlhabende deren ehemalige Wohngebiete übernehmen (vgl. Wurtzebach/Miles, S. 52).

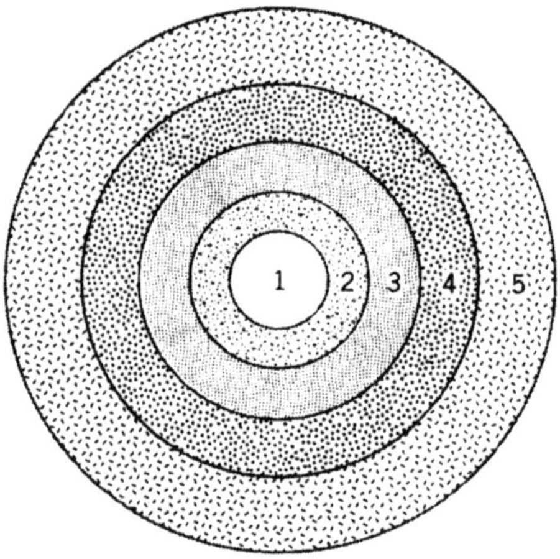

1 = Central Business District (CBD)
2 = Zone of transition
3 = Zone for workers homes
4 = Zone for middle- & high income units
5 = Commuter zone

Abb. 4: Das Ringmodell von Burgess (1925)
(Quelle: Wurtzebach/Miles, S. 53)

Obwohl das Ringmodell stark vereinfacht ist, erklärt es die damaligen Strukturen in typologisierender, aber anschaulicher Weise, denn seinerzeit waren die meisten Städte noch durch einen dominanten CBD charakterisiert. Die größte Schwäche des Modells liegt darin, dass die dargestellten Ringstrukturen selten der Stadtentwicklung zugrunde liegen. Ausschlaggebend dafür sind gewachsene Strukturen, Topographie, Transportmöglichkeiten und „Zoning-Policies“, die sich langfristig auswirken. Außerdem wurde kritisiert, dass sich Burgess als Soziologe primär mit der

Nutzungsform „Wohnen“ auseinandersetzte und gewerbliche Nutzungen bei seinen Überlegungen weitgehend ignorierte.

Typisch sind diese Ringstrukturen für mittelalterliche europäische Städte, da diese meist durch ringförmige Stadtmauern oder Verteidigungswälle umgeben waren, die die Stadtentwicklung geographisch fokussierten. Um den zentralen Marktplatz mit Schloss, Rathaus und Kirche verliefen die – oft ebenfalls ringförmig angelegten – Straßenzüge mit einer Mischung von Gewerbe- und Wohnnutzungen. Allerdings siedelten damals die ärmeren Schichten schutzlos vor den Toren der Städte. Diese Strukturen sind auch heute noch in historischen Altstädten wieder zu erkennen, beispielsweise Rothenburg ob der Tauber. Am Beispiel einer traditionsreichen Großstadt wie Frankfurt am Main wird jedoch deutlich, wie sich der Central Business District aus dem alten Stadtzentrum – hier in das Bankenviertel – verlagern kann.

1.1.4.3 Sektorenmodell von Hoyt

Die Kritik am Ringmodell führte 1934 zur Entwicklung des Sektorenmodells durch den Stadtökonom Hoyt. Wie der Titel von Hoyts Veröffentlichung „Recent Distortions of the Classical Models of Urban Structure“ bereits andeutet, zielt sein Ansatz darauf ab, die Auswirkungen technischen Fortschritts – insbesondere der aufkommenden Transportmittel Auto und Bahn – auf die Stadtstruktur darzustellen (vgl. Fanning/Grissom/Pearson, S. 83). Wie das Burgess-Modell geht auch dieses Modell von einem einzelnen Kern aus. Der Unterschied liegt jedoch darin, dass Sektoren statt Ringe das Stadtbild prägen. Hoyt erklärt diese Beobachtungen damit, dass sich diese Zonen einerseits aus dem Verkehrswegenetz, andererseits aus der Landschaftsgestalt und der jeweiligen Planungspraxis ergeben. Außerdem führt die Entstehung kultureller und wirtschaftlicher Cluster zur Bildung sektoraler Strukturen – „Quite naturally, higher income groups lived in homes that commanded the highest prices, and lower income groups lived in lower priced dwelling units“ (Wurtzebach/Miles, S. 54). Die sektoralen Strukturen spiegeln übrigens auch die damals noch weit verbreitete Rassensegregation US-amerikanischer Städte wider (vgl. Abbildung 5).

Das Modell gibt ein realistischeres Bild städtischer Strukturen als das Ringmodell, denn sektorale Entwicklungskonzepte liegen der Entstehung zahlreicher Städte zugrunde. Insbesondere der Verlauf von Ring- und Ausfallstraßen oder öffentlichen Verkehrsnetzen prägt die Entwicklung derartiger Städte. Wie Burgess stellte auch Hoyt fest, dass sich „Overflow-Effects“ im Bereich gewerblicher Nutzungen in einer Expansion der einzelnen Sektoren entlang der Verkehrskorridore niederschlagen. Mit dieser Entwicklung geht oft eine weitere Ausdehnung der Wohngebiete in die attraktiv gelegene Umgebung einher.

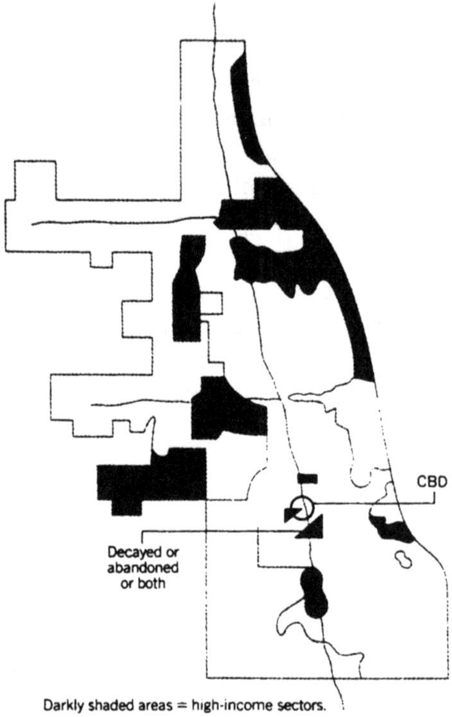

Abb. 5: Das Sektorenmodell von Hoyt (1934) (Quelle: Wurtzebach/Miles, S. 54)

Diese sektoralen Entwicklungskonzepte sind nicht nur an den Stadtentwicklungen der Gründerzeit zu erkennen, sondern sind auch heute noch von ungebrochener Aktualität. So werden beispielsweise großflächige Einzelhandelsbetriebe oft entlang bedeutender Ausfallstraßen errichtet oder industrielle Nutzungen primär an Standorten mit guter Infrastruktur angesiedelt (Autobahn-, Bahnhofs- und Hafennähe). Im Gegensatz dazu werden Wohngebiete häufig an exponierten und landschaftlich attraktiven Standorten ausgewiesen, wodurch sich ebenfalls sektorale Strukturen entwickeln. Das Grundproblem sektoraler Strukturen ist jedoch die damit einhergehende „Zersiedelung" der Stadt und die daraus resultierenden Verkehrsbelastungen. Nur durch ein gut ausgebautes Transportsystem lassen sich die einzelnen Sektoren miteinander funktionell verknüpfen, um so die Nachteile der räumlichen Fragmentierung aufzuheben.

1.1.4.4 Axialmodell von Hurd

Das Axialmodell stellt eine Hybridform aus Ring- und Sektorenmodell dar. Aus diesem Grund wird es oft als eine Verknüpfung der beiden Modelle interpretiert, obwohl es bereits im Jahre 1903 durch Hurd („The Principles of Land Values") publiziert wurde. Interessanterweise hat Hurd das Axialmodell erarbeitet, um die

Entscheidungsfindung bei Immobilieninvestoren und -finanzierern zu erleichtern. Seine umfassenden und detaillierten Studien zur Gründung und der Weiterentwicklung von Städten ließen ihn folgende Schlüsse ziehen (vgl. Fanning/Grissom/Pearson, S. 89):

- Städte wachsen organisch und sind durch einen Evolutionsprozess charakterisiert; zunehmende Differenzierung geht mit steigender Integration einher.
- Städte entstehen fast immer an Standorten mit guter Anbindung an die Außenwelt, denn „accessibility“ ist die Grundvoraussetzung jeder Art von „economic activitity“.
- „Accessibility“ und „economic activities“ sind ausschlaggebend für die organische Entwicklung von der monozentrischen zur axialen Struktur.

Ähnlich wie im Sektorenmodell werden auch hier Wasserstraßen, Bahnlinien und Straßen als die jeweiligen Entwicklungsachsen gesehen, wobei allerdings die Bedeutung gewachsener Zentrenstrukturen in die Betrachtung einfließt. Deshalb wird Hurds Stadtmodell auch als das „Modell der radialen Korridore“ bezeichnet. Die „Distanz zum CBD“ als raumprägendes Kriterium bei Burgess wird also durch den Einflussfaktor der „Pendeldauer zum CBD“ ersetzt (vgl. Wurtzebach/Miles, S. 53).

Diese evolutorische Betrachtung übertrug Hurd auf das Wachstum der Städte, indem er nachwies, dass sich Wachstumsprozesse i. d. R. entlang der relevanten

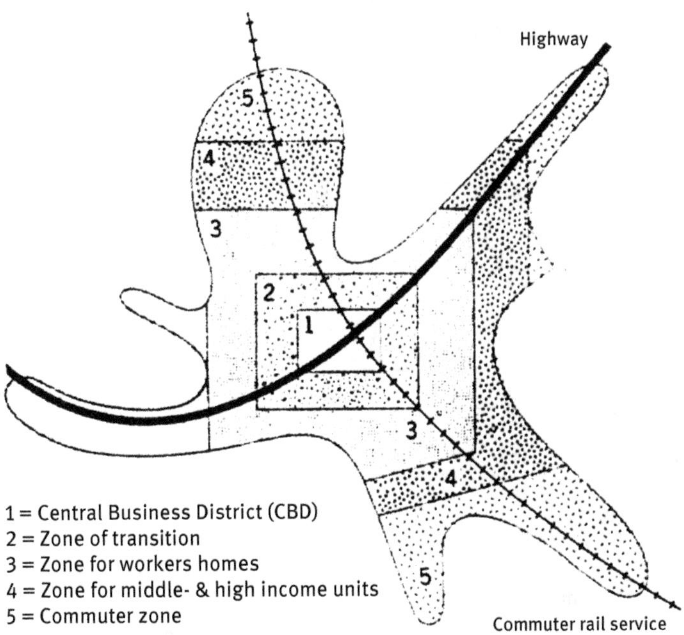

Abb. 6: Das Axialmodell von Hurd (1903) (Quelle: Wurtzebach/Miles, S. 55)

Transportadern konzentrieren (siehe Abbildung 6). Im Gegensatz zum Sektorenmodell entstehen jedoch nicht zerstreut liegende Zonen, sondern organische Strukturen mit sternförmigem Erscheinungsbild. Das Ringmodell von Burgess wird quasi durch die Entstehung von Verkehrsadern „aufgeweicht“.

In der Praxis sind diese Entwicklungsachsen oft in Kombination mit sog. „Satellitenstädten“ bzw. „Städtenetzen“ zu beobachten. Ein besonders anschauliches Beispiel sind hier die Vorstädte um Paris, die in den letzten Jahrzehnten regelrecht „aus dem Boden gestampft wurden“. Die Entstehung derartiger Strukturen wird sowohl durch den systematischen Ausbau des Öffentlichen Personennahverkehrs als auch die stetige Zunahme der Bedeutung des Individualverkehrs forciert. Darüber hinaus ist jedoch eine Planungspolitik erforderlich, die eine gewisse Konzentration des Wachstums entlang der Verkehrsadern anstrebt.

1.1.4.5 Mehr-Kerne Modell von Ullman und Harris

Eine weitere Modifikation der dargestellten Ansätze stellt das von Ullman und Harris entwickelte „Mehr-Kerne-Modell“ dar, das 1945 in der Veröffentlichung „The Nature of Cities“ vorgestellt wurde (vgl. Fanning/Grissom/Pearson, S. 86). Im Gegensatz zu den vorangehenden Ansätzen wird die Annahme eines einzigen Zentrums aufgehoben. Stattdessen wird in diesem Modell ein polyzentrisches Entwicklungsmodell skizziert, d. h. die Existenz mehrerer Kerne nebeneinander wird als Grundstruktur städtischer Nutzungsstrukturen begriffen (siehe Abbildung 7).

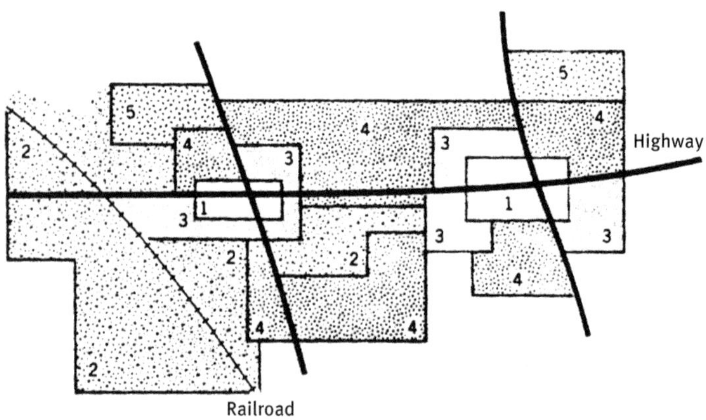

1 = Central Business District (CBD)
2 = Zone of transition
3 = Zone for workers homes
4 = Zone for middle- & high income units
5 = Commuter zone

Abb. 7: Das Mehr-Kerne Modell von Ullman und Harris (1945) (Quelle: Wurtzebach/Miles, S. 56)

Die Entstehung verschiedener Zentren wird von Ullman und Harris einerseits auf wirtschaftliche und politische Einflüsse, andererseits auf die überragende Bedeutung des Individualverkehrs zurückgeführt. Zusätzlich führt das Clustern von bestimmten Gruppen in bestimmten Zonen zur Entstehung sog. „Mini-CBDs", die auf die Arbeits- und Lebensgewohnheiten der Bevölkerung dieser Cluster ausgerichtet sind (vgl. Wurtzebach/Miles, S. 56).

Diese polyzentrischen Strukturen kommen jedoch in erster Linie in Großstädten oder zusammenwachsenden Stadtregionen zum Tragen. So ist Berlin z. B. durch eine Reihe von Zentren geprägt, wie zum Beispiel der Ku'damm in Charlottenburg, die Schloßstraße in Steglitz oder der Alexanderplatz in Berlin-Mitte. Die Verflechtung mit Potsdam via „Avus" ist ebenfalls ein Beispiel für die axiale Entwicklung, die sich durch radiale Korridore ergeben kann.

1.1.4.6 Kritische Würdigung

Die dargestellten Modelle sind in der idealtypischen Form selbstverständlich selten in der Realität anzutreffen; allerdings liegen die einzelnen Entwicklungsformen häufig in Kombination städtischen Strukturen zugrunde. So ist beispielsweise eine konzentrische Ringstruktur oftmals im Altstadtbereich zu beobachten, während Cityrandlagen häufig durch axiale Entwicklungsmuster charakterisiert sind. Die Anordnung der Erholungs- und Wohngebiete sowie der Gewerbe- und Industriegebiete entspricht dagegen oftmals sektoralen Mustern. In bestimmten Verknüpfungen zwischen einzelnen Städten über sog. „Städtenetze" lässt sich des Öfteren das Mehr-Kerne-Modell wieder erkennen; bei größeren Städten ist es jedoch auch häufig innerhalb des Stadtgebiets anzutreffen.

Insofern dürfen die dargestellten Muster nicht als statische Kategorien der Stadtentwicklung aufgefasst werden. Stattdessen müssen sie als Bausteine zur systematisierenden Erklärung von urbanen Entwicklungsprozessen betrachtet werden. Dabei ist jedoch zu berücksichtigen, dass ihre Übertragung auf reale Verhältnisse nur dann sinnvoll ist, wenn die einzelnen Modelle an die situativen Gegebenheiten entsprechend angepasst werden. Dazu gehört oftmals die Kombination der einzelnen Modelle, wenn sie auf eine konkrete Situation angewandt werden.

1.2 Analyseprozess

Vor dem Hintergrund der Bedeutung der Immobilienanalyse scheint es sinnvoll, die bislang eher methodenorientierte, inhaltliche Darstellung der Immobilienanalyse um eine prozessuale Perspektive zu ergänzen.

Demnach sollte jeder Erhebung zu Beginn eine möglichst klare Definition der **Analyseziele** vorangehen. Damit wird nicht nur gewähreistet, dass die Analysefragen des Adressatenkreises hinreichend bearbeitet werden, sondern es wird vor allem auch sichergestellt, dass der Fokus auf den strategierelevanten Informationen liegt. Eine a priori Definition von Thesen kann in diesem Zuge unterstützen, mit Heuristiken oder subjektiven Voreinschätzungen offen umzugehen. Im Zweifelsfall kann damit dem oft erkennbaren Phänomen der selektiven Informationsbeschaffung und einer daraus resultierenden selbsterfüllende Prophezeiung entgegengewirkt werden. Durch Abgrenzung des relevanten Marktes können ferner differenziert und individuell das zu untersuchende Markt- und Standortumfeld sowie die zu erhebenden Daten und der zu beobachtende Untersuchungsradius definiert werden.

Bei der **Durchführung der Analyse** kommt es grundsätzlich zu einer Kombination von Primärerhebungen, dem sog. Field-Research, bei dem die relevanten Daten eigens für den definierten Analysezweck erhoben werden sowie dem sog. Desktop-Research, wo anhand von Sekundärinformationen Rückschlüsse auf die Beantwortung der Analysefragen gezogen werden.

Bei der **Darstellung der Ergebnisse** können durch eine entsprechende, grafische Darstellung Erkenntnisse aggregiert werden, Zusammenhänge analysiert und bestimmten Analysefragen besondere Bedeutung zugewiesen werden. In diesem Zuge birgt vor allem die Unterscheidung absoluter und relativer Erkenntnisse wertvollen Aufschluss.

Wenngleich wohlmöglich selbsterklärend, jedoch in der Praxis oft vernachlässigt ist die **Zusammenfassung und Interpretation der Ergebnisse**. Damit soll explizit vorgebeugt werden, dass Ergebnisse für sich alleine und damit in Ihrer Interpretation unbeantwortet oder gar willkürlich stehen bleiben. Vielmehr sollten die eingangs genannten Analysefragen beantwortet und – sofern notwendig und zielführend – Folgefragen formuliert werden.

1.2.1 Definition der Analyseziele

Der Immobilienanalyse sollte zunächst immer die Formulierung einiger Kernfragen vorangehen, die im Grunde möglichst konkret und prägnant beantworten, „wozu" die entsprechende Analyse gemacht wird. Es sollte dabei vermieden werden, die Ziele der Immobilienanalyse zu überladen. Dabei gilt vielmehr: Je präziser und konkreter die Analyseziele, umso fokussierter die Analyse.

1.2.1.1 Herleitung von Analysefragen und -thesen

Die Herleitung von Analysefragen und -thesen sollte im Kern einen groben Umriss der avisierten Immobilienstrategie geben und die Erfolgskriterien der Immobilie berücksichtigen. Von Bedeutung sind zum einen die möglichst konkrete Definition der gewählten Immobilienstrategie einerseits und ein ebenso differenziertes Verständnis der zur Erfüllung notwendigen Erfolgskriterien andererseits. Denn bei vielen Analysen scheitert die Untersuchung bereits in der klaren Kenntnis der Immobilienstrategie oder einer Fehleinschätzung der Ursache-Wirkungs-Zusammenhänge hinsichtlich der definierten Erfolgsparameter.

So ist bspw. für eine gewerblich genutzte Bestandsentwicklung in einer B-Stadt im unteren Mietsegment weniger der gewerbliche Immobilienmarkt der Stadt selbst von Relevanz, sondern vielmehr der Zu- und Abzugssaldo von Unternehmen zwischen der Stadt selbst und anderen Standorten wie bspw. in der weiteren Region oder gar dem gesamten Bundesland. In einem solchen Teilmarkt könnte bspw. auch eine geringe Anzahl an Transaktionen auch an einem mangelnden Angebot geeigneter Flächen liegen und viel weniger an ausbleibender Nachfrage.

1.2.1.2 Abgrenzung des relevanten Marktes

Um den Fokus auf strategierelevante Fragestellungen in der Immobilienanalyse zu erhalten, scheint das Paradigma des „relevanten Marktes" hilfreich zu sein. Wenngleich die Definition des relevanten Marktes seinen Ursprung in wettbewerbspolitischen, gesamtwirtschaftlichen Betrachtungen hat, findet zunehmend auch eine Anwendung auf einzelwirtschaftliche Fragestellungen statt (vgl. Freiling/Reckenfelderbäumer, S. 94 f., in Bezug auf Standortanalysen vgl. auch Ottmann/Liffka, S. 2).

Die Abgrenzung des relevanten Marktes erfolgt über die Identifikation und Definition der generischen Bedürfnisse, die ein Wirtschaftsgut erfüllt und die wiederum zur Kaufentscheidung führen bzw. dazu beitragen. Dazu wird der relevante Markt aus Anbietersicht in der Regel in sachliche, zeitliche und räumliche Perspektiven untergliedert. Gerade vor dem Hintergrund der üblichen Nachfragestruktur auf Immobilienmärkten findet diese Untergliederung entsprechende Eignung. Die dahinterstehenden Fragen sind in Tabelle 1 zusammenfassend dargestellt:

Tab. 1: (Quelle: in Anlehnung an Freiling/Reckenfelderbäumer, S. 96)

Kriterium	Fragestellungen
sachlich	Was sind die generischen Bedürfnisse des Nachfragers? Welches Problem wird für den Nachfrager gelöst bzw. soll gelöst werden? Welche alternativen Problemlösungen bieten sich an?
zeitlich	Für welchen Zeitraum ist der Nachfrager auch Teilnehmer des relevanten Marktes? In Welchen Zyklen kehrt er wieder? Gibt es dabei kollektive oder individuelle Zyklen?
räumlich	An welchen Orten bzw. in welchen Regionen liegen die Standorte der Nachfrager? Wie flexibel ist der Nachfrager in der Auswahl seiner regionalen Nachfrage?

Wenngleich eine objektiv-messbare Abgrenzung des relevanten Marktes u. U. schwerfällt, ergibt sich dennoch die Möglichkeit ein sachliches, zeitliches, räumliches Marktsegment abzugrenzen, in welchem das jeweilige Angebot wettbewerbsfähig platziert werden soll. Der Vorteil dabei ist, dass über die Identifikation der Kundenbedürfnisse wesentliche, relevante Austauschprodukte identifiziert werden können. Denn nur durch eine Verdeutlichung der nachfragerelevanten Parameter und deren Austauschbarkeit aus Nachfragersicht können Rückschlüsse über die nachhaltige Vermarktbarkeit gezogen werden und – noch viel mehr – eine exakte Definition des Wettbewerbes und der Wettbewerbsstärke erfolgen, was vor allem in Hinblick auf Immobilien aufgrund der räumlichen und sachlichen Einschränkungen wesentlich ist.

In der Abgrenzung des zu untersuchenden Marktes wird branchenüblich nach regionalen Segmentierungskriterien und der generellen Typologie unterschieden. Dies liegt aufgrund der inhärenten Eigenschaften der Immobilie auch nahe, verleitet aber dazu, Aussagen zu pauschalisieren und somit ein nicht hinreichendes Verständnis über das relevante Markt- und Standortumfeld zu gewinnen. Verdeutlicht man sich jedoch vielmehr, dass jede Immobilie streng genommen ein Unikat ist, dass lediglich einen sehr eingeschränkten Ausschnitt des räumlichen und zeitlichen Immobilienmarktes abdeckt und dazu einem eigenen Zyklus, basierend auf Reinertrag, Gesamtinvestitionskosten und Marktwert unterliegt, wird die Notwendigkeit einer entsprechenden Einschränkung nachvollziehbar. Bedeutungsvoll bleiben zwar nach wie vor die Kriterien „Lage, Lage, Lage" und „Timing, Timing, Timing" (vgl. Muncke/Dziomba/Walther, S. 135), was die Anwendung der in Abschnitt E.1.3.1 genannten Segmentierungskriterien nahe legt, eine Vertiefung bzw. Differenzierung kann jedoch weiteren Aufschluss geben:

- Typologischer (sachlicher) Markt:
  - Was ist das Nutzungskonzept (Produkt)? Was sind die Bedürfnisse, die diese Nutzung im Kern erfüllt bzw. erfüllen kann? Was sind die Parameter, an denen die Qualität der Nutzung konkret gemessen wird?
  - Worin liegt die Wertschöpfung im Projekt? Warum bietet das Produkt einen Mehrwert für den Kunden, der letztlich einen Mehrwert für die Immobilie darstellt?
  - Wer sind die Wettbewerber? Was sind generell alternative Produkte, die das gleiche Bedürfnis erfüllen (durchaus auch Alternativen zu Immobilien an sich)? Wie hoch ist die Bereitschaft des Kunden, auf andere Produkte umzusteigen? Wie transparent ist der Kunde über alternative Produkte informiert?
  - Wie geht man bei der Definition der Parameter mit Zielkonflikten um? Was ist wichtiger bzw. weniger wichtig bei der Kaufentscheidung des Kunden?
- Regionaler (räumlicher) Markt:
  - Welche Nutzer (Kunden) werden räumlich angesprochen? Wie flexibel können/wollen die Nutzer auf Entfernung reagieren? Welche Folgen hat die La-

ge auf deren Geschäftsmodell und welche Kompromisse können sie eingehen? Gibt es notwendige Bedingungen bzw. Ausschlusskriterien bzgl. der Standortkriterien?
- Wie erreiche ich die potenziellen Nutzer, sowohl physisch als auch emotional? Welche Medien stehen marktseitig dafür zur Verfügung und sind gleichzeitig für den Nutzer von Bedeutung? Gibt es emotionale oder kulturelle Barrieren, die zu überbrücken sind, um den Nutzer zu erreichen?

– Zyklischer (zeitlicher) Markt
  - Wie sind Angebot und Nachfrage des relevanten Teilmarktes, den die Nutzung bzw. das konkrete Produkt bedient, zum Analysezeitpunkt abzuschätzen? Gibt es Zyklen und wenn ja, wo stehen diese? Gibt es übergeordnete wirtschaftliche, politische oder soziale Faktoren, die den Zyklus des Teilmarktes betreffen?
  - Was ist der Entwicklungszeitraum der Nutzung (Time-to-market)? Wie ist die Marktsituation bei Marktreife zu bewerten? Wie sicher ist die Prognosegenauigkeit?
  - Wo steht das Produkt im Produktlebenszyklus? Gibt es Risiken, dass das ausgewählte sachliche Bedürfnis verschwindet oder gänzlich und nachhaltig abgelöst wird, sodass die Nachfrage abschließend versiegt?

Die Beantwortung der marktrelevanten Fragestellungen führt im Endeffekt zu einem sehr konkreten und differenzierten Verständnis des typologischen, regionalen und zeitlichen Marktumfeldes und nicht zuletzt zu einer Identifikation einer begrenzten – jedoch einschlägigen – Zahl von tatsächlich relevanten Austauschprodukten.

1.2.1.3 Identifikation der relevanten Daten und des zu erhebenden Datenspektrums

Die Eingrenzung des relevanten Marktumfeldes gibt schließlich Aufschluss über die zu erhebenden und zu untersuchenden Daten. An dieser Stelle stellt sich heraus, dass die in vielen Analysen zitierten Spitzenmieten und Spitzenrenditen allenfalls einen Rückschluss auf das allgemeine Marktumfeld geben, jedoch keinen Erkenntnisgewinn über das Marktumfeld und die Wettbewerbsfähigkeit des konkreten Immobilienproduktes bergen. Wichtiger werden einerseits Aussagen zu Angebot, Nachfrage und Preis des relevanten Marktes. Andererseits können Standortfaktoren identifiziert werden, welche Einfluss auf das Nutzerbedürfnis und die Entwicklung der Nachfrage haben. So bekommen Parameter wie bspw. Pendlersalden oder Unternehmensgründungen eine ganz neue Bedeutung im Hinblick auf den abgegrenzten, relevanten Markt.

Zur adäquaten Berücksichtigung des zeitlichen Teilmarktes sollte abschließend noch eine Aussage zum zu erhebenden Datenspektrum getroffen werden. Oftmals verlaufen Teilmarktzyklen sehr unterschiedlich und es ist – insbesondere in Analysen für Projekte, bei welchen zwischen der Analysezeitpunkt und der Markteintritt lange Zeiträume liegen, wie bspw. bei Projekt- oder Quartiersentwicklungen – notwendig, längere Zeiträume zu überbrücken. Gerade in diesen Fällen kann es sinnvoll sein, möglichst lange Untersuchungszeiträume zu wählen, was jedoch sicherlich aufgrund der hohen Intransparenz in der Vergangenheit seine Grenzen birgt.

Es wird bereits erkenntlich, dass die Quintessenz eines wohl strukturierten Analyseprozesses eine detaillierte und zielführende Immobilienanalyse ist, welche eine elementare Unterstützung im Entscheidungsprozess rund um die Immobilie darstellen kann.

1.2.2 Durchführung der Analyse

Bei der Erhebung der Daten unterscheidet man grundsätzlich zwischen der Primärdaten, also der eigenständigen Erhebung von Informationen zum Einen, und der Untersuchung von Sekundärinformationen, also bereits aggregierten Informationen in Form von Daten, die weiter analysiert bzw. interpretiert werden können zum Anderen. Da Erstere vorwiegend in der Umwelt vorgefunden werden, Letztere hingegen eher am Schreibtisch bearbeitet werden, spricht an von „Field Research" und „Desktop Research", wobei in der Regel beide Erhebungsmethoden zum Einsatz kommen und keineswegs in Konkurrenz stehen.

1.2.2.1 Field Research

Grundlage einer belastbaren Immobilienanalyse ist sicherlich immer die Besichtigung und Bewertung des Standortes vor Ort, denn gerade in Hinblick auf Immobilien lassen sich Standortfaktoren nur vor Ort bedarfsgerecht erheben und bewerten. Neben bedeutenden, harten Standortfaktoren wie Größe, Zuschnitt, Erschließung und Topographie eines Grundstückes können insbesondere weiche Standortfaktoren in – bestenfalls auch mehrmaligen – Besuchen vor Ort untersucht werden. Nur so können die Aspekte wie die Atmosphäre des Standortes, die tatsächliche Verkehrssituation, die Frequenz, die Belichtung, die Sichtbarkeit, etc. bewertet werden. Oftmals werden in diesem Zuge der Begriff des „Genius Loci", wörtlich übersetzt der „Geist des Ortes", und somit die inhärenten Standorteigenschaften in Gänze und die daraus resultierende Standortqualität ergründet.

Auch in Hinblick auf die Marktanalyse sind Primärerhebungen in der Regel sehr wertvoll. Zum einen kann die Beobachtung und Bewertung von tatsächlichen Leerständen vor Ort Rückschlüsse auf die Konkurrenzsituation geben, zum anderen können in Gesprächen mit Marktteilnehmern, Maklern, Anwohnern, Vertretern der öffentlichen Hand oder vor Ort ansässiger Unternehmen wichtige Informationen über den Standort gewonnen werden.

In diesem Zusammenhang bietet sich oftmals auch der Austausch mit Marktteilnehmern zu relevanten Vergleichstransaktionen aus der Vergangenheit an, d. h. Miet- oder Kaufvertragsabschlüsse in dem relevanten Wettbewerbssegment. Über die Transferfrage: „hätte man das Geschäft auch mit dem eigenen Objekt zu gleichen oder besseren Konditionen abschließen können und warum", erhält man ein relativ klares Bild über die eigene Wettbewerbsposition.

1.2.2.2 Desktop-Research

Die Erhebung von Sekundärinformationen beinhaltet einige Daten, die grundlegende Voraussetzung für die Bearbeitung einer Immobilienanalyse bilden. Dazu zählen u. a. Grundstücksdaten wie Flurkarten, Katasterauszüge, Grundbuchauszüge, Lage- und Straßenpläne und Luftaufnahmen. Diese können ergänzt werden durch Daten und Erhebungen der Kommunen und ihrer Ämter selbst sowie der statistischen Landes- und Bundesämter.

Darüber hinaus birgt die Immobilienbranche mit steigender Professionalisierung und Transparenz auch einen immer breiteren Fundus frei und kostenpflichtig zugänglicher Daten und Studien. Dabei sind Marktberichte verschiedener Berufs- und Industrievereinigungen (Banken- und Hypothekenbankenverbände, Maklerverbände) und Immobilienunternehmen (insbesondere Maklerhäuser und Marktforschungsunternehmen) oftmals eine nützliche Grundlage, aufgrund oftmals fehlenden Fokus auf den relevanten Markt und Einzeltransaktionen jedoch nur bedingt aussagekräftig.

Insbesondere die rasante Entwicklung von Geographischen Informationssystemen (GIS) führt dazu, dass nicht nur ein stetig wachsender Fundus georeferenzierter Informationen zur Verfügung steht, sondern zunehmend auch Zusammenhänge untersucht sind, die einer Analyse eine hilfreiche statistische Belastbarkeit geben. Dieser Aspekt unterstreicht die vielfältigen Potenziale des Desktop-Research und wird deshalb im Nachgang vertieft adressiert.

Zugang zu entsprechend gehaltvollen Daten kann einerseits kostenpflichtig über entsprechende Immobiliendatenbanken gewonnen werden. Beispiele hierfür sind:
- das RIWIS-System (Regionales Immobilienwirtschaftliches Informationssystem) der Bulwien AG,
- die Feri Research GmbH mit dem Feri Immobilienmarkt Rating,
- die Vermietungsdatenbank der IPD Germany.

Andererseits bieten insbesondere Maklerhäuser und Immobilien-Analyseunternehmen zunehmend auftragsspezifische Daten und Untersuchungen zu verschiedenen

Fragestellungen an. Da derlei Studien – je umfassender und spezifischer sie werden – sehr teuer sein können, ist es wichtiger denn je, die Auswahl der Fragen und zu erwartenden Daten vorab genau zu spezifizieren und darüber hinaus sicherzustellen, dass die entsprechenden Ergebnisse auch die gestellten Fragen beantworten. Eine belastbare Aussage zur Datenqualität seitens des Datenlieferanten sollte darüber hinaus festgeschrieben sein.

1.2.3 Darstellung der Ergebnisse

Ziel der Analyse sollte es sein, die gewonnenen Daten so aufzubereiten, dass die Kernaussage in Bezug auf den Analysegegenstand möglichst eindeutig erkennbar wird. Dazu eignen sich einerseits verschiedene grafische Darstellungsformen, andererseits können Erkenntnisse in Relation gesetzt werden, um unter Umständen Zusammenhänge ableiten zu können.

1.2.3.1 Grafische Darstellungsformen

Bei der Auswahl grafischer Darstellungsformen sollte darauf geachtet werden, dass die jeweilige Darstellung die zu treffende Aussage nicht verzerrt. Gerade hier können richtige Informationen zu falschen Interpretationen und vice versa führen. Von Bedeutung ist dabei zunächst die Reduzierung der Erkenntnisse auf die wesentliche Aussage. Dabei können Aussagen problemlos plakativ dargestellt und die maßgebliche Aussage vorangestellt werden. Auch ist abzuwägen, ob der Weg zur Erkenntnis für die Aussagekraft von Bedeutung ist. So können überflüssige Erklärungen oder quantitative Herleitungen vermieden werden.

Bei der Darstellung quantitativer Ergebnisse sollte eine adäquate Skalierung von Zahlenskalen und Zeitreihen sichergestellt werden. Wenngleich es hierbei kein Standardkonzept gibt, ist es bedeutsam, dass die Darstellung auch dem Gewicht der Aussage entspricht. Eine Schwankung der Spitzenmiete in Frankfurt von ±3,00 EUR pro m^2 ist für einen untergeordneten Teilmarkt von hoher Bedeutung, würde auf einer Skala von 0 bis 50 EUR aber sicherlich untergehen. In diesem Zusammenhang kann auch durch die Darstellung relativer statt absoluter Veränderungen einem Vergleich von Äpfeln und Birnen vorgebeugt werden. So bedeutet bspw. der Rückgang der Spitzenmiete im Logistikbereich um 1,00 EUR pro m^2 bei einer Spitzenmiete von 5,00 EUR pro m^2 einer Reduktion von 20 % und kann sicherlich als einschlägige Veränderung klassifiziert werden, während dies für den Bürobereich mit einer Spitzenmiete von bspw. 40,00 EUR pro m^2 jedoch mit 2,5 % nur eine geringere Bedeutung hat.

Schließlich können zur Quantifizierung von qualitativen Daten Skalierungen sehr hilfreich sein, um qualitative Bewertungen greifbar zu machen. Das Skalierungsmodell sollte jedoch kritisch reflektiert werden um ungewollte Subjektivität bestmöglich ausschließen zu können und gleichzeitig handhabbar zu bleiben. Dabei reicht die Spanne von ABC-Analysen (bspw. gut-mittel-schlecht oder nach dem Ampel-Prinzip rot-gelb-grün) über Scoring Modelle bis hin zu differenzierten Modellen, die systematisch versuchen, subjektive Bewertungsfehler auszuschließen.

1.2.3.2 Absolute vs. relative Ergebnisse

Nach der Auswertung der Informationen kann die Kombination von Erkenntnissen durchaus wichtige Zusammenhänge aufzeigen. Dabei eignen sich beispielsweise Immobilienmarktindikatoren (wie bspw. Mieten oder Flächenabsorptionen) in Relation zu Kennzahlen zur gesamtwirtschaftlichen Entwicklung (z. B. BIP oder Arbeitslosenzahlen). So könnte bspw. eine moderate Vermietungsquote in einem Teilmarkt vor dem Hintergrund einer starken oder schwachen gesamtwirtschaftlichen Entwicklung komplett verschiedene Rückschlüsse zulassen. Gerade in Hinblick auf die zeitlichen und finanziellen Ressourcen und den Anspruch an die nachweisbare Aussagekraft müssen diese Zusammenhänge nicht notwendigerweise statistischen Signifikanzkriterien entsprechen. Vielmehr geht es darum, durch Kombination die bereits genannten „Weak Signals“ für mögliche Zusammenhänge aufzudecken und sensibel für entsprechende Umweltentwicklungen zu sein.

1.2.4 Interpretation der Ergebnisse

Wenngleich es trivial erscheint, wird der abschließende Schritt der Analyse oftmals nur wenig konkret vorgenommen oder – mit der Vermutung, die Ergebnisse seien vermeintlich selbsterklärend – gar gänzlich unterlassen. Die Konsolidierung der Erkenntnisse stellt jedoch einen wesentlichen Punkt der Analyse dar. Wenngleich der Verfasser der Immobilienanalyse selbstkritisch keinen Anspruch auf wahre Aussage stellen kann, so sollten dennoch die Kernaussagen – ggf. auch polarisierend in normativer Form – zusammengefasst werden. Nur so können die kritischen Parameter eines Projektes unterstrichen und auch im weiteren Umgang mit dem Projekt Entscheidungen ausgerichtet werden.

Ferner sollte die Analyse Handlungsoptionen aufzeigen. Je nach Analysekontext, Adressat und Verfasser können auch Empfehlungen und Stellungnahmen verfasst werden. Da Immobilienanalysen in aller Regel handlungsbezogene Entscheidungsgrundlagen bilden sollten, kann es durchaus richtig oder gar notwendig sein, als Resultat eine Handlungsempfehlung zu formulieren.

Schließlich können bei Bedarf aus den Ergebnissen auch weitere Analysefelder abgeleitet werden. Dies dient nicht nur der Identifikation möglicherweise hilfreicher Folgefragen, sondern zeigt auch die Grenzen einer vollzogenen Analyse auf. Ferner ist die Immobilienanalyse nach wie vor eine Zeitpunktbetrachtung, weshalb eine kontinuierliche Fortschreibung im Sinne eines Monitorings der strategisch relevanten Parameter wichtig sein kann. Versteht man die Analyse aufgrund der genannten Ressourcenknappheit als iterativen Prozess, kommt der Definition weiterer Analysefragen eine gehobene Bedeutung zu.

Nachdem nunmehr mit der Definition des Prozesses der Immobilienanalyse ein belastbarer Rahmen gelegt wurde, geht es im Folgenden darum, die unterschiedlichen Arten der Immobilienanalyse vor dem Hintergrund des Analyseziels zu definieren.

1.3 Analysearten

Die im Folgenden zu behandelnden Analyseschwerpunkte bestehen aus verschiedenen Formen der Umfeldanalysen, den Objektanalysen und einem Überblick zu Wirtschaftlichkeitsanalysen. Die Differenzierung der verschiedenen Arten einer Immobilienanalyse kann anhand ihrer Anwendungsgebiete und des Untersuchungszwecks vorgenommen werden. Diese Unterschiede basieren bspw. auf dem Gegestand der Analyse („was soll untersucht werden?“), dem Anlass der Analyse („warum soll die Analyse durchgeführt werden?“) und der Art der Analyse („wie soll die Analyse aufgebaut sein?“). Häufig genutzte Analysen werden vorgestellt und in ihrer Bedeutung und Funktionsweise gewürdigt. Zwischen einzelnen Untersuchungsgegenständen ergeben sich regelmäßig Wechselbeziehungen und Verknüpfungen (vgl. Clapp/Messner, S. 3 f.). Daher werden die jeweiligen Analysen des Objekts, des Umfelds und der Wirtschaftlichkeit oft nicht einzeln erstellt, sondern zusammen mit anderen Analysen, um so die Fragestellung adäquat zu beantworten. So wird bspw. eine Finanzierungsanalyse neben den o. g. Merkmalen außerdem Erkenntnisse zur Kapitaldienstfähigkeit, zur Zinsentwicklung oder zur Mietentwicklung beinhalten.

1.3.1 Umfeldanalysen

In der Praxis wird die Immobilienanalyse oft mit der Markt- und Standortanalyse gleichgesetzt. Diese deckt allerdings nur zwei, wenn auch wohl die bekanntesten Teilelemente ab. Eine sehr geläufige Definition der Standort- und Marktanalyse (oft abgekürzt als STOMA bezeichnet) stammt von Muncke/Dziomba/Walther. Sie verstehen darunter eine „[...] objektive, systematisch aufgebaute, fachlich und methodisch fundierte Untersuchung der räumlichen und marktseitigen Rahmenbedingungen einer Immobilieninvestition. Dies umfasst das systematische Sammeln, Gewichten und Bewerten von direkt und indirekt mit der derzeitigen Situation sowie der künftigen Entwicklung einer Immobilie im Zusammenhang stehenden Informationen über den Standort (und sein Umfeld), über den Nutzermarkt (und die daraus resultierende Nachfrage nach Immobilienflächen) und über den Immobilienmarkt (Angebot von, Nachfrage nach, Preis von Immobilien).“ (Muncke/Dziomba/Walther, S. 136). Obgleich die Begriffe der Standortanalyse und der Marktanalyse in der Literatur meist nicht getrennt definiert werden, erfolgt eine separate Betrachtung der Begriffe im Folgenden, um die Aussagen der einzelnen Analysen isoliert zu würdigen. Als Bestandteil der übergeordneten Umfeldanalysen wird sie ergänzt durch eine Betrachtung der Konkurrenzsituation der untersuchten Immobilie – der Wettbewerbsanalyse.

Die Anforderungen der Praxis an Umfeldanalysen erhöhten sich jedoch laufend, zum einen aufgrund der schlechten Erfahrungen der Vergangenheit, in denen eine genauere Analyse von Standort, Markt und Wettbewerb wohlmöglich zu einer anderen immobilienwirtschaftlichen Einschätzung geführt hätte, zum anderen aus einer zunehmenden Differenzierung und dadurch höheren Komplexität der Nutzerbedürfnisse und zuletzt auch aus einer ansteigenden Professionalisierung der Immobilienwirtschaft (Beyerle, S. 11).

1.3.1.1 Standortanalysen

1.3.1.1.1 Standortsegmentierung

Die Standortanalyse beschäftigt sich mit dem – den Lippenbekenntnissen der Branche zufolge – wichtigsten Faktor – der Lage einer Immobilie im Raum – in einem Land, in einer Region, in einer Stadt, in einem Stadtteil, in einer unmittelbaren Umgebung. Vereinfachend unterscheidet man in der Literatur zur Beschreibung einer Standortqualität nach **Makrostandort** für die übergeordnete Lage der Immobilie und **Mikrostandort** für die spezifischere Beschreibung und Bewertung der Lagequalität. Üblich ist es mit dem größeren Untersuchungsfokus zu beginnen und sich im Laufe der Untersuchung immer mehr mit dem direkten Umfeld der Immobilie zu beschäftigen. Dies macht man zum einen aus Gründen der Darstellung der Ergebnisse, zum anderen aber auch um aufzuzeigen, wie übergeordnete Ereignisse und Faktoren auf der Ebene des Makrostandorts gemeinsam mit oder entgegen der Faktoren auf der Ebene des Mikrostandorts Einfluss auf die Beurteilung des Standorts einer Immobilie insgesamt nehmen.

Zur Verdeutlichung der Interdependenzen zwischen den verschiedenen Betrachtungsebenen wird häufig der Vergleich mit Organismen aus der Biologie gezogen. Damit soll vor allem auf die Wechselbeziehungen von einer Immobilie als Zelle, dem Mikrostandort als Organ und dem Makrostandort als Organismus eingegangen werden. Das Zusammenspiel in immobilienwirtschaftlicher Perspektive ist ebenfalls durch sich ständig verändernde Strukturen geprägt, die sich analog zu Organismen langfristig entwickeln und darüber hinaus ebenfalls Lebenszyklen unterliegen (vgl. Fanning/Grissom/Pearson, S. 52).

Die Beurteilung der wirtschaftlichen Basis, Struktur und Entwicklungsperspektiven des Makrostandortes stellt also eine wichtige Grundvoraussetzung für die Beurteilung des Mikrostandortes der zu analysierenden Parzelle dar. Dies gilt besonders vor dem Hintergrund der Standortgebundenheit und der vergleichsweise langfristigen Nutzungsdauer von Immobilien. Bei Großprojekten kann die tief greifende Analyse der wirtschaftlichen und räumlichen Entwicklung des Makrostandortes zum Hauptbestandteil der Standortanalyse werden (vgl. Isenhöfer/Väth/Hofmann, S. 416).

Zudem wird in der Standortanalyse nach Ursache und Wirkung dieser Einflussfaktoren unterschieden. Standorte verändern sich in der Regel in einem mittel- bis langfristigen Zeitraum, daher sollte die Analyse entsprechende Aspekte nicht nur inhaltlich sondern auch zeitlich beurteilen

Nach der Unterscheidung in Mikro- und Makrostandort erfolgt im Allgemeinen in der Literatur eine weitere Differenzierung der Standortfaktoren im Hinblick auf die Messbarkeit. So gruppiert man – ebenfalls auf den Ebenen des Mikro- und Makrostandorts – **harte** und **weiche Standortfaktoren**. Letztendlich entspricht dies einer Trennung von quantifizierbaren Einflussfaktoren (wie Entfernungen, Wirtschaftsdaten, Infrastruktur) und qualitativen Einflussfaktoren (wie Image, Umfeldqualität oder schwer messbare Entwicklungen). Es wird dadurch jedoch keine Wertung der Standortfaktoren vorgenommen, denn beide Arten von Faktoren können die Standortentwicklung einer Immobilie in der kurzen wie der langen Frist positiv wie negativ beeinflussen und sollten daher umsichtig analysiert und gewertet werden (vgl. Muncke/Dziomba/Walther, S. 147).

Die Standortanalyse ist eine Teilanalyse praktisch jeder immobilienwirtschaftlichen Analyse, da die Lage einer Immobilie nicht nur eine ihrer wichtigsten Eigenschaften ist, sondern auch Veränderungen und Einflüssen unterliegt, die von einzelnen Wirtschaftsakteuren nicht allein beeinflusst werden kann.

1.3.1.1.2 Makro- und Mikrostandort

Wie zuvor bereits angeschnitten, umfassen Makro- und Mikrostandort geographische Orte mit abweichenden räumlichen Begrenzungen. Der **Makrostandort** zielt in seiner Betrachtung auf eher großräumliche Strukturen ab. Er definiert für sich den Einzugs- und Verflechtungsbereich der Immobilie auf übergeordneter Ebene und kann dadurch von Art, Größe und Nutzung der Immobilie abhängen. Somit können Büromarktgebiete manchmal über Stadtgrenzen hinausgehen, was zuweilen die Datenerhebung und -analyse schwieriger machen kann. Wenngleich die Abgrenzung des **Mikrostandortes** je nach Betrachtungsinteresse divergieren kann, verstehen die meisten darunter schlichtweg das betrachtete Grundstück in seinem unmittelbaren Umfeld mit den existenten Nutzungsstrukturen: Diese erlauben jedoch nicht, das Grundstück isoliert zu betrachten, da es im städtischen Raum und durch die Gemeinschaft der umliegenden Eigentümer nie vollkommen autark existiert (vgl. Ertle-Straub, S. 23–29). In der Praxis wird dies bspw. durch Zweckgemeinschaften von innerstädtischen Immobilieneigentümern belegt, die sich zur Verbesserung des Mikrostandorts zu BIDs (Business Improvement Districts) zusammenschließen. Ansätze dennoch gemeinsam mit Dritten Einfluss auf die Entwicklung eines Standorts zu nehmen, finden sich darüber hinaus bspw. in Eigentümergemeinschaften bei Wohneigentumsgemeinschaften oder auf Ebene des Quartiers im Rahmen eines Quartiersmanagement/einer Quartiersentwicklung (vgl. Feldmann, S. 184).

Die Vorteilhaftigkeit eines Makrostandorts wird jedoch in der Realität kaum so linear und gleichmäßig wie in den erwähnten Modellen und Theorien verlaufen, sondern eher in Agglomerationen als Folge wirtschaftlicher Spezialisierung einer Region, die eine bestimmte Industrie beheimatet und durch Effizienz, Spezialisierung, Innovationen und Kooperationen (wie Abnehmer- und Zuliefererbeziehungen) für diesen Standort einen Wettbewerbsvorteil aus Agglomerationseffekten generiert, der eine Dominanz dieser Industrie begründet (vgl. Porter, S. 156–157). Entsprechende Agglomerationstendenzen können dabei auch ein wichtiger Faktor in der Definition des relevanten Marktes sein, wobei sich jedoch die Bedeutung von Agglomerationen für den wirtschaftlichen Erfolg eines Unternehmens unterschiedlich bewerten lässt. So gibt es immer mehr Unternehmen, die prinzipiell viel unabhängiger von den Orten sind, an welchen sie tätig sind während in anderen Industrien die Nähe zu Absatz- oder Beschaffungsmärkte immer wichtiger werden. Die standortunabhängigeren Unternehmen (sog. „footloose industries") – oftmals Unternehmen des tertiären Sektors – profitieren dabei von der steigenden Effizienz in den Produktionsprozessen und der damit einhergehenden Optimierung von Transport und Produktion (vgl. Diller, S. 107 f.). Die standortabhängigeren Unternehmen benötigen entweder den unmittelbaren Zugang zu Rohstoffen, Arbeitskräften oder gewissen klimatischen oder kulturellen Bedingungen, so dass ihre Standortwahl einseitig dominiert wird (vgl. Alonso, S. 37).

1.3.1.1.3 Weiche und harte Standortfaktoren

Eine Unterscheidung zwischen „harten" und „weichen" Standortfaktoren fällt nicht immer leicht, da sich zum einen die Begriffe nicht trennscharf abgrenzen lassen und es sich um komplementäre Faktoren handelt, welche sich vielmehr auf einem Kontinuum beschreiben lassen (vgl. Grabow, S. 38 f.). Diese Begriffsabgrenzung ist noch vergleichsweise neu, sprach man doch früher von „ökonomischen" und „außerökonomischen" Faktoren. Letztere Begrifflichkeit verdeutlicht, dass sich weiche Faktoren erst nach der Beurteilung und Überführung in ökonomische Werte bzw. Zahlen zur weiteren Analyse eignen (vgl. Thießen, S. 10 f.).

Die Beziehung zwischen harten und weichen Standortfaktoren und vor allem die Bedeutung der weichen Standortfaktoren bei der Standortentscheidung sind immer wieder Forschungsgegenstand. So tendierte die Forschung oft dazu, harte Standortfaktoren als Mehrwert oder ausschlaggebenden Faktor zu sehen und ihnen somit vor allem in den ausschlaggebenden Phasen eines Entscheidungsprozesses eine höhere Gewichtung zukommen zu lassen (vgl. Cortrie, S. 34). Vielmehr ergeben sich in der neueren Forschung zu Standortfaktoren Indikationen dafür, dass die Relevanz der Standortfaktoren durch die zunehmende Entwicklung zur Wissensgesellschaft und dadurch sich verändernde Anforderungen der Unternehmen und der Menschen an ihre Umwelt anders darstellen und der Fokus zunehmend mehr auf weiche Standortfaktoren fällt (vgl. Thießen, S. 31–33).

Die nachfolgende Tabelle zu harten und weichen Standortfaktoren unterstreicht die Vielzahl und Bandbreite der zu untersuchenden Faktoren und zeigt vorhandene Wechselwirkungen auf.

Tab. 2: Aufbau einer immobilienwirtschaftlichen Standortanalyse (Quelle: in Anlehnung an Muncke/ Dziomba/Walther, S. 148)

Standortanalyse				
Räumliche Rahmenbedingungen des Projektes/ Objektes				
Auswahl und Erhebung relevanter Standortfaktoren				
Harte Faktoren			**Weiche Faktoren**	
Geographische Lage Grundstücksstruktur	**Verkehrsstruktur**	**Wirtschaftsstruktur Umfeldnutzungen**	**Soziodemographische Struktur**	**Image Investitionsklima**
Makroebene: • Lage der Stadt • Nachbarstädte • Stadtstruktur/-entwicklung • Zentralörtlichkeit • Staatl. Einrichtungen • FNP/ RROP	Makroebene: • Flughafen/ Hafen • Bahnanbindung • Autobahnanbindung • Fernstraßennetz • Innerstädtisches Straßennetz • ÖPNV-Netz	Makroebene: • Charakteristik • Hochschulen/ Messen • Wirtschaftsstruktur • Beschäftigte/Umsatz • Arbeitslosenquote • Steueraufkommen • Pendleraufkommen	Makroebene: • Bevölkerungsentw. • Altersentwicklung • Sozialstruktur • Ausländeranteil • Einkommen • Migrationstrends • Bildungsniveau	Makroebene: • Image der Stadt • Verwaltungsstruktur • Politische/ steuerliche Situation • Investitionsklima • Genehmigungspraxis • Kultur/Freizeitangebot
Mikroebene: • Integrierte/solitäre Lage • Topographie/ Boden • Größe/Zuschnitt • Sichtanbindung/Blick • B-plan/Geschosse/ • Arch. Vorgaben • Techn. Erschließung	Mikroebene: • Straßenanbindung • Verkehrsfrequenz • Zugänglichkeit/ Anfahrbarkeit • Interne Erschließung • Parksituation Umfeld • Anschluss ÖPNV • Anschluss Flughafen/ Bahnhof	Mikroebene: • Charakteristik Umfeld • Bebauung/Baustruktur • Nutzungen Umfeld • Agglomerationseffekt • Passantenfrequenz • Infrastruktur/Gastro • Zentrale Einrichtungen	Mikroebene: • s.o.	Mikroebene: • Image des Standortes • „Genius Loci“ • Adresse‘/Attraktivität • Neuvermietungen Umfeld • Aufenthaltsqualität • Wohnqualität • Freizeitmöglichkeiten • Grünanteil/ Sauberkeit

Eine Umfrage des Deutschen Instituts für Urbanistik (DIFU) hat harte und weiche Standortfaktoren auf ihre praktische Relevanz und Ihre Bedeutung (z. B. „sehr wichtig“ oder „eher wichtig“) getestet. Die in Abbildung 8 gezeigte Rangfolge der harten Standortfaktoren wird von dem Aspekt der Verkehrsanbindung weit angeführt.

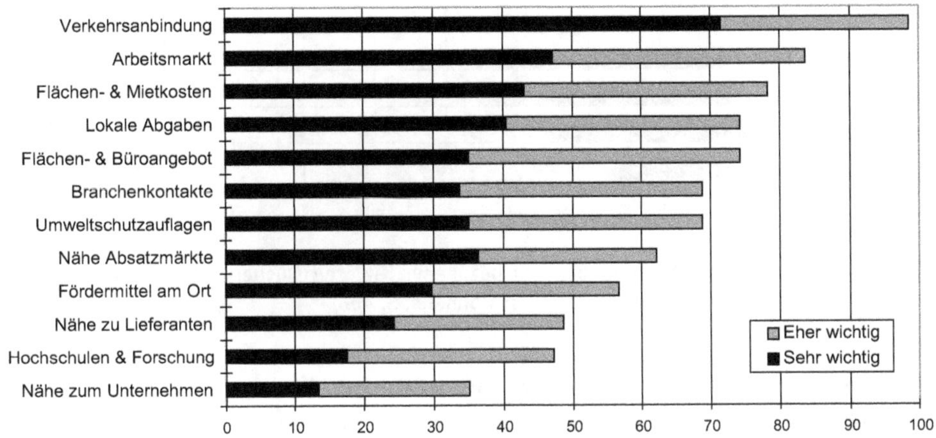

Abb. 8: Bedeutung der harten Standortfaktoren (Quelle: Grabow/Henckel/Hollbach-Grömig, S. 227, nach Isenhöfer/Väth/Hofmann, S. 408)

Mit Abstand folgt eine Gruppe von Kriterien wie Arbeitsmarkt, Flächen- und Mietkosten, Höhe der lokalen Abgaben, Flächen- bzw. Büroangebot, Branchenkontakte und Umweltschutzauflagen. Von abnehmender Bedeutung sind Kriterien wie die Nähe zu Absatzmärkten (bemerkenswert, dass es entweder sehr wichtig für die Unternehmen zu sein scheint oder wirklich zu vernachlässigen), die Verfügbarkeit von Fördermitteln oder die Nähe zu Lieferanten, zu Hochschulen und Forschungseinrichtungen oder zum Stammunternehmen. Für die Analyse der weichen Standortfaktoren unternimmt die DIFU Untersuchung noch eine Aufteilung von weichen Standortfaktoren vor, welche die unterschiedlichen Betrachtungswinkel in der Analyse von weichen Standortfaktoren unterstreicht. „Weiche Standortfaktoren haben für die Betriebs- und Unternehmenstätigkeit direkte Auswirkungen, sind aber schwer messbar, oder es werden im Regelfall Fakten durch Einschätzungen überlagert oder ersetzt oder haben für die Betriebs- und Unternehmenstätigkeit keine oder nur wenig direkte Auswirkungen, sind aber für die Beschäftigten oder Entscheider relevant“ (Grabow, S. 38). Weiche Standortfaktoren lassen sich ferner in unternehmens- und in personenbezogene weiche Standortfaktoren unterscheiden (zum Beispiel des Gestaltungsspielraums einer Kommune bei weichen Faktoren vgl. Cortrie (2009), S. 35–46), so dass man – sofern für den Analysefokus hilfreich – auf einem Kontinuum auch noch die weichen Standortfaktoren entsprechend weiter differenzieren könnte (vgl. Grabow, S. 39).

Die DIFU-Umfrageergebnisse wurden für weiche Standortfaktoren daher anders aufbereitet. Die **unternehmensbezogenen weichen Standortfaktoren** zielen in erster Linie auf die Wirtschaftsfreundlichkeit am jeweiligen Standort ab. Abbildung 9 illustriert anhand der Ergebnisse der Umfrage, wie hoch die Bedeutung dieser Standortfaktoren mittlerweile von deutschen Unternehmen eingeschätzt wird.

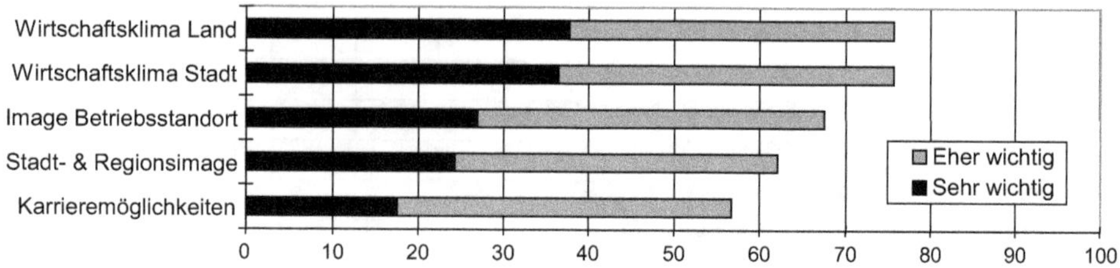

Abb. 9: Bedeutung der weichen unternehmensbezogenen Faktoren (Quelle: Grabow/Henckel/Hollbach-Grömig, S. 227, nach Isenhöfer/Väth/Hofmann, S. 406)

Die **personenbezogenen weichen Standortfaktoren** beziehen sich hingegen auf die Attraktivität des Standorts aus der Sicht der Arbeitnehmer. Wie oben beschrieben, wird allgemein davon ausgegangen, dass mit dem Anstieg der Tertiärisierung zum einen und mit einem steigenden Anteil hochqualifizierter Arbeitskräfte die Anforderungen an das Umfeld zum anderen ansteigen werden. So verwundert es nicht, dass die Top 4 Werte sich auf das Wohnumfeld, die Umweltqualität, die Ausbildungsinfrastruktur sowie die Freizeitqualität beziehen. Die Abbildung 10 veranschaulicht, wie die relative Wichtigkeit dieser Faktoren von den befragten Unternehmen gesehen wird.

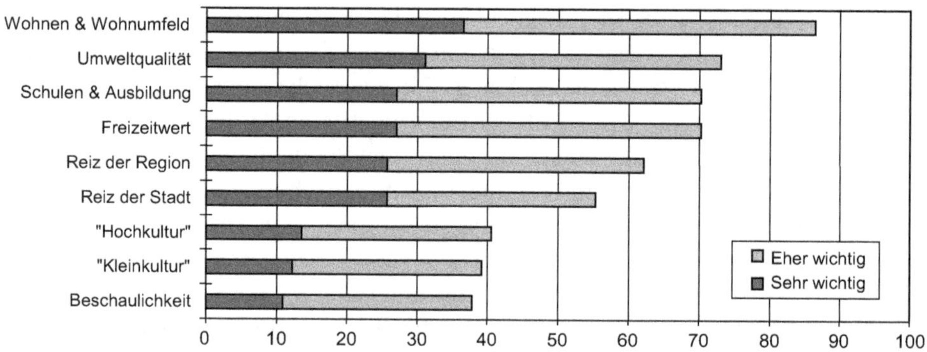

Abb. 10: Bedeutung der weichen personenbezogenen Standortfaktoren (Quelle: Grabow/Henckel/Hollbach-Grömig, S. 227, nach Isenhöfer/Väth/Hofmann, S. 407)

Insgesamt bleibt festzuhalten, dass die weichen gegenüber den harten Faktoren traditionell in der Bewertung eines Standorts auf Makro- und Mikroebene nicht gleichwertig bedeutend sind, ihnen aber anscheinend mittlerweile eine annähernd hohe Bedeutung beigemessen wird. Es bleibt allerdings kritisch zu hinterfragen, ob bei Standortentscheidungen harte Faktoren aufgrund der eindeutigeren Messbarkeit ihrer Auswirkungen (bspw. auch auf die Kostenstruktur eines Standortes) nicht weiterhin Entscheidungen beherrschen werden. Die relative Bedeutung von weichen Standortfaktoren kann zwar per se erfasst werden, Ursache-Wirkungs-Zusammenhänge sind jedoch nicht soweit erforscht, als dass lineare Auswirkungen (bspw. ebenfalls auf die Kostenstruktur eines Standortes) messbar und damit darstellbar sind. Zudem bleibt es abzuwarten, ob es weiche Standortfaktoren aktuell vermögen, Ausschlusskriterien in der Standortwahl darzustellen, wie es bspw. die verkehrliche Anbindung von Mikro- und Makrostandort in der Praxis kann. Bei einer Vergleichbarkeit der harten Standortfaktoren werden die weichen Faktoren in der Bewertung ein größeres Gewicht erhalten (zu einem Überblick vgl. Gerstner, S. 99–107).

Wenngleich die trennscharfe Messbarkeit und damit einhergehend die exakte Einwertbarkeit weicher Standortfaktoren sehr komplex erscheint, kann man dieser Herausforderung in der Praxis durch Anwendung von Ordinalskalen entgegnen (wie Frequenz: niedrig, durchschnittlich, hoch). Somit kann den Merkmalsausprägungen eine Präferenz und somit ein höherer/niedrigerer Wert zugewiesen werden, es können jedoch keine Rechenoperationen ausgeführt werden, was jedoch aus inhaltlicher Sicht auch im Sinne der Analyse ausreicht. Solche Bewertungen können im qualitativen Bereich mittels heuristischer Methoden erreicht werden. Somit macht man die weichen Standortfaktoren messbar, indem man die Standorteigenschaften bewertet (vgl. Ottmann/Lifka, S. 8 f, 34–39).

1.3.1.2 Marktanalysen

Marktanalysen untersuchen die Angebots- und Nachfragesituation in verschiedenen immobilienwirtschaftlichen Einzelmärkten. Abhängig vom Untersuchungsgegenstand und dem angestrebten Genauigkeitsgrad werden die Marktanalysen aggregiert also den Gesamtmarkt untersuchend (vgl. Spies , S. 32–34) oder disaggregiert also in Teilmärkte aufgeteilt durchgeführt. Darüber hinaus lassen sich Marktanalysen hinsichtlich des Datenmaterials und der Art der Auswertung klassifizieren: **quantitativ** sprich von Zahlen dominiert mit statistischen Auswertungen und **qualitativ** – sprich von Worten dominiert – mit Analysen von Entwicklungen im Markt und Erläuterungen zu deren potentiellen Auswirkungen.

1.3.1.2.1 Marktsegmentierung

Allein zur Systematisierung der Analyse ist es geboten, die verschiedenen Immobilienmärkte zu segmentieren. Da die Komplexität mit Betrachtung des Gesamtmarkts steigt, werden in der Praxis meist Teilmarktanalysen mit unterschiedlichem Fokus durchgeführt. Zudem verfügen diese Analysen durch die eingeschränkte Breite des Untersuchungsspektrums oft über eine größere Tiefe an Informationen. Dies erhöht einerseits die Qualität der getroffenen Aussagen und befriedigt den Informationsbedarf bestimmter Zielgruppen dadurch treffender. Zudem sind der Erhebungsaufwand und die Verfügbarkeit sämtlicher benötigter Daten bei einer aggregierten Analyse des Immobilienmarktes oft Hemmnisse für den einzelnen Marktakteur, so dass er sich Marktberichten bedient. Daraus lassen sich zwar Entwicklungen ablesen, jedoch ist der Eindruck, den man gewinnt, unspezifisch und weniger genau als selbst gewonnene Eindrücke und Daten (vgl. Väth/Hoberg, S. 370 f.).

Diese Teilmärkte können sich typologisch (bspw. bei einer Betrachtung der Entwicklung des Immobilieninvestitionsmarktes oder bei einer Analyse des Marktes für Büroimmobilien), räumlich (bspw. bei der Untersuchung des Düsseldorfer Immobilienmarktes) oder zeitlich (bspw. der weltweite Immobilienmarkt und dessen Entwicklung in 2013) unterscheiden. Oft gibt es außerdem Kombinationen im Untersuchungsfokus wie der Büroimmobilienmarkt in Düsseldorf im 2. Quartal 2013 oder der Investitionsmarkt in Deutschland in 2013. Zudem erlaubt eine Segmentierung von Märkten die Darstellung von Wirkungszusammenhängen unterschiedlicher Trends auf den jeweiligen Ebenen. Gerade hier kann die Kombination von geeigneten Indikatoren interessant sein, um – wenngleich nicht notwendigerweise statistisch signifikant – teilmarktspezifische Trends oder Zusammenhänge darzustellen. So ist die wirtschaftliche Entwicklung in der Region Düsseldorf von einzelnen lokalen Effekten abgesehen, maßgeblich beeinflusst von den Entwicklungen in Deutschland und Europa, welche wiederum einen unmittelbaren oder mittelbaren Einfluss auf die Flächennachfrage im entsprechenden Teilmarkt haben. Ähnlich verhält es sich mit anderen Rahmenbedingungen wie Infrastruktur, ökologischem Bewusstsein oder einem Wandel in Nachfragepräferenzen. Hier liegt es in der Natur der Sache, dass Markterhebungen durch ihren expost Charakter nur die Vergangenheit belegen können und somit die aktuelle Marktsituation darstellen. Die Einschätzungen zum Immobilienmarkt können je nach Prognoseziel einen kurz-, mittel- oder langfristigen Ausblick geben. Auf Basis dieser Marktinformationen können Prognosen über zu erwartende Markttrends abgegeben werden, die jedoch aufgrund der laufenden Änderungen am Immobilienmarkt und der unterliegenden Zyklizität eine recht kurze Gültigkeit besitzen.

Die Segmentierung in (Teil-) Märkte ist nicht allein von (theoretischem) Interesse. So entscheidet bspw. im Bereich der Wettbewerbsanalyse die korrekte Erfassung des relevanten Marktes über den praktischen Erfolg der Immobilie mittels einer zutreffenden Positionierung des Projektes am Markt. Ein Beispiel dazu bietet die Analyse der abgeschlossen Mietverträge (sog. „Deal Comparables") auf erzielte Mieten im Gegensatz zu den reinen Angebotsmieten, von denen eher eine verminderte Aussagekraft ausgeht. Ebenso spielt es bei der Analyse der Nachfrage nach einem Investitionsobjekt für den bestmöglichen Veräußerungserfolg eine gewichtige Rolle, ob man den richtigen potentiellen Käuferkreis angesprochen oder eventuell eine Gruppe von Investoren vernachlässigt hat, die noch eine höhere Zahlungsbereitschaft gezeigt hätten.

1.3.1.2.2 Quantitative Marktanalyse

Die Analyse von Angebot und Nachfrage auf den Immobilienmärkten lässt sich in quantitativer wie qualitativer Hinsicht nach fünf Kriterien kategorisieren: Flächenbestand, Planung, Preisanalyse, Flächenbedarf und Potentialanalyse (vgl. Tabelle 3).

Tab. 3: Aufbau einer immobilienwirtschaftlichen Marktanalyse (Quelle: in Anlehnung an Muncke/Dziomba/Walther, S. 152)

Marktanalyse				
Auswahl und Erhebung relevanter Marktindikatoren auf Gesamt- und Teilmarktebene				
Angebotsanalyse			**Nachfrageanalyse**	
Flächenbestand	**Planung**	**Preisanalyse**	**Flächenbedarf**	**Potentialanalyse**
Bestandsaufnahme • Lagequalität • Regionale Verteilung • Objekttypen und -größen • Messzahlen (z.B. Fläche je Einwohner) • Angebotsniveau • Alter und Zustand • Ausstattungsniveau • Leerstände/ • Konkrete Flächenangebote • Wettbewerbsposition	geplante Flächen: • Flächen im Bau • Flächen in Planung • Realisierungshorizont • Realisierungs-wahrscheinlichkeiten • Geplante Nutzer/ Betreiber • Zukünftige Lagequalitäten • Objekttypen und Größen • Ausstattungsniveau • Mittelfristige Flächenangebote • Wettbewerbsposition	Mieten/Kaufpreise: • Mietenspiegel (Lage-/Objektqualität) • Bestandsmieten • Spitzenmieten • Durchschnittsmieten • Konditionen/Incentives • Neuvermietungen • Anzeigenauswertung • Ausstattungsniveau • Bodenrichtwerte • Aktuelle Verkäufe • Vervielfältiger • Prognosen Preisentwicklung • Wettbewerbsposition	Bedarfsermittlung: • Flächengesuche (nach Lage-/Objektqualität) • Konkrete Anmietungsgesuche • Vermietungsleistung • Absorptions-geschwindigkeit • Ersatzflächenbedarf • Zusatzflächenbedarf • Aufnahmekapazität • Marktsättigungsgrenze • Verdrängungseffekten • Agglomerationseffekt • Befragungsergebnisse (z.B. Mieter, Firmen)	Sektorenspezifische Kenngrößen: • Sektorale Marktentwicklung (u.a. Branche) • Mögliche Steigerungsraten • Auslastungsgrade • Kaufkraftströme • Umsätze/Raumleistung • Ausgabevolumen • Rechnerisches Umsatzpotential • Branchenspezifische Mietbelastbarkeit
Zielgerichtete Operationalisierung, Gewichtung und Bewertung				

Die quantitative Marktanalyse wendet sich den Zahlen zu, welche die Geschehnisse auf einem Markt beschreiben. Die Nutzung quantitativer Marktmerkmale eignet sich insbesondere für eine objektive Marktdarstellung. Dazu gehören Zahlen zum Markt und Flächen selbst wie angebotsseitig Flächenbestand und dazugehörige Kennzahlen (bspw. Verkaufsfläche pro Einwohner), Angebotsreserve und deren räumliche Verteilung im Markt, Leerstandsquote und die Struktur des Leerstands (klein-, mittel-, großflächig), Fertigstellungsvolumen, Flächen in Planung/Entwicklung. Nachfrageseitig sind Kennzahlen wie Beschäftigte und Branchenstruktur, Flächenumsatz, Nettoabsorption, Flächengesuche, Vermietungsumsätze, sonstige Kennzahlen (bspw. Handelsumsätze pro qm) geeignet, Marktaktivitäten aus der quantitativen Perspektive zu beschreiben. Aus dem Zusammenspiel von Angebot und Nachfrage ergeben sich schließlich noch Zahlen zu Preisen wie Mietspiegel, Spitzenmieten, Durchschnittsmieten, Incentivierung in der Vermietung, Spitzenrenditen, Durchschnittsrenditen oder Transaktionsvolumen (vgl. dazu auch Wirtschaftsförderung Stadt Potsdam (2008), S. 3–11).

In Marktberichten erhält die quantitative Marktanalyse oft eine starke Gewichtung, denn zum einen sind Zahlen kompakt und griffig dargestellt und zum anderen gut zu verarbeiten und zu vergleichen. Zudem helfen Marktdaten vor allem Marktteilnehmern einen Überblick zu gewinnen, die sich in dem Markt noch nicht wirklich gut auskennen oder die aufgrund sprachlicher oder kultureller Barrieren geneigt sind, die Informationen aufzunehmen, die sie verstehen. Eine ausgewogene Marktanalyse versucht daher stets Zahlen mit den qualitativen Merkmalen der Entwicklungen und Trends zu kombinieren.

1.3.1.2.3 Qualitative Marktanalyse

Die qualitativen Analysen sind darauf ausgerichtet herauszufinden, welche Flächentypen und -standards im Markt gehandelt bzw. angeboten oder nachgefragt werden. Somit sorgen sie dafür, die Zahlen aus der quantitativen Marktanalyse zu qualifizieren und somit ggf. in Relation zu setzen oder durch zusätzliche Informationen anzureichern. So kann ein sehr hoher Leerstand für eine geplante Projektentwicklung im Neubau einen geringeren Wettbewerb bedeuten, wenn man weiß, dass ein großer Teil des Leerstands bspw. nicht mehr den modernen Anforderungen der Nutzer entspricht oder bestimmte Konfigurationen von Flächen (bspw. große Mietflächen auf einer Ebene) im Bestand kaum noch vorhanden sind, jedoch sehr gefragt sind (vgl. dazu auch Väth/Hoberg (2005), S. 373). Beispielsweise zeigt eine hohe Leerstandsrate im Bürobereich in Vergleich zu anderen Märkten manchmal auch, dass eventuell ein Großteil der Flächen nicht mehr marktgängig ist (vgl. dazu auch Leykam (2011), S. 5).

Die qualitative Marktanalyse widmet sich somit mehr der Beschreibung und Erklärung bestimmter Zusammenhänge auf dem Markt und ergänzt Dimensionen, die sich nicht rein quantitativ erfassen lassen. Anders als in der Analyse des Zahlenmaterials stützen sich die Erkenntnisse dabei vor allem auf eine (kontinuierliche) Marktbeobachtung sowie Befragungen von möglichen Mietern bzw. Käufern. Den Nachfrager in den Fokus stellend werden dort vor allem Nutzeranforderungen und deren mögliche Entwicklung abgefragt, um sich frühzeitig auf eventuelle Änderungen einstellen zu können. Somit ist dadurch auch eine Wertung bspw. der zur Verfügung stehenden Leerstandsflächen (Zustand, Ausstattung usw.) und somit die Eingrenzung des tatsächlich relevanten Wettbewerbs möglich.

So sind die Lagequalität von Teilmärkten und deren künftige Entwicklung, der Zustand des Flächenbestands, das Niveau der Ausstattung oder die Umsetzungswahrscheinlichkeit von geplanten, neuen Projekten Analysegegenstand des Angebots. Die quantitative Preisanalyse kann ergänzt werden um Ausblicke auf die Entwicklung der Miet- bzw. Kaufpreise sowie eine Bewertung des Wettbewerbs und der Positionierung der einzelnen Teilnehmer. Nachfrageseitig lassen sich Nachfragepotentiale identifizieren, welche durch die spezifische Branchen- oder allgemeine Wirtschaftsentwicklung beeinflusst werden (vgl. dazu auch Klotz et al., S. 58–65).

Zudem finden sich in der qualitativen Analyse eher erste Andeutungen auf eventuelle Marktsättigungsgrenzen oder Verdrängungseffekte durch neuen Wettbewerb bzw. veränderte Produktlebenszyklen oder Veränderungen im Produktions-/Dienstleistungsablauf, welche die Anforderungen an die Immobilie und den Standort ganz anders werden lassen. Zudem gibt es Agglomerationseffekte durch wirtschaftliche Netzwerke, welche wiederum die Nachfrage nachhaltig positiv beeinflussen (vgl. Muncke/Dziomba/Walther, S. 151–153).

1.3.1.3 Wettbewerbsanalysen

Wettbewerbsanalysen bedienen sich der Erkenntnisse, die in den Markt- und Standortanalysen gewonnen wurden, um einen direkten Vergleich zwischen im Wettbewerb befindlichen Immobilien in einem relevanten Markt aus Sicht der Marktakteure zu ziehen. Dabei werden ein möglichst unvoreingenommenes Bild der Immobilie und eine Bestimmung ihrer Marktposition im Vergleich zu anderen erarbeitet. Diese Analysen zeigen sich in unterschiedlichen Ausprägungen und reichen von rein deskriptiven Analysen über qualitative Checklisten und vergleichenden, verbalen Gegenüberstellungen, wie bspw. der SWOT Analyse, zu numerischen Ratingmodellen wie der Profilmethode (Stärken-Schwächen-Profile) oder der Nutzwertanalyse (Scoring-Modelle). Die vergleichende Betrachtung der Vorzüge und Nachteile von Immobilien basiert somit oft auf einer qualitativen Bewertung der einzelnen marktrelevanten Parameter in den Fällen, in denen konkrete empirische Daten nicht überwiegen und in denen zugunsten der Analyse konkrete Rechenoperationen nicht ausreichen (vgl. Ottmann/Lifka, S. 73–86).

SWOT-Analyse (Strength, Weaknesses, Opportunities, Threats)
Diese Form der Analyse setzt sich in vier Felder dezidiert mit den immobilienseitigen Stärken und Schwächen sowie den marktseitigen Chancen und Risiken einer Immobilie auseinander. Während die ersten beiden Aspekte sich darüber hinaus eher auf die gegenwärtige Situation beziehen, setzen sich Chancen und Risiken überwiegend mit möglichen, künftigen Entwicklungen auseinander. Zudem richtet sich die Betrachtung der Stärken und Schwächen eher nach innen also schaut auf das eigene Objekt und seine Vor- und Nachteile, während der Betrachtungsgegenstand der Chancen und Risiken vielmehr die Umwelt und übergeordnete Entwicklungen sind, die sich auf die Immobilie künftig auswirken können. Es findet keine explizit quantitative Bewertung des Untersuchungsgegenstands statt. Oft wird diese Form der Analyse auch als Grundlage für ein Brainstorming genutzt, in dem die verschiedenen Aspekte konkurrierender Objekte auf einer qualitativen Ebene verglichen werden können. Zudem lassen sich aus der vorgegebenen Struktur schnell grobe Handlungsoptionen ableiten. Die Abbildung 11 verdeutlicht den Aufbau dieser Vier-Felder-Matrix.

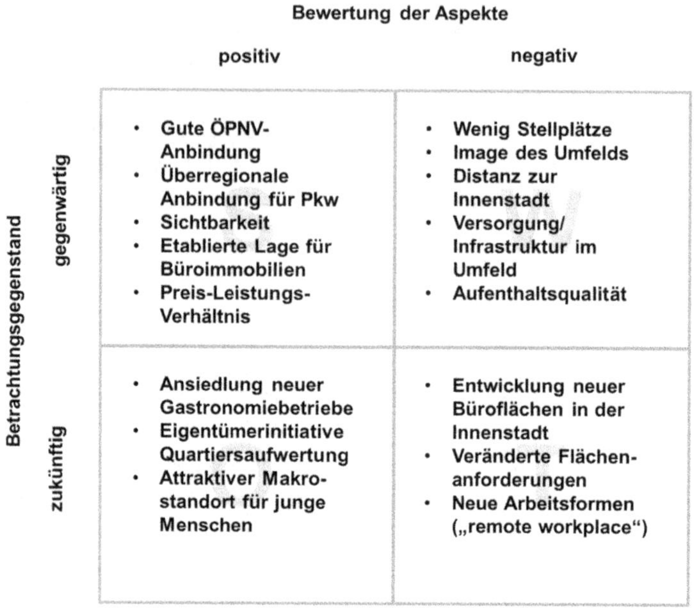

Abb. 11: Aufbau und Dimensionen einer SWOT-Analyse (Quelle: eigene Darstellung)

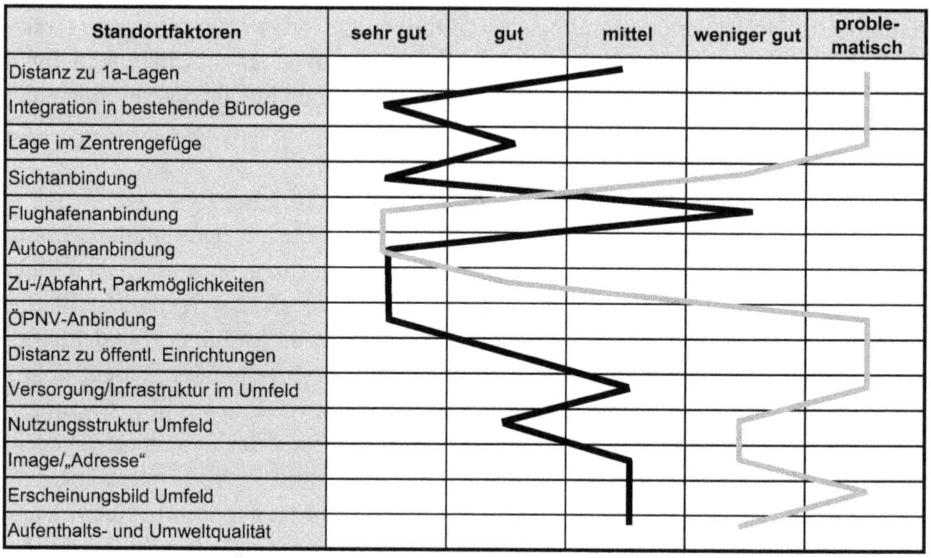

Abb. 12: Stärken-Schwächen-Analyse zweier Standorte im Vergleich (Quelle: Muncke/Schwarte/Walther, S. 10)

Stärken-Schwächen-Profile

Stärken-Schwächen-Profile betrachten verschiedene Standortfaktoren der im Wettbewerb stehenden Immobilien im ordinalen Vergleich (numerisch oder nicht numerisch). Anders als die Nutzwertanalysen werden keine mathematischen Operationen vorgenommen, sie dienen primär einer eindeutigeren Zuweisung der Bewertung für gewisse Faktoren (Ratingskalen). Die Bewertung alternativer Standorte anhand einer Skala (beispielsweise von „sehr gut“ bis „problematisch“) ist beispielhaft in Abbildung 12 dargestellt und visualisiert die Unterschiede anschauend und auf den ersten Blick (vgl. auch Jonas , S. 228–230).

Nutzwertanalyse

Bei der Nutzwertanalyse handelt es sich um eine sog. Scoring-Methode. Diese Methode wird ebenso mittels Ratingskalen zur Bewertung von Alternativen eingesetzt. Dabei werden die Ratingskalen nicht nur zur Bewertung eines Faktors oder Kriteriums eingesetzt, sondern auch zur Gewichtung dieses Faktors. Ziel ist es am Ende einen Nutzwert (Score) für eine Alternative zu ermitteln und ihn danach mit den Wettbewerbsobjekten zu vergleichen. Auch diese Methode ist eher praxisorientiert: Eine Liste mit den relevanten Prüfkriterien wird mit deren relativer Bedeutung gewichtet. In der Bewertung wird geschaut, bis zu welchem Prozentsatz das jeweilige Kriterium als erfüllt betrachtet wird. Durch Multiplikation der Zielerfüllungsgrade mit dem Gewicht des Kriteriums und Addition der so zuvor ermittelten Teilnutzwerte zum Gesamtnutzwert lässt sich ablesen, inwieweit bestimmte Anforderungen an den Untersuchungsgegenstand erfüllt werden. In Tabelle 4 ist eine derartige Nutzwertanalyse exemplarisch dargestellt. Die beiden Varianten unterstreichen die Bedeutung der Gewichtungen der jeweiligen Teilbereiche in Scoring Methoden, so kann ein und derselbe Zielerreichungsgrad einer Immobilie mittels unterschiedlicher Gewichtung (1. Variante und 2. Variante) zu einem vollkommen anderen Gesamtnutzwert führen.

Obwohl noch so viele Kriterien definiert werden können, um ein möglichst umfangreiches Bild zu erhalten, bedeutet dies noch lange nicht, dass diese Methode von subjektiven Einflüssen und Präferenzen ausgenommen werden kann. Davor soll auch die mathematische Herleitung nicht täuschen. Die Scoring-Methode wurde im immobilienwirtschaftlichen Kontext immer weiter entwickelt. Die in den Niederlanden entwickelte **Real Estate Norm (REN)** ähnelt durchaus der „klassischen“ Nutzwertanalyse, analysiert jedoch noch differenzierter. Ziel der REN ist eine möglichst objektivierbare, nachvollziehbare Bewertung der Qualität von Bürostandorten und -gebäuden (vgl. Ertle-Straub, S. 175 ff.).

Tab. 4: Die Nutzwertanalyse am Praxisbeispiel (Quelle: Muncke, S. 119)

Zielkriterien	Zielerfüllungsgrad	1. Variante		2. Variante	
	(Skala von 0–100)	Gewichtung	Teilnutzen	Gewichtung	Teilnutzen
Teilziel A: Liegenschaft					
A1 Bezirkszugehörigkeit	70	12 %	8,40	5 %	3,50
A2 Viertelzugehörigkeit	60	12 %	7,20	5 %	3,00
A3 Werbesichtanbindung	10	10 %	1,00	4 %	0,40
A4 Nutzfl. über 8.000 m^2 mögl.	80	5 %	4,00	2 %	1,60
A5 Grundstückszuschnitt	40	4 %	1,60	1 %	0,40
A6 Alt/Restbebauung	30	1 %	0,30	1 %	0,30
A7 Unterbauung	20	5 %	1,00	2 %	0,40
Summe Teilziel A:		**49 %**	**23,50**	**20 %**	**9,60**
Teilziel B: Umfeld					
B1 Agglomerationseffekte	100	4 %	4,00	10 %	10,00
B2 Integrierte Lage	90	6 %	5,40	15 %	13,50
B3 Höhenentwicklung der Umgebung	80	1 %	0,80	2 %	1,60
B4 Straßenprofil	70	2 %	1,40	5 %	3,50
B5 Bauzustand der Nachbarprojekte	100	1 %	1,00	2 %	2,00
B6 Entf. zu zentralen Einrichtungen	100	2 %	2,00	5 %	5,00
B7 Versorgung mit EH und Gastronomie	90	3 %	2,70	8 %	7,20
B8 Entfernung zu Grün- & Freizeitfl.	90	1 %	0,90	2 %	1,80
Summe Teilziel B:		**20 %**	**18,20**	**49 %**	**44,60**
Teilziel C: Verkehr					
C1 Fußgängerfreundlichkeit	40	2 %	0,80	2 %	0,80
C2 Fußgängerfrequenz	60	2 %	1,20	2 %	1,20
C3 Übergeordneter ÖPNV	50	10 %	5,00	10 %	5,00
C4 Tram/Bus	50	2 %	1,00	2 %	1,00
C5 ÖPNV-Frequenz	70	2 %	1,40	2 %	1,40
C6 Erreichbarkeit	100	7 %	7,00	7 %	7,00
C7 Anfahrbarkeit	90	3 %	2,70	3 %	2,70
C8 Parkplatzsituation	90	2 %	1,80	2 %	1,80
C9 KfZ-Frequenz	90	1 %	0,90	1 %	0,90
Summe Teilziel C:		**31 %**	**21,80**	**31 %**	**21,80**
Gesamtnutzwert (A,B & C)		**100 %**	**63,5**	**100 %**	**76,00**

1.3.2 Objektanalysen

Objektanalysen setzen sich einerseits mit der physischen Erscheinung der Immobilie selbst auseinander und betrachten die bauliche Gestaltung, Ausstattungs- und Qualitätsstandards sowie eventuelle Mängel oder Schäden. Andererseits werden die wirtschaftlichen Aspekte von Nutzungskonzept, Flächenqualitäten, Nutzungsflexibilität und Drittverwendbarkeit aber auch Flächeneffizienz (Anteil der vermietbaren Fläche an der Gesamtfläche) und Bewirtschaftungseffizienz (Höhe der Bewirtschaftungskosten) sowie die rechtlichen Aspekte aller Unterlagen und Verträge, die im Laufe des Lebenszyklus der Immobilie entstanden sind, untersucht (vgl. Isenhöfer/Väth/Hofmann, S. 395). Die Teilanalysen im weiteren Verlauf, die in der Praxis hauptsächlich bei Transaktionen als Due Diligence bezeichnet werden, richten ihr Hauptaugenmerk auf die wirtschaftliche, rechtliche und (umwelt-)technische Überprüfung der Chancen und Risiken einer Immobilie, wenngleich steuerliche oder weitere Aspekte in komplexen Fällen tiefergehend untersucht werden können (vgl. dazu Arndt, S. 13 f., 29 und Bock, S. 211).

1.3.2.1 Analyse des Nutzungskonzeptes

Im Grunde könnte man diese Teilanalyse auch als „commercial due diligence" bezeichnen. Dabei erläutert bereits die betriebswirtschaftliche Definition die Anwendbarkeit auf den Immobilienkontext. So versteht man darunter „die ‚sorgfältige' Prüfung eines Zielunternehmens aus Markt-, Kunden- und Wettbewerbssicht im Vorfeld des Unternehmenskaufs und in enger Verzahnung zur Financial Due Diligence. Zielsetzung der Commercial Due Diligence ist es, die Geschäftsplanung des zu übernehmenden Unternehmens quantitativ zu validieren. Grundlage dieser Validierung ist die ausführliche Analyse der Nachhaltigkeit des heutigen und künftigen Geschäftsmodells des Zielunternehmens, seines Marktumfeldes, des Kundenverhaltens sowie seiner Positionierung im relevanten heutigen und künftigen Wettbewerbsumfeld." (Niederdrenk/Müller, S. 17).

In der Analyse eines Nutzungskonzeptes geht es folglich darum, die aktuelle oder geplante neue Nutzung in einem Objekt auf die funktionale und wirtschaftliche Tragfähigkeit zu prüfen. Der Leerstand einer Immobilie bringt oft die Frage mit sich, ob es ggf. andere Nutzungen für die Immobilie gäbe, die im aktuellen wie zukünftigen Umfeld auf dem jeweiligen Immobilienmarkt vorteilhaft wären. Dazu muss darauf geachtet werden, einerseits ein stimmiges Nutzungskonzept für das Objekt zu bekommen, das zum Standort, der lokalen Nachfrage sowie der Immobilie und ihrer physischen Konfiguration passt, und andererseits ein wirtschaftlich tragfähiges Nutzungskonzept zu entwickeln, das den Bedarf potentieller Kunden im Markt nachhaltig abdeckt, in der benötigten Zeit realisierbar ist und eine Wirtschaftlichkeit darstellen kann, die Erwerb und weitere Kosten für eine eventuelle Umnutzung deckt (vgl. Jonas, S. 78 f.).

Die Herleitung eines passenden Nutzungskonzepts ist ein Resultat der vorher vollzogenen Analysen des Marktes und der Standortfaktoren. So schlagen sich oft übergeordnete Trends wie eine sich abzeichnende Reurbanisierung, der zunehmende E-Commerce oder der demographische Wandel auch immobilienwirtschaftlich nieder. So muss man sich bei der Entwicklung des Nutzungskonzeptes fragen, inwiefern eine Marktentwicklung oder ein aktueller Trend auf das gewählte Nutzungskonzept zutrifft oder man von übergeordneten Entwicklungen – sog. Megatrends – unter Umständen auch profitieren kann respektive diese gar ein gesondertes Risiko darstellen können. Ein gutes Beispiel hierfür ist der zwischenzeitliche Boom bei Studentenwohnungen, da in einigen Städten bezahlbarer kleiner Wohnraum fehlte. Die Tatsache, dass nun schon über Nachnutzungen dieser Wohnform nach den doppelten Abiturjahrgängen nachgedacht wird, zeigt eine möglicherweise eingeschränkte Anpassungsfähigkeit der Konzepte nach Veränderung des aktuellen Trends.

In der konkreteren Auseinandersetzung der Immobilie im Kontext ihres unmittelbaren (Mikro-)Umfeldes geht es vor allem um den Umgang mit und der Hervorhebung des bereits adressierten „Genius Loci", der die Grundlage für ein Nutzungskonzept bildet. Wie bereits angedeutet geht es dabei um die Definition eines dem Quartier eigenen Charakters und damit dessen besonderer Eigenschaften und Stärken. Der Blick ist dabei oftmals vergangenheitsbezogen, um damit zukünftige Entwicklungen in einen quartiersspezifischen Kontext zu setzen. Durch die Auseinandersetzung mit dem „Geist des Ortes" auf verschiedenen Ebenen – geschichtlicher, sozialer, wirtschaftlicher wie kultureller Sicht – gelingt es oft eine besondere Mobilisierung des Potentials zu erreichen, denn wenige Standorte haben die Größe und Durchschlagskraft das Standortumfeld zu prägen (vgl. Bone-Winkel/Orthmann/Schleich (2008), S. 120). Gleichsam kann es alternativ jedoch auch ratsam sein, möglicherweise vorhandene negative Konnotationen zu verändern und einem Standort eine neue, positive Prägung zu verleihen.

Inhaltlich sollte man immer wieder kritisch hinterfragen, was denn eigentlich das Produkt im Sinne des Kerns des Nutzungskonzepts ist bzw. welche Bedürfnisse es befriedigt. Dabei sollte ebenfalls nicht außer Acht gelassen werden, wie ein mögliches Nachnutzungskonzept aussehen könnte. Für künftige Veränderungen sollte eine Immobilie möglichst anpassungsfähig zu sein (Drittverwendungsfähigkeit). Nichtsdestotrotz muss anerkannt werden, dass man sich oftmals für bauliche oder gebäudestrukturelle Merkmale entscheiden muss, die wiederum andere Nachnutzungen schwierig bzw. unwirtschaftlich werden lassen. Gleichzeitig kann es gerade im Rahmen einer zielgruppenspezifischen Produktgestaltung hilfreich sein, durch eine klare Konzeption ein im jeweiligen relevanten Markt sehr wettbewerbsstarkes Produkt zu generieren. Dazu müssen jedoch die Bedürfnisse, die mit dem Nutzungskonzept bedient werden sollen, klar herausgearbeitet werden, um zu wissen, welche Kunden auf Nutzerseite man damit ansprechen möchte und vor allem wie man sie am besten erreicht.

Die Wettbewerbsanalyse hat gezeigt, dass es von immenser Bedeutung ist, sich zu fragen, wer die eigenen Wettbewerber sind und was das eigene Konzept besser kann – darin wiederum sollte der Kern der Kommunikation mit dem Markt liegen. Darüber hinaus muss man sich unter wirtschaftlichen Gesichtspunkten fragen, worin die Wertschöpfung in der Immobilie liegt, was für eine Zeitschiene man sich auferlegt und wie diese gehalten werden kann sowie wie ein möglicher Verkauf – möglicherweise nach einer längeren Haltedauer – ausgehen soll.

Hat man sich diese Gedanken zum eigenen Objekt und zu den Wettbewerbsobjekten gemacht, ist es schließlich noch entscheidend zu untersuchen, wie risikoanfällig das eigene Nutzungskonzept hinsichtlich des Zeitplans oder der Änderung relevanter Parameter ist. So können Projekte mit einem erstrebenswerten Stabilisierungszustand maßgebliche Risiken im Zuge ihrer Entwicklung innehaben, sodass es stellenweise sinnvoller sein kann, ein zunächst weniger attraktives, dafür in der Gesamtentwicklung risikoärmeres Konzept zu verfolgen (vgl. Feldmann, S. 300).

Wenn die konkrete Auseinandersetzung mit dem Nutzungskonzept vor allem bei Ankauf oder der Revitalisierung/Neupositionierung von Immobilien eine Rolle spielt, dominieren bei Bestandsimmobilien **Mietanalysen bzw. finanzielle Due Diligence**. Darin werden Mieterbonität, Branchenmix und Vertragsinhalte (Laufzeiten, Regelungen zur Nebenkostenumlage, Wertsicherung und Optionsrechte) untersucht. Neben der Benennung von offenen Mieten oder dem Verhältnis zur derzeitigen Marktmiete werden diese Informationen zur Schätzung der Cash Flows herangezogen. Bei leerstehenden Flächen ist zu überlegen, welche Mietergruppen und -typen zu welchen Konditionen für die einzelnen Flächen in Frage kommen. Die relative Bedeutung der existierenden Mietverhältnisse nimmt offensichtlich mit der Länge der noch verbleibenden Vertragslaufzeit zu, da die Mietwertentwicklung dadurch stark vorbestimmt wird (vgl. Isenhöfer/Väth/Hofmann, S. 396). In dieser Schätzung der Cash Flows finden natürlich auf der Kostenseite noch die (nicht umlegbaren) Nebenkosten und Instandhaltungskosten sowie weitere Bewirtschaftungskosten Berücksichtigung (vgl. Bock, S. 216). So werden einerseits die Gesamtkosten des Mieters ermittelt und vergleichbar, um eventuelle Optimierungspotentiale im Betrieb der Immobilie zu identifizieren, und andererseits zu verdeutlichen, welche Kosten der Eigentümer noch vom Jahresrohertrag abziehen muss, um die tatsächliche Ertragskraft (= den Reinertrag) einer Immobilie zu bemessen. Weitere Aspekte im Hinblick auf Flächeneffizienz – bspw. unverhältnismäßig dimensionierte Allgemeinflächen im Verhältnis zu den von Mietern exklusiv genutzten Mietflächen – schließen die wirtschaftliche Due Diligence ab.

1.3.2.2 Rechtliche Analyse

Die rechtliche Analyse von Immobilien bezieht sich vor allem auf die Frage, wer welche Art von Verfügungsrechten hat. Es ergeben sich bedingt durch die privatrechtliche sowie öffentliche-rechtliche Natur der Immobilie unterschiedliche Bereiche, in denen unterschiedliche Akteure Verfügungsrechte an der Immobilie haben können.

Übergeordnet und daher recht abstrakt beginnt es mit dem allgemeinen Städtebaurecht bspw. durch die Bauleitplanung, die als vorwiegendes Instrument über Flächennutzungspläne als vorbereitende Bauleitplanung und Bebauungspläne als verbindliche Bauleitplanung die raumordnerische Gestaltungshoheit wahrnimmt. Damit wird der Handlungsrahmen der immobilienwirtschaftlichen Aktivitäten gesetzt, der nicht nur von oben vorgegeben wird, sondern auch im Rahmen privatwirtschaftlicher Bemühungen initiiert werden kann. Im besonderen Städtebaurecht sind u. a. städtebauliche Sanierungs- und Entwicklungsmaßnahmen sowie Erhaltungssatzungen zu nennen, durch die Verfügungsrechte einzelner Akteure auf Ebene der Immobilie beschränkt werden können (vgl. Söfker, S. XXXVI–XLVI). In der Praxis der Entwicklung von Handelsimmobilien relevant sind die Ausgestaltung sog. SO-Gebiete für großflächigen Einzelhandel, die bspw. mit gewissen Sortimentsbeschränkungen belegt sein können. Zudem sind die Vorgaben aus dem Bebauungsplan und eventuelle Änderungsbestrebungen seitens der Verwaltung oder Stadt für die aktuelle wie künftige Verwendung der Immobilie und Ausnutzung von Potenzialen bspw. im Rahmen der innerstädtischen Nachverdichtung wesentlich. Besondere Bedeutung erhalten in diesem Zusammenhang von den Gemeinden beschlossene städtebauliche Entwicklungskonzepte.

Die rechtliche Analyse der relevanten Informationen beginnt auf der nächsten Ebene meist beim Grundstück auf Basis der Eintragungen im Grundbuch und Baulastenverzeichnis. Im Grundbuch werden in den einzelnen Abteilungen die Eigentumsverhältnisse, die Lasten und Beschränkungen bspw. in Form von Dienstbarkeiten oder Verfügungsbeschränkungen sowie die Grundpfandrechte (Hypotheken und Grundschulden) an dem Grundstück festgehalten. Über das Grundbuch hinaus gibt es auf Ebene des Grundstücks noch öffentliche-rechtliche Verpflichtungen mittels einer Baulast rechtlich zu prüfen. Dieses öffentlich-rechtliche Verfügungsrecht gegenüber der Baubehörde verpflichtet einen Grundstückseigentümer bestimmte Dinge zu tun, nicht zu tun oder zu dulden.

Wenn man eine Ebene weiter sich nun mit dem vorhandenen Gebäude beschäftigt, erstreckt sich die rechtliche Prüfung zunächst mit der Baugenehmigung sowie der (Um-)Nutzungs-genehmigung. Diese Prüfung umfasst sowohl formalrechtliche Aspekte der Genehmigungen wie auch einen Abgleich zwischen Genehmigung und IST-Zustand des Gebäudes. In der Schnittmenge zwischen rechtlichen und technischen Themen finden sich zudem einige Einschränkungen der Nutzung des Gebäudes wie Regelungen zum Brandschutz oder Auflagen aus der Energieeinsparverordnung (EnEV), ggf. ist an manchen Stellen zu prüfen, ob es Erleichterungen von bestimmten Vorschriften neueren Datums durch den Bestandschutz von Regelungen bei genehmigter Ausführung zum Errichtungszeitpunkt gibt. Zudem sind weitere wesentliche Vertragsverhältnisse zu prüfen: Bauverträge, Architekten- und Ingenieurverträge. So ist bspw. die Erfüllung der Bau- und Baudienstleistungsverträgen oder der Architekten- und Ingenieursverträge in ausführungstechnischer wie finanzieller Dimension zu prüfen. Die Leistung muss mit der Baubeschreibung übereinstimmen, die notwendigen Bescheinigungen (bspw. Versicherung, Erfüllung arbeitsrechtlicher Vorschriften) sowie die Gewährleistungsbürgschaften und (Abnahme-) Protokolle sollten vorliegen. Auch bei Architekten und Ingenieuren muss überprüft werden, ob die vertraglich geregelte Leistung und Zahlung erfolgt ist und ob Fristen und andere Verpflichtungen eingehalten wurden (vgl. dazu auch Arndt, S. 35 f.).

Auf der Ebene des Gebäudes sind über die bauliche Komponente hinaus, noch rechtliche Aspekte der Nutzung des Gebäudes also der Miet- und Pachtverhältnisse sowie über Aspekte des Betriebs also die Dienstleistungs- und Versorgungsverträge zu prüfen. Die Werthaltigkeit von Mietverträgen ist bei der wirtschaftlichen Beurteilung der wohl ausschlaggebende Aspekt und somit zwingend ein Hauptteil der juristischen Prüfung vor allem hinsichtlich Schriftform, Miethöhe, Regelungen zur Übernahme von Nebenkosten, Indexierung, Mietvertragslaufzeit. Andere Regelungen werden zudem rechtlich bewertet, da sie vor allem wirtschaftliche Auswirkungen haben bspw. Regelungen zu Instandhaltung und Instandsetzung bei gewerblichen Mietverträgen oder Sonderkündigungsrechte (vgl. dazu auch Bock, S. 215 f.). Bei der rechtlichen Überprüfung der Dienstleistungs- und Versorgungsverträge wie Wartung, Inspektion, Hausmeister, Verwaltung, Versicherungen oder Versorgung mit Strom, Wasser und Wärme sind vor allem die Leistungserbringung, der Umfang der Leistungen, Vergütung, Laufzeiten, Kündigungsmöglichkeiten und weitere vertragliche Bedingungen zu betrachten. Bei diesen Verträgen bietet es sich an, nach Vergleichen am Markt ggf. neue Verträge abzuschließen (vgl. Arndt, S. 38). Jedoch können auch längerfristige Verträge – bspw. Contracting-Verträge – vereinbart sein, aus denen man nicht kurzfristig aussteigen kann, und daher einer genauen Prüfung bedürfen.

1.3.2.3 Technische Analyse

Die Analyse der technischen Aspekte einer Due Diligence beschäftigt sich mit der Funktion und Nutzbarkeit von Grund und Boden sowie Gebäude. Die technische Analyse lässt sich unterteilen in eine Untersuchung formaler Gesichtspunkte, physischer bzw. faktischer Gesichtspunkte und Gesichtspunkte hinsichtlich des technischen Managements bei Bestandimmobilien (Facility Management). Parallel dazu erfolgt die umwelttechnische Due Diligence (vgl. Arndt, S. 40).

Bei der technischen Untersuchung der formalen und faktischen Aspekte ergeben sich aus der Natur der Dinge einige Überschneidungen mit der rechtlichen Analyse bspw. hinsichtlich der Baugenehmigung oder Erschließungsmöglichkeiten (vgl. Bock, S. 217). Diese Schnittstellen müssen in der Bearbeitung übergreifend betrachtet werden, da ansonsten wesentliche Aspekte nicht ausreichend untersucht werden. So geht es aufgrund der steigenden Regularien oftmals darum spezifische Mängel bspw. in der Energieeffizienz, der Statik oder beim Stand der Wartung und Prüfung der technischen Anlagen zu identifizieren. Wie beschrieben, sind die einzelnen Due Diligence Bestandteile miteinander verwoben, so ergeben sich aus Ergebnissen der technischen Analyse meist direkte Einflüsse auf die Commercial Due Diligence respektive das Nutzungskonzept. So bestimmen bei einem unbebauten Grundstück bspw. Lage, Größe und Zuschnitt eines Grundstücks sowie eventuelle Eintragungen im Altlastenkataster dessen Nutzungspotenzial bzw. ein mögliches Sanierungserfordernis. Bei einer Bestandsimmobilie werden die Auswirkungen von technischen Aspekten ergänzt durch bspw. Deckentraglasten, Stützen, Raster, Fassadenqualität, der Qualität und Ergänzbarkeit der bestehenden Technik, Deckenhöhen oder Gebäudetiefen sowie möglichen Gebäudeschadstoffen (vgl. Jonas, S. 80–85).

In der formalen Analyse werden im Wesentlichen Dokumente gesichtet und im Hinblick auf die aktuelle und eine mögliche zukünftige Nutzung bewertet. Dies umfasst Unterlagen aus der Planung (Baugenehmigung, Baupläne, statische Unterlagen oder Flächenberechnungen) bis hin zu Unterlagen aus der Nutzung der Immobilie (Inspektionen, Wartungen oder Instandhaltungsnachweise, ggf. Umplanungen oder Umnutzungsgenehmigungen). Besonderes Augenmerk verdienen dabei die Erfüllungen eventuell in Genehmigungen oder bei Abnahmen gestellter Bedingungen, die Beseitigung von Mängeln, die Nachverfolgung und Einhaltung der Gewährleistungen bspw. durch Begehungen und vor allem die Konsequenzen einer Änderung bzw. Anpassung der bestehenden Nutzung. So kann bspw. im Einzelhandel eine Änderung bei den zu erbringenden Stellplätzen im Rahmen des Stellplatznachweises zu einer Einschränkung führen, wenn entsprechende Flächen nicht verfügbar sind.

In der physischen bzw. faktischen Analyse der Immobilie beschäftigt man sich mit den Gegebenheiten vor Ort. Diese beziehen sich bspw. auf die tatsächliche Umsetzung der Genehmigungen, des aktuellen technischen Zustands des Gebäude sowie der technischen Gebäudeausstattung, Mängeln an der Bausubstanz, Qualität der verwandten Baumaterialien, ggf. vorhandenen Instandhaltungsrückstau sowie einer Flexibilität der Nutzung in der baulichen Ausgestaltung. In den Begehungen vor Ort finden sich meist zusätzliche Hinweise, die eine Analyse der technischen Unterlagen ergänzen, wie u. a. die Qualität der Ausführungen oder der allgemeine Zustand des Gebäudes. Zudem bieten diese Begehungen Gelegenheit mehr von den Nutzern über ihre Zufriedenheit mit der Immobilie zu erfahren.

Ein weiterer Untersuchungsaspekt, dem im Zuge höherer Ansprüche an Gebäude und einer Zunahme an Gebäudetechnik in den Immobilien eine wachsende Aufmerksamkeit zuteilwerden wird, besteht in der Analyse des Facility Managements und damit der operativen Umsetzung des Betriebs der Immobilie im Hinblick auf Organisationsstruktur, Betriebsablauf, Einbindung von Subunternehmern bspw. im Energiemanagement, Dokumentation der Maßnahmen sowie der Effektivität der aktuellen Bewirtschaftung. Die Analyse des Facility Management bedient sich ebenso formaler wie faktischer Gesichtspunkte und ist mit der Analyse des Gebäudes unmittelbar als Betriebsbaustein verbunden (vgl. Arndt, S. 39–47).

Die umwelttechnische Due Diligence analysiert hauptsächlich die Risiken, die sich aus Altlasten im Boden oder in den Gebäuden auf künftige Nutzungen auswirken können. Die zunehmende Auseinandersetzung mit dem Bestand sowie das höhere Bewusstsein über Gebäudeschadstoffe und deren potentieller Entsorgung haben diesen Aspekt der Due Diligence in den letzten Jahren bedeutsamer werden lassen. Vor allem in der Nachnutzung von innerstädtischen, ehemals industriell genutzten Flächen können sich Verunreinigungen im Boden finden, für die der Eigentümer als Nachfolger des möglichen Verursachers die Verantwortung dann mitträgt. Die Komplexität liegt dann darin, dass mögliche Schäden bspw. im Boden oder im Grundwasser, die von diesem Grundstück ausgehen im Vorhinein oft schwer zu beziffern sind. Allerdings schließen manche Vornutzungen gewisse sensible Nachnutzungen wie Wohnen meist aus (vgl. Bock, S. 217).

Diese Analyse bedient sich wie die technische Due Diligence einer formalen Analyse und einer faktischen Analyse. Im formalen Teil werden Gesetze, Verordnungen, das Altlastenkataster, besondere Genehmigungen sowie eventueller Schriftverkehr mit den Behörden ausgewertet. Bei der Inaugenscheinnahme vor Ort können die Gegebenheiten vor Ort besichtigt und durch Messungen oder Verprobungen des Grundstücks, der Gebäudesubstanz und der Raumluft überprüft werden. Darüber hinaus dient die umwelttechnische Analyse Beeinflussungen des Gebäudes im Hinblick auf Ressourcen- und Energieverbrauch sowie Emissionen zu untersuchen (vgl. Arndt, S. 48 f.). Dieser Aspekt gewinnt im Zuge der steigenden Energiepreise und der daraus resultierenden Nachfrage nach energetischen Klassifizierungen und Zertifikaten an Bedeutung, vor allem im Zuge einer Vermarktung der Immobilie.

1.3.3 Wirtschaftlichkeitsanalysen

Im Folgenden werden die folgenden wirtschaftlichen Analysen zur Bewertung, zur Finanzierung, zur Investition und zur Machbarkeit lediglich kurz zusammengefasst vorgestellt, da sie in den weiteren Kapiteln vertieft werden. Entscheidend ist in diesem Zusammenhang zu verstehen, dass die beschriebenen Analyseschritte und -methoden fundamental sind, um belastbare Informationen als Input einer

Bewertungs-, Finanzierungs-, Machbarkeits- oder Investitionsanalyse zur Verfügung zu haben. Folglich wird an dieser Stelle nur ein Überblick zu diesen Analyseverfahren gegeben.

1.3.3.1 Bewertungsanalysen

Bewertungsanalysen dienen der objektiven Ermittlung des Verkehrswertes mittels normierter und/oder nicht-normierter Bewertungsverfahren und stellen insofern die Aufbereitung von zugrundeliegenden Analysen zum Zwecke der Wertermittlung dar. So ist zum Beispiel die Ableitung von Vergleichswerten oder die Ermittlung des Bodenwertes im Rahmen des Ertragswertverfahrens nur auf Grundlage detaillierter Standort- und Marktanalysedaten möglich. Andererseits ist zum Beispiel eine (technische) Objektanalyse wesentlicher Bestandteil des Sachwertverfahrens (vgl. dazu ausführlich Kapitel E.2: Immobilienbewertung).

1.3.3.2 Finanzierungsanalysen

Die **Finanzierungsanalysen** sind in erster Linie auf die Ermittlung des Beleihungswertes und weiterer Kennzahlen („Covenants“) ausgerichtet, die sich primär aus der Bonität des Investors sowie dem erwarteten Risikoprofil der zu finanzierenden Immobilien ergeben. Während früher im Rahmen der Immobilienfinanzierung die Prüfung des Kreditnehmers im Vordergrund stand, sind heutzutage in immer höherem Maße qualifizierte und detaillierte Prüfungen der Immobilien erforderlich. Dies gilt insbesondere bei der Finanzierung von Managementimmobilien oder von Projektentwicklungen (vgl. dazu ausführlich Kapitel E.3: Immobilienfinanzierung).

1.3.3.3 Investitionsanalysen

Die Erstellung von **Investitionsanalysen** dient der qualitativen und quantitativen Beurteilung von Immobilieninvestitionen. Die qualitative Analyse umfasst alle originären Untersuchungen, d. h. Standort-, Markt-, Objekt- und Mietanalysen und stellt gewissermaßen eine „Vorselektion“ dar. Darauf aufbauend werden im Zuge der quantitativen Analysen die individuellen Rendite-, Risiko- und Fungibilitätsaspekte der Immobilie beurteilt, die wichtige Eingangsgrößen der Investitionsrechnung darstellen. Deren Aufgabe liegt in der Feststellung der voraussichtlich erzielbaren Rendite bzw. der Bestimmung des vertretbaren Kaufpreises mittels dynamischer und statischer Methoden der Investitionsrechnung (vgl. dazu ausführlich Kapitel E.4: Immobilieninvestition).

1.3.3.4 Machbarkeitsanalysen

Eine **Machbarkeitsstudie** dient als Konzeptions- und Entscheidungsgrundlage bei Projektentwicklungen. Zu diesem Zweck werden Projektkonzeptionen erstellt und anschließend im Hinblick auf ihre wirtschaftliche Tragfähigkeit überprüft. Bei der Erstellung für Eigennutzer sind die Rahmenbedingungen relativ konkret, während bei spekulativen Developments die Entwicklung einer Nutzungskonzeption die anspruchsvollste Aufgabe darstellt. Leitgedanke ist hier die optimale Zusammenführung von Lage, Nutzung und Timing. Die entsprechende Konzeption wird im angelsächsischen Raum als „highest and best use“ bezeichnet und soll den Bodenwert als Residualgröße maximieren. Auf Basis von Standort-, Markt- und eventueller Gebäudeanalysen werden die spezifischen Stärken, Schwächen, Chancen und Risiken einer Immobilie mit dem Ziel untersucht, die wirtschaftlich optimale Nutzungsvariante zu erarbeiten (vgl. dazu ausführlich Kapitel D.1: Projektentwicklung).

1.4 Geographische Informationssysteme (GIS) als ein Instrument zur Operationalisierung von Immobilienanalysen

Immobilien sind, wie die Nomenklatur unmissverständlich klarstellt, ortsgebunden und somit untrennbar mit ihrem umgebenden Raum verbunden. Den Standort beschreibenden bzw. charakterisierenden Umfeldanalysen – Standort-, Markt- und Konkurrenzanalyse – kommt folglich innerhalb der Immobilienanalyse eine entscheidende Bedeutung zu. Gerade auch weil die Wirtschaftlichkeitsanalyse auf den Ergebnissen der Umfeldanalyse beruht. Nicht nur die inhaltlichen Überlegungen in Abschnitt E.1.3, sondern auch die methodischen Überlegungen auf Basis des Analyseprozesses in Abschnitt E.1.2 – vor allem die Abgrenzung des Immobilienmarktes sowie die grafische Darstellung dieser Ergebnisse – verdeutlichen darüber hinaus die Bedeutung der Lage im Raum für eine Immobilie sowie die Notwendigkeit im Rahmen eines professionellen Immobilienmanagements ein Analysetool zur Verfügung zu haben, welches beide Dimensionen – Attributdaten in Form von Tabellen sowie den Raum beschreibende Geometriedaten in Form von Punkten, Linien, Polygonen oder Bildern – verarbeiten kann. Eben diese Fähigkeit ist die zentrale Eigenschaft von **Geographischen Informationssystemen (GIS)**, welche es als zentrales Analysetool der Immobilienanalyse im Folgenden zu beleuchten gilt.

Unter Berücksichtigung der Bedeutung von GI-Systemen für die Immobilienanalyse ist es das Ziel dieses Abschnitts, eine kurze Übersicht zu geben,
- was GI-Systeme auszeichnet und wie sie abgegrenzt werden können,
- welche Anwendungsmöglichkeiten es hierfür innerhalb der Immobilienanalyse gibt
- und welche Vorteile der Einsatz von GI-Systemen aus strategischer sowie operativer Sicht mit sich bringt bzw. welche Grenzen GIS-Analysen gesetzt sind.

1.4.1 Definition eines GIS

Im Mittelpunkt eines GIS steht der Raumbezug von Daten, wobei unter GIS kein spezielles Anwenderprogramm, wie es bspw. Microsoft Office mit seinen Ausprägungen darstellt, zu verstehen ist, sondern ein Sammelbegriff für spezielle EDV-Systeme. Diese EDV-Systeme zeichnen sich vor allem durch die Fähigkeit aus, Daten unter Berücksichtigung ihres Raumbezugs zu erfassen (E), zu verwalten (V), zu analysieren (A) und zu präsentieren (P). Entsprechend dieser vier grundlegenden Funktionalitäten gilt es, im Hinblick auf die praktische Anwendung eines GIS die in Abbildung 13 skizzierten Fragestellungen zu beachten, welche einerseits die Datenoperabilität – Erfassen und Verwalten – und andererseits den analytischen sowie visuellen Mehrwert – Analyse und Präsentation – betreffen.

Um diesen Vorteil des Raumbezugs nutzen zu können, ist es entscheidend, dass für den jeweils fokussierten Untersuchungsraum Geodaten, also Daten mit Information zu Geometrie, Topologie, Sachdaten und einmaliger Schlüsselnummer zur Verfügung stehen. Dieser Raumbezug lässt sich einerseits mittels Vektor- und andererseits mittels Rasterdaten abbilden. Während Vektordaten, wie aus der Mathematik bekannt ist, mindestens über X- und Y-Koordinaten verortet sind, bildet ein Gitter mit Zellen die Grundlage für die Rasterdarstellung mit Raumbezug.

Die topologischen Beziehungen werden im Rasterverfahren mit Hilfe von Pixel über Flächen abgebildet, wohingegen im Vektorverfahren die Grundelemente Punkt, Linie und Polygon eine modellhafte Wiedergabe der Realität ermöglichen (vgl. Abbildung 14).

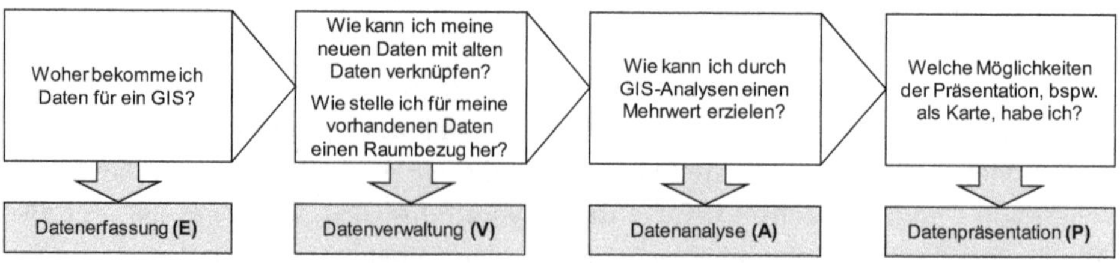

Abb. 13: Grundlegende Fragestellungen und Funktionen eines GIS (EVAP-Modell) (Quelle: Segerer, S. 8)

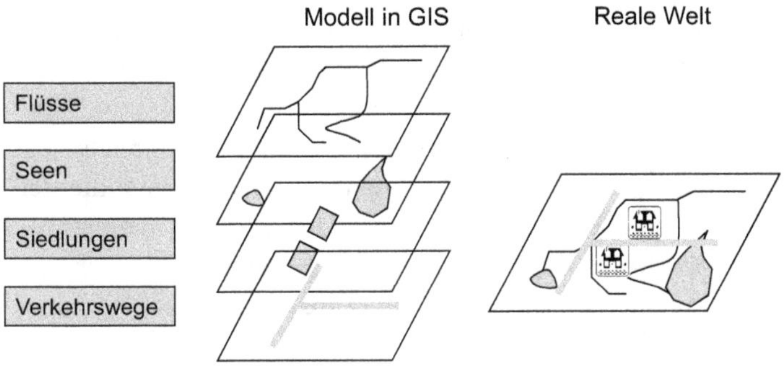

Abb. 14: Modellierung in einem GIS nach dem Ebenenprinzip (Quelle: Eigene Bearbeitung nach Bill, S. 15; De Lange, S. 335 in Segerer, S. 27)

An dieser Stelle ist zu betonen dass Software-Produkte, welche oftmals als GIS bekannt sind, z. B. *Google Earth* oder *Microsoft Map Point*, im Hinblick auf das gesamte EVAP-Spektrum – vor allem die Datenanalyse – nur bedingt den Anforderungen eines vollwertigen GIS entsprechen. Insgesamt ist es die Aufgabe eines GIS, räumliche Daten nicht nur abzubilden und qualitativ-visuelle Analysen zuzulassen, sondern vor allem auf Basis prozessorientierter räumlicher Analysen Zusammenhänge zu quantifizieren, welche bis dato auf Basis der Analyse von Sachdaten in Tabellenform nicht erkennbar waren.

1.4.2 Anwendungsmöglichkeiten eines GIS in der Immobilienanalyse

Die Vorteile von GI-Systemen kommen vor allem bei der immobilienwirtschaftlichen **Umfeldanalyse** zum Tragen, jedoch können sie – und das sei nochmals betont – in keinster Weise die Analyse vor Ort, vor allem die Charakterisierung des „Genius Loci", ersetzen. Gleichwohl repräsentieren GI-Systeme ein für immobilienwirtschaftliche Umfeldanalysen unersetzbares Tool für das Datenmanagement, die -analyse und die -präsentation.

Im Hinblick auf das **Datenmanagement** (Erfassung und Verwaltung) ist es insbesondere die Gegebenheit, dass Geodaten sowohl Informationen in Form der Geometrie als auch der Attributdaten bereitstellen.

Während vielerorts Projektenwickler und institutionelle Investoren auf Basis von *Excel*-Tabellen und *Google-Maps* ihre Daten in separaten Dateien vorhalten und somit jede Änderung „doppelt" durchführen müssen, ermöglicht GIS beide Informationen simultan zu bearbeiten. Gleichzeitig sind die Erfassung und die Verwaltung von Umfeldinformationen durch den Siegeszug des Smartphone und der damit verbundenen GPS-basierten Lokalisierung von Standorten einfach durchzuführen, da die bis dato aufwendige (analoge) Georeferenzierung von Daten vereinfacht wird. So kann z. B. in den meisten gängigen GIS-Anwendungen das für Geometrien in *Google-Earth* verwendete „.xml"-Format verarbeitet werden. Für die Markt-, Standort- und Konkurrenzanalyse gilt es, insbesondere die in Tabelle 5 zusammengefassten (Geo)Daten, welche zusätzlich nach den wichtigsten sektoralen Immobilienteilmärkten – Büro, Einzelhandel und Wohnen – unterschieden werden, in einem GIS verfügbar zu machen. Diese sind als Basis für eine anspruchsvolle und technisch zeitgemäße Analyse des Immobilienmarktes und -standortes anzusehen. Im Einzelnen tragen diese Geodaten dazu bei,

- eine für den Standort charakteristische Nutzung zu identifizieren sowie Immobilienteilmärkte räumlich abzugrenzen (Standort- und Marktsegmentierung),
- den Makro- und den Mikrostandort im Hinblick auf verschiedene Nutzungsarten zu bewerten,
- eine quantitative Marktanalyse durchzuführen,
- Wettbewerbseffekte abzuschätzen,
- sowie final einen marktnahen Mietpreis abzuleiten.

Analog zu jeder anderen Datenbank ist die Dateneingabe und -verwaltung „nur" die Basisfunktion. Der wirkliche Mehrwert ergibt sich dagegen aus der **Analysefunktion,** welche für konventionelle Datenbanken, z. B. durch Aggregation oder Attribut-Selektionen (meist SQL basiert), die Generierung neuer Daten(Teil)mengen zulässt. Diese attributbasierte Selektion, also i. d. R. auf Basis von metrischen Werten einer Tabelle, wird innerhalb GI-Systemen um räumliche Analysefunktionen ergänzt, welche sich wie folgt gliedern lassen (vgl. Bill, S. 89 ff.; De Lange, S. 341 ff.; Landis, S. 12 f.; Longley & al., S. 305 ff.):

- „klassische" räumliche Analysefunktionen: Anhand der Geometrie von Objekten können luftlinienbasierte Einzugsbereiche (Buffer), Überschneidungen oder auch Selektionen alleine auf Basis des Raumbezugs generiert werden.
- Netzwerkanalyse: Insbesondere die Abbildung der ökonomischen Distanz (Fahrzeit) der Nachfrager zu einem Immobilienstandort ist oftmals die entscheidende Determinante zur Ableitung einer konkreten Nutzungsart. In diesem Zusammenhang werden Straßen- oder ÖPNV-Netzwerke, welche aus der Abfrage eines Navigationssystems bzw. ÖPNV-Auskunftssystem bekannt sind, für analytische Zwecke – z. B. zur Generierung eines Einzugsbereiches – genutzt.
- Oberflächenanalyse und Simulationen: Unter Berücksichtigung der Oberflächenbeschaffenheit (3-D Information) ist es möglich, Eignungsuntersuchungen vorzunehmen. Gleichzeitig lassen sich auf Basis eines Geländemodells Simulationen, z. B. zur Sichtbarkeit einer Immobilie, durchführen.

Tab. 5: Übersicht des Einsatzes von GI-Systemen innerhalb der Immobilienalayse (Quelle: Eigene Recherche)

Umfeldanalyse	**Teilanalyse**	**Teilmarkt**	**Geodaten**		
			Geometrie	**Typ**	**(kostenpflichtige) Quelle**
Standortanalyse	Makrostandort	Büro Wohnen Einzelhandel	Gemeinden	(Polygon)	u. a. Landesvermessungsämter (amtlich), u. a. *GfK-Geomarketing*, *Infas* (kommerziell.)
			PLZ-Bereich	(Polygon)	u. a. *Deutsche Post*, *GfK*, *Infas* (kommerziell)
			Stadtteil	(Polygon)	u. a. Gemeinden (amtlich), *Infas* (kommerziell)
		nur Einzelhandel	Einzugsbereich (Polygon) auf Basis von Straßennetz	(Linie)	Straßennetz: *Navteq*, *TomTom* (kommerziell = inkl. Fahrzeiten) Openstreetmap (Opensource) Landesvermessungsämter (ohne Fahrzeit nur Metrik)
	Mikrostandort	Büro Wohnen	Darstellung wichtiger Points-of-Interest sowie Ermittlung der jeweiligen Distanzen: Erreichbarkeit einzelner Versorgungseinrichtungen, z. B. Nahversorgung, Gastronomie, Kindergärten, Schulen, Ärzte, ÖPNV-Anschluss	(Punkt)	Georeferenzierung von eigenen Erhebungen auf Basis von Desktop-Research: Bspw. *Google* oder *Bing Maps* (kostenpflichtig) sowie auf Basis analoger/digitaler Kartierungen vor Ort
		Einzelhandel	Ermittlung des Nachfragepotenzials am Mikrostandort: Disaggregation von Einwohnerdaten auf quadratische Polygone (z. B. 500 m × 500 m)	(Polygon)	Disaggregation (Polygon): siehe Quellen Makrostandort, *GfK-Geomarketing (kostenpflichtig)*

Tab. 5: (fortgesetzt)

Umfeld-analyse	**Teil-analyse**	**Teilmarkt**	**Geodaten**		
			Geometrie	**Typ**	**(kostenpflichtige) Quelle**
			Ermittlung des Nachfragepotenzials am Mikrostandort: Einwohner und deren soziodemographische Merkmale im Nah-Einzugsbereich auf Straßenabschnitts- oder Baublockebene	(Punkt)	Punkt: *Infas*
Marktanalyse	Quantitative Marktanalyse	Büro Wohnen Einzelhandel (primäres Handelsnetz)	Abgrenzung des relevanten räumlichen Immobilienmarktes auf Basis der Visualisierung relevanter Informationen aus der Standortanalyse und Visualisierung relevanter Marktmieten	(Linie, Polygon und Punkt)	Siehe Quellen aus Makro- und Mikrostandort sowie Georeferenzierung u. a. der Informationen aus Maklerberichten und Web-Portalen (u. a. *Immobilienscout24*, *Immo.net*)
Wettbewerbsanalyse	Quantitative Wettbewerbsanalyse	Einzelhandel (sekundäres Handelsnetz)	Ermittlung des Nachfragepotenzials im Einzugsbereich (siehe Makro- und Mikrostandort) sowie Georeferenzierung konkurrierender Betriebe auf Basis von Adressdaten. Unter Anwendung der Methoden distanzbasierter Umsatzpotenzialermittlung, u. a. Analogmethode und Huff-Modell, Ableitung eines Mietpreises auf Basis eines linearen Mietanteils.	(Punkt)	Nachfrage: Siehe Makro- und Mikrostandort Angebot: Georeferenzierung von Daten aus *TradeDimension* (Information u. a. zu Anbieter, Verkaufsfläche und Umsatzpotenzial von Lebensmittel- und Drogeriemärkten) *Acxiom* bietet Informationen zu Betreiber und Standort insbesondere filialisierter Betriebe Stadtentwicklungs- bzw. Einzelhandelskonzepte der jeweiligen Kommunen
		Büro Wohnen	Darstellung wichtiger Konkurrenten sowie Ermittlung der jeweiligen Distanzen	(Punkt)	Georeferenzierung von Maklerberichten, Berichten der Fach- bzw. Tagespresse und eigener Recherche vor Ort

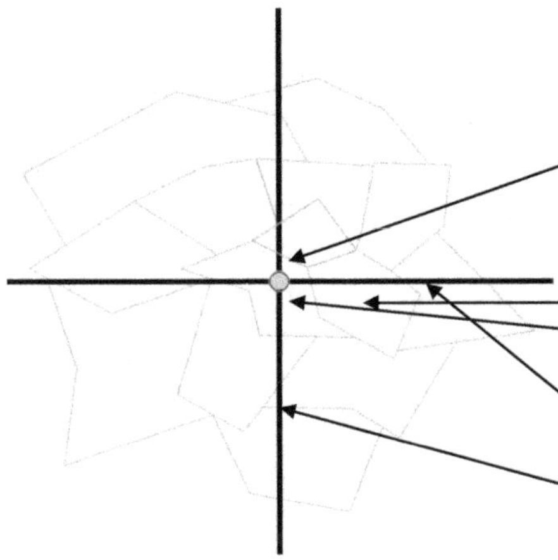

Wo befindet sich der immobilienstandort?

ID	Name	Verkaufsfläche in m²
1	Immobilienstandort	900

Wo befinden sich die potenziellen Kunden?

ID	Name	Einwohner
1	A-Teil	570
2	B-Teil	1.260

Wo befinden sich Verkehrsachsen?

ID	Name	Fahrzeit in Min
1	Straßenstück A	5
2	Straßenstück B	5

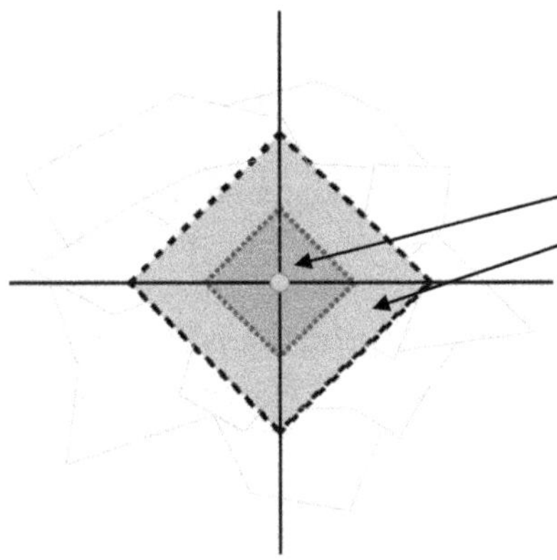

Wo liegt folglich der Einzugsbereich des Standortes?

ID	Name
1	Einzugsbereich 5 min
2	Einzugsbereich 10 min

Einzugsbereich 5 Minuten
Einzugsbereich 10 Minuten
Straße
Stadtteil
Immobilienstandort

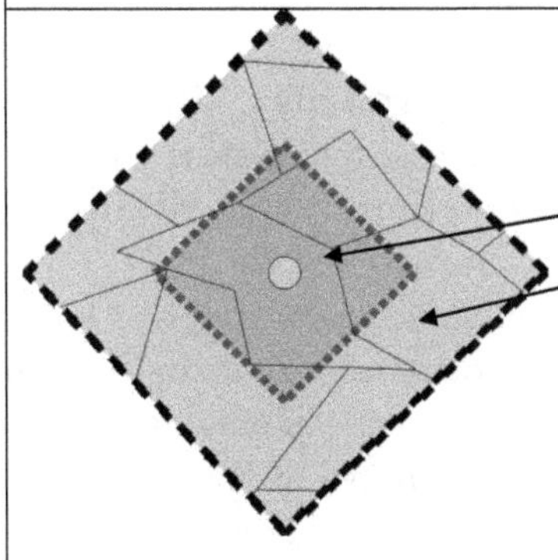

Wie viele Kunden befinden sich im Einzugsbereich?

ID	Name	Einwohner
1	Einzugsbereich 5 min	4130
2	Einzugsbereich 10 min	6820

Einzugsbereich 5 Minuten
Einzugsbereich 10 Minuten
Straße
Stadtteil
Immobilienstandort

Abb. 15: Beispiel für eine GIS-basierte Analyse von Immobilienstandorten (Quelle: Segerer, S. 29)

Zum besseren Verständnis des Zusammenspiels von Sachdaten und Geometrie sowie der prinzipiellen Funktionsweise räumlicher Analysefunktionen ist in Abbildung 15 ein – aus didaktischen Gründen vereinfachtes – Beispiel zur Analyse eines Immobilienstandortes im Hinblick auf sein Bevölkerungspotenzial innerhalb eines Einzugsbereiches von fünf bzw. zehn Fahrminuten dargestellt. An dieser Stelle zeigt sich, wie aus der Information zur Lage der relevanten Objekte im Raum – Fahrzeitentfernung der einzelnen Stadtviertel (mit Information zur Einwohnerzahl) zum Immobilienstandort – neue Informationen in Form des Bevölkerungspotenzials in bestimmten Fahrzeitradien geschaffen werden. D. h. auf Basis des Raumbezugs entstehen auch neue Sachdaten, wie an dieser Stelle die Information zur Einwohnerzahl im Einzugsbereich. Die Erreichbarkeit eines Immobilienstandortes ist z. B. nicht nur für die Einzelhandelsnutzung interessant, sondern auch für die Beurteilung der Güte eines Standortes für die Büronutzung – z. B. Erreichbarkeit einer Büroimmobilie in Minuten mit dem ÖPNV (vgl. Wöhrle, S. 18) – oder die Wohnnutzung – z. B. Erreichbarkeit wichtiger Nahversorgungseinrichtungen – von großer Bedeutung.

Aus wissenschaftlicher Perspektive stellen die raumbezogenen Analysen die „mächtigste" Funktion eines GIS dar. Für die Immobilienpraxis dagegen ist es entscheidend, diese anspruchsvollen Ergebnisse verständlich aufzubereiten, so dass die komplexen GIS-Analysen als unterstützende Grundlage von Unternehmensentscheidungen dienen können. In diesem Zusammenhang kommen die überzeugenden Argumente der **Präsentationsfunktion** eines GIS zum Tragen, indem die Ergebnisse mittels kartografischer Darstellung in ansprechender Form vermittelt werden. Vor allem als Teil eines Exposés von Immobilienobjekten – z. B. als Grundlage zur Kreditentscheidung oder des Immobilienmarketings – können Karten ihre Überzeugungskraft ausspielen.

1.4.3 Vorteilhaftigkeit eines GIS

GI-Systeme sind die Basis für die Schaffung eines **Wissensvorteils** in der Immobilienwirtschaft. Die Kombination von daten- und kartenbasierter Analyse ist überhaupt erst die Grundlage, um räumliche Strukturen zu erkennen. Dies ist entsprechend dem immer noch gültigen Credo in der Immobilienwirtschaft der „Lage, Lage, Lage" von fundamentaler Bedeutung. Denn gerade bei Standort-, Markt- und Wettbewerbsanalysen ist es von entscheidender Bedeutung, diese Lage zu quantifizieren und somit eine „neutrale" Beurteilungsgrundlage zu schaffen. Bei entsprechender Nutzung bietet dieses Instrument einen Wissensvorteil gegenüber Konkurrenten, da räumliche Merkmale sowohl in Form von Tabellen als auch in Form von Visualisierungen (Karten) quantifizierbar gemacht werden. Dies schafft zum einen die Grundlage für das Erkennen neuer (räumlicher) Zusammenhänge, zum anderen Effektivitätsgewinne im Zusammenspiel aus Analyse und Präsentation der Ergebnisse. **Roulac** fasst in diesem Zusammenhang die Vorteile eines GIS in vier Punkten zusammen: „[...] *Visual. Time. Content. Entertainment.* [...]“. GI-Systeme ermöglichen demnach, den Anforderungen unserer heutigen Gesellschaft entsprechend, Informationen – insbesondere in Form von Karten – visuell ansprechend und effizient zu präsentieren. Darüber hinaus wird die Informationsverarbeitung gegenüber herkömmlichen Methoden beschleunigt und führt zur Zeitersparnis, bei gleichzeitiger Erhöhung des Informationsgehaltes durch die beschriebenen räumlichen Aspekte der Daten. Nach **Schäfers** führt die Anwendung von GI-Systemen zu einer erhöhten Produktivität des Immobilienresearchs sowie zu einem Nutzenzuwachs in puncto strategischem und operativem Nutzen. Gleichwohl ist an dieser Stelle zu betonen, dass GI-Systeme zwar eine elementare und unverzichtbare Unterstützung des Immobilienresearchs darstellen, jedoch keinesfalls als einziges Steuerungs- oder Entscheidungsinstrument für Immobilieninvestments dienen können. Vielmehr dienen die Ergebnisse dazu, Entscheidungsalternativen möglichst objektiv zu bewerten. Gleichzeitig können GI-Systeme nicht die vor Ort Recherche ersetzen, vielmehr sind die via Desktop Research zusammengetragenen Informationen zusammen mit den vor Ort erhobenen Daten in einem GIS zusammenzuführen, um auf diese Weise eine möglichst breite Informationsgrundlage innerhalb einer „Software“ zu haben.

Die durch GI-Systeme erreichbare Zeitersparnis bei der Analyse von Sachverhalten stellt neben dem Wissens- auch einen **Kostenvorteil** dar. Grundsätzlich ist bei der Einführung eines GIS mit Kosten in den Bereichen Hardware, Software, Daten, Beratung und Schulung zu rechnen (vgl. Fuchs, S. 41), wobei die Datenbeschaffung den höchsten Kostenfaktor darstellt (vgl. Lother, S. 26; Fuchs, S. 41 f.). Die steigende Zahl an GIS-Anbietern führt jedoch dazu, dass die Kosten für die Beschaffung von Software und Geodaten kontinuierlich sinken. Die konkreten monetären Kosten der Einführung eines GIS sind ebenso schwer zu quantifizieren wie der konkrete monetäre Nutzen. Insbesondere die Vielschichtigkeit sowie die Berührungspunkte eines GIS, welche in einem wirtschaftlichen Wertschöpfungsprozess von der Planung bis hin zur nachträglichen Evaluation reichen, vergegenwärtigen das Problem einer eindeutigen Kosten-Nutzen Bewertung (vgl. Jaennicke, S. 50). Der Kostenvorteil von GI-Systemen ist vor allem in der Zeitersparnis für das Management und die Analyse räumlicher Information zu sehen, welche Personalkosten reduziert. Darüber hinaus ermöglicht ein GIS, visuell-räumliche Analyse-Zusammenhänge zu erkennen und somit bereits in der Planungsphase kostspielige Fehlinvestitionen zu verhindern.

1.5 Literatur

Alonso, W.: Standorttheorie, in: Barnbrock, J. (Hrsg.): Materialien zur Ökonomie der Stadtplanung, Braunschweig 1975, S. 15–44.

Arndt, J.-K.: Due Diligence Real Estate: Due Diligence als Analyseinstrument bei Immobilientransaktionen, Saarbrücken 2006.

Beyerle, T.: Immobilienresearch, Teil 1: Vom deskriptiven Erfahrungswissen zum analytischen Blick in die Zukunft, in Immobilien Zeitung, 4/2003, S. 11.

Bill, R.: Grundlagen der Geoinformationssysteme – Teil 1, 4. neu bearbeitete und erweiterte Auflage, Heidelberg 1999.

Bock, J.: Due Diligence bei der Akquisition von gewerblichen Immobilienprojekten, in: Schulte, K.-W./Bone-Winkel, S. (Hrsg.): Handbuch Immobilien-Projektentwicklung, 3. Aufl., Köln 2008, S. 209–233.

Bone-Winkel, S./Orthmann, A./Schleich, H.: Die Entwicklung einer Nutzungskonzeption als Grundstein der Projektentwicklung, in: Schulte, K.-W./Bone-Winkel, S. (Hrsg.): Handbuch Immobilien-Projektentwicklung, 3. Aufl., Köln 2008, S. 111–132.

Christaller, W.: Die zentralen Orte in Süddeutschland, Darmstadt 1968 (Original 1933).

Clapp, J. M./Messner, S. D.: Introduction: Applications of Urban Economics and Regional Science to Real Estate, in: Clapp, J. M./Messner, S. D. (Hrsg.): Real Estate Market Analysis – Methods and Applications, New York 1988.

Cortrie, S.: Weiche Standortfaktoren als Angelegenheit der kommunalen Wirtschaftsförderung, Hamburg 2009.

De Lange, N.: Geoinformatik in Theorie und Praxis, 2. aktualisierte und erweiterte Auflage, Berlin 2006.

Diller, C.: Weiche Standortfaktoren, in: Arbeitshefte des Instituts für Stadt- und Regionalplanung, Technische Universität Berlin 1991.

Ertle-Straub, S.: Standortanalyse für Büroimmobilien, in: Pelzl, W. (Hrsg.): Reihe Immobilienmanagement, Band 4, Diss., Norderstedt 2003.

Fanning, S. F./Grissom, T. V./Pearson, T. D.: Market Analysis for Valuation Appraisals, Chicago IL 1994.

Feldmann, P.: Die strategische Entwicklung neuer Stadtquartiere – unter besonderer Berücksichtigung innenstadtnaher oder innerstädtischer, brachgefallener Industrieareale, in: Schulte, K.-W./Bone-Winkel, S. (Hrsg.): Schriften zur Immobilienökonomie, Band 53, Köln 2009.

Freiling, J./Reckenfelderbäumer, M.: Markt und Unternehmung: Eine marktorientierte Einführung in die Betriebswirtschaftslehre, 3., überarb. und erw. Aufl., Wiesbaden 2010.

Fuchs, M.: Mit welchen Kosten ist bei der GIS-Einführung zu rechnen?, in Dittmann, A./Peinemann, K. (Hrsg.): Geographische Informationssysteme in der Regionalplanung, Hannover 2001, S. 40–48.

Gerstner, N.: Entscheidungsprozesse in Unternehmen bei der Anmietung von Büroimmobilien, in: Schulte, K.-W./Bone-Winkel, S. (Hrsg.): Schriften zur Immobilienökonomie, Band 46, Köln 2008.

Gesell, B.: „GIS ohne GIS" ist das Motto, in Geobit 12/2005, S. 13–15.

Grabow, B./Henckel, D./Hollbach-Grömig, B.: Weiche Standortfaktoren, in: Deutsches Institut für Urbanistik (Hrsg.): Schriften des Deutschen Instituts für Urbanistik, Band 89, Stuttgart/Berlin/Köln 1995.

Grabow, B.: Weiche Standortfaktoren in Theorie und Empirie – ein Überblick, in: Thießen, F. et al. (Hrsg.): Weiche Standortfaktoren: Erfolgsfaktoren regionaler Wirtschaftsentwicklung: Interdisziplinäre Beiträge zur regionalen Wirtschaftsforschung, Volkswirtschaftliche Schriften, Heft 541, Berlin 2005, S. 37–52.

Heuer, H.: Sozioökonomische Bestimmungsfaktoren der Stadtentwicklung, Stuttgart 1975.

Holz, I.-H.: Stadtentwicklungs- und Standorttheorien unter Einbeziehung des Immobilienmarktes, Diss., Mannheim 1994.

Hübler, K. H.: Funktionsräumliche Arbeitsteilung aus raumpolitischer Sicht, in: Beiträge der Akademie für Landesforschung und Raumplanung, Hannover 1981, S. 112–122.

Isenhöfer, B./Väth, A./Hofmann, P.: Immobilienanalyse, in: Schulte, K.-W. (Hrsg.): Immobilienökonomie, Bd. 1: Betriebswirtschaftliche Grundlagen, 4., überarb. Aufl., München/Wien 2008, S. 391–452.

Jaennicke, K.: Verfahren zur Berechnung der Wirtschaftlichkeit GIS-gestützter Prozesse, München 2008.

Jonas, S.: Projektentwicklung für leerstehende Büroimmobilien in Köln: Von der Leerstandsanalyse zum bewerteten Umnutzungs- und Entwurfskonzept einer ausgewählten Büroimmobilie, Hamburg 2012.

Klotz, R. et al.: Immobilien – Markt- und Objektrating: Ein praxiserprobtes System für die Immobilienanalyse, Köln 2004.

Landis, J.: An Overview of GIS Technology in Real Estate, in: Castle, Gilbert H. (Hrsg.): GIS in Real Estate – Integrating, Analyzing and Presenting Locational Information, Illinois 1998, S. 5–23.

Läpple, D.: Essay über den Raum, in: Häußermann, H. et al.: Stadt und Raum – Soziologische Analysen, Pfaffenweiler 1991, S. 157–207.

Leykam, M.: Sanierungsstau kostet Milliarden, in Immobilien Zeitung, 37/2011, S. 5.

Longley, R. et al.: Geographical Information Systems and Science, 2. Aufl., Chichester/Wiley 2005.

Lother, G.: Geo-Informationssysteme – Begriffe und Kategorien, in Geo-Informations-Systeme, 6/1999, S. 20–27.

Muncke, G./Dziomba, M./Walther, M.: Standort- und Marktanalysen in der Immobilienwirtschaft, in: Schulte, K.-W./Bone-Winkel, S. (Hrsg.): Handbuch Immobilien-Projektentwicklung, 3., Aufl., Köln 2008, S. 133–207.

Muncke, G./Schwarte, M./Walther, M.: Markt- und Standortanalyse, Teil 9 – Standortwahl für Büroprojekte: Aus dem Bauch heraus?, in Immobilien Zeitung, Nr. 3, 01.02.2001, S. 10.

Muncke, G.: Standort- und Marktanalyse in der Immobilienwirtschaft – Ziele, Gegenstand, methodische Grundlagen, Datenbasis und Informationslücken, in: Schulte, K.-W. (Hrsg.): Handbuch Immobilien-Projektentwicklung, Köln 1996, S. 101–164.

Niederdrenk, R./Müller, M.: Commercial Due Diligence: Die strategische Logik erfolgreicher Transaktionen, Weinheim 2012.

Ottmann, M./Lifka, S.: Methoden der Standortanalyse, Darmstadt 2010.

Porter, M. E.: The competitive advantage of nations, New York 1990.

Roulac, S. E.: Ohne Titel. In: Castle, Gilbert H. (Hrsg.): GIS in Real Estate – Integrating, Analyzing and Presenting Locational Information, Illinois 1998. S. 1–4.

Schäfers, N.: Der Einsatz geographischer Informationssysteme im Immobilienresearch, Diplomarbeit, Holzminden 2007.

Segerer, M.: Geographische Informationssysteme in der Immobilienwirtschaft – Praxiseinsatz und Konzeptionsmöglichkeiten, in: IREBS Beiträge zur Immobilienwirtschaft, Heft 1, Regensburg 2011.

Söfker, W.: Einführung, in: Baugesetzbuch, 45., Auflage, München 2014, S. IX-XLVII.

Spies, F. F.: Ökonometrische Modelle zur Prognose von Büromieten, in: Schulte, K.-W./Bone-Winkel, S. (Hrsg.): Schriften zur Immobilienökonomie, Band 56, Köln 2009.

Thießen, F.: Zum Geleit: Weiche Standortfaktoren – die fünf Sichtweisen, in: Thießen, F. et al. (Hrsg.): Weiche Standortfaktoren: Erfolgsfaktoren regionaler Wirtschaftsentwicklung: Interdisziplinäre Beiträge zur regionalen Wirtschaftsforschung, Volkswirtschaftliche Schriften, Heft 541, Berlin 2005, S. 9–34.

Thünen, J. H.: Der isolierte Staat, Stuttgart 1966 (Original 1826).

Väth, A./Hoberg, W.: Immobilienanalyse – die Beurteilung von Standort, Markt, Gebäude und Vermietung, in: Schulte, K.-W./Bone-Winkel, S./Thomas, M. (Hrsg.): Handbuch Immobilien-Investition, 2., vollständig überarb. Auflage, Köln 2005, S. 359–390.

Weber, A.: Über den Standort der Industrien, Erster Teil: Theorie des Standortes, Tübingen 1909.
Wirtschaftsförderung Stadt Potsdam: Büromarktanalyse Potsdam 2006: Nutzerbefragung, Bestandserhebung, Büroflächenprognose, Potsdam 2008.
Wöhrle, H.: Einsatz von Geographischen Informationssystemen in einem Maklerhaus. Vortrag auf der DVAG-Veranstaltung: GIS in der Immobilienwirtschaft – eine Standortbestimmung, Hamburg 2008.
Wurtzebach, C. H./Miles, M. E.: Modern Real Estate, 4. Aufl., New York 1991.

Gerrit Leopoldsberger, Matthias Thomas, Philipp Naubereit

2 Immobilienbewertung

Inhalt

2.1 Einführung

Im Rahmen des Immobilienmanagements stellt die Bewertung von Immobilien eine zentrale Funktion dar. **Zahlreiche Anlässe** machen eine Immobilienbewertung erforderlich (vgl. Tabelle 1).

Tab. 1: Anlässe der Immobilienbewertung

– An- bzw. Verkauf	– Firmenübernahmen
– Beleihung	– Performance Messung
– Enteignung	– Informationszwecke
– Versteigerung	– Versicherungsabschluss
– Vermögensauseinandersetzung	– steuerliche Gründe
– Nachlassregelungen	– ...

Aufgrund der besonderen Eigenschaften des Wirtschaftsgutes Immobilie sowie des Immobilienmarktes stehen Marktpreise als Anhaltspunkt für die zu bewertenden Immobilien nur selten zur Verfügung. Bei der Wertermittlung von Immobilien sind somit Wertgutachten von Sachverständigen erforderlich.

In den folgenden Abschnitten wird zunächst auf das Sachverständigenwesen eingegangen. Im Anschluss werden die unterschiedlichen Wertbegriffe und die Verfahren der Immobilienwertermittlung dargestellt. Neben den in Deutschland vorrangig angewandten Methoden der Wertermittlung werden die gebräuchlichsten angelsächsischen Verfahren erläutert.

Eine Darstellung der angelsächsischen Bewertungsmethoden ist sinnvoll, da diese Bewertungsverfahren im Zuge der Internationalisierung der Immobilienmärkte auch in Kontinentaleuropa Verwendung finden. Während deutsche Investoren auch in ausländischen Märkten Wertermittlungen nach deutschen Standards wünschen, bevorzugen amerikanische und britische Investoren die Methoden, die sie von ihren Heimatmärkten kennen.

2.2 Sachverständigenwesen in Deutschland, Großbritannien und den USA

2.2.1 Sachverständigenqualifikationen

Für die Qualität der Immobilienbewertung ist die fachliche Qualifikation der Gutachter von entscheidender Bedeutung. Es mag überraschen, dass die Ausbildung von Gutachtern in Deutschland nicht geregelt ist bzw. das sogar die Bezeichnung Gutachter oder Sachverständiger ohne Qualifikationsnachweis geführt werden kann. Sachverständige ohne Qualifikationsnachweis werden in der Regel als freie Sachverständige bezeichnet. In den letzten Jahren verfügen die Sachverständigen zunehmend über einschlägige Hochschulabschlüsse während früher die Sachverständigentätigkeit häufig durch Quereinsteiger mit überwiegend technischer Vorbildung ausgeführt worden ist.

Die Auftraggeber haben die Wahl zwischen Gutachtern, die einen Qualitätsnachweis abgelegt haben. Dies sind insbesondere folgende Gruppen:

- Öffentlich bestellt und vereidigten Sachverständigen.
- Zertifizierten Sachverständigen.
- Sachverständigen mit ausländischen Qualifikationsnachweisen.
- Die öffentlich bestellten und vereidigten Sachverständigen haben in der Regel eine Prüfung vor der Industrie- und Handelskammer oder der Architektenkammer abgelegt. Zertifizierte Sachverständige haben eine Prüfungsleistung bei privaten Institutionen erbracht. Zu den Sachverständigen mit ausländischem Qualifikationsnachweis zählen in erster Linie die Chartered Surveyors, die eine verbandsinterne Prüfung bei der Royal Institution of Chartered Surveyors (RICS) abgelegt haben oder solche die eine Ausbildung beim amerikanischen Appraisal Institute absolviert haben.
- Eine weitere Besonderheit weist der deutsche Immobilienmarkt auf: die sogenannten Gutachterausschüsse. Diese sind in der Regel bei den Kreisen oder kreisfreien Städten eingerichtet und erhalten aufgrund gesetzlicher Vorschriften (z. B. 196 BauGB) eine Kopie eines Grundstückskaufvertrags in ihrem Geschäftsbereich, um die darin enthaltenen Informationen auszuwerten und dem Grundstücksmarkt zur Verfügung zu stellen. Auch die Gutachterausschüsse können von Privatleuten oder juristischen Personen mit der Erstellung von Gutachten beauftragt werden.

Nach deutschem Rechtsverständnis ist die Aufgabe mit ein Sachverständiger beauftragt wird, eine Leistung die höchstpersönlich ausgeführt werden muss (vgl. Kleiber 2014, S. 199, Rn 414 ff.). Aus diesem Grund sind insbesondere Sachverständigenbüros der öffentlich bestellten und vereidigten Sachverständigen relativ klein. Für die überwiegende Zahl der Büros gilt, dass diese ausschließlich Sachverständigenleistungen erbringen, was die Unabhängigkeit der Sachverständigen wahrt.

Im Gegensatz dazu ist es in Großbritannien üblich, dass die Gutachtenerstellung ein Teil der Leistung ist, von Makler- und Beratungshäusern erbracht wird. Während es in Deutschland üblich ist, eine natürlich Person als Sachverständigen zu beauftragen, wird in Großbritannien eher eine Firma mit einen angestellten Sachverständigen beauftragt. In den letzten Jahren haben sich auch in Deutschland Bewertungsabteilungen von Makler- und Beratungshäusern etabliert, die entsprechende Leistungen insbesondere für ausländische und institutionelle Investoren erbringen. Auch in der Bewertung für Beleihungszwecke gibt es größere Unternehmen, die ihre Leistungen nicht nach den Höchstpersönlichkeitsprinzip erbringen. Bei Gerichtsgutachten werden hingegen fast ausschließlich öffentlich bestellte und vereidigte Sachverständige beauftragt.

2.2.2 Sachverständigenverbände

In Deutschland existieren **zahlreiche Berufsorganisationen**, in denen, neben anderen Berufen, auch Immobiliensachverständige zusammengeschlossen sind. Hierzu zählen unter anderem:
- Bundesverband öffentlich bestellter und vereidigter Sachverständiger e. V. (BVS),
- Bund der öffentlich bestellten Vermessungsingenieure (BDVI),
- Bundesverband der Immobilien-Investment-Sachverständigen (BIIS),
- Bundesverband Deutscher Grundstücks-Sachverständiger (BDGS),
- Deutscher Verein für Vermessungswesen (DVW),
- Immobilienverband Deutschland IVD Bundesverband der Immobilienberater, Makler, Verwalter und Sachverständigen e. V. (IVD).

Für den angelsächsischen Raum sind vor allem von Bedeutung:
- Royal Institution of Chartered Surveyors (RICS),
- Appraisal Institute,
- American Society of Appraisers (ASA),
- The Appraisal Foundation.

2.3 Bewertungsverfahren gemäß Immobilienwertermittlungsverordnung

2.3.1 Einführung in die Wertlehre

In Deutschland werden überwiegend **vier unterschiedliche Wertbegriffe** verwendet:
- der Verkehrswert bzw. der Marktwert,
- der Beleihungswert,
- der Versicherungswert,
- der Einheitswert bzw. steuerlicher Bedarfswert.

In den folgenden Abschnitten werden diese Begriffe näher erläutert.

2.3.1.1 Verkehrswert

Der Begriff des Verkehrswertes wird im § 194 BauGB definiert:

> Der Verkehrswert (Marktwert) wird durch den Preis bestimmt, der in dem Zeitpunkt, auf den sich die Ermittlung bezieht, im gewöhnlichen Geschäftsverkehr nach den rechtlichen Gegebenheiten und tatsächlichen Eigenschaften, der sonstigen Beschaffenheit und der Lage des Grundstücks oder des sonstigen Gegenstands der Wertermittlung ohne Rücksicht auf ungewöhnliche oder persönliche Verhältnisse zu erzielen wäre.

Der Begriff des Verkehrswertes, der gemäß der Legaldefinition identisch ist mit dem Begriff „Marktwert", baut dabei auf mehreren Fiktionen auf: Der Marktwert ist ein frei von subjektiven Betrachtungsweisen allein an den objektiven Merkmalen eines Grundstücks orientierter Wert und bemisst sich nach den folgenden normativen Vorgaben (vgl. Kleiber 2014, S. 459 f., S. 483 ff.):

- Der Marktwert bestimmt sich auf der Grundlage aller tatsächlichen und rechtlichen Eigenschaften eines Grundstücks (beispielsweise Lage und Zustand, Angebot und Nachfrage am Markt, Kaufkraft, etc.), die für jedermann innerhalb eines bestimmten Grundstücksteilmarktes wertbeeinflussend sind.
- Der Marktwert bestimmt sich nach den Anschauungen des **„gewöhnlichen Geschäftsverkehrs [...] ohne Rücksicht auf ungewöhnliche oder persönliche Verhältnisse."** Unter dem Begriff des gewöhnlichen Geschäftsverkehrs wird dabei der Handel auf einem freien Markt verstanden, wobei weder Käufer noch Verkäufer unter Zeitdruck, Zwang oder Not stehen und allein objektive Maßstäbe gelten.
- Der Marktwert bestimmt sich nach den allgemeinen Wertverhältnissen, die zu dem Zeitpunkt, auf den sich die Verkehrswertermittlung bezieht, auf dem Grundstücksteilmarkt vorherrschen. Der Verkehrswert ist eine zeitabhängige Größe, die nur zum Wertermittlungsstichtag Gültigkeit hat, da zum einen der Zustand des Grundstücks hinsichtlich der tatsächlichen und rechtlichen Eigenschaften und zum anderen die Lage auf dem Grundstücksmarkt kontinuierlichen Änderungen unterworfen sind.

Es ist daher unter dem Verkehrswert bzw. Marktwert begrifflich derjenige Wert zu verstehen, der im allgemeinen Grundstücksverkehr am wahrscheinlichsten zu erzielen ist. Daraus wird zum Teil fälschlicherweise der Schluss gezogen, dass der Verkehrswert ein Mittelwert sei. Dem ist entgegen zu halten, dass es im allgemeinen Grundstücksverkehr zu einer Transaktionen zu den Konditionen, die der Meistbietende bereit ist zu zahlen. Kaufinteressenten, die niedrige Gebote abgegeben haben, werden nicht berücksichtigt, da im Modell Transaktionen unterstellt werden. Der bloße Wunsch Einiger oder gar Vieler weniger zu zahlen wollen, als der schlussendliche Käufer, hat eben gerade keinen Einfluss auf den Wert. Der Marktwert soll somit einen interindividuellen Wert repräsentieren, den das Grundstück für jedermann hat, der auch bereit ist diesen zu bezahlen.

Gleichwohl muss deutlich zwischen den Begriffen **„Wert“** und **„Preis“** unterschieden werden. Der Begriff des Wertes beruht auf einer Schätzung und muss nicht in jedem Fall mit dem real ausgehandelten und bezahlten Preis übereinstimmen. Daher kann auch von einem einzelnen Kaufpreis nicht auf die allgemeinen Wertverhältnisse auf dem Grundstücksmarkt geschlossen werden. Letztendlich wird der Preis einer Sache im Normalfall zwischen den gegenläufigen Wertvorstellungen von Käufer und Verkäufer liegen.

Hinsichtlich der Genauigkeit von Verkehrswertermittlungen ist festzuhalten, dass der Verkehrswert keine mathematisch genau ermittelbare Größe ist. Das Element der Schätzung spielt dabei eine nicht unbeträchtliche Rolle. So werden unterschiedliche Gutachter bei der Bewertung eines Grundstücks zum selben Bewertungsstichtag i. d. R. zu voneinander abweichenden gutachterlichen Ergebnissen kommen. In der Rechtsprechung wird von einem Genauigkeitsgrad von ± 20 bis ± 30 % ausgegangen. Im Allgemeinen kann jedoch ein Genauigkeitsgrad von ± 10 % angenommen werden. Daher werden die ermittelten Verkehrswerte üblicherweise auch auf- bzw. abgerundet (vgl. Kleiber 2014, S. 487 ff.).

Neben der Information von potenziellen Käufern bzw. Verkäufern über den „Wert“ von Grundstücken dient die Ermittlung des Verkehrswertes beispielsweise als Bemessungsgrundlage von Entschädigungen für durch Enteignung eintretenden Rechtsverlust nach § 95 Abs. 1 Satz 1 BauGB. Bei Zwangsversteigerungsverfahren wird ebenfalls nach § 74a Abs. 5 des Zwangsvollstreckungsgesetzes (ZVG) als Grundstückswert der Verkehrswert festgesetzt. Der Verkehrswert ist im Zwangsversteigerungsverfahren unter anderem für die 7/10 bzw. 5/10 Grenze von Bedeutung, bei der ein Berechtigter eine Versagung des Zuschlags beantragen kann bzw. von Amts wegen der Zuschlag versagt wird.

Der Marktwert wird des Weiteren bei Immobilienfonds angewendet. Für diese ist eine regelmäßige Ermittlung des Verkehrswertes für Bestandsobjekten vorgeschrieben. Diese kontinuierliche Wertermittlung dient zur Ermittlung des Wertes der Fondsanteile und damit auch zur Bestimmung des Ausgabe- bzw. Rücknahmepreises des Anteilscheines. Je nach Art des Immobilienfondsvermögens erfolgen diese regelmäßigen Marktwertermittlungen im quartalsweisen oder jährlichen Turnus.

Weitere Anwendungsbereiche des Verkehrswertbegriffs finden sich unter anderem auch noch bei Versicherungsgesellschaften, im Haushaltsrecht, im Bergrecht sowie im Flurbereinigungsverfahren.

2.3.1.2 Beleihungswert

Der Beleihungswert wird in § 16 Abs 2 Pfandbriefgesetz (PfandBG) definiert:

> Der Beleihungswert darf den Wert nicht überschreiten, der sich im Rahmen einer vorsichtigen Bewertung der zukünftigen Verkäuflichkeit einer Immobilie und unter Berücksichtigung der langfristigen, nachhaltigen Merkmale des Objektes, der normalen regionalen Marktgegeben-

> heiten sowie der derzeitigen und möglichen anderweitigen Nutzungen ergibt. Spekulative Elemente dürfen dabei nicht berücksichtigt werden. Der Beleihungswert darf einen auf transparente Weise und nach einem anerkannten Bewertungsverfahren ermittelten Marktwert nicht übersteigen.

Der Beleihungswert ist von einem von Kreditinstituten beauftragten unabhängigen Gutachter zu ermitteln. Der durch den Sachverständigen festgestellte Beleihungswert bildet die Grundlage für die durch das Kreditinstitut festzustellende Beleihungsgrenze.

Je nach Art des Kreditinstituts fallen die Abschläge auf den Beleihungswert zur Ermittlung der Beleihungsgrenze unterschiedlich aus, so beleihen Pfandbriefbanken in der Regel 60 % des Beleihungswerts hingegen die Geschäftsbanken unter Umständen auch 80 % bis 90 % des Beleihungswerts finanzieren.

Das Pfandbriefgesetz ist ebenfalls Ermächtigungsgrundlage für den Erlass der Beleihungswertermittlungsverordnung (BelWertV), die eine gleichartige Bewertung für Zwecke der Finanzierung sicherstellen soll.

2.3.1.3 Versicherungswert

Der Versicherungswert wird definiert § 88 Versicherungsvertragsgesetz (VVG):

> Soweit nichts anderes vereinbart ist, gilt als Versicherungswert, wenn sich die Versicherung auf eine Sache oder einen Inbegriff von Sachen bezieht, der Betrag, den der Versicherungsnehmer zur Zeit des Eintrittes des Versicherungsfalles für die Wiederbeschaffung oder Wiederherstellung der versicherten Sache in neuwertigem Zustand unter Abzug des sich aus dem Unterschied zwischen alt und neu ergebenden Minderwertes aufzuwenden hat.

Der Versicherungswert findet Anwendung bei der Versicherung von baulichen Anlagen gegen Feuer-, Leitungswasser- und Sturmschäden. Dabei wird üblicherweise nur der Gebäudewert ermittelt, da Grund und Boden als unzerstörbar gelten. Hinsichtlich des Leistungsumfangs der Versicherung im Schadensfall wird der Versicherungswert unterschieden in:

- Neuwertversicherung,
- gleitende Neuwertversicherung,
- Zeitwertversicherung,
- Versicherung zum gemeinen Wert.

Bei der Neuwertversicherung wird der ortsübliche Neubauwert als Versicherungssumme gewählt, wobei im Schadensfall der Ersatz des Neuwertes der baulichen Anlagen gewährt wird. Hierbei muss die Entwicklung der Neubaukosten im Zeitablauf beobachtet und die Versicherungssumme entsprechend angepasst werden, damit im Schadensfall nicht der Einwand der Unterversicherung von Seiten der Versicherungsgesellschaft geltend gemacht werden kann. Bei der gleitenden Neubauwertversicherung passt sich die Versicherungssumme im Zeitablauf automatisch den Schwankungen in den Preis- und Wertverhältnissen an, jedoch kann auch hier eine Unterversicherung vorliegen, falls die Versicherungssumme niedriger als der Versicherungswert ist. Neuwert- und gleitende Neuwertversicherungen sind hauptsächlich im Bereich der Versicherung von Wohn- und Geschäftshäusern üblich.

2.3.1.4 Einheitswert

Der Einheitswert des Grundbesitzes diente in der Vergangenheit als Bemessungsgrundlage für die **Grundsteuer**, die **Vermögensteuer** sowie für die **Erbschaft- und Schenkungsteuer**.

Der Einheitswert ist in § 9 Abs. 2 des Bewertungsgesetzes definiert:

> Der gemeine Wert wird durch den Preis bestimmt, der im gewöhnlichen Geschäftsverkehr nach der Beschaffenheit des Wirtschaftsgutes bei einer Veräußerung zu erzielen wäre. Dabei sind alle Umstände, die den Preis beeinflussen, zu berücksichtigen. Ungewöhnliche oder persönliche Verhältnisse sind nicht zu berücksichtigen.

Die Definition des Einheitswertes unterscheidet sich von der des Verkehrswertes nach § 194 BauGB hinsichtlich des Wertermittlungsstichtages und der Bewertungsmethodik. So ist als Bewertungsstichtag bei der Ermittlung der Einheitswerte der 1. 1. 1964 festgelegt worden. Bei der Bewertungsmethodik zur Ermittlung der Einheitswerte handelt es sich um eine pauschalierte Massenbewertung, bei der gegenüber der Ermittlung von Verkehrswerten nach der ImmoWertV Vereinfachungen vorgenommen worden sind.

In den neuen Bundesländern konnten aufgrund fehlender Bewertungsgrundlagen keine Einheitswerte zum 1. 1. 1964 festgestellt werden. Daher wurden Einheitswerte herangezogen, die nach den Wertverhältnissen am 1. 1. 1935 festgestellt worden sind oder noch festgestellt werden.

In den alten Bundesländern wurden 140 % des Einheitswertes als Bemessungsgrundlage der jeweiligen Steuer angesetzt, mit Ausnahme der Grundsteuer, bei der der Einheitswert selbst Bemessungsgrundlage war. In den neuen Bundesländern differenzierte der Ansatz, je nach Nutzungsart, zwischen 100 % des Einheitswerts 1935 bei Mietwohngrundstücken und bis zu 600 % des Einheitswerts 1935 bei unbebauten Grundstücken.

Aus der Hauptfeststellung der Einheitswerte zum 1. 1. 1964 resultierte die steuerliche Bevorzugung der Immobilie im Vergleich zu anderen Anlageformen im Bereich der Vermögen-, Erbschaft- sowie Schenkungsteuer. So hatte ein 1963 errichtetes Gebäude den gleichen Einheitswert wie ein 1994 an gleicher Stelle neu erbautes Gebäude, obgleich die Verkehrswerte beträchtlich voneinander abweichen dürften. Der Einheitswert hatte sich somit immer mehr von den „realen" Wertverhältnissen entfernt, die durch das Konzept des Verkehrswertes gemessen werden (vgl. Thomas 1995b, S. 266). Auf diesem Sachverhalt beruhte die Diskussion über die Verfassungsmäßigkeit der Erhebung einheitswertabhängiger Steuern. Das Bundesverfassungsgericht hat am 18. August 1995 entschieden, dass dieser Verstoß gegen den Gleichheitsgrundsatz verfassungswidrig ist. Der Gesetzgeber musste daher bis Ende 1996 bei der Vermögensteuer und der Erbschaftsteuer eine verfassungskonforme Lösung finden. Nach den neuen Regelungen wird auf die Einheitsbewertung des Grundbesitzes grundsätzlich verzichtet und eine Bedarfsbewertung zur Ermittlung des **steuerlichen Grundbesitzwertes** für Zwecke der Erbschaft- und Schenkungsteuer sowie der Grunderwerbsteuer eingeführt. Für Zwecke der Grundsteuer verbleibt es jedoch bei den bisherigen Einheitswerten.

2.3.2 Verfahren der Immobilienwertermittlungsverordnung

In der Immobilienwertermittlungsverordnung (ImmoWertV) sind verschieden Verfahren normiert, die jeweils zum gleichen Ergebnis, dem Marktwert führen. Hierzu zählen das Vergleichswertverfahren (§§ 15, 16 ImmoWertV), das Ertragswertverfahren (§§ 17 bis 20 ImmoWertV) sowie das Sachwertverfahren (§§ 21 bis 23 ImmoWertV). Die 2010 verabschiedete Fassung ImmoWertV baut auf der 1976 verabschiedeten Wertermittlungsverordnung (WertV) auf. Die Neuerung wurde mit Blick auf die bessere internationale Vermittelbarkeit sowie eine Verwaltungsvereinfachung begründet (vgl. Bundesministerium für Verkehr, Bau und Stadtentwicklung; 2008, S. 8)

Die ImmoWertV enthält anerkannte Grundsätze für die Ermittlung von Marktwerten für Grundstücke und grundstücksgleiche Rechte in nahezu allen Bereichen. Grundsätzlich sind lediglich die Gutachter der örtlichen Gutachterausschüsse, die als Behörde für den Bereich der kreisfreien Städte bzw. Gemeinden gebildet werden, an die Regelungen der ImmoWertV gebunden. Im Rahmen der Ermittlung von Grundstückswerten als Ergebnis ihrer Bewertungstätigkeit müssen sie – unter Anwendung eines oder mehrerer normierter Verfahren – einen Verkehrswert bzw. Marktwert feststellen. Andere Gutachtergruppen, wie beispielsweise die öffentlich bestellten und vereidigten Sachverständigen oder aber auch die Gruppe der freien Sachverständigen, sind nicht an die Regelungen der ImmoWertV gebunden und somit grundsätzlich frei in der Wahl der Bewertungsverfahren. Dabei ist jedoch zu berücksichtigen, dass die normierten Verfahren der Wertermittlung ein anerkanntes Regelwerk darstellen, sodass Abweichungen hiervon i. d. R. im Gutachten zu begründen sind.

Zur Ermittlung des Verkehrswertes eines Grundstücks stehen dem Sachverständigen gemäß § 8 ImmoWertV das Vergleichswertverfahren, das Ertragswertverfahren sowie das Sachwertverfahren zur Verfügung. Zur Ermittlung des Verkehrswertes können auch mehrere Verfahren herangezogen werden, wobei der Verkehrswert dann aus deren Ergebnissen unter Würdigung ihrer Aussagefähigkeit zu bemessen ist.

Die Wahl des Bewertungsverfahrens ist nach der Art des Gegenstands der Wertermittlung, unter Berücksichtigung der im gewöhnlichen Geschäftsverkehr bestehenden Gepflogenheiten, vorzunehmen. Grundsätzlich werden die drei Wertermittlungsverfahren von der Rechtsprechung als gleichrangig angesehen.

Im Normalfall wird das in den §§ 15 und 16 der ImmoWertV geregelte **Vergleichswertverfahren** zur Ermittlung des Bodenwertes von Grundstücken herangezogen. Zur Ermittlung des Verkehrswertes bebauter Grundstücke eignet sich das Vergleichswertverfahren im Allgemeinen nicht, da dem Sachverständigen nicht genügend zeitnahe vergleichbare Transaktionen zur Verfügung stehen.

Das **Ertragswertverfahren** wird zur Bewertung von bebauten Grundstücken angewendet, bei denen die Verzinsung des investierten Kapitals für die Preisbildung im gewöhnlichen Geschäftsverkehr ausschlaggebend ist. Dies sind Mietwohn- und Geschäftsgrundstücke, gemischt genutzte Grundstücke, Gewerbe-, Industrie- und Garagengrundstücke. Gesetzlich geregelt ist das Ertragswertverfahren in den §§ 17 bis 20 ImmoWertV.

Das **Sachwertverfahren** ist bei Grundstücken anzuwenden, bei denen es für die Werteinschätzung am Markt nicht in erster Linie auf den Ertrag ankommt. Als Anwendungsbeispiele werden individuell gestaltete – insbesondere eigengenutzte – Ein- und Zweifamilienhausgrundstücke aufgeführt.

Für den Fall, dass marktübliche Mieten nicht feststellbar sind, soll das Sachwertverfahren ebenfalls bei der Bewertung eigengenutzter Fabrikanlagen, Lagerhallen und anderer gewerblicher Objekte Anwendung finden. Die Anwendung des Sachwertverfahrens in diesen Fällen setzt jedoch voraus, dass potentielle Käufer ebenfalls den Sachwert als Grundlage für ihre Kaufentscheidung zumindest teilweise mit heranziehen. Das wäre der Fall, wenn sie den Kaufpreis in Abhängigkeit zu alternativen Bauvorhaben bestimmen würden. Haben potentielle Käufer jedoch als Alternative eher die Anmietung von entsprechenden Objekten geplant, ist das Ertragswertverfahren in der Regel sinnvoller.

2.3.3 Vergleichswertverfahren

2.3.3.1 Verfahrensablauf

Der Preisvergleich bildet das zentrale Element des Vergleichswertverfahrens, wobei zwischen dem unmittelbaren und dem mittelbaren Preisvergleich unterschieden werden kann. Beim unmittelbaren Preisvergleich wird der Verkehrswert idealtypisch **direkt aus Vergleichspreisen abgeleitet**, die zeitgleich mit dem Bewertungsstichtag für gleichartige Grundstücke vereinbart wurden. Da nur in Ausnahmefällen Vergleichsgrundstücke vorhanden sind, die in allen Zustandsmerkmalen mit dem zu bewertenden Grundstück übereinstimmen und für die darüber hinaus zeitnahe Vergleichspreise vorliegen, findet in der Praxis der so genannte mittelbare Preisvergleich Anwendung. Hierbei werden auch Kaufpreise von Grundstücken zum Vergleich zugelassen, die sich hinsichtlich ihrer Zustandsmerkmale und des Transaktionszeitpunktes vom zu bewertenden Objekt unterscheiden. Durch diese Vorgehensweise lässt sich einerseits das Vergleichspreismaterial vergrößern, andererseits werden jedoch Umrechnungen der Vergleichspreise auf den Bewertungsstichtag und auf die Merkmalsausprägungen des Bewertungsobjektes erforderlich (vgl. Kleiber 2014, S. 1283 f.).

Der Aufbau des Vergleichswertverfahrens ist in den §§ 15 und 16 ImmoWertV nur in den Grundsätzen, nicht aber in den Einzelheiten festgelegt. Konkretisiert wird die Vergleichswertermittlung in der im April 2014 in Kraft getretenen Vergleichswertrichtlinie.

Wie Abbildung 1 zeigt, vollzieht sich die Verkehrswertermittlung in mehreren Stufen:

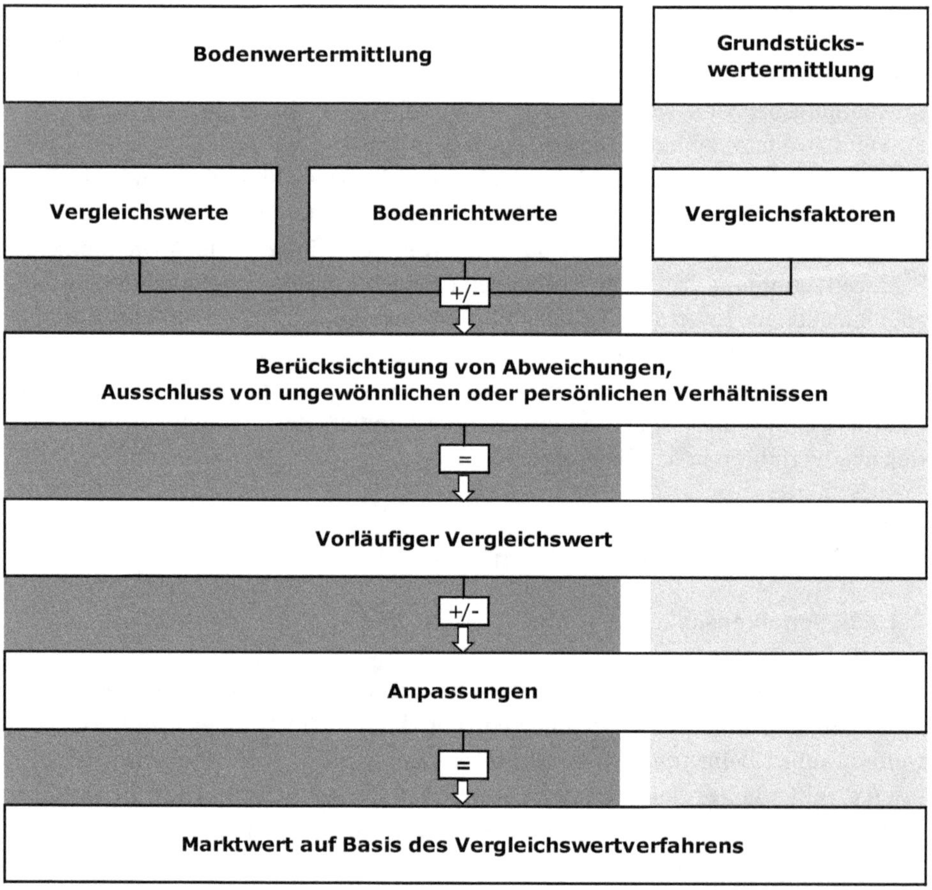

Abb. 1: Schematischer Ablauf des Vergleichswertverfahrens (© 2014, Dr. Leopoldsberger + Partner)

Den Ausgangspunkt der Bewertung bildet wie bei jeder Verkehrswertermittlung die Qualifizierung des Zustands des zu bewertenden Grundstücks und die Feststellung des Wertermittlungsstichtags. Hierauf aufbauend erfolgt beim Vergleichswertverfahren im ersten Schritt die Suche nach Kaufpreisen, die für vergleichbare Objekte auf dem Grundstücksmarkt erzielt wurden.

Unterscheiden sich die in Betracht gezogenen Vergleichsgrundstücke in ihren Zustandsmerkmalen vom zu bewertenden Objekt und bestehen darüber hinaus Unterschiede zwischen der allgemeinen Wertentwicklung auf dem Grundstücksmarkt, welche Einfluss auf die Höhe der Vergleichspreise ausgeübt hat, und der aktuellen Marktsituation, so sind diese Unterschiede im zweiten Schritt durch Umrechnung der einzelnen Vergleichspreise zu berücksichtigen. Im Anschluss sind die Vergleichspreise dahingehend zu prüfen, ob der Preisbildungsprozess durch ungewöhnliche oder persönliche Verhältnisse beeinflusst wurde. Ist dieser Fall gegeben, so sind die entsprechenden Vergleichspreise von der weiteren Wertermittlung auszuschließen oder um den Einfluss, soweit er quantifizierbar ist, zu berichtigen. Die Überleitung vom Vergleichswert zum Verkehrswert erfolgt zum einen durch Wertkorrekturen hinsichtlich der Lage auf dem Grundstücksmarkt, soweit diese im Zuge der Vergleichswertermittlung nicht ausreichend Berücksichtigung gefunden haben sollte, sowie die Berücksichtigung von objektspezifischen Besonderheiten. Parallel dazu können Anpassungen erforderlich werden, wenn abweichende Ergebnisse aus anderen Bewertungsverfahren vorliegen, die in die Ermittlung des Verkehrswertes Eingang finden sollen (vgl. Kleiber 2014, S. 1287 f.).

2.3.3.2 Voraussetzungen für die Anwendung des Vergleichswertverfahrens

In § 15 Abs. 1 ImmoWertV ist bestimmt, dass bei Anwendung des Vergleichswertverfahrens die Kaufpreise solcher Grundstücke heranzuziehen sind, die im Hinblick auf die wertbeeinflussenden Merkmale mit dem zu bewertenden Grundstück hinreichend übereinstimmen. Der unbestimmte Rechtsbegriff der **„hinreichenden Übereinstimmung“** wurde durch die Rechtsprechung insoweit konkretisiert, dass Vergleichsgrundstücke vor allem bezüglich der folgenden Kriterien Übereinstimmungen aufweisen sollen:
- Lage,
- Art und Maß der baulichen Nutzung,
- Bodenbeschaffenheit,
- Größe,
- Grundstücksgestalt,
- Erschließungszustand.

Bei baulichen Anlagen sind darüber hinaus das Alter, der Bauzustand und der Ertrag als Kriterien zu berücksichtigen.

Da aufgrund der individuellen Charakteristika von Grundstücken eine vollständige Übereinstimmung von Vergleichsgrundstücken und dem Bewertungsobjekt nur in Ausnahmefällen vorliegen dürfte, stellt sich die Frage, in welchem Ausmaß Abweichungen zulässig sind. Die Rechtssprechung geht hierbei davon aus, dass die Abweichungen, die sich in den Zu- bzw. Abschlägen auf die Vergleichspreise niederschlagen, eine Größenordnung von 30 bis 35 % nicht übersteigen dürfen (vgl. Kleiber 2014, S. 1347; S. 1513 f.).

Neben der hinreichenden Übereinstimmung der wertbeeinflussenden Charakteristika der Vergleichsgrundstücke setzt die Anwendung des Vergleichswertverfahrens voraus, dass die Vergleichspreise zu einem Zeitpunkt vereinbart wurden, der dem Wertermittlungsstichtag möglichst nahe kommt. Erfüllen die zum Vergleich herangezogenen Objekte diese Bedingung nicht, so lassen sich die Kaufpreise mittels Indexierung auf den Zeitpunkt der Wertermittlung umrechnen. Hierbei ist jedoch im Einzelfall zu prüfen, über welchen Zeitraum hinweg die Einbeziehung von Kaufpreisen der Vergangenheit in die Wertermittlung sinnvoll ist.

Die Forderung nach einer „ausreichenden" Anzahl von Vergleichspreisen ergibt sich direkt aus § 15 Abs. 1 Satz 1 ImmoWertV. Welche Anzahl von Vergleichspreisen als „ausreichend" anzusehen ist, hängt entscheidend von den Verhältnissen des Einzelfalles ab. So können bereits wenige geeignete Vergleichspreise, die über eine hohe Aussagekraft verfügen, als Bewertungsgrundlage ausreichen (vgl. Kleiber 2014, S. 1515 f.).

Lassen sich in der unmittelbaren Nachbarschaft des zu bewertenden Grundstücks keine geeigneten oder nicht genügend Vergleichsgrundstücke identifizieren, so besteht die Möglichkeit, alternativ gemäß § 15 Abs. 1 Satz 2 ImmoWertV Objekte aus „vergleichbaren Gebieten", wie beispielsweise Gemeinden, die hinsichtlich ihrer Einwohnerzahl und ihrer großräumigen Lage der Belegenheitsgemeinde ähneln, zum Vergleich heranzuziehen.

Eine weitere anerkannte und bewährte Ersatzlösung bei fehlenden Vergleichspreisen stellt die Verwendung von Bodenrichtwerten im Rahmen der Bodenwertermittlung gemäß § 16 ImmoWertV dar.

Bodenrichtwerte sind durchschnittliche Lagewerte von Grund und Boden, die von den Gutachterausschüssen der kreisfreien Städte und der Landkreise ermittelt werden. Dabei wird für eine Mehrzahl von Grundstücken mit im Wesentlichen gleichen Nutzungs- und Lageverhältnissen – so genannte Bodenrichtwertzonen – ein durchschnittlicher Wert ermittelt, der sich auf einen Quadratmeter Grundstücksfläche bezieht. Diese Bodenrichtwerte können für unbebaute Gebiete wie auch für bebaute Gebiete ermittelt werden. In bebauten Gebieten ist nach § 196 BauGB der Bodenrichtwert mit dem Wert zu ermitteln, der sich ergeben würde, wenn der Boden unbebaut wäre. Da sich die Bodenrichtwerte immer nur auf lage- oder gebietstypische Grundstücke beziehen, ist der Bodenrichtwert nicht mit dem Vergleichswert bzw. dem Verkehrswert des unbebauten zu bewertenden Grundstücks gleichzusetzen. Dessen besondere Eigenschaften sind nicht in den Bodenrichtwerten erfasst, sodass Abweichungen zwischen dem zu bewertenden Grundstück und den typischen Verhältnissen des Bodenrichtwertgrundstücks durch Zu- oder Abschläge berücksichtigt werden müssen.

Im Rahmen der Vergleichswertermittlung von **bebauten Grundstücken** sieht § 15 Abs. 2 ImmoWertV die Möglichkeit vor, neben oder anstelle von Kaufpreisen von Vergleichsgrundstücken Vergleichsfaktoren zu verwenden. Die empirische Ableitung von Vergleichsfaktoren aus der Kaufpreissammlung in Form von so genannten Ertrags- bzw. Gebäudefaktoren obliegt den Gutachterausschüssen. Ertragsfaktoren sind definiert als Quotient aus dem erzielten Kaufpreis und dem nachhaltig erzielbaren Ertrag und werden als Durchschnittsfaktor aus den Preisen vergleichbarer Grundstücke berechnet. Durch Multiplikation des Ertrags des zu bewertenden Grundstücks mit dem entsprechenden Ertragsfaktor lässt sich der Vergleichswert ableiten. Ertragsfaktoren finden vorrangig bei der Wertermittlung von Grundstücken Verwendung, bei denen der nachhaltig erzielbare Ertrag im Vordergrund steht. Demgegenüber werden Gebäudefaktoren eingesetzt, wenn der Sachwert der baulichen Anlagen entscheidend ist. Die Gebäudefaktoren werden berechnet, indem der Kaufpreis auf eine Raum- oder Flächeneinheit bezogen wird. Analog zu den Ertragsfaktoren lässt sich durch Multiplikation der durchschnittlichen Gebäudefaktoren mit der entsprechenden Fläche des Bewertungsobjektes der Vergleichswert ermitteln.

2.3.3.3 Berücksichtigung von Abweichungen

In § 15 ImmoWertV findet sich die Forderung, Unterschiede zwischen den Vergleichsgrundstücken und dem zu bewertenden Grundstück durch Zu- oder Abschläge oder in anderer geeigneter Weise zu berücksichtigen. Hierbei sind nicht nur Anpassungen für Unterschiede hinsichtlich der wertbeeinflussenden Merkmale vorzunehmen, sondern es sind darüber hinaus auch die seit der Veräußerung der Vergleichsgrundstücke eingetretenen Veränderungen der allgemeinen Wertverhältnisse bei der Umrechnung der Vergleichspreise einzubeziehen.

Auf welche Weise die Anpassungen erfolgen sollen, ist in der ImmoWertV nicht näher bestimmt. Die Vorschrift enthält lediglich den Hinweis, dass vorhandene Indexreihen und Umrechnungskoeffizienten heranzuziehen sind.

Während sich Vergleichspreise, die in der Vergangenheit vereinbart wurden, bei Vorliegen geeigneter Bodenpreisindizes ohne größere Schwierigkeiten auf die allgemeinen Marktverhältnisse zum Zeitpunkt des Wertermittlungsstichtags umrechnen lassen, erweist sich die Berücksichtigung von Unterschieden in den Zustandsmerkmalen als weitaus schwieriger. Mittels angemessener Zu- oder Abschläge sollen die Abweichungen der Vergleichsgrundstücke ausgeglichen werden, die beispielsweise bezüglich der Lageverhältnisse, der Nutzbarkeit, der Grundstücksgröße, der Grundstückstiefe, des Grundstückszuschnitts sowie der Bodenbeschaffenheit und des Erschließungs- und Entwicklungszustands bestehen. Die Bemessung der Zu- und Abschläge erfolgt i. d. R. auf Basis von Schätzungen, die eine fundierte Kenntnis der Vergleichsobjekte voraussetzen. Eine Vereinfachung der Anpassungsrechnungen ergibt sich, wenn **Umrechnungskoeffizienten** für das relevante Gebiet vorliegen. Mit Hilfe dieser Koeffizienten ist es möglich, den Bodenwert eines Grundstücks, beispielsweise in Abhängigkeit vom Maß der baulichen Nutzung oder der Grundstückstiefe, zu ermitteln. Ebenso lässt sich für Wohneigentum mittels geeigneter Umrechnungsfaktoren der Quadratmeterwert aus der Wohnfläche ableiten.

Alternativ zu den genannten Vorgehensweisen können auch mathematisch-statistische Methoden zum Einsatz kommen. So lassen sich mit Hilfe von Regressionsanalysen Zielgrößen, wie beispielsweise der Bodenwert, als Funktion einer oder mehrerer Einflussgrößen darstellen. Die Regressionsmodelle bieten einerseits den Vorteil, Abweichungen mehrerer Merkmale gleichzeitig berücksichtigen zu können, andererseits setzen sie jedoch voraus, dass eine unter statistischen Gesichtspunkten ausreichende Zahl an Vergleichspreisen vorliegt. Darüber hinaus können aufgrund des hohen Abstraktionsgrades der Modelle Schwierigkeiten hinsichtlich der Nachvollziehbarkeit und Umsetzbarkeit der Ergebnisse auftreten (vgl. Freise, S. 74).

2.3.3.4 Ermittlung des Vergleichswertes und Ableitung des Verkehrswertes

Im Anschluss an die Umrechnung der Vergleichspreise auf die Zustandsmerkmale sowie den Wertermittlungsstichtag des zu bewertenden Grundstücks und nach erfolgter Überprüfung der Kaufpreise auf Einflüsse durch ungewöhnliche oder persönliche Verhältnisse lässt sich der Vergleichswert durch Berechnung des arithmetischen Mittels ableiten.

Das folgende Beispiel verdeutlicht die Vorgehensweise:

Für sechs Eigentumswohnungen, die sich in unmittelbarer Nachbarschaft zu der zu bewertenden Wohnung befinden, konnten die folgenden Vergleichspreise ermittelt werden:

1.250 Euro/m², 1.050 Euro/m², 1.200 Euro/m²,
1.350 Euro/m², 1.400 Euro/m², 1.250 Euro/m²

Der arithmetische Mittelwert berechnet sich wie folgt:

$$\bar{x} = \frac{\sum x_i}{m} = \frac{1.250 + 1.050 + 1.200 + 1.350 + 1.400 + 1.250}{6} = 1.250$$

Mit:
$\mathbf{x_i}$ = Vergleichspreis
m = Anzahl der Vergleichspreise

Der Vergleichspreis beträgt somit 1.250 Euro/m².

Indem den Vergleichspreisen **Gewichte** (p_i) zugeordnet werden, lassen sich Unterschiede bezüglich der Aussagekraft der einzelnen Preise berücksichtigen. Der Vergleichswert entspricht dann dem gewogenen arithmetischen Mittel und bestimmt sich nach folgender Formel:

$$\overline{x} = \frac{\sum x_i \times p_i}{\sum p_i}$$

Bei dem berechneten Vergleichswert handelt es sich um einen Zwischenwert. Um zum Verkehrswert zu gelangen, können weitere Anpassungen erforderlich werden. So sind Korrekturen des Vergleichswerts vorzunehmen, wenn die Lage auf dem Grundstücksmarkt im Rahmen des Bewertungsverfahrens nicht hinreichend Berücksichtigung gefunden hat. Darüber hinaus sind die Ergebnisse anderer Wertermittlungsverfahren nach Prüfung ihrer Aussagefähigkeit in die Verkehrswertermittlung einzubeziehen. Für den Fall, dass keine Anpassungen erfolgen, entspricht der Vergleichswert dem Verkehrswert (vgl. Kleiber 2014, S. 1351 f). In der Praxis liegen den Sachverständigen jedoch häufig nicht genügend Vergleichsfälle vor, um eine statistisch abgesicherte Berechnung durchführen zu können.

2.3.3.5 Kritische Würdigung des Vergleichswertverfahrens

Das Vergleichswertverfahren weist einerseits eine Reihe von Vorteilen auf. So handelt es sich bei der Vergleichswertermittlung um eine sehr einfache, intuitiv verständliche, aber dennoch sehr zuverlässige Wertermittlungsmethode, die im Bereich der Bodenwertermittlung von dominanter Bedeutung ist. Darüber hinaus orientiert sich das Vergleichswertverfahren in seiner Vorgehensweise stärker als das Ertragswert- oder das Sachwertverfahren an den Verhältnissen des Grundstücksmarktes. Nicht zuletzt verfügen Verkehrswertgutachten auf Basis des Vergleichswertverfahrens aufgrund ihrer Anschaulichkeit über eine hohe Akzeptanz (vgl. Möckel, S. 4.2.1/1).

Bei der Beurteilung des Vergleichswertverfahren ist jedoch andererseits zu berücksichtigen, dass die Zuverlässigkeit der Ergebnisse entscheidend von der Erfüllung der materiellen Voraussetzungen abhängig ist, zu denen vor allem die Verfügbarkeit einer ausreichenden Anzahl geeigneter Vergleichspreise, Vergleichsfaktoren, Preisindizes sowie Umrechnungskoeffizienten zählt. Aus diesem Grund ist das Verfahren in der Regel nur bei einem sehr homogenen Umfeld – beispielsweise einer Reihenhaussiedlung oder einem größeren Eigentumswohnungskomplex – anwendbar.

2.3.4 Ertragswertverfahren

2.3.4.1 Verfahrensablauf

Beim Ertragswertverfahren wird der Ertragswert als Summe der Barwerte aller bei ordnungsgemäßer Bewirtschaftung eines Grundstücks marktüblich erzielbaren Reinerträge einschließlich des Barwertes des Bodenwertes ermittelt.

Der schematische Ablauf des Ertragswertverfahrens lässt sich der Abbildung 2 entnehmen.

Wird die Vorgehensweise zur Ermittlung des Ertragswertes formelmäßig beschrieben, so lautet diese:

$$EW = \left(RoE - BewK - z \times BW\right) \times \frac{\left(1+z\right)^n - 1}{\left(1+z\right)^n \times z} + BW$$

mit:

EW = Ertragswert des Grundstücks zum Wertermittlungsstichtag

BW = Bodenwert zum Wertermittlungsstichtag

RoE = Jahresrohertrag $\frac{\left(1+z\right)^n - 1}{\left(1+z\right)^n \times z}$ =Vervielfältiger

BewK =Bewirtschaftungskosten

z = Liegenschaftszinssatz

n = Restnutzungsdauer der baulichen Anlagen

2.3.4.2 Ermittlung des Jahresrohertrags

Ausgangspunkt für die Ermittlung des Ertragswertes der baulichen Anlagen ist der jährliche Rohertrag, der sich aus den bei ordnungsgemäßer Bewirtschaftung und zulässiger Nutzung nachhaltig erzielbaren Mieten und Pachten ergibt. Umlagen, die zur Deckung von Betriebskosten gezahlt werden, bleiben unberücksichtigt. Unter dem Begriff der **marktüblichen Einnahmen** ist auf marktübliche, langfristige zu erzielende Mieten und Pachten für vergleichbare Grundstücke abzustellen. Hierdurch können die tatsächlich vertraglich vereinbarten Mieteinnahmen von den marktüblich erzielbaren Erträgen abweichen. Ist dies der Fall und beruht die Abweichung auf einer nicht kurzfristig lösbaren rechtlichen Bindung, so ist im Rahmen der Ertragswertermittlung vom marktüblichen Rohertrag auszugehen und die Abweichung in Form eines Zu- oder Abschlags wegen sonstiger wertbeeinflussender Umstände zu berücksichtigen.

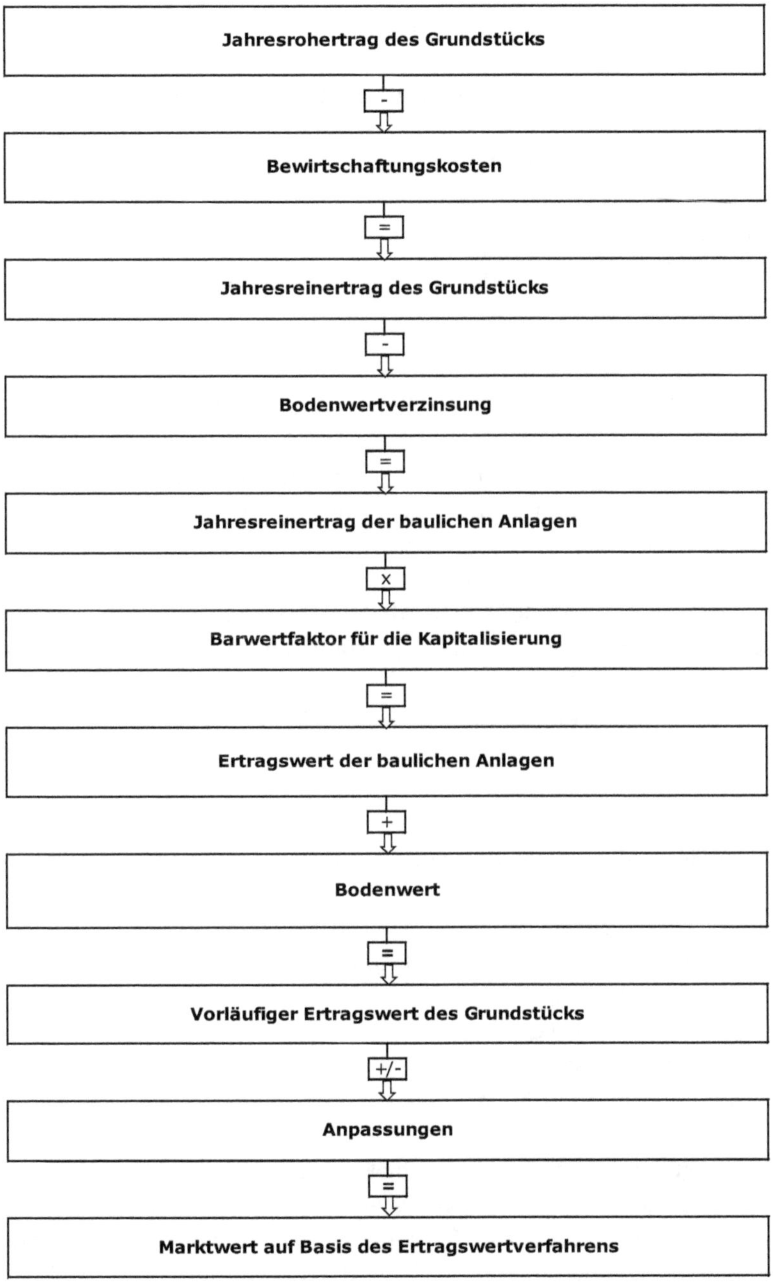

Abb. 2: Schematischer Ablauf des Ertragswertverfahrens (© 2014 Dr. Leopoldsberger + Partner)

2.3.4.3 Ermittlung der Bewirtschaftungskosten

Die vom Jahresrohertrag abzuziehenden Bewirtschaftungskosten setzen sich nach § 19 ImmoWertV aus

- den bei gewöhnlicher Bewirtschaftung nachhaltig entstehenden Verwaltungskosten,
- den Instandhaltungskosten sowie
- dem Mietausfallwagnis,
- den Betriebskosten,

zusammen.

Die Kosten sind in der Höhe anzusetzen, wie sie bei normalen, die Art der Nutzung berücksichtigenden Verhältnissen mit fremdem Personal marktüblicherweise entstehen. Überdurchschnittliche Kosten, die aus einer unvernünftigen Wirtschaftsweise resultieren, müssen ebenso außer Betracht bleiben wie unterdurchschnittliche Kosten, die durch eine Muster- oder Idealbewirtschaftung anfallen.

Die **Verwaltungskosten** sind in § 19 ImmWertV definiert als die Kosten der zur Verwaltung des Grundstücks erforderlichen Arbeitskräfte und Einrichtungen, die Kosten der Aufsicht, der Wert vom Eigentümer persönlich geleisteten Verwaltungsarbeit sowie der Geschäftsführung.

Zu den bei der Verwaltung eines Grundstücks anfallenden Leistungen gehören folgende Tätigkeiten:

- Vermietung,
- Mietbuchhaltung,
- Abrechnung von Nebenkosten, Betriebskosten, Steuern und Abgaben,
- Mietanpassungen, Mietänderungen,
- Erstellen des Wirtschaftsplans,
- Planung, Beauftragung, Überwachung und Abrechnung von Instandhaltungs-, Wartungs- und Pflegearbeiten,
- Rechnungsprüfung, Zahlungsverkehr,
- Erstellen der Jahresabschlussrechnung,
- Bearbeitung von Versicherungsfällen.

Die Verwaltungskosten werden, sofern nicht objektspezifische Angaben vorliegen, für Wohngebäude üblicherweise in Anlehnung an die Kosten gemäß § 26 Abs. 2 der II. BV (Berechnungsverordnung) und für sonstige Objekte häufig in Höhe von 3 % bis 8 % des Rohertrages bei angesetzt, wobei die Verwaltungskosten weitgehend von der Nutzungsart und der Größe des Grundstücks.

Die **Instandhaltungskosten** sind nach § 19 ImmoWertV die Kosten, die infolge Abnutzung, Alterung zur Erhaltung des bestimmungsgemäßen Gebrauchs der baulichen Anlagen während ihrer Restnutzungsdauer aufgewendet werden müssen.

Durch diese Aufwendungen soll die dauerhafte Ertrags- und Renditefähigkeit des Objekts gewährleistet werden. Die in Ansatz gebrachten Instandhaltungskosten sind eine kalkulatorische Größe, die dem langjährigen Durchschnitt der tatsächlich aufzuwendenden Instandhaltungskosten entsprechen soll, da die Instandhaltungskosten nicht laufend in gleicher Höhe, sondern zyklisch anfallen.

Grundsätzlich obliegt die Instandhaltungs- und Instandsetzungspflicht dem Vermieter, wobei sich im Bereich der Wohnraumvermietung Instandhaltungen kleinen Umfangs und Schönheitsreparaturen vertraglich auf den Mieter übertragen lassen.

Bei der Vermietung von Gewerbeflächen kann darüber hinaus vereinbart werden, dass der Mieter auch die Kosten der Unterhaltung von Dach und Fach zu übernehmen hat, sodass diese mietvertraglichen Vereinbarungen jeweils bei der Ermittlung der Instandhaltungskosten berücksichtigt werden müssen. Die Instandhaltungskosten werden im Rahmen des Ertragswertverfahrens zwischen 15 % und 40 % des Rohertrages angesetzt (vgl. Kleiber 2014, S. 1822). Die Auswahl des Rohertrages als Bezugsgröße für die prozentual zu bemessenden Instandhaltungskosten wird jedoch kritisiert, da dieser Ansatz einen parallelen Verlauf der Entwicklung von Roherträgen und Instandhaltungskosten unterstellt. Konsequenz dieser Vorgehensweise wäre, dass ein Anstieg des Rohertrages aufgrund eines gestiegenen Mietniveaus zugleich zu einem Anstieg der Instandhaltungskosten führen würde. Daher ist es vorzuziehen, als Bezugsgröße anstatt des Rohertrages einen Flächenbezug zu wählen, wobei als Instandhaltungskosten bei Wohnimmobilien diese nach den Ansätzen gemäß § 28 Abs. 2 II. BV in Abhängigkeit des Alters der Immobilie anzusetzen sind. Die Ansätze der II. BV werden regelmäßig entsprechend der Entwicklung des vom Statistischen Bundesamt erhobenen Lebenshaltungskostenindex angepasst. Für Büroflächen gilt ein Instandhaltungskostenansatz in Höhe von 8,00 bis 12,00 €/m²/Jahr als marktüblich.

Das **Mietausfallwagnis** ist nach § 19 ImmoWertV das Wagnis einer Ertragsminderung, die durch uneinbringliche Mietrückstände oder Leerstand von zur Vermietung bestimmtem Raum entsteht. Durch das Mietausfallwagnis sind auch die Kosten der Rechtsverfolgung auf Zahlung, Aufhebung eines Mietverhältnisses oder Räumung gedeckt.

Das Mietausfallwagnis wird für Wohngrundstücke üblicherweise in Höhe von 2 % des Jahresrohertrages quantifiziert, während bei ausschließlich gewerblich genutzten Objekten das Mietausfallwagnis mit 4 % des Rohertrages kalkuliert wird (vgl. Kleiber 2014, S. 1853). Zwar ist bei gewerblich genutzten Grundstücken neben der Lage des Grundstücks in besonderem Maße die **Bonität der Mieter und die Mietvertragsgestaltung von Bedeutung**, jedoch muss ebenfalls die Vertragsdauer im Verhältnis zur Restnutzungsdauer berücksichtigt werden. Ein Ansatz von beispielsweise 1 % Mietausfallwagnis sollte bei Verträgen von 10 Jahren Laufzeit unterbleiben, wenn die wirtschaftliche Restnutzungsdauer auf ein Vielfaches der Vertragslaufzeit geschätzt wird, denn es kann nicht unterstellt werden, das nach

Auszug des außerordentlich bonitätsstarken Mieters für den dann verbleibenden Zeitraum ebenfalls ausschließlich außerordentlich bonitätsstarke Mieter einziehen.

Die **Betriebskosten** sind in § 19 ImmoWertV nur erwähnt oder das sie dort definiert würden. Betriebskosten sind nur dann in der Wertermittlung zu betrachten, wenn sie nicht durch den Mieter getragen werden. Die Umlage von Betriebskosten kann in der Regel als marktüblich unterstellt werden. Sollten die Verträge keine Vollumlage der Betriebskosten vorsehen, so sind diese in der Wertermittlung zu berücksichtigen. Ob und in welchem Umfang die Kosten in Ansatz gebracht werden, hängt wiederum vom Marktumfeld ab.

2.3.4.4 Ermittlung des Bodenwertes

Der Bodenwert ist im Rahmen des Ertragswertverfahrens nach § 16 ImmoWertV getrennt vom Ertragswert der baulichen Anlagen zu ermitteln, wobei gemäß § 15 ImmoWertV das Vergleichswertverfahren zur Ermittlung des Bodenwertes vorgeschrieben wird. Dabei ist der Gesetzgeber davon ausgegangen, dass die Ermittlung des Bodenwertes eines bebauten Grundstücks über den Preisvergleich mit unbebauten Grundstücken erfolgt, da Grund und Boden eines bebauten Grundstücks nur in Ausnahmefällen selbständiger Gegenstand des Grundstücksverkehrs sind.

Teilweise wird die Meinung vertreten, dass der Bodenwert eines bebauten Grundstücks im Allgemeinen niedriger als der Bodenwert eines unbebauten Grundstücks und von Qualität und Alter der aufstehenden Gebäude abhängig sei. Daher müsse bei bebauten Grundstücken eine „Bodenwertdämpfung“ vorgenommen werden. Die Anwendung gedämpfter bzw. ungedämpfter Bodenwerte dürfte jedoch auf das Ergebnis der Verkehrswertermittlung keine Auswirkung haben, da sich lediglich das Verhältnis des Wertanteils der baulichen Anlagen zum Wertanteil des Bodens verändert. Das Repartitionsproblem, die verursachungsgerechte Aufteilung des Gesamtwertes eines bebauten Grundstücks auf Boden und Gebäude, kann jedoch allenfalls in Ausnahmefällen gelöst werden; daher ist der Gesetzgeber einer Vorgehensweise gefolgt, nach der als Bodenwert jener Wert angesetzt wird, den das Grundstück in unbebautem Zustand hätte (vgl. Kleiber 2014, S. 1537 ff.).

2.3.4.5 Ableitung des Liegenschaftszinssatzes

Die Liegenschaftszinssätze sind nach § 14 Abs. 3 ImmoWertV die Zinssatz, mit denen die Verkehrswerte von Grundstücken im Durchschnitt marktüblich verzinst werden. Der Liegenschaftszinssätze werden auf der Grundlage geeigneter Kaufpreise und der ihnen entsprechenden Reinerträge für gleichartig bebaute und genutzte Grundstücke unter Berücksichtigung der Restnutzungsdauer der Gebäude ermittelt.

Dies geschieht durch „Umkehrung" des Ertragswertverfahrens, d. h. Auflösung der Formel zur Ertragswertermittlung und Suche nach dem Liegenschaftszinssatz.

Der Liegenschaftszinssatz wird für Gebäude mit einer langen Restnutzungsdauer (> 50 Jahre) als ungewogenes arithmetisches Mittel des Verhältnisses der Grundstücksreinerträge zu den Kaufpreisen folgendermaßen bestimmt (vgl. Kleiber 2014, S. 1204 ff.):

$$z = \frac{\sum_{i=1}^{n} \frac{RE_i}{KP_i}}{m}$$

mit:
RE = Reinertrag des Grundstücks = RoE – BewK
KP = Grundstückskaufpreise
z = Liegenschaftszinssatz
m = Anzahl der Kaufpreise

Jedoch muss bei der Ermittlung von Liegenschaftszinsen aus Kaufpreisen für Gebäude mit einer kurzen **Restnutzungsdauer (< 50 Jahre)** eine **iterative Suche des Liegenschaftszinses** vorgenommen werden. Für Gebäude mit einer kurzen Restnutzungsdauer ergibt sich der Liegenschaftszins daher durch:

$$z = \left(\frac{RE}{KP} - \frac{q}{q^n - 1} \times \frac{KP - BW}{KP} \right) \times 100$$

mit:
q = 1 + z

Da sich z nicht isolieren lässt, muss durch die Einführung der Näherungslösung

$$z' = \frac{RE}{KP} \times 100 \quad \text{und} \quad q = 1 + \frac{z'}{100}$$

der Liegenschaftszins iterativ in mehreren Rechengängen hinreichend genau ermittelt werden.

Liegenschaftszinssätze können innerhalb einer Region und über unterschiedliche Nutzungsarten hinweg starken Schwankungen unterliegen, sodass die Ableitung von allgemeingültigen Erfahrungssätzen nicht möglich ist.

Die von den Gutachterausschüssen für Grundstückswerte ermittelten Liegenschaftszinssätze weichen zum Teil deutlich von der **Umlaufrendite langfristiger festverzinslicher Wertpapiere**. Diese Tatsache wird in der Literatur damit begründet, dass Grund und Boden als Sachwert gegenüber Geldvermögen wertbeständiger sei, sodass sich Immobilieneigentümer im Allgemeinen mit einer geringeren Verzinsung begnügen. Die auch von der Gesetzgebung in § 14 der ImmoWertV gewählte Interpretation des Liegenschaftszinssatzes als Zinssatz, mit dem sich der Verkehrswert von Liegenschaften im Durchschnitt verzinst, weist darauf hin, dass der Gesetzgeber den Liegenschaftszins als internen Zins einer rein eigenkapitalfinanzierten Immobilieninvestition in einer Welt ohne Steuern begreift.

Liegenschaftszinssätze sollten daher nicht als „Zinssätze" interpretiert werden, sondern als **Vergleichsparameter**, welche die Zukunftserwartungen der Marktteilnehmer implizit beinhalten. Liegt beispielsweise der Liegenschaftszinssatz für ein Objekt oberhalb der Umlaufrendite festverzinslicher Wertpapiere, so weist dies darauf hin, dass die Immobilienmarktteilnehmer eher mit zukünftigen Wertrückgängen bzw. mit stabilen Wertverhältnissen rechnen, während für den Fall, dass der Liegenschaftszinssatz unterhalb der Umlaufrendite festverzinslicher Wertpapiere liegt, eher Wertzuwächse erwartet werden.

2.3.4.6 Ermittlung der Bodenwertverzinsung

Der Reinertrag des Grundstücks, welcher die Differenz zwischen Rohertrag und den Bewirtschaftungskosten darstellt, wird in einem weiteren Schritt um die Verzinsung des Bodenwertes gemindert. Da der Wert der baulichen Anlagen nach § 19 ImmoWertV getrennt vom Bodenwert zu ermitteln ist, muss eine Schlüsselung des Reinertrags auf eine angemessene Bodenwertverzinsung und auf den Reinertrag der baulichen Anlagen erfolgen. Diese Aufteilung wird vorgenommen, da Grund und Boden ein unvergängliches Gut sind, während die aufstehenden Gebäude auch bei ordnungsgemäßer Instandhaltung nur eine begrenzte Nutzungsdauer haben. Die Bodenwertverzinsung ergibt sich durch die Multiplikation des aus dem Vergleichswertverfahren ermittelten Bodenwerts mit dem Liegenschaftszins.

Im Allgemeinen ist der Bodenwert, der zur Ermittlung der Bodenwertverzinsung herangezogen wird, identisch mit dem Bodenwert, der zur Ermittlung des Grundstücksertragswertes dem Ertragswert der baulichen Anlagen zugerechnet wird. Für den Fall jedoch, dass Bodenflächen selbständig bebaut werden können, ist dieser Teil des Bodenwertes nicht bei der Ermittlung der Bodenwertverzinsung anzusetzen. Für diesen Teil des Bodens kann kein bestehendes Gebäude zugewiesen werden, sodass eine Verzinsung dieses Bodenwertanteils unterbleibt.

2.3.4.7 Bestimmung des Barwertfaktors für die Kapitalisierung

Der Barwertfaktor für die Kapitalisierung wird aus der Restnutzungsdauer der baulichen Anlagen sowie aus dem Liegenschaftszinssatz berechnet. § 20 ImmoWertV legt fest, dass als **Restnutzungsdauer** die Zahl von Jahren anzusetzen ist, in denen die baulichen Anlagen bei ordnungsgemäßer Unterhaltung und Bewirtschaftung voraussichtlich noch wirtschaftlich genutzt werden können. Bei der Ermittlung des Ertragswertes ist allein die **wirtschaftliche Nutzungsdauer** und nicht die **technische Lebensdauer** von Bedeutung. Die wirtschaftliche Nutzungsdauer ergibt sich i. d. R. durch Subtraktion des Gebäudealters von der wirtschaftlichen Gesamtnutzungsdauer. Ein Orientierungsrahmen für die wirtschaftliche Gesamtnutzungsdauer (GND) unterschiedlicher Gebäude findet sich in Tabelle 2.

Tab. 2: Durchschnittliche wirtschaftliche Gesamtnutzungsdauer von Gebäuden (Quelle: Kleiber 2014, S. 862 ff.)

Gebäudetyp	wirtsch. GND in Jahren
Einfamilienhäuser	50–100
Mehrfamilienhäuser	30–80
Verwaltungs- und Bürogebäude	30–70

Die wirtschaftliche Restnutzungsdauer der baulichen Anlagen kann insbesondere durch Modernisierungen verlängert bzw. durch unterlassene Instandhaltung verkürzt werden. § 6 Abs. 6 ImmoWertV bestimmt, dass derartige Sachverhalte bei der Ermittlung der wirtschaftlichen Restnutzungsdauer zu berücksichtigen sind.

Hinsichtlich der Sensitivität haben die Parameter „wirtschaftliche Restnutzungsdauer“ sowie „Liegenschaftszinssatz“ einen unterschiedlichen Einfluss auf den Rentenbarwertfaktor und somit auf das Ergebnis der Ertragswertermittlung. Eine fehlertheoretische Betrachtung zeigt, dass sich bei einem Liegenschaftszins, der über 5 % liegt, und einer wirtschaftlichen Restnutzungsdauer von über 60 Jahren Schätzungsunsicherheiten hinsichtlich der wirtschaftlichen Restnutzungsdauer nur geringfügig auf den Rentenbarwertfaktor auswirken, während Schätzungsunsicherheiten hinsichtlich des Liegenschaftszinssatzes erheblichen Einfluss auf den Rentenbarwertfaktor haben. Bei einer verbleibenden kurzen wirtschaftlichen Restnutzungsdauer von unter 15 Jahren sinkt der Einfluss des Liegenschaftszinssatzes auf den Rentenbarwertfaktor, während der Einfluss der Restnutzungsdauer ansteigt (vgl. Möckel, S. 4.3.5/11 f.).

2.3.4.8 Berücksichtigung sonstiger wertbeeinflussender Umstände

Nach der Verkehrswertdefinition des § 194 BauGB sind die rechtlichen Gegebenheiten, die tatsächlichen Eigenschaften und die sonstige Beschaffenheit des Grundstücks zu berücksichtigen. § 8 Abs. 3 ImmoWertV schreibt vor, dass Umstände, die den Grundstückswert beeinflussen, durch Zu- oder Abschläge zu berücksichtigen sind.

Als Beispiele für solche **Zu- oder Abschläge** werden beispielhaft in 8 Abs. 3 ImmoWertV eine wirtschaftliche Überalterung, ein überdurchschnittlicher Erhaltungszustand, Baumängel oder Bauschäden sowie von den marktüblich erzielbaren Erträgen erheblich abweichende Erträge genannt.

Die Berücksichtigung von Baumängeln bzw. Bauschäden als sonstige wertbeeinflussende Umstände kann durch Berücksichtigung der Mangel- bzw. Schadensbeseitigungskosten erfolgen, sofern diese Umstände nicht bereits durch den Ansatz eines niedrigeren Rohertrages bzw. einer verkürzten wirtschaftlichen Restnutzungsdauer berücksichtigt worden sind.

2.3.4.9 Ableitung des Verkehrswertes

Der nach den Vorschriften der §§ 17 bis 20 ImmoWertV ermittelte Ertragswert des Grundstücks kann aufgrund des § 8 ImmoWertV nicht automatisch mit dem Verkehrswert des Grundstücks gleichgesetzt werden.

Durch die marktgerechte Auswahl des Liegenschaftszinssatzes kann eine Marktanpassung im Rahmen des Ertragswertverfahrens weitgehend vermieden werden.

2.3.4.10 Beispiel für eine Ertragswertberechnung

Abschließend verdeutlicht das folgende **Beispiel** nochmals die Vorgehensweise des Ertragswertverfahrens:

Für ein Mehrfamilienhaus aus dem Jahre 1939 sind folgende Daten gegeben:

- zehn abgeschlossene Wohneinheiten,
- Gesamtwohnfläche (WF) von 1.000 m^2,
- Nettokaltmiete von 5 Euro/m^2,
- Verwaltungskosten je Wohnung von 225 Euro p. a.,
- Ansatz des Mietausfallwagnisses mit 2 % des Rohertrags,
- Instandhaltungskosten pro m^2 Wohnfläche von 12,50 Euro p. a.,
- Restnutzungsdauer von 30 Jahren,
- Liegenschaftszinssatz von 5 %,
- Bodenwert 100.000 Euro.

Da die gewählten Ansätze alle als marktgerecht erachtet werden, entspricht der Ertragswert dem Marktwert.

5 €/m² WF × 1.000 m² × 12	60.000 €/Jahr
abzüglich nicht umlagefähiger Bewirtschaftungskosten:	
Verwaltungskosten: 10 × 225 €	–2.250 €/Jahr
Mietausfallwagnis: 2% von 60.000 €	–1.200 €/Jahr
Instandhaltung: 12,50 € × 1.000 m²	–12.500 €/Jahr
Reinertrag	44.050 €/Jahr
abzüglich Bodenwertverzinsungsbetrag: 100.000 € × 5%	–5.000 €/Jahr
Reinertragsanteil der baulichen Anlage	39.050 €/Jahr
Barwertfaktor für die Kapitalisierung bei Restnutzungsdauer von 30 Jahren und 5% Liegenschaftszins lt. Anlage 1 zur ImmoWertV: 15,37	
Ertragswert der baulichen Anlagen: 39.050 €/Jahr × 15,37	600.200 €
zuzüglich Bodenwert:	100.000 €
Ertragswert	**700.200 €**

2.3.4.11 Weitere Ertragswertmodelle

Mit der Verabschiedung der ImmoWertV sind in die deutschen Wertermittlungsvorschriften zwei weitere Ertragswertvarianten normiert worden. Zum einen handelt es sich dabei um ein sogenanntes „vereinfachtes Verfahren" (§ 17 Abs. 2, Nr. 2 ImmoWertV) und zum anderen um ein „Ertragswertverfahren mit periodisch unterschiedlichen Erträgen" (§ 17 Abs. 3 ImmoWertV). Beide Varianten sind lediglich andere Darstellungsformen des oben dargestellten Ertragswertverfahrens. Alle drei führen zu exakt dem gleichen Ergebnis. Das „Ertragswertverfahren mit periodisch unterschiedlichen Erträgen" ist eine Darstellung einer Ertragswertberechnung, die optisch einem DCF-Verfahren ähnelt. Auf die DCF-üblichen Prognosen der einzelnen Ertrags- und Kostenpositionen wird jedoch per Definition verzichtet. Somit sind nur solche periodisch unterschiedlichen Erträge berücksichtigt, die in der oben darstellten Form als Sonderwerte in Form von Anpassungen (vgl. Abbildung 2) berücksichtigt werden. Mit anderen Worten: Das Ertragswertverfahren mit unterschiedlichen Erträgen ist kein übliches DCF-Verfahren.

Beide Alternativdarstellungen des Ertragswertverfahrens sind auch Jahre nach ihrer Einführung in der Wertermittlungspraxis nicht anzutreffen. Dies mag zum einen darauf zurückzuführen zu sein, dass die gängigen Softwareprogramme lediglich die klassische Darstellungsform beherrschen und zum anderen dadurch begründet sein, dass die Alternativdarstellungen keinen zusätzlichen Erkenntnisgewinn mit sich bringen, da sie lediglich mathematische Umstellungen sind.

2.3.5 Sachwertverfahren

2.3.5.1 Verfahrensablauf

Das Sachwertverfahren ist in den §§ 21 bis 23 ImmoWertV beschrieben. Es steht im Gesetz gleichrangig neben dem Vergleichs- und dem Ertragswertverfahren. Während aber vorgenannte Verfahren Werte ausweisen, die aufgrund von Markttransaktionen und -informationen ermittelt worden sind, werden beim Sachwertverfahren marktferne Werte errechnet, die so genannten Herstellungskosten. Deshalb ist ab-

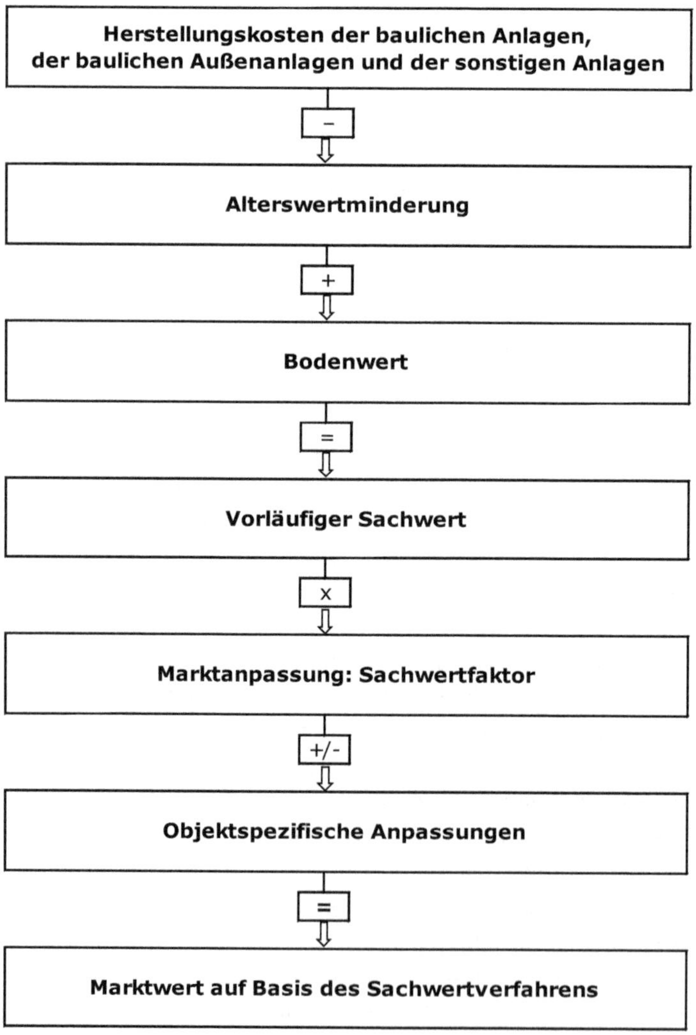

Abb. 3: Schematischer Ablauf des Sachwertverfahrens (© 2014 Dr. Leopoldsberger + Partner)

schließend an die Ermittlung des vorläufigen Sachwerts eine Marktanpassung mittels Sachwertfaktoren (§ 14 Abs. 2, Nr. 1 ImmoWertV) vorzunehmen.

Nach § 21 ImmoWertV sind bei Anwendung des Sachwertverfahrens die Werte des Bodens, der baulichen Anlagen und der sonstigen Anlagen getrennt zu ermitteln. Der schematische Ablauf des Sachwertverfahrens ist in der nachfolgenden Abbildung 3 dargestellt.

2.3.5.2 Ermittlung des Bodenwertes

Wie beim Ertragswertverfahren wird auch beim Sachwertverfahren zweistufig vorgegangen, d. h. der Bodenwert und der Wert des Gebäudes sind getrennt zu ermitteln und anschließend zu summieren. § 21 ImmoWertV schreibt vor, den Bodenwert nach den Regeln des § 16 ImmoWertV zu ermitteln ist, was bedeutet dass der Bodenwert im Vergleichswert ermittelt wird. Bei der Ermittlung des Bodenwertes spielt es keine Rolle, ob ein Grundstück bebaut ist oder nicht. Beim Bodenwert wird von der Fiktion des unbebauten Grundstücks ausgegangen (§ 196 Abs. 1 BauGB).

2.3.5.3 Wertermittlung der baulichen Anlagen

(a) Wert der Gebäude

Der Wert der baulichen Anlagen ist nach § 21 Abs. 2 ImmoWertV auf Grundlage ihrer Herstellungskosten zu ermitteln. Unter baulichen Anlagen versteht das Gesetz Gebäude, Außenanlagen und sonstigen Anlagen. Die Gebäude sind innerhalb dieser Gruppe der bedeutendste Einzelposten. Der korrekten Ermittlung des Gebäudeherstellungswertes muss daher besonderes Augenmerk gewidmet werden.

Der § 22 ImmoWertV schreibt vor, dass die Ermittlung der **Herstellungskosten von Gebäuden** unter Berücksichtigung ihres Alters, baulicher Mängel und Schäden sowie sonstiger wertbeeinflussender Umstände zu erfolgen hat. Ausgegangen wird dabei von den **Normalherstellungskosten**. Die Legaldefinition in § 22 ImmoWertV legt den Begriff der Normalherstellungskosten auf eine einzelne Raum- oder Flächeneinheit fest. In der Literatur und von Sachverständigen wird dieser Begriff aber häufig als das Ergebnis der Berechnung verstanden, bereits korrigiert durch Zu- und Abschläge für nicht erfasste Bauteile sowie ergänzt um die Baunebenkosten für Planung, Baudurchführung und Baugenehmigungen.

Zur Ermittlung der Normalherstellungskosten wird gemäß DIN 277 entweder die Brutto-Grundfläche (in m^2) oder der Brutto-Rauminhalt (in m^3) zugrunde gelegt. Dieser Wert wird mit den Erfahrungswerten für die entsprechende Einheit und das Bezugsjahr multipliziert und das Ergebnis mit dem Baupreisindex für das Bezugsjahr umgerechnet. Alle Bauteile, die nicht in der Bruttogeschossfläche oder im umbauten Raum enthalten sind, sind durch Zu- oder Abschläge zu bewerten. Um auf die Normalherstellungskosten zu kommen, müssen die Baunebenkosten hinzugerechnet werden.

Eine derzeit maßgebliche Quelle für Normalherstellungskosten sind die Tabellenwerke der **NHK 2010**, veröffentlich in der Sachwertrichtlinie.

Bei den NHK 2010 handelt sich um Bundesmittelwerte nach dem Preisstand von 2010. Baunebenkosten – im Gegensatz zu den vorangegangenen Fassungen – in den NHK 2010 mit erfasst. Die Werte sind, wie aus dem Titel hervorgeht, einschließlich der Mehrwertsteuer berechnet worden: „Kostenkennwerte für die Kostengruppen 300 und 400 in Euro/m^2 Brutto-Grundfläche einschließlich Baunebenkosten und Umsatzsteuer“

Die Einführung der NHK 2010 bringt mehrere Verbesserungen in der Anwendungspraxis mit sich: Dem Sachverständigen stehen nun aktuelle (zum Preisniveau von 2010) und fundierte Normalherstellungskosten mit überörtlicher Ableitung zur Verfügung. Deren Bezugsgrundlage bildet eine Flächeneinheit mit normierter Grundlage, die Brutto-Grundfläche. Welche Flächen für die Wertermittlung zu berücksichtigten sind, ist in der Sachwertrichtlinie in den Abschnitten ab Nr. D.1.1.4 geregelt.

Die **Baunebenkosten** sind bereits in den Erfahrungswerten berücksichtigt. Zu den Baunebenkosten gehören nach § 22 ImmoWertV die Kosten für die Planung und die Baudurchführung (hier können die Honorare laut der HOAI angesetzt werden), die behördlichen Genehmigungskosten und die in unmittelbarem Zusammenhang mit der Herstellung erforderlichen Finanzierungs- und Versicherungskosten.

Gemäß § 21 Abs. 3 ImmoWertV ist der Wert der baulichen Außenanlagen und sonstiger Anlagen nur zu berücksichtigen, wenn diese nicht bereits im Bodenwert mit erfasst sind. Der Begriff der Außenanlagen ist in der DIN 276 Teil 2 Nr. 5 definiert: Demnach werden zu den Außenanlagen alle baulichen Maßnahmen, die nicht Gebäude sind, gerechnet. Neben Wegen und Stellflächen sind dies u. a. Spielplätze, Tore und Türen, Skulpturen, Ver- und Entsorgungsleitungen vom Gebäude bis zur Grundstücksgrenze und Stützmauern.

Sofern es keine besonders aufwendige Gestaltung der genannten Anlagen gibt, die vom Grundstücksmarktteilnehmern auch gesondert honoriert werden, kann auf eine separate Feststellung verzichtet werden. Dies ist regelmäßig der Fall.

Die **Wertminderung** wird als Verhältnis von Gesamtnutzungsdauer und verbleibender Nutzungsdauer (Restnutzungsdauer) als prozentualer Wert ausgedrückt. § 23 ImmoWertV unterstellt für den Regelfall eine gleichmäßig, d. h. lineare Alterswertminderung.

Die Anlage 3 „Orientierungswerte für die übliche Gesamtnutzungsdauer bei ordnungsgemäßer Instandhaltung“ zur Sachwertrichtlinie stellt sicher, dass im Regelfall vergleichbare Gesamtnutzungsdauern unterstellt werden.

Die errechnete Wertminderung wegen Alters ist von den Normalherstellungskosten abzuziehen.

Nach Durchführung der Alterswertminderung ist der vorläufige Sachwert zu ermitteln. Hierzug ist der Bodenwert zu dem alterswertgeminderten Herstellungskosten zu addieren.

Bezogen auf den vorläufigen Sachwert ist die Marktanpassung mit Hilfe der nach § 14 ImmoWertV ermittelten Sachwertfaktoren durchzuführen. Als Ergebnis ergibt sich der Sachwert eine „durchschnittlich" gealterten Objekts. Dieses Ergebnis ist an objektspezifische Besonderheiten anzupassen. Zu solchen Besonderheiten zählen beispielsweise Baumängel und -schäden.

Baumängel sind auf Planungs- und Bauausführungsfehler zurückzuführen. **Bauschäden** können auch durch sonstige Umstände entstanden sein. Die Kosten für die Beseitigung der Mängel und Schäden sowie eines eventuell bestehenden Instandhaltungsrückstaus sind bei der Wertermittlung im marktüblicher Höhe zu berücksichtigen.

2.3.5.4 Ermittlung des Sachwertes

Der Sachwert eines Grundstückes ergibt nach Berücksichtigung der Marktanpassung und der objektspezifischen Besonderheiten. Durch die Anwendung eines aktuellen und regionalspezifischen Marktanpassungsfaktors entspricht der Sachwert dem Marktwert.

Stehen solche aktuellen und regionalspezifischen Marktanpassungsfaktoren für mit dem Bewertungsobjekt vergleichbare Objekte nicht vor, ist einem anderen Wertermittlungsverfahren der Vorzug zu geben.

2.3.5.5 Beispiel für eine Sachwertermittlung

Abschließend verdeutlicht das folgende **Beispiel** die konkrete Vorgehensweise des Sachwertverfahrens in Anlehnung an das Beispiel der Sachwertrichtline:

Für ein freistehendes Einfamilienhausgrundstück sind folgende Daten gegeben:

- Gebäudeart 1.01: Freistehendes Einfamilienhaus mit vollausgebautem Dachgeschoss
- Standardstufe 4
- NHK 2010: 1.005 €/m^2 BGF
- Wertermittlungsstichtag: 15.07.2011, VPI 2010 = 100 lag zum Stichtag nicht vor; es wird auf Basis des VPI 2005 eine Umrechnung vorgenommen
- Baujahr 2011; Alterswertminderung entfällt daher
- Objektspezifische Besonderheiten: keine

- BGF: 200 m²,
- Grundstücksgröße: 700 m²,
- Bodenrichtwert gemäß Bodenrichtwertkarte: 150 Euro/m²,
- Baupreisindex 2010 (Basis 2005): 113,7,
- Baupreisindex 2011 (Basis 1995): 116,5,
- Durchschnittlich gestaltete Außenanlagen und sonstige Anlagen: Erfahrungssatz 5 %.
- Der örtliche Gutachterausschuss hat die aktuellen Vergleichskauffälle ausgewertet und eine Sachwertanpassungsfaktor von 1,20 ermittelt.

Bodenwert des Grundstücks: 150 €/m² × 700 m²	105.000 €
Herstellungskosten 200 m² × 1.005 €/m² × 116,5 / 113,7, gerundet	206.000 €
abzüglich Alterswertminderung	0 €
Wert der baulichen Anlagen	+311.000 €
Wert der Außenanlagen: pauschal 5 % von 114.400 €	+15.500 €
Vorläufiger Sachwert:	**326.550 €**
Sachwertfaktor (Marktanpassung): 1,20	**391.860 €**
Sachwert (Marktwert)	**gerundet 392.000 €**

2.4 Britische Bewertungsverfahren

In den achtziger und neunziger Jahren gab es eine rege Auseinandersetzung zwischen deutschen und britischen Sachverständigen über Wertbegriffe und Wertermittlungsverfahren. Diese Diskussin ist vorüber. Beiderseits wird anerkannt, dass der Verkehrswert (Marktwert) mit dem Market Value identisch ist und sowohl mit den normierten Verfahren ermittelt werden kann als auch mit den britischen Methoden.

2.4.1 Einführung in die britische Wertlehre

In Großbritannien existieren, der Tradition des Case Law folgend, keine den deutschen Vorschriften vergleichbaren gesetzlichen Regelungen in Bezug auf die Wertermittlung von Grundstücken. Die Entwicklung von Bewertungsregeln und deren Durchsetzung in der Praxis obliegt den Berufsverbänden (vgl. Thomas 1995a, S. 36).

Das von der Royal Institution of Chartered Surveyors (RICS) wird das sogenannte **„Red Book“** herausgegeben. Offiziell lautet die Bezeichnung: RICS – Berufsgrundsätze, Global RICS Bewertung – Berufsgrundsätze Januar 2014 unter Berücksichtigung der Internationalen Bewertungsstandards des IVSC“.

Das „Red Book" enthält zahlreiche Regeln für die Bewertungspraxis, so genannte „Valuation Practice Statements" (PVSs), Berufsgrundsätze, sogenannte „Professional Standards" (PS) und darüber hinaus neun anwendungsorientierte Leitlinien (VPGA). Als Verbandsstandard sind nur die Mitglieder der RICS an die Einhaltung der Vorschriften des Red Book verpflichtend gebunden und haben in ihren Gutachten anzugeben, dass die Bewertung in Übereinstimmung mit dem „Red Book" erfolgt ist. Abweichungen sind den Mitgliedern nur in zu begründenden Einzelfällen möglich.

Der am häufigsten verwendete Wertbegriff war bis zur 4. Auflage des Red Book der so genannte **„Open Market Value" (OMV)**. Er wurde definiert als der beste Preis, der für ein Grundstück zum Zeitpunkt der Wertermittlung erzielbar ist. Voraussetzung für die Ermittlung des OMV ist zum einen die Existenz einer zum Verkauf bereiten Person („willing seller") und zum anderen die Einräumung eines angemessenen Zeitraums, in dem Verkaufsverhandlungen stattfinden können.

In der aktuellen – 7. Fassung – des „Red Books" lautet die Definition wie folgt:

> Der geschätzte Betrag, für den ein Vermögensgegenstand oder eine Verbindlichkeit am Bewertungsstichtag von einem verkaufsbereiten Verkäufer im Rahmen einer Transaktion im gewöhnlichen Geschäftsverkehr nach einer angemessenen Vermarktungsdauer an einen kaufbereiten Käufer verkauft werden könnte, wobei jede Partei mit Sachkenntnis, Umsicht und ohne Zwang handelt.

Auch wenn diese Definition nicht wörtlich mit der Verkehrswert (Marktwert)-Definition identisch ist, wird mit beiden der gleiche Betrag ermittelt – die jeweils richtige Anwendung vorausgesetzt.

Bereits seit der 6. Auflage sind die Vorschriften der RICS mit den internationalen Bewertungsstandards des International Valuation Standards Committee (IVSC) kompatibel, was sicherstellen soll, dass Immobilien weltweit nach einheitlichen Maßstäben bewertet werden können.

Im Gegensatz zur deutschen ImmoWertV enthalten die Richtlinien der RICS keine Verfahrensbeschreibungen. In den folgenden Abschnitten werden daher die in der britischen Bewertungspraxis gebräuchlichsten Verfahren dargestellt. Wie erwähnt handelt es sich bei diesen Darstellungen nicht um normierte Verfahren, die der britische Gesetzgeber vorgegeben hätte, sondern um marktübliche Modelle.

2.4.2 Direct Value Comparison Approach/Comparative Method

2.4.2.1 Anwendungsbereich und Vorgehensweise

Die Grundlage der Wertermittlung bilden bei der Comparative Method die Marktpreise vergleichbarer Objekte, so genannte **„comparables"**, aus denen unter Berücksichtigung der Besonderheiten der zu bewertenden Immobilie ihr Preis abgeleitet wird. Die Suche nach geeigneten Vergleichsobjekten wird dabei durch die Heterogenität des Grundstücksmarktes erschwert. Behelfsweise werden Grundstücke zum Vergleich herangezogen, die in möglichst vielen Merkmalen Übereinstimmungen aufweisen. Unterschiede können sich beispielsweise aus der Lage der Grundstücke oder aus dem Zustand der Gebäude ergeben. Mit Hilfe von Zu- bzw. Abschlägen, deren Bemessung weitgehend dem Bewerter überlassen ist, wird versucht, die Vergleichbarkeit nachträglich herzustellen. Je mehr Anpassungen jedoch aufgrund unterschiedlicher Merkmalsausprägungen notwendig sind, desto stärker verringert sich auch die Zuverlässigkeit der Bewertungsergebnisse (vgl. Johnson/Davies/Shapiro, S. 39 ff.).

Der Anwendungsbereich dieser vom Ansatz her sehr einfachen und direkten Bewertungsmethode beschränkt sich daher vornehmlich auf Wohnhäuser, Wohnungen und unbebaute Grundstücke, für die sich ausreichend vergleichbare Objekte finden lassen.

Dies ist aufgrund der Transparenz des britschen Immobilienmarkts jedoch weitaus häufiger der Fall, als dies in Deutschland möglich wäre.

2.4.2.2 Vergleich der Comparative Method mit dem deutschen Vergleichswertverfahren

Hinsichtlich der prinzipiellen Vorgehensweise und des Anwendungsbereiches stimmen die Comparative Method und das Vergleichswertverfahren überein. Die Anwendungshäufigkeit dieser Methode scheint jedoch in Großbritannien besonders bei der Bewertung von Einfamilienhäusern größer zu sein als in Deutschland, wo teilweise dem Sachwertverfahren der Vorzug eingeräumt wird.

Die höhere Akzeptanz von Preisvergleichen in der britischen Bewertungspraxis lässt sich mit der höheren Transparenz der Immobilienmärkte, vor allem in Ballungszentren wie London, erklären. In Deutschland wird die Anwendung des Vergleichswertverfahrens zum einen durch die differenziertere Struktur der regionalen Immobilienmärkte behindert. Zum anderen ist für Sachverständige, die nicht dem Gutachterausschuss angehören bzw. nicht öffentlich bestellt und vereidigt sind, der direkte Zugang zu den Kaufpreissammlungen der Gutachterausschüsse erschwert (vgl. Rüchardt, S. 310). In Großbritannien gibt es zwar keine mit den Gutachterausschüssen vergleichbare Institution, jedoch ist der Markt transparenter. Es ist üblich, dass mit Verkäufen unter Angabe von Preisen und sonstigen Konditionen geworben wird. Dies ermöglicht es dem britischen Bewerter sich stärker an den Besonderheiten des einzelnen Grundstücks orientieren und sich bemühen, individuell passende Vergleichsobjekte ausfindig zu machen (vgl. Downie/Schulte/Thomas, S. 139 f.). Aufgrund des Datenschutzes tendiert der in Deutschland tätige Sachverständige dazu, eher aggregierte Daten zu nutzen. So ist es beispielsweise in Deutschland untersagt, die konkreten Vergleichsfälle aus der Kaufpreissammlung der Gutachterausschüsse in den Gutachten zu zitieren. Selbst in Gerichtsverfahren werden die Kaufpreise regelmäßig nur in einer Form genannt, die es unmöglich macht (und machen soll) den konkreten Verkaufsfall zu identifizieren. Dagegen wird es auf dem britischen Markt erwartet, dass im Gutachten „Comparables" genannt werden; in der Regel unter vollständiger Nennung der Adresse.

2.4.3 Income Approach/Investment Method

2.4.3.1 Grundlagen

Der Wert einer Immobilie wird nach der „Investment Method" auf Basis des Barwertes der zukünftigen Einzahlungsüberschüsse bestimmt. Dieses Verfahren findet daher besonders häufig Anwendung bei der Bewertung von Immobilien, bei denen die Trennung von Eigentum und Besitz zu Erträgen, beispielsweise in Form von Mieten, führt (vgl. Johnson/Davies/Shapiro, S. 14 f.).

Voraussetzung für die Berechnung des „Investment Value" ist einerseits die Kenntnis der Nettoerträge der zu bewertenden Immobilie, die sich aus der gezahlten Miete abzüglich der beim Vermieter anfallenden Kosten ergeben und andererseits die Auswahl eines angemessenen Diskontierungsfaktors (vgl. Baum/Mackmin/Nunnington, S. 44).

Im Folgenden werden die notwendigen Rechnungskomponenten und ihre Bestimmungsfaktoren dargestellt.

(a) Current Rent/Rental Value

Die Sammlung von Informationen bezüglich der gegenwärtig gezahlten Mieten („**current rent**") bildet die Grundlage für die Bewertung der Immobilie nach der Investment Method. Dabei ist nicht nur die Miethöhe, sondern auch die zeitliche Verteilung der Zahlungen zu beachten. Für die Wertermittlung ist darüber hinaus der Mietwert des Grundstücks, der so genannte „**rental value**", von Bedeutung, da Abweichungen der vertraglich vereinbarten Mietzahlungen vom aktuellen Mietwert in den Berechnungen besonders berücksichtigt werden müssen. Die Schätzung des gegenwärtigen Mietwertes des Bewertungsobjektes und die Prognose seiner zukünftigen Entwicklung erfordert eine genaue Marktbeobachtung, um aus den für vergleichbare Immobilien gezahlten Mieten Rückschlüsse ziehen zu können. Sowohl die Höhe der Miete als auch der Mietwert werden unter anderem beeinflusst von der Ausgestaltung der Mietverträge, den besonderen Charakteristika der betrachteten Immobilie sowie dem Verhältnis von Angebot und Nachfrage (vgl. Johnson/Davies/Shapiro, S. 45 ff.).

(b) Outgoings

Zu den „**Outgoings**" zählen vor allem die Aufwendungen für Instandhaltung und Versicherungen sowie Steuern. Ziel bei der Gestaltung der Mietverträge ist es, diese Lasten im Rahmen so genannter **„full repairing and insuring leases"** weitgehend dem Mieter aufzubürden. Auf diese Weise vereinfacht sich die Wertermittlung, da nur die beim Vermieter verbleibenden Verwaltungskosten bei der Bewertung berücksichtigt werden müssen. Aufwendige Schätzungen, wie beispielsweise der jährlichen Instandhaltungskosten, erübrigen sich somit. Verbleiben hingegen Verpflichtungen beim Vermieter, so wirkt sich dies negativ auf den Investment Value der Immobilie aus, da mit inflationsbedingten Kostensteigerungen bei gleich bleibenden Mieteinnahmen gerechnet werden muss, die die Nettoerträge schrumpfen lassen (vgl. Johnson/Davies/Shapiro, S. 63 f.).

Hinsichtlich der Outgoings werden in den Beispielen, die in den nachfolgenden Abschnitten zur Verdeutlichung der grundsätzlichen Vorgehensweisen des Income Approach dienen sollen, Vereinfachungen getroffen:

Zum einen basieren die Beispielrechnungen auf der Annahme, dass „full repairing and insuring leases" vereinbart wurden und somit die gezahlten Mieten die Nettoerträge darstellen. Jährlich anfallende „management fees", deren Höhe sich durchschnittlich auf 1,5 % der gezahlten Miete beläuft und die i. d. R. vom Vermieter zu tragen sind, werden in den Rechnungen nicht explizit berücksichtigt. Darüber hinaus werden so genannte „initial cost", wie beispielsweise Notarkosten, die im Zusammenhang mit dem Abschluss der Kauf- bzw. Mietverträge anfallen, ignoriert. Diese werden in Großbritannien üblicherweise mit 5,80 % des Kaufpreises angesetzt.

Hierbei ist zu beachten, dass die Berücksichtigung durch eine Korrektur des Capital Value um den Faktor: 1,058–1 vorgenommen wird. Eine weitere Vereinfachung besteht schließlich darin, dass steuerliche Aspekte i. d. R. vernachlässigt werden (vgl. Baum/Mackmin/Nunnington, S. 54 ff.).

(c) Yields

Die Ermittlung eines angemessenen Kalkulationszinsfußes für die Diskontierung der Nettoerträge kann auf Basis einer Analyse der Renditen erfolgen, die bei vergleichbaren Transaktionen in der näheren Vergangenheit erzielt wurden. Der so abgeleitete Zinssatz wird als **„all risks yield" (ARY)** bezeichnet. Bei dieser Vorgehensweise stellt sich jedoch das Problem der Vergleichbarkeit, da die Höhe des Diskontierungsfaktors von zahlreichen Einflussgrößen abhängig ist. So resultiert beispielsweise die Vereinbarung von Verträgen mit ungewöhnlich langen Zeiträumen zwischen den Mietanpassungen („rent revisions") oder mit teilweiser Übernahme der Outgoings durch den Vermieter in einem erhöhten Kalkulationszinsfuß. Ebenso sind Zuschläge für Mietausfälle bei mangelhafter Bonität der Mieter notwendig. Für den ARY wird ein Vollvermietungsszenario zu Markt(miet)konditionen („rack-rented") unterstellt.

Alternativ ließe sich der ARY ausgehend von der weitgehend risikofreien Verzinsung festverzinslicher Wertpapiere ermitteln. Diese müsste einerseits nach oben angepasst werden, um dem größeren Risiko und der geringeren Liquidität von Immobilieninvestitionen gerecht zu werden. Andererseits müssten Abschläge vorgenommen werden, da bei Immobilieninvestitionen, im Gegensatz zu festverzinslichen Wertpapieren, das erwartete Wachstum des Kapitals und der Mieten berücksichtigt werden muss, welches den Investor einen niedrigeren Yield akzeptieren lässt. Diese eher theoretische Vorgehensweise zur Ermittlung des angemessenen Diskontierungsfaktors erweist sich jedoch besonders in Hinblick auf die Festlegung der Zu- bzw. Abschläge als wenig praktikabel. Ist der Kalkulationszinsfuß gefunden, so kann der **Rentenbarwertfaktor („year's purchase"**) abgeleitet werden, der bei Vorliegen einer ewigen Rente dem Kehrwert des ermittelten ARY entspricht (vgl. Enever/Isaac, S. 88).

Im Rahmen des Investment Approach lassen sich neben dem ARY weitere Yield-Typen unterscheiden (vgl. o. V., S. 117 f.):

- Als **„initial yield"** wird die **statische Anfangsrendite** einer Immobilieninvestition bezeichnet. Sie bestimmt sich aus dem Verhältnis der Nettoerträge zu Beginn der Vertragslaufzeit und dem Kaufpreis. Für den Fall, dass die betrachtete Immobilie „rack-rented", d. h. zum vollen Marktwert, vermietet wurde, entspricht der ARY dem Initial Yield.
- Demgegenüber stellt der **„current yield"** die **aktuelle Rendite** zum Zeitpunkt der Bewertung dar und ergibt sich aus der Gegenüberstellung der gegenwärtig erzielten Nettoerträge zum Kaufpreis.
- Dem Begriff der **„internal rate of return" (IRR)** kommt im Zusammenhang mit Discounted Cash Flow Analysen besondere Bedeutung zu. Die IRR repräsentiert den Zinssatz, bei dem die Summe der diskontierten Nettoerträge gleich der Investitionsausgabe für die Immobilie ist **(interner Zinsfuß)**. Hinsichtlich der Darstellungsweise bestehen zwei Möglichkeiten: Zum einen kann die IRR als „equated yield" ausgedrückt werden. Das Mietwertwachstum ist hierbei nicht in der Höhe des Yield enthalten, sondern wird bei der Schätzung der zukünftigen Cash Flows berücksichtigt. Zum anderen lässt sie sich als „equivalent yield" darstellen, welcher die Erwartungen in Bezug auf die Wachstumsrate – ähnlich wie der ARY – implizit erfasst.
- Werden Discounted Cash Flow Analysen nicht zur Bestimmung der IRR, sondern zur Ermittlung des Kapitalwertes der Investition eingesetzt, so ist die Vorgabe eines Kalkulationszinssatzes erforderlich. Dieser wird als **„target rate of return"** bezeichnet und sollte das spezifische Investitionsrisiko widerspiegeln.

In den folgenden Abschnitten werden alternative Verfahren zur Ermittlung des Investment Value erläutert, die sich in so genannten **„Growth Implicit Models"** und **„Growth Explicit Models"** unterteilen lassen.

2.4.3.2 Growth Implicit Models

Kennzeichnend für so genannte „Growth Implicit Models“ ist der Verzicht auf explizite Prognosen zukünftig erwarteter Mietwertsteigerungen. Vereinfachend werden die gegenwärtig erzielbaren Nettoerträge entsprechend einer ewigen Rente als im Zeitablauf konstant angenommen und kapitalisiert. Die Erwartungen des Bewerters hinsichtlich des Mietwertwachstums werden jedoch implizit im Diskontierungsfaktor, dem ARY, berücksichtigt (vgl. Enever/Isaac, S. 103).

Die Bewertung von **„rack-rented properties“**, d. h. von Grundstücken, deren Miete dem vollen Marktwert entspricht, stellt den einfachsten Anwendungsfall dar. Voraussetzung ist, dass regelmäßige Mietanpassungen vertraglich vorgesehen sind, um die gezahlten Mieten dauerhaft auf dem Marktniveau zu halten. Der Investment Value der betrachteten Immobilie ergibt sich auf Grundlage dieser Annahmen durch Diskontierung der aktuellen Mieterträge als ewige Rente mit dem ARY bzw. durch Multiplikation mit dem Vervielfältiger, d. h. dem Year’s Purchase, der dem Kehrwert des ARY entspricht (vgl. Enever/Isaac, S. 88).

Das klassische Ertragswertverfahren deutscher Prägung ist ebenfalls ein Growth Implicit Model, die Wachstumserwartungen sind dort im Liegenschaftszinssatz abgebildet.

Beispiel

Für ein modernes Bürogebäude wurde vor drei Monaten ein „full repairing and insuring“-Mietvertrag über eine Gesamtlaufzeit von 25 Jahren mit regelmäßigen Mietanpassungen („rent review“) im Abstand von fünf Jahren vereinbart. Die gegenwärtig gezahlte Nettomiete („net rent“) von £ 40.000 p. a. entspricht dem aktuellen Mietwert und wird als ewige Rente („perpetuity“) mit einem marktabgeleiteten ARY in Höhe von 5,5 % diskontiert.

Die Berechnung des Kapitalwertes („capital value“) erfolgt in der in Großbritannien üblichen Schreibweise gemäß der Formel (vgl. Thomas 1995a, S. 82):

Net Income × Year’s Purchase (YP) = Capital Value
Net Rent £ 40.000 YP perpetuity @ 5,5 % (= 1 / 0,055) 18,182
Capital Value £ 727.280

Der Capital Value der betrachteten Immobilie beträgt in diesem einfachen Fall £ 727.280.

Entgegen dem obigen Beispiel entsprechen in der Realität die gegenwärtig erzielten Mieterträge nur selten dem aktuellen Marktwert. Stattdessen muss der Gutachter bei der Bewertung zwischen mehreren Mietniveaus differenzieren. I.d.R. wird zwischen der Miete, die bis zur nächsten Mietanpassung bzw. Vertragserneuerung festgesetzt ist, und der für den daran anschließenden Zeitraum prognostizierten Miete unterschieden. Hierbei können zwei Fälle auftreten:

1. Zum einen kann die gezahlte Miete unter dem aktuellen Mietwert liegen **(„under-rented property“)**. Als Begründung hierfür lassen sich zwischenzeitliche Mietwertsteigerungen, inflationäre Entwicklungen, aber auch zu Beginn des Mietverhältnisses an den Vermieter gezahlte Prämien heranziehen, die eine Festsetzung der Miete unter Marktwert rechtfertigen (vgl. Johnson/Davies/Shapiro, S. 118, 190).
2. Andererseits kann es sich bei dem betrachteten Bewertungsobjekt auch um ein **„over-rented property“** handeln, dessen Mietwert unterhalb der vertraglich festgelegten Miete liegt. Dieser Fall trat Anfang der 90er Jahre besonders bei Büroimmobilien im Großraum London auf. Der Betrag, um den die Mietzahlungen den Mietwert übersteigen, wird als **„overage“** oder **„froth“** bezeichnet. Neben konjunkturell bedingten Mietwertreduktionen können auch außergewöhnlich lange Zeiträume zwischen den Mietanpassungen für das Entstehen einer Overage verantwortlich sein. Jedoch ist in diesem Spezialfall der Ansatz einer höheren Miete als Kompensation für den Verzicht auf häufigere Rent Reviews zu interpretieren (vgl. Crosby 1991/1992, S. 522).

Hinsichtlich der Vorgehensweise bei der Bewertung der unterschiedlichen Mietniveaus herrscht unter britischen Gutachtern Uneinigkeit. Im Rahmen der so genannten **„Two Income Models“** lassen sich zwei Ansätze abgrenzen:

- Eine Möglichkeit besteht in der vertikalen Aufspaltung der Einkommensströme in zwei Blöcke, die als **„Term“** und **„Reversion“** bezeichnet werden (vgl. Abbildung 4). Ersterer umfasst die gegenwärtig gezahlte Miete bis zur nächsten Mietanpassung, während die Reversion den sich daran anschließenden Einkommensstrom darstellt.
- Alternativ können die unterschiedlichen Einkommensniveaus horizontal in ein so genanntes **„core income“** und ein **„top slice“** unterteilt werden (vgl. Abbildung 5). Dabei wird die gegenwärtige Miete als in der Zukunft andauernder Zahlungsstrom interpretiert. Erwartete Mieterhöhungen werden durch das Top Slice repräsentiert. Diese Vorgehensweise wird in der Literatur als „hardcore model“, „layer method“ oder auch als „top-slicing approach“ bezeichnet (vgl. Enever/Isaac, S. 135.).

Beide Ansätze werden im Folgenden anhand von Beispielen näher erläutert.

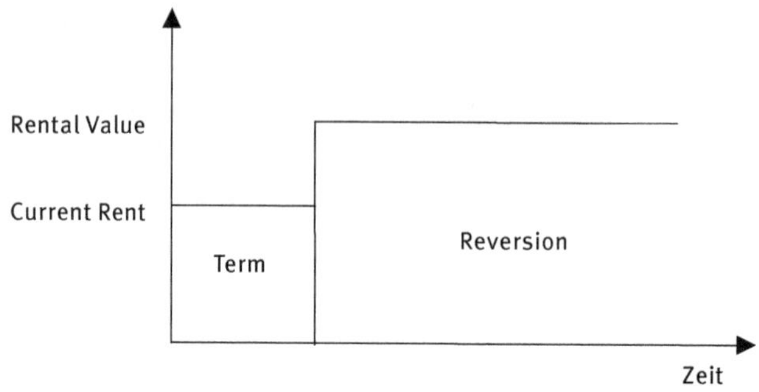

Abb. 4: Term and Reversion Model

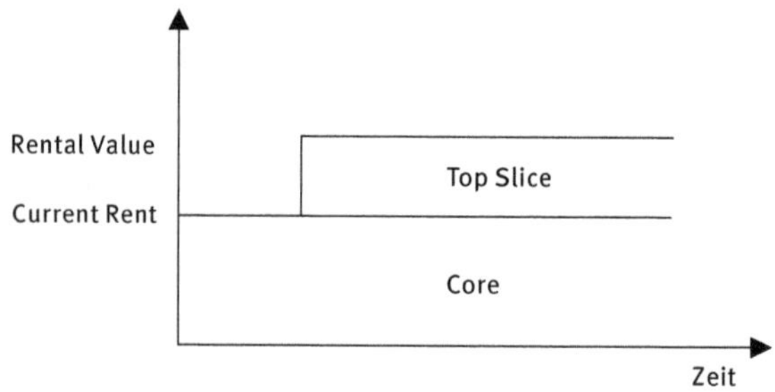

Abb. 5: Top Slicing Model

(a) Term and Reversion Approach (TRA)

Um den Investment Value auf Basis des Term and Reversion Approach zu ermitteln, sind die unterschiedlichen Einkommensströme des Term und der Reversion einzeln zu diskontieren (vgl. Enever/Isaac, S. 135 f.).

Die Höhe der Mieten für den Zeitraum der Reversion, das so genannte „reversionary income“, bestimmt sich für den Fall, dass die für die Dauer des Term festgelegten Mietzahlungen **(„current rent“)** unter den aktuellen Marktmieten liegen, aus dem zum Bewertungszeitpunkt geschätzten gegenwärtigen Mietwert **(„current rental value“)**. Dieser wird als ewige Rente mit dem ARY auf den Zeitpunkt der Mietanpassung kapitalisiert und der so ermittelte Kapitalwert der Reversion anschließend um die Dauer des Term diskontiert.

Für die während des Term anfallenden Mieten wird ebenfalls der Barwert im Bewertungszeitpunkt errechnet. Bei der Diskontierung des Term findet jedoch ein Zinssatz Verwendung, der i. d. R. um 0,5 bis 1 % niedriger ist als der ARY. Die intuitive Festsetzung des Diskontierungsfaktors unterhalb des ARY lässt sich mit der größeren Sicherheit des „term income“ begründen, da es einerseits vertraglich fixiert ist und andererseits unterhalb des aktuell erzielbaren Marktwertes liegt.

Aus der Summe der Barwerte des Term und der Reversion ergibt sich schließlich der **Investment Value**.

Das folgende **Beispiel** verdeutlicht nochmals die Vorgehensweise des TRA (vgl. Thomas 1995a, S. 83):

Die aus dem vorangegangenen Beispiel bereits bekannte Büroimmobilie erbringt zurzeit Nettomieterträge in Höhe von £ 40.000 p. a. Die nächste Mietanpassung ist in zwei Jahren vorgesehen. Der aktuelle Mietwert der Immobilie wird auf £ 45.000 p. a. geschätzt und der marktabgeleitete ARY wird mit 5,5 % beziffert. Die folgende Abbildung 6 verdeutlicht die Mietentwicklung.

Anstatt, wie im obigen Beispiel, das Term Income aufgrund der vermuteten höheren Sicherheit dieses Einkommensstroms mit einem niedrigeren Kalkulationszinsfuß zu diskontieren, könnte der ARY als einheitlicher Diskontierungsfaktor auf Term und Reversion angewandt werden, wodurch der errechnete Investment Value um £ 520 auf £ 808.960 sinken würde.

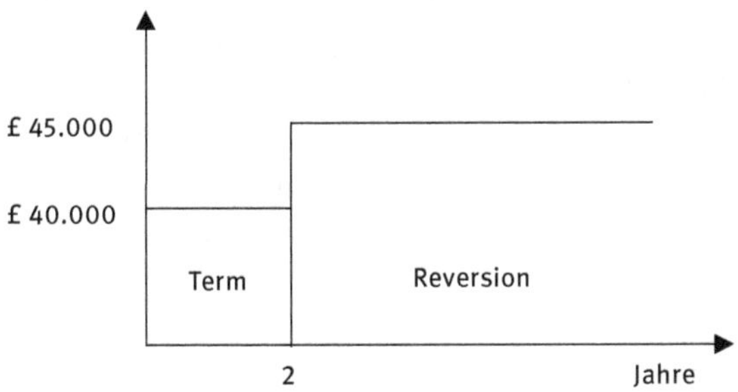

Abb. 6: Darstellung des TRA für das Beispiel

Current Rent	£ 40.000	
YP für zwei Jahre @ 5 %	1,859	
Term		£ 74.360
Current Rental Value	£ 45.000	
YP perpetuity @ 5,5 %	18,182	
Diskontierung um zwei Jahre	0,898	
Reversion		£ 735.120
Investment Value		**£ 809.480**

Diese Vorgehensweise lässt sich mit dem Argument rechtfertigen, dass Risikoabschläge vom ARY nicht für einzelne Zahlungsströme, sondern nur bei Abweichungen des Gesamtrisikos der Investition von dem der Vergleichsobjekte mit gleichem ARY vorgenommen werden sollten.

(b) Top Slicing Approach (TSA)

Anders als beim TRA, für den die vertikale Aufteilung der Einkommensströme kennzeichnend ist, nimmt der Top Slicing Approach eine **künstliche horizontale Aufspaltung der Mieterträge** vor (vgl. Enever/Isaac, S. 145).

Der Investment Value ermittelt sich nach dieser Methode aus der Summe der Kapitalwerte des **Hardcore** und des **Top Slice**. Der Barwert des Hardcore wird mittels Diskontierung der bei Under-rented Properties unter dem Mietwert liegenden Miete als ewige Rente berechnet. Die im Zuge von späteren Rent Reviews vorgenommenen Mietanpassungen an den Current Rental Value werden durch das Top Slice erfasst und ebenfalls als ewige Rente zunächst auf den Zeitpunkt der Mieterhöhung diskontiert und anschließend nochmals auf den Bewertungszeitpunkt abgezinst (vgl. Johnson/Davies/Shapiro, S. 190 f.).

Als äußerst problematisch erweist sich bei dieser Vorgehensweise die Wahl der Diskontierungszinssätze. Meist wird der „marginal yield", der auf das Top Slice angewandt wird, intuitiv höher als der „core yield" angesetzt, um die relative Unsicherheit der Mieterhöhungen zu berücksichtigen (vgl. Enever/Isaac, S. 145).

Der Marginal Yield lässt sich zwecks Umgehung subjektiv festgesetzter Risikozuschläge auch mathematisch aus der Gegenüberstellung des Mieterhöhungsbetrages und des Kapitalwertes des Top Slice herleiten (vgl. Isaac/Steley, S. 65 f.):

$$\text{Marginal Yield} = \frac{\text{Marginal Rent}}{\text{Capital Value of Marginal Rent}}$$

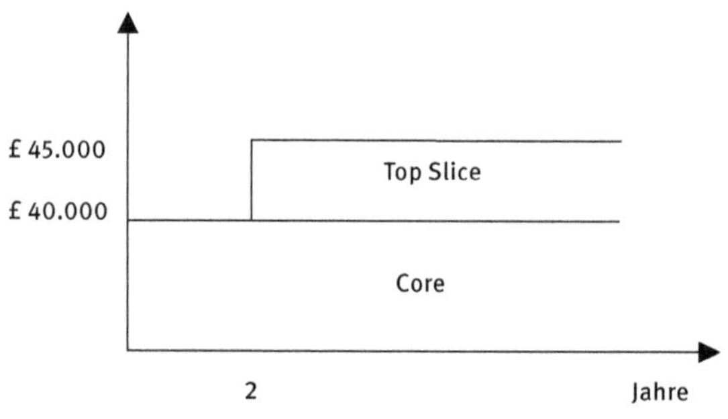

Abb. 7: Darstellung des TSA für das Beispiel des Under-rented Property

Current Rental Value	£ 45.000	
YP perpetuity @ 5,5 % (ARY)	18,18	
		£ 818.100
Current Rent	£ 40.000	
YP perpetuity @ 5 %	20	
		£ 800.000
Capital Value of Marginal Rent		**≈ £ 18.000**

Auch hier soll das bereits bekannte **Beispiel** zur Verdeutlichung der Vorgehensweise (vgl. Abbildung 7) des TSA dienen (vgl. Thomas 1995a, S. 84).

Der intuitiv um 0,5 % niedriger angesetzte Diskontierungsfaktor der Current Rent drückt die größere Sicherheit des Einkommens aus. Durch Einsetzen in die Formel errechnet sich bei einer Marginal Rent von £ 45.000 – £ 40.000 = £ 5.000 ein Marginal Yield von £ 5.000 / £ 18.000 = 0,28, also 28 %. Wird der errechnete Marginal Yield bei der Ermittlung des Investment Value angewandt, so ergibt sich ein Bewertungsergebnis, welches dem nach dem TRA berechneten Investment Value von £ 809.480 nahezu gleichkommt:

Current Rent	£ 40.000	
YP perpetuity @ 5 %	20	
Hardcore		£ 800.000
Marginal Rent	£ 5.000	
YP perpetuity @ 28 %	3,5714	
Diskontierung um zwei Jahre	0,6104	£ 10.899
Top slice		
Investment Value		**£ 810.899**

Die Schwierigkeiten bei der Bestimmung des angemessenen Marginal Yield können durch die Anwendung eines einheitlichen Zinssatzes umgangen werden. Diese Vereinfachung lässt sich hier auch damit rechtfertigen, dass Aufschläge auf den ARY lediglich bei Abweichungen des Gesamtrisikos der Investition von dem der Vergleichsobjekte vorgenommen werden sollten. Zudem wird bei Diskontierung mit einem Einheitszinssatz ein Vergleich der Bewertungsergebnisse nach dem TRA und dem TSA möglich, da nur unter dieser Annahme die Methoden bei gleichen Ausgangsdaten zu identischen Ergebnissen gelangen (vgl. Baum/Mackmin/Nunnington, S. 63).

Ausgelöst durch die Entwicklung auf dem Londoner Immobilienmarkt wurde der TSA in den letzten Jahrzehnten verstärkt im Zusammenhang mit der Bewertung von **Over-rented Properties** diskutiert. Bei Vorliegen einer **Overage** aufgrund eines Absinkens des Mietwertes unter die vertraglich vereinbarte Miete bleibt die grundsätzliche Vorgehensweise des TSA erhalten, jedoch ändert sich die Bewertung und Anordnung der „layer", sowie die Höhe der Diskontierungsfaktoren.

Der Wert des Hardcore wird durch die Diskontierung des Current Rental Value mit dem ARY als ewige Rente bestimmt. Das Top Slice Income resultiert aus der Differenz der gegenwärtig gezahlten Miete und dem aktuellen Mietwert und wird über die noch verbleibende Laufzeit des Lease abgezinst. Bei der Diskontierung des Top Slice findet ein höherer Kalkulationszinsfuß Anwendung, da es sich um ein vertraglich gesichertes Einkommen handelt, welches lediglich durch die mangelnde Zahlungsfähigkeit des Mieters gefährdet ist. Die Höhe des Diskontierungsfaktors des Top Slice kann entweder intuitiv durch Zuschläge auf den ARY oder marktorientiert bestimmt werden, indem die Rendite vergleichbarer Immobilien oder alternativer Kapitalanlagen als Maßstab herangezogen wird (vgl. Crosby/Goodchild, S. 68, 75 f.).

Beispiel
Für ein Bürogebäude wurde ein „full repairing and insuring lease“ mit „upwards-only“-Mietanpassungen im Abstand von fünf Jahren vereinbart, dessen Restlaufzeit noch 17 Jahre beträgt. Die Mietzahlungen wurden bei der letzten Rent Review vor drei Jahren auf £ 150.000 p. a. fixiert. Der aktuelle Mietwert vergleichbarer Immobilien ist jedoch in der Zwischenzeit auf £ 125.000 p. a. gesunken. Der marktabgeleitete ARY beträgt 7 %. Zur Diskontierung des Top Slice wird ein Zinssatz in Höhe von 15 % verwendet (vgl. Thomas 1995a, S. 85). Die Abbildung 8 verdeutlicht den Zusammenhang.

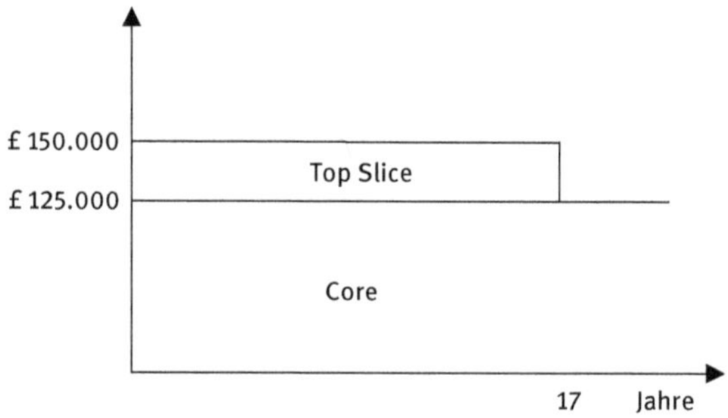

Abb. 8: Darstellung des TSA für das Beispiel des Over-rented Property

Current Rental Value	£ 125.000	
YP perpetuity @ 7 %	14,2857	
Core		£ 1.785.712
Overage (£ 150.000 – £ 125.000 = £ 25.000)	£ 25.000	
YP für 17 Jahre @ 15 %	6,0472	
Top Slice		£ 151.180
Investment Value		**£ 1.936.892**

Die Anwendung des TSA zur Bewertung von Over-rented Properties erfährt zunehmend Kritik. Der Grund hierfür liegt in der Kapitalisierung des Top Slice über die gesamte Restdauer des Mietvertrages. Aufgrund des im ARY bereits implizit berücksichtigten Mietwertwachstums kann der Fall eintreten, dass der Mietwert noch während der Laufzeit des Lease auf das vertraglich fixierte Mietniveau ansteigt, sodass ein Teil der Overage doppelt bewertet wird.

Die traditionellen Growth Implicit Models, die auch heute noch in der britischen Bewertungspraxis aufgrund ihrer Einfachheit häufig Anwendung finden, weisen bei genauerer Betrachtung zahlreiche Mängel auf. Hauptansatzpunkt der Kritik bilden dabei die stark vereinfachenden, realitätsfremden Annahmen in Bezug auf die Höhe und zeitliche Verteilung der Einkommensströme einerseits und die Wahl der Diskontierungsfaktoren andererseits (vgl. Thomas 1995a, S. 86).

Hinsichtlich der Entwicklung der Nettoerträge wird auf explizite Prognosen verzichtet und stattdessen die **Konstanz der aktuellen Werte** unterstellt. Darüber hinaus wird im Rahmen der traditionellen Methoden zur Vereinfachung von jährlich nachschüssig anfallenden Zahlungsströmen ausgegangen, während in der Praxis vierteljährliche, vorschüssige Mietzahlungen die Norm sind.

Die Festlegung angemessener Kalkulationszinsfüße stellt das größte Problem der Growth Implicit Models dar. Die Bemessung von Auf- bzw. Abschlägen zur Anpassung marktabgeleiteter Vergleichszinssätze an die Gegebenheiten des konkreten Bewertungsobjektes liegt weitgehend im Ermessen des Gutachters und ist für Außenstehende kaum nachvollziehbar (vgl. Scarrett, S. 76, 93). Eine weitere realitätsfremde Annahme ist die Konstanz der im ARY implizit enthaltenen Wachstumsrate des Mietwertes über den gesamten Bewertungshorizont (vgl. Crosby 1991, S. 523 f.).

Bei Veränderungen der Mieterträge, die nicht im ARY erfasst werden können, wird die Differenzierung unterschiedlicher Einkommensniveaus erforderlich. Wie in den vorangegangenen Erläuterungen deutlich wurde, liegt das Hauptproblem der Two Income Models in der Bestimmung geeigneter Diskontierungsfaktoren für die einzelnen Einkommensströme. Mathematische Herleitungen des angemessenen Yield zur Umgehung intuitiver Schätzungen sind nur bedingt geeignet, da sie wie in der durchgeführten Beispielrechnung, zu unrealistischen Ergebnissen führen können (vgl. Johnson/Davies/Shapiro, S. 191 f.).

Besonders im Zusammenhang mit der Bewertung von Over-rented Properties erweisen sich die Growth Implicit Models als problematisch, da sie nicht in der Lage sind, die Dauer der Overage sowie die Reduktion ihres Wertes im Zeitablauf zu berücksichtigen. Nur durch Inkaufnahme komplexer Rechnungen lassen sich Überbewertungen vermeiden.

Die zunehmende Kritik der Growth Implicit Models zu einer verstärkten Hinwendung zu so genannten Growth Explicit Models geführt, die einige der aufgezählten Mängel der traditionellen Methoden umgehen (vgl. Thomas 1995a, S. 86). Sie werden in den folgenden Abschnitten dargestellt.

2.4.3.3 Growth Explicit Models

Die Ermittlung des Investment Value erfolgt im Rahmen der Growth Explicit Models auf Basis so genannter **„Discounted Cash Flow Analysen“ (DCF-Analysen)**, die ursprünglich nur im Bereich der Investitionsrechnung eingesetzt wurden. Wie auch die Growth Implicit Models basieren diese Methoden auf der Diskontierung der Nettoerträge der zu bewertenden Immobilie. Die Growth Explicit Models unterscheiden sich jedoch von den traditionellen Methoden vor allem durch **differenziertere** Annahmen, die die Realitätsnähe erhöhen sollen. So ist für DCF-Analysen besonders die explizite **Berücksichtigung des Mietwertwachstums** in der Höhe der prognostizierten Nettoerträge kennzeichnend (vgl. Scarrett, S. 94 f.).

Die Growth Explicit Models können zum einen auf dem Kapitalwert, dem **„Net Present Value“ (NPV)**, und zum anderen auf dem internen Zinsfuß, der **„Internal Rate of Return“ (IRR)**, basieren.

Die Berechnung eines NPV erfordert neben Informationen bezüglich der aktuell gezahlten Miete, des gegenwärtigen Mietwertes, der vertraglich vereinbarten Mietanpassungsintervalle und des erwarteten Mietwertwachstums die Festsetzung eines angemessenen Diskontierungszinsfußes. Die Höhe des Kalkulationszinsfußes orientiert sich zumeist an den individuellen Renditeforderungen des Investors, der so genannten „target rate“. Alternativ kann auch der Fremdkapitalzinssatz zur Diskontierung herangezogen werden oder die Verzinsung alternativer risikoäquivalenter Kapitalanlagen, in der sich die Opportunitätskosten der Immobilieninvestition widerspiegeln (vgl. Isaac/Steley, S. 27).

Discounted Cash Flow Analysen

Als Entscheidungsgrundlage für Immobilieninvestitionen werden zunehmend DCF-Analysen eingesetzt, die nicht nur das Wertwachstum im Zeitablauf, sondern auch Faktoren wie Abschreibung, Inflation, Instandhaltungsaufwendungen, Finanzierungskosten und Steuern explizit berücksichtigen (vgl. Crosby/Goodchild, S. 72).

Im Gegensatz zu den traditionellen Methoden werden bei diesen Berechnungen meist vierteljährlich oder monatlich vorschüssig anfallende Zahlungsströme unterstellt.

Voraussetzung für die Durchführung solch detaillierter Analysen ist die Verfügbarkeit entsprechenden Datenmaterials. Neben subjektiven Einschätzungen lassen sich mathematische Modelle zur Prognose von Mieten und Zinsentwicklungen heranziehen. Mit Hilfe von Sensitivitätsanalysen können die kritischen Grenzwerte einzelner Faktoren ermittelt werden, und durch den Einsatz von Szenario-Techniken lassen sich die Konsequenzen alternativer Umweltentwicklungen antizipieren (vgl. Bannermann, S. 248 ff.).

Der Aufbau einer einfachen DCF-Analyse ist in Tabelle 3 dargestellt. Den Berechnungen wurden folgende Annahmen zugrunde gelegt:

- Es handelt sich um ein modernes Bürohaus in guter Innenstadtlage.
- Das Objekt wurde zum 1. 1. 2003 für 12 Mio. Euro erworben.
- Die Erwerbsnebenkosten betragen 6 %.
- Der Reinertrag im ersten Jahr beträgt 600.000 Euro (Anfangsrendite 4,75 %).
- Die Mieten sind an die Lebenshaltungskosten gebunden und werden jährlich voll der Indexveränderung angepasst.
- Der Mietvertrag ist für 11 Jahre fest ohne Option abgeschlossen.
- Der Lebenshaltungskostenindex erhöht sich um 2,5 % jährlich.
- Der Mietwert des Objekts steigt um 4,5 % jährlich.
- Im Dezember 2013 wird das Objekt auf Basis der aktuellen Marktmiete vermietet.
- Im Dezember 2014 wird das Objekt auf Basis einer Anfangsrendite von 5 % veräußert. Hierbei fallen wiederum Erwerbsnebenkosten in Höhe von 6 % an.
- Der Diskontierungszinssatz beträgt 7,92 %.

Der Vorteil detaillierter DCF-Analysen liegt in der Vielzahl der Faktoren, die explizit berücksichtigt werden können. Hiermit verbindet sich jedoch gleichzeitig die Notwendigkeit komplizierterer Berechnungen, da der Bewerter gezwungen ist, genaue Annahmen hinsichtlich der Höhe und des zeitlichen Anfalls von Ein- und Auszahlungen zu treffen.

Als problematisch erweist sich bei den detaillierten DCF-Analysen die Wahl des Diskontierungsfaktors, dessen Höhe weitgehend von den Renditeforderungen des Investors oder seinen Finanzierungs- bzw. Opportunitätskosten abhängig ist.

Tab. 3: DCF-Analyse für das Beispiel

Jahr	Mietwert	Miet-Cash Flow	Veräußerungs-Cash Flow	Gesamt-Cash Flow	Barwert der Zahlungen	Barwert
2002	600.000 €					12.724.685 €
2003	627.000 €	600.000 €		600.000 €	555.967 €	
2004	655.215 €	615.000 €		615.000 €	528.045 €	
2005	684.700 €	630.375 €		630.375 €	501.526 €	
2006	715.511 €	646.134 €		646.134 €	476.338 €	
2007	747.709 €	662.288 €		662.288 €	452.415 €	
2008	781.356 €	678.845 €		678.845 €	429.694 €	
2009	816.517 €	695.816 €		695.816 €	408.113 €	
2010	853.260 €	713.211 €		713.211 €	387.617 €	
2011	891.657 €	731.042 €		731.042 €	368.150 €	
2012	931.782 €	749.318 €		749.318 €	349.661 €	
2013	973.712 €	768.051 €		768.051 €	332.100 €	
2014	1.017.529 €	973.712 €	18.831.223 €	19.804.935 €	7.935.059 €	

2.4.3.4 Vergleich der Investment Method mit dem deutschen Ertragswertverfahren

Die britische Investment Method und das deutsche Ertragswertverfahren stimmen hinsichtlich ihres Anwendungsbereiches weitgehend überein. Das Ertragswertverfahren kommt – analog zur Investment Method – bei der Bewertung von bebauten Grundstücken in Betracht, die vorwiegend der Ertragserzielung dienen. Hierzu zählen Mietwohn- und Geschäftsgrundstücke sowie gemischt genutzte Grundstücke, aber auch Sonderimmobilien wie beispielsweise Hotels oder Kliniken. Unterschiede zwischen dem deutschen und britischen Verfahren bestehen vor allem in der methodischen Vorgehensweise.

In der ImmoWertV wird der Ertragswert als die Summe aus dem Barwert der baulichen Anlagen und dem separat zu ermittelnden Bodenwert definiert. Diese für das deutsche Ertragswertverfahren charakteristische, getrennte Bewertung von Boden und Gebäuden steht im Gegensatz zur britischen Bewertungspraxis, die – außer bei der Ermittlung der Depreciated Replacement Cost – Boden und Gebäude als eine Einheit betrachtet.

Grundlage für die Ermittlung des Ertragswertes der baulichen Anlagen ist der nachhaltig erzielbare Reinertrag, der sich als Differenz aus Rohertrag und Bewirtschaftungskosten ergibt.

Bei der Ermittlung des Rohertrages ist gemäß ImmoWertV besonders die Nachhaltigkeit der erzielbaren Einnahmen zu beachten. I.d.R. wird die vertraglich vereinbarte Nettokaltmiete als marktüblich erzielbaren Rohertrag angesetzt. Bei Abweichungen der tatsächlichen Erträge von den marktüblichen sind die Erträge anzusetzen. Dies ist insbesondere der Fall bei Immobilienobjekten mit Leerstand, deren tatsächliche Erträge unterhalb der erzielbaren Erträge liegen.

Um zum Reinertrag zu gelangen, sind gemäß ImmoWertV Bewirtschaftungskosten, wie Mietausfallwagnis, Instandhaltungskosten, nicht umlegbare Betriebs- und Verwaltungskosten, in Abzug zu bringen. Aufgrund der in Großbritannien häufig anzutreffenden „full repairing and insuring leases" müssen dort die erzielten Mieteinnahmen i. d. R. nur noch in Höhe der beim Vermieter verbleibenden Verwaltungskosten gemindert werden, um die Net Rent zu erhalten (vgl. Johnson/Davies/Shapiro, S. 63 ff.).

Ebenso wie die Growth Implicit Models geht das deutsche Ertragswertverfahren im Normalfall von der Konstanz der Nettoerträge im Zeitablauf aus. Die in den vorangegangenen Abschnitten ausführlich diskutierte Term-Reversion-Problematik ist auch in Deutschland bekannt und wird sofern nicht die britischen Begriffe verwendet werden, als Sonderwertermittlung bezeichnet.

Obwohl in den Mietverträgen häufig eine Bindung der Mieten an die Entwicklung des Lebenshaltungsindex vereinbart wird, können die Marktmieten über den gezahlten Mieten liegen. Im Gegensatz zur britischen Praxis ist es in Deutschland jedoch nicht unüblich, antizipierbare Mieterhöhungen in die Bewertung einzubeziehen. Dies lässt sich damit begründen, dass nach deutschem Recht „Upwards-Only"-Mietanpassungsklauseln nicht zulässig sind. Aufgrund der daraus resultierenden größeren Unsicherheit hinsichtlich der zukünftigen Mietanpassungen können diese im Rahmen einer vorsichtigen Bewertung nicht berücksichtigt werden (vgl. Downie/Schulte/Thomas, S. 148).

Im Gegensatz zu den britischen Verfahren, die den Ertragswert direkt aus der Kapitalisierung der Nettoerträge als ewige Rente ermitteln, muss nach dem deutschen Verfahren – aufgrund der Trennung von Boden- und Gebäudebewertung – zunächst der Bodenwertverzinsungsbetrag abgezogen werden, um zum Reinertragsanteil der baulichen Anlagen zu gelangen. Insbesondere bei neuen Gebäuden führt diese unterschiedliche Herangehensweise zu keinen unterschiedlichem Ergebnis, da mathematisch der Bodenwert an Ende der wirtschaftlichen Restnutzungsdauer unbeachtlich ist.

Der Bodenwertverzinsungsbetrag ergibt sich aus der Multiplikation des Bodenwertes mit dem Liegenschaftszinssatz. Die Ermittlung des Bodenwertes erfolgt dabei i. d. R. auf Basis des Vergleichswertverfahrens.

Der Liegenschaftszinssatz wird in § 14 Abs. 3 der ImmoWertV als der Zinssatz definiert, „sind die Zinssätze, mit denen Verkehrswerte von Grundstücken je nach Grundstücksart im Durchschnitt marktüblich verzinst werden. Sie sind auf der Grundlage geeigneter Kaufpreise und der ihnen entsprechenden Reinerträge für gleichartig bebaute und genutzte Grundstücke unter Berücksichtigung der Restnutzungsdauer der Gebäude nach den Grundsätzen des Ertragswertverfahrens (§§ 17 bis 20) abzuleiten."

Somit weist der deutsche Liegenschaftszinssatz große Ähnlichkeit mit dem britischen All Risks Yield (ARY) auf; ebenso wie der ARY ist er auf Basis von Kaufpreisen und Reinerträgen vergleichbarer Grundstücke zu ermitteln. Anders als in Großbritannien muss jedoch beim deutschen Ertragswertverfahren die Restnutzungsdauer der Gebäude Berücksichtigung finden. Bei der empirischen Berechnung des Liegenschaftszinssatzes ist „nach den Grundsätzen des Ertragswertverfahrens" vorzugehen. Mathematisch bedeutet dies eine Auflösung der Formel zur Berechnung des Ertragswertes nach dem Liegenschaftszinssatz.

Durch Kapitalisierung des Reinertrags der baulichen Anlagen mit einem Barwertfaktor für die Kapitalisierung, der in Abhängigkeit vom Liegenschaftszinssatz und von der Restnutzungsdauer der Gebäude zu ermitteln ist, ergibt sich der Ertragswert der baulichen Anlagen.

Das Gebäudealter und der allgemeine Zustand der Gebäude wird nach der deutschen Ertragswertmethode in der Länge der Restnutzungsdauer berücksichtigt, während in Großbritannien diese Faktoren durch entsprechende Anpassungen des Diskontierungszinsfußes erfasst werden.

Daher sind der ARY und der Liegenschaftszinssatz – trotz vergleichbarem Konzept – betragsmäßig nicht identisch. Verallgemeinert lässt sich zusammenfassen: Je länger die wirtschaftliche Restnutzungsdauer angesetzt wird, desto geringer werden die Abweichungen zwischen den beiden Zinssätzen.

2.4.4 Cost Approach

2.4.4.1 Anwendungsbereich und Vorgehensweise

Der Cost Approach, der auch als **„Contractor's Method"** oder **„Depreciated Replacement Cost Approach" (DRC-Approach)** bezeichnet wird, findet vor allem bei Bewertungen für Bilanzierungszwecke Verwendung. Hinsichtlich der Bewertungsobjekte beschränkt sich der Anwendungsbereich des Cost Approach auf so genannte **„Specialised Properties"**, wie beispielsweise Kirchen, Krankenhäuser, Schulen, etc., für die sich aufgrund ihrer besonderen Eigenschaften und geringen Transaktionshäufigkeit kaum Vergleichsobjekte am Markt finden lassen. Die wenigen verfügbaren Vergleichspreise sind meist durch die individuellen Nutzungsvorstellungen der Erwerber geprägt, da Specialised Properties nur selten in ihrer ursprünglichen Nutzung verbleiben. Sie können daher häufig dem Investor lediglich als Anhaltspunkt für den maximal akzeptablen Preis dienen (vgl. Connellan/Baldwin, S. 50).

Die **Depreciated Replacement Cost** sind im Red Book definiert, ohne das die Schritte zu ihrer Bestimmung festgeschrieben werden. Danach ermittelt sich der Wert eines Grundstücks aus der Summe des Bodenwertes und der Kosten, die für die Neuerrichtung eines vergleichbaren Gebäudes anfallen würden. Letztere sind um Abschläge zu reduzieren, die nicht nur das Alter und den Bauzustand, sondern auch Wertminderungen berücksichtigen, die daraus resultieren, dass die bestehenden Gebäude geänderten funktionalen Anforderungen nicht mehr gerecht werden.

Der Wert des Bodens wird üblicherweise auf Basis der Comparative Method oder der Residual Method ermittelt. Dabei sind wertbeeinflussende Faktoren, wie beispielsweise die Existenz von Baugenehmigungen oder das Vorhandensein von Gebäuden, in die Bewertung einzubeziehen (vgl. Scarrett, S. 181).

Die Schätzung der Baukosten kann einerseits auf der Annahme beruhen, dass eine exakte Kopie des bestehenden Gebäudes erstellt werden soll, andererseits können die Kosten ermittelt werden, die für ein so genanntes **„simple substituted building"** anfallen würden, welches zwar in der Funktion, nicht aber hinsichtlich der Ausführung, dem bestehenden Gebäude gleichkommt. Die Kosten sind in beiden Fällen auf Basis aktueller Preise zu schätzen, wobei sich bei älteren Gebäuden Probleme aufgrund geänderter Materialien und Baumethoden ergeben können (vgl. Scarrett, S. 175 f.).

Als Grundlage für die Kostenschätzung lassen sich so genannte **„unit costs"**, so beispielsweise die Kosten pro Bett in Krankenhäusern oder Hotels, heranziehen. Kostenangaben pro Kubikmeter eignen sich besonders für Gebäude, die durch ein großes Raumvolumen gekennzeichnet sind, wie z. B. Kirchen. Am häufigsten finden jedoch flächenbezogene Kostensätze Anwendung. Hierbei ist zu beachten, dass sowohl der Flächenzuschnitt, als auch die regionale Lage des Bewertungsobjektes entscheidenden Einfluss auf die Kosten pro Quadratmeter bzw. square foot ausüben können. Informationen über durchschnittliche Kostensätze sind zum einen über den „Building Cost Information Service" der RICS erhältlich, zum anderen lassen sie sich aus Referenzwerken, wie **„Spon's Architects' and Builders' Price Book"**, entnehmen (vgl. Scarrett, S. 176 f.).

Die ermittelten Kosten sind entsprechend der wirtschaftlichen und funktionalen Veralterung der bestehenden Gebäude sowie unter Berücksichtigung besonderer Einflussfaktoren, wie Umweltschutzauflagen und Bebauungsplänen, um Abschreibungen zu korrigieren. Hinsichtlich der anzuwendenden Abschreibungsmethode existieren keine besonderen Vorschriften. In der Praxis werden Gebäude üblicherweise nach der so genannten „straight-line depreciation method" abgeschrieben, die durch jährlich gleich bleibende Abschreibungsraten gekennzeichnet ist. Ausgehend von den geschätzten „gross replacement cost" werden durch Multiplikation mit dem Abschreibungsfaktor – der dem Verhältnis von Restnutzungs- zu Gesamtnutzungsdauer entspricht – die „net replacement cost" ermittelt. Der jährliche Abschreibungsbetrag lässt sich mittels Division der Net Replacement Cost durch die Restnutzungsdauer errechnen (vgl. Connellan/Baldwin, S. 53). Die Abschreibungen können alternativ geometrisch-degressiv nach der „declining balance method" vorgenommen werden. Hinsichtlich des Abschreibungsprozentsatzes orientiert man sich zumeist an Durchschnittswerten (vgl. Baum, S. 39 f.).

Als problematisch erweist sich die Bestimmung der verbleibenden wirtschaftlichen Nutzungsdauer der Gebäude. Da genaue Angaben zur Restnutzungsdauer oft nicht möglich sind, können vereinfachend Zeitspannen angegeben werden (vgl. RICS, GN 5.4.2).

Obwohl der Cost Approach auch im Zusammenhang mit Bewertungen zu steuerlichen Zwecken eine wichtige Rolle spielt, wird er als **„method of last resort"** betrachtet, die nur dann herangezogen werden sollte, wenn keine Möglichkeit zur Anwendung alternativer Methoden besteht. Die Kritik bezieht sich dabei vor allem auf die Verquickung von Kosten und Wert einer Immobilie (vgl. Scarrett, S. 171).

2.4.4.2 Vergleich des Cost Approach mit dem deutschen Sachwertverfahren

Hinsichtlich des Anwendungsbereiches und der Anwendungshäufigkeit bestehen zwischen dem deutschen Sachwertverfahren und dem britischen Cost Approach deutliche Unterschiede.

Während britische Gutachter nur in Ausnahmefällen auf den Cost Approach zurückgreifen, wird das Sachwertverfahren in Deutschland recht häufig angewandt, besonders im Zusammenhang mit der Bewertung von eigengenutzten Ein- und

Zweifamilienhäusern, die in Großbritannien vornehmlich auf Basis des Vergleichswertverfahrens bewertet werden.

Darüber hinaus findet das Sachwertverfahren, analog zum Cost Approach, bei der Wertermittlung von Verwaltungsgebäuden, Schulen oder Krankenhäusern Anwendung. Die Zurückhaltung britischer Bewerter in Hinblick auf den Einsatz des Cost Approach begründet sich damit, dass der Sachwert nicht als der Verkehrswert eines Grundstücks angesehen wird, da seine Ermittlung nicht auf marktbezogenen Daten basiert (vgl. Morgan, S. 383).

Dem Problem bei der Anwendung des Cost Approach soll in Deutschland durch die Ermittlung von Sachwertfaktoren gemäß § 14 Abs. 1 Nr. 1 ImmoWertV Rechnung getragen werden.

Bezüglich der methodischen Vorgehensweise stimmen der Cost Approach und das Sachwertverfahren weitgehend überein. Analog den britischen Gepflogenheiten ist der deutsche Sachwert aus der Summe des Bodenwertes und des Wertes der baulichen Anlagen zu ermitteln. Die Ermittlung des Wertes der baulichen Anlagen erfolgt in Deutschland und Großbritannien auf Basis der Normalherstellungskosten, die unter Zuhilfenahme von durchschnittlichen Erfahrungssätzen für den Neubau der Anlagen in ihrer bestehenden Form zu schätzen sind.

Die Kosten für die baulichen Anlagen sind in beiden Ländern um Abschreibungen wegen Alters und wegen Baumängeln bzw. -schäden zu reduzieren. Im Gegensatz zur britischen Bewertungspraxis ist die Unterstellung eines funktional gleichwertigen Simple Substitute Building in Deutschland ebenso wenig üblich wie Abschreibungen für Wertminderungen aufgrund geänderter funktionaler Anforderungen an die Immobilie. Andererseits können in Deutschland sonstige wertbeeinflussende Umstände, wie beispielsweise die wirtschaftliche Überalterung der Anlagen mittels Zu- bzw. Abschlägen Berücksichtigung finden.

2.4.5 Residual Approach

Der Residual Approach wird von Bauträgern und Investoren zur Ermittlung der Bodenwerte von entwicklungsreifen Grundstücken eingesetzt, für die sich keine Vergleichswerte finden lassen. Dabei kann es sich um unbebautes Land oder auch um Grundstücke mit abrissbereiten Gebäuden handeln. Den Ausgangspunkt des Residual Approach bildet die Schätzung des Wertes des fertig gestellten Projektes, von dem dann in einem zweiten Schritt die Entwicklungskosten und eine angemessene Gewinnmarge abgezogen werden. Der Wert des Projektes lässt sich entweder auf Basis des antizipierten Verkaufspreises ermitteln oder durch Kapitalisierung der erwarteten Mieteinnahmen für den Zeitpunkt der Projektvollendung (vgl. Johnson/Davies/Shapiro, S. 165 f.).

Problematisch ist hierbei, dass Schätzungen auf Basis gegenwärtig erzielbarer Mieten und Vergleichspreise vorgenommen werden, obwohl sich die Wertverhältnisse bis zum Zeitpunkt der Fertigstellung des Projektes in der Zukunft entscheidend geändert haben können. Dies gilt ebenfalls für die Kosten des Projektes. Zu diesen zählen Baukosten, Finanzierungskosten, Abrisskosten, Abfindungen und Kosten, die im Zusammenhang mit der Gewährung der Baugenehmigung, z. B. aufgrund von speziellen Auflagen, auftreten. Nach Abzug der Kosten sind die Gewinnanforderungen des Developers zu berücksichtigen, die als Prozentsatz entweder vom Projektwert oder von den Gesamtkosten berechnet werden können. Die Höhe der Profitmarge ist abhängig vom Projektrisiko, der Projektdauer, aber auch von der Wettbewerbsintensität (vgl. Johnson/Davies/Shapiro, S. 170 f.).

Der nach Abzug der Kosten und des Developergewinns verbleibende Differenzbetrag wird als der „Residual Value" bezeichnet. Er repräsentiert nicht den Wert des Grundstücks im engeren Sinne, sondern vielmehr den Betrag, den der Investor **maximal zu seinem Erwerb ausgeben kann**. Für den Fall, dass der Investor bereits Eigentümer des Grundstücks ist oder sein Preis bereits feststeht, kann die Methode in abgewandelter Form zur Ermittlung der maximal zulässigen Baukosten oder der erforderlichen Mieteinnahmen eingesetzt werden (vgl. Scarrett, S. 127, 139).

Die Kritik am Residual Approach bezieht sich vor allem auf die deduktive Vorgehensweise, die in einer starken Abhängigkeit der Ergebnisse von den zugrunde gelegten Informationen und Annahmen resultiert.

Nichtsdestotrotz findet die Residualmethode wegen ihrer methodischen Einfachheit auch in Deutschland Anwendung. Das hohe Maß der Unsicherheit bei der Ermittlung wird zum Teil sprachlich dadurch ausgedrückt, dass von Residualverfahren und Residuum gesprochen wird und nicht von Residualwertverfahren und Residualwert. Durch die Vermeidung des im deutschen als sehr objektiv betrachteten Wortes „Werts" soll der subjektive Charakter der Berechnung deutlich gemacht werden.

2.4.6 Profits Approach

Der Profits Approach wird bei der Bewertung von Immobilien angewandt, deren Wert maßgeblich durch das in ihnen ruhende **Potenzial zur Umsatz- und Gewinnrealisierung** geprägt ist; zu diesem Immobilientyp zählen beispielsweise Theater, Kinos oder Hotels (vgl. Baum/Mackmin/Nunnington, S. 135).

Das Grundprinzip der Wertermittlung nach dem Profits Approach besteht in der Kapitalisierung der nachhaltig durch den Betreiber erzielbaren, jährlichen Nettoerträge (vgl. Colborne/Hall, S. 45).

In der einfachsten Variante, die auch als **„Total Earnings Method"** bezeichnet wird, werden die durchschnittlichen Bruttojahreserträge, meist ausgehend von den Rechnungslegungsdaten der letzten Jahre, ermittelt und die Betriebskosten sowie ein angemessener Gewinnanteil abgezogen. Der Differenzbetrag entspricht der maximal forderbaren Miete, die – mit einem Vervielfältiger multipliziert – den Wert der Immobilie ergibt.

Die Schwächen dieser Vorgehensweise liegen zum einen in der Heranziehung vergangenheitsorientierten Datenmaterials und in der Vernachlässigung von nicht quantifizierbaren Faktoren, wie z. B. der Qualität des Managements, die entscheidenden Einfluss auf die erzielbaren Erträge ausüben kann. Zum anderen ist die Festlegung der Gewinnmarge und des Kapitalisierungsfaktors problematisch, wobei letzterer die Analyse vergleichbarer Markttransaktionen erfordert (vgl. Colborne/Hall, S. 45 f.).

Die **„Capitalised Earnings Method“** stellt eine ausgefeiltere Variante des Profits Approach dar, mit der einige der oben genannten Schwächen umgangen werden können. Die Grundlage dieser Methode bildet eine Analyse der zukünftig erzielbaren Cash Flows, die auf Basis der in der Vergangenheit erzielten Erträge prognostiziert werden. Auf diese Weise lassen sich konjunkturell bedingte Ertragsschwankungen, wie sie beispielsweise für den Hotelsektor typisch sind, berücksichtigen. Über- bzw. Unterbewertungen, die bei der Total Earnings Method als Folge der Kapitalisierung eines Durchschnittsertrages auftreten können, werden auf diese Weise vermieden. Darüber hinaus ist es möglich, Aufwendungen für Instandhaltung oder Umbauten explizit in die Betrachtung einzubeziehen (vgl. Menorca, S. 212 ff.).

Als problematisch erweist sich jedoch bei der Anwendung der Capitalised Earnings Method die Schätzung der Cash Flows über längere Zeiträume und die Wahl des Yield, der zur Diskontierung der Cash Flows eingesetzt wird.

Die auf Basis des Profits Approach gewonnenen Werte können je nach Gutachter sehr unterschiedlich ausfallen, da ebenso wie beim Residual Approach zahlreiche Annahmen getroffen werden müssen. Es empfiehlt sich daher, die ermittelten Werte nach Möglichkeit mit den Ergebnissen anderer Methoden zu vergleichen.

2.5 Ausblick

Die vorangegangenen Ausführungen haben gezeigt, dass Bewertungen nach normierten Verfahren und solchen nach britischen Marktgepflogenheiten bei richtiger Anwendung zum gleichen Ergebnis führen.

Aufgrund der historischen Entwicklung der Verfahren, der immer noch unterschiedlichen Markttransparenz und der unterschiedlichen nationalen Gesetzgebung sowie nationalen Rechtsprechung werden diese auch weiterhin nebeneinander existieren.

Während deutsche Kunden, Gerichte und Behörden in der Regel Gutachten in Anlehnung an die ImmoWertV erwarten, gehen britische Kunden davon aus, dass die Standards der RICS zur Anwendung kommen. Dies ist aber nicht unüblich: Auch amerikanische Kunden erwarten die Anwendung „ihrer" Uniform Standards of Appraisal Pratice (USPAP).

2.6 Literatur

Bannermann, S.: Sensitivity Analysis for Property Appraisal, in: Journal of Property Valuation & Investment, No. 3, 1993, S. 248–256.
Baum, A.: Property investment depreciation and obsolence, London 1991.
Baum, A./Mackmin, D./Nunnington, N.: The Income Approach to Property Valuation, London 2002.
Bundesministerium für Verkehr, Bau und Stadtentwicklung: Bericht des Sachverständigengremiums zur Überprüfung des Wertermittlungsrechts, Berlin, 2008.
Colborne, A./Hall, P. C. L.: The Profits Method of Valuation, in: Journal of Property Valuation & Investment, No. 1, 1992, S. 43–49.
Connellan, O./Baldwin, R.: The Cost Approach to Valuation, in: Journal of Property Valuation & Investment, No. 1, 1992, S. 50–56.
Crosby, N.: Over-Rented Freehold Investment Property Valuations, in: Journal of Property Valuation & Investment, No. 2, 1991/1992, S. 517–524.
Crosby, N., in: Adair, A. et al.: European Valuation Practice-Theory an Techniques, London 1996, S. 265–303.
Crosby, N./Goodchild, R.: Reversionary Freeholds: Problems with Over-renting, in: Journal of Property Valuation & Investment, No. 1, 1992, S. 67–81.
Downie, M. L./Schulte, K.-W./Thomas, M., in: Adair, A. et al.: European Valuation Practice – Theory and Techniques, London 1996, S. 125–152.
Enever, N./Isaac, D.: The Valuation of Property Investments, 6. Aufl., London 2002.
Freise, J.: Vergleichswertverfahren für bebaute Grundstücke, in: Grundstücksmarkt und Grundstückswert, Heft 2, 1993, S. 72–76.
Goodchild, R.: Valuation – Issues for the 1990 s, in: Estates Gazette, 29. 2. 1992, S. 85–86.
Isaac, D./Steley, T.: Property Valuation Techniques, London 1991.
Johnson, T./Davies, K./Shapiro, E.: Modern Methods of Valuation of Land, Houses and Buildings, 9. Aufl., London 2000.
Kleiber, W./Simon, J./Weyers, G.: Verkehrswertermittlung von Grundstücken, 7. Aufl., Köln 2014.
Mannek, Wilfried: Steuerliche Bedarfsbewertung für Zwecke der Erbschaft-/Schenkungsteuer, in: Der Sachverständige, Heft 7–8, 2000, S. 22–31.
Menorca, E. S.: Hotel Valuations: the Income Capitalisation Approach, in: Journal of Property Valuation & Investment, No. 3, 1993, S. 211–216.
Möckel, R., in: Gerardy, T./Möckel, R. (Hrsg.): Praxis der Grundstücksbewertung Band 2, Landsberg/Lech, Loseblattsammlung, 106. Nachlieferung, Juni 2014.
Morgan, J. F. W.: Internationale Immobilienbewertung aus der Sicht eines Chartered Surveyors, in: Der langfristige Kredit, Heft 12, 1989, S. 380–387.
o. V.: Yields and rates of interest, in: Estates Gazette, 4. 9. 1993, S. 117–118.
RICS – The Royal Institution of Chartered Surveyors: RICS Bewertung – Berufsgrundsätze Januar 2014unter Berücksichtigung der Internationalen Bewertungsstandards des IVSC, 7. Aufl., 2104.
Rüchardt, K.: Bemerkungen zur Immobilienbewertung in Deutschland und Großbritannien, in: Grundstücksmarkt und Grundstückswert, Heft 6, 1991, S. 307–312.
Scarrett, D.: Property Valuation – The five methods, London 1991.

Thomas, M.: Income Approach versus Ertragswertverfahren, in: Grundstücksmarkt und Grundstückswert, Heft 1, 1995a, S. 35–38 (Teil 1); Heft 2, 1995a, S. 82–90 (Teil 2).
Thomas, M.: Immobilienwertbegriffe in Deutschland und Großbritannien, in: Die Bank, Heft 5, 1995b, S. 263–268.

Wolfgang Schäfers, Christoph Holzmann, Kai-Magnus Schulte,
Stephan Lang, Alexander Scholz*

3 Immobilienfinanzierung

Inhalt

* In früheren Auflagen dieses Werkes haben auch Felik Iblher, Christoph Pischke, Nico Rottke, Nicole Schreiber, Marc Breidenbach und Dominik Lucius an diesem Kapitel mitgewirkt. Die Herausgeber danken ihnen für ihren Beitrag zur Entwicklung des vorliegenden Kapitels.

3.1 Einführung

Der hohe Kapitalbedarf im Rahmen von Immobilieninvestitionen stellt Investoren und Unternehmen der Immobilienbranche vor die Wahl des richtigen Finanzierungskonzeptes. Eigenkapital steht – nicht zuletzt aufgrund der höheren Kapitalkosten – i. d. R. nur begrenzt zur Verfügung, so dass alternative Finanzierungsquellen in Betracht gezogen werden müssen. Neben der Verwendung von Eigenkapital besteht für die Investoren die Möglichkeit der fremdkapitalgestützten oder hybriden Immobilienfinanzierung (mezzanine Immobilienfinanzierung), wobei im Zuge der Eigen- und Fremdfinanzierung die Kapitalaufnahme hinsichtlich ihrer Börsennotierung zu unterscheiden ist. Demnach können Immobilieninvestoren und -unternehmen ihre Kapitalmittel einerseits über die Börse („public"), andererseits außerbörslich („private") akquirieren (vgl. Abbildung 1). Die Auswahl des richtigen Finanzierungskonzeptes bildet die Voraussetzung für eine erfolgreiche Immobilieninvestition. Vor allem die Fremdfinanzierung kann dabei entscheidend zur Vorteilhaftigkeit einer Immobilieninvestition beitragen, da die Eigenkapitalrendite mit Hilfe des „Leverage"-Effektes sowie der steuerlichen Begünstigung der Fremdkapitalzinsen („Tax Shield") gesteigert werden kann.

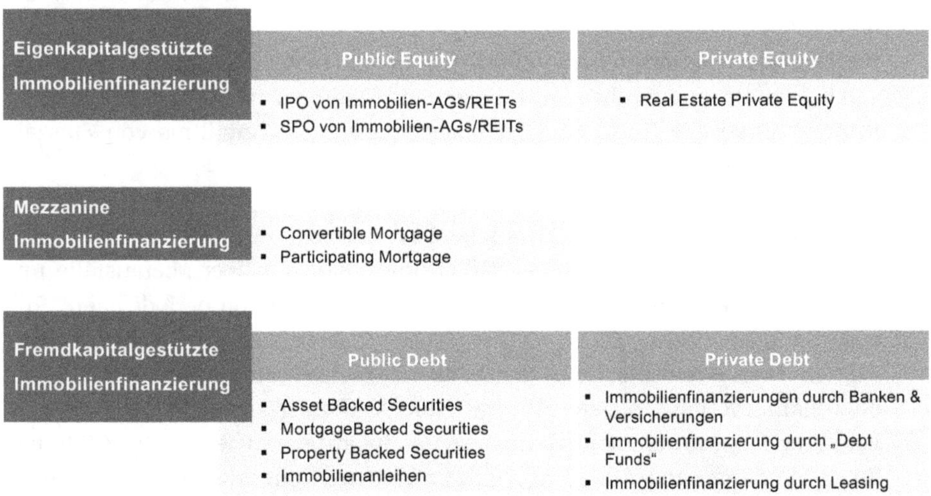

Abb. 1: Arten der Immobilienfinanzierung im Überblick (Quelle: Eigene Darstellung)

3.2 Wichtige Definitionen in der Immobilienfinanzierung

Wie aus dem einführenden Abschnitt ersichtlich, ist die Immobilienfinanzierung für die Immobilienwirtschaft von zentraler Bedeutung. Um ein tiefgreifendes Verständnis für die Systematik und Funktionsweise der Immobilienfinanzierung zu erlangen, werden nachfolgend die in diesem Zusammenhang wesentlichen Begrifflichkeiten in alphabetischer Reihenfolge definitorisch abgegrenzt:

Covenants: Kreditvertragliche Vereinbarungen, die regeln, wie die Finanzierungsstruktur angepasst wird, wenn definierte Schwellenwerte bei bestimmten Finanzkennzahlen („Financial Covenants") oder anderweitige Klauseln („Non-Financial Covenants") nicht eingehalten werden. Diese stellen als „Risikoschalter" sicher, dass die vereinbarte Finanzierungsstruktur beim Eintritt bestimmter Ereignisse automatisch angepasst wird.

Ausgewählte Beispiele für Financial Covenants:
- **Loan-to-Value (LTV):** Verhältnis von Kreditbetrag zum Immobilienwert.
- **Loan-to-Cost (LTC):** Verhältnis von Kreditbetrag zu den Investitionskosten der Immobilie.
- **Debt Service Coverage Ratio (DSCR):** Kapitaldienstdeckungsgrad. Verhältnis von Kapitaldienst, bestehend aus Zinsen und Tilgung, zum Netto Cash Flow.
- **Interest Coverage Ratio (ICR):** Zinsdeckungsquote. Verhältnis von Zinszahlungen zum Netto Cash Flow.

Ausgewählte Beispiele für Non-Financial Covenants:
- **Informations-Covenants:** Regelmäßige Informationen über Mietausfälle und den finanziellen Status des Kreditnehmers im Rahmen von periodischen „Property Reports".
- **Allgemeine Covenants:** Diverse kreditvertragliche Restriktionen wie z. B. Kreditaufnahmeverbot („Negative Pledge") oder Verkaufsrestriktionen.
- **Property Covenants:** Objektbezogene Vereinbarungen wie z. B. Restriktionen für die Verlängerung/Änderung von Mietverträgen oder das Verbot der Vorfinanzierung von Mieteinnahmen.

Darlehensvertrag: Ein Darlehensvertrag ist ein „schuldrechtlicher Vertrag, durch den vertretbare Sachen [...] in das Vermögen des Darlehensnehmers übertragen werden und die Abrede getroffen wird, Sachen gleicher Art, Güte und Menge zurückzuerstatten" (Putzo, S. 668). Der Darlehensgeber verpflichtet sich zur Überlassung der vereinbarten Geldmittel an den Darlehensnehmer, welcher die Zahlung der vereinbarten Gebühren und Darlehenszinsen sowie die Rückzahlung des Darlehensbetrages zusagt. Der Darlehensvertrag enthält entsprechende Vereinbarungen über die Art, Höhe, Laufzeit, Tilgung und Kündigungsmöglichkeiten des Kredits. Außerdem spezifiziert er die Kosten und die Besicherung des Kredits sowie den Gerichtsstand und umfasst allgemeine Geschäftsbedingungen. Der Vertrag endet durch Ablauf der Zinsbindungsfrist oder durch Zeitablauf.

Disintermediation: Im Rahmen der Finanzierung von Immobilieninvestitionen und -unternehmen wird auf Banken und Finanzintermediäre sowie deren Dienstleistungen verzichtet. Bei der Disintermediation refinanzieren sich Kapitalsuchende nicht über Bankkredite, sondern über Wertpapieremissionen, d. h. direkt über den Kapitalmarkt. Kapitalanleger investieren hingegen nicht in Spareinlagen der Banken, sondern nehmen ihre Investitionen direkt in diese Wertpapieremissionen vor. Hierbei agieren Banken lediglich als Arrangeure zur Platzierung der Wertpapiere.

Financial Engineering: Der Begriff des Financial Engineering umfasst die Konzeption, Entwicklung und Ausarbeitung von innovativen Finanzinstrumenten und -prozessen sowie die Implementierung maßgeschneiderter Finanzierungslösungen.

Funds from Operations (FFO): Operativer Cash Flow, der sich durch Bereinigung des Jahresüberschusses um das Bewertungsergebnis und die Aufwendungen für latente Steuern ergibt.

Fremdkapitalzins: Zinssatz, der für die Bereitstellung von Fremdkapital zu leisten ist.
- **Nominalzins:** Der auf den Nominalwert (= Nennwert) einer Schuld zu zahlende, vertraglich vereinbarte feste Zinssatz.
- **Effektivzins:** Gesamtverzinsung einer Kapitalüberlassung in Prozent. In ihm sind Nominalzinssatz, Tilgungsmodalitäten, Art der Zinszahlung (z. B. unterjährige Zahlungstermine), Auszahlungssatz (z. B. Disagio) und Bearbeitungsgebühren berücksichtigt.
- **Realzins:** Zinssatz, der sich durch Bereinigung des Nominalzinssatzes um die Inflationsrate ergibt.

Grundpfandrecht: Kreditsicherungsinstrument durch Verpfändung von unbeweglichem Vermögen (dingliche Sicherung). Bei der Finanzierung von Immobilien wird dem Kreditinstitut die Immobilie als Pfand zur Verfügung gestellt. Dies erfolgt durch die Eintragung eines Grundpfandrechtes im Grundbuch.
- **Hypothek:** Dingliches Recht, aufgrund dessen der Gläubiger Befriedigung aus dem Grundstück verlangen kann. Es ist an das Bestehen einer konkreten Forderung gebunden (akzessorisch).

- **Grundschuld:** Im Gegensatz zur Hypothek ist die Grundschuld nicht vom Bestehen einer konkreten Forderung abhängig, d. h. sie ist nicht akzessorisch, sondern abstrakt. Forderungen können daher ausgewechselt werden (bedürfen der Sicherungszweckerklärung).
- **Erstrang:** Vorrangig zu bedienende Grundpfandrechte für den Kreditgeber. Ein erstrangiges Kredit wird als Senior Loan bezeichnet, welches durch ein sehr hohes Debt Service Coverage Ratio (2,5 bis 5,0) zu einer geringen Loss Given Default (LGD) führt. Der Senior Loan kann regelmäßig Non-Recourse, d. h. ohne Haftung einer Person oder Gesellschaft mit Eigenbonität, dargestellt werden.
- **Nachrang:** Zweitrangige Grundpfandrechte für den Kreditgeber, die im Verwertungsfall nach dem Erstrang zu bedienen sind. Ein nachrangiger Kredit mit aus Immobiliensicht erhöhtem Risiko wird als Junior Loan bezeichnet. Grundsätzlich ist dieser noch innerhalb der Kapitaldienstdeckung abgesichert.

Internal Rate of Return (IRR): Interner Zinsfuß. Zinssatz, der die zukünftigen Ein- und Auszahlungen eines Investitionsobjektes unter Berücksichtigung der Anschaffungskosten zu einem Nettokapitalwert von 0 diskontiert.

Kreditrisiko: Risiko, dass ein Kreditnehmer das ihm gewährte Darlehen nicht oder nur unvollständig zurückzahlen kann. Das Kreditrisiko wird in der Regel durch folgende drei Kennzahlen charakterisiert:
- **Probability of Default (PD):** Ausfallwahrscheinlichkeit eines Kredits.
- **Loss Given Default (LGD):** Verlustquote eines Kredits im Falle des Ausfalls.
- **Exposure at Default (EAD):** Kredithöhe zum Zeitpunkt des Ausfalls.

Leverage-Effekt: Der Leverage-Effekt bezeichnet den Einsatz von Fremdkapital zur Hebelung der geforderten Eigenkapitalverzinsung (r_{EK}). Der Effekt ist immer positiv, wenn die Gesamtkapitalrendite (r_{GK}) der Investition höher als der Fremdkapitalzins (r_{FK}) ist. Unter der Voraussetzung, dass der Fremdkapitalzinssatz unabhängig vom Verschuldungsgrad (Verhältnis Fremd- zu Eigenkapital) ist, lässt sich die Eigenkapitalrendite als lineare Funktion des Verschuldungsgrades wie folgt darstellen:

$$r_{EK} = r_{GK} + \left(r_{GK} - r_{FK}\right) \times \frac{FK}{EK}$$

Während der Kreditnehmer i. d. R. einen möglichst hohen Loan-to-Value (LTV) anstrebt, um seine Eigenkapitalrendite zu erhöhen, ist der Immobilienfinanzierer daran interessiert, den LTV so niedrig wie möglich zu halten, um das Risiko einer negativen Eigenkapitalrendite mit Aufzehrung des Eigenkapitals zu minimieren. Bei Renditen für Immobilieninvestitionen, die aufgrund des Leverage-Effektes positiv vom LTV abhängen, wird der Kreditnehmer erst dann keinen höheren LTV mehr anstreben, wenn der Immobilienfinanzierer einen Fremdkapitalzins fordert, welcher der Gesamtkapitalrendite entspricht. Mithin partizipiert der Immobilienfinanzierer i. d. R. unterproportional am erhöhten LTV, da der progressive Anstieg der Eigenkapitalrendite steiler ausfällt als die entsprechende Erhöhung des Fremdkapitalzinses. Ein gesamtwirtschaftlich niedriges Zinsniveau erhöht dabei tendenziell den Anreiz für einen erhöhten LTV.

Mortgage Backed Securities (MBS): Verbriefung von hypothekenbesicherten Darlehen, wobei durch die Tranchierung des Gesamt-Pools und die Subordination der gebildeten Tranchen Teile des Pools deutlich günstigere Risiko-Charakteristika (Ratings) aufweisen können als der Gesamt-Pool.

Net Asset Value (NAV): Nettoinventarwert, der aus der Summe der Verkehrswerte der Immobilien und sonstiger Vermögensgegenstände abzüglich der (Finanz-) Schulden resultiert.

Net Present Value (NPV): Nettokapitalwert. Barwert der zukünftigen Ein- und Auszahlungen eines Investitionsobjektes abzüglich der Anschaffungskosten zu Beginn der Periode.

Pfandbrief: Ein Pfandbrief ist eine von einer Pfandbriefbank ausgegebene Anleihe, die neben der Bonität der emittierenden Bank zusätzlich durch eine sog. Deckungsmasse besichert ist. Pfandbriefe sichern den Anleger dabei erstrangig ab. Bei Hypothekenpfandbriefen entspricht diese Deckungsmasse den Kreditforderungen, die durch Grundpfandrechte auf Grundstücke besichert sind.

Recourse-Finanzierung: Im Default-Fall ist ein Rückgriff auf den Eigentümer der Gesellschaft (meist SPV) möglich. Hierbei muss die Rückgriffsmöglichkeit über Vereinbarungen erreicht werden (Bürgschaft, Garantie oder Patronat). Im Gegensatz dazu, besteht bei einer Non-Recource-Finanzierung keine Haftung über die Objekterträge bzw. Objekt-Verwertungserlöse hinaus („Stand-Alone-Basis“).

Return on Equity (ROE): Statische Betrachtung der Rendite auf das eingesetzte Eigenkapital.

Return on Capital (ROC): Statische Betrachtung der Rendite auf das eingesetzte Gesamtkapital.

Syndizierung: Verkauf von Teilrechten aus einem Kreditvertrag unter Banken, wobei die Banken ihre Rechte untereinander in einem Konsortialvertrag regeln (Konsortialführung, zustimmungspflichtige Geschäfte, Haftung etc.).

Tax Shield: Wert, der sich aus der steuerlichen Abzugsfähigkeit der Fremdkapitalzinsen im Rahmen der Unternehmensbesteuerung für den Investor ergibt.

Versicherungsdarlehen: Beim Versicherungsdarlehen werden zusätzlich zum Darlehensvertrag ein Versicherungsvertrag zwischen Versicherer und Versicherungsnehmer abgeschlossen. Der Versicherungsvertrag enthält die beiderseitigen Leistungsverpflichtungen wie Versicherungssumme, Beginn und Ablauf der Versicherung, Tarif, Betragshöhe sowie Zahlungsweise und -dauer. Damit die Darlehensschuld am Ende der Laufzeit mit der Versicherungsleistung getilgt wird, wird eine schuldrechtliche Tilgungsvereinbarung oder eine Abtretung der Versicherungsleistung an den Kreditgeber vereinbart.

Weighted Average Cost of Capital (WACC): Gewichteter, durchschnittlicher Kapitalkostensatz, der u. a. im Rahmen der Unternehmensbewertung sowie der Investmentbewertung von Immobilien zur Anwendung kommt. Der WACC gibt das gewichtete Mittel aus Eigen- und Fremdkapitalkosten an, wobei die Fremdkapitalkosten um den Steuervorteil zu reduzieren sind.

3.3 Fremdkapitalgestützte Immobilienfinanzierung

3.3.1 Private Debt

3.3.1.1 Immobilienfinanzierung durch Banken und Versicherungen

3.3.1.1.1 Grundlagen

Unter der traditionellen Immobilienfinanzierung durch vornehmlich Banken und Versicherungen wird im Allgemeinen das grundpfandrechtlich gesicherte Darlehen im erstrangigen und nachrangigen Finanzierungsraum verstanden. Dieses Finanzierungskonzept stellt heute die am häufigsten angewandte Finanzierungsmethode in der Bundesrepublik Deutschland dar. Im Folgenden wird zunächst auf die Determinanten dieser Form der Immobilienfinanzierung eingegangen.

Jede Finanzierung ist durch die Bestandteile Zins, Tilgung, Belastung und Steuervorteile gekennzeichnet. Zusammen mit der Darlehenshöhe ergibt sich aus diesen Bestandteilen die Belastung für den Kreditnehmer. Die zentrale Komponente bei der Finanzierungsplanung stellt der (monatliche) Kapitaldienst dar, welcher sich aus Zins- und Tilgungsleistung, die zusammen die Annuität bilden, bestimmt. Ergeben sich für den Kreditsuchenden zu hohe Belastungen, so ist sowohl die wirtschaftliche Existenz des Finanzierungsobjektes als auch ggf. die des Kreditnehmers gefährdet. Notwendig wird somit eine Finanzierungsplanung, die die Einflussfaktoren einer erfolgreichen Immobilienfinanzierung individuell an die Erfordernisse des Kreditnehmers anzupassen vermag (vgl. Tabelle 1).

Tab. 1: Determinanten einer Immobilienfinanzierung (Quelle: Eigene Darstellung)

Elemente der Immobilienfinanzierung	Finanzierungsziele	Finanzierungskonzepte	Ziel
▪ Zinsen	▪ Niedriger Zinsaufwand	▪ Zinskonzept	▪ Schlüssiges Gesamtkonzept, das auf die individuellen Verhältnisse und auf die Art der Objektnutzung ausgerichtet ist
▪ Tilgung	▪ Schnelle Entschuldung	▪ Tilgungskonzept	
▪ Belastung	▪ Niedrige (monatliche) Belastung	▪ Belastungskonzept	
▪ Steuern	▪ Hohe Steuerersparnis	▪ Steuerkonzept	

Bei der Finanzierung müssen viele Einzelentscheidungen getroffen werden, die sich den Determinanten der Immobilienfinanzierung zuordnen lassen. Die Kenntnis und das Verstehen der Darlehenskonditionen sowie sämtlicher Neben- und Zusatzkosten bzw. anderer preisbeeinflussender Faktoren sind Grundvoraussetzung für einen Vergleich verschiedener Finanzierungsangebote.

Eine wichtige Rolle spielt das Zins- und Tilgungskonzept. Die Kauf- und damit die Finanzierungsnachfrage wird in erheblichem Maße durch das derzeitige und zukünftige Zinsniveau beeinflusst, da sich der maximale Kreditrahmen eines potentiellen Käufers an der erwarteten Höhe der Zinszahlungen und seiner finanziellen Tragfähigkeit orientiert.

Auch bei der Wahl des Finanzierungsinstrumentes hat das Zinsniveau eine entscheidende Bedeutung. In einer Niedrigzinsphase wird ein rationaler Kreditnehmer sich für ein Darlehen mit einer langen Zinsbindungsfrist entscheiden, während er in einer Hochzinsphase nicht für lange Zeit an hohe Zinsen „gekettet" sein möchte. In letzterem Fall bietet sich für den Kreditnehmer eine **Vorschaltfinanzierung** an (vgl. Jenkis, S. 4).

Neben dem Zinselement kommt der Darlehensrückzahlung (Tilgungselement) bei der Finanzierungsentscheidung hohe Bedeutung zu. Hier sind in der Praxis im Wesentlichen drei Varianten anzutreffen. Bei einem **Annuitätendarlehen** zahlt der Schuldner eine gleich bleibende Jahresrate (bestehend aus einem Zins- und Tilgungsanteil), wobei im Zeitablauf der Zinsanteil sinkt und der Tilgungsanteil steigt (vgl. Abbildung 2). Die Höhe der Annuität errechnet sich aus dem Produkt von Kreditsumme und Annuitätenfaktor. Die Formel zur Ermittlung des Annuitätenfaktors lautet:

$$ANF = \frac{i \times (1+i)^n}{(1+i)^n - 1}$$

mit:
i = Zinssatz
n = Anzahl der Jahre

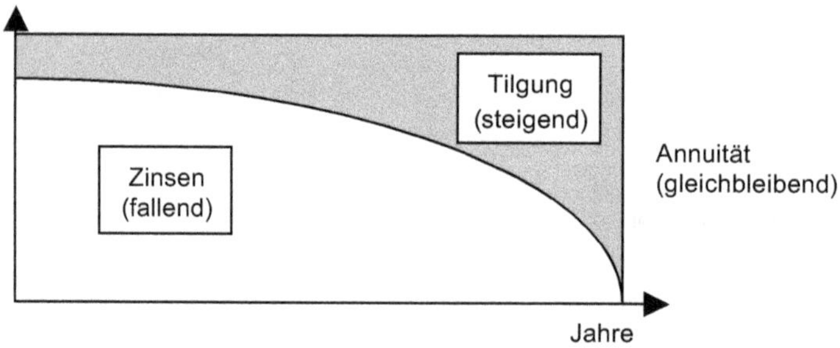

Abb. 2: Zins- und Tilgungsverlauf beim Annuitätendarlehen (Quelle: Eigene Darstellung)

Eine zweite, allerdings selten verwendete Form ist das **Abzahlungs- oder Ratendarlehen.** Hier findet die Tilgung in jährlich gleich bleibenden Raten statt, während die zu zahlenden Zinsen jeweils nur noch auf die Restschuld berechnet werden und so die zu zahlende Jahresleistung von Jahr zu Jahr abnimmt (vgl. Abbildung 3).

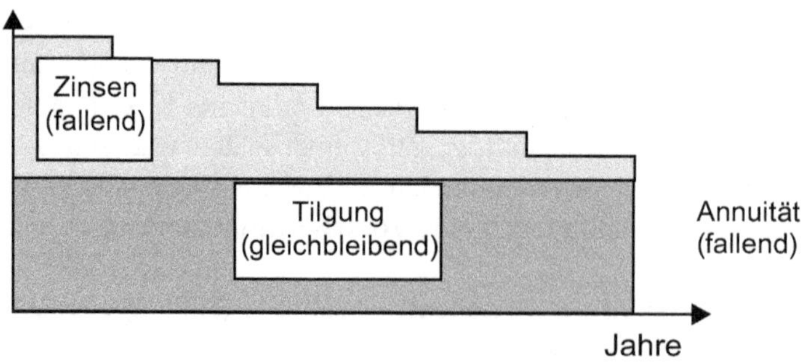

Abb. 3: Zins- und Tilgungsverlauf beim Abzahlungsdarlehen (Quelle: Eigene Darstellung)

Eine letzte Variante, das **endfällige Darlehen**, ist dadurch gekennzeichnet, dass während der Laufzeit lediglich Zinszahlungen anfallen, die Tilgung aber bis zum Ende der Laufzeit ausgesetzt wird (vgl. Abbildung 4). Eine endfällige Tilgung wird bei an Privatpersonen ausgereichten Immobilienfinanzierungen meist bei der Kombination eines Grundpfandrechtes mit einem Bauspar- oder Lebensversicherungsvertrag genutzt. Hypothekarkredite sind i. d. R. mit einer relativ geringen Tilgung zu festen oder variablen Zinskonditionen ausgestattet, während Bauspardarlehen, deren Darlehenszins über die gesamte Laufzeit fest ist, eine wesentlich schnellere Tilgung vorschreiben.

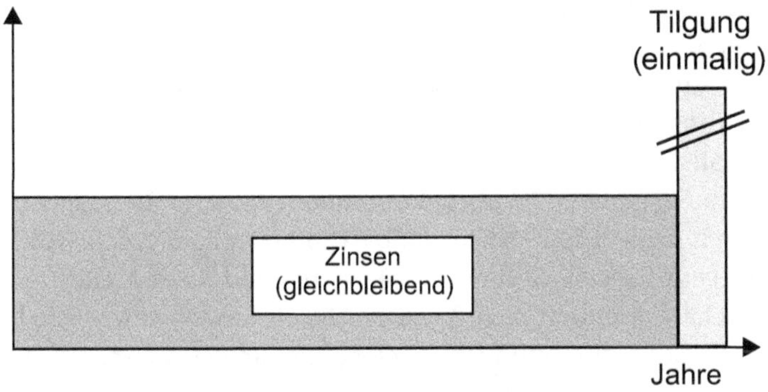

Abb. 4: Zins- und Tilgungsverlauf beim endfälligen Darlehen (Quelle: Eigene Darstellung)

Neben den zuvor beschriebenen Determinanten Zinsen, Tilgung und Darlehenshöhe sind im Rahmen der Finanzierungsplanung auch steuerliche Auswirkungen zu berücksichtigen. So spielt die steuerliche Abzugsfähigkeit von Fremdkapitalkosten und das daraus resultierende „Tax Shield" eine wesentliche Rolle bei Finanzierungs- und Investitionsentscheidungen.

3.3.1.1.2 Marktüberblick für Immobilienfinanzierungen

Da in der Bundesrepublik Deutschland mehr als die Hälfte aller Kredite mit Immobilienvermögen besichert wird, nehmen Immobilien seit jeher im Rahmen des Kreditwesens eine zentrale volkswirtschaftliche Stellung ein. Die Kreditvergabemöglichkeiten bestimmen maßgeblich die Investitionsbereitschaft sowie das Konsumklima, so dass Entwicklungen am Immobilienmarkt auch immer einen wesentlichen Einfluss auf die gesamte Volkswirtschaft besitzen. Die Finanz- und Wirtschaftskrise 2008/09 hat dabei die Bedeutung der Immobilienfinanzierung für volkswirtschaftliche Entwicklungen sehr deutlich gemacht und zudem aufgezeigt, dass die Finanzierungsmärkte in den einzelnen Ländern sehr unterschiedlich auf derartige Schocks reagieren (vgl. Henger/Voigtländer, S. 4).

Der deutsche Markt für Immobilienfinanzierung ist traditionell stark von nationalen Anbietern dominiert. Dies beruht insbesondere auf der hohen Wettbewerbsintensität, die in den letzten Jahrzehnten bis zur Finanz- und Wirtschaftskrise durch die Kreditbanken erheblich verstärkt wurde. Des Weiteren herrscht auf dem deutschen Markt – verglichen mit anderen europäischen Ländern – eine sehr hohe Vielfalt an Finanzierungsangeboten, so dass es für ausländische Anbieter schwierig ist, sich auf dem deutschen Markt zu etablieren (vgl. Jokl, S. 67). Dabei ist der Markt der Anbieter historisch durch eine Zweiteilung charakterisiert. Einerseits existieren **Universalbanken** (Kreditbanken, Sparkassen, Girozentralen, Landesbanken, Kreditgenossenschaften), die das gesamte Spektrum der Bank- und Finanzdienstleistungsgeschäfte anbieten. Andererseits gibt es **Spezialbanken** (Realkreditinstitute, Bausparkassen und Kreditinstitute mit Sonderaufgaben), die auf einzelne Produkte des Bankgeschäftes spezialisiert sind.

Realkreditinstitute (auch genannt **Hypothekenbanken**) sind im Gegensatz zu den Universalbanken durch das seit 1900 bestehende Hypothekenbankgesetz (HBG) auf die Rolle als Kapitalgeber für den Wohnungs-, Gewerbe- und Staatskredit limitiert. Ihr Hypothekengeschäft orientiert sich dabei am Beleihungsobjekt, weshalb die Hypothekenbanken Objektkredite und nicht Personalkredite gewähren. Für die Immobilienfinanzierung sind zwei Gruppen der Realkreditinstitute relevant: die privaten Hypothekenbanken – fast ausschließlich als Aktiengesellschaft geführte Töchterinstitute von Banken – und die öffentlich-rechtlichen Grundkreditanstalten. Beide Arten der Realkreditinstitute unterliegen einer strengen öffentlichen Kontrolle. Für jedes Institut ist ein staatlicher Treuhänder eingesetzt, der die Werthaltigkeit der Deckungsmasse überwacht. Außerdem wird für jede einzelne Beleihung von einem Sachverständigen eine Schätzung oder ein Gutachten des Objekts erstellt. Der Raum zur Vergabe eines erstrangig besicherten Kredits (1a-Hypothekendarlehen) erstreckt sich dabei auf 60 % des in diesem Gutachten ermittelten Beleihungswertes. Ziel dieses Beleihungswertgutachtens ist die Minderung des Ausfallrisikos des Realkredits durch Abbildung eines zu jeder Zeit am Markt erzielbaren Verkaufspreises. So sollten etwa im Rahmen der Beleihungswertermittlung keine konjunkturbedingten Wertschwankungen berücksichtigt werden (vgl. Abbildung 5). Für Realkreditinstitute besteht allerdings grundsätzlich die Möglichkeit Darlehen zu gewähren, welche über dieser Beleihungsgrenze liegen und i. d. R. bis zu 80 % des Beleihungswertes betragen können. Diese Kredite werden 1b-Hypotheken genannt und sind im Grundbuch durch ein zweitrangiges Grundpfandrecht sowie nicht selten über eine öffentliche Bürgschaft abgesichert. Aufgrund der mit 1b-Hypothekendarlehen verbundenen Risiken verlangen Realkreditinstitute in diesem Zusammenhang jedoch einen erheblichen Zinsaufschlag.

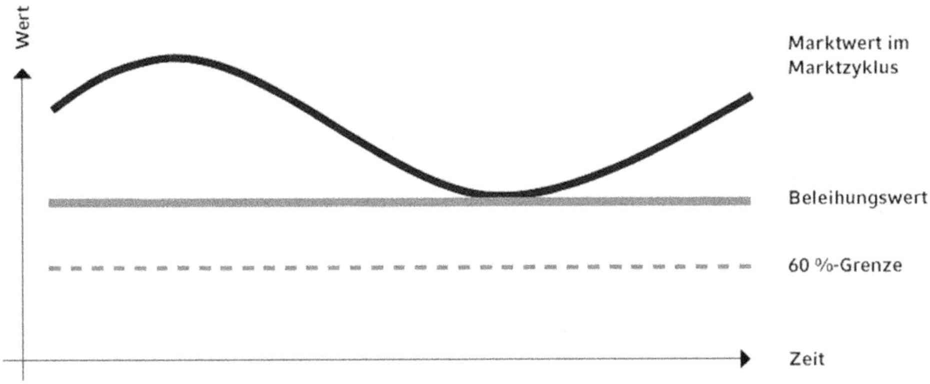

Abb. 5: Beziehung zwischen Markt- und Beleihungswert im Zeitablauf (Quelle: Reif)

Zur Refinanzierung des langfristigen Kreditgeschäfts bedienen sich die Realkreditinstitute nahezu ausschließlich der Ausgabe von Schuldverschreibungen am Kapitalmarkt. Das klassische Refinanzierungsinstrument ist dabei der **Pfandbrief**, der von beiden Gruppen der Realkreditinstitute emittiert werden darf. Wie in Abschnitt E.3.2 beschrieben, sind Pfandbriefe festverzinsliche Wertpapiere, die der Beschaffung von langfristigen Finanzierungsmitteln für mit Grundpfandrechten gesicherte Kredite dienen (vgl. Köpfler, S. 637). Durch die Einführung des Pfandbriefgesetzes (PfandBG) haben die Hypothekenbanken allerdings ihre Monopolstellung als Pfandbriefemittent verloren, so dass sich inzwischen auch Universalbanken mittels Pfandbriefen refinanzieren können. Die Bedeutung des Pfandbriefs am deutschen Refinanzierungsmarkt zeigt sich deutlich bei der Betrachtung des Marktvolumens, das sich im Jahr 2013 auf insgesamt 216 Mrd. EUR belief. In jüngster Vergangenheit haben sich im Rahmen der fortschreitenden Digitalisierung darüber hinaus **internetbasierte Finanzierungsangebote** unter Heranziehung von Pfandbriefen zur Refinanzierung etabliert. Zu nennen ist hierbei insbesondere die Direktbank ING DiBa, die mit einem Hypothekenbestand von ca. 60 Mrd. EUR gegenwärtig die Marktführerschaft in diesem Bereich besitzt (vgl. Abbildung 6).

Die **Bausparkasse** als ein weiterer Spezialanbieter stellt die einzige Institutsgruppe dar, die nahezu ausschließlich Wohnungsfinanzierung betreibt. Nach dem institutsspezifischen Gesetz sind Bausparkassen Kreditinstitute, die Einlagen von Bausparern entgegennehmen und aus den angesammelten Beträgen nach einer bestimmten Wartezeit den Bausparern Darlehen für wohnungswirtschaftliche Maßnahmen gewähren (vgl. § 1 BausparkG). Refinanzieren sich die Realkreditanstalten in erster Linie durch die Ausgabe von Pfandbriefen, nimmt diese Rolle bei den Bausparkassen das Kollektivsystem der eigenen Sparer wahr. Es herrscht somit eine Identität zwischen der Gruppe der Kreditgeber und der der Kreditnehmer. Die Bausparkassen sind folglich die Vermittler und Organisatoren dieses objekt- und zweckgebundenen Sparens und Finanzierens (vgl. Jenkis, S. 23 f.).

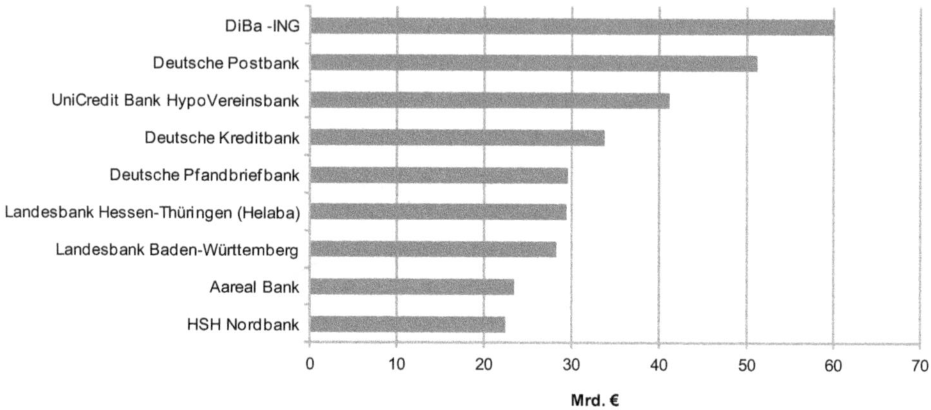

Abb. 6: Hypothekenbestand der deutschen Pfandbriefbanken (Top 10), Stand 2012 (Quelle: Verband deutscher Pfandbriefbanken)

Als letzte Gruppe der Spezialbanken sind die **Kreditinstitute mit Sonderaufgaben** im Rahmen der Immobilienfinanzierung zu nennen. So gewährt etwa die Kreditanstalt für Wiederaufbau – ursprünglich zur Verteilung der Gelder des Marshallplans gegründet – heute zinsgünstige Darlehen an Finanzierende (vgl. Jährig/Schuck, S. 34). Zur Refinanzierung bedienen sich die Kreditinstitute mit Sonderaufgaben dabei regelmäßig der Emission von Schuldverschreibungen.

Bei der Betrachtung der Anteile der verschiedenen Bankentypen am Finanzierungsmarkt für gewerbliche Hypothekarkredite zeigt sich, dass die Universalbanken – und hierbei insbesondere die Sparkassen, Landesbanken und Kreditgenossenschaften – eine zentrale Stellung innehaben. Die Realkreditinstitute haben hingegen in den letzten Jahren deutlich an Marktanteil verloren. Über die Verluste der Banken aus den Verbriefungsgeschäften erfasste die Subprime-Krise der USA auch die deutsche Finanzierungslandschaft, so dass sich das Marktumfeld im Finanzierungsgeschäft seit der nachfolgenden Finanz- und Wirtschaftskrise 2008/2009 signifikant verändert hat (vgl. Abbildung 7). Durch diese Verlustgeschäfte (z. B. in Form von „faulen Krediten“ bzw. Kreditersatzgeschäft durch Investitionen in „faule Anleihen“) waren zahlreiche Hypothekenbanken in finanzielle Schieflage geraten, weshalb ehemals führende Marktakteure wie etwa die Eurohypo, die Hypo Real Estate und die WestImmo verstaatlicht oder gar abgewickelt werden mussten.

Die globale Finanz- und Wirtschaftskrise sowie die daraus resultierende Konsolidierung des deutschen Finanzierungsmarktes verdeutlichten, dass die bisherige Eigenkapitalausstattung der Universal- und Hypothekenbanken unzureichend war. Auf Basis dieser Erkenntnis entschied sich der Baseler Ausschuss für Bankenaufsicht für die Einführung strikter Regulierungsmaßnahmen in Form der sog. Basel III-Regularien, was die seit Jahren zu beobachtende Konsolidierung des Bankensektors im Bereich der (gewerblichen) Immobilienfinanzierung dem gewerblichen Finanzierungsmarkt noch verstärkte. Aufgrund der dadurch entstehenden Finanzierungslücke drängen in den vergangenen Jahren auch zunehmend **Versicherungsunternehmen** auf den deutschen Markt für Immobilienfinanzierung. Versicherungsunternehmen agieren in diesem Zusammenhang als Kapitalsammelstellen und weisen aufgrund des relativ hohen Prämienaufkommens einen hohen Liquiditätszufluss auf. Neben der traditionellen Immobilienfinanzierung über Versicherungsdarlehen treten Versicherungsunternehmen dabei vermehrt als Fondsinitiatoren von sog. **„Debt Funds"** auf. Vor dem Hintergrund der globalen Finanz- und Wirtschaftskrise wurde aber auch mit den Solvency II-Regularien eine grundlegende Reform des Versicherungsaufsichtsrechts in Europa umgesetzt, welche insbesondere die Solvabilitätsvorschriften für die Eigenmittelausstattung von Versicherungsunternehmen verschärft. Im folgenden Kapitel werden die Auswirkungen von Basel III und Solvency II auf die Immobilienfinanzierung ausführlich behandelt.

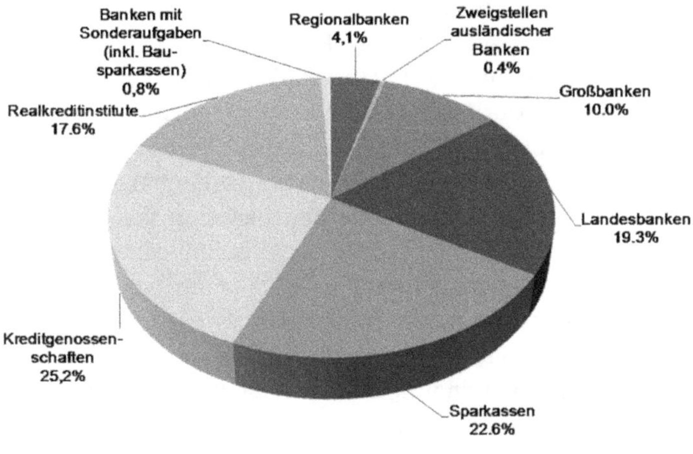

Abb. 7: Gewerbliche Hypothekarkredite, Stand 2012 (Quelle: Verband deutscher Pfandbriefbanken)

3.3.1.1.3 Auswirkungen von Basel III und Solvency II auf die Immobilienfinanzierung

Ausgangssituation

Im Jahr 2013 befinden sich die internationalen Finanzmärkte weiter unter dem Einfluss der Finanz- und Wirtschaftskrise, die in 2007 als „Subprimekrise" in den USA begann und sich 2008/2009 als Finanz- und Wirtschaftskrise in Europa und in anderen Teilen der Welt fortsetzte. Die Lehren, die aus dieser Zeit gezogen wurden, mögen sich von Land zu Land unterscheiden. Unstrittig ist jedoch, dass das weltweite Finanzsystem in der Form, in der es bis 2007 existierte, nicht adäquat auf die Ereignisse vorbereitet war. Diese Beobachtung ist interessant, da die meisten der Regulierungen, die aktuell diskutiert und in den kommenden Jahren in Europa oder sogar weltweit umgesetzt werden sollen, zu diesem Zeitpunkt bereits in einer Vorform existierten. So konnten weder Basel II noch Solvency I verhindern, dass bedeutsame Banken und Versicherungsunternehmen der Welt, u. a. in Deutschland, ohne staatliche Kapitalhilfen bis dato unbekannten Ausmaßes nicht hätten weiterexistieren können. Die „gefühlte Hilflosigkeit" vieler Regierungen im Umgang mit einer Krise, die das bisher vorherrschende liberale, finanzwirtschaftliche Denken in Frage stellte, hilft jedoch beim Verständnis der Vielzahl regulatorischer Bemühungen, denen sich die Finanzmärkte inzwischen ausgesetzt sehen und die unter den Schlagworten EMIR, AIFMD, Solvency II und Basel III nunmehr Realität sind. Insbesondere die beiden letztgenannten Regulierungen werden im Folgenden behandelt, wobei der Fokus auf den konzeptionellen Grundlagen und ihren Folgen für die Immobilienwirtschaft liegt.

Das Regelwerk **Solvency II** soll auf Versicherungsunternehmen angewendet werden und wird gemäß der Bundesanstalt für Finanzdienstleistungsaufsicht (BaFin) die Ziele verfolgen, den Versichertenschutz zu stärken, einheitliche Wettbewerbsstandards im Versicherungssektor des europäischen Binnenmarktes zu schaffen und damit eine weitgehend einheitliche Aufsichtspraxis in Europa zu gewährleisten. Dies soll durch EU-weit geltende Anforderungen an die Kapitalausstattung und das Risikomanagement sowie ein einheitliches Berichtswesen von Versicherungsunternehmen erreicht werden. Nach mehrmaligem Aufschub soll das Regelwerk, das ursprünglich ab dem 1. Januar 2014 gelten sollte, nunmehr zum 1. Januar 2016 final in Kraft treten. Sobald dies der Fall ist, löst es das als Solvency I bereits umgesetzte und in Deutschland insbesondere im Rahmen des § 53c des Versicherungsaufsichtsgesetzes (VAG) in Verbindung mit der Kapitalaustattungsverordnung (KapitalaustattungsVO) in nationales Recht überführte Regulierungswerk ab.

Der § 53c des VAG regelt die Solvabilität eines Versicherungsunternehmens. Darunter versteht man die Ausstattung eines Versicherungsunternehmens mit Eigenmitteln, d. h. Kapital, durch das die Ansprüche von Versicherungsnehmern und Gläubigern auch bei schlechten Marktentwicklungen abgedeckt sind. Die Ansprüche gelten als umso sicherer, je höher die Solvabilität ausfällt. Im Detail besagt § 53c VAG: „Versicherungsunternehmen sind verpflichtet, zur Sicherstellung der dauernden Erfüllbarkeit der Verträge stets über freie unbelastete Eigenmittel mindestens in Höhe der geforderten Solvabilitätsspanne zu verfügen, die sich nach dem gesamten Geschäftsumfang bemisst." Dabei ist es von Bedeutung zu verstehen, dass die Solvabilität im Rahmen von Solvency I aus der Bilanz abgeleitet wird und eher einen konkreten Wert als eine Spanne darstellt. Die aus der Bilanz abgeleitete Soll-Solvabilitität wird der Ist-Solvabilität durch die freien, unbelasteten Eigenmittel gegenübergestellt. Eine ausreichende Solvabilität im Sinne des VAG ist nur dann gegeben, wenn die Ist-Solvabilität mindestens der Soll-Solvabilität entspricht (vgl. Gesetz über die Beaufsichtigung der Versicherungsunternehmen (Versicherungsaufsichtsgesetz – VAG)).

Der Vorstoß zur Einführung der unter dem Begriff **Basel III** zusammengefassten Regulierungen hat seinen direkten Ursprung in der Subprimekrise und in der Idee, dass eine Erweiterung der bereits als Basel I und Basel II eingeführten Eigenkapitalvorschriften helfen kann, derartige Verwerfungen am Markt zukünftig zu vermeiden. Um Basel III zu verstehen, ist es erforderlich, die Ziele und Mittel der Vorgänger-Regularien grundsätzlich nachzuvollziehen.

Mit dem Begriff Basel I wird die Basler Eigenkapitalvereinbarung von 1988 bezeichnet, die als Reaktion auf eine wahrgenommene, international niedrige Ausstattung wichtiger Kreditinstitute mit Eigenkapital verabschiedet und seitdem in über 100 Ländern in nationales Recht überführt wurde. Ähnlich wie bei Solvency wird dabei eine Verbindung zwischen den eingegangenen Risiken im Kerngeschäft – insbesondere dem Volumen der ausgereichten Kredite – und dem verfügbaren Eigenkapital der jeweiligen Bank geschaffen. So besagt Basel I, dass es verschiedene risikogewichtete Aktiva in der Bilanz einer Bank gibt, wobei vor allem nach Arten von Schuldnern Kategorien geschaffen wurden, die ein Risikogewicht von 0 % bis 100 % des ausgereichten Betrags erforderten. In der Praxis bedeutete dies, dass bspw. Darlehen an Unternehmen mit mehr Eigenkapital unterlegt werden mussten als Darlehen an einzelne Staaten. Darüber hinaus wurde festgelegt, dass die Eigenkapitaldecke einer Bank immer mindestens 8 % der Summe aller risikogewichteten Aktiva der Bank entsprechen musste. Die Anwendung von Basel I offenbarte im Lauf der Folgejahre schließlich unterschiedliche Mängel des Regelwerks. So wurde kritisch bemerkt, dass die Regulierung nicht zwischen bonitätsstarken und weniger bonitätsstarken Kunden derselben Kundenklasse differenziere, so dass ungleiche Risiken gleich behandelt wurden. Auf diese Weise bestand der Anreiz, bei gleichem Eigenkapitaleinsatz, die Gewinne zu erhöhen, indem man bonitätsschwächeren Kunden Geld gegen eine höhere Marge überlässt. Auch wurde festgelegt, dass Basel I nicht ausreichend die unterschiedlichen Risiken berücksichtigt, die Banken eingehen. Diese und andere Kritikpunkte führten 1999 zu einer Wiederaufnahme der Verhandlungen und zu einer Umsetzung der als Basel II bekannt gewordenen Nachfolgeregulierung am 1. Januar 2007 in allen Mitgliedsstaaten der EU und für alle dort ansässigen Kreditinstitute.

Das Grundkonzept von Basel II besteht aus drei sich gegenseitig ergänzenden Säulen: den Mindesteigenkapitalanforderungen, dem bankaufsichtsrechtlichen Überprüfungsprozess und der erweiterten Transparenz (vgl. Abbildung 8).

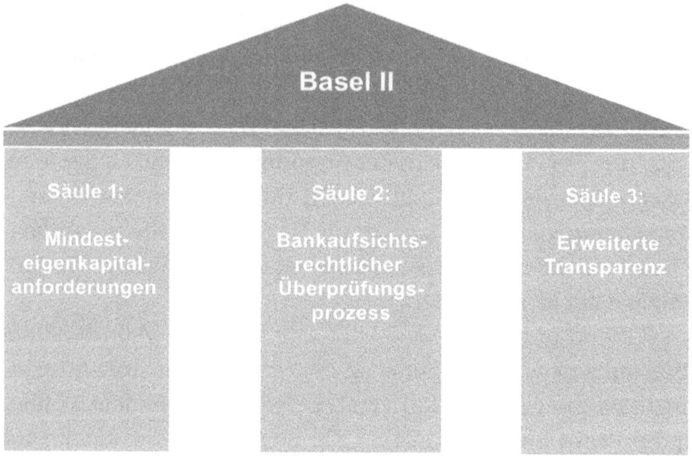

Abb. 8: Die drei Säulen von Basel II (Quelle: Eigene Darstellung)

In Bezug auf die Mindesteigenkapitalanforderungen wurden vor allem die folgenden Erweiterungen umgesetzt:

- Berücksichtigung von Kreditausfallrisiken, Marktpreisrisiken und operationellen Risiken der unterschiedlichen Risikokategorien bei Banken.
- Einräumung der Möglichkeit, dass Banken bei der Bemessung der Kreditausfallrisiken entweder den vorgegebenen Standardansatz unter Rückgriff auf externe Ratings verwenden oder eigene Systeme entwickeln. Diese eigenen Systeme, auch „internal ratings-based approaches“ genannt, wurden von der BaFin einzeln geprüft und konnten dazu dienen, Risiken noch genauer zu bemessen und entsprechendes Eigenkapital vorzuhalten. Somit wurde die Spanne der möglichen Risikogewichtung einer Forderung deutlich gespreizt, während gleichzeitig die 8 %-Hürde an erforderlichen Eigenmitteln beibehalten wurde.

Mit Hilfe der bankaufsichtsrechtlichen Überprüfungsprozesse soll gewährleistet werden, dass die Eigenkapitaldecke richtig bemessen und nachhaltig sichergestellt war. Darüber hinaus wurden die angewandten Methoden der Risikosteuerung und des Berichtswesens beurteilt.

Schließlich soll die erweiterte Transparenz das Ausmaß der Berichtspflicht im Rahmen des externen Rechnungswesens einer Bank regeln.

Auch die Verabschiedung von Basel II zog kritische Stimmen nach sich, die u. a. auf die folgenden Mängel hinwiesen:

- So wurde kritisiert, dass Basel II prozyklisch wirke, da bei einer Marktkrise (wie z. B. der Finanz- und Wirtschaftskrise 2008/2009) die Ausfallraten stiegen und die Bonitäten der Darlehensnehmer fielen. In der Folge müssten die Banken mehr Eigenkapital vorhalten, was steigende Zinsen oder eine restriktivere Kreditvergabe impliziert.

- Auch wurde bemerkt, dass bestehende wirtschaftliche Strukturen durch den Ansatz gefestigt würden. Schließlich würden gerade die Unternehmen ein Darlehen erhalten, die dieses aufgrund ihrer Bonität und Eigenkapitaldecke am wenigsten benötigten.
- Zudem wurde moniert, dass große Banken über die Anwendung von eigenen Ratingsystemen Vorteile gegenüber kleinen Banken hätten.

Die gesetzlichen Grundlagen von Basel II finden sich in Deutschland im Gesetz über das Kreditwesen (KWG), in der Solvabilitätsverordnung (SolvV), in der Groß- und Millionenkreditverordnung (GroMiKV) sowie in den Mindestanforderungen an das Risikomanagement (MaRisk).

Neue regulatorische Rahmenbedingungen durch Basel III und Solvency II

Analog zur Erweiterung der regulatorischen Anforderungen im Schritt von Basel I zu Basel II soll auch Solvency II als Nachfolgeregulierung von Solvency I die Anforderungen vertiefen und konkretisieren. Insbesondere sieht Solvency II ebenso wie Basel II eine Abkehr von einer rein bilanzbezogenen Ableitung der erforderlichen Mindesteigenkapitalausstattung vor und eine zunehmende Orientierung an den unternehmensspezifisch eingegangenen Gesamtrisiken zu Marktwerten. Wie bei Basel II wurden auch in der für Solvency II im Jahr 2009 verabschiedeten europäischen Richtlinie drei Kernbestandteile bzw. Säulen festgehalten:
- Mindestkapitalausstattung,
- Versicherungsrechtlicher Überprüfungsprozess und Risikosteuerung,
- Transparenz.

Auch bei Solvency II ist es vorgesehen, den Unternehmen freizustellen, ob sie dem Standardansatz zur Risikomessung folgen oder ob ein internes Modell Anwendung finden soll. Unabhängig vom gewählten Ansatz ist es das Ziel der Regulierung, die Höhe der Solvabilität bzw. des Solvenzkapitals so zu wählen, dass externe Schocks, die zu einem Wertverlust von Vermögensgegenständen führen, eintreten können, ohne dass die Ist-Solvabilität aller Wahrscheinlichkeit nach unter die Soll-Solvabilität fällt. Von großer Bedeutung für die Attraktivität einer Anlageklasse ist demnach die vom Regulator vorgegebene Höhe eines externen Schocks.

Für den europäischen Immobilienmarkt steht bis dato ein Schockfaktor von 25 % Wertverlust für unverschuldete Direktanlagen und unverschuldete Immobiliengesellschaften in der Diskussion, der basierend auf der Volatilität des britischen Immobilienmarktes für ganz Europa bestimmt wurde. Bei Immobiliengesellschaften, die Fremdkapital einsetzen, beträgt der Schockfaktor sogar 39 % für europäische Immobilienmärkte bzw. 49 % für globale Immobilienmärkte.

Basel III baut auf den Bestimmung von Basel II auf und erweitert es um die Erkenntnisse, die aus dem Umgang mit Basel II und aus der Finanz- und Wirtschafts-

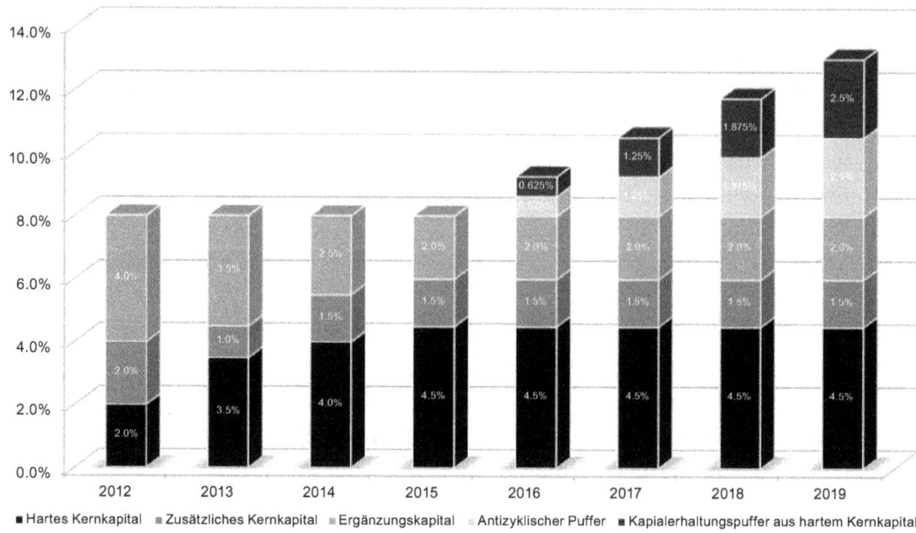

Abb. 9: Gestaffelte Übergangsvorschriften für die Kapitalausstattung (Quelle: Deutsche Bundesbank)

krise gewonnen wurden. Die Verbesserungen beziehen sich auf die weitere Stärkung der Kapitalbasis von Kreditinstituten und deren Liquidität sowie auf die Stabilisierung des globalen Finanzsystems insgesamt. Die weitere Stärkung der Eigenkapitalbasis von Kreditinstituten wird dabei vor allem durch eine Einschränkung der Anrechenbarkeit von Kapitalquellen zum Kernkapital, eine Konkretisierung der zu leistenden Kapitalunterlegung bei einzelnen Risikoarten, die Beschränkung des bilanziellen Fremdkapitalhebels, eine Verschärfung der Prüfung durch die Bankenaufsicht sowie eine Erhöhung der Transparenzanforderungen verfolgt. Zudem wird von Banken zukünftig eine schrittweise Erhöhung des harten Kernkapitals auf 4,5 % (vorher 2 %) sowie die Einführung eines Kapitalerhaltungspuffers in Höhe von 2,5 % gemessen an den risikogewichteten Aktiva verlangt (vgl. Abbildung 9). Die Stärkung der Liquidität von Kreditinstituten und dem globalen Finanzsystem insgesamt wird parallel über die Einführung einheitlicher Kennzahlen und homogener Kennzahlenvorgaben bezweckt. Schließlich verfolgt Basel III die Stärkung des globalen Finanzsystems, u. a. über Anreize zum Handeln von Derivaten über zentrale Stellen und über die Einführung von höheren Kapitalanforderungen für Geschäfte großer Finanzinstitutionen. Ursprünglich war es vorgesehen, Basel III zwischen 2013 und 2015 einzuführen. Inzwischen ist jedoch eine schrittweise Einführung der Neuregelungen bis spätestens 1. Januar 2019 vorgesehen.

Einfluss der Regulierung auf die Immobilienfinanzierung

Sollten die beschriebenen regulatorischen Rahmenbedingungen von Solvency II und Basel III in geplanter Form umgesetzt werden, hätte dies weitreichende Folgen für die Immobilienfinanzierung. Im Hinblick auf **Solvency II** wären folgende Effekte wahrscheinlich (vgl. Rehkugler/Schindler, S. 106–111):

- Für Versicherungsunternehmen würde es risikogewichtet weniger interessant, in Immobilien zu investieren, da sich der angenommene Schockfaktor für teilweise fremdkapitalfinanzierte Immobilien(gesellschaften) und für andere Anlagen wie Aktien in vergleichbarer Höhe bewegt. Bei einem gleichen angenommenen Risiko versprechen Anlagen in Aktien jedoch eine höhere erwartete Rendite, was zu einer Reduzierung der Anlage in Immobilien führen würde. Da auch der voraussichtliche Schockfaktor für rein eigenkapitalfinanzierte Immobilienanlagen hoch ausfällt, ist hier von einer vergleichbaren Tendenz auszugehen.
- Der angenommene Schockfaktor für Immobilienanlagen trifft keine Unterscheidungen zwischen Immobilien einer bestimmten Region, Nutzungsart oder Stellung im Lebenszyklus einer Immobilie. Von daher liegt es nahe, dass risikoreichere Immobilienengagements bevorzugt werden, da diese unter Risikogewichtungsgesichtspunkten mehr Rendite für jede Einheit vorzuhaltendes Eigenkapital versprechen.
- Für Versicherungen könnte es zunehmend interessant sein, selbst das Fremdkapital für eine Immobilienanlage bereitzustellen, statt Eigenkapital zu investieren, da hier die angenommenen Schockfaktoren geringer ausfallen.
- Die vorgeschlagene Methode, Risiken zu Marktwerten zu bewerten, kann auch in Bezug auf Immobilien zu einem prozyklischen Verhalten führen, so dass ein statistisch wahrgenommenes, gestiegenes/gefallenes Risiko durch einen Verkauf/Kauf zu einem ungünstigen Zeitpunkt, also nach einem Werteverfall/Werteanstieg, ein prozyklisches Verhalten fördert.
- Auf diese Weise würde möglicherweise eine Eigenkapitallücke am Kapitalmarkt entstehen, wenn eine wichtige Investorengruppe, die in Europa für ca. 25–35 % des institutionellen Eigenkapitals am Immobilienmarkt steht, sich vermehrt abwendet. Hoffnungsvoll stimmt hier die Möglichkeit der Versicherer, eigene interne Ratingmodelle zu entwickeln, die zu einem geringeren Schockfaktor führen. Dabei stellt sich jedoch die Frage, ob die Versicherungen über Datenquellen verfügen, die zu einem besseren Ergebnis führen und ob die Versicherungsaufsicht die auf diese Weise entstandenen Modelle akzeptieren wird. Gleichwohl ist in diesem Zusammenhang auf Berechnungen der Investment Property Databank hinzuweisen, die einen universellen und repräsentativen Schockfaktor für europäische Investments bei 15 % einordnen (vgl. Investment Property Databank).

Auch in Bezug auf **Basel III** ist von zahlreichen Effekten auf die Immobilienwirtschaft auszugehen. Dies bedeutet konkret (vgl. Rehkugler/Schindler, S. 111–115):

- Im aktuellen Marktumfeld bereiten sich die meisten Geschäfts- und Pfandbriefbanken bereits schrittweise auf die Einführung von Basel III vor. In der Folge werden Geschäftspolitiken angepasst, um bspw. gezielt Engagements mit einem

höheren Risikogewicht abzubauen und Engagements mit einem niedrigeren Risikogewicht aufzubauen. Für manche Immobilienmarktteilnehmer geht eine diesbezügliche Anpassung der Kreditvergabepolitik mit einem erhöhten Prolongationsrisiko bzw. mit höheren Margen einher. Gleichzeitig ist eine Reduzierung von Beleihungsausläufen und ein restriktiverer Ein- und Ansatz von sog. Financial Covenants zu beobachten.
- In der Folge entsteht teilweise eine bankeninduzierte Fremdkapitallücke, die entweder durch Eigenkapital oder durch alternative Finanzierungsformen, bspw. Finanzierungen über Versicherungsunternehmen oder über Fremdkapitalfonds („Debt Funds"), gedeckt werden muss.
- Ob diese Effekte mittel- bis langfristiger Natur sein werden, bleibt abzuwarten. Auch scheint es so, dass die Immobilienfinanzierung gegenüber anderen Finanzierungsarten (z. B. Konsumentenkrediten) noch vergleichsweise wenigen Veränderungen unterliegen wird.
- Weitere Effekte ergeben sich an der Schnittmenge von unterschiedlichen Regulierungen, bspw. von Basel III im Verhältnis zu Solvency II. So werden Pfandbriefe mit einem guten Rating bei den Liquiditätskennzahlen von Basel III bevorzugt behandelt, ebenso wie sie als Investitionsmöglichkeit für Versicherungen im Rahmen von Solvency II gegenüber Bankanleihen bevorzugt werden. Dies könnte zu einer Ausweitung des Pfandbriefgeschäfts führen.

3.3.1.2 Immobilienfinanzierung durch Debt Funds

3.3.1.2.1 Grundlagen und Marktüberblick

Die aufgezeigten regulatorischen Neuerungen in der traditionellen Immobilienfinanzierung infolge der Finanz- und Wirtschaftskrise 2008/2009 bedingen nachhaltige strukturelle Veränderungen in diesem Marktsegment. Als Konsequenz zieht sich der Bankensektor, welcher bis dato ca. 90 % der Immobiliendarlehen gestellt hatte, seit Beginn der Finanzkrise sukzessive aus dem gewerblichen Immobilienfinanzierungsgeschäft zurück (vgl. Voß, S. 1 f). Dementsprechend zeichnet sich für die Jahre 2012/2013 europaweit eine Finanzierungslücke von etwa 140 Mrd. EUR ab, wobei allein auf Deutschland ca. 20 Mrd. EUR entfallen (vgl. Almond, S. 1). Neben dem Risiko, das ein solcher Angebotsengpass am Immobilienfinanzierungsmarkt birgt, bietet diese Entwicklung aber auch ein enormes Wachstumspotential für alternative Finanzierungsprodukte.

Während Versicherungen in den USA bei Immobilienkrediten bereits einen Marktanteil von etwa 18 % besitzen, waren in Europa Hypothekendarlehen durch Versicherungen bis vor kurzem noch weitgehend unbekannt (vgl. Mattern, S. 154). Zu den neu auf den Markt strömenden Anbietern von Immobiliendarlehen zählen international agierende Versicherungsunternehmen, Staatsfonds und „Debt Funds" bzw. Kreditfonds. Bei Letzteren besteht das Geschäftsmodell darin, Eigenkapital von

Investoren einzusammeln und dieses als Fremdkapital oder fremdkapitalähnliches Kapital zu verleihen. In der Vergangenheit waren es lediglich opportunistische Investoren, die vornehmlich in notleidenden Immobilienkrediten eine Investmentmöglichkeit sahen. Aufgrund der von der EZB verfolgten Niedrigzinspolitik sowie der neuen Regelungen für Banken und Versicherungen treten mittlerweile aber auch zunehmend institutionelle Investoren als Finanziers von vornehmlich nichtnotleidenden Immobilieninvestments auf. Da die kleinen bis mittelgroßen Versicherungen und Pensionskassen allerdings das Klumpenrisiko bei großvolumigen Einzelkrediten fürchten, stellt für diese Akteure der „Debt Fund" als indirekte Anlage eine attraktive Alternative dar. „Debt Funds" ermöglichen damit speziell institutionellen Investoren mit geringem Investitionsrahmen den Markteintritt und besitzen zugleich den Vorteil, dass deren Management über die notwendige Expertise in der Immobilienfinanzierung verfügt. So finden sich auf Seiten der Investoren von „Debt Funds" neben Staatsfonds, Investment Manager und vermögenden Privatpersonen bzw. Family Offices inzwischen auch Versicherungen, Pensionskassen und Versorgungswerke (vgl. Voß, S. 1 ff).

In den letzten Jahren haben in Europa große Versicherungen und Asset Manager aus dem Immobiliensektor das ursprüngliche Spektrum der Kreditfondsanbieter (Private Equity Fonds und Hedge Fonds) sukzessive erweitert. Grundsätzlich steht den Anbietern hierbei eine Vielzahl von Fondsvehikeln zur Verfügung. Von den Investoren in Deutschland wird die Rechtsform eines Spezialfonds bevorzugt, da die jeweiligen Kapitalgesellschaften professionelles Know-how am Kapital- und Immobilienmarkt besitzen. Die ebenfalls beliebten Luxemburger Fondslösungen (z. B. SICAVs) weisen hingegen gegenüber den Spezialfonds den Vorteil auf, dass sie selbst Kredite direkt vergeben dürfen (vgl. Voß, S. 4). Laut einer Studie von INREV („European Association for Investors in the Non-Listed Real Estate Vehicles") wurden allein in den vergangenen drei Jahren europaweit mindestens 19 „Debt Funds" platziert (Stand Oktober 2012), weshalb sich inzwischen das Gesamtvolumen dieses Investmentvehikels auf ca. 10 Mrd. EUR beläuft (vgl. INREV, 2012a, S. 1). Die aufgelegten „Debt Funds" unterscheiden sich sowohl hinsichtlich der verfolgten Finanzierungsstrategie als auch des jeweiligen Handlungsspielraumes erheblich, so dass das Angebot am europäischen Immobilienfinanzierungsmarkt sicherlich auf eine breitere Basis gestellt wird. Da Investoren von Kreditfonds jedoch zumeist eine hohe Risikoaversion aufweisen, werden diese Vehikel insbesondere für die risikoarme „Senior"-Finanzierungstranche von Bedeutung sein. Folglich wird es primär zu einer Angebotserweiterung in diesem Segment und nur sekundär im Mezzanine-Bereich kommen (vgl. Voß, S. 2).

3.3.1.2.2 Finanzierungsstrategien von Debt Funds

Allgemeingültige Aussagen über das Rendite-Risiko-Profil des Investmentvehikels „Debt Fund" lassen sich nicht treffen, da dieses Profil von der jeweils verfolgten

Finanzierungsstrategie abhängt. Laut INREV lassen sich bei Kreditfonds folgende Strategien unterscheiden:

„Debt Funds" mit einer **Senior-Finanzierungsstrategie** sind relativ risikoarm, da deren Darlehen im Insolvenzfall erstrangig bedient werden. Bei der derzeitig maximalen Beleihungsquote von 60 % tritt folglich bei diesen Fonds erst ein Vermögensverlust ein, wenn der Wert der beliehenen Immobilie um mehr als 40 % fällt. Bei dem gegenwärtigen Marktumfeld erscheinen dementsprechend Zielrenditen von 4 % bis maximal 6 % für Investoren durchaus attraktiv. „Senior Debt Funds" konzentrieren sich dabei auf die Finanzierung von „Core-Investments" und meiden regelmäßig Spezialimmobilien und Projektentwicklungen.

Eine risikoreichere Finanzierungsstrategie verfolgen „Debt Funds", die **nachrangige Immobilienkredite** ausgeben. Deren Beleihungsquote liegt zwischen 60 % und 80 %. Das damit verbundene höhere Ausfallrisiko spiegelt sich in der höheren Zielrendite (8 % bis 15 %) wider. Speziell bei einer derartigen Finanzierungsstrategie versuchen Fondsmanager durch regionale und sektorale Diversifikation das Risiko für die Investoren zu minimieren. Anders als bei „Senior Debt Funds" ist bei diesen Kreditfonds eine Finanzierung von Spezialimmobilien und Projektentwicklungen nicht ausgeschlossen.

Für die Fondsmanager von „Debt Funds" ist es teilweise schwierig, Kapital aus einer singulären Finanzierungstranche zu akquirieren und dabei sowohl das Zielfondsvolumen einzuhalten als auch die anvisierte Rendite zu realisieren. Aus diesem Grund werden zunehmend Kreditfonds aufgelegt, die eine **Mischfinanzierungsstrategie** besitzen, indem sie erst- und nachrangige Darlehen vergeben. Dementsprechend beträgt auch bei diesen Fondsvehikeln die maximale Beleihungsquote 80 %. Durch die Absicherungen der nachrangigen Immobilienkredite mit der risikoärmeren Senior-Finanzierungstranche sind die Investoren jedoch einem geringeren Risiko ausgesetzt, weshalb sich die angestrebte Rendite in einem Bereich von 6 % bis 10 % bewegt.

Eine opportunistische Finanzierungsstrategie wird von Kreditfonds verfolgt, die **notleidende Immobilienkredite** in großem Umfang günstig erwerben, um nach erfolgter Umstrukturierung die vorhandenen Wertschöpfungspotentiale nutzen zu können. Der LTV liegt bei diesen Fonds zwischen 50 % und 100 %. Im Gegensatz zu den zuvor beschriebenen Finanzierungsstrategien wird bei diesen Fonds zur Erzielung eines Leverage-Effektes oftmals zusätzlich Fremdkapital aufgenommen, so dass die Zielrenditen auf etwa 15 % bis 20 % angehoben werden können (vgl. INREV, 2012a, S. 14 ff).

3.3.1.3 Immobilienfinanzierung durch Leasing

Begriff und Formen des Immobilienleasing

Eine weitere Finanzierungsform im Rahmen von Private Debt stellt die Immobilienfinanzierung durch Leasing dar. Da das Neugeschäft beim Immobilienleasing in den letzten Jahren allerdings deutlich abgenommen hat (vgl. Teil C Instituionelle Aspekte der Immobilienökonomie), werden im Folgenden die Grundlagen hinsichtlich der Systematik und Funktionsweise des Immobilienleasing lediglich komprimiert dargestellt. Immobilienleasing ist grundsätzlich eine Form der mittel- und langfristigen Vermietung von Grundstücken, Gebäuden und sonstigen Betriebsanlagen. Der Vermieter (Leasinggeber) verpflichtet sich im Rahmen eines Leasingvertrages, dem Mieter (Leasingnehmer) das Leasingobjekt gegen periodische Zahlung eines Entgelts (Leasingraten) für eine vereinbarte Grundmietzeit zur Nutzung zu überlassen. Bei dem zugrundeliegenden Vertrag handelt es sich allgemein um einen Finanzierungs-Leasingvertrag, der im Gegensatz zum Operate-Leasing während der Grundmietzeit unkündbar ist. Nach Ablauf der Mietzeit bieten bereits bei Vertragsabschluss vereinbarte Optionsrechte dem Leasingnehmer die Möglichkeit, eine Verlängerung der Mietzeit zu verlangen (Mietverlängerungsoption) oder das Leasingobjekt zu bestimmten Konditionen zu erwerben (Kaufoption).

Der Leasinggeber errichtet oder erwirbt ein Gebäude oder Betriebsanlagen entsprechend den Präferenzen des Leasingnehmers. Es lassen sich folgende Formen des Immobilienleasing unterscheiden:

- **Neubau-Leasing**: Das Leasingobjekt wird i. d. R. schlüsselfertig zum Festpreis (GÜ-Vertrag) durch die Leasinggesellschaft errichtet und anschließend an den Leasingnehmer vermietet.
- **Buy-and-lease**: Der Leasinggeber erwirbt eine Bestandsimmobilie von Dritten und verleast diese an den Leasingnehmer.
- **Sale-and-lease-back**: Die Leasinggesellschaft erwirbt ein bereits bestehendes Objekt aus dem Bestand des Leasingnehmers und vermietet dieses anschließend an den Leasingnehmer zurück.
- **Geschlossene Immobilienleasingfonds**: Zur Finanzierung des Leasingobjektes beteiligen sich private oder gewerbliche Anleger an der Objektgesellschaft.

Der wirtschaftliche Erfolg des Immobilienleasing ist vor allem in der flexiblen Handhabung des Vertragswerkes begründet. Der Leasingvertrag lässt sich zwar den gesetzlichen Vertragstypen nicht eindeutig zuordnen, er ist jedoch nach herrschender Meinung als eine besondere Form des Mietvertrages nach § 535 BGB zu qualifizieren (vgl. Westphalen, S. 618). Diese fehlende gesetzliche Verankerung bietet den Vertragspartnern eine Flexibilität, die über die Möglichkeiten eines reinen Miet- oder Kaufvertrages hinausgeht. So ermöglichen Immobilienleasingverträge dem Mieter i. d. R. die Chance, durch Inanspruchnahme eines notariellen Ankaufsrechts die Immobilie zum steuerlichen Restbuchwert zu erwerben und damit eine eventuelle Wertsteigerung zu realisieren.

Grundlegende Funktionsweise des Immobilienleasing

An einem Immobilienleasing-Engagement sind grundsätzlich drei Parteien beteiligt: eine Leasinggesellschaft, ein Leasingnehmer und eine bzw. mehrere finanzierende

Banken. Ist das Leasingobjekt noch zu erstellen, so tritt als vierte Partei ein Baudienstleister hinzu. Im Regelfall wickelt die Leasinggesellschaft das Leasinggeschäft über eine sog. Objektgesellschaft (Besitzgesellschaft) ab, deren Anteile durch die Leasinggesellschaft als Holding gehalten werden.

Diese Objektgesellschaft schließt als Eigentümerin des Gebäudes zum einen den Immobilienleasingvertrag mit dem Leasingnehmer, zum anderen Darlehens- bzw. Forfaitierungsverträge mit den refinanzierenden Banken. Ein Immobilienleasing-Geschäft besteht somit aus einer Vielzahl von einzelnen Verträgen, die individuell auf den Leasingnehmer ausgerichtet werden können. Abbildung 10 gibt eine schematische Übersicht über die Grundkonzeption des Immobilienleasing mit seinen Vertragsbeziehungen.

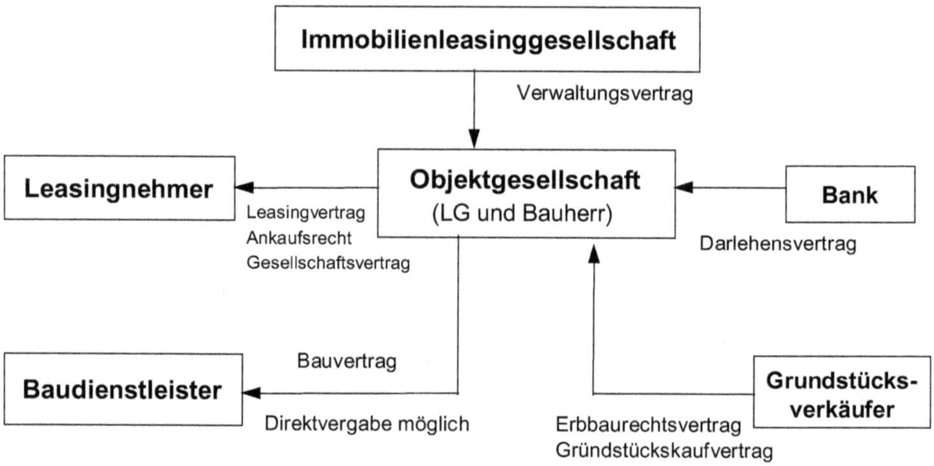

Abb. 10: Funktionsweise des Immobilienleasing (Quelle: Eigene Darstellung)

Vertragsparteien und Leasingobjekte

Das Immobilienleasing wird im Gegensatz zum Mobilienleasing von wenigen Gesellschaften geprägt, an denen überwiegend Kreditinstitute beteiligt sind. Neben der Finanzierung des Objektes hat eine Leasinggesellschaft eine Vielzahl von Funktionen und Aufgaben zu erfüllen, die sich aus der Erstellung von Bauinvestitionen ergeben: Als Investorin und wirtschaftliche Eigentümerin des Leasingobjektes übernimmt sie die Investitions- und Eigentümerfunktion, als Baudienstleister die Bauherren- und Baubetreuungsfunktion, während der Laufzeit des Mietvertrages die Verwaltungs- und Vermietungsfunktion. Je nach Umfang der vom Leasinggeber übernommenen Serviceleistungen spricht man vom umfassenden Fullservice-, Brutto- oder Netto-Leasing.

Eine Immobilienleasing-Finanzierung bietet sich für Unternehmen sämtlicher Wirtschaftsbereiche sowie für die öffentliche Hand an. Bezüglich der Interessen der

Leasingnehmer ist festzustellen, dass gerade beim Immobilienleasing die Gruppe derjenigen Kunden von Bedeutung ist, die über die Kapitalbeschaffung hinaus zusätzliche Dienstleistungen in Anspruch nehmen. Hier sind insbesondere kleine und mittlere Unternehmen zu nennen, die nur selten Bautätigkeiten ausführen müssen.

Allgemein können Handelsgebäude, Geschäfts- und Bürogebäude, Produktions- und Lagerhallen sowie sonstige Bauten (z. B. Parkhäuser) geleast werden. Das entscheidende Kriterium für die Leasingfähigkeit eines Wirtschaftsgutes ist seine Drittverwendungsfähigkeit, d. h. ein Leasingobjekt muss wirtschaftlich selbständig verwertbar und nutzbar sein (vgl. Feinen, S. 28 ff.). Dem Leasinggeber ist eine spätere Verwertung des Gebäudes grundsätzlich dann möglich, wenn das Mietobjekt eine flexible Nutzung und Multifunktionalität bietet. Ist hingegen die Immobilie ausschließlich auf die Bedürfnisse eines Mieters zugeschnitten und somit nicht drittverwendungsfähig, entsteht oftmals der Fall des Spezialleasing (vgl. hierzu vertiefend Vaaßen).

3.3.2 Public Debt

3.3.2.1 Grundlagen

Im Gegensatz zum außerbörslich aufgenommenen Fremdkapital (Private Debt) bezeichnet Public Debt die Fremdkapitalfinanzierung über organsierte Kapitalmärkte, die grundsätzlich zwei Formen annehmen kann. In der indirekten Form bezeichnet der Begriff Public Debt die Verbriefung von Ansprüchen aus Vertragsbeziehungen und deren Weiterveräußerung am Kapitalmarkt. Hierbei steht nicht die Substitution von Finanzierungsinstrumenten im Vordergrund, sondern die Transformation illiquider Aktiva in liquide Wertpapiere, die auf einem Sekundärmarkt handelbar und übertragbar sind. Es handelt sich darüber hinaus um ein Instrument des „Financial Engineering", das es ermöglicht, Risiken und Erträge zu strukturieren, an die Bedürfnisse der Forderungsverkäufer sowie der Investoren anzupassen und in Bezug auf Transaktionskosten zu optimieren. Da die entstehenden Strukturen oft durch eine hohe Komplexität und Intransparenz gekennzeichnet sind, ist für eine erfolgreiche Platzierung ein Rating unerlässlich. Anders als im reinen Kreditgeschäft bringen sich Banken in dieser Transaktionsform vor allem auch über das Wertpapiergeschäft und das Investment Banking ein. Einher geht damit eine wachsende Anforderung an die Erfahrung und Verantwortung der Banken im Rahmen der emittierten Wertpapiere, die man allgemein als Asset Backed Securities (ABS) bezeichnet. Im nachfolgenden Abschnitt werden daher zunächst Asset Backed Securities erläutert, bevor der darauffolgende Abschnitt auf die mit Immobilien befassten Mortgage Backed Securities (MBS) eingehen.

In der direkten Form bezeichnet der Begriff Public Debt die Emission von Wertpapieren am Kapitalmarkt, bei der der Kapitalnachfrager direkt am Kapitalmarkt auftritt und durch die Begebung von Finanzierungsinstrumenten seinen Kapitalbedarf deckt. Da in diesem Fall auf eine klassische Finanzierung durch einen Bankkredit verzichtet wird, führt der Vorgang zu einer Disintermediation, also einer Ausschaltung von Kreditinstituten in ihrer Funktion als Intermediäre zwischen Kapitalgebern (z. B. in Form von Spareinlagen) und Kapitalnehmern (z. B. in Form von Unternehmenskrediten). Wie in Abschnitt E.3.2 erläutert, treten hierbei Investoren an die Stelle von Banken als Kapitalgeber, so dass eine Integration von Kreditmarkt und Kapitalmarkt erfolgt. Vorteile einer solchen Transaktion sind sowohl Kostenvorteile für den Kreditnehmer, indem durch die Eliminierung der Bank als Intermediär auch die zu zahlende Marge verringert wird, als auch Flexibilitätsvorteile für Kreditnehmer und Kreditgeber, da Wertpapiere eine bessere Anpassung an Marktverhältnisse sowie individuelle Finanzierungs- und Investitionsbedürfnisse gestatten. Gleichzeitig muss jedoch betont werden, dass erst ein großes Emissionsvolumen unter Kostengesichtspunkten eine derartige Transaktion begünstigt, so dass sich diese für große Immobilienunternehmen bzw. -investitionen eher eignet als für mittelständisch geprägte Strukturen. Nichtsdestotrotz haben in den letzten Jahren in Deutschland vermehrt mittelständische Immobilienunternehmen sog. Mittelstandsanleihen (auch Immobilienanleihen genannt) begeben. Dieser Trend wird in Abschnitt E.3.3.2.3 ausführlicher untersucht.

3.3.2.2 Verbriefung von Aktiva

3.3.2.2.1 Asset Backed Securities

Asset Backed Securities (ABS) sind das Ergebnis der Umwandlung eines Pools – einer bestimmten Menge – gleichartiger Aktiva in handelbare Wertpapiere. Man spricht hierbei auch von einer Asset Securitisation oder einer Verbriefung. Der Begriff Verbriefung bezeichnet den Umstand, dass der Eigentümer der Aktiva die Forderungen an eine für die Verbriefung gegründete Zweckgesellschaft, das sog. Special Purpose Vehicle (SPV), verkauft und den Kaufpreis über die Ausgabe von Anleihen refinanziert. Die Forderungen werden somit in Wertpapiere umgewandelt und damit verbrieft. Die auf diese Weise entstandenen Asset Backed Securities sind durch die erworbenen Aktiva gedeckt und werden entsprechend der Rückzahlung der unterliegenden Forderungen getilgt.

Grundsätzlich eignen sich für eine Asset Securitisation alle Arten von Cash Flow generierenden Aktiva, also bspw. Hypothekendarlehen, Erträge aus Mietverträgen, Forderungen aus Filmrechten oder Kreditkartenforderungen. An alle zu verbriefenden Forderungen werden die folgenden Anforderungen gestellt:

- Stabiler und berechenbarer Cash Flow,
- Gründung auf ein Rechtsverhältnis,
- Juristische Übertragbarkeit,
- Technische Abtrennbarkeit.

Zusätzlich sind die folgenden Eigenschaften vorteilhaft, da sie die Asset Securitisation vereinfachen:

- Diversifiziertheit (demographisch und geographisch),
- Homogenität,
- Niedrige Zahlungsverzögerungen und Ausfallraten,
- Hohes Mindestvolumen (i. d. R. mehr als 50 Mio. EUR),
- Überschaubare Restlaufzeit.

Eine Asset Securitisation birgt diverse Vorteile für die involvierten Parteien. Für Investoren weisen ABS eine attraktive Verzinsung auf und ermöglichen unter Portfoliogesichtspunkten über den Zugang zu einer alternativen Anlageklasse eine höhere Diversifikation. Einschränkend muss an dieser Stelle und nach den Lehren aus der Finanz- und Wirtschaftskrise jedoch betont werden, dass die Verzinsung attraktiv sein muss, gemessen am faktischen Risiko der Anlage. Sofern das unterliegende Risikobemessungsmodell falsch konstruiert ist oder nur Entwicklungen aus der Vergangenheit in die Zukunft extrapoliert, kann die Verzinsung risikoadjustiert zu niedrig ausfallen.

Für Banken stellten ABS-Finanzierungen und deren Strukturierung insbesondere vor dem Beginn der Finanzkrise ein neues und wachsendes Geschäftsfeld dar, das im Zuge der Finanz- und Wirtschaftskrise immer mehr ins Stocken geraten ist. In den letzten Jahren ist jedoch in den USA eine Erholung am ABS-Markt zu verzeichnen, wohingegen in Europa – und vor allem in Deutschland – dieses Finanzierungsinstrument weiterhin gemieden wird. Das Marktvolumen für ausstehende ABS beläuft sich gegenwärtig auf 1,36 Mrd. USD in den USA bzw. 0,26 Mrd. USD in Europa (vgl. SIFMA).

Für den Originator der Forderungen, das Unternehmen, das die Aktiva verkauft, ergeben sich Vorteile unter verschiedenen Gesichtspunkten:

Finanzielle Motive

- In der Regel hängt die Bonität der emittierten Wertpapiere von der Bonität der unterliegenden Aktiva ab und nicht von der Bonität des Originators, für den somit potentiell die Möglichkeit besteht, sich günstiger als unter anderen Umständen zu refinanzieren.
- Für nicht börsennotierte Unternehmen entsteht die Möglichkeit einer Refinanzierung über den Kapitalmarkt.
- Die Liquidität des Unternehmens wird erhöht.
- Refinanzierungsquellen werden diversifiziert.

Bilanzielle Motive

- Die Finanzierung durch ABS stellte ursprünglich häufig eine Off-Balance-Sheet-Finanzierung dar, so dass die Bilanz des Originators nicht berührt wird. Dieses Motiv geriet jedoch durch die Finanzkrise zunehmend in die Kritik, da der Risi-

kograd der Geschäfte eines Unternehmens teilweise verschleiert wurde. In der Folge entstanden Initiativen zur Erschwerung von Off-Balance-Sheet-Finanzierungen, die teilweise bereits durch die EU-Kommission in Form von Verordnungen umgesetzt wurden, die sich aber teilweise noch im Entwurfsstadium befinden.
- Sofern die Mittel aus dem Forderungsverkauf zur Tilgung bestehender Verbindlichkeiten eingesetzt werden, kommt es zu einer Bilanzverkürzung und damit verbunden zu einer Verbesserung der Eigenkapitalquote.

Regulatorische Motive
- Finanzdienstleister sind verpflichtet, ihre risikobehafteten Geschäfte (Risikoaktiva) abhängig von deren Risikograd mit einer bestimmten Menge von Eigenkapital zu unterlegen. ABS bieten hierbei unter bestimmten Umständen die Möglichkeit, Eigenkapital freizusetzen oder den Bestand an Aktiva zu verringern. Insbesondere durch die Finanz- und Wirtschaftskrise ist jedoch dieses Motiv zunehmend in die Kritik geraten. Auch an dieser Stelle hat der Gesetzgeber in der Zwischenzeit eingegriffen und Originatoren verpflichtet, unter gewissen Umständen fünf Prozent oder mehr vom Kreditrisiko weiterhin zu tragen.

Performance-Motive
- Die Senkung der Kapitalkosten und die rentablere Reinvestition der freigewordenen Mittel stellen nur zwei Beispiele für eine Performancesteigerung durch eine Asset Securitisation dar. Darüber hinaus kann der Originator durch eine Verbriefung einmalige Transaktionsgebühren erwirtschaften, die die Performance ohne dauerhafte Kapitalbindung weiter steigern.

Risikomanagement Motive
- Eine Asset Securitisation bietet die Möglichkeit, verschiedene Risiken am Kapitalmarkt zu bündeln und gegen eine entsprechende Prämie gezielt zu verkaufen.
- Zudem ermöglicht sie, die Struktur der Aktiva an die Struktur der Passiva anzupassen und dadurch beispielsweise Fristenunterschiede oder Zinsänderungsrisiken zwischen Aktiva und Passiva auszugleichen.

Auch wenn eine Asset Securitisation diverse Formen annehmen kann, so lassen sich dennoch bestimmte Grundstrukturen ausmachen, die für ein Verständnis der Anlage in Asset Backed Securities von Bedeutung sind (vgl. Abbildung 11).

Im Zentrum der Struktur steht das Special Purpose Vehicle (SPV), das die Aktiva vom Originator kauft, deren Zahlungsströme strukturiert und als Wertpapiere an Investoren verkauft, die im Gegenzug für den Erwerb der ABS Zins- und Tilgungszahlungen erhalten. Um zu vermeiden, dass das SPV seitens des Originators bilanziell zu konsolidieren ist (ansonsten wäre die Erreichung bilanzieller Ziele der Transaktion fraglich), hielt in der Vergangenheit oft eine externe Trust Company die Beteiligung an der Gesellschaft.

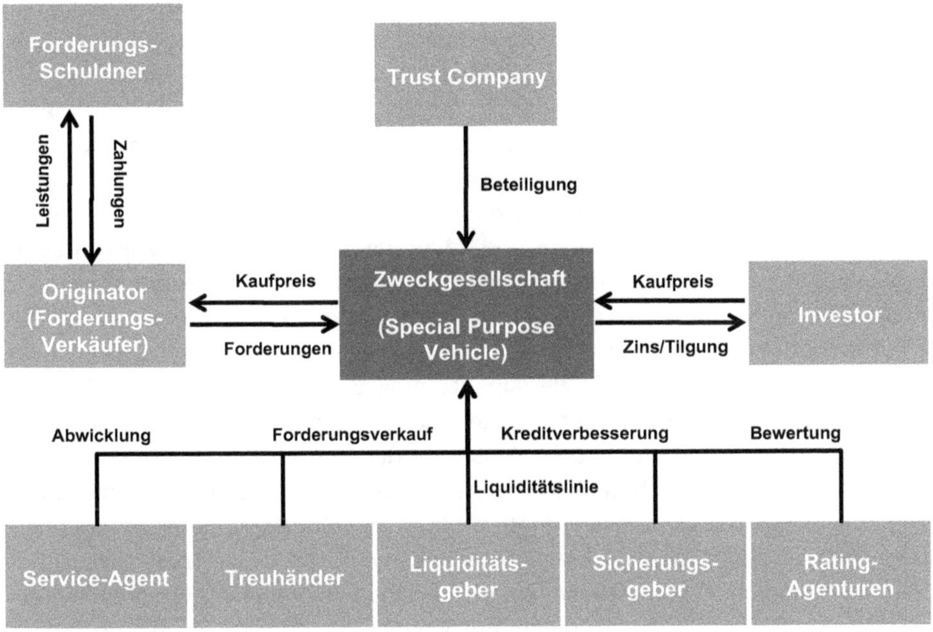

Abb. 11: Grundstruktur einer Asset Securitisation (Quelle: Achleitner)

Neben diesen Akteuren stellen der Service-Agent, der Treuhänder, der Liquiditätsgeber, der Sicherungsgeber und die Rating-Agentur weitere wichtige Akteure der Transaktion dar. Während der Service-Agent die Zahlungsströme gegen eine Gebühr abwickelt, übernimmt der Treuhänder die Verwaltung der verbrieften Aktiva sowie die Kontrolle der Einhaltung vertraglich zugesicherter Leistungen der einzelnen Parteien. Dem Liquiditätsgeber kommt die Rolle des kurzfristigen Ausgleichs bei Zahlungsverzögerungen zu. Besonders wichtig für eine Asset Securitisation ist der Sicherungsgeber, da er über die Kreditverbesserung nach Möglichkeit die Voraussetzungen für ein gutes Rating schafft. Ein besonders wichtiges Instrument der Besicherung ist in diesem Zusammenhang die Subordination, also die Bildung mehrerer Wertpapiertranchen mit unterschiedlicher Bonitätseinstufung. Die Rating-Agentur bewertet schließlich das Forderungsausfallrisiko der jeweiligen Tranchen und determiniert damit direkt den Erfolg der Platzierung.

Ausgehend von dieser Struktur bestehen diverse Varianten in der Strukturierung von ABS. Sofern die Aktiva tatsächlich an das SPV verkauft werden, handelt es sich bei der Transaktion um einen sog. „True Sale", der aufgrund des faktischen

Forderungsübergangs eine Bilanzentlastung zur Folge hat. Werden hingegen lediglich die mit den Aktiva verbundenen Risiken verbrieft und gegen eine Gebühr über das SPV an andere Marktteilnehmer weitergegeben, so liegt eine sog. „synthetische Verbriefung" vor, bei der die Aktiva in der Bilanz des Originators verbleiben. In der Vergangenheit führte in Deutschland vor allem die Kreditanstalt für Wiederaufbau (KfW) im Rahmen ihrer Verbriefungsprogramme „Promise" und „Provide" synthetische Verbriefungen mit Risiken aus Mittelstands- und Wohnungskrediten durch.

Eine Sonderform der ABS stellen die „Property Backed Securities" dar. Diese bezeichnen eine Immobilienfinanzierung, die durch direkte Zahlungsansprüche aus einer Immobilie oder eines Immobilienportfolios besichert und durch die Ausgabe von Kapitalmarktpapieren refinanziert wird. Die zu verbriefenden Forderungen können somit bspw. gegenwärtige und zukünftige Zahlungen aus Mietverträgen, Erbbaurechten oder Immobilienverkäufen umfassen, so dass die unterliegenden Ansprüche im Rahmen einer „Property Securitisation" direkt auf die Immobilie zurückgehen (Verbriefung von Primärrechten).

Neben ihrem Nutzen als (Re-)Finanzierungsinstrument kann die „Property Securitisation" eingesetzt werden, um gebundenes Kapital zu lösen und höherrentierlich anzulegen bzw. um eine Veränderung der Modifikation der Bilanzstruktur herbeizuführen. Darüber hinaus führt eine „Property Securitisation" zu einer Überwindung der klassischen Eigenschaften einer Immobilie (Standortgebundenheit, Heterogenität etc.), da Investoren über eine Investition in „Property Securities" indirekt in Immobilien investieren und gleichzeitig von der hohen Bonität der Wertpapiere profitieren können. An die unterliegenden Primärrechte werden grundsätzlich dieselben Anforderungen wie an ABS gestellt, jedoch ist eine Homogenität des Bestandes sowie eine gewisse regionale Diversifikation zu berücksichtigen.

Entscheidend für die erfolgreiche Platzierung einer „Property Securitisation" ist analog zu einer Asset Securitisation das Rating der unterliegenden Forderungen. Eine zentrale Kenngröße ist hierbei die Bonität der Mieter. Liegt eine breite Mieterbasis vor, so greift die Rating-Agentur vor allem auf statistische Analysen zurück, um deren Diversifikationsgrad und auf diesem Wege das Ausfallsrisiko der Forderungen zu ermitteln. Handelt es sich hingegen um eine geringe Anzahl von Mietern, so wird auf ein gegebenes oder angenommenes Unternehmensrating der Mieter zurückgegriffen, um deren Bonität und Ausfallswahrscheinlichkeit zu erfassen. Eine weitere Kenngröße stellt der Zahlungsstrom dar, wobei vor allem seine absolute und (im Vergleich zum Immobilienwert) relative Höhe sowie seine Nachhaltigkeit betrachtet werden.

3.3.2.2.2 Mortgage Backed Securities

Mortgage Backed Securities (MBS) stellen das Ergebnis einer Verbriefung von hypotheken-besicherten Darlehen dar und basieren auf dem Konzept der Asset Securitisation. Bei dieser Art von immobilienbesicherten Schuldverschreibungen im engeren Sinne verkaufen Banken, Versicherungen oder andere Unternehmen ein Portfolio aus Hypothekendarlehen an ein SPV, wobei das Portfolio der vorrangigen Besicherung der Mortgage Backed Securities dient. Die Vehikelgesellschaft hat den alleinigen Zweck der Refinanzierung der Hypothekendarlehen durch die Ausgabe der Mortgage Backed Securities.

Innerhalb der Kategorie MBS muss zwischen Residential Mortgage Backed Securities (RMBS) und Commercial Mortgage Backed Securities (CMBS) getrennt werden. Beide Arten unterscheiden sich durch die Art der Immobilie, die dem Darlehen als Sicherheit zugrunde liegt. Während Residential Mortgages sich auf Wohnimmobilien beziehen, basieren Commercial Mortgages auf Gewerbeimmobilien. Teilweise wird im wohnwirtschaftlichen Bereich weiter differenziert, so dass Darlehen, die mit gewerblichen (Miet-)Wohnanlagen besichert sind, ebenfalls als Commercial Mortgages (Multifamily Commercial Mortgages) bezeichnet werden und Darlehen, die mit selbstgenutztem Wohneigentum besichert sind, als Residential Mortgages.

Seit ihrer Erstauflage 1970 in den USA hatte sich der Markt für Mortgage Backed Securities zwischenzeitlich zu einem der größten Wertpapiermärkte weltweit entwickelt. Zwar konnten sich Mortgage Backed Securities in Europa auch in ihren Hochphasen am Anfang des neuen Jahrtausends nur in Großbritannien wirklich etablieren, jedoch stellten sie auch damals auf dem europäischen Markt für Asset Backed Securities bereits das größte Segment dar. In Deutschland wurden vergleichsweise wenige MBS-Transaktionen getätigt, was auf der einen Seite mit einem rigideren gesetzlichen Rahmen, auf der anderen Seite jedoch auch durch die Konkurrenz durch den Pfandbrief begründet ist. Die erste deutsche Verbriefung von wohnungswirtschaftlichen Darlehen wurde im Jahre 1998 durch die Deutsche Bank (Haus 1998–1) realisiert, während die erste Platzierung von gewerblichen Darlehen durch die Rheinhyp (Europa One ltd.) im April 2000 erfolgte (vgl. Schulte/Achleitner/Schäfers/Knobloch, S. 177–180).

In den USA kommen Hypothekendarlehen häufig als Festzinsdarlehen und die Mortgage Backed Securities in der sog. Pass-through-Struktur als Festzinsanleihe vor. Die sog. Pass-through-Struktur ist die Urform der Mortgage Backed Securities. Hierbei fasst man einzelne Hypothekendarlehen zu einem Sicherheiten-Pool zusammen und verkauft direkte Anteile des Pools an Investoren. Die Darlehensnehmer dürfen i. d. R. ihr Darlehen vorzeitig zurückzahlen. Der Emittent der Mortgage Backed Securities gibt dabei die Zins- und (planmäßigen wie außerplanmäßigen) Tilgungszahlungen an die Investoren weiter. Als Ausgleich für dieses Risiko erhält der Investor bei Mortgage Backed Securities eine höhere Rendite als bei vergleichbaren Anleihen ohne Kündigungsrechte.

Mortgage Backed Securities stellen somit – ähnlich wie Pfandbriefe – ein zentrales Refinanzierungsinstrument dar. Wie bereits in Abschnitt E.3.2 erläutert, handelt es sich bei einem Pfandbrief um eine von einer Pfandbriefbank ausgegebene

Anleihe, die neben der Bonität der emittierenden Bank zusätzlich durch eine sog. Deckungsmasse besichert ist. Ein elementarer Unterschied liegt demnach in der Bilanzwirksamkeit der beiden Refinanzierungsinstrumente begründet. Ausgegebene Pfandbriefe werden von der darlehenvergebenden Bank, dem Originator, emittiert und als Verbindlichkeit bilanziert, während MBS von einer Vehikelgesellschaft emittiert werden, so dass die Bilanz des Originators überwiegend unbelastet bleibt. Im Vorfeld der Emission werden dabei Darlehen an die Vehikelgesellschaft verkauft und somit dem Konsolidierungskreis des Originators weitestgehend entzogen. Damit einher geht die Haftung der emittierenden Bank für Ausfälle der Pfandbriefe, während die Haftung für MBS mehrheitlich auf die Vehikelgesellschaft begrenzt ist.

Da Kreditinstitute gesetzlich verpflichtet sind, für die Aktiva in ihrer Bilanz Eigenkapital zu unterlegen, kann durch eine MBS-Transaktion tendenziell regulatorisches Eigenkapital freigesetzt und finanzieller Spielraum für die Vergabe weiterer Darlehen oder für die Investition in andere Anlageklassen geschaffen werden. Zudem kann eine Refinanzierung mit anschließender Tilgung von Fremdmitteln zu einer Erhöhung der Eigenkapitalrendite führen.

Ein weiterer wichtiger Unterschied beruht auf der Komplexität der Transaktionen, da Pfandbriefe auf relativ einfachen, durch das Pfandbriefgesetz vorgegebenen Strukturen basieren, während MBS-Transaktionen komplexe Strukturen aufweisen, an denen eine Vielzahl von Parteien beteiligt sind. In Ermangelung detaillierter gesetzlicher Regelungen zeichnen sich MBS durch eine größere Flexibilität als Pfandbriefe aus – nicht zuletzt, da sie als Refinanzierungsinstrument nicht ausschließlich Pfandbriefbanken zur Verfügung stehen.

Schließlich unterscheiden sich Pfandbriefe und MBS durch ihre Emissionskosten, die sich bei Pfandbriefen aufgrund der geringeren Transaktionskomplexität als weitaus geringer erweisen als bei MBS. Die Vorteilhaftigkeit eines der beiden Instrumente wird somit stark durch den entstehenden Nutzen über die Verringerung des benötigten haftenden Eigenkapitals bei einer MBS-Transaktion im Vergleich zum Nutzen geringerer Transaktionskosten bei einer Pfandbrieftransaktion beeinflusst.

Insgesamt kann ein sinnvoller Vergleich beider Instrumente jedoch nur gelingen, sofern Angebot und Nachfrage für beide Instrumente in gleichem Maße intakt sind. Dies ist jedoch seit dem Ausbruch der Finanz- und Wirtschaftskrise nicht der Fall, da die Krise in erheblichem Maße durch Verbriefungen und insbesondere die falsche Risikobewertung von MBS ausgelöst wurde. In der Folge kam der Markt für Verbriefungen vollständig zum Erliegen, während insbesondere in der Bundesrepublik Deutschland die Bedeutung von Pfandbriefen weiter anstieg. Erst im Jahr 2012 kündigten zwei bedeutsame Transaktionen eine Wiederbelebung des Verbriefungsmarktes in Deutschland an:

– Ende 2012 kündigte das Wohnungsunternehmen Deutsche Annington die erfolgreiche Restrukturierung der 4,3 Mrd. EUR umfassenden GRAND-Verbriefung an, die ursprünglich in 2006 emittiert worden war und bis heute Europas größte

Commercial Mortgage Backed Securitisation darstellt. Im Zuge der Verhandlungen hatten über 95 % der Altgläubiger aus der GRAND-Verbriefung einer Verlängerung der Laufzeit der Anleihen um bis zu 5 Jahre bis 2018 zugestimmt.
- Ebenfalls in 2012 konnte das Wohnungsunternehmen Vitus Immobilien nach einem fünfjährigen Marktstillstand als erstes Unternehmen erfolgreich wieder eine CMBS-Emission strukturieren und in einem neuen Investorenkreis platzieren. Das Unternehmen refinanzierte mit dieser Transaktion die als Centaurus (Eclipse-3) bezeichnete Verbriefung aus dem Jahr 2005 und platzierte den Forderungsbestand in Höhe von 754 Mio. EUR als Verbriefung mit dem Namen Florentia (Flore 2012-1) zu neuen Konditionen bei einem vollkommen neuen Investorenkreis. Die Schuldverschreibungen haben eine Laufzeit bis 2017, können jedoch unter gewissen Umständen bis 2024 verlängert werden (vgl. Tabelle 2).

Im Jahr 2013 hat sich der Markt für Verbriefungen weiter belebt. So konnte das zur Gagfah gehörige Wohnungsunternehmen WOBA-Dresden die größte CMBS-Transaktion in Europa seit Beginn der Finanzkrise realisieren. Die Taurus 2013 (GMF1) genannte Verbriefung löste die früheren Verbriefungen Windermere IX und DECO 14 ab und umfasste Schuldverschreibungen mit einer Höhe von 1,074 Mrd. EUR und einer maximalen Laufzeit bis 2024.

Tab. 2: Konditionen der Verbriefung Florentia (Flore 2012-1) (Anmerkung: das Förderdarlehen ist Teil der Kapitalstruktur, nicht aber Teil der Verbriefung) (vgl. Lehrecke)

Tranche	Größe (Mio. €)	Größe, kumuliert	LTV	Marge	Fitch Rating	DBRS Rating
Förderdarlehen	207,4	207,4	13,7%			
A	392,0	599,4	39,6%	184 bps	AAA	AAA
B	121,0	720,4	47,6%	295 bps	AA	AA
C	141,0	861,4	57,0%	380 bps	A	A (low)
D	50,0	911,4	60,3%	500 bps	BBB	BBB
E	50,0	961,4	63,6%	792 bps	BBB-	BBB (low)
Total	961,4	961,4	63,6%	300 bps		

3.3.2.3 Immobilienanleihen

Eine weitere Form von Public Debt bilden Anleihen, welche als börsennotierte Wertpapiere je nach Charakteristika der jeweiligen Emission und des Emittenten in unterschiedliche Segmente eingeteilt werden können. Anleiheemissionen mit einem großen Volumen (ab ca. 250 Mio. EUR), sehr bonitätsstarken Emittenten und einer hohen Liquidität der Wertpapiere werden in diesem Zusammenhang Benchmarkanleihen genannt, da sie die Standards am Markt setzen. Für die vielfach mittelständisch geprägte Immobilienwirtschaft eignet sich demgegenüber eher das Segment der Mittelstandsanleihen mit durchschnittlichen Emissionsvolumina von 20 bis 100 Mio. EUR und weniger hohen Anforderungen an das durch eine Ratingagentur ausgegebene Rating des Emittenten bzw. der Emission. In Deutschland existieren solche Segmente an allen regionalen Börsen, sei es Düsseldorf (der Mittelstandsmarkt), Frankfurt (Entry Standard), Hamburg (Mittelstandsbörse Deutschland), München (m:access) und Stuttgart (Bondm) (vgl. Schiffmacher).

In der Regel sind Mittelstandsanleihen nicht besichert. Durch ihre Emission leiht sich der Emittent direkt über die Kapitalmärkte Geld von Investorenkreisen, die Privatleute und kleinere institutionelle Investoren umfassen können. Lediglich im Immobilienbereich ist eine Besicherung mit bspw. den Grundpfandrechten von Immobilien üblich, jedoch bestehen – anders als bei Pfandbriefen – wenig Mindeststandards an eine derartige Besicherung. Mehr Flexibilität ergibt sich für den Emittenten, anders als bei einer Kreditfinanzierung, auch in der Verwendung des Emissionserlöses und in den laufend einzuhaltenden Covenants. Erforderlich sind jedoch aus Investorensicht in jedem Fall die folgenden Faktoren:
- Track Record, Geschäftsmodell und Marktposition des Emittenten,
- Herkunft und Erfahrung des Managements,
- Nachhaltige Bilanzstruktur des Emittenten,
- Liquidität des Emittenten, die es ihm ermöglicht, Zinsen und Tilgung zu leisten,
- Planbarer Geschäftsverlauf des Emittenten,
- Erfahrene Emissionsbanken, die Vertrauen am Markt genießen,
- Attraktiver Kupon, der sich in der Regel zwischen 6 % und 9 % bewegt.

Bisher hat erst eine kleine Anzahl von Immobilienunternehmen in Deutschland Anleihen emittiert, die meisten davon im Jahr 2011 oder danach. Der Markt für Immobilienanleihen in Deutschland ist damit noch sehr jung und wenig organisiert, was nicht zuletzt auch an der hohen Partizipation von privaten Anlegern liegt, die üblicherweise keine Marktstandards ableiten und durchsetzen. In gewisser Weise kann das Segment der Mittelstandsanleihen als Gewinner der Finanz- und Wirtschaftskrise bezeichnet werden, da Schuldner mit diesem Instrument angesichts einer zunehmend restriktiven Bankenlandschaft ihre Kapitalstruktur ergänzen können. Gleichzeitig ist das Instrument für Anleger in einem Niedrigzinsumfeld nicht zuletzt auch aufgrund der hohen Verzinsung attraktiv (vgl. Schnaidt/Sebastian).

Jedoch verbergen sich an dieser Stelle auch Gefahren für das noch junge Segment, konkret auf Seite der Emittenten und auf Seite der Investoren.

Auf Seite der Emittenten gilt es, die folgenden Punkte kritisch zu beachten:

- Es ist die Frage zu stellen, ob der Emissionserlös als Ergänzung der Kapitalstruktur zu sehen ist oder ob er die einzige verfügbare Art der Finanzierung darstellt. Im letzteren Fall liegt kein nachhaltiges Geschäftsmodell vor, da ein Zinsniveau von über 6 % nur Investitionen in eher risikoreiche Projekte bzw. Objekte zulässt.
- Erste Emittenten wie die WGF Westfälische Grundbesitz und Finanzverwaltung haben sich zahlungsunfähig erklärt, so dass die Rückzahlung der Anleihe in diesem Fall mehr als in Frage steht. Neben dem Reputationsschaden, den ein Insolvenzfall im Allgemeinen für das neue Segment mit sich bringt, stellt sich auch die Frage nach den Erfahrungen, die Investoren im Insolvenzfall mit der Besicherung machen. Betrachtet man im Detail die Besicherungskonzepte mehrerer Emissionen von Immobilienanleihen der Vergangenheit, so zeigen sich große Unterschiede im Vergleich zur Besicherung von Pfandbriefen. Es sei exemplarisch darauf verwiesen, dass bei Anleihen teilweise nur der geliehene Betrag besichert wurde und nicht der geliehene Betrag inklusive aufgelaufener Zinsen. Auch wurden teilweise keine Grundschulden eingetragen, sondern Gesellschaftsanteile verpfändet. Beide Aspekte verändern die Position der Gläubiger im Insolvenzfall deutlich.

Auf Seite der Investoren gilt es, die folgenden Punkte kritisch zu beachten:

- Die Bepreisung der Kupons von Immobilienanleihen scheint in Deutschland nicht einem fundamentalen Ansatz oder einem Bookbuilding-Verfahren zu folgen. In den Jahren 2011 bis 2013 sind die Leitzinsen in Europa signifikant gefallen, was dazu geführt hat, dass die Darlehenszinsen ebenfalls deutlich gesunken sind. Im gleichen Zeitraum sind jedoch die Kupons für Immobilienanleihen in Deutschland mehr oder weniger konstant geblieben. Das führt zu der paradoxen Situation, dass die Anleihe eines internationalen Immobilienkonzerns wie Unibail-Rodamco einen Kupon von 2,4 % hat, während deutsche mittelständische Immobilienunternehmen 400–600 Basispunkten mehr an Kupon zahlen müssen, ein Unterschied, der im Markt für besicherte Immobiliendarlehen zwar in der Tendenz besteht, in der Höhe aber nicht Teil des normalen Geschäftsverkehrs ist. Eine mögliche Erklärung wäre, dass diese Konstanz vor allem vertriebsbedingt ist, da Intermediäre eine Mindestverzinsung verlangen, die den Vertrieb insbesondere an Privatpersonen erleichtert. Im Umkehrschluss würde das bedeuten, dass Investoren möglicherweise auf eine genauere Prüfung des unterliegenden Geschäftsmodells verzichten, wenn die Verzinsung eine bestimmte Mindesthöhe erreicht bzw. übersteigt.
- Investoren sollten sich darüber hinaus im heutigen Marktumfeld fragen, warum sie in Immobilienanleihen investieren. Sofern nämlich das Interesse vor allem der attraktiven Verzinsung im Vergleich zu den Marktzinsen gilt, dann stellt

sich die Frage, ob die Verzinsung von Immobilienanleihen im Vergleich zu den Basiszinsen bei der Refinanzierung in 5 Jahren ebenfalls noch attraktiv ist und ob eine Refinanzierung dann überhaupt auf diesem Wege stattfinden kann.

Zusammenfassend sei gesagt, dass der Markt für Immobilienanleihen interessante Ansätze bietet, sich jedoch noch signifikant weiterentwickeln muss, bevor er fester Bestandteil des finanzwirtschaftlichen Instrumentariums in der Immobilienwirtschaft werden kann.

3.4 Mezzanine Immobilienfinanzierung

3.4.1 Grundlagen

Neben den aufgezeigten Eigen- und Fremdkapitalfinanzierungsformen wurden verschiedene innovative Fremdfinanzierungsinstrumente entwickelt, um den hohen Kapitalbedarf unter Berücksichtigung der individuellen Immobilienrisikostrukturen zu decken. Im Folgenden werden ausgewählte innovative Instrumente anhand durchgängiger Kriterien charakterisiert. Im Rahmen der Immobilienfinanzierung handelt es sich bei der **Mezzanine-Finanzierung** um einen Sammelbegriff für unterschiedliche Finanzierungsformen, welche in der Finanzierungsebene zwischen erstrangig besichertem Fremdkapital und Eigenkapital anzusiedeln sind. Handels- und steuerrechtlich werden Mezzanine-Instrumente je nach Ausgestaltung regelmäßig wie Fremdkapital behandelt. Aufgrund der nachrangigen Besicherung sowie teilweiser Gewinnbeteiligungen und der damit verbundenen höheren Risiken und Renditen weisen sie aber auch eigenkapitalähnliche Charakteristika auf (vgl. Pitschke/Kreuter, S. 12). Aus diesem Grund werden Mezzanine-Finanzierungen teilweise auch als Hybrid- oder Zwitter-Finanzierungen bezeichnet.

Mezzanine-Kapital wird z. B. bei Projektentwicklungen, Re-Developments oder bei Umfinanzierungen in einem Mindestvolumen von 500.000 EUR vor allem in der Form von **Nachrang- und partiarischen Darlehen** gewährt. Es wird eingesetzt, um die Finanzierungslücke zwischen der erstrangigen Fremd- (40–70 %) und der Eigenkapitalfinanzierung (bis zu 10 %) in einer Höhe von bis zu 50 % des Immobilienwertes bzw. der Projektkosten zu schließen. Im Regelfall liegt der Mezzanine-Anteil an der Finanzierung aber nicht über 25 % (vgl. Rudnitsky, S. 142).

Das **Grundmodell** einer Mezzanine-Strukturierung sieht vor, dass ein nachrangiges Darlehen der Projekt- und Objektgesellschaft gewährt wird, die auch die Erstrangfinanzierung in Anspruch nimmt. Allerdings muss die Nachrangigkeit dann vertraglich zusätzlich sichergestellt werden. Abweichend hiervon kann die Mezzanine-Finanzierung auch dem Eigenkapitalgeber direkt gewährt werden, wodurch die Nachrangigkeit prinzipiell eintritt. In diesem Fall wird aber häufig trotzdem noch eine Gläubigervereinbarung abgeschlossen.

Im Finanzierungsvertrag für den Erstrang kann die **Besicherung** von Nachrangfinanzierungen über die Immobilie ausgeschlossen sein, so dass alternative Sicherheiten gestellt werden müssen. Erhält der Eigenkapitalgeber die nachrangige Finanzierung, so kann z. B. ein Pfandrecht auf dessen Anteil an der Objektgesellschaft oder eine Bürgschaft oder Garantie einer involvierten Muttergesellschaft als Sicherheit dienen (vgl. Heemann/Brandes, S. 21).

Der **Kapitaldienst** wird in Abhängigkeit der Gläubigervereinbarung geleistet. Generell gilt, dass die **Tilgung** des Nachrangdarlehens erst einsetzt, wenn sämtliche Forderungen aus dem erstrangigen Darlehen vollständig erfüllt wurden. Dies geschieht normalerweise am Ende der Darlehenslaufzeit durch Verkauf oder Refinanzierung der Immobilie. Für die Abgeltung der **Finanzierungskosten** existieren unterschiedliche Möglichkeiten. Zum einen können laufende Zinszahlungen vereinbart werden, soweit sie durch die Gläubigervereinbarung zugelassen sind und aus dem Netto Cash Flow nach Bedienung der Erstrangfinanzierung der Objektgesellschaft erbracht werden können (sog. Lock-Box-Arrangement). Reicht der Netto Cash Flow hierfür nicht aus, werden die Finanzierungskosten zum anderen zusätzlich oder vollständig aus dem Verkaufswert der Immobilie (sog. „Equity-Kicker") befriedigt. Die Höhe der Finanzierungskosten richtet sich nach der Art der Besicherung sowie dem involvierten Risiko und kann bei 500–1000 Basispunkten über dem Referenzzinssatz liegen (vgl. Ballard/Muldavin, S. 38).

Die **Laufzeit** von Mezzanine-Finanzierungen reicht von 1½ bis 3 Jahren bei Projektentwicklungen und Re-Developments und bis zu 7 Jahren bei Umfinanzierungen.

Die **Kontroll- und Mitspracherechte** des Kreditgebers sind bei Mezzanine-Finanzierungen ähnlich gering wie bei traditionellen Kreditfinanzierungen. Allerdings kann die Verletzung bestimmter Kreditauflagen (Covenants) in Bezug auf die geplante Bauzeit, Baukosten und Vermietungssituation dazu führen, dass das Finanzierungsinstitut weitergehende Kontroll- und Mitspracherechte erhält (vgl. Neumann, S. 10 f.).

Strukturell können die nachfolgend dargestellten Convertible und die Participating Mortgage-Finanzierung ebenfalls als Formen der Mezzanine-Finanzierung aufgefasst werden.

3.4.2 Sonderform: Convertible Mortgage-Finanzierung

Die Convertible Mortgage ist ein i. d. R. nachrangig gesicherter Hypothekarkredit, der zu einem Zinssatz unter Marktzinsniveau ausgegeben wird und für diese Zinsdifferenz ein teilweises oder vollständiges Wandlungsrecht des gewährten Fremdkapitals in eine Eigenkapitalbeteiligung beinhaltet (vgl. Abbildung 12).

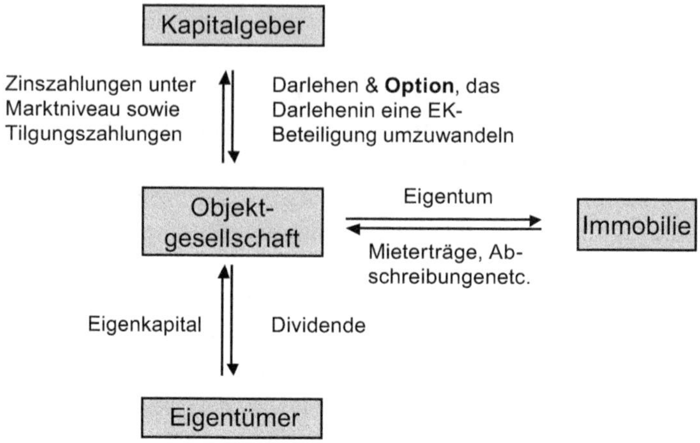

Abb. 12: Struktur einer Convertible Mortgage-Finanzierung (Quelle: Eigene Darstellung)

Das Motiv für die Initiatoren und Kreditnehmer liegt vor allem im dem günstigen Zinssatz zu Beginn des Projektes und in der gestiegenen Beleihungskapazität des Objektes, ohne Dritten Mitspracherechte gewähren zu müssen. Die Kreditgeber auf der anderen Seite erhoffen sich von der Option, von einer positiven Wertentwicklung der Immobilie profitieren zu können, ohne sich den Risiken einer ungünstigen Wertentwicklung aussetzen zu müssen, und damit eine potentiell höhere Rendite. Durch die Ausübung der Option können sie zudem einen Inflationsschutz in Anspruch nehmen. Allerdings bestehen durch die Nachrangigkeit des Darlehens und die fehlenden Mitspracherechte beachtliche Risiken für den Kreditgeber.

3.4.3 Sonderform: Participating Mortgage-Finanzierung

Bei der Participating Mortgage handelt es sich ebenfalls um einen i. d. R. nachrangig gesicherten Hypothekarkredit, der zu einem Zinssatz unter Marktzins ausgegeben wird und dafür mit einem besonderen Partizipationsrecht des Kreditgebers an der Immobilie ausgestattet ist (vgl. Abbildung 13).

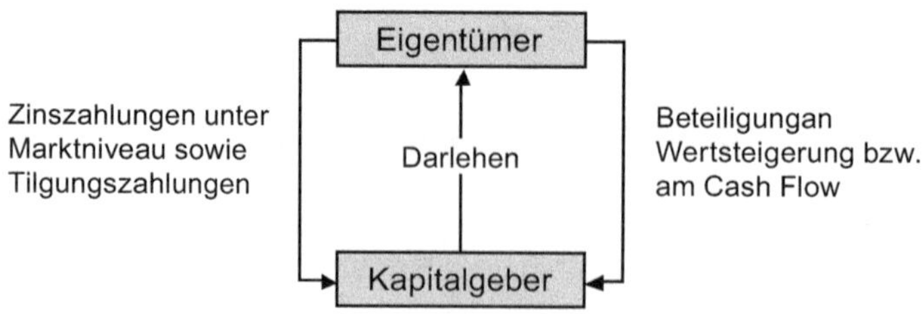

Abb. 13: Struktur einer Participating Mortgage-Finanzierung (Quelle: Eigene Darstellung)

Das Partizipationsrecht kann in unterschiedlichen Formen auftreten. Das Kreditinstitut kann am laufenden Cash Flow oder auch an der Wertsteigerung der Immobilie (Shared Appreciation Mortgage) beteiligt werden. Ein Wandlungsrecht des gewährten Fremdkapitals in eine Eigenkapitalbeteiligung ist nicht vorgesehen.

Die Motive und die Risiken bei einer Participating Mortgage-Finanzierung sind ähnlich wie die bei der Convertible Mortgage.

3.5 Eigenkapitalgestützte Immobilienfinanzierung

3.5.1 Private Equity

3.5.1.1 Grundlagen

Grundsätzlich bezeichnet der Begriff Real Estate Private Equity (REPE) nicht-börsennotiertes, externes Eigenkapital oder eigenkapitalähnliche Mittel für diverse Arten von Immobilieninvestitionen. Er steht somit für eine besondere Form der Aufnahme von Eigenkapital und beschreibt nicht, wie es der allgemeine Sprachgebrauch manchmal nahelegt, eine besondere Art von Investment Manager, z. B. Finanzinvestoren, oder eine besondere Art der Anlagestrategie, z. B. Anlagen mit einem offensiven Risiko-Rendite-Profil. Vielmehr umfasst Real Estate Private Equity die Aufnahme von Eigenkapital außerhalb der Börse für unterschiedliche Arten von Anlagestrategien und durch unterschiedliche Arten von Investment Manager. Das Anlageuniversum bei Real Estate Private Equity weist demnach ein breites Risiko-Rendite-Spektrum (Core, Core plus, Value-Add und Opportunistic) auf (vgl. Abbildung 14). Einzig *Real Estate Private Equity im engeren Sinne* bezieht sich ausschließlich auf risikoreiche Opportunity Funds. Unter *Real Estate Private Equity im weiteren Sinne* versteht man hingegen auch offene und geschlossene Immobilienfonds ebenso wie „Value-Add"-Immobilienfonds und Projektentwicklungsfonds.

Real Estate Private Equity-Investments erfolgen somit zumeist in Form von Fondsvehikeln. Dabei investiert der Fonds das von Investoren bereitgestellte Eigenkapital in ein Immobilienportfolio bzw. -unternehmen. Deutlich seltener anzutreffen ist die direkte Vergabe der Real Estate Private Equity-Mittel über Banken oder firmeneigene Kanäle. Bei Opportunity Funds wird zudem zur Hebelung der Eigenkapitalrendite ein hoher Leverage (von ca. 70–90 %) eingegangen und das Asset Management zum Teil extern vergeben (vgl. Abbildung 15). Die Wertschöpfung von Opportunity Funds erfolgt dabei über ein professionelles Portfolio-, (Re-)Development-, Finanz- und Performance-Management (vgl. Rottke, S. 275 ff.).

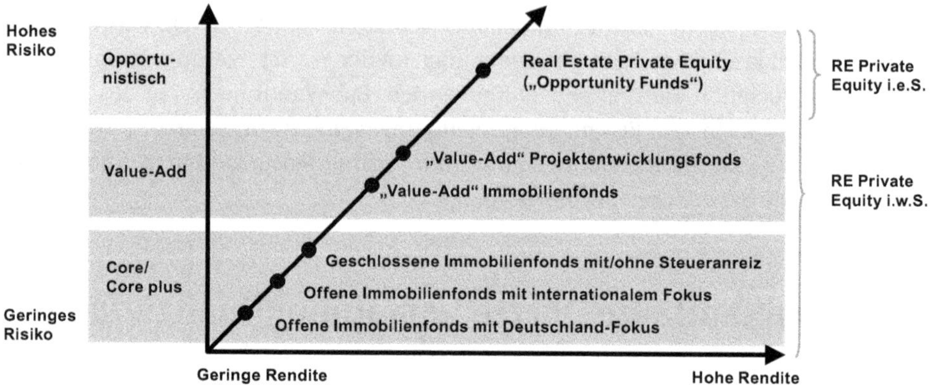

Abb. 14: Anlagespektrum bei Real Estate Private Equity (Quelle: Eigene Darstellung)

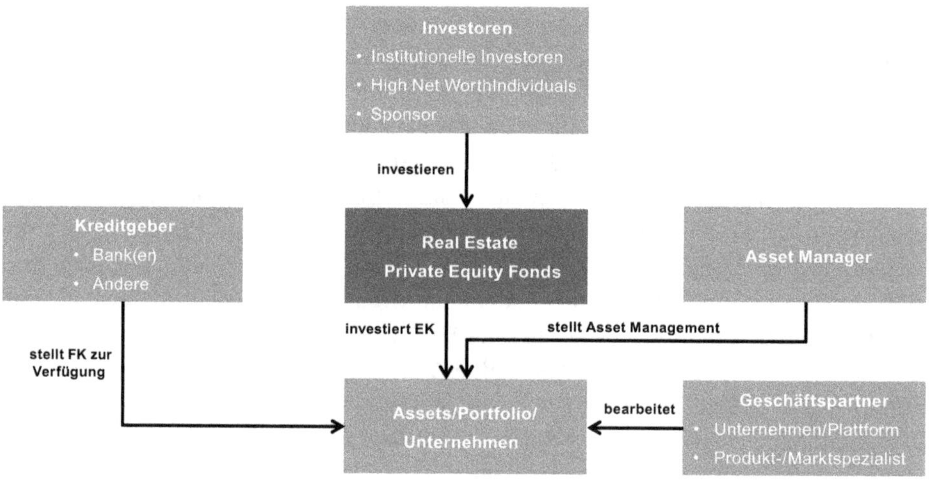

Abb. 15: Aufbau eines Real Estate Private Equity Fonds im engeren Sinne (Quelle: Eigene Darstellung)

Immobilieninvestments sind grundsätzlich durch eine hohe und langfristige Kapitalbindung gekennzeichnet. Daher ist es von elementarer Bedeutung, einerseits zu Beginn die richtige Kapitalstruktur für eine Investition zu wählen und andererseits den Zugang zu allen Kapitalquellen über den gesamten Investitionszeitraum hinweg aufrecht zu erhalten, um ggf. die Kapitalstruktur anpassen zu können. Sehr anschaulich wird diese Notwendigkeit im aktuellen Marktumfeld, in dem im Vergleich zu den Boomjahren 2005–2007 Fremdkapital in geringerem Maße zur Verfügung steht und zwar sowohl für den Markt insgesamt als auch für jede einzelne Transaktion betrachtet. In dem Maße, in dem manche Banken kein übermäßiges Neugeschäft mehr tätigen, Fremdkapital über Verbriefungen weiterhin selten ist und die Banken- und

Versicherungslandschaft sich auf Basel III bzw. Solvency II vorbereitet, muss Fremdkapital durch Eigenkapital substituiert werden, wodurch eine zu deckende Kapitallücke entsteht. Somit stellt sich im Rahmen der Immobilienfinanzierung sowohl am Anfang einer Investition als auch in deren Verlauf die Frage, wie die Märkte für institutionelles Eigenkapital organisiert sind und wie man auf ihnen erfolgreich den Prozess einer sog. Privatplatzierung (Private Placement) umsetzen kann.

Der Schwerpunkt dieses Abschnitts liegt daher auf der Erläuterung des institutionellen Marktes für Private Equity, mithin dem Einwerben von Eigenkapital bei institutionellen Investoren wie bspw. Versorgungswerken und Versicherungen als Finanzierungsinstrument für Immobilienunternehmen bzw. -investitionen. Nach Informationen des Datendienstleisters Preqin umfasste dieses Marktsegment im April 2013 weltweit insgesamt 1.914 Fonds, die sich in der Einwerbungsphase befanden und sich zum Ziel gesetzt hatten, ein Private Equity-Volumen in Höhe von ca. 797 Mrd. USD einzuwerben (vgl. Preqin, 2013a). Auf Immobilienfonds entfiel davon ein Zielvolumen an – in diesem Fall Real Estate Private Equity – in Höhe von ca. 157 Mrd. USD, das sich auf 436 Fonds verteilte und alle Arten von Anlagestrategien umfasste (Core, Core plus, Value-Add und Opportunistic). Die größten Immobilienfonds, die weltweit ihre Kapitalaufnahme zu diesem Zeitpunkt gerade beendet hatten, zeigt beispielhaft Tabelle 3.

Betrachtet man zudem die zehn größten Real Estate Private Equity Fonds weltweit, wird die Marktposition der bedeutsamsten Investmentgesellschaften wie Lone Star, Blackstone, Brookfield und Goldman Sachs im Bereich des Real Estate Private Equity deutlich (vgl. Abbildung 16).

Tab. 3: Institutionelle Immobilienfonds mit einem Ende der Vermarktung in Q1 2013

Fonds	Investment Manager	Strategie	Volumen (Mio.)	Zielregion
Rockpoint Real Estate Fund IV	Rockpoint Group	Opportunistic und Value-Add	1.950 USD	USA, UK, Japan
Harbert European RE Fund III	Harbert Mgt Corporation	Opportunistic und Value-Add	254 EUR	Europa
Securus Data Property Fund	AEP Investment Management	Opportunistic	275 USD	Europa, Asien
Tokyo Recovery Fund	Aviva Investors/ Secured Capital JP	Core plus	24.000 JPY	Japan
European Hotel Real Estate Fund	Invesco Real Estate	Core plus	207 EUR	Europa
Dalfen Am. Corp. Opp. Fund XV	Dalfen America Corporation	Value-Add	250 USD	Nordamerika
KHP Fund III	Kimpton RE	Core plus	203 USD	USA
Meridian Realty Partners I	Meridian Group	Opportunistic und Value-Add	160 USD	Washington DC
Club Immo Santé	Viveris RE Inv Mgt	Core	117 EUR	Frankreich

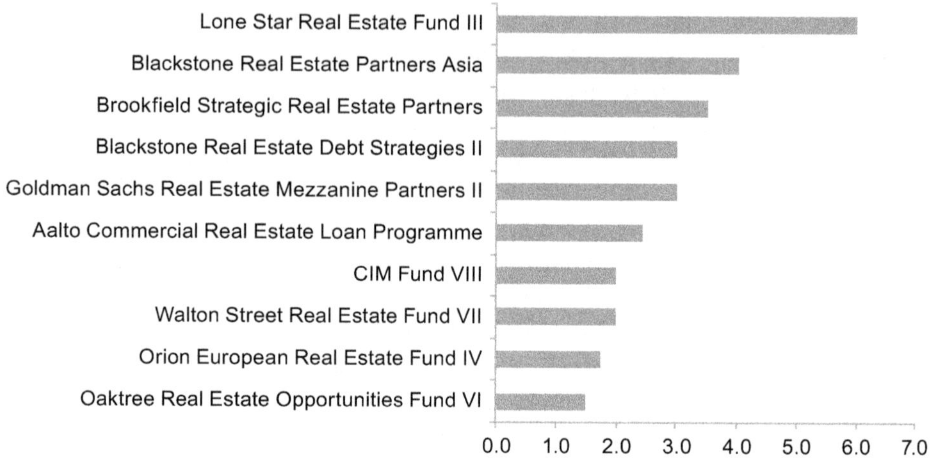

Abb. 16: Top 10 Real Estate Private Equity Fonds 2013 in Mrd. USD (Quelle: Preqin, 2013b)

3.5.1.2 Private Placement

Im Rahmen der außerbörslichen Eigenkapitalaufnahme kommt dem Placement Agent eine zentrale Bedeutung zu. Der Prozess eines Placement Agents umfasst hierbei grundsätzlich die drei Phasen „Vorbereitung", „Vermarktung" und „After Sales" (vgl. Tabelle 4).

Tab. 4: Prozess zur Platzierung eines Real Estate Private Equity Fonds (Quelle: Eigene Darstellung)

Phase 1: Vorbereitung	▪ Due Diligence durch Agents, Anwälte, Wirtschaftsprüfer, Sachverständige ▪ Prospekterstellung (nach Jurisdiktion) ▪ Erstellung Pitchbuchund ggf. Teaser ▪ Strukturierung des Angebots
Phase 2: Vermarktung	▪ Ggf. Pilot Fishing ▪ Roadshow und Investor Due Diligence ▪ Verhandlung mit Kerninvestoren ▪ Finalisierung der Prospekterstellung ▪ Zeichnung der Anteile in versch. Closings ▪ Auflage des Fonds
Phase 3: After Sales	▪ Start der Investor Relations ▪ Fortführung der Road Show ▪ Fortführung der Investitionstätigkeit ▪ Nach letztem Closingin der Regel keine Aufnahme neuer Investoren mehr

3.5.1.2.1 Phase 1: Vorbereitung

Im Rahmen der Vorbereitung gilt es, drei Arten von Strategien – die Anlagestrategie, die Vehikelstrategie und die Investorenstrategie – miteinander in Einklang zu bringen und daraus die sog. Equity Story abzuleiten. Je nach Komplexität der geplanten Beteiligungsmöglichkeit ist hierfür die Unterstützung durch eine Reihe von Beratern (bspw. Wirtschaftsprüfer, Rechtsanwälte, Steuerberater und Immobiliensachverständige) erforderlich. Diese führen jeweils für genau vorgegebene Bereiche Prüfungen durch und schlagen Änderungen vor, wobei die Verantwortung für die Marktgängigkeit des sich daraus ergebenden Endergebnisses dem Investment Manager und ggf. seinem Placement Agent obliegt.

Üblicherweise bildet die **Anlagestrategie**, für die Kapital eingeworben werden soll, im Rahmen der Vorbereitung den Ausgangspunkt, da sie überwiegend von den Kompetenzen des jeweiligen Investment Managers abhängt. In diesem Zusammenhang ziehen Investoren eine klar fokussierte Strategie – im Idealfall ein einzelner Nutzungstyp in einem einzelnen Land – vor, die von einer langjährigen Leistungsbilanz des Investment Managers gestützt wird. Unter diesen Umständen kann der Investor einerseits sein Anlageportfolio selbst strukturieren und im Zeitablauf anpassen, andererseits Klumpenrisiken und sich überschneidende Anlagespektren unterschiedlicher Mandate und Fonds vermeiden. Eine mögliche Ausgestaltung einer Anlagestrategie findet sich am Beispiel des deutschen Spezialfonds BEOS Corporate Real Estate Fund Germany I in Tabelle 5.

Tab. 5: Anlagestrategie des BEOS Corporate Real Estate Fund Germany I

Anlagestrategie	Beschreibung
Nutzungstypen	Gemischt-genutzte Unternehmens-Immobilien (Büro, Großhandel, Lager, Produktion, Service)
Land	Deutschland
Standorte	städtische, integrierte Lagen in den A-Städten: Hamburg, Berlin, Düsseldorf, Köln, Rhein-Main, Stuttgart, München (Top 7) plus Wachstumsregionen in Deutschland
Objekte	Immobilien mit hohem Vermietungsgrad, Mieter guter Bonität, breit gestreut nach Nutzungsarten und Mieterbranchen
Lebenszyklus	Keine Entwicklungs-, Planungs- und Baurisiken
Zielgrößen	durchschnittlich 15 Mio. €/Objekt
Startportfolio	Startportfolioaus ertragsstabilen Objekten

Sobald die Anlagestrategie in ihren Grundzügen feststeht, muss darauf aufbauend eine **Vehikelstrategie** abgeleitet werden, bei der es überwiegend um die folgenden Aspekte geht:

- **Vehikelart**: An dieser Stelle muss entschieden werden, woran sich die Investoren beteiligen sollen, bspw. an einem Sondervermögen nach deutschem Investmentrecht (bzw. seit Juli 2013 in Übereinstimmung mit dem KAGB Kapitalanlagegesetzbuch) oder an einem Fonds nach luxemburgischem Recht. Zu berücksichtigen ist an dieser Stelle, dass unterschiedliche Vehikel auch unterschiedliche Begrenzungen der Anlagestrategie mit sich bringen können, bspw. in Form von untersagten Anlageobjekten oder in Form von Mindestanforderungen an die Diversifikation.
- **Kapitalstruktur**: Die zulässige Kapitalstruktur und damit der verfügbare Fremdkapitalhebel hängen häufig eng mit der angestrebten Vehikelart zusammen.
- **Steuerstruktur**: Je nachdem, in welchem Land sich das Beteiligungsvehikel befindet und wo die potentiellen Anlageobjekte angesiedelt sind, ändert sich die mögliche Ausgestaltung der sich dazwischen befindlichen Strukturen und damit die steuerliche Effizienz der Anlage.
- **Laufzeit**: Auch die Entscheidung, einen offenen oder einen geschlossenen Fonds zu strukturieren muss eng mit der Vehikelart abgestimmt werden. Darüber hinaus ist es wichtig, im Vorfeld genau zu definieren, wie schnell Investoren ihr eingesetztes Kapital zurückerhalten sollen.
- **Zielrenditen**: Die Anlagestrategie beeinflusst aufgrund der damit einhergehenden Ankaufs-, Wertschöpfungs- und Verkaufsstrategien in hohem Maße die potentielle Rentabilität einer Anlage. Dennoch kommen auf Ebene des Vehikels weitere wichtige Einflussfaktoren wie die Strukturkosten, der Fremdkapitalhebel und die steuerliche Belastung hinzu. Erst nach ihrem Einbezug können die laufende Ausschüttungsrendite und die Gesamtrendite, die den Investoren in Aussicht gestellt werden, berechnet werden.
- **Kapitalvolumina**: Im Rahmen der Vorbereitung ist es wichtig, das im Rahmen der angestrebten Anlagestrategie investierbare Kapitalvolumen genau zu planen. Die Höhe des Eigenkapitals bedingt dabei sowohl die Länge der Vermarktungsphase als auch die Investitionsdauer. Beides sind Zeitfenster, für die Investoren genaue Angaben erwarten.

Neben der Anlagestrategie und der Vehikelstrategie kommt der **Investorenstrategie** eine hohe Bedeutung zu, da festgelegt werden muss, welche Art von Investor in welcher Jurisdiktion für den Investorenkreis in Frage kommt und angesprochen werden soll. Spätestens an dieser Stelle wird klar, dass Anlagestrategie, Vehikelstrategie und Investorenstrategie nicht voneinander zu trennen sind. Jeder Typus von institutionellem Investor unterliegt in der Regel speziellen Aufsichtsregeln, die es ihm erleichtern, in spezielle Vehikel zu investieren oder nicht. Auch kann eine spezielle Vehikelausgestaltung dazu führen, dass es für manche Investoren steuerlich weniger attraktiv ist, eine Anlage zu tätigen. Nicht zu unterschätzen sind darüber hinaus frühere Erfahrungen bestimmter Investorenkreise am Markt, die dazu führen, dass gewisse komplexe und intransparente Vehikelkonstruktionen im Zuge der Finanz- und Wirtschaftskrise stark an Attraktivität verloren haben und nur noch schlecht vermarktbar sind. Schließlich kommt es bei der Investorenstrategie auch darauf an, genau zu prüfen, welche Investorengruppen gleichzeitig in den Investorenkreis aufgenommen werden können. So hat es sich gezeigt, dass gerade bei offenen Fonds Investoren in Bezug auf den angestrebten Investorenmix einen homogenen Anlegerkreis mit vergleichbaren Bedürfnissen und Anlagehorizonten bevorzugen. Hinzu kommen kulturelle und sprachliche Unterschiede, die bspw. dazu führen, dass manche Anleger lieber zusammen mit Anlegern derselben Nationalität bzw. desselben Kulturkreises investieren.

Entscheidend für die Vermarktbarkeit einer Real Estate Private Equity-Anlagemöglichkeit ist der sog. „Track Record" des Investment Managers, also seine über vergangene Erfolge dokumentierte Leistungsbilanz. Dabei sind insbesondere folgende Aspekte relevant:

– Idealerweise können sowohl das Unternehmen des Investment Managers als auch die für das Vehikel zuständigen Personen nachweisen, dass sie vergleichbare Anlagestrategien in der Vergangenheit erfolgreich umgesetzt haben. In diesem Zusammenhang ist es wichtig zu verstehen, dass sich institutionelle Investoren im Zeichnungsprozess häufig über sog. Capital Commitments verpflichten, das für die geplanten Ankäufe erforderliche Eigenkapital liquide zu halten und kurzfristig für Ankäufe zur Verfügung zu stellen. Eine im institutionellen Geschäft nicht unübliche Investitionsdauer von insgesamt 2–3 Jahren bedeutet für den Investor daher, dass er während dieser Zeit gezielt auf einen Teil der Anlagerendite verzichtet, um Liquidität herzustellen. In diesem Zusammenhang spricht man auch von der Abrufgeschwindigkeit des Kapitals, die manche Investment Manager dadurch erhöhen, dass sie den Investoren schon vor Zeichnung einen Anfangsbestand an Immobilien, ein sog. Startportfolio, bieten. Das Eigenkapital der ersten Zeichner wird daher unter Umständen schon durch den Erwerb des Startportfolios durch das Vehikel komplett abgerufen.
– Einen weiteren wichtigen Aspekt des „Track Records" bildet gerade im gegenwärtigen Marktumfeld der Zugang zu Banken und damit zu Fremdkapital. Wie bereits dargestellt wurde, fällt die Verfügbarkeit von Fremdkapital aktuell aus unterschiedlichen Gründen begrenzt aus. Das bedeutet, dass manche Investment Manager überhaupt kein Fremdkapital mehr erhalten oder zumindest nicht mehr zu den Konditionen, die in der Vehikelstrategie unterstellt werden. Auch hier muss der Investment Manager nachweisen, dass er über etablierte und mittel- bis langfristig orientierte Kontakte zu Fremdkapitalgebern verfügt,

um die Ankäufe zu finanzieren und – gerade im Fall von offenen Fonds – die früher oder später anstehenden Refinanzierungen darstellen zu können.
- Darüber hinaus möchten Investoren sicherstellen, dass die handelnden Personen, die über einen entsprechenden „Track Record“ verfügen, möglichst exklusiv für den Investment Manager oder das einzelne Vehikel tätig sind. Grundsätzlich ist hierbei zwischen einem externen und internen Management zu unterscheiden. Ein externes Management liegt z. B. vor, sofern die handelnden Personen in einer Mutter- oder Schwestergesellschaft beschäftigt sind und – nur gegen eine zwischen den Gesellschaften vereinbarte Gebühr – einen Teil ihrer Arbeitszeit an das betreffende Vehikel abgeben. Diese Konstellation war vor allem in den Boomphasen vor der Finanz- und Wirtschaftskrise verbreitet, führte jedoch dazu, dass Investoren schlecht einschätzen konnten, welche Priorität das betreffende Vehikel seitens der handelnden Personen genießt und somit dazu, dass die entsprechenden Vehikel im Zweifelsfall schlecht geführt wurden. In der heutigen Marktphase ist ein externes Management unter Vermarktungsgesichtspunkten eher als hinderlich einzuschätzen. Üblich ist ein internes Management, das direkt beim Investment Manager oder sogar dem betreffenden Vehikel angestellt ist. Manchmal fordern Investoren jedoch selbst unter diesen Umständen in den Zeichnungsunterlagen eine sog. „Key Man Provision“, die einen bestimmten Personenkreis namentlich benennt und festlegt, dass der Investment Manager seine Investitionstätigkeiten im Rahmen des Mandates temporär niederzulegen hat, solange ein gewisser Prozentsatz der Schlüsselpersonen das Unternehmen verlassen hat und kein in den Augen der Investoren adäquater Ersatz gefunden und eingestellt wurde.

Neben dem „Track Record“ des Investment Managers bestehen Investoren darüber hinaus regelmäßig auf eine Gleichschaltung der Interessen zwischen Investment Manager und Investoren, also auf einem „Alignment of Interest“ und einer transparenten Mitbestimmung der Investoren im Rahmen der sog. Corporate Governance. Die Mechanismen, die zu diesem Zweck eingesetzt werden, unterscheiden sich wiederum häufig nach Ländern, bspw. unterscheidet sich die direkte Mitwirkung des Investors im Tagesgeschäft im Rahmen des bei deutschen Spezialfonds üblichen Anlageausschusses und im Rahmen der im angelsächsischen Raum üblichen Advisory Boards und Investment Committees:
- **Anlageausschuss**: Auf der einen Seite ist es deutschen institutionellen Investoren aufgrund von gesetzlichen Bestimmungen untersagt, die Geschäfte des Investment Managers, in diesem Fall bspw. der KAG (Kapitalanlagegesellschaft nach Investmentgesetz) bzw. KVG (Kapitalverwaltungsgesellschaft nach Kapitalanlagegesetzbuch), zu führen. Dennoch behalten Investoren sich vor, im Anlageausschuss vertreten zu sein und in dieser Funktion über zu tätigende An- und Verkäufe sowie die Finanzierungs- und Ausschüttungsstrategie abzustimmen. Zwar haben die Ergebnisse der Abstimmungen im Anlageausschuss nur

empfehlenden Charakter, jedoch würde es sich faktisch kein Investment Manager bei einem offenen Fonds wie dem Spezialfonds mittel- oder langfristig leisten können, regelmäßig gegen den kollektiven Willen der eigenen Investoren zu handeln.

- **Investment Committee und Advisory Board**: Im angelsächsischen Raum wiederum ist es eher unüblich, dass Investoren direkt über Anlagen entscheiden. Vielmehr wird häufig ein Investment Committee aus neutralen Experten zusammengestellt, die im Rahmen der Anlage unterstützen und beraten. Auch bestehen alternativ oder parallel häufig interne, formalisierte Investment Committees des Investment Managers, in denen die erfahrensten Mitglieder des Managements vertreten sind und regelmäßig über An- und Verkäufe entscheiden. Die Mitwirkung der Investoren wird hier auf Advisory Boards verlagert, die unter bestimmten Umständen, bspw. im Fall von Interessenkonflikten beim Investment Manager, die Aufgabe haben, die Interessen der Investoren zu vertreten und zu vermitteln (vgl. Abbildung 17).

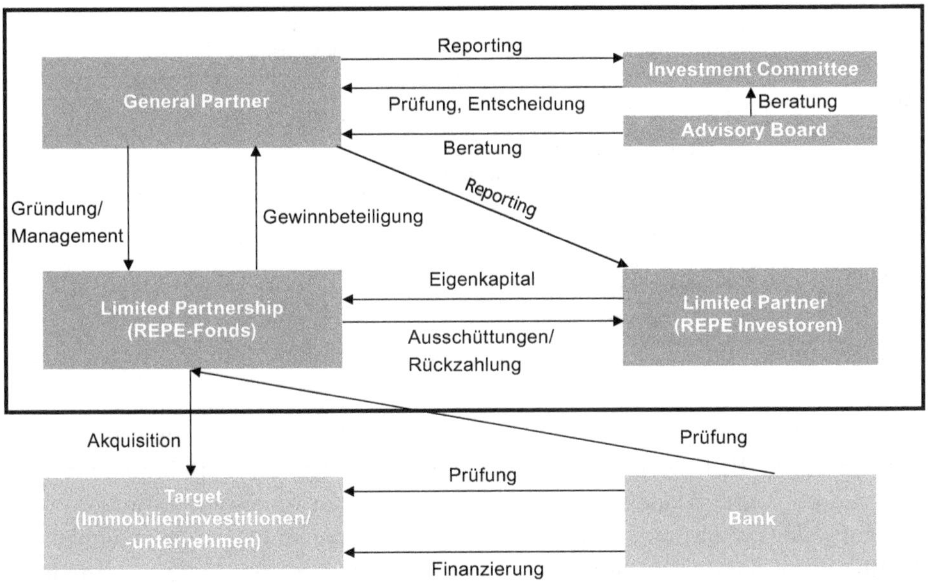

Abb. 17: Struktureller Aufbau einer Real Estate Private Equity-Transaktion (Quelle: Eigene Darstellung)

Weitere Mechanismen, die zu einer erhöhten Transparenz und einem verbesserten Ausgleich von Interessen führen können, umfassen bspw. den Umfang und die Qualität des durch den Investment Manager angebotenen Reportings, eine Mit-Investition des Investment Managers oder seiner Angestellten in das Vehikel und eine Gebührenstruktur, die den Investment Manager für das Erreichen der Investorenziele besonders belohnt.

Der letzte wichtige große Bereich, der eine Platzierung von Real Estate Private Equity deutlich erleichtern oder erschweren kann, ist die Ausgestaltung der Gebühren (vgl. Tabelle 6).

Tab. 6: Mögliche Elemente einer Gebührenstruktur bei Real Estate Private Equity-Anlagen

Gebühr	Beschreibung
Management	▪ Prozentuale Gebühr, die jährlich anfällt ▪ Bezug typischerweise entweder auf Gross Asset Value oder Net Asset Value; teilweise auf die Miete; teilweise auf Kapitalzusagen ▪ Höhe in % nur schwer vergleichbar
Performance	▪ Nach Erreichen einer bestimmten Schwelle einer Kennzahl wird der Fondsmanager überproportional am Gewinn beteiligt ▪ Typischerweise Bezug auf die Internal Rate of Return, fallweise jedoch auch auf die Ausschüttungsrendite und das Net Asset Value-Wachstum ▪ Bezug auf realisierte oder nicht-realisierte Erfolge möglich ▪ Bezug auf einzelne Objekte oder den Fonds insgesamt möglich
Ankauf	▪ Prozentuale Gebühr, die einmalig anfällt ▪ Bezug auf Netto-Kaufpreis oder Brutto-Kaufpreis
Verkauf	▪ Prozentuale Gebühr, die einmalig anfällt ▪ Bezug auf den Netto-Verkaufspreis
Weitere	▪ Gründung ▪ Zeichnung ▪ Fremdfinanzierung ▪ Projektentwicklung ▪ Projektmanagement ▪ Kostenübernahmen

Ohne im Einzelnen auf diese Gebühren und ihre idealtypische Strukturierung im Rahmen dieses Beitrags eingehen zu können, sei bemerkt, dass Investoren sehr stark auf die Marktgängigkeit der durch die Gebühren insgesamt ausgelösten Gesamtkostenbelastung achten. Als Referenzrahmen können bspw. die regelmäßigen Veröffentlichungen des europäischen Verbandes INREV zu diesem Thema fungieren (vgl. INREV, 2012b). In der Regel werden alle Gebühren- und sonstige Strukturkostenbelastungen über die Berechnung von sog. Gesamtkostenquoten bzw. „Total Expense Ratios" im Markt vergleichbar und kommunizierbar gemacht.

3.5.1.2.2 Phase 2: Vermarktung

Im Gegensatz zur Vermarktung von Anteilen über organisierte Märkte und Börsen laufen Privatplatzierung von Real Estate Private Equity-Anlagen deutlich weniger strukturiert ab. Auch sind die Phasen Vorbereitung, Vermarktung und After Sales nicht eindeutig voneinander zu trennen, da die Verhandlung mit individuellen Investoren Änderungen einzelner Bestandteile des Konzepts bewirken kann und somit auch andere Investoren von diesen Änderungen betroffen sind. Dies gilt in jedem Fall für die Phase der Vermarktung, ggf. aber auch für die Phase After Sales, sofern der Fonds nach Bindung der ersten Capital Commitments seine Investitionstätigkeit aufgenommen hat, aber parallel noch weiter Kapital einwirbt. Um zu vermeiden, über iterative Anpassungen und Neuverhandlungen Zeit zu verlieren, bietet es sich an, parallel zur Vorbereitungsphase oder am Anfang der Vermarktungsphase ein sog. „Pilot Fishing" durchzuführen.

Beim „Pilot Fishing" werden einzelne, besonders kapitalstarke oder meinungsbildende Investoren zu einem frühen Zeitpunkt mit den wichtigsten Konditionen des Private Placements konfrontiert und gebeten, ihre Meinung zu äußern. Dieses Vorgehen bietet für den Investment Manager die Möglichkeit eines ersten Markttests des Konzepts und für den befragten Investor die Gelegenheit, die Anlage so strukturieren zu lassen, wie sie für ihn am besten passt. Im Idealfall gewinnt der Investment Manager auf diese Weise bereits einen Ankerinvestor mit Sogwirkung für weitere Investoren. Im Regelfall erhält er jedoch zumindest hilfreiche Hinweise für die Konzeption des Produkts, die die zukünftige Vermarktungsphase signifikant verkürzen können.

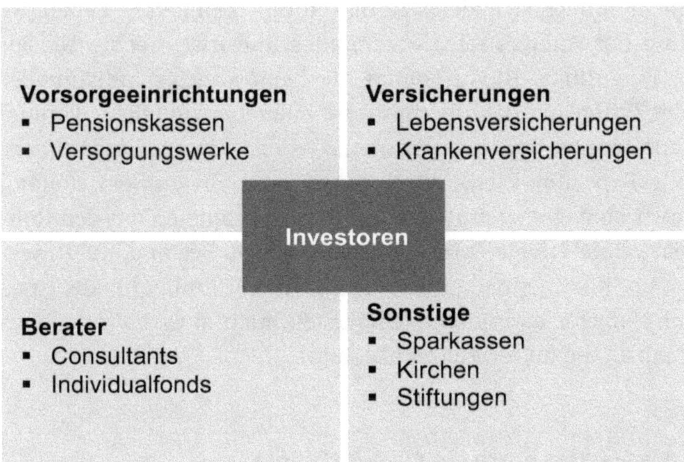

Abb. 18: Typische institutionelle Anleger bei Private Placements (Quelle: Eigene Darstellung)

Sobald die Vermarktungsphase formell beginnt, ist es notwendig, aus dem Universum der in Frage kommenden institutionellen Investoren (Abbildung 18), das im Einzelfall hunderte oder sogar tausende von Adressen umfassen kann, eine Prioritätenliste abzuleiten. Dabei gilt es, in einem ersten Schritt vorrangig diejenigen Investoren anzusprechen, die besonders kapitalstark sind, als besonders meinungsbildend eingeschätzt werden, die voraussichtlich Interesse an dem eigenen Produkt haben werden und – besonders wichtig – zu denen man über einen besonders guten Zugang verfügt. Gerade in Bezug auf den letztgenannten Punkt ist es von Bedeutung zu verstehen, dass institutionelle Anleger in den meisten Fällen begrenzte Kapazitäten zur Prüfung von Anlagemöglichkeiten haben. Bei sehr großen Investoren arbeiten möglicherweise mehrere Mitarbeiter gleichzeitig an der Prüfung von immobilienbezogenen Beteiligungsmöglichkeiten, bei mittelgroßen und kleinen Investoren sind teilweise dieselben Personen für die direkte und indirekte Anlage in Immobilien oder sogar die direkte und indirekte Anlage in alle Anlageklassen verantwortlich. Alternativ beschäftigen manche Investoren gerade für die Auswahl von Beteiligungen im Immobilienbereich externe Berater, die es zu überzeugen gilt oder sie vergeben Individualmandate an externe Dachfondsmanager, die dann die Selektion der einzelnen Anlageprodukte übernehmen.

3.5.1.2.3 Phase 3: After Sales

Im institutionellen Real Estate Private Equity-Geschäft endet die Betreuung der Investoren nicht mit dem „Closing" des Fonds. Vielmehr wurde durch die Zeichnung eine Partnerschaft zwischen Investment Manager und den Investoren gegründet, die Rechte und Pflichten nach sich zieht. Zu diesen Pflichten gehört neben der erfolgreichen Umsetzung der Anlagestrategie zumindest die fristgerechte Umsetzung des vereinbarten Reportings. Hinzu kommt die Beantwortung individueller Anfragen wie bspw. der Bitten um die Übermittlung einer individuellen, vorausschauenden Kapitalabrufplanung für die Investoren. Darüber hinaus werden manche Investoren spezielle Reporting-Dienstleister beauftragen, in großem Umfang Rohdaten vom Investment Manager zu erheben und diese, zusammen mit den Rohdaten aller anderen Real Estate Private Equity-Engagements im Bestand, auszuwerten und zu aggregieren, um Klumpenrisiken zu identifizieren. Darüber hinaus ist es wichtig, als Investment Manager besondere Neuigkeiten auch außerhalb des laufenden Reportings zeitnah an die Investoren zu übermitteln.

3.5.1.3 Veränderung des Marktes durch die AIFM-Richtlinie

Im Zuge der Finanz- und Wirtschaftskrise wurde deutlich, dass die Risiken, die maßgeblich zur Entwicklung der Krise beigetragen haben, in Segmenten des Kapitalmarktes entstanden waren, die wenig bis gar keiner Regulierung unterlagen. Während Wertpapiermärkte in Europa der Regulierung von UCITS („Undertakings for Collective Investment in Transferable Securities") bzw. von OGAW („Organismus für gemeinsame Anlagen in Wertpapieren") unterliegen, waren andere Unternehmen wie z. B. Private Equity-Häuser, Manager von Hedge Fonds und große Teile der Immobilienfonds-Szene, weitestgehend frei in ihrem unternehmerischen Handeln. Dies änderte sich mit der Einführung der EU-Richtlinie AIFMD, die vor allem auf „Alternative Investment Fund Manager" abzielt – d. h. auf Manager von Anlageformen und -vehikeln, die in alternative Anlageklassen (z. B. Immobilien) investieren. In Deutschland wurde diese Richtlinie im Rahmen des Kapitalanlagegesetzbuches (KAGB), das am 22. Juli 2013 in Kraft trat, in deutsches Recht überführt.

Aufgrund der Novität des Themas kann auf eine detaillierte Darstellung der AIFM-Regulierung und ihre Folgen an dieser Stelle nicht eingegangen werden. Gleichwohl sei an dieser Stelle exemplarisch darauf verwiesen, dass das KAGB inzwischen alle Arten von Immobilienfonds in Europa reguliert und noch nicht genau absehbar ist, wie weit sich der Markt mit seinen bisherigen Usancen durch die neue Regulierung in Gänze verändern wird. Absehbar ist jedoch bereits jetzt, dass der Vertrieb jeglicher Form von Immobilienfonds zukünftig klaren Vorgaben wird Folge leisten müssen (vgl. Deutscher AnwaltSpiegel in Zusammenarbeit mit King & Spalding, S. 35–38). Dabei greifen die Vertriebsvorschriften der §§ 293 ff KAGB zum einen in den Prozess des Vertriebs ein und legen zum anderen ein Anzeigeverfahren fest, das grundsätzlich jeglichen Vertrieb bei der regulierenden Behörde anzeigepflichtig macht. Ein anzeigefreies Private Placement ist nun streng genommen nicht mehr möglich, da die Platzierung nicht mehr „privat" im Sinne einer ausbleibenden Interaktion mit der regulierenden Behörde ist. Sie bleibt aber, wie eingangs erläutert, weiterhin „privat" im Sinne eines Vertriebs außerhalb von Börsenplätzen (Private Placement vs. Public Placement). Neben der Anzeige des Vertriebs erstreckt sich die Zusammenarbeit mit der regulierenden Behörde auch auf die Vollständigkeitsprüfung, bei der die Vertriebsdokumente auf Vollständigkeit geprüft werden, sowie auf die materielle Prüfung, bei der Unterlagen auf die materiell-rechtliche Überprüfung mit den Vorschriften des KAGB geprüft werden. Diese Dokumentation wiederum stellt für den Investment Manager eine erhebliche Herausforderung dar, da mit diesen erweiterten Dokumentationspflichten wiederum Haftungsrisiken den Investoren gegenüber entstehen.

3.5.2 Public Equity

3.5.2.1 Finanzierung von Immobiliengesellschaften durch den Kapitalmarkt

3.5.2.1.1 Grundlagen und Abgrenzung

Allgemein bezeichnet der Begriff Public Equity die Unternehmensfinanzierung über Eigenkapital, das im Zuge einer Wertpapieremission an öffentlichen Börsen bzw. dem organisiertem Kapitalmarkt aufgenommen wird. Für die Eigenkapitalbeschaffung über den organisierten Kapitalmarkt ist hierfür ein Listing des (Immobilien-)

Unternehmens bspw. an der Frankfurter Wertpapierbörse notwendig, wobei grundsätzlich zwischen dem Eintrag in den Entry Standard, den General Standard und den Prime Standard zu unterscheiden ist. Der Entry Standard umfasst dabei das Segment des Open Market, d. h. dem börsenregulierten Freiverkehr, wohingegen der General und Prime Standard zum EU-regulierten Markt zählen. Um in die entsprechenden Marktsegmente aufgenommen zu werden, müssen (Immobilien-)Unternehmen verschiedene Transparenzanforderungen erfüllen. Mit nur geringen Pflichten ist die Zulassung in den Entry Standard verbunden, da es sich um einen Teilbereich des Open Market handelt. Beim General Standard gelten hingegen strengere Vorschriften hinsichtlich Rechnungslegung, Transparenzanforderungen und Ad hoc-Publizitätspflicht. Die höchsten Anforderungen werden beim Prime Standard gestellt, die über das Maß des General Standard hinausgehen. So müssen etwa Quartalsberichte erstellt und ein Unternehmenskalender veröffentlicht werden, welcher permanent aktualisiert werden muss. Prime Standard-Unternehmen müssen darüber hinaus mindestens einmal pro Jahr eine Analystenkonferenz abhalten (vgl. Wöhe/Bilstein/Ernst/Häcker, S. 135 f.).

Im Rahmen der Immobilienfinanzierung mit Hilfe von börsengehandeltem Eigenkapital ist zwischen den rechtlichen Unternehmensformen von börsennotierten Immobiliengesellschaften zu differenzieren. Grundsätzlich kann ein Immobilienunternehmen als herkömmliche Immobilien-Aktiengesellschaft oder als Real Estate Investment Trust (REIT) am Aktienmarkt agieren, wobei bei Letztgenanntem eine Vielzahl von Voraussetzungen erfüllt sein müssen. Im Folgenden wird zunächst auf die beiden Unternehmensformen detailliert eingegangen, bevor in Abschnitt E.3.5.2.2 die Charakteristika der Börsengänge von Immobiliengesellschaften näher erläutert werden.

Immobilien-Aktiengesellschaften (Immobilien-AGs)

Immobilien-Aktiengesellschaften – auch Real Estate Operating Companies (REOCs) genannt – sind gesetzlich nicht definiert und unterliegen keinen spezifischen rechtlichen oder steuerlichen Besonderheiten, die sie von anderen Aktiengesellschaften abgrenzen. Im Allgemeinen erfolgt eine Abgrenzung daher anhand des primären Unternehmenszwecks. Dementsprechend ist eine Immobilien-AG ein börsennotiertes Unternehmen, das seine Erträge hauptsächlich (z. B. zu 75 %) aus der Vermietung und Verpachtung, dem Verkauf von Bestandsimmobilien und Projektentwicklungen, der Verwaltung von Immobilien sowie aus dem Angebot dazugehöriger Dienstleistungen erzielt. Dementsprechend lassen sich Immobilien-Aktiengesellschaften in Bestandshalter und Projektentwickler unterteilen, wobei eine Mischung von beiden am häufigsten anzutreffen ist (vgl. Rehkugler/Sotelo, S. 17).

Durch die Verbriefung von Immobilien in Form einer Immobilien-AG ergeben sich zahlreiche Vorteile für den Investor. Eine ausreichende Börsenliquidität vorausgesetzt, sind der Kauf und Verkauf der Anteile über die Börse problemlos möglich und ermöglichen hierdurch eine Fristentransformation, da der Anleger seine Anteile an langfristig gehaltenen Immobilien kurzfristig verkaufen kann. Zudem wird ihm ein exaktes Timing und kurzfristiges Reagieren auf Marktrends erlaubt. Des Weiteren kann eine Größentransformation erzielt werden, da Immobilienaktien zumeist in kleine Anlagebeträge gestückelt sind, während Einzelimmobilien in der Regel große Volumina aufweisen.

Anders als beim Direktkauf fallen beim Erwerb von Immobilienaktien keine Grunderwerbsteuern, Notar- oder Maklergebühren an. Die Transaktionskosten sind dementsprechend moderat, da lediglich die Börsencourtage, die Provision für den Aktienkauf sowie die Depotgebühr bei der Bank anfallen. Damit ist die Immobilien-AG auch gegenüber offenen Immobilienfonds bevorteilt, die zusätzlich zu Depot- und Managementgebühr in der Regel einen Ausgabeaufschlag von rd. 5 % erheben. Dieser muss über die Haltedauer der Anteile erwirtschaftet werden, was je nach Situation auf den Immobilienmärkten durchaus mehrere Jahre in Anspruch nehmen kann.

Aufgrund des Fehlens einer speziellen Besteuerungsvorschrift treffen auf Immobilien-AGs und ihre Anteilseigner die üblichen Steuervorschriften für Einkommen aus Kapitalvermögen zu. Dementsprechend unterliegen Dividenden sowie Veräußerungsgewinne der Abgeltungssteuer. Immobilien-AGs können dabei Gewinne aus der Veräußerung von inländischen Immobilien unter bestimmten Voraussetzungen (vgl. § 6b EStG) steuerfrei auf neue Immobilien übertragen. Zudem können sie ihren Aktionären statt Dividende steuerfreie Berechtigungsaktien (Gratisaktien) zuteilen. Falls Immobilien-AGs international engagiert sind, können sie dies durch Ausnutzung unterschiedlicher Doppelbesteuerungsabkommen zur Steueroptimierung nutzen.

Im Vergleich zu anderen Aktiengesellschaften kann die Immobilien-AG als relativ sicher erachtet werden, da der Wert einer Immobilienaktie langfristig im Wesentlichen von der materiellen, verwert- und veräußerbaren Immobiliensubstanz bestimmt wird. Ein Sicherheitsgewinn im Vergleich mit Einzelimmobilien resultiert zudem aus der i. d. R. breiten Streuung des Immobilienportfolios, der bei großen Immobilien-AGs, die international agieren, noch verstärkt wird. Hierdurch kann vom Zusammenwachsen der europäischen Märkte und lukrativen Investitionsmöglichkeiten in aufstrebenden Ländern profitiert werden und zugleich das Portfoliorisiko durch Diversifikationseffekte reduziert werden. Weitere Risiken lassen sich durch eine Streuung der Ertragsquellen diversifizieren, da Immobilien-AGs ihre Erträge nicht nur aus Mieteinnahmen, sondern auch aus Verkaufserlösen, Immobiliendienstleistungen, Projektentwicklungen und Fondsgeschäften realisieren können. Anleger können sich neben diesen umfassend tätigen Immobilien-AGs jedoch auch an spezialisierten Immobilien-AGs beteiligen. Neben sektoral und/oder geographisch fokussierten Gesellschaften existieren auch solche, die sich ausschließlich in die Bestandsverwaltung, Projektentwicklung, den Handel mit Immobilien oder Servicetätigkeiten spezialisiert haben.

Schließlich bleibt zu klären, ob sich ein Investor durch die Investition in börsennotierte Immobilien-AGs die Performance der zugrundeliegenden Immobilien oder die des Aktienmarkts sichert. In letztem Fall könnte von einer Investition in Immobilienaktien abgesehen werden, da diese kein alternatives Anlageprodukt zu Aktien darstellen würden und man sich die zuvor beschriebenen Vorteile nicht sichern könnte. Durch die Notierung am Aktienmarkt wirken sich Marktstimmungen sowie den Gesamtmarkt betreffende Auf- und Abschwünge auf den Immobilienkapitalmarkt direkt aus, so dass Immobilienaktien sich kurzfristig wie allgemeine Aktien verhalten. Diese Beziehung ist jedoch nur kurzfristiger Natur. Langfristig verhalten sich Immobilienaktien wie der ihnen zugrundeliegende direkte Immobilienmarkt, so dass diese als ein Substitut für die Direktinvestition in Immobilien gelten können (vgl. Sebastian/Schätz, S. 4–6).

Real Estate Investment Trusts
Real Estate Investment Trusts (REITs) sind Immobiliengesellschaften (Bestandshalter) mit Steuerfreiheit auf Unternehmensebene. Prinzipiell kann je nach Anlageschwerpunkt zwischen Equity-REITs (überwiegend Investments in Immobilien), Mortgage-REITs (überwiegend Investments in Immobilienkredite) und Hybrid-REITs (Mischform) unterschieden werden. Nach derzeitiger regulatorischer Ausgestaltung unterliegen deutsche Real Estate Investment Trusts (sog. G-REITs) den allgemeinen für Aktiengesellschaften geltenden Vorschriften (vgl. § 1 Abs. 3 REITG). Wesentliche Unterschiede zu den zuvor diskutierten Immobilien-AGs ergeben sich jedoch aus den abweichenden und ergänzenden Vorschriften des deutschen REIT-Gesetzes, insbesondere durch die darin enthaltenen Anlage-, Ertrags- und Ausschüttungsverpflichtungen sowie der bedingten Steuertransparenz von REITs. Im Folgenden soll auf die wichtigsten Unterschiede eingegangen werden.

Anlage- und Ertragsvorschriften
Die Anlage- und Ertragsvorschriften von G-REITs sind in den Paragraphen § 3, § 12 und § 14 REITG verankert. Im Gegensatz zu Immobilien-AGs ist es deutschen REITs untersagt, im Rahmen ihres Geschäftsmodels umfangreiche spekulative Projektentwicklungen zu betreiben. Darüber hinaus sind REITs im aktiven Immobilienhandel limitiert und dürfen nur 20 % ihrer Aktiva im Dienstleistungsgeschäft investiert haben. Des Weiteren bestimmt das Gesetz, dass REITs 75 % ihrer Aktiva in Immobilien investiert haben müssen, wobei in inländische Bestandsmietwohnimmobilien, die vor dem 1. Januar 2007 erbaut worden sind, nicht investiert werden darf.

Steuertransparenz, Ausschüttungsverpflichtung und Verschuldungsgrad
Der markanteste Unterschied zwischen Immobilien-AGs und REITs ergibt sich durch den steuerlichen Sonderstatus des REITs. Kommt eine Immobilien-AG den regulato-

rischen Rahmenbedingung des REIT-Gesetzes nach, so kann sie für den REIT-Status optieren und es entfällt gem. § 16 REITG die Körperschafts- und Gewerbesteuer. Ausnahmen sind in § 16.2 bis § 16.6 REITG aufgeführt. Die Besteuerung auf Anteilseignerebene erfolgt identisch zur Immobilien-AG anhand der Abgeltungssteuer. Aus fiskalischer Perspektive ist der REIT somit „transparent"; die Erträge werden ausschließlich auf Anlegerebene besteuert. Hierzu unterliegen REITs im Gegensatz zu Immobilien-AGs jedoch einer Ausschüttungsverpflichtung gem. § 13 des REITG, die sie dazu verpflichtet, mindestens 90 % des handelsrechtlichen Jahresüberschusses an die Anteilseigner auszuschütten. Ausgenommen sind Veräußerungsgewinne, die bis zur Hälfte in eine über zwei Jahre aufzulösende Rücklage eingestellt werden können.

Eine weitere regulatorische Restriktion im Vergleich zur Immobilien-AG stellt die Fremdkapitalbeschränkungen nach § 15 des REITG dar. Während Immobilien-AGs frei über ihren Verschuldungsgrad bestimmen können, darf das Eigenkapital von REITs 45 % des Betrages, mit dem das unbewegliche Vermögen im Einzel- bzw. Konzernabschluss angesetzt ist, nicht unterschreiten.

Geschäftsfeldstrategien

REITs müssen sich gemäß den regulatorischen Rahmenbedingungen auf ein bestandsorientiertes Immobilienanlagegeschäft spezialisieren. Dadurch besitzen sie einen wesentlich geringeren Handlungsspielraum als Immobilien-AGs, die beispielsweise Marktzyklen durch ein aktives Portfoliomanagement ausnutzen können. Ferner können Immobilien-AGs ihr Geschäftsfeld durch Projektentwicklungsaktivitäten oder immobiliennahe Dienstleistungen, z. B. Immobilien-Fond-Management für Dritte, ergänzen.

Da Anlageprodukte mit einem höheren Handlungsspielraum des Managements ebenfalls höhere Verzinsungserwartungen ihrer Kapitalgeber bedienen müssen, haben Immobilien-AGs i. d. R. höhere Kapitalkosten als REITs (vgl. Sotelo, S. 48 f.). Entscheidend ist zudem nicht, dass dieser Handlungsspielraum tatsächlich ausgenutzt wird, sondern dass die Möglichkeit hierzu besteht. Daher ist es bei der Immobilien-AG umso wichtiger, dass die Geschäftsfeldstrategie gegenüber dem Anleger klar kommuniziert wird; beim REIT ist dies in umfangreicher Form bereits durch die regulatorischen Rahmenbedingungen gewährleistet.

Finanzierungsstrategien

Laufende und insbesondere zukünftige Immobilieninvestitionen können von börsennotierten Immobilienunternehmen grundsätzlich durch die Aufnahme von zusätzlichem Eigen- und Fremdkapital finanziert werden. Zudem haben Unternehmen im Allgemeinen die Möglichkeit, Gewinne als Alternative zur Ausschüttung zu thesaurieren. Die Thesaurierung von Gewinnen zur Refinanzierung der laufenden Geschäftstätigkeit oder von Neuinvestitionen wird als interne Finanzierung bezeichnet. Entsprechend wird bei Aufnahme zusätzlicher Mittel in Form von Eigen- oder Fremdkapital der Kapitalmarkt zur externen Finanzierung herangezogen.

Die Ausschüttungsverpflichtung von REITs bestimmt in diesem Zusammenhang eine erhebliche Einschränkung möglicher Finanzierungsstrategien. Da die Erträge aus den Immobilienanlagen, abzgl. etwaiger Aufwendungen für Abschreibungen, Instandhaltung, Fremdkapitalzinsen etc., nahezu vollständig an die Anteilseigner ausgeschüttet werden müssen, sind REITs hinsichtlich ihrer Eigenfinanzierung wesentlich stärker an den externen Kapitalmarkt gebunden als Immobilien-AGs.

3.5.2.1.2 Historische Entwicklung und gegenwärtiges Marktumfeld

Bisher ist weder die Geschichte der deutschen Immobilien-Aktiengesellschaften noch der REITs eine eindeutige Erfolgsstory. Abbildung 19 stellt die Entwicklung der Marktkapitalisierung und der Anzahl an börsennotierten Immobilienunternehmen anhand des FTSE/EPRA NAREIT Germany Index dar. Während der Markt in den frühen 90er Jahren mehr durch eine Seitwärtsbewegung als eine dynamische Entwicklung gekennzeichnet war, erfuhren deutsche Immobilien-AGs ab Mitte der 90er einen spürbaren Aufschwung. So stieg die Marktkapitalisierung von ca. 700 Mio. EUR in 1996 auf ca. 4 Mrd. EUR in 1999. Der Niedergang des „Neuen Markts" Anfang des neuen Jahrtausends wirkte sich auch auf die deutschen börsennotierten Immobilien-AGs aus, so dass sich der Markt auf ein Volumen von 440 Mio. EUR reduzierte. Während des letzten Booms von 2002 bis 2006 wuchs der deutsche börsennotierte Immobiliensektor auf ca. 7 Mrd. EUR an. Nach einer deutlichen Korrektur im Rahmen der Finanz- und Wirtschaftskrise erreicht der deutsche börsennotierte Immobilienmarkt in 2012/2013 sein bisheriges Rekordniveau von ca. 9,8 Mrd. EUR. Seit der Einführung im Jahr 2007 zeichnet der FTSE/EPRA NAREIT Germany REIT Index die Entwicklung der deutschen REITs auf. Aufgrund der geringen Marktkapitalisierung der Fair Value REIT AG und der erst im Jahr 2010 vollzogenen Umwandlung der Hamborner REIT AG war am Ende des Jahres 2009 nur die Alstria Office REIT AG gelistet. Die Marktkapitalisierung des deutschen REIT-Marktes betrug zu diesem Zeitpunkt lediglich 210 Mio. EUR. Nach Beendigung der globalen Finanz- und Wirtschaftskrise konnte die Marktkapitalisierung am Ende des Jahres 2012 allerdings auf ca. 1,2 Mrd. EUR gesteigert werden (vgl. EPRA, 2013).

Ein wesentliches Problem der deutschen Immobilien-AGs ist neben der geringen Börsenkapitalisierung der geringe Streubesitz. Hierdurch besteht für institutionelle Investoren das Risiko, dass signifikante Kursreaktionen beim Kauf oder Verkauf hervorgerufen werden und zudem die Ausführung der Order eine lange Zeit beansprucht. Das relativ kleine Segment der Immobilien-AGs in Deutschland erklärt sich sicherlich auch aus den regulatorischen Nachteilen gegenüber offenen Fonds und dem bis zum Jahr 2007 nicht vorhandenen REIT-Status. Der deutsche REIT-Markt leidet zum einen unter der unbefriedigenden REIT-Gesetzgebung, zum anderen verhinderte die globale Finanz-und Wirtschaftskrise neue REIT IPOs und die Umwandlung von bestehenden Immobilien-AGs. Das Potential für börsennotierte Immobiliengesellschaften ist zweifellos vorhanden. Nicht nur die im Vergleich zum gesamten Immobilienmarkt geringe Kapitalisierung von Immobilien-AGs, sondern auch die in Deutschland anzutreffenden hohen Immobilien-Eigentumsquoten lassen auf ein hohes Potential durch Mobilisierung des in Immobilien gebundenen Kapitals schließen.

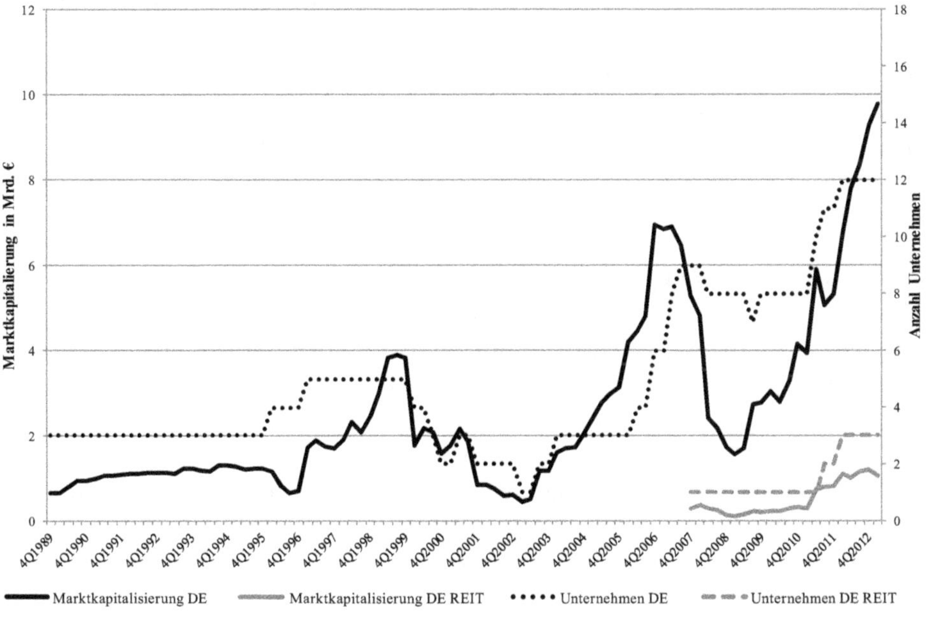

Abb. 19: Marktkapitalisierung und Anzahl der Immobilienunternehmen des FTSE/EPRA NAREIT Germany Index (Quelle: EPRA 2013)

Betrachtet man den deutschen börsennotierten Immobilienmarkt im europäischen Kontext, so wird die untergeordnete Rolle deutlich erkennbar (vgl. Tabelle 7). In Europa ist Großbritannien mit deutlichem Abstand das Land mit den meisten börsennotierten Immobilien-AGs und der höchsten Marktkapitalisierung. Dies erklärt sich aus der Bedeutung Londons als wichtigste europäische Finanz- und Immobilienmetropole. Ähnlich wie in Deutschland verfügt auch Großbritannien erst seit kurzem über Real Estate Investment Trusts, die seit 2007 das Anlagespektrum erweitern (vgl. EPRA, 2009a, S. 122). Im Gegensatz zu Deutschland hatte Großbritannien jedoch bereits einen lange funktionierenden und florierenden börsennotierten Immobiliensektor, was aus Tabelle 7 deutlich wird. Hinzu kommt eine weit entwickelte Aktienkultur. Seit dem Niedergang des englischen Immobilienmarktes zwischen 1990 und

1992 wuchs der Immobiliensektor bis zu einer Marktkapitalisierung von ca. 75 Mrd. EUR an und hatte somit mehr als das 10-fache Volumen Deutschlands. Jedoch traf die Finanz- und Wirtschaftskrise den englischen Immobiliensektor aufgrund der starken Abhängigkeit vom Finanzsektor überproportional stark und sorgte dafür, dass die Marktkapitalisierung um 80 % auf 15 Mrd. EUR sank. Ende 2012 hatte sich der englische Immobilienkapitalmarkt wieder leicht erholt (ca. 39,5 Mrd. EUR) und war mit 29 Unternehmen deutlich vor Deutschland (12 Unternehmen). Als größtes Unternehmen ist Land Securities mit einer Marktkapitalisierung von 7,8 Mrd. EUR zu nennen, gefolgt von British Land mit 6,0 Mrd. EUR und Hammerson mit 4,1 Mrd. EUR (vgl. EPRA, 2012, S. 91).

Das zweitgrößte Ländersegment in Europa stellen die französischen Immobilienunternehmen. Immobilienaktien waren in Frankreich lange Zeit aufgrund des Fehlens alternativer Produkte die einzige indirekte Immobilienanlageform. Obwohl in Deutschland schon lange Zeit erfolgreich, führte Frankreich erst am 1. Januar 2006 offene Immobilienfonds, sog. OPCI (Organismes de placement collectif dans l'immobilier), ein (vgl. BVI). Aufgrund der langen Zeit fehlender offener Immobilienfondsprodukte und der großen Bedeutung des Pariser Immobilienmarktes haben börsennotierte Immobilienunternehmen in Frankreich folglich eine lange Tradition. Mit der Umsetzung des REIT-Konzeptes in Gestalt der SIICs (Société d'investissement immobilier cotée) haben sie seit 2003 einen weiteren Schub erhalten (vgl. EPRA, 2009a, S. 32). Nach seinem Tiefststand von 13,6 Mrd. EUR erholte sich auch der französische Immobilienaktienmarkt bis Ende des Jahres 2012 merklich auf ca. 27,1 Mrd. EUR. Tabelle 7 veranschaulicht abschließend die Zusammensetzung des FTSE/EPRA NAREIT Europe Index der Jahre 1990 und 2012.

Tab. 7: Zusammensetzung des FTSE/EPRA NAREIT Europe Index im Jahr 1990 und 2012 (Quelle: EPRA 2013)

Land	Unternehmen / Marktkapitalisierung in Mio. 1990		Indexanteil 1990	Unternehmen / Marktkapitalisierung in Mio. 2012		Indexanteil 2012
Belgien	1	448,7€	1,01%	6	3.268,9€	3,06%
Deutschland	3	680,7€	1,53%	12	9.291,4€	8,71%
Finnland	-	-	-	3	1.933,5€	1,81%
Frankreich	4	5.271,4€	11,83%	10	26.936,1€	25,25%
Griechenland	-	-	-	1	88,1 €	0,08%
Großbritannien	28	18.469,3€	41,43%	29	39.500,9€	37,03%
Irland	2	436,5€	0,98%	-	-	-
Italien	2	516,2€	1,16%	2	532,0€	0,50%
Niederlande	5	6.152,1 €	13,80%	5	5.776,1€	5,41%
Norwegen	2	3.042,3€	6,83%	1	635,4€	0,60%
Portugal	1	169,4€	0,38%	-	-	-
Österreich	-	-	-	2	1.716,3€	1,61%
Schweden	4	6.801,5€	15,26%	8	7.839,7€	7,35%
Schweiz	2	999,9€	2,24%	4	9.151,0 €	8,58%
Spanien	2	1.586,3€	3,56%	-	-	-
Europa	56	44.574,3€	100,00%	83	106.669,4€	100,00%

Wie bereits angesprochen trägt Großbritannien den größten Anteil am Index (37,0 %), gefolgt von Frankreich (25,3 %) und Deutschland (8,7 %). Als kleinste Länder sind Griechenland und Italien mit gerade einmal 1 bzw. 2 Immobilienunternehmen und Gewichten von ca. 0,5 % bzw. 0,1 % im Index vertreten. Spanien war lange Zeit Bestandteil des Index und erreichte in 2007 sogar eine Marktkapitalisierung von ca. 8,5 Mrd. EUR. Die spanische Immobilienkrise und die globale Finanz- und Wirtschaftskrise führten jedoch dazu, dass die Kapitalisierung auf 16 Mio. EUR schrumpfte und Spanien vorübergehend aus dem Index genommen wurde. Ebenso sind Irland – trotz eines lange Zeit florierenden Immobilienmarktes – und Portugal vorläufig nicht mehr im Index vertreten. Seit Einführung des FTSE/EPRA NAREIT Index wuchs der europäische Immobilienkapitalmarkt jedoch von 44,5 auf 106,7 Mrd. EUR.

3.5.2.1.3 Erfolgsfaktoren und Werttreiber von Immobiliengesellschaften am Kapitalmarkt

Der Kapitalmarkt stellt an Immobilien-AGs und REITs – wie an alle börsennotierte Unternehmen – umfangreiche Anforderungen. Entscheidend für die Attraktivität bei Investoren ist die Fähigkeit des Managements, nachhaltige Cash Flows und Ergebnisse zu erwirtschaften und damit im Kerngeschäft profitabel zu wachsen. Zur Erreichung dieses Ziels stehen dem Management verschiedenste Stellschrauben zur Verfügung, die den Erfolg am Kapitalmarkt sicherstellen bzw. steigern können. Im

Folgenden werden die Anforderungen des Kapitalmarktes an das Management, die Beschaffenheit und Ausrichtung des Unternehmens sowie weitere Erfolgsfaktoren von gelisteten Immobilienunternehmen präsentiert.

Managementqualität und Track Record

Generell spielt die Qualität und Erfahrung des Managements eine entscheidende Rolle bei dem Erfolg einer Immobilien-AG oder eines REITs. Dabei erwarten Investoren neben einer ausgezeichneten Immobilienmarkt- auch eine umfangreiche Kapitalmarktexpertise. Diese sollte langjährige Erfahrungen in Umgang und Kommunikation mit Kapitalmarktteilnehmern einschließen. Ferner erscheint es vor dem Hintergrund der von Investoren oftmals gewünschten Fokussierung auf eine Immobilienart oder Region vorteilhaft, wenn das Management zudem über tiefgehendes Spezialwissen verfügt. Da das Vertrauen in die Führungsspitze von großer Bedeutung im Rahmen von Investitionsentscheidungen ist, sollte ein besonderes Augenmerk auf die Auswahl des Managements gelegt werden (vgl. Schäfers/Heller/Körner/Puhl, S. 159 f).

Immobilien-AGs sind im Gegensatz zu REITs nicht auf das Verwalten des Bestandes beschränkt und können somit auch als aktive Trader und Projektentwickler in Erscheinung treten. Hierdurch werden zusätzliche Anforderungen an die Qualität und Erfahrung des Managements gestellt, da insbesondere bei Projektentwicklungen zusätzliche Kenntnisse gefordert bzw. benötigt werden. Dies wird im Fall eines über verschiedene Geschäftsfelder diversifizierten Unternehmens noch weiter verstärkt, so dass das Management um Spezialisten in den jeweiligen Bereichen erweitert werden sollte.

Ausrichtung des Geschäftsmodells

Dem Management von gelisteten Immobilienunternehmen stehen mehrere Möglichkeiten der Fokussierung ihres Anlageportfolios zur Verfügung. Zum einen können sie sich auf bestimmte Immobiliensegmente bzw. Nutzungstypen konzentrieren. Zum anderen können sie ihren Immobilienbestand auf bestimmte geographische Regionen begrenzen. Letztendlich kann sich das Management auch auf eine Fokussierung auf einzelne Geschäftsbereiche (Investition, Projektentwicklung, Handel etc.) oder die Verfolgung einer breiter angelegten Strategie festlegen. Wie bereits beschrieben, ist der Geschäftsbereich bei REITs hingegen auf Bestandshaltung beschränkt. Immobilien-AGs und REITs sollten sich aus Sicht des Kapitalmarktes beim Management ihres Immobilienportfolios auf bestimmte regionale Märkte und/oder bestimmte Nutzungstypen fokussieren. Die Konzentration auf solche Kernkompetenzen fördert das Erreichen einer führenden Marktposition in dem entsprechenden Bereich. Des Weiteren werden durch den Abbau von Randaktivitäten sowohl finanzielle als auch organisatorische Ressourcen freigesetzt, die zur Stärkung und zum

Ausbau der Kernbereiche eingesetzt werden können. Durch die Konzentration auf sich positiv entwickelnde Immobiliensegmente können überdurchschnittliche Renditen erwirtschaftet werden. Eine regionale Schwerpunktbildung mit starker lokaler Basis ermöglichen eine schnellere Wahrnehmung und Reaktion auf Veränderungen regionaler Märkte bzw. die Ausübung von entsprechenden Marktvorteilen aufgrund der starken Stellung im jeweiligen regionalen Teilmarkt. Investoren haben durch die regionale und sektorale Fokussierung die Möglichkeit, diejenige Gesellschaft auszuwählen, die das gewünschte Marktsegment in der gewählten Region abdeckt und ihr eigenes Anlageportfolio aufgrund des spezifischen Rendite-Risiko-Profils am besten ergänzt (vgl. Schäfers/Heller/Körner/Puhl, S. 160).

Alternativ kann die Verfolgung einer Diversifikationsstrategie im Gegensatz zu einer Konzentration auf einzelne Immobilienarten, regionale Märkte oder Segmente das damit verbundene Risiko reduzieren. Aus verschiedenen Gründen ist dies jedoch nicht im besten Interesse der Investoren. Zum einen sinkt die Effizienz des Managements aufgrund des oft unzureichenden Know-hows in einzelnen Märkten bzw. Immobiliensegmenten, was die Gefahr von Fehlentscheidungen erhöht. Zum anderen sind die Investoren selbst in der Lage, auf Portfolioebene zu diversifizieren, und suchen daher eher nach Anlagemöglichkeiten mit spezifischen Risiko-Rendite-Profilen, die ihr Anlageportfolio am besten ergänzen (vgl. Schäfers/Heller/Körner/Puhl, S. 160). Allerdings konnte auf dem US-amerikanischen Immobilienkapitalmarkt kein Nachweis einer systematischen Overperformance von spezialisierten REITs im Vergleich zu diversifizierten REITs für den Zeitraum von 1997 bis 2006 erbracht werden (vgl. Ro und Ziobrowski, S. 68).

Ausnutzung von Marktzyklen

Durch aktives Ausnutzen von Immobilienmarktzyklen können Immobilien-AGs und REITs signifikante Wertsteigerungspotentiale realisieren. Dies kann zum einen durch kurzfristig ausgerichtetes Buy-and-Sell von Immobilien erreicht werden, bei den in schlechten Marktphasen Immobilien bzw. Immobilienportfolien zu günstigen Konditionen angekauft und nach Erholung der Märkte wieder verkauft werden. Zum anderen können diese Immobilien auch langfristig im Portfolio gehalten und das Wertpotential über die Investitionsphase erschlossen werden. Voraussetzung ist wiederum eine starke Kapitalbasis bzw. die Möglichkeit zur (externen) Finanzierung in abschwingenden Marktphasen. Insbesondere für international agierende Immobilien-AGs ergeben sich durch die versetzten europäischen Immobilienmarktzyklen signifikante Wertschöpfungspotentiale. Einschränkungen ergeben sich jedoch für REITs, da diesen der Handel mit ihrem Immobilienbestand nur in begrenztem Maße gestattet ist.

Wertschöpfung im Portfolio

Wesentlicher Bestandteil der Strategie eines Immobilienunternehmens sollte eine regelmäßige Analyse der Entwicklungs- und Wertschöpfungspotentiale im eigenen Immobilienbestand sein. Insbesondere in Phasen mit fehlenden Investitions- oder eingeschränkten Finanzierungsmöglichkeiten stellt die Wertschöpfung im Portfolio eine im Vergleich zur Neuakquisition günstige Möglichkeit zur Steigerung des Unternehmenswertes dar. Zur Auffindung dieser Wertsteigerungspotentiale sind eine genaue Kenntnis der Marktentwicklungen am jeweiligen Standort sowie das frühzeitige Erkennen bestimmter Trends unabdingbare Voraussetzungen. Möglichkeiten können sich u. a. durch die Umnutzung von (leer stehenden) Flächen und Immobilien, Kernsanierungen bzw. Refurbishments ergeben.

Weitere Voraussetzung ist die genaue Kenntnis der Bedürfnisse und Anforderungen der Mieter an die gemieteten Flächen. Da sich diese auch z. B. durch Expansionsabsichten ändern können, ist ein enger und kontinuierlicher Dialog ein entscheidender Erfolgsfaktor. Ein regelmäßiger, auch kritische Punkte umfassender Dialog kann die Mieterbindung und -zufriedenheit erhöhen, was sich in langfristigen Mietverträgen ausdrückt und neue Mieter durch Empfehlungen anziehen kann. Dies ist insbesondere vor dem Hintergrund der geringeren Kosten bei Vertragsverlängerungen im Vergleich zur Mietersuche und Neuvertragsabschluss von signifikanter Bedeutung.

Für deutsche REITs ist die Chance einer substanziellen Wertschöpfung allerdings durch Vorschriften des REITG erschwert. So schreibt § 12 Abs. 3 in Verbindung mit § 3 Abs. 6 REITG vor, dass mindestens 75 Prozent der Umsatzerlöse zuzüglich der sonstigen Erträge aus unbeweglichem Vermögen eines Geschäftsjahres aus Vermietung, Leasing, Verpachtung einschließlich immobiliennaher Tätigkeiten oder Veräußerung von unbeweglichem Vermögen stammen müssen.

Projektentwicklungen

Ein weiterer Hebel zur Erzielung von über das Vermietergebnis hinausgehenden Erträgen sind Projektentwicklungen von Immobilien. Anders als im Vermietungsgeschäft können bei diesen deutlich höhere Renditen realisiert werden, sofern die mit dem Risiko einhergehenden höheren Kapitalkosten übertroffen werden. Ein effizientes und striktes Risikocontrolling ist daher unabdingbare Voraussetzung. Projektentwicklungen sollten nur mit entsprechendem internen Know-how bzw. durch Eingehen von Joint Ventures mit erfahrenen lokalen Partnern vorgenommen werden. Ebenso sollte eine gewisse Größenordnung der Projektentwicklungsaktivitäten im Verhältnis zum eigenen Immobilienbestand nicht überschritten werden. Da sich die Immobilien-AG das Renditepotential von 10 % bis über 20 % durch das im Vergleich zur Bestandshaltung signifikant höhere Risiko erkauft, muss auf ein ausgewogenes Chance/Risikoprofil geachtet werden.

Neben einer genauen Kenntnis des jeweiligen Immobilienmarktes und der Fähigkeit zur Prognose der zukünftigen Entwicklung ist auch ein in Zukunft eventuell anders geartetes Anforderungsprofil an hochwertige Flächen im Vorfeld jedes Projektes mit zu berücksichtigen, da zwischen Planung und Fertigstellung oft mehrere Jahre verstreichen können. Die Realisierung selber erfordert ein striktes Befolgen des gesetzten Zeitplans, ein laufendes Projektcontrolling zur Budgeteinhaltung mit anschließender „Post Completion" sowie möglichst frühzeitige Vorvermietungen und im Idealfall den Verkauf bereits vor Fertigstellung. Ein bereits vor Baubeginn bzw. Fertigstellung erzielter Mietvertragsabschluss senkt das Risiko für die Immobilien-AG und vereinfacht die Suche nach einem Kapitalgeber bzw. Käufer für die Immobilie. Aufgrund der bereits erwähnten Regularien des REITG findet dieser Werttreiber bei REITs nur bedingt Anwendung. So ist es deutschen REITs nicht erlaubt, spekulative Projektentwicklungen in großem Umfang zu tätigen. Deutsche REITs müssen damit überwiegend als Bestandshalter im Rahmen ihres Geschäftsmodels agieren, wodurch der Handlungsspielraum bei Projektentwicklungen deutlich eingeschränkt ist.

Wachstumsphantasie

Die Equity Story sollte neben der bereits dargestellten Ausrichtung des Geschäftsmodells und Portfolios vor allem das Wachstumspotential des Unternehmens aufzeigen. Hierbei muss grundsätzlich zwischen internem und externem Wachstum unterschieden werden (vgl. Schäfers/Heller/Körner/Puhl, S. 160 f). Internes Wachstum einer Immobilien-Aktiengesellschaft wird in erster Linie auf der Grundlage eines aktiven Managements der Bestandsobjekte, z. B. durch Nutzung von Entwicklungspotentialen, Modernisierungen, nutzungsbezogenen Restrukturierungen, Verbesserung der Mieterstruktur, Minimierung von Leerstandsraten und Portfoliooptimierungen sowie durch den Handel mit Immobilien und erfolgreiche Projektentwicklungen erzielt und gilt generell als ein zuverlässiger Indikator für die Qualität des Managements. Das Potential für internes Wachstum sollte durch die „Equity Story" klar kommuniziert und durch unterschiedliche Kennziffern dokumentiert werden. Diese Kennziffern für internes Wachstum können z. B. nachhaltig wachsende Mieterlöse, ein kontinuierlich steigender Net Asset Value sowie steigende Cash Flows oder Dividendenausschüttungen sein (vgl. Schäfers/Heller/Körner/Puhl, S. 160 f.). Oft kann substantielles Wachstum zum Ausbau eines Unternehmens nur extern im Rahmen von M&A-Transaktionen, z. B. durch den Erwerb oder die Übernahme von größeren Portfolien bzw. ganzen Gesellschaften, erreicht werden. Aufgrund der Losgrößen dieser Investitionen hängt die Möglichkeit zum Wachstum jedoch stark vom Marktumfeld ab, da die internen Finanzierungsmöglichkeiten oftmals nicht ausreichen und die Finanzierung folglich extern über den Kapitalmarkt sichergestellt werden muss (vgl. Schäfers/Heller/Körner/Puhl, S. 160 f.).

Größe, Liquidität und Kapitalstruktur

Weitere Erfolgsfaktoren einer Immobilien-AG oder eines REIT sind die Größe, Liquidität und Kapitalstruktur. Internationale Investoren bevorzugen Unternehmen mit einer hohen Marktkapitalisierung und hohem Streubesitzanteil (Free Float), welcher Käufe und Verkäufe von großen Aktienpaketen ermöglicht, ohne den Aktienkurs des betreffenden Unternehmens zu stark zu beeinflussen. Dies schlägt sich in höheren Aktienkursen bei großen und liquiden Immobilienunternehmen nieder. REITs haben aufgrund ihres gesetzlich vorgeschriebenen Streubesitzes einen zentralen Vorteil gegenüber Immobilien-AGs. Mit zunehmender Marktkapitalisierung steigt die Anzahl der das Unternehmen begleitenden Aktienanalysten, was zusätzliche Nachfrage seitens der Investoren auslöst. Des Weiteren sollte die Kapitalstruktur einer Immobilien-AG zum jeweiligen Geschäftsmodell passen und auf die Portfoliostruktur abgestimmt sein (vgl. Schäfers/Heller/Körner/Puhl, S. 161 f.). Im Gegensatz zu REITs sind Immobilien-AGs nicht an eine maximale Fremdkapitalquote nach § 15 des REITG gebunden. Während Immobilien-AGs frei über ihren Verschuldungsgrad bestimmen können, darf das Eigenkapital von REITs 45 % des Betrages, mit dem das unbewegliche Vermögen im Einzel- bzw. Konzernabschluss angesetzt ist, nicht unterschreiten. Jedoch ist von einem übermäßigen Fremdkapitaleinsatz abzusehen, da insbesondere in abschwingenden Märkten Probleme durch den Verstoß gegen Covenants wie z. B. dem Loan-to-Value sowie durch eventuell anstehende Refinanzierungen auftreten können.

Transparenz und Corporate Governance

Im Wettbewerb um knappes Kapital ist eine überzeugende Kapitalmarktkommunikation zwischen dem Unternehmen und seinen Aktionären unerlässlich. Einer Immobilien-AG oder einem REIT muss es gelingen, seine Equity Story und die im Unternehmen erwirtschafteten Werte, Wertsteigerungen und -potentiale umfassend und zeitnah zu kommunizieren. Das Ziel muss sein, Aktionäre, potentielle Investoren, Finanzanalysten und Kapitalgeber bestmöglich zu informieren und ihnen alle relevanten Informationen zur Verfügung zu stellen, damit sich diese ein fundiertes Bild über Wert und Bewertung des Unternehmens machen können. Hierzu sind insbesondere Informationen zum Immobilienportfolio (z. B. zur sektoralen und geographischen Aufteilung, Mieterbranchen etc.) sowie den Determinanten der Immobilienwerte (z. B. Vertragsmieten, Steigerungsraten bei Einnahmen und Ausgaben, Leerstände, angewandten Diskontierungszinsen etc.) essentiell. Wie aktuelle Untersuchungen bestätigen, kommen Immobilien-AGs und REITs diesem Informationsbedürfnis aufgrund des Fehlens einer gesetzlichen oder Selbstverpflichtung nur unzureichend nach (vgl. Feri Eurorating Services AG; Rehkugler/Goronczy; Kohl).

Zur Steigerung der Kapitalmarktbewertung von börsennotierten Immobilien-Vehikeln Immobilien-AGs kann eine transparente Berichterstattung einen maßgeblichen Beitrag liefern. Dieser Zusammenhang wurde durch Kohl (2009) für europäische Immobilien-AGs und REITs empirisch nachgewiesen. Immobilien-AGs und REITs sollten zur Realisierung dieses Potentials die Transparenz ihrer Berichterstattung entsprechend erhöhen (vgl. Kohl/Schäfers).

Dies kann u. a. durch die freiwillige Anwendung der EPRA Best Practices Recommendations erfolgen. Die European Public Real Estate Association (EPRA) setzt sich seit Längerem für die Steigerung der Transparenz bei börsennotierten Immobilienunternehmen in Europa durch eine internationale Vereinheitlichung der Berichterstattung ein. Die hierzu veröffentlichten Best Practices Recommendations beinhalten neben Ergänzungen der IFRS Pflichtangaben um immobilienspezifische Informationen insbesondere Empfehlungen zur einheitlichen Ausübung von Wahlrechten nach IFRS. Seit ihrer erstmaligen Veröffentlichung im Jahr 2001 haben sie sich zu einem weit verbreiteten und anerkannten Standard für eine transparente und kapitalmarktorientierte Berichterstattung in Europa entwickelt. Ihre Empfehlungen erfüllen die Informationsbedürfnisse von Investoren als auch von Analysten und tragen dadurch wesentlich zu einer Steigerung der Transparenz und zu einer besseren Vergleichbarkeit von börsennotierten Immobilienunternehmen in Europa bei (vgl. EPRA, 2009b).

Neben einer transparenten Berichterstattung ist auch eine allgemeinen Standards folgende Corporate Governance essentiell. Dies beinhaltet insbesondere die Freiheit des Managements von Interessenskonflikten. Nicht zuletzt kann durch eine gute interne Corporate Governance der Unternehmenswert des Immobilienunternehmens gesteigert werden, wie durch Kohl/Schäfers (2010) gezeigt wurde. Eine Befolgung des Compliance Managements (vgl. Initiative Corporate Governance der Deutschen Immobilienwirtschaft, 2011) und des Kodex der Initiative Corporate Governance der deutschen Immobilienwirtschaft (vgl. Initiative Corporate Governance der Deutschen Immobilienwirtschaft, 2010) sollte mithin durch jede Immobilien-AG oder REIT erfolgen.

3.5.2.2 Börsengänge von Immobiliengesellschaften

3.5.2.2.1 Formen von Börsengängen von Immobiliengesellschaften

Entscheidet sich ein Immobilienunternehmen in der Form einer Immobilien-Aktiengesellschaft bzw. eines REITs zur Aufnahme von börsengehandeltem Eigenkapital, sind grundsätzlich zwei Formen von Börsengängen zu unterscheiden. Handelt es sich um die erstmalige Emission von Aktien eines Unternehmens auf dem organisierten Kapitalmarkt eines bislang nicht-gelisteten Unternehmens, spricht man von einem Initial Public Offering (IPO). Ist das Unternehmen hingegen bereits an der Börse notiert, wird die (nachfolgende) Aktienemission in diesem Zusammenhang als Secondary Public Offering (SPO) bezeichnet. Unabhängig von diesen beiden Emissionsformen kann es sich dabei sowohl um neue (Primary Offering) als auch um alte

(Secondary Offering), d. h. schon vor diesem Anlass bestehende, Aktien handeln, die dem Kapitalmarkt angeboten werden.

Primary Offering

Im Rahmen eines Primary Offering werden bei einem Börsengang erstmalig die Aktien einer Gesellschaft platziert. Dieser Prozess wird in den meisten Fällen mit einer Kapitalerhöhung im Rahmen der Börseneinführung verbunden. Damit treten zu den bisherigen Eigentümern neue Aktionäre hinzu. Die erzielten Emissionserlöse fließen somit nicht (ausschließlich) den Alteigentümern, sondern auch der Immobilien-AG bzw. dem REIT zu, so dass neue Finanzmittel zur Durchführung weiterer Investitionen zur Verfügung stehen.

Secondary Offering

Die Platzierung von bereits bestehenden sog. alten Aktien aus dem Bestand der Alteigentümer kommt dem Verkauf eines Teils oder sogar der ganzen Immobiliengesellschaft gleich. Die im Rahmen des Secondary Offering erzielten Emissionserlöse fließen den Altaktionären zu. Der Börsengang erfolgt somit unter Beibehaltung des Gesamtkapitals der Immobiliengesellschaft.

In der Praxis wird in der Regel eine Mischung aus Primary und Secondary Offering angestrebt. Im Unterschied zu einer reinen Umplatzierung wird bei dieser Form des Börsenganges der Eindruck vermieden, dass die Bedienung der Alteigentümer den Leitgedanken und das Hauptmotiv für die Börseneinführung bildet (vgl. Koch/Wegemann, S. 180). Potentielle Investoren interpretieren den Verbleib der Alteigentümer in der Gesellschaft als Dokumentation ihres langfristigen Interesses an der Unternehmung sowie als Bekräftigung des nachhaltigen Ertragspotentials und der Zukunftsperspektiven der Immobiliengesellschaft (vgl. Achleitner).

3.5.2.2.2 Motive für Börsengänge von Immobiliengesellschaften

In zahlreichen empirischen Untersuchungen wurden die Motive für einen Börsengang von Immobiliengesellschaften analysiert. Im Wesentlichen können die Motive auf finanziellen, organisatorischen, strategischen oder auch rechtlichen Überlegungen basieren:

Eigenkapitalaufnahme

Im Rahmen der finanziellen Überlegungen kommt der mit einer Börseneinführung verbundenen Aufnahme von Eigenkapital eine bedeutende Rolle zu. In diesem Zusammenhang kann die Verbesserung der Bilanzkennzahlen (z. B. der Eigenkapitalquote) ein wichtiges Argument für einen Börsengang darstellen. Darüber hinaus ist ein nachhaltiges Wachstum der Gesellschaft eine wichtige Voraussetzung für den langfristigen Erfolg an der Börse. Für die dafür notwendigen Investitionen ist die Verwendung von Fremdkapital gerade bei REITs aufgrund der gesetzlichen Vorgaben zur maximalen Fremdkapitalausstattung nur eingeschränkt möglich. Vielmehr wird es als Zeichen der finanziellen Stärke verstanden, zur Durchführung konkreter Projekte im Rahmen der Börseneinführung eine Kapitalerhöhung vorzunehmen.

Zukünftige Unternehmensentwicklung
Der Gang an die Börse eröffnet aus finanzieller Perspektive zwei weitere Vorteile: Zum einen können ggf. auftretende finanzielle Schwächephasen durch die Aufnahme von Risikokapital und die damit einhergehende variable Bedienung dieses Kapitals überwunden werden. Zum anderen erschließt sich mit einer Börseneinführung der Weg zu weiteren Wachstumsfinanzierungen, die auf Basis einer breiten Aktionärsstruktur bzw. durch die Erschließung neuer weiterer Aktionärskreise einfacher durchgeführt werden können.

Transparenz
Die organisatorischen Vorteile eines Börsengangs beruhen zum Großteil auf gesetzlichen Regelungen. So schaffen das Aktiengesetz, das REIT-Gesetz und die Corporate-Governance-Erfordernisse für börsennotierte Gesellschaften durch die Vorgabe von klaren Führungsstrukturen und Zuständigkeiten mehr Transparenz sowie den dezidierten Anforderungen an die Rechnungslegung und Bewertung von Immobilien Transparenz für die Investoren in eine Immobiliengesellschaft.

Änderung der Eigentümerstruktur
Strategische Überlegungen im Zusammenhang mit einem geplanten Börsengang stellen vielfach auf die Eigentümerstruktur des jeweiligen Unternehmens ab. Wie bereits erwähnt, bietet sich bei Immobiliengesellschaften ein Börsengang als Ausstiegsmöglichkeit für die Alteigentümer an. Bei Konzerngesellschaften kann eine Abspaltung des Immobilienbereichs im Zuge der Konzentration der Muttergesellschaft auf das Kerngeschäftsfeld in Betracht gezogen werden. Im Rahmen einer solchen Restrukturierung kann es zu einer Wertsteigerung des Immobilienbereichs kommen, wenn das Management der neu geschaffenen Tochtergesellschaft unabhängig und selbständig operieren kann. Die Altgesellschafter können im Rahmen eines Spin-off, d. h. der Gründung und Börsennotierung einer Immobilien-Tochtergesellschaft durch Ausgabe von Aktien gemäß ihrer Anteile am Mutter-Unternehmen, mit einbezogen werden oder die Aktien werden im Rahmen eines „Equity-Carve-Outs" an neue Gesellschafter veräußert.

Verbesserung der Wettbewerbsposition
Unter Wettbewerbsgesichtspunkten kann ein Börsengang ebenfalls strategisch vorteilhaft sein. Der Börsengang von Wettbewerbern bzw. deren Börsennotierung kann

zur Nachahmung veranlassen, um der eigenen Gesellschaft die gleichen Vorteile und finanziellen Ressourcen zu erschließen. Aber auch unabhängig davon, ob die Wettbewerber an der Börse notiert sind, kann ein Börsengang die Wettbewerbsfähigkeit einer Immobiliengesellschaft entscheidend verbessern. So kann zum einen der Zusammenschluss bzw. die Beteiligung zwischen Immobiliengesellschaften durch einen Aktientausch erleichtert werden, zum anderen die Aufstockung des Portfolios mittels einer Sacheinlage durch die Beibehaltung der Bilanzrelationen vereinfacht werden. Nicht zuletzt kann sich die im Rahmen des Börsengangs initiierte gestiegene Aufmerksamkeit positiv auf den weiteren Geschäftsverlauf auswirken.

Rechtliche Verpflichtung zum Börsengang bei REITs

Zusätzlich zu den oben genannten Motiven existiert bei G-REITs ein weiterer Grund einen Börsengang anzustreben: Innerhalb von 3 Jahren nach Eintragung einer Immobiliengesellschaft als Vor-REIT muss ein Antrag auf Börsenzulassung eingereicht werden. Diese Frist kann auf Antrag um ein weiteres Jahr verlängert werden. Erfolgt bis dahin kein Börsengang an einer Wertpapierbörse innerhalb der Europäischen Union, so verliert der G-REIT seinen Status als Vor-REIT und damit die Möglichkeit die Exit-Tax Regelung wahrzunehmen (vgl. REITG).

3.5.2.2.3 Idealtypischer Ablauf von Initial Public Offerings

Der Ablauf eines Börsengangs ist ein weitgehend standardisierter Prozess, der auch bei Immobilien-Aktiengesellschaften und REITs entsprechende Anwendung findet. Der Ablauf eines IPOs gliedert sich regelmäßig – wie in Abbildung 20 dargestellt – in die vier Phasen „Vorbereitung“, „Regulatorischer Review und Investor Education“, „Marketing und Verkauf“ sowie „Stabilisierung und Sekundärmarkt“. Wesentliche Aspekte, die im Rahmen eines IPOs zu beachten sind, werden im nachfolgenden Kapitel erörtert.

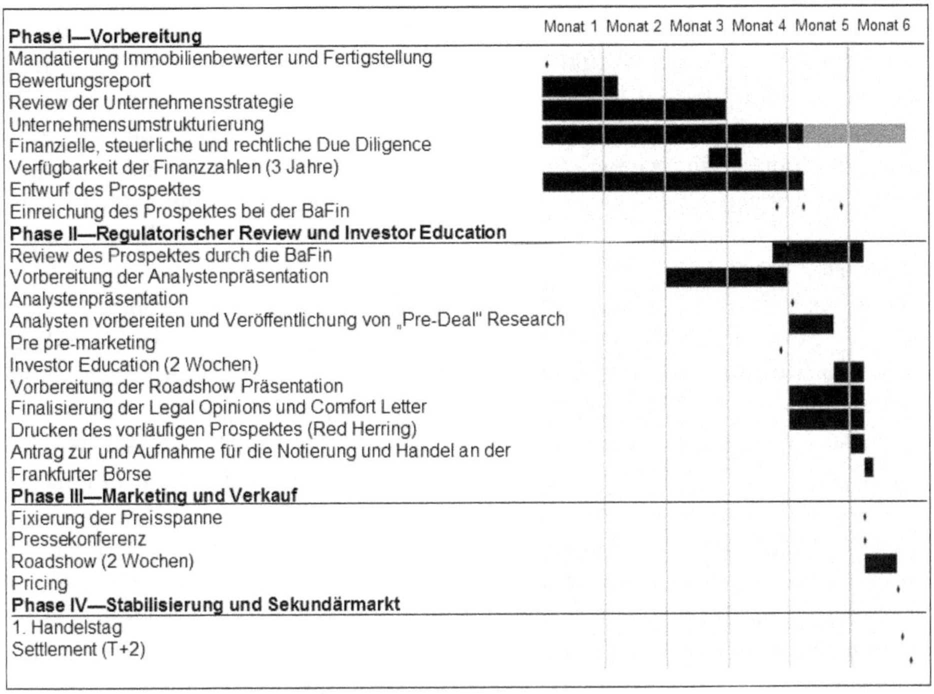

Abb. 20: Idealtypischer Ablauf von Initial Public Offerings

3.5.2.2.4 Betrachtung ausgewählter Aspekte von Initial Public Offerings

Neben den in Abschnitt E.3.5.2.1.3 beschriebenen Erfolgsfaktoren und Werttreiber von Immobiliengesellschaften am organisierten Kapitalmarkt spielen im Rahmen eines IPOs auch die Mandatierung der Banken und Berater sowie die Preisbildung eine entscheidende Rolle.

Mandatierung der Banken und Berater

Die Auswahl bzw. Mandatierung des Konsortialführers sind ebenfalls ein maßgeblicher Faktor für den Erfolg eines Börsengangs. Die wichtigsten Kriterien für die Auswahl sind:

- die Qualität des Projektteams und dessen Track Record,
- die Distributionskapazität der Bank bei Investoren,
- die Qualität des Equity Research,
- die Höhe der Gebühren (Commissions).

Der direkte Vergleich der sich in einem Beauty Contest bewerbenden Banken offenbart die Stärken und Schwächen der sich bewerbenden Banken. Insbesondere die Auswahl des/der Konsortialführer(s) (Lead Manager) ist richtungweisend, da er die

Strukturierung und Vermarktung der Emission bankenseitig maßgeblich beeinflusst. Im Ablauf der Transaktion wird das Konsortium durch ein bis zwei weitere Banken aus dem Kreis der Bewerber um das Mandat komplettiert. Für die Auswahl der richtigen Banken wird auf der Seite des Immobilienunternehmens oft ein spezialisierter Corporate-Finance-Berater hinzugezogen, der mit den relevanten Entscheidungskriterien vertraut ist und der die Entscheidung zur Auswahl unterstützt.

Aspekte der Preisbildung

Die Festlegung des Angebotspreises ist bei jedem Börsengang eine zentrale Frage. Um am Ende der Pre-Marketing-Phase den Angebotspreis für das Bookbuilding-Verfahren festzulegen, wurde in der Vergangenheit häufig das Festpreisverfahren angewandt. Hierbei bestimmen die beratenden Banken und die emittierende Aktiengesellschaft bereits vor dem Verkaufsangebot einen Angebotspreis bzw. eine Preisspanne. Als Alternative hierzu hat sich vor allem in Deutschland in jüngster Zeit ein neues Verfahren für die beschleunigte Preisfindung („Accelerated Bookbuilding") entwickelt. Hier beginnt die Vermarktung der Emission des Unternehmens bei Investoren (Roadshow) ohne feste Preisspanne. Das Bankenkonsortium legt in Abstimmung mit dem Emittenten auf Basis des Feedbacks aus der Roadshow die Preisspanne erst zu einem späteren Zeitpunkt während der Roadshow für einen dann verkürzten Angebotszeitraum fest. Bei dieser Variante wächst der Einfluss der Investoren auf die Preisfindung. Außerdem hat dieses Verfahren den Vorteil, dass der Zeitraum für die Preisfindung zeitlich abgekürzt wird und die genannte Preisspanne nur kurzfristig dem möglicherweise volatilen Börsenumfeld ausgesetzt wird.

Die Bestimmung des Preises unterliegt gegenläufigen Interessen zwischen Emittenten und dem platzierenden Bankenkonsortium. Die Emittenten bzw. Alteigentümer sind regelmäßig an der Maximierung des Emissionspreises interessiert. Im Gegensatz dazu werden die Konsortialbanken und vor allem der Konsortialführer durch die Performance der emittierten Aktie am Sekundärmarkt beurteilt. Letztere haben mithin eher kein Interesse an einer maximalen Ausschöpfung des Preisspielraums und bevorzugen daher ein vorsichtiges Pricing (vgl. Brühl, S. 192).

Bei Börsengängen ist in diesem Zusammenhang oftmals das Phänomen des „Underpricing" zu beobachten, worunter der Unterschied zwischen dem Preis, den die Zeichner von neu emittierten Wertpapieren zahlen, und dem Preis, zu dem die Aktie erstmals am Sekundärmarkt gehandelt wird, zu verstehen ist. Die Gründe für ein „Underpricing" bei IPOs sind dabei sehr vielfältig. Nach der „Divergence of Opinion"-Hypothese sind etwa die Erwartungen der Investoren insbesondere bei IPOs heterogen. Während die begleitende Investmentbank regelmäßig nur durchschnittliche Bewertungen im Rahmen des Pricing zugrunde legt, wird die kurzfristige Nachfrage nach einem erfolgten IPO häufig von der (optimistischen) Marktmeinung ausgewählter Lead-Investoren bestimmt. Nach der Prospekthaftungshypothese setzt die Bank ein bewusstes „Underpricing" durch, um mögliche Ansprüche der Investoren auf Haftungsklagen und Schadenersatz zu minimieren, wobei diese Hypothese in der Fachliteratur sehr umstritten ist. Weitere Gründe für das Phänomen des „Underpricing" sind:

- „Underpricing" als Verringerung von Bewertungsunsicherheiten, speziell bei kleinen und jungen Emittenten; durch das „Underpricing" sollen diese ex-ante Unsicherheiten uninformierter Investoren („winner's curse") kompensiert werden.
- „Underpricing" als Möglichkeit der Investmentbank, bevorzugten Kunden (d. h. institutionellen Investoren) günstige Emissionen zuzuteilen.
- „Underpricing" als Möglichkeit zur Verringerung des Platzierungsrisikos seitens der Investmentbank.
- „Underpricing" als Marketinginstrument für zukünftige Kapitalerhöhungen und zur Aufmerksamkeitserzielung bei Kunden des Unternehmens.

Das Phänomen des „Underpricing" wurde für den europäischen Immobilienkapitalmarkt erstmalig von Freybote/Rottke/Schiereck (2008) untersucht. Bei der Auswertung von 105 Immobilien-IPOs wurde im Zeitraum zwischen 1994 und 2006 ein durchschnittliches „Underpricing" von 7,3 % festgestellt. Insbesondere bei IPOs mit einem geringen Zeichnungsvolumen sowie bei IPOs von Unternehmen mit einem Investmentfokus in Osteuropa konnte dabei ein erhebliches „Underpricing" nachgewiesen werden.

Grundsätzlich sollte sich jedoch der festgelegte Preis an den Fundamentaldaten des relevanten Immobilienunternehmens orientieren. Die zur Wertermittlung von Immobilien-AGs und REITs herangezogenen Verfahren werden im nachfolgenden Kapitel detailliert erörtert.

3.5.2.3 Bewertung von Immobilien-AGs und REITs

3.5.2.3.1 Grundlagen

In der Unternehmensbewertung werden drei grundlegende Konzepte unterschieden und in der Praxis in Abhängigkeit von dem verfolgten Bewertungszweck angewandt: die Bewertung mittels DCF-Verfahren, Multiplikatorverfahren und Substanzbewertungsverfahren. Letzteres findet bei Immobilienunternehmen in der Sonderform des Net Asset Value Verfahrens statt (vgl. Matzen/Schäfers/Trübestein).

Grundsätzlich basiert die Bewertung von Unternehmen auf einem Analogieschluss, bei dem der Bewerter bekannte Marktpreise aus Transaktionen oder Börsennotierungen auf den zu ermittelnden Wert des zu bewertenden Unternehmens überträgt (vgl. Bausch, S. 451). Dieses Vorgehen basiert auf der Annahme, dass alle Unternehmen einer Branche relativ gleich zu bewerten seien (vgl. Schäfers/Siepmann/Stock, S. 380). Die Bewertungsverfahren unterscheiden sich in Hinblick auf das Medium, welches für diesen Analogieschluss herangezogen wird. Während beim DCF-Verfahren Betafaktoren für die Berechnung der Eigenkapitalkosten herangezogen werden, erfolgt beim Multiplikatorverfahren die Bewertung mittels einschlägiger Vergleichskennzahlen. Bei den Net Asset Value-Methoden erfolgt ebenfalls ein bewertungstechnischer Analogieschluss: Im Gegensatz zu den Multiplikator- und DCF-Bewertungen erfolgt hier jedoch nicht der Vergleich zu anderen Referenzunternehmen in der Branche, sondern es werden die Werte der einzelnen Vermögensgegenstände aus dem Preisvergleich mit Referenzvermögensgegenständen ermittelt. Insbesondere bei der Bewertung von Unternehmen, für die sich im Hinblick auf die Branche oder – wie im Falle des G-REITs – nur wenige Referenzunternehmen ermitteln lassen, treten die grundsätzlichen Probleme der Unternehmensbewertung zu Tage. Aufgrund mangelnder Referenzunternehmen ist die Bewertung hierbei in höherem Maße mit Unsicherheiten verbunden als in Situationen mit einer Vielzahl von Referenzunternehmen.

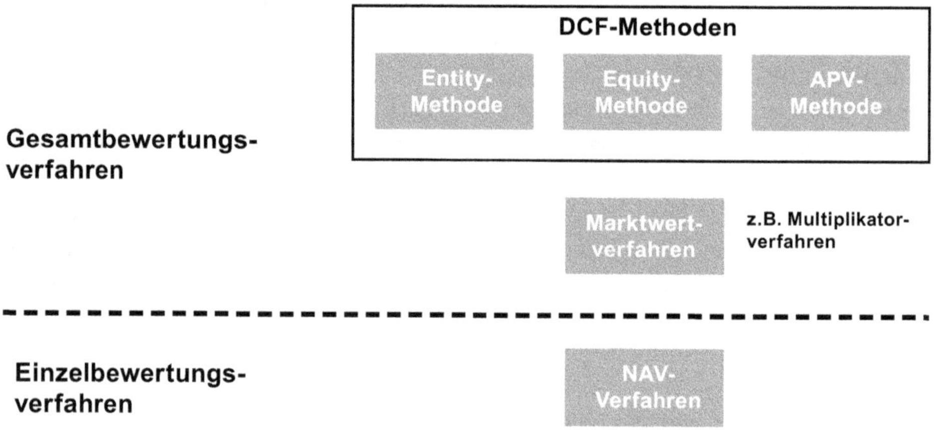

Abb. 21: Bewertungsverfahren im Überblick (Quelle: Eigene Darstellung)

Im Folgenden werden zunächst die auf Arbitrageüberlegungen beruhenden DCF-Methoden als theoretisches Fundament aller Bewertungskalküle diskutiert, um daran anschließend auf die Multiplikatorverfahren einzugehen. Letztere werden nicht selten auch als verkürzte DCF-Kalküle bezeichnet. Beide Methoden, die DCF-Methoden und die Multiplikatorverfahren, zählen zu den sog. Gesamtbewertungsverfahren, welche das Zusammenwirken der einzelnen Vermögensgegenstände berücksichtigen (vgl. Abbildung 21). Abschließend wird das in der Immobilienwirtschaft verbreitete Net Asset Value-Verfahren diskutiert. Im Gegensatz zu den vorgenannten Methoden zählt die Net Asset Value-Methode zu den Einzelbewertungsverfahren und ignoriert damit systematisch die Effizienzvorteile aus dem Zusammenführen von Vermögensgegenständen.

3.5.2.3.2 Discounted Cash Flow-Verfahren zur Bewertung von Immobilien-AGs und REITs

Überblick
Die Discounted Cash Flow (kurz: DCF)-Verfahren basieren auf dem Barwertkalkül. Zur Ermittlung des Unternehmenswertes werden die zukünftig erwarteten Cash Flows des Unternehmens diskontiert. Den DCF-Methoden liegt die Arbitrageüberlegung von Modigliani/Miller aus dem Jahr 1958 zu Grunde (vgl. Modigliani/Miller, S. 261–267). Es wird angenommen, dass unverschuldete Unternehmen mit gleichem operativen Risiko d. h. gleicher Renditeforderung der Eigenkapitalgeber und gleichem erwarteten Cash Flow-Profil gleich bewertetet werden, da sich andernfalls Arbitragemöglichkeiten ergeben würden. Hieraus leitet sich bei der Beurteilung von Bewertungsmethoden die Forderung nach der Arbitragefreiheit ihrer Ergebnisse ab. Damit kann eine kritische Würdigung der DCF-Methoden sich lediglich auf die Anwendung dieser Methoden und nicht auf die Methode selbst beziehen, da diese bei richtiger Anwendung arbitragefreie Ergebnisse hervorbringen muss.

Die DCF-Methoden unterscheiden sich auf den ersten Blick vor allem in der Ermittlung des Wertes des Eigenkapitals. Die Discounted Cash Flow-Methoden lassen sich anhand der unterschiedlichen Berücksichtigung von Zahlungsströmen an Fremdkapitalgeber in Brutto- bzw. Entity- und Netto- bzw. Equity-Ansätze unterscheiden. Während bei Brutto- bzw. Entity-Ansätzen zunächst der Unternehmensgesamtwert ermittelt wird, in einem zweiten Schritt die Ansprüche der Fremdkapitalgeber berücksichtigt werden und als Residualgröße der Wert des Eigenkapitals berechnet wird, erfolgt die Ermittlung des Wertes des Eigenkapitals im Equity-Ansatz in einem Schritt (vgl. Abbildung 22).

Weitere Differenzierungen der Entity-Ansätze basieren auf der unterschiedlichen Berücksichtigung der aus der Absetzbarkeit der Fremdkapitalzinsen resultierenden Steuerersparnis („Tax Shield"). Bei dem WACC-Ansatz wird das Tax Shield im Diskontierungszins berücksichtigt, im Total Cash Flow und APV-Ansatz hingegen direkt im zu diskontierenden Cash Flow. Im Gegensatz zum Total Cash Flow Ansatz wird das Tax Shield im APV-Ansatz jedoch separat bewertet (vgl. Drukarczyk, S. 231).

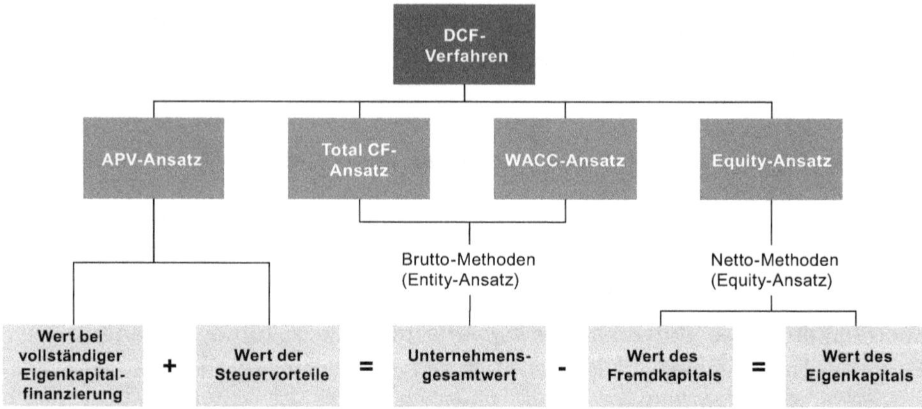

Abb. 22: Übersicht der DCF-Methoden (Quelle: Matzen/Schäfers/Trübestein)

Für die Auswahl der DCF-Methode ist zunächst zu unterscheiden, ob Tax Shields vorliegen oder nicht. Im Fall von nicht vorliegenden Tax Shields konvergieren die Bruttomethoden, da kein Tax Shield mehr zu berücksichtigen ist und bei Gleichheit von Fremdkapital und risikofreiem Zins der WACC den für die APV-Bewertung relevante Eigenkapitalrendite bei angenommener Eigenkapitalfinanzierung entspricht. Damit ergibt sich dann weder im Hinblick auf den zu diskontierenden Free Cash Flow noch auf den Diskontierungszinsfuß ein Unterschied zwischen WACC und APV-Methode.

Liegt ein bewertungsrelevantes Tax Shield vor, so ist die Frage der angenommen Finanzierungspolitik zu beantworten. Grundsätzlich werden folgenden Finanzierungspolitiken in der Bewertungslehre unterschieden:

- Wertorientierte Finanzierungspolitik: Der Verschuldungsgrad wird konstant gehalten und damit die Kapitalstruktur an der Entwicklung des Unternehmenswertes ausgerichtet. Damit bleibt das Ausfallrisiko der Gläubiger bei unverändertem Investitionsrisiko ebenfalls konstant (vgl. Krolle, S. 25).
- Autonome Finanzierungspolitik: Die Aufnahme und Tilgung von Krediten wird ohne Bezugnahme auf den Unternehmenswert geplant, so dass der Verschuldungsgrad im Zeitablauf variieren kann, was folglich auch zu einer Veränderung des Ausfallrisikos führen kann (vgl. Löffler, S. 296).

Ermittlung der Free Cash Flows

Der Anwendung der DCF-Verfahren zur Unternehmensbewertung setzt eine integrierte, auf Flächen und Miet-/Verkaufspreisen beruhende Unternehmensplanung voraus. Dabei ist der Planung der erwarteten Unternehmensentwicklung einer Immobilien-AG bzw. eines REITs zunächst die Vergangenheitsanalyse vorausgeschaltet. Dieser integrative Bestandteil einer Unternehmensplanung dient dem grundlegenden Verständnis der Erfolgsmechanik und Werttreiber des zu bewertenden Unternehmens. Auf der Grundlage dieses Verständnisses wird in einem nächsten Schritt die Unternehmensplanung entwickelt bzw. kritisch analysiert. Hierbei sind zunächst die angestrebten Unternehmensziele sowie geeignete Strategien, Maßnahmen und Zeitpläne zur Realisierung dieser Ziele zu definieren. Im Weiteren werden Tendenzen in der Vergangenheit, die nicht von einer ggf. veränderten Unternehmenspolitik betroffen sind, sowie die Auswirkungen einer veränderten Unternehmenspolitik modelliert.

Die Anwendung der Discounted Cash Flow-Verfahren setzt eine erhebliche Auseinandersetzung mit der zu erwartenden zukünftigen Entwicklung der zu bewertenden Immobilienunternehmen voraus und führt damit häufig auch zu komplexen Bewertungsmodellen. Diese Notwendigkeit ist jedoch gleichzeitig der Vorzug der DCF-Methoden. Wird die DCF-Analyse als iterativer Prozess verstanden, so kann eine anfänglich weitestgehend auf Annahmen des Bewerters beruhende Bewertung sukzessive durch neue Informationen angereichert werden, so dass das Bewertungsmodell mit zunehmendem Erkenntnisstand verfeinert werden kann (vgl. Matzen, 2006, S. 278). Dabei führen die fehlenden Informationen notwendigerweise zu den für die Investitions- und Anlageentscheidungen relevanten Fragen, so dass methodenbedingt eine intensivere Auseinandersetzung mit dem zu bewertenden Unternehmen erfolgt, als dieses bei einer Anwendung von Multiplikatorbewertungs- oder Net Asset Value-Methoden notwendig ist. Diese zeitaufwendige Analyse des Unternehmens kann damit helfen, Fehlentscheidungen zu vermeiden.

Aus der Kapitalflussrechnung der Geschäftsberichte lässt sich der zur DCF-Bewertung benötigte Free Cash Flow ermitteln (vgl. Tabelle 8).

Tab. 8: EPRA-Schema zur Berechnung des Free Cash Flows bei Immobiliengesellschaften

Free Cash Flow Statement auf der Basis EPRA Cash Flow Statement	
Operating Activities	
	Net operating profit before financing costs
±	Unrealised valuation movements
±	Realised profits/losses on disposals
–	Depreciation and amortisation
±	Movement in receivables
±	Movement in payables
±	Movement in provisions

Tab. 8: (fortgesetzt)

Free Cash Flow Statement auf der Basis EPRA Cash Flow Statement	
Cash generated from operations	
–	Interest paid
+	Interest received
–	Income taxes paid
Cash flows from operating activities	
Investing Activities	
+	Proceeds from sale of investment properties
+	Proceeds from sale of development properties
+	Proceeds from sale of trading properties
+	Dividends received
–	Acquisition of investment properties
–	Capital expenditure on investment properties
–	Acquisition of other investments
–	Development expenditures
–	Acquisition of other property, plant and equipment
Cash flow from investing activities	
Financing Activities	
+	Proceeds from the issue of share capital
+	Proceeds from the issue of convertible notes
+	Proceeds from the issue of redeemable preference shares
+	Proceeds from other non-current borrowings
–	Repurchase of own shares
–	Repayment of borrowings
–	Payment of finance lease liabilities
–	Payment of transaction costs
–	Dividends paid
Cash flow from financing activities	
Free cash flow	

Ermittlung der Kapitalkosten

Die nach Tabelle 8 ermittelten Free Cash Flows sind mit einem risikoadjustierten Diskontierungszinssatz abzuzinsen. Der Diskontierungszinssatz entspricht dabei dem Renditeanspruch – der sog. „hurdle rate" – der Eigenkapital- bzw. Fremdkapitalgeber und korrespondiert mit dem Risiko, das die Eigen- und Fremdkapitalgeber dem Portfolio beimessen. Die Ableitung der Eigen- und Fremdkapitalkosten erfolgt im Folgenden jeweils in getrennten Schritten. Der zur Diskontierung heranzuziehende risikoadjustierte Diskontierungszinssatz hat einen erheblichen Einfluss auf den Wert des Unternehmens, weshalb die Ermittlung dieses Zinssatzes in der Literatur umfangreich und kritisch diskutiert wird. Dieser einführende Beitrag kann deshalb lediglich einen allgemeinen Überblick zu ausgewählten Aspekten dieser Thematik geben.

Capital Asset Pricing Model (CAPM)

Die Eigenkapitalkosten und damit die individuelle Risikoprämie können mit Hilfe des *„Capital Asset Pricing Model"* errechnet werden. Im Rahmen dieses von Sharpe und Lintner entwickelten, kapitalmarkttheoretischen Modells wird ein Zusammenhang zwischen Risiko und Rendite formuliert. Dabei wird zu einer risikolosen Rente ein Risikozuschlag addiert, der von der Marktrisikoprämie und dem sog. Betafaktor (*β)* abhängt. Die Marktrisikoprämie ergibt sich aus der Renditedifferenz zwischen der Marktrendite und der Verzinsung einer risikolosen Anlage. Der Betafaktor gibt dabei Auskunft über das systematische Risiko einer Aktie im Vergleich zum marktrepräsentativen Aktienindex, einer Gruppe von Referenzunternehmen (der sog. *„Peer-Group"*) oder auch des gesamten Markts – bspw. des Immobilienaktienmarktes – in der Historie. Ein Betafaktor von 1 bedeutet somit ein marktidentisches Risiko, während ein Betafaktor größer 1 für überproportionale Schwankungen steht; bei einem Betafaktor zwischen 0 und 1 liegt eine unterproportionale Entwicklung vor, die jedoch in die marktgleiche Richtung erfolgt. Gesellschaften mit einem höheren operativen Risiko (z. B. aufgrund ausgeprägter Branchenzyklen) erfahren größere Schwankungen des Aktienkurses und weisen damit definitionsgemäß einen höheren Betafaktor auf. Problematisch ist die Herleitung von Betafaktoren für nicht börsennotierte Gesellschaften. Die exakte Bestimmung des Unternehmenswertes für Immobilien-AGs kann – bedingt durch die multiplikative Verknüpfung des Betafaktors – nur mit Hilfe eines möglichst genau bestimmten Betafaktors durchgeführt werden.

$$r_{EK} = r_f + \beta \times \left(r_M - r_f \right)$$

mit:

r_{EK} = Eigenkapitalkosten

r_f = Risikoloser Zinssatz

r_M = Marktrendite

β = Unternehmensbeta

Weighted Average Cost of Capital (WACC)

Erfolgt die Unternehmensbewertung mittels des Entity-Verfahrens, so werden die *„Weighted Average Cost of Capital"* zur Diskontierung der Free Cash Flows verwendet. Dieser baut auf den errechneten Eigenkapitalkosten auf und wird – wie anhand folgender Formel ersichtlich – um die Fremdkapitalkosten ergänzt:

$$WACC = \frac{EK}{EK + FK} \times r_{EK} + \frac{FK}{EK + FK} \times r_{FK} \times (1 - s)$$

mit:
EK = Marktwert des Eigenkapitals
FK = Marktwert des Fremdkapitals
r_{EK} = Eigenkapitalkosten
r_{FK} = Fremdkapitalkosten
s = Unternehmenssteuersatz

Bei der Ermittlung der Fremdkapitalkosten kann nicht unmittelbar von den kontrahierten Nominalzinsen der aufgenommenen Kredite ausgegangen werden, sondern es sind die zum Bewertungsstichtag marktüblichen Zinsen heranzuziehen. Insbesondere bei langen Restlaufzeiten wie z. B. bei Immobilienfinanzierungen kann der Einfluss von Abweichungen zwischen den kontrahierten und marktüblichen Zinsen auf den zu ermittelnden Wert des Fremdkapitals erheblich sein.

Bei der Ermittlung des marktüblichen Zinssatzes ist jedoch nicht nur das Kreditvolumen, sondern auch die Kreditbesicherung zu berücksichtigen und zwischen unterschiedlichen Finanzierungsformen zu differenzieren. Aber auch die zunehmend vorgenommene risikoabhängige Bestimmung der Kreditzinsen und der damit im Zusammenhang stehende Einfluss von Ratings ist ein weiterer zu beachtender Aspekt bei der Bestimmung der marktüblichen Zinssätze. So ergeben sich erhebliche Unterschiede zwischen unbesicherten Kontokorrentkrediten und grundschuldlich besicherten Realkrediten. Zur Ermittlung der marktüblichen Fremdkapitalkosten können z. B. Statistiken der Deutschen Bundesbank herangezogen werden.

3.5.2.3.3 Multiplikatorverfahren zur Bewertung von Immobilien-AGs und REITs

Überblick

Ein weiteres Verfahren zur Bewertung von Immobilien-AGs und REITs stellen die sog. Multiplikatorverfahren dar. Grundsätzlich lassen sich diese in die *„Comparable Transaction Analysis" (CTA)*, bei der Preise aus abgeschlossenen Transaktionen herangezogen werden, und die *„Comparable Company Analysis" (CCA)*, deren Bewertung auf Börsenkursen vergleichbarer Unternehmen oder sog. Referenzunternehmen basiert, einteilen. Während bei vergleichbaren Transaktionen (CTA) in der Regel der Erwerb von Mehrheitsanteilen vorliegt, in dessen Preisfindung ebenfalls strategische Prämien (Kontrollprämien) eines Investors berücksichtigt werden, gibt der Börsenkurs lediglich Auskunft über den Preis für einen Minderheitsanteil, in dem i. d. R. keine Kontrollprämien berücksichtigt sind. Aufgrund ihrer Praktikabilität sind Multiplikatorverfahren traditionell die am häufigsten angewandte Bewertungsmethode bei Akquisitionen (vgl. Abbildung 23). Ein interessanter Sonderfall der *„Comparable Company Analysis"* ist der Vergleich mit Emissionspreisen bei Börseneinführungen vergleichbarer Unternehmen, die sog. *„Comparable IPO Method"*. Im Fall der Comparable IPOs werden ebenfalls Minderheitsanteile zur Bewertung herangezogen, wobei sich das in der Praxis zu beobachtende Phänomen des Underpricings in den ermittelten IPO Multiples wiederspiegelt.

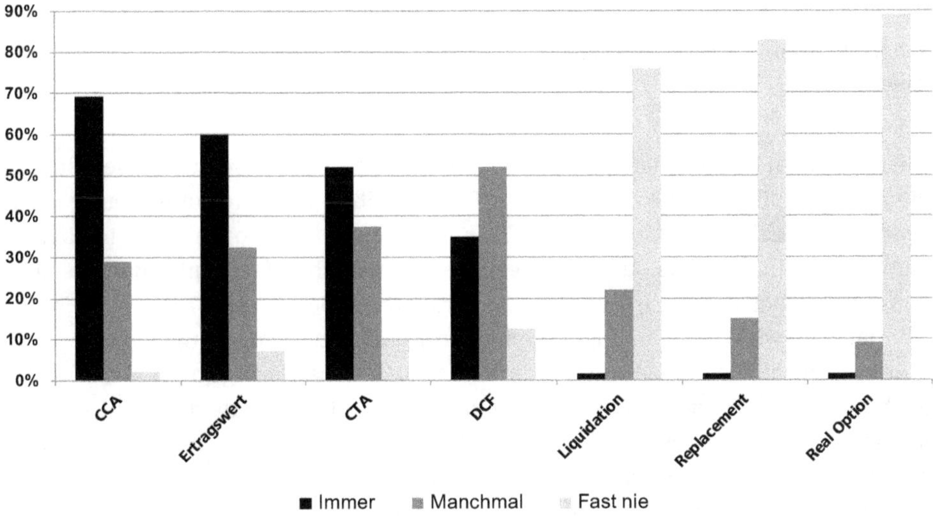

Abb. 23: Anwendung von Bewertungsmethoden in der Praxis (Quelle: Deloitte Research)

Im Rahmen der Multiplikatorverfahren wird der Unternehmenswert bzw. der Kurs je Aktie durch Multiplikation einer Bezugsgröße mit einem Multiplikator ermittelt. Die Bezugsgröße ist i. d. R. eine Ertrags- oder Zahlungsgröße, die z. B. aus der Gewinn- und Verlustrechnung der zu bewertenden Immobiliengesellschaft abgeleitet wird (vgl. Drukarczyk/Schüler, S. 472). Eine Typisierung der herangezogenen Multiplikatoren kann dabei anhand der Differenzierung in eine eigenkapital- (Equity Value) oder gesamtkapitalbezogene (Enterprise Value) Bezugsgröße vorgenommen werden (vgl. Abbildung 24).

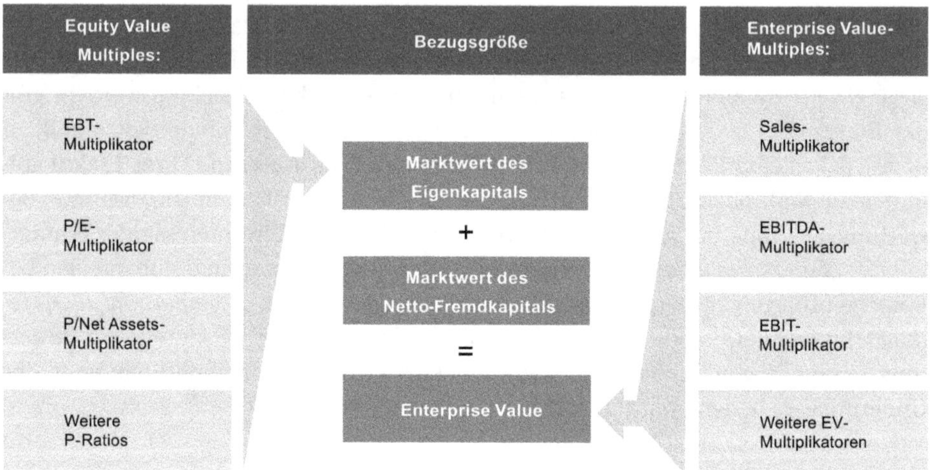

Abb. 24: Differenzierung von eigenkapital- und gesamtkapitalbezogenen Multiplikatoren (Quelle: Zajonz)

Die Multiplikatoren können als vereinfachte DCF-Kalküle betrachtet werden, in den die zur Multiplikation herangezogenen Bezugsgrößen zur Berechnung einer *„ewigen"* Rente analog zum Endwert der DCF-Methode herangezogen werden. Hierbei wird unterstellt, dass die Bezugsgröße so bestehen bleibt oder – unter Berücksichtigung einer Wachstumsrate – wächst (vgl. Drukarczyk/Schüler, S. 478).

Damit gewinnt die herangezogene Bezugsgröße außerordentliche Bedeutung und es wird offensichtlich, dass jede Verzerrung dieser Bezugsgröße durch nicht nachhaltig auftretende Erfolgseinflüsse, die Bewertungsresultate der Multiplikatormethode in erheblichem Maße verzerrt (vgl. Schäfers/Matzen, S. 548 f.). Solche nicht nachhaltig auftretende Erfolgseinflüsse können sein:

- Ergebnisse aus dem Verkauf von Immobilien und aus Folgebewertungen von Investment Properties,
- Ergebniseffekte aufgrund von Bewertungsänderungen,
- Ergebnisbeiträge nicht fortgeführter Geschäftsbereiche,
- Verzerrung der Ergebnisse bei unterjährigem Erwerb von Immobilien im Rahmen einer Einzelrechtsnachfolge („Asset Deal"), da Ergebnisse erst ab dem Übergang von Nutzen und Lasten berücksichtigt werden können.

Um eine arbitragefreie Bewertung mit Hilfe der Multiplikatormethode zu ermöglichen, müssen das zu bewertende Unternehmen und das Referenzunternehmen im Hinblick auf ihre Werttreiber wie operatives Risiko, steuerliche Rahmenbedingungen, Fremdfinanzierungsstrategie und Volumen des aufgenommenen Fremdkapitals, Thesaurierungsquote oder Reinvestitionsrendite identisch sein. Darüber hinaus müssen diese Parameter auch im Zeitablauf konstant sein (vgl. Drukarczyk/Schüler,

S. 478). Im Gegensatz dazu muss bei der Anwendung von DCF-Methoden zur Ermittlung des Betafaktors aus den Betafaktoren einer Gruppe von Referenzunternehmen lediglich das operative Risiko identisch sein. Die erheblich höheren Anforderungen an die Vergleichbarkeit von zu bewertendem Unternehmen und Referenzunternehmen machen die Limitationen der Multiplikatormethode im Allgemeinen und im Hinblick auf die Anwendung bei Immobilienunternehmen – speziell aufgrund der mitunter diversifizierten Geschäftsfelder – im Besonderen deutlich.

In Anbetracht der mangelnden Verfügbarkeit von börsennotierten G-REITs zur Bildung entsprechender Multiplikatoren, ist zu erwarten, dass Anwender versucht sein könnten, Multiplikatoren börsennotierter Immobilien-AGs nationaler und internationaler Herkunft heranzuziehen. Dieser Vergleich kann jedoch aus den folgenden Gründen zu erheblich verzerrten Bewertungsergebnissen führen:

- Da die Immobilien-AG nicht den Beschränkungen des § 14 Abs. 1 REITG unterliegt, ist im Einzelfall nicht auszuschließen, dass statt passiver Bestandshaltung eine aktive Bestandspolitik mit erheblich besserer operativer Rentabilität verfolgt wird. In diesem Fall wäre der Multiplikator einer solchen Immobilien-AG höher als der zur Bewertung des G-REITs angemessene Multiplikator.
- Aufgrund der durch § 16 Abs. 1 REITG vorliegenden Ertragsteuerbefreiung der REIT-AG wird die Ertragsteuerbelastung der herkömmlichen Immobilien-AG i. d. R. höher als im REIT-Konzern liegen, was offensichtlich wertmindernde Effekte hat. Dieser gegenläufige Effekt führt c.p. zu einem geringeren Multiple als zur Bewertung des G-REITs angemessen wäre.

Multiplikatorbewertung auf Basis immobilienorientierter Erfolgskennzahlen

In der Praxis haben sich immobilienorientierte Erfolgskennzahlen herausgebildet, die insbesondere die Anlehnung an die Immobilienbewertung suchen. Hierzu zählen Bewertungen auf Basis von Nutzflächen, *„gross rental income"* der *Operating Leases* und dem *„Net Operating Income"* bzw. EBITDA.

Sehr verbreitet sind das „gross rental income" der operating leases sowie das „net operating income", welches aufgrund der nicht berücksichtigten Abschreibungen bei der Verkehrswertbilanzierung der Immobilien und der noch nicht berücksichtigten Nettofinanzierungskosten dem für Immobilienunternehmen im generellen sehr verbreiteten EBITDA („Earnings Before Interest, Taxes, Depreciation and Amortization" = „Gewinn vor Steuern, Zinsen und Abschreibungen auf immaterielle und materielle Wirtschaftsgüter") weitgehend entspricht. Damit stimmt der EBITDA im Grundsatz mit dem Reingewinn vor Abschreibung überein. Diese Ergebnisgröße stellt die Ertragskraft der eigentlichen Geschäftstätigkeit eines börsennotierten Immobilienunternehmens heraus.

Im *„net operating income"* bzw. EBITDA ist grundsätzlich der Gewinn bzw. Verlust aus der Veräußerung von Immobilien sowie aus Folgebewertung von Immobilien enthalten. Die Berücksichtigung dieser Ergebniseffekte kann z. T. zu erheblichen Verzerrungen des EBITDA führen, die vermieden werden können, wenn die Gewinne bzw. Verluste aus Veräußerung sowie Folgebewertung aus Vergleichbarkeitsgründen bereinigt bzw. gesondert ausgewiesen werden.

Da mit den bereits genannten immobilienorientierten Kennzahlen eine Betrachtung vor Berücksichtigung der Verschuldung vorgenommen wird, wird im Gegensatz zum FFO-Verfahren nicht der Marktwert des Eigenkapitals als Unternehmenswert, sondern der *„Enterprise Value“* (kurz: EV), die Summe der Marktwerte des Eigen- und Fremdkapitals (sog. „Marktwert des Gesamtkapitals“), herangezogen.

Der Enterprise Value der zu bewertenden Gesellschaft errechnet sich damit aus dem Produkt der operativen Ergebnisgröße des zu bewertenden Immobilienunternehmens und dem aus Vergleich mit Referenzunternehmen ermittelten Multiplikators. Der Marktwert des Eigenkapitals ergibt sich nach Abzug der zinstragenden Verbindlichkeiten vom Enterprise Value bzw. zuzüglich der zinstragenden sonstigen Vermögensgegenstände.

Multiplikatorbewertung auf Basis der Funds from Operations (FFO)

Aufgrund der Kritik an dem durch Abschreibungen beeinflussten Jahresüberschuss als Erfolgskennzahl für amerikanische Immobilienunternehmen mit REIT-Status einerseits und der mangelnden Ausschüttungsorientierung des NAV anderseits haben US-amerikanische REITs frühzeitig mit der Veröffentlichung von cash-flow-orientierten Ergebniskennzahlen wie *„Funds From Operations“* (kurz: FFO) bzw. *„Adjusted Funds From Operations“* (kurz: AFFO) begonnen. Da diese Ergebniskennzahlen uneinheitlich definiert waren, hat die NAREIT, die amerikanische Standesorganisation der REITs, einen einheitlichen Definitionsvorschlag zur Ermittlung von FFO und AFFO geschaffen, um einen Vergleich innerhalb der REITs zu ermöglichen (vgl. NAREIT, S. 2).

US-amerikanische Analysten verwenden die Kenngröße FFO, wenn bei einem zu bewertenden Immobilienunternehmen nicht von einem nennenswerten nutzungsbedingten Werteverzehr ausgegangen werden kann, der die Berücksichtigung von Abschreibungen rechtfertigt. Gibt es hingegen Ausstattungsmerkmale, wie Inventar etc., die einem Wertverzehr unterliegen, so wird die Kerngröße AFFO genutzt, in dem entsprechend die benötigten Investitionsauszahlungen statt der Abschreibungen berücksichtigt werden (vgl. Cadmus/von Bodecker, S. 136 f).

Es ist dabei wichtig zu berücksichtigen, dass die Definitionsvorschläge der NAREIT die Bedürfnisse der US-amerikanischen REITs adressieren und damit auf der US-GAAP Rechnungslegung basieren, die sich insbesondere im Hinblick auf die Bilanzierung von *„Investment Properties“* erheblich von der in Europa verbindlichen IFRS Rechnungslegung unterscheidet, da die US-GAAP Rechnungslegung keine Bilanzierung zu Marktwerten verlangt.

Ausgehend von dem *„Net income“* nach US-GAAP wird bei der Ermittlung des FFO und des AFFO wie folgt vorgegangen (vgl. Tabelle 9).

Tab. 9: Ermittlung von FFO und AFFO nach US-GAAP

Ermittlung von FFO und AFFO nach US-GAAP	
Net Income nach US-GAAP	
±	Ertrag/Verlust aus dem Verkauf von abschreibbaren Immobilien
+	Abschreibung von Immobilien
–	Ergebnisbeiträge nicht fortgeführter Geschäftsbereiche
–	Außerordentliches Ergebnis
–	Ergebnis von Bewertungsänderungen
=	**Funds from operation (FFO)**
–	Wiederkehrende Investitionsauszahlungen
–	Abschreibung von aktivierten Anschaffungsnebenkosten wie z. B. Maklercourtagen
–	Abschreibung von Zuschüssen für Mietereinbauten
–	Nicht einzahlungswirksame Abgrenzungen von Mieterträgen
=	**Adjusted funds from operation (AFFO)**

Abschreibungen von Immobilien werden beim *„Net Income“* bereinigt, da es sich bei den Abschreibungen um eine rechnungslegungsbedingte Aufwandsposition handelt, die nicht im Verhältnis zur tatsächlichen Wertveränderung der Immobilien steht. Tatsächlich tritt jedoch bei gut instandgehaltenen und gut gelegenen Immobilien keine Verringerung im Marktwert ein, sondern es kommt möglicherweise zu einer Steigerung des Marktwertes (vgl. Block, S. 163).

Zudem ist der Gewinn bzw. Verlust aus dem Verkauf von abschreibbaren Immobilien ebenfalls zu bereinigen, da durch die Adjustierung der Abschreibungen die FFOs praktisch so gestellt werden, als sei zu Marktwerten bilanziert worden. In diesem Fall würden dann bei Verkauf von Immobilien keine Ergebniswirkungen auftreten. Darüber hinaus führen Ergebnisse aus dem Verkauf von Immobilien auch zu Einmaleffekten, die die bei Multiplikatorverfahren heranzuziehenden Ergebnisgrößen verzerren würden.

Gleiches gilt für die Ergebnisbeiträge nicht fortgeführter Geschäftsbereiche, das außerordentliches Ergebnis sowie das Ergebnis von Bewertungsänderungen, weshalb diese Ergebniskomponenten des „net income“ ebenfalls bereinigt werden. Bei der Ermittlung der außerordentlichen Ergebniskomponenten wird auf die Definition außerordentlicher Ergebnisse nach Maßgaben der US-GAAP Rechnungslegung rekurriert und es werden keine ergänzenden Sachverhalte definiert.

Wiederkehrende Investitionsauszahlungen werden abgezogen, um die zum Erhalt des Immobilienportfolios notwendigen Zahlungsausflüsse in der AFFO-Kennzahl zu berücksichtigen.

Durch die Hinzuaddierung der Abschreibungen bei der Ermittlung des FFO werden ebenfalls Abschreibungen auf aktivierte Anschaffungsnebenkosten wie z. B. aktivierten Maklercourtagen hinzugerechnet. Bei der Abschreibung der aktivierten Anschaffungsnebenkosten handelt es jedoch im Grunde genommen lediglich um die Abgrenzung der Anschaffungsnebenkosten auf die erwartete Nutzungsdauer. Da dieser Effekt im operativen Ergebnis berücksichtigt werden soll, wird die Abschreibung auf aktivierte Anschaffungsnebenkosten bei der Ermittlung des AFFO wieder abgezogen.

Da aktivierte Zuschüsse für Mieteinbauten sich z. B. auf mieterspezifische Einbauten beziehen, die regelmäßig keinen Einfluss auf den Wert der Immobilie haben, werden die Abschreibungen auf diese aktivierten Zuschüsse für Mieteinbauten analog zu den aktivierten Anschaffungsnebenkosten ebenfalls wieder hinzugerechnet.

Aufgrund von Rechnungslegungskonventionen werden mehrjährige Mieterträge über ihre erwartete Laufzeit abgegrenzt. Dieses *„Straight Lining"* wird z. B. für mietfreie Zeiten, Mieterzuschüsse im Zusammenhang mit dem Abschluss des Mietvertrages aber auch für die vertraglich vereinbarte nicht lineare Steigerung des Mietzinses vorgenommen. Diese Vorgehensweise führt zu einem höheren Ausweis von Mieterträgen in den ersten Jahren und zu einem niedrigen Ausweis von Mieterträgen in den letzten Jahren des Mietvertrages. Die zahlungswirksame Vereinnahmung der Miete verläuft jedoch nicht entsprechend dieser Rechnungslegungskonventionen, sondern entsprechend des vertraglich vereinbarten Zahlungsprofils, weshalb diese Abgrenzung der Mieterlöse für die Zwecke der FFO- und AFFO-Ermittlung bereinigt wird.

Aufgrund der US-amerikanischen Herkunft basieren die FFO- und die AFFO-Definitionen – wie bereits dargelegt – auf US-GAAP und adressieren insbesondere die Ergebnisverzerrung des Jahresüberschusses durch die Bilanzierung von Immobilien zu fortgeführten Anschaffungs- und Herstellungskosten abzüglich von Abschreibungen. Diese Problematik existiert jedoch lediglich für die nach US-GAAP und HGB bilanzierenden Unternehmen sowie für Unternehmen, die ihre Investment Properties nach dem Cost Model im Rahmen der in Europa üblichen IFRS-Rechnungslegung bilanzieren. Für Unternehmen, deren Investment Properties nach Fair Value im Rahmen der IFRS bilanziert werden, ist die Bereinigung der Auswirkung von Abschreibungen auf Immobilien irrelevant.

Sollen die Kennzahlen FFO und AFFO für eine nach Fair Value bilanzierende Immobilienunternehmen genutzt werden, so sind aufgrund der nicht existenten Abschreibung Modifikationen in dem Berechnungsschema vorzunehmen, die in Tabelle 10 zusammengefasst werden.

Aufgrund der Bilanzierung nach Marktwerten kann auf die Bereinigung von Abschreibungen auf Immobilien, Abschreibung von aktivierten Anschaffungsnebenkosten sowie Abschreibung von Zuschüssen für Mietereinbauten verzichtet werden.

Tab. 10: Ermittlung von FFO und AFFO nach IFRS

	Ermittlung von FFO und AFFO nach IFRS-Rechnungslegung
	Net Income nach IFRS
±	Ertrag/Verlust aus dem Verkauf von abschreibbaren Immobilien
–	Ergebnisbeiträge nicht fortgeführter Geschäftsbereiche nach IAS 35
–	Außerordentliches Ergebnis
–	Ergebnis von Bewertungsänderungen nach IAS 8
=	**Funds from operation (FFO)**
–	Wiederkehrende Investitionsauszahlungen
–	Nicht einzahlungswirksame Abgrenzungen von Mieterträgen
=	**Adjusted funds from operation (AFFO)**

Die Ergebnisbeiträge nicht fortgeführter Geschäftsbereiche sind nach IAS 35.27 bzw. 35.31 entweder in der Gewinn- und Verlustrechnung oder im Anhang auszuweisen. Diese Ergebnisbeiträge sind analog zur US-GAAP-Vorgehensweise zu berücksichtigen. Gleiches gilt für das außerordentliche Ergebnis sowie die Ergebniswirkung von Methodenänderungen.

Da es auch bei der Verkehrswertbilanzierung nach IAS 40.33 ff. zu Abweichungen zwischen Verkaufserlösen und bilanzierten Verkehrswerten kommen kann, sind aus Konsistenzgründen diese Erträge bzw. Verluste aus Abgang von Immobilien weiterhin in der Ermittlung des FFO und AFFO zu berücksichtigen.

Die Abgrenzung von Mieterträgen findet in IFRS analog zu US-GAAP statt, so dass diese Abgrenzung ebenfalls bei der Ermittlung von FFO und AFFO nach IFRS zu berücksichtigen ist.

3.5.2.3.4 Net Asset Value-Verfahren zur Bewertung von Immobilien-AGs und REITs

Einführung

Im Kern handelt es sich bei der Net Asset Value-Ermittlung um eine Einzelbewertung, die den Wert des Unternehmens durch eine isolierte Bewertung einzelner Vermögensgegenstände (z. B. Immobilien) und Schulden zu einem bestimmten Stichtag ermittelt, also der Ermittlung des Nettosubstanzwertes. Dabei ist die Bewertung der einzelnen Vermögenspositionen i. d. R. zukunftsorientiert. Die Verwendung des Net Asset Values als Bewertungsbasis ist leicht begründbar. Der Wert eines Immobilienunternehmens, das primär in Bestandsimmobilien investiert, wird hauptsächlich durch die nachhaltige Ertragskraft des Immobilienvermögens bestimmt. Diese wird durch den Marktwert des Immobilienbestandes definiert. Für den Fall, dass der Marktwert der Immobilien gem. Ertragswert- oder DCF-Verfahren als Summe der Kapitalwerte der zukünftigen Einnahmen und Ausgaben bestimmt wird, lässt sich der NAV leicht aus der Bilanz des Immobilienunternehmens bestimmen.

Bestimmung des Net Asset Values für Immobilien-AGs und REITs

Der Net Asset Value ergibt sich aus der Addition der Marktwerte der Immobilien zzgl. sonstiger Vermögensgegenstände (z. B. Liquidität und Finanzanlagen) und abzgl. des Fremdkapitals (vgl. Tabelle 11). Bei der Ermittlung des Fremdkapitals bleibt dabei allerdings aufgrund mangelnder Informationen eine mögliche Abweichung zwischen Markt- und Buchwert unberücksichtigt. Darüber hinaus werden etwaige Steuervorteile, welche aus der Aufnahme von Fremdkapital resultieren können, ebenfalls nicht in die Bewertung miteinbezogen. Bei dem Net Asset Value Ansatz handelt es sich demnach um keine Netto-Substanzbewertung im Sinne von Herstellungs-, Wiederbeschaffungs- oder Liquidationswerten, sondern eher um die für Investmentfonds typische Ermittlung eines Netto-Inventarwertes. Durch die isolierte Betrachtung der einzelnen Aktiva und Passiva werden jedoch Kombinationseffekte, welche sich aus dem Zusammenwirken der einzelnen Elemente ergeben, nicht in Betracht gezogen. Dies sind insbesondere Synergieeffekte, die z. B. durch das gemeinsame Management der Immobilien erzeugt werden können.

Tab. 11: Berechnung des Net Asset Value

Berechnung des Net Asset Value	
	Verkehrswerte der Immobilien
+	Wert sonstiger Vermögensgegenstände
–	Fremdkapital
=	**Net Asset Value**

Wird der Wert des Immobilienbestands bzw. der Einzelimmobilien durch Diskontierung der zukünftigen Netto Cash Flows bestimmt und sind Synergieeffekte nicht bzw. nur im geringen Maß vorhanden, so spiegelt der NAV den Unternehmenswert weitgehend zuverlässig wider. Während dies auf bestandshaltende Immobilienunternehmen überwiegend zutrifft, ergeben sich insbesondere bei Unternehmen, die als Projektentwickler, Händler oder Dienstleister auftreten, Probleme bei der Berechnung und Aussagekraft des NAV. Insbesondere bei diesen muss deshalb auch auf die Multiplikator- und DCF-Verfahren zur Unternehmenswertbestimmung zurückgegriffen werden, um ein verlässliches Ergebnis zu erhalten.

Zur Erhöhung der Transparenz und der Einheitlichkeit der Bewertung wurden von der European Public Real Estate Association (EPRA) die bereits erwähnten Best Practices Recommendations ausgearbeitet, die der international einheitlichen Berechnung des NAVs dienen. Dabei handelt es sich um die Bereitstellung zusätzlicher Informationen für die Kontinuität und Vergleichbarkeit der Ergebnisse und nicht um den Ersatz der Informationen aus den Vorschriften der Rechnungslegung bzw. Immobilienbewertung. Grundsätzlich gilt heutzutage für börsennotierte Immobiliengesellschaften die Veröffentlichung des Net Asset Values als zusätzliche Anhangsangabe als unverzichtbar.

Die Empfehlungen der EPRA zur Vereinheitlichung der NAV-Ermittlung richten sich an die Bestimmung des „Adjusted Net Asset Value“ (EPRA NAV) und des „Triple NAV“ (EPRA NNNAV). Der Adjusted Net Asset Value unterstellt dabei die Unternehmensfortführung, wohingegen der Triple Net Asset Value einen vollständigen Verkauf aller Immobilien im Sinne eines Liquidationswertes unterstellt (vgl. Cadmus/von Bodecker, S. 137).

Der Adjusted EPRA NAV geht von dem Net Asset Value aus, der um mehrere Positionen bereinigt wird (vgl. EPRA, 2009b, S. 33–35). Die Vorgehensweise ist in Tabelle 10 dargestellt:

- Hinzurechnung Mehrwert aus Neubewertung der zu Anschaffungs- und Herstellungskosten bilanzierter Investment Properties (wenn Cost Model nach IAS 40 genutzt wird),
- Hinzurechnung Mehrwert aus Neubewertung der zu Anschaffungs- und Herstellungskosten bilanzierten Entwicklungsprojekte (wenn Cost Model nach IAS 40 genutzt wird),
- Hinzurechnung Mehrwert aus Neubewertung anderer langfristiger Vermögensgegenstände,
- Hinzurechnung Mehrwert aus Neubewertung von Tenant Leases, die als Finance Lease bilanziert sind,
- Hinzurechnung Mehrwert aus Neubewertung von zum Verkauf bestimmten Immobilien, die zum niedrigeren aus Buchwert bzw. beizulegendem Zeitwert bilanziert werden,
- Bereinigung der Marktbewertung von Zinssicherungsinstrumenten in Fällen, bei denen die zu Grunde liegenden Finanzverbindlichkeiten nicht zu Marktwerten bilanziert werden,
- Bereinigung um die bilanzierten latenten Steuern für die Neubewertung der Immobilien, da diese latenten Steuern erst bei Verkauf der Immobilien wirksam werden,
- Bereinigung um den Goodwill, der aus dem Vorhandensein der latenten Steuern resultiert.

Zur Ermittlung des EPRA NNNAV werden ausgehend vom EPRA NAV folgende Bereinigungen (vgl. Tabelle 12) vorgenommen (vgl. EPRA, 2009b, S. 35 f):
- Hinzurechnung Unterschied aus Marktbewertung der Zinssicherungsinstrumente und dem nach IAS 39 bilanziertem Buchwert,
- Hinzurechnung Unterschied aus Marktbewertung der Finanzverbindlichkeiten und dem nach IAS 39 bilanziertem Buchwert,
- Hinzurechnung Latente Steuern auf potentielle Ertragssteuern, die bei einem Verkauf zum angesetzten Verkehrswert resultieren.

Tab. 12: Berechnung des EPRA Net Asset Value und EPRA Triple Net Asset Value

EPRA Net Asset Value	
NAV per the financial statements	
+	Effect of exercise of options, convertibles and other equity interest
Diluted NAV, after the exercise of options, convertibles and other equity interest	
+	Revaluation of investment properties (if IAS 40 cost option is used)
+	Investment properties under construction (if IAS 40 cost option is used)
+	Revaluation of other non-current investments
+	Fair value of tenant leases held as finance leases
+	Fair value of trading properties
–	Fair value of financial instruments
–	Deferred tax
–	Goodwill as result of deferred tax
=	**Diluted EPRA NAV**
EPRA Triple Net Asset Value	
Diluted EPRA NAV	
+	Fair value of financial instruments
+	Fair value of debt
+	Deferred tax
=	**Diluted EPRA NNNAV**

Neben dem NAV und dem NNNAV empfiehlt die EPRA in ihren Best Practices Recommendations noch weitere wesentliche immobilienspezifische (Performance-) Kennzahlen, die insbesondere für Investoren eines Immobilienunternehmens relevant sind. Darunter fallen das EPRA Ergebnis, die EPRA („Topped-Up") Net Initial Yield sowie die EPRA Leerstandsquote.

Das EPRA Ergebnis ist eine Erfolgsgröße, die den nachhaltigen Ertrag aus der Immobilienbewirtschaftung misst. Ziel ist es, die operative Ertragskraft des Unternehmens zu messen und zu verdeutlichen, inwieweit die potentiell gezahlten Dividenden durch laufende Erträge gesichert sind.

Die EPRA Net Initial Yield zeigt hingegen die annualisierten Mieterträge, basierend auf den tatsächlich gezahlten Mieten zum Stichtag, abzüglich nicht-umlegbarer Betriebskosten im Verhältnis zum sog. Bruttomarktwert der Immobilien, also dem Marktwert unter Berücksichtigung von Transaktionskosten im Falle des Verkaufs. Ein weiteres Maß zur Ermittlung der Portfoliorentabilität stellt die „Topped-Up“ Net Initial Yield dar. Hierbei wird das Verhältnis zwischen der annualisierten Vertragsmiete, also der Miete ohne Berücksichtigung mietfreier Zeiten, abzüglich nicht-umlegbarer Betriebskosten, und dem Bruttomarktwert ermittelt.

Zur Berechnung der EPRA Leerstandsquote wird die geschätzte Marktmiete der leer stehenden Flächen zur geschätzten Marktmiete des gesamten Portfolios ins Verhältnis gesetzt, wobei Entwicklungsflächen keine Berücksichtigung finden (vgl. EPRA, 2009b, S. 31 ff.).

Premiums und Discounts zum Net Asset Value bei Immobilien-AGs und REITs

Für den Fall, dass der zuvor besprochene Net Asset Value den „korrekten“ Wert des Immobilienunternehmens widerspiegelt, sollte sein „Preis“ (Marktkapitalisierung bzw. Aktienkurs) mit diesem übereinstimmen. Dies ist regelmäßig nicht der Fall. Da sich der Börsenkurs von Immobilienunternehmen durch Angebot und Nachfrage regelt, kann es zu erheblichen Abweichungen vom NAV kommen. In Abhängigkeit

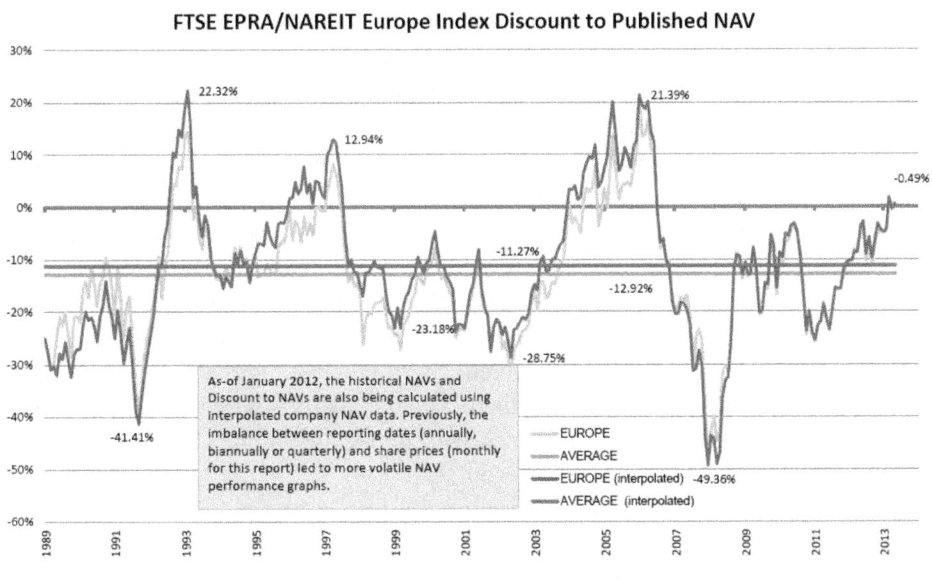

Abb. 25: NAV-Spreads im Zeitablauf für Europa (Quelle: EPRA 2014)

der Marktphase ergibt sich dabei entweder ein Zuschlag („Premium") oder Abschlag („Discount") zum NAV (vgl. Abbildung 25).

Die Diskrepanz zwischen Preis und Wert wirft die Frage auf, wodurch dieser Unterschied erklärt werden kann und was der „korrekte Wert" eines börsennotieten Immobilienunternehmens ist. Unter den Voraussetzungen eines perfekten Kapitalmarkts mit rationalen Investoren wäre der Preis, d. h. der Aktienkurs, der „korrekte Wert" und Abweichungen vom NAV damit fundamental begründet. Die immobilienwirtschaftliche Forschung hat mehrere unternehmensspezifische und markt(verhaltens-)basierte Erklärungsfaktoren identifiziert. Erstere versuchen zu erklären, warum sich der Zu- bzw. Abschlag zwischen einzelnen Immobilienunternehmen unterscheidet. Letztere beschäftigen sich stattdessen mit dem Schwanken des Preises um den NAV im Zeitablauf (vgl. Zajonz/Rehkugler, S. 462 f. und S. 467–469).

Unternehmensspezifische Faktoren umfassen u. a. die Unternehmensgröße, die Kapitalstruktur, den steuerlichen Status (REIT oder Immobilien-AG), den geographischen oder sektoralen Immobilienfokus, die Transparenz des Unternehmens sowie die Liquidität seiner Aktien. Zur Erklärung der langfristigen Schwankung des Preises um den NAV kommen drei markt(verhaltens-)basierte Erklärungsfaktoren in Frage. So werden bei der Bestimmung des Aktienkurses sich zyklisch verändernde Faktoren berücksichtigt, die bei der Bestimmung der dem NAV zugrundeliegenden Immobilienwerte keinen Eingang finden. Zudem werden – bedingt durch die börsentägliche Bewertung von Aktien – Veränderungen von bewertungsrelevanten Faktoren wie z. B. Risikoprämien im Kapitalmarkt schneller eingepreist als bei der Immobilienbewertung. Hierdurch ist der Aktienkurs nicht von den aus der Immobilienbewertung bekannten Problemen des „Lagging" und „Smoothing" betroffen (vgl. Cadmus/von Bodecker, S. 139–144; Zajonz/Rehkugler, S. 461–500). Während die zuvor vorgestellten Faktoren allesamt auf der Annahme rational agierender Investoren beruht, zielen sog. „Noise Trader"-Modelle darauf ab, dass neben rationalen auch irrationale Investoren existieren, die sich neben Fundamentaldaten auch durch Marktstimmungen und Sentiments, „Börsenweisheiten" und vermeintlichen Tipps beeinflussen lassen. Unter gewissen Annahmen und Voraussetzungen kann dies zu einem langfristigen Abweichen des Börsenkurses vom Fundamentalwert führen, da eine Kurskorrektur durch Arbitragegeschäfte rationaler Investoren ausbleibt (vgl. Zajonz/Rehkugler, S. 489–494). Je weiter jedoch der Kurs vom NAV abweicht, desto stärker wächst die Erkenntnis der Investoren, dass ihre Bewertung nicht angemessen ist. Dies führt letztendlich zu einer Trendumkehr, so dass sich sowohl hohe Premiums als auch deutliche Discounts auf lange Sicht ihrem Fundamentalwert annähern. Dieses Phänomen wird in der Kapitalmarkttheorie als „Mean Reversion" bezeichnet (vgl. Zajonz, S. 329).

Die Frage, ob sich Investoren eher am äußeren oder am inneren Wertansatz orientieren sollten, lässt sich nicht eindeutig beantworten. Während die rationalen Erklärungsansätze eine Orientierung am Aktienkurs befürworten, stellt der Noise

Trader-Ansatz auf den NAV als fundamentale Bewertungsgröße ab. Investoren sollten bei der Bewertung von Immobilien-AGs/REITs beide Ansätze in Betracht ziehen, da Abweichungen des Preises vom NAV teilweise sicherlich fundamental zu begründen sind, während sich der Rest durch den gesamten Markt betreffendes Sentiment erklären lässt.

3.6 Zusammenfassung und Ausblick

Die Immobilienwirtschaft ist eine der größten und wichtigsten Branchen der deutschen Volkswirtschaft. Etwa 286.000 Unternehmen bieten in Deutschland immobilienwirtschaftliche Leistungen im engen Sinne an, so dass sich die Immobilienbranche insgesamt sehr wettbewerbsintensiv zeigt. Der hohe Kapitalbedarf im Rahmen von Immobilieninvestitionen stellt Investoren und Unternehmen der Immobilienbranche dabei vor die Wahl des richtigen Finanzierungskonzeptes bzw. der richtigen Kapitalstruktur. Neben der Verwendung von Eigenkapital besteht für die Immobilieninvestoren und -unternehmen die Möglichkeit der fremdkapitalgestützten oder hybriden Immobilienfinanzierung (mezzanine Immobilienfinanzierung). Im Zuge der Eigen- und Fremdfinanzierung ist in diesem Zusammenhang die Kapitalaufnahme hinsichtlich ihrer Börsennotierung zu unterscheiden. Eines der größten Hemmnisse für die von Natur aus stark fremdfinanzierte Branche ist hierbei nach wie vor der Zugang zum Kapitalmarkt. Die Auswahl des richtigen Finanzierungskonzeptes bildet demnach die Voraussetzung für ein erfolgreich am Markt agierendes Immobilienunternehmen, um dessen Wachstum in seinem Aktivgeschäft (z. B. Projektentwicklung, Bauträgergeschäft, Bestandsverwaltung, Asset-Management) abzusichern.

Die globale Finanz- und Wirtschaftskrise hat gezeigt, dass der Immobilienfinanzierungsmarkt nicht nur maßgeblichen Einfluss auf den Immobilienmarkt selbst, sondern auch auf die gesamtwirtschaftliche Entwicklung haben kann. Wie im Rahmen dieses Kapitels verdeutlicht wurde, war die Entwicklung des deutschen Finanzierungsmarktes im vergangenen Jahrzehnt außerordentlich dynamisch. So ist heute das Angebot am Markt für gewerbliche Immobilienfinanzierungen vielseitiger denn je. Spannend bleibt in diesem Zusammenhang u. a. die Frage, wie die Vielzahl an regulatorischen Bemühungen (EMIR, AIFMD, Solvency II und Basel III) die Entwicklungen des deutschen Immobilienfinanzierungsmarktes beeinflussen wird. Beispielweise konnte im Rahmen des IRE|BS German Debt Projects analysiert werden, dass der hohe Wettbewerbsdruck – insbesondere im Bereich der sog. „Prime"-Immobilien – zu fallenden Margen bei den Finanzinstitutionen führt, obwohl es aufgrund der regulatorischen Herausforderungen höherer Margen bedarf (vgl. Hesse/Just, S. 60 ff.). Dementsprechend bleibt zusammenfassend festzuhalten, dass die Entwicklung des deutschen Marktes für Immobilienfinanzierung auch in Zukunft detailliert untersucht werden muss, um ein tiefgreifendes Verständnis der Marktteilnehmer für die damit verbundenen Chancen und Risiken zu generieren.

3.7 Literatur

Achleitner, A.-K.: Handbuch Investment Banking, 3. überarb. und erw. Aufl., Wiesbaden 2002.

Almond, N.: DTZ Insight: Global Debt Funding Gap. New non-bank lending offsets EBA impact, DTZ Research, Mai 2012.

Ballard, T./Muldavin, S.: Does Mezzanine Real Estate Investing Make Sense Today?, in: Real Estate Finance, 2000, Vol. 17, S. 37–46.

Bausch, A.: Die Multiplikator-Methode – Ein betriebswirtschaftlich sinnvolles Instrument zur Unternehmenswert- und Kaufpreisfindung in Akquisitionsprozessen?, in: Zeitschrift für Bankrecht und Betriebswirtschaft, 2. Jg., H. 7/8, 2000, S. 448–459.

Block, R. L.: Investing in REITs – Real Estate Investment Trusts, Princeton 2002.

Brühl, V.: Kritische Erfolgsfaktoren beim Börsengang, in: Finanz-Betrieb, 2001, Vol. 3, S. 192–196.

BVI: Offene Immobilienfonds jetzt auch in Frankreich – der BVI gratuliert, Erscheinungsdatum: 11. Januar 2006.

Cadmus, A./von Bodecker, M.: Immobilien-Aktiengesellschaften und REITs, in: Schulte, K.-W./Bone-Winkel, S./Thomas, M. (Hrsg.): Handbuch Immobilien-Investition, 2. Aufl., Köln 2005, S. 123–150.

Deutscher AnwaltSpiegel in Zusammenarbeit mit King & Spalding: AnwaltSpiegel Spezial Immobilienkapitalmarkt 2013, Das Kapitalanlagegesetzbuch: Die Zukunft der Fondsbranche hat begonnen, http://www.deutscheranwaltspiegel.de/spezial.

Deutsche Bundesbank: Basel III – Leitfaden zu den neuen Eigenkapital- und Liquiditätsregeln für Banken, Berlin 2011.

Deloitte Research: Stocks & Standards Workshop – Deutsche Börse, Frankfurt 2010.

Drukarczyk, J.: Unternehmensbewertung, 4. Aufl., München 2003.

Drukarczyk, J./Schüler, A.: Unternehmensbewertung, 5. Aufl., München 2007.

EPRA: Global REIT Survey, September 2009, Brüssel 2009a.

EPRA: Best Practices Recommendations, Juli 2009, Brüssel 2009b.

EPRA: Monthly Statistical Bulletin, November 2012, Brüssel 2012.

EPRA: Historical data request, http://www.epra.com/research-and-indices/indices/stock-and-index-snapshot/, Abrufdatum: 15. Mai 2013.

EPRA: Monthly Published NAV Bulletin, April 2014, Brüssel 2014.

Feinen, K.: Das Leasinggeschäft, 3. Aufl., Frankfurt/Main 1990.

Feri Eurorating Services AG: 1. Feri-Transparenz-Rating für Immobilienaktiengesellschaften, Pressemitteilung vom 15. Juli 2008.

Freybote T./Rottke N./Schiereck D.: Underpricing of European property comanies and the IPO cacle: a note, in: Journal of Property Investment and Finance, Nr. 26, 2008, S. 376–387.

Gesetz über die Beaufsichtigung der Versicherungsunternehmen (Versicherungsaufsichtsgesetz – VAG): Versicherungsaufsichtsgesetz in der Fassung der Bekanntmachung vom 17. Dezember 1992 (BGBl. 1993 I S. 2), das zuletzt durch Artikel 1 des Gesetzes vom 24. April 2013 (BGBl. I S. 932) geändert worden ist, http://www.gesetze-im-internet.de/vag/BJNR001390901.html, abgerufen am 23. Juni.2013.

Heemann, M./Brandes, P. O.: Interessenausgleich zwischen Senior- und Mezzanine-Darlehensgeber bei der Immobilienfinanzierung, in: Der Syndikus, 2002, November/Dezember, 28. Ausg., S. 20–25.

Henger, R./Voigtländer, M.: Immobilienfinanzierung nach der Finanzmarktkrise – Zusammenhänge, internationale Unterschiede und Regulierungsgefahren, Köln 2011.

Hesse, M./Just, T.: IREBS German Debt Project – Analyse des deutschen Marktes für gewerbliche Immobilienfinanzierung, Regensburg 2013.

Initiative Corporate Governance der Deutschen Immobilienwirtschaft: Richtlinie zur Durchführung von Auditierungs- und Zertifizierungsverfahren „ComplianceManagement in der Immobilienwirtschaft" der Initiative Corporate Governance der deutschen Immobilienwirtschaft e. V. („Auditierungs- und Zertifizierungsordnung"), Berlin 2011.

Initiative Corporate Governance der Deutschen Immobilienwirtschaft: Corporate Governance Kodex der deutschen Immobilienwirtschaft, Berlin 2010.

INREV: European Real Estate Debt Fund Study, 2012a.

INREV: Management Fees and Terms study, 2012b.

Investment Property Databank: The IPD Solvency II Review Update 2, Informing on a new regulatory framework for real estate, Sept 2011.

Jährig, A./Schuck, H.: Handbuch des Kreditgeschäfts, Wiesbaden 1982.

Jenkis, H.: Grundlagen der Wohnungsbaufinanzierung, München/Wien 1995.

Jokl, S.: Wohnungsfinanzierung, in: Büschgen, H. E./Kopper, H. (Hrsg.): Taschenbücher für Geld, Bank und Börse, Band 48, 3., völlig neu erarb. Aufl., Frankfurt/Main 1998.

Köpfler, T.: Die Wohnungsbaufinanzierung, in: Jenkis, Helmut (Hrsg.): Kompendium der Wohnungswirtschaft, 4., erg. Aufl., München 2001, S. 627–647.

Koch, W./Wegemann, J.: Praktiker Handbuch Börseneinführung, 2. Aufl., Stuttgart 1998, S. 180.

Kohl, N.: Corporate Governance and Market Valuation of Publicly Traded Real Estate Companies: A Theoretical and Empirical Analysis, Köln 2009.

Kohl, N./Schäfers, W.: Corporate Governance and Market Valuation of Publicly Traded Real Estate Companies: Evidence from Europe, in: Journal of Real Estate Finance & Economics, Vol. 44 Issue 3, 2010, S. 1–32.

Krolle, S.: Unsicherer Tax Shield in der Unternehmensbewertung – Adjusted Present Value (APV) oder Discounted Cash Flow (DCF): in: Finanz-Betrieb, 3. Jg., 2001, H. 1, S. 18–30.

Lehrecke, B.: Vitus Immobilien S.à.r.l. – Strukturierung und Platzierung der ersten großen CMBS-Anleihe seit 5 Jahren, Präsentation bei der Berliner Immobilienrunde zum Thema „Erfolgsfaktoren für Immobilienanleihen", Berlin 15. Mai 2013.

Löffler, A.: Gewichtete Kapitalkosten (WACC) in der Unternehmensbewertung, in: Finanz-Betrieb, 4. Jg., Nr. 2, 2002, S. 296–300.

Mattern, R.: Mehr Realkredit, bitte!, in: Institutional Money, 3/2012, Oktober 2012, S. 154–158.

Matzen, F. J.: Financial Due Dilligence bei Real Estate Transaktionen, in: Rottke, N./Rebitzer, D. W. (Hrsg.): Handbuch Real Estate Private Equity, Köln 2006, S. 255–281.

Matzen, F. J./Schäfers, W./Trübestein, M.: Aspekte der Unternehmensbewertung von G-REITs, in: Bone-Winkel, S./Schäfers, W./Schulte, K.-W. (Hrsg.): Handbuch Real Estate Investment Trusts, Köln 2008, S. 371–400.

Modigliani, F./Miller, M.: The Cost of Capital – Corporate Finance and the Theory of Investment, in: American Economic Review, Vol. 48, Issue 3, 1958, S. 261–297.

NAREIT: NAREIT National Policy Bulletin FFO White Paper Disclosure, Washington D.C., Februar 2004.

Neumann, K.: Mezzanine-Kapital bei Immobilienfinanzierungen – eine Form von Beteiligungskapital, in: IKB Immobilienbrief, 2002, Nr. 3, S. 10–11.

Pitschke, C./Kreuter, M.: Mezzanine-Finanzierungen – Win-Win-Situation für Developer und Banken, in: Immobilien Manager, Nr. 7 u. 8/2003, S. 12–14.
Putzo, H.: Bürgerliches Gesetzbuch, in: Palandt, O. (Hrsg.): Bürgerliches Gesetzbuch, Beck'sche Kurzkommentare, Band 7, 60., neubearb. Aufl., München 2001.
Preqin: Q1 2013 Private Equity Fundraising, April 2013a.
Preqin: The Preqin Quartely Update Real Estate Q2 2013, July 2013b.
Rehkugler, H./Goronczy, S.: Transparenz von Immobilienaktiengesellschaften – Messung durch einen neuen Index der DVFA, in: Finanz-Betrieb, Nr. 10, 2009, S. 590–597.
Rehkugler, H./Schindler, F.: Neue Regulierungen für die Finanzwirtschaft – Mögliche Auswirkungen von Solvency II und Basel III für die Attraktivität von Immobilienanlagen und die Immobilienfinanzierung, Betriebswirtschaftliche Forschung und Praxis (BFuP) 2/2012, S. 105–120.
Rehkugler, H./Sotelo, R.: Verbriefte Immobilienanlagen als Kapitalmarktprodukte – eine Einführung, in: Rehkugler, H. (Hrsg.): Die Immobilie als Kapitalmarktprodukt, München 2009, S. 4–35.
Reif, A.: Die Beleihungswertermittlungsverordnung – mehr Sicherheit in der hypothekarischen Wertermittlung, in: Verband deutscher Pfandbriefbanken, Der Pfandbrief, Berlin 2006, S. 41–46.
Ro, S./Ziobrowski, A. J.: Does Focus Really Matter? Specialized vs. Diversified REITs, in: Journal of Real Estate Finance and Economics, Vol. 42, Issue 1, 2009, S. 68–83.
Rottke, N.: Investitionen mit Real Estate Private Equity, in: Schulte, K.-W./Bone-Winkel, S./Thomas, M. (Hrsg.): Handbuch Immobilien-Investitione, Köln 2005, S. 273–318.
Rudnitsky, H.: Halfway House, in: Institutional Investor, 2000, Vol. 34, No. 8, S. 142.
Schäfers, W./Heller, N. J./Körner, J./Puhl, O.: Erfolgsfaktoren beim Börsengang von German Real Estate Investment Trusts (G-REITs), in: Bone-Winkel, S./Schäfers, W./Schulte, K.-W. (Hrsg.): Handbuch Real Estate Investment Trusts, Köln 2008, S. 143–164.
Schäfers, W./Matzen, F. J.: Unternehmensbewertung von Immobilienunternehmen, in: Drukarczyk, J./Ernst, D. (Hrsg.): Branchenorientierte Unternehmensbewertung, 2. Aufl., München 2007, S. 537–580.
Schäfers, W./Siepmann, A./Stock, A.: Aspekte der Bewertung von Immobiliengesellschaften und -beständen zur Emissionspreisfindung, in: Schulte, K.-W./Achleitner, A.-K./Schäfers, W./Knobloch, B. (Hrsg.): Handbuch Immobilien-Banking, Köln 2002, S. 375–402.
Schiffmacher, C.: Immobilienanleihen – auf die Story kommt es an, Präsentation bei der Berliner Immobilienrunde zum Thema „Erfolgsfaktoren für Immobilienanleihen", Berlin 15. Mai 2013.
Schnaidt, T./Sebastian, S.: Alternative Immobilienfinanzierung durch Immobilienanleihen, in: Betriebswirtschaftliche Forschung und Praxis (BFuP), 2014.
Schulte, K.-W./Achleitner A.-K./Schäfers, W./Knobloch, B.: Handbuch Immobilien-Banking, Köln 2002.
Sebastian, S./Schätz, A.: Real Estate Equities – Real Estate or Equities?, EPRA Research, Brüssel 2009.
SIFMA: US ABS Issuance and Outstanding and Europe Structured Finance Issuance and Outstanding, http://www.sifma.org/research/statistics.aspx.
Sotelo, R.: Regel schaffen Werte – Rekonstruktion von Finanzierungstheorie als ein Ergebnis der Gegenstandsorientierung der Immobilienökonomie, in: Bone-Winkel, S. et al. (Hrsg.): Stand und Entwicklungstendenzen der Immobilienökonomie – Festschrift zum 60. Geburtstag von Karl-Werner Schulte, Köln 2006, S. 41–54.
Vaaßen, N.: Gewerbliches Immobilienleasing – eine quantitative und qualitative Analyse aus Sicht des Leasingnehmerns, in: Schulte, K.-W. (Hrsg.): Schriften zur Immobilienökonomie, Band 10, Köln 1999.
Verband deutscher Pfandbriefbanken: Jahresbericht 2012, Berlin 2013.

Voß, O.: Kreditfonds: Attraktives Fondsprodukt und sinnvolle Ergänzung am Immobilienfinanzierungsmarkt, IVG Research Lab 10/2012.

Wöhe, G./Bilstein, J./Ernst, D./Häcker, J.: Grundzüge des Unternehmensfinanzierung, 11. Aufl. München 2013.

Westphalen, F. von: Der Leasingvertrag, 4. Aufl., Köln 1992.

Zajonz, R.: Die Bewertung europäischer Immobilienaktien – Theoretische und empirische Modelle zur Erklärung der NAV-Spreads, in: Locarek-Junge, H./Röder, K./Wahrenberg, M. (Hrsg.): Reihe: Finanzierung, Kapitalmarkt und Banken, Band 71, Freiburg 2010.

Zajonz, R./Rehkugler, H.: Premiums und Discounts bei Immobiliengesellschaften – Theoretische Erklärungen und empirische Belege, in: Rehkugler, H. (Hrsg.): Die Immobilie als Kapitalmarktprodukt, München 2009, S. 461–500.

Karl-Werner Schulte, Ramon Sotelo, Georg J. Allendorf, Sven-Eric Ropeter-Ahlers, Stephan Lang*

4 Immobilieninvestition

Inhalt

* In früheren Auflagen dieses Werkes haben auch Stephan Bone-Winkel und Sebastian Orthmann an diesem Kapitel mitgewirkt. Die Herausgeber danken ihnen für ihren Beitrag zur Entwicklung des vorliegenden Kapitels.

4.1 Einführung

Immobilien konkurrieren mit Aktien, festverzinslichen Wertpapieren und Kapital-Lebensversicherungen um die Gunst privater Anleger. Diese treffen ihre Entscheidungen im Wesentlichen nach den Kriterien Rentabilität, Sicherheit und Fungibilität. Der Gesichtspunkt der Steuerersparnis, der eigentlich als Element der Rentabilität anzusehen ist, gewinnt dabei recht oft – vor allem am Jahresende – die Bedeutung eines dominanten Zieles. Trotz der häufig als investitionshemmend angesehenen Mietgesetzgebung und -rechtsprechung (vgl. Eßmann/Michels) legen vor allem private Investoren große Teile ihres Vermögens in Mietwohnungen an. Ob sich solche Investitionen „rechnen“, darüber gehen die Meinungen auseinander. Voraussetzung zur Beantwortung dieser Fragestellung ist im Einzelfall die Durchführung einer Investitionsrechnung.

Auch bei institutionellen Immobilieninvestoren, z. B. Versicherungsunternehmen, besteht grundsätzlich die Alternative, das vorhandene Eigenkapital am Kapitalmarkt anzulegen; eine Ausnahme bilden lediglich die offenen Immobilienfonds, die nach dem Kapitalanlagegesetzbuch mindestens 51 % des Grundstücks-Sondervermögens in Immobilien anlegen müssen. Aber auch und gerade bei institutionellen Anlegern dürfen Entscheidungen über Immobilieninvestitionen nicht „aus dem Bauch“ getroffen werden, da den Entscheidungsträgern eine besondere Verantwortung für die Gesamtperformance zukommt.

Der vorliegende Beitrag beschreibt im ersten Teil die Beurteilung direkter Immobilienanlagen anhand einer Investitionsrechnung. Hierbei wird zunächst auf die Anforderungen und auf die Gewinnung von Informationen eingegangen, auf denen Investitionskalküle basieren. Danach werden die existierenden Methoden der Investitionsrechnung kurz dargestellt. Abschließend wird das Konzept vollständiger Finanzpläne auf die Vorteilhaftigkeitsanalyse von Immobilieninvestitionen angewandt.

Im zweiten Teil werden indirekte Immobilienanlagen vorgestellt. Ferner wird der Zusammenhang zwischen Anlegerpräferenzen und Immobilieneigenschaften einerseits und den Immobilienanlageformen andererseits untersucht.

4.2 Beurteilung direkter Immobilienanlagen

4.2.1 Anforderungskatalog für Investitionsrechnungen

4.2.1.1 Allgemeine Anforderungen

Die Hauptaufgabe der Investitionsrechnung besteht darin, langfristige Kapitaldispositionen rechnerisch zu fundieren. Zwei Fragestellungen stehen im Vordergrund:

- Lohnt sich die geplante Investition? Dies ist die Frage nach der absoluten Vorteilhaftigkeit einer Investition, d. h. ob es aus rein wirtschaftlichen Überlegungen sinnvoll ist, die Investition zu tätigen oder diese zu unterlassen.
- Ist die betrachtete Investition besser als andere, alternativ mögliche Investitionen? Dies ist die Frage nach der relativen Vorteilhaftigkeit einer Investition gegenüber den Alternativen, d. h. ob es sinnvoll ist, die Mittel für Vorhaben A, B oder C einzusetzen.

Als Anforderung an die Investitionsrechnung folgt hieraus, dass sie sowohl eine Aussage über die absolute Vorteilhaftigkeit eines Investitionsvorhabens liefern als auch einen Vergleich mit alternativen Investitionen (relative Vorteilhaftigkeit) ermöglichen muss.

Um die (absolute oder relative) Vorteilhaftigkeit einer Investition beurteilen zu können, muss bei jeder Investitionsrechnung zunächst die Gesamtheit des Investitionsvorhabens auf seine monetäre Dimension, d. h. Einnahmen und Ausgaben, reduziert werden.

Obwohl für Investitionsrechnungen nur die genannten finanzwirtschaftlichen Termini benutzt werden sollten, finden im Folgenden auch einschlägige Begriffe aus der Praxis Verwendung, wie etwa Mieterträge und Bewirtschaftungskosten, die der Erfolgsrechnung zuzurechnen sind. Der Verzicht auf begriffliche Exaktheit erhöht jedoch den Anwendungsbezug der Darstellung.

Da jede Investition die langfristige Bindung finanzieller Mittel in einem Investitionsobjekt bedeutet, liegen die resultierenden Mittelrückflüsse und ein eventuell notwendiger zusätzlicher Kapitaleinsatz mehr oder weniger weit in der Zukunft. Dem Investor kann es jedoch nicht gleichgültig sein, ob er beispielsweise 100.000 Euro in einem Jahr oder erst in 10 Jahren erhält oder zahlt. Die hierin zum Ausdruck kommende Zeitpräferenz, frühere Einnahmen späteren Einnahmen und spätere Ausgaben früheren Ausgaben vorzuziehen, begründet die Anforderung an eine Investitionsrechnung, dem Zeitbezug einer Zahlung in geeigneter Form Rechnung zu tragen.

Um für den Anwender eine geeignete Entscheidungsgrundlage bieten zu können, muss die Investitionsrechnung einerseits alle für die Vorteilhaftigkeitsanalyse relevanten Informationen und Rahmenbedingungen (z. B. Finanzierung und Besteuerung) exakt abbilden, so weit es die Prognoseunsicherheiten erlauben. Andererseits sollte die Investitionsrechnung die eingehenden Daten, den Rechenweg und die Prämissen übersichtlich und nachvollziehbar darstellen. Diese Anforderungen erfüllen nicht alle Methoden der Investitionsrechnung in gleicher Weise.

4.2.1.2 Spezielle Anforderungen für Immobilien

Investitionsrechnungen für Immobilien sollten von ihrer Konzeption her generell so angelegt sein, dass sich Immobilien mit anderen Kapitalanlagen rechnerisch vergleichen lassen (vgl. Schulte 1995). Spezielle Anforderungen leiten sich aus den Besonderheiten des Wirtschaftsgutes Immobilie ab.

- Immobilien zeichnen sich im Vergleich zu maschinellen Anlagen i. d. R. durch eine äußerst lange Lebensdauer aus; die wirtschaftliche Nutzungsdauer liegt bei einigen Immobilienarten dagegen weit darunter.
- Der Wert einer Immobilie setzt sich aus dem Wert des bebauten Grund und Bodens und dem Wert der aufstehenden Bauten zusammen. Während bei Maschinen am Ende ihrer Nutzungsdauer nur noch ein Restverkaufserlös zu erzielen ist, verläuft die Wertentwicklung bei Immobilien grundsätzlich anders. Zumindest für Grund und Boden konnten für einen langen Zeitraum mehr oder weniger kontinuierliche Wertsteigerungen beobachtet werden. Darüber hinaus kann sich auch für die Bausubstanz ein Wertzuwachs ergeben. Viele Immobilieninvestitionen sind daher in der Praxis auch durch die vom Investor angenommenen Wertsteigerungspotenziale motiviert.
- Der Besteuerung und hier insbesondere den Steuervorteilen kommt bei Immobilieninvestitionen eine höhere Bedeutung zu, als bei anderen Investitionsobjekten.

Aufgrund der langen Kapitalbindungsdauer, des großen Gewichtes des Veräußerungserlöses und der Bedeutung der steuerlichen Einflüsse sollte der Planungszeitraum für Immobilien-Investitionsrechnungen ausreichend lang angesetzt werden. Trotz der damit einhergehenden Prognoseunsicherheit muss versucht werden, die mit der Immobilieninvestition verbundenen Zahlungen differenziert und periodenspezifisch zu prognostizieren.

4.2.2 Datenkranz für immobilienbezogene Investitionsrechnungen

Bei der monetären Dimension einer Immobilieninvestition ist zwischen direkten, d. h. unmittelbar durch die Investition verursachten Zahlungen, und indirekten Zahlungen, die sich als Folgewirkung ergeben, zu unterscheiden (vgl. Abbildung 1). Grundsätzlich wird in den nachfolgenden Darstellungen aus Vereinfachungsgründen unterstellt, dass Zahlungen jeweils am Ende eines Jahres anfallen.

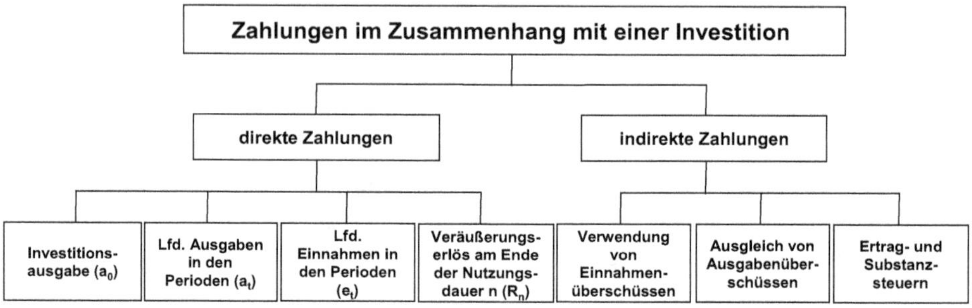

Abb. 1: Zahlungen im Zusammenhang mit einer Investition (Quelle: Eigene Darstellung)

4.2.2.1 Direkte Zahlungen

Für die konkrete Berücksichtigung in der Investitionsrechnung lassen sich die folgenden direkten Zahlungen identifizieren:

Die Investitionsausgabe (a_0)
Das Symbol a_0 repräsentiert die Investitionsausgabe, die entsprechend dem Index 0 dem Investitionszeitpunkt zuzuordnen ist.

Für die Ermittlung der Investitionsausgabe bei Immobilien ist danach zu differenzieren, ob der Investor das Objekt kauft oder selbst erstellt. Daraus ergibt sich die Unterscheidung in Anschaffungsausgaben und Herstellungsausgaben. Diese können durchaus von den **Anschaffungs- oder Herstellungskosten** abweichen, die sich nach steuerlichen Regelungen bestimmen und die Basis der abzugsfähigen Abschreibungen bilden. In diesem Zusammenhang kommt der Aufteilung der Anschaffungsausgaben in den Teil, der auf Grund und Boden und den Teil, der auf das Gebäude entfällt, große Bedeutung zu.

Zu der Investitionsausgabe gehört im Einzelnen:
- Kaufpreis,
- Grunderwerbsteuer,
- für die Besichtigung anfallende Ausgaben (An- und Rückreise, Verpflegung, etc.),
- Maklerprovision,
- Notar- und Grundbuchgebühren,
- Ausgaben für die Beschaffung und Bearbeitung der Finanzierung,
- Zinsen für Vor- und Zwischenfinanzierungen.

Zum Zeitpunkt der Durchführung der Investitionsrechnung für eine Immobilie dürfte der Kaufpreis zumindest mit hinreichender Genauigkeit feststehen. Die zusätzlich anfallenden Ausgaben lassen sich in Form eines prozentualen Aufschlags auf den Kaufpreis berücksichtigen. Neben der 3,5–6,5 %-igen Grunderwerbsteuer (in Abhängigkeit vom Bundesland) werden i. d. R. 1–7 % für Maklerprovision (in Abhängigkeit von der Nutzungsart und Größe des Objektes) und 1–2 % für Notariatsgebühren angesetzt.

Wird ein Bauvorhaben selbständig durchgeführt, fallen Herstellungsausgaben an. Infolge des vergleichsweise langen Erstellungszeitraums von Immobilien ergibt sich für den Bauherrn bei der Ermittlung der Baukosten und der hierdurch ggf. anfallenden Zwischenfinanzierungskosten ein entsprechender Prognosebedarf.

Zur Ermittlung der Baukosten stehen dem Investor verschiedene Möglichkeiten zur Verfügung. Beispielsweise kann eine erste Schätzung auf der Basis durchschnittlicher Kalkulationswerte pro Maßeinheit erfolgen. Als Maßeinheiten können dabei u. a. Kubikmeter Bruttorauminhalt, Quadratmeter Bruttogrundfläche oder Quadratmeter Nutzfläche dienen (vgl. Kalusche, S. 214). Dieses vereinfachte Verfahren wird vielfach bei einer ersten überschlägigen Kostenermittlung angewandt.

Darüber hinaus kann die Kostenermittlung mit Hilfe von Kostenrichtwerten für die verschiedenen geplanten Gewerke erfolgen. Dies ist das in der Praxis übliche Verfahren zur genaueren Schätzung der Baukosten.

Ein noch differenzierteres Verfahren stellt die Kostenermittlung mit Hilfe von Kostenrichtwerten für die einzelnen Bauelemente dar (vgl. Nixdorf, S. 57 f.). Die in diesem Zusammenhang verwandten Kostenrichtwerte orientieren sich dabei an Erfahrungswerten. Informationen über Richtwerte können aus Checklisten, Datenbanken oder sonstigen Statistiken beschafft werden. Bei Verwendung älterer Richtwerte sollten diese durch eine entsprechende Indizierung an das aktuelle Baukostenniveau angepasst werden.

Die während der Bauzeit anfallenden Zinsen für Vor- und Zwischenfinanzierungen sind in die Investitionsausgabe einzubeziehen (vgl. Platz, S. 59). Ihre Ermittlung sollte sich am zeitlichen Verlauf der Inanspruchnahme der Finanzierungsmittel orientieren. In der Praxis geht man bei der Berechnung der Bauzeitzinsen allerdings häufig von einer durchschnittlichen Inanspruchnahme von 50 % des gesamten Finanzierungsvolumens aus. Diese Vorgehensweise basiert auf der Annahme eines linearen Kostenverlaufes. Realitätsnähere Ergebnisse lassen sich gewinnen, wenn bei der Ermittlung der Bauzeitzinsen ein idealtypischer Kostenverlauf und ein dementsprechender Finanzierungsbedarf unterstellt werden.

Insgesamt spielt bei der Investition in eine Immobilie natürlich auch deren Finanzierung eine wichtige Rolle. Die Kapitalkosten der Fremdfinanzierung umfassen hierbei die für Kredite zu entrichtenden Sollzinsen sowie die Versicherungsbeiträge, falls eine Kapitallebensversicherung in die Finanzierung einer Immobilie „eingebaut“ wird. Ein Problem liegt jedoch darin, dass der Planungszeitraum, auf dem die Investitionsrechnung basiert, i. d. R. über die Zinsbindungsfrist eines Kredites hinausreicht. In diesem Fall ist eine Prognose über den Zinssatz der Anschlussfinanzierung notwendig; hier könnte man sich an dem durchschnittlichen Effektivzinssatz für Hypothekendarlehen der letzten 10 Jahre orientieren oder unterstellen, dass eine Prolongation zum bisherigen Effektivzinssatz möglich ist (vgl. Geier/Krass, S. 172).

Im Falle der (teilweisen) Eigenfinanzierung werden die Kapitalkosten durch die Habenzinsen gebildet, die der Investor bei einer langfristigen Alternativanlage, z. B. in einer Bundesanleihe, erhalten könnte und die ihm infolge der Immobilieninvestition entgehen. Reicht der Planungszeitraum für die Immobilieninvestition über die Laufzeit der alternativ möglichen Kapitalanlage hinaus, so ist eine Annahme über die Anschluss-Finanzanlage notwendig. Hier könnte beispielsweise die durchschnittliche Rendite der letzten 10 Jahre von Bundesanleihen oder von einjährigen Festgeldanlagen angesetzt werden.

Das höhere Risiko der Immobilieninvestition gegenüber einer quasi-sicheren Bundesanleihe sollte nicht durch einen Zuschlag auf die Kapitalkosten, sondern im Wege von Sensitivitätsanalysen berücksichtigt werden (vgl. Schulte 1986, S. 171 f.).

Die Kapitalkosten werden bei den klassischen Verfahren der Investitionsrechnung implizit im Kalkulationszinsfuß erfasst, während sie bei den vollständigen Finanzplänen explizit in die Rechnung eingehen.

Die laufenden Einnahmen (e_t)

Das Symbol e_t repräsentiert die laufenden Einnahmen der einzelnen Jahre t des Planungszeitraumes.

Zu den laufenden Einnahmen gehören bei Immobilien die monatliche Grundmiete, der Nebenkostenanteil sowie sonstige Erlöse aus der Vermietung von Park-, Stell-, Werbe- und sonstigen Flächen. Gewerbliche Mietverhältnisse und Wohnraum-Mietverhältnisse unterliegen zwar generell denselben Bestimmungen des BGB, jedoch gelten für die Wohnraummiete zusätzliche Regelungen.

Im Gegensatz zu anderen Märkten kann sich die Miete als Preis für die Wohnungsnutzung auf dem Wohnungsmarkt nicht im freien Zusammenspiel von Angebot und Nachfrage bilden, sondern nur in einem engen durch den Gesetzgeber gesteckten Rahmen (vgl. Lindner-Figura, S. 705 ff.). Im Einzelnen darf bei neu abgeschlossenen Mietverträgen die vereinbarte Miete nicht mehr als maximal 20 % über der ortsüblichen Vergleichsmiete liegen (§ 5 Abs. 2 WiStG). Höhere Mieten gelten als Mietwucher und können strafrechtlich verfolgt werden (§ 291 StGB). In diesem Zusammenhang ist auch die neu eingeführte „Mietpreisbremse“ zu nennen, die bei der Wiedervermietung von Bestandswohnungen in Gebieten mit angespannter Wohnraumsituation zum Tragen kommt. Konkret wird hierbei festgelegt, dass der zulässige Mietzins bei maximal 10 % über der ortsüblichen Vergleichsmiete liegen darf, wobei Neubauten sowie Erstvermietungen nach einer umfassenden Modernisierung von dieser Regelung ausgenommen werden (vgl. Bundesministerium der Justiz und für Verbraucherschutz, S. 1 ff.).

Bei gewerblichen Mietverhältnissen handelt es sich bei dem Mietzins typischerweise um einen (monatlicher, quartalsmäßiger, etc.) Festbetrag. Bei der Vermietung von Einzelhandelsflächen wird häufig zusätzlich ein umsatzabhängiger Mietzins vereinbart.

Mietzinsanpassungen sind bei mittel- und langfristigen Mietverträgen üblich. Verwandt werden in diesem Zusammenhang Staffelmietvereinbarungen, Wertsicherungsklauseln (auch Indexklauseln genannt), Leistungsvorbehaltsklauseln und Spannungsklauseln (vgl. Abbildung 2).

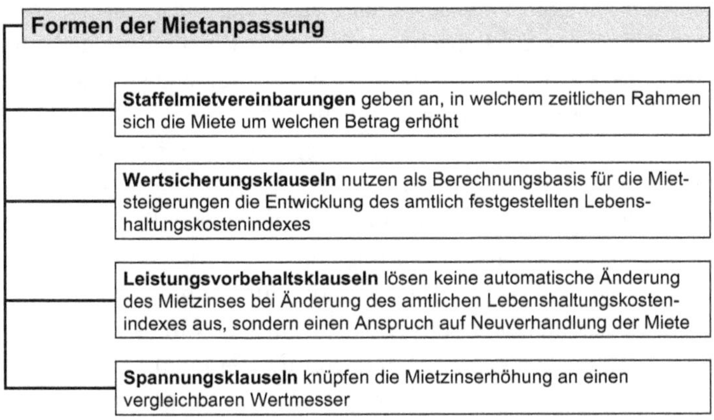

Abb. 2: Formen der Mietanpassung (Quelle: Lindner-Figura, S. 694)

Da sich eine Mietprognose bei Wohn- und Gewerbe-Mietverhältnissen als schwierig erweist, kommt zumeist nur eine Extrapolation der in der Vergangenheit beobachteten Mietentwicklung unter Berücksichtigung der Merkmale der betrachteten Immobilie in Betracht. Die Grundlage für solche Analysen bilden dabei insbesondere Regressionsanalysen der verfügbaren historischen Indexdaten des Statistischen Bundesamtes oder anderer Datenlieferanten. Diese bilden den Ausgangspunkt für eine fundierte Extrapolation der zukünftigen Entwicklung und die darauf aufbauende, regelbasierte Prognose der Entwicklung indexierter Mietverträge. Als weitere Informationsquellen eignen sich – neben dem Mietspiegel – die Marktbeobachtungen großer Immobilienmakler und des Maklerverbandes IVD sowie Veröffentlichungen in Fachzeitschriften.

Die voraussichtlichen Mietausfälle aufgrund von Leerständen sollten im Rahmen der Investitionsrechnung nicht pauschal als Mietausfallwagnis in die Kosten einbezogen, sondern direkt von den Mieterträgen abgesetzt werden. Diese Vorgehensweise ist aus Gründen der methodischen Korrektheit vorzuziehen, da es sich beim Mietausfallwagnis um eine kalkulatorische Kostenart handelt, die in der Investitionsrechnung nicht zu berücksichtigen ist.

Die laufenden Ausgaben (a_t)

Das Symbol a_t repräsentiert die laufenden Ausgaben der einzelnen Jahre t des Planungszeitraums. Hier ist zwischen umlagefähigen und nicht-umlagefähigen Bestandteilen zu unterscheiden.

Bei Wohnraummietverhältnissen ist die Umlage der Nebenkosten durch § 556 BGB auf die Umlage der Betriebskosten i.S.v. der Betriebsverordnung vom 25. November 2003 (vormals § 27 II. BV bzw. der Anlage 3 zur II. BV) beschränkt; dagegen hat der Vermieter i. d. R. die Instandhaltungs- und Verwaltungskosten zu tragen (vgl. Lindner-Figura, S. 709 f.). Bei gewerblichen Mietverhältnissen muss über die umzulegenden Nebenkosten eine besondere Vereinbarung getroffen werden. Üblicherweise trägt der Mieter die Betriebskosten, unter Umständen auch die Verwaltungskosten. Über die einzelnen Komponenten der Nebenkosten sind in einer Investitionsrechnung entsprechende Annahmen zu treffen.

Verwaltungskosten umfassen die Kosten der zur Verwaltung des Grundstücks erforderlichen Arbeitskräfte und Einrichtungen, die Kosten der Aufsicht, den Wert der vom Eigentümer persönlich geleisteten Verwaltungsarbeit sowie die Kosten der Geschäftsführung (§ 19 ImmoWertV). Die Ermittlung der Verwaltungskosten sollte im Zeitablauf inflationiert werden; als Index kann z. B. die durchschnittliche Steigerungsrate der Lebenshaltungskosten der letzten Jahre dienen (vgl. Kirchner, S. 18).

Die Höhe der Instandhaltungskosten ist primär von der Bauqualität, der Nutzungsintensität und den Wartungsintervallen abhängig. Die Instandhaltungskosten (vgl. Abbildung 3) unterteilen sich gemäß DIN 31051 in die Grundmaßnahmen Inspektion, Wartung, Instandsetzung und Verbesserung.

Die periodisch auftretenden Kosten für Inspektion und Wartung sollten analog zur Vorgehensweise bei den Verwaltungskosten aus Erfahrungswerten ermittelt und

Abb. 3: Gliederung der Instandhaltungskosten

mit einem geeigneten Index inflationiert werden. Die aperiodisch anfallenden Instandsetzungskosten sowie die Verbesserung sind ihrem wahrscheinlichen zeitlichen Anfall entsprechend in die Investitionsrechnung einzubeziehen.

Die laufenden Einnahmen- bzw. Ausgabenüberschüsse ($ü_t$)

Aus der Differenz der laufenden Einnahmen e_t und der laufenden Ausgaben a_t ergibt sich jeweils ein Einnahmen- bzw. Ausgabenüberschuss $ü_t$. Zu den Prognoseproblemen bezüglich der beiden Komponenten ist auf die entsprechenden Ausführungen zu verweisen.

Der Veräußerungserlös (R_n)

Beim Verkauf einer Immobilie erzielt der Investor einen Veräußerungserlös, der mit dem Symbol R_n versehen wird. n steht dabei für die geplante wirtschaftliche Nutzungsdauer (= Planungshorizont der Investitionsrechnung), die hier vorgegeben wird, obwohl sie selbst ein ökonomisches Problem darstellt, das sich allgemein mit Hilfe von mathematischen Nutzungsdauer- und Ersatzzeitpunkt-Modellen lösen lässt (vgl. Schulte 1975).

Der Planungshorizont sollte sich an der Vorstellung des Investors über die Anlagedauer orientieren. Dieser Ansatz wird jedoch zum Problem, wenn ein sehr langer Zeitraum unterstellt wird, da die Prognosegenauigkeit mit wachsender zeitlicher Entfernung abnimmt. Hier empfiehlt es sich, eher einen kürzeren Planungshorizont von 10–20 Jahren zu wählen und den Verkauf der Immobilie zu unterstellen, als Prognosen etwa über 50 Jahre vorzunehmen.

Eine Orientierungshilfe für die Prognose der Wertentwicklung von Immobilien liefert zunächst ein Blick in die Vergangenheit. Bis Mitte der 90er Jahre konnte man von steigenden Grundstückspreisen und häufig auch von Wertsteigerungen der aufstehenden Gebäude ausgehen (vgl. Geier/Krass, S. 76 ff.; Hübl/Möller/Günther, S. 14 f.), obwohl die Entwicklung für verschiedene Marktsegmente und Standorte nicht einheitlich verlief (vgl. Altenseuer).

In der Praxis wurde der Veräußerungserlös einer Immobilie oft recht einfach bestimmt, indem die Investitionsausgabe anhand von in der Vergangenheit beobachteten Entwicklungen hochgerechnet wurde (Extrapolation). Dabei kamen vor allem die vom Statistischen Bundesamt veröffentlichten Indizes für Immobilienpreise oder Baulandpreise in Betracht.

Mit der Trendwende im Jahre 1995 sind vergangenheitsbasierte Prognosen weit schwieriger geworden. Der vom Marktforschungsinstitut Bulwien AG ermittelte Immobilienindex für Wohn- und Gewerbeimmobilien wies in dem Jahr erstmals seit seiner Erhebung in 1975 eine negative Entwicklung aus.

Eine weitere Möglichkeit zur Ermittlung des Veräußerungserlöses ist die Bestimmung des Verkehrswertes zum Ende des Planungszeitraums. Das dabei zu verwendende Verfahren ergibt sich aus den Überlegungen zur Bewertung von Immobilien, wie sie in Kapitel E.2 beschrieben werden.

Wenn bereits die Ermittlung eines aktuellen Verkehrswertes mit Unsicherheit behaftet ist, so gilt dies erst recht für die Bestimmung eines künftigen Verkehrswertes am Planungshorizont. Damit stellt die Ermittlung des Veräußerungserlöses einer Immobilie sicherlich eines der schwierigsten Probleme der Investitionsrechnung dar. Da die Vorteilhaftigkeit einer Immobilieninvestition nicht unerheblich von der Wertentwicklung des Objektes abhängt, sind Prognosen mit besonderer Sorgfalt vorzunehmen, um der Gefahr zu entgehen, dass sich der Investor „reich rechnet".

4.2.2.2 Indirekte Zahlungen

Die indirekten Zahlungen im Zusammenhang mit Investitionen sind ebenfalls in einer Investitionsrechnung zu erfassen. Hierbei handelt es sich um die Verwendung von Einnahmenüberschüssen oder den Ausgleich von Ausgabenüberschüssen sowie um die steuerlichen Wirkungen des Investitionsvorhabens.

Annahmen über Einnahmen-/Ausgabenüberschüsse

Bei Einnahmenüberschüssen in einzelnen Jahren des Planungszeitraums stellt sich die Frage, wie diese verwandt werden sollen. Folgende Alternativen kommen in Betracht.

Reinvestition der freien Mittel in:

- Finanzanlagen, z. B. Wertpapiere, Festgeld,
- das betrachtete Objekt, z. B. zur Verbesserung der Substanz,
- andere Immobilienobjekte,
- Kredittilgung zur Verringerung der Zinsbelastung.

Umgekehrt ist eine Annahme darüber nötig, wie ein eventueller Ausgabenüberschuss, z. B. aufgrund einer geplanten Modernisierung, finanziert wird. Der Ausgleich ist grundsätzlich auf zwei Wegen möglich:

- Kreditaufnahme,
- Desinvestition durch Auflösung einer Finanzanlage oder Desinvestition durch Verkauf eines Immobilienobjektes.

Während bei den klassischen Verfahren der Investitionsrechnung das Problem durch implizite Annahmen „gelöst" wird, werden bei vollständigen Finanzplänen explizite Prämissen über die Verwendung von Einnahmen- und Ausgabenüberschüssen getroffen.

Steuern

Da die Besteuerung die (absolute und relative) Vorteilhaftigkeit beeinflusst, müssen Immobilien-Investitionsrechnungen die steuerlichen Auswirkungen berücksichtigen.

Das Steuersystem in Deutschland ist gegenwärtig von einer Vielzahl von Steuerarten geprägt. Eine vermietete Immobilie wird beim Investor u. a. von folgenden Steuerarten tangiert:

- Körperschaftsteuer/Einkommensteuer, Kirchensteuer und Solidaritätszuschlag,
- Gewerbeertragsteuer,
- Grundsteuer,
- Erbschaft- und Schenkungsteuer,
- Grunderwerbsteuer,
- ggf. Umsatzsteuer.

Die Berücksichtigung von Steuern in Investitionsrechnungen für Immobilien ist aus mehreren Gründen schwierig:

- Um die anfallende Steuerlast zu ermitteln, muss eine Gesamtbetrachtung – mit Ausnahme der Grund- und Grunderwerbsteuer – des Einkommens und des Vermögens erfolgen, zu dem die vermietete Immobilie nur einen Teil beisteuert. Damit sind auch Annahmen über die Entwicklung dieser beiden Komponenten zu treffen, was zu einer weiteren Komplexitätserhöhung führt.
- Die immobilienbezogenen einkommensteuerlichen Regelungen hinsichtlich der Anschaffungskosten, der Herstellungskosten, des anschaffungsnahen Herstellungsaufwands, des Erhaltungsaufwands, der nachträglichen Herstellungskosten und der Abschreibungen, etc. sind äußerst umfangreich und kompliziert (vgl. ausführlich Haritz/Hofmann/Wisniewski, S. 1105 ff.).
- Die Prognose der Steuerlast wird durch die Unvorhersehbarkeit von Änderungen im Rahmen der Steuergesetzgebung und -rechtsprechung erschwert.

Aus den obigen Ausführungen folgt zunächst, dass sich für die gegenwärtigen steuerlichen Rahmenbedingungen ein zwar theoretisch genaues Entscheidungsmodell entwickeln lässt (vgl. dazu ausführlich Ropeter, S. 245 ff.), aber die Ermittlung der darin eingehenden steuerrelevanten Daten schwierig und unsicher ist. Aber selbst wenn es möglich wäre, die notwendigen Informationen verlässlich zu beschaffen, würde sich ein praktisches Dilemma ergeben: das Modell wäre so komplex, dass es der „normale“ Investor oder Leser nicht mehr verstehen würde. Dieser Widerspruch zwischen Exaktheit, Datenunsicherheit und Verständlichkeit Fkann nur dadurch aufgelöst werden, dass vereinfachende Annahmen über die steuerliche Sphäre des Investors getroffen werden.

4.2.3 Methoden der Investitionsrechnung

4.2.3.1 Typologisierung

Die in der allgemeinen Investitionstheorie entwickelten Ansätze lassen sich – wie in Abbildung 4 dargestellt – in einem ersten Schritt nach klassischen und modernen Methoden unterscheiden. Die „klassischen“ Methoden verdanken ihre Bezeichnung der Tatsache, dass sie bereits in den 20er und 30er Jahren entstanden sind, wobei innerhalb dieser Gruppe wiederum zwischen statischen und dynamischen Methoden zu differenzieren ist. Die „modernen“ Verfahren wurden erstmals 1975 umfassend dargestellt (vgl. Schulte 1975) und danach ständig weiterentwickelt (vgl. Schulte 1986; Grob; Kruschwitz).

Im Folgenden werden die wichtigsten Methoden allgemein und beispielhaft erläutert. Aus Platzgründen wird im Rahmen der Darstellung jedoch nur die Bestimmung der absoluten Vorteilhaftigkeit behandelt.

4.2.3.2 Klassische Methoden

4.2.3.2.1 Unterschiede zwischen statischen und dynamischen Methoden

Die Unterschiede zwischen den statischen und dynamischen Methoden gehen aus der Tabelle 1 hervor.

Tab. 1: Unterschiede zwischen statischen und dynamischen Methoden (Quelle: Eigene Darstellung)

Methoden / Merkmale	statisch	dynamisch
Zeitliche Unterschiede im Auftreten von Rechengrößen	Vernachlässigung (einfache/keine Zinsrechnung)	exakte Berücksichtigung (Zinseszinsrechnung)
Umfang der Prognosen	Durchschnittsgrößen	Periodenspezifische Größen
Rechenelemente	Erlöse und Kosten	Ein- und Auszahlungen bzw. Einnahmen und Ausgaben

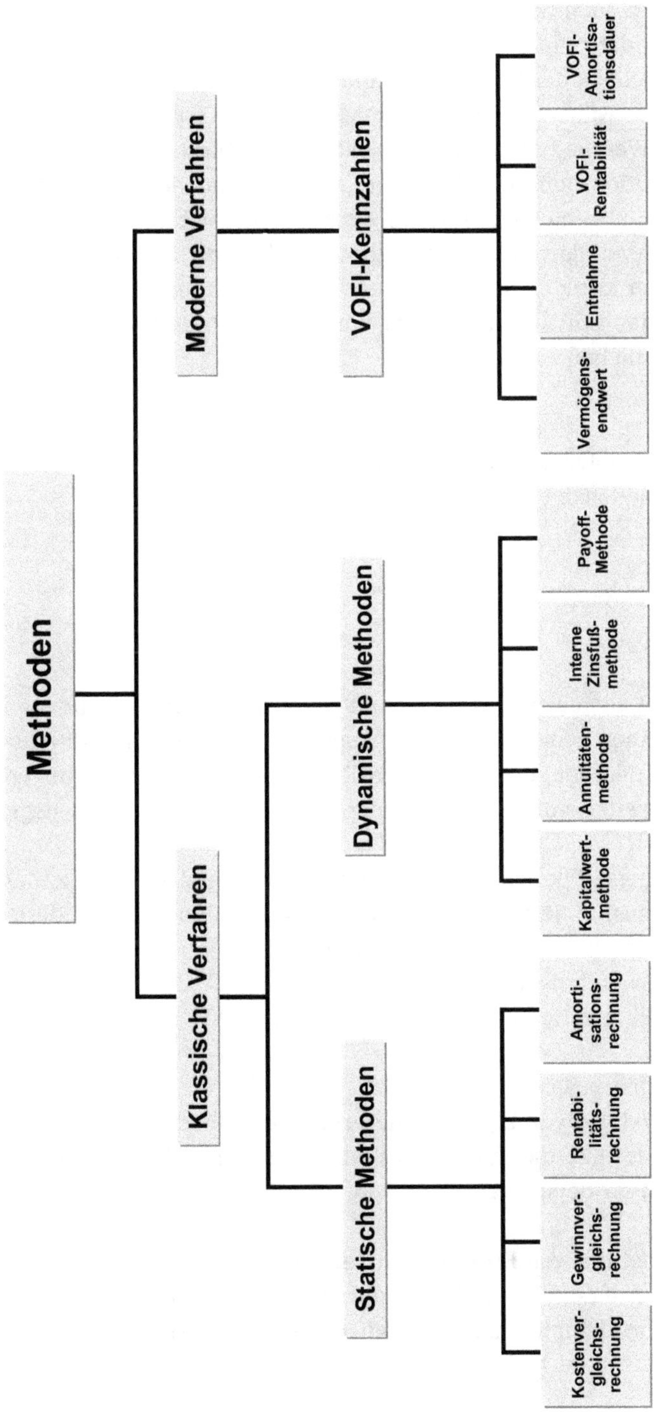

Abb. 4: Typologisierung der Methoden der Investitionsrechnung (Quelle: Eigene Darstellung)

Eine im Immobilienbereich auch heute noch häufig angewandte statische Methode ist die „Anfangsrendite" oder „statische Anfangsrendite". Bei dieser Methode wird einfach die Jahresnettomiete zu der Investitionssumme ins Verhältnis gesetzt. Hierbei wird unterstellt, dass es während der Laufzeit der Investition weder zu Mietsteigerungen noch zu einer Wertveränderung im Objekt kommt. Diese Effekte spielen gerade bei langen Investitionsdauern jedoch eine nicht unerhebliche Rolle, was konsequenterweise zu der allgemeinen Forderung nach Berücksichtigung der Zahlungszeitpunkte führt, die von den statischen Methoden jedoch nicht erfüllt werden kann. Folglich sind aus der Kritik an den statischen Ansätzen heraus die sogenannten dynamischen Methoden entwickelt worden, die eine exaktere Abbildung der realen Sachverhalte ermöglichen.

4.2.3.2.2 Grundkonzept der dynamischen Methoden

Zu den dynamischen Methoden der Investitionsrechnung zählen:
- die Kapitalwertmethode,
- die Annuitätenmethode,
- die Interne Zinsfußmethode,
- die Payoff-Methode.

Allen diesen Verfahren ist gemeinsam, dass die mit einer Investition verbundenen direkten Zahlungen auf einen gemeinsamen Bezugspunkt (i. d. R. den Investitionszeitpunkt) diskontiert werden, um dem unterschiedlichen Zeitbezug von Zahlungen Rechnung zu tragen. Je weiter eine Einnahme oder Ausgabe in der Zukunft liegt, umso kleiner ist ihr Barwert.

Die zweite Bestimmungsgröße ist der zur Abzinsung verwandte Zinssatz, der sogenannte Kalkulationszinsfuß. Je höher (niedriger) der Kalkulationszinsfuß, desto niedriger (höher) ist der Barwert einer künftigen Zahlung.

Damit kommt bei Anwendung der „klassischen Methoden" der Investitionsrechnung dem Ansatz des „richtigen" Kalkulationszinsfußes (KZF) besondere Bedeutung zu.

Hier ist wie folgt zu differenzieren:
- Für den Fall einer **vollständigen Eigenfinanzierung** der Investition:
  In diesem Fall muss der KZF die durch den Verzicht auf eine Alternativanlage entgangene Verzinsung widerspiegeln.
  $KZF = i^H$
- Für den Fall einer **vollständigen Fremdfinanzierung** der Investition:
  In diesem Fall ist es Aufgabe des KZF, die durch die Kreditfinanzierung entstandene Zinsbelastung abzubilden. Er ist folglich definiert als Zinssatz des aufgenommenen Kredits.
  $KZF = i^S$

– Für den Fall einer **Mischfinanzierung aus Eigen- und Fremdmitteln** hat der KZF eine Doppelfunktion. Er muss einerseits die von den Eigenkapitalgebern geforderte Verzinsung (= Verzinsung der entgangenen Alternativanlage) und andererseits die durch die anteilige Fremdfinanzierung verursachte Zinsbelastung widerspiegeln. Für die Ermittlung bietet sich daher die Bestimmung des gewogenen Mittelwerts an:

$$KZF = \frac{i^H \times EK + i^S \times FK}{EK + FK}$$

mit:
EK = Eigenkapitalanteil
FK = Fremdkapitalanteil

Im Folgenden werden nur die beiden wichtigsten klassischen Methoden der Investitionsrechnung, die Kapitalwert-Methode sowie die Interne Zinsfuß-Methode, behandelt.

4.2.3.2.3 Kapitalwert-Methode

Der Kapitalwert einer Investition ist die Differenz zwischen dem Barwert sämtlicher Rückflüsse (Einnahmenüberschüsse $ü_t$, Veräußerungserlös R_n) aus einer Investition und der Investitionsausgabe (a_0). Seine Berechnung erfolgt, indem sämtliche zukünftigen Einnahmen und Ausgaben zunächst für die jeweilige Periode saldiert und dann mit dem gewählten Kalkulationszinsfuß auf den Investitionszeitpunkt abgezinst werden. Von der Summe dieser diskontierten Zahlungen ist dann die Investitionsausgabe zu subtrahieren. Mathematisch ausgedrückt stellt sich diese Vorgehensweise wie folgt dar:

$$C_0 = \sum_{t=1}^{n} (e_t - a_t) \times (1+i)^{-t} + R_n \times (1+i)^{-n} - a_0$$

$$\text{oder mit} \quad (e_t - a_t) = ü_t$$

$$C_0 = \sum_{t=1}^{n} (ü_t) \times (1+i)^{-t} + R_n \times (1+i)^{-n} - a_0$$

Dabei haben die verwandten Symbole folgende Bedeutung:

C_0 = Kapitalwert
e_t = laufende Einnahmen
a_t = laufende Ausgaben
i = Kalkulationszinsfuß
t = Zeitindex
R_n = Veräußerungserlös am Ende der Nutzungsdauer
n = Nutzungsdauer
a_0 = Investitionsausgabe
$ü_t$ = laufender Überschuss der einzelnen Investitionsjahre t

Eine Immobilieninvestition ist vorteilhaft (unvorteilhaft), wenn ihr Kapitalwert positiv (negativ) ist. Bei $C_0 = 0$ liegt Entscheidungsindifferenz vor. Von mehreren alternativen Immobilieninvestitionen ist jene mit dem höchsten Kapitalwert vorzuziehen.

Die Vorgehensweise zur Ermittlung des Kapitalwertes soll im Folgenden anhand einer stark simplifizierten Immobilieninvestition dargestellt werden. An dieser Stelle sei erwähnt, dass aus didaktischen Gründen ein einfaches und leicht nachvollziehbares Zahlenwerk herangezogen wird. Dies betrifft u. a. die verwendeten Zinssätze, die nicht der heutigen Zinssituation entsprechen.

Standardbeispiel

Betrachtet wird der Erwerb einer Immobilie in t_0 für 10.000 GE. In den folgenden 5 Perioden erwirtschaftet die Immobilie einen jährlichen Einnahmenüberschuss in Höhe von 540 GE pro Periode. In t_5 wird ein Verkauf zu 10.000 GE unterstellt. Zur Finanzierung der Investition stehen 8.000 GE an Eigenkapital zur Verfügung, sodass eine Kreditaufnahme ebenfalls in Höhe von 2.000 GE notwendig ist. Der Sollzinsfuß für den Kredit beträgt 7,5 % p. a., der Habenzinssatz für eine alternative Finanzanlage beläuft sich auf 5 % p. a. Damit folgt für das Standardbeispiel:

$a_0 = 10.000$

$ü_t = 540$

$R_n = 10.000$

$i^H = 5\,\%$

$i^S = 7{,}5\,\%$

$$i = \frac{0{,}05 \times 0{,}8 + 0{,}075 \times 0{,}2}{0{,}2 + 0{,}8} = 0{,}055 = 5{,}5\,\%$$

$n = 5$ Jahre

$$C_0 = \sum_{t=1}^{n} ü_t \times (1+i)^{-t} + R_n \times (1+i)^{-t} - a_0$$

$$C_0 = 540 \times (1+0{,}055)^{-1} + 540 \times (1+0{,}055)^{-2} + 540 \times (1+0{,}055)^{-3} + 540 \times (1+0{,}055)^{-4} + 540 \times (1+0{,}055)^{-5} + 10.000 \times (1+0{,}055)^{-5} - 10.000$$

oder unter Verwendung des Rentenbarwertfaktors

$$C_0 = 540 \times \frac{(1+0{,}055)^{-5} - 1}{0{,}055 \times (1+0{,}055)^{-5}} + 10.000 \times (1+0{,}055)^{-5} - 10.000$$

$$C_0 = -43$$

Da der Kapitalwert bei einem Kalkulationszinsfuß von 5,5 % negativ ist, empfiehlt es sich, die Immobilieninvestition zu unterlassen.

Das Ergebnis einer solchen Berechnung (der Kapitalwert einer Investition) ist dementsprechend immer eine absolute Zahl. Diese drückt das „Mehr“ bzw. „Weniger“ des betrachteten Investitionsvorhabens gegenüber der – implizit durch den Kalkulationszinsfuß erfassten – Finanzanlage und/oder Kreditaufnahme aus.

Implizit steckt in der Kapitalwertmethode die Annahme, dass Einnahmenüberschüsse (Ausgabenüberschüsse) zum Kalkulationszinsfuß angelegt (ausgeglichen) werden können. Im vorliegenden Beispiel liegt der Kalkulationszinsfuß als Mischzinssatz zwischen dem Soll- und dem Habenzinssatz. Damit wird für die Wiederanlage der Einnahmenüberschüsse ein zu hoher Zinssatz bzw. für evtl. erforderliche Refinanzierungen ein zu geringer Zinssatz angenommen.

Durch die Internationalisierung der Finanz- und Immobilienmärkte hat das aus der Unternehmensbewertung stammende, angelsächsische Discounted Cashflow (DCF)-Verfahren auch im Rahmen der Bewertung von Immobilieninvestitionen (sog. Investmentbewertung oder „investment value“) zunehmend an Bedeutung gewonnen. Wie aus der Bezeichnung hervorgeht, basiert dieses Modell auf dem finanzmathematischen Konzept der Abzinsung der zukünftig erwarteten Zahlungsströme und adaptiert dabei die grundlegende Funktionsweise der Kapitalwertmethode. So werden innerhalb des DCF-Verfahrens die Ein- und Auszahlungen einer Periode miteinander saldiert und der daraus resultierende Netto-Cashflow mit einem risikoadjustierten Zinssatz diskontiert, wobei im Rahmen der Investmentbewertung zwischen zwei Varianten unterschieden werden kann. Die sog. **WACC-Methode** (Entity-Methode) basiert auf der Annahme eines hypothetisch unverschuldeten Unternehmens, bei der die Zahlungsströme vor Fremdkapitalzinsen mit dem durchschnittlichen, gewichteteten Gesamtkapitalkostensatz (WACC) diskontiert werden. Hingegen werden bei der **Flow-to-Equity-Methode** (Equity-Methode) die ausschließlich den Eigenkapitalgebern zufließenden Zahlungsströme (nach Abzug der Fremdkapitalzinsen) unter Verwendung der Eigenkapitalkosten in Barwerte überführt. Typischerweise wird hierfür das Capital Asset Pricing Model (CAPM) zur Bestimmung des risikoadjustierten Eigenkapitalkostensatzes herangezogen (vgl. Perridon/Steiner/Rathgeber, S. 227 ff.) oder – alternativ – eine Mindestverzinsung des Eigenkapitals („Hurdle Rate“) explizit vorgegeben.

4.2.3.2.4 Interne Zinsfuß-Methode

Der interne Zinsfuß einer Investition ist als derjenige Zinssatz definiert, bei dem der Kapitalwert einer Investition den Wert Null annimmt; er gibt die Verzinsung des zu jedem Zeitpunkt gebundenen Kapitals an.

Um die „interne" Verzinsung der Investition zu ermitteln, wird in der oben bereits erläuterten Kapitalwert-Formel lediglich i (Kalkulationszinsfuß) durch r (gesuchter Zinssatz) ersetzt, die Formel gleich Null gesetzt

$$C_0 = 0\sum_{t=1}^{n}(ü_t)\times(1+r)^{-t} + R_n\times(1+r)^{-n} - a_0$$

und anschließend nach der gesuchten Größe r aufgelöst.

Eine Immobilieninvestition ist vorteilhaft (unvorteilhaft), wenn ihr interner Zinsfuß den Kalkulationszinsfuß übersteigt (unterschreitet). Bei r = i liegt Entscheidungsindifferenz vor. Von mehreren alternativen Immobilieninvestitionen ist jene mit dem höchsten internen Zinsfuß vorzuziehen.

Für das Standardbeispiel lässt sich ein interner Zinsfuß von 5,4 % ermitteln.

$$C_0 = 0 = \sum_{t=1}^{n}(ü_t)\times(1+r)^{-t} + R_n\times(1+r)^{-n} - a_0$$
$$C_0 = 0 = 540\times(1+r)^{-1} + 540\times(1+r)^{-2} + 540\times(1+r)^{-3}$$
$$+540\times(1+r)^{-4} + 540\times(1+r)^{-5} + 10.000\times(1+r)^{-5} - 10.000$$

oder unter Verwendung des Rentenbarwertfaktors

$$C_0 = 0 = 540\times\frac{(1+r)^{-5}}{0{,}055\times(1+r)^{-5}} + 10.000\times(1+r)^{-5} - 10.000$$
$$r = 0{,}054 = 5{,}4\%$$

Da der interne Zinsfuß den Kalkulationszinsfuß von 5,5 % nicht übersteigt, empfiehlt sich auch bei Anwendung der Internen Zinsfuß-Methode die Unterlassung der Immobilieninvestition.

Gleichzeitig stimmt im Standardbeispiel die statische Anfangsrendite mit dem internen Zinsfuß überein.

$$\text{Statische Anfangsrendite} = \frac{540}{10.000} = 0{,}054 = \text{interner Zinsfuß}$$

Dies ist immer dann der Fall, wenn die Einnahmenüberschüsse (ü) im Zeitablauf konstant sind und für das Objekt keine Wertsteigerung/-minderung angenommen wird ($R_n = a_0$).

Die Auflösung der Bestimmungsgleichung zur Ermittlung des internen Zinsfußes kann Probleme bereiten. Für eine zweiperiodige Investition (dies entspricht also einer zweijährigen Nutzungsdauer) lässt sich die Bestimmungsgleichung noch relativ unproblematisch auflösen (quadratische Gleichung). Bei Nutzungsdauern ab 3 Perioden muss die Lösung mittels sogenannter „**Iterationsverfahren**“ bestimmt werden; dabei wird von einer anfänglichen Schätzung ausgehend anhand eines mathematischen Algorithmus der Eingangswert solange variiert, bis das gesuchte Ergebnis erreicht wird. Darüber hinaus lässt sich nachweisen, dass das Ergebnis nur dann eindeutig ist, wenn die Struktur der zukünftigen Zahlungen lediglich einen einzigen Vorzeichenwechsel aufweist. Bei mehr als einem Vorzeichenwechsel können sich entsprechend dem Betrachtungszeitraum bis zu n (mit n = Länge des Betrachtungszeitraums) mathematisch korrekte Lösungen ergeben (vgl. Schulte 1986, S. 96 ff.).

Dass es sich bei diesem Sachverhalt nicht um ein Problem „rein akademischer Natur“ handelt, sollen die in Abbildung 5 dargestellten denkbaren Zahlungsstrukturen verdeutlichen. Dabei repräsentiert ein „+“einen Einnahmenüberschuss in der jeweils betrachteten Periode, während ein „–“ für einen Ausgabenüberschuss steht.

Beispiele für Zahlungsstrukturen mit mehr als einem Vorzeichenwechsel:

Zahlungsstruktur: - ++++ - +++++...

↰ Modernisierung

Zahlungsstruktur: - +++++++++ -

↰ Abriß

Abb. 5: Zahlungsstrukturen mit mehr als einem Vorzeichenwechsel

Offensichtlich sind insbesondere im Immobilienbereich mithin durchaus Konstellationen denkbar und nicht einmal sehr unwahrscheinlich, bei denen die Anwendung der Internen Zinsfuß-Methode zu mehr als einem mathematisch korrekten Ergebnis führt. Da die Ermittlung des Internen Zinsfußes i. d. R. mittels eines Iterationsverfahrens erfolgt, das bei der ersten gefundenen Lösung die Berechnung abbricht, bemerkt der Entscheider diese Tatsache nicht.

Von besonderer Bedeutung für die Interne Zinsfuß-Methode ist darüber hinaus die bereits im Rahmen der Kapitalwert-Methode angesprochene Wiederanlageprämisse, deren Ausprägung bei der Internen Zinsfuß-Methode jedoch unterschiedlich ist. Dazu ein – zugegebenermaßen – extremes Beispiel:

Betrachtet man die folgende Zahlungsreihe (vgl. Schulte 1986, S. 94 ff.):

-1.000	+5.000	-6.000
t_0	t_1	t_2

so erscheint es offensichtlich, dass dieses Investitionsvorhaben nicht sinnvoll sein kann.

Dennoch ergeben sich zwei interne Zinsfüße mit 100 % bzw. sogar 200 %. Die Anwendung der Internen Zinsfuß-Methode führt also zu einer überaus positiven Beurteilung des Vorhabens. Wie ist dies möglich?

Verständlich wird dieses Ergebnis nur vor dem Hintergrund der Wiederanlageprämisse der Internen Zinsfuß-Methode; diese besagt, dass Einnahmenüberschüsse zum internen Zinsfuß wiederangelegt werden. Für das obige Beispiel folgt daraus die Unterstellung, dass der Einnahmenüberschuss in t_1 für die Folgeperiode zu 100 % bzw. sogar zu 200 % reinvestiert wird.

Entspricht diese Annahme der Realität, was jedoch zu bezweifeln ist, so kann der Investor tatsächlich den berechneten internen Zinsfuß als Rendite erzielen, denn aus der Wiederanlage des Einnahmenüberschusses in Höhe von 5.000 würde der Investor bei 100 % (200 %) Verzinsung einen zusätzlichen Ertrag in Höhe von 5.000 (10.000) erzielen. Dementsprechend würde er in 2 Jahren bei einem Kapitaleinsatz von 1.000 ein Endvermögen von 4.000 bzw. 9.000 erreichen – dies entspricht genau einer Verzinsung von 100 bzw. 200 % des ursprünglich investierten Betrags.

Ist es dem Investor jedoch nicht möglich, alle Einnahmenüberschüsse zum internen Zinsfuß wiederanzulegen, so führt die Anwendung dieser Methode zu einer erheblichen Überschätzung der Rentabilität des betrachteten Vorhabens. Dies gilt insbesondere dann, wenn der ermittelte interne Zinsfuß deutlich höher ist, als die vom Investor bei Zwischenanlagen erzielbare Rendite und umso mehr, je früher die Kapitalrückflüsse im Zeitablauf liegen.

4.2.3.2.5 Berücksichtigung von Steuern

Im Allgemeinen erfolgt die Steuererfassung bei den dynamischen Verfahren nach dem Standardmodell, bei dem sowohl die Einnahmenüberschüsse als auch der Kalkulationszinsfuß um steuerliche Einflussfaktoren korrigiert werden (vgl. Weigel, S. 14).

Tab. 2: Integration der Besteuerung in die Barwertmethoden

Kalkulationszinsfuß \ Zahlungsreihe		unkorrigiert $ü_t$	korrigiert	
			$ü_t - s(ü_t - AfA_t)$	$ü_t - s(ü_t - AfA_t - i^s \cdot FK_{t-1})$
unkorrigiert	i	Nicht-Steuerfall	Basismodell	Zinsmodell
korrigiert	$i_s = i(1-s)$	-	Standardmodell	-
	$i_s = \frac{i}{1-s}$	Bruttomethode	-	-

Im Rahmen des Standardmodells wird der Kalkulationszinsfuß durch den relevanten **Ertragsteuersatz** mittels des Faktors „s“ korrigiert (vgl. Tabelle 2). Damit ist der steuerkorrigierte Kalkulationszinsfuß wie folgt definiert (vgl. Perridon/Steiner/Rathgeber, S. 80):

$$i_S = (1-s) \times i$$

Die Gleichung für den Kapitalwert nach Steuern (C_{0s}) auf Basis des Standardmodells lautet dann:

$$C_{0s} = \sum_{t=1}^{n} \left[ü_t - s \times (ü_t - AfA_t) \right] \times (1+i_s)^{-t} + \left[R_n - s \times (R_n - RBW_n) \right] \times (1+i_s)^{-n} - a_0$$

mit
C_{0s} = Kapitalwert nach Steuern
AfA_t = Abschreibung der Periode t
s = Steuersatz
i_S = steuerkorrigierter Kalkulationszinsfuß
RBW_n = Restbuchwert am Ende der Nutzungsdauer

Der Abzugsfähigkeit der Abschreibungen bei der Ermittlung der Bemessungsgrundlage der Ertragsteuern wird durch die Kürzung des Periodenerfolges um den jeweiligen Abschreibungsbetrag Rechnung getragen. Die Besteuerung von Habenzinsen sowie die Abzugsfähigkeit von Sollzinsen kommen in der Korrektur des Kalkulationszinsfußes zum Ausdruck.

Die Ertragsteuerbelastung lässt sich bei exakter Vorgehensweise mit Hilfe eines sogenannten „**Multifaktors** “ bestimmen, der die individuelle steuerliche Position des Investors abbildet und die Besonderheiten der Abzugsfähigkeit einzelner Ertragsteuerarten von ihrer eigenen und von anderen Bemessungsgrundlagen berücksichtigt. Für die nachfolgenden Darstellungen sollen jedoch einige **vereinfachende Annahmen** getroffen werden, die zu einem pauschalen Ertragsteuersatz führen.

– Die Bemessungsgrundlagen für die Einkommen- bzw. Körperschaftsteuer und die Gewerbeertragsteuer sind identisch. Hinzurechnungen und Kürzungen bei der Gewerbeertragsteuer gleichen sich aus.
– Der Ertragsteuersatz, der auf die einheitliche Bemessungsgrundlage berechnet wird, ist vorgegeben und im Zeitablauf konstant.
– Die Ertragsteuerzahlung findet jeweils am Ende desjenigen Jahres statt, für das die Ertragsteuern berechnet worden sind („sofortige Besteuerung“). Damit werden Vorauszahlungen und Abschlusszahlungen nicht berücksichtigt.
– Die erste Abschreibung geht als volle Jahresabschreibung in die ertragsteuerliche Bemessungsgrundlage am Ende des ersten Jahres ein.
– Ein ertragsteuerlicher Verlust, der bei dem betrachteten Investitionsobjekt anfällt, wird durch Gewinne aus anderen unternehmerischen Aktivitäten oder Einkunftsarten im gleichen Jahr kompensiert, sodass der Sachinvestition eine

Steuererstattung zuzurechnen ist („sofortiger Verlustausgleich"). Von einem Verlustvor- bzw. -rücktrag wird abstrahiert.
- Steuerliche Freibeträge sind ausgeschöpft.

Für eine Analyse der Determinanten der Besteuerung von Immobilien ist die Unterscheidung zwischen Betriebs- und Privatvermögen von besonderer Bedeutung.

Die Zuordnung einer Immobilie zum **Betriebsvermögen** hat folgende steuerliche Konsequenzen:
- Alle aus der Immobilie resultierenden Einnahmen werden als Einkünfte aus Gewerbebetrieb behandelt.
- Kreditzinsen sind zu 100 % von der Bemessungsgrundlage der Gewerbeertragsteuer abzuziehen, soweit sie nicht den Freibetrag von 100.000 € überschreiten.
- Ein eventuell anfallendes Damnum bei Kreditfinanzierung muss aktiviert und über den Zeitraum der Zinsfestsetzung verteilt abgeschrieben werden. Gleiches gilt für periodenfremden Herstellungs- oder Modernisierungsaufwand.
- Es sind die für das Betriebsvermögen geltenden AfA-Sätze anzusetzen.
- Ein eventueller späterer Veräußerungsgewinn (Differenz zwischen Veräußerungserlös und Restbuchwert) muss versteuert werden.

Die Zuordnung einer Immobilie zum **Privatvermögen** hat bei Beachtung einiger Gestaltungsregeln folgende steuerliche Konsequenzen:
- Aus der Immobilie resultierende Einnahmen werden als Einkünfte aus Vermietung und Verpachtung behandelt und unterliegen somit nicht der Gewerbeertragsteuer.
- Alle laufenden Aufwendungen zur Erhaltung, Instandsetzung und Finanzierung inkl. eines eventuell anfallenden Damnums bei Kreditfinanzierung sind als Werbungskosten in vollem Umfang sofort abzugsfähig.
- Es sind die für das Privatvermögen geltenden AfA-Sätze anzusetzen.
- Ein eventueller späterer Veräußerungsgewinn (Differenz zwischen Veräußerungserlös und Restbuchwert) ist nach Ablauf der zehnjährigen Spekulationsfrist steuerfrei.

Um den Kapitalwert nach Steuern und den internen Zinsfuß nach Steuern für das **Standardbeispiel** zu berechnen, müssen noch Annahmen über den Steuersatz „s", über die Aufteilung der Investitionsausgabe in Grundstück und Gebäude und über die Abschreibungsdauer getroffen werden. In den folgenden Rechnungen wird von einem Steuersatz von 50 %, einem Gebäudewert von 5.000 GE und einer Abschreibungsdauer von 20 Jahren ausgegangen. In einem ersten Schritt muss nun der Kalkulationszinsfuß um die Steuerwirkungen korrigiert werden.

$$i_S = (1 - s) \times i = (1 - 0{,}5) \times 0{,}055 = 0{,}0275$$

Die jährlichen Einnahmenüberschüsse nach Steuern ergeben sich als:

$$ü_t = ü_t - s \times (ü_t - AfA_t) = 540 - 0{,}5 \times (540 - 250) = 395$$

Unterstellt man eine Besteuerung des Veräußerungsgewinns, so ergibt sich als Netto-Veräußerungserlös:

$$R_{n_s} = R_n - s \times (R_n - RBW_n) = 10.000 - 0{,}5 \times (10.000 - 8.750) = 9.375$$

Daraus ergibt sich der Kapitalwert als:

$$C_{0s} = \sum_{t=1}^{n} \left[ü_t - s \times (ü_t - AfA_t) \right] \times (1 + i_s)^{-t} + \left[R_n - s \times (R_n - RBW_n) \right] \times (1 + i_s)^{-n} - a_0$$

$$C_{0s} = \sum_{t=1}^{5} \left[540 - 0{,}5 \times (540 - 250) \right] \times (1 + 0{,}0275)^{-t}$$

$$+ \left[10.000 - 0{,}5 \times (10.000 - 8.750) \right] \times (1 + 0{,}0275)^{-5} - 10.000$$

$$C_{0s} = 8$$

Da der Kapitalwert nach Steuern positiv ist, empfiehlt sich die Vornahme der Immobilieninvestition.

Es ergibt sich damit das erstaunliche Ergebnis, dass eine vor Steuern unvorteilhafte Investition ($C_0 = -43$) durch die Besteuerung vorteilhaft wird ($C_{0_s} = +8$). Dieses Phänomen (wachsender Kapitalwert bei steigenden Steuersätzen) wird in der Literatur als „Steuerparadoxon" bezeichnet (vgl. Schneider, 1992, S. 246 ff.). Das Ergebnis suggeriert, dass der Investor „dank der Steuer" eine Vermögens- oder Einkommensmehrung erfährt; tatsächlich ist dies jedoch nicht der Fall, da der Kapitalwert nur den relativen Vermögensvor- oder -nachteil im Vergleich zu der durch den Kalkulationszinsfuß repräsentierten Alternativanlage misst. Geändert hat sich aber die Rangordnung zwischen der Immobilieninvestition und der alternativen Finanzinvestition. Die Besteuerung betrifft die alternative Finanzinvestition besonders „hart", da in dem Beispiel 50 % der Zinserträge an den Fiskus fließen; dagegen bewirken Abschreibungsverrechnung und Abzug der Fremdkapitalzinsen einen „Dämpfungseffekt" bei der Immobilieninvestition. Durch die Besteuerung wird die Immobilie also relativ (zur Finanzinvestition) günstiger gestellt. Hier zeigt sich auf drastische Weise, dass der Kapitalwert nur das „Mehr" oder „Weniger" gegenüber der Finanzanlage und/oder Kreditaufnahme ausdrückt.

Das Steuerparadoxon tritt allerdings nur bei Steuererhöhungen bis zu einem gewissen Ausmaß ein, denn bei einem Steuersatz von 100 % sind naturgemäß Finanz- und Immobilieninvestition gleich unvorteilhaft. Die Abbildung 6 zeigt den Verlauf des Kapitalwertes in Abhängigkeit vom Steuersatz.

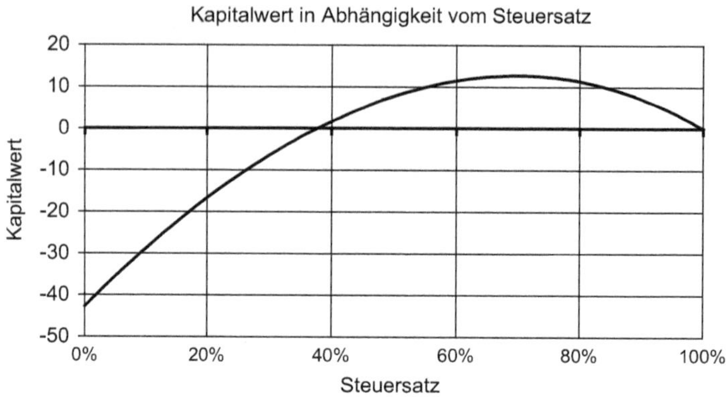

Abb. 6: Steuerparadoxon (Standardbeispiel) (Quelle: Eigene Darstellung)

Der interne Zinsfuß nach Steuern ergibt sich durch iterative Lösung der Gleichung:

$$C_{0s} = \sum_{t=1}^{n} \left[\ddot{u}_t - s \times \left(\ddot{u}_t - AfA_t \right) \right] \times \left(1 + r_s \right)^{-t} + \left[R_n - s \times \left(R_n - RBW_n \right) \right] \times \left(1 + r_s \right)^{-n} - a_0$$

$$C_{0s} = \sum_{t=1}^{5} \left[540 - 0{,}5 \times \left(540 - 250 \right) \right] \times \left(1 + r_s \right)^{-t}$$

$$+ \left[10.000 - 0{,}5 \times \left(10.000 - 8.750 \right) \right] \times \left(1 + r_s \right)^{-5} - 10.000$$

$$r_s = 0{,}0277 = 2{,}77\ \%$$

Da der interne Zinsfuß nach Steuern größer als der steuerkorrigierte Kalkulationszinsfuß ist, empfiehlt sich die Vornahme der Investition.

4.2.3.3 Moderne Methoden

4.2.3.3.1 Basiskonzept Vollständiger Finanzpläne

Unter den modernen Methoden werden alle auf sogenannten Vollständigen Finanzplänen (VOFI) basierenden Methoden zusammengefasst. Während die klassischen Methoden der Investitionsrechnung auf versteckten, pauschalen nicht frei wählbaren und häufig unrealistischen Annahmen beruhen, können bei den modernen Verfahren die Prämissen frei gewählt und im vollständigen Finanzplan transparent, differenziert und realitätsnah abgebildet werden.

Das Konzept Vollständiger Finanzpläne unterscheidet sich von den zuvor dargestellten Methoden hauptsächlich darin, dass alle mit der Investition verbundenen Zahlungen explizit abgebildet werden. Auf diese Weise wird eine vergleichsweise exakte und transparente Erfassung sämtlicher Zahlungsreihen und der sich ergebenden finanzwirtschaftlichen Konsequenzen ermöglicht.

Anders als bei den barwertorientierten Methoden werden darüber hinaus alle Zahlungen – statt auf den Investitionszeitpunkt – auf den Planungshorizont bezogen. Der Zeitpräferenz des Entscheiders wird dementsprechend über die Dauer der möglichen Wiederanlage bzw. der notwendigen Zwischenfinanzierung explizit Rechnung getragen. Die Zinssätze, zu dem diese Wiederanlagen oder Zwischenfinanzierungen erfolgen, können dabei frei und an der tatsächlichen Situation orientiert gewählt werden.

4.2.3.3.2 Endvermögen als Entscheidungskriterium

Das Ergebnis des VOFI stellt das Endvermögen des Investors bei Durchführung der Immobilieninvestition mittels einer absoluten Zahl dar. Um diese zur Beurteilung der absoluten und relativen Vorteilhaftigkeit des Vorhabens heranziehen zu können, muss zusätzlich zum Endvermögen der Investitionsalternative das Endvermögen der Unterlassungsalternative – repräsentiert z. B. durch eine risikofreie Finanzanlage – ermittelt werden. Bei vollständiger Fremdfinanzierung ist das Endvermögen der Unterlassungsalternative („Nichtstun") dagegen Null.

Die Immobilieninvestition ist vorteilhaft (unvorteilhaft), wenn das Endvermögen bei Vornahme der Immobilieninvestition (K_N^I) größer ist als das Endvermögen der Unterlassungsalternative (K_N^U). Bei (K_N^I) = (K_N^U) liegt Entscheidungsindifferenz vor.

Ergänzend kann auch der sogenannte Vermögensendwert als Differenz der beiden Werte bestimmt werden ($\Delta K_N = K_N^I - K_N^U$), wobei ein positiver Vermögensendwert den Betrag angibt, um den das Endvermögen des Investors bei Durchführung des Vorhabens höher ist als bei Wahl der Unterlassungsalternative.

Für die Beurteilung der relativen Vorteilhaftigkeit ist für jede alternativ mögliche Investition ein Vollständiger Finanzplan aufzustellen. Diejenige Alternative, die das höchste Endvermögen aufweist, stellt dann das wirtschaftlich günstigste Vorhaben dar.

Für das Standardbeispiel (vgl. Tabelle 3) soll nun die grundlegende Funktionsweise des Konzeptes erläutert werden.

Erläuterung

Betrachtet wird der Erwerb einer Immobilie in t_0 zu Anschaffungskosten von insgesamt 10.000. Die Investitionsausgabe (Ausgabe ⇨ negatives Vorzeichen; Einnahme ⇨ positives Vorzeichen) stellt die erste im VOFI zu erfassende direkte Zahlung dar ①.

Hierzu stehen 8.000 an Eigenkapital zur Verfügung, sodass weitere 2.000 als Kredit in Form eines Annuitätendarlehens aufgenommen werden müssen ③. Diese „Zahlungen" resultieren aus der Tatsache, dass zur Anschaffung insgesamt 10.000 aufgebracht werden müssen.

Des Weiteren werden für die folgenden 5 Jahre Netto-Mieteinnahmen (= Einnahmenüberschüsse) von jährlich 540 prognostiziert ②.

Für das Annuitätendarlehen ergibt sich ein jährlicher Kapitaldienst von 494. Der Kapitaldienst für den aufgenommenen Kredit ④ teilt sich in den Folgeperioden auf in Zinsen ⑤ (in t_1 beispielsweise 150 = 2.000 · 7,5 %) und Tilgung ⑥ (in t_1 beispielsweise 344 = 494 – 150), wobei die Zinsbelastung entsprechend der Entwicklung des Kreditbetrages (Kredit der Periode = Kredit am Ende der Vorperiode abzüglich Tilgung der Vorperiode ⑥) durch die Folgeperioden fortgeschrieben wird (siehe ⑤ in den Perioden t_2 bis t_5).

Tab. 3: VOFI für die Immobilieninvestition ohne Steuern (Standardbeispiel)

VOFI für die Immobilieninvestition

	t_0	t_1	t_2	t_3	t_4	t_5
Direkte Zahlungen						
a_0 ①	-10.000					
$ü_t$		② 540	② 540	② 540	② 540	② 540
R_n						⑧ 10.000
Indirekte Zahlungen						
Eigenkapital ③	8.000					
Fremdkapital	2.000					
Zinsen FK	④	-150	-124	-96	-67	-34
Tilgung		⑥ -344	⑥ -370	⑥ -398	⑥ -428	⑥ -460
Reinvestition t_1		⑦ -46				
Habenzinsen (4,5%)			2			
Rückzahlung			46			
Reinvestition t_2			⑦ -93			
Habenzinsen (4,5%)				4		
Rückzahlung				93		
Reinvestition t_3				⑦ -143		
Habenzinsen (4,5%)					6	
Rückzahlung					143	
Reinvestition t_4					⑦ -195	
Habenzinsen (4,5%)						9
Rückzahlung						195
Endwert	0	0	0	0	0	**10.250**
Kredit nach Tilgung	2.000	⑤ 1.656	⑤ 1.286	⑤ 888	⑤ 460	⑤ 0
Annuität	-494	-494	-494	-494	-494	-494
Sollzinssatz langf.	7,5%	7,5%	7,5%	7,5%	7,5%	7,5%
Sollzinssatz Zwischenf.	9%	9,0%	9,0%	9,0%	9,0%	9,0%
Guthabenzinsen langf.	5,0%	5,0%	5,0%	5,0%	5,0%	5,0%
Guthabenzinsen kurzf.	4,5%	4,5%	4,5%	4,5%	4,5%	4,5%

VOFI-Rendite **5,08%**

Der Zahlungssaldo jeder Periode (in t_1 beispielsweise 540 – 494 = 46) steht dem Entscheider dann für eine mögliche Reinvestition beispielsweise in Form einer kurzfristigen Finanzanlage zur Verfügung. In diesem Beispiel wird eine Anlage für jeweils ein Jahr zu 4,5 % Zinsen angenommen. Diese Zwischenanlage führt in der Folgeperiode zu Guthabenzinsen und wird zurückgezahlt (⑦ in t_2 beispielsweise: 46 × 4,5 % = 2 Zinsen und Rückzahlung der investierten 46).

Um die Immobilieninvestition mit einer Alternativanlage vergleichen zu können, wird in t_5 ein hypothetischer Verkauf ohne Wertsteigerung unterstellt ⑧.

In der letzten betrachteten Periode erzielt der Investor dementsprechend:

10.000 aus dem hypothetischen Verkauf der Immobilie
+ 540 Netto-Miete

Er zahlt 34 Kreditzinsen und muss den (Rest)Kredit in Höhe von 460 tilgen.

Aus der Zwischenanlage in t_4 erhält er zusätzlich 9 an Guthabenzinsen und den angelegten Betrag in Höhe von 195.

	540
+	10.000
–	34
–	460
+	9
+	195
=	10.250

Der Kapitaleinsatz von 8.000 GE hat sich folglich in 5 Jahren zu einem Endvermögen in Höhe von 10.250 GE entwickelt.

Bei einer Finanzanlage des Eigenkapitals zu 5 % und einer Wiederanlage der Zinserträge zu 4,5 % ergibt sich ein Endvermögen von 10.188 GE (vgl. Tabelle 4).

Da das Endvermögen der Immobilieninvestition das Endvermögen der Finanzinvestition übersteigt, ist die Vornahme der Immobilieninvestition vorzuziehen.

Damit ergibt sich für das Standardbeispiel nach dem Endvermögen-Kriterium eine andere Empfehlung als bei Anwendung des Kapitalwert- und Internen Zinsfuß-Kriteriums.

$$K_5^I = 10.250 > K_5^U = 10.188$$
$$\Rightarrow I > U$$
$$C_0 = -43$$
$$\Rightarrow U > I$$
$$r = 0,054 < i = 0,055$$
$$\Rightarrow U > I$$

Da in vollständigen Finanzplänen die Kapitalkosten der Immobilieninvestition und die Wiederanlagen von Einnahmenüberschüssen bzw. die Zwischenfinanzierung von Ausgabenüberschüssen genauer erfasst werden, kann es zu einer abweichenden Beurteilung der Vorteilhaftigkeit gegenüber den klassischen Methoden kommen.

Tab. 4: VOFI für die Finanzinvestition ohne Steuern (Standardbeispiel)

VOFI für die Finanzinvestition

	t_0	t_1	t_2	t_3	t_4	t_5
Direkte Zahlungen						
a_0	-8.000					
$ü_t$		400	400	400	400	400
R_n						8.000
Indirekte Zahlungen						
Eigenkapital	8.000					
Fremdkapital	0					
Zinsen FK		0	0	0	0	0
Tilgung		0	0	0	0	0
Reinvestition t_1		-400				
Habenzinsen (4,5%)			18			
Rückzahlung			400			
Reinvestition t_2			-818			
Habenzinsen (4,5%)				37		
Rückzahlung				818		
Reinvestition t_3				-1.255		
Habenzinsen (4,5%)					56	
Rückzahlung					1.255	
Reinvestition t_4					-1.711	
Habenzinsen (4,5%)						77
Rückzahlung						1.711
Endwert	0	0	0	0	0	**10.188**
Kredit nach Tilgung	0	0	0	0	0	0
Annuität	0	0	0	0	0	0
Sollzinssatz langf.	7,5%	7,5%	7,5%	7,5%	7,5%	7,5%
Sollzinssatz Zwischenf.	9,0%	9,0%	9,0%	9,0%	9,0%	9,0%
Guthabenzinsen langf.	5,0%	5,0%	5,0%	5,0%	5,0%	5,0%
Guthabenzinsen kurzf.	4,5%	4,5%	4,5%	4,5%	4,5%	4,5%
VOFI-Rendite	**4,95%**					

4.2.3.3.3 VOFI-Rentabilität als Entscheidungskriterium

Zur Transformation des durch eine absolute Zahl beschriebenen Endvermögens in eine Renditekennziffer stellt sich die Frage, mit welcher Verzinsung das zu Anfang eingesetzte Kapital über die Investitionsdauer zu dem mittels VOFI berechneten Endvermögen anwächst.

Hierbei ist wiederum zu unterscheiden, ob die Rendite ausschließlich bezogen auf das eingesetzte Eigenkapital (Eigenkapitalrendite) oder auf das insgesamt eingesetzte Kapital (Gesamtkapitalrendite) ermittelt werden soll. Da für den Investor insbesondere die Eigenkapitalrendite von entscheidender Bedeutung ist, soll ihre Ermittlung im Folgenden erläutert werden (zur Ermittlung der Gesamtkapitalrentabilität vgl. Grob, S. 140 f.).

Grundlage der Eigenkapitalrendite stellt der Eigenkapitaleinsatz (EK_0) dar, bei dessen Investition in eine Immobilie das per VOFI ermittelte Endvermögen (K_N) erzielt werden kann. Gesucht ist also der Zinssatz r_{VOFI}, der EK_0 mit Zins und Zinseszins in N Jahren auf K_N anwachsen lässt. Mathematisch lässt sich dies wie folgt ausdrücken:

$$EK_0 \times (1 + r_{VOFI})^N = K_N \quad \text{nach einer Umstellung}$$

$$\frac{K_N}{EK_0} = (1 + r_{VOFI})^N \quad \text{folgt durch Radizieren:}$$

$$r_{VOFI} = \sqrt[N]{\frac{K_N}{EK_0}} - 1$$

Für das Basisbeispiel ergeben sich dementsprechend die folgenden Werte:

$$EK0 = 8.000$$

$$N = 5$$

$$KN = 10.250$$

$$r_{VOFI} = \sqrt[N]{\frac{K_N}{EK_0}} - 1 = \sqrt[5]{\frac{10.250}{8.000}} - 1 = 0{,}0508 = 5{,}08\,\%$$

Der Investor erzielt bezogen auf seinen Eigenkapitaleinsatz von 8.000 eine Rentabilität von ca. 5,08 % p. a. Die VOFI-Rendite liegt damit unter dem internen Zinsfuß der Investition. Dies ist dadurch begründet, dass es sich beim internen Zinsfuß in der hier dargestellten Ausprägung um eine Gesamtkapitalrendite und bei der VOFI-Rendite um eine Eigenkapitalrendite handelt. Der Zusammenhang lässt sich auch aus der folgenden Abbildung 7 erklären.

Die Zunahme der VOFI-Rendite bei steigendem Eigenkapitaleinsatz ist ein Ergebnis des negativen Leverage-Effekts. Da die Gesamtkapitalrendite kleiner ist als der Sollzinssatz, steigt die Eigenkapitalrendite mit abnehmendem Fremdkapital.

Die VOFI-Rendite der Finanzinvestition liegt bei 4,95 % und ist damit geringer als die der Immobilieninvestition; daher empfiehlt es sich, die Immobilieninvestition durchzuführen. Damit ergibt sich die gleiche Beurteilung wie anhand des Endvermögen-Kriteriums.

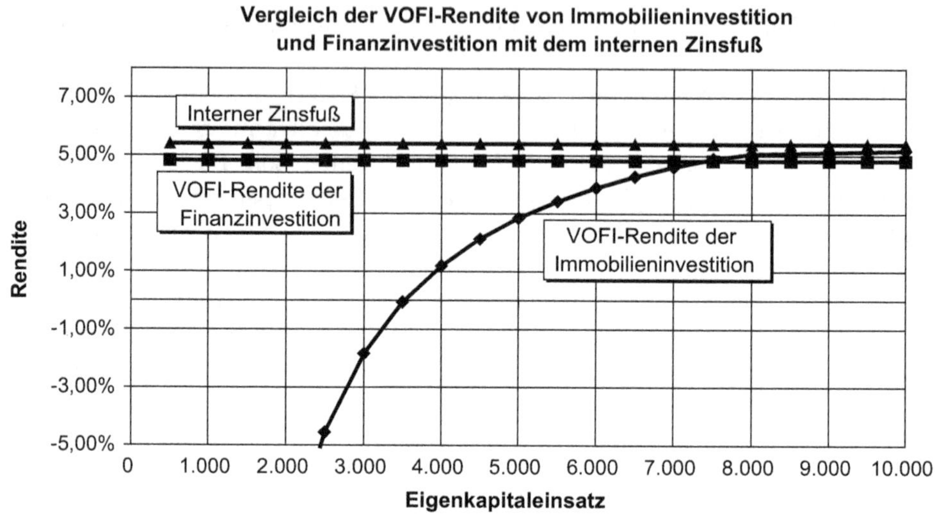

Abb. 7: Interner Zinsfuß und VOFI-Rendite (Quelle: Eigene Darstellung)

Die Ermittlung der VOFI-Rendite ist generell sowohl für Sach- als auch für Finanzinvestitionen möglich. Hinsichtlich ihres Einsatzes sind in der Praxis jedoch folgende drei Problemkonstellationen zu berücksichtigen:

– Die Investition wird ausschließlich mit Fremdkapital finanziert ($EK_0 = 0$).
  In diesem Fall liefert die Formel für die VOFI-Rendite kein Ergebnis, da die Division durch 0 nicht möglich ist. Dieser Fall stellt jedoch kein gravierendes Problem dar, da eine ausschließlich fremdfinanzierte Investition, die ein positives Ergebnis liefert immer eine unendliche Rendite aufweist, sodass sich ein Vergleich alternativer Investitionen über die Rendite in diesem Fall sowieso erübrigt.
– Bei der Investition wird zu mehr als einem Zeitpunkt Eigenkapital eingesetzt.
  Dieser Fall tritt im Bereich von Immobilieninvestitionen beispielsweise bei der Betrachtung von mehrjährigen Projektentwicklungen, dem Erwerb besonders großer Objekte, für die der Preis in mehreren Tranchen gezahlt wird, oder auch dem Erwerb von Anteilen an geschlossenen Immobilienfonds mit einer über mehrere Jahre verteilten Einzahlung auf. Hinsichtlich der Berechnung der VOFI-Rendite stellt sich nun das Problem, dass mittels des zugrunde liegenden VOFIs zwar problemlos das zu erwartende Endvermögen ermittelt werden kann, die Umrechnung in eine Rendite jedoch an den Limitationen der verwandten Formel scheitert, da in dieser lediglich EK_0 berücksichtigt werden kann. Weitere Eigenkapitaleinsätze (EK_1 bis EK_n) können zwar im VOFI abgebildet, nicht jedoch von der VOFI-Renditeformel verarbeitet werden (für eine detaillierte Darstellung

dieser und der nachfolgend dargestellten Problematik sowie einen praxisorientierten Lösungsansatz siehe Ropeter, S. 186 ff.).

- Der Investor tätigt innerhalb des Planungshorizontes Entnahmen.
  Sofern der Investor während der Laufzeit der Investition Entnahmen tätigt, werden Teile des Investitionserfolges vorzeitig realisiert. Die Berechnung des VOFIs ist zwar auch in diesem Fall problemlos möglich, allerdings muss sich der Anwender nun darüber im Klaren sein, dass der Erfolg der Investition in diesem Fall nicht mehr ausschließlich über das erzielte Endvermögen gemessen werden kann. Diese Tatsache schlägt sich auch in der Berechnung der VOFI-Rendite nieder. Es ist zwar mathematisch problemlos möglich, auch in diesem Fall eine VOFI-Rendite zu ermitteln, allerdings ist der ökonomische Inhalt der berechneten Größe äußerst problematisch zu beurteilen, da aufgrund der vorangegangenen Entnahmen wesentliche Erfolgskomponenten in die Berechnung nicht eingegangen sind.

Durch die Transformation des Endvermögens in die VOFI-Rendite steht dem Anwender unter Berücksichtigung der zuvor erläuterten Problemkonstellationen eine einfache Kennzahl zur Verfügung, die einen direkten Vergleich alternativer Investitionsmöglichkeiten erlaubt und damit den seitens der Praxis gestellten Anforderungen an den Informationsgehalt einer Investitionsrechnung gerecht wird, ohne dabei auf eine solide theoretische Fundierung zu verzichten.

4.2.3.3.4 Berücksichtigung von Steuern

Steuerzahlungen des Investors stellen im vollständigen Finanzplan Ausgaben, Steuererstattungen des Finanzamtes dagegen Einnahmen dar. Sie werden in einer Nebenrechnung ermittelt, in der alle für die Besteuerung relevanten Sachverhalte explizit abgebildet sind.

Aufgrund der bereits geschilderten Komplexität des deutschen Steuersystems und der Vielzahl der zu berücksichtigenden Steuerarten gelten auch für die folgenden Ausführungen die vereinfachenden Annahmen zur Besteuerung. Diese Annahmen sind jedoch keineswegs zwingend notwendig, sondern können in einem entsprechend umfangreicheren VOFI vollständig an die reale Situation angepasst werden.

Im Standardbeispiel wird ein Ertragsteuersatz von 50 % angenommen. Die Abschreibung des Objekts erfolgt linear über 20 Jahre. Die Jahresabschreibung beträgt 250 GE. Der Veräußerungsgewinn ist steuerpflichtig.

Das um Steuern erweiterte VOFI-Basiskonzept für die Investitionsalternative ergibt sich aus Tabelle 5.

Die Immobilieninvestition erzielt ein Endvermögen von 9.097; daraus ergibt sich eine VOFI-Rendite von 2,60 % nach Steuern.

Tab. 5: VOFI für die Immobilieninvestition mit Steuern (Standardbeispiel)

VOFI für die Immobilieninvestition mit Steuern

	t_0	t_1	t_2	t_3	t_4	t_5
Direkte Zahlungen						
a_0	-10.000					
$ü_t$		① 540	① 540	① 540	① 540	① 540
R_n						⑤10.000
Indirekte Zahlungen						
Eigenkapital	8.000					
Fremdkapital	2.000					
Zinsen FK		③-150	③-124	③-96	③-67	③-34
Tilgung		-344	-370	-398	-428	-460
Steuerzahlung		-70	-82	-94	-106	-744
Zwischenfinanzierung t1		24				
Sollzinsen			④-2			
Rückzahlung			-24			
Zwischenfinanzierung t2			63			
Sollzinsen				④-6		
Rückzahlung				-63		
Zwischenfinanzierung t3				117		
Sollzinsen					④ -10	
Rückzahlung					-117	
Zwischenfinanzierung t4					188	
Sollzinsen						④ -17
Rückzahlung						-188
Endwert	0	0	0	0	0	**9.097**
Kredit nach Tilgung	2.000	1.656	1.286	888	460	0
Annuität	-494	-494	-494	-494	-494	-494
Sollzinssatz langf.	7,5%	7,5%	7,5%	7,5%	7,5%	7,5%
Sollzinssatz Zwischenf.	9,0%	9,0%	9,0%	9,0%	9,0%	9,0%
Guthabenzinsen langf.	5,0%	5,0%	5,0%	5,0%	5,0%	5,0%
Guthabenzinsen kurzf.	4,5%	4,5%	4,5%	4,5%	4,5%	4,5%

Abschreibungsplan						
AfA-Satz		5%	5%	5%	5%	5%
AfA-Grundlage	5.000	5.000	5.000	5.000	5.000	5.000
AfA-Betrag		② 250	② 250	② 250	② 250	② 250
Buchwert	10.000	9.750	9.500	9.250	9.000	8.750 ⑥

Steuerliche Nebenrechnung						
Mieteinnahmen		540	540	540	540	540
- Abschreibungen		-250	-250	-250	-250	-250
+ Haben-/Sollzinsen		0	-2	-6	-10	-17
- Sollzinsen		-150	-124	-96	-67	-34
+ Veräußerungserlös		0	0	0	0	10.000
- Restbuchwert						-8.750
= Ergebnis vor Steuer		140	164	188	213	1.489
x Steuersatz		50%	50%	50%	50%	50%
= Steuerzahlung		⑦ 70	82	94	106	744

VOFI-Rendite nach Steuern	**2,60%**

Erläuterung

Für die Erfassung der steuerlichen Sachverhalte müssen zusätzlich zum VOFI zwei Nebenrechnungen durchgeführt werden; dabei handelt es sich um den Abschreibungsplan, in dem die Abschreibung und der Restbuchwert der jeweiligen Periode ermittelt werden, und die eigentliche steuerliche Nebenrechnung. Die Beziehungen zwischen diesen Rechnungen werden durch die entsprechenden Pfeile verdeutlicht:

① Zuerst wird der Einnahmenüberschuss der Periode in die steuerliche Nebenrechnung übertragen.

② Danach ist die Abschreibung der jeweiligen Periode dem Abschreibungsplan zu entnehmen und ebenfalls in die steuerliche Nebenrechnung einzustellen.

③ Als nächstes werden die Sollzinsen der Periode aus dem VOFI übernommen.

④ Werden in einer Periode aus der Zwischenanlage von freien Mitteln Guthabenzinsen erzielt, so sind diese ebenfalls zu übernehmen.

⑤ Der Verkauf einer Immobilie aus dem Betriebsvermögen löst eine Steuerpflicht auf den Veräußerungsgewinn aus. Wird in der entsprechenden Periode das Objekt verkauft, so ist der Verkaufserlös in die steuerliche Nebenrechnung einzustellen.

⑥ Zur Ermittlung des Veräußerungsgewinns ist der Verkaufserlös um den Restbuchwert zu vermindern.

Entsprechend den vorangegangenen Vereinfachungen zur Steuerermittlung ergibt sich die Bemessungsgrundlage für die Steuerermittlung aus:

  Mieteinnahmen (Einnahmenüberschuss) ①
\+ Guthabenzinsen ④
\+ ein eventueller steuerpflichtiger Veräußerungsgewinn (⑤ – ⑥)
– Abschreibungen ②
– Sollzinsen ③

Durch Multiplikation der Bemessungsgrundlage mit dem Steuersatz wird die Steuerzahlung bestimmt.

⑦ Die Steuerzahlung wird in den VOFI als indirekte Zahlung eingestellt und vermindert als Ausgabe die für eine Reinvestition zur Verfügung stehenden Mittel. Umgekehrt wirkt eine Steuererstattung aufgrund eines negativen steuerlichen Ergebnisses.

Als VOFI-Rendite nach Steuern ergibt sich in diesem Fall:

$$r_{s\,VOFI} = \sqrt[N]{\frac{K_N}{EK_0}} - 1 = \sqrt[5]{\frac{9.097}{8.000}} - 1 = 0{,}0260 = 2{,}60\,\%$$

Tab. 6: VOFI für die Finanzinvestition mit Steuern (Standardbeispiel)

VOFI für die Finanzinvestition mit Steuern

	t_0	t_1	t_2	t_3	t_4	t_5
Direkte Zahlungen						
a_0	-8.000					
$ü_t$		400	400	400	400	400
R_n						8.000
Indirekte Zahlungen						
Eigenkapital	8.000					
Fremdkapital	0					
Zinsen FK		0	0	0	0	0
Tilgung		0	0	0	0	0
Steuerzahlung		-200	-205	-209	-214	-219
Reinvestition t_1		-200				
Habenzinsen (4,5%)			9			
Rückzahlung			200			
Reinvestition t_2			-405			
Habenzinsen (4,5%)				18		
Rückzahlung				405		
Reinvestition t_3				-614		
Habenzinsen (4,5%)					28	
Rückzahlung					614	
Reinvestition t_4					-827	
Habenzinsen (4,5%)						37
Rückzahlung						827
Endwert	0	0	0	0	0	**9.046**
Kredit nach Tilgung	0	0	0	0	0	0
Annuität	0	0	0	0	0	0
Sollzinssatz langf.	7,5%	7,5%	7,5%	7,5%	7,5%	7,5%
Sollzinssatz Zwischenf.	9,0%	9,0%	9,0%	9,0%	9,0%	9,0%
Guthabenzinsen langf.	5,0%	5,0%	5,0%	5,0%	5,0%	5,0%
Guthabenzinsen kurzf.	4,5%	4,5%	4,5%	4,5%	4,5%	4,5%

Abschreibungsplan						
AfA-Satz		0%	0%	0%	0%	0%
AfA-Grundlage	0	0	0	0	0	0
AfA-Betrag		0	0	0	0	0
Buchwert	0	0	0	0	0	0

Steuerliche Nebenrechnung						
Zinseinnahmen		400	400	400	400	400
- Abschreibungen		0	0	0	0	0
+ Habenzinsen		0	9	18	28	37
- Sollzinsen		0	0	0	0	0
+ Veräußerungserlös		0	0	0	0	0
- Restbuchwert						0
= Ergebnis vor Steuer		400	409	418	428	437
x Steuersatz		50%	50%	50%	50%	50%
= Steuerzahlung		200	205	209	214	219

VOFI-Rendite nach Steuern 2,49%

Das Endvermögen der Finanzinvestition beträgt 9.046 (vgl. Tabelle 6); daraus errechnet sich eine VOFI-Rendite nach Steuern von 2,49 %. Ein Vergleich von Immobilieninvestition und Finanzinvestition zeigt, dass die Investitionsalternative vorzuziehen ist. Damit ergibt sich die gleiche Rangfolge wie im Nicht-Steuerfall.

Da das Endvermögen der Finanzinvestition nach Steuern geringer ist als das Endvermögen der Immobilieninvestition, empfiehlt sich die Vornahme der Immobilieninvestition.

4.2.3.3.5 Fallbeispiel einer Investitionsrechnung anhand des VOFI-Konzeptes

Die Anwendung des VOFI-Konzeptes soll nun am Beispiel eines Bürogebäudes dargestellt werden (vgl. Tabelle 7 bis Tabelle 14). Das Fallbeispiel für Gewerbeimmobilien ist durch die folgenden Daten gekennzeichnet:

- Erwerb einer Gewerbeimmobilie für 44.800.000 Euro,
- Netto-Mieteinnahmen 3.700.000 Euro p. a., nachschüssig,
- auf das Gebäude entfallen 15.000.000 Euro,
- ein Verkauf erfolgt ohne Wertsteigerung nach 10 Jahren,
- Mischfinanzierung (50 % Eigenkapital, 50 % Fremdkapital),
- endfälliger Kredit, Sollzinsfuß 10 %, 10 Jahre Laufzeit,
- Finanzinvestition, Habenzinsfuß 7 % , 10 Jahre Laufzeit.

Aus didaktischen Gründen wurde der Soll-Zinsfuß mit 10 % und für alle Kreditvarianten einheitlich angesetzt, um die Investitionsrechnungen leichter nachvollziehen zu können. Einige zusätzliche Annahmen dienen zur Demonstration, dass auch mit Immobilieninvestitionen verbundene Finanzierungsalternativen anhand von VOFIs gelöst werden können.

1. Der Investor hat die Wahl zwischen einem endfälligen Kredit, einem Annuitätendarlehen und einem Kredit mit freier Tilgung. Die Gesamtsumme aus Zins- und Tilgungszahlungen für das Annuitätendarlehen wurde von der Bank mit 3,559 Mio. Euro pro Jahr ermittelt.
   Die Annuität berechnet sich nach folgender Formel:
   $$\text{Annuität} = \text{Fremdkapital} \times \frac{i(i+1)^n}{(i+1)^n - 1} = 21.869 \times \frac{0{,}1 \times 1{,}1^{10}}{1{,}1^{10} - 1} = 3.559$$
2. Der Investor legt freie Liquidität zu einem Zinssatz von 5 % p. a. für jeweils ein Jahr an.

Es wird im Folgenden angenommen, dass die Gewerbeimmobilie zum Betriebsvermögen zählt und der Ertragsteuersatz 50 % beträgt.

Der VOFI für die Gewerbeimmobilie bei einem endfälligen Kredit ist in Tabelle 7 und Tabelle 8, bei einem Annuitätendarlehen in Tabelle 9 und Tabelle 10 und bei einem Kredit mit freier Tilgung in Tabelle 11 und Tabelle 12 dargestellt. Die Tabelle 13 und Tabelle 14 zeigen den VOFI für die Finanzinvestition.

Tab. 7: VOFI für Gewerbeimmobilie mit Steuern (endfälliger Kredit) Teil 1

	t_0	t_1	t_2	t_3	t_4	t_5	t_6	t_7	t_8	t_9	t_{10}
Direkte Zahlungen											
* a_0	-43.738										
* $ü_t$		3.606	3.606	3.606	3.606	3.606	3.606	3.606	3.606	3.606	3.606
* R_n											43.738
Indirekte Zahlungen											
Kreditaufnahme	21.869										
Eigenkapital	21.869										
Zinsen		-2.187	-2.187	-2.187	-2.187	-2.187	-2.187	-2.187	-2.187	-2.187	-2.187
Steuerzahlung		-410	-435	-461	-487	-514	-542	-571	-600	-630	-3.661
Tilgung		0	0	0	0	0	0	0	0	0	-21.869
Reinvestition t_1		-1.010									
Habenzins 5%			50								
Rückzahlung			1.010								
Reinvestition t_2			-2.044								
Habenzins 5%				102							
Rückzahlung				2.044							
Reinvestition t_3				-3.105							
Habenzins 5%					155						
Rückzahlung					3.105						
Reinvestition t_4					-4.192						
Habenzins 5%						210					
Rückzahlung						4.192					
Reinvestition t_5						-5.307					
Habenzins 5%							265				
Rückzahlung							5.307				
Reinvestition t_6							-6.449				
Habenzins 5%								322			
Rückzahlung								6.449			
Reinvestition t_7								-7.620			
Habenzins 5%									381		
Rückzahlung									7.620		
Reinvestition t_8									-8.820		
Habenzins 5%										441	
Rückzahlung										8.820	
Reinvestition t_9										-10.050	
Habenzins 5%											502
Rückzahlung											10.050
Endvermögen											30.179
Kreditbetrag	21.869	21.869	21.869	21.869	21.869	21.869	21.869	21.869	21.869	21.869	0
Habenzinssatz		5%	5%	5%	5%	5%	5%	5%	5%	5%	5%
Sollzinssatz		10%	10%	10%	10%	10%	10%	10%	10%	10%	10%

Tab. 8: VOFI für Gewerbeimmobilie mit Steuern (endfälliger Kredit) Teil 2

Finanzierungsplan						endfällige Tilgung					
Kreditaufnahme	21.869										
Kreditzinsen	0	-2.187	-2.187	-2.187	-2.187	-2.187	-2.187	-2.187	-2.187	-2.187	-2.187
Kredittilgung	0	0	0	0	0	0	0	0	0	0	-21.869
Kreditstand PE	21.869	21.869	21.869	21.869	21.869	21.869	21.869	21.869	21.869	21.869	0
Abschreibungsplan											
AfA-Satz		4%	4%	4%	4%	4%	4%	4%	4%	4%	4%
AfA-Grundlage	15.000	15.000	15.000	15.000	15.000	15.000	15.000	15.000	15.000	15.000	15.000
AfA-Betrag		600	600	600	600	600	600	600	600	600	600
Buchwert	43.738	43.138	42.538	41.938	41.338	40.738	40.138	39.538	38.938	38.338	37.738
Steuerliche Nebenrechnung											
Mieteinnahmen		3.606	3.606	3.606	3.606	3.606	3.606	3.606	3.606	3.606	3.606
Abschreibung		-600	-600	-600	-600	-600	-600	-600	-600	-600	-600
Habenzinsen		0	50	102	155	210	265	322	381	441	502
Sollzinsen		-2.187	-2.187	-2.187	-2.187	-2.187	-2.187	-2.187	-2.187	-2.187	-2.187
Veräußerungserlös		0	0	0	0	0	0	0	0	0	43.738
Restbuchwert		43.138	42.538	41.938	41.338	40.738	40.138	39.538	38.938	38.338	37.738
Steuerpflichtiger Veräußerungsgewinn		0	0	0	0	0	0	0	0	0	6.000
Steuersatz		50%	50%	50%	50%	50%	50%	50%	50%	50%	50%
Ergebnis vor Steuer		819	870	921	974	1.029	1.084	1.142	1.200	1.260	7.322
Steuerzahlung		**410**	**435**	**461**	**487**	**514**	**542**	**571**	**600**	**630**	**3.661**

EK-Rendite	3,27%

Tab. 9: VOFI für Gewerbeimmobilie mit Steuern (Annuitätendarlehen) Teil 1

	t_0	t_1	t_2	t_3	t_4	t_5	t_6	t_7	t_8	t_9	t_{10}
Direkte Zahlungen											
* a_0	-43.738										
* $ü_t$		3.606	3.606	3.606	3.606	3.606	3.606	3.606	3.606	3.606	3.606
* R_n											43.738
Indirekte Zahlungen											
Kreditaufnahme	21.869										
Eigenkapital	21.869										
Zinsen		-2.187	-2.050	-1.899	-1.733	-1.550	-1.349	-1.128	-885	-618	-324
Steuerzahlung		-410	-458	-509	-562	-616	-673	-732	-793	-857	-3.922
Tilgung		-1.372	-1.509	-1.660	-1.826	-2.009	-2.210	-2.431	-2.674	-2.941	-3.236
Reinvestition t_1		363									
Sollzins 11%			-40								
Rückzahlung			-363								
Reinvestition t_2			814								
Sollzins 11%				-90							
Rückzahlung				-814							
Reinvestition t_3				1.365							
Sollzins 11%					-150						
Rückzahlung					-1.365						
Reinvestition t_4					2.030						
Sollzins 11%						-223					
Rückzahlung						-2.030					
Reinvestition t_5						2.823					
Sollzins 11%							-311				
Rückzahlung							-2.823				
Reinvestition t_6							3.760				
Sollzins 11%								-414			
Rückzahlung								-3.760			
Reinvestition t_7								4.858			
Sollzins 11%									-534		
Rückzahlung									-4.858		
Reinvestition t_8									6.139		
Sollzins 11%										-675	
Rückzahlung										-6.139	
Reinvestition t_9										7.624	
Sollzins 11%											-839
Rückzahlung											-7.624
Endvermögen											31.400
Kreditbetrag	21.869	20.497	18.987	17.327	15.501	13.492	11.282	8.851	6.177	3.236	0
Habenzinssatz		5%	5%	5%	5%	5%	5%	5%	5%	5%	5%
Sollzinssatz		11%	11%	11%	11%	11%	11%	11%	11%	11%	11%

Tab. 10: VOFI für Gewerbeimmobilie mit Steuern (Annuitätendarlehen) Teil 2

Finanzierungsplan	annutiätische Tilgung [finanzmathematisch]										
Kreditaufnahme	21.869										
Kreditzinsen	0	-2.187	-2.050	-1.899	-1.733	-1.550	-1.349	-1.128	-885	-618	-324
Kredittilgung	0	-1.372	-1.509	-1.660	-1.826	-2.009	-2.210	-2.431	-2.674	-2.941	-3.236
Kreditstand PE	21.869	20.497	18.987	17.327	15.501	13.492	11.282	8.851	6.177	3.236	0
Abschreibungsplan											
AfA-Satz		4%	4%	4%	4%	4%	4%	4%	4%	4%	4%
AfA-Grundlage	15.000	15.000	15.000	15.000	15.000	15.000	15.000	15.000	15.000	15.000	15.000
AfA-Betrag		600	600	600	600	600	600	600	600	600	600
Buchwert	43.738	43.138	42.538	41.938	41.338	40.738	40.138	39.538	38.938	38.338	37.738
Steuerliche Nebenrechnung											
Mieteinnahmen		3.606	3.606	3.606	3.606	3.606	3.606	3.606	3.606	3.606	3.606
Abschreibung		-600	-600	-600	-600	-600	-600	-600	-600	-600	-600
Habenzinsen		0	-40	-90	-150	-223	-311	-414	-534	-675	-839
Sollzinsen		-2.187	-2.050	-1.899	-1.733	-1.550	-1.349	-1.128	-885	-618	-324
Veräußerungserlös		0	0	0	0	0	0	0	0	0	43.738
Restbuchwert		43.138	42.538	41.938	41.338	40.738	40.138	39.538	38.938	38.338	37.738
Steuerpflichtiger Veräußerungsgewinn		0	0	0	0	0	0	0	0	0	6.000
Steuersatz		50%	50%	50%	50%	50%	50%	50%	50%	50%	50%
Ergebnis vor Steuer		819	916	1.018	1.123	1.233	1.346	1.464	1.586	1.713	7.844
Steuerzahlung		**410**	**458**	**509**	**562**	**616**	**673**	**732**	**793**	**857**	**3.922**

EK-Rendite	**3,68%**

Tab. 11: VOFI für Gewerbeimmobilie mit Steuern (Kredit mit freier Tilgung) Teil 1

	t_0	t_1	t_2	t_3	t_4	t_5	t_6	t_7	t_8	t_9	t_{10}
Direkte Zahlungen											
* a_0	-43.738										
* $ü_t$		3.606	3.606	3.606	3.606	3.606	3.606	3.606	3.606	3.606	3.606
* R_n											43.738
Indirekte Zahlungen											
Kreditaufnahme	21.869										
Eigenkapital	21.869										
Zinsen		-2.187	-2.086	-1.980	-1.869	-1.752	-1.629	-1.500	-1.365	-1.223	-1.074
Steuerzahlung		-410	-460	-513	-569	-627	-688	-753	-821	-892	-3.966
Tilgung		-1.010	-1.060	-1.113	-1.169	-1.227	-1.288	-1.353	-1.421	-1.492	-10.737
Reinvestition t_1		0									
Sollzins 11%			0								
Rückzahlung			0								
Reinvestition t_2			0								
Sollzins 11%				0							
Rückzahlung				0							
Reinvestition t_3				0							
Sollzins 11%					0						
Rückzahlung					0						
Reinvestition t_4					0						
Sollzins 11%						0					
Rückzahlung						0					
Reinvestition t_5						0					
Sollzins 11%							0				
Rückzahlung							0				
Reinvestition t_6							0				
Sollzins 11%								0			
Rückzahlung								0			
Reinvestition t_7								0			
Sollzins 11%									0		
Rückzahlung									0		
Reinvestition t_8									0		
Sollzins 11%										0	
Rückzahlung										0	
Reinvestition t_9										0	
Sollzins 11%											0
Rückzahlung											0
Endvermögen											31.567
Kreditbetrag	21.869	20.859	19.799	18.686	17.518	16.291	15.002	13.649	12.229	10.737	0
Habenzinssatz		5%	5%	5%	5%	5%	5%	5%	5%	5%	5%
Sollzinssatz		11%	11%	11%	11%	11%	11%	11%	11%	11%	11%

Tab. 12: VOFI für Gewerbeimmobilie mit Steuern (Kredit mit freier Tilgung) Teil 2

Finanzierungsplan					freie Tilgung						
Kreditaufnahme	21.869										
Kreditzinsen	0	-2.187	-2.086	-1.980	-1.869	-1.752	-1.629	-1.500	-1.365	-1.223	-1.074
Kredittilgung	0	-1.010	-1.060	-1.113	-1.169	-1.227	-1.288	-1.353	-1.421	-1.492	-10.737
Kreditstand PE	21.869	20.859	19.799	18.686	17.518	16.291	15.002	13.649	12.229	10.737	0
Abschreibungsplan											
AfA-Satz		4%	4%	4%	4%	4%	4%	4%	4%	4%	4%
AfA-Grundlage	15.000	15.000	15.000	15.000	15.000	15.000	15.000	15.000	15.000	15.000	15.000
AfA-Betrag		600	600	600	600	600	600	600	600	600	600
Buchwert	43.738	43.138	42.538	41.938	41.338	40.738	40.138	39.538	38.938	38.338	37.738
Steuerliche Nebenrechnung											
Mieteinnahmen		3.606	3.606	3.606	3.606	3.606	3.606	3.606	3.606	3.606	3.606
Abschreibung		-600	-600	-600	-600	-600	-600	-600	-600	-600	-600
Habenzinsen		0	0	0	0	0	0	0	0	0	0
Sollzinsen		-2.187	-2.086	-1.980	-1.869	-1.752	-1.629	-1.500	-1.365	-1.223	-1.074
Veräußerungserlös		0	0	0	0	0	0	0	0	0	43.738
Restbuchwert		43.138	42.538	41.938	41.338	40.738	40.138	39.538	38.938	38.338	37.738
Steuerpflichtiger Veräußerungsgewinn		0	0	0	0	0	0	0	0	0	6.000
Steuersatz		50%	50%	50%	50%	50%	50%	50%	50%	50%	50%
Ergebnis vor Steuer		819	920	1.026	1.137	1.254	1.377	1.506	1.641	1.783	7.932
Steuerzahlung		**410**	**460**	**513**	**569**	**627**	**688**	**753**	**821**	**892**	**3.966**

EK-Rendite	**3,74%**

Tab. 13: VOFI für Finanzinvestition mit Steuern Teil 1

	t_0	t_1	t_2	t_3	t_4	t_5	t_6	t_7	t_8	t_9	t_{10}
Direkte Zahlungen											
* a_0	-21.869										
* $ü_t$		1.531	1.531	1.531	1.531	1.531	1.531	1.531	1.531	1.531	1.531
* R_n											21.869
Indirekte Zahlungen											
Kreditaufnahme	0										
Eigenkapital	21.869										
Steuerzahlung		-765	-784	-804	-824	-845	-866	-888	-910	-933	-956
Reinvestition t_1		-765									
Habenzins 5%			38								
Rückzahlung			765								
Reinvestition t_2			-1.550								
Habenzins 5%				78							
Rückzahlung				1.550							
Reinvestition t_3				-2.354							
Habenzins 5%					118						
Rückzahlung					2.354						
Reinvestition t_4					-3.179						
Habenzins 5%						159					
Rückzahlung						3.179					
Reinvestition t_5						-4.024					
Habenzins 5%							201				
Rückzahlung							4.024				
Reinvestition t_6							-4.890				
Habenzins 5%								244			
Rückzahlung								4.890			
Reinvestition t_7								-5.777			
Habenzins 5%									289		
Rückzahlung									5.777		
Reinvestition t_8									-6.687		
Habenzins 5%										334	
Rückzahlung										6.687	
Reinvestition t_9										-7.620	
Habenzins 5%											381
Rückzahlung											7.620
Endvermögen											30.445
Kreditbetrag	0	0	0	0	0	0	0	0	0	0	0
Habenzinssatz		5%	5%	5%	5%	5%	5%	5%	5%	5%	5%
Sollzinssatz		11%	11%	11%	11%	11%	11%	11%	11%	11%	11%

Tab. 14: VOFI für Finanzinvestition mit Steuern Teil 2

Steuerliche Nebenrechnung										
Zinseinnahmen	1.531	1.531	1.531	1.531	1.531	1.531	1.531	1.531	1.531	1.531
Abschreibung	0	0	0	0	0	0	0	0	0	0
Habenzinsen	0	38	78	118	159	201	244	289	334	381
Sollzinsen	0	0	0	0	0	0	0	0	0	0
Veräußerungserlös	0	0	0	0	0	0	0	0	0	0
Restbuchwert	0	0	0	0	0	0	0	0	0	0
Steuerpflichtiger Veräußerungsgewinn	0	0	0	0	0	0	0	0	0	0
Steuersatz	50%	50%	50%	50%	50%	50%	50%	50%	50%	50%
Ergebnis vor Steuer	1.531	1.569	1.608	1.648	1.690	1.732	1.775	1.820	1.865	1.912
Steuerzahlung	**765**	**784**	**804**	**824**	**845**	**866**	**888**	**910**	**933**	**956**

EK-Rendite	**3,36%**

Die Ergebnisse der Berechnungen sind in Tabelle 15 zusammengefasst.

Tab. 15: Zusammenfassung der Ergebnisse Gewerbeimmobilien mit Steuern

Alternativen	Endvermögen	VOFI-Rendite
Immobilieninvestition		
endfälliger Kredit	30.179	3,27 %
Annuitätendarlehen	31.400	3,68 %
freie Tilgung	31.576	3,74 %
Finanzinvestition	30.445	3,36 %

Daraus geht hervor, dass die Immobilieninvestition bei Finanzierung durch einen endfälligen Kredit unvorteilhaft wäre. Im vorliegenden Beispiel erweist sich ein Kredit mit freier Tilgung als optimal; aber auch bei einem Annuitätendarlehen wäre die Immobilieninvestition der Finanzinvestition überlegen.

4.2.4 Ausblick

Die vorstehenden Ausführungen haben gezeigt, dass sich mit dem Konzept der Vollständigen Finanzpläne die Wirtschaftlichkeitsberechnung für Immobilieninvestitionen realitätsnah durchführen lässt. Darin zeigen sich vollständige Finanzpläne den herkömmlichen klassischen Investitionsrechnungsverfahren deutlich überlegen.

Die gestiegene Leistungsfähigkeit der Computertechnik eröffnet in diesem Zusammenhang auch ein Feld, das in diesem Kapitel nur kurz angesprochen wurde, nämlich die Risikoanalyse. Quantifizierbare Investitionsrisiken können durch die Simulation von verschiedenen Zukunftsszenarien wesentlich effizienter dargestellt werden. Moderne Computerprogramme erlauben die Simulation unter der Zuhilfenahme von modellierten Zufallsverteilungen für alle unsicheren Variablen einer Investition.

Nicht behandelt wurden in diesem Kapitel die besonderen Probleme bei Investitionsrechnungen für Sonderimmobilien (vgl. hierzu Busz) und im Rahmen des betrieblichen und öffentlichen Immobilienmanagements; bei letzterem besteht noch erheblicher Forschungsbedarf.

4.3 Beurteilung indirekter Immobilienanlagen

4.3.1 Einführung

Immobilienanlageprodukte sind Finanzierungsvehikel mittels derer Anleger indirekt in Immobilien investieren können. Primäre Ziele der Investoren sind dabei die Abbildung der Performance d.h. die Risiko- und Ertragsstruktur von Immobilien und/oder der Genuss steuerlicher Effekte von Immobilieninvestitionen. Immobilienanlagerprodukte leisten dabei regelmäßig immobilienbezogene und/oder portfoliobezogene Dienstleistungen für die Anleger. Um die Unterschiede von Immobilienanlageprodukten heraus arbeiten zu können, bedarf es moderner finanzierungstheoretischer Ansätze, die in der Lage sind, einerseits zwischen Eigenkapital und Fremdkapital als Finanzierungsform zu differenzieren, die also in der Lage sind, das Irrelevanztheorem der Finanzierung, wie es als Ausdruck der neoklassischen Finanzierungstheorie von Modigliani und Miller 1958 formuliert worden ist, zu überwinden, die andererseits jedoch noch weiter gehen als das Finanzierungspostulat von Williamson von 1988, welches zwar eine Differenzierung von Eigen- und Fremdkapital erlaubt, hingegen nicht in der Lage ist, mezzanine Finanzierungsformen – und als solche können Immobilienanlageprodukte identifiziert werden – zu erkennen.

Wir betrachten in diesem Beitrag offene Immobilienfonds als Publikumsfonds, geschlossene Immobilienfonds als geschlossene inländische Publikums-AIF und REITs als Immobilienanlageprodukte. Spezial-AIF im Bereich der offenen Investmentvermögen sowie geschlossene inländische Spezial-AIF sind den professionellen und semiprofessionellen Anlegern vorbehalten und für Privatanleger nicht zugelassen und finden hier keine Behandlung. Abbildung 8 zeigt die Struktur der Regelung der Anlagevehikel nach dem KAGB auf.

Immobilienaktiengesellschaften werden in diesem Beitrag nicht als Immobilienanlagevehikel erkannt, weil Immobilienaktiengesellschaften letztlich normale Aktiengesellschaften sind und insoweit wirtschaftlich nicht als mezzanine Finanzierungsform, sondern als Eigenkapitalfinanzierung zu betrachten sind, was sich auch in der fehlenden steuerlichen Transparenz dieses Vehikels spiegelt und weil die Aktiengesellschaft selbst nicht ein Immobilienanlageprodukt ist. Sofern Immobilienaktiengesellschaften im Ergebnis aufgrund ihrer Konstruktion steuerlich weitgehend transparent sind und sie sich auch in ihrem Handlungsspielraum begrenzen, können diese Vehikel auch als synthetischer REIT interpretiert werden. Zum 1.1.2007 wurden in Deutschland REITs eingeführt. Wenngleich der Erfolg einerseits aufgrund der Entwicklung der Kapitalmärkte, besonders aber auch wegen der zu behandelnden Konstruktionsfehler (siehe auch Becker et. al. (2005), Sotelo et. al. (2006) sowie Funk/Sotelo (2013)) bislang in dem erhofften Umfang ausgeblieben ist, werden die REITs hier explizit als Immobilienanlageprodukt aufgeführt, nicht zuletzt in der

Hoffnung, dass der Gesetzgeber sich letztlich doch zu einer angemessenen Reform der Deutschen REITs durchringen wird.

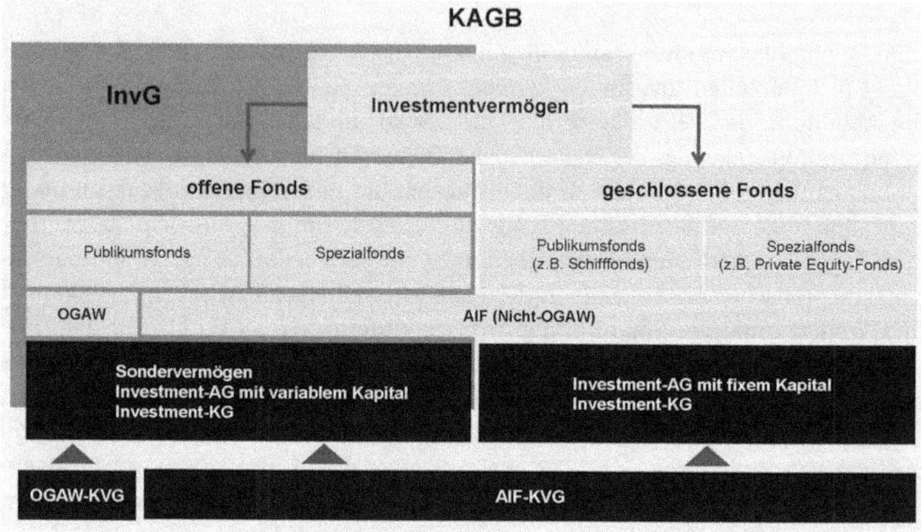

Abb. 8: Das KAGB im Überblick (Quelle: BVI Deutscher Fondsverband)

Sogenannte Private-Equity-Real-Estate-Fonds werden nicht betrachtet, weil hierbei regelmäßig weder die Abbildung einer langfristigen Immobilien-Performance noch die Weiterreichung immobilientypischer steuerlicher Situationen im Vordergrund steht. Vielmehr charakterisieren sich diese Fonds dadurch, dass ein Management mit einem sehr hohen Handlungsspielraum ausgestattet wird, damit es opportunistisch Marktchancen bei Erwerb, Entwicklung und Strukturierung von Immobilienportfolien für die Anleger wahrnehmen kann. Ziel ist die Ausnutzung von Marktunvollkommenheiten, die Arbitrage bzw. die Neustrukturierung von Portfolien und somit eine Performance, die nicht unbedingt jener von Bestandsimmobilien entspricht. Im Rahmen des KAGB werden diese Fonds wohl primär als geschlossene Spezial-AIF ausgebildet werden. Sofern der Handlungsspielraum von Anfang an oder auch ex post deutlich verringert wird, können diese Fonds schließlich ökonomisch als geschlossener Immobilienfonds erfasst werden. Nicht betrachtet werden schließlich Immobilienfinanzierungsformen, die dem Fremdkapital zugeordnet werden können, als da sind Pfandbriefe, andere international übliche Wertpapiere wie Covered Bonds, ABS-Strukturen und CDOs. Wir konzentrieren uns also auf offene Immobilienpublikumsfonds und geschlossene Immobilienfonds, die jeweils einem breitem Publikum angeboten werden und für Privatanleger entsprechend dem KAGB zulässig sind sowie auf REITs.

4.3.2 Theorie der Immobilienanlageprodukte

4.3.2.1 Historischer Abriss der Kapitalstrukturregeln

Immobilienanlageprodukte als mezzanine Finanzierungsformen zu erkennen setzt eine Analyse dessen, was Finanzierung überhaupt ist, voraus. Historisch stellt das Postulat der fristenkongruenten Finanzierung das älteste Finanzierungspostulat dar. Nach diesem Postulat, welches auch als goldene Bank- bzw. Bilanzregel bekannt ist, sind langfristige Anlagegüter mit langfristig zur Verfügung stehenden Mitteln, während kurzfristig gehaltene Vermögensgegenstände (im externen Rechnungswesen findet sich der Begriff des Umlaufvermögens) mit kurzfristig zur Verfügung gestellten Mitteln zu finanzieren.

Aktiva	Passiva
Anlagevermögen	Eigenkapital
Umlaufvermögen	Fremdkapital

Tab. 16: Goldene Bilanzregel (Quelle: Eigene Darstellung)

Insoweit bilanziell gesehen ein Zusammenhang zwischen den Aktiva und den Passiva hergestellt wird, zählt dieses Finanzierungspostulat zu den horizontalen Finanzierungsregeln. In vollkommenen und vollständigen Kapitalmärkten ist die Befolgung dieses Finanzierungspostulats nicht notwendig, als ja – so die Definition vollkommener Märkte – stets finanzielle Mittel für die Finanzierung langfristiger Vermögensgegenstände beschafft werden können. In solchen Märkten besteht kein Refinanzierungsrisiko für Vermögensgegenstände. Der Umstand, dass nicht nur die deutsche Bankenregulierung (z. B. über Grundsatz II KWG) Zusammenhänge zwischen Aktiva und Passiva herstellt, zeigt, dass schon vor Ausbruch der jüngsten Finanzkrise Zweifel an der Vollkommenheit von Kapitalmärkten bestanden.

Die Erarbeitung und die Verfeinerung des als Leverage-Effektes bekannten Finanzierungstheorems befasste Ökonomen und Betriebswirte vom Ende des XIX. bis zur Mitte des XX. Jahrhunderts. Ausgangspunkt und Voraussetzung für den Leverage-Effekt ist, dass Finanzierungsrisiken von den Marktakteuren nicht adäquat bewertet werden, dass also das subjektiv gefühlte Risiko nicht dem objektiven Risiko entspricht. Auch dieser Ansatz findet sich implizit in Regulierungen. So beispielsweise in der Eigenkapitalunterlegung von Krediten durch Banken im Rahmen der Realkreditgrenzen: Ob eine Bank 10 oder 20 % vom Beleihungswert einer Immobilie finanziert, führt zum gleichen prozentualen Hinterlegungssatz für das eigene Eigenkapital, obgleich das Finanzierungsrisiko bei 20-prozentiger Beleihung selbstverständlich doppelt so hoch ist, wie bei einer 10-prozentigen. Der Leverage-Ansatz postuliert also eine optimale Finanzierung im Sinne einer Aufteilung von Eigen- und Fremdkapital und betrachtet dabei ausschließlich die Passivseite der Bilanz, weswegen dieser Ansatz im Gegensatz zur goldenen Bilanzregel auch als vertikale Finanzierungsregel bezeichnet wird. Tabelle 17 zeigt schematisch die Funktionsweise horizontaler gegenüber vertikaler Finanzierungsregeln auf.

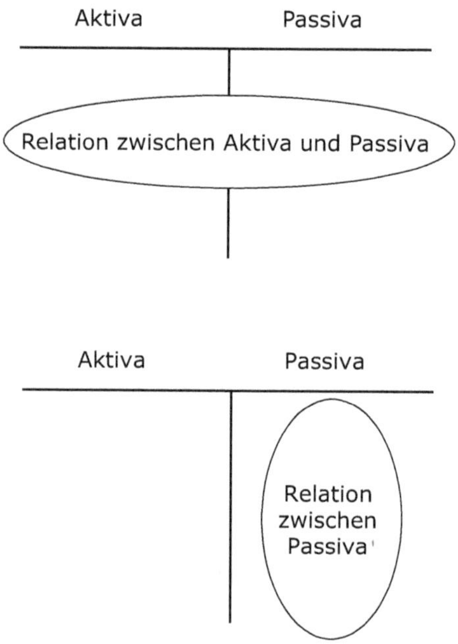

Tab. 17: Horizontale und vertikale Finanzierungsregeln (Quelle: Eigene Darstellung)

Eine optimale Finanzierung nach dem Leverage-Theorem ist also dann gegeben, wenn die Summe der Kapitalkosten aus Eigen- und Fremdkapital minimiert ist. Unterstellt man, dass beispielsweise Fremdkapitalgeber bis 60 % der Beleihung – so auch die Regulierung – keine Risikozuschläge verlangen und z. B. ab 90 % sehr hohe Finanzierungszuschläge verlangen bzw. gar nicht mehr zur Finanzierung bereit sind und nimmt man auch für die Eigenkapitalgeber eine bestimmte lineare oder nicht-lineare Risikowahrnehmung an, dann kann die Finanzierung regelmäßig optimiert werden, was Abbildung 9 beispielhaft darstellt.

Erst im Jahre 1958 zeigten Modigliani und Miller, dass bei der Annahme vollkommener Kapitalmärkte eine Aussage über eine optimale Aufteilung von Eigen- und Fremdkapital gar nicht möglich ist und somit weder die goldene Bilanzregel noch das Leverage-Theorem hilfreich bei der Formulierung einer optimalen Finanzierung sein können. Dieses Theorem, welches auch als MM-Theorem bzw. Theorem der Irrelevanz der Finanzierung bekannt ist, bleibt tautologisch so lange richtig, wie die Kernannahme der effizienten Kapitalmärkte aufrechterhalten wird. Diese Annahme ist nun aber eine solche, welche in einer Vielzahl von Veröffentlichungen belegt und widerlegt worden ist. Und zur Verteidigung der Annahme muss hinzugefügt werden, dass auch eine falsche Annahme zu sinnvollen Ergebnissen führen kann, es ja geradezu Voraussetzung für Theoriebildung und Wissenschaft ist, sinnvolle, wenn auch nicht immer stets vollkommen realistische Annahmen zu treffen.

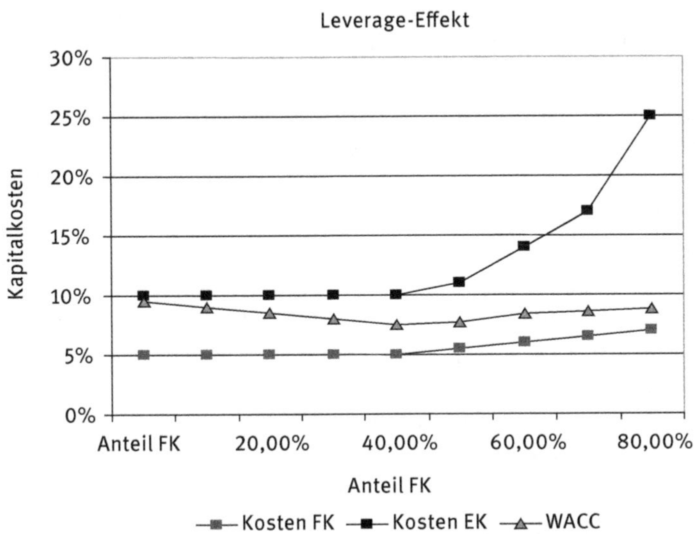

Abb. 9: Finanzierung als Leverage-Effekt (Quelle: Eigene Darstellung)

Die Frage nach impliziten Implikationen, der bereits aus der Klassik wie Neoklassik stammenden Annahme der Markteffizienz hatte bereits im Jahre 1936 Roland Coase in seinem Aufsatz „The Nature of the Firm" aufgegriffen. Wenn, so Coase, Märkte effizient sind, wieso finden wir dann in Marktwirtschaften riesige Konzerne, deren interne Steuerung sich gerade nicht nach Marktprinzipien richtet, sondern über Hierarchien darstellt? Coase lässt die Markteffizienzthese nicht komplett fallen, sondern entwickelt den Begriff der Transaktionskosten. Markt und Hierarchie werden als Organisationsformen und damit Institutionen identifiziert, die jeweils unterschiedliche Transaktionskosten aufweisen. Sind für einen Prozess die Transaktionskosten im Markt geringer, wird sich eine Marktlösung durchsetzen. Sind hingegen die Transaktionskosten der Hierarchie geringer, wird sich diese durchsetzen. „Markt" und „Hierarchie" sind dann zwei gleichberechtigte Organisationsformen, die auch selbst als Institution aufgefasst werden können. Coase konnte mit seinem Ansatz zudem auch hybride Strukturen, wie langfristige Kooperationen zwischen Unternehmen, erklären.

Die sich auf Coase beziehende Neue Institutionenökonomik (NIÖ) postuliert folglich nicht die vollkommene Marktunvollkommenheit, sondern eine beschränkte Marktvollkommenheit, so dass von teilweise effizienten Märkten und einer beschränkten Rationalität gesprochen wird. Neben der Transaktionskostentheorie zählen noch der Property-Rights-Ansatz, z. B. Alchian/Demsetz (1972), die Theorie relationaler Verträge, Richter/Furubotn (2003), S. 263 ff, die Verfassungsökonomik, North (2002) und der Prinzipal-Agenten-Ansatz, Jensen/Meckling (1976) zu den Teilbereichen der NIÖ. Die Annahme der Markteffizienz wird nicht fallen gelassen, weil sie falsch ist, sondern weil mit ihr die eigentliche ökonomische Fragestellung wegdefiniert wird und damit die Annahme nicht nur falsch, sondern insbesondere sinnlos ist. Gerne, Richter/Furubotn (2003), wird auf ein einschlägiges Beispiel der Ballistik aus der Physik verwiesen: Will man den Einschlag einer Kugel berechnen, mag man sinnvoll die offensichtlich falsche Annahme treffen, dass die Masse der Kugel in ihrem geometrischen Mittelpunkt vereinigt ist. Auch mag man falsch, aber sinnvoll annehmen, dass es keinen Luftwiderstand gibt. Würde man jedoch annehmen, dass es keine Gravitation gäbe, so könnte kein Einschlag mehr prognostiziert werden. Es geht also bei der Frage der Markteffizienzthese nicht primär um empirische Evidenz, sondern besonders darum, welche Fragen mit solch einer Annahme überhaupt noch sinnvoll gestellt werden können.

Mit der Aufgabe der Annahme vollkommener Märkte handelt man sich indes zwei Probleme ein: Einerseits kann man nun nicht mehr so klare und monolithische Theorien entwerfen, wie wir sie insbesondere von der Neoklassik gewohnt sind, die bezüglich des Grades ihrer Komplexität und mathematischen Durchdringung häufig mit der modernen Physik mithalten und auch teilweise – wie bei der Optionspreistheorie nach Black/Scholes (1973) – dort mathematische Anleihen nehmen und andererseits laufen die Ansätze der NIÖ Gefahr, sich vor einer Falsifikation zu immunisieren, indem das Maß an Beschränktheit der Rationalität stets den Erfordernissen für das zu erklärende Phänomen angepasst wird. In Deutschland hat insbesondere Dieter Schneider (1995) den institutionenökonomischen Ansatz rekonstruiert und dabei die Institution selbst als Ordnungs- oder Handlungssystem zur Verminderung von Risiken bei der Einkommenserzielung in den Mittelpunkt betriebswirtschaftlicher Betrachtungen gerückt.

Oliver Williamson stellte 1988 erstmals mit seinem Aufsatz „Corporate Finance and Corporate Governance“ den Zusammenhang zwischen der Transaktionskostentheorie als wesentlichen Baustein der NIÖ und der Finanzierung her, indem er die Kategorie der Drittverwendungsfähigkeit von Aktiva einführte. Aktiva, die nicht drittverwendungsfähig sind, werden dabei als spezifische Aktiva bezeichnet. Fremdfinanzierungen erfolgen nach Williamson somit in einer Welt mit Transaktionskosten nur bei gleichzeitiger Sicherheit des Kreditgebers an dem drittverwendungsfähigen Aktiva. Damit vermeidet der Kreditgeber die mit der asymmetrischen Informationsverteilung verbundenen Transaktionskosten der Beobachtung, des

Monitorings des Kreditnehmers weitgehend, weil der Kreditgeber ja stets mittels des finanzierten Aktivums sicher gestellt ist. Weil der Kreditgeber bei Insolvenz des Kreditnehmers aber definitionsgemäß nur mit drittverwendungsfähigen Aktiva etwas anfangen kann, werden spezifische Aktiva, also solche, die nicht drittverwendungsfähig sind, nicht mit Fremdkapital finanziert. Williamson entwickelt so eine horizontale Finanzierungsregel, bei der die Spezifität des finanzierten Vermögensgegenstandes die die Finanzierungsform determinierende neue Kategorie ist. Tabelle 18 stellt das Finanzierungspostulat von Williamson dar.

Aktiva	Passiva
Spezifische Aktiva	Eigenkapital
Unspezifische Aktiva	Fremdkapital

Tab. 18: Finanzierungspostulat von Williamson (Quelle: Eigene Darstellung)

4.3.2.2 Jenseits der Institutionenökonomik: der systemische Finanzierungsansatz

Mit dem Ansatz von Williamson kann die Irrelevanzthese von MM bezüglich Eigen- und Fremdkapital überwunden werden. Auch lassen sich damit eine Reihe von Erklärungen und Vorhersagen über Finanzierungsverhalten machen, angefangen von der hohen EK-Ausstattung von Pharmaunternehmen im Vergleich zu der bei Bauunternehmen bis hin zu Fragen der Verteilung von Wohneigentumsquoten in unterschiedlichen Märkten, Sotelo (2009). Auch die Regelung der offenen Immobilienfonds nach § 231 (1) KAGB, wonach in Ertragsobjekte, also solche, die bezüglich der möglichen Vermietung drittverwendungsfähig sind, investieren soll, erscheint in einem neuen Licht, und zeigt bereits den Fremdkapitalcharakter des Finanzierungsvehikels auf.

Zwar können wir mit Williamson das Eigen- vom Fremdkapital unterscheiden, nicht jedoch das Mezzanine kategorisch erfassen. Interessanterweise ist es gerade der Prinzipal-Agenten-Ansatz, der als konstitutiver Teil der Neuen Institutionenökonomik hilft, die ihr eigene institutionelle Betrachtungsweise zu überwinden. Grundannahme des Prinzipal-Agenten-Ansatzes ist, dass der Prinzipal eine Aufgabe an den Agenten überträgt und zwar seine Resultate, nicht aber seinen Einsatz beobachten kann. Dies folgt logisch aus der Annahme der Existenz von Transaktionskosten in Form z. B. von Kosten des Monitorings. Abbildung 10 verdeutlicht die Situation.

In der institutionenökonomischen Betrachtungsweise wird dieses Problem mit Hilfe von Institutionen bewältigt, indem beispielsweise ein Vertrag zwischen dem Prinzipalen und dem Agenten als Institution eingefügt wird, der dem Agenten Anreize bietet, die Ziele des Prinzipalen zu vertreten. Diese Anreize mögen zwar mit Kosten verbunden sein, doch kann dieser Aufwand für den Prinzipal lohnend sein, wenn damit eher seine Ziele vom Agenten unter Bemühung verfolgt werden. Dieser Vertrag als Institution ist dann in der Schneider'schen Definition in der Lage die Einkommensunsicherheiten beider in Beziehung stehender Akteure zu reduzieren.

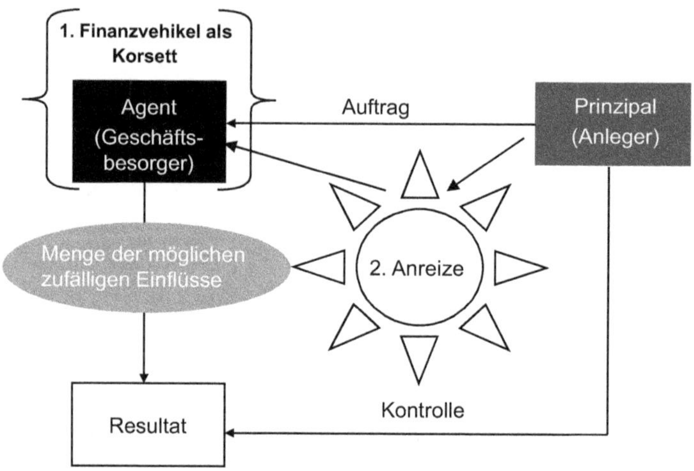

Abb. 10: Das Grundmodell des Prinzipal-Agenten-Ansatzes (Quelle: Eigene Darstellung)

Alternativ und damit den institutionenökonomischen Ansatz überwindend, kann die Beziehung zwischen dem Prinzipalen und dem Agenten selbst betrachtet werden, Sotelo (2006). Der Prinzipal gestaltet seine Beziehung zum Agenten und wird dabei einen Handlungsspielraum für den Agenten definieren. Dieser definierte Handlungsspielraum ist der konstituierende Teil der Finanzbeziehung. Wir können also eine Finanzierung definieren als eine P-A-Beziehung mit beschränktem Handlungsspielraum und damit sowohl die neoklassische Betrachtung von Finanzierung als Zahlungsreihe als auch die Sichtweise der Neuen Institutionenökonomik der Finanzierung als Institution ablösen.

Weil der Handlungsspielraum die entscheidende neue Größe in der Finanzbeziehung darstellt, ist seine präzise Definition unerlässlich: Der Handlungsspielraum einer Finanzbeziehung umschreibt das Spektrum der Verwendungsmöglichkeiten der von dem Prinzipal (Finanzier) an die Agenten (Finanzierte) zur Erfüllung der Aufgaben überlassenen finanziellen Mittel.

Je größer der Handlungsspielraum ist, desto mehr Risiken ergeben sich aus der Prinzipal-Agenten-Beziehung für den Prinzipal, die dieser mit entsprechend höheren Kapitalverzinsungsanforderungen beantwortet. Das damit verbundene Finanzierungspostulat kann wie folgt formuliert werden: Eine Finanzbeziehung ist optimal gestaltet, wenn der Handlungsspielraum möglichst genau der Notwendigkeit zur Aufgabenerfüllung entspricht. Daraus folgt auch, was letztlich aber nur eine Umformulierung darstellt: Wenn verschiedene Aufgaben delegiert werden, die jeweils eines unterschiedlichen Handlungsspielraums bedürfen, dann sind für die unterschiedlichen Aufgaben verschiedene Finanzbeziehungen zu schaffen, weil nicht genutzte, aber vorhandene Gestaltungsspielräume zu unnötig hohen Verzinsungsforderungen der Prinzipale führen. Oder: Ein gegebener Handlungsspielraum ist vom Agenten voll auszuschöpfen, denn bezahlt wird er sowieso.

Ein entscheidender Unterschied zur neoklassischen Finanzierungstheorie besteht darin, dass die Kapitalverzinsungsanforderungen nun nicht mehr von dem Risiko der finanzierten Aktiva, sondern vom Handlungsspielraum der Finanzbeziehung abhängen. Betrachten wir beispielsweise Immobilienanlageprodukte, so können wir schematisch unterschiedliche Handlungsspielräume, wie in Abbildung 11 dargestellt, identifizieren.

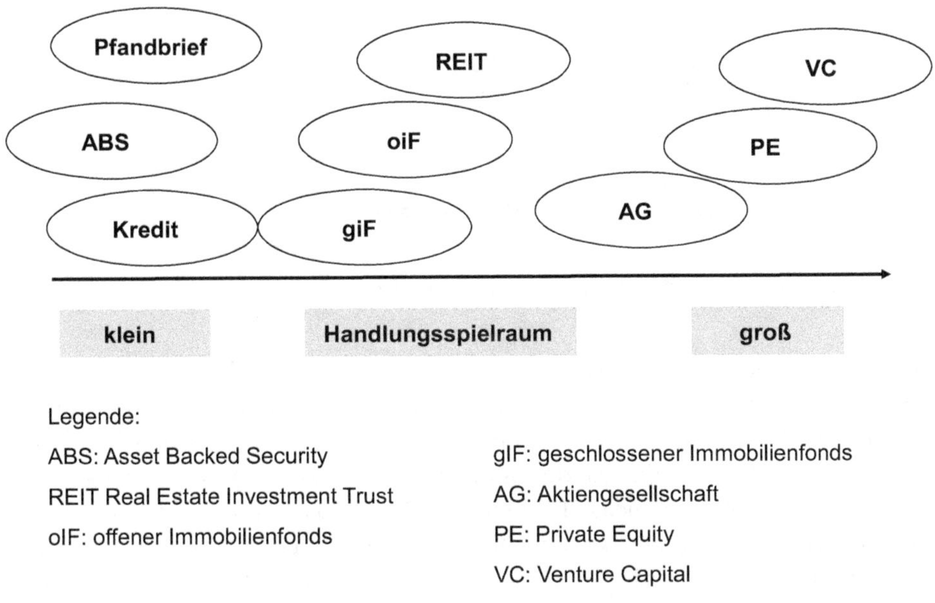

Abb. 11: Schematische Darstellung von Handlungsspielräumen von Immobilienanlageprodukten (Quelle: Eigene Darstellung)

Der Handlungsspielraum determiniert – zunächst unabhängig vom finanzierten Aktivum – die Kapitalkosten, was Abbildung 12 schematisch zeigt.

Damit wird Finanzierung, also die Ausgestaltung der Finanzbeziehung relevant, was einer Überwindung des Irrelevanztheorems von Modigliani und Miller entspricht und zugleich kann mit der Betrachtung von Finanzierung als Beziehung das institutionenökonomische Finanzierungspostulat von Williamson um die mezzaninen Finanzierungsformen erweitert werden. Eigen- und Fremdfinanzierung sind nunmehr die Pole des Spektrums möglicher Finanzbeziehung zwischen Prinzipal und Agent.

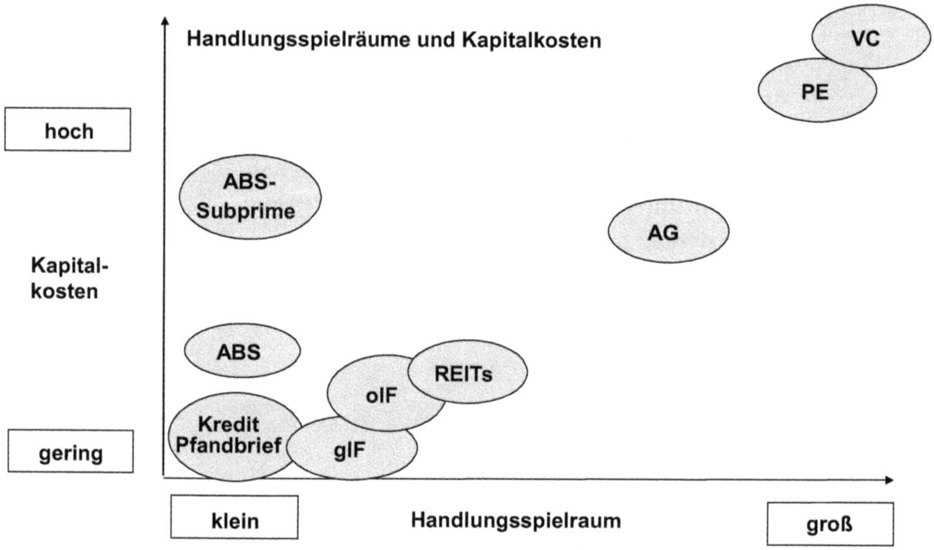

Abb. 12: Handlungsspielraum und Kapitalkosten (Quelle: Eigene Darstellung)

Hingegen erscheint notwendig, nicht nur in einer Fußnote darauf zu verweisen, dass aus dem Zusammenhang zwischen dem Handlungsspielraum und den Kapitalkosten nicht folgt, dass nicht auch andere Faktoren diese beeinflussen können, wie beispielsweise die dem finanzierten Aktivum inhärenten Risiken. Wittgenstein im Tractatus logico-philosophicus (TLP) hierzu: „2.062 Aus dem Bestehen oder Nichtbestehen eines Sachverhalts kann nicht auf das Bestehen oder Nichtbestehen eines anderen geschlossen werden." Die portfoliotheoretischen Überlegungen von Markowitz (1952) behalten einen praktischen Wert, wenn man aus Parten an Finanzbeziehungen ein Portfolio konstruiert.

Vertreter der Institutionenökonomik mögen einwenden, dass mit der Betrachtung von Finanzierung als Beziehung und nicht als Institution ja jenseits einer neuen Terminologie gar nichts neues geschaffen wird. Diese Kritik übersieht zwei Aspekte. Der erste Aspekt ist eher philosophischer Natur. Wenn bei der Finanzbeziehung diese selbst als Institution erfasst wird, dann hätten wir in der Terminologie von Wittgenstein drei Dinge, nämlich den Prinzipalen, den Agenten und die Finanzbeziehung, aber keinen Sachverhalt mehr zwischen dem Prinzipalen und dem Agenten. Wenn man nunmehr, die Institution rettend, eine Beziehung zwischen dem Prinzipal einerseits und dem Agenten andererseits jeweils zur Institution postuliert, dann gelangt man zu jenem infiniten Regress, der exakt dem von Wittgenstein mit der Kettenmetapher gelösten entspricht: TLP 2.03: „Im Sachverhalt hängen die Gegenstände ineinander, wie die Glieder einer Kette." Die Finanzbeziehung selbst ist also kein Ding, keine Institution, sondern die Art und Weise wie Prinzipal und Agent miteinander – wie die Glieder einer Kette – verbunden sind. Der zweite Aspekt ist nicht philosophischer, sondern ökonomischer Natur. Nur mit dem Begriff des Handlungsspielraums einer Finanzbeziehung können die Zwischenformen der Finanzierung zwischen der Form des Eigen- und des Fremdkapitals, die wir regelmäßig als mezzanine Finanzierungsformen bezeichnen, identifiziert werden. Eigen- und fremdkapitalartige Finanzbeziehungen sind nun die beiden Pole des Beziehungsspektrums, welches durch den Handlungsspielraum umschrieben wird. Und der Handlungsspielraum der Finanzbeziehung ergibt sich ja – wenn wir es wieder institutionell betrachten – auch aus dem Zusammenspiel vieler Institutionen wie den unterschiedlichen gesetzlichen und vertraglichen Regelungen. Der Handlungsspielraum selbst ist keine Institution in Sinne der NIÖ und damit auch kein Ding im Sinne Wittgensteins, sondern ein Sachverhalt.

Immobilienanlageprodukte können folglich als mezzanine Finanzierungsformen betrachtet werden, bei denen mittels Beschränkung des Handlungsspielraums die Kapitalkosten reduziert werden. Damit können wir das Mezzanine an den Anlageprodukten genau definieren und erkennen, dass sowohl offene Immobilienfonds als auch geschlossene Fonds über das KAGB und REITs insbesondere über das Verbot des Immobilienhandels sowie über die Vermögens- und Ertragsvoraussetzungen jeweils im Handlungsspielraum beschränkt werden.

Im internationalen Vergleich zeigt sich zudem, dass – von neuen interessanten Varianten wie der Zinsschranke einmal abgesehen – generell Fremdkapital steuerlich transparent ist, während Eigenkapital steuerlich nicht transparent ist, also Kapitalkosten in Form von Zinsen vom Gewinn abgezogen werden können, während die Kapitalkosten des Eigenkapitals in Form von Gewinnen bereits auf der Ebene der Gesellschaft versteuert werden müssen. Es scheint also der Fremdkapitalcharakter der mezzaninen Finanzierung in Form des reduzierten Handlungsspielraums im Zusammenhang zur international üblichen steuerlichen Transparenz von Immobilienanlageprodukten zu stehen. So hat der Fiskus bei beschränktem Handlungsspielraum des Agenten weniger Risiken, wenn er nur den Prinzipalen besteuert (Steuertransparenz). Steigt jedoch der Handlungsspielraum des Agenten, so ist der Fiskus an einer Besteuerung des Vehikels des Agenten selbst interessiert (keine Steuertransparenz). Bei der Einführung von REITs in Deutschland spielte die Frage der steuerlichen Transparenz vor dem Hintergrund der unterschiedlichen Doppelbesteuerungsabkommen (DBAs) und der europarechtlichen Fragestellungen (Mutter-Tochter- und Fusionsrichtlinie) eine entscheidende Rolle. Dabei ist die deutsche Situation historisch dadurch geprägt, dass bis zur Körperschaftssteuerreform von 1999/2000 in Deutschland jede Kapitalgesellschaft insoweit im Ergebnis steuertransparent war, als die von den Unternehmen gezahlte Körperschaftssteuer auf der Ebene der Einkommensteuer voll anrechenbar war. Die Einführung von REITs in Deutschland war für die Finanzverwaltung des Bundes somit ein Rückfall in die alten Zeiten der steuerlichen Transparenz von Eigenkapital, weil der REIT noch nicht als Mezzaninkapital erkannt wurde.

4.3.3 Zusammenhänge zwischen Nutzung und Finanzierung

Die hier betrachteten Immobilienanlageprodukte, der offene Immobilienpublikumsfonds, der geschlossene Fonds und der REIT unterscheiden sich nicht primär aufgrund des Handlungsspielraums. Vielmehr ist der jeweils unterschiedlich reduzierte Handlungsspielraum das Gemeinsame der Anlagevehikel und was ihren mezzaninen Charakter ausmacht. Hierauf gesondert hinzuweisen erscheint sinnvoll, weil von Praktikern oft und gerne der REIT als opportunistischeres Vehikel als der offene Immobilienfonds dargestellt wird, was allerdings der internationalen Erfahrung widerspricht. Während der reduzierte Handlungsspielraum das Gemeinsame der Vehikel ist, gibt es jedoch insbesondere zwischen den offenen Immobilienfonds und den REITs sowie den geschlossenen Fonds andere entscheidenden Unterschiede.

4.3.3.1 Differenzierung der Immobilienanlageprodukte

Der erste Unterschied bezieht sich auf die primären mit dem Anlagevehikel verbundenen Dienstleistungen. Wir können prinzipiell zwischen immobilien- und einer portfoliobezogenen Dienstleistungen unterscheiden. Die immobilienbezogenen Dienstleistungen umfassen alle Aufgaben, die mit der Immobilie direkt im Zusammenhang stehen, wie die Verwaltung, die (Weiter-)entwicklung, etc. und die portfoliobezogene Dienstleistung das eigentliche Portfolio-Management der unterschiedlichen Immobilien zueinander. Abbildung 13 zeigt die Schwerpunkte bei den Dienstleistungen einiger Finanzierungsformen auf.

Selbstverständlich leisten alle drei näher betrachteten Vehikel immobilienbezogene Dienstleistungen, doch leistet der offene Immobilienpublikumsfonds zusätzlich eine portfoliobezogene Dienstleistung. Letzteres setzt voraus, dass offene Immobilienpublikumsfonds in ganz unterschiedlichen Standorten und in verschiedenen Nutzungsarten investiert sind. Der Begriff der Kernkompetenz bei der Verwaltung von Immobilien steht naturgemäß im Widerspruch zu einer breiten Diversifikationsstrategie, insofern – selbstredend – nicht überall und in mehreren

Nutzungsarten eine Kernkompetenz erreicht werden kann. Tatsächlich bevorzugen offene Immobilienpublikumsfonds relativ leicht zu verwaltende Immobilien als da sind Büroimmobilien in sehr guten Lagen, vorzugweise noch in der Variante ‚single-tenant'. Möglicherweise ist auch der Umstand, dass offene Immobilienfonds mit ganz wenigen Ausnahmen nicht in Wohnungsbestände investieren dem relativ hohen Verwaltungsaufwand dieser Nutzungsart zuzuschreiben. REITs investieren dagegen, Sotelo (2013), in der Regel fokussiert und entwickeln immobilienbezogene Kernkompetenz bei bestimmten Nutzungsarten, vorzugsweise bei solchen, die ein hohes Maß an immobilienspezifischem Know-how verlangen. So sind von den 157 per Juni 2013 von NAREIT aufgeführten REITs nur 27 diversifiziert, während 34 auf Büro- und Industrieimmobilien, 35 auf Einzelhandel, 17 auf Hotels und 20 auf Wohnen spezialisiert sind (vgl. NAREIT). Offene Immobilienpublikumsfonds sind hingegen gar nicht für eine Fokussierung geeignet, weil sodann eine Portfolioumschichtung der Anleger direkt auf die Liquidität des Fonds zurückschlagen würde und im negativen Fall die Rücknahme der Zertifikate ausgesetzt werden müsste.

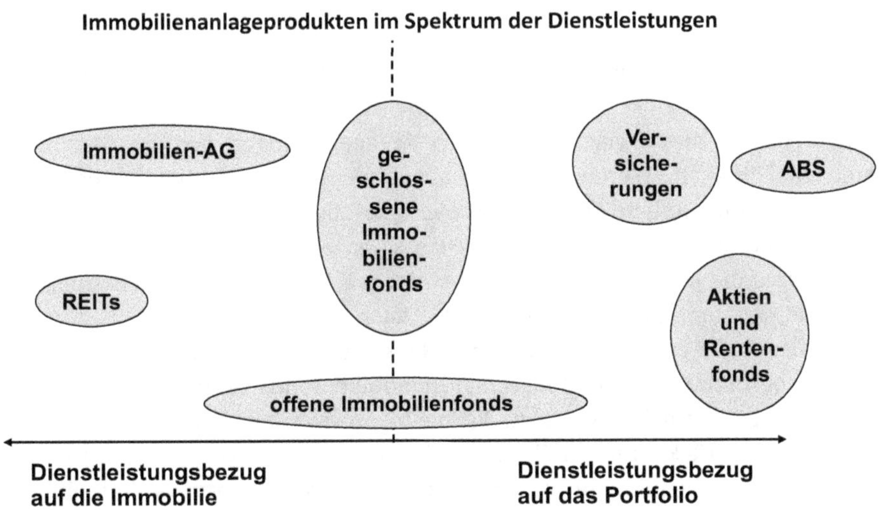

Abb. 13: Immobilien- und portfoliobezogene Dienstleistungen

Weil geschlossene Immobilienfonds in Deutschland regelmäßig in nur ein Objekt investiert haben, fand hier keine portfoliobezogene Dienstleistung statt. Die Neuregelung des KAGB, wonach geschlossene Immobilienfonds, die nicht an professionelle oder semiprofessionelle Zeichner verkauft werden, mindestens in drei Objekte investieren müssen, wird den Umstand, dass dieses Anlagevehikel nicht primär eine portfoliobezogene Dienstleistung erbringt, nicht verändern. Zugleich ist zu beobachten, dass geschlossene Fonds auch häufig in verwaltungsarme Immobilien investieren. Dies mag mit dem nochmals begrenzten Handlungsspielraum begründet sein. Anbieter geschlossener Fonds können nur dann mittels Fonds auch in verwaltungsintensive Objekte investieren, wenn sie über einen Track-Record die Kompetenz dort nachgewiesen haben und glaubhaft im Falle eines Missmanagements eine werthaltige Reputation riskieren.

Anhand der unterschiedlichen Ausrichtung bei den Dienstleistungen zeigt sich auch, dass REITs kein alternatives Produkt zu offenen Immobilienpublikumsfonds sind, sondern diese vielmehr ergänzen können, indem offene Immobilienfonds selbst mittels REITs investieren. Dann könnte die immobilienbezogene Dienstleistung vom REIT und die portfoliobezogene des offenen Fonds so kombiniert werden, dass jedes Vehikel seine komparativen Vorteile ausspielen kann. Der Gesetzgeber hat bislang diese Möglichkeit nur sehr eingeschränkt in § 253 Abs. 1 Nr. 5 KAGB im Rahmen der Liquiditätshaltung ermöglicht. Andererseits können offene Aktienfonds bereits jetzt in REITs vollumfänglich investieren, eine Strategie, die beispielsweise die SEB mit dem SEB Real Estate Equity Global umgesetzt hatte.

4.3.3.2 Das Wertentwicklungspotential als Determinante optimaler Finanzierung

Der zweite Unterschied zwischen den drei Anlagegattungen liegt in der unterschiedlichen Fähigkeit, Wertentwicklung abzubilden. Aufgrund der periodischen Bewertung der Immobilien des Sondervermögens der offenen Immobilienpublikumsfonds und mehr noch, aufgrund der täglichen Formulierung eines Rücknahmekurses durch die jeweilige Verwahrstelle, einem Kurs zu dem der Kleinanleger – sofern die Rücknahme nicht ausgesetzt ist – auch dem Grunde nach bis zum Inkrafttreten des KAGB andienen konnte, war der offene Publikumsfonds sowohl den REITs als insbesondere den geschlossenen Immobilienfonds bei der Abbildung von Wertentwicklung deutlich überlegen. Es bleibt abzuwarten, wie die neuen Einschränkungen der Rücknahme im Zuge der Einführung des KAGB auf das Verhalten der Anleger und schließlich auf das Investitionsverhalten der offenen Immobilienpublikumsfonds wirken werden. Zwar werden auch die Immobilien von REITs sowie aufgrund der Neuregelung des KAGB auch die der geschlossenen Immobilienfonds periodisch bewertet, doch spiegelt der Kurs der Aktie nur langfristig den NAV der Immobilien wider und kann der Anleger beim geschlossenen Immobilienfonds zunächst gar nicht seinen Anteil zu dem festgestellten Wert andienen. Kurz- und auch mittelfristig ist der Kurs eines REITs auch von der Gesamtkapitalmarktsituation geprägt. Ohne steuerliche Vorteile investieren geschlossene Fonds daher regelmäßig nicht in 1a-Lagen.

Schließlich unterscheiden sich die Gattungen auch in der Einkunftsart. Während offene Immobilienfonds und REITs Kapitalerträge generieren, findet sich bei geschlossenen Immobilienfonds regelmäßig die Einkunftsart Vermietung und Verpachtung. Geschlossene Immobilienfonds werden vom Anleger folglich ökonomisch als Wertpapier begriffen, welches eine bestimmte vermeintlich sichere und prospektierbare laufende Rendite erwirtschaftet, bei der der steuerliche Anteil sich finanziell als sichere Einnahme nach Steuern darstellt. Tabelle 19 fasst die drei wesentlichen Unterschiede der drei Typen von Immobilienanlagen zusammen.

Tab. 19: Unterschiede der Immobilienanlageprodukte

Kriterium	**Offene Immobilienpublikumsfonds**	**geschlossene Immobilienfonds**	**REITs**
immobilienbezogene Dienstleistung	gering	meist gering	hoch
Abbildung von Wertentwicklung	mittel bis hoch	gering	Mittel
Weiterreichung von Verlusten bei V + V	nicht gegeben	gegeben	nicht gegeben

Bereits hieraus lassen sich Zusammenhänge zwischen der Nutzung und ihrer jeweiligen optimalen Finanzierung mittels der Vehikel ableiten, was in Tabelle 20 zusammengefasst wird.

Tab. 20: Immobiliennutzungen und Immobilienanlagevehikel[1]

Immobilientyp	**Offene Immobilienfonds**	**Geschlossene Immobilienfonds**	**REIT**
Einkaufen 1a-Lage	geeignet, da Verwaltung gering und Wertentwicklung gegeben	nicht geeignet, da Wertentwicklung abzubilden	bedingt geeignet
Einkaufen B-Lage	bedingt geeignet, da geringe Wertentwicklung	geeignet, da keine Wertentwicklung, lange Mietverträge, verwaltungsarm	geeignet, sofern Kerngeschäft

1 Die Frage der Eignung ist relativ zu den jeweils anderen Vehikeln zu betrachten.

Tab. 20: (fortgesetzt)

Immo-bilientyp	Offene Immobilienfonds	Geschlossene Immobilienfonds	REIT
EKZ ndL	geeignet, da hohes Wertentwicklungs-potential	nicht geeignet, da Wertentwicklung und hoher Verwaltungsaufwand	geeignet, da managementintensiv
EKZ dL	bedingt geeignet, da geringe Wertentwicklung und hoher Verwaltungsauf-wand	bedingt geeignet, da geringe Wertentwicklung und hoher Verwaltungsauf-wand	geeignet, da managementintensiv
Büro ndL	geeignet, da verwaltungsarm, und Wertentwicklung abzubilden	nicht geeignet, da Wertentwicklung abzu-bilden	bedingt geeignet, da viel Wertentwicklung und we-nig Managementaufwand
Büro dL	bedingt geeignet, da keine Wertentwicklung	geeignet, da geringe Risiken und keine Wertentwicklung	geeignet, sofern Kerngeschäft
Wohnen dL	bedingt geeignet, da kein Wertentwicklungs-potential und hoher Ver-waltungsaufwand	geeignet, insbesondere wenn Aspekt der Förderung Verwaltungs-aufwand kompensiert	geeignet, wenn, da management-intensiv
Spezial ndL	geeignet, wegen Wertentwicklung abzubilden, sofern über-schaubare Betreiberrisiken	bedingt geeignet, wenn Steuervorteile Aspekt Verwaltungsaufwand kom-pensieren	geeignet, sofern Kerngeschäft
Spezial dL	nicht geeignet, da kein Wertsteigerungs-potential und hoher Ver-waltungsaufwand	bedingt geeignet, da mittleres Risiko	geeignet, sofern Kerngeschäft

Allein aus der relativen Fähigkeit der Anlagevehikel, Wertentwicklung abzubilden und immobilienbezogene Dienstleistungen zu erbringen, lassen sich Zusammenhänge zwischen der jeweiligen Immobiliennutzung und der jeweils optimalen Verwendung eines Vehikels herleiten.

4.3.4 Tabellarischer Überblick zu den Anlagevehikeln

Die Tabelle 21 (weiterentwickelt aus Bone-Winkel, 1996., S. 675 ff.) gibt einen umfassenden Überblick für die Anlageformen.

Tab. 21: Tabellarischer Überblick zu den Anlagevehikeln

	Offene Immobilien-Publikumsfonds	**Geschlossene Immobilienfonds**	**Deutsche REITs**[2]
Definition und Gesellschaftszweck	Investmentvermögen, die keine OGAW sind, bei denen der Anleger mindestens 1 mal pro Jahr das Recht zur Rückgabe aus dem AIF hat (§ 1 (4) KAGB).	Geschlossene AIF sind alle AIF, die keine offenen AIF sind (§ 1 (5) KAGB).	REIT-Aktiengesellschaften sind Aktiengesellschaften, deren Unternehmensgegenstand sich darauf beschränkt, Eigentum oder dingliche Nutzungsrechte an unbeweglichen Grundvermögen – auch in der Form von Personengesellschaften, jedoch keine Wohnobjekte von vor 2007 zu erwerben und deren Aktien zum Handel an einem organisierten Markt zugelassen sind (§ 1 REITG).
Rechtsform	Das Investmentvermögen ist als Sondervermögen nicht selbst rechtsfähig und wird von einer Kapitalverwaltungsgesellschaft (KVG) für Rechnung der Anleger verwaltet (§ 91 (3) KAGB).	Investmentaktiengesellschaft mit fixem Kapital als AG (§ 140 KAGB) oder geschlossene Investmentkommanditgesellschaft, KG (§ 149 KAGB).	REIT-AG als AG
Konstruktion	Der offene Fonds ist ein Immobilien-Sondervermögen, das von einer Kapitalverwaltungsgesellschaft geführt wird. Eine Verwahrstelle überwacht den Grundstücksbestand und verwahrt die zum Sondervermögen gehörenden liquiden Mittel. Sie gibt auch die Fondszertifikate aus.	Die AG oder KG ist Eigentümer der Grundstücke.	Ein REIT ist eine AG, welche die Voraussetzungen des REITG erfüllt und sich als solche im Handelsregister einträgt (§§ 6, 8, 16 REITG).

2 Da es in Deutschland bislang nur vier REITs gibt und Bestandswohnungen ausgeschlossen sind, beziehen sich die marktbezogenen Aussagen auf dem US-amerikanischen Markt, dem zweifelsohne reifsten REIT-Markt. Die Aussagen bezüglich der Regulierung beziehen sich auf die Situation in Deutschland.

Tab. 21: (fortgesetzt)

	Offene Immobilien-Publikumsfonds	**Geschlossene Immobilienfonds**	**Deutsche REITs**
Emissionsprinzip	Offen (keine Beschränkungen des Zeichnungsvolumens), sofern nicht Verletzung der Anlagegrenzen nach den Liquiditätsvorschriften dieses Abschnitts oder der Vertragsbedingungen droht (§ 255 (1) KAGB).	Geschlossen (Fonds wird bei Zeichnung geschlossen). Kapitalerhöhungen und -herabsetzungen sind möglich.	Stufenweise durch Kapitalerhöhung.
Kapital	Mindestkapital der internen KVG: 300 T€, der externen KVG: 125 T€ (§ 25 (1) KAGB).	Mindestkapital der internen KVG: 300 T€, der externen KVG: 125 T€ (§ 25 (1) KAGB).	Mindestkapital des REIT von 15 Mio. € (§ 4 REITG).
Anteilsscheine	Anteilsscheine, die auf Inhaber oder Namen lauten, erstere sind girosammelverwahrfähig (§ 95 (1) KABG).	Aktien oder Kommanditistenanteile.	Nur stimmberechtigte gleichartige Aktien (§ 5 REITG).
Publizitätspflicht	Jahres-, Halbjahres- und Zwischenberichte gemäß §§ 101–107 KAGB.	Buchführungs- und Bilanzierungspflicht (§§ 238, 242 HBG), sowie Jahresberichte und Offenlegung gemäß § 272 KAGB.	Mind. jährliche Publizität nach § 315a HGB oder § 325a HGB gemäß § 12 REITG.
Haftung des Anlegers	Auf den Anteil beschränkt.	Auf den Anteil beschränkt.	Auf den Anteil beschränkt.
Anlegerschutz	Umfangreiche Schutzvorschriften des KAGB, sowohl zur Publizität, Anlagepolitik und Risikomanagementsystem. Beaufsichtigung durch BaFin. Rating durch Dritte.	Umfangreiche Schutzvorschriften des KAGB, sowohl zur Publizität, Anlagepolitik und Risikomanagementsystem. Beaufsichtigung durch BaFin.	Anlegerschutz durch Börsenaufsicht, Publizität und beschränktem Handlungsspielraum, insb. nach §§ 12, 13 und 14 REITG.
Prospekthaftung	Ja	Ja	Ja
Fungibilität	Rückgabe spätestens alle 12 Monate, erstmals nach 24 Monaten kündbar (§ 255 KAGB). Grandfathering für Kleinanleger, die vor dem 21.07.2013 erworben haben. Sekundärmärkte derweil entwickelt.	Eingeschränkt. Historisch traten Initiatoren oft als Market-Maker für die Fondsanteile auf.	Börsentäglich veräußerlich aufgrund Pflicht zur Börsenzulassung (§ 10 REITG).

Tab. 21: (fortgesetzt)

	Offene Immobilien-Publikumsfonds	**Geschlossene Immobilienfonds**	**Deutsche REITs**
Immobilienbewertung	Mindestens jährlich Bewertung durch externe unabhängige Bewerter (§§ 248–252 KAGB).	Mindestens jährliche Bewertung. (§§ 271 f. KAGB). Auch interne Bewertung ist möglich (§ 216 KAGB).	Jährliche Bewertung der Immobilienbestände zum Zeitwert (IAS 40). Jährlicher Jahresabschluss und Quartalsberichte.
Bewertung der Anteile	Zum Zeitpunkt der Rücknahme, mindestens einmal jährlich sowie bei Veröffentlichung des Ausgabepreises (§ 170 KAGB).	Jährliche Bewertung des Nettoinventarwerts sowie des Wertes des Anteils bzw. der Aktie (§ 271f KAGB).	Börsentägliche Bewertung der REIT-Aktien am Sekundärmarkt.
Interne Verschuldung	Ja, in Höhe von bis zu 30 % des Verkehrswertes der Immobilien (§ 254 KAGB).	Ja, in Höhe bis zu 60 % des Vermögens (§ 263 KAGB).	Ja, muss mindestens 45 % des unbeweglichen Vermögens ausmachen (§ 15 REITG).
Beleihungsmöglichkeit	Ja, lombardfähig wie andere Wertpapiere.	Erschwert, da erhebliche Fremdfinanzierung der Objekte in der Regel bereits vorliegt. Private Anteilsfinanzierung in der Praxis bei Vertrieb auf Grundlagen persönlicher Bonität gegeben.	Ja, lombardfähig wie andere Wertpapiere.
Eckdaten zur Besteuerung	Das inländische Grundstückssondervermögen ist als Zweckvermögen steuertransparent. Das Zweckvermögen ist von der Körperschafts- und Gewerbesteuer befreit. Ertragsteile aus Veräußerungsgewinnen bleiben nach der Spekulationsfrist von 10 Jahren steuerfrei. Ausschüttungen unterliegen der Kapitalertragssteuer mit Abgeltungswirkung. AfA reduziert nicht die Ausschüttung.	Typischerweise Einkünfte aus Vermietung und Verpachtung, wenn Rechtsform der Invest-ment-KG gewählt ist und Fonds als Zebra-Gesellschaft konstruiert ist. Kommanditvermögen kann dann steuerlich Teil des Privatvermögens sein. Erweiterte Kürzung der Gewerbesteuer auf Gesellschaftsebene möglich.	Der REIT ist steuertransparent und folglich von der Körperschaftssteuer und der Gewerbesteuer befreit. Die zu mindestens 90 % auszuschüttenden Gewinne werden vom Anleger mit der Abgeltungssteuer versteuert. Gewinne aus Veräußerungen des REITs können zu 50 % in Rücklage eingestellt werden (§ 13 Abs. 3 REITG). Ausschüttungen unterliegen der Kapitalertragssteuer mit Abgeltungswirkung.

Tab. 21: (fortgesetzt)

	Offene Immobilien-Publikumsfonds	Geschlossene Immobilienfonds	Deutsche REITs
Steuerliche Einkunftsart	Einkünfte aus Kapitalvermögen.	Invest-AG mit fixem Kapital hat Einkünfte aus Kapitalvermögen, die geschl. Inv-KG in der Regel Einkünfte aus Vermietung und Verpachtung.	Einkünfte aus Kapitalvermögen.
Gesetzliche Anlagevorschriften	§§ 231–240, 243, 253f KAGB begrenzen deutlich den Handlungsspielraum der KVG: Leitgedanke ist, dass drittverwendungsfähige Mietertragsobjekte erworben werden können, Risiken der Projektentwicklung beschränkt werden, Objekt vermeintlich geringere Fungibilität sowie Währungsrisiken beschränkt werden, der Fonds liquide bleiben soll, Risikodiversifikation betreibt und der Leverage beschränkt ist.	§ 261 KAGB listet mögliche Anlagen auf, wonach Mobilien und Immobilien sowie Beteiligungen, nicht jedoch Finanzderivate mit spekulativer Zielrichtung erworben werden können. § 262 definiert die Mindestrisikomischung von drei Objekten. Der Handlungsspielraum wird über die Anlagebedingungen nach § 266 KAGB beschränkt.	REITs dürfen grundsätzlich in jede Form von Immobilien mit Ausnahme von Bestandswohnungen, die vor dem 01.01.2007 errichtet worden sind im In- und Ausland, direkt und mittels Personengesellschaften investieren (§§ 1 ,3 REITG). Die Beschränkung des Handlungsspielraums erfolgt einerseits über die Regelung nach § 12 REITG, wonach 75 % des Vermögen unbeweglich sein muss und andererseits über § 14 REITG, wonach das unbewegliche Vermögen maximal zu 50 % in 5 Jahren veräußert werden darf.
Anlagespektrum	Immobilien in erstklassigen oder integrierten City-Lagen der wichtigsten Standorte in Deutschland, Europa, Nordamerika und weltweit, deren Management eher einen beschränktes Know-how verlangt. Nur Gewerbeimmobilien, kaum Wohn- oder Spezialimmobilien, Betreiberimmobilien nur an erstklassigen Standorten mit vertraglich gesichertem Konzept. Mittlere bis sehr große Objektvolumina (je nach Fonds).	Investition in Objekte mit als risikoarm wahrgenommen Erträgen nach Steuern, z. B. Wohnungsbestände, Büro- und Einzelhandelsobjekte mit langfristigen Mietverträgen, steuerorientierte Investitionen.	REITs investieren vorwiegend fokussiert auf eine Nutzungsart, teilweise auch auf Regionen spezialisiert. Aufgrund des Primats der immobilienbezogenen Dienstleistung wird vornehmlich in Immobilien investiert, die ein hohes Know-how verlangen. Übermäßig investiert sind US-REITs in den Bereichen Einzelhandel, insbesondere Einkaufszentren, Mega-Mall, dem Bereich Beherbergung und Wohnen. Büros sind bei REITs nicht überrepräsentiert. Büros in 1a-Lagen sind eher selten.

Tab. 21: (fortgesetzt)

	Offene Immobilien-Publikumsfonds	**Geschlossene Immobilienfonds**	**Deutsche REITs**
	Aufteilung Nutzung per 2012: Büro/Praxen ca. 56 % Handel/Gastronomie ca. 22 % Wohnen ca. 5 % Sonst ca. 18 %		Da es in Deutschland bislang nur vier REITs gibt und Bestandswohnungen ausgeschlossen sind, beziehen sich die Aussagen auf den US-amerikanischen Markt.
Anlage-streuung	Ja, gesetzlich vorgeschrieben. Nach § 243 KAGB gilt eine Einzelgrundstücksobergrenze von 15 % des Sondervermögens. Außerdem gilt, dass der Gesamtwert der Immobilien, die jeweils mehr als 10 % am Fondsvermögen ausmachen, nicht mehr als 50 % des Sondervermögens ausmachen darf. Keine Vorschriften über das Ausmaß der Streuung nach einzelnen Anlageklassen, Nutzungssektoren, Regionen, geschweige denn Korrelationskoeffizienten.	Traditionell boten geschlossene Fonds keine Streuung, da der Fond nur aus einem Investitionsobjekt bestand. Sofern mehrere Objekte in einem Fonds kombiniert wurden, dann regelmäßig nicht aus Gründen der Diversifikation, sondern als opportunistischer blind-pool oder zur steuerlichen Optimierung. § 262 KAGB schreibt eine minimale Risikomischung von mindestens drei Objekten vor. Dieses gilt nicht für semiprofessionelle Anleger, die jeweils mit mind. 20 T€ im Fonds investiert sind.	Die Streuung beschränkt sich regelmäßig auf den fokussierten Bereich des REIT und ist somit beschränkt. REITs sind regelmäßig nicht um Diversifikation besorgt, sondern stellen selbst ein Vehikel zur Diversifikation für institutionelle Investoren dar.
Immobilien-anteil am Fondsver-mögen	Liquiditätsanteil zwischen 5 und 49 % des Sondervermögens (§ 253 KAGB).	Geringe Liquiditätsreserven üblich.	Maximale Liquidität von 25 % (§ 12 (1) REITG).
Eigene Bauprojekte	Ja, beschränkt nach § 231 Abs. 1, Nr. 2 und 3 KAGB dürfen unbebaute Grundstücke, deren unbebauter Wert 20 % des Fondsvolumens ausmacht bebaut werden. In der Praxis wird diese Grenze selten erreicht.	Ja, unbeschränkt. Die Bebauung vor Platzierung ist nur üblich, wenn steuerlich geboten. Dann werden häufig Garantien für die Baurisiken gegeben.	Ja, unbeschränkt. In der Praxis dominiert jedoch der Bestand, zumal ein Trading-Development international und in Deutschland nur sehr eingeschränkt zulässig ist. (§ 14 REITG).

Tab. 21: (fortgesetzt)

	Offene Immobilien-Publikumsfonds	**Geschlossene Immobilienfonds**	**Deutsche REITs**
Beteiligung an Gesellschaften	Beteiligungen an Grundstücksgesellschaften mit dominanter, aber nicht vollständiger Beteiligung dürfen 49 % des Immobiliensondervermögens ausmachen, Minderheitbeteiligungen bzw. Joint-Venture-Beteiligungen können bi zu einem Maximum von 30 % des Immobiliensondervermögens erworben werden (§ 237 KAGB).	Selten (u. U. Gefährdung der Einkunftsart Vermietung und Verpachtung).	Beteiligungen an Immobilienpersonengesellschaften im In- und Ausland sowie an Projektgesellschaften sind unbeschränkt möglich. Beteiligungen an Immobiliendienstleistungsgesellschaften sind auf 20 % der Aktiva beschränkt (§ 12 (1) REITG).
Typische Anlegerzielgruppe	Vehikel für Privatanleger (Kleinanleger).	Vehikel für Privatanleger (Kleinanleger) und teilweise semiprofessionelle Anleger.	Historisch in den U.S.A. für Kleinanleger konzipiert, heute international primär ein Vehikel für institutionelle Investoren, Kapitalsammelstellen wie Pensionskassen, etc.
Performanceziel	Auf langfristigen kontinuierlichen Wertzuwachs mit geringem Risiko des Vermögensverlustes angelegt. Abbildung der Performance verwaltungsarmer Immobilien.	Auf hohe laufende Ausschüttungen ausgerichtet. Steuerliche Vorteile entsprechen sicheren Zahlungen nach Steuern. Syndizierung von Zahlungsströmen aus Mieten, Steuern und Subventionen.	Auf steigende Dividenden und Wertentwicklung ausgerichtet. Abbildung der Performance verwaltungsintensiver Immobilien.
Risikograd	Beschränkte Risiken aufgrund gesetzlicher Regularia, jedoch Risiken der Wertentwicklung und der Aussetzung der Rücknahme.	Beschränktes Risiko, da in der Regel Investitionsrisiken nicht vertriebsfördernd sind. Risiko, dass Annahmen im Prospekt sich als falsch heraus stellen.	Mittlere Risiken aufgrund eingeschränkten Handlungs- und Finanzierungsspielraums bei gleichzeitig mittleren bis hohen Risiken auf der Immobilienseite.
Bequemlichkeit	Mittlere Suchkosten und geringer laufender Managementaufwand für Anleger.	Hohe Suchkosten und geringer laufender Managementaufwand für Anleger.	Mittlere Suchkosten und geringer laufender Managementaufwand für Kleinanleger. Institutionelle Anleger haben Kosten des Monitorings des Managements, etc.

Tab. 21: (fortgesetzt)

	Offene Immobilien-Publikumsfonds	**Geschlossene Immobilienfonds**	**Deutsche REITs**
Anbieter-struktur	40 offene Publikumsfonds geführt von 23 Kapitalverwaltungsgesellschaften per 2013 lt. BVI. Gesellschafter der Kapitalanlagegesellschaft ist in der Regel die Verwahrstelle.	Mit KAGB ist weitere Marktbereinigung und Konsolidierung zu erwarten.	Keine externen Anbieter. Es bestehen per 2013 in Deutschland vier REITs, siehe Marktbedeutung.
Markt-bedeutung	Das gesamte Fondsvolumen lt. Goronczy (2013) der offenen Immobilienpublikumsfonds per 31.12.2013 betrug ca. 81 Mrd. € – davon mit ausgesetzter Rücknahme: ca. 1,4 Mrd. € – davon in Abwicklung: ca. 15 Mrd. €	Bestand lt. BSI (Teilmarkt) ca. € 50 Mrd. im Inland und ca. € 30 Mrd. im Ausland. Schätzung zum Bestandsmarkt per 2010 von BulwienGesa, ca. € 200 Mrd., davon ca. € 40 Mrd. im Ausland (Emissionswerte).	Derzeit in Deutschland nur vier REITs (Marktkapitalisierung des EKs in Mio. € per März 2013)[3] Alstria Office REIT AG (714) Hamborner REIT AG (323) Prime Office REIT AG (181) Fair Value REIT AG (41) Zum Vergleich: EK-Marktkapitalisierung aller Immobilien-AGs: ca. 14 Mrd. €
Vertrieb der Anlagen	Meist über die jeweiligen Bank, die an der KVG beteiligt ist. z. T. auch direkt (Sparprogramme) und über externe Vertriebe.	Vor KAGB-Reform: ca. 40 % Banken-Vertrieb und ca. 60 % Bankenunabhängiger Vertrieb.	Erwerb durch IPOs oder Börse.
Wesentliche Anbieter (Auswahl)	DekaBank Gruppe, Union Investment Gruppe, Commerz Real Investmentgesellschaft DeAWM Gruppe.	WealthCap, DeAWM, Hannover Leasing, Real I.S., MPC Capital, Jamestown.	Siehe Marktbedeutung.

3 http://www.bvi.de/fileadmin/user_upload/Statistik/2013_12_OIF_Status_und_FV.pdf.

4.4 Literatur

Alchian, A.A./Demsetz, H.: Production, Information Cost, and Economic Organization, in: American Economic Review, 1972, S. 777–795.

Altenseuer, B.: Die Preisentwicklung von Wohnimmobilien, München 1995.

Becker, M./Bone-Winkel, S./Meitner, M./Schäfer, A./Sotelo, R./Väth, A./Westerheide, P.: Real Estate Investment Trusts (REITs) – Internationale Erfahrungen und Best Practice für Deutschland, Teil des Abschlussberichts zum Forschungsprojekt 6/04 „Neue Assetklassen im internationalen Vergleich – Private Equity und REITs" für Bundesministeriums der Finanzen, Berlin. Mannheim.

Black, F./Scholes, M.: The Pricing of Options and Corporate Liabilities, in: Journal of Political Economy, 81, 3, S. 637–654.

Bone-Winkel, S.: Immobilienanlageprodukte in Deutschland, in: Die Bank 11/1996, S. 675–677.

Bundesministerium der Justiz und für Verbraucherschutz: Mietpreisbremse und Maklercourtage – Positionen und Informationen zum aktuellen Stand des Reformvorhabens, Berlin 2014.

Busz, P.: Seniorenimmobilien als Investitionsobjekte – Entwicklung und empirische Analyse eines Beurteilungsmodells, in: Schulte, K.-W. (Hrsg.): Schriften zur Immobilienökonomie, Band 25, Köln 2003.

Coase, R. H.: The nature of the firm, in: Economica, N. S. Vol. 4, 1937, S. 386–405, S. 388.

Eßmann, W./Michels, W.: Investitionen in den freifinanzierten Mietwohnungsbau, Münster 1996.

Funk, B./Sotelo, R.: German REITs: Limited Market Dynamics or Future Growth? In: Real Estate Investment Trusts in Europe – Evolution, Regulation, and Opportunities for Growth, Ramón Sotelo /Stanley McGreal (Hrsg.), Heidelberg, New York, et. al., S. 119 ff.

Geier, U./Krass, M.: Eigentumswohnungen als Kapitalanlage: Wohnungsmarktbetrachtungen und Finanzierungsempfehlungen, Wiesbaden 1995.

Grob, H. L.: Einführung in die Investitionsrechnung, 4. Aufl., München 2001.

Haritz, D./Hofmann, A./Wisniewski, T.: Übersicht über die Steuerarten1, in: Usinger, W./Minuth, K. (Hrsg.): Immobilien – Recht und Steuern, Handbuch für die Immobilienwirtschaft, 3., vollst. überarb. u. erw. Auflage, Köln 2004, S. 1105–1226.

Hübl, L./Möller, K. P./Günther, M.: Die Entwicklung des deutschen Wohnungsmarktes bis zum Jahr 2005, Bonn 1995.

Jensen, M. C./Meckling, W. H.: Theory of the firm: managerial behaviour, agency costs and ownership structure, in: Jl. of Financial Economics 3, 1976, S. 305–360.

Kalusche, W.: Projektmanagement für Bauherren und Planer, 3., überarb. Auflage, München 2012.

Kirchner, J.: Vergleich der steuerlichen und direkten Förderung im Mietwohnungsbau, Darmstadt 1994.

Kruschwitz, L.: Investitionsrechnung, 13., aktualisierte Auflage, München 2011.

Lindner-Figura, J.: Geschäfts- und Wohnraummiete, Dauernutzungsrecht, in: Usinger, W./Minuth, K. (Hrsg.): Immobilien – Recht und Steuern, Handbuch für die Immobilienwirtschaft, 3., vollst. überarb. u. erw. Auflage, Köln 2004, S. 679–718.

Markowitz, H. M.: Portfolio Selection, in: Jl. of Finance, 7, 1952, S. 77 ff.

Modigliani, F./Miller, M. H.: The cost of capital, corporate finance, and the theory of investment, in: American Economic Review, 48, 1958, S. 261–297.

NAREIT: REITWATCH, Jan. 2014, S. 34, http://returns.reit.com/reitwatch/rw1401.pdf.

Nixdorf, B.: Verbesserung der Wirtschaftlichkeit von Bauobjekten unter Verwendung von Investitionsrechnungsverfahren, in: Schriftenreihe „Bau- und Wohnforschung" des Bundesministeriums für Raumordnung, Bauwesen und Städtebau, Band 04.089, Bonn 1983.

North, D.C.: Institutions, institutional change and economic performance. Cambridge 2002.

Perridon, L./Steiner, M./Rathgeber, A. W.: Finanzwirtschaft der Unternehmung, 16., überarb. u. erw. Auflage., München 2012.

Platz, J.: Immobilien-Management – Prüfkriterien zu Lage, Substanz, Rendite, Wiesbaden 1989.

Richter, R./Furubotn, E. G.: Neue Institutionenökonomik 3. Aufl., Tübingen 2003.

Ropeter, S.-E.: Investitionsanalyse für Gewerbeimmobilien, in: Schulte, K.-W. (Hrsg.): Schriften zur Immobilienökonomie, Band 5, Köln 1997.

Schneider, D.: Betriebswirtschaftslehre, Bd. 1 Grundlagen, 2. Aufl., München, Wien 1995.

Schneider, D.: Investition, Finanzierung und Besteuerung, 7. Aufl., Wiesbaden 1992.

Schulte, K.-W.: Die richtige Rendite, in: FAZ, 9. Juli 1995, S. 45.

Schulte, K.-W.: Optimale Nutzungsdauer und optimaler Ersatzzeitpunkt bei Entnahmemaximierung, Meisenheim am Glan 1975.

Schulte, K.-W.: Wirtschaftlichkeitsrechnung, 4. Aufl., Heidelberg/Wien 1986.

Sotelo, R./Bone-Winkel, S./Pfeffer, T./Schlump, P./Becker, M.: Bedeutung von nicht-börsengehandelten REITs für den Erfolg von REITs in Deutschland, BFW (Hrsg.), Berlin 2006.

Sotelo, R./Hähndel, K.: Niedrige Eigentumsquote als Wohlstandsindikator – Theorie um empirische Evidenz, in: Wohnungswirtschaft & Mietrecht, 10/12009, S. 567–574.

Sotelo, R.: Regeln schaffen Werte – Rekonstruktion von Finanzierungstheorie als ein Ergebnis der Gegenstandsorientierung der Immobilienökonomie, in: Stand und Entwicklungstendenzen der Immobilienökonomie – Festschrift zum 60. Geburtstag von Karl-Werner Schulte, Stephan Bone-Winkel et. al. (Hrsg.), Köln 2006, S. 41–54.

Sotelo, R.: The Economics of REITs, In: Real Estate Investment Trusts in Europe – Evolution, Regulation, and Opportunities for Growth, Ramón Sotelo/Stanley McGreal (Hrsg.), Heidelberg, New York, et. al, 2013, S. 3 ff.

Weigel, W.: Steuern bei Investitionsentscheidungen: ein kapitalmarktorientierter Ansatz, Universität Frankfurt am Main, Diss. 1989.

Williamson, O.E.: Corporate finance and corporate governance. in: The Jl. of Finance, Vol. CLIII, No. 3, July 1988, S. 567–591.

Wittgenstein, L.: Tractatus logico-philosophicus, Frankfurt am Main.

Verena Rock, Kerstin Hennig*

5 Immobilienmarketing

Inhalt

* In früheren Auflagen dieses Werkes haben auch Kerstin Brade, Michael Bober, Alexander Schmitt und Verena Sturm an diesem Kapitel mitgewirkt. Die Herausgeber danken ihnen für ihren Beitrag zur Entwicklung des vorliegenden Kapitels.

5.1 Immobilienmarketing als ganzheitlicher Ansatz

Immobilienmarketing ist die **Gesamtheit aller systematischen und zielgerichteten Maßnahmen, die zur Vermarktung von Immobilien und/oder immobilienspezifischen Dienstleistungen dienen.** Sämtliche Aktivitäten müssen hierbei in Abhängigkeit von der jeweiligen Zielsetzung, der aktuellen Situation und den Spezifika der jeweiligen Immobilienmärkte mit **einer konsequenten Kundenorientierung** analysiert, geplant, umgesetzt und kontrolliert werden (vgl. Brade, Strategische Marketingplanung S. 39 ff). Die Zielsetzungen können hierbei vielfältig sein: von der kundenorientierten Produktenwicklung, der Planung einer Kommunikationsstrategie, dem gezielten Einsatz immobilienspezifischer Dienstleistungen, der Planung eines Vertriebsnetzes, der produktspezifischen Preisfindung, der Positionierung einer Immobilie bis hin zur Entwicklung einer Immobilienmarke, um nur exemplarisch einige Beispiele zu nennen.

Immobilienmarketing wird vielfach als ein Instrument (miss-)verstanden, auf das zurückgegriffen wird, um kurzfristig Vermarktungserfolge zu erzielen, wenn ein Projekt in Schieflage gerät, oder sich der gewünschte Vermarktungserfolg nicht einstellt. Diese enge Fixierung auf ein instrumentelles Marketingverständnis im Sinne des Einsatzes von Elementen des Marketing-Mix deutet auf einen kurzsichtigen, i. d. R. nicht von Erfolg gekrönten pragmatischen Ansatz hin. Bei einer Immobilie handelt es sich um ein höchst komplexes Investitionsgut, das, um nachhaltig Erfolg am Markt zu erzielen, sorgfältig geplant, entwickelt und platziert werden muss. Eine Immobilie lässt sich bei fehlerhafter Produktgestaltung nicht einfach wieder, wie z. B. ein Konsumgut, vom Markt nehmen. Die Frage, was erfolgreich am Markt platziert werden kann, muss vor dem Ergreifen von Marketingmaßnahmen geklärt sein. Um nachhaltig erfolgreich zu sein, ist eine intensive Auseinandersetzung mit der jeweiligen Zielsetzung angesichts der jeweiligen Marktsituation erforderlich.

Betrachte man die Aufgabe „Vermarktung einer Büroimmobilie" an zwei Beispielen, die auf den ersten Blick vermeintlich ähnlich, bei einer tieferen Betrachtung jedoch grundsätzlich unterschiedlich sind: Die Planung eines Marketingkonzeptes für den Vertrieb eines zu 80 % vermieteten, neu erstellten Büroturms an internationale Investoren unterscheidet sich grundsätzlich von der Marketingkonzeption zur Neupositionierung einer in die Jahre gekommenen Büroimmobilie mit einem Vermietungsstand von 50 %. Während beim ersten Beispiel das Ziel der Vertrieb ist, in diesem Fall der Verkauf an internationale Investoren, sich die Kommunikationspolitik somit ganz klar auf diese Zielgruppe fokussiert, ist die Aufgabe im zweiten Beispiel durchaus komplexer. Die Neupositionierung wird begleitet durch Maßnahmen der Produktpolitik, wie eine Modernisierung und Aufwertung der Flächen, durch eine Zielgruppenanalyse potentieller Mieter mit dem Ziel der Vollvermietung und integrierter Ansprache dieser im Rahmen der Vertriebs- und der Kommunikationspolitik. Bis hin zu weiteren Aufgaben der Kommunikationspolitik, die sich auf die Ziele Bekanntheit sowie Schaffung und Etablierung eines positiven Images konzentrieren. Aus der gleich lautenden Aufgabenstellung „Vermarktung einer Büroimmobilie" ergeben sich zwei komplett unterschiedliche Marketingkonzepte im Hinblick auf die Zielsetzung, Timing, Zielgruppen, Budget und das eingesetzte Marketinginstrumentarium.

- Die Komplexität des Produktes Immobilie und die Vielschichtigkeit der Zielgruppen und -märkte verlangt, dass Immobilienmarketing als ganzheitlicher Ansatz betrachtet wird. Grundvoraussetzung für ein erfolgreiches Marketing ist angesichts der gesetzten Ziele eine saubere Analyse und Planung sowie dezidierte Auseinandersetzung mit der vorgefundenen Situation und möglichen Entwicklungen. Die Marketinginstrumente können nur erfolgreich sein, wenn diese in eine umfassende und **ganzheitliche Marketingkonzeption** integriert sind. Zudem erfordern die einem ständigen Wandel unterworfenen Kundenbedürfnisse und ein anspruchsvolles Wettbewerbsumfeld in der Immobilienwirtschaft eine integrative Abstimmung der Marketingmaßnahmen aller Beteiligten idealerweise über den gesamten Lebenszyklus der Immobilie hinweg. Als Konsequenz ergibt sich für Immobilienunternehmen die Auseinandersetzung mit dem Prozess einer strategischen Marketingplanung.
- Zur gedanklichen Strukturierung lässt sich der **Prozess der strategischen Marketings** vereinfacht in die Phasen der Analyse und Prognose, der Festlegung der Ziele und Strategien, der Durchführung der entsprechenden Maßnahmen bis zur Kontrolle, unterteilen:
- Analyse/Research/Marktforschung.

Der langfristige, nachhaltige Wert einer Immobilie richtet sich nach ihrem Markterfolg im Immobilienzyklus. In der Phase der Vorbereitung gilt es daher, alle Informationen zu generieren, analysieren und interpretieren, die für die Erstellung von Marketing-Strategien notwendig sind (vgl. Malizia, S. 394 ff). Um die Immobilie derart gestalten zu können, dass sie Bedürfnissen potenzieller Kunden auf Dauer gerecht werden kann (Drittverwendungsfähigkeit/Nutzungsflexibilität/Marktgängigkeit), müssen sowohl bei der Ziel- und Strategiefestlegung (**Strategisches Marketing**), als auch bei der Ausgestaltung und dem Einsatz der Marketinginstrumente Erkenntnisse einfließen, die vor Planungsbeginn im Rahmen der **Marktforschung** gewonnen werden. Beispielhaft seien hier genannt die Markt- und Standortanalyse, Wettbewerbsanalyse, Objektanalyse, Kundenanalyse, etc. (siehe Kapitel E.1).

Sowohl das Produkt Immobilie als auch die verschiedenen Interessensgruppen am Immobilienmarkt zeichnen sich durch eine hohe Heterogenität aus. Daher ist

Immobilienmarketing immer ein auf die individuelle Immobilie und deren Zielgruppen zugeschnittenes Konzept. Zur spezifischen Bearbeitung und Minimierung von Streuverlusten sollte der Gesamtmarkt daher in Teilsegmente untergliedert werden. Diese Segmente müssen untereinander heterogen, in sich aber möglichst homogen sein. Ein entsprechendes Vorgehen, in der Literatur als **Marktsegmentierung** bezeichnet, gewährleistet eine gezielte und erfolgswahrscheinliche Ansprache potenzieller Kunden (vgl. Böcker 1994, S. 25).

Ziele und Strategien

Auf den in der Analyse gewonnenen Erkenntnissen wird ausgerichtet auf die Zielsetzung ein Marketingkonzept zur Erreichung der gesetzten Ziele geplant.

Ziele können hierbei bspw. die Erreichung eines bestimmten Vermietungsstandes vor Beginn der Projektentwicklung sein, die Vermietung von Restflächen eines Bestandsgebäudes, die gezielte Ansprache von Investoren für den Verkauf, die (Neu-)Positionierung einer Immobilie, eine Image-/Bekanntmachungskampagne, Stadt-/Quartiersmarketing zur Etablierung eines Standortes etc.

Strategien legen den Weg fest, wie die gesetzten Ziele erreicht werden sollen, z. B. über eine klare Differenzierung zum Wettbewerb (Einzigartigkeit/USP in Qualität, Design etc.), Kostenführerschaft, Konzentrierung auf Schwerpunkte (bestimmte Kundengruppen, Konstruktionsweisen etc.) (vgl. u. a. Bruhn, S. 53; Meffert, S. 22).

- Speziell in der Entstehungsphase einer Immobilie, der Phase der Projektentwicklung, ist eine enge Zusammenarbeit und Strategieabstimmung zwischen Projektentwickler, Vertrieb, dem Objekt-Management und dem Investor (so weit bekannt), unter Berücksichtigung möglicher Nutzeranforderungen, notwendig. Erst anschließend wird der Einsatz der Marketinginstrumente festgelegt.

Durchführung

Zur konkreten Umsetzung der gesetzten Ziele und formulierten Strategien kommen die aus dem Marketing-Mix bekannten **klassischen Marketinginstrumente** zum Einsatz. Zu letzteren werden in der Literatur vor allem die Produkt-, Preis-, Distributions- und Kommunikationspolitik gezählt (vgl. Bruhn; Meffert; Kotler/Keller/Bliemel; Nieschlag/Dichtl/Hörschgen). Nicht nur im Rahmen des Immobilienmarketings hat sich ein weiteres Instrument – die Servicepolitik – zu einem wesentlichen Element des Marketing-Mix entwickelt. Die besondere Komplexität und Langlebigkeit des Produktes Immobilie sowie der damit verbundene Beratungs- und Betreuungsbedarf haben die Servicepolitik längst zu einem festen Bestandteil werden lassen im Rahmen des Immobilienmarketing (vgl. Falk, S. 940 ff.; Brade, S. 69 ff.).

Die Aufgaben der Marketinginstrumente lassen sich in einem Kurzüberblick folgendermaßen charakterisieren:

- **Produktpolitik**: Welches Leistungsprogramm, welche Produkte (Immobilien bzw. Immobiliendienstleistungen) sollen wie gestaltet am Markt angeboten werden?
- **Servicepolitik**: Mit welchen immateriellen Leistungen wird der Absatz des Produktes/der Leistung am Markt begleitet bzw. die Kundenzufriedenheit erhöht?
- **Kommunikationspolitik**: Durch welche kommunikativen Maßnahmen soll auf Kenntnisse, Einstellungen und Verhaltensweisen von Marktteilnehmern eingewirkt werden?
- **Distributionspolitik**: Welche Wege bestehen, um den Endnachfrager mit Leistungen und Produkten zu versorgen?
- **Kontrahierungspolitik**: Zu welchem Preis und sonstigen Bedingungen sollen die Leistungen am Markt angeboten werden?

Die Marketinginstrumente mit den jeweils zugehörigen Handlungsfeldern werden in den Abschnitten E.5.1.1 –E.5.1.5 ausführlich behandelt.

Im Rahmen der konkreten Planung der einzelnen Marketinginstrumente ist besonders deren zeitlicher Einsatz und Integration von Bedeutung. Hierbei ist zu unterscheiden, wann bzw. welche Instrumente in welcher Intensität eingesetzt werden.

Sehr anschaulich lässt sich dieser Zusammenhang am **Beispiel des Produktlebenszyklus einer Immobilie** (vgl. Abbildung 1) darstellen (vgl. zum Lebenszyklus von Immobilien auch Kapitel D.1).

In der **Planungsphase**, d. h. sobald die Idee bzw. Vision eines Immobilienprojektes auf den Tisch kommt, beginnt die Produkt- und Distributionspolitik. Mit der Planung des Gebäudes entstehen erste Vorgaben, welche Zielgruppen als potenzielle Nutzer in Betracht kommen, welche Anforderungen die Zielkunden an das Produkt Immobilie haben und wie die Struktur des Vertriebs aussehen soll, um die Zielgruppen möglichst effizient zu erreichen.

In der **Realisierungsphase** kommen in erster Linie die Instrumente Produkt-, Kontrahierungs-, Kommunikations- und Distributionspolitik zur Anwendung. Nach Fertigstellung und Platzierung der Immobilie am Markt schließt sich die **Nutzungsphase** an. Zu diesem Zeitpunkt darf das Immobilienmarketing im Sinne einer ganzheitlichen Konzeption noch nicht beendet werden, soll die Immobilie langfristig erfolgreich vermarktet sein. Der begleitende Einsatz der Servicepolitik und des Facilities Managements können hierzu einen Beitrag leisten. Maßnahmen im Rahmen der Kommunikationspolitik sollten während der gesamten Lebensdauer einer Immobilie aufrechterhalten werden, um ein in der Realisierungs- und Vermarktungsphase positiv aufgebautes Image langfristig zu fördern und zu erhalten.

In der **Degenerationsphase**, d. h. in der Lebenszyklusphase, in der die Immobilie in ihrem derzeitigen Zustand nicht mehr nutzbar ist, hängt die Art und Intensität der einzusetzenden Marketinginstrumente davon ab, ob es wirtschaftlich sinnvolle Möglichkeiten gibt, das Objekt zu revitalisieren, im aktuellen Zustand zu veräußern, oder ob ein Abriss mit anschließender Neuentwicklung auf dem Grundstück die wirtschaftlichere Alternative darstellt.

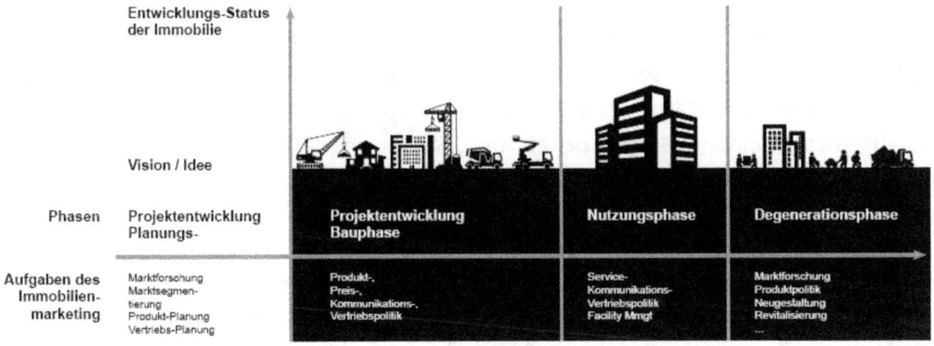

Abb. 1: Marketing im Produktlebenszyklus von Immobilien (Quelle: eigene Darstellung)

Kontrolle

Da sich im Laufe einer Immobilienentwicklung durchaus und manchmal recht schnell die Rahmenbedingungen ändern können, ist ein regelmäßiges Hinterfragen der Passgenauigkeit der gesetzten Ziele und Strategie und damit verbunden des eingesetzten Instrumentariums erforderlich.

Im Sinne eines rollierenden Regelkreisprinzips sollten sämtliche Stufen und Prämissen des Planungsprozesses laufend auf ihre Richtigkeit und Angemessenheit hin überprüft werden (vgl. Böcker, S. 25). Somit bezeichnet Marketing-Controlling den Einsatz und die Verbesserung von Planungs-, Kontroll- und Informationssystemen im Immobilienmarketing-Bereich zur Erhöhung der Kommunikationseffizienz (vgl. Link/Gerth/Voßbeck, S. 14). Im Falle von gravierenden Änderungen im relevanten Kontext der Unternehmung können entsprechende Ziel- und Maßnahmenkorrekturen bei den laufenden und zukünftigen Strategien berücksichtigt werden.

5.1.1 Produktpolitik

5.1.1.1 Konzeption und Gestaltung der Produktpolitik

Die Produktpolitik im Immobilienmarketing umfasst **sämtliche Entscheidungen hinsichtlich der Beschaffung, Entwicklung und Gestaltung eine Immobilie** (vgl. Bruhn, S. 123). Die konkrete Ausgestaltung der Produktpolitik basiert in wesentlichen Teilen auf Erkenntnissen, die durch die Marktforschung gewonnen wurden. Sowohl in Hinblick auf das Zielgruppenprogramm als auch auf die spezifische Objektpositionierung nimmt die Berücksichtigung zielgruppenrelevanter Ergebnisse eine wichtige Stellung ein. Von zentraler Bedeutung ist deshalb, dass nicht allein die technischen Aspekte einer Immobilie im Vordergrund stehen dürfen, sondern vielmehr deren Konzeption und Gestaltung auf die Nutzer- (und ggf. Investoren-)erwartungen abzustellen. Einzig und allein die Nachfrage entscheidet letztlich darüber, ob ein Produkt erfolgreich am Markt bestehen kann oder nicht (vgl. Brade, S. 70). Eine besondere Problematik bei Immobilien liegt im Gegensatz zu vielen anderen Produkten darin, dass der spätere Nutzer in der Phase der Planung und Realisierung meist noch nicht bekannt ist. Spätere Änderungen grundsätzlicher Art am Objekt sind zum Teil nicht mehr oder nur noch mit zusätzlichem Kapitaleinsatz möglich, was aber die Konkurrenzfähigkeit der Immobilie sowie die Unternehmensziele negativ beeinflussen kann.

Vor allem in den Immobilienmarktphasen, die durch ein hohes Angebot und geringe Nachfrage geprägt sind, ist es für den einzelnen Anbieter von existenzieller Bedeutung, dass er ein Produkt anbieten kann, welches sich von der Konkurrenz abhebt und dem Kunden/Nutzer einzigartige Vorteile (Unique Selling Propositions, **USPs**) bietet, wie z. B. außergewöhnlich gute Lage, innovatives Nutzerkonzept, einmalige Gestaltung etc. Diese Aufgabe kommt zum großen Teil der Produktpolitik zu.

Man unterscheidet in der Produktpolitik grundsätzlich zwei Entscheidungsebenen:
- Die **Sortimentspolitik** (auch bekannt als Leistungsprogramm) sowie die
- **Gestaltung des Objektes**, d. h. im vorliegenden Fall die Gestaltung der Immobilie.

Die erste Ebene beschäftigt sich mit dem Zusammenspiel der verschiedenen Produkte eines Geschäftsfeldes, die zweite Ebene mit der konkreten Ausgestaltung der Immobilie.

5.1.1.2 Sortimentspolitik

Die Sortimentspolitik umfasst sämtliche Entscheidungen eines Unternehmens, die mit der Erstellung, Erweiterung oder Eliminierung von Leistungsangeboten in einem Gesamtsystem verbunden sind (vgl. Bruhn, S. 157). Der Gestaltungsspielraum für die Struktur der Produktpolitik wird durch die Breite und Tiefe des Angebotes bestimmt:
- **Sortimentsbreite**: Anzahl unterschiedlicher Produktlinien, z. B. gleichzeitiges Angebot von Wohn-, Gewerbe- und Sonderimmobilien durch einen Projektentwickler oder Makler.
- **Sortimentstiefe**: Anzahl der Einzelprodukte innerhalb eines Sortiments, d. h. im Bereich Wohnimmobilien z. B. Fertighäuser, Ziegelhäuser und Holzhäuser,

oder Einfamilien- und Mehrfamilienhäuser. Weiterhin fallen darunter Überlegungen, ob Objekte als Gesamtes vermarktet, oder in Einheiten aufgeteilt und diese einzeln am Markt platziert werden sollen (z. B. Wohneigentum nach WEG oder Teileigentum bei Gewerbeimmobilien).

Grundsätzlich werden Entscheidungen der Sortimentspolitik durch das eigene Know-how, die finanziellen Ressourcen, die Kapazitätsaspekte und die strategischen Zielsetzungen des jeweiligen Anbieters bestimmt.

Sowohl die Sortimentsbreite als auch die Sortimentstiefe können erweitert oder gestrafft werden. Hierzu stehen mehrere Maßnahmen zur Verfügung:

- **Produktinnovation**, d. h. Entwicklung neuer Produkte. Als Beispiele sind vor allem neuartige Produktkonzepte und Nutzungskonzeptionen zu nennen, wie Fremdkapitalfonds, Nachhaltigkeitsobjekte, kombinierte Hotel-Krankenhäuser (mit hohem Serviceanteil), das Haus ohne Steckdose (Energieautarke Gebäude) etc.
- **Produktelimination** d. h. Herausnahme aus dem Angebot eines Unternehmens. Hier werden Produkte nicht mehr neu am Markt angeboten. Beispielsweise die Entscheidung eines Projektentwicklers, keine Produkte mehr im Bereich des Wohnungsbaus anzubieten, sondern sich gänzlich auf Gewerbeimmobilien zu spezialisieren.
- **Produktdifferenzierung**, d. h. Veränderung bestimmter Eigenschaften bestehender Produkte innerhalb einer Produktlinie. Dazu zählen z. B. Veränderungen in der Bauweise, wie die Verwendung von Holz anstelle von Ziegeln als Baustoff, besondere Berücksichtigung des Energieverbrauchs oder Verzicht auf Unterkellerung, um günstige Eigenheime anbieten zu können.
- **Produktstandardisierung**, d. h. die konsequente Umsetzung standardisierter Verfahren, Konzepte, Arbeitsweisen, Materialien etc. zur Realisierung von Kostenvorteilen. Dies ist im Immobilienbereich häufig anzutreffen, insbesondere bei der Entwicklung von Wohnimmobilien (standardisierte Reihenhäuser), oder auch im Hotelbereich (Entwicklung nach festgelegten Standards).
- **Produktdiversifikation**, d. h. es werden bedarfsverwandte oder sonstige Produkte in das bereits vorhandene Angebotsprogramm aufgenommen. Es entsteht eine neues Strategisches Geschäftsfeld. Hierbei unterscheidet man **horizontale, vertikale und laterale Diversifikation**. Bei der horizontalen Diversifikation werden Produkte im gleichen Tätigkeitsfeld des Unternehmens hergestellt bzw. angeboten. Beispielsweise stellt die Auflage eines Immobilienfonds durch eine Immobilien AG eine Form der horizontalen Diversifikation ihres Angebots dar. Bei der vertikalen Diversifikation werden zum bisherigen Angebot im Wertschöpfungsprozess vor- oder nachgelagerte Produkte hinzugenommen. Bietet ein Bauträgerunternehmen zusätzlich Dienste als Hausverwaltung an, stellt dies eine Form der vertikalen Diversifikation dar. Im Rahmen der lateralen Produkt-

diversifikation besteht kein Zusammenhang zwischen bisherigem und zusätzlichem Angebot. Die Wahl dieser Produktpolitik wird in erster Linie durch Aspekte der Risikostreuung bestimmt.

5.1.1.3 Instrumente der Produktpolitik

Nachdem nun die Struktur der Produktpolitik festgelegt wurde, muss sich das Immobilienunternehmen der Gestaltung des einzelnen Objektes widmen. Die Dimensionen produktpolitischer Entscheidungen sind vielfältiger Art. Im Rahmen des Immobilienmarketing können sie sich auf folgende Punkte beziehen (Brade, S. 70 ff):
- Standortwahl,
- Formen der Akquisition,
- Objektgestaltung und Ausstattung,
- Nutzungsflexibilität,
- Markenpolitik.

5.1.1.3.1 Standortwahl

Die Wahl des Standortes ist für den Erfolg oder Misserfolg einer Immobilie von großer und zentraler Bedeutung. Der Ausspruch von Praktikern „Lage, Lage, Lage" als die drei essenziellen Kriterien für den Erfolg einer Immobilie verdeutlicht letztlich das Credo der Branche bedingt durch die Immobilität von Immobilien.

Standortentscheidungen lassen sich grundsätzlich in folgende Kategorien einteilen:
- national oder international,
- überregional, regional oder lokal,
- zentrale Innenstadt, übriges Stadtgebiet, Stadtrandlage und Peripherie.

Immobilien weisen im Rahmen der Produktpolitik unterschiedliche Standortanforderungen auf. So ist z. B. das Shopping Center auf der grünen Wiese auf eine gute Verkehrsanbindung (ÖPNV und Individualverkehr) angewiesen, Wohnimmobilien hingegen auf die Nähe zu Versorgungseinrichtungen, Schulen etc.

Die Auswahl der jeweiligen Standortkategorie muss entsprechend den strategischen Vorgaben der Unternehmensplanung erfolgen. Die anschließende Identifikation und Wahl eines konkreten Standortes erfolgt unter Zuhilfenahme der Markt- und Standortanalyse, die in Kapitel E.1 ausführlich dargestellt wird. Letztlich ist bei getroffener Standortwahl der Standort das unveränderbare Kriterium und die große Herausforderung ist es eine passende Immobilie mit einem marktgerechten Nutzungskonzept zu entwickeln.

5.1.1.3.2 Formen der Akquisition

Der deutsche Immobilienmarkt zeichnet sich im Gegensatz zu anderen Ländern (z. B. USA) durch eine gewisse Knappheit an Bauland in attraktiven Regionen aus. Eine konsequente Beschaffungspolitik umfasst daher die aktive Suche über Anzeigen, Kontaktpflege zu Behörden und Ämtern, Bauträgern und Architekten, Maklern sowie die Verfolgung von Marktbewegungen wie etwa Betriebsverlagerungen (z. B. Deutsche Post AG).

Anbieter von Immobilien müssen Entscheidungen dahingehend treffen, ob sie neue Objekte entwickeln und realisieren, oder ob sie bereits bestehende Immobilien akquirieren, um sie zu renovieren, revitalisieren oder einer komplett neuen Nutzung zuzuführen. Dementsprechend gibt es zwei grundsätzliche Vorgehensweisen, nämlich die Akquisition von:

- **unbebauten Grundstücken**, mit, oder ohne gesichertem Baurecht für neue Entwicklungen
- **bebauten Grundstücken**, bei denen die vorhandene Bausubstanz erhalten bleibt, bzw. Grundstücken mit Bausubstanz, die aber keiner weiteren Nutzung zugeführt und deshalb abgerissen werden

5.1.1.3.3 Objektgestaltung und Ausstattung

Marktforschung, Marktbeobachtung, Fachwissen und insbesondere Erfahrung stellen notwendige Grundlagen für die konkrete Gestaltung und Ausstattung der geplanten Immobilie dar, um sie entsprechend der gewählten Zielgruppe zu konzipieren und zu realisieren. Es sei hier nochmals erwähnt, dass eine Immobilie nur dann erfolgreich vermarktet werden kann (und dadurch werthaltig ist), wenn konkrete Nutzeranforderungen berücksichtigt werden, und sie sich zudem vom Angebot der Konkurrenz in dem jeweiligen Marktsegment positiv abhebt.

Gestaltungsaspekte sind:

- die **Dimension** bzw. Größenordnung
- und die **Architektur** einer Immobilie.

Dazu zählen die Aspekte Grundstücksgröße und -zuschnitt, Gebäudehöhe und -tiefe sowie Anzahl der Geschosse (GFZ), überbaute Grundstücksflächen (GRZ) und somit entstehende Gesamtfläche (BGF). Die Dimensionierung bzw. Größenordnung einer Immobilie hat bereits entscheidenden Einfluss auf deren mögliche Nutzung und daher auf die Zielgruppen, die mit dem Objekt angesprochen werden können. Je nach Ausprägung der genannten Größen kommen zum Teil unterschiedliche Gesetze oder Vorschriften zur Anwendung, die erheblichen Einfluss auf Architektur, Technik und demzufolge auch auf die Kosten des Objekts haben. Zum Beispiel fallen Gebäude, deren oberste Geschossfußböden die 22 m Höhenlinie überschreiten, unter die Hochhausrichtlinie. Für Hochhäuser gelten besondere bauliche Maßnahmen, wie z. B. doppelte Anzahl an Fluchttreppenhäusern, Feuerwehraufzüge mit eigenen Notstromaggregaten, Sprinkleranlage im gesamten Haus, verdoppelte Feuerwiderstandsklasse für die wichtigsten Bauteile, etc.

Die **Architektur** hat neben dem Entwurf der konstruktiven und technischen Elemente einer Immobilie ebenso **gestalterische Aufgaben (Design)**. Diese reichen über Art, Form und Anordnung der Baukörper und der Außenfassade bis hin zur Aufteilung der einzelnen Flächen im Gebäude und deren Ausstattung. Die genannten Aspekte wirken sich auf die Vermarktungsfähigkeit des Objektes aus, da sie neben der Funktion auch die Wirkung und Ausstrahlung der Immobilie auf den potenziellen Kunden entscheidend beeinflussen. Als Folge dieser Zusammenhänge werden häufig Verknüpfungen zwischen der Architektur, dem Design und der Namensgebung der Immobilie für Positionierungs- und Vermarktungszwecke hergestellt.

Im Rahmen der Produktgestaltung ist neben den genannten Kriterien die **Bauweise der Immobilien** hervorzuheben. Waren bis vor einigen Jahren noch Materialien im Gebrauch, die zwar technisch gute Eigenschaften besaßen, aber nach heutigen Erkenntnissen gesundheitsgefährdend sind (z. B. asbesthaltige Verkleidungen und formaldehydhaltige Holzschutzmittel), so stehen gegenwärtig neben ökonomischen besonders ökologische und gesundheitliche Aspekte im Vordergrund. Beispiele hierfür sind energiesparende Bauweise (erhöhter Wärmeschutz), schonender Umgang mit natürlichen Ressourcen (z. B. Verwendung von Brauchwasser zur Toilettenspülung, Einsatz von Sonnenkollektoren) oder im Bereich von Wohnimmobilien die Reduzierung von Baukosten durch Verwendung günstiger Materialien oder rationeller Bauverfahren (industrielle Vorfertigung).

Die **Qualität einer Immobilie** hat Auswirkungen auf den Angebotspreis des Objektes und somit auch auf die potenziellen Kundengruppen. Qualitätsaspekte können sich sowohl auf die sichtbaren als auch auf die für den Laien nicht sichtbaren Objektbestandteile beziehen. Beispiele für nicht sichtbare Qualitätsaspekte sind die Wärme- und Schallisolierung, Haustechnik, Verarbeitung und Ausführung der Gewerke, Haltbarkeit und Lebensdauer verwendeter Materialien sowie die Pflegebedürftigkeit einzelner Bauteile. Sichtbare Qualitätsaspekte sind z. B. die Gestaltung der Außenfassade, der Grünflächen außerhalb bzw. der Verkehrsflächen innerhalb des Gebäudes und die Ausstattung der einzelnen Einheiten mit sanitären Anlagen, Temperatur- und Lüftungssystemen, Art der Fußböden, Belichtung der Räume, etc. Je nachdem welche Zielgruppe mit dem Objekt angesprochen werden soll, kann die Strategie der Qualitätsführerschaft (hohe Qualität verbunden mit entsprechend hohen Preisen) oder die der Kostenführerschaft (günstige Preise verbunden mit entsprechend einfacherer Qualität) angewendet werden (vgl. Böcker 1994, S. 465 f.).

Die **Schaffung von USPs** ist eine Produktstrategie, um ein Objekt in das Bewusstsein der Öffentlichkeit treten zu lassen. Durch die Dimension (z. B. Mall of America als größtes Einkaufs- und Vergnügungszentrum der Welt), die Geschichte (z. B. Empire State Building als lange Zeit höchstes Gebäude der Welt) oder die Architektur (z. B. Centre George Pompidou in Paris, The Squaire in Frankfurt, The Gherkin in London etc.) kann dem Objekt weltweite Bekanntheit zugetragen werden, was jedoch noch nichts über den wirtschaftlichen Erfolg der Immobilie aussagt.

Die Gestaltung und Ausstattung von Immobilien muss sich an den Nachfragerstrukturen orientieren, wenn sie nicht von vornherein für den Eigenbedarf bestimmt ist, oder es sich um eine Projektentwicklung für einen konkreten Nutzer handelt (nutzerbezogene Projektentwicklung). Nachdem die Wünsche und Vorstellungen der potenziellen Kunden im Zeitablauf Veränderungen unterworfen sind, sollte ein andauernder Anpassungsprozess an die Nachfragerstrukturen erfolgen. Beispielsweise kann ein vor wenigen Jahren erfolgreich realisierter Typ von Wohneinheiten mit speziellen Gestaltungsmerkmalen (z. B. Splitlevel, das sind offen gestaltete Wohneinheiten, die sich über mehrere Ebenen verteilen, die jeweils durch Stufen voneinander getrennt sind) heute schon nicht mehr den Wünschen und Bedürfnissen der Kunden entsprechen.

5.1.1.3.4 Nutzungsflexibilität

Immobilien haben eine zu lange Lebensdauer, als dass nur kurzfristige Erfolgsaspekte berücksichtigt werden dürfen. Bestandsobjekte, die nach mehrjähriger Nutzung wieder auf dem Markt angeboten werden, weil ihre Miet-/Pachtverträge auslaufen bzw. nicht verlängert werden oder durch ihre Eigennutzer verkauft werden sollen, müssen tauglich für eine Drittverwendung sein. Diese Drittverwendungsfähigkeit sollte vor allem bei Objekten eingeplant werden, die entsprechend spezieller Nutzeranforderungen ausgestaltet werden, aber nicht die gesamte Lebensdauer an diesen gebunden sind. Beispielsweise sollte es möglich sein, Flächen in einer Gewerbeimmobilie, die aktuell durch ein Kino belegt sind, später im Rahmen vertretbarer Umbaumaßnahmen in Laden-, Gastronomie- oder Büroflächen umzuwidmen. Flexibilität wird für sämtliche Flächen im Objekt gefordert. Gemeint sind flexible Flächenaufteilungen innerhalb der jeweiligen Einheiten bis zur flexiblen Raumaufteilung ganzer Gebäudeetagen. Dieser Aspekt ist auch unter dem Gesichtspunkt der Flächenexpansion vorhandener Nutzer zu sehen. Für diese Gruppe wäre es vorteilhaft, über die Möglichkeit zu verfügen, sich auf benachbarte Flächen auszudehnen, um langfristig in dem Objekt bleiben zu können. Der Anschluss an die zusätzlichen Flächen sollte ohne große Nutzungsausfälle, bei vertretbaren Kosten und unter raumökonomischen Gesichtspunkten durchführbar sein.

5.1.1.3.5 Markenpolitik

Insbesondere in nachfragerdominierten Märkten (Mieter- bzw. Käufermarkt) und in einer Zeit der „Inflation von Produkten und Marken“ (Esch, 2010, S. 25) sind besondere Maßnahmen erforderlich, um sich mit seinem Produkt von Konkurrenzprodukten abzuheben. Eine klassische Vorgehensweise, die mittlerweile auch in der Immobilienbranche Verwendung findet, ist die konsequente Verfolgung einer Markenpolitik. Ziele der Markenpolitik sind in erster Linie die **Bekanntmachung, Abgrenzung** und **frühzeitige Positionierung** des Projektes/Objektes am Markt. Eine Marke ist ein Name, Begriff, Zeichen, Symbol, oder eine Kombination aus diesen Bestandteilen zum Zwecke der Kennzeichnung der Produkte oder Dienstleistungen eines Anbieters oder einer Anbietergruppe und der Differenzierung gegenüber Konkurrenzangeboten (vgl. Kotler/Keller/Bliemel, S. 509).

Zunächst ist es die Aufgabe der Markenpolitik, auf zwei wesentlichen Ebenen strategische Entscheidungen zu treffen (vgl. Kotler/Keller/Bliemel, S. 519; Meffert, S. 375):
- Ausgestaltung der Marke,
- Markenstruktur bzw. -architektur.

Auf Ebene der **Marke** an sich ist ein wichtiger Bestandteil der Immobilienmarkenstrategie die konkrete Gestaltung, die sog. Markierung der Marke. Bildmarken, d. h. Logos, haben eine große Bedeutung; allerdings nimmt die Namensgebung bei der Markenfindung einen besonderen Stellenwert ein. Aus diesem Grund sollen im Folgenden konkrete Hinweise zur Namensfindung gegeben werden.

Der **Name** ist der verbal wiedergebbare Teil der Positionierung des Objektes. Er sollte unverwechselbar, einprägsam und leicht aussprechbar sein sowie positive Produktassoziationen bewirken (vgl. Kotler/Bliemel, S. 509 ff.). Grundsätzliche **Möglichkeiten der Namensgebung** sind:
- **Informativ bzw. deskriptiv:** Hierzu gehören Aussagen über den Standort, die Zweckbestimmung oder die Philosophie des Objektes. Beispiele dafür sind „MesseTurm", oder „OpernTurm" bzw. „MAIN-Tower" (Frankfurt), „Unter den Linden 1", „Friedrichstadtpassagen" (Berlin) und „Gateway Gardens – Gateway to Europe" (Stadtquartier mit großem Park am Frankfurt International Airport).
- Beschreibung von **Gebäudestrukturen** oder **typischer Merkmale**, wie z. B. „Die Welle" und „Tower 185" in Frankfurt (Die Welle steht für die wellenartige Form des Gebäudes, 185 für die Höhe des Turms), „La Grande Arche" in Paris la Défense (der Name nimmt Bezug auf die Gebäudeform als Torbogen).
- **Personifizierung** oder Verwendung des Namens einer Unternehmung, wie z. B. „Trump-Tower" und „Rockefeller Center" (beide in New York), „Lloyds Building" (London), „Sony-Center" (Berlin) oder „Allianz Arena" (München).

Bei der Namensgebung sollte beachtet werden, dass dieser keine Fehlinterpretationen zulässt bzw. es zu keinen Verwechslungen mit konkurrierenden Objekten kommt. Bei internationalen Vermarktungsstrategien wird von dem Namen des Objektes erwartet, dass dieser ohne Probleme in den jeweiligen Fremdsprachen beibehalten werden kann und keine unerwünschten Assoziationen möglich sind.

Weiterer Bestandteil der Markenpolitik einer Immobilie oder eines Immobilienunternehmens ist die **Entwicklung eines Markenzeichens bzw. Logos und/oder Slogans**. Das Logo stellt die visuelle, d. h. erkennbare Darstellung charakteristischer Merkmale der Immobilie, des Namens oder Teile davon in werbewirksamer, ansprechender und einprägsamer, jedoch nicht verbal wiedergebbarer Form dar (vgl. Kotler/Keller/Bliemel, S. 509). Grundlagen zur Entwicklung eines Logos werden häufig durch die Architektur bzw. die gestalterischen Aspekte einer Immobilie vorgegeben (z. B. die drei roten Säulen für den Tower 185). Der Slogan wird häufig durch die Hauptmerkmale der Immobilie bzw. das Kerngeschäftsfeld des Immobilienunternehmens geprägt (z. B. Corpus Sireo, „The Real Estate People"). Zur Anwendung kommen Name, Markenzeichen und Slogan vor allem bei kommunikativen Maßnahmen, die in Abschnitt E.5.3 weitergehend beschrieben werden.

Auf Ebene der **Markenstruktur bzw. -architektur** wird entschieden, wie Produkte und Marken im Sortiment (sofern es sich nicht um die Einzelimmobilie handelt) strukturiert und verknüpft werden sollen. Die **Kompetenzbreite** einer Marke gibt an, wie viele Produkte unter einer Marke geführt werden (vgl. Becker 2004). Man unterscheidet Einzel-, Familien-, und Dachmarken (vgl. Esch 2010). Besteht für jedes einzelne Produkt eine eigene Marke, so spricht man von einer **Einzel- oder Monomarke** (z. B. The Squaire, Frankfurt). Gilt eine Marke für eine ganze Produktgruppe, dann spricht man von einer **Familienmarke** (z. B. prizeotel als Marke für die Hotels der prize management group Bremen). Das Kennzeichen der **Dachmarke** ist, dass hier das „erstellende" Immobilienunternehmen mit all seiner Kompetenz und seinem erarbeitetem Ruf und nicht das Objekt selbst im Vordergrund steht (z. B. Union Investment als Anbieter Offener Immobilienfonds).

Die **Kompetenzhöhe** der Marke beschreibt einen qualitativen Aspekt der Markenpolitik im Vergleich zum Wettbewerb. Hierbei unterscheidet man Premium-, klassische-, und Basismarke. Anbieter von **Premiummarken** im Immobilienmarkt wollen sich als Qualitätsführer behaupten und bieten dem Nutzer zusätzlich einen hohen emotionalen und psychologischen Zusatznutzen, was häufig einen höheren Preis im Vergleich zu den anderen Marken rechtfertigt. Beispiel hierfür im Wohnungsbau können verschiedene Hausmodelle sein. Die Premiummarke des Angebotes umfasst ein besonders innovatives Nutzungs- und Servicekonzept und ist technisch auf dem derzeitigen Topstandard. Sie hebt sich stark positiv von der Konkurrenz ab. Im Hotelmarkt sind hier Luxushotels zu nennen, die sich durch eine außergewöhnliche, qualitativ hochwertige Architektur und Ausstattung und eine Vielzahl an Serviceleistungen auszeichnen sowie sich im Premiumpreissegment bewegen. Anbieter von **klassischen Marken** sind dagegen keine Innovations- oder Qualitätsführer, sondern entsprechen in ihrer Leistung den entsprechenden Benchmarks. Die Preisbereitschaft der Nutzer liegt unter der der Premiummarke. Beispiel hierfür ist ein Wohngebäude, das den Qualitätsstandards des Marktes entspricht, im Gegensatz zur Premiummarke aber nicht mit über den Marktstandard hinausgehenden, Services oder technischen Einrichtungen ausgestattet ist (Marco Polo Tower in Hamburg, Hafen City). Im Hotelimmobilienbereich sind hier durchschnittlich positionierte 3-Sterne-Hotelmarken zu nennen (z. B. Novotel, Best Western, Mercure). Gebäude, die als **Basismarke** konzipiert werden, erfüllen lediglich Mindestanforderungen an Qualität (vgl. Becker 2004). Beispiel hierfür kann ein Wohngebäude sein, das vom Käufer selbst ausgebaut werden muss. Aufwendige technische Einrichtungen und Zusatzservices werden nicht angeboten. Im Bereich Hotelimmobilien sind hier seit einigen Jahren die Low Budget Hotelmarken in ihrer zunehmenden Marktpräsenz zu nennen (z. B. Holiday Inn Express, Motel One, B&B Hotels).

5.1.2 Servicepolitik

5.1.2.1 Grundlagen der Servicepolitik

Die Produktpolitik als das zentrale Instrument zur Schaffung einzigartiger Leistungsvorteile gegenüber dem Konkurrenzangebot erfährt heute zunehmend eine sinnvolle Ergänzung durch Serviceleistungen. Servicepolitik stellt hierbei den **koordinierten Einsatz immaterieller Leistungen dar, die das eigentliche Leistungsprogramm abrunden, um die unternehmenspolitischen Ziele der Kundennähe, einer intensiven Betreuung und optimalen Beratung zu gewährleisten und somit Kundenzufriedenheit zu erzielen**, wobei insbesondere die erbrachte **Servicequalität** einen hohen Einfluss auf die Kundenzufriedenheit bzw. die Steigerung des Kundennutzens hat (vgl. Bruhn, S. 150; Rapp, S. 171). Unter Servicequalität wird „die Erfüllung aller unfühlbaren Servicebestandteile, die durch Mitarbeiter des Unternehmens und/oder Servicesysteme am Kunden verrichtet werden, und es diesem ermöglichen, einen über das erwartete Produkt hinausgehenden Wert der Unternehmensleistung zu realisieren“, verstanden (vgl. Rapp, S. 64). Service- oder Dienstleistungen lassen sich hierbei durch folgende charakteristische Besonderheiten von Sachleistungen abgrenzen (vgl. Corsten, S. 85 ff.):
- Immaterialität,
- Simultaneität von Produktion und Verwertung,
- Direkter Kontakt zwischen Anbieter und Nachfrager,
- Unfähigkeit der Lagerung.

Während das klassische Marketing alle Handlungen eines Unternehmens – ausgerichtet auf die Bedürfnisse der Kunden – umfasst, bezieht Dienstleistungsmarketing den Konsumenten als Teil der Leistung mit ein. Die Literatur differenziert zudem nach den Trägern der Dienstleistung, indem sie funktionelle, d. h. von Sachleistungsbetrieben als „Neben“-Funktion zur Absatzförderung erbrachte, und institutionelle, d. h. von (reinen) Dienstleistungsunternehmen erbrachte Dienste unterscheidet (vgl. Bruhn 2010, S. 154; Meyer, S. 11).

Im Rahmen des Immobilienmarketings gehen bei schwieriger Marktsituation immer mehr Anbieter von Immobilien dazu über, neben der reinen Vermarktung von Räumen und Gebäuden ein umfangreiches Servicepaket anzubieten (z. B. bei der Gewinnung neuer Mieter und Steigerung der Zufriedenheit bestehender Mieter werden Services wie Nebenkosten- bzw. Energieberatung, Mieterausbau- bzw. Gestaltungsberatung, Catering-, Reinigungs-, Lebensmittelservice für Wohnungs- oder Büromieter angeboten). Serviceleistungen werden zunehmend als Differenzierungspotenzial genutzt („**Value Added Services**"; Bruhn 2010, S. 154), indem für den Kunden maßgeschneiderte Pakete angeboten werden, die dem Kunden einen höheren Nutzen stiften und die Kundenloyalität steigern. Demnach wird bspw. von einem Projektentwickler ein Grundstück nicht mehr nur zum Preis x angeboten, sondern dem Nachfrager werden beispielsweise ein Bebauungsvorschlag, eine Rentabilitätsrechnung, ein Finanzierungskonzept sowie Mietinteressenten geliefert.

Die Vermarktung von Immobilien wird im Servicebereich durch Facilities Management bzw. konkretes Objekt-Management komplementiert. Im Allgemeinen wird nach Leistungen der Flächenbewirtschaftung sowie der kaufmännischen und der technischen Betreuung unterschieden. Steht die Dienstleistung als Kernleistung im Vordergrund, so handelt es sich um institutionelles Dienstleistungsmarketing.

5.1.2.2 Dimensionen von Serviceleistungen

Die Literatur bietet vielfältige Definitionen von Dienstleistungen, wobei sich für immobilienspezifische Serviceleistungen die umfassende Definition von Meffert/Bruhn anbietet: „Dienstleistungen sind selbständige, marktfähige Leistungen, die mit der Bereitstellung (...) und/oder dem Einsatz von Leistungsfähigkeiten (...) verbunden sind (Potenzialorientierung). Interne (...) und externe Faktoren (also solche, die nicht im Einflussbereich des Dienstleisters liegen) werden im Rahmen des Erstellungsprozesses kombiniert (Prozessorientierung). Die Faktorenkombination des Dienstleistungsanbieters wird mit dem Ziel eingesetzt, an den externen Faktoren, an Menschen (zum Beispiel Kunden) oder deren Objekten (zum Beispiel Immobilie des Kunden) nutzenstiftende Wirkungen (zum Beispiel technische Wartung) zu erzielen (Ergebnisorientierung)". Diese Definition basiert auf der Differenzierung von Dienstleistungen in drei unterschiedliche Dimensionen (vgl. Corsten, S. 81 ff.; Hilke, S. 10 f.):

5.1.2.2.1 Potenzialorientierte Serviceleistungen

Hierbei steht das Potenzial (i.w.S. Mensch oder Maschine) des Anbieters von Serviceleistungen im Vordergrund, das die notwendige Voraussetzung darstellt, um Dienstleistungen zu erbringen. Exemplarisch können hier genannt werden:
- Umzugsmanagement,
- Parkhausmanagement,
- Zentraler Empfangsservice,
- Limousinen-/Shuttleservice,

- Cateringleistungen,
- Sicherheits-/Wachdienst,
- Konferenzservice,
- Büroservicekonzepte.

5.1.2.2.2 Prozessorientierte Serviceleistungen

Im Mittelpunkt steht hierbei die dienstleistende Tätigkeit, d. h. der Prozess und Vorgang der Leistungserstellung als synchroner Kontakt der Marktpartner bzw. deren Objekte („uno-actu-Prinzip"). Als Beispiele seien genannt:
- Objektbezogene Beratung, z. B. Asset Management, Innenarchitekturberatung, CAD-Flächen- und Raumplanung, Energiesparkonzept oder Wirtschaftlichkeitsberechnung,
- Finanzierungsberatung, z. B. Berechnung optimaler Steuervorteile, Erarbeitung von Anlagestrategien oder Vermittlung von Finanzierungen,
- Analysen, z. B. Markt- und Standortanalysen, Nutzerbedarfsanalysen oder Analyse der Ablauf- und Organisationsstruktur,
- Vermietungs-/Verkaufsmanagement, z. B. Beratung bei der Gestaltung von Miet- und Kaufverträgen, Vermietungsmanagement und Verkaufsberatung für Kapitalanleger oder Kundennachbetreuung (Betreuung von Mieter- und Werbegemeinschaften).

5.1.2.2.3 Ergebnisorientierte Serviceleistungen

Serviceleistungen stellen hierbei das immaterielle Ergebnis eines Prozesses der Dienstleistungserbringung dar. Gegenstand der Dienstleistung kann der Kunde selber sein, wie z. B. Schulungen, Ausbildungen, Seminare und/oder ein Objekt des Kunden, an dem die Leistung erbracht wird, wie z. B. Sprengung einer Fabrik, Instandhaltung, Renovierung der Immobilie. Einige Dienstleistungen können somit durchaus materielle Ergebnisse zur Folge haben (vgl. Meyer, S. 12).

Eine weitere, in der Praxis vielfach anzutreffende Differenzierung der unterschiedlichen immobilienspezifischen Serviceleistungen besteht in der Trennung von **Standard-/oder Kernleistungen** (z. B. Reinigung, Winterdienst etc.), die grundsätzlich jedem Mieter zur Verfügung stehen und über die Nebenkosten abgerechnet werden, sowie **Zusatzleistungen** (z. B. 24 Std. Mieter-Hotline, VIP-Service, Boten- und Postdienste), die individuell kalkuliert und verrechnet werden. Während klassische Dienstleistungen wie z. B. die Objektverwaltung kostenpflichtig sind, werden zunehmend Dienstleistungen, insbesondere im Rahmen der Akquisitionsphase von Neukunden kostenlos angeboten (vgl. Brade, S. 72 ff).

Serviceleistungen können somit auch nach der zeitlichen Einteilung des Immobilien-Lebenszyklus in **akquisitionsbezogene und nutzungsbezogene Dienstleistungen** unterschieden werden. So sind den akquisitionsbezogenen Services z. B.

ein Wirtschaftlichkeitsvergleich zwischen alter und neuer Fläche, die Analyse der Ablauf- und Organisationsstruktur, die Umzugsorganisation, etc. zuzurechnen. Unter nutzungsbezogenen Dienstleistungen sind diejenigen Leistungen zu subsumieren, die während der aktiven Nutzungsphase geboten werden, z. B. Parkhausmanagement, Sicherheitsdienst, Empfangsservice, Nebenkostenabrechnung. Bei den akquisitionsbezogenen Serviceleistungen handelt es sich primär um eine Nebenfunktion der Absatzförderung, somit um funktionelles Dienstleistungsmarketing. Nutzungsbezogene Dienstleistungen werden dahingehend zunehmend als Hauptfunktion verstanden (Facilities Management, Asset Management, Portfoliomanagement) und sind somit dem institutionellen Dienstleistungsmarketing zuzurechnen.

Im Bereich der Serviceleistungen bietet sich in der Immobilienbranche immer noch großes Potenzial, über neue Strukturen Kosten- und Leistungsüberlegenheit zu erzielen, wobei darauf zu achten ist, dass durch Serviceleistungen die Grenzen der Gewerblichkeit nicht überschritten werden.

5.1.3 Kommunikationspolitik

5.1.3.1 Grundlagen der Kommunikationspolitik

Im Bewusstsein der Immobilienbranche wird Marketing oftmals fälschlicherweise mit Werbung oder Kommunikation gleichgesetzt. Die Kommunikation ist jedoch nur ein Teilaspekt des Marketings, ein wesentliches, jedoch nur ein Instrument des Marketingmix. Insbesondere aufgrund der produktgegebenen langen Entwicklungszeiten von Immobilien und der entsprechenden Öffentlichkeitswirkung wird die Bedeutung einer kontinuierlich bzw. längerfristig angelegten, abgestimmten **Marktkommunikation** deutlich.

Die Kommunikationspolitik leitet sich aus den Zielsetzungen des strategischen Marketings ab und ist das Sprachrohr der Produkt-, Service-, Distributions- und Kontrahierungspolitik. Ihre Aufgabe ist es, entsprechend den Vorgaben der genannten Bereiche, Informationen vom Unternehmen (Anbieter) an die aktuellen bzw. potenziellen Zielgruppen (Käufer oder Mieter) und die interessierte Öffentlichkeit zu übermitteln (vgl. Böcker, S. 358). Dahinter steht bspw. die Zielsetzung, das Objekt am relevanten Markt zu positionieren, angebotene Leistungen transparent zu machen, es gegenüber der Konkurrenz abzugrenzen, ein positives Image aufzubauen. Das Geheimnis des Absatzerfolges liegt in dem Maße, in dem ein Produkt/eine Leistung beim Interessenten als begehrenswert und rar empfunden wird. Kommunikationspolitik stellt dabei die bewusste Gestaltung sämtlicher Maßnahmen dar, die auf Kenntnisse, Einstellungen und Verhaltensweisen von Marktteilnehmern einwirken (vgl. Meffert, S. 606 ff.).

Kommunikationsmaßnahmen können sowohl informativ als auch beeinflussend gestaltet werden. Reine Informationen vermitteln Kenntnisse über die Leistungsmerkmale des Produkts wie z. B. Lage, Größe, Typ, Bauweise und Ausstattung einer Immobilie. Im Rahmen der beeinflussenden Kommunikationsmaßnahmen sollen positive Assoziationen zum Produkt erzeugt und bestimmte Verhaltensweisen gefördert werden, indem auf existierende Einstellungen bewusst verstärkend eingewirkt wird.

Die Kommunikation stellt in der Immobilienbranche einen unverzichtbaren Teil der Absatzpolitik dar. Um Streuverluste zu vermeiden und um den unterschiedlichen Kommunikationszielen gerecht zu werden, sollte der Einsatz der Kommunikationsinstrumente einem systematischen Planungsprozess, der in die übergeordnete Marketingkonzeption eingebunden ist, unterworfen sein (vgl. Bruhn, S. 202).

5.1.3.2 Prozess der Kommunikationsplanung

5.1.3.2.1 Formulierung der Kommunikationsziele

Die Festlegung der Kommunikationsziele erfolgt in Abstimmung mit den Vorgaben aus den Unternehmens- und den daraus abgeleiteten Marketingzielen. Die Wahl der Kommunikationsziele sollte unter der Prämisse erfolgen, dass deren Erfüllung einen möglichst hohen Zielbeitrag zu den übergeordneten Unternehmenszielen gewährleistet (vgl. Bänsch, S. 1186–1200).

Die verbindliche Festlegung der Kommunikationsziele stellt den Ausgangspunkt einer systematischen Kommunikationsplanung dar. Grundsätzlich lassen sich hierbei **ökonomische Kommunikationsziele** wie z. B. umsatz-, absatz-, marktanteils- oder renditeorientierte Ziele sowie **psychologische Kommunikationsziele** unterscheiden (vgl. Bruhn, S. 202). Kennzeichnend für ökonomische Kommunikationsziele ist, dass sie zwar eindeutig quantifizierbar und somit messbar sind, direkte Erfolgszuordnungen zu den kommunikativen Maßnahmen jedoch nicht möglich sind. Die Gründe liegen vor allem darin, dass die Realisierung ökonomischer Kommunikationsziele nicht nur von den kommunikativen Maßnahmen, sondern vom gesamten Marketing-Mix des Unternehmens und einer Reihe weiterer Faktoren beeinflusst wird. Im Gegensatz dazu können Zusammenhänge zwischen kommunikativen Maßnahmen und deren Wirkung auf die psychologischen Kommunikationsziele hergestellt werden (vgl. Meffert, S. 608). Im Rahmen der psychologischen Ziele (auch außerökonomische Ziele genannt; vgl. Nieschlag/Dichtl/Hörschgen, S. 579 ff.) werden in der Marketingliteratur üblicherweise die folgenden drei Zielorientierungen in den Vordergrund gestellt (vgl. Kotler/Keller/Bliemel, S. 661):
- kognitiv-orientiert,
- affektiv-orientiert,
- konativ-orientiert.

Kognitiv-orientierte Ziele beziehen sich auf die **Wahrnehmung, Kenntnis, Erinnerung und das Verständnis von Angeboten** eines Unternehmens, ohne unmittelbar einen Handlungsvollzug auslösen zu wollen. Gerne werden kognitive Ziele mit dem angelsächsischen Kommunikationsziel „attention", dem Erwecken von Aufmerksamkeit für das Werbeobjekt gleichgesetzt (vgl. Böcker, S. 382). Das ist jedoch zu einseitig, da mit Kognition (von lat. cognoscere erkennen, erfahren, kennenlernen) nicht nur die Wahrnehmung von Informationen, sondern die Informationsverarbeitung und -speicherung gemeint ist. Die **Marken- und Produktkenntnis,** die Steigerung des Bekanntheitsgrades sowie die Erzielung der Informationsverbesserung stehen hierbei im Vordergrund. Als Beispiele lassen sich anführen: die Count-Down-Zählung bis zur Eröffnung eines Shopping Centers (noch 7 Tage, noch 6 Tage ...), die Sprengung eines Hochhauses zur Förderung der Bekanntheit einer Projektentwicklung (z. B. IDUNA Hochhaus in Hamburg), die Kenntnis, dass ein Projektentwickler konsequent energieeffiziente Gebäude entwickelt. Kognitiv-orientierte Kommunikationsziele lassen sich gut über Mediawerbung erreichen, indem z. B. über Printwerbung Informationen platziert werden, die das Wissen über ein Produkt – auch gegenüber Konkurrenzprodukten und deren Vor- und Nachteilen – bei der Zielgruppe verankert, so dass im Falle einer Kaufentscheidung dieses Wissen präsent ist und handlungsleitend wirkt.

Bei den **affektiv-orientierten Kommunikationszielen** geht es **um die Verknüpfung mit Emotionen in Bezug auf Marken, Immobilienprodukte, etc. Einstellungen, Image, emotionales Erleben von Immobilien stehen im Fokus:** Die Weckung von Emotionen und der Aufbau von Sympathie zu einer Projektentwicklung, einer Marke, einem Unternehmen, einem Quartier. Die emotionale Positionierung sowie die Erzeugung eines positiven und einzigartigen Images gewinnen in der Immobilienvermarktung zunehmend an Bedeutung, insbesondere im Rahmen der Abgrenzung zu den Wettbewerbern. Über Events oder klassische Werbung können Erlebniswelten gut aufgebaut und kommuniziert werden (z. B. Baustellensommer am Potsdamer Platz, Wolkenkratzerfestival in Frankfurt, „discover & taste" Touren im The Squaire in Frankfurt etc.).

Konativ-orientierte Ziele sind auf Aktion, auf ein bestimmtes Verhalten ausgerichtet. Die Zielgruppe soll zu einem ganz bestimmten Verhalten angeregt werden, das Ergreifen von Aktionen („action") soll hervorgerufen werden, wie z. B. die Kontaktaufnahme des potenziellen Mieters/Käufers mit dem Vermieter/Verkäufer, das Anfordern weiterer Unterlagen/eines Exposés zu der Immobilie, die Besichtigung der Musterwohnung, die Zusendung des Kaufvertrages etc. Die Aktion kann bspw. initiiert werden über das Beifügen von Coupons bei Printmedien, die Positionierung von QR Codes, oder die Rufnummer einer Hotline auf dem Bauzaun, oder einem Vermarktungsschild, einer Videobotschaft etc. Drittens besteht die Möglichkeit, auf Weiterempfehlungsverhalten und die Mund-zu-Mund-Kommunikation in den Marksegmenten Einfluss zu nehmen.

Für eine effektive Marketingstrategie ist es sinnvoll, die vorgenannten Zielkategorien nicht unabhängig voneinander zu betrachten. Vielmehr sind sie aus einer integrierten Perspektive zu sehen, um optimale Ergebnisse zu erzielen. Denn eine Entscheidung über den Kauf eines Immobilienproduktes oder die Inanspruchnahme einer Dienstleistung resultiert aus dem Zusammenwirken einer Vielzahl von Einflussgrößen und der so verursachten Synergie.

5.1.3.2.2 Ermittlung der Zielgruppen

Eine Besonderheit im Immobilienmarketing stellt die äußerst komplexe Zielgruppenstruktur dar. Die **Identifikation der relevanten Zielgruppen** ist eine wesentliche Voraussetzung für den effizienten Einsatz kommunikationspolitischer Maßnahmen. Erst durch deren Kenntnis können die kommunikativen Maßnahmen zielgruppenspezifisch zugeschnitten werden, um dadurch vorhandene Streuverluste beim Einsatz der zum Teil sehr kapitalintensiven Kommunikationsinstrumente in Grenzen zu halten. Hierbei sind zunächst jene Personen und Organisationen zu identifizieren, die zur Realisierung der Marketing- und Kommunikationsziele angesprochen werden müssen (vgl. Abbildung 2). Diese Zielgruppen werden in einem nächsten Schritt möglichst genau beschrieben. Aufbauend auf den gewonnenen Erkenntnissen muss die optimale Zielgruppenerreichbarkeit in Erfahrung gebracht werden, d. h. es wird bestimmt, mit welchen Kommunikationsinstrumenten die vorbestimmte Zielgruppe am besten erreicht werden kann (vgl. Bruhn, S. 208).

Aus Vermarktungsperspektive kann die potenzielle Zielgruppe sowohl aktuelle und potenzielle Kunden als auch Personen/Gruppen, die einen Einfluss auf die Entscheidungen der Interessenten ausüben können oder im Rahmen der Vermarktung informiert/überzeugt werden sollen, umfassen. Immobilienrelevante Zielgruppen werden deshalb im Folgenden in zwei Gruppen unterteilt, die sich jeweils durch ihren Informationsbedarf, ihre Erreichbarkeit und insbesondere hinsichtlich der Zielsetzung des Kommunikators unterscheiden (vgl. Abbildung 2).

- **Direkte Zielgruppe:** Mieter, Käufer, Verkäufer
  z.B. Institutionelle/Private Investoren, Eigennutzer, Leasingnehmer, Bestandshalter etc.
- **Indirekte Zielgruppe**: Multiplikatoren, Meinungsbildner, Organisationen
  z. B. Politiker, Presse, Architekten, Konkurrenz, Makler, Verbände; Kreditinstitute etc.

Während bei der Ansprache der direkten Zielgruppe, als der Gruppe der aktuellen und potenziellen Endadressaten, das gesetzte Ziel des Kommunikators, z. B. Kauf/ Verkauf/Miete, im Vordergrund steht, soll durch die Berücksichtigung und Einbindung der indirekten Zielgruppe diese originäre Zielsetzung verstärkt und positiv unterstützt werden. Als indirekte Zielgruppen werden in diesem Zusammenhang Personen, Organisationen etc. bezeichnet, die bezogen auf ihre einflussrelevanten

Merkmale homogen sind und den Absatz an die direkten Zielgruppen entweder direkt oder indirekt beeinflussen (vgl. Meyer/Mattmüller, S. 70). Die Identifizierung und Festlegung der jeweiligen Zielgruppe trägt zur Vermeidung von Streuverlusten bei und stellt eine wese wesentliche Grundlage für die Wahl der Kommunikationsinstrumente dar.

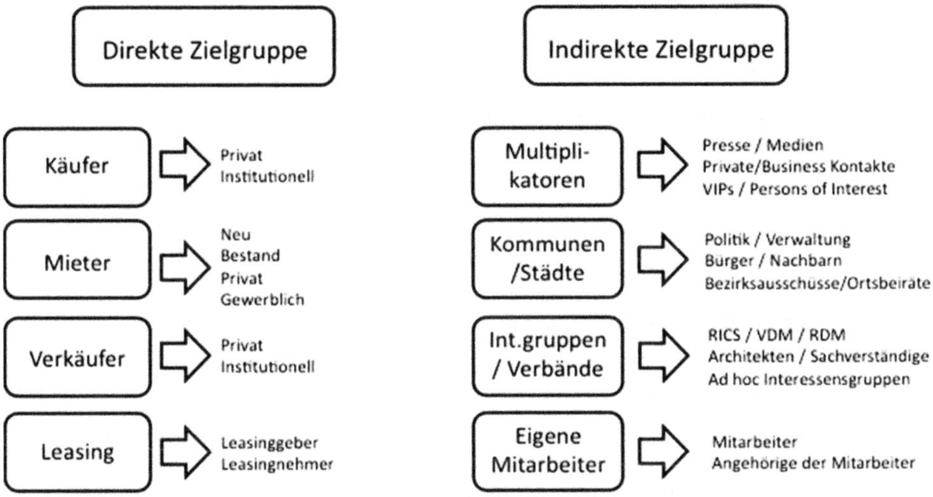

Abb. 2: Zielgruppen kommunikationspolitischer Maßnahmen (Quelle: Eigene Darstellung)

5.1.3.2.3 Kommunikationsplanung

Im Mittelpunkt der Kommunikationspolitik steht die Festlegung der Kommunikationsstrategie. Hier werden verbindlich mittel- bis langfristige Verhaltenspläne festgelegt, die bestimmen, welche Botschaft für welche Objekte und unter dem Einsatz welcher Instrumente kommuniziert werden soll. Die Darstellung des Kommunikationsprozesses verdeutlicht die so genannte **Kommunikationsformel** von Lasswell (vgl. Weis, S. 364 f.):

- **Wer** (Unternehmen, Kommunikator),
- **sagt was** (Botschaft),
- **über welchen Kanal** (Werbeträger, Vertrieb),
- **zu wem** (Zielperson, Zielgruppe),
- **mit welcher Wirkung** (Kommunikationserfolg, Käufer, Image, Einstellung)?

Dabei findet Kommunikation nur dann statt, wenn der Empfänger die Nachricht rezipiert und verarbeitet.

Die Wahl des **Kommunikationsobjektes** ist eine Grundsatzentscheidung, die am Anfang der strategischen Überlegungen steht. Hierbei wird festgelegt, ob das Unternehmen an sich oder die einzelne Immobilie den Kern der kommunikativen

Maßnahmen darstellt. In einem nächsten Schritt werden die Inhalte der Kommunikationsbotschaft festgelegt, die sich an der Ausrichtung der jeweiligen **Kommunikationsstrategie** orientieren.

Folgende Grundtypen lassen sich unterscheiden (vgl. Bruhn, S. 212):

- **Bekanntmachungsstrategie**: Hierbei soll z. B. ein neues Immobilienprojekt, wie etwa die Entwicklungen in der HafenCity in Hamburg, den Zielgruppen vorgestellt und am Markt bekannt gemacht werden.
- **Informationsstrategie**: Im Vordergrund stehen Maßnahmen zur Vermittlung konkreter Produktinformationen, wie z. B. Flächeneffizienz, Ausstattung, technische Infrastruktur und Nachhaltigkeit eines Bürogebäudes.
- **Imageprofilierungsstrategie:** Der Aufbau und der Erhalt eines gewünschten Images prägt bei der Wahl dieser Strategie sämtliche kommunikativen Maßnahmen. Als mögliche Beispiele können das „Kindergerechte Einkaufszentrum", das „Bürohaus der Zukunft", das „Passivhaus", oder das „grüne Quartier" genannt werden.
- **Konkurrenzabgrenzungsstrategie**: Bei der Wahl dieser Strategie wird das eigene Produkt zu vergleichbaren Konkurrenzobjekten abgegrenzt, indem die komparativen Vorteile in den Vordergrund sämtlicher Maßnahmen gestellt werden (z. B. eine niedrigpreisigere Immobilie mit besserer technischer Ausstattung).
- **Zielgruppenerschließungsstrategie:** Hierbei werden sämtliche kommunikativen Maßnahmen auf spezielle relevante Zielgruppen fokussiert. Es kann sich dabei um bereits bestehende oder neue Zielgruppen handeln. Die Ansprache anderer Interessengruppen eines Immobilienprojektes wird im Rahmen dieser Strategie dagegen vernachlässigt (z. B. modernisierte Plattenbauwohnungen in Berlin speziell für Auszubildende und Studenten als potenzielle Mieter).
- **Kontaktanbahnungsstrategie**: Das Ziel dieser Strategie liegt darin, durch den gezielten Einsatz der Kommunikationsinstrumente eine möglichst hohe Anzahl an Kontakten mit der Zielgruppe zu erreichen. Erst in einem nachfolgenden Schritt werden die vorhandenen Kontakte auf ihre Qualität hin überprüft und entsprechend bearbeitet (z. B. Mailings an potenzielle Kunden zur Vermietung von Büroflächen, Verteilung von Werbe-Kontaktformularen für ein neues Immobilienprojekt auf der Expo Real).
- **Beziehungspflegestrategie:** z. B. eine spezielle Werbekampagne für Stammkunden, Newsletter für Mieter/Investoren, etc.

5.1.3.2.4 Bestimmung des Kommunikationsbudgets

Die Festlegung des Kommunikationsbudgets wird vor dem Hintergrund der formulierten Ziele vorgenommen. Im Mittelpunkt der Planung des Kommunikationsbudgets steht dabei die Beantwortung der Frage, welche finanziellen Mittel für die Planung und Durchführung von Kommunikationsmaßnahmen insgesamt zur Verfügung stehen, und wie sich diese Beträge auf die einzelnen Instrumente verteilen. Im Rahmen der klassischen Marketingliteratur werden dazu verschiedene Methoden diskutiert (Nieschlag/Dichtl/Hörschgen, S. 1068 ff.; Tietz/Zentes, S. 286 ff.). So können zur Verteilung des Budgets auf die einzelnen Instrumente zum einen **analytische Verfahren**, die funktionale Zusammenhänge zwischen Budget und zugehörigem Zielkriterium herstellen, und zum anderen **heuristische (nicht-analytische) Verfahren**, die anhand von Erfahrungssätzen und einfachen Entscheidungsregeln das Budget ermitteln, zugrunde gelegt werden. Gängige heuristische Entscheidungsansätze orientieren sich z. B. am Umsatz, der Finanzkraft des Unternehmens, am Wettbewerb sowie an festgelegten Zielen und Aufgaben (vgl. Kotler/Keller/Bliemel, S. 676 ff.; Böcker, S. 391 ff.).

In der **immobilienwirtschaftlichen Praxis** kommen fast ausschließlich die heuristischen Verfahren zum Einsatz. Als Orientierungsgröße wird in den meisten Fällen **das Investitionsvolumen** herangezogen, von dem ein bestimmter Prozentsatz als Kommunikationsbudget veranschlagt wird. Die Werte bewegen sich aktuell im Bereich von etwa 0,5 bis max. 3 % des Investitionsvolumens, was auf den immer noch relativ geringen Stellenwert des Immobilienmarketings in der Immobilienbranche hinweist. Im Gegensatz hierzu werden beispielsweise in der Konsumgüterbranche 10 bis 25 % des Jahresumsatzes für Marktkommunikation veranschlagt (vgl. Oberhollenzer, S. 9).

5.1.3.2.5 Einsatz der Kommunikationsinstrumente

Nach der Definition der Ziele, Zielgruppen und der Kommunikationsstrategie sowie des Budgets werden die zum Einsatz kommenden Kommunikationsinstrumente festgelegt.

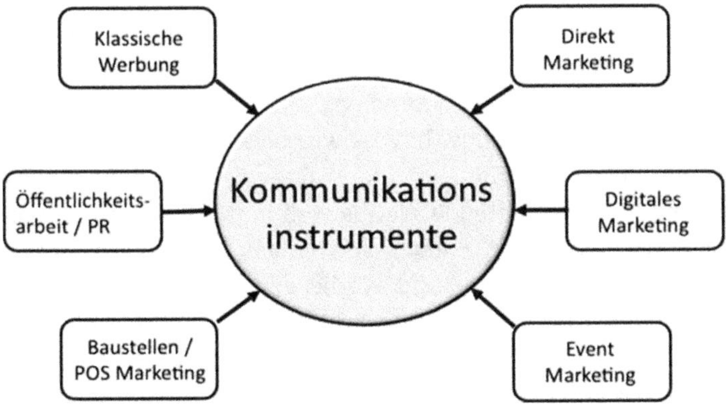

Abb. 3: Kommunikationsinstrumente im Immobilienmarketing (Quelle: Eigene Darstellung)

Im Immobilienmarketing steht eine Vielzahl von Instrumenten zur Verfügung, die je nach der Zielsetzung des Kommunikators unterschiedlich Anwendung finden. Einen ersten Überblick stellt Abbildung 3 dar.

Um mögliche Reibungsverluste zwischen den einzelnen Instrumenten, deren zeitlichem Einsatz sowie den jeweiligen Inhalten zu vermeiden, sollten diese untereinander abgestimmt und koordiniert werden. Hierfür wird i. d. R. ein Kommunikations- bzw. **Mediaplan** erarbeitet, der u. a. auch eine zielgruppengerechte und planungsperiodenbezogene Aufteilung des Kommunikationsbudgets auf einzelne Werbeträger bzw. Medien beinhaltet (vgl. Bruhn, S. 217 f.). Im Rahmen der Erstellung eines Mediaplans sind grundsätzlich alle Werbeträger auf ihre Vor- und Nachteile sowie Einsatzmöglichkeiten hin zu überprüfen (vgl. Böcker, S. 399).

Intra-/Intermediaselektion

Im Rahmen der **Inter-Mediaselektion erfolgt** die Festlegung des Kernmediums, d. h. die Auswahl unter verschiedenen Werbeträgern (vgl. Bruhn, S. 211). So kann man beispielsweise zwischen Print- (Presse, Anzeigen) und Funkmedien (Radio, Fernsehen, etc.) auswählen, um in einem zweiten Schritt, der **Intra-Mediaselektion**, beispielsweise innerhalb der Printmedien eine Auswahl der Zeitungen zu treffen, die nach bestimmten Kriterien als Medium geeignet erscheinen (vgl. Meffert, S. 725 ff.). Als Entscheidungsgrundlage bieten sich hier Kriterien quantitativer und qualitativer Art an. So lassen sich z. B. als quantitative Kriterien die Reichweite, Insertionskosten, Kontaktzahl etc. anführen; im Rahmen der qualitativen Kriterien wird eine Selektion nach Funktion, Image sowie den Darstellungsmöglichkeiten (farbliche und textliche Gestaltung) vorgenommen (vgl. Bruhn, S. 220; Böcker, S. 365).

5.1.3.2.6 Gestaltung und Kontrolle der Kommunikationsmaßnahmen

Für die konkrete Umsetzung der kommunikativen Maßnahmen gibt es zwei grundsätzliche Vorgehensweisen: zum einen die **Beauftragung von externen Beratern bzw. Agenturen** sowie zum anderen die **Planung und Durchführung der Maßnahmen durch eigene Mitarbeiter** des Unternehmens. Die Entscheidung darüber sollte davon abhängen, über welches Know-how sowie personelle und zeitliche Ressourcen das eigene Unternehmen verfügt.

Der sich seit einigen Jahren verschärfende Wettbewerb in der Immobilienbranche, mit einer Verschiebung des Schwerpunktes von einem Anbieter- zu einem Nachfragermarkt, hat zahlreiche Marketing- und Werbeagenturen dazu bewogen, spezielles Wissen auf diesem Sektor aufzubauen und mittlerweile erfolgreich am Markt anzubieten. Dadurch ist es heute möglich, im Immobilienmarkt spezialisierte Berater und Dienstleister auch im Bereich der Kommunikation zu finden, auf dem noch vor wenigen Jahren nur klassische Marketing- bzw. Werbeagenturen mit überwiegender Erfahrung aus dem Konsumgüterbereich existent waren.

Den letzten Baustein im Rahmen der Kommunikationsplanung stellt die **Erfolgskontrolle** (Marketingcontrolling) der kommunikativen Aktivitäten dar, die sich mit der Analyse von Kommunikationswirkungen befasst, um gegebenenfalls Korrekturen vorzunehmen – , mit der Zielsetzung, im Rahmen des gesteckten Budgets die Kommunikationseffizienz zu maximieren.

5.1.3.3 Darstellung der Kommunikationsinstrumente

5.1.3.3.1 Klassische Werbung

Die bedeutsamste Form der Kommunikation im Hinblick auf die aufgewandten finanziellen Mittel stellt im traditionellen Marketing die Werbung, auch als **Mediawerbung** bezeichnet, dar. Klassische Werbung ist eine spezielle Form der **Massenkommunikation**, die mittels ausgewählter Medien versucht, relevante Zielgruppen zu einem bestimmten – den unternehmenspolitischen Zwecken dienenden – Verhalten zu bewegen (vgl. Nieschlag/Dichtl/Hörschgen, S. 989).

Diese Definition charakterisiert Werbung als eine **unpersönliche Kommunikationsform**, die sich i. d. R. nur auf ein Produkt bezieht, aber eine breite, relativ unspezifizierte Zielgruppe anspricht. Die Informationsaufnahme kann dabei entweder bewusst und freiwillig oder auch unbewusst (so genannte **unterschwellige Werbung**) erfolgen (vgl. Böcker, S. 365). Bei dieser indirekten Ansprache durch Massenmedien ist nach der Art der Kontaktaufnahme zu unterscheiden.

Printmedien

Als Printmedien werden in der Immobilienbranche i. d. R. **gedruckte Werbemittel** wie z. B. Anzeigen, Plakatwerbung, Beilagen in Zeitungen und Zeitschriften, Flyer und Postwurfsendungen eingesetzt.

Ein Großteil der Werbeausgaben in der Immobilienwirtschaft, vor allem bei Wohnimmobilien, wird dabei in die Schaltung von **Anzeigen** investiert. Ziel von Anzeigen ist es, in erster Linie Interesse zu wecken (z. B. hier entstehen neue innerstädtische Apartments) und den Leser zu einem bestimmten Verhalten zu motivieren (z. B. Vereinbarung eines Besichtigungstermins). Das gewünschte Verhalten kann von der Beeinflussung vorhandener Einstellungen bis hin zur konkreten Reaktion, z. B. der Anmietung einer bestimmten Fläche, bei der Zielgruppe reichen.

Anzeigen können sowohl in Tageszeitungen (regional, überregional, international) als auch in Zeitschriften, Fachjournals, etc. platziert werden. Die **Platzierung** in einem bestimmten Werbeträger wird zunächst davon abhängen:

- über welche konkreten Printmedien die Zielgruppe erreicht werden kann,
- welche Treffsicherheit man dem konkreten Medium zuspricht,
- welches Budget auf Printmedien entfällt.

I.d.R. besteht ein massiver Wettbewerb von gleichgerichteten und gleichartigen Anzeigen für Immobilien. Deshalb ist es für den einzelnen Anbieter von grundlegender Bedeutung, sich gegenüber der Konkurrenz abzugrenzen. Der **Gestaltung** der Anzeige kommt dabei eine Schlüsselrolle zu. In den Wirtschaftswissenschaften beschäftigt sich mit diesem Thema die Disziplin der Werbewirtschaft, die auf eine langjährige Forschungstradition zurückgreifen kann und über einen hohen Kenntnisstand verfügt (vgl. dazu Tietz, Bd. 1–3).

Wichtige Gestaltungsaspekte von Immobilienanzeigen sind:

- Bestimmung des Werbeobjekts (Immobilie oder Unternehmen),
- Art der Ansprache (informativ oder emotional),
- Anzahl der beworbenen Objekte (Einzel- oder Sammelanzeige),
- Festlegung eines Eye-Catchers (z. B. Überschrift, Grundriss, Landschaft, Menschen),
- Gestaltung des Layout (Verhältnis Text zu Grafik, Größe der Anzeige, etc.).

Anzeigenserien, d. h. wiederholtes Schalten von Anzeigen durch ein Unternehmen, können Wiedererkennungseffekte bei den Lesern hervorrufen, wobei als Voraussetzung bei der Gestaltung eine einheitliche Linie verfolgt werden muss. Dies kann durch die Verwendung von Firmenlogos, vergleichbaren Formen oder Gestaltungselementen erfolgen. Allerdings kann ein Objekt bei zu häufiger Schaltung auch „totgeworben“ werden bzw. weist eine zu oft geschaltete Anzeige auf ein „Ladenhüter“-Objekt hin. Beim potenziellen Käufer entsteht dann beispielsweise der Verdacht auf eine schlechte Lage, Baumängel oder einen überhöhten Preis.

Bei **Plakatwerbung und Blow Up's** handelt es sich um eine Form der **Außenwerbung,** die sich i. d. R. dazu eignet, kurze Botschaften oder Bilder einem regional begrenzten Personenkreis bei geringen Kontaktzeiten zu übermitteln. In der Immobilienwirtschaft werden Plakate zur Positionierung von Unternehmen, zur Bekanntmachung bzw. Erinnerung von Projekten sowie als Aufforderung zur Kontaktaufnahme – oft parallel zu Printkampagnen – eingesetzt. Die Präsentation kann hierbei stationär an Plakatständern, Hauswänden (bis hin zu ganzen Gebäudeverhüllungen), Bahn- und Bushaltestellen, Flughäfen sowie Baustellengerüsten etc. stattfinden. Die Bestückung und Pflege wird i. d. R. von speziellen Agenturen durchgeführt, die für ihre Dienstleistung Gebühren verlangen. Diese variieren je nach Standort, Größe, Qualität und Belegungsdauer. Unterschiede in der Qualität liegen vor allem in Lage (Passantenfrequenz zu Fuß, per Auto, Bus, Bahn etc.), Größe, Beleuchtung, Witterungsschutz, Layout und Pflege (vgl. Hofe/Rost, S. 83 ff; Cleaveley, S. 123).

Wird ein Plakat in unmittelbarer Nähe des Projektes platziert, z. B. bei Anbringung eines Blow Up's an einem Gerüst auf der Baustelle, indem beispielsweise per Computersimulation das Modell in Bahnen maschinell auf Folie gebracht wird, so handelt es sich um **Baustellenmarketing bzw. Point-of-Sale-Marketing** (vgl. hierzu auch Abschnitt E.5.1.3.3.5). Weiterhin kann Außenwerbung als **mobile Ver-**

kehrsmittelwerbung oder **Akzidenzwerbung** (Werbung an Transport-LKWs oder Fremdwerbung auf Taxis) gestaltet werden. Vorteile dieser Präsentationsform liegen in der Beweglichkeit des Plakatträgers, der eine räumlich gesehen größere Informationsreichweite ermöglicht. Einsetzbar ist diese Form z. B. zur Bekanntmachung neuer lokaler Einzelhandelsprojekte.

Sowohl bei stationären als auch bei mobilen Plakatpräsentationen ist zu berücksichtigen, dass **erhebliche Streuverluste** anfallen und daher mit diesem Medium nur bedingt eine zielgruppenspezifische Ansprache durchführbar ist.

Funkmedien

Die Schaltung klassischer Werbespots im (über-)regionalen Rundfunk und Fernsehen, auch **FFF-Werbung** (Film-, Funk-, Fernsehwerbung) genannt, findet in immobilienwirtschaftlichen Vermarktungsstrategien bisher noch wenig Anwendung. Die Gründe hierfür liegen vor allem in der **unspezifischen Zielgruppenansprache** bei Nutzung dieser Medien. Die dabei auftretenden **Streuverluste** verursachen verhältnismäßig hohe Kosten für die Schaffung qualifizierter Kontakte im Vergleich zu anderen Medien.

Regionale Spartenprogramme eignen sich durch ihre räumlich begrenzte Ausstrahlung bedingt für Werbemaßnahmen im Immobilienbereich. Sinnvoll erscheint die Nutzung im Rahmen von Bekanntmachungs- und Erinnerungsstrategien von Projekten, Ankündigungen von Veranstaltungen im Zusammenhang mit der Immobilie sowie Imagekampagnen. In der Nutzungsphase beispielsweise zur Erhöhung der Frequenz eines Shopping Centers oder zur Unterstützung einer Eröffnungskampagne werden Spots vor allem in regionalen Radiosendern geschaltet. Zu beachten bleibt jedoch, dass eine eindeutige Zielgruppenselektion bei der Nutzung regionaler Fernseh- und Rundfunkanstalten nur beschränkt möglich ist.

Im Gegensatz zum Direktmarketing liegt der klassischen Werbung, egal ob über Print-, Funk- oder Neue Medien, kein spezifiziertes Adressenpotenzial zugrunde. Um jedoch allzu große Streuverluste zu vermeiden und um dem Budgetrahmen gerecht zu werden, wird die Selektion zwischen den zur Verfügung stehenden Instrumenten auf der Basis einer Inter- und Intra-Mediaselektion vorgenommen.

Im Immobilienmarketing bietet sich z. B. im Rahmen der Vermarktung von Eigentumswohnungen ein zweistufiger Auftritt an; zum einen die Publikation von Anzeigen in überregionalen Zeitungen mit der Zielgruppe der Kapitalanleger, zum anderen in lokalen Blättern mit der Zielsetzung der Gewinnung von Eigennutzern sowie potenziellen Mietern. Währen die Ansprache der Mieter eher emotionale erfolgt und auf die Ausstattung, die Lage, das Umfeld fokussiert ist, wird die Ansprache der Investoren eher auf die Wertbeständigkeit, Nachhaltigkeit, Wiederveräusserbarkeit einzahlen.

5.1.3.3.2 Direktmarketing

Während sich die klassische Mediawerbung als Massenkommunikationsform an einen anonymen Markt wendet, konzentriert sich **Direktmarketing auf eine vorab festgelegte, klar umrissene Zielgruppe.** Zielsetzung des Direktmarketing ist es, durch eine **individuelle, direkte Ansprache** der Zielpersonen kommunikative Ziele unmittelbar zu verwirklichen (vgl. Bruhn, S. 230). Direktmarketing umfasst somit sämtliche marktgerichteten Aktivitäten, die einstufige (direkte) Kommunikationswege nutzen, um Zielgruppen in individueller Einzelansprache zu erreichen (vgl. Dallmer, S. 4 ff.). Durch die individuelle und gezielte Ansprache potenzieller Entscheidungsträger (Einzelumwerbung) können Streuverluste relativ gering gehalten werden. Ziel von Direktmarketingaktionen ist es, die Empfänger zu informieren und ihr Interesse zu gewinnen, um schließlich gewünschte Reaktionen hervorzurufen. Diese können von der Kontaktaufnahme zum Adressaten bis hin zum konkreten Abschluss von Verträgen reichen (vgl. Holland, S. 11 ff.).

Die Qualität des Adressmaterials ist eine wesentliche Voraussetzung für erfolgreiche Maßnahmen des Direktmarketing. Die Adressen können sowohl eigenen Datenbanken entstammen als auch von Adressverlagen oder Full-Service Firmen kommen, die Datenbanken verkaufen oder zur vorübergehenden Nutzung anbieten.

Folgende Formen des Direktmarketing können unterschieden werden:

Persönlicher Kontakt

Dem persönlichen Kontakt kommt bei der Vermarktung von Immobilien eine sehr hohe Bedeutung zu. Der zumeist hohe Informations- und Erklärungsbedarf stellt die Grundlage für den Aufbau eines intensiven Kommunikationsverhältnisses dar, wobei dem **persönlichen Beratungsgespräch** in diesem Kontext ein bedeutender Stellenwert zukommt. Im Rahmen des Direktvertriebs hat die Vermarktungsseite die Möglichkeit, durch fachliche und persönliche Qualifikation eine unmittelbare, interaktive Verbindung zum Kunden herzustellen und ein Vertrauensverhältnis aufzubauen (vgl. Kotler/Keller/Bliemel, S. 963).

Das **Telefonmarketing** zur direkten Ansprache potenzieller Kunden gehört in der Immobilienwirtschaft zu einem weit verbreiteten Mittel des Direktmarketing. Bei den Telefongesprächen können sowohl erste Kontakte geknüpft, als auch im Nachgang zu bereits durchgeführten Direktmarketingaktionen potenzielle Kunden kontaktiert werden, wobei jedoch das Telefonmarketing vor allem im Privatkundenbereich gewissen Restriktionen unterworfen ist (vgl. Holland, S. 20). Die unmittelbaren Reaktionsmöglichkeiten während des Telefonats machen dieses Instrument äußerst wirkungsvoll. Notwendige Voraussetzungen hierfür stellen allerdings das fachliche Know-how und die soziale Kompetenz der Gesprächspartner im Unternehmen dar.

Die Zielsetzung der telefonischen Ansprache besteht darin, den potenziellen Kunden neben der Befriedigung seiner Informationsbedürfnisse zu einem persönlichen Gespräch vor Ort zu bewegen.

Je nachdem, von welchem Gesprächsteilnehmer die Initiative zur Kontaktaufnahme kommt, lassen sich zwei Formen unterscheiden:

- aktives Telefonmarketing,
- passives Telefonmarketing.

Werden vom Unternehmen gezielt potenzielle Kunden angerufen, um das Erreichen von Marketingzielen zu fördern, spricht man von aktivem Telefonmarketing. Dagegen geht bei passivem Telefonmarketing die Aktivität vom Kunden aus. Sein Verhalten ist i. d. R. eine Reaktion auf vorgelagerte Kommunikationsmaßnahmen des Unternehmens, die zum Ziel hatten, das Interesse beim Kunden für das eigene Produkt zu wecken und ihn zur Kontaktaufnahme zu motivieren (Bsp. Infoflyer, Web-Site, Plakate mit Kontaktnummer). Hat sich ein potenzieller Kunde zur Kontaktaufnahme entschlossen, müssen im Unternehmen personelle Kapazitäten vorhanden sein, um dessen Informations- und Beratungswünsche kompetent und unmittelbar bedienen zu können. Wird ein Kunde aufgrund nicht vorhandener oder unqualifizierter Gesprächspartner seinen Wünschen entsprechend unzureichend bedient, wird er für zeitlich nachgelagerte Marketingaktivitäten desselben Unternehmens kaum mehr erreichbar sein.

Medialer Kontakt

Wird Direktmarketing mit der Hilfe verschiedener Medien betrieben, so spricht man von einem medialen Kontakt (vgl. Deutscher Direktmarketing Verband, in: Weis, S. 428). Grundsätzlich kann hierbei weiter differenziert werden zwischen:

- schriftlicher Kontakt (Katalog, Broschüre, Prospekt, Mailing, Werbebrief, etc.),
- gegenständlicher Kontakt (Zusendung von Mustern, Give-Aways),
- elektronischer Kontakt (E-Commerce, Mailings, Tele- und Speichermedien).

Unter der gezielten **schriftlichen Kontaktaufnahme**, dem Direct-Mailing, versteht man selbständige Kommunikationsmittel, die gewöhnlich mit der Post verschickt werden. Das Mailing besteht i. d. R. aus einem persönlichen Anschreiben an die Zielpersonen, dem die wichtigsten Informationen zur Immobilie wie z. B. Exposé, Folder oder Prospekte beigelegt sind. Es ist sinnvoll, dem Mailing eine Antwortmöglichkeit beizulegen, die die Kontaktaufnahme des Kunden zum Unternehmen erleichtern soll. Hierzu eignen sich die Angabe einer Kontaktnummer, Antwortkarten, Coupons, die Nennung von Ansprechpartnern im Unternehmen oder Einladungen zu Beratungs- und Besichtigungsterminen.

Prospekte bzw. Broschüren – als eines der wichtigsten Instrumente im Immobilienmarketing – sollen den Kunden sachlich informieren und ihn gleichzeitig auf der Gefühlsebene positiv für das Objekt stimmen. Sie stellen die Grundlage für konkrete Vertragsverhandlungen dar und müssen deshalb sowohl inhaltlichen als auch rechtlichen Ansprüchen gerecht werden (Prospekthaftung). Je nach Zielsetzung lassen sich Verkaufsprospekte, Vermietungsprospekte und Imagebroschüren unterscheiden.

Verkaufs- und Vermietungsprospekte kommen unmittelbar bei der Zielgruppe des Unternehmens zum Einsatz. Sie werden sowohl bei persönlichen Gesprächen überreicht, als auch vorab an konkrete Interessenten verschickt. Mittels Prospekt sollen dem Kunden die relevanten Informationen über die Immobilie in anschaulicher und ansprechender Form präsentiert werden, um seine Entscheidung für einen Vertragsabschluss zu fördern. Der Inhalt und die Gestaltung sind die Bausteine erfolgreicher Prospekte, wobei folgende inhaltliche Elemente enthalten sein müssen:
- Angaben zur Lage des Objekts (Makro- und Mikrostandort),
- Objektbeschreibung mit Gesamt- und Detaildarstellungen,
- Baubeschreibung, Ausstattung,
- Preise und Konditionen,
- Angaben zu den Vertragspartnern.

Imagebroschüren stellen im Gegensatz zu Vermarktungsbroschüren in erster Linie die Leistungsfähigkeit des eigenen Unternehmens in den Vordergrund. Hierzu können Leistungsspektren, Darstellungen bereits entwickelter oder verkaufter Objekte, Referenzen, Geschäftspartner, etc. angegeben werden. Daneben besteht die Möglichkeit, das zu vermarktende Objekt als Element in die Imagebroschüre zu integrieren. Das Ziel liegt dann nicht in der unmittelbaren Förderung von Vermietungs- bzw. Verkaufsaktivitäten, sondern in der Bekanntmachung und Positionierung des Objektes bei mittelbaren Zielgruppen, wie Nachbarn, Konkurrenten, lokalen Behörden, Politik etc.

Der **gegenständliche Kontakt** bezieht sich auf **Werbegeschenke** bzw. so genannte **Give-Aways.** Diese werden im Immobilienmarketing vor allem dazu verwendet, bei potenziellen Kunden und im Rahmen der Öffentlichkeitsarbeit ein gewünschtes Image und Bindungen zu den jeweiligen Zielgruppen zu fördern. Hinsichtlich der Auswahl der Artikel für Give-Aways existieren keine Grenzen, solange sie über bestimmte Eigenschaften verfügen, die zum Erfolg der Marketingzielsetzung beitragen. Beispielhaft sind hier die wichtigsten genannt:
- ausreichender Platz für das Aufbringen von Werbebotschaften, wie z. B. Logo oder Namen des Projektes oder des Unternehmens,
- häufige Wiederverwendbarkeit im Alltags- oder Berufsleben, um bei der Zielgruppe eine Vielzahl von Kontakten mit der Werbebotschaft zu gewährleisten,

- Einmaligkeit, um sich von gleichgerichteten Artikeln konkurrierender Projekte zu unterscheiden,
- günstiger Stückpreis, um das Marketingbudget nur gering zu belasten und hohe Losgrößen zu ermöglichen.

Typische Beispiele für Give-Aways in der immobilienwirtschaftlichen Praxis sind Taschenrechner, Maßbänder, Briefbeschwerer in der Form des Immobilienprojektes/-objektes, Uhren, Schirme, USB sticks in unterschiedlichen Varianten, sog. living books etc. Zum Einsatz kommen Give-Aways vor allem bei Veranstaltungen wie großen Immobilienmessen (MIPIM, Expo Real, Reallocation), Objektbesichtigungen oder Kundengesprächen.

Der **elektronische Kontakt** entsteht durch die optische Darstellung des zu vermarktenden Objektes über Objektvisualisierungen bzw. -simulationen. Je nachdem, ob die Immobilie bereits als fertiges Produkt existiert oder sich noch im Planungs- bzw. Realisationsstadium befindet, bieten sich unterschiedliche Formen der Visualisierung zu Marketingzwecken an. Fotos bzw. Filmaufnahmen sind nur möglich, wenn sich die Immobilie in einem fortgeschrittenen Baustadium befindet bzw. bereits fertig gestellt ist, sowie bei Bestandsobjekten. In allen anderen Fällen muss auf Techniken zurückgegriffen werden, die künstlich den endgültigen Zustand des Projektes simulieren und visualisieren.

Die technisch einfachste und auch kostengünstigste Methode ist die der **Objektzeichnung**. Sie kann schwarz-weiß oder koloriert im Rahmen verschiedener Mal- und Zeichentechniken hergestellt sein und im Detaillierungsgrad variieren.

Weitaus aufwendiger und daher auch kostenintensiver sind fotorealistische Darstellungen, die per **Computersimulation** hergestellt werden. Hierzu stehen leistungsfähige Programme zur Verfügung, die sämtliche sichtbaren Materialien und Perspektiven der Außen- und Innengestaltung von Immobilien realitätsgetreu darstellen und dabei Lichteinfall und Schattenflächen je nach Tageszeit korrekt simulieren. Ebenfalls ist der virtuelle Rundgang über ein Areal, durch einen Immobilie darstellbar. Die auf diese Weise künstlich erzeugte Immobilie kann zudem in Originalbilder der Umgebung eingebunden werden, um Betrachtern einen perfekten Eindruck vom fertigen Objekt und seinen Wirkungen auf das Umfeld zu geben (siehe hierzu auch die Ausführungen zum digitalen Marketing im nachfolgenden Punkt). Entsprechend können die entwickelten fotorealistischen Darstellungen als Entscheidungsgrundlage für Planer, Bauherrn, Investoren oder Genehmigungsbehörden dienen, sowie als Vorlage für Prospekte, Plakate, Bauschilder, für Präsentationen, etc.

Zur Verstärkung der Marketingmaßnahmen wird gerne der kombinierte schriftliche, gegenständliche und elektronische Kontakt gewählt, indem ein Mailing mit Film, oder Visualisierungen oder ein persönliches Anschreiben mit einem Muster (z. B. Schlüsselanhänger mit Fassadenprobe) versandt wird.

Kombinierter personaler und medialer Kontakt
In der Marketingpraxis ist häufig der kombinierte personale und mediale Kontakt anzutreffen, indem in einem persönlichen Beratungsgespräch einleitend ein **Vermarktungsfilm/-video** oder **Computersimulationen/Visualisierungen** des entsprechenden Projektes gezeigt werden, um daraufhin im weiteren Verlauf des Gesprächs mit Hilfe einer **fact-map** oder individualisierten Präsentation, die detaillierte Pläne enthält, das Projekt vorzustellen. Zunehmend werden auch touch tables und touch screens (z.B iPad/App) eingesetzt, die eine vielseitige Präsentationsmöglichkeit darstellen und über Filme, Bilder, Visualisierungen, simulierten Ansichten des Gebäudes (Innenansichten/Flug über das Gebäude etc.) zudem dem Nutzer die Interaktion, die aktive Teilnahme durch die Auswahl verschiedener Optionen, ermöglichen.

Durch eine konsequente Orientierung auf die Zielgruppe ermöglicht Direktmarketing eine weitgehende Vermeidung von Streuverlusten, folglich auch Zeit- und Kostenersparnisse. Der Erfolg des Direktmarketing ist jedoch unmittelbar mit der Qualität des zugrundegelegten Adressmaterials bzw. der Qualität der vorhandenen persönlichen Kontakte verbunden, wobei insbesondere die Aktualität und Genauigkeit der Adressen eine wichtige Rolle spielen. Als Vertriebsunterstützung wird hierbei eine vielfach auch selbstentwickelte Software eingesetzt, die fest vorgemerkte Suchinteressen nach bestimmten Kriterien speichert, wobei ein regelmäßiges Update zur Pflege der Datenbank Grundvoraussetzung ist (Databasemanagement).

5.1.3.3.3 Digitale Immobilienkommunikation

Die digitale Immobilienkommunikation hat in den letzten Jahren mit einer unwahrscheinlichen Dynamik die etablierte Kommunikationswelt beeinflusst und verändert. Der Prozess ist bei weitem noch nicht angeschlossen. De facto nimmt die digitale Kommunikation eine Zwischenstellung zwischen der unpersönlichen klassischen Werbung und dem gezielt adressierten Direktmarketing ein. Die Besonderheit ist jedoch die aktive Kommunikation mit dem Nutzer und damit sich weiter entwickelnde Inhalte. Im Fokus steht hierbei das Internet und alle damit verbundenen mobilien und nicht mobilen Endgeräte.

Das **Internet** kann sowohl passiv zum Informationsabruf (z. B. Webseite) als auch aktiv zur konkreten Kontaktaufnahme (z. B. E-Mail, Facebook) genutzt werden, wobei hier das Vorhandensein der konkreten Adresse Voraussetzung ist. Das Internet und alle damit verbundenen Geräte, insbesondere mobile Geräte wie Mobiltelefone, IPads, Tablets, Smartphones sind aus unserer heutigen Gesellschaft als Kommunikationsmedien nicht mehr wegzudenken. Das ist kein Phänomen der sogenannten „digital natives“ (vgl. Gawlitta, S. 7), sondern ein fester Bestandteil in der heutigen Businesswelt geworden. Durch das Internet und insbesondere die mobilen Endgeräte ist der Informationsfluss nicht nur ungleich schneller, sondern v. a. allgegenwärtig, sowohl zeitlich als auch örtlich unabhängig geworden.

Immobilienmarketing ist eines der Felder, in denen die bisher größte Anzahl an Electronic Commerce Anwendungen zu verzeichnen ist (Die Studie ‚Immo Media Research 2' stellte fest, dass über 40 % der Befragten bei der Suche nach einer Immobilie zuerst das Internet konsultieren; vgl. Immo Media Research 2, S. 108). In den USA haben sich Immobilienunternehmen in der Vermarktung bereits seit ca. 2010 auf die digitale Kommunikation umgestellt, wie homepage, iPhone, iPad App sowie YouTube-Videosuche (s. Bsp. Coldwell Banker in Gawlitta, S. 7).

Im Immobilienmarketing werden unterschiedlich digitale Medien und Technologien genutzt. Im Folgenden wird eine Auswahl kurz vorgestellt:

Digitale Immobilienbörsen

In Deutschland hat sich eine größere Zahl nationaler und regionaler **Immobilienbörsen** im Internet entwickelt, aus denen sich im Zuge der Krise der New Economy und einer Konsolidierungsphase eine Spitzengruppe von fünf Marktplätzen herausgebildet hat. Daneben ist eine deutliche Spezialisierung dieser Börsen auf bestimmte Objektarten festzustellen (vgl. Iblher, S. 76 ff.). Aufgrund ihrer geringen Komplexität und ihrem hohen Standardisierungspotenzial stellen Wohnimmobilien die Mehrzahl der auf dem deutschen Markt im Internet angebotenen Objekte dar. Parallel haben sich verschiedene Internetmarktplätze gebildet die sich auf andere Zielgruppen und Objekte spezialisieren wie z. B. Investoren und gewerbliche Objekte (siehe z. B. Commercial Network als Beispiel für einen geschlossenen online Marktplatz).

Die Zielsetzung der einzelnen Anbieter variiert dabei zum Teil erheblich voneinander. Von den größeren Anbietern werden meist konkrete Objekte, verknüpft mit zusätzlichen interaktiven Kommunikations- und Kontaktmöglichkeiten, angeboten. Dies bedeutet, dass ein Interessent beim Betrachten der Objektinformationen auf den Internetseiten mit dem Anbieter in Kontakt treten muss, sofern er weitere Informationen online anfordern möchte, Prospektmaterial zusenden lassen möchte oder Beratungs- bzw. Besichtigungstermine vereinbaren will. Anbieter von Immobiliendatenbanken bzw. -börsen, auch als **Online-Immobilienmakler** bezeichnet, ermöglichen individuelle Suchaufträge nach Immobilien, indem über die Angabe von Kenngrößen wie Lage (PLZ oder Stadtteil), Art, Größe (Zimmerzahl oder m^2) und Preis eines gesuchten Objektes zielgenau Angebote gefunden werden können. Durch die Verwendung von Visualisierungen, Augmented Reality, Filmen, Fotos oder grafischen Darstellungen besteht die Möglichkeit, optische Eindrücke des Objektes zu präsentieren. Beispielsweise erlauben es Visualisierungsinstrumente wie iPIX sich online, virtuell durch ein Gebäude zu bewegen. Bei dieser virtuellen Begehung erhält der Kauf- oder Mietinteressent ein sehr spezifisches Bild des Objektes und der Inneneinrichtung. **Augmented Reality** ergänzt die Realität um virtuelle

Elemente. Sie ermöglicht bspw. auf einer leeren Seite, einem unbebauten Grundstück mit Hilfe bspw. eines iPads und einiger Apps auf dem Bildschirm das fertige Objekt, quasi die Zukunftsvision zu zeigen (vgl. Gawlitta, S. 9). Gebäude, die es noch nicht gibt in der Realität entstehen auf dem Bildschirm; ein virtueller Gang durch das Haus, die Auswahl von Farben und Gestaltungselementen somit eine virtuelle Inneneinrichtung sind längst keine Zukunftsmusik mehr.

Homepage

Klassisch ist die Unternehmensdarstellung, das Leistungsprofil, das Team und i. d. R. der Track Record von Immobilienanbietern, -nachfragern und -dienstleistern. Andere Anbieter haben sich im Zeitverlauf von einem reinen Immobilienverkaufsinstrument zu einem Portal entwickelt, welches die Immobiliensuche als Kontaktanbahnung nutzt und auf Umsätze abzielt, die Immobilienkäufer parallel zur Anschaffung durch die Nachfrage nach immobilienbezogenen Produkten und Dienstleistungen generieren (vgl. Iblher, S. 78). Die neuesten Entwicklungen gehen zu emotionalen multimedialen Ansprachen – die kombinierte Nutzung von Text, Bild, Videos, Animationen und Interaktion (s. z. B. Living Lifestyle Test auf der Homepage von Dahler & Company).

Vielfach lassen sich Online-Anbieter anzeigen, wie oft die eigenen Daten von Dritten abgerufen wurden und führen auf diese Weise **Werbewirksamkeitskontrollen** durch.

Social Media/Soziale Netzwerke

Über digitale Medien und Technologien ist es Nutzern möglich sich untereinander unmittelbar auszutauschen und mediale Inhalte einzeln, oder in Gemeinschaft zu gestalten. Die aktive Gestaltung und aktive Partizipation (user-generated content) steht im Vordergrund (vgl. Gawlitta, S. 26). Hierzu zählen letztlich alle Medien bzw. Plattformen wie z. B. Facebook, LinkedIn, MySpace, Twitter, XING, YouTube, Google+, Scibd, Slideshare etc. die die Nutzer in der gegenseitigen Kommunikation und im interaktiven Austausch von Informationen unterstützen. Als Beispiele seien exemplarisch genannt:

- Blogs
  Blogs als einfache Redaktionssysteme, als ein weiteres Medium zur Publikation. Im Immobilienmarketing bspw. ein Makler Blog um regionale Kompetenz zu dokumentieren im Wettbewerb um Kunden und Aufträge. Eine direkte Kommunikation, ein Austausch mit den Lesern ist explizit das Ziel (Glawitta, S. 24 und S. 34).
- Apps
  Speziell für die Immobilienbranche gibt es eine ganze Reihe von Apps, die die klassische Vorgehensweise in der Immobilienvermarktung drastisch verändert.

Von Präsentationssoftware, 360 Grad Panoramaaufnahmen, Verwaltungssoftware für Immobilien Listings, Hilfs App für den Immobilienkauf, mobile Immobilienportale, die Erstellung von interaktiven Bauplänen anhand von Fotos. Besonders interessant ist noch eine App, die die Erstellung und Kommunikation von Immobilienexposés – online, social und mobile – ermöglicht (smartexpose, vgl. Gawlitta, S. 82).

– Pods/Videocasts/Videoportale
  Das Erstellen, Hochladen, Teilen und Konsumieren von Videos auf Internetseiten, z. B. über YouTube ist zu einem wichtigen Teil der Social Media geworden. Einige Immobilienunternehmen nutzen diese Option um Immobilien emotional und informativ vielseitig vorzustellen. Eine alternative Methode ist die animierte Collage von Fotos (vgl. Gawlitta, S. 33).

Der Vorteil der digitalen Kommunikation, insbesondere der social media ist, dass Informationen in Sekundenschnelle weltweit in einer großen Bandbreite an Ton, Bild, Text etc. zur Verfügung stehen. Das Risiko dabei ist, dass Information bewusst, oder unbewusst verändert, oder missverstanden ebenfalls weltweit zur Verfügung steht – hier ist der Schaden kaum mehr einzufangen. Klassische Kommunikation liefert dem Kunden ein vom Unternehmen gefertigtes Bild. Insbesondere in der Welt der Social Media tritt der Kunde jedoch aktiv in die kommunikative Gestaltung mit ein – die Grenze zwischen Sender und Empfänger verschwimmt (vgl. Gawlitta, S. 21). Es kommt zu einer vernetzten Kommunikation.

Öffentliche Meinungsbeiträge können über das Internet offen publik gemacht werden, wobei sich der Sender hinter einem Pseudonym verbergen kann. Kein Unternehmen kann es sich heute mehr leisten, diese öffentlichen Plattformen zu ignorieren.

Im Immobilienmarketing werden digitale Medien und Technologien sehr gerne in der Kombination genutzt: z. B. Aufnahme durch Fotos/Video, Weiterleitung über Facebook, Google+ und Twitter etc. an eine sich multiplizierende Community (**Virales Marketing**; Schneeballprinzip). Die persönliche Weitergabe der Informationen von Interessierten und Nutzern untereinander über Leistungen und Produkte eines Unternehmens erfolgt hier i. d. R. als digitale Botschaft, die sich über Social Networks und Medien effizient und rasant wie ein Virus verbreiten soll, um einem Inhalt innerhalb kürzester Zeit zur maximalen Aufmerksamkeit zu verhelfen (Glawitta, S. 38).

5.1.3.3.4 Event Marketing

Event Marketing stellt die **Inszenierung von besonderen, zeitlich befristeten Ereignissen** im Rahmen der Unternehmenskommunikation dar. Zielsetzung ist dabei, „durch erlebnisorientierte firmen- oder produktbezogene Veranstaltungen emotionale und physische Reize bei der Zielgruppe auszulösen, die deren Einstellung zum Produkt bzw. zum Unternehmen positiv beeinflussen sollen“ (vgl. Zentes, S. 112).

Event Marketing hat sich ursprünglich im Einzelhandelsbereich, vor allem in der Marketingplanung von Shopping Centern, als erfolgreiches Maßnahmenprogramm etabliert. In Zeiten intensiven Wettbewerbs wird Event Marketing heute zunehmend, vor allem bei Großprojekten, frühzeitig als Marketinginstrument zur Differenzierung und Positionierung eingesetzt. Als besondere Events im Rahmen des Immobilienmarketing kommen sämtliche Anlässe in Frage, die mit dem Grundstück, der Baustelle oder dem fertigen Objekt in Zusammenhang stehen. Klassische Beispiele hierfür sind Abbruchfest, Grundsteinlegung, Erster Spatenstich, Richtfest, Eröffnung/Einweihung, Inbetriebnahme. Zunehmend werden jedoch auch andere Gelegenheiten genutzt, um am Ort des Geschehens ein Event zu veranstalten wie saisonale Anlässe (Frühjahrsbeginn, Sommerfest, Oktoberfest), Tag der offenen Tür, kulturelle Veranstaltungen (Baustellensommer Potsdamer Platz Berlin), Konzerte, Lesungen, Kunstaktivitäten wie Performances, Klangereignisse und Lichtprojektionen (z. B. Bauzaungalerie am Checkpoint Charlie in Berlin) und Sportevents (Treppenlauf Frankfurt), um nur einige zu nennen. Die besondere Chance des Event-Ortes „Immobilie“ besteht darin, über ein Event positive Assoziationen zu einem Standort, einem Objekt zu schaffen, ohne dass die eigentliche Vermarktungsabsicht im Vordergrund steht und gleichzeitig die Basis für eine Kontaktaufnahme und weitere Gespräche zu schaffen. Events haben sich in der Immobilienbranche heute zu Netzwerkveranstaltungen gemausert – der Dialog und Austausch steht i. d. R. im Vordergrund.

Events richten sich sowohl an unternehmensinterne als auch -externe Zielgruppen. Hierunter fallen die eigenen Mitarbeiter im Unternehmen, bauausführende Firmen, Planer und Berater, Makler, Finanzierungsinstitute, Behörden, lokale Politiker, Presse, Anwohner, von der Baumaßnahme Betroffene und sonstige Gruppen, die direkt oder indirekt mit der Immobilie in Verbindung stehen. Die kommunikativen Ziele von Events orientieren sich an dem System der übergeordneten Kommunikationsziele und der darüber stehenden Marketingziele. I.d.R. verfolgen Events die folgenden kommunikativen Ziele (vgl. Meffert, S. 697):

- Schaffung , Stabilisierung oder Erhöhung der Bekanntheit des Objektes,
- Aufbau, Pflege oder Modifikation von Image bzw. Sympathie,
- Kontaktpflege zu potenziellen Zielgruppen,
- Vermittlung der Dialogorientierung,
- Demonstration der Leistungsfähigkeit von Objekt und Unternehmen.

Je nach Zielsetzung und Zielgruppe kann das Event stärker informierenden oder mehr unterhaltenden Charakter haben. Für alle Veranstaltungen gilt jedoch gleichermaßen, dass sie professionell geplant und durchgeführt werden müssen. Wird ein Event durch organisatorische Mängel und Pannen bei der Durchführung geprägt, kann ein negativer Eindruck bei den Teilnehmern und Besuchern verbleiben, und die kostenintensive Maßnahme hat ihr Ziel verfehlt.

Ein ineffizienter Einsatz des Event Marketing findet dann statt, wenn es sich lediglich aus einer Reihe von Einzelmaßnahmen, losgelöst vom Gesamtmarketingkonzept, zusammensetzt. Zielsetzung muss vielmehr sein, Event Marketing zum integrierten Bestandteil der Kommunikationsstrategie zu machen, um dadurch ein szenariobezogenes Erlebnis aufzubauen oder zu vermitteln (vgl. Kinnebrock, S. 50 ff.). In Bezug auf die Integration und Abstimmung mit Maßnahmen anderer Kommunikations- und Marketinginstrumente spielt v. a. Public Relations eine zentrale Rolle. Eine durchdacht geplante Reihe von aufeinander abgestimmten Events, begleitet durch die entsprechende Presse- und Öffentlichkeitsarbeit ist v. a. für Immobilien, die in der Vermarktung auf eine Öffentlichkeitswirkung angewiesen sind (neues Quartier, neue Einzelhandelsentwicklung, neuer Standort etc.) hilfreich.

Ein positives Beispiel stellt auch in diesem Zusammenhang der Potsdamer Platz dar. Durch eine Reihe von koordinierten Events, eng vor- und nachbereitet von der entsprechenden professionellen Pressearbeit, hat bereits während der Bauphase dieses „künstliche" Quartier bekannt gemacht, positiv besetzt und zu einem Fokus und Anziehungspunkt nicht nur für die Öffentlichkeit werden lassen.

5.1.3.3.5 Baustellen-/POS-Marketing

Eine besondere Form der Kommunikationspolitik stellt das Baustellen-Marketing oder **Point-of-Sale-Marketing** dar, bei dem unabhängig von speziellen Veranstaltungen und Events die vorhandenen Potenziale der Baustelle, der Immobilie zum Erreichen der übergeordneten Marketingziele ausgeschöpft werden. Hierzu sind die am Ort der Projektentwicklung vorhandenen oder sich in der unmittelbaren Nähe mit direktem Projektbezug befindlichen Ansatzpunkte auf ihre Marketingpotenziale zu untersuchen und im Rahmen der Kommunikationspolitik in die übergeordnete Marketingstrategie zu integrieren.

POS-Marketing begleitet i. d. R. die Entwicklungsphase, wobei der Schwerpunkt meist die Unterstützung der Vermarktung (z. B. Vermietungs-, Verkaufshinweise) darstellt. Selbstverständlich kann POS-Marketing auch in Bestandsgebäuden stattfinden, bspw. zur Unterstützung der Vermietung von Restflächen, oder bei einer Revitalisierung/Modernisierung. Möglichkeiten für ein systematisches POS-Marketing bieten Bauschilder, Bauzäune, Vermietungs-/Verkaufsschilder, Fahnen, Besucherplattformen, Mustereinheiten/Marketing-Suiten, Modelle, Projektionen und Baustellenpflege.

Bauschilder

Die klassische Informationsquelle an dem Ort des geplanten oder in Realisierung befindlichen Projektes stellt das laut Landesbauverordnung vorgeschriebene Bauschild dar. Hier erfolgt in erster Linie eine Information über den oder die Bauherren, die Art der Immobilie sowie eine Aufstellung der verantwortlichen Unternehmen für Planung und Durchführung des Projektes. Die Kombination des reinen Bauschildes mit Vermarktungsbotschaften wird i. d. R. aus Kostengründen durchgeführt. Gleichzeitig bietet sich auf dem Bauschild die Gelegenheit eine Visualisierung des Projektes darzustellen.

Bauzaun

Der klassische Bauzaun umschließt die Baustelle und soll primär unbeteiligte Personen von der Baumaßnahme fernhalten. Dies erfolgt sowohl aus Sicherheitsgründen als auch um einen ungestörten Bauablauf zu ermöglichen.

I.d.R. wird der Bauzaun blickdicht ausgeführt, oft nicht weiter genutzt bzw. gepflegt und stellt eine künstliche Barriere zwischen Umfeld und Projekt dar. In den letzten Jahren ist der Bauzaun jedoch zunehmend als Kommunikationsinstrument verstanden und in die Kommunikationspolitik integriert worden. Das Interesse an Projektentwicklungen, insbesondere innerstädtischen Entwicklungen hat deutlich zugenommen und der Bauzaun stellt vorort in Kombination mit dem Bauschild die erste Möglichkeit dar, sich zu informieren und über die Angabe einer web-Adresse, oder einen QR-Code, die Einladung zur Kontaktaufnahme. Durch die Variation bestimmter Merkmale wie Transparenz (z. B. OpernTurm Frankfurt mit Gucklöchern), Materialwahl und Umsetzungsvarianten (Visualisierungen des entstehenden Projektes; kulturelle Nutzung, wie z. B. Bilder oder Grafiken lokaler/internationaler Künstler, z. B. KfW Frankfurt) lassen sich unterschiedliche Wirkungen und eine Auseinandersetzung mit dem Projekt erzielen.

Die Gestaltung, der Informationsgehalt etc. ist mit den örtlichen Behörden abzustimmen und genehmigen zu lassen.

Vermietungs-/Verkaufsschilder

Im Gegensatz zu Bauschildern steht bei Vermietungs- bzw. Verkaufsschildern (auch Banner, Blow-Ups etc) die Zielsetzung der Vermarktung im Vordergrund. Dies wird durch eine attraktive Gestaltung (Bildmaterial, farbliche Gestaltung) sowie Angaben zu Ansprechpartnern, die die Interessenten mit konkreten Objektinformationen versorgen und für Beratungsgespräche zur Verfügung stehen. Häufig werden diese Schilder in Eigenregie der mit dem Vertrieb beauftragten Abteilungen oder externen Partnern aufgestellt und weichen teils erheblich im Erscheinungsbild von den Bauschildern und dem Bauzaun ab. Im Sinne einer einheitlichen Corporate Identity sämtlicher Einzelmaßnahmen ist es notwendig, eigene oder von externen Vertriebspartnern aufzustellende Vermietungs- bzw. Verkaufsschilder dem einheitlichen Konzept und Design der jeweiligen Vermarktungsstrategie anzupassen.

Bestimmende Faktoren für den erfolgreichen Einsatz des Vermarktungsschildes als Kommunikationsinstrument sind der Aufstellungsort, das Material, die Informationen/das Layout, die Beleuchtung und die Pflege, wobei diese Faktoren (bis auf die Pflege) mit den örtlichen Behörden abzustimmen und zum Teil zu genehmigen sind.

Von einem oder mehreren Aufstellungsorten wird verlangt, dass jede Person, die in Sichtkontakt mit dem Projekt kommt, möglichst direkt auf ein Vermarktungsschild stößt, um die wichtigsten Informationen über das Objekt zu erhalten. Dadurch erreicht man im Umfeld des Projektes eine hohe Kontakthäufigkeit mit den Botschaften. Um über die Aufstellungsdauer in konstant gutem Zustand zu bleiben, sollte das Schild witterungsfest ausgeführt sein. Neben den bereits genannten Angaben sind in Abstimmung mit den Vorgaben der Marketingstrategie Name und Logo sowie sonstige objektspezifische Informationen in werbewirksamer Form darauf darzustellen. Eine integrierte Beleuchtung, wenn möglich, ermöglicht die Informationsbereitstellung rund um die Uhr.

Fahnen

Eine weitere Möglichkeit, auf einem Areal die Aufmerksamkeit potenzieller Zielgruppen zu wecken, stellt die Verwendung von Fahnen dar. Durch ihre Bewegungen im Wind werden sie leicht wahrgenommen, und können, wie Bau-, Vermietungs- oder Verkaufsschilder, gewünschte Informationen an Dritte übermitteln. Auch hier gilt den Aufstellungsort (z. B. Mindestabstand von einer Autobahn), Inhalte und Gestaltung mit den örtlichen Behörden abzuklären.

Besucherplattform

Im Rahmen von Großprojekten kommen in den Tiefbauphasen häufig spektakuläre Techniken und Verfahren zur Anwendung, die das Interesse der Öffentlichkeit erwecken (z. B. Unterwasser Betonierung am Potsdamer Platz). Durch den Einsatz von Besucherplattformen, auf denen Interessierte Einblick in die Bautätigkeiten nehmen können, besteht die Möglichkeit, die Öffentlichkeit bereits in der Realisierungsphase an dem Projekt teilhaben zu lassen und frühzeitig für Aufmerksamkeit, Interesse, Bindung und ein positives Image zu sorgen (z. B. Lehrter Bahnhof, Berlin oder Infobox am Potsdamer Platz, Berlin).

Mustereinheit/Marketing-Suite

Im Entwicklungsstadium eines Projektes besteht die Möglichkeit, je nach Immobilientyp, ein Musterbüro bzw. eine Musterwohnung zu Marketingzwecken einzurichten. Dies wird i. d. R. im entstehenden Gebäude selbst vorgenommen, kann aber auch in einem Container/Marketing-Suite am Ort des Geschehens stattfinden. Hierzu wird zu einem Zeitpunkt, in dem sich das gesamte Objekt noch im Ausbaustadium befindet, eine einzelne Einheit vorzeitig fertiggestellt, um neben dem Grundriss und der Größe, vor allem Ausstattungsstandards und angebotene Auswahlmöglichkeiten darzustellen. Bei ungewöhnlichen Grundrissen bieten sich zudem konkrete Einrichtungsvorschläge (Möblierung/Technikeinrichtung) an, um potenziellen Interessenten Anregungen zu geben.

Die Wahl einer Mustereinheit im Objekt hängt von Kriterien ab, wie:
- Zugänglichkeit,
- Sicherheit für Angestellte und Kunden,
- Attraktivität im Objekt,
- Darstellungsmöglichkeiten,
- Sowie ggf. Aussicht auf die Umgebung.

Ist das Objekt noch nicht so weit fertiggestellt, dass die Einrichtung einer Mustereinheit möglich ist, kann auf eine so genannte Marketingsuite ausgewichen werden. Hierunter versteht man künstlich geschaffene Mustereinheiten (z. B. ausgebaute Container), die sich nicht im Objekt selbst befinden, sondern vorübergehend entweder auf der Baustelle oder in deren näheren Umgebung (z. B. im Gebäude gegenüber der eigentlichen Entwicklung) errichtet werden. Hier können zum einen exemplarische Beispielmöblierungen und Einrichtungsvarianten gezeigt werden, insbesondere sollte die Möglichkeit bestehen, ein Modell (physisch oder digital) und Gebäudevisualisierungen auszustellen sowie Präsentationen, Filme etc. vorzuführen. Dies bedeutet letztlich auch das Vorhalten eines Meetingtisches mit kleinen Erfrischungsmöglichkeiten wie Getränken etc.

Die Kosten für eine Mustereinheit im Objekt sowie eine externe Marketingsuite sind nicht zu unterschätzen und machen nur bei einer regelmäßigen Nutzung Sinn. Auf der anderen Seite gibt es keine bessere Möglichkeit am Ort des Geschehens die Zukunft durch eine entsprechende Gestaltung der Musterräume greifbar und erfahrbar zu machen.

Modelle

Hier muss zunächst zwischen **digitalen und physischen Modellen** unterschieden werden. Klassische, physische Modelle sind **Architekturmodelle**, die den endgültigen Zustand einer Immobilie, eines Quartiers bereits in einem frühen Planungs- und Realisationsstadium veranschaulichen. Sie werden vorwiegend aus Plastik oder Holz von spezialisierten Modellbauern nach vorhandenen Planungsunterlagen angefertigt. Der Maßstab solcher Modelle beträgt i. d. R. ca. 1:1.000 bis 1:200. Bei Projekten mit mehreren Gebäudekomplexen finden auch weniger detaillierte Modelle Anwendung, deren Aufgabe vor allem darin besteht, die Gebäudestrukturen, Kubaturen sowie die freiräumlichen Bezüge darzustellen. Zunehmend zum Einsatz in der Vermarktung mit der Zielsetzung das fertige Projekt darzustellen und verstehbar zu machen kommen digitale Modelle. Hierbei handelt es sich um **3D Modelle**, die auf der konkreten Planung eines Gebäudes aufbauen. Der Vorteil gegenüber den klassischen physischen Modellen ist hierbei die Darstellungsvielfalt. Von Rundgängen durch das Gebäude, Touren um das Gebäude und Areal, der – im Vergleich zu Änderungen bei physischen Modellen – relativ zügigen Umsetzung von Veränderungen (anderer Eingang, andere Fassade, Verschiebung der Tiefgarageneinfahrt etc), hat die 3 D Modelle zu einem beliebten Vermarktungstool werden lassen. Die Darstellung erfolgt bspw. auf einem touch table, oder iPad/tablet.

Zum Einsatz kommen Modelle bei Vorgesprächen mit Entscheidungsträgern und relevanten Multiplikatoren im Projektentwicklungsstadium sowie bei Gesprächen mit Interessenten auf der Baustelle, in Musterbüros, direkt beim Kunden oder auf Messen.

Baustellenpflege

Die Umgebung einer Baumaßnahme ist während der Bauarbeiten hohen Belastungen in Form von Verkehrsbehinderung, Lärm und Schmutz ausgesetzt. Durch sorgfältige Planung und Abstimmung bei den einzelnen Gewerken, einen reibungslosen Bauablauf sowie eine zügige Beseitigung unvermeidbarer Beeinträchtigungen wie z. B. stark verschmutzte Straßen durch LKWs während der Abraumbeseitigung und Versperrung der Zufahrtswege für Nachbargrundstücke durch Baustellenfahrzeuge, können Widerstände von Betroffenen (z. B. Nachbarn, Passanten) in Grenzen gehalten werden. Bei einer konstanten Pflege der sichtbaren Teile der Baustelle selbst besteht zudem die Möglichkeit, positive Assoziationen bei potenziellen Kunden auszulösen, indem vom optischen Eindruck der Baustelle auf die spätere Objektqualität geschlossen wird. Im Vordergrund steht hier insbesondere die Pflege des Bauzaunes, Gehwege und Ein- und Ausfahrten. Letztlich ist die Baustelle die Visitenkarte des dahinter stehenden Unternehmens.

5.1.3.3.6 Öffentlichkeitsarbeit/Public Relations

Die synonym verwendeten Begriffe Public Relations (PR) und Öffentlichkeitsarbeit stehen für eine Form der Kommunikationspolitik, der im Immobilienmarketing aufgrund seiner Rolle und Bedeutung eine wichtige Rolle zukommt. Public Relations hat seine Ursprünge Ende des 19. Jahrhunderts in den USA, als Wellen der öffentlichen Kritik aufgrund massiver sozialer und ökonomischer Konsequenzen durch groß angelegte industrielle Investitionsprojekte entbrannten und sich die betroffenen Unternehmen dadurch zu öffentlichen Stellungnahmen gezwungen sahen (vgl. Meyer, S. 2195 f.).

Im Gegensatz zur Werbung, die in erster Linie dazu dient, Produkte zu vermarkten, steht die Schaffung einer für das Unternehmen positiv belegten „Atmosphäre der Offenheit und des Verständnisses" im Mittelpunkt von Public Relations (vgl. Nieschlag/Dichtl/Hörschgen, S. 994).

Es handelt sich hierbei vorrangig um eine Form der **Unternehmenskommunikation**. Häufige Ziele von **PR-Maßnahmen** sind (vgl. Bruhn, S. 233):
- Information über Unternehmensaktivitäten,
- Beeinflussung des Bekanntheitsgrades,
- Aufbau von Glaubwürdigkeit und Vertrauen,
- Einstellungsänderungen bei Teilöffentlichkeiten,
- Schaffung eines Goodwill,
- Stellungnahme zu öffentlichen Streitpunkten.

Als Zielgruppen der Public Relations kommen im Rahmen des Immobilienmarketing sämtliche Gruppierungen in Frage, deren Mitglieder durch immobilienspezifische Tätigkeiten eines Unternehmens oder durch ein konkretes Immobilienprojekt bzw. -objekt in irgendeiner Form direkt oder indirekt betroffen sind (vgl. dazu auch Abbildung 2).

Zielsetzung der Öffentlichkeitsarbeit ist, über die Ansprache breiter Zielgruppen wie der generellen Öffentlichkeit, Multiplikatoren und Problemgruppen, die Positionierung bzw. Verankerung eines positiven Projektimages durch qualifizierte Information. Als kognitives Ziel kann zudem die frühzeitige Bekanntmachung des Projektes und des Standortes genannt werden. Die sachliche Auseinandersetzung mit unterschiedlichen Interessensgruppen muss deshalb während der Bauphase schon voll im Gange sein, wobei die Öffentlichkeitsarbeit eine sinnvolle Ergänzung durch die Kombination mit Events wie Kulturveranstaltungen und Ausstellungen erfährt.

PR/Öffentlichkeitsarbeit in der Immobilienwirtschaft lässt sich somit definieren als zielgerichtetes Bemühen von Institutionen, Unternehmen oder Personengruppen, um Verständnis für die eigenen Anliegen bezüglich immobilienspezifischer Entscheidungen und Handlungen in der Öffentlichkeit aufzubauen und zu pflegen (vgl. dazu auch Zitelmann, S. 9). Das **Corporate-Identity-Konzept** spielt hierbei eine besondere Rolle, denn nur unter der Voraussetzung, dass sämtliche nach außen gerichteten Unternehmensaktivitäten untereinander abgestimmt und schlüssig sind, lassen sich die genannten Ziele im Rahmen der Public Relations erreichen (vgl. Bruhn, S. 233 ff.).

Grundsätzliche Erscheinungsformen von Public Relations im Rahmen des Immobilienmarketings sind:
- Pressearbeit,
- Maßnahmen des persönlichen Dialogs,
- Aktivitäten für ausgewählte Zielgruppen,

- Krisen-PR,
- Fachpublikationen,
- unternehmensinterne Maßnahmen.

Darauf wird im Folgenden exemplarisch näher eingegangen.

Pressearbeit

Durch die gezielte Übermittlung von Informationen an die relevante Presse wird versucht, eine sachliche Auseinandersetzung mit unterschiedlichen Interessengruppen anzustreben. In der öffentlichen Meinung nimmt das geschriebene Wort des Journalisten eine hohe Stellung ein, da Objektivität unterstellt wird. Von Journalisten publizierten Berichten über ein Projekt wird i. d. R. mehr Glauben geschenkt als Selbstdarstellungen aus dem Unternehmen. Die erzielbare Aufmerksamkeit und der Werbewirkungsgrad durch redaktionelle Beiträge über Produkte oder Unternehmen ist somit erheblich höher, als dies bei eigener Werbung möglich wäre. Die Gründe liegen vor allem in der Beurteilung der Presse als neutrales Medium, während die Werbung von Dritten häufig als beeinflussend eingestuft wird.

Zur erfolgreichen Nutzung dieses Kommunikationsinstrumentes bieten sich zwei Formen an:
- Presseinformationen,
- Pressekonferenzen.

Presseinformation kann im Rahmen von Pressemeldungen, die an den entsprechenden Presseverteiler verteilt werden, oder im Rahmen von Journalistengesprächen stattfinden. Bei **Pressekonferenzen** besteht die Möglichkeit, gleichzeitig mehrere Medienvertreter mit den relevanten Informationen über das Objekt bzw. Projekt persönlich zu versorgen. Die Einflussmöglichkeiten auf deren redaktionelle Umsetzung sind im Vergleich zur direkten Presseinformation an ausgewählte Journalisten jedoch relativ gering. Aus diesem Grund ist Pressearbeit sehr delikat und erfordert viel Fingerspitzengefühl, das richtige Timing, insbesondere aber einen offenen Umgang mit den Journalisten. Die Pressearbeit sollte von speziell geschultem Personal durchgeführt bzw. geleitet werden. Den Anlässen für Pressearbeit sind keine Grenzen gesetzt. Als Beispiele seien hier genannt Baubeginn, Bautenstandsmeldungen, Einsatz besonderer Techniken auf der Baustelle (z. B. Schwimmbagger), Berichte über Events, Fertigstellung oder bedeutende Vertragsabschlüsse.

Maßnahmen des persönlichen Dialogs

Der persönliche Kontakt von Unternehmensvertretern mit relevanten Zielgruppen stellt eine weitere wichtige Kommunikationsform im Rahmen der Öffentlichkeitsar-

beit dar. Umsetzungsmöglichkeiten für Maßnahmen des persönlichen Dialogs und somit eines gezielten Netzwerkens sind beispielsweise:
- **Vorträge** auf bzw. Veranstaltung von Informationsseminaren,
- Teilnahme an **Ausstellungen/Messen** (Expo Real, Reallocation, MIPIM, etc.),
- geführte Projektbesichtigungen (z. B. Gruppen, Vereine),
- Kontaktpflege mit Journalisten,
- Sponsoring.

Krisen-PR
Während der Vermarktungsphase kann für ein Unternehmen im Immobilienbereich nichts Schlimmeres passieren als negative Schlagzeilen in den Medien aufgrund besonderer Vorkommnisse. Dadurch kann ein langfristig aufgebautes positives Objekt- oder Unternehmensimage in kürzester Zeit zerstört werden. Mögliche Krisen in der immobilienwirtschaftlichen Praxis sind beispielsweise:
- Finanzierungsprobleme bei Projektentwicklungen,
- Unfälle während der Projektentwicklung,
- Konflikte mit Nachbarn der Baumaßnahme,
- Demonstrationen gegen das Projekt,
- Verunreinigungen der Umwelt,
- Schwarzarbeiter auf der Baustelle,
- erhebliche Vermarktungs- bzw. Absatzprobleme.

Auch bei größter Vorsicht sind Krisensituationen nicht auszuschließen, jedoch können sie durch ein institutionalisiertes Risikomanagement aufgefangen werden. Im Rahmen der Krisen-PR wird versucht, das Unternehmen und seine Mitarbeiter auf solche Situationen systematisch einzustellen und vorzubereiten, um den möglichen Schaden in Grenzen zu halten. Für den Krisenfall werden Ansprechpartner im Unternehmen bestimmt und geschult, die durch aktive Kommunikation versuchen, einen größtmöglichen Einfluss auf die anschließenden Meldungen in den Medien zu behalten. Hinter diesem Vorgehen steht die Grundmaxime, dass im Krisenfall die Schadensbegrenzung durch aktives Handeln eher möglich ist, als durch hilfloses Reagieren mit der Folge einer zwangsweisen Eigendynamik der Meldungen und Berichte in den Medien.

Fachpublikationen
Fachpublikationen wie z. B. Marktberichte und Unternehmensmagazine bieten die Möglichkeit, auf einer meist breiten Basis Marktkenntnis und Professionalität nachzuweisen und somit den eigenen Bekanntheitsgrad zu steigern. **Marktberichte**

werden erarbeitet, um Entwicklungen auf den einzelnen Immobilienteilmärkten (z. B. m^2-Preise, Leerstandsraten, Absatzvolumina) anschaulich darzustellen und Prognosen über zukünftige Trends abzugeben. Sie sind regional untergliedert und betrachten getrennt voneinander die einzelnen Immobilientypen (z. B. Büro, Einzelhandel, Wohnen). Zu unterscheiden sind Spezialberichte, die sich nur mit ausgewählten Regionen (z. B. Büromärkte Rhein-Main, München, Airport City Frankfurt) oder Immobilientypen (z. B. Einzelhandel) befassen, von Globalberichten, die sämtliche bedeutenden Regionen eines Landes bezüglich der unterschiedlichen Immobilientypen untersuchen. Herausgegeben werden diese Berichte vor allem von großen Maklerorganisationen, die durch eigene Researchabteilungen über die notwendigen Informationen verfügen (z. B. bnp Paribas, Jones Lang LaSalle, Colliers, DTZ etc.).

Unter **Unternehmensmagazinen** werden Publikationen verstanden, die sowohl aktuelle Unternehmensinformationen als auch wichtige Sachthemen, wie z. B. Tendenzen in der Mietrechtsprechung, Entwicklungen auf den Kapitalmärkten, Förderrichtlinien etc., darstellen. Diese werden in redaktionellen Beiträgen verfasst und in verständlicher Weise präsentiert. Das Layout solcher Zeitschriften reicht von einfach kopierten und zusammengehefteten Blättern bis zu Hochglanzversionen im Stile einer Zeitschrift oder eines Magazins. Zielgruppen von Hauszeitschriften sind die bereits vorhandenen Kunden des Unternehmens (z. B. Kapitalanleger/Eigennutzer oder Mieter) sowie potenzielle Kunden. Aufgelegt werden Unternehmensmagazine – mittlerweile häufig in digitaler Form – von Unternehmen, die als Makler- und Beratungsunternehmen und in weiteren Bereichen in der Immobilienwirtschaft tätig sind (z. B. „real estate insights“ von PWC, „office news von Jones Lang LaSalle), offene Immobilienfonds (z. B. Deka Fondsmagazin).

Sowohl Marktberichte als auch Unternehmensmagazine beinhalten neben dem reinen Angebot von Fachinformationen weitere Funktionen. Zum einen versuchen diese Medien durch das angebotene Fachwissen die Sachkompetenz des herausgebenden Immobilienunternehmens in seinem Tätigkeitsgebiet zu vermitteln, auf der anderen Seite eröffnet es dem Herausgeber die Möglichkeit, konkrete Objekte anzubieten. Im Gegensatz zu Anzeigen in herkömmlichen Zeitungen und Fachzeitschriften liegt der Vorteil dieser Präsentationsform darin, dass hier das Angebot keiner unkontrollierten Konkurrenz ausgesetzt ist. Zur Nutzung dieser potenziellen Vorzüge muss jedoch gewährleistet sein, dass die Hauszeitung bzw. der Marktbericht bei potenziellen Kundengruppen verfügbar ist und zudem aufmerksam gelesen wird. Darüber bestimmen die Qualität und Aktualität der redaktionellen Beiträge, das Erscheinungsbild und -intervall sowie die Art und Weise der Verbreitung und Verfügbarkeit der genannten Medien.

5.1.4 Distributionspolitik

5.1.4.1 Funktionen der Distributionspolitik

Einen weiteren Instrumentalbereich im Rahmen des Marketingmix stellt die Distributionspolitik dar, die in der Literatur auch als **Vertriebspolitik** bezeichnet wird (vgl. Bruhn, S. 245 ff.). Hierbei geht es um sämtliche Entscheidungen und Handlungen von Unternehmen, die im Zusammenhang mit dem **Weg bzw. der Verteilung (Distribution) eines Produktes oder einer Leistung zum Endabnehmer bzw. Kunden stehen** (vgl. Meffert, S. 543).

Konzeptionen der Distributionspolitik aus dem Konsumgüterbereich lassen sich nicht ohne weiteres auf die Immobilienwirtschaft übertragen, da sich die genannten Produkte in wichtigen Merkmalen voneinander unterscheiden. Im Konsumgüterbereich fallen i. d. R. der Ort der Produktion mit jenem des Konsums oder der Weiterverarbeitung des Produktes auseinander. In diesem Fall kommt der Distribution daher in erster Linie eine Raumüberbrückungsfunktion zu, d. h. es geht darum, für die Nachfrager die Produkte am Ort des Konsums verfügbar zu machen (vgl. Böcker 1994, S. 294). Im Gegensatz dazu kann in der Immobilienwirtschaft die konkrete Nutzung der Immobilie nur dort stattfinden, wo sie sich gerade in der Realisierung befindet oder bereits als fertiges Objekt existiert.

Im Rahmen der Distributionspolitik im Immobilienmarketing geht es demnach vor allem darum, das Produkt am Absatzmarkt verfügbar zu machen und Angebot und Nachfrage zusammen zu führen. Das trifft sowohl für den Vertrieb von im Bau befindlichen Projekten, fertigen Objekten als auch für Teileinheiten von beiden zu.

Wie schon am Anfang des Kapitels erwähnt, bestehen enge Beziehungsgeflechte zwischen einzelnen Instrumenten des Immobilienmarketings. Die Distributionspolitik ist in ihren Einsatzmöglichkeiten von Vorgaben aus den Bereichen der Produkt- und Kommunikationspolitik abhängig. Versäumnisse in diesen Disziplinen wie z. B. bei der Konzeption, Entwicklung und Realisierung eines Immobilienprojektes sowie bei unsystematischen und unzureichenden Kommunikationsaktivitäten beeinträchtigen erheblich die Erfolgsaussichten distributionspolitischer Maßnahmen.

Besondere Bedeutung kommt im Rahmen der Distributionspolitik der **Wahl des optimalen Vertriebszeitpunktes** zu. Im Gegensatz zu Konsumgütern, die nur einer Distribution zugeführt werden können, wenn sie real existieren, besteht bei Immobilien die Möglichkeit, sie bereits zu einem Zeitpunkt zu vertreiben, in dem sie noch gar nicht real, sondern z. B. nur als Planung existieren. Dies stellt in der heutigen Zeit sogar eher die Norm bzw. Pflicht als eine Möglichkeit dar, denn häufig wird eine bestimmte Vorvermarktungsquote (Vermeidung von spekulativer Projektentwicklung) von Finanzierungspartnern (z. B. Banken) gefordert, bevor für das Projekt gewährte Darlehen ausgezahlt werden. Bei einem überwiegend fremdfinanzierten

Projekt kann somit erst nach dem Erreichen der geforderten Vorvermarktungsquote (Vermietung oder Verkauf) mit der Realisierung begonnen werden. Ein weiterer Aspekt für die Wahl des Vertriebszeitpunktes liegt in der Situation auf den relevanten Absatzmärkten. In Marktsituationen, die durch ein hohes Angebot an vergleichbaren Objekten bei geringer Nachfrage gekennzeichnet sind, kann es sinnvoll sein, Vertriebsaktivitäten zeitlich zu verschieben, wenn eine gewisse Erholung des Marktes oder z. B. die Vermarktung im unmittelbaren Projektumfeld gelegener Konkurrenzprojekte in naher Zukunft in Aussicht steht. Dadurch lässt sich unter Umständen vermeiden, dass Objekte durch zu lange Marktpräsenz und fehlende Nachfrage Schäden am Image erfahren, was sich negativ auf die weiteren Vermarktungschancen auswirken würde. Die Entwicklungs- und Realisierungsdauer für Neubauprojekte von ungefähr 2 bis 5 Jahren stellt die nötigen zeitlichen Variationsmöglichkeiten zur Verfügung. Handelt es sich dagegen um den Vertrieb von Bestandsobjekten, hängt der Zeitpunkt der Distribution davon ab, wann die Objekte oder einzelne Einheiten für neue Nutzer zur Verfügung stehen. Aufgrund von Kündigungsfristen, die vor allem bei Mietverträgen die Regel sind, kann sofort nach Bekanntwerden der bevorstehenden Beendigung des Mietverhältnisses mit entsprechenden Maßnahmen begonnen werden.

5.1.4.2 Wesenszüge von Distributionssystemen

Im Rahmen der Distributionspolitik stehen verschiedene Formen von Vertriebssystemen zur Wahl. Die Entscheidung für eine Alternative hängt dabei von unternehmensinternen und -externen Faktoren ab. Je nachdem, welches Distributionssystem gewählt wird, können voneinander abweichende vertragliche Gestaltungsmöglichkeiten und Vergütungsformen zum Einsatz kommen. In jedem Fall bedarf es eines Managements der Distributionspartner, um ein konstruktives Verhältnis sowie ergebnis- und zielorientiertes Zusammenwirken mit den Vertriebspartnern zu erreichen (vgl. Kotler/Keller/Bliemel, S. 849 ff.).

5.1.4.2.1 Formen von Distributionssystemen

Als Distributionssysteme kommen Eigen- und Fremdvertrieb sowie Sonderformen des Vertriebs in Betracht.

Der **Eigenvertrieb** (auch als direkter Vertrieb oder -kanal bezeichnet) ist eine direkte Vertriebsform, bei der keine dritten Personen oder Organisationen zwischen Anbieter und Nachfrager geschaltet werden. Der Verkauf oder die Vermietung der zu vermarktenden Immobilien werden direkt zwischen dem Eigentümer(z. B. bei Eigentumswohnungen, Bestandsgewerbeobjekte, Grundstücke) oder dem gewerblichen Anbieter des Produktes (z. B. Architekt oder Projektentwickler) und dem Kunden (Käufer oder Mieter) herbeigeführt. In Unternehmen kann der Eigenvertrieb durch einzelne, fachkompetente Mitarbeiter (z. B. kaufm. Projektleiter, Geschäftsführer) oder spezielle, unternehmensinterne Vertriebsabteilungen durchgeführt werden.

Tab. 1: Auswahlkriterien für Distributionssysteme (Quelle: Eigene Darstellung in Anlehnung an Falk 1992, S. 29)

Auswahlkriterien für Distributionssysteme	
Kriterium	**Mögliche Ausprägungen**
Unternehmensstruktur	– Tätigkeitsfeld – Unternehmensgröße
Tätigkeitsgebiet	– regional – national – international
Personalsituation	– Mitarbeiterzahl – Mitarbeiterstruktur – Vorhandenes Know-how
Immobilientyp	– Wohnimmobilien – Gewerbeimmobilien – Sonderimmobilien
Vertriebskosten	– Fixe Kosten – Variable Kosten
Marktverhältnisse auf den Immobilienteilmärkten	– Anbietermarkt – Nachfragermarkt
Flexibilität des Unternehmens	– niedrig – hoch
Steuerungsmöglichkeit der Distributionsaktivitäten	– stark – schwach
Kontrollmöglichkeiten des Vertriebsbeauftragten	– vorhanden – nicht vorhanden

Beim **Fremdvertrieb** (auch indirekter Vertrieb oder Mehrstufenkanal bezeichnet) handelt es sich um eine Vertriebsform, bei der externe, unternehmensfremde Personen oder Organisationen, die rechtlich und wirtschaftlich selbständig sind, mit dem Vertrieb beauftragt werden (sog. Absatzmittler). Die wichtigsten externen Vertriebspartner für den Immobilienvertrieb stellen Maklerunternehmen, aber auch Immobilienabteilungen von Banken, Sparkassen und Versicherungen sowie freiberufliche Anlageberater dar. In der Vermarktung von Wohnflächen findet heute dieser indirekte Vertrieb zunehmend mittels Onlineplattformen als weitere Zwischenstufe im Vertriebsprozess statt (z. B. Immobilienscout24). Hierbei kann nach der Spezialisierung in Vermietungs- und Verkaufs- bzw. Investmentmakler unterschieden werden.

Im Rahmen der Globalisierung und Internationalisierung der Immobilienmärkte tritt die Spezialisierung zu Gunsten eines universalen Leistungsspektrums mit folgenden Tätigkeiten in den Hintergrund (vgl. u. a. Aengevelt/Aengevelt, S. 459 f.):

- Nachweis/Vermittlung von Privatimmobilien (Vermietung, Verkauf),
- Nachweis/Vermittlung von Investments (private und institutionelle Anleger),
- Gewerbliche Vermietungen (Büro, Einzelhandel, Hotels etc.),
- Research/Beratung/Bewertung,
- Asset-, Property- und Facilities Management.

Sonderformen des Vertriebs stellen die offenen und geschlossenen Immobilienfonds sowie Immobilien-Aktiengesellschaften und REITs dar. Hier werden nicht die grundbuchmäßig aufgelassenen Teile eines Grundstücks vertrieben, sondern Anteile an einer Fondsgesellschaft als Investmentprodukt für private und institutionelle Anleger (indirektes Immobilieninvestment, vgl. Kapitel xy), die den Eigentümer einer oder mehrerer Immobilien darstellt.

5.1.4.2.2 Kriterien zur Wahl eines Distributionssystems

Die Wahl eines der genannten Vertriebssysteme hängt von den Ausprägungen verschiedener unternehmensinterner und -externer Faktoren ab und spielt für den Vermarktungserfolg eine wichtige Rolle. Eine Übersicht relevanter Kriterien zur Wahl eines Distributionssystems stellt die Tabelle 1 dar.

5.1.4.2.3 Kontraktkonzept

Mit der Festlegung des Distributionssystems und somit der Struktur der Vertriebskanäle ist die grundlegende Konfiguration des Vertriebsbereichs bei einem Immobilienunternehmen festgelegt. Im nächsten Schritt ist diese Struktur zu konkretisieren, wobei hier das Kontraktkonzept ein zentrales Element darstellt (vgl. Meffert, S. 564). Zum Kontraktkonzept gehören alle vertraglich gestalteten und abgesicherten vertriebsbezogenen Kooperationsformen zwischen Marktteilnehmern (vgl. Zentes/Swoboda, S. 223). Diese kommen in der immobilienwirtschaftlichen Praxis bei den unter Fremdvertrieb genannten Formen in unterschiedlichen Ausprägungen zum Einsatz. Es lassen sich folgende Auftragsarten unterscheiden (vgl. Schmidt, S. 461 ff.):

Einfacher Maklervertrag

Beim einfachen, gesetzlichen Maklervertrag gilt grundsätzlich, dass der Makler keine Leistung erbringen muss, aber auch der Maklerkunde ist nicht verpflichtet, die Maklerleistung entgegenzunehmen. Es gibt keine Einschränkung der Vertriebspartner, d. h. jeder Makler kann seine Dienste in Form von Nachweis- oder Vermittlungstätigkeiten anbieten. Die einseitige vertragliche Verpflichtung des Auftraggeber entsteht erst, wenn in Folge eines Nachweises (z. B. Frankfurter Tischregel) oder der Vermittlung des Maklers ein Hauptvertrag (z. B. Miet- oder Kaufvertrag) zustande kommt; dann hat der Makler einen Anspruch auf eine Provision vom Auftraggeber (erfolgsbedingter Vertrag). Die gesetzlichen Regelungen hierzu finden sich vor allem in den §§ 652 ff. BGB. Leider führt in der Praxis die Frage, ob ein Maklervertrag zustande gekommen ist, häufig zu Problemen, weil die ursächliche Tätigkeit des Nachweis- oder Vermittlungsmaklers zur Begründung einer Provisionspflicht im Gesetz nicht eindeutig geregelt ist.

Einfacher Alleinauftrag

Im Gesetz ist der Alleinauftrag als besondere Form des Maklervertrags nicht geregelt, marktbedingt aber häufig praxisrelevant. Bei dem sog. einfachen Alleinauftrag verpflichtet sich der Auftraggeber gegenüber dem Makler, keinen anderen Makler für eine bestimmte Zeit mit dem Vertrieb der Immobilienprodukte zu beauftragen. Im Gegenzug ist der Makler zu einem intensiveren Einsatz (gesteigerte Beratungspflicht) mit dem Ziel der Verschaffung möglichst günstiger Vertragsbedingungen gegenüber seinem Auftraggeber durchgängig innerhalb der Bindungsfrist verpflichtet (vgl. Schmidt, S. 474). Durch die Bindung an einen Vertriebspartner können schädliche Doppelansprachen von Interessenten vermieden und die Vertriebsaktivitäten des Maklers durch den Auftraggeber optimal mitbestimmt und kontrolliert werden. Für den Makler als Auftragnehmer liegen die Vorteile eines Alleinauftrages in der einfacheren wirtschaftlichen Kalkulierbarkeit seiner Dienstleistung und der besseren Planbarkeit der Ansprache potenzieller Interessenten (vgl. Aengevelt/Aengevelt, S. 462), ohne einer permanenten Gefahr, dass Mitbewerber durch so genannte „Massenansprachen" eine gezielte und zeitlich strukturierte Vorgehensweise zunichte machen. Der Auftraggeber bleibt aber berechtigt, sich neben dem Makler selbst auf dem Markt um den Vertrieb zu bemühen (was wiederum die Position des Maklers schwächen kann) (vgl. Schmidt, S. 474).

Qualifizierter Alleinauftrag

Bei dieser Auftragsform verpflichtet sich der Auftraggeber gegenüber dem Makler auch für den Fall zur Provisionszahlung, bei dem der Vertragsabschluss ohne Mitwirkung des Maklers zustande kommt. Das bedeutet, dass dem Auftraggeber das Recht zum Eigengeschäft untersagt wird. Wenden sich Interessenten an ihn, muss er diese an den Makler verweisen. In der Rechtsprechung wird diese Form des Maklervertrages äußerst problematisch gesehen, weshalb der qualifizierte Alleinauftrag nur eine untergeordnete Rolle spielt. Für beide Vertragsformen, den einfachen und den qualifizierten Alleinauftrag gilt, dass für den Auftraggeber keine Verpflichtung zum Abschluss des Hauptvertrages besteht und der Makler dann auch keinen Anspruch auf Ersatz der Aufwendungen hat (vgl. Schmidt, S. 474).

Mehrheit von Maklern

Der Auftraggeber kann mehrere Makler gemeinsam mit der Vermittlung oder dem Nachweis einer Immobilie beauftragen (sog. „Mitmakler"). Formen dieser Mehrheit von Maklern sind Untermakler (die nur mit dem Makler eine Rechtsbeziehung haben) und Gemeinschaftsgeschäfte unter Maklern (z. B. Makler auf entgegengesetzten Seiten bei An- und Verkäufer schließen sich zusammen und treffen eine Provisionsteilungsabsprache; vgl. Schmidt, S. 475 f.).

5.1.4.2.4 Management der Distributionssysteme

Aufgrund ihres direkten Kontaktes mit den aktuellen und potenziellen Nachfragern der zu vermarktenden Immobilienprodukte, bedürfen sowohl die internen, insbesondere aber auch die **externen Distributionspartner, einer engen Einbindung in die übergeordnete Marketingstrategie** des Unternehmens. Durch kontinuierliche Information, enge Kooperation und das konstante Abstimmen sämtlicher Marketingmaßnahmen ist eine erfolgreiche Symbiose zwischen Anbieter und Vertriebspartner möglich. Eine notwendige Voraussetzung stellt dabei die **konsequente Einbindung in die Vermarktungsstrategie und somit das Marketingkonzept** des Immobilienanbieters dar.

Auf der anderen Seite stellt der Vertrieb eine hervorragende Informationsquelle (Feedback) für das Unternehmen dar und spiegelt das Marktgeschehen wider. Aufgrund des unmittelbaren Kontakts der Vertriebsmitarbeiter mit den Kunden des Immobilienanbieters sind sie in der Lage, Veränderungen am Markt und hier besonders in den Bedürfnisstrukturen der Nachfrage frühzeitig zu erkennen. Die so gewonnenen Erkenntnisse und Erfahrungen stellen für den Anbieter notwendige Basisinformationen für die Überprüfung bereits gewählter Vermarktungsstrategien sowie für die Konzeption von Neuprojektentwicklungen dar. Aus diesen Gründen bieten Maklerunternehmen neben ihren ursprünglichen Nachweis- oder Vermittlungstätigkeiten umfangreiche,zusätzliche Beratungsleistungen an, bei denen sie auf die genannten Kenntnisse und Erfahrungen zurückgreifen können.

5.1.5 Kontrahierungspolitik

5.1.5.1 Grundlagen der Kontrahierungspolitik

Sämtliche absatzpolitischen Maßnahmen, die die Gegenleistungen für die vom Unternehmen angebotenen Sach- und Dienstleistungen betreffen, bezeichnet man als

Preis- oder Entgeltpolitik (vgl. Bruhn, S. 165; Diller, S. 33; Böcker 1994, S. 236). Mit geplanten Abweichungen vom Normal- oder Listenpreis und weiteren Lieferungs-, Zahlung- und Kreditierungsbedingungen beschäftigt sich zusätzlich die **Konditionenpolitik** (vgl. auch Meffert, S. 466) Wird mit der Preis- und Konditionenpolitik die Gesamtheit der unternehmerischen Maßnahmen zusammengefasst, die die Ausgestaltung der Gegenleistung für die eigene Leistung zum Gegenstand haben, spricht man von der Kontrahierungspolitik (vgl. u. a. Bruhn, S. 165).

Als Marketinginstrument zeichnet sie sich allgemein durch einige Besonderheiten aus (vgl. Simon 1995, S. 2069; Meffert, S. 466 f.):

- Änderungen des Preises üben häufig einen starken Einfluss auf den Absatz der Produkte aus. In verschiedenen empirischen Untersuchungen konnte nachgewiesen werden, dass Veränderungen des Preises über eine vielfach höhere Wirkung verfügen als die Änderung des Werbebudgets.
- Preis- und konditionenpolitische Maßnahmen lassen sich ohne große Zeitverzögerungen umsetzen, während produkt- und kommunikationspolitische Anpassungen längere Vorlaufzeiten benötigen oder gar nicht veränderbar sind. Allerdings sind sie auch schwer revidierbar.
- Nichtpreisliche Instrumente wirken oft erst mit zeitlichem Verzug, während Nachfrager auf kontrahierungspolitische Maßnahmen i. d. R. schneller Reaktionen zeigen.

Da Konkurrenten ebenfalls sehr schnell auf veränderte Preise reagieren können, ist es i. d. R. nicht möglich, sich nur über preispolitische Maßnahmen einen dauerhaften Wettbewerbsvorteil zu verschaffen (vgl. Simon, S. 2069).

Neben dieser allgemeinen Abgrenzung der Kontrahierungspolitik zu anderen Marketinginstrumenten sind jedoch die preisspezifischen Besonderheiten des Wirtschaftsgutes Immobilie zu berücksichtigen.

Der Immobilienmarkt ist generell durch eine geringe **Preiselastizität des Angebots** gekennzeichnet. Das bedeutet, dass bei steigenden wie sinkenden Preisen für Immobilienprodukte ein notwendiger Marktausgleich in Form einer Anpassung der Angebotsmenge erst mit einer zeitlichen Verzögerung (time lag) stattfindet. Bei steigenden Preisen verhindert vor allem die lange Produktionsdauer für Immobilien einen schnellen Marktausgleich, bei fallenden Preisen gibt es kaum wirtschaftlich sinnvolle Möglichkeiten, um das vorhandene Angebot kurzfristig zu verringern.

Bei der Betrachtung der **Preiselastizität der Nachfrage**, muss dahingehend unterschieden werden, ob es sich um den Markt für Vermietung von Immobilien oder um den Erwerbs- bzw. Anlagemarkt handelt.

Der Vermietungsmarkt zeichnet sich durch eine kurzfristig (ca. 1–3 Jahre) unelastische Nachfrage aus, d. h. Änderungen des Mietpreises führen kaum zu einer sofortigen Veränderung der Nachfrage. Die Gründe liegen im Wohnimmobilienbereich vor allem darin, dass auch bei einer im Preis gesunkenen vergleichbaren

Wohnung der Mieter nur dann das Mietobjekt wechseln wird, wenn er über den Preisvorteil die anfallenden Transaktionskosten, wie z. B. Umzugskosten und Maklerprovisionen, mindestens ausgleichen kann (vgl. Kühne-Bühning). Im Bereich der Vermietung von Gewerbeflächen führen die Langfristigkeit bereits bestehender Mietverträge sowie die Tatsache, dass Unternehmen ihre Mietflächenentscheidungen nicht nur an Preisen, sondern auch an innerbetrieblichen Vorgängen orientieren, zu einer unelastischen Nachfrage auf Preisänderungen (vgl. Bone-Winkel/Sotelo, S. 202).

Im Gegensatz dazu werden der private Erwerber sowie der private bzw. institutionelle Investor elastischer auf Veränderungen der Preise reagieren. Hat er sich grundsätzlich für den Erwerb einer Immobilie als Eigennutzer oder aus Anlagegesichtspunkten entschieden, wird vornehmlich der Zeitpunkt des Vertragsabschlusses von der Preisentwicklung beeinflusst.

Die Entscheidung für einen konkreten Anbieter eines Immobilienproduktes oder einer immobilienspezifischen Leistung wird, vergleichbare Qualität vorausgesetzt, unabhängig von der Preiselastizität der Nachfrage, vom Angebotspreis bestimmt werden. Der Anbieter, der eine vergleichbare Leistung zum günstigeren Preis bzw. zu besseren Konditionen als seine unmittelbaren Konkurrenten anbieten kann, wird den Kampf um die vorhandenen Kunden gewinnen können.

Ziel und Aufgabe der Kontrahierungspolitik bestehen demnach darin, in enger Abstimmung mit den anderen Marketinginstrumenten, die Preise derart festzusetzen und Regelungen für die Gewährung von Sonderkonditionen derart zu bestimmen, dass der Absatz der eigenen Produkte gefördert und die Gewinne maximiert werden (vgl. Meffert, S. 470).

In der Immobilienwirtschaft existieren zwei grundsätzliche **Formen von Preissystemen**:
- Verkaufspreis,
- Pacht- bzw. Mietzins.

Je nach zugrunde liegendem Vertragstyp kommen die unterschiedlichen Preissysteme zur Anwendung. Im Folgenden eine kurze Klassifizierung der bedeutendsten **absatzpolitischen Vertragstypen** in der Immobilienwirtschaft (vgl. ausführlich Lindner-Figura, S. 157 ff.; Stellmann, S. 387 ff.):
- Der **Kaufvertrag** ist ein gegenseitiger Vertrag, durch den sich der Käufer zur Zahlung des vereinbarten Kaufpreises, der Verkäufer zur Annahme des Kaufpreises und zur Übereignung und Übertragung der Immobilie verpflichtet. Der Übergang des Eigentums ist beim Kaufvertrag dauerhaft (Rechtsgrundlagen §§ 433 ff. BGB).
- Der **Pacht- bzw. Mietvertrag** ist ein gegenseitiger Vertrag, der die zeitlich begrenzbare Gewährung des Gebrauchs einer Sache gegen ein Entgelt regelt. Je nachdem, ob die Sache zum ausschließlichen Gebrauch oder auch zur Frucht-

ziehung gewährt wird, bezeichnet man die regelmäßigen Entgelte als Miet- oder Pachtzinsen. Beide zuletzt genannten Vertragstypen bilden im Gegensatz zum Kaufvertrag Dauerschuldverhältnisse (Rechtsgrundlagen §§ 535 ff. BGB).

Eine weitere wichtige Unterscheidung bei der Bemessung des Preises und der Konditionen bestimmt sich durch den zu vermarktenden Immobilientyp. Je nachdem, ob es sich um Wohn-, Gewerbe- oder Sonderimmobilien handelt, gelten zum Teil unterschiedliche rechtliche Vorschriften und Gesetze (z. B. „Gesetz zur Regelung der Miethöhe" bei Wohnraum; MiethöheG, WiStG).

5.1.5.2 Handlungsfelder der Kontrahierungspolitik

Im Rahmen der Kontrahierungspolitik stehen dem Anbieter von Immobilienprodukten verschiedene Handlungsfelder zur Verfügung, die sich aus dem Bereich der Preis-/Entgeltpolitik und der Konditionenpolitik zusammensetzen (vgl. Abbildung 4).

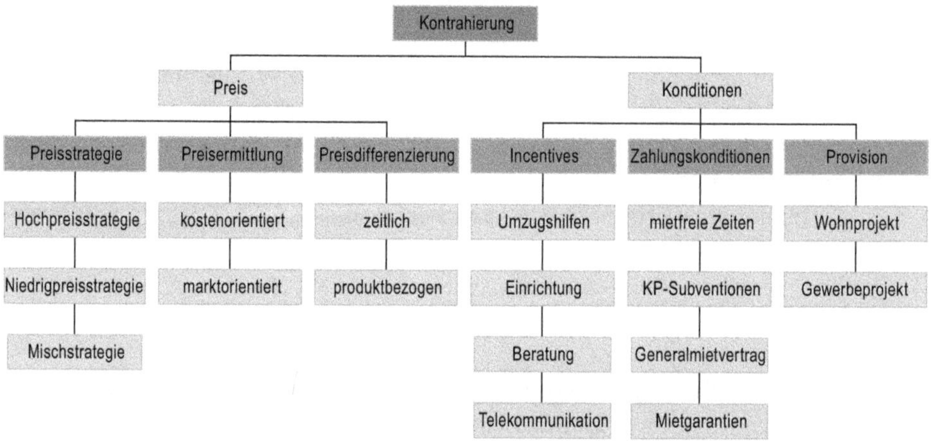

Abb. 4: Handlungsfelder der Kontrahierungspolitik (Quelle: Eigene Darstellung)

5.1.5.2.1 Preisstrategien

Eine strategische Entscheidung, die bereits in einem frühen Projektentwicklungsstadium getroffen werden muss, ist die **Wahl der Preisstrategie**. Sie steht in unmittelbarem Zusammenhang mit den Fragen der Produktpolitik. Als grundsätzliche Möglichkeiten gelten die Hochpreisstrategie, die Niedrigpreisstrategie sowie die Mischstrategie.

Im Rahmen der **Hochpreisstrategie**, auch als Strategie der **Qualitätsführerschaft** bezeichnet, werden besonders hochwertige Immobilienprodukte angeboten, um einen hohen Absatzpreis für das Gut am Markt zu rechtfertigen und zu realisieren (vgl. Kotler/Keller/Bliemel, S. 596). Beispielsweise sind für Einzelhandelsimmobilien in 1-A Lagen erheblich höhere Preise zu erzielen als für vergleichbare Objekte an schlechteren Standorten.

Im Gegensatz dazu wird im Rahmen der **Niedrigpreisstrategie** (auch als **Kostenführerschaft** bezeichnet) versucht, Immobilienprodukte am Markt anzubieten, deren Preise dauerhaft niedriger als der Wettbewerb sind. Entsprechend werden hier Abstriche bei der Qualität oder der Ausstattung des Produktes in Kauf genommen (vgl. Böcker 1994, S. 465 ff.). Als Beispiel hierfür können Reihenhäuser genannt werden, die in großer Anzahl in Siedlungen außerhalb von Stadtgebieten hergestellt werden, oder Budget Hotels mit minimalistischer Ausstattung an peripheren, aber verkehrlich gut erreichbaren Standorten, um Kostensenkungspotenziale zu erreichen (economies of scale, Erfahrungskurvenkonzept, günstige Grundstückspreise).

Wird die **Mischstrategie** gewählt, spricht der Anbieter mit seinen Immobilienprodukten mittlere Kundensegmente an, deren Preisakzeptanz zwischen denen der Hoch- und Niedrigpreisstrategie angesiedelt sind.

5.1.5.2.2 Preisermittlung

Bei der Bestimmung des Angebotspreises für Immobilienprodukte spielen verschiedene Faktoren eine Rolle. Hierzu zählen vor allem die Herstellungskosten, Preissituation auf den Absatzmärkten und Imageaspekte des Produktes bei der relevanten Zielgruppe.

Zur Ermittlung des Preises werden in der Theorie zwei grundsätzliche Verfahrenswege vorgeschlagen (vgl. u. a. Diller, S. 309 ff.):
- kostenorientierte Preisbestimmung,
- marktorientierte Preisbestimmung.

Die **kostenorientierte Preisbestimmung** bezieht sich auf Verfahren der Kostenträgerrechnung. Sollen alle im Unternehmen anfallenden Kosten auf die Kostenträger verteilt werden, bezeichnet man diese Vorgehensweise als Vollkostenrechnung. Finden dagegen nur solche Kostenbestandteile Berücksichtigung, die in einem eindeutigen Verursachungszusammenhang mit den Kostenträgern stehen, handelt es sich um Verfahren der Teilkostenrechnung (vgl. Nieschlag/Dichtl/Hörschgen, S. 811 f.).

Wichtige Kostenbestandteile zur Bestimmung des Preises von Immobilienprodukten sind:
- Grundstückskosten inkl. Erwerbsnebenkosten,
- Erschließungskosten,
- Baukosten,

- Baunebenkosten,
- Finanzierungskosten,
- Vermarktungskosten inkl. Vertrieb,
- Verwaltungskosten.

Auf die so ermittelten Kosten wird dann noch ein Gewinnaufschlag hinzugerechnet. Die Summe der Beträge bilden die Gesamtkosten, aus denen flächenanteilig der Angebotspreis ermittelt wird. Die Vermarktungschancen hängen davon ab, ob der Angebotspreis über oder unter dem Marktpreis für das Immobilienprodukt liegt.

Die in der Praxis zur Anwendung kommende Form der Preisfindung stellt die **marktorientierte Preisbestimmung** (Target Costing) dar. Sie stützt sich nicht ausschließlich auf Kostenbestandteile im Unternehmen, sondern orientiert sich an den preisbezogenen Reaktionen der Marktteilnehmer. Bei dieser Methode wird von dem Preis ausgegangen, der für das gewählte Produkt am Markt zum Zeitpunkt des Angebots durchsetzbar ist. I.d.R. wird in der Immobilienbranche mit Quadratmeterpreisen gerechnet. Diese werden auf die geplanten bzw. zur Verfügung stehenden Flächen bezogen, und in einer Rückrechnung werden dann die Auswirkungen dieses Preises unter Berücksichtigung der relevanten Kosten auf die Erfolgswirkung bzw. Zielerreichung des Unternehmens analysiert (retrograde Kalkulation; vgl. Diller, S. 319). Ein Unterschreiten der Kosten durch den erzielbaren Angebotspreis bedeutet einen Verlust, die Überschreitung der Kosten stellt einen potenziellen Gewinn für das Unternehmen dar. In der klassischen Entwicklerrechnung geht man von einer Gesamtrendite des Projektes nach Verkauf von ca. 15 % (Projektgewinn: gesamte Projektkosten) aus. In schwierigen Marktsituationen stellen Entwicklerrenditen von 8–10 % bereits gute Ergebnisse dar. Beim Verkauf von Bestandsimmobilien kann sich die Renditesituation je nach Eigentümer, Qualität des Standortes, des Objektes und Marktsituation in einem Renditebereich von 4–25 % darstellen.

5.1.5.2.3 Preisdifferenzierung

Überlegungen der Preisdifferenzierung bieten sich in der Immobilienwirtschaft vor allem für Projekte bzw. Objekte an, die mehrere einzelne vermarktungsfähige Teileinheiten aufweisen (z. B. Eigentumswohnungen, Reihenhäuser, Büroeinheiten). Im Rahmen einer Preisdifferenzierung werden für vergleichbare oder sogar identische Teileinheiten unterschiedliche Preise verlangt. Häufig vorkommende **Formen der Preisdifferenzierung** bei der Vermarktung von Immobilienprodukten sind:
- zeitliche Preisdifferenzierungen,
- produktbezogene Preisdifferenzierungen.

Im Rahmen der **zeitlichen Preisdifferenzierung** werden für ein Immobilienprojekt Abschläge auf den Preis gewährt, wenn der Kunde in einem frühen Entwicklungsstadium vor der Fertigstellung des Objektes zu einem Vertragsabschluss bereit ist (so genannter Subskriptionspreis). Eine frühzeitige Vermarktung minimiert die Gefahr, dass zum Zeitpunkt der Beendigung der Baumaßnahme veränderte Situationen auf den Absatzmärkten in Form von Überangebot und sinkenden Marktpreisen vorherrschen. Auf der Kostenseite wirken sich die zeitlich gewährten Preisabschläge für den Anbieter kaum negativ aus, weil z. B. durch den frühzeitigen Eingang von Kaufpreisraten bei Zahlung nach Baufortschritt gemäß Makler und Bauträgerverordnung (insbesondere bei Wohnprojekten) die anfallenden Zwischenfinanzierungszinsen für das Projekt vermindert und kalkulierte Risikozuschläge für eventuelle Vermarktungsprobleme entfallen können.

Im Rahmen von Mietverträgen erfolgen zeitliche Preisdifferenzierungen in der Form, dass auf den vertraglich vereinbarten Mietpreis im Verlauf der Jahre Aufschläge vorgenommen werden, um sich den verändernden Bedingungen am Markt, wie z. B. Inflation, anzupassen. Je nach Bemessung der Anfangsmiete und der Laufzeit der Verträge fallen die Anpassungen unterschiedlich hoch aus. Rechtlich zulässige Formen stellen, je nach Immobilientyp, die Indexierung, Staffelmiete und gesetzliche Mietpreiserhöhungen nach dem gültigen Mietspiegel dar. Ein weiteres Beispiel für zeitliche Preisdifferenzierung ist die zeitlich begrenzte Gewährung von mietfreien Zeiten zu Beginn eines Mietvertrags. Dies kann aber auch den Zahlungsbedingungen zugerechnet werden (siehe unten).

Produktbezogene Preisdifferenzierungen bieten sich bei der Vermarktung von Wohnimmobilien an, um den potenziellen Nachfragerkreis zu erweitern. Hierbei werden z. B. unterschiedliche Ausbaustandards für Wohneinheiten angeboten, wobei der Preis entsprechend angepasst wird. Beispiele hierfür sind das Angebot von Eigentumswohnungen ohne verlegten Fußbodenbelag, ohne Kleinausbauten in den Sanitärbereichen, ohne Innenanstrich und gegebenenfalls ohne Dachausbauten. Zielgruppe dieser Maßnahmen sind handwerklich versierte Nachfrager, die durch den Einsatz der eigenen Arbeitsleistung ihre Anschaffungskosten reduzieren können. Häufig wird auch nach der Attraktivität der Einheiten im Gesamtobjekt (Lage, Ausrichtung, Lärmbelastung, Belichtung etc.) unterschieden und der Preis entsprechend variiert.

5.1.5.2.4 Kostenlose Zugaben/Incentives

Im Vermietungsbereich von Gewerbeimmobilien kommt in Zeiten geringer Nachfrage und hohem Angebot das Instrument der kostenlosen Zugaben (so genannte Incentives) zum Einsatz. Hierbei geht es um zusätzliche Anreize neben dem eigentlichen Mietobjekt, die den potenziellen Mieter zum Abschluss des Vertrages bewegen sollen. Durch die Gewährung kostenloser Zugaben kann eine ansonsten notwendige Anpassung des erforderlichen Mietpreises aus Anbietersicht an niedrigere Marktpreise eventuell vermieden werden. Aus Rentabilitätsaspekten kann es für den

Vermieter sinnvoller sein, einmalig finanzielle Aufwendungen für kostenlose Zugaben zu leisten, als während der gesamten Laufzeit des Mietvertrages reduzierte Mieteinnahmen in Kauf zu nehmen.

Mögliche **Formen kostenloser Zugaben** sind:

- Gewährung von Umzugshilfen,
- Einbau von Küchen,
- Beratung bei der Büroeinrichtung durch Spezialisten,
- höhere Ausstattungsstandards.

5.1.5.2.5 Zahlungsbedingungen/-konditionen

Zahlungsbedingungen regeln in der Immobilienwirtschaft entsprechend dem zugrunde liegenden Vertragstyp den Ort und vor allem den Zeitpunkt der monetären Gegenleistung für die erbrachte Hauptleistung.

Im Rahmen von Miet- oder Pachtverträgen wird der Zeitpunkt der Entrichtung des Mietzinses im Gesetz geregelt (§ 556 b Abs. 1 BGB). Hier wird bestimmt, dass die Mietzahlung nach dem Ablauf der im Vertrag festgelegten Zeitabschnitte fällig wird, das heißt i. d. R. am Ende eines Monats. Im Gegensatz zur gesetzlichen Bestimmung wird in der Praxis häufig in den Mietverträgen die Fälligkeit des Mietzinses auf den Anfang des Abrechnungszeitraumes festgesetzt (vorschüssig).

Im Bereich von Kaufverträgen können die Vertragsparteien grundsätzlich die Zahlungsbedingungen frei vereinbaren, solange sie nicht gegen bestehende gesetzliche Vorschriften verstoßen (z. B. Gesetz zur Regelung des Rechts der Allgemeinen Geschäftsbedingungen, AGB-Gesetz). Eine Ausnahme bilden Kaufverträge mit Bauträgern. Hier kann es zum Zeitpunkt des Vertragsabschlusses möglich sein, dass die Leistung des Bauträgers, d. h. die schlüsselfertige Errichtung und Übergabe eines Bauwerks, noch nicht erbracht ist. Um trotzdem schon zu diesem Zeitpunkt Kaufpreiszahlungen zu ermöglichen, den Käufer aber gleichzeitig davor zu schützen, dass der vollständige Kaufpreis gezahlt ist und der Bauträger aus irgendwelchen Gründen (z. B. Konkurs) die Baumaßnahme nicht zu Ende führt, existieren weitere gesetzliche Vorschriften. Im § 3 Abs. 2 der Makler- und Bauträgerverordnung (MaBV) in Verbindung mit dem § 34 c Gewerbeordnung (GewO) wird für diese Verträge bestimmt, dass Kaufpreiszahlungen nur anteilig entsprechend dem jeweiligen Baufortschritt geleistet werden dürfen. Der Zahlungsplan der MaBV stellt 13 mögliche Teilzahlungen zur Verfügung, wobei nach aktueller Rechtssprechung nur noch 7 Teilzahlungen zulässig sind. Das bedeutet, dass entsprechend dem Bauablauf einzelne Teilzahlungen gebündelt werden müssen. Ein Verstoß gegen die genannten Regelungen hat zur Folge, dass weitere Teilzahlungen unzulässig sind und der Kaufpreis erst nach Fertigstellung des Objektes in Rechnung gestellt werden darf.

Zahlungskonditionen sind, wie die bereits dargestellten kostenlosen Zugaben, ein Instrument, um den Vertragsabschluss für den potenziellen Kunden attraktiver

zu gestalten und sich eventuell von der Konkurrenz abzuheben. In Zeiten schwieriger Vermarktungssituation kommen Instrumente zum Einsatz wie:
- Mietfreie Zeiten/reduzierte Anfangsmieten,
- Kaufpreissubventionen,
- Generalmietverträge,
- Mietgarantien.

Mietfreie Zeiten werden in erster Linie im Bereich der Gewerbeimmobilien gewährt. Dem Mieter/Pächter wird hierbei zugestanden, dass am Anfang der Vertragslaufzeit für eine festgelegte Anzahl von Monaten der vereinbarte Mietzins nicht oder nur in reduzierter Form zu entrichten ist. Das Aussetzen bzw. Verringern der Anfangsmiete bezieht sich i. d. R. auf die Nettokaltmiete. Die anfallenden und zum Teil verbrauchsabhängigen Betriebskosten sind dagegen auch in der Anfangsphase des Mietverhältnisses vom Mieter zu entrichten. Vereinbarungen, in denen neben der Nettokaltmiete auch die Betriebskosten für eine bestimmte Zeit vom Vermieter übernommen werden, sind in der immobilienwirtschaftlichen Praxis eher selten.

Kaufpreissubventionen sind Abschläge vom Kaufpreis, die der Verkäufer in Kauf nimmt, um den potenziellen Käufer überhaupt zum Vertragsabschluss zu bewegen. Kaufpreissubventionen eignen sich bei Verträgen mit Kapitalanlegern/Investoren sowie bei Eigennutzern.

Zur Förderung des Verkaufs von Immobilien an Kapitalanleger/Investoren können vom Verkäufer auch so genannte Generalmietverträge oder auch Mietgarantien abgegeben werden. Hierbei handelt es sich um Instrumente zur Absicherung der regelmäßigen Einnahmen für den Kapitalanleger bzw. Investor, indem der Verkäufer zumindest für befristete Zeit das Vermieterrisiko übernimmt.

Bei einem **Generalmietvertrag** mietet der Verkäufer (i. d. R. der Projektentwickler) das Projekt ab Fertigstellung und Übergabe an den Käufer auf bestimmte Dauer (meist 5 Jahre) zu einem vorher festgelegten Mietzins. Der Verkäufer darf seinerseits die Flächen untervermieten, trägt dabei aber das Vermieterrisiko. Differenzbeträge zwischen Generalmiete und Untermietzins gehen zu Lasten des Generalmieters.

Im Gegensatz zum Generalmietvertrag tritt bei der Mietgarantie der Garantiegeber nicht als Zwischenvermieter auf. Der Verkäufer (Garantiegeber) übernimmt jedoch ähnlich zum Generalmietvertrag die Garantie für den regelmäßigen Eingang der Mietbeiträge beim Käufer/Investor (Garantienehmer). In der immobilienwirtschaftlichen Praxis existieren unterschiedliche **Formen von Mietgarantien**:

Garantie bestimmter Miet- und Nebenkosteneinkünfte

Bei dieser Form der Mietgarantie sichert der Garantiegeber dem Garantienehmer für einen bestimmten Zeitraum (i. d. R. mindestens 3 Jahre) jährliche Miet- und Nebenkosteneinkünfte in bestimmter Höhe ab. Werden aus bestehenden Mietverträgen weniger Einkünfte erzielt, muss der Garantiegeber die Differenzbeträge an den Garantienehmer ausgleichen.

Mietausfallgarantie

Die Absicherung, dass es für die Dauer der Garantiezeit keinen Leerstand im Objekt gibt, stellt eine schwächere Form der Mietgarantie dar. Hierbei garantiert der Verkäufer dem Investor, dass während der Garantiezeit die Mieterträge aus den abgeschlossenen Verträgen eingehen. Das bedeutet, dass auch nach einer anfänglichen Vollvermietung, der Garantiegeber noch nicht aus der Haftung entlassen ist. Fallen während der Garantiezeit Mieteinnahmen aus (z. B. durch Insolvenz des Mieters), haftet der Garantiegeber für die fehlenden Mieterträge.

Erstvermietungsgarantie

Die schwächste Form der Mietgarantie stellt die Abgabe einer Erstvermietungsgarantie dar. Bei dieser Form steht der Garantiegeber nur dafür ein, dass die Mietflächen zu einer vereinbarten Mindestmiete erstmalig vermietet werden. Für spätere Mietausfälle trägt dann alleine der Investor das Risiko.

Wird eine der genannten Mietgarantien durch den Garantienehmer in Anspruch genommen, stellt sie für den Garantiegeber eine zum Teil erhebliche finanzielle Belastung dar. Im Fall der Fälligkeit sämtlicher garantierter Beträge (z. B. das gesamte Vertragsobjekt ist für die Dauer der Garantiezeit unvermietet) kann es je nach Bonität des Garantiegebers zu einem Ausfall der garantierten Beträge kommen. Auf Seiten des Garantienehmers empfiehlt es sich daher, den Garantiegeber für diesen Fall auf seine Kapitalstärke zu überprüfen. Um einem möglichen Ausfallrisiko des Garantiegebers vorzubeugen, wird häufig eine Bankbürgschaft gefordert. Die Höhe des garantierten Betrages wird dabei in Abhängigkeit der Marktbedingungen und nachhaltigen Vermarktungschancen zwischen den Vertragspartnern ausgehandelt.

5.1.5.2.6 Absatzmittlerprovisionen

Bei der Wahl eines Fremdvertriebs im Rahmen der Distributionspolitik werden als Vermittlungsleistung so genannte **Vermittlungsprovisionen** gezahlt. Sowohl bei der Vermietung als auch beim Verkauf von Immobilienprodukten durch Absatzmittler werden Provisionen berechnet. Die Höhe schwankt je nach der vereinbarten Leistung und der Art des vermittelten Vertrages:

Wohnraum

- Mietvertrag: Nach dem Vierten Mietrechtsänderungsgesetz ist maximal eine Provision in Höhe von zwei Monatskaltmieten zuzüglich Mehrwertsteuer zuläs-

sig. In der aktuellen politischen Diskussion geht die Tendenz dazu, bei den Maklergebühren das Bestellerprinzip einzuführen.
- Kaufvertrag: Die Höhe der Provision ist frei vereinbar und richtet sich nach der Ortsüblichkeit. I.d.R. liegt die Provision zwischen 2 % und 6 % des Kaufpreises.

Gewerberaum
- Mietvertrag: Die Höhe der Provision ist frei vereinbar und wird in dem Vielfachen einer Monatsmiete ausgedrückt. Sie bewegt sich üblicherweise zwischen 1,5–3 Monatsmieten.
- Kaufvertrag: Auch hier ist die Höhe der Provision frei von den Vertragsparteien vereinbar und bewegt sich zwischen 2 % und 6 % der Kaufpreissumme. Je höher der Kaufpreis ist, desto niedriger wird i. d. R. der prozentuale Anteil für die Provision gewählt.

Die Obergrenze für sämtliche frei vereinbarte Absatzmittlerprovisionen ist die Wuchergrenze nach § 138 BGB.

Ob Provisionszahlungen vom Anbieter oder Nachfrager des Immobilienproduktes übernommen werden, unterliegt individuellen Regelungen. Die gängigen Makler- und Vermittlungsaufträge sehen vor, dass die Kosten vom Nachfrager getragen werden. In schwierigen Marktsituationen kann jedoch die Übernahme der Provisionszahlung durch den Anbieter des Immobilienproduktes als Marketinginstrument eingesetzt werden.

5.2 Fazit

Vor dem Hintergrund eines stärker werdenden Wettbewerbsdrucks, wachsender Anforderungen der Kunden an Immobilienprodukte und einer deutlich höheren Transparenz verbunden mit einem ungleich schnellen Informationsaustausch, hat das Immobilienmarketing einen Bedeutungswandel in der Immobilienökonomie erfahren. Die Lage eines Objektes, Architektur und Ausstattung sind kein alleiniger Garant mehr für den Erfolg der Immobilie am Absatzmarkt. Zu beobachten und effizient zu nutzen gilt es sicher die dynamischen Entwicklungen und Möglichkeiten in der digitalen Kommunikation, die nicht nur der Kommunikation sondern insbesondere dem Vertrieb ungeahnte Möglichkeiten eröffnen.

Die ganzheitliche strategische Betrachtung der Marktbearbeitung, die systematische Analyse und Kenntnis der Kundenanforderungen und relevanter Zielgruppen, die Formulierung klarer Ziele im Rahmen des strategischen Marketings, eine darauf abgestimmte individuelle Positionierung des Immobilienprojektes sind notwendige Voraussetzungen für den erfolgreichen Einsatz der Instrumente im Immobilienmarketing. Der Marketingmix, bestehend aus der Produkt-, Service-, Kommunikations-, Distributions- und Kontrahierungspolitik, muss sich, um effizient und erfolgreich zu sein, dem strategischen Marketingansatz unterordnen. Die Instrumente bedürfen zudem einer engen inhaltlichen Abstimmung, Integration und ständiger Kontrolle, um mögliche Erfolgspotenziale optimal ausnutzen und anpassen zu können. Die Notwendigkeit einer frühzeitigen Involvierung des Marketings in den Projektentwicklungsprozess wird durch den Produktlebenszyklus von Immobilien bestimmt und vorgegeben. Durch ein marktorientiertes ganzheitliches Marketingkonzept vor der eigentlichen Bauphase eines Immobilienprojektes können spätere Absatzprobleme im Voraus minimiert bzw. verhindert werden.

5.3 Literatur

Aengevelt, L. W./Aengevelt, W. O.: Strategische Betrachtung und konsequente Umsetzung der Konditionen- und Vertriebspolitik, in: Schulte, K.-W./Brade K.H.: Handbuch Immobilien-Marketing, Köln 2001.

Bänsch, A.: Kommunikationspolitik, in: Tietz, B. (Hrsg.): Handwörterbuch des Marketing, 2., vollst. überarb. Aufl., Stuttgart 1995, S. 1186–1200.

Becker, J.: Typen von Markenstrategien, in: Bruhn, Manfred (Hrsg.): Handbuch Markenführung, Wiesbaden 2004, S. 637–676.

Becker K. E. et.al. (Hrsg.): Forum Bauen und Leben. Lebensqualität im Bürohaus, Band 9, Bonn 1993.

Böcker, F.: Marketing-Kontrolle, Stuttgart 1988.

Böcker, F.: Marketing, 5., erw. und überarb. Aufl., Stuttgart 1994.

Bone-Winkel, S./Sotelo, R.: Warum werden Büroflächen (nicht) vermietet?, in: Grundstücksmarkt und Grundstückswert, 1995, Heft 4, S. 199–205.

Brade, K.: Strategischer Marketingplanungsprozeß für Büroimmobilien : Anwendung der Kausalanalyse zur Erforschung des Mieterverhaltens, in: Schulte, K.-W. (Hrsg.): Schriften zur Immobilienökonomie, Band 7, Köln, 1998.

Bruhn, M.: Marketing. Grundlagen für Studium und Praxis, 12. Aufl., Wiesbaden 2014.

Cleaveley, E.: The Marketing of industrial and commercial property, London 1984.

Corsten, H.: Die Produktion von Dienstleistungen. Grundzüge einer Produktionswirtschaftslehre des tertiären Sektors, Berlin 1985.

Dallmer, H.: Das System des Direct-Marketing – Entwicklungsfaktoren und Trends, in: Dallmer, H. (Hrsg.): Das Handbuch Direct-Marketing & More, 8. Aufl., Wiesbaden 2002, S. 3–32.

Diller, H.: Preispolitik, 4. vollst. neu bearb. u. erw. Aufl., Stuttgart 2007.

Esch, F.-R.: Strategie und Technik der Markenführung, 6.. vollst. überarb. u. erw. Aufl., München 2010.

Falk, B.: Das große Handbuch Immobilien-Marketing, Landsberg a. Lech 1997.

Falk, B.: Immobilien-Handbuch, Wirtschaft, Recht, Bewertung, 3. Aufl., Loseblattsammlung in 2 Bänden., 24. Nachlieferung, Landsberg am Lech, Grundwerk 1992.

Falk, B.: Immobilienmarketing, in: Tietz, B.: Handwörterbuch des Marketing, 2. Aufl., Stuttgart 1995.

Fehr, B.: In Amerika wird der Hauskauf über Internet populär, in: FAZ, 5. Juli 1996, S. 39.

Gawlitta, T.: Digitale Immobilienkommunikation. 1. Auflage, März 2012.

gif, Gesellschaft für Immobilienwirtschaftliche Forschung e. V.: Unveröffentlichte Untersuchung des Arbeitskreises „Marktanalyse/Bedarfsprognosen" zur Büroflächenvermietung in 1996.
Hilke, W.: Grundprobleme und Entwicklungstendenzen des Dienstleistungs-Marketing, in: Hilke, W. (Hrsg.), Dienstleistungs-Marketing, Wiesbaden 1989.
Hofe, K.G./Rost, M.: Aussenwerbung. 3. Akt. Und erw. Auflage, Freiburg 2005.
Holland, H.: Direktmarketing: Im Dialog mit dem Kunden, 3. Aufl., München 2009.
Iblher, F.: Internetbasierte Immobilienfinanzierung, in: Schulte, K.-W. (Hrsg.): Schriften zur Immobilienökonomie, Band 23, Köln 2003.
Immo Media Research 2: Die große Analyse des Immobilienmarktes im Internet, Köln 2000.
Kinnebrock, W.: Integriertes Eventmarketing: vom Marketing-Erleben zum Erlebnismarketing, Wiesbaden 1993.
Kotler, P./Keller, K.L./Bliemel, F.: Marketing-Management, Analyse, Planung und Verwirklichung, 12., akt. Aufl., München 2007.
Kühne-Büning, L./Nordalm, V./Steveling, L.. (Hrsg.): Grundlagen der Wohnungs- und Immobilienwirtschaft, 4., überarb. Aufl., Frankfurt a. M. 20044.
Lindner-Figura, J.: Der Grundstückskaufvertrag, in: Schulte, K.-W./Kühling, J./Servatius, W./Stellmann, F. (Hrsg.): Immobilienökonomie Band II – Rechtliche Grundlagen, 2. vollst. überarb. u. erw. Aufl., München 2013, S. 157–192.
Link, J./Weiser, C.: Marketing-Controlling: Systeme und Methoden für mehr Markt- und Unternehmenserfolg, 3. vollst. überarb. u. erw. Aufl., München 2011.
Malizia, E.E.: A Note on Real Estate Marketing Research, in: The Journal of Real Estate Research, Fall 1990, Vol. 5/Number 3, S. 393–401.
Mattmüller, R./Tunder, R.: Das Prozessorientierte Marketingverständnis, in: Jahrbuch der Absatz- und Verbrauchsforschung, Heft 4/1999, S. 435–451.
Meffert, H./Burmann, C./Kirchgeorg, M.: Marketing – Grundlagen marktorientierter Unternehmensführung, 11. überarb. u. erw. Aufl., Wiesbaden 2012.
Meffert, H. (Hrsg.): Lexikon der aktuellen Marketing Begriffe, 2. Aufl., Wien 1999.
Meffert, H./Bruhn, M.: Dienstleistungsmarketing: Grundlagen, Konzepte, Methoden; mit Fallbeispielen, 7. überarb. u. erw. Aufl., Wiesbaden 2012.
Meyer, A.: Dienstleistungs-Marketing, 6. Aufl., Augsburg 1994.
Meyer, A.: Das Absatzmarktprogramm, in: Meyer, Paul (Hrsg.): Integrierte Markenfunktionen, 4., verb. Aufl., Köln 1996, S. 52–81.
Meyer, J.-A.: Public Relations, in: Tietz, B. (Hrsg.): Handwörterbuch des Marketing, 2. vollst. überarb. Aufl., Stuttgart 1995.
Meyer, P. W./Mattmüller, R.: Strategische Marketing-Optionen, Stuttgart 1993.
Newman, M.: Marketing in Commercial Property, Estates Gazette, Suffolk 1997.
Nieschlag, R./Dichtl, E./Hörschgen, H.: Marketing, 19., überarb. u. erg. Aufl., Berlin 2002.
Oberhollenzer, H.: Die Mär vom Werbebudget oder: „Früher haben wir auch ohne Werbung verkauft", Starke Produktorientierung der Branche/Nur geringe Budgets für den Weg zum Kunden, in: Immobilien Zeitung, Nr. 17, 12.08.1999, S. 9.
Pepels, W.: Qualitäts- und Zufriedenheitsmessung als CRM-Basis, in: Helmke, S. (Hrsg.): Effektives Customer Relationship Marketing, 5., überarb. Aufl., Wiesbaden 2013, S. 23–50.
Porter, M. E.: Wettbewerbsstrategie: Methode zur Analyse von Branchen und Konkurrenten. 4. Aufl., Frankfurt/New York, 1987.
Rapp, R.: Kundenzufriedenheit durch Servicequalität: Konzeption – Messung – Umsetzung, Wiesbaden 1995.
Schmidt, J.: Immobilienvermittlung, in: Schulte, K.-W./Kühling, J./Servatius, W./Stellmann, F. (Hrsg.): Immobilienökonomie Band II – Rechtliche Grundlagen, 2. vollst. überarb. u. erw. Aufl., München 2013, S. 459–506.

Schulte, K.-W./Brade, K. (Hrsg.): Handbuch Immobilien-Marketing, Köln 2001.

Simon, H.: Preispolitik, in: Tietz, B. (Hrsg.): Handwörterbuch des Marketing, 2. Aufl., Stuttgart 1995, Sp. 2068–2085.

Stellmann, F.: Wohn- und Gewerberaummiete, in: Schulte, K.-W./Kühling, J./Servatius, W./Stellmann, F. (Hrsg.): Immobilienökonomie Band II – Rechtliche Grundlagen, 2. vollst. überarb. u. erw. Aufl., München 2013, S. 387–457.

Tietz, B. (Hrsg.): Die Werbung: Handbuch der Kommunikations- und Werbewirtschaft, Bd. 1–3, Landsberg am Lech 1981/82.

Tietz, B./Zentes, H.: Die Werbung der Unternehmung, Reinbek bei Hamburg 1980.

Tunder, R.: Der Transaktionswert der Hersteller-Handel-Beziehung – Hintergründe, Konzeptualisierung und Implikation auf Basis der Neuen Institutionenökonomik, Wiesbaden 2000.

Weis, H. C.: Marketing, 16., verb. u. akt. Aufl., Herne 2012.

Zentes, J./Swoboda, B.: Grundbegriffe des Marketing, 5., überarb. und erw. Aufl., Stuttgart 2001.

Zitelmann, R.: Immobilienmarketing 40: Öffentlichkeitsarbeit bei Immobilien-AGs, in: Immobilienzeitung, Nr. 13, 21. Juni 2001, S. 9.

Teil F: Strategiebezogene Aspekte des Immobilienmanagements

Stephan Bone-Winkel, Matthias Thomas, Georg J. Allendorf, Victoria Walbröhl*

1 Institutionelles Immobilienmanagement

Inhalt

* In früheren Auflagen dieses Werkes hat auch Björn-Martin Kurzrock an diesem Kapitel mitgewirkt. Die Herausgeber danken ihm für seinen Beitrag zur Entwicklung des vorliegenden Kapitel.

1.1 Einführung

Moderne Ansätze des Portfoliomanagements sind im Wertpapierbereich weit verbreitet. Dies gilt in zunehmendem Maße auch für den Immobilienbereich. Hier agieren Investoren bei ihren Anlageentscheidungen traditionell noch eher objektbezogen und vernachlässigen daher nicht selten das wichtige Zusammenspiel von Rendite und Risiko der Einzelanlagen auf Portfolio-Ebene. Größere Immobilienanlagen erfordern eine systematische Entscheidungsplanung, -steuerung und -kontrolle, die neben der Objekt-Ebene auch die Portfolio- und die Investment-Ebene berücksichtigt. Ziel sollte dabei eine rendite-risiko-effiziente Kapitalallokation sein. Ein professionelles Immobilien-Portfoliomanagement ist bei den klassischen institutionellen Immobilieninvestoren wie Versicherungsunternehmen und Pensionskassen, Fonds und Immobilien-AGs, aber auch Non-Property-Unternehmen, öffentlichen Institutionen und vermögenden Privatanlegern, die bereits umfangreichere Immobilienbestände halten oder ein Immobilienportfolio aufbauen, empfehlenswert. Bei Verzicht auf ein eigenständiges Immobilien-Portfoliomanagement können die hiermit verbundenen Aufgaben an Dienstleister übertragen werden. Zu Anbietern eines Immobilien-Portfoliomanagements zählen Immobilienfonds, Immobilienmanagementgesellschaften, Banken und Beratungsunternehmen, wobei die Breite und Tiefe der Leistungsangebote in der Praxis deutlich variieren. Mit einer Definition und einem Leistungskatalog für „Real Estate Investment Management" hat die Gesellschaft für Immobilienwirtschaftliche Forschung e. V. (**gif**) eine Systematisierung vorgenommen, die in diesem Beitrag übernommen wird (vgl. gif 2002). Der von der **gif** gewählte Begriff Real Estate Investment Management findet auch in der angelsächsischen Literatur in dieser Form Verwendung. In Deutschland wird alternativ häufig der Begriff Asset Management gebraucht, der allerdings weder in der Theorie noch in der Praxis einheitlich definiert ist und im angelsächsischen Raum eher für objektnahe Dienstleistungen steht. Aufgrund der Mehrdeutigkeit von „Asset Management" wird der Ausdruck in diesem Beitrag nicht verwendet. Nach der folgenden weiterführenden Einordnung und Abgrenzung von „Real Estate Investment Management" ist das Kapitel entsprechend der Phasen eines Portfoliomanagements in die drei Abschnitte Portfolioplanung, Portfoliosteuerung und Portfoliocontrolling gegliedert.

Real Estate Investment Management ist gemäß gif-Definition die „umfassende, an den Vorgaben des Investors ausgerichtete Eigentümervertretung für ein Immobilienvermögen unter Kapitalanlagegesichtspunkten". Ziel eines Real Estate Investment Managements ist die Optimierung der Performance von direkten oder indirekten Immobilieninvestitionen. **Performance** kann dabei als erzielte Rendite oder im Sinne einer risikoadjustierten Performance zum Beispiel als Differenz der erzielten Rendite und einer adäquaten Vergleichsrendite (Benchmarkrendite) verstanden werden. Letzteres entspricht der Definition der Aktiven Rendite. Nach der vorliegenden gif-Richtlinie kann Real Estate Investment Management nur in Einzelfällen auch eigengenutzte oder nicht primär der Ertragserzielung dienende Immobilien umfassen. Hierin liegt der Hauptunterschied zum Corporate Real Estate Management (vgl. ausführlich Kapitel F.2) und zum Public Real Estate Management (vgl. ausführlich Kapitel F.3), die sich auf Immobilienbestände von Non-Property-Unternehmen bzw. von öffentlichen Institutionen beziehen. In beiden Fällen dienen die Immobilienbestände nicht primär als Kapitalanlage. Vielmehr sind die jeweiligen Flächen i. d. R. betriebsnotwendig und nicht selten durch die Gesellschaft oder Institution nur angemietet. Umgekehrt kann Real Estate Investment Management Teil eines CREM (oder PREM) sein, wenn ein Non-Property-Unternehmen oder eine öffentliche Institution betriebs- wie auch nicht-betriebsnotwendige Immobilien aus Kapitalanlagegesichtspunkten hält und managt.

Real Estate Investment Management ist i. d. R. Bestandteil eines übergreifenden Kapitalanlagemanagements, das die optimale Kapitalanlagenstruktur in mehreren Anlageklassenportfolios (Aktien, Renten, Immobilien, ...) bestimmt. Nach der **gif**-Definition umfasst Real Estate Investment Management die drei Ebenen Investment, Portfolio und Objekt. Die Funktionsbereiche des Real Estate Investment Managements auf Investment-, Portfolio- und Objekt-Ebene sind in Abbildung 1 zusammengefasst:

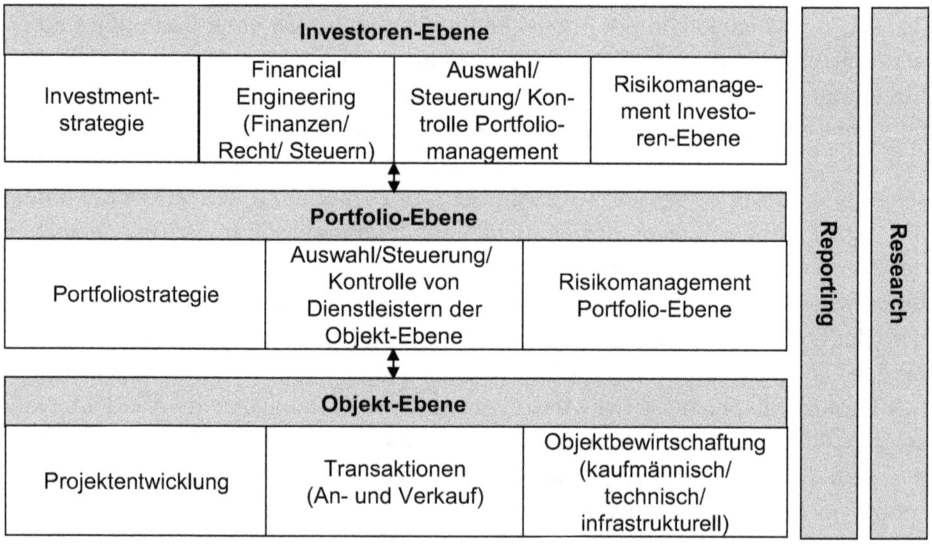

Abb. 1: Funktionsbereiche des Real Estate Investment Managements (Quelle: gif, S. 4)

Die Investment-Ebene von Real Estate Investment Management ist die Ebene des gesamten Investmentportfolios und liegt bei gemischten Portfolios im Aufgabenbereich eines übergreifenden Kapitalanlagemanagements. Investment-Strategie, Financial Engineering und Risikomanagement auf der Investment-Ebene sind an den allgemeinen Anlagezielen und -restriktionen des Investors ausgerichtet. Zu typischen Kategorien von Anlagezielen eines Investors zählen beispielsweise Vermögensziele, Liquiditätsziele, Rentabilitätsziele, Sicherheitsziele und steuerliche Ziele. In der **Investment-Strategie** werden Zielbeiträge, Budgets und Benchmarks für rendite-risiko-optimale Einzelportfolios festgelegt. Die Investment-Strategie stellt somit die strategische Planung für mehrere Einzelportfolios dar, die verschiedene Anlageklassen umfassen können. Die Umsetzungseffizienz von Zielvorgaben für diese Portfolios kann mittels Soll-Ist-Vergleichen und Benchmarking kontrolliert werden, die Bestandteil der Performanceanalyse sind. Natürlich sollte dabei, wie auch im Rahmen des Research auf der Investment-Ebene, generell auch die Effektivität der Planung hinterfragt werden. Im Blickpunkt steht auf der Investment-Ebene meist die Performance nach Finanzierungskosten, Portfoliomanagementkosten und Steuern. Das Reporting auf der Investment-Ebene richtet sich an Investoren und beinhaltet insbesondere die Erstellung der jeweils vereinbarten bzw. gesetzlich erforderlichen Quartalsberichte, Jahresabschlüsse und Rechenschaftsberichte oder Ad-hoc-Meldungen. Das Investment-Research sollte neben allgemeinen Immobilienmarktdaten auch volkswirtschaftliche, rechtliche, steuerliche und finanzierungstechnische Aspekte berücksichtigen.

Die Portfolio-Ebene von Real Estate Investment Management umfasst solche Funktionsbereiche die sich auf einen aggregierten Objektbestand beziehen. Zentrale Aufgabe auf dieser Ebene ist die Formulierung und Aktualisierung der **Portfoliostrategie bzw. Anlagepolitik** für das Immobilienportfolio (**strategische Portfolioplanung**), die in Einklang mit der allgemeineren Investment-Strategie stehen muss. Dabei wird eine Zielportfoliostruktur entworfen, welche die mittel- bis langfristige Vorgabe für die **taktische Portfolioplanung** bildet. In einem hierarchischen Portfoliomodell werden bei der Festlegung des Zielportfolios in sich möglichst homogene strategische Geschäftsfelder (SGF) gebildet. Zur taktischen Portfolioplanung zählt hauptsächlich die Planung von Neuanlagen, Objektverkäufen und bedeutenden Bau- oder Vermietungsmaßnahmen im vorhandenen Immobilienbestand. Diese sollte auf Basis regelmäßiger Portfolioanalysen durch Aggregation der auf der Objekt-Ebene erfassten Daten erfolgen. Da das Financial Engineering Bestandteil der Investment-Ebene ist, liegt der Fokus der Portfolio-Ebene i. d. R. auf der reinen Immobilienperformance ohne Berücksichtigung von Finanzierungs- und Portfoliomanagementkosten oder Steuern. Risiken (z. B. länder-, regionen- und sektor-spezifische Risiken, Risiken der Mieterstruktur, Liquiditätsrisiken, etc.) sollten laufend in einem Frühwarnsystem erfasst und in der Portfoliostrategie berücksichtigt werden. Das Portfolio-Reporting umfasst zum Beispiel Performanceanalysen mit Benchmarkings, Marktberichte und die Zulieferung von weiteren Daten für das Reporting auf der Investment-Ebene. Das Research auf der Portfolio-Ebene baut i. d. R. auf den aggregierten Researchergebnissen der Objekt-Ebene (insbesondere Marktberichten) auf und dient wiederum neben der strategischen und taktischen Portfolioplanung auf der Portfolio-Ebene auch dem Investment-Research.

Auf der Objekt-Ebene des Real Estate Investment Managements findet schließlich das **operative Portfoliomanagement** statt. Dies betrifft die Bottom-Up-Umsetzung der strategischen und taktischen Portfolioplanung, also insbesondere die Vorbereitung und Durchführung von Ankäufen, Projektentwicklungen und Verkäufen sowie die kaufmännische, technische und infrastrukturelle Objektbewirtschaftung. Objektspezifische Chancen und Risiken sollten in regelmäßigen Bestands- und Marktanalysen (Bottom-Up-Analysen) offen gelegt werden.

Der folgende Abschnitt befasst sich mit der Planung von Immobilienportfolios, insbesondere der strategischen Portfolioplanung mit möglichen Anlagezielen und der Zielportfoliobestimmung bei Immobilienanlagen. Im Abschnitt F.1.4 über Portfoliosteuerung stehen anschließend die Bestandsanalyse und die taktische Immobilien-Portfolioplanung im Vordergrund. Den Abschluss bilden die Ausführungen zum Portfoliocontrolling (vgl. Abschnitt F.1.5) mit Verfahren der Performanceanalyse.

1.2 Planung von Immobilienportfolios

1.2.1 Überblick typischer Ausgangssituationen

Größere Investoren verfügen neben Wertpapieren und Beteiligungen oftmals auch über direkte und/oder indirekte Immobilienanlagen. Deren durchschnittlicher Anteil an den gesamten Kapitalanlagen war vor allem bei institutionellen Investoren in den letzten Jahrzehnten tendenziell rückläufig. Dieser langjährige Negativtrend lässt sich vor allem damit erklären, dass im Rentenmarkt deutlich höhere Renditen mit wesentlich weniger Managementaufwand zu erzielen waren. Zusätzlich verlor die direkte Immobilienanlage durch die überdurchschnittlich hohen Transaktions- und Managementkosten an Attraktivität. Letztere spiegelten sich darin wider, dass Immobilieninvestments im Rahmen des Kapitalanlagemanagements oft einen unverhältnismäßig großen Teil der Personalkapazitäten binden. Aufgrund der relativ hohen Geldwertstabilität wurden Immobilien tendenziell auch nicht als Inflationsschutz erworben.

Durch Finanzkrise und die damit einhergehenden Verwerfungen an den Kapitalmärkten hat die Immobilienanlage jedoch in den letzten Jahren eine Renaissance erfahren. Der Hauptgrund dafür ist, dass sich damit mittlerweile deutlich höhere Renditen erzielen lassen als mit Rentenpapieren. Auch die Inflationsängste sind oftmals zurückgekehrt und Sachwertanlagen wurden bewusst angestrebt. Gefragt sind daher aktive Ansätze im Immobilieninvestment, mit denen die Rendite und die Portfolioallokation verbessert werden kann. Entsprechende Ansätze sollen anschließend kurz vorgestellt werden.

Dabei lassen sich grundsätzlich folgende zwei Ausgangssituationen seitens der Investoren unterscheiden:
1. Optimierung einer bestehenden Immobilienallokation,
2. Vollständiger Neuaufbau einer Immobilienallokation.

Hinsichtlich der Ausgestaltung des zugrunde liegenden Anlagespektrums sind im Wesentlichen folgende vier typischen Ausrichtungen zu betrachten:
1. Beschränkung auf Direktanlage,
2. Schwerpunkt auf Direktanlage mit Beimischung indirekter Anlageformen,
3. Schwerpunkt auf indirekte Anlageprodukte mit Beimischung eines Direktbestands,
4. Beschränkung auf indirekte Anlageformen.

Hierzu ist zu ergänzen, dass Bestandshalter im Rahmen des Portfoliomanagements ggf. auch Strategiewechsel vollziehen, wie bspw. der Abverkauf eines bestehenden Portfolios um eine Reallokation in indirekte Anlagen vorzunehmen. Solche radikalen Portfolioumbauten werden in der Praxis aber eher selten vollzogen. Stattdessen steht oftmals die behutsame Weiterentwicklung einer bestehenden Immobilienallokation durch sukzessive Umschichtungen im Vordergrund. Die nachfolgenden Ausführungen sind vorrangig auf Immobilienportfolios ausgerichtet, die im Rahmen der Direktanlage bereits investiert sind.

1.2.2 Planungsprozess

Die Notwendigkeit der **Planung von Immobilienportfolios** ergibt sich aus der Ausrichtung des Real Estate Investment Managements an den Anlagezielen und -restriktionen des Investors. Dies gilt umso mehr, da Immobilienanlagen im Gegensatz zu anderen Finanzanlagen aufgrund ihrer besonderen Charakteristika (vgl. ausführlich Kapitel A.1) meist durch einen langfristigen Anlagehorizont gekennzeichnet sind. Als Mittel für ein zielorientiertes Handeln dient die Definition von zukünftigen Handlungsweisen in Form von Strategien.

In Abhängigkeit von der Management-Ebene, auf der die Planung jeweils erfolgt, unterscheidet sich der Inhalt der Strategien. Während auf der Investment-Ebene die anlageklassenübergreifende Planung des gesamten Anlagevermögens relevant ist, konzentrieren sich die Strategien auf der Portfolio-Ebene nur auf die zukünftige Gestaltung des Immobilien-Anlagebestandes; auf der Objekt-Ebene steht schließlich die Planung der einzelnen Immobilienanlagen im Mittelpunkt. Die Abstimmung der Strategien auf den verschiedenen Planungsebenen ist dabei für die Zielerreichung unerlässlich. So haben sich beispielsweise die Objektstrategien an der übergeordneten Strategie der Portfolio-Ebene auszurichten.

Die strategische Planung von Immobilienportfolios auf der Investment- und Portfolio-Ebene bildet vor der eigentlichen Steuerung und dem Controlling des Portfolios die Grundlage des Immobilien-Portfoliomanagements. Das Ergebnis der strategischen Portfolioplanung ist eine aus den Anlagezielen des Investors abgeleitete Zielportfoliostruktur, die auf der Portfolio- und Objektebene umgesetzt wird.

Im Rahmen des Real Estate Investment Managements sind bei der Planung von Immobilienportfolios folgende Grundfragen zu beantworten:

- Sollen Immobilienanlagen grundsätzlich Teil des Kapitalanlagenportfolios des Investors sein?
- Welchen wertmäßigen Anteil sollen die Immobilienanlagen am gesamten Kapitalanlagenportfolio haben, also wie hoch soll die Immobilienquote sein?
- Welche Struktur soll das Immobilienportfolio hinsichtlich seiner Zusammensetzung beispielsweise nach Anlageformen oder nach sektoraler und geographischer Streuung der Anlagen aufweisen?
- Welche Zielperformance i.S. von Total Return oder Return on Equity und welche laufende Ausschüttung wird für die Immobilienanlage angestrebt? Insbesondere diese Vorgaben bestimmen maßgeblich die strategische Ausrichtung und operative Umsetzung einer Immobilienallokation, denn gewisse Immobilientypen sind eher einkommensorientiert während andere eine hohe Wertzuwachskompente haben. Welche Restriktionen bestehen? Hierbei kommt aus wirtschaftlicher Sicht den zur Verfügung stehenden Anlagevolumen und dem erwarteten jährliche Zu- oder Abfluss eine besondere Bedeutung zu. Grundsätzlich gilt: Je kleiner diese Volumina, desto attraktiver sind tendenziell diversifizierte indirekte Anlageprodukte, insbesondere wenn eine gewisse Mischung und Streuung über diverse Sektoren, Länder etc. angestrebt wird.

Während die ersten beiden Fragen gemäß der Definition von Real Estate Investment Management der Investment-Ebene zuzuordnen sind, ist die Frage der optimalen Zusammensetzung inhaltlich auf der Portfolio-Ebene anzusiedeln. Hier zeigen sich deutlich die Interdependenzen der Entscheidungsprozesse auf den verschiedenen Ebenen des Real Estate Investment Managements, die eine isolierte Betrachtung der Prozesse nicht unbedingt sinnvoll erscheinen lassen. Im Folgenden werden daher alle drei Teilaspekte ebenenübergreifend betrachtet.

Die Beantwortung der aufgezählten Grundfragen erfordert eine systematische Portfolioplanung. Idealtypisch verläuft der gesamte Prozess der Immobilienanlageentscheidung wie in Abbildung 2 dargestellt. Der Prozess lässt sich in seiner klassischen, entscheidungstheoretischen Grundstruktur auch auf die Portfolioplanung bei anderen Anlageklassen übertragen. Die Darstellung verdeutlicht, dass der **Prozess der Immobilienanlageentscheidung** als Kreislauf aus Anregungs-, Such-, Auswahl-, Durchführungs- und Kontrollphase zu verstehen ist. Die Besonderheiten der Anregungs-, Such- und Auswahlphase im Rahmen der strategischen Portfolioplanung werden in den folgenden Abschnitten näher erläutert; die Durchführungs- und Kontrollphase und damit die taktische Portfolioplanung sowie das operative Portfoliomanagement sind Bestandteil der Abschnitte F.1.4 und F.1.5.

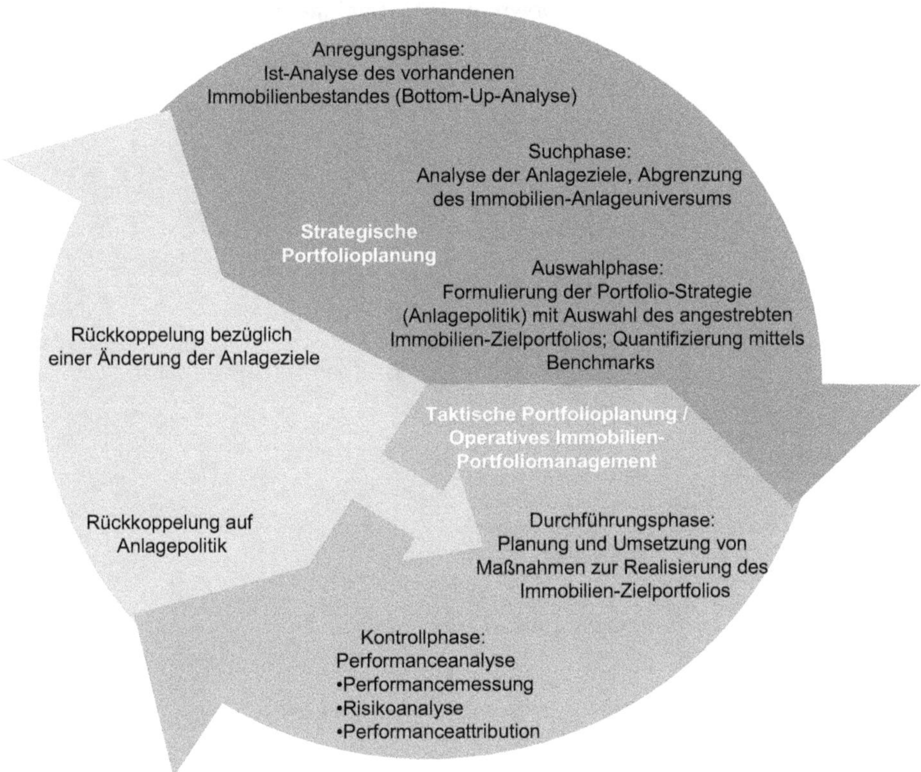

Abb. 2: Prozess der Immobilienanlageentscheidung (Quelle: In Anlehnung an Wittrock, S. 12; Walbröhl, S. 71)

1.2.3 Anregungsphase

Die meisten Anleger verfügen über einen historisch gewachsenen Bestand an Immobilienanlagen. Den Ausgangspunkt für den Anlageentscheidungsprozess bildet in diesem Fall die Analyse des vorhandenen Immobilienportfolios. I.d.R. weicht das Zielportfolio von der Zusammensetzung bestehender Immobilienportfolios ab, sodass Umstrukturierungen erforderlich werden. Diese lassen sich insbesondere bei direkten Immobilienanlagen nur mittel- bis langfristig umsetzen, es sei denn man nimmt Portfolio(teil)verkäufe vor. Das Zielportfolio hat daher den Charakter einer langfristigen, strategischen Zielvorgabe. Die Analyse eines vorhandenen Bestandes definiert somit zum einen den Ausgangspunkt für die Maßnahmenplanung im Rahmen der taktischen Portfolioplanung und zum anderen die Basis für das operative Risikomanagement auf Objekt- und Portfolio-Ebene. Die aus dieser Bottom-Up-Analyse gewonnenen Erkenntnisse fließen wiederum in die strategische Portfolioplanung und daraus abgeleitet Top-Down in die Maßnahmenplanung auf Einzelobjektebene ein (vgl. Abbildung 3).

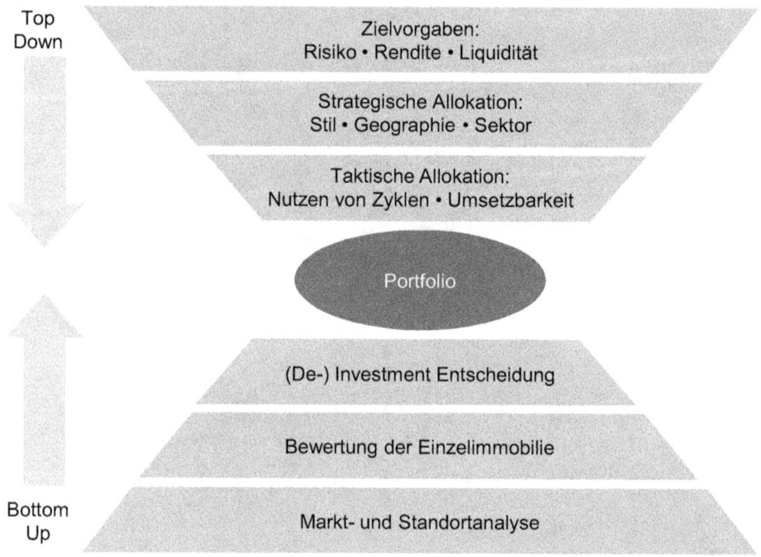

Abb. 3: Bottom-Up-Analyse vs. Top-Down-Planung (Quelle: Eigene Darstellung)

Auf die Methoden der Bestandsanalyse wird in der Darstellung der Steuerung von Immobilienportfolios in Punkt F.1.4.1 detailliert eingegangen. Zunächst soll auf die Analyse der Anlageziele des Investors, die Abgrenzung des Immobilien-Anlageuniversums und die Auswahl der Portfoliostrategie eingegangen werden.

1.2.4 Suchphase

1.2.4.1 Analyse der Anlageziele des Investors

Die Grundlage für die Planung des Kapitalanlagenportfolios auf der Investment-Ebene bilden die **Anlageziele** des Investors. Neben den für alle Anlageklassen gültigen übergeordneten Anlagezielen sind spezifische Ziele für die einzelnen Anlageklassen zu definieren. Im Sinne einer Top-Down-Vorgehensweise ist daher zu Beginn des Planungsprozesses für das Immobilienportfolio das Zielsystem des

Investors hinsichtlich der Immobilienanlage zu bestimmen. Der erste Schritt besteht hierbei in der Auswahl und Hierarchisierung der relevanten Anlageziele.

Dies soll hier am Beispiel von Versicherungsunternehmen verdeutlicht werden, deren Anlageziele i. d. R. durch rechtliche Vorschriften gebunden sind. Diese Reglementierung begründet sich aus dem vom Gesetzgeber angestrebten Schutz des einzelnen Anlegers, der institutionellen Investoren gegen ein Rückzahlungsversprechen seine Gelder anvertraut, die dann von diesen kollektiv angelegt werden. Beispielsweise gibt für Versicherungsunternehmen das Versicherungsaufsichtsgesetz (VAG) allgemeine Kapitalanlagegrundsätze vor, die auch für Immobilienanlagen gelten. Die wesentlichen Anlageziele sind nach § 54 Abs. 1 VAG die Sicherheit und Rentabilität der Kapitalanlagen sowie die Gewährleistung der Liquidität des Versicherungsunternehmens und die angemessene Mischung und Streuung der Anlagen. Für die Mehrzahl der institutionellen Anlegergruppen dürften die Hauptziele für die Immobilienanlage die Sicherheit und die Rentabilität der Anlagen sein, die sich – wie in Abbildung 4 für Versicherungsunternehmen dargestellt – weiter differenzieren lassen.

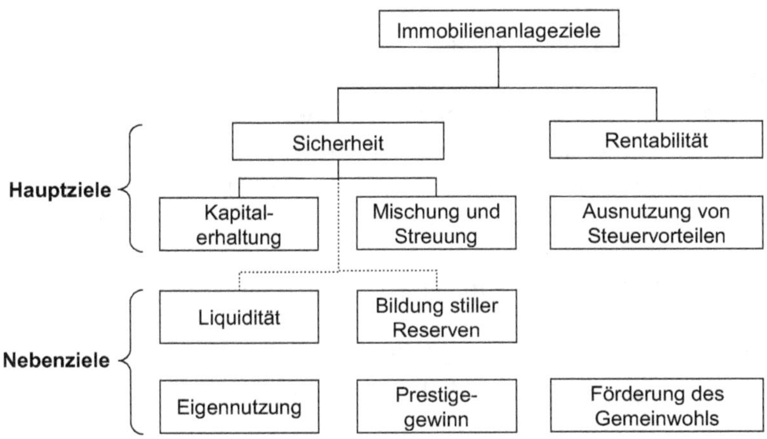

Abb. 4: Hierarchie der Immobilienanlageziele am Beispiel von Versicherungsunternehmen (Quelle: Walbröhl, S. 82)

Die Anlageziele stehen teils in konkurrierender Beziehung, sodass eine simultane Maximierung bzw. Minimierung der Zielerreichung nicht möglich ist. So kann bei der Maximierung des Rentabilitätsziels nicht gleichzeitig auch das Sicherheitsziel maximiert werden, da i. d. R. eine höhere Anlagenrendite mit einem höheren Risiko, d. h. einem geringeren Sicherheitsniveau der Anlagen einhergeht. Der Investor ist daher gefordert, seine Anlageziele in eine Rangfolge zu bringen und Randbedingungen für Nebenziele zu definieren, durch die zum Beispiel die Einhaltung von bestimmten Mindesterreichungsgraden für nachrangige Ziele gewährleistet wird.

Für die relevanten Anlageziele des Investors sind im nächsten Schritt Messgrößen zu definieren mit denen sich der Zielerreichungsgrad quantifizieren lässt (z. B. Rendite- oder Risikokennzahlen). Darüber hinaus sind zum spätereren Soll-Ist-Vergleich Vorgaben für den angestrebten Zielerreichungsgrad (z. B. durch die Definition von geforderten Mindestrenditen) festzulegen.

Wie bereits bei der Definition des Real Estate Investment Managements dargestellt, unterscheiden sich die relevanten Renditekenngrößen in Abhängigkeit von der Betrachtungsebene. Interessiert sich der Investor auf der Investment-Ebene für die Rendite des Immobilienportfolios, die ihm nach Abzug von Steuern, Finanzierungs- und Portfoliomanagementkosten verbleibt, so stehen bei der Planung und Steuerung des Immobilienbestandes auf der Portfolio-Ebene die Portfoliorendite vor Steuern sowie Finanzierungs- und Portfoliomanagementkosten im Mittelpunkt. Die Portfoliorendite ergibt sich aus der wertgewichteten Summe der Renditen der einzelnen Immobilienanlagen im Portfolio. In der Praxis kommt im derzeitigen Niedrigzinsumfeld darüber hinaus der angestrebten Ausschüttungsrendite eine zunehmend große Bedeutung zu.

Auch wenn sich die Definitionen der Renditegrößen im Einzelfall unterscheiden können, so sind dennoch aus Sicht der Portfolioplanung folgende Mindestanforderungen bei der Konzeption von **Renditekennzahlen** zu erfüllen:
- Abbildung aller Erfolgskomponenten der Immobilienanlage in der Renditekennzahl (laufende Erfolgsgrößen, Wertänderungen sowie Realisationserfolge),
- Methodische Anlehnung an die Renditeermittlung anderer Anlageklassen zur Sicherstellung der Vergleichbarkeit,
- Periodenbezogene Darstellung des Anlageerfolgs (z. B. in Form von Jahresrenditen),
- Regelmäßige Renditeermittlung nach einheitlichem Schema,
- Verwendung von Prognosewerten und Marktdaten als erforderlicher Input für die Portfolioplanung.

Die Definition von Messgrößen für die Risikokomponente erweist sich im Vergleich zu der von Renditekennzahlen als ungleich schwieriger. In der Praxis des Immobilien-Portfoliomanagements finden derzeit vor allem zwei Ansätze zur **Risikomessung** Anwendung. Zum Ersten sind dies qualitative Methoden wie zum Beispiel Scoring-Modelle (auch: Punktbewertungsverfahren), bei denen Immobilienanlagen nach verschiedenen Kriterien auf Punkte-Skalen individuell bewertet werden (vgl. auch Punkt F.1.4.1.3). Die Schwierigkeit dieser Vorgehensweise besteht vor allem in der Auswahl und Gewichtung der verwendeten Bewertungskriterien, der zeitlichen und inhaltlichen Konsistenz der Bewertung und der unterschiedlichen Interpretierbarkeit der Ergebnisse. Zum Zweiten werden für die Risikobestimmung von Immobilienanlagen statistische Kenngrößen herangezogen. Zu diesen zählt insbesondere die Standardabweichung der Renditen, welche die durchschnittliche absolute Abweichung der Renditen von ihrem Mittelwert beschreibt. Die Schwierigkeit bei der praktischen Verwendung statistischer Kennzahlen besteht vor allem in der unzureichenden Verfügbarkeit der erforderlichen Datenmengen, insbesondere wenn für die Portfolioplanung die erwartete Standardabweichung der Renditen prognostiziert werden soll. Hierbei kann auf historische Datenreihen zurückgegriffen werden, die jedoch häufig nur in begrenztem Umfang vorliegen und nicht unbedingt auch zukünftige Entwicklungen widerspiegeln.

Moderne Ansätze des Risikomanagement beziehen über die vorgenannten qualitativen Ansätze auch quantitative Analysen der Performanceprognosen ein, bspw. in Form von Monte-Carlo Simulationen der Renditen auf Einzelobjekt- und Portfolioebene. Dadurch kann ein hohes Maß an Transparenz hinsichtlich der Rendite-/Risikoexposition geschaffen werden. Außerdem können die zu erwartenden Auswirkungen von Umschichtungen im Bestand quantitativ beurteilt werden wodurch die Portfoliosteuerung und -optimierung deutlich vereinfacht wird.

1.2.4.2 Spektrum der Handlungsalternativen

Nach der Analyse des Zielsystems des Investors ist das Spektrum der Handlungsalternativen zu untersuchen. Mit der Entscheidung für Immobilienanlagen in der anlageklassenübergreifenden Planung des Kapitalanlagenportfolios bestehen die Handlungsalternativen für den Investor in der Realisation unterschiedlich ausgestalteter Immobilienportfolios. Dabei existiert für jeden Entscheidungszeitpunkt eine unendliche Vielzahl an alternativen Portfoliozusammensetzungen, die hinsichtlich des Anteils der Immobilienanlagen am Gesamtportfolio (Immobilienquote) und der Zusammensetzung des Immobilienportfolios variieren. Beispielsweise reicht das Spektrum bezogen auf die Immobilienquote von der Nichteinbeziehung von Immobilien in das Kapitalanlagenportfolio (Unterlassungsalternative) bis zur ausschließlichen Anlage in Immobilien.

Um das Feld der möglichen Handlungsalternativen einzugrenzen, ist das für den Investor relevante **Anlageuniversum** für Immobilienanlagen zu definieren, d. h., es sind unter anderem die Formen der Immobilienanlage zu bestimmen, aus denen sich das zieloptimale Immobilienportfolio zusammensetzen kann. Die wesentlichen Grundformen der Immobilienanlage für institutionelle Investoren sind in Abbildung 5 zusammengefasst.

Die Grundformen lassen sich nach der Art des zur Verfügung gestellten Kapitals (Eigen- oder Fremdkapital) und nach der Handelbarkeit (börsennotiert oder nicht börsennotiert) unterscheiden. Innerhalb dieser Grundformen kann noch weiter nach organisatorischen Gesichtspunkten anhand der Anlegerstruktur in Einzel- und Kollektivanlagen und nach der Ausgestaltung des Immobilien-Anlagemanagements in fremd- und eigenverwaltete Anlagen unterteilt werden. Die Anlageformen lassen sich weiterhin in Bezug auf ihre Fungibilität, d. h. hinsichtlich ihrer Eignung zur Rückverwandlung in liquide Mittel, differenzieren. Dabei weisen die Direktanlage, also der unmittelbare Grundstückserwerb durch einen Investor, und die Beteiligungen an Grundstücksgesellschaften, zu denen beispielsweise Anteile an geschlossenen Fonds zählen, die vergleichsweise geringste Fungibilität auf. Anteile an Grundstücks-Sondervermögen bezeichnen Beteiligungen an Immobilienfonds, die dem Kapitalanlagengesetzbuch (KAGB) unterliegen. Hierzu zählen neben den offenen Publikumsfonds insbesondere die von institutionellen Investoren favorisierten Spezialfonds (im KAGB: Spezial-Sondervermögen mit festen Anlagebedingungen), die in den vergangenen Jahren ein rasantes Wachstum erfuhren (vgl. BVI).

Investitionsmöglichkeiten mit Immobilienbezug

	Börsennotiert (Public)	Nicht börsennotiert (Private)
Eigenkapital (Equity)	▪ Immobilienaktien: - REITs - REOCs	▪ Direkt-Immobilien ▪ Offene Immobilienfonds ▪ Spezialfonds ▪ Geschlossene Fonds ▪ Value Add Fonds ▪ Opportunistic Fonds ▪ Developmentfonds
Fremdkapital (Debt)	▪ CMBS/RMBS ▪ Pfandbrief	▪ Non-recourse Darlehen ▪ Recourse Darlehen

Abb. 5: Grundformen der Immobilienanlage (Quelle: eigene Darstellung)

Die Charakteristika der in Abbildung 5 zusammengefassten Anlagealternativen für institutionelle Investoren mit Eigenkapitalausrichtung lassen sich wie folgt zusammenfassen:

1. Immobilien-Direktanlage: Bei der herkömmlichen inländischen Direktanlage – bspw. in neuwertige Immobilien an den Top 5 Standorten lassen sich in Abhängigkeit von Lagequalität, Nutzungsart, Gebäudealter, Vermietungssituation etc. weitgehend Total Returns (Mietänderungs- zzgl. Wertänderungsrendite) zwischen 4 und 7 Prozent p. a. erwirtschaften. Bei günstiger Fremdfinanzierung lassen sich diese Renditen durch den Leverageeffekt entsprechend steigern. In gewissen ausländischen Märkten wie zum Beispiel Großbritannien, den USA oder Asien können mit gewerblichen Immobilieninvestments zum Teil höhere Renditen als im Inland erzielt werden. Diese Standorte sind allerdings oft volati-

ler als die hiesigen Märkte, womit sich ein entsprechendes höheres Risiko ergibt. Das Timing des Ein- und Ausstiegs ist dann entsprechend wichtig. Darüber hinaus sind teilweise Wechselkursrisiken in Kauf zu nehmen oder zu entsprechenden Kosten abzusichern.

2. Geschlossene Immobilienfonds/Clubdeals: Zu den Anbietern von solchen Fonds zählen neben international agierenden Fondsgesellschaften auch spezialisierte Asset-Management-Unternehmen. Bei Auslandsinvestments handelt es sich aus steuerlichen Gründen überwiegend um spezialisierte Länderfonds, die mit Fremdkapitaleinsatz in gewerbliche Bestandsimmobilien investieren. Diese Fondsprodukte können in Abhängigkeit von der Anlage-und Finanzierungsstrategie Eigenkapitalrenditen im Bereich von 7 bis 12 Prozent IRR p. a. erbringen. Neben den Fremdfinanzierungsrisiken sind in einzelnen Ländern ggf. Währungsrisiken zu berücksichtigen.
3. Offene Immobilienfonds und Immobilien-Spezialfonds: Dieser Produkttyp ist investmentrechtlich geregelt, um ein hohes Maß an Anlegerschutz und steuerliche Transparenz zu gewährleisten. Die Anlagepolitik erhält durch zahlreiche Vorschriften zur Mischung und Streuung einen restriktiven rechtlichen Rahmen. Grundsätzlich ist zwischen Beteiligungen an Publikums- und Spezialfonds zu unterscheiden. Die Publikumsfonds sind für das breite Anlegerpublikum konzipiert und bieten durch vorgehaltene liquide Mittel die Rückgabemöglichkeit. Insbesondere für kleinere institutionelle Anleger können Publikumsfonds eine überlegenswerte Anlagealternative darstellen. Spezialfonds werden ausschließlich für institutionelle Anleger aufgelegt, wobei zwischen Individualfonds (für Einzelanleger) und Fonds für einen breiteren Anlegerkreis unterschieden wird. Die Spezialfonds brauchen im Gegensatz zu den Publikumsfonds keine bedeutende Liquiditätsreserve vorzuhalten und können höher fremdfinanziert werden.
4. Value Add Immobilienfonds: Dieses Produktsegment ist vor allem im angelsächsischen Raum verbreitet und dient wachstumsorientierten Anlegern für unternehmerisch geprägtes Immobilieninvestment. Die Investitionen werden schwerpunktmäßig in managementintensive Einzelobjekte, Entwicklungs- oder Redevelopmentprojekte bis hin zu Portfoliotransaktionen getätigt und erfolgen oft in Form von Joint-Ventures mit spezialisierten Immobilienunternehmern. Die angestrebten Eigenkapitalrenditen dieser Produktklasse liegen im Bereich zwischen 10 und 15 Prozent IRR p. a. Die Haltedauern der Investitionen erstrecken sich nur auf wenige Jahre, um die Eigenkapitalrenditen zu maximieren. Die überdurchschnittlichen Renditen sollen durch günstige Einstandspreise, minimierte Transaktionskosten, wertsteigerndes Immobilienmanagement (Aufvermietung und/oder Objektoptimierung), bestmöglichen Verkauf und maßgeschneiderte Finanzierungskonzepte zustande kommen. Somit steht der wertschöpfungsorientierte Managementstil mehr im Vordergrund als die eigentliche

Immobilienanlage, das heißt der Kompetenz und der Integrität des Managementteams kommt eine Schlüsselrolle zu.

5. Börsennotierte Immobilienaktien (REITs; REOCs): Diese Produktklasse ist im Hinblick auf Rendite/Risikoüberlegungen zwischen der Immobilien- und der Aktienanlage einzuordnen. Die US-amerikanischen REITs gelten international als Prototyp der börsennotierten Immobilienwerte und ermöglichen durch ihre zumeist fokussierte Ausrichtung als Bestandshalter in bestimmenten Immobiliensektoren (zum Beispiel Office, Residential, Retail etc.) vor allem kleineren institutionellen Anlegern ein breites Spektrum an Beteiligungsmöglichkeiten bei hoher Liquidität und entsprechend hoher Volatilität. REOCs sind „Real Estate Operating Companies", also Unternehmen, die auf den Betrieb von Immobilien ausgerichtet sind, wie bspw. Hotelketten. Hierbei handelt es sich somit eher um eine mittelbare Immobilieninvestition. Innerhalb Europas gibt es größere börsennotierte Immobiliengesellschaften v.a. in UK, den Niederlanden, Belgien, Frankreich, Spanien und Deutschland. Innerhalb Deutschlands gibt es nur wenige REITs aber einige große börsennotierte Wohnimmobiliengesellschaften, die gesetzlich bedingt ohne REIT-Status operieren müssen.
6. Opportunity Fonds: Diese Produkte werden von Investmentbanken, Asset-Management-Firmen oder spezialisierten Private Equity Unternehmen aufgelegt, um gewinnorientierten Anlegern hochrentierliche Investments zu ermöglichen. Die angestrebten Eigenkapitalrenditen erstrecken sich nach Aussage von spezialisierten US-amerikanischen Beratern im Durchschnitt zwischen 15 und 20 Prozent IRR p.a., sind jedoch durch eine relativ hohe Schwankungsbreite gekennzeichnet, vor allem in Abhängigkeit von den „vintage years". Im Vordergrund der Anlagetätigkeit steht das Ausnutzen von besonderen Marktgelegenheiten bei der Akquisition und der Disposition, das heißt der Ausnutzung von Marktzyklen kommt eine große Bedeutung zu. Einige Fonds verfolgen auch Value Added Strategien, die zum Teil mit erheblichem Fremdkapitaleinsatz umgesetzt werden. Neben hochgradig fremdinanzierte klassischen Immobilieninvestments werden Investitionen in notleidenden Kredite, Entwicklungsprojekte, spezialisierte Immobiliengesellschaften oder reine Managementimmobilien getätigt. Dadurch können sich vielversprechende Renditechancen ergeben, denen jedoch auch diverse Risiken gegenüberstehen. Der geografische Fokus dieser Fonds erstreckt sich überwiegend auf die USA, Europa und Asien. Insofern eröffnen sie auch Spielräume zur geografischen Diversifikation.
7. Development Fonds: Die Initiatoren dieses Produkttyps setzten sich aus Projektentwicklungsunternehmen, Immobilien-Assetmanagement-Firmen oder Private Equity Unternehmen zusammen. Mit dieser Produktart können im Durchschnitt Eigenkapitalrenditen im Bereich um 15 bis 25 Prozent IRR p.a. erreicht werden. Durch den spekulativen Charakter kann sich jedoch eine hohe Schwankungsbreite bis hin zum Totalverlust ergeben. Angesprochen werden Anleger,

die Eigenkapital für Projektentwicklungsmaßnahmen zur Verfügung stellen. Dabei kann es sich um einzelne Projekte oder Portfolios handeln. Die Developmentprojekte werden oft in Form von Joint-Ventures mit örtlichen Projektentwicklern realisiert. Die Risiken erstrecken sich auf die Bauseite (Kosten, Qualität und Termine) sowie bei spekulativen Projektentwicklungen auf die Vermarktungsseite (Mieten, Verkaufsfaktoren und Vermarktungszeiträume).

Zusammenfassend lässt sich feststellen, dass institutionellen Investoren neben der herkömmlichen Direktanlage ein breites Spektrum an indirekten Anlageprodukten zur Verfügung steht, mit denen sich das Rendite/Risikoprofil ihrer Immobilienengagements individuell optimieren lässt. Insbesondere sind sog. Core/Satellite Strategien beliebt, bei denen ein niedrig verzinslicher inländischer Direktbestand mit höher rentierlichen Fondsprodukten und/oder diversifizierte Fonds mit unterschiedlicher Länder- und Sektorallokation oder ergänzt wird.

1.2.4.3 Anlagerestriktionen

Nach der Analyse der Handlungsalternativen ist im nächsten Prozessschritt zu klären, welchen Restriktionen die Immobilienanlage unterliegt. Auf diese Weise lässt sich die Menge der Handlungsalternativen vorab um diejenigen reduzieren, die nicht realisierbar oder seitens des Investors unerwünscht sind. Beschränkungen der Immobilienanlage können einerseits aus externen Vorgaben erwachsen, die keinem direkten Einfluss des Investors unterliegen. Hierzu zählen unter anderem rechtliche Vorschriften, die Konstitution der Immobilienmärkte oder politische Einwirkungen auf die Kapitalanlagetätigkeit der Unternehmen. Daneben existieren unternehmensinterne Restriktionen, die sich aus den spezifischen Charakteristika der Unternehmen, wie zum Beispiel dem Kapitalanlagevolumen und der Verfügbarkeit von immobilienspezifischem Know-how, ergeben. In den letzten Jahren sind vermehrt auch Nachhaltigkeitsaspekte als Restriktionen dazugetreten im Sinne einer Beschränkung auf Anlagen, die den ESG (Enviromental, Social und Governance) Standards des Investors genügen. (vgl. Abbildung 6).

Externe Restriktionen aus rechtlichen Vorschriften sind insbesondere für institutionelle Investoren von Relevanz. Zum Beispiel wird für deutsche Versicherungsunternehmen das Anlagespektrum durch die Vorschriften der Anlageverodnung (AnlV) eingegrenzt. In der Zukunft werden insbesondere für diese Anleger auch die Restriktionen der Solvency II Bestimmung der EU von Bedeutung sein.

Zur Beschreibung des Risiko-Rendite Profils von Immobilienanlagen werden in der Regel die Begriffe Core, Value Add und Opportunistic herangezogen. Die Eingruppierung erfolgt dabei meist über die Dimensionen Objektqualität, Marktattraktivität und Leverage (siehe Abbildung 7).

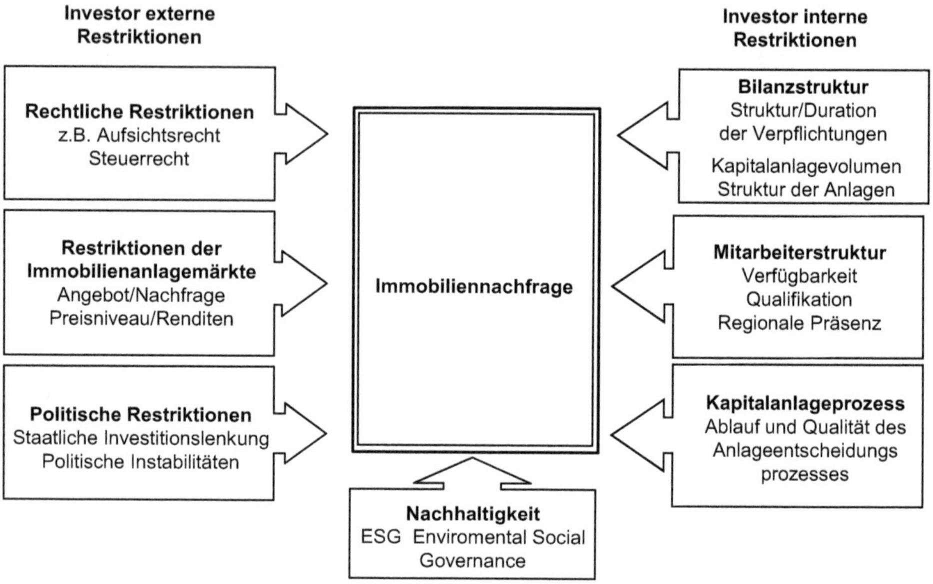

Abb. 6: Restriktionen für die Immobilienanlage (Quelle: nach Walbröhl, S. 194)

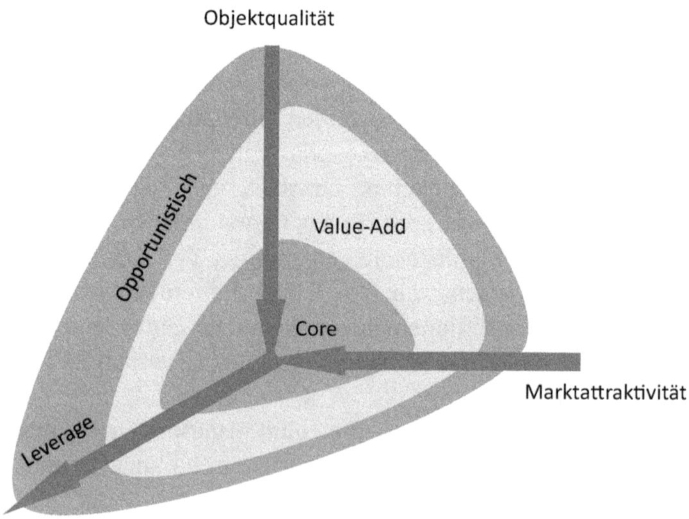

Abb. 7: Mögliche Ausprägungen verschiedener Risikoprofile

Für die Frage, in welcher Form die Immobilienanlage erfolgen sollte, erweisen sich das jährliche Immobilienanlagevolumen, die Größe des vorhandenen Immobilienbestandes und die Qualität des Portfoliomanagements als wichtige unternehmensinterne Restriktionen. Ausgehend von unterschiedlichen Ausprägungen dieser Faktoren lassen sich Normstrategien für die geeignete Form der Immobilienanlage ableiten.

Die in Abbildung 8 dargestellte Strategiematrix ist als ein grobes Raster zu verstehen, welches die Auswahl geeigneter Anlageformen erleichtert. Den Empfehlungen liegt zugrunde, dass Direktanlagenportfolios hinsichtlich der Selektion geeigneter Anlagen und deren Management die größten Anforderungen an das Immobilien-Know-how im Unternehmen stellen und der Aufbau eines unter Risikogesichtspunkten diversifizierten Portfolios ein größeres Anlagevolumen bedingt. Beteiligungen an Grundstücksgesellschaften und Anteile an Spezialfonds ermöglichen auch Investoren mit geringeren Anlagevolumina die Umsetzung von Diversifizierungsstrategien, erfordern allerdings trotzdem vom Anleger internes Know-how für die Steuerung und Kontrolle der externen Dienstleister. Immobilienaktien oder Anteile an offenen Immobilien-Publikumsfonds eignen sich besonders für institutionelle Investoren, wie zum Beispiel kleinere Pensionskassen, die Immobilienanlagen zur Diversifizierung ihrer Kapitalanlagen halten möchten, aber weder über das interne immobilienspezifische Know-how noch über große Anlagevolumina verfügen. Die Übersicht zeigt auch, dass bei Fehlen entsprechenden Immobilien-Know-hows auch der Ausstieg aus Immobilienanlagen eine sinnvolle Strategie sein kann.

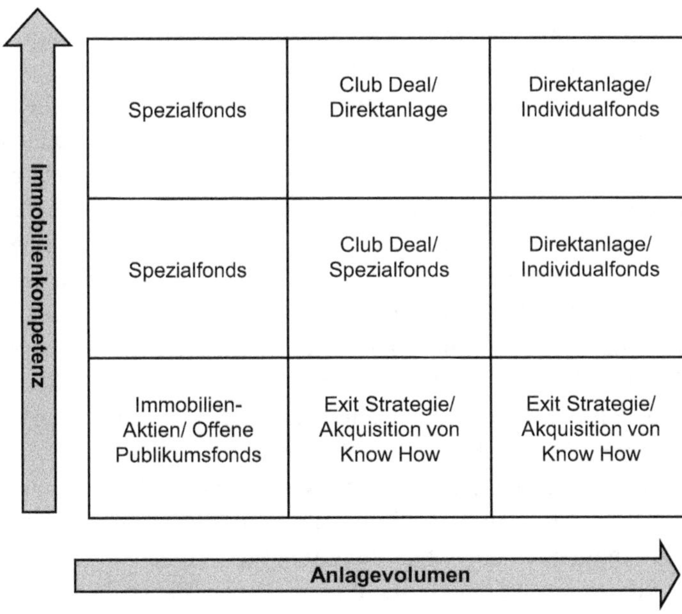

Abb. 8: Strategiemix

1.2.5 Auswahlphase

1.2.5.1 Formulierung der Anlagepolitik

In der Auswahlphase ist auf Basis von vorher festgelegten Entscheidungsregeln aus den verbleibenden Anlagealternativen diejenige auszuwählen, welche die Anlageziele des Investors optimal erfüllt. Ausgehend von den Zielen der Immobilienanlage ist zu untersuchen, mit welchem Maßstab sich die Handlungsalternativen hinsichtlich ihres Zielerreichungsgrades beurteilen lassen und wie die Auswahl der zieloptimalen Alternative methodisch erfolgen kann.

An das Bewertungs- und Auswahlkriterium für die Anlagepolitik bzw. Portfoliostrategie sind folgende Anforderungen zu stellen:

- Analyse der Handlungsalternativen anhand der gewählten Zielkriterien und der definierten Zielvorgaben,
- Vergleichbarkeit der Auswahlmethodik mit der Vorgehensweise bei anderen Anlageklassen, jedoch unter Berücksichtigung der Besonderheiten von Immobilienanlagen,
- Eindeutige Bestimmung der zieloptimalen Portfoliostruktur,
- Entsprechung des Beurteilungskriteriums und der verfolgten Anlagepolitik (aktive versus passive Anlagepolitik).

Idealtypisch sollte die Bestimmung des optimalen Immobilienanteils am Gesamtportfolio und die Festlegung der optimalen Struktur des Immobilienportfolios, zum Beispiel unter dem Aspekt der regionalen und sektoralen Streuung der Immobilienanlagen, simultan erfolgen. Aufgrund der Komplexität des Entscheidungsproblems lässt sich dies praktisch nur schwer umsetzen. Es empfiehlt sich daher eine zweistufige Vorgehensweise, bei der zunächst die Immobilienquote und dann die Struktur des Immobilienportfolios bestimmt wird bzw. vice versa. Dabei darf jedoch nicht übersehen werden, dass die Optimierungsprozesse auf der Investment-Ebene und auf der Ebene des Immobilienportfolios interdependent sind. So hängt die Gewichtung der Immobilienanlagen am Gesamtportfolio von den Rendite-Risiko-Eigenschaften des Immobilienportfolios ab, welche wiederum von den Rendite-Risiko-Eigenschaften der im Portfolio zusammengefassten Immobilienanlagen bestimmt werden. Umgekehrt hat auch die Entscheidung über den wertmäßigen Anteil der Immobilienanlagen am Gesamtportfolio und das damit verbundene Anlagevolumen Rückwirkungen auf die Zusammensetzung des Immobilienportfolios, insbesondere die geeignete Form der Immobilienanlagen (vgl. Abbildung 8).

Im Hinblick auf die Strukturierung von Immobilienportfolios stehen in Abhängigkeit von der verfolgten Anlagepolitik unterschiedliche Methoden der Portfolioplanung zur Verfügung (vgl. Abbildung 9).

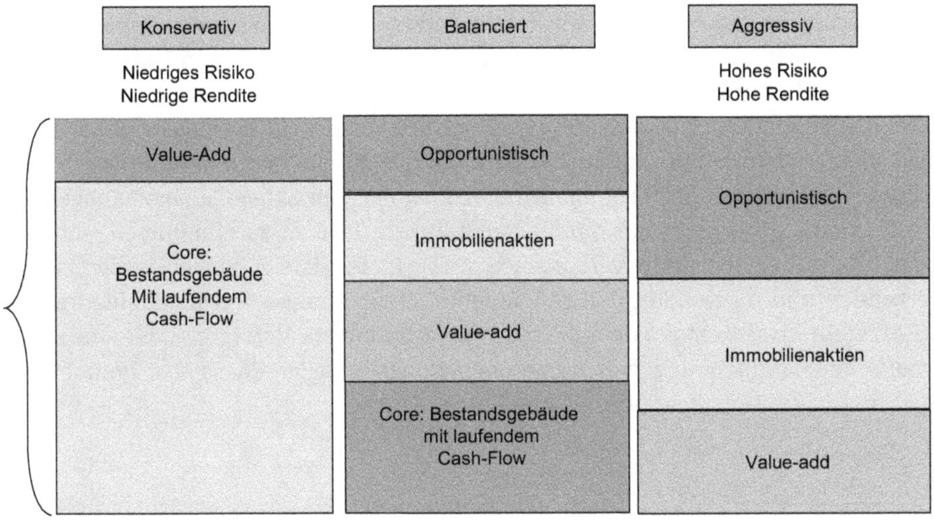

Abb. 9: Strategien für die Immobilienanlage abhängig von der Risikoneigung (Quelle: Deutsche Asset & Wealth Management)

Charakteristisch für die Anlagepolitik deutscher institutioneller Investoren war in der Vergangenheit eine hauptsächlich renditeorientierte, opportunistische Vorgehensweise bei der Auswahl und Beurteilung von Akquisitionen im Sinne einer aktiven Suche nach den „Best Deals" im Markt. Gleichzeitig wurde oftmals mit passivem Bestandsmanagement eine Buy-and-Hold-Strategie verfolgt, die durch sehr lange Haltedauern und geringe Umstrukturierungen im Bestand geprägt war.

1.2.5.2 Diversifikationsstrategien

Diversifikationsstrategien für Immobilienanlagen können sich auf das Angebot bestehender Produkte in neuen Märkten (**vertikale Diversifikation**) oder die Entwicklung neuer Produkte in bestehenden (**horizontale Diversifikation**) oder neuen Märkten (**laterale Diversifikation**) beziehen. Neben der Erschließung neuer Erfolgspotenziale dient Diversifikation vor allem der Risikostreuung innerhalb eines Portfolios. Diese kann gemäß Abbildung 10 sowohl über den Bestand insgesamt als auch innerhalb von einzelnen Objekten erfolgen. Im Vordergrund stehen bei Diversifikationsstrategien allerdings meist die regionale Streuung des Bestands nach Makrostandorten und die sektorale Streuung nach Immobilientypen und Nutzungsarten. Durch Diversifikation können unsystematische Risiken innerhalb eines Portfolios theoretisch vollständig ausgeglichen und rendite-risiko-effiziente Portfolios gebildet werden. Dies ist zentraler Bestandteil der Portfolio-Selektions-Theorie von Markowitz, die neben anderen Methoden der Portfolioplanung im folgenden Punkt F.1.2.5.3 vorgestellt wird. Beispiele für unsystematische Risiken im Immobilienbereich sind Altlasten-, Bausubstanz-, Standort-, Umwelt-, Ertrags-, Verwertungs- und Kapitalstrukturrisiko. Zu den systematischen Risiken können (auf nationaler Ebene) zum Beispiel Beschäftigungs-, Inflations-, Konjunktur-, Kapitalmarkt-, Währungs-, Politisches, Rechtliches und Steuerliches Risiko zählen. Ein aktives Risikomanagement sollte sich jedoch nicht nur darauf beschränken, Risiken zu eliminieren, sondern möglichst auch die darin verborgenen Erfolgspotenziale (Chancen) systematisch erkennen und nutzen. Mit der gif-Empfehlung zur Analyse von Immobilienrisiken (EAI) steht Investoren ein detaillierter Fragenkatalog zur Verfügung, der eine systematische Identifizierung von Immobilienrisiken in jeder Phase des Immobilien-Lebenszyklus ermöglicht (vgl. gif 2001).

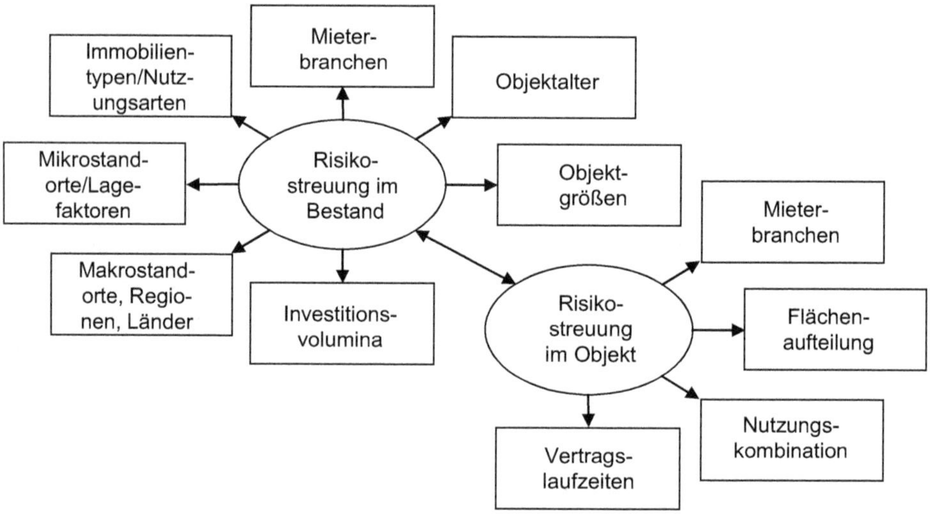

Abb. 10: Kriterien der Risikostreuung in Immobilienportfolios (Quelle: Bone-Winkel 2005, S. 524)

1.2.5.3 Auswahl des optimalen Zielportfolios

Im Hinblick auf die oben definierten Anforderungen an ein Bewertungs- und Auswahlkriterium für die Portfoliostrategie weisen die traditionellen **Methoden der Portfolioplanung** gravierende Mängel auf. Die **Best-Deal-Methode** orientiert sich bei der Strukturierung des Portfolios lediglich an der Rendite der einzelnen Anlagen, Aspekte der Risikostreuung hingegen werden gar nicht betrachtet. Auch lässt sich die bei dieser Vorgehensweise erforderliche häufige Umschichtung des Portfolios bei Immobilienanlagen nur unter Inkaufnahme hoher Transaktionskosten realisieren.

Bei der **Methode der naiven Diversifikation** steht der Risikoaspekt im Vordergrund. Durch die Zusammenstellung möglichst vieler Anlagen mit unterschiedlichen Rendite-Risiko-Profilen wird eine Diversifizierung, also eine Reduktion des Portfoliorisikos, angestrebt. Wie Abbildung 11 verdeutlicht, sinkt mit wachsender Zahl der im Portfolio vertretenen Anlagen das Portfoliorisiko, da sich die individuellen, unsystematischen Risiken der einzelnen Anlagen ausgleichen. Das Portfoliorisiko lässt sich durch Diversifizierung jedoch nicht völlig eliminieren; es verbleibt die systematische Risikokomponente, die auf alle Anlagen gleichermaßen einwirkt und sich daher nicht durch eine zusätzliche Streuung der Anlagen reduzieren lässt. Das systematische Risiko wird statistisch durch die Kovarianz bzw. den Korrelationskoeffizienten der Anlagenrenditen gemessen.

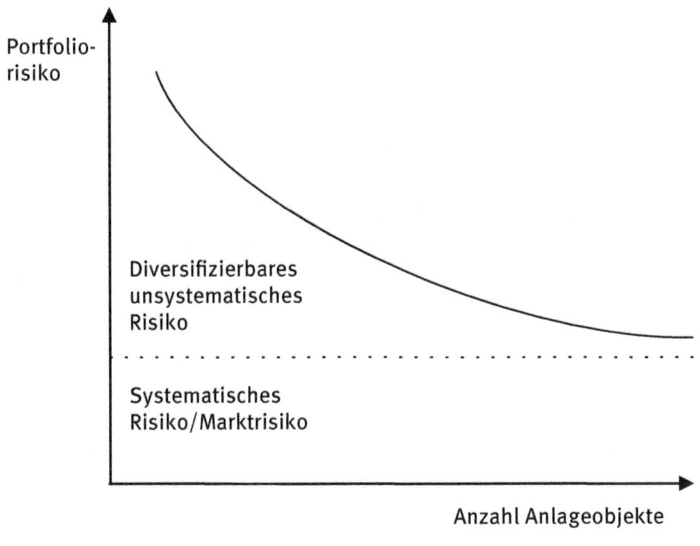

Abb. 11: Naive Diversifikation (Quelle: In Anlehnung an Poddig/Dichtl/Petersmeier, S. 159)

Die naive Diversifikation nutzt intuitiv die positiven Effekte der Diversifizierung, ohne jedoch die Risiken systematisch zu analysieren. Bei der praktischen Anwendung der naiven Diversifikation auf Immobilienportfolios erweisen sich die hohen Kapitalbeträge, die durch die geringe Teilbarkeit der meisten Immobilienanlageformen bedingt sind, als größtes Hindernis für den Aufbau eines diversifizierten Portfolios.

In Bezug auf die modernen Methoden der Portfolioplanung wird mit einer so genannten **Indexing-Strategie** (Index Tracking) eine passive Anlagestrategie verfolgt, die im Wesentlichen in der strukturellen Nachbildung eines Marktindexes in der eigenen Portfoliostruktur besteht (vgl. z. B. Poddig/Dichtl/Petersmeier, S. 527).

Mit dem Deutschen Immobilien Index (DIX) ist ein wesentlicher Schritt zur Lösung des Datenproblems getan. Bei der praktischen Umsetzung einer Indexing-Strategie, insbesondere bei Immobiliendirektanlagen, dürften der erforderliche Kapitalaufwand sowie die Inhomogenität und die mangelnde Teilbarkeit der Immobilienanlagen die wichtigsten Hindernisse für eine exakte Nachbildung des Indexportfolios darstellen. Die theoretische Möglichkeit eines synthetischen Markteinstieges mittels Index-Derivaten ist momentan in Deutschland nicht geboten, da noch kein Index die Funktion des Basisobjektes erfüllen kann (vgl. Gerhard, S. 234 ff.)

Unter den derzeitigen Rahmenbedingungen scheint die **Portfolio-Selektions-Theorie** (vgl. Markowitz 1952 und Markowitz 1959), die bei der Strukturierung von Aktienportfolios bereits seit Jahrzehnten Anwendung findet, der vielversprechendste Ansatz zur strategischen Portfolioplanung zu sein. Jedoch stellt sich die Übertragung dieses Ansatzes auf die Anlageklasse Immobilien mit ihren Besonderheiten aus wissenschaftlicher Sicht problematisch dar, da Immobilienanlagen die strengen Annahmen der Theorie, zum Beispiel die Nicht-Existenz von Transaktionskosten und die unbegrenzte Teilbarkeit der Anlagen, nicht oder nur teilweise erfüllen. Darüber hinaus erschweren die immer noch unzureichende Menge und häufig auch die Qualität von Immobiliendaten die praktische Umsetzung der Theorie in Deutschland. Dennoch gibt es hierzu bereits praktische Ansätze.

Zahlreiche empirische Untersuchungen, vorrangig aus dem angelsächsischen Raum, belegen auf portfoliotheoretischer Basis, dass die Integration von Immobilienanlagen in gemischte Portfolios mit Aktien und Renten zu positiven Diversifikationseffekten führt. Diese zeigen sich darin, dass Kapitalanlagenportfolios mit einem Anteil Immobilienanlagen bei gleichem Risikoniveau eine höhere Rendite bzw. bei gleichem Renditeniveau ein geringeres Risiko als reine Aktien-Renten-Portfolios aufweisen (vgl. z. B. Mueller/Mueller; für einen aktuellen Literaturüberblick siehe Sirmans/Worzala).

Die Überprüfung der Diversifikationseffekte erfolgt in den empirischen Studien meist durch den Vergleich der so genannten **Efficient Frontiers** von Aktien- und Rentenportfolios mit denen von Portfolios, die zusätzlich auch Immobilienanlagen enthalten. Jeder Punkt auf der Efficient Frontier, die sich graphisch als Kurve abbilden lässt, repräsentiert eine rendite-risiko-effiziente Portfoliostruktur. Effizient bedeutet in diesem Zusammenhang, dass durch Veränderungen der Gewichtungen der Anlageklassen in den Portfolios bei gleichem Risiko keine höhere Rendite erzielt bzw. bei gleicher Rendite das Risiko nicht weiter verringert werden kann. Das Risiko des Portfolios entspricht dabei der Standardabweichung (σ_P) der Portfoliorendite (r_P). Letztere wird als gewichteter Durchschnitt aus den Renditen der einzelnen im Portfolio vertretenen Anlagen ermittelt. Bei der Risikobestimmung des Portfolios spielt neben den individuellen Risiken der einzelnen Anlagen das aus dem Zusammenspiel der Anlagen resultierende Risiko eine wesentliche Rolle (Diversifikationseffekt). Der Zusammenhang zwischen den Renditeverläufen der einzelnen Anlagen wird durch die Kovarianzen bzw. die Korrelationskoeffizienten gemessen. Eine negative Korrelation der Einzelrenditen, d. h. eine gegenläufige Entwicklung im Sinne einer „Je-mehr-desto-weniger"-Beziehung, bewirkt auf der Portfolio-Ebene eine Reduzierung des Risikos. Die Handlungsempfehlung der Portfolio-Selektions-Theorie lautet demnach, in sehr vereinfachter Form, möglichst negativ korrelierte Anlagen in einem Portfolio zu kombinieren.

Diese Vorgehensweise zur Ermittlung der effizienten Portfolios lässt sich sowohl auf der Investment-Ebene zur Bestimmung der Immobilienquote am Gesamtanlagenportfolio als auch auf der Portfolio-Ebene zur Definition der Struktur des Immobilienportfolios anwenden. Für die Optimierung der Gesamtanlagenstruktur sind als Eingabeparameter für das Modell die erwarteten Renditen sowie deren prognostizierte Standardabweichung für alle relevanten Anlageklassen erforderlich. Aus diesen Daten sind zunächst die Kovarianzen der Anlagenrenditen zu bestimmen, um dann die Berechnung der effizienten Portfolios durchzuführen. Jedes der effizienten Portfolios repräsentiert ein bestimmtes Rendite-Risiko-Profil und weist eine spezifische prozentuale Zusammensetzung aus den verschiedenen Anlageklassen auf. Aufgrund ihrer im Vergleich zu Aktien geringeren Renditen und Standardabweichungen sind Immobilienanlagen i. d. R. besonders in gemischten Portfolios mit geringem Risikograd prozentual stärker vertreten.

Nach der gleichen Methodik lassen sich effiziente Strukturen für Immobilienportfolios herleiten. Hierzu sind zunächst Cluster von Immobilienanlagen zu bilden, die in sich möglichst homogene Rendite-Risiko-Eigenschaften aufweisen sollten. Die Clusterung kann dabei nach verschiedenen Kriterien erfolgen, beispielsweise regional nach Immobilienstandorten, sektoral nach Nutzungsarten oder auch nach der Art der Anlageform. Für die gewählten Cluster sind analog zur oben erläuterten Vorgehensweise die Renditen und Standardabweichungen zu prognostizieren und als Modelleingaben zu verwenden. Diese Cluster werden bei der Vorstellung des hierarchischen Portfoliomodells in Abschnitt F.1.4 als strategische Geschäftsfelder (SGF) bezeichnet.

Grundsätzlich besteht bei dem gezeigten Optimierungsmodell die Schwierigkeit, aus der Menge der effizienten Portfolios das für den Investor optimale Portfolio zu wählen. In der Portfolio-Selektions-Theorie werden zur Bestimmung des optimalen Portfolios Nutzenindifferenzkurven herangezogen, ein bestechendes theoretisches Konzept, dem in der praktischen Umsetzung allerdings die schwierige Festlegung von individuellen Zielfunktionen innewohnt (vgl. z. B. Poddig/Dichtl/Petersmeier, S. 458 ff.). Die Menge der möglichen Lösungen kann reduziert werden, indem die relevanten Abschnitte der Efficient Frontier durch die Einführung von Nebenbedingungen eingeschränkt werden. Hierzu zählt beispielsweise die Definition von Mindestrenditen, die sich graphisch in Form von so genannten **Shortfall-Geraden** darstellen lassen (vgl. Abbildung 12). Besteht die Restriktion des Investors beispielsweise in der Erreichung einer Mindestrendite r_M, dann lässt sich die Nebenbedingung und die daraus abgeleitete Geradengleichung wie folgt formulieren:

$$r_P - \sigma_P \geq r_M \quad \text{bzw.} \quad r_P \geq r_M + \sigma_P$$
$$\text{Shortfall-Gerade:} \quad r_P = r_M + \sigma_P$$

Mit:
r_P =erwartete Rendite des Portfolios P
σ_P =Standardabweichung der Renditen des Portfolios P
r_M =geforderte Mindestrendite

Durch die Einführung der Shortfall-Geraden reduziert sich der für den Anleger relevante Bereich der Efficient Frontier auf diejenigen Portfolios, welche die Mindestrenditeanforderung unter Vorgabe einer tolerierten Ausfallwahrscheinlichkeit erfüllen. Letztere wird in der Gleichung durch die Standardabweichung ausgedrückt.

Die verbleibenden effizienten Portfolios sind dann unter dem Aspekt der Streuung, der Umsetzbarkeit und der zeitlichen Gültigkeit zu prüfen, um schließlich die für den Investor optimale Portfoliolösung zu wählen. Das Ergebnis der strategischen Portfoliooptimierung ist somit die Definition eines optimalen Zielportfolios, welches die anzustrebende Größe und Zusammensetzung des Immobilienportfolios vorgibt.

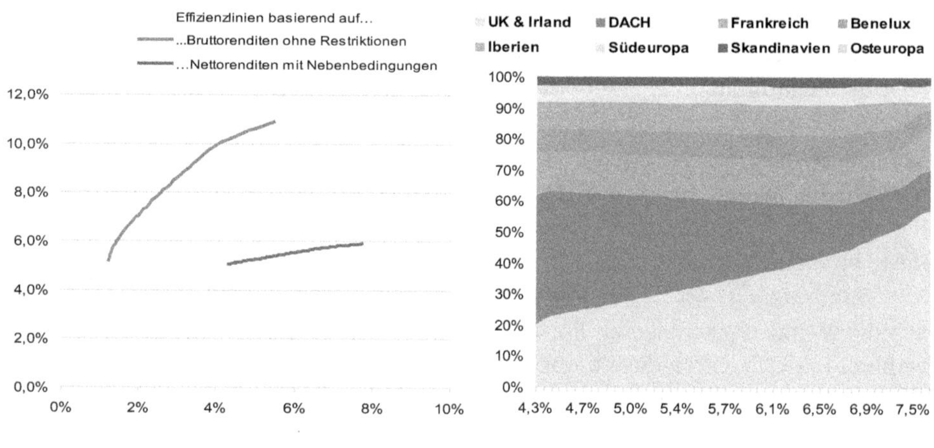

Abb. 12: Effizienzlinien (Quelle: DeAWM)

1.2.6 Zusammenfassung

Aus der Erläuterung der Planungsphase wird deutlich, dass es sich bei dem Prozess der Immobilienanlagentscheidung und der Bestimmung des zieloptimalen Immobilienportfolios (der Portfoliostrategie) nicht um eine einzelne Entscheidung, sondern um ein komplexes Konglomerat von Einzelentscheidungen auf jeder Stufe des Prozesses handelt. Auch vollzieht sich der Prozess nicht einmalig, sondern ist aufgrund der vielfältigen Interdependenzen zwischen den Prozessphasen als ein sich wiederholender dynamischer Kreislauf zu verstehen. Zentrale Aufgabe der strategischen Portfolioplanung ist die Definition einer zieloptimalen Soll-Struktur für das (Immobilien)-Portfolio, die einer Vielzahl teilweise konkurrierender Anlageziele genügen muss. Neben möglichen internen Restriktionen sind institutionelle Investoren in ihrer Anlagepolitik zum Teil rechtlichen Bestimmungen (insbesondere durch KAGB, AIFM, Solvency 2, AnlV und VAG) unterworfen, aus denen sich Beschränkungen des jeweiligen Anlageuniversums für Immobilienanlagen ergeben können. Bei der Festlegung der Zielportfoliostruktur sollten nicht alleine Renditegesichtspunkte im Vordergrund stehen, sondern auch renditewirksame Risiken und Chancen der Anlagecluster berücksichtigt werden. Unsystematische Risiken können im Portfolio durch Diversifikation verringert werden. Unter den Methoden der Portfolioplanung erscheint die Portfolio-Selektions-Theorie nach Markowitz trotz methodischer Schwierigkeiten zurzeit als der vielversprechendste Ansatz zur Gestaltung rendite-risiko-effizienter Portfolios auch im Immobilienbereich. Grundlage für Anlageentscheidungen ist bei Bestandsportfolios die Ist-Analyse des vorhandenen Immobilienbestandes, der sich in den Kernbestand, den Managementbestand und den Handelsbestand untergliedern lässt (vgl. Punkt F.1.4.1).

1.3 Literatur

Bogenberger, S.: Benchmarking im Lebenszyklusmanagement, in: Reisbeck, T./Schöne, L. (Hrsg.): Immobilien-Benchmarking – Ziele, Nutzen, Methoden und Praxis, 2. Aufl., Berlin/Heidelberg 2009, S. 15–54.

Bone-Winkel, S.: Das strategische Management von offenen Immobilienfonds unter besonderer Berücksichtigung der Projektentwicklung von Gewerbeimmobilien, in: Schulte, K.-W. (Hrsg.): Schriften zur Immobilienökonomie, Band 1, Köln 1994.

Bone-Winkel, S.: Strategisches Immobilien-Portfoliomanagement, in: Schulte, K.-W./Bone-Winkel, S./Thomas, M. (Hrsg.): Handbuch Immobilien-Investition, 2. Aufl., Köln 2005, S. 491–530.

Brinson, G. P./Hood, L. R./Beebower, G. L.: Determinants of Portfolio Performance, in: Financial Analysts Journal, 42. Jg., Nr. 4, 1986, S. 39–44.

Brinson, G. P./Singer, B. D./Beebower, G. L.: Determinants of Portfolio Performance II: An Update, in: Financial Analysts Journal, 47. Jg., Nr. 3, 1991, S. 40–48.

Brown, G. R.: Portfolio Theory and Property Investment Appraisal, in: MacLeary, A. R./Nanthakumaran, N. (Hrsg.): Property Investment Theory, London 1998, S. 110–133.

Brown, G. R./Matysiak, G. A.: Real Estate Investment, Harlow 2000.

Brunia, N./Plantinga, A.: Attribution Analysis, in: Baker, K./Filbeck, G. (Hrsg.): Portfolio Theory and Management, New York 2013, S. 511–528.

DeLisle, J. R.: The Holistic Approach to Real Estate Portfolio Management, White Paper Nr. 110, Runstad Center for Real Estate Studies, University of Washington, 1996, Reprint 2002.

Fischer, B. R.: Performanceanalyse in der Praxis: Performancemaße, Attributionsanalyse, Global Investment Performance Standards, 3. völlig neu bearb. und erw. Aufl., München 2010.

Geltner, D. M./Miller, N. M.: Commercial Real Estate Analysis and Investment, Mason 2001.
Gerhard, J.: Immobilienportfoliomanagement mit Immobilienindex-Derivaten in: Schulte, K.-W. (Hrsg.): Schriften zur Immobilienökonomie, Band 24, Köln 2003.
gif Gesellschaft für Immobilienwirtschaftliche Forschung e. V. (Hrsg.): Empfehlung zur Analyse von Immobilienrisiken (EAI), Wiesbaden 2001.
gif Gesellschaft für Immobilienwirtschaftliche Forschung e. V. (Hrsg.): Richtlinie Definition und Leistungskatalog Real Estate Investment Management, Wiesbaden 2002.
Kämpf-Dern, A.: Immobilienwirtschaftliche Managementebenen und -aufgaben – Definitions- und Leistungskatalog des Immobilienmanagements, in: Pfnür, A. (Hrsg.): Arbeitspapiere zur immobilienwirtschaftlichen Forschung und Praxis, Band 15, 2009.
Kandlbinder, H. K./Entzian, T.: Der Immobilien-Spezialfonds in Entfaltung, in: Der Langfristige Kredit, 53. Jg., Nr. 13, 2002, S. 395–406.
Liang, Y./Hess, R./Bradford, D./McIntosh, W.: Return Attribution for Commercial Real Estate Investment Management, in: Journal of Real Estate Portfolio Management; 5. Jg., Nr. 1, 1999, S. 23–30.
Lioui, A./Poncet, P.: Benchmarking, in: Baker, K./Filbeck, G. (Hrsg.): Portfolio Theory and Management, New York 2013, S. 490–510.
Lottenbach, W.: Der Anlageentscheidungsprozeß im internationalen Portfolio Management: Die Theorie und die Praxis der Schweizer Banken, Aachen 1996.
Markowitz, H.: Portfolio Selection, in: Journal of Finance, 7. Jg., Nr. 1, 1952, S. 77–91.
Markowitz, H.: Portfolio Selection – Efficient Diversification of Investments, New York/London 1959.
Mueller, A. G./Mueller, G. R.: Public and Private Real Estate in a Mixed-Asset Portfolio, in: Journal of Real Estate Portfolio Management, 9. Jg., Nr. 3, 2003, S. 193–204.
Pieper, H. G.: Performanceattribution in der Praxis, in: Kleeberg, J. M./Rehkugler, H. (Hrsg.): Handbuch Portfoliomanagement – Strukturierte Ansätze für ein modernes Wertpapiermanagement, 2. Aufl., Bad Soden/Ts. 2002, S. 1001–1022.
Poddig, T./Dichtl, H./Petersmeier, K.: Statistik, Ökonometrie, Optimierung, 4. Aufl., Bad Soden/Ts. 2008.
Roventa, P.: Portfolio-Analyse und strategisches Management, 2. Aufl., in: Kirsch, W. (Hrsg.): Planungs- und organisationswissenschaftliche Schriften, Band 30, München 1981.
Seilheimer, S.: Immobilien-Portfoliomanagement für die öffentliche Hand – Ziele, Nutzen und Vorgehen in der Praxis auf der Basis von Benchmarks, Diss., Wiesbaden 2007.
Sirmans, C. F./Worzala, E.: International Direct Real Estate Investment: A Review of the Literature, in: Urban Studies, 40. Jg., Nr. 5/6, 2003, S. 1081–1115.
Steiner, M./Bruns, C.: Wertpapier-Management, 8. Aufl., Stuttgart 2002.
Thomas, M.: Die Entwicklung eines Performanceindexes für den deutschen Immobilienmarkt, in: Schulte, K.-W. (Hrsg.): Schriften zur Immobilienökonomie, Band 2, Köln 1997.
Thomas, M.: Performancemessung im Immobilien Asset Management, in: Schulte, K.-W. et al. (Hrsg.): Handbuch Immobilien-Banking, Köln 2002, S. 689–714.
Walbröhl, V.: Die Immobilienanlageentscheidung im Rahmen des Kapitalanlagemanagements institutioneller Anleger, in: Schulte, K.-W. (Hrsg.): Schriften zur Immobilienökonomie, Band 15, Köln 2001.
Wellner, K.: Entwicklung eines Immobilien-Portfolio-Management-Systems, in: Pelzl, W. (Hrsg.): Reihe Immobilienmanagement, Band 3, Norderstedt 2003.
Wittrock, C.: Messung und Analyse der Performance von Wertpapierportfolios, in: Steiner, M. (Hrsg.): Reihe Portfoliomanagement, 3. Aufl., Bad Soden/Ts. 2000.
Zangemeister, C.: Nutzwertanalyse in der Systemtechnik, 2. Aufl., München 1971.
Zimmermann, H.: Moderne Performancemessung, Bern 1996.

1.4 Steuerung von Immobilienportfolios

Die Steuerung von Immobilienportfolios basiert auf der Portfoliostrategie und der Ist-Analyse eines vorhandenen Immobilienbestandes. Zu den Kernaufgaben im Rahmen der Portfoliosteuerung gehören die taktische Maßnahmenplanung zur Realisierung der Zielportfoliostruktur und deren operative Umsetzung.

1.4.1 Ist-Analyse des vorhandenen Immobilienbestandes

Die Grundlage für die Maßnahmenplanung und -umsetzung (vgl. Punkte F.1.4.2.1 und F.1.4.2.2) bildet neben der Portfoliostrategie die Bestandsanalyse. Der vorhandene Immobilienbestand kann dabei in drei Kategorien unterteilt werden:
- Immobilienanlagen, die in die Struktur des Zielportfolios passen und die bereits ein optimiertes Rendite-Risiko-Profil aufweisen (**Kernbestand**),
- Immobilienanlagen, die in die Struktur des Zielportfolios passen, aber hinsichtlich der Performance noch Optimierungspotenzial aufweisen (**Managementbestand**),
- Immobilienanlagen, die nicht in die Struktur des Zielportfolios passen (**Handelsbestand**).

Neben der Optimierung und Bereinigung bestehender Portfolios sind, abgeleitet aus der angestrebten Zielstruktur, auch die Anforderungen für Neuakquisitionen vorzugeben, die im operativen Portfoliomanagement umgesetzt werden. Die Ankaufsvorgaben können qualitativ sein, indem zum Beispiel eine Eingrenzung von sektoralen und regionalen Zielmärkten erfolgt, oder auch quantitativ, indem unter anderem das verfügbare Anlagevolumen, das optimale Investitionsvolumen der einzelnen Anlagen und Performancebenchmarks vorgegeben werden.

1.4.1.1 Anforderungen an die Bestandsanalyse

Die Analyse des Bestandes muss auf Basis eines nachvollziehbaren Merkmalkataloges erfolgen, an den folgende Anforderungen zu stellen sind:
- Auf Ebene der Immobilieninvestition muss sowohl die Immobilie als auch die jeweilige Marktsituation berücksichtigt werden. Eine Analyse, die sich nur auf die Immobilie selbst bezieht und die Marktdimension außer Acht lässt, kann bewirken, dass eine attraktive und rentable Immobilie in einem sich abschwächenden Markt nicht als Risiko für die Performance des Portfolios erkannt wird. Ebenso könnte eine Analyse, die die Immobilie nicht berücksichtigt, dazu führen, die Instandhaltungsrisiken einer Immobilie in einem attraktiven Markt zu verkennen.

- Neben quantitativen Informationen (Mieteinnahmen, Verkehrswert, etc.) müssen auch qualitative Merkmale (Drittverwendbarkeit, technische Ausstattung, etc.) Berücksichtigung finden. Eigentlich sollte davon ausgegangen werden, dass sich alle relevanten Merkmale eines Objektes über kurz oder lang im Cash Flow der Investition ausdrücken werden. D. h. zum Beispiel, dass bei mangelnder Drittverwendbarkeit nach Ablauf eines Mitvertrages die Anschlussvermietung nur zu geringeren Mieten oder im schlimmsten Fall gar nicht mehr vorgenommen werden kann. Die Ästhetik eines Gebäudes drückt sich möglicherweise in höheren Mieten oder leichterer Vermietbarkeit aus. Gleiches kann für die Errichtung eines Gebäudes unter Feng-Shui-Gesichtspunkten gelten. Dennoch ist es, wenn das Gebäude bereits langfristig vermietet ist, zu einem gegebenen Zeitpunkt schwierig, diese Merkmale in den prognostizierten Cash Flows der nächsten zehn Jahre abzubilden. Voraussetzung hierfür wäre die Ermittlung der Cash Flows als Erwartungswert pro Periode und daraus abgeleitet eine Erwartungswertrendite. Die hiermit verbundenen Probleme sind im Kapitel über Investitionsrechnung (E.4) dargestellt worden. Einfacher ist die Erfassung und Berücksichtigung dieser Merkmale in der Bestandsanalyse.
- Die in die Bestandsanalyse einfließenden Daten dürfen nicht allein auf der Vergangenheit beruhen, sondern müssen auch zukünftige Entwicklungen berücksichtigen. Immobilien-Portfoliomanagement ist zukunftsgerichtet. Aus der Analyse sollen Erkenntnisse gewonnen werden, mit deren Hilfe die strategische Ausrichtung des Portfolios für die kommenden Jahre bestimmt wird. Fließen nur vergangenheitsbezogene Daten in diese Analyse ein, so wird implizit die vergangene Entwicklung in die Zukunft fortgeschrieben. Die hohe Nachfrage nach Immobilien in den neuen Bundesländern in der ersten Hälfte der 90er Jahre wäre demnach auch 1995 als dauerhaft anzunehmen gewesen.
- Die Bestandsanalyse muss in einer Art und Weise durchgeführt werden, mit der sich sowohl die Stärken und Schwächen (Gegenwartsbezug) als auch künftige Chancen und Risiken des Bestandes erkennen lassen. Das Ergebnis der Analyse darf sich nicht auf die Zustandsbeschreibung einer Immobilie in ihrer jetzigen Form und ihrem jetzigen Markt beschränken, sondern muss Entwicklungsmöglichkeiten aufzeigen. So könnte eine auskömmliche Rendite in einer zentralen Fußgängerzone nochmals verbessert werden, indem der momentane Mieter aus seinem langlaufenden Vertrag ausgelöst und nach Anbau und Modernisierung ein neuer Vertrag mit größerer Fläche bei höherer Miete abgeschlossen wird. Umgekehrt könnte die starke Position eines Fachmarkzentrums durch den Bau eines neuen und größeren Zentrums mit günstigerer Verkehrsanbindung gefährdet sein. Wären in beiden Beispielen die aktuellen Stärken und Schwächen des Bestandes entscheidungsrelevant, erschienen möglicherweise keine Aktionen notwendig, obwohl in beiden Fällen Handlungsbedarf besteht.
- Der Prozess der Informationsgewinnung muss eine intersubjektive Vergleichbarkeit der Analysedaten sicherstellen. Wie bereits beschrieben, ist i. d. R. ein vor-

handener Immobilienbestand Ausgangspunkt für das Portfoliomanagement. Ist der Bestand größer als zehn Objekte, wird bei der Datenerhebung i. d. R. mehr als eine Person eingebunden werden müssen. Ist der Datenerhebungsprozess dann nicht ausreichend strukturiert und standardisiert, sind die einzelnen Daten nicht mehr vergleichbar. Die Anbindung eines Gebäudes an den öffentlichen Personennahverkehr mag einem Mitarbeiter sehr gut erscheinen, während ein anderer sie als schlecht empfindet. Somit sind die Angaben der beiden Mitarbeiter nicht mehr vergleichbar und die abgeleiteten Strategien gegebenenfalls hinfällig.
- Die Analyse des Portfolios muss mit vertretbarem Aufwand periodisch wiederholt werden können. Eine einmalige Erhebung mag eine erhebliche Belastung der personellen Ressourcen des Immobilienbestandshalters rechtfertigen. Zur Strategieüberprüfung und -kontrolle ist es aber erforderlich, solche Erhebungen i. d. R. jährlich durchzuführen. Spätestens dann muss der Erhebungsprozess standardisiert und im Idealfall weitestgehend automatisiert aus den Bestandssystemen durchgeführt werden können.

1.4.1.2 Portfoliosegmentierung

Wichtige Voraussetzung für die Anwendung dieser Kriterien ist die Segmentierung des Bestandes in strategische Geschäftsfelder (SGF), die sich aus der Portfoliostrategie ergeben. Die Segmentierung des Bestands in SGF (Portfoliosegmentierung) ist notwendig für eine effiziente Steuerung des Gesamtportfolios, bei der unterschiedliche Tätigkeitsfelder getrennt analysierbar sind und gleichzeitig eine ganzheitliche Unternehmenssicht eingenommen werden kann. Als Segmentierungskriterien bieten sich allgemein die Dimensionen Region, Sektor und Eigentumsform an. Abbildung 13 zeigt beispielhaft mögliche Segmentierungskriterien. Ein strategisches Geschäftsfeld könnten beispielsweise Direktanlagen in Bürorandlagen im Rhein-Main-Gebiet sein. Jede der Dimensionen kann selbstverständlich weiter differenziert werden, zum Beispiel nach Investitionsvolumina, Flächengrößen, Baualtersklassen oder Ausstattungsmerkmalen (vgl. auch erneut Abbildung 10). Deutschland ließe sich in die verschiedenen Bürostandorte und diese wieder in ihre Sublagen untergliedern (Makro- und Mikrostandorte). Ziel bei der Bildung von SGF ist möglichst die Erreichung von Homogenität innerhalb der SGF und Heterogenität zwischen den SGF.

1.4.1.3 Portfoliomodell

Der so in homogene SGF segmentierte Immobilienbestand wird anschließend mit Hilfe eines Analysemodells untersucht, das den eingangs aufgezeigten Anforderungen entspricht. Die Bestände in den einzelnen Segmenten werden mit einem Portfoliomodell bewertet, das die beiden Dimensionen Marktattraktivität

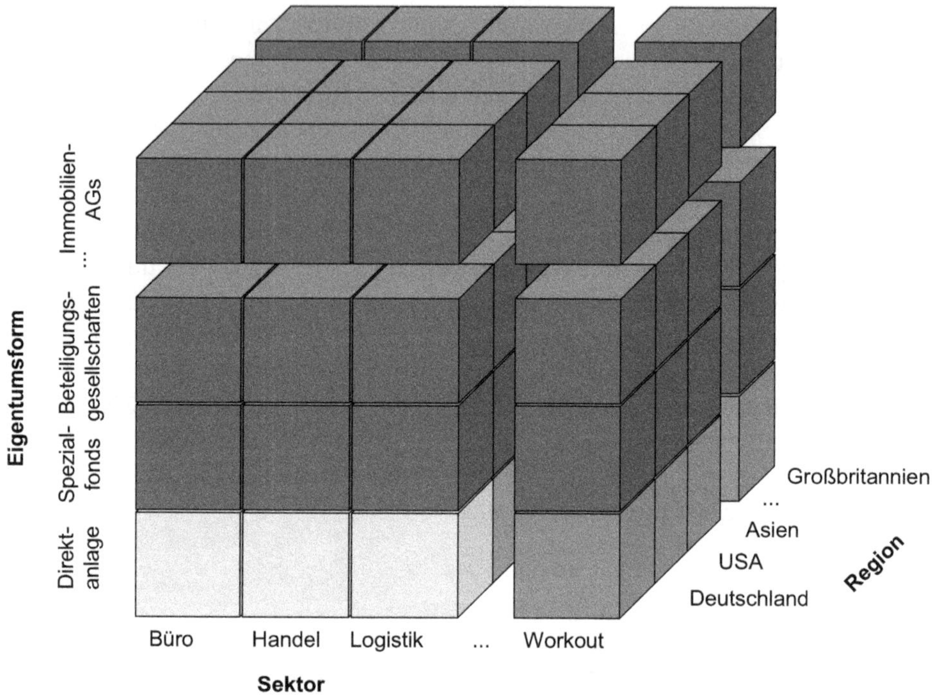

Abb. 13: Segmentierung eines Immobilienbestandes (Quelle: Eigene Darstellung)

und Wettbewerbsstärke unterscheidet. Die Objekte können damit in einer **Marktattraktivität/Wettbewerbsstärke-Matrix (MA/WS-Matrix)** dargestellt werden (vgl. Punkt F.1.4.1.4). Das hierarchische Portfoliomodell basiert im Wesentlichen auf der Arbeit von Roventa und der Anpassung auf den Immobilienbereich durch Bone-Winkel (vgl. Roventa; Bone-Winkel 1994). Bei der Bewertung der beiden Dimensionen wird auf Scoring-Modelle (so genannte Punktbewertungsverfahren) zurückgegriffen. Wellner hat in einer Expertenbefragung insgesamt 16 Beurteilungskriterien und 86 Bewertungsfaktoren in den Dimensionen Marktattraktivität und Wettbewerbsstärke hinsichtlich ihrer Relevanz, Messbarkeit und Möglichkeit der Datengewinnung bewerten lassen und daraus mit dem komponierenden Multiattributmodell nach Fishbein Gewichtungsfaktoren abgeleitet. Somit existieren für diese Kriterien und Faktoren empirisch nachgewiesene Gewichte zum Einsatz in Scoring-Modellen, was die Objektivität und Vergleichbarkeit von Analysen prinzipiell verbessert (vgl. Wellner, S. 191 ff., S. 202; siehe auch unten).

Die Dimension **Marktattraktivität** misst im Wesentlichen Kriterien, die nicht dem Einfluss des einzelnen Immobilieneigentümers unterworfen sind. Diese können nach Wellner wie in Tabelle 1 dargestellt in sieben Kriterien mit 33 Faktoren unterteilt werden.

Tab. 1: Kriterien der Marktattraktivität (Quelle: in Anlehnung an Wellner, S. 198 f.)

A	**Kriterien der Marktattraktivität**
1.	**Wirtschaftliche, politische und rechtliche Rahmenbedingungen**
1.1	Kapitalmarktzins, Steuerliche Belastungen, Finanzierungsquellen
1.2	Gesamtwirtschaftliche Entwicklung
1.3	Regionale Entwicklung, Raumordnung, Bauleitplanung, Stadtentwicklung, Flächen-/Bodenpolitik
1.4	Branchenstruktur (Trends)
1.5	Struktur und Effizienz kommunaler Verwaltung
1.6	Wirtschaftsförderung
2.	**Demographie und Sozioökonomie**
2.1	Arbeitsmarktsituation
2.2	Bevölkerungsdichte/-entwicklung
2.3	Einkommensniveau, Kaufkraft
2.4	Sozialstruktur
2.5	Altersstruktur
2.6	Lebenshaltungskosten
2.7	Bildungsniveau
3.	**Infrastruktur des Makrostandortes**
3.1	Verkehrserschließung
3.2	Räumliche Anbindung
3.3	Städtebauliche Entwicklung
4.	**Weiche Standortfaktoren**
4.1	Soziale Infrastruktur, Wohnqualität
4.2	Kultur-, Freizeit- und Bildungsangebot
4.3	Image und Bekanntheitsgrad, Stadt- und Regionalmarketing
5.	**Struktur und Entwicklung des Immobilienangebots**
5.1	Marktumfang/Bestand
5.2	Leerstand
5.3	Geplante Projekte, Bauvolumen, Markttransparenz, Markteintrittsbarrieren
5.4	Verhandlungsmacht der Anbieter
5.5	Wettbewerbskräfte in der Branche
6.	**Struktur und Entwicklung der Immobiliennachfrage**
6.1	Anzahl/Struktur aktueller Mieter
6.2	Anzahl/Struktur potenzieller Mieter
6.3	Flächenbedarfsentwicklung
6.4	Nachfragemacht der Mieter
6.5	Mieterpräferenzen (Standortwahl, Ausstattung der Objekte)
7.	**Miet- und Preisniveau des räumlichen und sachlichen Teilmarktes**
7.1	Mietniveau nach Nutzungsart
7.2	Mietniveau nach Standort
7.3	Baulandpreise und Baukosten
7.4	Preispolitischer Spielraum (Margen)

In Bezug auf die Dimension Marktattraktivität können von Dienstleistern erhobene Research-Ergebnisse herangezogen werden. So bieten unter anderem die Bulwien-Gesa AG, München, und die Feri EuroRating Services AG, Bad Homburg, Informationen über die Attraktivität von Immobilienmärkten getrennt nach Sektoren an (vgl. Tabelle 2 am Beispiel Einzelhandel Bochum und Abbildung 14 am Beispiel Büros Randlage Hochtaunuskreis.

Wirtschaftsstandort Hochtaunus (Landkreis)

Prognose und Rating **Bruttowertschöpfung**

Rating

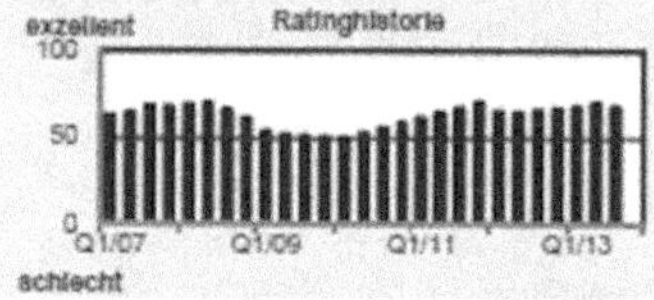

Vorquartal: **A**

Vorjahr: **A**

A

3. Quartal 2013

Prognose

Indikator in vH geg. Vorjahr (lok. W.)	2012	2013	2014	2015	2016	2017	2018 - 2022 *
Hochtaunus (Landkreis)							
Industrie	-0,9	0,6	1,5	1,5	1,4	1,4	1,2
Handel und Verkehr	1,4	2,0	2,9	2,8	2,6	2,6	2,6
Dienstleistungen	2,4	1,7	2,5	2,7	2,7	2,7	2,7
Total	1,6	1,6	2,3	2,5	2,4	2,4	2,4
Deutsche Regiozentren							
Industrie	-1,0	1,4	2,3	2,0	1,8	1,8	1,7
Handel und Verkehr	1,0	1,4	2,0	1,8	1,7	1,7	1,8
Dienstleistungen	1,7	1,2	1,9	2,0	2,0	2,1	2,1
Total	0,7	1,5	2,2	2,0	2,0	1,9	1,9

- Das Wirtschaftswachstum im Hochtaunus Kreis lässt in Zukunft eine überdurchschnittliche Entwicklung erwarten.
- Eine hohe Entwicklungsdynamik geht vom Dienstleistungssektor und vom Sektor Handel und Verkehr aus.
- Überdurchschnittlich groß innerhalb des Dienstleistungssektors ist der Bereich "Sonstige Dienstleistungen", der auf die wachstumsstarken unternehmensbezogenen Dienstleistungen spezialisiert ist.
- Der Anteil des Industriesektors an der regionalen Wertschöpfung ist gering.

Historie

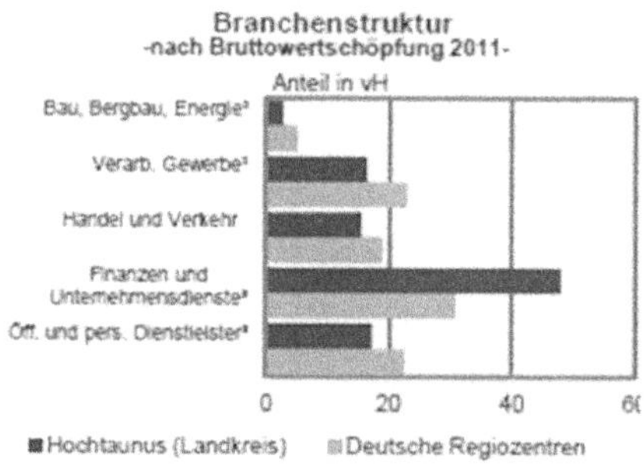

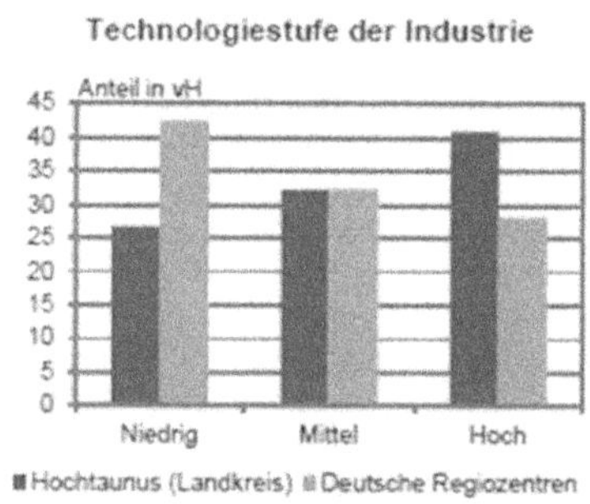

Wachstum in % p. a. (lok. W.)	Industrie '99 -'11	Industrie '06 -'11	Handel & Verkehr '99 -'11	Handel & Verkehr '06 -'11	Dienstleistungen '99 -'11	Dienstleistungen '06 -'11	Total '99 -'11	Total '06 -'11
Hochtaunus (Landkreis)	-0,5	-1,5	2,1	2,0	2,5	1,7	1,7	1,1
Deutsche Regiozentren	0,6	-0,2	1,7	1,9	1,9	0,8	1,4	1,1
Deutschland	1,3	0,7	2,6	2,4	1,0	0,5	1,5	1,3

[1] = Durchschnittliche Veränderungsrate pro Jahr ; [2] = Industrie; [3] = Dienstleistungen

Abb. 14: Feri Immobilienmarkt Rating (Quelle: Feri EuroRating Services AG)

Tab. 2: Standort Rating Einzelhandel (Quelle: BulwienGesa AG)

Beispiel Einzelhandel: BOCHUM	Bewertung	Punkte	Beispielindikatoren	Wert	Punkte
Vergangenheit:					
Nachhaltige Entwicklung	2b	49	Einwohnerentwicklung: Trend	-0,002	63
Volatilität	1a	85	Spitzenmiete: Volatilität	5,4 %	87
Aktuell:	2b	41	Länge 1a-Lage	950 m	33
Zukunft:					
kurzfristig	1b	58	Abweichung vom Mittel	9,0 %	81
mittelfristig	2b	65	Einzugsbereich	-0,4 %	45
Gesamtergebnis:	**2a**	**51**			© Bulwien AG 2002

Die beiden Systeme sind Beispiele für Scoring-Modelle, mit denen quantitative und qualitative Merkmale von Immobilienmärkten operationalisiert werden können. Für Merkmalsausprägungen werden in Scoring-Modellen jeweils Punkte zum Beispiel auf einer Skala von null bis 100 vergeben, die mit unterschiedlichen Gewichtungen zusammen einen Gesamtscore für den jeweiligen Immobilienmarkt ergeben. Die Beurteilung von „weichen“ qualitativen Scoringmerkmalen folgt dabei i. d. R. subjektiven Einschätzungen von Einzelpersonen, was die Vergleichbarkeit beeinträchtigen kann (vgl. auch unten). Problematisch bei vorhandenen Marktdatensystemen ist außerdem die Tatsache, dass Informationen gegenwärtig vorwiegend als aggregierte Durchschnittswerte für Großräume und nicht für einzelne Submärkte in den Großräumen vorliegen. So gibt es im Hochtaunuskreis sicherlich Bürolagen, die nicht unbedingt das von Feri EuroRating Services AG für diese Region ermittelte niedrige Investitionsrisiko aufweisen. Als eine Ergänzung zu klassischen Standort-Ratings ermöglicht die IPD Lease Intelligence der IPD Investment Property Databank GmbH über ein integriertes Geographisches Informationssystem (GIS) die Analyse von Vermietungstransaktionen bis auf Straßenzugebene. Insgesamt lässt sich bemerken, dass zunehmend Informationen zur Verfügung stehen, die gute Ansatzmöglichkeiten für eine Bewertung der Dimension Marktattraktivität im Portfoliomodell bieten.

Im Gegensatz zur Marktattraktivität werden in der Dimension **Wettbewerbsstärke** die Bereiche abgedeckt, die vom Eigentümer einer Immobilie beeinflussbar sind. Neun Kriterien der Wettbewerbsstärke einer Immobilie sind in Tabelle 3 dargestellt. Wichtig ist dabei, dass nicht die absoluten Werte bzw. Qualitäten betrachtet werden, sondern die relative Position des untersuchten Gebäudes bzw. Investments in dem spezifischen Teilmarkt. Das bedeutet, eine Klimaanlage als Gebäudeausstattung führt nur dann zu einer positiven, überdurchschnittlichen Bewertung, wenn die anderen Gebäude an diesem Standort über keine verfügen. Das Fehlen einer Klimatisierung muss im Umkehrschluss nicht negativ sein, wenn die Nutzer in dem spezifischen Teilmarkt eine solche nicht nachfragen.

Tab. 3: Kriterien der Wettbewerbsstärke (Quelle: In Anlehnung an Wellner, S. 200 f.)

A	Kriterien der Wettbewerbsstärke
1.	Mikrostandort/Umfeld
2.	Grundstückseigenschaften
3.	Rechtliche Beschränkungen
4.	Gebäudeeigenschaften
5.	Nutzungskonzept
6.	Mietermix
7.	Bewirtschaftungsergebnis
8.	Wertentwicklungspotenzial
9.	Management

Die Operationalisierung der Dimension Wettbewerbsstärke sieht sich besonders dem Problem gegenüber, dass die qualitativen Merkmale einer Immobilieninvestition häufig subjektiven Einschätzungen unterliegen. So lässt sich beispielsweise die architektonische Gestaltung eines Gebäudes als eine weitere Gebäudeeigenschaft kaum objektiv beurteilen. Ebenso ist unklar, wodurch zum Beispiel eine optimale Anbindung an den öffentlichen Personennahverkehr gekennzeichnet ist. Bei solchen absolut qualitativen Faktoren, für die keine quantifizierbaren Bewertungsmaßstäbe existieren oder mit vertretbarem Aufwand erhoben werden können, empfiehlt sich die Hinterlegung von möglichst genauen verbalen Beschreibungen bzw. die Erstellung einer Bewertungsskala (z. B. von „mangelhaft" bis „sehr gut", „gering" bis „hoch" oder „unattraktiv" bis „sehr attraktiv"), die auch mit entsprechenden Bildern möglicher Ausprägungen veranschaulicht wird (vgl. Wellner, S. 206). Die Vergleichbarkeit von Einschätzungen über mehrere Gebäude ist eine wesentliche Voraussetzung für die Anwendbarkeit des Portfoliomodells. In der Praxis existieren verschiedene Ratingsysteme, um die Qualität von Gebäuden zu messen. Im Folgenden wird kurz das System **ImmoCheck** von Fraunhofer Institut und Union Investment Real Estate AG vorgestellt. Das System hat den Vorteil, dass die einzelnen Kriterien der Gebäudequalität mit vorgegebenen Katalogen unterlegt sind. Konkret bedeutet dies beispielsweise, dass die Anbindung an den öffentlichen Personennahverkehr dann als „sehr gut" bezeichnet wird, wenn sich eine Haltestelle in direkter Umgebung des Gebäudes befindet, es eine vielfältige Auswahl an Verkehrsmitteln gibt und die Taktfrequenz nicht länger als zehn Minuten ist. Durch Vorgabe solcher Kriterienkataloge sollen die Einschätzungen unterschiedlicher Bewerter miteinander vergleichbar gemacht werden.

Die Qualität (Zukunftsfähigkeit) eines Gebäudes wird bei ImmoCheck mit Hilfe der in Abbildung 15 dargestellten Kriterien beurteilt. Die in der Gesamtauswertung dargestellten Qualitätskriterien sind i. d. R. die Zusammenfassung mehrerer Unterkriterien (Faktoren). Um dieses System als eine Determinante für die Wettbewerbsstärke eines Gebäudes anwenden zu können, müssen die Daten nicht nur für das

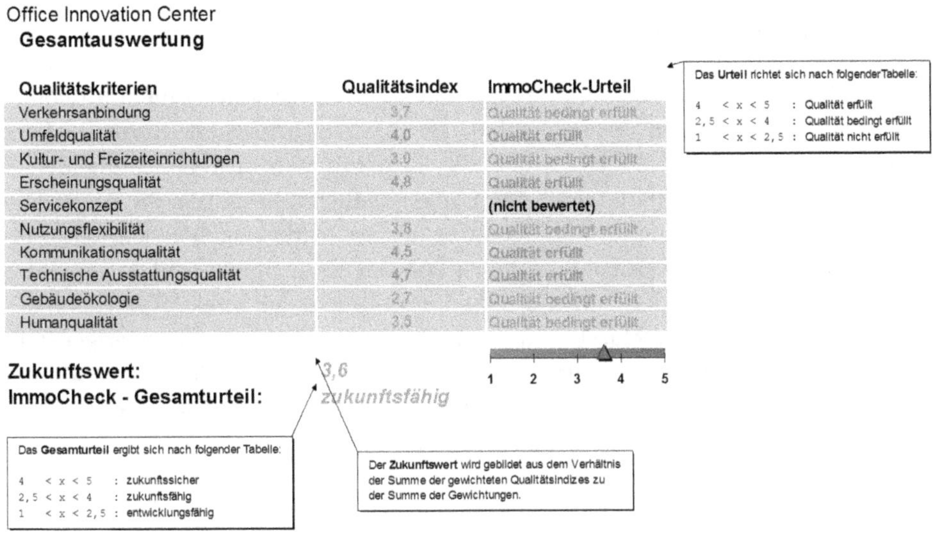

Abb. 15: Immobilienbeurteilung mit dem System ImmoCheck (Quelle: Fraunhofer/Union Investment Real Estate AG)

Gebäude selbst sondern auch für den Submarkt erhoben werden. Die Differenz zwischen dem Profil des Submarktes und der untersuchten Immobilie gibt die relative Wettbewerbsposition des Gebäudes im Submarkt an.

Neben der qualitativen Objektbeurteilung muss auch die langfristige Performance des Objektes Berücksichtigung finden. Dazu werden i. d. R. neben kurzfristigen Kennzahlen bezüglich Instandhaltung, Mietausfall, etc. besonders Kennzahlen über die langfristigen Renditeaussichten der Immobilie in die Beurteilung der Wettbewerbsstärke aufgenommen. Entscheidend ist dabei erneut nicht die absolute Höhe der Performance sondern die relative Position im Teilmarkt. Dies bedeutet, dass die Objektperformance im Sinne eines Benchmarking gegen einen Marktwert gespiegelt werden muss. Hier bieten sich neben dem Deutschen Immobilien Index DIX auch die veröffentlichten Liegenschaftszinssätze für den spezifischen Teilmarkt an. Problematisch ist dabei aber, dass es sich bei diesen Marktwerten um vergangenheitsbezogene Daten handelt, die außerdem i. d. R. mit erheblichem Zeitverzug veröffentlicht werden und nur in begrenztem Umfang auf Teilmarktebene vorliegen. Auch die Beurteilung von quantitativen Faktoren in einem Scoring-Modell kann mit dem oben beschriebenen Operationalisierungsproblem behaftet sein, wenn die Ausprägungsskala der Faktoren (wie z. B. bei Renditen) nicht nach oben (z. B. 100) und unten (z. B. null) begrenzt ist. In diesem Fall ist eine Umwandlung mit Bewertungsbereichen notwendig (vgl. Wellner, S. 204 ff.).

1.4.1.4 Objektdarstellung

Die Ergebnisse der qualitativen und quantitativen Analyse werden im Portfoliomodell anschließend in ein Gesamtergebnis je Objekt transformiert. Hierzu bedient man sich eines Scoring-Modells, wobei die Einzelkriterien für das Scoring-Modell und deren Gewichtungen innerhalb von SGF einheitlich sein sollten. Die Dimension Marktattraktivität kann unter Zuhilfenahme der am Markt angebotenen Kennzahlensysteme abgebildet werden. Sowohl bei Bulwien als auch Feri liegt das Ergebnis je Markt als Score zwischen null und 100 vor und kann damit direkt als Position des Marktes in die Dimension Marktattraktivität übernommen werden. Schwieriger stellt sich die Bildung von Scores für die Dimension Wettbewerbsstärke dar. Wellner schlägt für ein Scoring-Modell der Wettbewerbsstärke den in Tabelle 4 dargestellten Aufbau mit neun Kriterien und 53 Faktoren vor.

Tab. 4: Scoring-Modell Wettbewerbsstärke (Quelle: In Anlehnung an Wellner, S. 200 f.)

B	Kriterien der Wettbewerbsstärke	Gewichtung in %				Bewertung Schwäche				Stärke	Berechnung des Scores (Gewichtung x Bewertung)				Bemerkungen / Indikatoren
		Wichtung	Beurteilungs-kriterien	Wichtung	Bewertungs-faktoren	mangelhaft	ausreichend	befriedigend (neutral=50)	gut	sehr gut	Punkte-faktoren	Faktoren gewichtet	Gesamt-punkte Kriterien	Gesamt-score (Kriterien gewichtet)	
1.	**Mikrostandort/Umfeld**	2,5	14,3%	11,1	100,0%	0 - 20	21 - 40	41 - 60	61 - 80	81 - 100			**50,0**	**7,15**	**Zwischensumme**
1.1	Verkehrsanbindung des Mikrostandortes			3,0	33,3%						50	16,7			
1.2	Einbindung in die Umgebung			2,0	22,2%						50	11,1			
1.3	Qualität der Lage			2,0	22,2%						50	11,1			
1.4	Technische Infrastruktur			2,0	22,2%						50	11,1			
2.	**Grundstückseigenschaften**	2,0	11,4%	10,5	100,0%								**50,0**	**5,70**	**Zwischensumme**
2.1	Größe/Zuschnitt			3,0	31,5%						50	15,8			
2.2	Expansionsfähigkeit, Reserveflächen, Grad der			2,5	26,3%						50	13,1			
2.3	Umweltfaktoren, Geographie, Physische Grundstücks-beschaffenheit			2,0	21,0%						50	10,5			
2.4	Altlasten			2,0	21,0%						50	10,5			
3.	**Rechtliche Beschränkungen**														**Zwischensumme**
4.	**Gebäudeeigenschaften**														**Zwischensumme**
5.	**Nutzungskonzept**														**Zwischensumme**
6.	**Mietermix**														**Zwischensumme**
7.	**Bewirtschaftungsergebnis**														**Zwischensumme**
8.	**Wertentwicklungspotenzial**														**Zwischensumme**
9.	**Management**	1,0	5,7%	25,0	100,0%								**50,0**	**2,85**	**Zwischensumme**
9.1	Immobilienwirtschaftliche Erfahrung, Objektmanagement			2,0	50,0%						50	25,0			
9.2	Vertragsmanagement			2,0	50,0%						50	25,0			

Besondere Bedeutung kommt erneut der Festlegung der Gewichte zu, die auch von der gewählten Portfoliostrategie abhängen kann. Ein Investor, der primär das Ziel von hohen Wertsteigerungen verfolgt, könnte solche Faktoren stärker gewichten wollen, die den zukünftigen Wert des Objektes beeinflussen (z. B. Ausstattungsmerkmale, architektonisches Gesamtkonzept, Mikrolage). Investoren, deren Hauptaugenmerk auf einer möglichst hohen laufenden Ausschüttung liegt, stellen dagegen vermutlich eher Cashflow-sichernde Aspekte in den Vordergrund (Leerstandsquote, Instandhaltungsbedarf, etc.). Keine der Sichtweisen ist grundsätzlich richtig oder falsch. So müssen beide Investorengruppen alle Kriterien berücksichtigen, können aber durch individuelle Gewichtungen unterschiedliche Akzente setzen. Zur Festlegung individueller Gewichte für Kriterien (und Faktoren) kann die Methode des Paarvergleichs Verwendung finden, die ursprünglich im Bereich der Psychologie entwickelt wurde. Bei dieser Methode wird durch direkten Vergleich von jeweils zwei Kriterien jedes mit jedem anderen verglichen und in jedem Paarvergleich entweder als wichtiger, gleichbedeutend oder weniger wichtig beurteilt. So können für jedes einzelne Kriterium sowohl ein Rang als auch der Abstand zwischen den Rängen der einzelnen Kriterien ermittelt und daraus Gewichte für jedes Kriterium abgeleitet werden.

Wellner legt in ihrem Vorschlag für ein Scoring-Modell der Wettbewerbsstärke die empirisch ermittelten Gewichtungen der Beurteilungskriterien und Bewertungsfaktoren zugrunde. In dem Beispiel sind bei der Berechnung des Gesamtscores alle Faktoren auf einer Skala von null bis 100 neutral mit 50 bewertet (vgl. Auszug in Tabelle 4). Für das Kriterium Mikrostandort/Umfeld, das 14,3 % des Gesamtscores über alle Kriterien ausmacht, ergibt sich so aus vier Faktoren ein Gesamtscore von 7,15 (14,3 % von 50). Am stärksten geht hier der Faktor Verkehrsanbindung des Mikrostandortes mit einem Gewicht von einem Drittel ein. Wäre dieser Faktor mit null statt 50 bewertet worden, so beliefe sich der Gesamtscore für das Kriterium Mikrostandort/Umfeld entsprechend auf 33,3 statt auf 50. Die Gesamtscores der Kriterien ergeben sich durch einfache Addition der gewichteten Faktoren. Analog entspricht der Gesamtscore des Objektes (im Beispiel 50), dargestellt in der untersten Zeile des Scoring-Modells, der Summe der gewichteten Gesamtscores aller Kriterien.

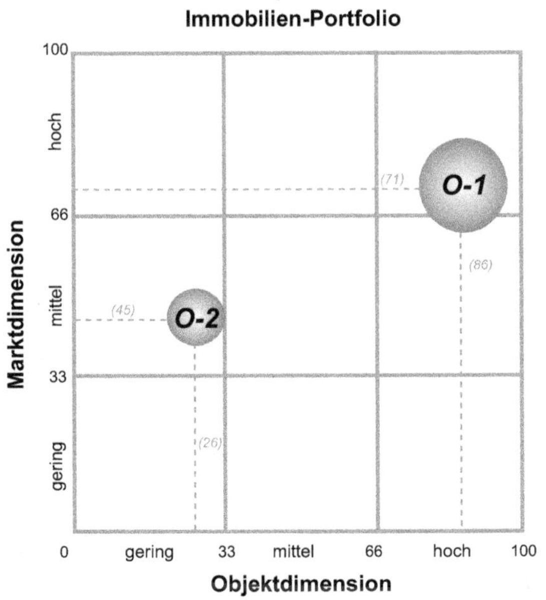

Abb. 16: Positionierung der Objekte in der Marktattraktivität/Wettbewerbsstärke-Matrix (Quelle: In Anlehnung an Bone-Winkel 2005, S. 499)

Je nach Ausgestaltung des Merkmalskataloges sind auch mögliche Wirkungszusammenhänge (Korrelationen) zwischen einzelnen Faktoren bei der Gewichtung zu berücksichtigen. Durch die Kombination der Werte für Marktattraktivität und Wettbewerbsstärke ergibt sich schließlich die Position eines Objektes in der MA/WS-Matrix (vgl. Abbildung 16).

Die Objekte werden in der Matrix als Kreise um den zugehörigen Matrixpunkt (aus den Punktwerten in den Dimensionen Marktattraktivität und Wettbewerbsstärke) abgebildet, wobei ein größerer Radius jeweils einen höheren Verkehrswert repräsentiert. In einem nächsten Schritt werden die Ergebnisse der Einzelobjekte zu einer Position in den vorher definierten SGF, wie zum Beispiel Büro Rhein-Main oder Einzelhandel Berlin, zusammengefasst. Bei der Aggregation in SGF wird nicht das arithmetische Mittel der Einzelpositionen sondern der mit den Verkehrswerten

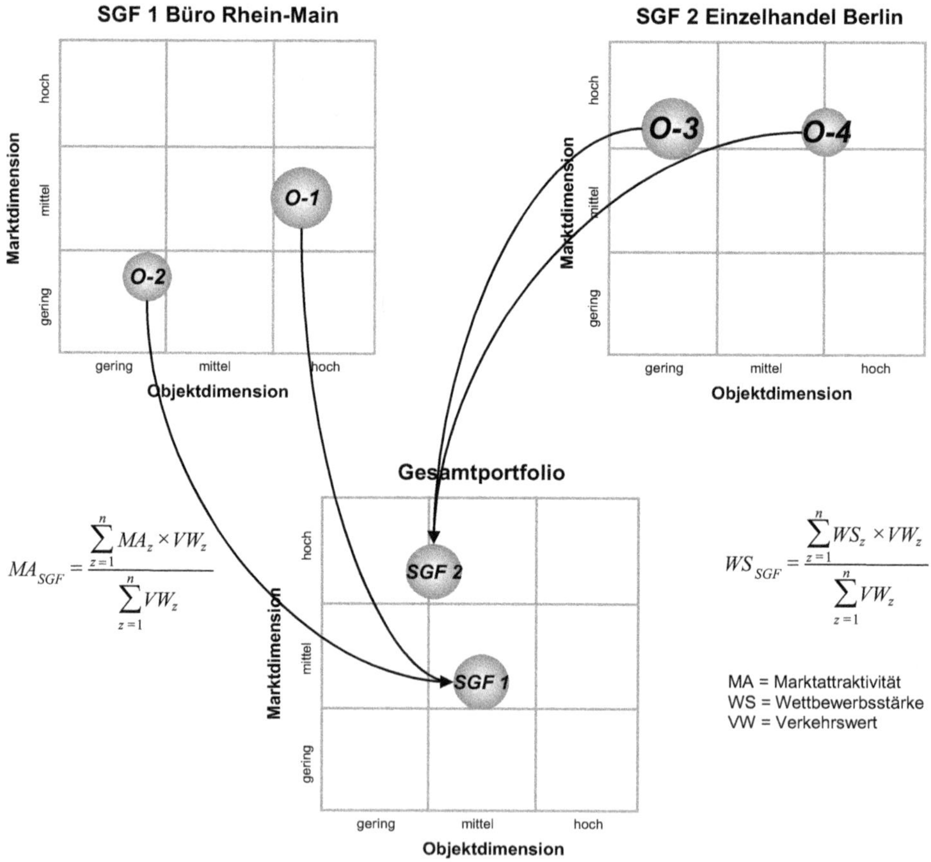

Abb. 17: Aggregierte Darstellung auf Ebene der strategischen Geschäftsfelder (Quelle: In Anlehnung an Bone-Winkel 2005, S. 516)

gewichtete Durchschnitt angesetzt. Die Gewichtung mit dem Verkehrswert soll sicherstellen, dass die Analyse auch die Bedeutung der Einzelobjekte für das Gesamtportfolio berücksichtigt. Abbildung 18 stellt die Vorgehensweise bei der Aggregation von Objekten zu SGF-Portfolios dar.

Die grafische Darstellung der SGF in der Matrix ermöglicht auch bei größeren Portfolios die Analyse von Entwicklungslinien durch Verbinden mehrerer Beobachtungspunkte für ein SGF zu verschiedenen Zeitpunkten. Analog kann die Zielposition von SGF in der MA/WS-Matrix mit deren Ist-Positionen abgeglichen und der Zielerreichungsgrad veranschaulicht werden (Gap-Analyse). Die Darstellung der Objekte bzw. SGF in Abbildung 17 bietet bereits erste Ansätze zur Portfolioanalyse. So ließe sich in Bezug auf SGF 2 sagen, dass man zwar in attraktiven Märkten vertreten ist, dabei aber die eigene Wettbewerbsstärke innerhalb der Märkte eher schwach ausfällt. Darüber hinaus ist auch die Bedeutung dieses SGF gemessen an den Verkehrswerten relativ groß im Vergleich zu SGF 1. Bevor jedoch konkrete Maßnahmen abgeleitet werden können, müssen die zur Verfügung stehenden Normstrategien dargelegt werden.

1.4.2 Durchführungsphase

1.4.2.1 Maßnahmenplanung

Im Rahmen der Maßnahmenplanung bzw. der taktischen Portfolioplanung lassen sich abhängig von der relativen Position in der MA/WS-Matrix für den Kern-, Management- und Handelsbestand drei Gruppen von **Normstrategien** bzw. Handlungsempfehlungen ableiten (vgl. Abbildung 18):
- Investitions- und Wachstumsstrategien für Positionen mit jeweils mittlerer bis hoher Marktattraktivität und relativen Wettbewerbsvorteilen,
- Selektive Strategien für Positionen auf der Diagonalen von links oben nach rechts unten,
- Abschöpfungs-, Desinvestitions- und Revitalisierungsstrategien für Positionen mit jeweils geringer bis mittlerer Marktattraktivität und Wettbewerbsstärke.

Tabelle 5 stellt einige Normstrategien für Investitionen und Desinvestitionen dar. Investitions- und Wachstumsstrategien beziehen sich auf den Kern- und Managementbestand innerhalb eines Portfolios. Aufgrund überdurchschnittlicher Marktattraktivität und relativer Wettbewerbsvorteile können hier zugunsten künftigen Wachstums kurzfristig auch niedrige oder sogar negative Ausschüttungsrenditen in Kauf genommen werden. Das Risiko der i. d. R. hohen Investitionen ist eher gering. Bei geringer bis mittlerer Marktattraktivität und Wettbewerbsstärke, wie sie häufiger bei älteren Bestandsobjekten auftreten, sollte das Ziel die Abschöpfung von Gewinnen oder der kurzfristige Objektverkauf (evtl. mittelfristig nach Revitalisierung) sein, da langfristig eher mit sinkenden Ausschüttungsrenditen zu rechnen ist.

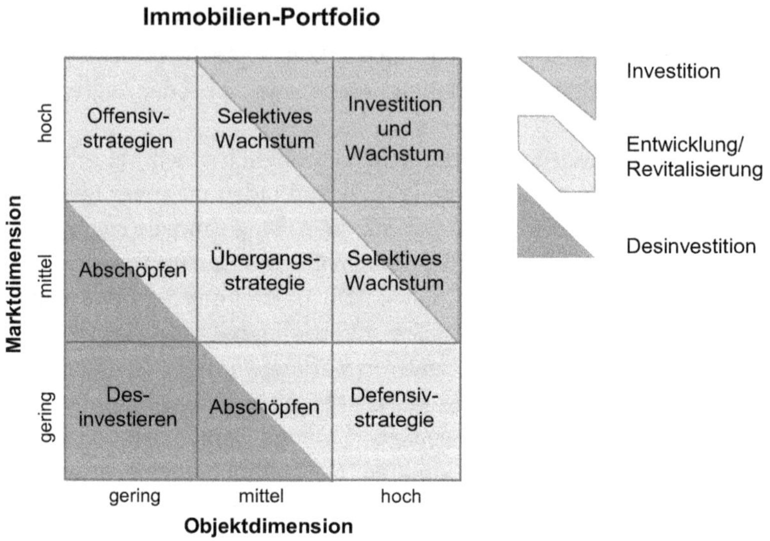

Abb. 18: Strategische Ausgangslagen zur Ableitung von Normstrategien (Quelle: In Anlehnung an Wellner, S. 211)

Tab. 5: Investition, Abschöpfung und Desinvestition als Normstrategien (Quelle: eigene Darstellung)

INVESTITIONS- UND WACHSTUMSSTRATEGIEN	ABSCHÖPFUNGS-, DESINVESTITIONS- ODER REVITALISIERUNGSSTRATEGIEN
▪ **Situation:** Marktattraktivität und relative Wettbewerbsposition jeweils mittel bis hoch	▪ **Situation**: Marktattraktivität und relative Wettbewerbsposition jeweils gering bis mittel
▪ **Ziel:** Sicherung oder Ausbau der Wettbewerbsvorteile (in Bezug auf Konkurrenzimmobilien)	▪ **Ziel**: Abschöpfung der Gewinne oder Objektverkauf
▪ **Aktionen:** Technische und managementorientierte Optimierung der Bestandsobjekte. Konsolidierung der Wettbewerbsposition. Erschließung von Flächenreserven.	▪ **Aktionen:** Maximierung der Ausschüttungsrendite unter Vermeidung größeren Kapital- und Managementeinsatzes oder Kapitalfreisetzung und Realisierung von Wertsteigerungen durch Objektverkauf. Im Ausnahmefall Redevelopment des Objektes als strategische Alternative, um in attraktivere Markt- und Wettbewerbsposition zu gelangen.
▪ **Ausschüttungsrendite:** Kurzfristig gering bis negativ, langfristig hoch.	▪ **Ausschüttungsrendite**: Kurzfristig positiv, langfristig negativ (vice versa bei Revitalisierung)
▪ **Wertentwicklung:** Mittel bis hoch	▪ **Wertentwicklung**: Gering (hoch bei Revitalisierung)
▪ **Risiko:** Mäßig/berechenbar	▪ **Risiko**: Gering (hoch bei Revitalisierung)
▪ **Ökonom. Horizont:** Mittel- bis langfristig	▪ **Ökonom. Horizont:** Kurzfristig (mittelfristig bei Revitalisierung)
▪ **Bedeutung:** Die Immobilien tragen zum zukünftigen Gewinn und Wachstum des Bestandes bei und erfordern hohe Investitionen. In der Regel handelt es sich um Spitzenimmobilien in erstklassigen Lagen.	▪ **Bedeutung:** Die Immobilien sind in der Regel ältere Bestandsobjekte und tragen zum gegenwärtigen Gewinn des Portfolios bei, ohne weitere Investitionen zu erfordern. Im allgemeinen sind über die Haltedauer entstandene Wertsteigerungen durch Desinvestition zu realisieren, um das Kapital produktiveren Zwecken zuzuführen.

Bei Objekten im Entwicklungs- bzw. Revitalisierungsbereich, also dem diagonalen Bereich in der MA/WS-Matrix, kann anhand der Normstrategien zwischen Offensiv-, Übergangs- und Defensivstrategien gewählt werden, je nachdem ob die Position auf der Diagonalen zur Linken, zur Mitte oder zur Rechten tendiert. Diese Objekte fallen eher in den Management- und Handelsbestand. Ist die Wettbewerbsstärke eines Objektes gering, aber die Marktattraktivität hoch, wie etwa bei älteren Bestandsobjekten in attraktiven Lagen und SGF 2 in Abbildung 17, sollte durch Investitionen versucht werden, offensiv Wettbewerbsvorteile aufzubauen und die Ausschüttungsrenditen mittel- bis langfristig zu steigern. Das Risiko hierbei ist aufgrund der erforderlichen Investitionen recht hoch. Ist kein Re-Development möglich, sollte das Objekt veräußert werden. Im umgekehrten Fall, etwa bei gut vermieteten Objekten an weniger attraktiven Standorten, sollte der Cash Flow maximiert und das Objekt rechtzeitig veräußert werden, bevor die Ausschüttungsrenditen stark abfallen. Kurz- und mittelfristig können diese Objekte bei geringem Risiko zur Finanzierung des Portfoliowachstums beitragen. Bei Objekten mit mittlerer Marktattraktivität und Wettbewerbsstärke sollte ebenfalls die Maximierung der Cash Flows im Vordergrund stehen, d. h. mit geringem Ressourceneinsatz dann eine Verbesserung der Wettbewerbsposition angestrebt werden, wenn eine positive Entwicklung der Marktattraktivität zu erwarten ist (vgl. Tabelle 6).

Tab. 6: Selektive Vorgehensweise als Normstrategie für Objekte im Entwicklungsbereich (Quelle: Eigene Darstellung)

OFFENSIVSTRATEGIEN

- **Situation**: Hohe Marktattraktivität, aber nur schwache relative Wettbewerbsposition
- **Ziel**: Aufbau von Wettbewerbsvorteilen
- **Aktionen**: Die Immobilienobjekte benötigen hohe Entwicklungsinvestitionen, um die relative Wettbewerbsposition zu verbessern. Desinvestition, falls nachhaltige Wettbewerbsvorteile nicht erzielt werden können.
- **Ausschüttungsrendite**: Kurz- bis mittelfristig negativ, langfristig positiv.
- **Wertentwicklung**: Potentiell hoch
- **Risiko**: Hoch
- **Ökonom. Horizont**: Langfristig
- **Bedeutung**: Der Investor muß die Objekte mit Rendite- und Wertentwicklungspotential auswählen und einer grundlegenden Erneuerung unterziehen, um die Wettbewerbsfähigkeit aufzubauen. Nicht entwicklungsfähige Objekte sind zu veräußern.
- **Beispiel**: Typischerweise etwa ältere Objekte in guter Lage an attraktiven Standorten. Aufgrund nicht mehr zeitgerechter innerer und äußerer Gestaltung bedürfen sie eines umfassenden Redevelopments.

ÜBERGANGSSTRATEGIEN

- **Situation**: Mittlere Marktattraktivität und relative Wettbewerbsposition
- **Ziel**: Maximierung des Cash-Flow
- **Aktionen**: Versuch einer horizontalen Positionsänderung der strategischen Geschäftsfelder ohne großen Ressourceneinsatz. Abwarten, wie sich die Marktattraktivität verschiebt, um dann abgestimmte Maßnahmen ergreifen zu können.

DEFENSIVSTRATEGIEN

- **Situation**: Geringe Marktattraktivität, aber gute relative Wettbewerbsposition
- **Ziel**: Wettbewerbsposition halten, Cash-Flow maximieren
- **Aktionen**: Optimierung des Objektmanagements (Mietermix, Vertragsgestaltung, Marketing), Kostensenkungsprogramme
- **Ausschüttungsrendite**: Kurz- bis mittelfristig stark positiv, langfristig negativ.
- **Wertentwicklung**: Gering
- **Risiko**: Niedrig
- **Ökonom. Horizont**: Mittelfristig
- **Bedeutung**: Die Objekte benötigen geringen Ressourceneinsatz, um ihre Wettbewerbsposition zu halten, und tragen aufgrund ihrer hohen Ausschüttungsrendite zur Finanzierung der Wachstumsimmobilien bei.
- **Beispiel**: Gut vermietete Immobilien an weniger attraktiven Standorten.

Für den Kern- und besonders den Managementbestand kann eine Verbesserung der Wettbewerbsposition nach Porter über Kostenführerschaft, Differenzierung oder Konzentration angestrebt werden. Kostenführerschaft bei Investitions- und Folgekosten (wie z. B. Bewirtschaftungskosten) wirkt sich direkt auf die Ausschüttungsrendite aus bzw. kann bei Leerständen über Mietkonzessionen zu einer höheren Flächenabsorption gegenüber vergleichbaren Konkurrenzobjekten mit entsprechenden Kostennachteilen beitragen. Mit einer Differenzierungsstrategie kann der Versuch unternommen werden, ein Objekt durch Alleinstellungsmerkmale dem (Preis-)Wettbewerb zu entziehen. Dies ist grundsätzlich möglich, indem der Nutzungswert für die Mieter erhöht oder die Nutzungskosten (inkl. der betriebsbedingten Kosten des Mieters für die Raumnutzung) verringert werden. Einige Differenzierungsstrategien aus der Sicht des Nutzers sind in Tabelle 7 zusammengefasst.

Tab. 7: Immobilienstrategien aus Nutzersicht (Quelle: Eigene Darstellung)

- **Nutzungskosten senken**
  - Strategie der Kostenführerschaft bei gegebenem Qualitätsniveau
  - Genaue Zuordnung von Flächenbedarf und Kostenverursachung zu Unternehmensteilen
- **Flexibilität erhöhen**
  - Drittverwendungsfähigkeit von Flächen innerhalb des Unternehmens einbauen
  - Gebäude-Lebenszyklus verlängern, langfristige Nutzungskosten senken, Änderungsrisiken abfedern
- **Arbeitsumfeld für Mitarbeiter verbessern**
  - Attraktives/effizientes Umfeld schaffen, um Mitarbeiterproduktivität zu erhöhen
  - Standortpräferenzen der Mitarbeiter berücksichtigen (Erreichbarkeit, Infrastruktur, Umfeld, Ambiente)
- **Marketingbotschaft verkörpern**
  - Physische Präsenz / Architektur des Gebäudes verkörpert Botschaft des Unternehmens (z.B. McDonalds)
  - Bauliches / städtisches Umfeld verleiht dem Unternehmen gewisse Wertschätzung (z.B. Bankenviertel)
- **Absatzprozesse verbessern/beschleunigen**
  - Qualität der Verkehrsanbindung erhöht Kundenfrequenz (z.B. im Einzelhandel)
  - Attraktives Umfeld schafft höhere Nachfrage / Umsätze (z.B. im Möbelhandel)
- **Produktions- und Serviceaufgaben erleichtern**
  - Produktionseffizienz verbessern
  - Zugang zu Kunden oder zu Lieferanten verbessern
- **Organisations- und Managementprozesse erleichtern**
  - Moderne Arbeitsplatz- und Organisationskonzepte für Angestellte ermöglichen
  - Wandel in modernen Führungskonzepten durch Gebäudegestaltung instrumentieren
- **Immobilienwertzuwachs abschöpfen**
  - Immobilienbezogene Einflüsse erhöhter Nachfrage durch Kunden, Mitarbeiter und Lieferanten abschöpfen
  - Externe Effekte der eigenen Standortpräsenz ausnutzen (z.B. Ankermieter im Shopping Center)

Die Konzentrationsstrategie kann sich entweder auf eine Kostenführerschaft oder Differenzierung innerhalb eines begrenzten Marktumfelds beziehen. Dem Konzept liegt die Annahme zugrunde, dass ein spezialisiertes Unternehmen in einer Marktnische effizienter operieren kann als ein generalistisch ausgerichteter Wettbewerber. Die Konzentration kann dabei vor allem entlang von Nutzergruppen (z. B. nach

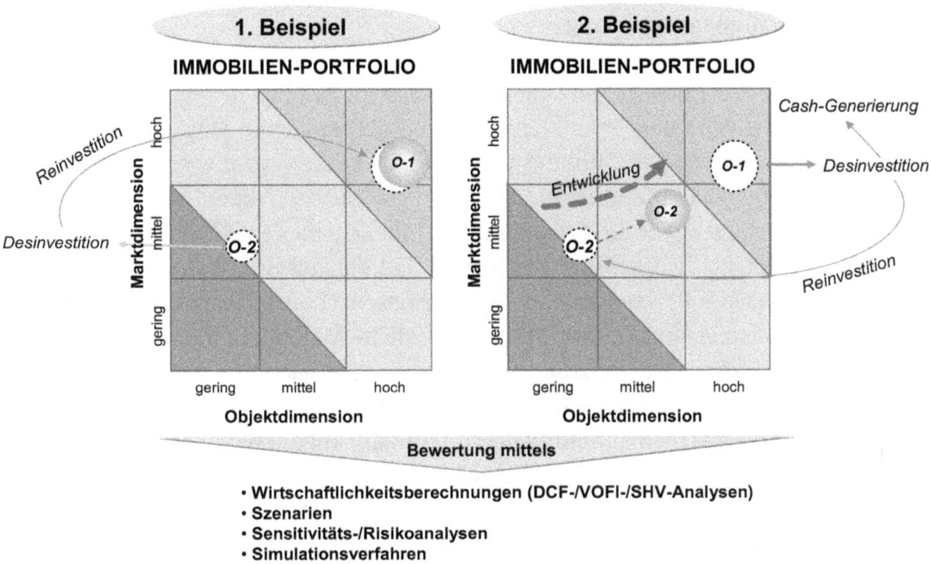

Abb. 19: Optionen der Portfoliooptimierung bei Budgetrestriktion (Quelle: Eigene Darstellung)

Mieterbranchen oder Flächengrößen), Immobilientypen (z. B. Einkaufsgalerien oder Gewerbeparks) oder geographischen Regionen erfolgen.

Bei der Maßnahmenplanung für ein Immobilienportfolio kann i. d. R. nur über ein begrenztes Ressourcen-Budget verfügt werden. Steht so zum Beispiel kein Kapital für Neuanlagen zur Verfügung, kann es von Vorteil sein, ein Objekt ganz oder teilweise zu veräußern, um in ein anderes Bestandsobjekt zu investieren. In der MA/WS-Matrix in Abbildung 19 ist ein solcher Fall dargestellt. Durch Desinvestition aus dem gut positionierten Objekt 1 und ein Re-Development von Objekt 2, das sich gleichzeitig in einem aufstrebenden Markt befindet, könnten die Wettbewerbsstärke und der Verkehrswert von Objekt 2 entlang der dargestellten Entwicklungslinie deutlich gesteigert werden. Umgekehrt ließe sich durch Desinvestition aus Objekt 2 und Investition der freigesetzten Mittel in Objekt 1 nur eine geringe weitere Verbesserung von dessen Wettbewerbsstärke erreichen.

Das Portfoliomodell kann selbstverständlich nicht die Formulierung ausgereifter Strategien für einzelne SGF leisten. Es ist vielmehr dafür konzipiert, auf Unausgewogenheiten im Portfolio hinzudeuten und generelle Anregungen für Optimierungsmaßnahmen zu geben. Es ist als eine der primären Aufgaben des Portfoliomanagements anzusehen, nach Feststellung der strategischen Ausgangslage für jedes Objekt eine Strategie zu entwickeln, mit der Wettbewerbsvorteile erzielt und Erfolgspotenziale realisiert werden können. Die Wahl der Strategien hängt wiederum auch von den Anlagezielen und damit der Portfoliostrategie des Investors ab (Top-Down-Planung).

1.4.2.2 Maßnahmenumsetzung

Die Umsetzung der entwickelten Objektstrategien im Rahmen des operativen Portfoliomanagements setzt eine Priorisierung der objektbezogenen Maßnahmen voraus. Dies gilt besonders vor dem Hintergrund begrenzter Ressourcen wie vor allem Kapital und Mitarbeitern. Die Priorisierung der Maßnahmen kann mit einer **Nutzwertanalyse** erfolgen, wie sie beispielhaft in Tabelle 8 dargestellt ist.

Das Konzept, als „Utility Analysis" in den USA entwickelt, wurde in Deutschland zuerst im Bereich der Psychologie und Arbeitswissenschaft bekannt (vgl. Zangemeister 1971). Im Beispiel sind für drei Objekte mögliche Maßnahmen zur Erhöhung der Wettbewerbsstärke angegeben, die vom Austausch des Facilities Managers (zur Kostenreduzierung) bis zur Revitalisierung eines Objektes reichen. Die Maßnahmen können sich grundsätzlich qualitativ und quantitativ auf die Wettbewerbsstärke auswirken, wobei die angenommenen Effekte auch gegenläufig sein können. So mag der Einbau einer Klimaanlage die Wettbewerbsposition eines Gebäudes in qualitativer Hinsicht verbessern, durch gestiegene Bewirtschaftungskosten aber quantitativ verschlechtern. Der qualitative und quantitative Einfluss auf die Wettbewerbsstärke der

Tab. 8: Nutzwertanalyse verschiedener objektbezogener Maßnahmen (Quelle: Eigene Darstellung)

				Szenario	Base Case			
				Eintrittswahrscheinlichkeit	50%			
					Verbesserung Wettbewerbsstärke			
				Gewichtung	30%	70%	100%	
Verkehrswert		**Maßnahmen**	**Ziel**	**Kosten**	**Qualitativ**	**Quantitativ**	**Gesamt**	**Gewichteter Nutzen**
€ 15.000.000	Objekt 1	Umgestaltung der Eingangssituation	Mieterbindung	€ 150.000	2,0%	-0,1%	0,53%	€ 79.500
€ 15.000.000	Objekt 1	Einbau Klimaanlage	Mieterbindung	€ 350.000	5,0%	-1,0%	0,80%	€ 120.000
€ 15.000.000	Objekt 1	Verschiebung Instandhaltung Keller	Kostenreduzierung	-€ 60.000	-1,0%	0,5%	0,05%	€ 7.500
€ 15.000.000	Objekt 1	Einbau flexibler Trennwände	Reduzierte Kosten der Nachvermietung	€ 250.000	6,0%	0,5%	2,15%	€ 322.500
€ 25.000.000	Objekt 2	Umgestaltung zur Themenimmobilie	Synergieeffekte für Mieter	€ 50.000	6,0%	0,0%	1,80%	€ 450.000
€ 25.000.000	Objekt 2	Austausch des Facility Managers	Kostenreduzierung	-€ 20.000	2,0%	0,0%	0,60%	€ 150.000
€ 29.000.000	Objekt 2	Aufstockung des Bürogebäudes	Flächenerweiterung	€ 4.000.000	10,0%	0,4%	3,28%	€ 951.200
€ 15.000.000	Objekt 3	Revitalisierung des gesamten Objektes	Sicherstellung der langfristigen Vermietbarkeit	€ 10.000.000	15,0%	-0,3%	4,29%	€ 643.500

				Szenario	Worst Case					
				Eintrittswahrscheinlichkeit	50%					
					Verbesserung Wettbewerbsstärke					
				Gewichtung	30%	70%	100%			
Verkehrswert		**Maßnahmen**	**Ziel**	**Kosten**	**Qualitativ**	**Quantitativ**	**Gesamt**	**Gewichteter Nutzen**	**Erwarteter Nutzen**	**Erwartete Kosten**
€ 15.000.000	Objekt 1	Umgestaltung der Eingangssituation	Mieterbindung	€ 250.000	1,0%	-0,5%	-0,05%	-€ 7.500	€ 36.000	€ 200.000
€ 15.000.000	Objekt 1	Einbau Klimaanlage	Mieterbindung	€ 550.000	3,0%	-2,0%	-0,50%	-€ 75.000	€ 22.500	€ 450.000
€ 15.000.000	Objekt 1	Verschiebung Instandhaltung Keller	Kostenreduzierung	-€ 30.000	-1,0%	-0,5%	-0,65%	-€ 97.500	-€ 45.000	-€ 45.000
€ 15.000.000	Objekt 1	Einbau flexibler Trennwände	Reduzierte Kosten der Nachvermietung	€ 250.000	4,0%	0,0%	1,20%	€ 180.000	€ 251.250	€ 250.000
€ 25.000.000	Objekt 2	Umgestaltung zur Themenimmobilie	Synergieeffekte für Mieter	€ 100.000	3,0%	-0,3%	0,69%	€ 172.500	€ 311.250	€ 75.000
€ 25.000.000	Objekt 2	Austausch des Facility Managers	Kostenreduzierung	-€ 10.000	0,0%	0,0%	0,00%	€ 0	€ 75.000	-€ 15.000
€ 29.000.000	Objekt 2	Aufstockung des Bürogebäudes	Flächenerweiterung	€ 8.000.000	-1,0%	-3,0%	-2,40%	-€ 696.000	€ 127.600	€ 6.000.000
€ 15.000.000	Objekt 3	Revitalisierung des gesamten Objektes	Sicherstellung der langfristigen Vermietbarkeit	€ 15.000.000	10,0%	-10,0%	-4,00%	-€ 600.000	€ 21.750	€ 12.500.000

Objekte wird in Prozent der Verkehrswerte angegeben und im vorliegenden Fall mit 30 % bzw. 70 % gewichtet. Für eine differenzierte Betrachtung ist es sinnvoll, wie im Beispiel Szenarien zu bilden, mit denen Erwartungswerte für Kosten und Nutzen der Maßnahmen berechnet werden können. Die Bestimmung von Erwartungswerten ist ein häufig gebrauchtes Instrument des Risikomanagements. Im Beispiel wurden ein Normalszenario (Base Case) und ein Worst-Case-Szenario definiert. Beide Szenarien fließen mit einer Eintrittswahrscheinlichkeit von 50 % in die Berechnung der erwarteten Kosten und Nutzen ein. So ergeben sich beispielsweise bei der risikoreichen Revitalisierung von Objekt 3 im Worst Case eine Verschlechterung der Wettbewerbsstärke und insgesamt ein geringer Erwartungsnutzen bei (gemessen am Verkehrswert) beträchtlichen erwarteten Kosten. Bereits anhand der Nutzwertanalyse erscheinen bestimmte Maßnahmen also nicht oder nur bedingt umsetzungsgeeignet.

In einem nächsten Schritt sollten eventuelle Budgetrestriktionen in die Betrachtung mit einbezogen werden. Im Beispiel steht für die Maßnahmenumsetzung ein Budget von 6,325 Mio. Euro zur Verfügung. Damit ist bereits ersichtlich, dass die Revitalisierungsmaßnahme auch aus Budgetgründen nicht relevant für eine Umsetzung ist. Zur Festlegung der durchzuführenden Maßnahmen werden nun alle Maßnahmen anhand des jeweils erwarteten Nutzens in eine Rangfolge gebracht. Da beim Austausch des Facilities Managers von Objekt 2 eine Kostenersparnis und gleichzeitig (im Base Case) eine qualitative Verbesserung der Wettbewerbsstärke angenommen wird, ist diese Maßnahme auf jeden Fall durchzuführen. Auf den ersten Blick könnte es außerdem sinnvoll erscheinen, zusätzlich die drei Maßnahmen mit dem höchsten erwarteten Einzelnutzen durchzuführen. Allerdings stehen dem Erwartungsnutzen für die Aufstockungsmaßnahme bei Objekt 3 (127.600 Euro) im Verhältnis sehr hohe erwartete Kosten gegenüber, sodass das Budget mit vier Maßnahmen bis auf 15.000 Euro fast vollständig ausgeschöpft wäre. Alternativ

Tab. 9: Ergebnisse der Nutzwertanalyse unter Einbeziehung von Budgetrestriktionen (Quelle: Eigene Darstellung)

Objekt	Maßnahmen	Erwarteter Nutzen	Erwartete Kosten	Summierte Kosten	Rang bei Investitions volumen < € 6,325 Mio.
Objekt 2	Umgestaltung zur Themenimmobilie	€ 311.250	€ 75.000	€ 75.000	1
Objekt 1	Einbau flexibler Trennwände	€ 251.250	€ 250.000	€ 325.000	2
Objekt 2	Aufstockung des Bürogebäudes	€ 127.600	€ 6.000.000	€ 6.325.000	
Objekt 2	Austausch des Facility Managers	€ 75.000	-€ 15.000	€ 6.310.000	3
Objekt 1	Umgestaltung der Eingangssituation	€ 36.000	€ 200.000	€ 6.510.000	4
Objekt 1	Einbau Klimaanlage	€ 22.500	€ 450.000	€ 6.960.000	5
Objekt 3	Revitalisierung des gesamten Objektes	€ 21.750	€ 12.500.000	€ 19.460.000	
Objekt 1	Verschiebung Instandhaltung Keller	-€ 45.000	-€ 45.000	€ 19.415.000	

können statt dieser Maßnahme zu wesentlich geringeren Kosten die Umgestaltung des Eingangs und die Installation einer Klimaanlage in Objekt 3 vorgenommen werden. Weil das Budget ohnehin nicht vollständig ausgenutzt wird, kann und sollte die Verschiebung der Kellerinstandhaltung in Objekt 1, bei der sich Kosten und Nutzen erwartungsmäßig aufheben, unterbleiben. Die Maßnahme wäre erwägenswert, wenn dadurch eine weitere attraktive Maßnahme in das Budget aufgenommen werden könnte. Die Ergebnisse der Nutzwertanalyse sind in Tabelle 9 dargestellt.

1.4.3 Vergleichs-Matrix unter Rendite-/Risiko-Gesichtspunkten

In Ergänzung zur Analyse und Steuerung von Immobilienportfolios und der dazugehörigen SGFer über die Markt- und Objektdimension kann die Einbeziehung von Rendite-/Risiko-Gesichtspunkten sinnvoll sein. Hierzu kann unter Umständen neben portfoliotheoretischen Ansätzen – bspw. Markowitz-basierten Modellen – auch eine Vergleichsmatrix zielführend sein.

Eine Vergleichs-Matrix für SGFer wird in diesem Kontext den immobilienwirtschaftlichen Besonderheiten angepasst, und besteht im Wesentlichen aus einer Rendite-, einer Risiko- und einer Marktgewichtungs-Dimension (siehe Darstellung unten). Diese Dimensionen können hierbei sowohl quantitative als auch qualitative Komponenten enthalten. Ferner ist dies ein zukunftsgerichteter Ansatz mit entsprechenden Annahmen über die weitere Entwicklung wichtiger Parameter.

Wie in der Abbildung unten dargestellt, bestimmen sich diese drei Dimensionen wiederum anhand unterschiedlicher Kriterien. Die Renditedimension wird hierbei im Wesentlichen durch die bestehende Ausschüttungsrendite (in Abbildung 20 als „Income Return“ bezeichnet) bestimmt sowie durch die zukünftige Entwicklung der Mietmärkte einerseits und der Investitionsmärkte andererseits.

Schwieriger als die Rendite-Dimension ist die Quantifizierung der Risiko-Dimension. Dies wird zum einen durch die höhere Anzahl an Kriterien deutlich und zum anderen durch die Schwierigkeit eine adäquate Quantifizierung und Einordnung vorzunehmen. Je nach Kriterium gibt es aber die Möglichkeit sich an externen Einordnungen zu bedienen (Bsp. JLL Transparenz-Index) oder eine relative Einteilung vorzunehmen (Bsp. Marktliquidität). Die Wichtigkeit der einzelnen Faktoren muss hierbei im Vorhinein festgelegt werden.

Weiter ist die Größe des SGF von Bedeutung um eine entsprechende Gewichtung der Teilportfolien vorzunehmen. Als Ergebnis ergibt sich ein Total Score, der die verschiedenen SGFer anhand ihrer Rendite-/Risikoattraktivität vergleicht und einordnet. Auf Basis dieses Scores können in Folge Zielquoten festgelegt werden im Rahmen einer mathematischen Optimierung, um das gewünschte Portfolioziel zu erreichen. Einschränkend ist zu sagen, dass diese Herangehensweise ein stark vereinfachter Ansatz zur Steuerung von Immobilienportfolios bzw. SGFer anhand von Rendite-Risikokennzahlen ist und kein theoretisch fundierter, strategischer Ansatz ist, in der Praxi aber durchaus hilfreich sein kann.

Rendite

- Scores basieren auf Daten der jeweiligen SGFer sowie Erwartungswerten für die zukünftige Mietentwicklung sowie der Total Returns

Risiko

- Volatilität und Korrelation der Total Returns (Risikodiversifikation)
- Cash Flow-Risiko basierend auf den durchschnittlichen Mietvertragslaufzeiten
- Markttransparenz anhand der Jones Lang LaSalle Einordnung (Global Real Estate Transparenz Index)
- Markt-Liquidität basiert auf dem Investment-Volumen sowie der Gesamtmarktgröße
- Länderrisiko kann eine unterschiedliche Einschätzung bspw. für Euro- und Nicht-Eurozone vornehmen

Marktgröße

- Durchschnittswerte auf Basis historischer Daten

	Strategische Geschäftsfelder SGF1	SGF2	SGF3	SGF4	Gewichtung
❶ 1. **Rendite**					
Income return	1.7	3.0	...	...	35%
Mietwachstum (erwartet) p.a. 2012-14	5.2	4.5	...	...	25%
Total return p.a. 2012-14	5.2	4.7	...	...	40%
Return score	**4.0**	**4.1**	**...**	**...**	**100%**
		❹			33%
❷ **2. Risiko**					
Min. Mietvertragslaufzeit	3.1	2.6	...	...	17%
Markttransparenz	2.0	2.5	...	...	17%
Marktliquidität	3.5	3.6	...	...	17%
Marktvolatilität	2.1	2.2	...	...	17%
Risikodiversifikation	4.1	4.5	...	...	17%
Länderrisiko	1.0	1.0	...	...	17%
Risk score	**2.6**	**2.8**	**...**	**...**	**100%**
					33%
❸ **3. Marktgröße**					
Investmentumsatz SGF	3.2	4.6	...	...	100%
Volume score	**3.2**	**4.6**	**...**	**...**	**100%**
					33%
Total score	**3.3**	**3.8**	**...**	**...**	
Zielquoten	**8%**	**2%**	**...**	**...**	**100%**

Score

- Messung der Attraktivität und Stärke der Marktkriterien (1=exzellent, 6=schwach)
- Bedingt Festlegung klarer Grenzen für die jeweilige Einstufung im vorhinein
- Range kann bspw. anhand historischer Minimum- und Maximalwerte festgelegt werden

❺ **Gewichtung**

- Wichtigkeit des Kriterium im Gesamtkontext

❻ **Zielquoten**

- Zielquoten basierend auf mathematischer Optimierung
- SGFer mit höherem Score werden übergewichtet um die Rendite-/Risikoziele zu erreichen
- Bspw. können auch harte Grenzen z.B. 4.0 als „Hurdle" festgelegt

Abb. 20: Beispiel Vergleichs-Matrix

1.4.4 Zusammenfassung

Die Steuerung von Immobilienportfolios beinhaltet zunächst die Analyse des Ist-Bestandes. Dabei erfolgt in dem vorgestellten hierarchischen Portfoliomodell eine Sementierung des Bestandes in homogene strategische Geschäftsfelder (SGF), zum Beispiel nach Regionen, Sektoren und Eigentumsformen, die den in der strategischen Portfolioplanung gebildeten Clustern entsprechen. In der Maßnahmenplanung und -umsetzung wird angestrebt, die Struktur des Bestandsportfolios an die Zielportfoliostruktur aus der strategischen Portfolioplanung anzugleichen. Gleichzeitig soll die Struktur des Portfolios innerhalb der Cluster optimiert werden. Die Beurteilung von Objekten kann dabei entlang der Dimensionen Marktattraktivität und Wettbewerbsstärke erfolgen. Die Marktattraktivität wird durch externe Faktoren bestimmt, die vom Eigentümer der Immobilie nicht beeinflusst werden können. Die Entwicklung von Objektstrategien zur Verbesserung der Wettbewerbsstärke von Einzelobjekten gehört hingegen zu den originären Managementaufgaben im Rahmen der taktischen Portfolioplanung. Für die Beurteilung der Marktattraktivität kann auf am Markt erhältliche Informationssysteme zurückgegriffen werden, die häufig auf Scoring-Modellen basieren. Auch die Wettbewerbsstärke eines Objektes kann am besten anhand eines Scoring-Modells gemessen und beurteilt werden. Besondere Sorgfalt sollte bei der Festlegung der Beurteilungskriterien und Bewertungsfaktoren sowie deren Gewichtung angewendet werden. Wellner hat in einer Expertenbefragung empirisch Gewichte für zuvor definierte Kriterien und Faktoren in der Markt- und Objektdimension hergeleitet. Alternativ können Gewichtungen unter Zugrundelegung der jeweiligen Portfoliostrategie zum Beispiel anhand der Paarvergleich-Methode festgelegt werden. Im hierarchischen Portfoliomodell werden Einzelobjekte und SGF auf Basis der in den beiden Dimensionen ermittelten Scores in einer Marktattraktivitäts/Wettbewerbsstärke-Matrix dargestellt. Aus der Position der Objekte und SGF in der Matrix lassen sich allgemeine Handlungsempfehlungen (Normstrategien) ableiten, die bei der Entwicklung von Objektstrategien unterstützend wirken. Der Prozess der Portfoliooptimierung kann über Entwicklungslinien in der MA/WS-Matrix geplant und kontrolliert werden. Bei der Maßnahmenumsetzung konkurrieren die Objektstrategien i. d. R. um ein vorgegebenes Budget. Zur Auswahl der umzusetzenden Maßnahmen sollte eine Nutzwertanalyse durchgeführt werden, mit der die Verbesserungen der Wettbewerbstärke in verschiedenen Szenarien den Kosten der jeweiligen Objektmaßnahmen gegenübergestellt und Erwartungswerte berechnet werden können.

1.5 Controlling von Immobilienportfolios

1.5.1 Einführung

Das Controlling von Immobilienportfolios dient zum einen der Messung der Ergebnisse und dem Vergleich mit den Plan- bzw. Zielwerten. Auf diese Weise stellt das Controlling die Verbindung zur Portfolioplanung her und liefert Informationen sowohl zur Kontrolle des Portfoliomanagements als auch für die Rechenschaftslegung gegenüber dem Investor.

Zum zweiten bildet die Analyse der Abweichungen zwischen Plan und Ist auf Portfolioebene die Basis für die Definition von Steuerungsmaßnahmen. Somit generiert das Controlling wichtigen Input für die Steuerung von Immobilienportfolios und ist auf diese Weise indirekt auch mit der operativen Ebene verbunden.

Gegenstand des Controllings eines Immobilienportfolios sind einerseits die Ergebnisse bezogen auf die definierten Ziele. Hierbei steht die quantitative Messung des Zielerreichungsgrades im Vordergrund. Andererseits kann das Controlling sich auch auf die Prozesse und damit auf die Qualität des Portfoliomanagements beziehen. Bei letzterem stehen u. a. folgende Fragen im Vordergrund: Wurde die Portfolioplanung gemäß den Zielen und Vorgaben des Investors ausgeführt (Zielkonformität)? Wurden alle relevanten Stellgrößen des Portfolioerfolgs geplant (Vollständigkeit)? Wurden die Ziele angemessen definiert und mit Messkonzepten und Benchmarks unterlegt (Operationalisierung), so dass eine Erfolgskontrolle möglich ist? Der Fokus der folgenden Ausführungen liegt auf der ersteren Ausrichtung, d. h. auf dem Ergebniscontrolling.

Betrachtungsgegenstand ist das Portfolio und damit steht die aggregierte Analyse der im Portfolio zusammengefassten Anlagen im Vordergrund. Auch wenn das Controlling auf der Ebene der einzelnen Objekte eine wichtige Voraussetzung für das Controlling der Portfolioebene darstellt, fokussieren sich die Ausführungen in diesem Kapitel auf das Portfoliocontrolling. Zum Controlling auf Objektebene wird auf die Kapitel G.2 verwiesen.

In den folgenden Kapiteln werden zunächst die Voraussetzungen für ein effizientes Portfoliocontrolling erläutert. Die Ausführungen beziehen sich dabei auf direkte Immobilienportfolios, d. h. die Besonderheiten von Immobilienportfolios mit indirekten Immobilienanlagen wie Objektgesellschaften oder Fonds werden nicht betrachtet, auch werden Aspekte des Financial Engineerings wie Finanzierung und Besteuerung zur Vereinfachung ausgegrenzt.

1.5.2 Voraussetzungen für die Ergebnismessung und Bewertung

Die Ansatzpunkte des Controllings ergeben sich aus den in der Planung definierten Portfoliozielen. Voraussetzung für ein effizientes Controlling der Portfolioergebnisse ist dabei, dass die Definition der Zielgrößen hinreichend genau erfolgte und ein Messkonzept abgeleitet wurde. Aus den Zielen ergibt sich auch, inwieweit ein Herabbrechen der Ergebnismessung auf Cluster oder Subportfolios sinnvoll ist. Wenn beispielsweise die Strategieplanung für das Portfolio eine Ankaufsplanung mit Zielankaufsvolumina und Renditezielgrößen beinhaltet, sind als Teil des Controllings die realisierten Volumina und Renditen für das Teilportfolio der Ankaufsobjekte zu betrachten.

Wichtige weitere Voraussetzung für das Controlling von Portfolios ist, dass strategische Ziele – wie die Erreichung einer bestimmten Immobilienquote an den gesamten Kapitalanlagen eines Investors – in taktische und operative Ziele, z. B. auf Jahresziele, heruntergebrochen werden. Auf diese Weise lässt sich der Fortschritt auf dem Weg zur Zielerreichung sinnhaft messen.

In der Praxis zeigt sich, dass sich Ziele, die auf Portfolioebene geplant wurden, mit unterschiedlichem Schwierigkeitsgrad messen und kontrollieren lassen. Zu den typischen Portfoliozielsetzungen, die sich mit verhältnismäßig geringem Aufwand messen und kontrollieren lassen, zählen zum einem Renditeziele. Voraussetzung ist auch hier, dass eine klare Definition getroffen wurde, was unter der Portfoliorendite verstanden werden soll. Häufig ist es sinnvoll mehrere Renditemesskonzepte zu verwenden, um unterschiedliche Aspekte der Zielerreichung zu analysieren. So können Renditegrößen, die den Cash Flow Beitrag (Netto-Cashflow Rendite) messen, mit solchen verknüpft werden, die den Wertbeitrag abbilden (Wertänderungsrendite). Einperiodige Renditegrößen, wie der Total Return, die die taktische Zielerreichung dokumentieren, können mehrperiodigen Renditegrößen, z. B. dem Internen Zinsfuß, gegenübergestellt werden, die mit den strategischen Renditezielsetzungen korrespondieren (zu unterschiedlichen Renditedefinitionen siehe auch die Ausführungen im Kapitel E.4 Investitionsrechnung).

Zum zweiten lassen sich Zielsetzungen, die sich auf die Portfoliostruktur oder das Portfoliovolumen beziehen leicht messen, indem z. B. die absoluten oder relativen Portfolioanteile bzw. der Portfoliogesamtwert oder die Immobilienallokationsquote mit dem Zielportfolio verglichen werden. Bei größeren Portfolios kann eine Umstrukturierung mehrere Jahre in Anspruch nehmen, so dass sich Veränderungen eher im Jahres- denn im Quartals- oder Monatsvergleich sinnvoll abbilden lassen. Neben der Definition der Messgrößen ist es daher auch wichtig, die geeigneten Controllingintervalle festzulegen, um aussagekräftige Ergebnisse zu erhalten.

Die Messung des Portfoliorisikos fällt in der Praxis deutlich schwerer. Statistische Kennzahlen wie z. B. Varianzen oder Standardabweichungen der Renditen erfordern geeignetes Datenmaterial und sind im Hinblick auf die Steuerung des Portfoliorisikos wenig aussagefähig. Als Konsequenz wird das Portfoliorisiko häufig in Form von Risikokennzahlen umschrieben und die Veränderung dieser Kennzahlen im Zeitverlauf gemessen. So lässt sich beispielsweise anhand des Konzentrationsgrads die Wertkonzentration relativ zur Anzahl der Anlageobjekte im Portfolio ausdrücken. Alternativ lassen sich Sensitivitätsanalysen einsetzen, um kritische Risikofaktoren zu untersuchen. Ein Beispiel hierfür ist die Simulation alternativer Marktentwicklungen auf die Werte der Anlageobjekte und damit auf das Portfolio als Ganzes.

Zentrales Risiko des Portfoliomanagers ist das Verfehlen der gesetzten Ziele. Die Messung der Zielerreichung, die Bewertung der Abweichungen und die Analyse ihrer Ursachen sind zentrale Grundlage für die vorausschauende Steuerung des Portfolios und damit die Begrenzung von Risiken.

Voraussetzung für die Bewertung der Messungsergebnisse ist die Festlegung von Zielgrößen oder Benchmarks, anhand derer die Ergebnisse eingeordnet werden können. Benchmarks lassen sich einerseits absolut definieren, z. B. als Prozentsatz für die Portfoliorendite oder als auch als Bandbreite für Portfoliogewichte (20–50 % Anteil von Büroimmobilien am Portfolio). Andererseits lassen sich Benchmarks auch relativ definieren, z. B. in Bezug auf die Entwicklung des Marktes oder strategischer Wettbewerber. Auf die Ausgestaltung von Benchmarks auf Portfolioebene wird im Kapitel F.1.5.4 noch vertieft eingegangen.

Weiterhin sind die Zielbeziehungen von Relevanz bei der Beurteilung von Abweichungen des Ist vom Plan. Dies gilt insbesondere für konfligierende Ziele, bei denen die Underperformance bei einem Ziel ggf. durch die Overperformance bei einem anderen Ziel kompensiert werden kann. Auch ist Vorsicht bei sich bedingenden Zielen geboten, wo die Underperformance eines Ziels die eines anderen Ziels nach sich zieht. Ein Beispiel hierfür sind die Zielbeziehungen zwischen der Leerstandsquote, der Kostenquote für Mieterausbauten und der Portfoliorendite. Ein schnellerer Abbau von Leerstand im Portfolio resultiert zunächst in einer Overperformance bezogen auf die geplante Leerstandsquote, führt aber in der Folge meist zu höheren Ausgaben für Mieterausbauten als geplant, die sich dann negativ auf die Portfoliorendite auswirken.

Aufgrund der strategischen Ausprägung der Ziele ist bei der Beurteilung ebenfalls zu berücksichtigen, welche Schwankungsbreiten um eine Zielgröße akzeptabel sind. Letzteres ist insbesondere relevant für die Beurteilung, ab wann Abweichungen eine Gegensteuerungsmaßnahme notwendig machen.

Wie bereits erwähnt liegt der Fokus in diesem Kapitel auf der aggregierten Betrachtung der Portfolioebene. Hierbei ist jedoch zu beachten, dass durch die Durchschnittbildung viele handlungsrelevante Informationen verloren gehen. So kann die durchschnittliche Rendite des Portfolios zielkonform ausfallen. Welche Objekte jedoch ggf. underperformen und besondere Managementaufmerksamkeit erfordern, ist aus der Durchschnittsrendite nicht erkennbar. Für die vorausschauende Steuerung ist daher die Analyse der Kausalitäten hinter den Portfolioergebnissen von großer Bedeutung. In der Praxis haben sich als Ergänzung von aggregierten Portfoliokennzahlen z. B. Listen der am besten bzw. am schlechtesten perfomenden Objekte bewährt.

Die in Kapitel F.1.5.5 dargestellte Attributionsanalyse erlaubt dem Portfoliomanager die wesentlichen Treiber hinter der Performance seines Portfolios aus einer top-down Perspektive zu erkennen und die entsprechenden Steuerungsmaßnahmen einzuleiten, um die Risiken zu begrenzen.

Als Hauptziele eines Investors wurden im Rahmen der Portfolioplanung die Rendite und das Risiko des Portfolios definiert. Im folgenden Abschnitt liegt der Fokus zunächst auf der Renditemessung für ein Portfolio. Dabei wird der Begriff Return als Synonym für Rendite verwendet.

1.5.3 Portfolio Return, Objektbeitrag und Relativer Return

Portfolio Return

Der Portfolio Return wird analog zur Rendite auf Einzelobjektebene bestimmt, indem die entsprechenden Bestandteile (Netto-Mieteinnahmen, Kapitalaufwendungen, Verkehrswerte etc.) jeweils über alle Objekte des Portfolios addiert werden. Falls Renditen auf Einzelobjektebene bereits kalkuliert wurden, können die Einzelrenditen zum Portfolio Return aggregiert werden, indem jede mit dem Anteil des jeweiligen Objekts am gebundenen Kapital des Portfolios gewichtet wird.

Relativer Return

Relative Renditen dienen dazu, eine Über- oder Unterperformance gegenüber einer Benchmark oder dem Portfolio Return darzustellen. Auch in dem Fall, dass die absolute Performance des Portfolios negativ ist, kann es zu einer positiven relativen Performance kommen, wenn der negative Benchmark Return (oder Portfolio Return) betragsmäßig höher ist als die Rendite des betrachteten Objekts. Der Relative Return kann arithmetisch (als Differenz zweier Renditen) oder geometrisch (als Quotient) ermittelt werden:

$$RR_i = \left[\frac{(1+TR_i)}{(1+TR_{p/m})} - 1 \right] \times 100$$

mit

RR_i = Relativer Return (geometrisch) von Objekt i zum Portfolio bzw. zum Benchmark Return

TR_i = Total Return von Objekt i

$TR_{p/m}$ = Total Return von Portfolio p oder Benchmark m

Sprachlich exakt wird der Relative Return in Prozentpunkten ausgedrückt. In Formeln und Tabellen wird im Folgenden dennoch auf die übliche Prozentdarstellung zurückgegriffen.

Individueller Relativer Objektbeitrag zum Portfolio Return

Um den relativen Beitrag eines Objekts zum Portfolio Return zu bestimmen, werden zunächst die Relativen Returns der Objekte gegenüber dem Portfolio Return gemessen. Das Ergebnis zeigt an, welche Objekte ober- bzw. unterhalb der Portfolio Performance gelegen haben. Der Relative Return wird anschließend mit dem relativen Anteil der einzelnen Objekte am gebundenen Kapital des Portfolios multipliziert. Die Summe der Individuellen Relativen Objektbeiträge zum Portfolio Return beträgt immer Null.

$$IrO_{PR} = \left(\frac{GK_i}{GK_p} \right) \times \left[\frac{(1+TR_i)}{(1+TR_p)} - 1 \right] \times 100$$

mit

IrO_{PR} = Individueller Relativer Objektbeitrag zum Portfolio Return
GK = Gebundenes Kapital von Objekt i bzw. Portfolio p
TR = Total Return von Objekt i bzw. Portfolio p

Individueller Relativer Objektbeitrag zum Relativen Return

Der Individuelle Relative Objektbeitrag zum Relativen Return ist der mit dem anteilig gebundenen Kapital gewichtete Beitrag eines Objekts (oder auch eines Teilportfolios) zum Relativen Return des Portfolios. Die Summe der Individuellen Objektbeiträge entspricht dem Relativen Return des Portfolios. Objekte mit einem positiven (negativen) Individuellen Objektbeitrag haben eine Performance oberhalb (unterhalb) der Benchmark erzielt.

$$IO_{RR} = \left(\frac{GK_i}{GK_p} \right) \times \left[\frac{(1+TR_i)}{(1+TR_m)} - 1 \right] \times 100$$

mit

IO_{RR} = Individueller Objektbeitrag zum relativen Return
GK = Im Grundstück i bzw. im Portfolio p gebundenes Kapital
TR = Total Return des Grundstücks i bzw. der Benchmark m

Tabelle 10 enthält ein Beispiel mit vier Objekten und den Individuellen Relativen Objektbeiträgen zum Portfolio Return von 5,39 % und zum Relativen Return von 1,33 % bei einem Benchmark Return von 4,00 %.

Tab. 10: Individueller Relativer Objektbeitrag zum Portfolio Return und zum Relativen Return

				Individueller Relativer Objektbeitrag	
Objekt	**Total Return**	**Relativer Return (Objekt)**	**Anteil am Portfolio (gebundenes Kapital)**	**zum Portfolio Return**	**zum Relativen Return**
1	3,06 %	−2,21 %	6 %	−0,13 %	−0,06 %
2	7,91 %	2,39 %	20 %	0,48 %	0,75 %
3	1,69 %	−3,51 %	24 %	−0,84 %	−0,53 %
4	6,42 %	0,98 %	50 %	0,49 %	1,16 %
Gesamt	**5,39 %**		**100 %**	**0,00**	**1,33 %**

1.5.4 Benchmarking auf Portfolioebene

Benchmarking bedeutet die Einordnung der eigenen Leistungen in einen übergeordneten Kontext (Markt/Wettbewerb), um Erfolgskriterien für die Weiterentwicklung der eigenen Leistungen abzuleiten. Die Benchmark kann zum einen strategische Vorgabe für Portfoliomanager, zum anderen Maßstab für den Managementerfolg sein (Lioui 2013). Passende **Benchmark** kann ein gleichartiges Asset oder ein gleichartiges Portfolio (Gruppe von Assets bzw. ein Index oder eine sonstige Kennzahl) sein. Assets oder Portfolios können in mehrfacher Hinsicht an Benchmarks gemessen werden. Ein **Performance**-Benchmarking basiert in der Regel auf dem Total Return, den ein Asset oder ein Portfolio über einen bestimmten Zeitraum erzielt hat (Punkt F.1.5.3). Ein Benchmarking kann sich aber auch auf einzelne Bestandteile der Performance beziehen. Diese Aspekte können alleine oder gebündelt im Sinne einer Erfolgsquellenanalyse (**Attributionsanalyse**, Punkt F.1.5.5) betrachtet werden. Eine ganzheitliche (holistische) Sichtweise auf Immobilienportfolios berücksichtigt alle Ebenen vom Investor über (Teil-)Portfolios und einzelne Assets bis hin zu Mieteinheiten bzw. Mietern und Flächennutzern (DeLisle 2002). Durchgesetzt hat sich inzwischen die Erkenntnis, dass jede Immobilie für sich ein Portfolio von Mietverträgen darstellt, das hinsichtlich Mietergruppen, Flächengrößen, Mietanpassungsarten und Mietvertragslaufzeiten optimiert werden kann. Die wesentlichen Merkmale und Ausprägungen von Benchmarks sind in hohem Maße abhängig von Nutzungsarten (Büro, Handel, Wohnen, Logistik, Hotel, ...) und Perspektive (Flächennutzung, Ertrag, Technologie; Kämpf-Dern 2009).

Zur Feststellung der wesentlichen Merkmale (Assets, Kennzahlen) innerhalb von Portfolios oder Assets können z. B. Instrumente wie die Programmstrukturanalyse (ABC-Analyse) oder die verwandte Pareto-Regel (80-20-Regel) eingesetzt werden. Jedes Ziel sollte spezifisch, messbar, erreichbar, realistisch und zeitgebunden sein („SMART Objectives"). Benchmarks helfen, Ziele spezifisch und messbar zu fassen, den Erfolg wiederkehrend zu prüfen und Ziele bei Bedarf anzupassen.

Internes und externes Benchmarking

Benchmarking kann unternehmens- bzw. konzernbezogen (internes Benchmarking) oder extern ausgerichtet sein (Seilheimer 2007). Ein externes Benchmarking ist entweder konkurrenzbezogen („best in competition"), branchenbezogen („best in class") oder branchenunabhängig („best practice"). Abbildung 21 fasst die Arten und Reichweiten des Benchmarkings zusammen.

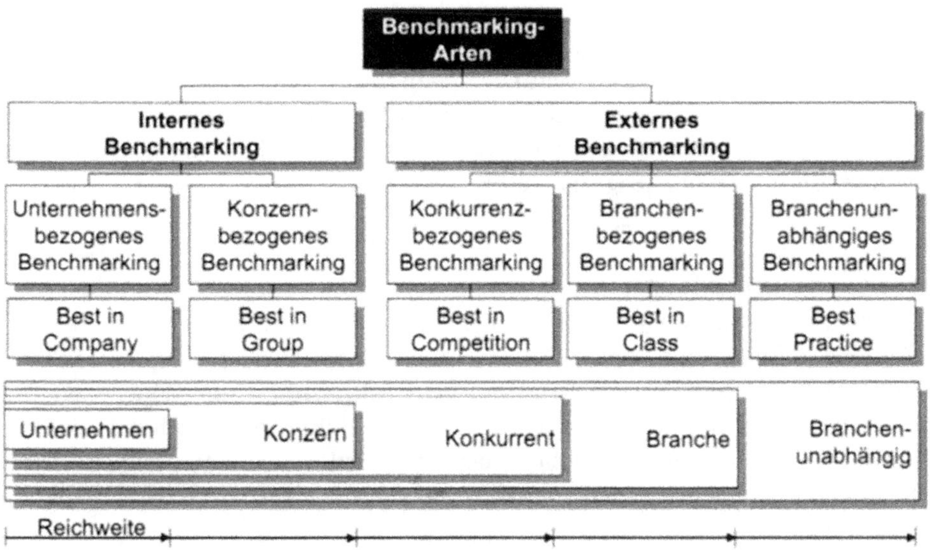

Abb. 21: Arten und Reichweiten des Benchmarkings (Seilheimer 2007)

Innerhalb eines Immobilienportfolios befindet sich in der Regel bereits eine ausreichend große Anzahl an ähnlichen Objekten, die ein **internes Benchmarking** ermöglichen. Der Portfoliomanager kann sich hierzu aus internen und externen Quellen detaillierte Informationen (Primärdaten) über die Einzelobjekte und ihre Merkmale beschaffen. Dies gilt für direkte Immobilienanlagen aber auch für Beteiligungsstrukturen mit nur wenigen Eigentümern, wie sie im Immobilienbereich üblich sind.

Ein **externes Benchmarking** stellt ein Portfolio in Relation zu anderen Portfolios (tatsächlich und bekannt) oder einem synthetisch geschaffenen Referenzportfolio (z. B. einem Index) dar. Daten zu tatsächlichen Immobilienportfolios in der für ein Benchmarking erforderlichen Tiefe sind allerdings nur in sehr begrenztem Umfang verfügbar und in der Regel entsprechenden Dienstleistern zur aggregierten Auswertung für deren Kunden vorbehalten. Vorhandene Immobilienindizes können sehr gute Anhaltspunkte geben, setzen aber eine gründliche Auseinandersetzung mit der Herkunft, Prämissen und Eigenschaften der Daten voraus.

Je nach Ziel eines Benchmarkings ist zu prüfen, ob die interne oder externe Sichtweise angemessen ist. Oft ermöglicht erst die Kombination beider Sichtweisen, die bisherige Leistung und den Wettbewerb gründlich einzuschätzen, davon zu lernen und kontinuierlich besser zu werden.

Quantitatives und qualitatives Benchmarking

Eine zweite Unterscheidung ist je nach Benchmark die in quantitatives und qualitatives Benchmarking (Bogenberger 2009). Quantitative Benchmarks haben z. B. einen Rendite-, Erlös- oder Kostenbezug. Exemplarisch für Immobilien(-portfolios) sind Total Return, Mietpreise und Betriebskosten. Nicht-quantitative Benchmarks hingegen betreffen subjektiv zu beurteilende Merkmale wie z. B. Nutzer-/Mieterzufriedenheit oder Objekt- und Lagequalitäten.

Direktes und indirektes Benchmarking

Benchmarking kann weiter in einen direkten Vergleich von Daten (z. B. Alter, Objektgröße, Carbon Foot Print, Leerstand) und einen indirekten Vergleich anhand verdichteter Kennzahlen (z. B. Renditen, Betriebskosten, Scoring-Modelle zur Objekt- und Lagequalität) differenziert werden. Sowohl direkte als auch indirekte Parameter können von der Einzelobjektebene zur Portfolioebene verdichtet werden. Durch Verknüpfung in einem relevanten Kontext werden aus reinen Daten wertvolle Informationen.

Ein direktes Benchmarking setzt zwangsläufig umfassende Kenntnisse zu den Immobilien voraus und bietet sich daher vor allem als Teil eines intern ausgerichteten Benchmarking-Prozesses an. Mit diesen Informationen können Unterschiede bei indirekten Benchmarkgrößen wie zum Beispiel Renditen nachvollzogen und so die Ergebnisse des Benchmarkings optimiert werden (Attributionsanalyse, Punkt F.1.5.5). Bei einem direkten Benchmarking können je nach Größe des Portfolios schnell sehr große Mengen an Daten erforderlich werden, die eine sinnvolle Verdichtung auf wesentliche Kennzahlen erfordern (z. B. mittels Programmstrukturanalyse oder 80-20-Regel).

Der Vergleich mit Renditen oder Marktindizes ist immer ein indirektes Benchmarking, das auf Durchschnittswerten basiert. Auf Portfolioebene ist der Vergleich mit stark aggregierten Benchmarks eine geeignete Möglichkeit, in kurzer Zeit eine Einschätzung über den relativen Erfolg des Portfolios zu erlangen.

Für ein Benchmarking sind im Immobilienbereich grundsätzlich dieselben Voraussetzungen und Limitierungen zu berücksichtigen wie bei der Wertermittlung nach dem Vergleichswertverfahren (Kapitel E.2).

Anforderungen an Benchmarks

In Anlehnung an Anforderungen an Benchmarks im Wertpapierbereich (Fischer 2010, S. 82) können je nach Zweck (insbesondere Markteinschätzung/relative Erfolgsmessung, erfolgsabhängige Vergütung) folgende Kriterien für Immobilien-Benchmarks definiert werden:

1. Vor Festlegung von Anlageentscheidungen definiert.
2. Gleiche Restriktionen maßgeblich wie für das Portfolio.
3. Dauerhaft existent (mit möglichst gleichbleibender Zusammensetzung).
4. Breit diversifiziert (und schwer zu schlagen)/repräsentative Datenbasis.

Bei Indizes:

5. Indexfrequenz ausreichend.
6. Zusammensetzung/Erhebungsmethode transparent.
7. Passende Subindizes für Objekttypen/Nutzungsarten/Regionen.
8. Möglichst lange Zeitreihe.

Bei gründlicher Auseinandersetzung mit den Merkmalen von Benchmarks, die jedem neuen Benchmarking vorausgehen muss, wird deutlich, dass einige der Anforderungen im Immobilienbereich mitunter gar nicht oder nur teilweise erfüllt sind. Unterschiedliche Benchmarks sind daher nicht für jeden Zweck gleichermaßen geeignet. Gleichwohl können Daten von (zahlreichen) seriösen Anbietern bei sachgemäßem Gebrauch einen äußerst wichtigen Beitrag für Markttransparenz, Effizienz und kontinuierliche Leistungssteigerung im Immobilienbereich leisten.

Grenzen des Benchmarking

Immobilienspezifische Indizes werden regelmäßig ausschließlich aus objektbezogenen Immobiliendaten gebildet. Die Investmentperformance indirekter Anlageformen (z. B. eines Immobilienfonds) weicht durch Liquiditätsanteile sowie Währungseffekte, ggf. auch durch Finanzierungskosten und Ertragssteuern, unter Umständen erheblich von der Immobilienperformance ab. Investment- und Immobilienperformance sind also immer separat voneinander zu betrachten – somit auch entsprechende Indizes.

Performanceindizes (Total Return) greifen in der Regel zwangsläufig auf Bewertungsergebnisse zurück, da Transaktionen im Immobilienbereich selten auftreten. Ein Benchmarking setzt voraus, dass neben dem Wertänderungsindex auch die Wertänderung des zu beurteilenden Portfolios bekannt ist. Um diese zu messen, ist ein regelmäßiger (mindestens jährlicher) Wertermittlungsprozess erforderlich, der die Marktsituation der einzelnen Objekte zutreffend berücksichtigt.

Beispiele für Benchmarks auf Portfolioebene

Übliche Benchmarks sind in der Regel stark verdichtet und beziehen sich auf das wirtschaftliche Ergebnis (Total Return, Netto-Cash-Flow-Rendite, Interner Zinsfuß/IRR bis hin zu risikoadjustierten Performancekennzahlen). Auf Portfolioebene bietet sich darüber hinaus ein Benchmarking an, das auf die Perspektiven Flächennutzung, Ertrag und Technologie (in Anlehnung an Kämpf-Dern 2009) abstellt. In der **Flächennutzungsperspektive** könnten unter anderem Mieterbonität, Mieterfluktuation, Mietvertragslaufzeiten (Gesamt-/Restlaufzeit) und Nutzerzufriedenheit betrachtet werden, darüber hinaus geeignete Key Performance Indicators (KPI) für operative Leistungen z. B. des Facility Managements. Hinsichtlich der **Ertragsperspektive** ist z. B. ein Benchmarking von Miethöhe, Mietanpassungen, Incentives (Effektivmiete), Leerstandsrate, Vermietungsdauer und Bewirtschaftungskosten (Betrieb, Instandhaltung, Verwaltung) sinnvoll. Darüber hinaus sind Fremdkapitalkosten, Eigenkapitalquoten oder Währungsrisiken mögliche Größen auf Investmentebene, die verglichen werden können. Bei indirekten Anlagen kommen Gebühren (z. B. Managementgebühr, Performancegebühr) als Betrachtungsgegenstand hinzu. Die **Technologieperspektive** kann neben dem Standard der Technischen Gebäudeausrüstung (TGA) z. B. Thermische Eigenschaften der Gebäudehülle, Energieverbrauchskennwerte, Carbon Foot Print, Alter, Größe und Flächeneffizienz umfassen. Im Kapitel E.1 (Immobilienanalyse) sind vielfältige Anregungen für mögliche Kennzahlen enthalten. Entscheidend ist schließlich, wie bereits erwähnt, eine sinnvolle Verdichtung auf wesentliche Kennzahlen, die wiederkehrend mit vertretbarem Aufwand für ein Benchmarking erhoben und ausgewertet werden können.

Natürlich wird die Auswahl der Kennzahlen je nach Portfolio (Nutzungsart, Region), Anlageform (direkte vs. indirekte Anlage; Darlehen, Verbriefungen etc.) und Eigenschaften des Investors (kurzfristig/langfristig orientiert; aktiv/passiv; risikoaffin/risikoavers) erheblich variieren.

Mit der Attributionsanalyse kehren wir zum Total Return als Performancemaß zurück.

1.5.5 Attributionsanalyse

Eine **Attributionsanalyse** (auch: **Performanceanalyse** oder **Erfolgsquellenanalyse**) umfasst im Allgemeinen die Erfassung, Beschreibung und Quantifizierung von Einflussfaktoren auf Renditeergebnisse (Fischer 2010, S. 113). Die Ergebnisse werden neben Optimierungsprozessen auch zu Informations- und Bonifikationszwecken herangezogen. Voraussetzungen für die Durchführung einer Attributionsanalyse sind, neben umfassenden Informationen zum Portfolio, Kenntnis der Vorgaben der Anleger und der Investmentprozesse sowie eine geeignete Benchmark (vgl. Punkt F.1.5.4).

Attributionsanalyse nach Brinson

Attributionsanalysen lassen sich nach zwei wesentliche Vorgehensweisen unterscheiden (Fischer 2010, Brunia 2013). Die eine Methode stützt sich auf Multifaktormodelle, die von der Annahme ausgehen, dass die Renditeentwicklung eines Portfolios hinreichend durch die Analyse von makro- und mikroökonomischen Größen zu erklären ist. Bei der zweiten Vorgehensweise steht die Untersuchung von **Allokation** (in Marktsegmenten) und **Selektion** (von Einzelobjekten) und deren Wechselwirkung im Fokus (zurückgehend auf Brinson 1986, 1991; vgl. auch Liang et al. 1999). Tabelle 11 zeigt das Brinson-Grundschema übertragen auf ein Immobilienportfolio.

Tab. 11: Grundschema der Attributionsanalyse nach Brinson (1986, 1991) übertragen auf ein Immobilienportfolio

		Selektion von Objekten	
		tatsächlich/aktiv	passiv
Allokation zu Marktsegmenten	tatsächlich/aktiv	IV Tatsächliche Portfolio Rendite	II Rendite aus vorgegebener und tatsächlicher aktiver Allokation (Strukturkomponente des Portfolios)
	passiv	III Rendite aus vorgegebener und tatsächlicher aktiver Selektion (Grundstückskomponente des Portfolios)	I Rendite des passiven Benchmark-Portfolios

Die Anlageziele des Investors werden durch ein passives Benchmark Portfolio abgebildet, dessen Rendite ex post bekannt ist (Feld I). Feld IV stellt den tatsächlich erzielten Portfolio Return dar, der auf das aktive Steuern und Abweichen von der Zusammensetzung des Benchmark Portfolios zurückzuführen ist. Die Ergebnisse der aktiven Allokation des Anlagevermögens auf bestimmte Marktsegmente ergibt sich aus Feld II. Ergebnisse, die sich aus der Auswahl einzelner Objekte innerhalb der Segments ergeben, stehen in Feld III.

Tab. 12: Rechenvorschriften zur Attributionsanalyse nach Brinson (1986, 1991)

Allokation zu Marktsegmenten	Selektion von Objekten: tatsächlich/aktiv	Selektion von Objekten: passiv
tatsächlich/aktiv	IV $\sum_i (W_{ai} \times R_{ai})$	II $\sum_i (W_{ai} \times R_{pi})$
passiv	III $\sum_i (W_{pi} \times R_{ai})$	I $\sum_i (W_{pi} \times R_{pi})$

Wobei
W_{pi} - vorgegebenes Gewicht des Segments i (Benchmark)
W_{ai} - tatsächliche Gewicht des Segments i
R_{pi} - Rendite des vorgegebenen Segments i (Benchmark)
R_{ai} - tatsächliche Rendite des Segments i

Tabelle 12 zeigt, wie die Renditen innerhalb der vier Felder zu ermitteln sind. Aus den Ergebnissen für die einzelnen Felder wird der Beitrag der einzelnen Managementleistungen auf die Gesamtrendite abgeleitet. Der gesamte Anteil der Rendite, der auf das aktive Management zurückzuführen ist, die sogenannte **Aktive Rendite**, ergibt sich arithmetisch aus der Differenz des tatsächlichen Portfolio Returns (Feld IV) und des passiven Benchmark Returns (Feld I).

$$\text{Aktive Rendite (gesamt)} = \text{IV} - \text{I}$$

davon aufgrund von:

$$\text{aktiver Allokation} = \text{II} - \text{I}$$

$$\text{Objektauswahl (Selektion)} = \text{III} - \text{I}$$

$$\text{Restbeitrag (Sonstige)} = \text{IV} - \text{III} - \text{II} + \text{I}$$

Der übrige Restbeitrag wird aus den Differenzen von Renditebeiträgen und Benchmark Return bestimmt. Er umfasst die Renditebeiträge, die sich nicht eindeutig auf Allokations- oder Selektionsentscheidungen zurückführen lassen, sondern durch die Wechselwirkungen der Entscheidungen begründet sind. Auch wenn der Begriff „Restbeitrag" eine Vernachlässigbarkeit nahelegt, kann dem Restbeitrag eine erhebliche Bedeutung zukommen. Es können Situationen auftreten, in denen trotz positiver Selektions- und Allokationsbeiträge eine insgesamt negative Gesamtrendite resultiert. In der Praxis werden Restbeiträge häufig den Selektionsbeiträgen zugeordnet (Fischer 2010).

Grenzen der Attributionsanalyse

Die Durchführung einer Attributionsanalyse setzt die kontinuierliche Beobachtung und Auswertung von tatsächlichem Portfolio und Benchmark Portfolio voraus. Die Indizes (bzw. Subindizes) müssen also hinsichtlich Region und Nutzungsart und ggf. weiterer Kriterien möglichst genau dem tatsächlichen Portfolio entsprechen (vgl. Punkt F.1.5.4)

Bei der Attributionsanalyse ist ein besonderes Augenmerk den Segmenten zu widmen, die zwar im Portfolio aber nicht in der Benchmark vorhanden sind. In der Benchmark fehlende Segmente können weder der Strukturkomponente noch der Grundstückskomponente zugeordnet werden und würden im Brinson-Modell auf den Restbeitrag entfallen. Fischer (2010) hat das Problem umfassend diskutiert und mögliche Lösungswege skizziert.

Durch die Gewichtung auf mehreren Ebenen besteht die Möglichkeit, dass ein einzelnes aber großes Objekt in einem untergeordneten Segment ein höheres Gewicht am Portfolio hat als ein durchschnittliches Objekt in einem der Hauptsegmente. Bei einer Betrachtung auf Einzelobjektebene würden sich in so einem Fall keine Allokations- bzw. Selektionsbeiträge ergeben, auf Portfolioebene hingegen schon.

Weitere Schwierigkeiten bestehen in der Berücksichtigung von Währungsbeiträgen und Transaktionskosten. Auch stellt sich die Frage, wie Ausschüttungsrenditen angemessen berücksichtigt werden, die in der Regel Hauptbestandteil der Immobilienperformance sind (Netto-Cash-Flow-Rendite). Die in der Regel überschaubare Anzahl an Immobilien in einem Portfolio verbunden mit der Trägheit (geringe Fungibilität und lange Transaktionsdauer) von Investitionen begrenzt die Aussagekraft von Attributionsanalysen im Immobilienbereich.

Objektspezifische Einflüsse sind von erheblicher Bedeutung für den Erfolg einer Immobilieninvestition. Vermutlich sind diese objektspezifischen Einflüsse in Summe und auf Dauer bedeutsamer als Marktbewegungen. Diese objektspezifischen Einflüsse lassen sich durch ein aktives Property- und/oder Asset Management beeinflussen. Die Frage, wie dieser Beitrag zum Portfolio Total Return in der Attributionsanalyse zu würdigen ist, ist bislang nicht umfassend geklärt.

Beispiel Attributionsanalyse
Für folgendes Portfolio aus zwei gleich großen Wohnanlagen und zwei gleich großen Handelsobjekten wird eine Attributionsanalyse durchgeführt. Als Zielportfolio waren vier gleichgewichtige Objekte aus den Segmenten Handel und Wohnen vorgegeben, die übliche Durchschnittsrenditen erwirtschaften.

Tab. 13: Beispielportfolio und Benchmark

Segment	Einzelobjekte		Portfolio			Benchmark		
			Gewichtung		Rendite	Gewichtung		Rendite
	Objekt	Rendite	Objekt	Segment	Segment	Objekt	Segment	Segment
Handel	A	10 %	20 %	40 %	5 %	25 %	50 %	6 %
	B	0 %	20 %			25 %		
Wohnen	C	6 %	30 %	60 %	5,5 %	25 %	50 %	4 %
	D	5 %	30 %			25 %		
Gesamt			100 %	100 %	5,3 %	100 %	100 %	5 %

Die Aktive Rendite des Portfolios beträgt 5,3 % – 5,0 % = 0,3 %. Diese wird nun in Strukturkomponente und Grundstückskomponente unterteilt:

$$SK_{PS} = \left[\left(W_{PS} - W_{MS}\right) \times \left(TR_{MS} - TR_{M}\right)\right] \times 100$$

mit
SK_{PS} = Strukturkomponente (Allokationsbeitrag)
W_{PS} = Gewicht des Segments am Portfolio
W_{MS} = Gewicht des Segments am Benchmark Portfolio
TR_{MS} = Normalrendite (Benchmark) des Segments
TR_{M} = Rendite des Benchmark Portfolios

$$GK_{PS} = W_{PS} \times \left(TR_{PS} - TR_{MS}\right) \times 100$$

mit
GK_{PS} = Grundstückskomponente (Selektionsbeitrag)
TR_{PS} = Rendite des Segments im Portfolio

Für das Beispiel ergeben sich die Renditebeiträge, in der üblichen Prozentdarstellung, wie folgt:

Tab. 14: Performanceattribution

Segment	Grundstückskomponente **Selektionsbeitrag** SK_{PS}	Strukturkomponente **Allokationsbeitrag** GK_{PS}	Rest	Summe
Handel	−0,4 %	−0,1 %	-	−0,5 %
Wohnen	0,9 %	−0,1 %	-	0,8 %
Summe	0,5 %	−0,2 %	-	0,3 %

Die Aktive Rendite setzt sich aus einer Grundstückskomponente von 0,5 % und einer Strukturkomponente von −0,2 % zusammen. Der negative Strukturbeitrag ist auf die Untergewichtung des Handelssegments zurückzuführen. Im Segment Wohnen ist das Portfolio deutlich erfolgreicher als die Benchmark, was sich in der Grundstückskomponente von 0,9 % widerspiegelt. Mit einer Grundstückskomponente von −0,4 % für das Handelssegment werden die Probleme in diesem Segment (Objekt B) deutlich. Der Restbeitrag (nicht dargestellt) beträgt 0,1 % (Handel) bzw. 0,15 % (Wohnen). Diese eingerechnet würde die Grundstückskomponente auf Portfolioebene entsprechend um 0,1 + 0,15 = 0,25 Prozentpunkte geringer ausfallen.

1.6 Literatur

Bogenberger 2009: Bogenberger, Stefan: Benchmarking im Lebenszyklusmanagement. In: Reisbeck, Tilman; Schöne, Lars B. (Hrsg.): Immobilien-Benchmarking. Ziele, Nutzen, Methoden und Praxis. 2. Aufl. Berlin, Heidelberg 2009, S. 15–54.

Brinson 1986: Brinson, Gary P.; Hood, L. Randolph und Beebower, Gilbert L.: Determinants of Portfolio Performance. Financial Analysts Journal, 1986, 42. Jg., Nr. 4, S. 39–44.

Brinson 1991: Brinson, Gary P.; Singer, Brian D. und Beebower, Gilbert L.: Determinants of Portfolio Performance II: An Update. Financial Analysts Journal, 1991, 47. Jg., Nr. 3, S. 40–48.

Brunia 2013: Brunia, Nane; Plantinga, Auke: Attribution Analysis. In: Baker, Kent H.; Filbeck, Greg (Hrsg.): Portfolio Theory and Management. New York, 2013, S. 511–528.

DeLisle 2002: DeLisle, James R.: The Holistic Approach to Real Estate Portfolio Management. White Paper Nr. 110, Runstad Center for Real Estate Studies, University of Washington, 1996, Reprint 2002.

Fischer 2010: Fischer, Bernd R.: Performanceanalyse in der Praxis: Performancemaße, Attributionsanalyse, Global Investment Performance Standards. 3., völlig neu bearb. und erw. Aufl. München, 2010.

Kämpf-Dern 2009: Kämpf-Dern, Annette: Immobilienwirtschaftliche Managementebenen und -aufgaben. Definitions- und Leistungskatalog des Immobilienmanagements. In: Andreas Pfnür (Hrsg.), Arbeitspapiere zur immobilienwirtschaftlichen Forschung und Praxis, Band Nr. 15, 2009.

Liang 1999: Liang, Y.; Hess, R.; Bradford, D.; McIntosh, W.: Return Attribution for Commercial Real Estate Investment Management. Journal of Real Estate Portfolio Management; 5. Jg., Nr. 1, 1999; S. 23–30.

Lioui 2013: Lioui, Abraham; Poncet, Patrice: Benchmarking. In: Baker, Kent H.; Filbeck, Greg (Hrsg.): Portfolio Theory and Management. New York, 2013, S. 490–510.

Seilheimer 2007: Seilheimer, Stephan: Immobilien-Portfoliomanagement für die öffentliche Hand. Ziele, Nutzen und Vorgehen in der Praxis auf der Basis von Benchmarks, Diss., Wiesbaden, 2007.

Wolfgang Schäfers, Sonja Gier, Marian Dietzel

2 Betriebliches Immobilienmanagement

Inhalt

2.1 Einführung

Im Mittelpunkt der Führung von Industrie-, Dienstleistungs- und Handelsunternehmen steht die aktive und zielgerichtete Lenkung und Gestaltung der langfristigen Unternehmensentwicklung durch Aufbau und Erhaltung dauerhafter Wettbewerbsvorteile. Dabei spielen sowohl die Wettbewerbsfähigkeit der Unternehmensleistungen als auch die Wettbewerbsfähigkeit der Unternehmensressourcen eine wichtige Rolle. Während in der aktuellen Managementliteratur und -praxis vielfältige Ansätze zur konzeptionellen Lenkung und Gestaltung der Unternehmensressourcen Kapital, Technologie, Information und Personal zu finden sind, ist eine konzeptionelle Auseinandersetzung mit der Unternehmensressource Grundstücke und Gebäude weitgehend unterblieben (vgl. Joroff et al. 1993a, S. 14; Joroff, S. 1).

Angesichts der fundamentalen Vermögens- und daraus resultierenden Kostenwirksamkeit der von den Unternehmen genutzten Immobilien erstaunt es um so mehr, dass diese von den meisten Unternehmen nach wie vor nur funktionserhaltend verwaltet werden, was nicht zuletzt in den Organisationsbezeichnungen „Liegenschaftsabteilung“ oder „Liegenschaftsverwaltung“ zum Ausdruck kommt. Eine aktive, strategisch orientierte Auseinandersetzung mit diesem Potenzialfaktor wird von vielen Unternehmen als nicht notwendig erachtet (vgl. Schäfers 1996, S. 6 ff.). Erst in Krisenzeiten rückt das betriebliche Immobilienportfolio in das Blickfeld der Unternehmensführung, wenn es gilt, durch überstürzte Immobilientransaktionen die Unternehmenskrise abzuwenden (vgl. Gop, S. 14). Der Mythos „We are not in the real estate business!“ prägt das immobilienbezogene Denken und Handeln zahlreicher Unternehmen.

Die gesamtwirtschaftliche Konsolidierung zahlreicher Märkte einhergehend mit einer starken Erosion der Unternehmensergebnisse lenkt aber zunehmend den Blick auch auf die Entdeckung und Ausnutzung von Erfolgspotenzialen im betrieblichen Immobilien-Portfolio. Diese Entwicklung lässt nun bei zahlreichen Unternehmen konzeptionelle Managementlücken bezüglich ihrer Immobilienaktivitäten offensichtlich werden. Viele Unternehmen sind sich der Tatsache nicht bewusst, dass sie entweder keine klare Immobilienstrategie formuliert oder die Immobilienstrategie nicht an den Unternehmenszielen ausgerichtet haben.

Vor diesem Problemhintergrund stellt sich verstärkt die Frage nach einer managementorientierten Gesamtkonzeption zur systematischen Steuerung der unternehmerischen Aktivitäten im Immobilienbereich der so genannten „Non-Property-Companies“. Im Folgenden werden deshalb die Grundlagen und Bausteine für eine solche Managementkonzeption aufgezeigt.

2.2 Problemfelder des Corporate Real Estate Managements in der Praxis

Die inhaltlichen Problemstellungen des Managements von Unternehmen haben sich lange Zeit auf Auswahl und Gestaltung der Produkt-/Markt-Kombinationen, in denen ein Unternehmen langfristig tätig sein will, und den hierfür zu entwickelnden Strategien beschränkt. Die Wahl der Produkt-/Markt-Strategien ist jedoch nicht hinreichend. Vielmehr bedarf ihre Umsetzung und Verwirklichung des Einsatzes von Ressourcen im Unternehmen. Folglich führen Produkt-/Markt-Strategien nur dann zu langfristig nachhaltigen Erfolgen, wenn es gelingt, die Konfiguration der unternehmerischen Ressourcen zum einen kontinuierlich auf die markt- bzw. produktbezogenen Erfordernisse auszurichten und zum anderen fortlaufend wirtschaftlich zu nutzen.

Trotz dieser Erkenntnis sind in der aktuellen Managementpraxis vornehmlich Ansätze des primär auf Produkt-/Marktpotenziale gerichteten externen strategischen Managements zu finden. Demgegenüber ist eine fundierte Behandlung der Ressourcenpotenziale von Unternehmen weitgehend unterblieben. Erst in jüngster Zeit gewinnen intern orientierte Managementansätze wie z. B. das Technologie-Management, das Human-Ressource-Management oder das Informations-Management zunehmend an Bedeutung.

Von diesem Wandel der Sichtweise bleibt die Ressource Grundstücke und Gebäude auch heute in vielen Unternehmen noch weitgehend ausgenommen. Ursächlich für ihre mangelnde Einbeziehung in das Management von Unternehmen sind folgende Faktoren:

- Immobilien zählen in aller Regel nicht zum Primär- bzw. Kerngeschäft der Unternehmen. Vielmehr gehören sie – wie dargestellt – zum Betriebsmittelbestand der Unternehmen, von dem scheinbar keine oder kaum eine unmittelbare **Markt- oder Wettbewerbswirkung** ausgeht. Dementsprechend ist die Beschäftigung mit immobilienspezifischen Problemstellungen nicht so institutionalisiert wie beispielsweise die Auseinandersetzung mit marketing- oder technologiespezifischen Aspekten. Dennoch fand in den letzten Jahren, insbesondere bei den Großunternehmen, ein Sinneswandel statt. Die oberste Unternehmensführung bringt mittlerweile der Immobiliendimension ein höheres Maß an Aufmerksamkeit entgegen. Jedoch gilt in weiten Teilen des Mittelstands nach wie vor die Ausführung von Joroff et al.: „Senior managers had not learned to ask how the [real estate, d. Verf.] function could create more value for the company and help to meet the overall corporate mission.“ (vgl. Joroff et al. 1993a, S. 14). Als scheinbares Detailproblem bleiben die Immobilienaufgaben hier noch oftmals durch die Unternehmensführung weitgehend unstrukturiert.

- Die Unternehmen besitzen in den meisten Fällen keine Konzepte oder Leitfäden für den strategischen Umgang mit ihrem Immobilien-Portfolio. So verfügen weniger als 50 % deutscher Großunternehmen eine schriftlich fixierte Immobilienstrategie und nur in etwa der Hälfte der Unternehmen sind immobilienwirtschaftliche Planungsprozesse mit denen des Kerngeschäfts verknüpft (vgl. Hedden/Pfnür, S. 23). Die mit den betrieblichen Immobilien befassten Entscheidungsträger werden auch nur selten in den strategischen Führungsprozess der Unternehmen miteinbezogen (vgl. Isakson/Sircar, S. 26; Avis et al., S. 6). Reaktive, auf einzelne Transaktionen bzw. Objekte ausgerichtete ad-hoc-Entscheidungen dominieren die immobilienbezogene Realität (vgl. Gibson, S. 11; Joroff, S. 2).
- Mögliche strategische Stoßrichtungen bzw. Handlungsalternativen zur Lösung immobilienspezifischer Probleme und die mit ihnen verbundenen langfristigen Handlungskonsequenzen sind nur unzureichend bekannt und werden auch oftmals nicht explizit artikuliert (vgl. Nourse/Roulac, S. 475; Gibson, S. 9). Infolgedessen konnte sich bislang ein strategisch orientiertes Immobilienmanagement nur sehr langsam herausbilden und ist von den Unternehmen auch lange Zeit als nicht erforderlich erachtet worden, vor allem nicht im internationalen Kontext (vgl. Straßheimer). Die Folge dieser Haltung ist, dass Immobilienaufgaben oftmals als reine Verwaltungs- und Abwicklungsaufgaben verstanden werden. Diese Einschätzung führt zur Unterschätzung der Immobiliendimension und zum Strategienotstand im Immobilienmanagement.
- Immobilien werden als überwiegend technische Gebilde gesehen, die als „Gehäuse für die Produktion und Verwaltung“ (vgl. Pfarr, S. 102) dienen. Als solche sind sie eine Domäne der Bauingenieure und Architekten; eine weiterführende betriebswirtschaftliche Auseinandersetzung wird häufig nicht vorgenommen (vgl. Brittinger, S. 1). Damit einher geht eine Geringschätzung des Berufsstandes der Immobilienmanager in den Unternehmen, verbunden mit einer Geringschätzung ihrer Bedeutung für die strategische Ausrichtung der Unternehmen.
- Gleichzeitig mangelt es vielen Unternehmen an einem ausreichenden Bewusstsein für die Kosten- und Vermögenswirksamkeit ihrer Immobilien. Insbesondere die mit der Nutzung verbundenen Kosten werden als nachrangig angesehen und kaum analytisch durchleuchtet. Bell bemerkt hierzu treffend: „Many companies are very decentralized and occupancy costs tend only to be seen at the local operating level (...). Senior management rarely sees those costs aggregated into a total number“(vgl. Bell, S. 11 f.). Ein effektives Immobilien-Kostenmanagement wird häufig allein dadurch verhindert, dass traditionelle Systeme des Rechnungs- und Berichtwesens in den Unternehmen „weiße Flecken“ aufweisen, was eine differenzierte Behandlung der Kosten von Immo-

bilien anbelangt. Regelmäßig werden diese undifferenziert auf Gesamtunternehmensebene absorbiert und nicht oder allenfalls auf Basis historischer Anschaffungs- und Herstellungskosten den Geschäftseinheiten angelastet. Hinzu tritt nach Erfahrungen der Verfasser das Problem, dass es in der Realität regelmäßig zum Ansatz von kalkulatorischen Durchschnittskosten für einen gesamten Unternehmensstandort kommt, die der Gebäudelage und -qualität sowie der Nutzungsart nicht differenziert genug Rechnung tragen. Dies mündet nicht selten in einer „Laisser-faire-Haltung" im Umgang mit Immobilien. Hierdurch wird eine gezielte Evaluierung der Erfolgswirksamkeit der Immobiliennutzung im Unternehmen weitgehend ausgeschlossen, was zu einer Verzerrung und mangelnden Transparenz der Ergebnisse der Geschäftseinheiten führt. Gleichzeitig ist damit eine Ausbreitung bürokratischer Strukturen und Verhaltensweisen im Immobilienmanagement verbunden, die durch dysfunktionale Erscheinungen – z. B. die Erbringung nicht marktgerechter Leistungen und Qualitäten sowie eine überflüssige Kapitalbindung in Immobilienressourcen – gekennzeichnet sind.

– Schließlich weisen die mit Immobilien befassten Organisationseinheiten in vielen Unternehmen erhebliche organisatorische und informatorische Defizite auf, die ein aktives, systematisches Gestalten der Immobiliendimension in den Unternehmen verhindern. Zersplitterte Verantwortlichkeiten und Zuständigkeiten führen dazu, dass an vielen Stellen und Instanzen in den Unternehmen Informationen über Immobilien für verschiedenartige Zwecke gesammelt werden, was nicht selten zu Mehrfacherfassung, mangelnder Zuverlässigkeit und Aktualität der immobilienbezogenen Daten führt (vgl. Avis/Gibson/Watts, S. 29). Einheitliche oder gar zentral gesteuerte Immobilieninformationssysteme existieren bis heute nur vereinzelt. Dies führt in seiner Gesamtheit letztlich zu einer nicht ausreichenden Fundierung immobilienbezogener Entscheidungen in den Unternehmen, die in eine weitgehend ungerichtete Gesamtentwicklung des Immobilienportfolios münden.

Grundsätzlich ist aber davon auszugehen, dass strategische Erfolgspotenziale bzw. Wettbewerbsvorteile in allen Aktivitäten der Wertschöpfungskette einer Unternehmung liegen. Das strategische Handeln muss sich infolgedessen auf die aktive Lenkung und Gestaltung aller vorhandenen Potenziale ausdehnen, um angesichts der zunehmenden Umweltdynamik und -komplexität die Existenz von Unternehmen langfristig zu sichern. Dies sollte auch eine strategische Sichtweise der Unternehmensimmobilien und ihres Managements mit einschließen. Dementsprechend soll nachfolgend auf die Notwendigkeit einer strategischen Orientierung und systematischen Sichtweise der Immobilienaktivitäten in „Non-Property-Companies" eingegangen werden.

2.3 Notwendigkeit eines Corporate Real Estate Managements

2.3.1 Umweltentwicklungen in der Perspektive des Immobilienmanagements als Herausforderung für die Unternehmung

Abbildung 1 zeigt diejenigen **Umweltveränderungen**, die im Kontext des Managements von Unternehmensimmobilien eine entscheidende Rolle spielen und die Notwendigkeit einer verstärkten strategischen Orientierung und systematischen Sichtweise der Immobilienaktivitäten der Unternehmen begründen.

Ursachen für den Bedeutungswandel im Immobilienmanagement können sowohl in den Herausforderungen technologischer Entwicklungen gesehen als auch im Bereich der geänderten markt- und gesellschaftlichen Rahmenbedingungen gesucht werden. Diesen Umweltentwicklungen wird im Folgenden anhand ausgewählter Aspekte überblicksmäßig nachgegangen (zu einer vertieften Diskussion vgl. Schäfers 1997, S. 53 ff.).

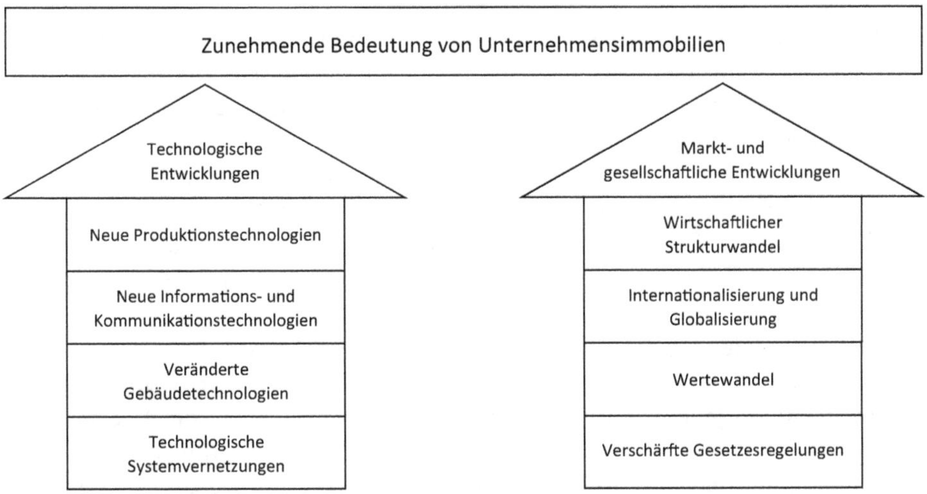

Abb. 1: Umweltentwicklungen als Rahmenbedingung des Corporate Real Estate Managements (Quelle: Schäfers 1997, S. 54)

2.3.1.1 Globale technologische Entwicklungen

Die immer schnellere Fortentwicklung des technologischen Erkenntnisstandes beeinflusst in erheblichem Maße die Wettbewerbsverhältnisse und -kräfte in einer

Vielzahl von Branchen. Die wettbewerbliche Bedeutung neuer Technologien manifestiert sich vor allem in der Entwicklung automatisierter Fertigungskonzepte (z. B. flexible Fertigungssysteme, fahrerlose Transport- und Lagersysteme, etc.), die daten- und vorgangstechnisch im Konzept des „Computer Integrated Manufacturing" bzw. der „Fabrik der Zukunft" integriert sind (vgl. Wolfrum, S. 56 ff.). Neue Produktions- und Prozesstechnologien werden zweifellos in zunehmendem Maße zu einem strategischen Erfolgs- und damit Wettbewerbsfaktor für die Unternehmen, ermöglichen sie doch die Realisierung erheblicher Produktivitätsfortschritte (z. B. verkürzte Entwicklungs- und Durchlaufzeiten, verringerte Lager- und Transportkosten) und Flexibilitätssteigerungen (z. B. größere Variantenvielfalt, gestiegene Anpassungsfähigkeit an veränderte Kundenanforderungen).

Gleichwohl darf nicht verkannt werden, dass dieser akzelerierende technologische Wandel das Immobilienmanagement vor neue Herausforderungen stellt. Im Zuge der Automatisierung, Verkettung und Robotisierung der Produktionsprozesse stellen viele Unternehmen fest, dass die herkömmlichen Raum- und Baulösungen die Realisierung der angestrebten wettbewerblichen Vorteile gefährden. Typische Probleme, die bei der Nutzung alter Fabrikbauten für den Einsatz neuer Produktionstechniken auftreten, sind die zu niedrige Deckenhöhe und -tragfähigkeit, die zu engen Stützraster sowie die unzusammenhängende, mitunter unveränderliche Flächenstruktur und die zu hohen Energieverbräuche (vgl. Knocke, S. 353 ff.). In der Konsequenz können neuartige Technologien letztendlich nur dann optimal eingesetzt werden, wenn die aus ihnen resultierenden Forderungen nach **Flexibilität**, **Multifunktionalität** und Materialflussoptimierung der Gebäude auch durch eine entsprechende Gebäudeinfrastruktur unterstützt werden.

Ein weiterer Aspekt der Technologieentwicklung, die das Immobilienmanagement direkt betrifft, ist in der Flächenwirkung der neuen Technologien zu sehen. Nicht selten ist mit dem technologischen Wandel eine höhere Flächenintensität bei gleichzeitig geringerer Flächenextensität verbunden (vgl. Simmering, S. 1). In der Konsequenz führt dies zu Fragen nach innovativen Handlungskonzepten im Umgang mit freiwerdenden bzw. nicht betriebsnotwendigen Immobilien.

Aber auch Büro- und Verwaltungsgebäude bleiben von dem technologischen Wandel nicht ausgenommen. Insbesondere die Fortentwicklung der Informations- und Kommunikationstechnologien im Bürobereich hat einen erheblichen Einfluss auf die Planung und Gestaltung von Büro- und Verwaltungsgebäuden. Denn mit dem Einsatz dieser Technologien sind veränderte Anforderungen an die Gebäudegestaltung in Bezug auf die Qualität, Flexibilität sowie technische Ausstattung der Bauten verbunden (vgl. Henckel, S. 95). Im Ergebnis führt diese Entwicklung zu einer beschleunigten Obsoleszenz bestehender Bürobauten im Immobilien-Portfolio der Unternehmen. Gerade Bauten der 1950er-, 1960er- und 1970er-Jahre können aufgrund ihrer nicht länger zeitgemäßen Grundrisse, der fehlenden horizontalen und vertikalen Kabelschächte sowie der veralteten technischen Infrastruktur den gestiegenen Nutzeranforderungen nicht gerecht werden.

2.3.1.2 Globale markt- und gesellschaftliche Entwicklungen

Die Strukturverschiebung vom sekundären zum tertiären Sektor steht in jüngster Zeit immer mehr in der aktuellen wirtschaftspolitischen Diskussion. Die zunehmende Dienstleistungsorientierung berührt nicht nur originäre Dienstleistungssektoren, sondern auch den gesamten produzierenden Sektor. Dieser wirtschaftliche Strukturwandel trifft aber auch direkt das betriebliche Immobiliensystem. Denn die **Tertiärisierung** bedingt einerseits eine Zunahme von Flächen für Bürotätigkeiten, andererseits eine wesentlich engere räumliche Verzahnung der Bürotätigkeiten wie z. B. Forschung und Entwicklung, Konstruktion, Arbeitsvorbereitung, Service mit dem eigentlichen Fertigungsbereich (vgl. Einem/Tonndorf, S. 128; Karsten, S. 15). Dies hat unmittelbare bauliche Auswirkungen. Die früher übliche Trennung von – häufig unattraktiven – Produktions- und Lagerflächen einerseits und lieblos gestalteten Verwaltungsgebäuden andererseits wird in steigendem Maße zugunsten einer aufgelockerten, integrierten Bauweise mit überschaubaren Bauabschnitten aufgegeben.

Gleichzeitig bedingt der **Strukturwandel** auch veränderte Standortanforderungen. „Harte" Standortfaktoren verlieren für die Unternehmen relativ an Bedeutung (vgl. Holz, S. 7;). Sie kennzeichnen in aller Regel bewertbare Faktoren, wie z. B. die Nähe zu Rohstoffquellen, das Lohnniveau, etc. Demgegenüber erhalten „weiche" Standortfaktoren, wie z. B. das Standortimage, die Umfeldqualität oder die Nähe zu Forschungseinrichtungen eine größere Bedeutung. Mithin werden der Standort und die Gestaltung von Unternehmensimmobilien zu einem entscheidenden Katalysator für den strukturellen Wandel in den Unternehmen.

Baulich-räumliche Anpassungsprozesse in den Unternehmen werden auch durch den sich seit Jahren ausbreitenden gesellschaftlichen Wertewandel hervorgerufen (vgl. Raffée/Wiedmann, S. 552 ff.). Dies drückt sich insbesondere in veränderten Bedürfnissen der Mitarbeiter hinsichtlich der Gestaltung der Arbeitsinhalte und -plätze aus. Von den Gebäuden erwarten die Mitarbeiter – neben optimalen physiologischen Bedingungen wie optischen, thermischen und akustischen Faktoren – einerseits Privatheit am Arbeitsplatz, andererseits aber auch das Angebot von Kommunikations- und Treffpunkten, die uneingeschränkt Team- und Projektarbeit ermöglichen. Folglich werden die Qualität des Arbeitsplatzes und Attraktivität der Gebäude in der Zukunft entscheidende Wettbewerbsfaktoren in der Konkurrenz um qualifizierte Mitarbeiter sein.

Gesamthaft betrachtet führen die sich aus den angesprochenen Umweltentwicklungen ergebenden Herausforderungen ohne Zweifel zu einer deutlichen Aufwertung von Immobilien und ihres Managements im Unternehmensgefüge. Daraus leiten einige Autoren die Vermutung ab, dass Unternehmensimmobilien die zentrale Ressource der Zukunft sind: „In the 1980s companies transformed the role of four major corporate resources – capital, people, technology and information. (...)

Now the focus is on another resource – one that can contribute at least as much to corporate goals as the other four. A company's real estate – its land, buildings and work environments – is a powerful resource whose strategic value is just emerging" (vgl. Joroff et al. 1993c, S. 53).

2.3.2 Kosten- und Vermögensdimension von Unternehmensimmobilien als Herausforderung für die Unternehmung

2.3.2.1 Kostendimension von Unternehmensimmobilien

Die Bedeutung von Immobilien in Unternehmen wird häufig unterschätzt. Sie führen ein mehr oder weniger großes Schattendasein und werden nur selten in den Mittelpunkt strategischer Betrachtungen gestellt. Dies ist umso überraschender, wenn man sich vor Augen hält, welche Dimension die mit Immobilien verbundenen Kosten für den Unternehmenserfolg haben.

Empirische Untersuchungen zeigen, dass die **Immobilienkosten** („Occupancy Costs") einen Anteil von 3–10 % an den jährlichen Umsatzerlösen haben bzw. sich in einer Größenordnung von 5–15 % der Gesamtkosten von Unternehmen p. a. bewegen (vgl. Parker, S. 23; Evans, S. 28; Klender/Muldavin, S. 75; Arthur Andersen 1995, S. 2). Weitere Studien und Erfahrungswerte aus der Praxis wiederum belegen, dass durch einen effektiven Umgang mit Grundstücken und Gebäuden Unternehmen bis zu 10 %, unter Umständen sogar bis zu 30 % der immobilienbezogenen Kosten einsparen können, was signifikante Auswirkungen auf den Unternehmensgewinn hätte.

Gleichwohl mangelt es den Unternehmen – wie weiter oben bereits angedeutet – an einem ausreichenden Bewusstsein für die enorme Dimension der Kosten von Unternehmensimmobilien. Trotz vorliegender Norm werden die Immobilienkosten in den Unternehmen nicht einheitlich erhoben und zugeordnet, was im Grundsatz darauf zurückzuführen ist, dass diese Schnittmengen mit den traditionellen primären Kostenarten bilden (vgl. Brittinger, S. 153).

2.3.2.2 Vermögensdimension von Unternehmensimmobilien

Die gewaltige finanzwirtschaftliche Bedeutung, die Immobilien für Unternehmen haben, spiegelt sich auch in den Jahresabschlüssen wider. Es lassen sich Belege dafür finden, dass Immobilien einen Anteil von etwa 10 % am Gesamtvermögen der Unternehmen einnehmen. Dies ist keine Seltenheit, sondern die Regel.

Dabei gilt es weiterhin zu bedenken, dass viele Unternehmen selbstgenutzte Immobilien nach IFRS (IAS 16) mit Hilfe des „Anschaffungskostenmodells" bilanzieren und damit die Anschaffungswerte systematisch über die Nutzungsdauer abschreiben. Ähnliches geschieht bei kleinen und mittelständischen Unternehmen, welche nach deutschem Handelsrecht bilanzieren. In beiden Fällen werden aufgrund der einschlägigen Bilanzierungs- und Bewertungsvorschriften die um planmäßige Abschreibungen verminderten historischen Anschaffungs- oder Herstellungskosten des Immobilienvermögens in den Bilanzen der Unternehmen ausgewiesen. Diese Buchwerte weichen im Allgemeinen von den jeweiligen Verkehrswerten der Immobilien ab, was meist zur Entstehung stiller Reserven führt. Denn während die meisten Betriebsmittel in ihrer Lebensdauer an Werthaltigkeit verlieren, erfahren Immobilien in aller Regel eine Wertsteigerung, wie Tabelle 1 anhand ausgewählter Nutzungsarten gewerblich genutzter Immobilien belegt.

Tab. 1: Miet- und Preisentwicklung von Gewerbeimmobilien in den alten Bundesländern (Quelle: bulwiengesa AG)

Nutzungsart	**Veränderungen**			
	1975–2012		**1990–2012**	
	gesamt	*p. a.*	*gesamt*	*p. a.*
Mietentwicklung Büroflächen (City-Lage)	52,1 %	1,1 %	−14 %	−0,7 %
Preisentwicklung gewerblicher Grundstücke	114,9 %	2,0 %	19,9 %	0,8 %

Die auseinanderklaffende Entwicklung von Buch- und Verkehrswerten kann unternehmensindividuell beträchtliche Größenordnungen annehmen.

In diesem Zusammenhang wird in jüngster Vergangenheit ein neuer Schwerpunkt betont, auf den strategische Maßnahmen von Unternehmen auszurichten seien. Die Bedeutung von Unternehmensimmobilien und ihres Managements für den Unternehmenswert („**Shareholder Value**") rückt in der Unternehmenstheorie und -praxis verstärkt in den Vordergrund (vgl. Schulte 1995; Hens; Crommen; Arthur Andersen 1993, S. 13 f.). So konnte auch Bühner in Expertengesprächen mit Vertretern deutscher Unternehmen feststellen, „dass durch die Ausrichtung des Unternehmens auf den Shareholder Value die Bedeutung des Managements von (Anlage- und Umlauf-) Vermögen deutlicher ins Bewusstsein rückt. Als Beispiel wurde (...) immer wieder das Immobilienmanagement angeführt (...)" (vgl. Bühner 1994, S. 2).

In diesem Zusammenhang gilt es zu berücksichtigen, dass die immobilienbezogenen Unternehmensaktivitäten in aller Regel kein Selbstzweck sind. Vielmehr stehen sie in einem engen inhaltlichen Zusammenhang mit den im Primärbereich der Unternehmen verfolgten Unternehmens- bzw. Geschäftsfeldstrategien. Infolgedessen kommt dem Zusammenwirken von Immobilien- und Unternehmensstrategien im Hinblick auf den Beitrag der Immobiliendimension zum Unternehmenswert eine besondere Bedeutung zu.

Aus den vorangegangenen Ausführungen ist deutlich geworden, dass **Immobilienentscheidungen** mit zu den folgenschwersten Entscheidungen in Unternehmen gehören. Ihre Auswirkungen auf den Unternehmenserfolg und -wert werden besonders deutlich durch die beträchtliche Höhe der gebundenen Finanzmittel, die langfristige Bindungsdauer, die Erstarrung der Kostenstrukturen und die mangelnde Korrekturfähigkeit bei Fehlentscheidungen. Mithin kommt einer integrierten Unternehmensfunktion Immobilienmanagement zweifellos ein hohes strategisches Erfolgs- und Wertsteigerungspotenzial zu. Die Ausnutzung dieses Potenzials hängt aber im Wesentlichen davon ab, ob es gelingt, die Immobiliendimension als integrativen Bestandteil in die strategische Unternehmensführung einzubinden. Dies setzt notwendigerweise voraus, Immobilien als Managementobjekte anzuerkennen, die zielorientiert und systematisch gemanagt werden müssen.

2.4 Gegenstand und Ansatzpunkte eines Corporate Real Estate Managements

2.4.1 Begriff des Corporate Real Estate Managements

In der angloamerikanischen Literatur werden Konzepte einer konzeptionellen, strategisch orientierten Auseinandersetzung mit der Immobiliendimension in den Unternehmen als „Corporate Real Estate Management", „Strategic Facility Management", „Strategic Property Management" oder „Strategic Management of Corporate Real Estate" gekennzeichnet.

Dabei soll im Folgenden unter dem Begriff **Corporate Real Estate Management** das aktive, ergebnisorientierte strategische und operative Management betriebsnotwendiger und nicht betriebsnotwendiger Immobilien verstanden werden. Als unternehmerische Führungskonzeption richtet es sich an „Non-Property-Companies", die im Rahmen ihrer Unternehmensstrategie über umfangreichen Grundbesitz verfügen.

2.4.2 Entwicklungsstufen im Corporate Real Estate Management

Ähnlich der Entwicklung des strategischen Denkens ist das im vorangegangenen Abschnitt dargelegte Begriffsverständnis eines strategischen Immobilienmanagements Ausdruck einer langfristigen Entwicklung. Diese Entwicklung lässt sich nach einer Systematik einer Forschergruppe des Massachusetts Institute of Technology (MIT) in fünf Stufen beschreiben (vgl. Joroff et al. 1993a, S. 4 ff.; Joroff et al. 1993b, S. 26 ff.), die aufeinander aufbauen und einander ergänzen (vgl. Abbildung 2).

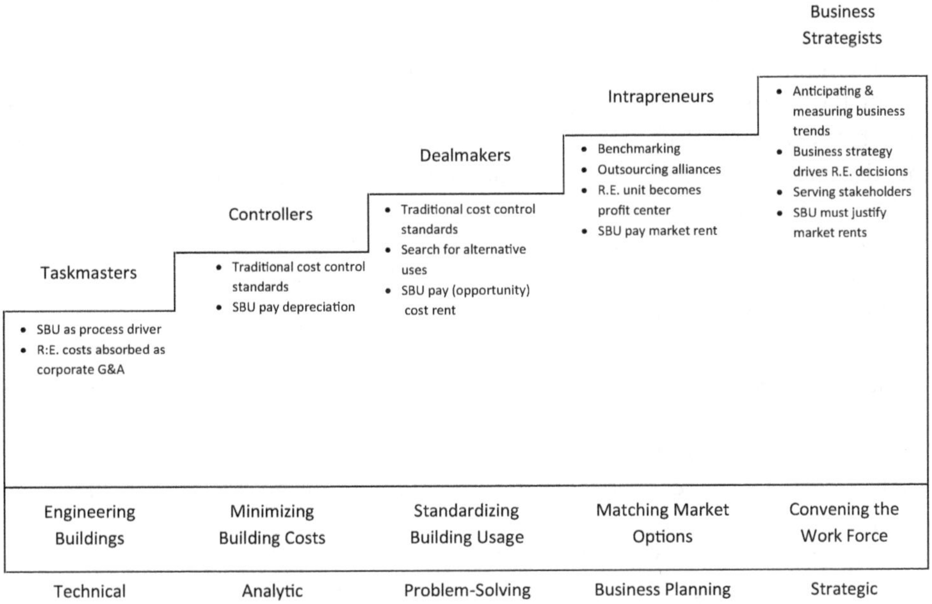

Abb. 2: Entwicklungsstufen im Immobilienmanagement (Quelle: in Anlehnung an: Joroff et al. 1993b, S. 27 und S. 50)

In der als **„Taskmaster“** umschriebenen ersten Entwicklungsstufe ist das betriebliche Immobilienmanagement für die Bereitstellung und Instandhaltung der Immobilien verantwortlich (vgl. Joroff et al. 1993b, S. 27 ff.). Dabei stehen insbesondere technikorientierte Fähigkeiten und Fertigkeiten im Mittelpunkt, während ein Denken in strategischen Kategorien nicht erforderlich erscheint. Das immobilienbezogene Unternehmensverhalten ist als reaktiv zu kennzeichnen, da immobilienrelevante Erfordernisse erst aufgrund einer aktuellen Bedarfssituation, d. h. aus bestimmten Sachzwängen heraus berücksichtigt werden. Ein solches Managementverhalten, das sich lediglich an kurz- bis mittelfristigen Anforderungen der Geschäftseinheiten als „Process driver“ orientiert, beschränkt den Handlungsspielraum für innovative Immobilien-Problemlösungen. Dementsprechend spielen Kosten- und Wertaspekte in dieser Phase auch keine Rolle. Vielmehr werden die mit der Nutzung von Immobilien verbundenen Kosten als Gemeinkosten auf Gesamtunternehmensebene absorbiert. Für die einzelne Unternehmung können sich aus diesem reaktiven Verhalten im Immobilienmanagement langfristig Folgen ergeben, die sich letztlich negativ auf die Vermögens- und Ertragssituation auswirken.

Bedingt durch eine verstärkte Kostenorientierung in den Unternehmen und die damit einhergehende Suche nach Kostensenkungspotenzialen steht ein effizientes Immobilien-Kostenmanagement in der als **„Controller"** bezeichneten zweiten Entwicklungsstufe im Blickpunkt des Interesses. Aufgabe des Immobilienmanagements ist die Minimierung der mit der Nutzung von Immobilien verbundenen Kosten mittels traditioneller kostenanalytischer Methoden. Gleichzeitig werden die primären Geschäftseinheiten vielfach mit Nutzungsentgelten in Höhe der Abschreibungen belegt. Obwohl sich die Entscheidungsträger im Immobilienbereich einer zunehmenden Aufmerksamkeit durch die Unternehmensführung erfreuen, ist ihr Handeln weiterhin stark operativ ausgerichtet.

Die Realisierung von Wertschöpfungspotenzialen durch eine systematische Neu- bzw. Umgestaltung betriebsnotwendiger Immobilien sowie eine aktive Verwertung nicht betriebsnotwendiger Grundstücke und Gebäude im Rahmen alternativer Drittnutzungen prägt das Verständnis des Immobilienmanagements in der als **„Dealmaker"** beschriebenen dritten Stufe. Marktvergleiche im Hinblick auf Kosten und Raumstandards werden zunehmend entscheidungsrelevant. Die einzelnen Unternehmenseinheiten werden weiterhin mit den Abschreibungen belastet oder müssen gegebenenfalls sogar die Opportunitätskosten des in Immobilien gebundenen Kapitals tragen.

Mit zunehmender Wettbewerbsintensität wenden sich die Unternehmen der vierten Entwicklungsstufe zu, die mit dem Begriff **„Intrapreneur"** belegt ist. Zentrale Aufgabe des Immobilienmanagements ist, die Wettbewerbsfähigkeit der Geschäftseinheiten durch die Formulierung geeigneter strategischer Konzepte zu sichern bzw. zu stärken. Zu diesem Zweck werden die für die Immobiliendimension zuständigen Entscheidungsträger erstmalig in den strategischen Planungsprozess der Unternehmung bzw. der Geschäftseinheiten integriert. Für die Leistungen des Immobilienmanagements entrichten die Unternehmenseinheiten marktübliche Preise. Umgekehrt muss dieses den Wert ihrer Leistungen durch unternehmensinterne und -externe Vergleiche verdeutlichen.

Die letzte Entwicklungsstufe, die mit dem Begriff **„Business Strategist"** umschrieben wird, bildet den Endpunkt in diesem Modell. Kennzeichnend ist, dass sich der Planungs- und Entscheidungshorizont im Immobilienmanagement nicht mehr nur in der Bewältigung aktueller Probleme erschöpft, sondern vielmehr auf die Entwicklung langfristiger Erfolgspotenziale gerichtet ist. Dementsprechend muss sich das Immobilienmanagement aktiv mit der Identifikation und Bewertung ökonomischer wie technologischer Trends auseinandersetzen, die die zukünftige Struktur des betrieblichen Immobilien-Portfolios und damit letztlich die Wettbewerbsfähigkeit der Gesamtunternehmung bestimmen. Hieraus ergibt sich der Anspruch an das Immobilienmanagement, immobilienrelevante Problemstellungen aus den

Unternehmenszielen und -strategien schon im Entwicklungsprozess zu antizipieren und dementsprechende Problemlösungen zu entwickeln, bevor sich diese als akuter Bedarf oder Forderung im Unternehmen oder in der sie umgebenden Umwelt manifestieren. Diese proaktive Verhaltensausrichtung im Immobilienmanagement findet nicht zuletzt ihren Niederschlag in einer integrierten Unternehmens- und Immobilienplanung. In instrumenteller Sicht ist kennzeichnend für diese Phase, dass den Geschäftseinheiten weiterhin Marktpreise angelastet werden, wobei im Einzelfall eine Überprüfung der Nutzung im Rahmen der Gesamtzieloptimierung vorgenommen wird.

Zusammenfassend betrachtet enthält das Modell wichtige Merkmale eines strategisch orientierten Immobilienmanagements. Unter Managementaspekten erscheint es jedoch geboten, die aufgeführten Charakteristika mittels geeigneter Bausteine, Methoden und Instrumente inhaltlich auszugestalten, was in den nächsten Punkten erfolgt.

2.5 Bausteine eines Corporate Real Estate Managements

2.5.1 Schaffung einer informatorischen Grundlage für das Immobilienmanagement

Die Beschaffung und Verarbeitung geeigneter Informationen bilden den Ausgangspunkt eines konzeptionellen Ansatzes im Immobilienmanagement der Unternehmen. Wenn nicht ausschließlich das in der Bau- und Immobilienwirtschaft verbreitete „Bauchgefühl", sondern eine mehr oder weniger bewusste Ziel- und Strategieentwicklung über den Erfolg entscheiden soll, sind ein gewisses Maß an Informationen und die Fähigkeit, diese Informationen entscheidungsorientiert aufbereiten zu können, von grundlegender Bedeutung. Die Notwendigkeit strategischer Analysen wird umso deutlicher, je größer die Veränderungen sind, die durch eine systematische Ziel- und Strategieentwicklung im Immobilienmanagement bewirkt werden sollen.

Die Gestaltung einer **effizienten Informationsgrundlage** im Immobilienmanagement in den Unternehmen wird einheitlich als notwendige Grundvoraussetzung betont (vgl. Byrne, S. 6; Bon, S. 9), gehört aber sicherlich zu den schwierigsten Aufgaben. Die generellen Probleme, denen sich eine Unternehmung diesbezüglich gegenüber sieht, bestehen darin, dass mit einer (oftmals erstmaligen) konzeptionellen Ausrichtung der **Informationsbedarf** im Immobilienmanagement sprunghaft ansteigt und Schwierigkeiten bei der Informationsbeschaffung und -verwertung ebenfalls zunehmen.

Im Mittelpunkt der **Informationsbeschaffung** steht die Frage nach den Quellen für Informationen. Grundsätzlich kann hierbei zwischen internen und externen Informationen unterschieden werden.

Bei der Beschaffung der zur Lösung einer strategischen Problemstellung im Immobilienmanagement notwendigen Informationen kommt **unternehmensinternen Quellen** eine hohe Bedeutung zu, da ihre Nutzung in aller Regel einen relativ geringen finanziellen und zeitlichen Aufwand erfordert. Die Unternehmen verfügen vielfach über ein eigenes Planungs- und Informationssystem, das als Grundlage für die Unternehmensplanung herangezogen wird. Es liegt nahe, diese Quelle interner Informationen auch für die strategische Analyse im Immobilienmanagement zu nutzen. Wichtig sind besonders Informationen, die Aufschluss über gegenwärtige und zukünftige Flächeninanspruchnahmen und -freisetzungen, nötige Grundstücks- und Gebäudegrößen, die wichtigsten Standortvoraussetzungen, das Gebäudelayout, den Investitionsbedarf, etc. liefern. Erkenntnisse hierfür lassen sich aus den Umsatz-, Personal-, Maschinen-, Anlagen-, Fertigungsfluss- bzw. bei Bürobetrieben Betriebsablaufplanungen der Unternehmen entnehmen. Grundsätzlich kann die Aussagekraft dieser Datenquellen verbessert werden, wenn die Analyse differenziert nach Geschäftsfeldern oder Regionen durchgeführt wird.

In diesem Zusammenhang muss auch auf Unterlagen aus dem betrieblichen Rechnungswesen zurückgegriffen werden, erfolgt hier doch generell eine Verarbeitung aller betriebsintern anfallenden Informationen. Dies betrifft insbesondere die Beschaffung von Grundstücks-, Gebäude-, Nutzungs-, Wert-, Kosten- und Erlösdaten für betriebliche Immobilien, die grundsätzlich der Anlage- und Finanzbuchhaltung und Kostenrechnung entnommen werden können. Gleichwohl liegt in der Unternehmenspraxis in Bezug auf diese internen Quellen ein erhebliches Informationsdefizit im Immobilienmanagement vor. „The overall view of current property data was that it was incomplete, inaccurate, inaccessible and fragmented. This is a scathing condemnation of organizations for whom property, in the majority of cases, is one of their most valuable assets" (vgl. Avis/Gibson/Watts, S. 30).

Die Auswertung **externer Informationsquellen** bildet die Grundlage für die Analyse der immobilienorientierten Umwelt der Unternehmen. Hierzu können Veröffentlichungen der statistischen Ämter (z. B. Bautätigkeitsstatistik, Baupreisindizes, etc.), der Stadtplanungsämter (z. B. Flächennutzungs-, Bebauungspläne, etc.), der Gutachterausschüsse (z. B. Bodenrichtwerte, Transaktionsdaten, etc.), ferner Marktberichte von Immobilienberatern und -maklern, Untersuchungen von Marktforschungsinstituten sowie Aufsätze in Fachzeitschriften und Zeitungsartikel herangezogen werden. Benötigt die Unternehmung Informationen über bestimmte Marktakteure, so kommen Firmenpublikationen, Prospekte, Hauszeitschriften, Presseveröffentlichungen oder Jahresabschlüsse in Betracht.

Zur Aufbereitung der gewonnenen Informationen bieten sich verschiedene Analyseinstrumente an. Sie helfen, Fakten darzustellen, Zusammenhänge zu erkennen,

Probleme zu durchleuchten und zu visualisieren. Folgende **Instrumente** verdienen in diesem Zusammenhang besondere Erwähnung (vgl. Schäfers 1997, S. 100 ff.):

- Branchenstruktur-Analyse,
- Stärken-/Schwächen-Analyse,
- Wertketten-Analyse,
- Immobilien-Benchmarking,
- Methoden der Immobilien-Bewertung,
- Methoden der Immobilien-Investitionsrechnung,
- Methoden der Markt- und Standortanalyse für Immobilien,
- Immobilienportfolio-Matrizen.

Besondere Bedeutung kommt der Bewertung der Liegenschaften zu. Nach einer erstmaligen Bewertung durch interne oder externe Gutachter ist die Wertermittlung kontinuierlich fortzuführen (vgl. Leopoldsberger).

Im Weiteren soll das **Immobilien-Benchmarking** als ein mögliches Analyseinstrument näher erläutert werden. Unter **Immobilien-Benchmarking** wird dabei ein systematischer und **kontinuierlicher** Prozess zur Erhebung, Messung und Analyse von Daten verstanden, der anhand geeigneter Vergleichsindikatoren eine relative Bestimmung der strategischen Ausgangslage des unternehmenseigenen Immobilien-Portfolios und seines Managements im Verhältnis zu anderen Unternehmen ermöglicht (vgl. Camp, S. 13 ff.; Markin, S. 14). Ziel ist die Identifikation notwendiger strategischer Managementmaßnahmen, um durch eine Verbesserung der relativen Position der Immobiliendimension zur Stärkung der Wettbewerbsfähigkeit der Unternehmung beizutragen. Nourse bringt diese Zielsetzung prägnant zum Ausdruck, wenn er formuliert: „Real estate operations and corporate strategy are considered tightly linked if real property measures are monitored on a regular basis to determine their fit with corporate needs and if feedback from such measures is used to change real property assets so that they conform better to corporate needs“ (vgl. Nourse 1994, S. 433).

Dabei können verschiedene **Funktionen des Immobilien-Benchmarking** differenziert werden (vgl. Schäfers 1997, S. 117 f.):

- **Informationsfunktion**
  Aufgrund der Vielzahl der die Immobiliendimension der Unternehmen betreffenden Daten sollen Benchmarks in übersichtlicher und komprimierter Weise Auskunft geben über die relative Erfolgswirksamkeit („Performance“) der betrieblichen Immobilienaktivitäten.
- **Risikoerkenntnis- und Chancengenerierungsfunktion**
  Ein systematisches Immobilien-Benchmarking soll helfen, Risiken und Fehlentwicklungen im Immobilien-Portfolio und deren Ursachen offen zu legen. Gleichzeitig erfolgt eine gezielte Ausnutzung von bislang ungenutzten Verbesserungspotenzialen, indem Handlungsmöglichkeiten zur Kostensenkung oder Ertragssteigerung identifiziert und gestaltet werden.

- **Planungs- und Kontrollfunktion**
  Immobilien-Benchmarks können auch als Indikatoren für Sachverhalte dienen, auf deren Basis die Unternehmensleitung bzw. die für die Immobiliendimension verantwortlichen Entscheidungsträger in Form von Plan- bzw. Vorgabewerten Zielplanungsaktivitäten im Immobilienmanagement ergreifen können. Schließlich ermöglichen sie einen Vergleich zwischen den geplanten und realisierten Werten und geben so als Kontrollvariablen Auskunft über das Ergebnis des unternehmerischen Handelns im Immobilienbereich.

Benchmarking-Projekte im Immobilienmanagement lassen sich grundsätzlich in vier **idealtypische Phasen** untergliedern. Tabelle 2 verdeutlicht diese Phasen und fasst die phasenspezifischen Hauptaktivitäten zusammen.

Tab. 2: Prozess des Immobilien-Benchmarking (Quelle: Schäfers 1997, S. 118)

Definitionsphase	• Klärung der strategischen Bedeutung und Funktionen der Immobilien im Kontext der Gesamtunternehmnung • Auswahl und Operationalisierung von Vergleichsfaktoren/-maßstäben • Bestimmung von internen oder externen Vergleichsobjekten/-unternehmen
Datensammlungsphase	• Identifikation potentiell relevanter Datenquellen • Beschaffung bereits vorhandener (Sekundär-) Daten • Generierung neuer (Primär-) Daten über Experteninterviews, Marktstudien etc.
Analysephase	• Qualitative und quantitative Beurteilung der relativen Wettbewerbsposition des unternehmenseigenen Immobilien-Portfolios
Umsetzungsphase	• Umsetzung von strategischen Zielen in operative Aktionsprogrammen • Realisierung und Kontrolle der Aktionsprogramme • Institutionalisierung periodischer Benchmarking-Projekte zur Erfassung von Veränderungen im eigenen Immobilienportfolio

Besondere Bedeutung kommt der Auswahl und Operationalisierung der Benchmarking-Kriterien zu. „The key point on benchmarking is to pick those few measures that make sense to benchmark and on which an industry consensus can be formulated" (vgl. Kotch, S. 7). Um zu einer raschen Beurteilung der relativen Effizienzposition im Immobilienmanagement zu gelangen, müssen als Benchmarking-Kriterien geeignete Vergleichsmaßstäbe bzw. Kennzahlen verwendet werden, die auf einem hohen Abstraktions- bzw. Verdichtungsniveau eine schnelle Eingrenzung der relativen Position des Unternehmens bei der Nutzung seiner Immobilienressourcen ermöglichen. Versucht man, für die Vielzahl möglicher Immobilien-Benchmarks eine sinnvolle Klassifikation zu entwerfen, ist das in Tabelle 3 wiedergegebene Raster denkbar.

Bei Einführung des Benchmarking ist oftmals zu beobachten, dass am Anfang eine Konzentration auf kosten- bzw. finanzwirtschaftliche Benchmarks erfolgt. Mit zunehmender Erfahrung wird jedoch schnell klar, dass es ebenso wichtig ist, die zugrunde liegenden leistungswirtschaftlichen Prozesse und Faktoren zu analysieren, denn erst dadurch können im eigenen Immobilien-Portfolio Veränderungen vorgenommen werden, die die Kosten nachhaltig beeinflussen.

Tab. 3: Systematisierung von Immobilien-Benchmarks (Quelle: Schäfers 1997, S. 119)

	qualitativ	Quantitativ
Leistungs-wirtschaftliche Benchmarks	z.B. • Zufriedenheit der Mitarbeiter mit Gebäudelage / -qualität /-service • Zufriedenheit der Kunden mit Gebäudelage / -qualität /-service • Drittverwendungsfähigkeit der Immobilie	z.B. • Raumstandards • Nutzungsgrad • Anteil Nutzfläche/Gesamtfläche
	inputorientiert	outputorientiert
Finanz-Wirtschaftliche Benchmarks	z.B. • Gebäudeinvestitionen je m² • Gebäudeinvestitionen je Arbeitsplatz • Gebäudekosten je m² • Gebäudekosten je Mitarbeiter • Gebäudekosten in % des Umsatzes • Gebäudekosten in % der Gesamtkosten • Immobilienvermögen in % der Bilanzsumme • Eigennutzung / Fremdnutzung-Ratio	z.B. • Umsatz je m² • Vermietungserträge je m² • Gesamtperformance je m² • ROA, ROI

Das Hauptanwendungsgebiet des Immobilien-Benchmarks sind Erfolgs- und Wirtschaftlichkeitsanalysen in Form von unternehmensinternen und -externen Vergleichen (vgl. Lubieniecki, S. 9). Dabei kommt dem externen Vergleich eine besondere Bedeutung zu, gilt es doch Verbesserungspotenziale zu identifizieren „(...) by comparing key performance measures against competitors and best-in-class performers" (vgl. Noha, S. 512). Als Vergleichsunternehmen zur Bestimmung der eigenen relativen Immobilienposition können grundsätzlich sowohl Unternehmen der eigenen Branche als auch branchenfremde Unternehmen ausgewählt werden.

Es ist evident, dass gegen die strategische Diagnosekraft und Aussagerelevanz eines Immobilien-Benchmarking erhebliche Einwände vorgebracht werden können. Vor allem Auswahl-, Mess-, Vergleichs-, Erhebungs- und Interpretationsprobleme sind grundlegende Bereiche, deren Handhabung den Erfolg und die Aussagekraft von Benchmarking-Projekten im Immobilienmanagement entscheidend beeinflussen. Damit durch das Immobilien-Benchmarking eine möglichst hohe Diagnose- und Aussagekraft erreicht wird, sollten folgende Gestaltungsleitlinien berücksichtigt werden:

- Schaffung einer „Benchmarking-Kultur" im Immobilienmanagement,
- „Apples-to-Apples"-Vergleich auf Basis relevanter, aussagekräftiger und wohl definierter Vergleichsobjekte und -maßstäbe,
- Betonung der Analyse von Ursachen und Einflussgrößen für festgestellte Unterschiede,
- Systematische Ableitung von Veränderungszielen und -maßnahmen,

- kritische Diskussion der Aussagekraft der Benchmarking-Resultate,
- Periodische Evaluation des erreichten Wandels unter Rückgriff auf die im Benchmarking-Projekt verwendeten Indikatoren.

Bezogen auf das Informationsmanagement im Immobilienbereich stellt das Benchmarking sicherlich ein unverzichtbares Instrumentarium dar. Dabei darf das Immobilien-Benchmarking aber nicht als isoliert einzusetzendes Instrumentarium begriffen werden, sondern sollte vielmehr unter Bezugnahme auf andere Instrumente als integriertes strategisches Analysekonzept herangezogen werden.

2.5.2 Entwicklung eines strategischen Zielsystems im Immobilienmanagement

Die Bedeutung einer **systematischen Zielplanung** ist unbestritten. Ohne Ziele kann ein Unternehmen/-sbereich nicht geführt werden. „Im Zentrum (...) muss mehr denn je die Formulierung eines strategischen Zielsystems stehen. Ohne ein klares, langfristig ausgerichtetes Zielkonzept droht die strategische Unternehmensführung zu einer blinden, reaktiven Anpassung an einzelne Umweltentwicklungen bzw. zu einem ‚Muddling Through' zu degenerieren" (vgl. Raffée, S. 11).

Mithin stellt die Integration von immobilienorientierten Zielen in das unternehmerische Zielsystem eine notwendige Voraussetzung dafür dar, die Aktivitäten

Tab. 4: Struktur eines strategischen Zielsystems im Immobilienmanagement (Quelle: Schäfers 1997, S. 144)

1. Zieldimension \ 2. Zieldimension	Leistungswirtschaftliche Ziele	Finanzwirtschaftliche Ziele	Soziale Ziele
Inputziele	• Art und Gestaltung der Immobilien-Problemlösung für interne Nutzer • Sicherung der dauerhaften Funktionserfüllung • Standortsicherung	• Ausnutzung steuerlicher Gestaltungsmöglichkeiten • Bilanzpolitische Ziele • Sicherung der Kapitalbereitstellung	Interne Ziele • Sicherung attraktiver Arbeitsplatzbedingungen • Vermittlung einer Corporate Identity • Steigerung der Mitarbeiterzufriedenheit und –bindung Externe Ziele • Vermittlung einer Corporate Identity • Steigerung der Kundenzufriedenheit und –bindung • Verminderung des Verbrauchs von Umweltmedien • Verwendung umweltgerechter Baumaterialien • Erfüllung architektonischer und städtebaulicher Ansprüche
Strukturziele	• Gebäudestruktur/-flexibilität • Gebäudequalität • Standortstruktur • Struktur der Verfügungsrechte an Immobilien	• Kosten-/Kapitalstruktur • Finanzielle Flexibilität • Mischung und Streuung des Immobilienbestandes	
Effizienzziele	• Flächenausnutzung • Flächenproduktivität • Managementproduktivität	• Kostenwirtschaftlichkeit • Kapitalrentabilität • Gesamtperformance	
Outputziele	• Art und Gestaltung der Immobilien-Problemlösung für externe Nutzer • Auswahl der Nutzergruppe • Marktwahl	• Vermietungsumsatz • Veräußerungsumsatz • Werterhaltung/-wachstum	

im Immobilienbereich der Unternehmen aus einer konzeptionellen Gesamtsicht heraus den veränderten Rahmenbedingungen anzupassen.

Für die Entwicklung einer Zielkonzeption im Immobilienmanagement wird eine zweidimensionale Strukturierung gewählt, die jedes Ziel als Kombination aus zwei sachbezogenen Merkmalen auffasst (vgl. Welge, S. 59 ff.).

Tabelle 4 zeigt ein dementsprechend verfasstes **Zielkonzept für das Immobilienmanagement** in den Unternehmen.

Zur Operationalisierung der strategischen Ziele im Immobilienmanagement ist eine Spezifizierung der Zielinhalte erforderlich. Vor diesem Hintergrund verdeutlicht Abbildung 3 den Kontext, innerhalb dessen sich der Prozess der Zielbildung und -operationalisierung im Immobilienmanagement vollzieht.

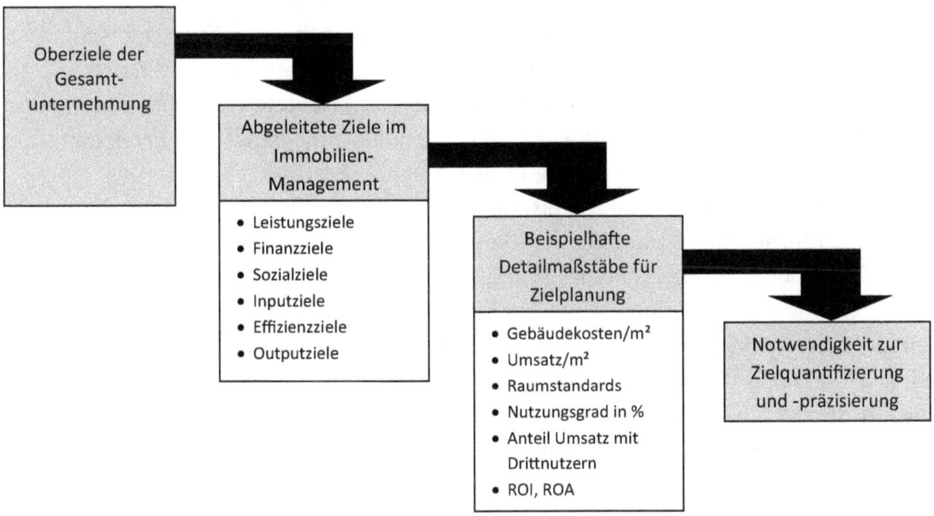

Abb. 3: Prozess der Zielbildung und -operationalisierung im Immobilienmanagement (Quelle: Schäfers 1997, S. 146)

Wie die Abbildung verdeutlicht, stehen **Unternehmensober- und Immobilienziele** in einer hierarchischen Beziehung zueinander. Die auf Gesamtunternehmensebene getroffenen Entscheidungen über generelle Unternehmensziele und Stoßrichtungen bilden den Ausgangspunkt für die Festlegung der Immobilienziele. Diese sind grundsätzlich als handlungsleitende Imperative nur dann einsetzbar, wenn sie sich konsistent in das Gesamtzielsystem der Unternehmung einfügen. Darüber hinaus besteht die Notwendigkeit, die einzelnen Zielkriterien im Immobilienmanagement weiter zu präzisieren. Gleichwohl können Aussagen über konkrete messbare Zielmaßstäbe erst dann getroffen werden, wenn bekannt ist, welche Strategien und Maßnahmen verfolgt werden (vgl. Kreikebaum, S. 51). Mithin kommt es zur Aufspaltung des Zielbildungsprozesses: Während Aussagen über Art und Richtung der Ziele der Strategieentwicklung im Immobilienmanagement vorangestellt werden, lassen sich konkrete inhaltliche Handlungsziele erst während oder im Anschluss an die Strategie- und Maßnahmenwahl bestimmen.

2.5.3 Ausformung strategischer Optionen im Immobilienmanagement

2.5.3.1 Grundlagen der Strategieentwicklung im Immobilienmanagement

2.5.3.1.1 Bezugsrahmen für die Strategieentwicklung

Nachdem im vorangegangenen Abschnitt Zielsetzungsentscheidungen im Mittelpunkt standen, werden auf der Strategieebene globale Zielerreichungsentscheidungen im Immobilienmanagement diskutiert. Die Strategieentwicklung hat somit die Bestimmung der zweckmäßigen Mittel in Form von Strategien zur Entwicklung und Sicherung immobilienorientierter Erfolgspotenziale und damit zur Erreichung der immobilienorientierten Unternehmensziele zum Gegenstand.

Zur Strukturierung und damit besseren Erfassbarkeit von immobilienorientierten Unternehmensstrategien ist eine Unterteilung dieses strategischen Entscheidungsbedarfes in einzelne abgrenzbare Bereiche anzustreben, die sich mit dem gleichen inhaltlichen Entscheidungsschwerpunkt befassen. Entsprechend einer lebenszyklusorientierten Betrachtung von Unternehmensimmobilien lassen sich grundsätzlich die Entscheidungsfelder **Immobilien-Bereitstellung**, **Immobilien-Bewirtschaftung** und **Immobilien-Verwertung** unterscheiden, innerhalb derer es gilt, einzelne phasenspezifische Strategien bzw. Strategiealternativen auszuformen, die in ihrer Gesamtheit die Basisstrategien im Immobilienmanagement darstellen.

Daneben können phasenübergreifend die wettbewerbsorientierte und risikoorientierte Ausrichtung der strategischen Optionen unterschieden werden. Zum einen müssen die von einer Unternehmung verfolgten Immobilienstrategien eine Ausrichtung auf die spezifische Wettbewerbssituation erfahren und in die Wettbewerbsstrategie der Unternehmung überführt werden. Zum anderen sind mit der Investition in und der Nutzung von Immobilien eine Vielzahl von Risiken für die Unternehmung verbunden, die eine gesonderte Auseinandersetzung mit der Risikodimension erforderlich erscheinen lässt. Da die wettbewerbs- und risikoorientierte Ausrichtung strategischer Optionen bereits an anderer Stelle diskutiert wurde, erfolgt im Weiteren eine Beschränkung auf die Basisstrategien im betrieblichen Immobilienmanagement.

Abbildung 4 zeigt die strategischen Optionen im betrieblichen Immobilienmanagement im Überblick.

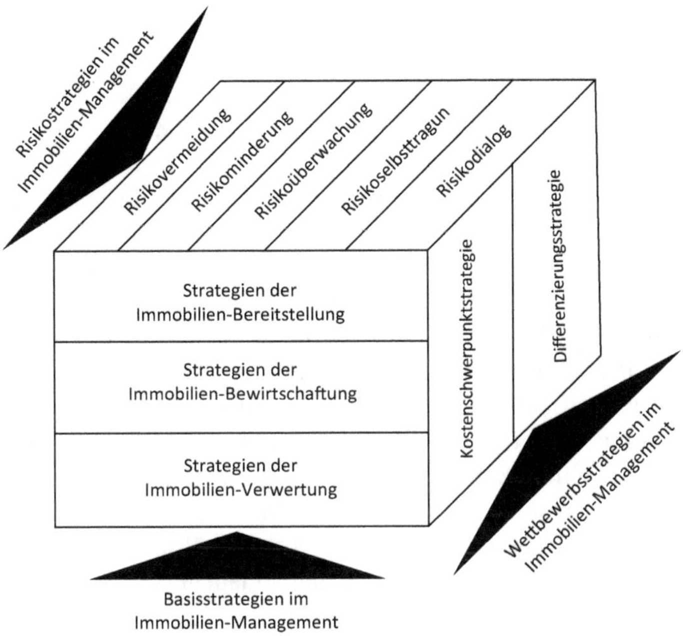

Abb. 4: Strategiespektrum im Immobilienmanagement (Quelle: Schäfers 1997, S. 148)

2.5.3.1.2 Stellung der Immobilienstrategien im Strategiespektrum von Unternehmen

Immobilienentscheidungen gehören unzweifelhaft zu den strategisch(st)en Entscheidungen in Unternehmen. Sie binden insbesondere finanzielle und personelle Ressourcen in erheblichem Umfang, besitzen meist eine hohe Bedeutung für die Vermögens- und Erfolgslage, haben langfristige Auswirkungen und sind aufgrund der besonderen Charakteristika von Immobilien mit hohen Risiken behaftet. Mithin sind **Immobilienstrategien** nicht als isolierte, unabhängige Einzelentscheidungen, sondern immer im Kontext der Unternehmens- bzw. Wettbewerbsstrategien zu betrachten (vgl. Brown et al., S. 101).

Bei diesem top-down-orientierten Managementverständnis unterstützen die Immobilienstrategien die generellen Unternehmens- bzw. Geschäftsfeldstrategien. In diesem Sinne ist das Immobilienmanagement aufgefordert, einen vorgegebenen strategischen Rahmen durch Formulierung eigener strategischer Konzepte auszufüllen. Beispielsweise soll durch die strategischen Optionen zur Immobilien-Bereitstellung sichergestellt werden, dass die für die Umsetzung der Unternehmensstrategien notwendigen Immobilienressourcen strategieadäquat im Unternehmen vorhanden sind. Im Grundsatz bringt diese Einordnung die Idee eines „strategischen Fit“ von Immobilien- und Kerngeschäftssystem zum Ausdruck, d. h. inwiefern das Immobilienmanagement grundsätzlich zur Erreichung der strategischen Unternehmensziele und -maßnahmen beitragen kann.

Gleichzeitig darf aber nicht übersehen werden, dass Immobilien selbst auch ein Erfolgs- bzw. Chancenpotenzial darstellen können. Als solches ermöglichen sie gegebenenfalls ein Vordringen in neue Geschäftsfelder, die Immobilien bzw. die mit ihnen verbundenen Problemlösungen als eigenständiger Bestandteil des Leistungsprogramms von Unternehmen zum Gegenstand haben. Bei diesem bottom-up-orientierten Managementverständnis werden z. B. im Rahmen der Immobilien-Verwertungsstrategien die im Unternehmen vorhandenen Immobilienressourcen zum Ausgangspunkt der Planung geeigneter Unternehmens- bzw. Geschäftsfeldstrategien. Auf der Grundlage dieser eigenständigen Ausrichtung im Immobilienmanagement gelingt es, Immobilien nicht mehr nur ausschließlich als „Kostenfaktor" oder „Investitionsobjekt ohne Rendite" anzusehen, sondern vielmehr marktbezogene Erfolgspotenziale im Immobilien-Portfolio konsequent wahrzunehmen.

Zusammenfassend kann gesagt werden, dass Immobilienstrategien und Unternehmens- bzw. Geschäftsfeldstrategien in einem Wechselverhältnis stehen (vgl. Abbildung 5). In diesem Sinne sind Immobilienstrategien in jedem Fall integratives Element der strategischen Ausrichtung von Unternehmen.

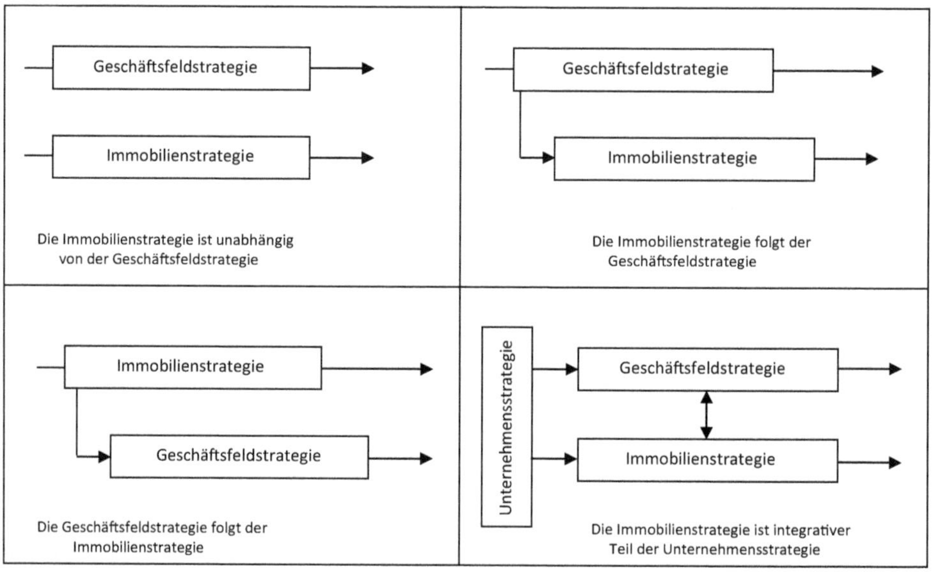

Abb. 5: Stellung von Immobilienstrategien im Strategiespektrum von Unternehmen (Quelle: Schäfers 1997, S. 151)

2.5.3.2 Basisstrategien im Immobilienmanagement

2.5.3.2.1 Strategien der Immobilien-Bereitstellung

Neben der eigenen, unternehmensinternen Projektentwicklung sehen sich die Unternehmen einem Spektrum alternativer externer Quellen gegenüber, die zur Bereitstellung der notwendigen Ressourcen herangezogen werden können. Hierzu zählen insbesondere die Projektentwicklung, der Kauf, das Leasing und die Anmietung von Immobilien. Im Weiteren erfolgt eine kurze Diskussion der Merkmale sowie der Implikationen der einzelnen Alternativen, an die sich Ausführungen zur strategischen Wahl anschließen.

(a) Projektentwicklung

Zur Erlangung eines vertieften Verständnisses bedarf die Rolle der Unternehmen als Projektentwickler bzw. Developer einer näheren Betrachtung. In diesem Zusammenhang bietet es sich an, die in der Realität existierenden Entwicklertypen in Anlehnung an McNamara danach zu unterscheiden, mit welcher Zielsetzung vor bzw. nach Entwicklungsbeginn das Engagement betrieben wird (vgl. McNamara, S. 91).

Danach kommt der Unternehmung im Rahmen der Immobilien-Bereitstellung die Rolle des „developer-user" bzw. „developer-occupier" zu, der unter Einsatz eigener finanzieller, materieller und personeller Ressourcen die benötigten Bauprojekte entwickelt, die langfristig im Eigentum des Unternehmens zur Eigennutzung verbleiben.

Dabei ist der prozessuale Charakter der Projektentwicklung besonders hervorzuheben. In diesem Sinne ist die Projektentwicklung als eine komplexe, dynamische und multidisziplinäre unternehmerische Aufgabe zu interpretieren, in deren Rahmen Entscheidungen über die Auswahl der zu realisierenden Projektkonzeption, die Beschaffung bzw. Sicherung des Entwicklungsgrundstücks, die Personal-, Finanz- und Ressourcenausstattung des Projektes, die Auswahl der an der Entwicklung beteiligten Bau-Leistungsträger und die Einrichtung eines funktionstüchtigen Projekt-Controlling durch die Unternehmung als Bauherr zu treffen sind (vgl. dazu ausführlich Kapitel D.2).

In strategischer Sicht handelt es sich bei der Projektentwicklung um eine Rückwärtsintegration, d. h. die Unternehmung dringt mit der Durchführung der Projektentwicklungsfunktion in eine vorgelagerte Leistungsstufe ein (vgl. Nourse 1990, S. 68). Vor diesem Hintergrund lassen sich folgende **Vorzüge** mit der Projektentwicklung verbinden:

- Die Entwicklung eigener Bauprojekte bietet der Unternehmung die Möglichkeit zur konkreten Ausrichtung des Projektvorhabens auf die spezifischen Unternehmens- bzw. Geschäftsfeldbedürfnisse und -anforderungen („built-to-suit").

- Die Realisierung strategieadäquater Bauprojekte trägt zum Aufbau von immobilienorientierten Wettbewerbsvorteilen bei.
- Mittels der Projektentwicklung kann sich das Unternehmen von den zyklischen Angebots- und Nachfrageschwankungen auf den Immobilienmärkten abkoppeln und so eine weitgehende marktliche Unabhängigkeit realisieren.
- Die Durchführung eigener Bauinvestitionen sichert die Kontrolle über den gesamten Entwicklungsprozess; Interessenskonflikte z. B. bezüglich der Baugestaltung kommen dadurch nicht zum Tragen.
- Weiterhin trägt die Projektentwicklung zur Erzielung niedrigerer Gesamtkosten durch den Wegfall von Handelsspannen, die Ausübung von Marktmacht und die Nutzung günstiger Finanzierungskosten insbesondere bei Großunternehmen bei.
- Schließlich besteht die Möglichkeit zur Realisierung von Ertragsgrößen bei Wegfall der Betriebsnotwendigkeit und Verwertung der Immobilie durch Verkauf oder Nutzungsüberlassung an Dritte.

Dieser vorteilhaften Bewertung stehen jedoch auch wichtige **Nachteile** gegenüber:
- Mit dem Aufbau eigener Personalkapazitäten zur Projektentwicklung sind nicht nur hohe Kosten, sondern auch das Problem verbunden, die vorhandenen Kapazitäten gleichmäßig auszulasten, was sich bei im Regelfall schwankenden Bauaktivitäten schwierig gestaltet.
- Daneben müssen die Risiken, die mit der Vornahme von Bauinvestitionen verbunden sind, weitgehend allein vom Unternehmen getragen werden.
- Als größtes Problem wird aber im Allgemeinen die Tatsache angesehen, dass der Kapitalbedarf und die Kapitalbindung bei der Projektentwicklung gegenüber anderen Bereitstellungsformen sehr hoch sind. Diese Tatsache berührt aber nicht nur die Finanzseite der Unternehmung, sondern wirkt sich darüber hinaus auch auf deren Kostenstruktur aus. Denn bei Unternehmensimmobilien handelt es sich um nicht beliebig teilbare Produktionsfaktoren, die fixe Kosten verursachen. Hieraus ergibt sich bei Fluktuationen in der Nutzungsintensität das Problem überproportional steigender Stückkosten. Somit erhöht das durch die Projektentwicklung geschaffene Eigentum an Immobilien den „operating leverage“ (die Hebelwirkung von Investitionen in Sachanlagevermögen auf den Gewinn) des Unternehmens (vgl. Nourse 1990, S. 69).
- Schließlich ist darauf hinzuweisen, dass die Unternehmung an die Entscheidung zur Bereitstellung eines Gebäudes mittels Projektentwicklung längerfristig gebunden ist. Ein kurzfristiger Auf- aber auch Abbau der Nutzungsbereitschaft der Immobilien ist im Regelfall nicht möglich. Dieses Argument findet umso stärkeres Gewicht, je höher der Spezialisierungsgrad des Gebäudes ist, d. h. je stärker es für einen bestimmten Verwendungszweck des Nutzers entwickelt

wurde, desto weniger Interessenten werden sich dafür im Falle der Verwertung ceteris paribus finden lassen.

(b) Kauf

Durch den Kauf erwirbt die Unternehmung das wirtschaftliche und rechtliche Eigentum und damit das alleinige Nutzungsrecht an der ihr übertragenen Immobilie. Dabei ist der Kauf im vorliegenden Zusammenhang lediglich auf die Übereignung eines fertigen Kaufobjektes gerichtet.

Grundsätzlich sind mit dem Immobilienkauf folgende **Vorteile** verbunden:

- Gegenüber der bislang diskutierten Projektentwicklung zeichnet sich der Immobilienkauf besonders durch die rasche Verfügbarkeit des Objektes aus, sodass die Nutzungsbereitschaft schneller bewirkt werden kann.
- Ein weiterer Vorteil des Kaufs liegt in der Wahrung der Kontrolle über die Nutzung und deren Veränderbarkeit entsprechend den sich in der Zukunft ergebenden unternehmens- bzw. geschäftsfeldstrategischen Anforderungen.
- Daneben bietet der Kauf die Möglichkeit, über den Aufbau von Markteintrittsbarrieren den Wettbewerb einzuschränken (vgl. Nourse 1990, S. 69).

Nachteilig wirken sich beim Kauf von Immobilien folgende Aspekte aus:

- Die Möglichkeiten des Käufers, auf die Gestaltung des Gebäudes entsprechend seinen strategischen Vorstellungen Einfluss zu nehmen, sind gegenüber der Projektentwicklung eingeschränkt. Grundsätzlich muss sich die Unternehmung hinsichtlich der Einrichtung des Betriebes und eventueller Änderungen am Baukörper an den vorhandenen baulichen Gegebenheiten des fertigen Objektes orientieren, es sei denn, der externe Developer erstellt eine „maßgeschneiderte" Immobilie für die Unternehmung.
- Hinsichtlich der finanzwirtschaftlichen Konsequenzen gleichen sich Kauf und Projektentwicklung annähernd. Der Kaufpreis bedingt i. d. R. einen hohen Kapitalbedarf und -bindung, die jedoch möglicherweise geringer sind als im Falle der Projektentwicklung, sofern Altbauten mit einem entsprechend niedrigeren Wert akquiriert werden.
- Ähnliche Nachteile ergeben sich in Bezug auf den „operating leverage". Da durch den Kauf einer Immobilie die Nutzungsbereitschaft auf grundsätzlich unbestimmte Zeit und aufgrund eigener Finanzierungs- und Investitionsakte aufgebaut wird, ist eine kurzfristige Anpassung an einen rückläufigen Bedarf ebenfalls nicht bzw. nur eingeschränkt möglich (vgl. Brittinger, S. 92).

(c) Leasing

Immobilienleasing ist eine Form der mittel- und langfristigen Vermietung von Grundstücken, Gebäuden und sonstigen Betriebsanlagen.

Versucht man, das Immobilien-Leasing einer Bewertung zu unterziehen, so lassen sich aus Sicht der Unternehmung als Leasingnehmer folgende **Vorteile** erkennen:

- Immobilien-Leasing bietet grundsätzlich den Vorteil, die Objekte entsprechend den Unternehmens- bzw. geschäftsfeldspezifischen Anforderungen bereitzustellen. Dieser Vorteil findet lediglich in den von Sicherheitsaspekten geprägten Anforderungen der Leasinggesellschaft hinsichtlich Objektstandort, -reversibilität und -wertentwicklung seine Begrenzung.
- Unternehmen, die nicht über eigene Erfahrungen in der Projektierung und Durchführung von größeren Bauvorhaben verfügen und ein solches auch nicht aufbauen wollen, können mittels Leasing an der Erfahrung und dem Management-Know-how der Leasinggesellschaft partizipieren (vgl. Tacke, S. 224).
- Mit dem Abschluss eines Leasingvertrages ist automatisch die Offenlegung und Transparenz der mit der Immobilie verbundenen Kosten verbunden. Dies fördert grundsätzlich einen effizienteren Umgang mit den Immobilienressourcen. Zudem zwingt die spezifische Vertragsgestaltung via Kaufoption den Leasingnehmer am Ende der Grundmietzeit, die weitere Nutzung des Objektes zu überdenken; einer unreflektierten Nutzung veralteter Objekte kann damit vorgebeugt werden.
- Hauptmotiv für das Immobilien-Leasing sind Finanz- und Kostenaspekte. Leasingvorteile können vielfach in der ausgaben- und aufwandsmäßigen Verteilung der Investitionsmittel auf eine betriebsgewöhnliche Nutzungsdauer mit gleichmäßigen, festliegenden und steuerlich absetzbaren Leasingraten anstelle der sonst üblichen kürzeren Tilgungszeiten, schwankenden Zinsbelastungen und dem meist degressiv gestalteten Kapitaldienst liegen. Dies führt zur zwischenzeitlichen Einsparung von Liquidität, die an anderer Stelle im Unternehmen gewinnbringend eingesetzt werden kann. Zudem verfügen Immobilien-Leasinggesellschaften als Großkreditnehmer mit ausgezeichneter Bonität häufig über günstige Refinanzierungsbedingungen, die über einen niedrigeren Zinsanteil in den Leasingraten auch dem Leasingnehmer zugutekommen.
- Lässt sich die Unternehmung ein Ankaufsrecht einräumen, so kann sie sich damit für die Zeit nach Vertragsablauf einen Standort sichern sowie eventuell die am Objekt zwischenzeitlich eingetretene Wertsteigerung nutzen (vgl. Tacke, S. 224).

Dieser vorteilhaften Sichtweise des Immobilien-Leasing sind jedoch auch gewichtige **Nachteile** entgegenzusetzen:

- Im Unterschied zur gewöhnlichen Mietung von Immobilien wird im Leasingvertrag grundsätzlich eine unkündbare Grundmietzeit festgelegt, die zwischen 40 % und 90 % der betriebsgewöhnlichen Nutzungsdauer liegt. Der Leasingnehmer kann während dieser Zeit im Gegensatz zur Eigeninvestition die Immobilie nicht beliebig veräußern; auch sind Ersatz- oder Erweiterungsmaßnahmen im Immobilien-Leasing ebenfalls problematisch (vgl. Gabele/Kroll, S. 248). Dies führt gerade in Zeiten technologisch, markt- und wettbewerblich akzelerierender Entwicklungen zum Aufbau von Mobilitätsbarrieren und schränkt somit die Flexibilität der Unternehmen im Immobilienmanagement in erheblichem Maße ein (vgl. Nourse 1992, S. 29).

- Ebenso ergeben sich negative Effekte auf den „operating leverage“ bei nachlassender Nutzungsintensität.
- Der von Vertretern der Leasingbranche vorgebrachten These, dass Immobilien-Leasing zu vorteilhafteren Bilanzstruktur- und -umfangseffekten führt, ist kritisch zu begegnen. Denn gerade für Großunternehmen besteht nach § 285 Nr. 3 HGB die Pflicht zum Ausweis der Leasingverpflichtung im Anhang des Jahresabschlusses, sodass Bilanzanalytiker diese bei ihrer Unternehmensbewertung entsprechend berücksichtigen.

(d) Anmietung

Ähnlich wie beim Immobilien-Leasing erfolgt mit der Anmietung keine eigentumsrechtliche Abtretung, sondern es wird lediglich ein zeitlich begrenztes Nutzungsrecht gegen Zahlung einer monetären Gegenleistung begründet.

Mit der Anmietung von Immobilien lassen sich folgende **Vorteile** verbinden:

- Die Raumkapazität kann relativ kurzfristig aufgebaut werden, sofern ein geeignetes Gebäude zur Verfügung steht. Auch ist die Bindung des Unternehmens an das Mietobjekt lockerer, weil die Mietverhältnisse entweder auf kürzere Dauer eingegangen werden oder in Fristen kündbar sind, die eine vergleichsweise schnelle Begegnung technologischer oder marktlicher Herausforderungen gewährleisten.
- Darüber hinaus sind der kurzfristige Kapitalbedarf und die Kapitalbindung bei Anmietung wesentlich geringer als bei den bisher behandelten Bereitstellungsformen, da die Ausgaben für die Nutzung des Gebäudes vom Mieter nicht auf einmal zu entrichten sind, sondern in Form des Mietzinses auf die Zeit der Nutzung verteilt werden.
- Der Aspekt der geringeren Kapital- und Kostenbindung führt auch dazu, dass der Miete von Gewerberaum als Waffe im Wettbewerb eine gewisse Bedeutung zukommt. So kann man beispielsweise im Einzelhandel beobachten, dass die Anmietung als Mittel zur Besetzung von Parallelstandorten eingesetzt wird, um sie gegen andere Branchenwettbewerber abzuschirmen; ist dann die regionale Marktdominanz erreicht, kommt es zur Aufgabe der überflüssigen Standorte (vgl. Waldmann, S. 75).
- Schließlich wird die Unternehmung als Mieter von jeglichen Risiken freigestellt, die mit der Errichtung und dem Eigentum an Immobilien verbunden sind, obliegt doch dem Vermieter aufgrund gesetzlicher Bestimmungen die Funktion der Risikotragung (vgl. Brittinger, S. 94).

Insbesondere der letztgenannte Gesichtspunkt führt zu den Problemen bzw. **Nachteilen** der Anmietung hin:

- Durch die einseitige Verteilung der Risikoposition sind die Möglichkeiten des Mieters und späteren Nutzers, auf die Gestaltung des Gebäudes entsprechend seinen strategischen Anforderungen Einfluss nehmen zu können, gegenüber den anderen Bereitstellungsformen auch dann gering, wenn sich das Bauprojekt noch in der Planung befindet und besondere Wünsche noch berücksichtigt werden könnten.
- Zudem birgt die Anmietung von Objekten ein nicht zu unterschätzendes Auseinandersetzungspotenzial mit dem Vermieter. Im Einzelfall mag dies zu extern induzierten Standortverlagerungen führen, wenn es nicht zu einer Vertragsverlängerung kommt.

Die umrissenen strategischen Optionen zeigen generelle Vorgehensweisen auf, die im konkreten Einzelfall weiter detailliert bewertet und ausgewählt werden müssen. Dabei beruht die strategische Entscheidungsfindung im Regelfall auf einem Wahlakt zwischen **„lease-or-own"** und anschließendem **„buy-or-build"** (vgl. Brown, S. 276 ff. und S. 302 ff.). Voraussetzung für die Bewertung und Auswahl ist die Analyse der prognostizierten Wirkungen der verschiedenen Alternativen sowie die Bestimmung von Beurteilungskriterien. Dabei müssen sowohl quantitative als auch qualitative Kriterien berücksichtigt werden.

Im Rahmen der quantitativen Kriterien sind primär die **Kosten- und Kapitalwirkungen**, aber auch **potenzielle Erlöswirkungen**, insgesamt also die Erfolgswirkungen der jeweils betrachteten Strategiealternative von Bedeutung. In diesem Zusammenhang ist eine Wirtschaftlichkeitsbetrachtung der einzelnen Alternativen über das gesamte Wirkungsintegral des Lebenszyklus der Immobilie in der Unternehmung vorzunehmen, d. h. es gilt die Struktur der Zahlungsströme getrennt nach Investitions-, Nutzungs- und Desinvestitionsphase zu erfassen. Damit liegt es nahe, für die Betrachtung des Entscheidungsproblems Verfahren der dynamischen Investitionsrechnung heranzuziehen (vgl. Schulte 1986, S. 40 ff.; Schulte/Bone-Winkel/Pitschke, S. 235 ff.), da diese über die explizite Berücksichtigung der Zeitkomponente dem Langfristcharakter der Entscheidung gerecht werden. Im Rahmen der Verfahren der dynamischen Investitionsrechnung ist der vollständige Finanzplan (VOFI) am geeignetsten, da er durch die explizite Erfassung aller sämtlicher Zahlungen als auch durch die Bereitstellung eines strukturierten und äußerst flexiblen Analyseinstruments die gestellten Anforderungen einer Immobilien-Investitionsrechnung am besten erfüllt (Schulte/Bone-Winkel/Pitschke, S. 264 f.).

Jedoch zeigt die bisherige Diskussion, dass sich die Entscheidung im Rahmen der Immobilien-Bereitstellung nicht nur auf monetär abbildbare Konsequenzen

reduzieren lässt, sondern auch von **qualitativen, nicht monetär erfassbaren Größen** mitbestimmt wird, die sich beispielsweise in
- der gegenwärtigen und zukünftigen Lage auf dem Immobilienmarkt,
- den bilanz- und steuerrechtlichen Rahmenbedingungen,
- den strategischen Anforderungen der Unternehmung bzw. ihrer Geschäftsfelder,
- den betrieblichen Flexibilitätserfordernissen,
- der gegenwärtigen und zukünftigen Finanzierungs- und Liquiditätslage,
- dem vorhandenen Management-Know-how,
- der Art und Größe des Objektes sowie
- der Nutzungsdauer konkretisieren.

An dieser Stelle bietet es sich an, die unterschiedlichen Immobilienbereitstellungsformen im internationalen Vergleich zu betrachten. Fokussiert man dabei auf die **Eigentumsquote** bei betrieblichen Immobilien, so fällt auf, dass in Europa durchschnittlich etwa zwei Drittel der betrieblich genutzten Immobilien sich im Eigentum der Unternehmen befinden, während die Relation bei US-amerikanischen Unternehmen genau umgekehrt ist (vgl. Hill, S. 313; Jones Lang LaSalle, S. 1). Deng/Gyourko haben in diesem Zusammenhang nachgewiesen, dass Non-Property-Companies mit überdurchschnittlich hohem Immobilienvermögen tendenziell eine **unterdurchschnittliche Performance** aufweisen (vgl. Deng/Gyourko, S. 16). Die Ursachen dafür liegen u. a. in der mangelnden Flexibilität dieser Form der Immobilienbereitstellung und in der hohen Kapitalbindung, aber auch in der Bevorzugung von „Pure plays", dem mangelnden Managementfokus und mangelnder Transparenz begründet. Die Hypothese, dass ein großer Immobilienbesitz negativ mit der Bewertung des Unternehmens durch die Aktionäre korreliert, wird auch durch positive abnormale Renditen bei der Ankündigung der Veräußerung von Immobilienbeständen gestützt (vgl. Glascock/Davidson/Sirmans, S. 567).

Im Zuge der Durchsetzung der **Shareholder Value-Orientierung** in deutschen Unternehmen wächst das Bewusstsein für die Vermögensdimension der Unternehmensimmobilien und damit für die Effektivität der Immobilienbereitstellung. Nicht zuletzt finden diese Erkenntnisse bei den aktuellen Bemühungen zahlreicher Unternehmen zur Verwertung von Immobilien im Rahmen von Großtransaktionen ihren Niederschlag (vgl. Punkt F.2.5.3.2.3).

2.5.3.2.2 Strategien der Immobilien-Bewirtschaftung

Nach der Bereitstellung tut sich im Rahmen der immobilienstrategischen Entscheidungsfindung die Bewirtschaftung der im Einsatz befindlichen Immobilienressourcen („Facilities Management") als zweiter grundlegender Problembereich auf.

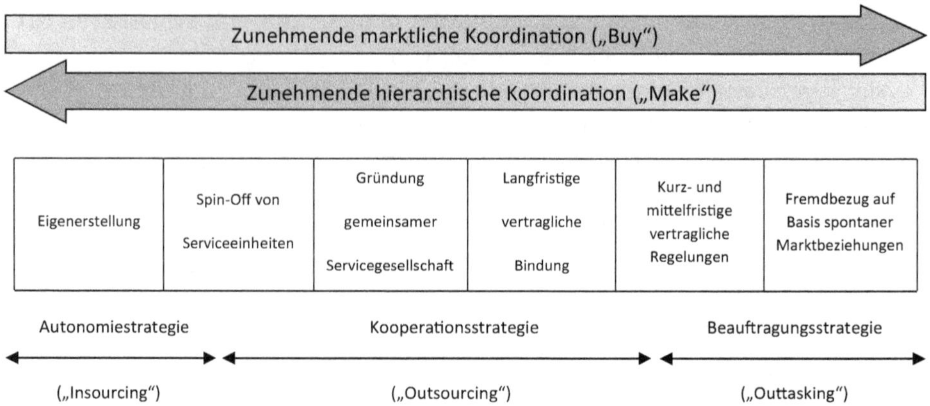

Abb. 6: Strategische Optionen zur Gestaltung der Leistungstiefe in der Immobilien-Bewirtschaftung (Quelle: In Anlehnung an Picot, S. 340)

In strategischer Sicht stellt sich die Frage nach der optimalen Leistungstiefe, d. h. es wird für den Aufgabenbereich der Immobilien-Bewirtschaftung das bestmögliche Verhältnis zwischen den intern zu beherrschenden und zu verantwortenden Eigenaktivitäten einerseits und den von externen Dienstleistern zu erfüllenden Teilaufgaben andererseits gesucht. Dabei können entlang eines Kontinuums mit den Extrema Eigenerstellung („Make") bzw. Fremdbezug („Buy") verschiedene strategische Optionen unterschieden werden, die vereinfacht zu den grundlegenden Alternativen Autonomie-, Kooperations- und Beauftragungsstrategie zusammengefasst werden können (vgl. Abbildung 6).

(a) Autonomiestrategie

Bei der Autonomiestrategie tritt das Unternehmen als alleiniger Träger der Immobilien-Bewirtschaftung auf. Dies bedeutet, dass es die von ihr formulierte Politik zur Gebäudebewirtschaftung selbständig und eigenverantwortlich verwirklicht, indem die hierfür notwendigen Aktivitäten mit eigenen finanziellen, personellen und materiellen Ressourcen durchgeführt werden. Folglich ist Voraussetzung, dass die Ressourcen im eigenen Hause in dafür ausreichendem Maße zur Verfügung stehen.

Vorteilhaft wirken sich bei dieser Strategie folgende Aspekte aus:

- Durch die direkte Präsenz zum einen und die vergleichsweise gute Orts- und Anlagenkenntnis zum anderen werden schnelle Reaktionszeiten gesichert, durch die z. B. anlagenbedingte Störungen des Betriebsablaufes minimiert werden können (vgl. Frieske, S. 58).
- Ein weiterer Vorteil der erhöhten Leistungstiefe liegt in der verbesserten Prozesskontrolle begründet.
- Schließlich verringert das autarke Vorgehen die mit einer Auslagerung auf externe Dritte verbundene Schnittstellenproblematik.

Jedoch darf nicht übersehen werden, dass eine zu große Leistungstiefe in der Gebäudeinstandhaltung im größeren Umfang als erforderlich Managementkapazitäten und Kapital bindet. Diese stehen dann für die eigentlichen Kernaufgaben des Unternehmens nicht mehr zur Verfügung. Daneben weisen interne Gebäudedienste nicht selten strukturelle Defizite auf: Vielfach werden für jede Geschäftseinheit getrennt entsprechende Kapazitäten vorgehalten, deren Auslastung im Regelfall nicht sichergestellt ist (vgl. Jicha, S. 212). Als schwerwiegendstes Problem erweist sich jedoch der Gemeinkostencharakter interner Gebäudedienste. Die damit verbundene mangelnde Kostentransparenz führt einhergehend mit der „Verliebtheit" in die eigenen technisch-organisatorischen Leistungspotenziale oftmals zu nicht wettbewerbsadäquaten Angeboten durch die internen Dienstleister einerseits und einem nur wenig ausgeprägten Denken in Kosten-Nutzen-Kategorien bei den Nachfragern andererseits (vgl. Balck, o. S.).

(b) Beauftragungs- oder Kooperationsstrategie

Die bei einem Fremdbezug von Dienstleistungen des Facilities Managements bestehenden strategischen Wahlmöglichkeiten können durch die Intensität der eingegangenen Bindung und ihre Dauer charakterisiert werden. Vor diesem Hintergrund wird im Folgenden zwischen der Beauftragungs- und der Kooperationsstrategie unterschieden.

Die Beauftragungsstrategie beinhaltet die fallweise, objektbezogene Fremdvergabe einzelner Leistungen im Rahmen der Immobilien-Bewirtschaftung an externe Dienstleister auf der Basis kurzfristiger Verträge oder spontaner Einkäufe am Markt. Diese, eher als traditionell zu kennzeichnende Strategiealternative wird in der angloamerikanischen Literatur auch als „Outtasking" bezeichnet (vgl. Lambert/Poteete/Waltch, S. 70).

Demgegenüber kennzeichnet die Kooperationsstrategie eine stärker strategisch motivierte, kontinuierliche Fremdvergabe von Leistungen im Facilities Management an externe Marktteilnehmer, die vielfach im Zusammenhang mit betrieblichen Sekundärleistungen auch als „Outsourcing" umschrieben wird. Die Externalisierung kann sich dabei auf Einzelleistungen, auf Leistungsbündel oder auf nahezu alle Aufgaben der Gebäudebewirtschaftung beziehen. Mithin ist die Zusammenarbeit Ausdruck eines bewussten, langfristigen und zielgerichteten gemeinsamen Handelns, das auf der Grundlage langfristiger Verträge bis hin zu Gemeinschaftsunternehmen bzw. strategischen Allianzen begründet wird.

Versucht man, die Fremdvergabe der Gebäudebewirtschaftung einer Bewertung zu unterziehen, so lassen sich folgende Aspekte **positiv** anmerken:

– Grundsätzlich ermöglicht die Fremdvergabe dem Unternehmen, Spezialisierungsvorteile externer Leistungsanbieter zur Erreichung einer höheren Dienstleistungsqualität zu nutzen. Dabei wird die Leistungsqualität durch den Wettbewerbsdruck sichergestellt, der die Leistungsanbieter dazu zwingt, zur

Erhaltung ihrer Konkurrenzfähigkeit Produkt- und Prozessinnovationen in der Leistungserbringung weiterzugeben.
- Neben dem Aspekt der Qualitätsverbesserung wird die Fremdvergabe vor allem aus Kostengesichtspunkten erwogen.
- Darüber hinaus hebt die Auslagerung die langfristige Bedingung von finanziellen und personellen Ressourcen in der Gebäudebewirtschaftung auf und verleiht der Unternehmung somit eine größere finanzielle Flexibilität.

Neben möglichen Vorteilen sind mit der Auslagerung aber auch erhebliche Probleme verbunden:
- Mit der internen Kapazitätsreduktion in Folge der Fremdvergabe ist der mittelfristig unwiderrufliche Verlust eigenen Know-hows in der Gebäudebewirtschaftung verbunden, sodass aufgrund von Informationsasymmetrien zunehmend Abhängigkeiten von den Dienstleistern entstehen (vgl. Frieske, S. 59).
- Damit einher geht oftmals das Problem einer mangelnden Kontrolle über die Leistungsinhalte und -ergebnisse.
- Daneben werden die aufgezeigten Kostenvorteile oftmals konterkariert. Zum einen führen die der Auftragsbeziehung inhärenten Abstimmungsprobleme und die mangelnde Unternehmens- und Anlagenkenntnis der Dienstleister zu einer Verringerung der Prozess- und damit der Ergebniseffizienz (vgl. Frieske, S. 59). Zum anderen dürfen die Kosten für die Anbahnung, Aushandlung und Kontrolle von Fremdleistungsverträgen nicht unterschätzt werden.
- Des Weiteren machen insbesondere langfristige Vertragsbeziehungen bei gleichzeitigem Abbau interner Kapazitäten eine Umkehr der Outsourcing-Entscheidung oder den Wechsel des Dienstleisters nur unter großem finanziellem Aufwand möglich.

Für die Entscheidungsfindung zwischen den Strategiealternativen zur Leistungstiefengestaltung werden in der Literatur und Praxis traditionell **kostenrechnerische Ansätze** herangezogen; diese stellen im Allgemeinen einen statischen Kostenvergleich zwischen den Vollkosten des Fremdbezugs und den im Einzelfall besonders abzugrenzenden, entscheidungsrelevanten Kosten der Eigenerstellung dar (vgl. Männel).

Die Orientierung der Make-or-Buy-Entscheidung an kostenrechnerischen Kalkülen erweist sich jedoch aus mehreren Gründen als problematisch (vgl. Picot, S. 341 f.; Picot/Maier, S. 19 f.). Neben der Beschränkung kostenrechnerischer Ansätze auf die Extrema Eigenfertigung oder Fremdbezug erweist sich gerade bei betrieblichen Sekundärfunktionen wie dem Immobilienmanagement die Kostenbasis als problematisch, fehlt es doch häufig an einer systematischen Kostenerfassung. Die Aggregation in Gemeinkostenblöcken lässt einen aussagekräftigen Kostenvergleich kaum zu. Noch schwerer wiegt jedoch der Einwand, dass andere, eher strategisch motivierte Kriterien in Kostenvergleichsrechnungen keine systematische Berücksichtigung finden. Wie die Ausführungen in den vorangegangenen Abschnitten jedoch gezeigt haben, sind neben den Kosten- und Kapitalwirkungen auch andere Kriterien entscheidungsrelevant.

In diesem Zusammenhang wird in jüngster Zeit mit der Transaktionskostenanalyse ein gänzlich anderer Ansatz für das vorliegende Entscheidungsproblem propagiert. Die **Transaktionskostenanalyse** ermöglicht eine sowohl strategisch wie ökonomisch fundierte Beurteilung von Make-or-Buy-Entscheidungen unter besonderer Berücksichtigung von Koordinations- bzw. Transaktionskosten, die bei der Organisation und Abwicklung arbeitsteiliger Aufgabenerfüllung anfallen (vgl. Picot/Maier, S. 20). Dabei sieht der Transaktionskostenansatz von der Notwendigkeit ab, alle Entscheidungskonsequenzen monetär zu bewerten, da die Zusammenhänge zwischen den jeweiligen Aufgabenfeldern der in Rede stehenden Unternehmensfunktion und den möglichen Strategiealternativen bereits durch eine vergleichende Betrachtung der Leistungseigenschaften deutlich werden.

Dabei sind die Spezifität und unternehmerische Bedeutung der Leistung, die Unsicherheit der Umwelt hinsichtlich Anzahl und Vorhersehbarkeit von Veränderungen bei der Leistungserstellung sowie die Häufigkeit der Leistungserbringung wesentliche Eigenschaften, die die Höhe der Transaktionskosten und die Frage nach Eigenerstellung oder Fremdbezug beeinflussen (vgl. Picot, S. 345 ff.).

Bezogen auf das vorliegende Entscheidungsproblem lassen sich vereinfacht folgende grundlegende Strategieempfehlungen ableiten:

- Weist eine Leistung sowohl einen hohen Grad an Spezifität als auch eine große strategische Bedeutung auf, so ist die reine oder allenfalls extern unterstützte **Eigenerstellung** erforderlich. Dies umso mehr, je häufiger diese Leistung anfällt und je höher die Unsicherheit eingeschätzt wird. Beispiele für eine solche Leistung sind die Entwicklung eines unternehmensspezifischen Planungs- und Steuerungssystems für die Gebäudebewirtschaftung, die langfristige Flächen- bzw. Raumplanung oder das „Relationship-Management“ zu den übrigen Unternehmenseinheiten.
- Im Gegensatz dazu empfiehlt sich bei unspezifischen, standardisierten und strategisch unbedeutsamen Leistungen ein reiner **Fremdbezug**, der intern lediglich unterstützend (d. h. kontrollierend) begleitet wird. Als Beispiele für eine solche Leistung seien die Gebäudereinigung, Umzüge, Instandhaltung und das Vertragswesen, etc. genannt.
- Nehmen die Facilities Management-Leistungen hinsichtlich der Spezifität und strategischen Bedeutung eher eine Mittelstellung ein, so ist eine **Mischstrategie** im Sinne eines kooperativ-koordinierten Einsatzes interner wie externer Kapazitäten zu empfehlen.

2.5.3.2.3 Strategien der Immobilien-Verwertung

Die Verwertung oder Monetarisierung von Unternehmensimmobilien gewinnt mit steigendem Wettbewerbsdruck auf Produkt- und Kapitalmärkten zunehmend an Relevanz und ist demzufolge ein wesentliches Entscheidungsfeld im Corporate Real Estate Management. Der Fokus der Verwertungsüberlegungen liegt nicht mehr nur auf der Verwertung nicht betriebsnotwendiger Immobilien. Auch betriebsnotwendige Immobilien werden zunehmend Gegenstand von Monetarisierungsüberlegungen. Dies ist insbesondere dann der Fall, wenn die **Betriebsnotwendigkeit** der Immobilien nicht mit der Notwendigkeit des Eigentums einhergeht und die hohe Kapitalbindung in Immobilien den Shareholder Value des betreffenden Unternehmens mindert, da das in Immobilien gebundene Kapital wertsteigernd im Kerngeschäft eingesetzt werden könnte.

Bei der Verwertung bzw. Monetarisierung betrieblicher Immobilien kann man zunächst danach unterscheiden, ob es sich um betriebsnotwendige oder betrieblich nicht notwendige Immobilien handelt. Dementsprechend lassen sich Verwertungs- bzw. Monetarisierungsstrategien in zwei Gruppen unterteilen.

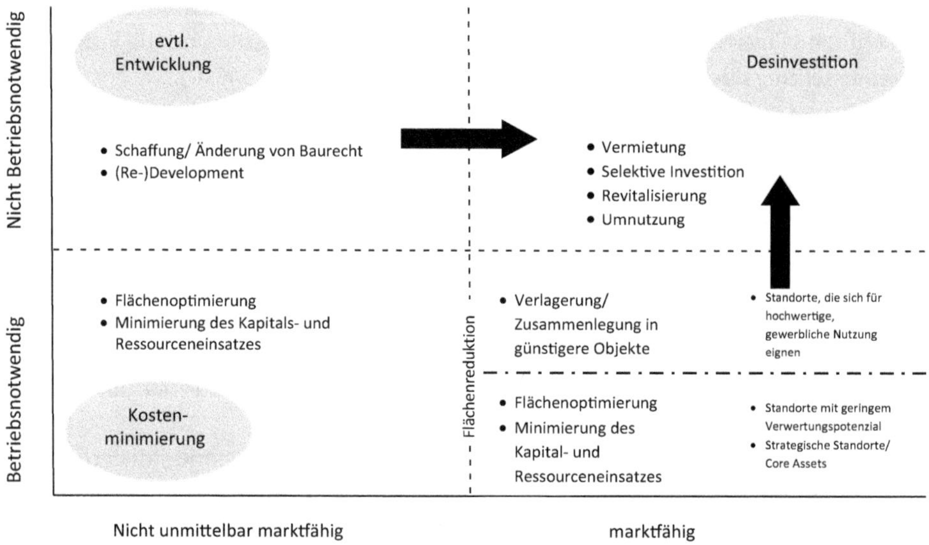

Abb. 7: Portfoliostrukturierung als Voraussetzung der Immobilienverwertung (Quelle: Eigene Darstellung)

Im Falle der **Verwertung bzw. Monetarisierung von betriebsnotwendigen Immobilien** wird eine simultane Entscheidung über die Immobilienverwertung und -bereitstellung durch ein Unternehmen getroffen, da die Veräußerung der betrieblichen Immobilien im Regelfall von einer gleichzeitigen Rückmietung begleitet wird.

In der angloamerikanischen Literatur spricht man auch von **„Property Outsourcing“** oder **„Corporate Real Estate Outsourcing“** (vgl. Asson, S. 329 ff.). Dabei beinhaltet das „Property Outsourcing“ das über die reine Veräußerung hinausgehende Outsourcing sämtlicher immobilienbezogener Flächen- und Serviceleistungen.

Im Falle der **Verwertung bzw. Monetarisierung betriebsneutraler Immobilien** kann je nach Intensität der Aufbereitung der Immobilien und den damit verbundenen Konsequenzen zwischen **aktiven und passiven Verwertungsstrategien** unterschieden werden.

Voraussetzung für die Ermittlung optimaler Monetarisierungsstrategien ist die klare Strukturierung des zugrunde liegenden Immobilienportfolios. Dafür ist eine Strukturierung nach Betriebsnotwendigkeit und Marktfähigkeit zielführend (vgl. Abbildung 7).

(a) Verwertung/Monetarisierung betriebsnotwendiger Unternehmensimmobilien

Verwertungs- bzw. Monetarisierungskonzepte für betrieblich notwendige Immobilien zeichnen sich durch eine Orientierung an den strategischen und finanziellen Interessen des Unternehmens aus. Inhaltlich ist die **Immobilien-Monetarisierung** dabei wie folgt gekennzeichnet:

- Verringerung des Immobilien-Exposure bei Non-Property-Companies durch eine (endgültige) Trennung von Immobilienbeständen,
- Trennung von Eigentum und Nutzung bei gleichzeitiger Sicherung des Zugriffs auf strategisch bedeutsame, dauerhaft betriebsnotwendige Immobilien,
- Realisierung eines Liquiditätszuflusses durch Verkauf an strategische und/oder Finanzinvestoren.

Je nach Gewichtung der mit der Mobilisierung angestrebten **strategischen, finanzwirtschaftlichen und transaktionsbezogenen Ziele** (vgl. Tabelle 5) und abhängig von der zu veräußernden Immobilien stehen unterschiedliche Monetarisierungsstrategien zur Verfügung, wie in Abbildung 8 dargestellt. Wie alle Entscheidungen, die im Rahmen des Corporate Real Estate Managements zu treffen sind, ist auch die Wahl der Mobilisierungsalternative primär unter dem Gesichtspunkt der optimalen Unterstützung des **Kerngeschäfts** der Unternehmung zu treffen.

Die vorherrschende Form der Monetarisierung von Unternehmensimmobilien sind **Sale-and-Leaseback**-Transaktionen. Dabei werden Immobilienportfolios beim gleichzeitigen Abschluss von Miet- und/oder Leasingverträgen an Investoren veräußert (vgl. Asson, S. 327 ff.). Bei Sale-and-Leasebacks im Sinne einer reinen **Finanztransaktion** steht die Freisetzung von Kapital im Mittelpunkt des Interesses. Eine **Flexibilisierung** durch die Veräußerung betriebsnotwendiger Immobilien bei gleichzeitigem Abschluss zeitlich strukturierter, mit Optionen zur Flächenaufgabe bzw. -rücknahme ausgestatteter Mietverträge gewinnt jedoch gegenüber der reinen Liquiditätsorientierung an Bedeutung.

Tab. 5: Ziele der Monetarisierung von Unternehmensimmobilie (Quelle: Eigene Darstellung)

Strategische Ziele	Finanzwirtschaftliche Ziele	Transaktionsbezogene Ziele
• Konzentration auf Kernkompetenzen • Verringerung des Immobilien-Exposure • Schaffung operativer Flexibilität • Beibehaltung der Kontrolle über strategisch bedeutende Immobilien • Effizienzsteigerung im Rahmen des Managements von Anlagevermögen • Kalkulierbarkeit und Transparenz der Immobilienkosten	• Freisetzung von Kapital für das Kerngeschäft • „Off-Balance Sheet" – Behandlung der Immobilien • Aufrechterhaltung der Möglichkeit der Partizipation an der Wertsteigerung der Immobilien	• Maximierung des Veräußerungserlös • Maximierung der Veräußerungswahr-scheinlichkeit • Minimierung des Veräußerungszeitraumes

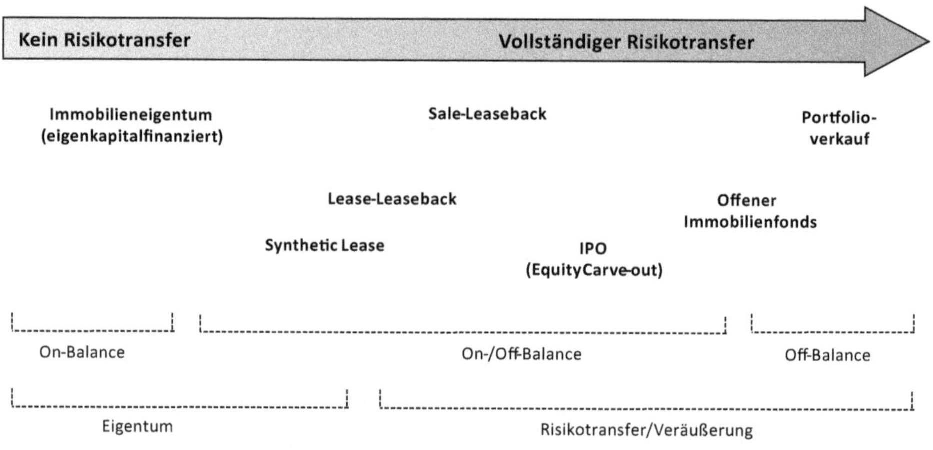

Abb. 8: Monetarisierungsstrategien für Unternehmensimmobilien (Quelle: Eigene Darstellung)

Eine Sonderform des Sale-and-Leaseback sind Lease-Leaseback-Konstruktionen und ADP-Konstruktionen. **Lease-Leaseback**-Konstruktionen bezeichnen Transaktionen, in deren Rahmen nicht das Immobilienvermögen, sondern lediglich das Nutzungsrecht (der Nießbrauch) an den Immobilien für einen bestimmten Zeitraum veräußert und die Immobilien gleichzeitig angemietet werden. **Asset Defeasance Products** (ADP; auch Synthetic Leasing) sind eine Sonderform des Immobilienleasing, die sich dadurch auszeichnet, dass das Immobilieneigentum steuerlich dem Leasingnehmer, handelsrechtlich jedoch dem Leasinggeber zugerechnet wird. Synthetische Leases sind in angloamerikanischen Ländern im Gegensatz zu Deutschland weit verbreitet.

Eine weitere Möglichkeit der Monetarisierung von Unternehmensimmobilien ist die **Ausgliederung des Immobilienbereichs** in eine eigenständige Tochtergesellschaft und deren Platzierung an der Börse (vgl. Schäfers/Haub/Stock, S. 311 ff.). Angesichts des aktuellen Kapitalmarktumfelds und der generellen Unterbewertung börsennotierter Immobiliengesellschaften ist diese Strategie gegenwärtig jedoch wenig vielversprechend.

Unternehmensimmobilien können auch, sofern sie die qualitativen Anforderungen erfüllen, an einen eigens dafür gegründeten **offenen Immobilienfonds** veräußert werden. Bei der Realisierung dieser Monetarisierungsstrategie ist den Vorschriften des Investmentgesetzes (InvG) entsprechend Rechnung zu tragen. Eine derartige Transaktion hat die Siemens AG am 30. September 1999 durch die Gründung des Sondervermögens „SKAG Euroinvest Immobilien" und den gleichzeitigen Erwerb eines 18 Immobilien umfassenden Portfolios unternehmenseigener Immobilien umgesetzt (vgl. Schäfers 2004, S. 550).

(b) Verwertung/Monetarisierung betriebsneutraler Unternehmensimmobilien

Hier kann zwischen zwei Formen unterschieden werden.

Passive Verwertungsstrategien zielen auf eine unmittelbare Verwertung einzelner betriebsneutraler Immobilien **ohne Inhalts- und Strukturveränderungen** ab. Nach Art der externen Verwertung bestehen dabei mit der Vermietung (**„Leasing as is"**) und dem Verkauf (**„Selling as is"**) zwei grundlegende Optionen.

Mit der Wahl für eine dieser Verwertungsoptionen lassen sich im Grundsatz ähnliche Motive und Zielsetzungen verbinden. Neben der vergleichsweise kurzfristigen Liquiditätsschöpfung aus Vermietungs- bzw. Verkaufserlösen kommt vornehmlich beim **Verkauf** der Freisetzung des in Immobilien gebundenen Kapitals und damit der Eliminierung von Fixkosten ein erhebliches Bedeutungsgewicht zu (vgl. Case, S. 12). Wird demgegenüber der **Vermietung** der Vorzug gegeben, verbindet sich damit die Vorstellung, dass ein zu einem späteren Zeitpunkt ins Auge gefasster Verkauf der Immobilie wesentlich leichter fällt, wenn mit dem Objekt ein kontinuierlicher Strom an Mietzahlungen verknüpft ist (vgl. Flegel, S. 56). Zudem besteht weiterhin die Möglichkeit einer Wieder- bzw. Umnutzung für einen in der Zukunft liegenden betrieblichen Flächenbedarf.

Grundlegende Voraussetzung für eine optimale Verwertung ist das Verständnis der zur Verwertung anstehenden Immobilie als vermarktungsfähiges Produkt. Die **Vermarktungstätigkeit** umfasst in diesem Zusammenhang die Gesamtheit aller Maßnahmen und Entscheidungen, die sich auf die Analyse der Vermarktbarkeit der vorhandenen Immobilienressourcen, die Bestimmung der potenziellen Abnehmer bzw. Nutzer, die Wahl des geeigneten Absatzweges und -zeitpunktes, den Einsatz der Marketing-Mix-Instrumente sowie die Festlegung der konkreten Verwertungsart beziehen.

Die Umsetzung passiver Verwertungsstrategien wird durch primär **immobilienbezogene Charakteristika** erschwert (vgl. Aengevelt, S. 695 ff.). Die zur Verwertung anstehenden Liegenschaften entsprechen oftmals nicht den Anforderungen moderner Nutzungen hinsichtlich eines optimalen Material-, Produktions- und Kommunikationsflusses. Unflexible Grundrisse, überdimensionierte Grundstücks- und Gebäudegrößen, Altlastenprobleme bei ehemals industriell genutzten Brachflächen sowie eine mangelhafte technische Infrastruktur verhindern potenzielle Anschlussnutzungen und schränken so die Marktfähigkeit ein.

Zusammenfassend kann festgehalten werden, dass mit der Vornahme einer passiven Verwertungsstrategie regelmäßig ein Absinken auf das Niveau des mittleren bis unteren Marktsegments verbunden ist. Diese als „filtering down"-Effekt bezeichnete Entwicklung führt zu einer erheblichen Schmälerung des erzielbaren Ertragspotenzials, wenn nicht sogar ein Negativwert hingenommen werden muss.

Aktive Verwertungsstrategien haben eine Verwertung betriebsneutraler Immobilien nach Inhalts- und Strukturveränderungen zum Ziel.

Entsprechen die im Rahmen der Verwertung dem Markt angebotenen Objekte z. B. in Bezug auf Standort, Gebäude- und Flächenstruktur, Bausubstanz, Architektur oder Wirtschaftlichkeit nicht den geforderten marktlichen Anforderungen, besteht mit dem **Re-Development** vorhandener Bestandsimmobilien eine alternative strategische Option (vgl. Nourse/Kingery, S. 55 ff.; Nourse 1989, S. 1029). Der für das Immobilienmanagement wesentliche Aspekt des Re-Development liegt in der Erweiterung des Handlungs- und Entscheidungsspielraums durch eine aktive, technisch-gestalterische Einflussnahme auf die vorhandenen Objekte. Dabei besteht die eigentliche unternehmerische Herausforderung darin, eine solche Verknüpfung von Grundstück, Projektkonzept und Kapital herzustellen, dass eine nachhaltig wettbewerbsfähige und damit ertragreiche Nutzung der Immobilie ermöglicht wird. Mithin ist Ziel des Re-Development, den durch die Entwicklungsmaßnahme bewirkten Mehrwert in der Unternehmung zu belassen und nicht von externen Marktakteuren abschöpfen zu lassen.

Die **eigenständige Durchführung** von Re-Developmentprojekten ist mit einer Reihe von Risiken behaftet, die über das Maß hinausgehen, welches üblicherweise von Non-Property Companies getragen wird. Neben den Risiken, die typischerweise mit der Vornahme von Bauinvestitionen verbunden sind, werfen vor allem der notwendige Kapitalbedarf und die Kapitalbindung während der Konzeptions- und Umbauphase, der Aufbau eines entsprechenden Development-Know-hows sowie die Anpassung des Planungs-, Kontroll-, Organisations- und Kultursystems an die veränderten Markt- und Wettbewerbsbedingungen erhebliche Probleme auf, die das in Eigenregie betriebene Re-Development zweifelhaft erscheinen lassen.

Aus Risikoüberlegungen bietet sich daher – neben der im Folgenden dargestellten Kooperationslösung – eine **abgemilderte Form der Integrationslösung** an, bei der die Unternehmung für die betreffende Liegenschaft eine neue Nutzungskonzeption entwickelt, deren Realisierbarkeit im Rahmen einer Feasibility-Studie prüft, die anschließend in Verbindung mit einer positiven Bauvoranfrage an einen Investor veräußert wird.

Weiterhin bietet es sich an zu prüfen, ob die mit dem Re-Development verbundenen Erfolgspotenziale nicht durch eine **Zusammenarbeit mit einem professionellen Developer** nutzbar gemacht werden können. Erscheinungsformen und Bezeichnungen solcher Verbindungen von Unternehmen, die im Folgenden vereinfacht mit dem Begriff „Kooperation" belegt werden, weisen in der Realität eine fast unübersehbare Vielfalt auf (vgl. Bea, S. 2524). Im vorliegenden Zusammenhang soll unter der Kooperationslösung eine unternehmerische Zusammenarbeit zwischen einer Non-Property-Company und einem Projektentwickler verstanden werden, die sich in einem gemeinsam durchgeführten Re-Developmentvorhaben die führungsmäßige Verantwortung und Kontrolle sowie das finanzielle Risiko teilen (vgl. Ihrig, S. 29). Mit dem Aufbau einer solchen Kooperation eröffnet sich für die Non-Property-Company die Option, durch eine sinnvolle Ergänzung der individuellen Stärken bzw. Kompensation der individuellen Schwächen die strategischen Chancen im Re-Development von Bestandsimmobilien nutzbar zu machen und gleichzeitig deren Risiken abzumildern.

Die konkrete **Ausgestaltung der Kooperation** ist im Einzelfall abhängig von den eingebrachten Leistungen der Partner, der Intensität der Gewinn- (und Verlust-) beteiligung sowie dem Grad der gewünschten Einflussnahme auf das Projekt. Wenngleich die unternehmerische Führung der Entwicklungsmaßnahme i. d. R. beim Developer verbleibt, sollte sich die Unternehmung keineswegs nur auf die Wahrnehmung der Bauherrenaufgaben beschränken. Vielmehr ist eine aktive Beteiligung auch an den Konzeptions-, Planungs- und Abwicklungsaufgaben erforderlich, um die Re-Development-Immobilie entsprechend den eigenen strategischen Überlegungen hinsichtlich des Aufbaus von Wettbewerbsvorteilen gegenüber Konkurrenzobjekten zu gestalten.

Als Fazit kann festgehalten werden, dass sich die Kooperationsstrategie als attraktive, aber auch komplexe strategische Option darstellt. Trotz der inhärenten Risiken und Probleme von Kooperationen ist zu erwarten, dass diese nicht zuletzt infolge der verschärften Ressourcenproblematik sich vor allem für jene Unternehmen als gangbarer Weg erweisen wird, für die das Re-Development weiterhin lediglich ein Randgebiet ihrer eigentlichen Unternehmenstätigkeit darstellt.

Die zunehmende Hinwendung zum Immobilienmarkt im Rahmen einer strategiegeleiteten Verwertung wirft die grundsätzliche Frage auf, ob das vorhandene Immobilien-Portfolio und -Know-how nicht zur Grundlage einer Diversifikation auf Gesamtunternehmensebene gemacht werden kann. Unter **Diversifikation** soll dabei eine unternehmenspolitische Strategie der planmäßigen Ausdehnung der bisherigen Schwerpunkttätigkeit eines Unternehmens auf angrenzende oder völlig neue Märkte und Produkt-/Leistungsbereiche verstanden werden (vgl. Jacobs, S. 7). Die dauerhafte, d. h. nicht nur fallweise Öffnung zum Immobilienmarkt verändert den Charakter von Non-Property-Companies grundlegend. Denn der Produktionsfaktor Immobilie dient nicht mehr ausschließlich als internes Ressourcen- oder Nutzungspotenzial, sondern wird als Ausgangspunkt zum Eintritt in die Immobilienbranche und damit zur Verbreiterung der unternehmerischen Basis genutzt.

Dass diese strategische Option durchaus in der Unternehmenspraxis anzutreffen ist, belegen ausgewählte Beispiele. Vornehmlich Unternehmen aus dem Industrie- (z. B. AGROB AG; Harpen AG), Brauerei-/Getränke- (z. B. Bayerische Immobilien AG), Textil- (z. B. WCM AG) und Handelssektor versuchen, ihren zumeist historisch gewachsenen, häufig wertvollen, bislang jedoch nicht aktiv geführten Grundbesitz zu nutzen, um aus ihrem bestehenden Stammgeschäft heraus zu diversifizieren. Zum Teil handelt es sich aber auch um Unternehmen, bei denen der ursprüngliche Unternehmenszweck entfallen ist und infolgedessen der Immobilienbereich die eigentliche Betätigung des Unternehmens darstellt.

Konkrete **Motive** für eine Diversifikationsstrategie können aus unterschiedlichen Argumenten gewonnen werden, wobei die Erschließung von Wachstumspotenzialen, die Verbesserung der Ertragskraft bzw. Rentabilität sowie die Erzielung von Risikovorteilen dominierende Zielsetzungen verkörpern (vgl. Jacobs, S. 13 ff.). Das Wachstumsziel steht dann im Vordergrund, wenn das Stammgeschäft der Non-Property-Company Sättigungstendenzen aufweist bzw. in der Zukunft erwarten lässt und daher ein Eintritt in den Immobilienmarkt erwogen wird, um ein kontinuierliches Unternehmenswachstum zu sichern.

Hinsichtlich des Rentabilitätsziels zielt die Diversifikation auf eine effiziente Nutzung der im Unternehmen überschüssig vorhandenen und damit suboptimal eingesetzten Immobilienressourcen ab. Risikovorteile schließlich resultieren aus einer Streuung der Aktivitäten über unterschiedliche Produkt-Markt-Felder, wodurch unterschiedliche strukturelle und konjunkturelle Schwankungen auf den Absatzmärkten ausgeglichen werden können.

Bei der konkreten Durchführung der Diversifikationsstrategie gilt es zu entscheiden,
- welche Dienst- oder Sachleistungen im Rahmen des Wertschöpfungsprozesses rund um die Immobilien im Einzelfall angeboten werden sollen und
- auf welche konkrete Art (interne versus externe Diversifikation) die Diversifikation erfolgen soll (vgl. Schäfers 1997, S. 186 ff.).

Gesamthaft betrachtet zeigt sich, dass der Aufbau eines Geschäftsfeldes Immobilien im Rahmen einer Diversifikationsstrategie mit einer erheblichen Modifikation des Geschäftsfeldportfolios einer (ehemaligen) Non-Property-Company einhergeht. Mithin stellt sich die Diversifikation als ein komplexes strategisches Konzept dar, das nicht nur die Gestalt der diversifizierenden Unternehmen berührt, sondern auch die Wettbewerbskräfte und -bedingungen in der Immobilienbranche.

2.5.4 Aspekte der organisatorischen Verankerung des Corporate Real Estate Managements

Die Durchsetzung einer systematischen, konzeptionell verfassten Ausrichtung des Managements von Unternehmensimmobilien verlangt in aller Regel die Schaffung geeigneter organisatorischer Voraussetzungen. Dabei umfasst die Organisation alle generellen Gestaltungsfragen im Hinblick auf eine strategiegerechte Aufbau- und Ablauforganisation von Unternehmen bzw. von betrieblichen Teilfunktionen.

Als zentrale Rahmenbedingung für die Diskussion von Organisationslösungen sind die Bemühungen in Großunternehmen anzusehen, sich zu „schlanken" und flexiblen Organisationen zu entwickeln. Diese Dezentralisierungsphilosophie findet ihren Ausdruck in dem aktuellen Trend zu **Holdingstrukturen** mit einer Obergesellschaft als Spitzeneinheit sowie nachgeordneten, operativen Tochtergesellschaften (vgl. Gomez, S. 167; Bühner, S. 40 ff.).

Vor dem Hintergrund dieser hierarchischen Rahmenstruktur stellt sich die Frage nach der organisatorischen Verankerung des Immobilienmanagements als vorwiegend sekundäre Unternehmensfunktion. Bei der Organisationsgestaltung im Corporate Real Estate Management sind grundsätzliche Entscheidungen bezüglich der formalen Organisation und der Erfolgsverantwortung im Immobilienmanagement zu treffen.

Zur **idealtypischen Organisationsgestaltung** des Corporate Real Estate Managements ist ein schrittweises Vorgehen zielführend (vgl. Abbildung 9).

Zunächst sind die immobilienbezogenen Aufgaben und Prozesse innerhalb des Unternehmens zu identifizieren, um auf dieser Grundlage in einem zweiten Schritt die Aufgaben und zugehörigen Tätigkeiten bzw. Mitarbeiter in eine zu gründende Corporate Real Estate-Einheit auszulagern. Diese zentrale Einheit kann entweder als eigenständige Tochtergesellschaft oder als Einheit mit Holdingfunktion ausgestaltet werden.

In einem dritten Schritt sollte die Verantwortlichkeit für die Unternehmensimmobilien in die Corporate Real Estate-Einheit verlagert werden, d. h. die Eigentümerfunktion geht von der Muttergesellschaft bzw. von den anderen Geschäftsbereichen, die fortan nur noch Nutzungsrechte an den Immobilien haben, auf die Corporate Real Estate-Einheit über. Dieser Schritt geht einher mit dem Aufbau eines internen Immobilien-Verrechnungspreissystems.

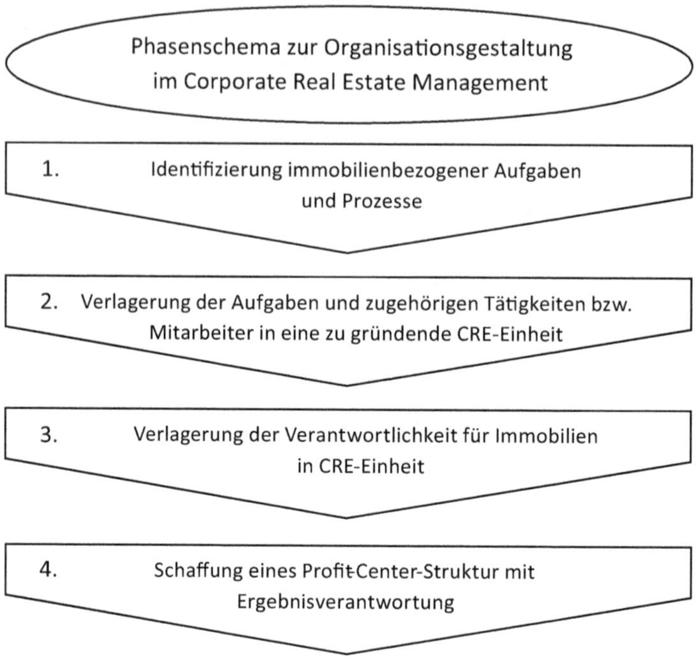

Abb. 9: Phasenschema zur organisatorischen Gestaltung des Corporate Real Estate Managements (Quelle: Eigene Darstellung)

In einem letzten Schritt wird die Corporate Real Estate-Einheit von einem Cost-Center in ein Profit-Center mit separater Erfolgsrechnung umgewandelt. Die Leistungen der CRE-Einheit werden auf Basis des entwickelten, marktorientierten Verrechnungspreissystems zwischen der CRE-Einheit und den anderen Geschäftsbereichen verrechnet. Dies gilt sowohl für Mietzahlungen für die Immobiliennutzung als auch für in Anspruch genommene immobilienbezogene Dienstleistungen.

2.5.5 Einführung eines internen Immobilien-Verrechnungspreissystems

Bei **Verrechnungspreisen** handelt es sich um Wertansätze, die für den Transfer von Produktionsfaktoren in Unternehmen angesetzt werden. Dementsprechend finden sie Anwendung bei der internen Nutzung und Überlassung von Kapital, (Vor-)Produktlieferungen oder Dienstleistungen sowie Gegenständen des Anlagevermögens (z. B. Anlage- und Raumkapazitäten), die als Objekte der Bepreisung gelten.

Die Aufgaben von Verrechnungspreisen können nach Coenenberg in folgende Grundfunktionen differenziert werden (Coenenberg/Fischer/Günther, S. 707 ff.):

- **Planungs- und Abrechnungsfunktion**
  Im Rahmen der Planungs- und Abrechnungsfunktion stellen Verrechnungspreise ein Wertegerüst als Grundlage für die Budgetplanungsaktivitäten der am Leistungstransfer beteiligten Unternehmenseinheiten bereit. Gleichzeitig erfolgt eine Verrechnung der Leistungserstellung und -nutzung.
- **Lenkungsfunktion**
  Mit der Lenkungsfunktion wird die optimale Allokation der Unternehmensressourcen angestrebt. Folglich ist zentrale Aufgabe von Verrechnungspreisen, die Entscheidungen in den Teileinheiten der Unternehmung so zu beeinflussen, dass knappe Produktionsfaktoren und Investitionsmittel einer optimalen Nutzung zugeführt werden.
- **Erfolgsermittlungsfunktion**
  Im Hinblick auf die Erfolgsermittlungsfunktion ermöglichen Verrechnungspreise, die durch den innerbetrieblichen Leistungstransfer miteinander verbundenen Einheiten rechentechnisch zu entkoppeln und für diese dann eigenständige Erfolge auszuweisen. Diese Aufspaltung des Gesamterfolges erlaubt die Führung der Unternehmenseinheiten als eigenständige Verantwortungsbereiche und soll deren Selbständigkeit und Motivation fördern. Darüber hinaus kann die Bereitstellung und Nutzung der Produktionsfaktoren einer permanenten Wirtschaftlichkeitskontrolle unterzogen werden.

Projiziert man diese Grundgedanken der Verrechnungspreistheorie auf eine Anwendung im Immobilienmanagement, so dienen immobilienspezifische Verrechnungspreise dem Zweck, die Überlassung bzw. Nutzung (der im Unternehmenseigentum befindlichen) Immobilien zwischen der Immobilieneinheit und den operativen Geschäftseinheiten im Sinne eines Eigentümer-Mieter-Verhältnisses marktnah abzubilden. Grundgedanke des Immobilien-Verrechnungspreissystems ist somit die Übertragung des marktlichen Preismechanismus auf die Unternehmung, um eine optimale Allokation und Nutzung der Immobilienressourcen zu erzielen (vgl. Abbildung 10).

Die konkrete Ausgestaltung eines funktionsgerechten Systems der Verrechnungspreise im Immobilienmanagement muss sich grundsätzlich an den spezifischen Führungs- und Steuerungserfordernissen der jeweiligen Unternehmung orientieren (vgl. Röper, S. 28). Gleichwohl lassen sich eine Reihe von **Voraussetzungen** festhalten, die weitgehend unabhängig von den Besonderheiten der konkreten Unternehmenssituation Geltung beanspruchen dürfen (zu einer ausführlichen Diskussion vgl. Schäfers 1997, S. 221 ff.):

- Bestimmbarkeit von Verrechnungspreisen bzw. von Verrechnungspreiskorridoren (d. h. Festlegung von Verrechnungspreisen als Kosten- oder Marktpreise),
- Transparenz und Konsens hinsichtlich der Verrechnungspreisbestimmung,

- Konsens über das organisatorische Verfahren der Verrechnungspreisbestimmung,
- Realorganisatorische Trennung in Kern- und Immobiliengeschäftssystem,
- Entscheidungsspielräume für Geschäfts- und Immobilieneinheit hinsichtlich immobilienbezogener Leistungen.

Wie man anhand der Anforderungen erkennen kann, ist die Ausgestaltung und Einführung eines Verrechnungspreissystems im Immobilienmanagement im Regelfall eine aufwendige und schwierige Angelegenheit. Dies nicht zuletzt deshalb, weil die dabei festzulegenden Modalitäten typischerweise Eigeninteressen und auch Besitzstände der betroffenen Unternehmenseinheiten berühren (vgl. Röper, S. 32). Eine sorgfältige, an die individuellen Bedürfnisse einer Unternehmung angepasste Implementierung erweist sich daher als unerlässlich.

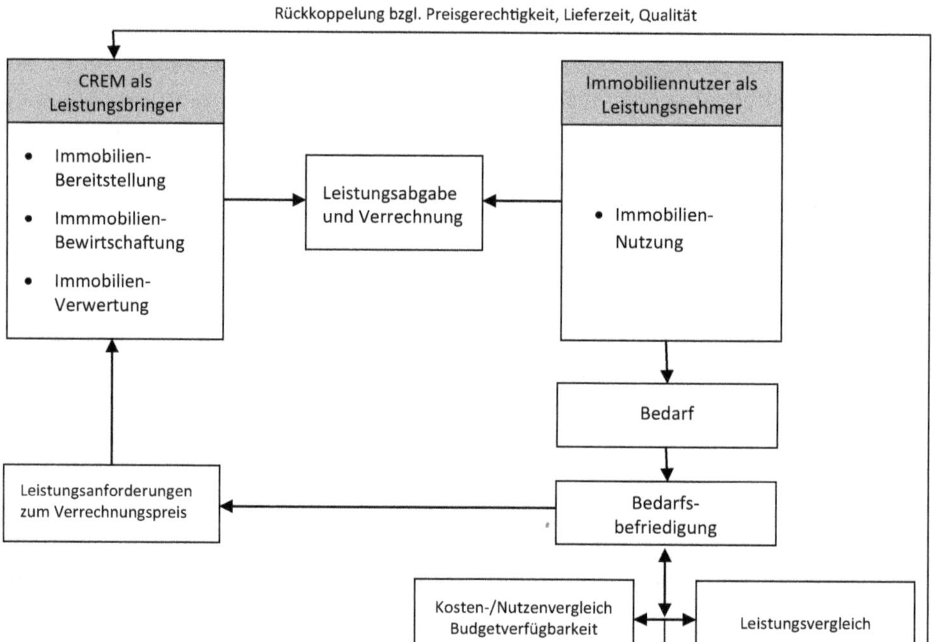

Abb. 10: Grundmodell eines Verrechnungspreissystems im Immobilienmanagement (Quelle: Schäfers 1997, S. 54)

2.6 Zusammenfassung und Ausblick

Corporate Real Estate Management umfasst das aktive, ergebnisorientierte strategische und operative Management betriebsnotwendiger und nicht betriebsnotwendiger Immobilien. Damit richtet es sich insbesondere an Unternehmen, die umfangreiche Immobilienbestände in ihrem Grundbesitz halten. Die Strategieerstellung sollte daher auch immer großes Augenmerk auf die langfristige Entwicklung legen.

Um eine fundierte Analyse zu ermöglichen, muss sich das Immobilienmanagement eines jeden Unternehmen zunächst ein genaues Bild über seinen Immobilienbestand verschaffen. Die Beschaffung und Aufarbeitung geeigneter Informationen bildet den Ausgangspunkt einer fundierten Konzepterstellung. Dies ist aufgrund mangelnder Datenlage meist nicht einfach. Sind die Daten jedoch erhoben, können die sich im Bestand befindlichen Immobilien mit Hilfe dargestellter Instrumente (z. B. Stärken/Schwächen-, Branchenstrukturanalyse, Benchmarking) analysiert werden. Unternehmen können so, gestützt durch qualitative und quantitative Parameter, die relative Wettbewerbsposition des unternehmenseigenen Immobilienportfolios einschätzen. Daraus lassen sich strategische Veränderungsmaßnahmen ableiten und potentielle Verbesserungen der Erfolgs- und Leistungsposition des Immobilienportfolios quantifizieren. Zur Umsetzung der strategischen Ziele wird ein Aktionsprogramm erstellt, welches während der Realisierung laufend überwacht werden muss. Die Messung der Zielerreichung sollten in zeitlich gleichmäßigen Abständen als Benchmarking Projekt unternehmensintern stattfinden.

Der Begriff Corporate Real Estate Management hat sich seit den 90er Jahren etabliert und ist mittlerweile ein fester Bestandteil vieler großer Non-Property Unternehmen. Dabei sieht sich das CREM in den kommenden Jahren einigen Herausforderungen gegenübergestellt. Wichtige Topics sind dabei die Entwicklung neuer Arbeitsplatzkonzepte und die Digitalisierung unserer Arbeitswelt. Auch Nachhaltigkeit als Kostenthema und Imagefaktor spielt eine immer größer werdende Rolle. Immobilien müssen den Ansprüchen der modernen Arbeitswelt der Zukunft genügen. Damit ist es Hauptaufgabe des Corporate Real Estate Managements durch die Bereitstellung eines optimierten Immobilienbestands gute finanzielle Voraussetzungen und optimale Arbeitsbedingungen zu schaffen, und somit die Wettbewerbsfähigkeit des eigenen Unternehmens zu gewährleisten.

2.7 Literatur

Aengevelt, L.: Flächen-Recycling, in: Falk, B. (Hrsg.): Gewerbe-Immobilien, 6., überarb. und erw. Aufl., Landsberg a. L. 1994, S. 695–703.

Apgar, M. IV: Uncovering Your Hidden Occupancy Costs, in: HBR, 1993, No. 3, S. 124–136.

Arthur Andersen: Real Estate in the Corporation: The Bottom Line from Senior Management, o. O. 1993.

Arthur Andersen: Wasted assets? A survey of corporate real estate in Europe, o. O. 1995.

Asson, T.: Real estate partnerships – A new approach to corporate real estate outsourcing, in: Journal of Corporate Real Estate, 2002, No. 4, S. 327–333.

Avis, M. et al.: Property Management Performance Monitoring, Oxford 1993.

Avis, M./Gibson, V./Watts, J.: Managing Operational Property Assets, Reading 1989.

Balck, H.: Neue Servicekonzepte. Teil 1: Kundennahe Service-Organisation für unternehmensinterne Gebäudedienste. Unterlagen zum Vortrag im Rahmen des ebs Immobilien Professional Colleg Projektmanagement am 7. Oktober 1993 in Castrop-Rauxel, o. S.

Bea, F. X.: Diversifikation durch Kooperation, in: Der Betrieb, 1988, S. 2521–2526.

Bell, M. A.: The Importance of Sound Fixed Asset Management, in: Industrial Development, January/February 1987, No. 1, S. 11–13.

Bon, R.: Ten Principles of Corporate Real Estate Management, in: Facilities, 1994, No. 5, S. 9–10.

Brauer, K.-U. (Hrsg.): Grundlagen der Immobilienwirtschaft: Recht – Steuern – Marketing – Finanzierung – Bestandsmanagement – Projektentwicklung, 6. vollst. überarb. Auflage, Wiesbaden 2009.

Brittinger, T.: Betriebswirtschaftliche Aspekte des Industriebaues: eine Analyse der baulichen Gestaltung industrieller Fertigungsstätten, Diss. Berlin 1992.

Brown, R. K. et al.: Managing Corporate Real Estate, New York u. a. 1993.

Bühner, R.: Management-Holding., in: DBW, 1987, S. 40–49.

Bühner, R.: Mehr Transparenz bis in die einzelnen Geschäftseinheiten, in: Blick durch die Wirtschaft, 27. September 1994, S. 1.

Byrne, P.: The Review of Local Government, in: Property Management, 1994, No. 3, S. 5–8.

Case, F. E.: Managing Corporate Real Assets For Their Stores of Value, in: Industrial Development, March/April 1987, No. 2, S. 11–13.

Coenenberg, A. G./Fischer, M. F./Günther T.: Kostenrechnung und Kostenanalyse. 8. überarbeitete Auflage, Stuttgart 2012.

Crommen, M.: Finanzierung von Unternehmensimmobilien. Eine Shareholder Value-orientierte Analyse, in: Schulte, K.-W. (Hrsg.): Schriften zur Immobilienökonomie, Band 17, Köln 2001.

Deng, Y./Gyourko, J.: Real Estate Ownership by Non-Real Estate Firms: An Estimate of the Impact on Firm Returns, Working Paper No. 321, The Samuel Zell and Robert Lurie Real Estate Center at The Wharton School, University of Pennsylvania, July 2000.

Evans, M.: The Impact of Real Estate Decisions on Profitability, in: Site Selection Europe, 1994, No. 3, S. 28–30.

Flegel, D. D.: Disposing of Surplus Corporate Real Estate, in: Real Estate Review, Winter 1992, No. 4, S. 53–56.

Frieske, A.: Facility Management mit eigenem Personal?, in: Facility Management, 1995, H.3, S. 57–60.

Gabele, E./Kroll, M.: Grundlagen des Immobilien-Leasing, in: Der Betrieb, 1991, S. 241–248.

Gibson, V.: Strategic Property Management, in: Property Management, 1994, No. 3, S. 9–14.

Glascock, J. L./Davidson, W. N./Sirmans, C. F.: The Gains from Corporate Selloffs: The Case of Real Estate Assets, in: American Real Estate and Urban Economics Association Journal, 1991, Nr. 4, S. 567–582.

Gomez, P.: Trends in der Konzernorganisation, in: ZfO, 1992, H. 3, S. 166–172.

Gop, R.: Bilanz-Kur mit Flächen-Diät, in: Immobilien Manager, 1994, Nr. 2, S. 6–14.

Hamer, J. M.: Effektive Liegenschaftsverwaltung, in: Harden, H./Kahlen, H. (Hrsg.): Planen, Bauen, Nutzen und Instandhalten von Bauten, Stuttgart/Berlin/Köln 1993, S. 29–36.

Hedden, N./Pfnür, A.: Ergebnisbericht zur empirischen Untersuchung „Corporate Real Estate 2002 – Institutionalisierung des betrieblichen Immobilienmanagements", Arbeitspapier Nr. 8, Arbeitsbereich öffentliche Wirtschaft am Fachbereich Wirtschaftswissenschaften der Universität Hamburg, Juni 2002.

Henckel, D.: Informationstechnologie, Produktionsautomatisierung und räumliche Entwicklung, in: Kreibich, V./Petz, U. v./Potthoff, K./Rosenkranz, H./Selle, K./Schmals, K. M./Venturi, M. (Hrsg.): Neue Technologien – Nuove Tecnologie: Herausforderung der Raumplanung?, Dortmund 1986, S. 93–99.

Hens, M.: Marktwertorietiertes Management von Unternehmensimmobilien, in: Schulte, K.-W. (Hrsg.): Schriften zur Immobilienökonomie, Band 13, Köln 1999.

Hill, M.: Financing Corporate Real Estate: The impact of corporate real estate in the shareholder value equation, in: Briefings in Real Estate Finance, 2003, No. 4, S. 313–325.

Holz, I.-H.: Stadtentwicklungs- und Standorttheorien unter Einbeziehung des Immobilienmarktes, Diss. Mannheim 1994.

Ihrig, F.: Strategische Allianzen, in: WIST, 1991, S. 29–31.

Isakson, H. R./Sircar, S.: The Critical Success Factors Approach To Corporate Real Asset Management, in: Real Estate Issues, Spring/Summer 1990, No. 1, S. 26–31.

Jacobs, S.: Strategische Erfolgsfaktoren der Diversifikation, Diss. Wiesbaden 1991.

Jicha, W.: Facility Management – interne Dienstleistung oder Aufgabe für Dienstleistungsunternehmen, in: Gesellschaft für Europäische Wirtschaftsinformation mbH (Hrsg.): Building Management Congresse, Bd. 3, München 1993, S. 207–218.

Jones Lang LaSalle: European Real Estate Ownership Structures – The drivers behind the evolution of Europe's real estate capital markets – The US influence, September 2002.

Joroff, M. L.: Corporate Real Estate 2000 – Management Strategies for the Next Decade, in: Industrial Development, 1992, No. 3, S. 1–6.

Joroff, M./Louargand, M./Lambert, S./Becker, F.: Strategic Management of the Fifth Resource: Corporate Real Estate, in: Industrial Development, 1993a, No. 5, S. 14–19.

Joroff, M./Louargand, M./Lambert, S./Becker, F.: Strategic Management of The Fifth Resource: Corporate Real Estate, o. O. 1993b.

Joroff, M./Louargand, M./Lambert, S./Becker, F.: Managing Property Assets In a Competitive Environment, in: Site Selection Europe, 1993c, No. 12, S. 53–61.

Karsten, W.: Industriearchitektur: Phönix aus der Asche, in: VDI-Zeitschrift, 1989, Nr. 8, S. 12–15.

Klender, M./Muldavin, S. R.: Reducing occupancy costs: Capitalizing on today's down market, in: Real Estate Accounting & Taxation, 1992, No. 2, S. 75–79.

Knocke, D.: Anforderungen neuer Produktionen an Flächen und Bauten, in: Zeitschrift der wirtschaftlichen Fertigung, 1996, Nr. 7, S. 353–357

Kotch, R. A.: Benchmarking Corporate Real Estate Performance at AT&T, in: Industrial Development, 1989, No. 5, S. 5–7.

Kreikebaum, H.: Strategische Unternehmensplanung, 6. Aufl., Stuttgart/Berlin/Köln 1997.

Lambert, S./Poteete, J./Waltch, A.: Generating High Performance Corporate Real Estate Service, o. O. 1995.

Leopoldsberger, G.: Kontinuierliche Wertermittlung von Immobilien, in: Schulte, K.-W. (Hrsg.): Schriften zur Immobilienökonomie, Band 6, Köln 1997.

Lubieniecki, E. C.: Benchmarking in Corporate Real Estate: The Measurement of Quality, in: Ernst & Young (Hrsg.): The Digest of Corporate Real Estate, San Francisco 1993, S. 9–12.

Männel, W.: Die Wahl zwischen Eigenfertigung und Fremdbezug, 2., überarb. u. erw. Aufl., Stuttgart 1981.

Markin, A.: How to Implement Competitive-Cost Benchmarking, in: Journal of Business Strategy, 1992, No. 3, S. 14–20.

McNamara, P. F.: Towards A Classification Of Land Developers, in: Urban Land and Policy, 1983, S. 87–94.

Noha, E. A.: Benchmarking: The Search for Best Practices in Corporate Real Estate, in: The Journal of Real Estate Research, 1993, No. 4, S. 511–523.

Nourse, H. O./Kingery, D.: Survey of Approaches to Disposing of Surplus Corporate Real Estate, in: The Journal of Real Estate Research, 1987, No. 1, S. 51–59.

Nourse, H. O./Roulac, S. E.: Linking Real Estate Decisions to Corporate Strategy, in: The Journal of Real Estate Research, 1993, No. 4, S. 475–494.

Nourse, H. O.: Corporate Real Estate, in: Seldin, M./Boykin, J. H. (Hrsg.): The Real Estate Handbook. 2. Ed., Homewood/Illinois 1989, S. 1014–1030.

Nourse, H. O.: Corporate Real Estate Ownership as a Form of Vertical Integration, in: Real Estate Review, 1990, No. 3, S. 67–71.

Nourse, H. O.: Real Estate Flexibility Must Complement Business Strategy, in: Real Estate Review, 1992, No. 4, S. 25–29.

Nourse, H. O.: Measuring Business Real Property Performance, in: The Journal of Real Estate Research, 1994, No. 4, S. 431–446.

Olfert, K./Rahn, H.-J.: Einführung in die Betriebswirtschaftslehre, 9. überarb. und aktual. Auflage, Ludwigshafen 2008.

Parker, J. R.: Corporate Real Estate Progress and Challenges, in: Industrial Development, 1990, No. 1,
S. 19–23.

Pfarr, K.: Grundlagen der Bauwirtschaft, Essen 1984.

Picot, A./Maier, M.: Analyse- und Gestaltungskonzepte für das Outsourcing, in: Information Management, 1992, H. 4, S. 14–27.

Picot, A.: Ein neuer Ansatz zur Gestaltung der Leistungstiefe, in: ZfbF, 1991, S. 336–357.

Pierschke, B.: Die organisatorische Gestaltung des betrieblichen Immobilienmanagements, in: Schulte, K.-W. (Hrsg.): Schriften zur Immobilienökonomie, Band 14, Köln 2001.

Raffée, H./Wiedmann, K.-P.: Wertewandel und gesellschaftsorientiertes Marketing – Die Bewährungsprobe strategischer Unternehmungsführung, in: Raffé, H./Wiedmann, K.-P. (Hrsg.): Strategisches Marketing, Stuttgart 1989, S. 552–611.

Raffée, H.: Grundfragen und Ansätze des strategischen Marketing, in: Raffée, H./Wiedmann, K.-P. (Hrsg.): Strategisches Marketing. Ungekürzte Sonderausg., Stuttgart 1989, S. 3–33.

Röper, J. W.: Richtige Verrechnungspreise – das Anforderungsprofil, in: Harvard Manager, 1991, H. 4, S. 27–32.

Schäfers, W./Haub, C./Stock, A.: Going Public von Immobiliengesellschaften: Grundlagen – Voraussetzungen – Erfolgschancen, in: Schulte, K.-W. et al. (Hrsg.): Handbuch Immobilien-Banking – Von der traditionellen Immobilien-Finanzierung zum Immobilien-Investmentbanking, 2002, S. 311–334.

Schäfers, W.: Immobilienmanagement in deutschen Industrie-, Dienstleistungs- und Handelsunternehmen, Arbeitspapier Nr. 2, Stiftungslehrstuhl Immobilienökonomie der EUROPEAN BUSINESS SCHOOL, Oestrich-Winkel 1996.

Schäfers, W.: Strategisches Management von Unternehmensimmobilien – Bausteine einer theoretischen Konzeption und Ergebnisse einer empirischen Untersuchung, in: Schulte, K.-W. (Hrsg.): Schriften zur Immobilienökonomie, Band 3, Köln 1997.

Schäfers, W.: Monetarisierung von Corporate Real Estate, in: Schulte, K.-W./Schäfers, W. (Hrsg.): Handbuch Corporate Real Estate, 2. Aufl., Köln 2004.

Schulte, K.-W.: Wirtschaftlichkeitsrechnung, 4. Aufl., Heidelberg/Wien 1986.

Schulte, K.-W.: Stille Reserven, in: FAZ, 9. Juni 1995, S. 45.

Schulte, K.-W./Bone-Winkel, S./Pitschke, C.: Rentabilitätsanalyse für Immobilienprojekte, in: Schulte, K.-W./Bone-Winkel, S. (Hrsg.): Handbuch Immobilien-Projektentwicklung, 3. Auflage, Köln 2008, S. 235–266.

Schulte, K.-W./Schäfers, W. (Hrsg.): Handbuch Corporate Real Estate Management, 2. Aufl., Köln 2004.
Simmering, F. G.: Tackling the White Elephant, in: Industrial Development, 1993, No. 4, S. 1–3.
Straßheimer, P.: Internationales Corporate Real Estate Management, in: Schulte, K.-W. (Hrsg.): Schriften zur Immobilienökonomie, Band 12, Köln 1999.
Tacke, H. R.: Leasing, 3. Aufl., Stuttgart 1999.
Waldmann, K.: Immobilienmanagement im Mietermarkt, in: Der langfristige Kredit, 1987, S. 68–76.
Welge, M. K.: Unternehmensführung, Bd. 1: Planung, Stuttgart 1985.
Wolfrum, B.: Strategisches Technologiemanagement, Wiesbaden 1991.

Wolfgang Schäfers, Christian Ecke, Johannes Högner,
Marian Dietzel*

3 Öffentliches Immobilienmanagement

Inhalt

* In früheren Auflagen dieses Werkes haben auch Petra Brockhoff und Matthias Zimmermann an diesem Kapitel mitgewirkt. Die Herausgeber danken ihnen für ihren Beitrag zur Entwicklung des vorliegenden Kapitels.

3.1 Einführung

Die Wirtschafts- und Finanzkrise der Jahre 2008/09 hat in mehrerlei Hinsicht ihre Spuren in vielen öffentlichen Haushalten hinterlassen. Beeinflusst durch die Krisenjahre wuchs die deutsche **Staatsverschuldung** zu neuen Rekordständen. So waren Bund, Länder und Gemeinden mit rund 2.024 Mrd. Euro (Stand September 2013) verschuldet (vgl. Bund der Steuerzahler Deutschland). Das sind in etwa 480 Mrd. mehr als noch vor der Krise (vgl. Schäfers/Högner, S. 86). Würden ab sofort keine Schulden mehr aufgenommen, sondern jeden Monat eine Mrd. Euro getilgt, würde es bis ins Jahr 2184 dauern, um den Schuldenberg vollständig abzutragen. Der größte Anteil der Gesamtschulden entfällt dabei auf den Bund mit 63 %. Ihm folgen die Länder mit 31 % und Gemeinden mit 6 % Schuldenanteil. Der Gesamtschuldenstand erreichte damit 81 % (vgl. 65,9 % in 2006) des Bruttoinlandproduktes. Die derzeitige Niedrigzinsphase ist aktuell zwar von Vorteil für die öffentliche Hand, schwingt das Zinspendel aber einmal zurück, wovon mittelfristig auszugehen ist, wird die dann deutlich angestiegene Zinslast nur durch Steuererhöhungen zu begleichen sein (vgl. Bund der Steuerzahler Deutschland). Der finanzielle Spielraum der öffentlichen Hand zur Übernahme hoheitlicher Aufgaben wird dadurch zunehmend eingeschränkt. Bereits 2004 wurde vom Deutschen Institut für Urbanistik ein Sachinvestitionsbedarf von 686 Mrd. Euro bis 2009 konstatiert (vgl. Reidenbach). Diese Sanierungslücke dürfte sich insbesondere hinsichtlich der vergangenen, finanziell schwierigen Jahre kaum verringert haben. In der Folge ist die finanzielle Handlungsfähigkeit der öffentlichen Hand entsprechend eingeschränkt und die Notwendigkeit **umfassender Konsolidierungsmaßnahmen** dringlicher.

Mögliche Lösungen, um der Kapitalunterdeckung zu begegnen, sind die **Reduzierung der Investitionstätigkeit** sowie die **Monetarisierung von Vermögenswerten** (z. B. durch die Veräußerung von Bestandsimmobilien). Zudem kann eine Verbesserung der Effizienz des Verwaltungsapparates zu Kosteneinsparungen beitragen. Allerdings werden hierfür Maßnahmen der Verwaltungsmodernisierung vorausgesetzt, wie etwa die Einführung von modernen Buchhaltungsformen, der Kosten- und Leistungsrechnung sowie der Neuausrichtung der Verwaltung auf die Bedürfnisse der Bürger. Innerhalb dieser Modernisierungsbestrebungen kommt insbesondere dem wirtschaftlichen Umgang mit dem Immobilienbestand der öffentlichen Hand eine hohe Bedeutung zu. Mittlerweile ist das Potenzial des Liegenschaftsbestands als Mittel zur Kosteneinsparung und Liquiditätsbeschaffung hinlänglich bekannt, weswegen seit einigen Jahren auf den verschiedensten Ebenen der öffentlichen Verwaltung an Maßnahmen zur Optimierung gearbeitet wird. Diese Bemühungen werden gemeinhin unter dem Stichwort Public Real Estate Management zusammengefasst.

Grundsätzlich werden jedoch bei näherer Betrachtung des Themas zwei **zentrale Defizite** bei der öffentlichen Hand deutlich. Zum einen mangelt es an notwendigem (immobilienspezifischem) Management-Know-how und zum anderen liegen keine oder nur unausgereifte Strategieansätze für den Umgang mit dem Liegenschaftsbestand vor (vgl. Amon/Pelzl, S. 10). Exemplarisch sei hierfür die Tatsache aufgeführt, dass nur etwa ein Viertel der deutschen Kommunen eine immobilienwirtschaftlich ausgerichtete Strategie zur Verwaltung ihres Immobilienbestands besitzt oder deren Einführung plant (vgl. Schulte/Schäfers et al., S. 23). Insbesondere kleinere Kommunen mit geringerer personeller und finanzieller Ausstattung müssen sich dieser Kritik im Umgang mit dem Potentialfaktor Immobilien stellen. Ein Einsatz von professionellem, aktivem oder gar strategisch ausgerichtetem Immobilienmanagement lässt sich generell nur sehr vereinzelt auffinden.

Gerade im Vergleich zur Privatwirtschaft zeigen sich ausgeprägte Ineffizienzen und **mangelndes Kostenbewusstsein** auf Seiten der öffentlichen Hand, was insbesondere in Zeiten einer angespannten Haushaltslage zu einem zunehmenden Handlungsdruck führt. Ziel dieses Beitrags ist es die Probleme, aber auch die Potenziale des Public Real Estate Management aufzuzeigen. Folglich wird zunächst die bestehende Problematik des Umgangs mit Immobilien der öffentlichen Hand erläutert, sowie die besondere Stellung und Funktionen des öffentlichen Immobilienbestands herausgestellt. Im Anschluss werden Maßnahmen zur Optimierung des öffentlichen Immobilienmanagements anhand von typischen strategischen Handlungsfeldern diskutiert. Speziell vor dem Hintergrund bestehender organisatorischer Unzulänglichkeiten werden unterschiedliche alternative Organisationsmodelle als auch mögliche Rechts- und Betriebsformen für das Management der öffentlichen Hand abgehandelt. Der abschließende Teil beschäftigt sich mit der potentiellen Privatisierung von Immobilien(-gesellschaften) der öffentlichen Hand und dem zugrundeliegenden Prozess.

3.2 Bedeutung und Funktionen von Immobilien bei der öffentlichen Hand

3.2.1 Stellenwert und Problematik von Immobilien der öffentlichen Hand

Die Restrukturierung und das aktive Management des Liegenschaftsbestands der öffentlichen Hand kann nur erfolgreich betrieben werden, wenn die Immobilien einen ihrer Bedeutung entsprechenden **Stellenwert** zugeschrieben bekommen. Die bulwiengesa AG schätzt den öffentlichen Immobilienbestand im Jahr 2000 auf ca. 800 Mrd. Euro, womit die öffentliche Hand die größte Immobilienbestandshalterin der Bundesrepublik Deutschland ist. Von dieser Vermögensmasse fallen etwa 500 Mrd. Euro auf öffentlich-genutzte Bauten wie Verwaltungsgebäude, Universitäten und Schulen; die restlichen 300 Mrd. Euro entfallen auf öffentliche Wohnungsbestände. Das ifo Institut für Wirtschaftsforschung berechnet in einer im Jahre 2005 veröffentlichten Studie zur volkswirtschaftlichen Bedeutung der Immobilienwirtschaft das Nettoanlagevermögen aller öffentlichen Hochbauten, ausgenommen Wohneinheiten, mit rund 340 Mrd. Euro. Hinzu kommt ein mit ca. 543 Mrd. Euro beziffertes Vermögen bestehend aus Infrastrukturanlagen wie Straßen-, Schienen-, Kanal-, Telekommunikationsnetze, Flughäfen, Rohrleitungen, Kläranlagen, Sportplätze oder Parks. Diese Abweichungen sind auf unterschiedliche Analyse- und Schätzverfahren zurückzuführen. Allerdings verdeutlichen sie die Bedeutung des Immobilienbestands der öffentlichen Hand.

Obwohl die **Vermögensdimensionen** der Immobilien der öffentlichen Hand nicht abschließend dargestellt werden können, liegen sie definitiv in einer fiskalisch relevanten Größenordnung. So rücken Immobilien insbesondere wegen ihrer immensen möglichen Kosteneinspar- und Liquiditätspotenziale immer mehr in den Fokus der Haushaltsbeauftragten. Um einen effizienten Umgang mit diesem Vermögen sicherzustellen, muss sich die öffentliche Hand jedoch den noch folgend beschriebenen Herausforderungen stellen.

Eine Grundvoraussetzung ist die Erzeugung eines Problem- und Potenzialbewusstseins innerhalb der Mitarbeiterschaft. Durch die Starrheit der Bürokratie mit all ihren ordnungspolitischen und haushaltsrechtlichen Vorgaben mangelt es der öffentlichen Verwaltung häufig an einem ausreichenden **Kostenbewusstsein**. So spricht man von „Dezemberfieber“ wenn zum Ende eines jeden Haushaltjahres keine Mühen gescheut werden das zugewiesene Budget voll auszuschöpfen, da ansonsten Kürzungen für die Folgeperiode drohen (vgl. Schulte/Schäfers et al., S. 28 f).

Für Immobilienverantwortliche des öffentlichen Dienstes stellt insbesondere die Übersicht über anfallende Kosten eine Herausforderung dar. Dies ist unter anderem dem von der öffentlichen Hand verwendeten **kameralistischen Rechnungswesen** zuzuschreiben. Die Kameralistik erfasst grundsätzlich nur Ausgaben und Einnahmen. Eine periodengerechte Zuordnung des Werteverzehrs, Abschreibungen oder Opportunitätskosten können somit nicht abgebildet werden. Dabei wird bei der Verteilung der Mittel nach zwei grundlegenden Prinzipien verfahren. Das erste Prinzip, das des Haushaltsausgleichs, gibt vor, dass eine Deckung der Ausgaben durch die Einnahmen gewährleistet sein muss. Als Schätzgrundlage für den zukünftigen Mittelbedarf werden vergangene Budgets herangezogen. Bei erhöhtem Instandhaltungsbedarf bietet das System der Budgetierung beispielsweise nicht ausreichend Flexibilität, um entsprechend reagieren zu können. Das Resultat sind oft erhebliche Folgekosten aufgrund von Sanierungs- bzw. Reparaturstaus (vgl. Ecke, S. 20).

Ein weiteres Problem stellt die **mangelnde Kenntnis** über das Potenzial von Immobilienvermögen als Wettbewerbsfaktor dar. Oft wird dieses unterschätzt oder ihm wird erst in finanziell knappen Zeiten eine bedeutendere Rolle zugemessen.

Immobilien zählen nicht zum Kerngeschäft der öffentlichen Hand, sondern dienen vielmehr als notwendige „Mittel zum Zweck", mit der bloßen Aufgabe, die Aktivitäten der öffentlichen Verwaltung nutzungskonform zu beherbergen. Dieser Status begründet sich dadurch, dass strategische Handlungsalternativen zur Lösung immobilienspezifischer Fragestellungen und die damit verbundenen langfristigen Handlungsalternativen zwar unter Umständen existieren, aber nicht weitläufig bekannt sind oder nur unzureichend innerhalb der Verwaltung kommuniziert und praktiziert werden.

Eine der bedeutendsten Voraussetzungen für die Implementierung eines effizienten und erfolgreichen Immobilienmanagements, ist die Datenverfügbarkeit aller entscheidungsrelevanten Informationen des Liegenschaftsbestandes. Als Basis für strategische und operative Handlungsentscheidungen sollten die Daten qualitativ belastbar sein und laufend aktualisiert werden. Die **Soll-Informationstransparenz** liegt Befragungen zufolge allerdings weit von der Realität entfernt (vgl. Mehlis, S. 13). Durch diesen Missstand an Wissen über Verkehrswerte, Flächenaufmaße oder Kosten wird der Einsatz eines professionell angelegten Immobiliencontrollings, das sich systematisch mit der Analyse, Planung und Steuerung des Immobilienportfolios auseinandersetzt, erheblich erschwert. Ähnliches gilt für moderne, aus der Betriebswirtschaftslehre stammende Methoden, wie etwa Benchmarking- und Kennzahlensysteme. Entscheidungen beruhen somit mehr auf vagen Annahmen als auf belastbaren Fakten. Aufgrund dieser informatorischen Defizite ist die Entwicklung einer langfristigen, alle Phasen des Lebenszyklus umfassenden Strategie nahezu unmöglich. In der Folge muss sich die immobilienverwaltende Instanz meist auf reaktionäres Verwalten anstatt auf aktives Managen beschränken (vgl. Ecke, S. 16 f).

Laut einer Studie, die das Management des öffentlichen Immobilienbestands analysiert, setzen viele Kommunen auf eigenes Know-how **zur Entwicklung von Strategien** und Problemlösungen. Dieser Vorgang ist aber aufgrund der eben beschriebenen Missstände i. d. R. nicht von Erfolg geprägt. Dabei sind sie die Kommunen auch bei der Beauftragung von externen Beratern eher zögerlich. Dies begründet sich darin, dass Honorare, die in keinem direkten Zusammenhang mit einer messbaren Leistungserstellung stehen, im ordnungspolitischen Umfeld schwer durchzusetzen sind. So ist etwa die Vergabe einer Bauausführung an einen externen Dritten leichter zu erklären als die Beschäftigung eines Beraters zur Erstellung einer langfristigen Immobilienstrategie, die erst nach 3–5 Jahren zu konkreten Ergebnissen führt (vgl. Akademie der Immobilienwirtschaft, S. 31; Schulte/Schäfers et al., S. 29). Die langfristige Betrachtungsweise steht oft auch im Gegensatz zu den teils periodisch wechselnden politischen Entscheidungsträgern, die eher darauf bedacht sind, kurzfristige Ziele durch verhältnismäßig schnelle Entscheidungen herbeizuführen anstatt auf lange Sicht zu handeln. In den wenigsten Fällen werden Projekte ausreichend auf Chancen und Risiken geprüft sowie Investitionsentscheidungen unter Würdigung einer übergeordneten Strategie getroffen (vgl. Schulte/Schäfers,

2004, S. 33). Folglich muss die öffentliche Hand grundsätzlich darauf abzielen Voraussetzungen zu schaffen, die die Entwicklung entsprechender mittel- und langfristiger Immobilienstrategien zulassen.

3.2.2 Funktionen und Besonderheiten des Immobilienbestands der öffentlichen Hand

Liegenschaften der öffentlichen Hand erfüllen verschiedenste Aufgaben. Ihre Funktionsbereiche sind mehrdimensional. So wird zwischen der fiskalischen Funktion, der Funktion der öffentlichen Nutzung und der stadtentwicklungspolitischen Funktion unterschieden.

Liegenschaften mit **fiskalischer Funktion** tragen ihren Beitrag zum Haushalt in Form von laufenden Einnahmen aus Vermietung und Verpachtung oder Zahlungsströmen aus dem Kauf oder Verkauf von Liegenschaften bei. Weiterhin unterstützen sie als Instrument der Finanzierung. Sie können als Sicherheiten für Kredite verwendet werden oder im Falle einer Verwertung zur Schaffung von Liquidität. Weitere Kosteneinsparungspotenziale lassen sich durch die Reduzierung von Leerstand und optimierte Flächennutzung erzielen. (vgl. Ecke, S. 11 f)

Die **Funktion der öffentlichen Nutzung** ist durch das breite Leistungsspektrum der öffentlichen Hand bedingt, mit welchem oft ein hoher Flächenbedarf einhergeht. Zum einen nehmen Immobilien der öffentlichen Hand Aufgaben der Leistungserbringung (z. B. Behördenbauten) wahr, zum anderen dienen sie der Unterbringung öffentlicher Nutzungen wie etwa kultureller Einrichtungen, Schulen, Krankenhäusern etc. (vgl. Ecke, S. 12)

Die **stadtentwicklungspolitische Funktion** ist eher gesellschaftspolitisch ausgerichtet und unterteilt sich in die vier Gebiete Wohnungs-, Gewerbe-, Vorrats- und Preispolitik. Ein aktuelles Thema ist unter anderem das Angebot von bezahlbarem Wohnraum, auf welches die öffentliche Hand durch die Bereitstellung von subventionierten Flächen oder den Ausweis von neuem Bauland steuernd einwirken kann. Durch das Bevorraten von Flächen wird die notwendige Flexibilität geschaffen, um stadtentwicklungspolitische Voraussetzungen gewährleisten zu können. Bis zu einem gewissen Grad kann damit über gezielte Akquisitionen bzw. Verkäufe von öffentlichen Immobilien und Grundstücken auf die Entwicklung des lokalen Immobilienmarktes Einfluss genommen werden (vgl. Ecke, S. 12).

Auftrag der öffentlichen Hand ist es, die Erfüllung der ihr zugeteilten Aufgaben sicherzustellen. Wie bereits zuvor erwähnt, stellt der umfangreiche öffentliche Immobilienbestand die Basis zur Unterbringung all dieser Aufgaben. Die vielschichtigen Aufgabenbereiche der öffentlichen Hand spiegeln sich in der heterogenen **Zusammensetzung des Immobilienportfolios** wider. So unterscheiden sich die Liegenschaften erheblich in Lage, Nutzungsart, Beschaffenheit und Drittverwendungsfähigkeit. Zu den häufigsten Nutzungsarten zählen Schulen (20 %), Kindergärten (15 %) und Verwaltungsgebäude (5 %). Unter sonstige Gebäude fallen vornehmlich Sporthallen, Feuerwehr-, Wohngebäude, Kläranlagen, Frei- und Hallenbäder, Krankenhäuser und unbebaute Grundstücke (vgl. Schulte/Schäfers et al., S. 31 f).

Ein genauerer Blick auf die **Kostendimensionen** verdeutlicht die besondere Rolle, die Immobilien innerhalb der Haushaltsausgaben einnehmen. Durchschnittlich liegen die immobilienspezifischen Ausgaben zwischen 15 und 20 % der jährlichen Haushaltsaufwendungen. Stellt man diese Zahlen denen der privaten Wirtschaft, welche in etwa bei 5 bis 15 % des Jahresaufwands liegen, gegenüber, werden mögliche Kosteneinsparungspotenziale deutlich sichtbar. Die immobilienwirtschaftliche Forschung hält Kosteneinsparungen von 10 bis 20 % für möglich, was in Relation zu dem durchschnittlichen Verwaltungsaufwand zu einem effektiven Einsparpotenzial von ca. 4 % führen würde (vgl. Ecke, S. 2; Schulte/Schäfers et al., S. 32).

Die Kostenbetrachtung von Immobilien sollte sich dabei nicht nur an den Erstellungskosten, sondern auch an den restlichen Phasen des Lebenszyklus orientieren. Die folgende Abbildung stellt die **Baufolgekosten** als Aufwendungen, die erst im Rahmen der Nutzung entstehen, verschiedener Immobilienarten gegenüber.

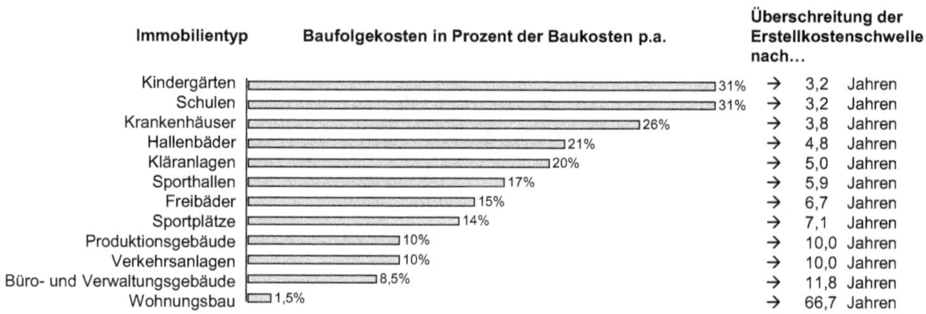

Abb. 1: Baufolgekosten unterschiedlicher Immobilientypen der öffentlichen Hand (Quelle: in Anlehnung an Schulte et al. 2006, S. 33)

Hierbei wird deutlich, dass Gebäudearten, die mit den Kosten ihrer Nutzung die Herstellungskosten bereits nach sehr kurzer Zeit (<4 Jahren) überschreiten, typischerweise Gebäude der öffentlichen Hand sind. Verglichen mit Immobilien der Privat- oder Wohnungswirtschaft fällt hier ineffizientes Ressourcenmanagement dementsprechend wesentlich stärker ins Gewicht.

Umso wichtiger ist es daher **zukünftige Nutzungskosten** bereits in der Planungsphase zu berücksichtigen. Eine durchdachte, am Lebenszyklus der jeweiligen Immobilie orientierte Neubauplanung kann so in der Folge zu bedeutenden Nutzungskosteneinsparungen beitragen (z. B. geringerer Energieverbrauch, leichtere Instandhaltung und Bewirtschaftung). Die damit verbundenen Mehrkosten im Bau amortisieren sich meist bereits nach wenigen Jahren, was allerdings aufgrund der oft politisch motivierten kurzfristigen Betrachtungsweise häufig nicht beachtet bzw. in Kauf genommen wird. Unbedingte Voraussetzung zur Überwindung dieses Problems ist eine Veränderung des planerischen Betrachtungshorizonts sowie grundlegendes Umdenken bezüglich der Immobilie als Haushaltskostenfaktor (vgl. Ecke, S. 2; Schulte/Schäfers et al., S. 33).

3.3 Vom Corporate Real Estate Management zum Public Real Estate Management

Allgemein lässt sich mit dem Begriff Real Estate Management die allumfassende Verwaltung von Immobilienvermögen beschreiben. Dabei wird zwischen **Corporate Real Estate Management (CREM)** als betrieblichem Immobilienmanagement und **Public Real Estate Management (PREM)** als öffentlichem Immobilienmanagement unterschieden (vgl. Schulte/Schäfers et al., S. 24).

Eine Situation, die durchaus vergleichbar ist mit der der öffentlichen Hand, ließ sich Mitte der 1990er im privaten Sektor beobachten. Unternehmen, deren Kerngeschäft nicht auf Immobilien ausgelegt war, mangelte es meist an ausreichendem internen Immobilienfachwissen zur Entwicklung adäquater Ansätze und Konzepte, um den eigenen Immobilienbestand den internen Anforderungen gemäß auszurichten und wirtschaftlich zu betreiben. Aus diesem Missstand heraus wurde das Konzept des Corporate Real Estate Management als Führungskonzeption für die systematische Steuerung und Optimierung des Immobilienbestandes von „Non-Property-Companies", mithin Unternehmen, bei denen immobilienspezifische Leistungen nur intern ausgeführten Sekundärleistungen entsprechen, entwickelt. Die Verfolgung einer professionellen Immobilienstrategie soll folglich durch die Erkennung und Realisierung von Erfolgssteigerungspotenzialen zur Wahrung und Verbesserung des Kerngeschäfts beitragen (vgl. Schulte/Schäfers, 1998, S. 31; Schäfers, S. 81). Die weitgehende Professionalisierung im Umgang mit betrieblichen Immobilien auf dem privaten Sektor könnte somit eine Vorbildrolle für die Entwicklung und Implementierung von Konzepten des Public Real Estate Management einnehmen. Trotz der abweichenden Rahmenbedingungen, Voraussetzungen und Ziele im privaten und öffentlichen Bereich ist eine grundsätzliche Orientierung an diesem Konzept mit übertragbaren Methoden und Instrumenten sinnvoll und erstrebenswert.

Parallel zum Corporate Real Estate Management, welches wie erwähnt als Managementkonzept für die strategische und operative Immobiliensteuerung von Unternehmen („Non-property-companies") angesehen wird, nimmt das Public Real Estate Management diese Aufgabe auf Seiten der öffentlichen Hand wahr. Allgemein ausgedrückt verbirgt sich somit hinter dem Begriff des Public Real Estate

Management die **strategische Gesamtkonzeption** für den öffentlichen Sektor, die den heterogenen Immobilienbestand auf Bundes-, Landes-, und Kommunalebene unter Berücksichtigung des politisch bestimmten Verwaltungsauftrages optimieren soll. Dabei liegt der Schwerpunkt auf einer bedarfsgerechten und ökonomischen Bereitstellung von Immobilien und Grundstücken, die für die Erfüllung der öffentlichen Pflichten notwendig sind, sowie der kostenmäßigen Optimierung dieser Liegenschaften.

Eine Gemeinsamkeit von Corporate Real Estate Management und Public Real Estate Management spiegelt sich in der jeweils stark ausgeprägten, strategischen Komponente wider. Dieser strategische Bezug lässt sich vor allem aus dem ähnlichen zeitlichen Fokus der jeweiligen Managementtätigkeit ableiten. So setzt das Public Real Estate Management auf eine auf lange Frist angelegte Immobilienstrategie, die sich mit den übergeordneten Aufgaben und Zielen der öffentlichen Hand deckt.

Eine weitere Gemeinsamkeit der beiden Managementkonzepte ist die Tatsache, dass Immobilien als Sekundärleistungen angesehen werden, dass heißt sie sind in erster Linie Mittel zum Zweck, um übergeordnete Zielsetzungen auf Ebene des Unternehmens/der öffentlichen Verwaltung zu erreichen. Ein großer Unterschied liegt hier in den Aufgaben und der damit verbundenen Ziele. So steht die Erfüllung von verwaltungsbedingten Pflichten zum Beispiel dem privatwirtschaftlich ausgerichteten Gewinnstreben gegenüber. Zur Verdeutlichung der verschiedenen Rahmenbedingungen dient die nachfolgende Tabelle:

Tab. 1: Öffentliche versus privatwirtschaftliche Leistungserstellung (Quelle: vgl. Straßheimer 2004, S. 865)

	Öffentlicher Sektor	**Privater Sektor**
Zielsetzung	Gemeinwohlorientierung	Erwerbswirtschaftliche Orientierung
Wettbewerbssituation	Monopol	Konkurrenz
Erfolgsmessung	Haushaltsausgleich	Rendite
Ressource- und Erfolgsverantwortung	Loslösung	Kopplung
Preisgestaltung	Staatliche Gebührenpolitik	Marktliche Preisgestaltung
Personalführung	Entkopplung von persönlicher Leistung und Entlohnung	Funktionierende Anreiz- und Sanktionssysteme

Während also im privaten Sektor die erwerbswirtschaftliche Orientierung im Vordergrund steht, sollen öffentliche Entscheidungen vor allem dem Gemeinwohl dienen. In diesem Sinne gilt es im Interesse der Bürger zu handeln und somit einen Interessensausgleich herbeizuführen.

Da öffentliche Verwaltungen so strukturiert sind, dass eine Verwaltungsstelle in der Regel nur für einen speziellen Bereich zuständig ist, besteht faktisch keine Konkurrenzsituation. Privatwirtschaftliche Unternehmen sehen sich im Gegensatz dazu meist einem hohen Konkurrenzdruck ausgeliefert, weshalb sie sich konsequenterweise fortwährend um effizientes Wirtschaften zu bemühen haben. Um diesem vorherrschenden Wettbewerbsdruck Stand zu halten, sind laufende Effizienzverbesserungsmaßnahmen unabdingbar. Entsprechend der abweichenden Zielsetzungen unterscheidet sich zudem die Messung von Erfolg. Während Unternehmen des privaten Sektors im Allgemeinen die Vermehrung des eingesetzten Kapitals als Messgröße heranziehen, ist es Bestreben der öffentlichen Hand einen ausgeglichenen Haushalt und damit die bloße Erhaltung von Kapital zu erreichen. Ein Sachverhalt, der zu erhöhtem Ressourcenverbrauch der öffentlichen Verwaltung führt, ist die Tatsache eines fehlenden Zusammenhangs zwischen Ressourcen- und Erfolgsverantwortung. Im Privatsektor hingegen liegt diese Verantwortung in der Regel in einer Hand. Wesentliches Merkmal der freien Wirtschaft ist die freie Preisgestaltung, die sich gemeinhin durch den Abgleich von Angebot und Nachfrage bestimmt. Demgegenüber steht die starre Entgeltpolitik der öffentlichen Hand, welche ausschließlich der staatlichen Gebühren- und Subventionspolitik unterliegt. Ein weiterer markanter Unterschied zwischen Privatwirtschaft und öffentlicher Hand besteht in der Personalführung. Während die Privatwirtschaft zahlreiche Methoden wie Bonuszahlungen, Prämien oder Beförderungen einsetzt, um ihre Mitarbeiter zu motivieren, liegt im öffentlichen Bereich meist eine Entkopplung von persönlicher Leistung und Erfolg vor. Diese Defizite konnten erst mit Einführung des Gesetzes zur Reform des öffentlichen Dienstrechts durch die Schaffung von privatwirtschaftsähnlichen Leistungsanreizen partiell beglichen werden (vgl. Schulte/Schäfers et al., S. 27 f).

3.4 Strategische Handlungsfelder im Public Real Estate Management

In den vorangegangenen Abschnitten wurde eine Reihe an Defiziten im Immobilienmanagement der öffentlichen Hand dargestellt. Als Hauptursachen dafür können zusammengefasst die Handlungsfelder mangelhafte Datenverfügbarkeit, fehlende Professionalisierung im Bereich des Immobilienmanagements, unzureichende Führungs- und Steuerungsinstrumente und ein nachhaltiger Reformwiderstand der öffentlichen Verwaltung und eine damit verbunden Umsetzungsschwäche bezüglich neuer Vorgaben identifiziert werden (vgl. Ecke, S. 164). Die folgenden Abschnitte befassen sich daher mit der Ableitung konzeptioneller Optimierungsmaßnahmen hinsichtlich der bezeichneten Problemstellungen (vgl. Abbildung 2).

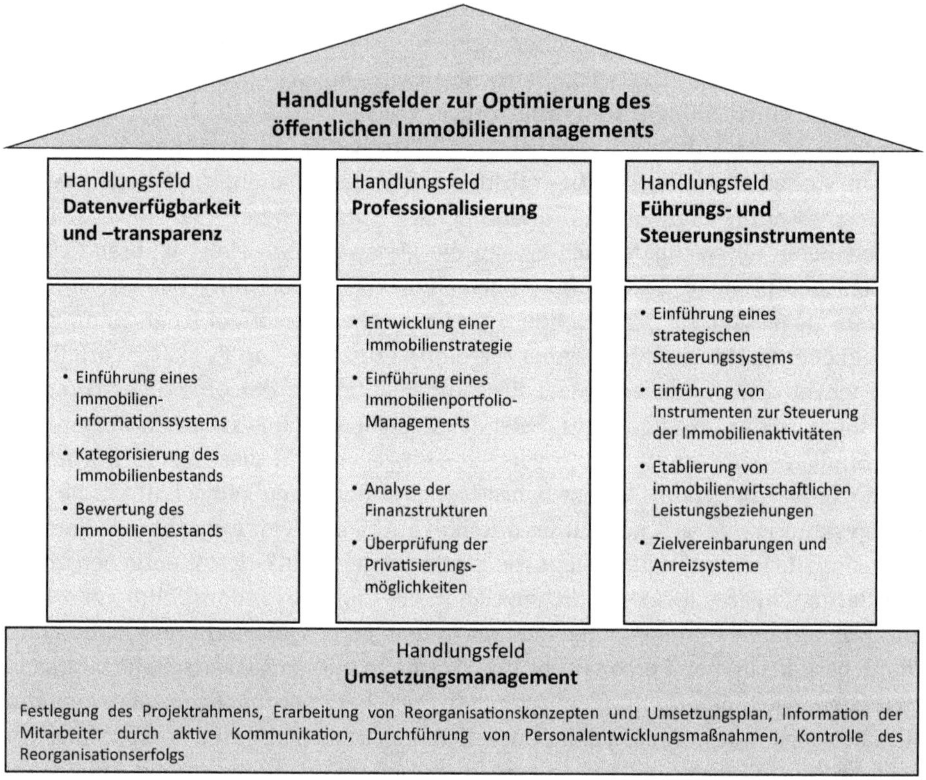

Abb. 2: Übersicht Handlungsfelder im öffentlichen Immobilienmanagement (Quelle: in Anlehnung an Ecke 2004, S. 164)

3.4.1 Handlungsfeld „Datenverfügbarkeit und Transparenz"

Oft kann eine unbedingt notwendige Immobilienbestandsanalyse aufgrund mangelnder Datenverfügbarkeit und Transparenz nur unzureichend ausgeführt werden. Ein gut organisiertes, EDV-gestütztes Immobilien-Informationssystem kann allerdings Abhilfe schaffen. Hauptvorteile eines solchen zentralen Informationssystems ergeben sich beispielsweise aus der neu geschaffenen Möglichkeit, Daten simultan abzufragen sowie unverzüglich und redundanzfrei zu aktualisieren (vgl. Schwarze, S. 83–116). Obwohl der Markt mittlerweile verschiedene standardisierte Softwarelösungen anbietet, konnte sich noch kein System durchsetzen. Zahlreiche Einrichtungen des öffentlichen Dienstes setzen stattdessen auf aufwendige Eigen-

Tab. 2: Übersicht Handlungsempfehlungen zu Datenverfügbarkeit und -transparenz (Quelle: in Anlehnung an Pöll/Ecke 2006, S. 40)

Aufbau eines Immobilien-Informationssystems	• Die Einführung eines zentralen Immobilien-Informationssystems ist die Voraussetzung für die erforderliche Datenverfügbarkeit und –transparenz • Kooperationen bei der Entwicklung von Immobilien-Informationssystemen reduzieren den Entwicklungsaufwand und fördern eine Standardisierung • Die Datenpflege ist in die immobilienwirtschaftlichen Prozesse zu integrieren
Kategorisierung des öffentlichen Immobilienbestands	• Eine Kategorisierung des öffentlichen Immobilienbestands ist erforderlich, um - die geeignete Verwertungsstrategie festzulegen, - die organisatorische Verantwortung festzulegen, - die möglichen Finanzierungsalternativen zu prüfen, - die geeigneten Bewertungsverfahren auszuwählen.
Bewertung des öffentlichen Immobilienbestands	• Das Immobilienportfolio ist vollständig zu bewerten • Die Bewertung ist zweckorientiert durchzuführen • Bei Entscheidungen sind Kosten und Erlöse auf Grundlage aktueller Wertansätze zu berücksichtigen

entwicklungen. Um Zeit und Kosten zu sparen, sollten sinnvollerweise allerdings behördenübergreifende Entwicklungspartnerschaften eingegangen werden (vgl. Pöll/Ecke, S. 41).

Die Vielschichtigkeit des Immobilienbestands der öffentlichen Hand bedingt abweichende Anforderungen an das entsprechende Immobilienmanagement (z. B. unterschiedliche Anforderungen eines Schulgebäudes gegenüber einem Verwaltungsbau). Durch eine Kategorisierung in verschiedene Nutzungstypen können die spezifischen Aspekte der jeweiligen Immobilie berücksichtigt und auf dieser Basis eine geeignete, individuell passende Strategie entwickelt werden.

Auch die portfolioweite Wertermittlung der einzelnen Immobilien ist eine der Kernaufgaben des Immobilienmanagements der öffentlichen Hand. Sie schafft Transparenz über die vorhandenen Vermögenswerte, ermöglicht die Ermittlung interner Verrechnungsmieten im Rahmen der Einführung von immobilienwirtschaftlichen Leistungsbeziehungen, dient als Entscheidungsgrundlage für mögliche Transaktionsentscheidungen bei Immobilienprivatisierungen und bildet wichtige Voraussetzungen zur Optimierung der Finanzierungs- und Kostenstruktur. Dabei fällt die Marktwertermittlung einer öffentlichen Immobilie, aufgrund ihres oft sozial oder kulturell geprägten Zwecks, nicht immer leicht. Insbesondere für Verkaufsentscheidungen sollte jedoch eine kosten- und marktbasierte Betrachtungsweise herangezogen werden (vgl. Pöll/Ecke, S. 42).

3.4.2 Handlungsfeld „Professionalisierung"

Die öffentliche Verwaltung ist im Gegensatz zur Privatwirtschaft eher durch passives Verwalten anstatt durch aktives Handeln geprägt. Beispielhaft dafür sind der häufig anzutreffende Sanierungs- bzw. Reparaturstau und eine ineffiziente Ressourcenverwendung. Strategische Entscheidungen der öffentlichen Hand unterscheiden sich von privaten Betrieben insbesondere dahingehend, dass sie nicht von den Interessen der Geschäftsführung und Anteilseignern, sondern vielmehr von dem sozialen Umfeld und politischen Zwecken beeinflusst werden. So sind diese typischerweise von privatwirtschaftlichen Zielsetzungen wie etwa Wettbewerbssituation, finanziellem Erfolg oder Personalpolitik losgelöst (vgl. Naschold). Im Rahmen der Entwicklung einer Immobilienstrategie ist es deshalb notwendig, diese Problematiken zu adressieren.

Vor der Entwicklung einer solchen Strategie ist zunächst der Status Quo des Immobilienportfolios zu definieren. Auf dieser Basis können im Anschluss die strategischen Ziele und Einflussfaktoren sowie der sich daraus ergebende Handlungsbedarf ermittelt werden. Um eine professionelle Analyse und Umsetzung zu garantieren, gehört die Implementierung eines Immobilien-Portfoliomanagements, zu dessen Hauptaufgaben u. a. das Erkennen von Flächenoptimierungspotenzialen sowie die Identifikation von „Überschussimmobilien" zählen, zur unbedingten Voraussetzung (vgl. Pöll/Ecke, S. 43).

Eine weitere Aufgabe des Immobilienmanagements der öffentlichen Hand im Rahmen seiner Professionalisierung ist eine ausführliche Analyse der Kapital- und Finanzierungstruktur des Portfolios, denn speziell in Anbetracht des bereits angesprochenen Sanierungs- bzw. Reparaturstaus besteht hoher Kapitalbedarf. Hierfür notwendig ist zunächst die Aufstellung einer Bilanz, die alle objektspezifischen Kapital- und Finanzierungsstrukturen abbildet. Darauf basierend kann diese im Anschluss unter Verwendung verschiedener Finanzierungsalternativen (z. B. Bankkredite, Sale-and-lease-back, Anleihen, PPP-Konzepte etc.) optimiert werden. Die Entscheidung sollte hierbei immer objektspezifisch und unter Berücksichtigung sämtlicher exogener Faktoren wie Steuern, Gesetze oder Vergabe- und Vertragsrecht getroffen werden. Grundsätzlich sollte mittel- bis langfristig außerdem die Senkung der Verbindlichkeiten im Vordergrund stehen (vgl. Pöll/Ecke, S. 46 f).

Als Basisstrategien im Public Real Estate Management können hier die Optimierungs-, Wachstums- sowie die Privatisierungsstrategie genannt werden (vgl. Tabelle 3).

Im Rahmen der **Optimierungsstrategie** führt die öffentliche Hand Restrukturierungsmaßnahmen aus, durch welche die Performance und Effizienz des Immobilienbestands gesteigert werden sollen. Ziel der **Wachstumsstrategie** ist es, durch aktives Management eine Verbesserung der eigenen Wettbewerbsposition und eine Erweiterung des Aktivitätsspektrums im Immobilienmanagement zu erreichen (vgl. Bone-Winkel, S. 765–812). Die **Privatisierungsstrategie** verfolgt dagegen die Veräußerung des betrachteten Immobilienvermögens oder die komplette Ausgliederung der immobilienwirtschaftlichen Leistungserstellung. Die jeweils zu bevorzugende Strategie hängt stark von individuellen Faktoren und immobilienwirtschaftlichen Rahmenbedingungen ab. Dabei können sich für bestimmte Immobilientypen oder Organisationsbereiche der öffentlichen Hand sinnvolle Teilstrategien ergeben. So macht z. B. für eine Kommune mit akuten Haushaltsproblemen die Umsetzung der Privatisierungsstrategie Sinn. Will eine Kommune allerdings ihre Entwicklung mittel- bis langfristig durch immobilienwirtschaftliche Aktivitäten beeinflussen, sollte auf eine Optimierungs- bzw. Wachstumsstrategie zurückgegriffen werden (vgl. Ecke, S. 182).

Tab. 3: Strategische Alternativen im Immobilienmanagement (Quelle: in Anlehnung an Pöll/Ecke 2006, S. 39)

1 **Optimierungsstrategie**	2 **Wachstumsstrategie**	3 **Privatisierungsstrategie**
➢ Optimierung von Organisation und Prozessabläufen, z.B. durch: • Mietvertragsmanagement • Instandhaltungs- und Modernisierungsmanagement • Verbesserung der Finanzierungsstrukturen ➢ Erbringung der immobilienwirtschaftlichen Leistungen durch öffentliche Dienstleister	➢ Übernahme von Dienstleistungen für öffentliche und private Kunden ➢ Aufbau einer führenden Wettbewerbsposition durch Kosten- oder Qualitätsführerschaft ➢ Aktives Portfoliomanagement unter Ausnutzung des Kapitalmarkts zur Optimierung der Kapital-/ Finanzierungsstruktur	➢ Ausgliederung der immobilienspezifischen Leistungen ➢ Mobilisierung/Monetarisierung des Immobilienvermögens im Rahmen von Kapitalmarkttransaktionen, wie z.B. • Paketverkäufe • Sale-and-lease-back • Börsengang

3.4.3 Handlungsfeld „Führungs- und Steuerungsinstrumente"

Ist ein strategisch orientiertes Konzept zum Management von Immobilien der öffentlichen Hand erst einmal festgelegt, muss dessen Umsetzung laufend gesteuert und überwacht werden. Dies bedingt die Einführung eines strategisch und finanziell verfassten Steuerungssystems, welches in erster Linie dem Aufbau einer Verbindung zwischen den eingesetzten Ressourcen, Ergebnissen und Wirkungen, der Verknüpfung der unterschiedlichen Steuerungserfordernisse von Politik und Verwaltung, der Planung mit konkreten Soll-Vorgaben für Leistungen und Ressourcen und der Zielerreichung durch regelmäßige Soll-/Ist-Abgleiche dient (vgl. Pöll/ Ecke, S. 48).

Eine generelle Problematik ist in diesem Zusammenhang die Organisationsstruktur der öffentlichen Betriebe bzw. Verwaltung, welche in ihrer grundlegenden Ausrichtung meist nicht den Anforderungen eines professionellen Immobilienmanagements entspricht. Hervorzuheben ist hier auch die noch häufig bestehende

Trennung zwischen Budget- und Ausführungsverantwortung. Grundsätzlich sollten folgende Bedingungen erfüllt werden (vgl. Pöll/Ecke, S. 45):
- zentrale Führung des Immobilienbereichs/-aktivitäten im Rahmen der Fokussierung auf die Kernaufgaben innerhalb der Verwaltung,
- verursachungsgerechte Verrechnung immobilienwirtschaftlicher Leistungen,
- Schaffung von Konkurrenz- und Wettbewerbssituation zwischen Anbieter und Nachfrager von/nach immobilienwirtschaftlichen Leistungen,
- Einsatz betriebs- und immobilienwirtschaftlicher Steuerungsinstrumente,
- Integration immobilienwirtschaftlicher Informationstechnologie.

Zur Analyse und Überwachung der herangezogenen Informationen kann es sinnvoller Weise zum Einsatz spezifischer Kennzahlen- und Benchmarkingsysteme kommen. Primäres Ziel ist es, Problembereiche aufzudecken und Verbesserungspotentiale zu identifizieren.

Im Folgenden sind drei Benchmarking-Systeme, die bereits für Liegenschaften der öffentlichen Hand eingesetzt wurden, nach Profil, Inhalten, Zielen und aufgeführt.

Die am häufigsten verfolgten Ziele bzw. der erwartete Nutzen von Kennzahlen-/ Benchmarkingsystemen im öffentlichen Bereich sind die Optimierung der Flächen und der Kostentransparenz, die Identifikation von Kostentreibern und Leistungslücken, die Bestimmung der eigenen Position und nicht zuletzt das Aufzeigen von „Best Practice"-Verfahren als Grundlagen von Optimierungsmaßnahmen (vgl. gif 2009, S. 6 ff.).

Zur Motivation der mit Optimierungs- bzw. Benchmarking Projekten betrauten Mitarbeitern in der öffentlichen Verwaltung erweisen sich das Setzen spezifischer Ziele und die Einführung eines entsprechenden **Anreizsystems** als sinnvoll

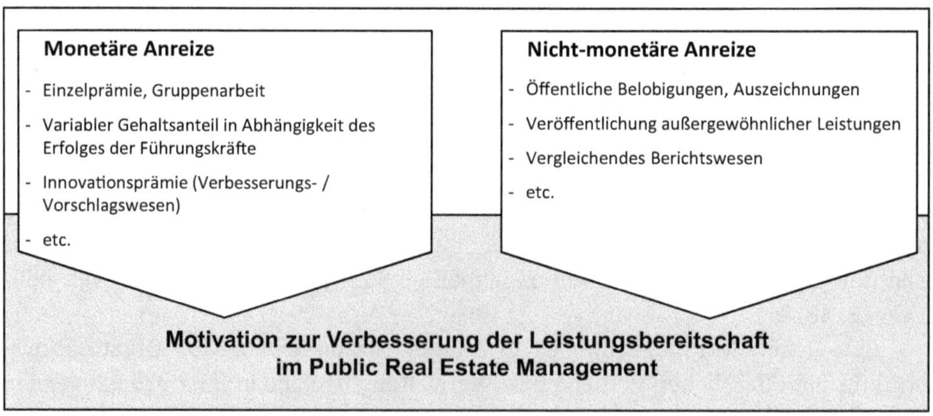

Abb. 3: Übersicht Anreizsysteme im Public Real Estate Management (Quelle: in Anlehnung an Pöll/Ecke 2006, S. 50)

(vgl. Abbildung 3). Mögliche Zielvereinbarungen sind z. B. die Reduzierung von Betriebskosten oder genutzten Flächen auf eine festgelegte Größe, der Aufbau und Einrichtung eines Immobilien-Informationssystems oder das Erreichen eines festgelegten Mindesterlöses bei der Veräußerung bestimmter zur Privatisierung vorgesehener Immobilien.

Anreizsysteme lassen sich in **monetäre** als auch **nicht-monetäre** Anreize unterscheiden. Durch die Einführung eines variablen Gehaltsanteils besteht die Möglichkeit, eine Kultur unternehmerischen Handelns einzuführen. Dabei sollten allerdings die individuellen Anforderungen und Wünsche der Beschäftigten berücksichtigt werden.

Tab. 4: Benchmarkingsysteme für Immobilien der öffentlichen Hand (Quelle: in Anlehnung an gif Gesellschaft für Immobilienwirtschaftliche Forschung e. V., S. 9 ff)

Benchmarking-System	Profil	Inhalte	Ziele
Vergleichsringe der kommunalen Gemeinschaftsstelle für Verwaltungs-management (**KGSt**)	Initiierung, Organisation und Begleitung des Benchmarking der Kommunen	– Vergleichsringe, in denen mit Hilfe von Kennzahlen untersucht wird, mit welchen Qualitäten, Wirkungen und Kosten Dienstleistungen erbracht werden – Aufdecken von Verbesserungs-möglichkeiten	– Abbildung und Messung der Leistungen kommunaler Verwaltungen – Förderung des interkommunalen Erfahrungs-austausches
Arbeitsgruppe Benchmark der Landesbau- bzw. Immobiliengesellschaften	Bilden und Vergleichen von Kennzahlen von neun Landes-gesellschaften aus verschiedenen Bundesländern	Erheben von Basisdaten zu Gesellschafts-strukturen, Verbräuche, Flächen, Leistungen	– Schaffung von Transparenz in den Gesell-schafts-strukturen – Darstellung von Unterschieden und Gemeinsamkeiten
OSCAR (Office Service Charge Analysis Report) von Jones Lang LaSalle	OSCAR enthält neben den klassischen Büronebenkosten auch eine Vollkostenanalyse von selbst genutzten Immobilien	Vorhandene Daten werden aufgeschlüsselt nach: – Nebenkostenanalyse, Vollkostenanalyse – Klimatisierte, unklimatisierte Objekte – Gebäudegröße – Standort	– Betrachtung der Nebenkosten als fester Bestandteil des Immobilien-managements – Verbesserung der Vergleichbarkeit fremd- und selbstgenutzter Immobilien – Darstellung der Unterschiede und Gemeinsamkeiten

3.4.4 Handlungsfeld „Umsetzungsmanagement“

In den vorangegangenen Abschnitten wurden ausgewählte konzeptionelle Aspekte zur Entwicklung einer Immobilienstrategie für die öffentliche Hand thematisiert. In der Praxis erweist sich die Umsetzung dieser jedoch nicht selten als unproblematisch. Aus diesem Grund sollte unbedingt auf ein gut abgestimmtes Umsetzungsmanagement im Rahmen eines speziellen Projektes zur Organisationsentwicklung zur Einführung bzw. Fortentwicklung eines professionellen Immobilienmanagement bei der öffentlichen Hand geachtet werden. Regelmäßig sind bei solchen komplexen Reorganisationsmaßnahmen im öffentlichen Dienst diverse Parteien betroffen. Dabei ist zu beachten, dass die Interessen der Beteiligten divergieren und teilweise konfliktär zueinander stehen. Abbildung 4 verdeutlicht die unterschiedlichen Positionen aller Beteiligten.

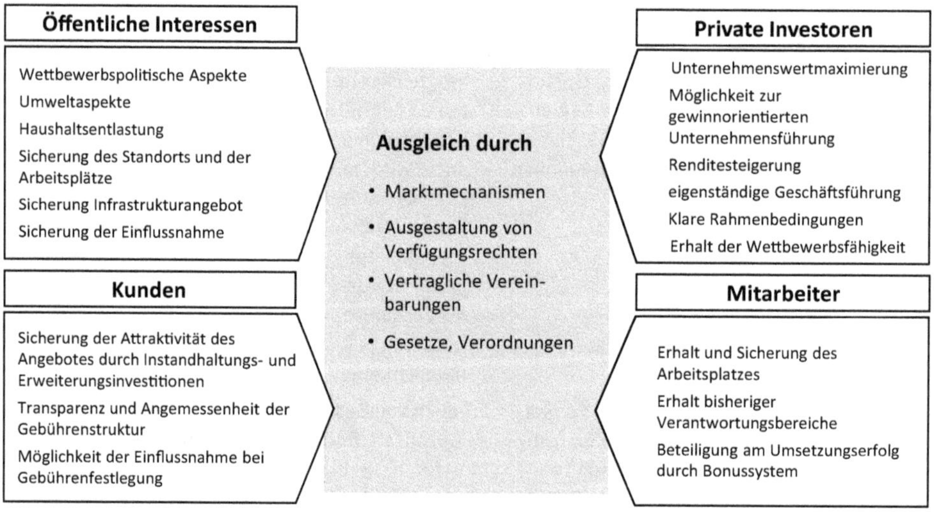

Abb. 4: Interessen möglicher beteiligter Akteure bei einer Reorganisation im Public Real Estate Management

Für die Durchführung eines solchen Projektes empfiehlt sich ein ganzheitlicher Ansatz, der unterschiedlichen Perspektiven zusammenführt und alle Betroffenen an einer Entscheidungsfindung aktiv beteiligt.

3.5 Organisation des Immobilienmanagements der öffentlichen Hand

3.5.1 Organisationsmodelle für das Immobilienmanagement der öffentlichen Hand

Einer der Hauptgründe für die geringe Wahrnehmung von der Wertschöpfungspotenzialen im Immobilienmanagement der öffentlichen Hand lässt sich wie bereits erwähnt auf organisatorische Defizite zurückführen. Dies liegt meist an einer fehlenden konkreten Zuordnung von Aufgaben, Kompetenzen und Verantwortlichkeiten. Um die mit der Einführung eines konzeptionell verfassten Public Real Estate Managements gesetzten Ziele zu erreichen, ist mithin die Einrichtung einer entsprechenden Organisationsstruktur erforderlich

Die vom Immobilienmanagement zu erbringenden Leistungen lassen sich entlang des Lebenszyklusansatzes in die Aufgabenfelder Bereitstellung (intern, extern), Neu-, Um- und Erweiterungsbau, Bewirtschaftung und Unterhalt sowie Verwertung aufgliedern. Im Folgenden werden die drei Basismodelle (Eigentümer-Modell, Mieter-Vermieter-Modell und Management-Modell), die zur Umsetzung einer Immobilienstrategie und gezielten Wahrnehmung der zuvor genannten Tätigkeitsfelder beitragen sollen, vorgestellt (vgl. KGSt):

Im Zuge des **Eigentümer-Modells** übernimmt die raumnutzende Verwaltungseinheit sämtliche Aufgaben, die sonst ein Immobilieneigentümer auch zu tragen hätte. Dies bezieht sich vor allem auf die Bewirtschaftung und Unterhaltung der genutzten Flächen. Damit liegt die Verantwortung der Substanzerhaltung und der Betriebskosten tatsächlich beim Nutzenden, was einen Ansporn zum wirtschaftlichen und nachhaltigen Umgang mit der Ressource Immobilie geben soll. Weiterhin liegt einer der Vorteile in den geringeren organisatorischen Schnittstellen und damit möglicherweise schnelleren Entscheidungsstrukturen. Nachteilig ist allerdings die Voraussetzung von umfangreichem immobilienwirtschaftlichem Know-how, welches in der Praxis auf Seiten der eigennutzenden Verwaltungseinheit nicht immer gegeben ist (vgl. Pöll/Ecke, S. 71).

Im **Mieter-Vermieter-Modell** nimmt die raumnutzende Verwaltungseinheit die Rolle des Mieters an. Auf der anderen Seite steht eine von der Verwaltungsführung (Bund/Land/Kommunen) bestimmte zentrale Immobilieneinheit, die in die Rolle des Vermieters schlüpft. Der Nutzer (Mieter) muss gegenüber der zentralen Immobilieneinheit (Vermieter) sämtliche kostenverursachende Faktoren verantworten. Er erhält von der Verwaltungsführung ein Budget, von welchem er sämtliche Kosten an Vermieter, als auch an externe Dienstleister begleichen muss. Die Vorteile dieses Modells liegen in der Entlastung des Nutzers, welcher sich dadurch auf seine Kernaufgaben fokussieren kann. Außerdem kann die zentrale Immobilienabteilung spezifisches immobilienwirtschaftliches Wissen aufbauen, wodurch sich sämtliche Spezialisierungs- als auch Professionalisierungspotenziale ausschöpfen lassen. Folglich werden mögliche Kosteneinsparungen, bedingt durch höhere Effektivität auf beiden Seiten, gezielt realisiert (vgl. Pöll/Ecke, S. 72 f).

Das **Management-Modell** ist eine Mischform der beiden oben genannten Modelle. Dabei kommt es zur Bildung einer Organisationseinheit, die als Dienstleistungseinheit agiert indem sie sich in ihrer Hauptfunktion um die Bewirtschaftung der Immobilien kümmert. Hier bestehen zwei alternative Adaptionen des Modells. Im ersten Fall tritt die Dienstleistungseinheit im Eigentümermodell an die Stelle eines externen Dienstleisters, im zweiten Fall, im Rahmen des Mieter-Vermieter-Modells agiert sie sozusagen als Ausführungsorgan für den Vermieter. Generell wird in der Folge die Bewirtschaftung der Immobilien erleichtert und eine spätere mögliche Verselbständigung ermöglicht (vgl. Pöll/Ecke, S. 74).

3.5.2 Rechts- und Betriebsformen für das Immobilienmanagement der öffentlichen Hand

Grundsätzlich können die Rechts- und Betriebsformen für das Immobilienmanagement der öffentlichen Hand in drei verschiedene Strukturalternativen unterteilt werden (vgl. Pöll/Ecke, S. 75):
- Verwaltungslösung,
- öffentlich-rechtliche Lösungen und
- privatrechtliche Lösungen.

Dabei ist die **Verwaltungslösung** immer die Ausgangslösung. Im Gegensatz dazu steht die Überführung des Immobilienmanagements in eine privatrechtliche Form. Zwischen diesen Extremlösungen gibt es hybride Varianten, wie etwa eine optimierte Verwaltungsstruktur oder eine **öffentlich-rechtliche Lösung**. Gängige Betriebsformen sind etwa die traditionelle Verwaltung (Amt/Fachbereich/Ressort), Eigen-, Landes-, Bundesbetrieb nach § 26 der Haushaltsordnung (HO), Anstalt öffentlichen Rechts (AöR) oder ein Zweckverband. Zu den privatwirtschaftlichen Alternativen zählen z. B. die Komplementär GmbH (GmbH & Co. KG), GmbH, AG, GbR oder die Genossenschaft/eingetragener Verein und Stiftung (vgl. Pöll/Ecke, S. 75).

Die am weitesten verbreiteten dieser Alternativen sind die Anstalt öffentlichen Rechts (AöR), Betriebe nach § 26 Haushaltsordnung (HO) sowie die Gesellschaft mit beschränkter Haftung (GmbH). Die AöR kann sich an anderen Unternehmen öffentlicher und privater Natur beteiligen und sogar eigene Tochterunternehmen gründen. Im Gegensatz zu einem Betrieb nach § 26 HO, der nicht verselbständigt wird, sondern ein Teil der Verwaltung bleibt, nimmt die AöR die ihr übertragenen Aufgaben eigenständig war. Die GmbH stellt das eigenständigste Konstrukt dar. Sie ist selbständig und handelt weitestgehend unternehmensbezogen. Die Ausübung der

Kontrolle erfolgt üblicherweise über Aufsichtsorgane (z. B. Aufsichtsrat) (vgl. Pöll/Ecke, S. 76).

Die Einführung **betrieblicher bzw. privatrechtlicher Strukturen** hat offensichtliche Vorteile. So wird z. B. die unternehmerische Handlungsfähigkeit und marktorientierte Professionalisierung gefördert, die Steuerung der Leistungen, Finanzen und Prozesse basiert auf bekannten betriebswirtschaftlichen Methoden, das Ertrags- und Kostenbewusstsein wird durch die vorherrschende Ergebnisverantwortung geschärft und die Servicementalität wird aufgrund der Auftraggeber-Auftragnehmer Beziehung verbessert. Dabei ist die Überführung in unternehmerische Strukturen eine der wichtigsten Voraussetzung zur Errichtung eines professionellen, zielorientierten Immobilienmanagements. Entscheidender Unterschied zu behördlichen Lösungen ist die angesprochene marktorientierte Ausrichtung und die damit verbundene unternehmerische Flexibilität sowie Ergebnisverantwortung. Denn ein nach modernen betriebswirtschaftlichen Prinzipien geführtes Unternehmen erlaubt eine Kosten- und Ertragstransparenz, die mit einer typischen Verwaltungsstruktur regelmäßig nicht denkbar ist.

Für die Wahl der geeignetsten Rechts- bzw. Betriebsform sollten verschieden Faktoren beachtet werden. Ausschlaggebend sind hier insbesondere zeitliche Aspekte, steuerliche und politische Aspekte wie z. B. die Einflussmöglichkeiten durch die Verwaltungsführung bzw. Politik. Aber auch personalwirtschaftliche sowie organisatorische Kriterien sollten in die Entscheidungsfindung einfließen.

3.6 Möglichkeiten zu Privatisierung im Public Real Estate Management

In den letzten Jahren konnte ein verstärkter Trend zur Professionalisierung des Bestandsmanagements und, damit verbunden, eine vermehrte Privatisierung öffentlicher Immobilienangelegenheiten festgestellt werden. Dabei wird im Wesentlichen zwischen der materiellen und der formellen Privatisierung unterschieden. Der erste Fall ist gekennzeichnet durch eine komplette Eigentumsübertragung an einen privatwirtschaftlichen Investor in marktfähigen Größenordnungen. Je nach Marktlage lassen sich so unter Umständen hohe, weit über dem historischen Buchwert liegende, Veräußerungsgewinne erzielen. Mittels der meist mit der Transaktion verbundenen, zeitlich befristeten Rückmietung durch die öffentliche Hand entsteht ein Druck auf die Verwaltung, die nun eventuelle ineffiziente Nutzungen und die damit einhergehenden laufenden Kosten verantworten muss.

Die Übertragung von Immobilien der öffentlichen Hand an ein eigenständiges, öffentliches Unternehmen, welches i. d. R. in einer privatwirtschaftlichen Rechtsform geführt wird, trägt die Bezeichnung formelle Privatisierung. Eine potenzielle Gefahr der formellen Privatisierung besteht darin, dass das mit guter Bonität ausgestatte, öffentliche Unternehmen zu viele Aufgaben und Mitarbeiter übernehmen muss, so dass die kurzfristigen finanziellen Vorteile oft durch die Effizienznachteile aufgezehrt werden.

Als generelles Konzept verfolgt die Immobilienprivatisierung die effizienzfördernde Restrukturierung des Bestands, sowie die Freisetzung von Kapital durch Verkäufe. Dabei wurden für beide Varianten verschiedene, eigenständige Strategien entwickelt. Diese lassen sich inhaltlich durch die folgenden Merkmalen kennzeichnen. Zum einen wird durch gezielte Verkäufe ein Liquiditätszufluss erzielt und zum anderen verringert sich das Immobilien-„Exposure" der öffentlichen Hand. Gleichzeitig erfolgt die Trennung von Eigentum und Nutzung bei strategisch wichtigen und verwaltungsbedingt notwendigen Immobilien nur unter Sicherstellung auch mittelfristig Nutzer bleiben zu dürfen (vgl. Schäfers/Högner, S. 84 f).

Der folgende Abschnitt beschäftigt sich mit den Ursachen und Potenzialen für den Trend zur Privatisierung im Public Real Estate Management sowie mit den Grundlagen und Bestandteilen eines diesbezüglichen Transaktionsprozesses.

3.6.1 Grundlagen der Immobilienprivatisierung im Public Real Estate Management

Grundlegende Zielsetzungen der Immobilienprivatisierung bestehen vornehmlich in der Liquiditätsbeschaffung durch den Verkauf von Immobilien an private Investoren, wobei der Optimierung des Gesamterlöses eine übergeordnete Rolle zukommen sollte. Angelehnt an die Entwicklung eines Konzeptes zur Monetarisierung im Corporate Real Estate Management (vgl. Schäfers/Gier/Wiffler, S. 535) soll an dieser Stelle eine Zielkonzeption für die Privatisierung von Immobilien der öffentlichen Hand entwickelt werden. Es gilt zu beachten, dass sich die Zielsetzungen transaktionsindividuell unterscheiden oder gar in Konkurrenz zueinander stehen können. Nicht alle Ziele lassen sich vollständig durch die Privatisierung erreichen, weshalb zum Teil einzelne, strategische Richtungspunkte gezielt angesteuert und etwaige Zielkonflikte gelöst werden müssen. Grundsätzlich hat die Privatisierungsstrategie allerdings immer der bestmöglichen Unterstützung öffentlicher Kernaufgaben zu dienen. Abbildung 5 stellt die wichtigsten Zielsetzungen dar.

Wichtigstes Entscheidungskriterium für die Findung des bestpassenden Konzeptes der Immobilienprivatisierung ist die Intensität des Risikotransfers. Grundsätzlich sollte an dieser Stelle zunächst die Marktgängigkeit und die Notwendigkeit der Immobilie für öffentliche Aufgaben untersucht werden.

Im Anschluss ist unter Abstimmung mit den oben dargestellten Zielen eine Privatisierungsvariante auszuwählen. Zusätzliche entscheidungsrelevante Faktoren sind die aktuellen Bedingungen auf dem Investorenmarkt, besonders hinsichtlich Marktliquidität und weiterer Wettbewerbsbedingungen. Insbesondere spielen hier Aspekte wie die Dichte des Wettbewerberfeldes, das korrespondierende Zinsniveau sowie das Angebot von Konkurrenzimmobilien eine Rolle. Abbildung 6 stellt die verschiedenen Privatisierungsstrategien, nach Risikotransfer unterteilt, gegenüber.

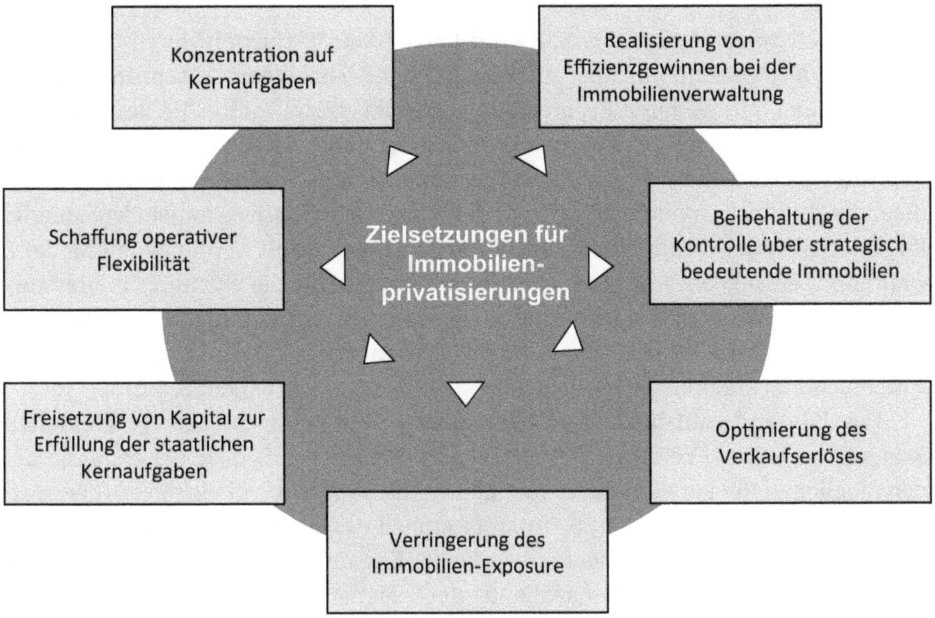

Abb. 5: Zielsetzung für Privatisierungen von Immobilien der öffentlichen Hand (Quelle: in Anlehnung an Schäfers/Högner 2006, S. 88)

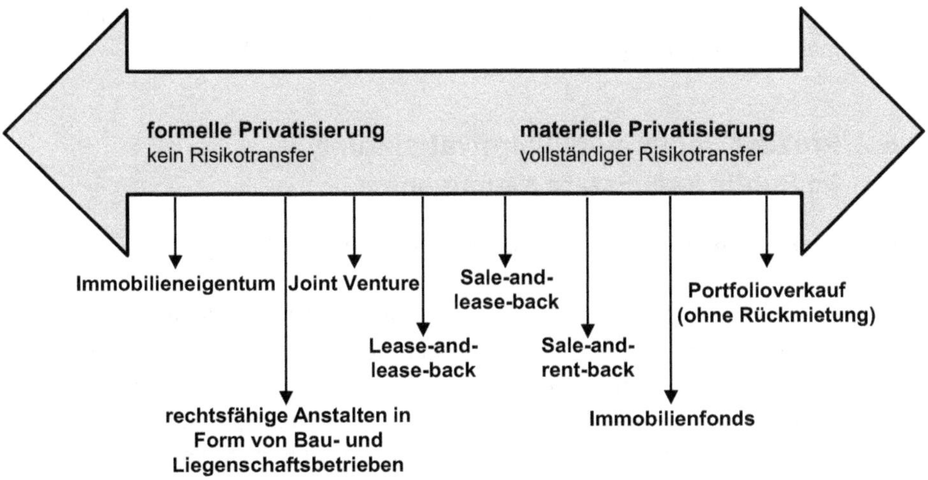

Abb. 6: Überblick über mögliche Privatisierungsstrategien

Von Abbildung 6 ausgehend, werden nun die in der Praxis am häufigsten umgesetzten Privatisierungsstrategien erläutert. Dazu werden insbesondere das Sale-and-lease-back und Sale-and-rent-back-Verfahren mit Varianten in näherem Detail beschrieben.

Generell zeichnet sich das **Sale-and-lease-back-Verfahren** durch den Eigentumsübergang von öffentlichen Immobilien bei gleichzeitigem Abschluss von Leasingverträgen und weiteren Rechten aus. Die Praxis bietet zahlreiche Varianten des Leasings, welche sich nach diversen Kriterien charakterisieren lassen. Verschiedene Aspekte wie etwa Amortisationsgrad, Leistungsumfang und Stellung des Leasingnehmers sind insbesondere im Bereich des Immobilienleasings von entscheidender Rolle. Man spricht von einem **Vollamortisationsmodell** (Full-pay-out-Modell), wenn der Leasinggeber seine Ansprüche auf Entgelt für die Nutzungsüberlassung sowie die vollständige Amortisation der Investitionskosten inklusive des kalkulatorischen Gewinns, geltend macht. Von **Teilamortisation** (Non-pay-out-Modell) spricht man im anderen Fall (vgl. Schäfers/Högner, S. 89; Vaaßen, S. 8 ff).

Das **Sale-and-rent-back-Verfahren** unterscheidet sich vom oben geschilderten Sale-and-lease-back-Verfahren hauptsächlich dahingehend, dass bei ersterem auf den möglichen Rückerwerb der Immobilien verzichtet wird (vgl. Schäfers/Gier/Wiffler, S. 540 ff; Schäfers/Högner, S. 90). Im Rahmen dessen wird folglich je nach Ausgestaltung des Mietvertrags die größere Flexibilität der langfristigen Kontrolle über die Immobilie vorgezogen. Konsequenterweise eignet sich das Sale-and-rent-back-Verfahren nur für öffentliche Immobilien, für welche gute Schätzungen über die restliche Laufzeit der Verwaltungsnotwendigkeit getroffen werden können und die Dringlichkeit eines Rückerwerbs nicht besteht. Als Beispiel können hier strategisch unbedeutende, nicht verwaltungsnotwendige Immobilien aufgeführt werden. In jenem Fall stellt eine Transaktion mit kompletter Eigentumsübertragung an private Vertragspartner eine gute Option zur Liquiditätsbeschaffung dar.

3.6.2 Prozess der Immobilienprivatisierung im Public Real Estate Management

3.6.2.1 Datenerhebung zur Portfolioanalyse und -strukturierung

Die oftmals nur mangelhaft vorhandenen Struktur- und Bestandsinformationen im Zusammenhang mit den Immobilienbeständen der öffentlichen Hand wurden bereits thematisiert. Um einen Immobilienprivatisierungsprozess ordentlich zur Ausführung zu bringen, müssen daher zunächst alle relevanten Portfoliodaten systematisch erfasst werden. Dies ist insbesondere für die marktwirksame Platzierung der entsprechenden Immobilien unbedingte Voraussetzung.

Auf der Basis einer eingangs definierten Anforderungsliste – in der Regel erstellt durch ein beratendes Konsortium – werden die erforderlichen Daten von der öffentlichen Hand bzw. den beteiligten Betriebsgesellschaften zur Verfügung gestellt. Mithilfe dieser Basisdaten wird schließlich eine **Portfoliodatenbank** über Grundstücke, Gebäude und Mieteinheiten zusammengefügt. Diese Datenbank enthält zum einen grundlegende Informationen zu den Objekten des Transaktionsportfolios, wie Adressen, Schlüsselnummern, Abrechnungssysteme, Größe und gegenwärtige Nutzung sowie Nutzungseinschränkungen wie Förderauflagen, Sanierungs- oder Denkmalschutzeinschränkungen und eventuelle Altlastenhinweise. Zum anderen werden aber auch Informationen aus Grundbuchauszügen, Flurkarten, Bau- und Altlastenverzeichnissen, Mietflächennachweise mit Stammdatenlisten der Mieter, Grundsteuer- und Feuerkassenbescheide sowie Unterlagen zur Objektbeschreibung und Gebäudepläne berücksichtigt. Nachdem die bisher genannten Daten in der Regel lediglich den Stand der derzeitigen Informationsbereitstellung durch die öffentliche Hand widerspiegeln, sind Begehungen notwendig, um weitere ausführliche Informationen über den Zustand und die Lage zu generieren. Der vorhandene Datenstamm wird schließlich mit den Begehungsdaten auf Plausibilität geprüft und verifiziert. Neben einer Kontrolle der zentralen Eckdaten bis auf die Ebene der Einzelmietverträge, besteht diese Prüfung vor allem in einer Analyse der wesentlichen, die Objektnutzung beeinflussenden Restriktionen. Meist handelt es sich bei der öffentlichen Hand um Mustermietverträge, so dass es in der Regel ausreicht, im Rahmen von Stichproben die bewertungsrelevanten Kriterien zu überprüfen. Genau diese Kriterien müssen aber, vor einer Beschränkung der Untersuchung auf Stichproben, auf ihre Wertrelevanz hin untersucht werden. Da potenzielle Investoren auf der Basis der Informationen der oben beschriebenen Datenbank belastbare und verbindliche Angebote unterbreiten sollen, ist es notwendig, alle relevanten Informationen investorengerecht aufzubereiten.

Das Portfolio wird für die Wertindikation zunächst nach der geographischen Lage gegliedert. Darüber hinaus erfolgt eine Unterteilung in die Nutzungsarten. Basierend auf diesen Kriterien der Klassifizierung unterscheidet eine klassische Aufteilung in diesem Zusammenhang zwischen Verwaltungs-, Büro-, Gewerbe-, Wohn-, Sozial-, Einzelhandels-, Park- und Sondernutzung. Die Büroflächen selbst können zudem in Verwaltungsflächen und Büroflächen aufgeteilt werden. Kennzeichnend für eine Klassifizierung als Verwaltungsfläche ist eine eingeschränkte Drittverwendungsfähigkeit infolge einer auf die spezifischen Anforderungen hin ausgelegte öffentliche Nutzung. Abschließend ist eine Strukturierung des Portfolios in Abhängigkeit der Objektgröße bzw. der Flächenverteilung ein absolut notwendiges Kriterium, um die eingangs formulierte investorengerechte Aufbereitung zu gewährleisten. Darüber hinaus können weitere Merkmale, wie beispielsweise Beschränkungen durch den Denkmalschutz gefunden werden, um eine sinnvolle Gliederung des Gesamtportfolios zu erreichen.

Entscheidend für eine tragfähige Bewertung der Immobilien durch den Investor ist deren Drittverwendungsfähigkeit bzw. die gewünschte Rückmietung durch die öffentliche Hand und die entsprechende Laufzeit. Zunächst muss dabei eine Flächenbedarfsanalyse erfolgen, um die künftigen Nutzungsdauern je Objekt festzulegen. Als Ergebnis dieser Betrachtungen kann außerdem der Beschluss über eine vollständige Aufgabe der öffentlichen Nutzung stehen. Eine Beurteilung der Drittverwendungsfähigkeit erfolgt in Abhängigkeit des Objektzuschnitts, des Zustands und der Lage der Immobilie. Objekte mit Sondernutzungen wie Reitställe, Bunker, Sportzentren, Kulturnutzung etc. sollten in diesem Zusammenhang explizit auf ihre weitere Verwendungsfähigkeit geprüft werden.

Das grundlegende **Ziel einer Clusterung** bzw. einer Bildung von Teilportfolios, ist eine Vermarktbarkeit des Transaktionsvolumens sicherzustellen. Als Basis für einen strukturierten Bietungsprozess ist es notwendig das Veräußerungsportfolio gemäß den individuellen Anlagekriterien in Bezug auf Nutzungen, Lage- und Ausstattungsqualitäten sowie Anlagezeiträumen zu gliedern.

3.6.2.2 Portfoliobewertung und Vergleichsrechnung zur Wirtschaftlichkeit

Grundsätzlich kann im Rahmen der indikativen Portfoliobewertung zwischen statischen und dynamischen Verfahren unterschieden werden. Während das Ertragswertverfahren nach WertV im Wesentlichen Mieterträge über die Restnutzungsdauer der Immobilie kapitalisiert, berücksichtigt das sogenannte Discounted-Cashflow-Verfahren (DCF-Verfahren) explizit die erwartete Entwicklung von Aufwendungen und Erträgen. Hinzu kommt, dass mit diesem Verfahren Vergleichsrechnungen von unterschiedlichen Objektentwicklungen möglich sind und alternative Szenarien im Bezug auf Mietverträge, Kaufpreishöhe und Renditen nachvollziehbar entwickelt werden können. Welches Bewertungsverfahren nun aber konkret ausgewählt wird, ist entscheidend von der Struktur des Portfolios abhängig und bleibt im Einzelfall zu begründen.

Aufgrund der in aller Regel sehr starken Heterogenität des Immobilienportfolios ist eine Wertindikation auf Einzelobjektebene, unter Berücksichtigung individueller Besonderheiten, ratsam. Die wesentlichen Bewertungsparameter ergeben sich in Abhängigkeit von der derzeitigen Marktsituation. Durch eine explizite Berücksichtigung dieser individuellen, jahresbezogenen Einflüsse empfiehlt sich das DCF-Verfahren für eine Bewertung des Veräußerungsportfolios. Für jede Liegenschaft wird nunmehr ein gesondertes DCF-Bewertungsblatt mit den wesentlichen Parametern angelegt und die Aufwendungen und Erträge periodisch dargestellt. Das DCF-Verfahren unterscheidet dabei zwischen einem dynamischen Investitionszeitraum und der statischen Ermittlung des Restwertes. Der Restwert wird mit dem Kapitalisierungszinssatz als kapitalisierte ewige Rente ermittelt. Im Gegensatz dazu erfolgt im dynamischen Teil eine Abzinsung der jährlichen Erträge mit dem Diskontierungszinssatz. Entsprechend muss der Kapitalisierungszinssatz gegenüber dem Diskontierungszinssatz um die dynamische Komponente Inflation bereinigt werden.

Der **Diskontierungszinssatz** ist der entscheidende Parameter in diesem Zusammenhang, der das Chancen- und Risikoprofil einer Immobilieninvestition im Vergleich zu Alternativprodukten darstellt. Der Diskontierungszinssatz selbst setzt sich dabei aus einem risikolosen Basiszinssatz, einem Fungibilitätszuschlag und einer objektspezifischen Risikoprämie zusammen.

Der **Basiszinssatz** entspricht der Mindesterwartung des Investors, die er bei einer alternativen, risikolosen Ersatzinvestition erwarten könnte. Insofern eignen sich festverzinsliche Staatsanleihen mit einer Laufzeit von etwa 10 Jahren als Maßstab für die Wahl des Basiszinssatzes.

Aufgrund der erheblichen Preisabschläge bei kurzfristigen Immobilienverkäufen, muss die **eingeschränkte Fungibilität** von Immobilien bei der Portfoliobewertung entsprechend berücksichtigt werden. Hinzu kommt, dass bei Immobilien höhere Transaktionskosten in Form von Vermarktungsprovisionen oder Grunderwerbssteuern anfallen. In aller Regel werden deshalb, in Abhängigkeit der spezifischen Immobilie, Fungibilitätsabstufungen vorgenommen. Die Bandbreite der Zuschläge liegt, je nach Teilportfolio, zwischen 1,5 % und 2,5 %. Der **Risikozuschlag** muss, ebenso wie die anderen Parameter, die spezifischen Charakteristika der Objekte berücksichtigen. Es können dabei folgende übergeordnete Risikokategorien in die Bewertung mit einfließen:

- Lage der Immobilie,
- Nutzungsart,
- Drittverwendungsfähigkeit,
- Baujahr,
- Restriktionen z. B. aus Denkmalschutzauflagen.

Bisher wurden Struktur und Wertfindung des Portfolios durch den potentiellen Investor genauer betrachtet, nun soll im folgenden Abschnitt Hintergrund und Vorgehensweise der Wirtschaftlichkeitsuntersuchung aus Sicht der öffentlichen Hand näher skizziert werden. Prinzipiell sind alle finanzwirksamen Maßnahmen, gemäß den haushaltsrechtlichen Grundsätzen der Wirtschaftlichkeit und Sparsamkeit, auf Wirtschaftlichkeit zu untersuchen. Die Verwaltungen sind in diesem Zusammenhang im Rahmen der Haushaltsordnungen des Bundes und der Länder zu angemessenen Wirtschaftlichkeitsuntersuchungen verpflichtet. Entscheidend dabei ist, dass nicht nur das Ergebnis im Rahmen einer Untersuchung gewürdigt werden muss, sondern, dass nach den gegenwärtig geltenden Verwaltungsvorschriften sowohl in der Planungsphase als auch während und nach der Durchführung einer Transaktion Wirtschaftlichkeitsuntersuchungen vorzunehmen sind (vgl. Bundesministerium für Verkehr, Bau- und Wohnungswesen, S. 25).

Darüber hinaus lassen sich keine detaillierten Anforderungen an Form, Inhalt und Begründungstiefe von Wirtschaftlichkeitsuntersuchungen aufgrund gesetzlicher Vorgaben definieren. Für die Praxis existieren jedoch methodische Hinweise in

Form von Arbeitsanleitungen. So gibt z. B. eine aktuelle Studie, die die Methoden der neuen Institutionenökonomik auf den öffentlichen Sektor anwendet einen Leitfaden im Rahmen wessen theoretische Grundlagen für die Entscheidungsfindung zwischen z. B. Eigenbau oder PPP-Realisierungen vorgestellt werden. In diesem Zusammenhang wird die Vorteilhaftigkeit konventioneller Beschaffungsvarianten sowie die Beschaffung per Privatisierung insbesondere nach dem Kriterium der Kosteneffizienz analysiert. Ein zentrales Ergebnis der Studie lautet, dass insbesondere in frühen Projektphasen qualitative Analysen vermehrt zum Einsatz kommen sollten, da bloße quantitative Analysen aufgrund von Unsicherheit oder mangels Daten häufig nicht belastbar sind. Außerdem wird darauf hingewiesen, dass benötigte Annahmen für die Wirtschaftlichkeitsuntersuchung transparent und nachvollziehbar gestaltet, sowie systematisch dokumentiert werden sollten (vgl. Bundesministerium für Verkehr, Bau und Stadtentwicklung, S. 6, 234 ff).

Vor diesem Hintergrund besteht also ein gewisses Maß an Gestaltungsfreiheit bei der Durchführung von Wirtschaftlichkeitsuntersuchungen. Um eine objektive Bewertung des Immobilienportfolios zu gewährleisten, werden die Varianten „Verkaufen" und „Halten" der durch die öffentliche Hand genutzten Immobilien verglichen (vgl. Schäfers/Högner, S. 95).

Die Variante **„Verkaufen"** beschreibt die Veräußerung der Immobilie und die anschließende Rückmietung durch die öffentliche Hand. Das heißt, es wird zu Beginn des Betrachtungszeitraums ein Verkaufserlös, gemäß der oben beschriebenen Wertindikation, erzielt. Im Gegenzug wird die in der Wertindikation zugrunde gelegte Miete über den Betrachtungszeitraum als Auszahlung angesetzt. Um im Sinne der Kapitalwertmethode eine Vergleichbarkeit zu erzielen, werden diese Auszahlungsströme in der Höhe des üblichen Refinanzierungszinssatzes abgezinst.

Dieser Betrachtung wird die Variante **„Halten"** gegenübergestellt, die zunächst davon ausgeht, dass die Immobilie im Bestand der öffentlichen Hand bleibt. Daraus folgt, dass die öffentliche Hand den Aufwand für den ermittelten Instandhaltungsstau und die Bewirtschaftungskosten während des Betrachtungszeitraums tragen muss. Der Zinssatz, mit dem diese Zahlungsströme zu diskontieren sind, entspricht dabei dem oben erwähnten Refinanzierungszinssatz. Hierbei sei erwähnt, dass die Ergebnis- bzw. Entscheidungsfindung stark vom jeweiligen Zinsumfeld abhängt und deshalb situativ hinsichtlich des vorherrschenden Zinsniveaus betrachtet werden sollte. Der Veräußerungserlös am Ende des Betrachtungszeitraumes wird abweichend von dem im Rahmen der Wertindikation kalkulierten Verkaufspreis ermittelt. Der für den Wirtschaftlichkeitsvergleich anzusetzende, endfällige Veräußerungserlös ergibt sich aus einer Kapitalisierung der nachhaltig erzielbaren Mieten mit einem Zinssatz, der regelmäßig 1 %-Punkt über dem in der Wertindikation verwendeten Kapitalisierungszinssatz liegt. Diese endfällige Auszahlung wird schließlich mit dem üblichen Diskontierungszinssatz diskontiert, der aus Sicht der öffentlichen Hand das durchschnittliche, immobilienwirtschaftliche Risiko widerspiegelt.

Entscheidend ist, dass sich am Ende des Betrachtungszeitraum in beiden Fällen die Immobilie nicht mehr im Bestand der öffentlichen Hand befindet und sich somit keine weiteren mietvertraglichen Verpflichtungen ergeben, die entsprechend quantitativ berücksichtigt werden müssten. Auf der Basis dieser Vergleichsrechnung der beiden Varianten kann nun eine Einschätzung darüber getroffen werden, ob die einzelne Immobilie als „verkaufsfähig" betrachtet werden kann, oder ob zunächst die Option „Halten" vorteilhafter erscheint.

3.6.2.3 Vermarktung des Portfolios und Investorenauswahl

Eine ausreichende Marktliquidität und Wettbewerbssituation sind entscheidende Parameter für die Verwertung des Portfolios. Vor diesem Hintergrund sollen im folgenden Abschnitt die relevanten Investorengruppen für derartige Transaktionen und deren Investmentpräferenzen näher beleuchtet werden.

Strategische Investoren verfolgen in der Regel eine mittelfristige Perspektive von sieben bis zehn Jahren. Im Vordergrund stehen hierbei Synergien zum eigenen Bestand, Wachstumspotenziale und eine strategische geographische Präsenz. Die gesamte Objektverantwortung liegt dabei in den Händen des Investors. Als Beispiel sind in diesem Zusammenhang börsennotierte und nicht börsennotierte Immobilien-AGs zu nennen.

Im Gegensatz dazu verfolgen Finanzinvestoren meist eine kurzfristige Perspektive von drei bis sieben Jahren. Gerade bei den Real-Estate-Private-Equity-Fonds, als einer Gruppe von Finanzinvestoren, steht dabei die Suche nach überdurchschnittlich hohen Renditen bei hohem Leverage, d. h. einem hohen Anteil an Fremdkapital, im Vordergrund.

Versicherungen und Pensionsfonds agieren als Kapitalsammelstellen und streben in der Regel einen Anlagehorizont von mehr als zehn Jahren an. Entscheidend bei einer derart langfristigen Perspektive sind demzufolge die Objektqualität und die Mieterbonität. Hinzu kommt die geographische und segmentspezifische Diversifikation, um eine entsprechende Risikostreuung zu gewährleisten.

Bevor eine erste Investorenliste (long list) in der Vorbereitungsphase erstellt werden kann, muss eine Entscheidung über das zu wählende Bieterverfahren getroffen werden. In Bezug auf die Ansprache bzw. Einbeziehung der Investoren kann dabei grundsätzlich zwischen drei alternativen Verfahren unterschieden werden:
- Broad Auction,
- Controlled Auction,
- Negotiated Auction.

Die beiden zuletzt genannten Auktionsverfahren beschränken sich auf die Auswahl und Ansprache einer kleineren Anzahl finanzstarker Investoren. Streng genommen handelt es sich bei den zuletzt genannten Verfahren nicht um Auktionsverfahren im eigentlichen Sinn, sondern vielmehr um limitierte Verhandlungsverfahren mit einer relativ flexiblen Prozessstruktur bei verkürzter Prozessdauer. Die Veräußerungsverfahren im Rahmen von Immobilienmonetarisierungen der öffentlichen Hand unterliegen jedoch dem Gesetz gegen Wettbewerbsbeschränkungen (GWB) und müssen demzufolge die Forderungen nach Wettbewerb, Transparenz und Gleichbehandlung berücksichtigen. Darüber hinaus überschreiten Immobilienprivatisierungen der öffentlichen Hand in der Regel bestimmte Schwellenwerte, was zur Folge hat, dass die Verkaufsabsicht europaweit bekannt gemacht werden muss. Dies verhindert eine Anwendung der Controlled Auction und der Negotiated Auction bei Transaktionen im Bereich des Public Real Estate Managements. Die Broad Auction, als einzige mögliche Alternative, wird im folgenden Abschnitt daher näher erläutert.

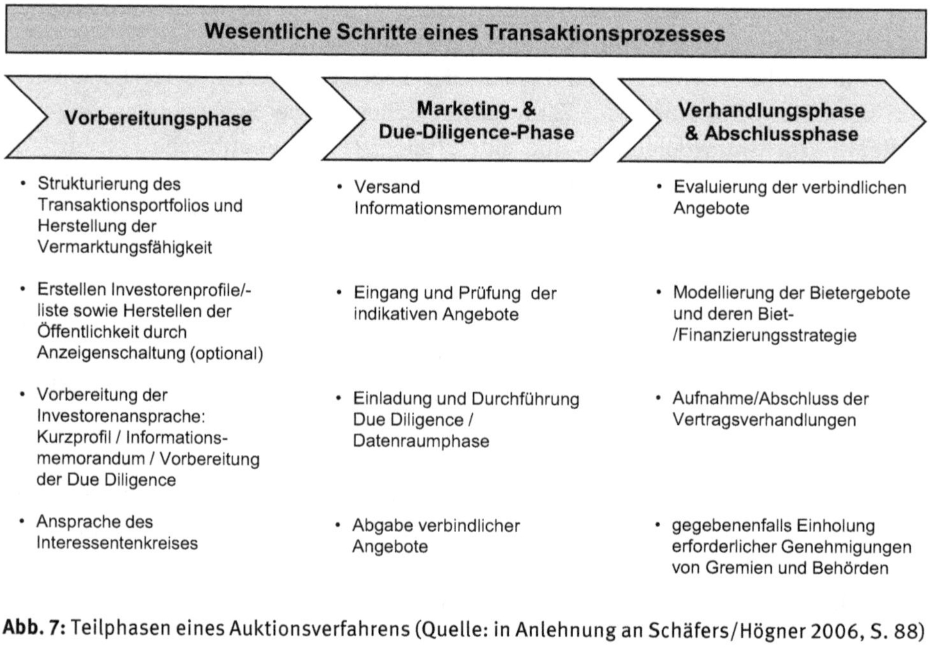

Abb. 7: Teilphasen eines Auktionsverfahrens (Quelle: in Anlehnung an Schäfers/Högner 2006, S. 88)

Im Rahmen dieses unlimitierten Auktionsverfahrens, der **Broad Auction**, soll eine maximale Anzahl potenzieller Investoren angesprochen werden. Aufgrund der hohen Anzahl an Interessenten muss der Bieterprozess klar strukturiert und abschließend festgelegt sein. Um eine hinreichende Dokumentation und Transparenz während des langwierigen Bieterverfahrens zu gewährleisten, ist es ratsam, klare Vereinbarungen im Vorfeld über die Offenlegung der Ergebnisse der einzelnen Stadien zu treffen. Die Vorteile einer Broad Auction liegen in der Transparenz der Maßnahme und der Transaktionssicherheit. Darüber hinaus kann mit diesem Bieterverfahren weitestgehend sichergestellt werden, dass der erzielte Verkaufspreis dem tatsächlichen Marktpreis entspricht. Diesen Vorteilen steht aber gegenüber, dass zur Abwicklung erhebliche Managementressourcen benötigt werden, die zu einer Erhöhung der Transaktionskosten führen. Hinzu kommt, dass aufgrund der beschriebenen Strukturen eine Anpassung des Bieterverfahrens an sich ändernde Rahmenbedingungen kaum möglich ist. Der Prozessablauf und die Vorteilhaftigkeit strukturierter Auktionsprozesse mit einer maximalen Anzahl potentieller Investoren sind in der folgenden Abbildung dargestellt.

Abbildung 7 stellt die verschiedenen grundlegenden Phasen eines Auktionsverfahrens dar.

3.7 Ausblick

Im Hinblick auf den internationalen und regionalen Standortwettbewerb sowie die schwierige Haushaltslage der öffentlichen Hand ist es grundsätzlich erforderlich, dass die Leistungen der öffentlichen Hand wirtschaftlicher, effektiver, ressourcenschonender und kundenorientierter ausgeführt werden. Wie die Erfahrungen zeigen, ist die Zielsetzung, die öffentliche Verwaltung in eine Art Dienstleistungsunternehmen umzuwandeln, durchaus realisierbar. Zu diesem Zweck sind die öffentlichen Leistungen transparenter zu gestalten, die Verwaltungen zu dezentralisieren und den jeweiligen Fachbereichen ist eine ganzheitliche Managementverantwortung für ihre Aufgaben zu übertragen (vgl. Schmithals, S. 11; Banner, S. 23). Diese Veränderungen in der öffentlichen Verwaltung finden zunehmend auch Anwendung im Bereich des Immobilienmanagement. So haben sich die Bundesländer, aber auch zahlreiche Kommunen sukzessiv von der klassischen Verwaltungsorganisation getrennt und diese überwiegend in öffentlich-rechtliche Strukturen (z. B. Sondervermögen, Eigen- bzw. Landesbetriebe) überführt (vgl. Pöll, S. 223).

Eine Grundvoraussetzung für diesen geforderten Paradigmenwechsel, von einer statischen Verwaltungsauffassung hin zu einem dienstleistungsorientierten Selbstverständnis mit marktwirtschaftlichen Elementen, ist die Veränderung der Werte, Einstellungen und Verhaltensweisen der Handlungs- und Entscheidungsträger bei der öffentlichen Hand.

Das Konzept des Public Real Estate Managements der öffentlichen Hand bietet hierfür Ansatzpunkte und Lösungsvorschläge zur Bewältigung dieser immobilienwirtschaftlichen Herausforderungen.

3.8 Literatur

Akademie der Immobilienwirtschaft (ADI) GmbH (Hrsg.): Immobilienmanagement der öffentlichen Hand – Status quo und Zukunftsstrategien der kommunalen Immobilienverwaltung, Frankfurt am Main 2004, S. 31.

Allgemeines Haushaltsrecht BHO: Arbeitsanleitung Einführung in Wirtschaftlichkeitsuntersuchungen – Rundschreiben des BMF vom 31. August 1995-II A 3-H 1005-23/95, in: Allgemeines Haushaltsrecht BHO, 4. Lieferung, 16. Mai 2001.

Amon, M./Pelzl, W.: Amtsstube Deutschland: Wo sind die Immobilienexperten?, in: Immobilien Zeitung, Nr. 21, 10. Oktober 2002, S. 10.

Banner, G.: Das Neue Steuerungsmodell. Begründung, Konturen, Umsetzung, in: Kommunale Gemeindestelle für Verwaltungsvereinfachung, Bericht 5/1993, Köln 1993, S. 23.

Bone-Winkel, S.: Immobilienportfolio-Management, in: Schulte, K.-W. (Hrsg.): Immobilienökonomie, München/Wien 2000, S. 765–812.

Bund der Steuerzahler Deutschland e. V.: Die öffentliche Verschuldung, abgerufen unter: http://www.steuerzahler.de/Verschuldung/7688c8973i1p477/, am 07.03.2014.

Bundesministerium für Verkehr, Bau- und Wohnungswesen (Hrsg.): Rechtliche Rahmenbedingungen, in: Bundesministerium für Verkehr, Bau- und Wohnungswesen (Hrsg.): PPP im öffentlichen Hochbau, Gutachten der Bundesregierung von PricewaterhouseCoopers, Freshfields Bruckhaus Deringer, VBD, Bauhaus-Universität Weimar, Creativ Concept, Berlin 2003, S. 3, 25.

Bundesministerium für Verkehr, Bau und Stadtentwicklung (Hrsg.): Eine (institutionen-) ökonomische Analyse der Kalkulation von Lebenszykluskosten und der Erstellung von Wirtschaftlichkeitsuntersuchungen bei PPP-Vorhaben von Technische Universität Berlin, KVL Bauconsult GmbH, IPS Institut für Projektmethodik und Systemdienstleistungen, Berlin 2014, S. 6, 234 ff.

Ecke, C.: Strategisches Immobilienmanagement der öffentlichen Hand, in: Schulte, K.-W. (Hrsg.): Schriften zur Immobilienökonomie, Band 27, Köln 2004, S. 2–22, 164, 182.

gif Gesellschaft für Immobilienwirtschaftliche Forschung e. V. (Hrsg.): Benchmarking im Immobilienmanagement der öffentlichen Hand, Arbeitskreis 7, Public Real Estate, Wiesbaden 2009, S. 6–11.

Mehlis, J.: Bestandsdaten – Nur ein Datenfriedhof der Kommune?, in: Immobilien Zeitung, Nr. 3, 30. Januar 2003, S. 13.

Naschold, F: Ergebnissteuerung, Wettbewerb, Qualitätspolitik: Entwicklungspfade des öffentlichen Sektors in Europa, in: Böhret, C. et al. (Hrsg.): Modernisierung des öffentlichen Sektors, Sonderband I, Berlin 1995.

Pöll, E.: Organisation des Immobilienmanagement der öffentlichen Hand, in: Schulte, K.-W./Schäfers, W./Pöll, E./Amon, M. (Hrsg.): Handbuch Immobilienmanagement der öffentlichen Hand, Köln 2006, S. 223.

Pöll, E./Ecke, C.: Entwicklung von Immobilienstrategien für die öffentliche Hand, in: Schulte, K.-W./Schäfers, W./Pöll, E./Amon, M. (Hrsg.): Handbuch Immobilienmanagement der öffentlichen Hand, Köln 2006, S. , 41–48, 55.

Reidenbach, M.: PPP als Lösung der kommunalen Investitionskrise?, in: Deutsches Institut für Urbanistik, Berlin 2005, abgerufen unter http://www.difu.de/publikationen/difu-berichte-1-22005/ppp-als-loesung-der-kommunalen-investitionskrise.html.

Schäfers, W.: Strategisches Management von Unternehmensimmobilien – Bausteine einer theoretischen Konzeption und Ergebnisse einer empirischen Untersuchung, in: Schulte, K.-W. (Hrsg.): Schriften zur Immobilienökonomie, Band 3, Köln 1997, S. 81.

Schäfers, W./Gier, S./Wiffler, M.: Monetarisierung von Corporate Real Estate, in: Schulte, K.-W./Schäfers, W. (Hrsg.): Handbuch Corporate Real Estate Management, Köln 1998, S. 535, 540 ff.

Schäfers, W./Högner, J.: Möglichkeiten zur Privatisierung im Public Real Estate Management, in: Schulte, K.-W./Schäfers, W./Pöll, E./Amon, M. (Hrsg.): Handbuch Immobilienmanagement der öffentlichen Hand, Köln 2006, S. 84 f, 86, 89, 90, 95.

Schulte, K.-W./Schäfers, W.: Einführung in das Corporate Real Estate Management, in: Schulte, K.-W./Schäfers, W. (Hrsg.): Handbuch Corporate Real Estate Management, Köln 1998, S. 31.

Schulte, K.-W./Schäfers, W.: Modernes Immobilienmanagement bei Corporates und Publics, in: Schulte, K.-W./Schäfers, W. (Hrsg.): Handbuch Corporate Real Estate, 2. Aufl. Köln 2004, S. 33.

Schulte, K.-W./Schäfers, W./Pöll, E./Amon, M./Becker, S./Nebauer, C./Teichmann, S.-A.: Grundlagen des Immobilienmanagements der öffentlichen Hand, in: Schulte, K.-W./Schäfers, W./Pöll, E./Amon, M. (Hrsg.): Handbuch Immobilienmanagement der öffentlichen Hand, Köln 2006, S. 21–34.

Schmithals, E.: Erfahrungen der Kreise mit der Einführung des Neuen Steuerungsmodells, in: Kommunale Gemeindestelle für Verwaltungsvereinfachung, Bericht 1/1996, Köln 1996, S. 11.

Schwarze, J.: Informationsmanagement als Voraussetzung für ein erfolgreiches Immobilienmanagement, in: Schulte, K.-W./Schäfers, W. (Hrsg.): Handbuch Corporate Real Estate Management, Köln 1998, S. 83–116.

Vaaßen, N.: Gewerbliches Immobilienleasing, in Schulte, K.-W. (Hrsg.): Schriften zur Immobilienökonomie, Band 10, Köln 1998, S. 8 ff.

Marcelo Cajias, Manuel Käsbauer

4 Kirchliches Immobilienmanagement

Inhalt

4.1 Einleitung

„Kirche zu verkaufen!“. Nach einer Studie der Evangelischen Kirche in Deutschland wurden im Zeitraum zwischen 1990 und 2010 insgesamt 202 kirchliche Gebäude veräußert. Eine ähnliche Entwicklung hat sich ebenfalls bei der katholischen Kirche in Deutschland vollzogen (vgl. http://www.katholisch.de, 06.02.2013). Die Veräußerung von Kirchen steht dabei nur als Platzhalter bzw. beispielhaft für eine fortschreitende Entwicklung, dem zunehmenden Verkauf von kirchlichen Immobilienvermögen. Warum müssen sich die beiden Konfessionen von ihrem teils über Jahrhunderte aufgebauten Immobilienbesitz trennen?

Ein großer Teil dieses Vermögens sowohl der evangelischen, als auch der katholischen Kirche wird durch das kirchliche Finanzvermögen abgedeckt, von dem wiederum ein Großteil dem Immobilienvermögen zuzuordnen ist. Das kirchliche Immobilienvermögen weist dabei eine sehr heterogene Zusammensetzung auf (vgl. Tab. 1). Neben den sogenannten unmittelbaren Immobilien, wie Sakralbauten, Friedhöfe etc. liegt der Großteil des Vermögens in Immobilien der direkten kirchlichen Aufgabenerfüllung, wie Kindergärten oder Schulen sowie des typischen Finanzvermögens wie Büro- und Wohnimmobilien. Das kirchliche Immobilienvermögen, als beträchtlicher Teil des kirchlichen Finanzvermögens, wird allerdings erst seit Ende der 90er Jahren zunehmend als wichtiger Teil der finanziellen Zukunftssicherung aber gleichzeitig als kostenintensive Herausforderung der Kirchen wahrgenommen und dementsprechend auch zunehmend aktiv verwaltet. Begleitet wurde diese Entwicklung durch die Umstellung des kirchlichen Finanzwesens von der Kameralistik (Einnahmen- und Ausgabenrechnung) hin zur kaufmännischen Buchführung (Doppik). Daher befindet sich das kirchliche Immobilienmanagement im Hinblick auf Professionalisierung sowie Transparenz, insbesondere im Vergleich zum traditionellen Management privater Immobilienunternehmen als auch der öffentlichen Hand, noch am Anfang der Entwicklung. In Anbetracht der demographischen Entwicklung sowie der stark rückläufigen Zahl an Gläubigen ist in Zukunft von einem weiteren signifikanten Rückgang herkömmlicher Einnahmequellen auszugehen. Darüber hinaus werden kirchliche Einrichtungen unter anderem durch ein neues kirchliches Verständnis der Gläubigen nicht mehr in der ursprünglichen Intensität genutzt. Demgegenüber wurden seitens der kirchlichen Immobilienbewirtschaftung über Jahrzehnte, teilweise Jahrhunderte, keine ausreichenden Rücklagen für ein nachhaltiges Gebäudemanagement gebildet bzw. die notwendigen Instandhaltungsmaßnahmen durchgeführt. Neben einem sich zunehmend ergebenden Flächenüberangebot, konkurrieren laufende Aufwendungen für Immobilien bei der Priorisierung von Finanzzuweisungen mit den Personalausgaben und damit letztendlich auch mit dem Leistungs-/Aufgabenspektrum der Konfessionen. Dieses Missverhältnis führt langfristig dazu, dass es zu Flächenoptimierungen, Kostenreduzierung und in letzter Konsequenz zu Desinvestitionen im kirchlichen

Immobilienvermögen kommen muss, oder andererseits die kirchliche Leistungserbringung nicht mehr im vorhandenen bzw. erforderlichen Umfeld geschehen kann. Diese Entwicklung wird durch die kleinteilige Eigentümerstruktur[1], den geographisch ungleichen Verlauf der obig skizzierten Entwicklungen sowie die grundsätzliche Heterogenität des kirchlichen Immobilienbestandes begünstigt.

4.2 Definition und Klassifikation von kirchlichen Immobilien

Der Immobilienbestand der katholischen und evangelischen Kirche in Deutschland lässt sich vereinfachend in drei verschiedene Gruppen unterteilen. Der Immobiliengruppe zur unmittelbaren Auftragserfüllung sind hauptsächlich Sakralbauten – wie Kirchen, Kapellen und Klöster – zuzuordnen. Eine weitere Gruppierung stellen Immobilien zur mittelbaren Auftragserfüllung – wie beispielsweise Gemeindezentren, Pfarrhäuser, Kindergärten, Schulen oder Bildungshäuser dar –, welche selbstgenutzt der Erfüllung der kirchlichen Aufgaben dienen sollen. Darüber hinaus werden Immobilien, deren Ertrag die kirchliche Arbeit unterhalten soll, dem Kirchenfinanzvermögen zugeordnet. Vereinzelt werden Friedhöfe, als kirchliches Spezialvermögen, als eigene Immobilienklasse dargestellt.

Tab. 1: Klassifizierung kirchlicher Immobilien (Quelle: Eigene Darstellung in Anlehnung an von der Lieth, 2009)

Kirchliche Immobilien			
Immobilienklasse	Immobilien zur unmittelbaren Auftragserfüllung	Immobilien zur mittelbaren Auftragserfüllung	Immobilien des Kirchenfinanzvermögen
Objekte	Kirchen, Friedhofskapellen, Klöster	Verwaltungsgebäude, Pfarrwohnungen, Schulen, Krankenhäuser, Hotels u. a.	Wohn- und Gewerbeimmobilien, Land- und Forstwirtschaft, Erbbaurechte, u. a.
REM Ansatz	Kirchliches REM	PREM	CREM
Zielsetzung	Flächenoptimierung/Kostensenkung		Ertragssteigerung/Kostensenkung

1 Am Beispiel der katholischen Kirche in Deutschland: Bistümer (Bischöflicher Stuhl, Domkapitel), Pfarreien, Klöster, Stiftungen, Zweckverbände u. a.

Betrachtet man darüber hinaus die Eigentümerstruktur sowie die rechtlichen Einflussmöglichkeiten innerhalb der evangelischen sowie der katholischen Kirche, so lassen sich vereinfachend dargestellt drei Ebenen identifizieren (vgl. Tab. 2). Der größte Teil des Immobilienbesitzes, insbesondere der, der unmittelbaren Auftragserfüllung, befindet sich im Eigentum der untersten Ebene, wobei den übergeordneten Rechtsträgern ein Mitentscheidungs-/Aufsichtsrecht zukommt. Die Heterogenität, die sich durch die Vielzahl verschiedener Immobilien im kirchlichen Bestand ergibt, wird durch die dezentrale Strukturierung der Eigentums- sowie Rechtssituation zusätzlich verstärkt. Hinzu kommt, dass das Ehrenamt innerhalb der kirchlichen Entscheidungsgremien ein wichtiges Element darstellt, deren Zusammensetzung in periodische Abständen neu gewählt wird, sodass sich bereits getroffene Entscheidungen im Zeitverlauf ändern können, was eine nachhaltige strategische Ausrichtung eines kirchlichen Immobilienmanagements verlangsamen und unter Umständen erschweren kann (vgl. Heller, 2010, S. 115).

Tab. 2: Vereinfachter Aufbau der Kirchen/Eigentums-/Entscheidungsebenen (Quelle: Eigene Darstellung in Anlehnung an Heller, 2010, S. 114)

Rechtsträger	Eigentümer von	Immobilienbezogene Rechte
Kirchengemeinden	Kirchen, Friedhofskapellen, Gemeindezentren, Gemeindehäusern, Pfarrhäusern, Kindertagesstätten, Wohn- und Geschäftshäuser, Forstwirtschaft und Erbbaurechte	Verfügungsrechte über eigene Immobilien
Mittelinstanzen (nur bei größeren Bistümern/Landeskirchen)	Verwaltungsgebäuden, Einrichtungen der Aus-, Fort- und Weiterbildung, Wohn- und Geschäftshäuser, Forstwirtschaft und Erbbaurechte	Mitentscheidungsrechte bei Immobilienentscheidungen der Kirchengemeinden
Bistum/Landeskirche	Verwaltungsgebäuden, Einrichtungen der Aus-, Fort- und Weiterbildung, Wohn- und Geschäftshäuser, Forstwirtschaft und Erbbaurechte	Aufsichtsrechte bei Immobilienentscheidungen der Kirchenkreise und -gemeinden

4.3 Der Bestand kirchlicher Immobilien in Deutschland

Der direkt gehaltene[2] Immobilienbestand der evangelischen und katholischen Kirche in Deutschland lässt sich in die drei obig klassifizierten Kategorien einteilen. Im Allgemeinen sind detaillierte Informationen über die Zusammensetzung des kirchlichen Immobilienportfolios bis dato sehr beschränkt. Nach Angaben der deutschen Bischofskonferenz beläuft sich das Immobilienportfolio der katholischen Kirche zum Stichtag 07/2012 auf 24.500 reine Sakralimmobilien – von denen etwa 94 % unter Denkmalschutz stehen –, 35.000 weitere selbstgenutzte und sonstige Immobilien sowie 821 denkmalgeschützte Friedhöfe (vgl. Deutsche Bischofskonferenz, 2012, S. 34). Eine detailliertere Aufstellung ist für die evangelische Kirche verfügbar,

Tab. 3: Immobilienbestand am Beispiel der evangelischen Kirchen

Zuordnungskategorien				**Immobilien des Kirchenfinanzvermögens**	**Immobilien zur mittelbaren Selbstnutzung**	**Immobilien der unmittelbaren Auftragserfüllung**
Immobilienart	**Immobilienanzahl**	**Anteil**	**Kum. Anteil**			
Kirchen und Kapellen	20.648	27,6 %	27,6 %			X
Pfarrhäuser	17.186	23,0 %	50,6 %		X	
Gemeindehäuser mit Gemeindesaal	9.409	12,6 %	63,1 %		X	
Weitere Gebäude	7.618	10,2 %	73,3 %	X		
Sonstige Wohnhäuser	6.650	8,9 %	82,2 %	X		
Kindertagesstätten	5.156	6,9 %	89,1 %		X	
Gemeindehäuser mit Gottesdienstraum	3.370	4,5 %	93,6 %		X	
Friedhofskapellen	2.536	3,4 %	97,0 %			X
Eigentumswohnungen	1.320	1,8 %	98,7 %	X		
Verwaltungsgebäude	808	1,1 %	99,8 %	X		
Allgemeinbildende Schulen	143	0,2 %	100,0 %	X		
	74.844	100 %		22,2 %	47,0 %	31,0 %

2 Neben dem direkt gehaltenen Immobilienbestand existieren indirekte Beteiligungen sowie Unternehmensbeteiligungen.

deren Bestand sich im Bezugsjahr 2011 zu mehr als 50 % aus Kirchen, Kapellen und Pfarrhäusern zusammensetzte. Dagegen bilden Eigentumswohnungen, Verwaltungsgebäude sowie Schulen lediglich ein Anteil von ca. 3 % des evangelischen Immobilienportfolios ab und sind daher von eher untergeordneter Bedeutung (vgl. Tab. 3)[3].

Tab. 4: Verteilung des evangelischen Sakralbautenportfolios nach Landeskirchen 31.12.2013 (Quelle: EKD, 2013)

Landeskirche	Bestand an Kirchen, Kapellen und Gemeindezentren				
	Absolut	Anteil	Kum. Anteil	davon unter DMS	
				Absolut	Anteil
Ev. Kirche in Mitteldeutschland	4.165	17,3 %	17,3 %	3.945	94,7 %
Ev.-Lut. Kirche in Norddeutschland	2.644	11,0 %	28,3 %	1.716	64,9 %
Ev. Kirche Berlin-Brandenburg-schlesische Oberlausitz	2.244	9,3 %	37,7 %	1.621	72,2 %
Ev.-Lut. Kirche in Bayern	1.930	8,0 %	45,7 %	1.080	56,0 %
Ev. LK in Württemberg	1.839	7,7 %	53,4 %	1.311	71,3 %
Ev. Kirche im Rheinland	1.763	7,3 %	60,7 %	646	36,6 %
Ev.-Lut. Kirche LK Hannovers	1.724	7,2 %	67,9 %	1.329	77,1 %
Ev.-Lut. Kirche LK Sachsens	1.523	6,3 %	74,2 %	1.360	89,3 %
Ev. Kirche in Hessen und Nassau	1.425	5,9 %	80,2 %	1.160	81,4 %
Ev. Kirche von Kurthessen-Waldeck	1.101	4,6 %	84,8 %	947	86,0 %
Ev. Kirche von Westfallen	1.059	4,4 %	89,2 %	462	43,6 %
Ev. LK in Baden	869	3,6 %	92,8 %	404	46,5 %
Ev. Kirche der Pfalz	524	2,2 %	95,0 %	254	48,5 %
Ev.-Lut. LK in Braunschweig	433	1,8 %	96,8 %	251	58,0 %
Ev. LK Anhalts	214	0,9 %	97,7 %	208	97,2 %
Ev.-Lut. Kirche in Oldenburg	200	0,8 %	98,5 %	90	45,0 %
Ev. reformierte Kirche	153	0,6 %	99,1 %	117	76,5 %
Lippische LK	99	0,4 %	99,5 %	48	48,5 %
Bremische Ev. Kirche	76	0,3 %	99,9 %	34	44,7 %
Ev.Lut. Kirche LK Schaumburg-Lippe	33	0,1 %	100,0 %	17	51,5 %
	24.018				

Anmerkungen: Evangelisch (Ev.), Lutherisch (Lut.), Landeskirchen (LK); Denkmalschutz (DMS).

3 Die untergeordnete Bedeutung der Gebäudeklasse ist hierbei nicht repräsentativ für beide Kirchen und nimmt am Beispiel einiger katholischer Rechtsträger mehr als 50 Prozent des Immobilienbestandes ein.

Ebenfalls am Beispiel der evangelischen Kirche lässt sich eine regionale Aufteilung des kirchlichen Immobilienportfolios darstellen (vgl. Tab. 4). Anhand der Daten von 2011 verteilen sich etwa 17 % der kirchlichen Sakralbauten der evangelischen Kirche auf die Landeskirche Mitteldeutschland, sowie etwa 53 % der 24.018 Sakralbauten auf fünf Landeskirchen, darunter Bayern, Berlin, und Württemberg. Darüber hinaus zeigt sich eine weitere Besonderheit des unmittelbaren Immobilienbestandes an einem mit 71 % überdurchschnittlichen Anteil denkmalgeschützter Bauten innerhalb der Immobilienklasse. Im Vergleich unter den 20 Landeskirchen weisen Mitteldeutschland und Anhalt einen überdurchschnittlichen Anteil von mehr als 90 % denkmalgeschützter Immobilien in ihrem Bestand auf, wohingegen in Westfalen und Rheinland nur etwa 40 % hierauf entfallen.

4.4 Elemente des kirchlichen Immobilienmanagements

4.4.1 Besonderheiten und Herausforderungen des kirchlichen Immobilienmanagements

Die im kirchlichen Immobilienvermögen gehaltenen Objekte weisen in ihren Anforderungen an ein professionales Immobilienmanagement deutliche Parallelen zum Immobilienmanagement der öffentlichen Hand als auch privater Immobilienunternehmen auf (vgl. Abb. 1). Aus diesem Grund sollte im Bereich der Immobilien zur mittelbaren Auftragserfüllung auf die Erfahrungen und Ansätze des Public Real Estate Management (PREM) der öffentlichen Hand zurückgegriffen werden. Die Anforderungen eines PREM ergeben sich beiderseitig aus einem heterogenen Immobilienbestand – in unterschiedlicher Eigentümer- und Verwalterposition –, für den eine gesamthafte Strategie zu entwickeln ist, welche eine am Bedarf orientierte Nutzung zur Erfüllung öffentlicher Aufgaben unter wirtschaftlichen Gesichtspunkten gewährleistet soll (vgl. Brockhoff, 2009, S. 72). Analog zur Anwendung des PREM empfiehlt es sich bei Immobilien im Bereich des kirchlichen Fiskalvermögens auf das Corporate Real Estate Management (CREM) zurückzugreifen. Das CREM definiert sich als „das aktive ergebnisorientierte, strategische wie operative Management betriebsnotwendiger und nicht betriebsnotwendiger Immobilien in Unternehmen, deren primäres Kerngeschäft nicht im Immobilienbereich liegt“ (Schäfers/Trübestein, 2009, S. 55). Im Vergleich zu den genannten Ansätzen weist das kirchliche Immobilienmanagement unter anderem die Besonderheit der starken Einbeziehung von Gläubigen in die Kirchenverwaltung in Form des Ehrenamtes auf. Hieraus ergeben sich spezielle Anforderungen an einen transparenten Umgang mit Informationen über alle Entscheidungsebenen hinweg sowie an eine geeignete

Darstellung immobilienwirtschaftlicher Sachverhalte als Grundlage sachgerechter Entscheidungen (vgl. Reiß-Fechter, 2009, S. 51 sowie Teufelsdorfer, 2009, S. 151).

Weitere besondere Merkmale der katholischen und evangelischen Kirche – wie die Organisations- und Eigentümerstruktur sowie die daraus abgeleiteten Herausforderungen im Sinne einer gesamthafte Immobilienstrategie – ähneln denen der öffentlichen Hand. Im Hinblick auf die Verwaltung der Immobilien zur unmittelbaren kirchlichen Auftragserfüllung kann aufgrund der Besonderheiten von Sakralbauten nur eingeschränkt auf vorhandene Immobilienmanagementansätze zurückgegriffen werden. Sakralbauten sind aufgrund ihrer geringen Drittverwendungsfähigkeit, eingeschränkten Handelbarkeit und baulichen Besonderheiten den Spezialimmobilien im Haus der Immobilienökonomie zuzuordnen. Relevante Unterscheidungsmerkmale sind die Wirtschaftlichkeitsorientierung (Erwirtschaftung von Renditen) sowie die Handelbarkeit, da Sakralbauten direkt schwer handelbar sind und aufgrund einer überschaubaren Anzahl an Marktteilnehmern nicht von einem zugänglichen aktiven (Transaktions-) Markt gesprochen werden kann. Ein weiterer Aspekt betrifft die Unterhalts- bzw. Renovierungskosten, welche aufgrund der baulichen Substanz als auch des Baustils überdurchschnittlich hoch sind. Sie stehen zudem oft unter Denkmalschutz, was aus rechtlicher und wirtschaftlicher Sicht ihre Bewertung, Umnutzung und Veräußerbarkeit erschweren (vgl. Bienert, 2005b, S. 10 sowie Schulte, 2005, S. 117 ff.). Weitere relevante Unterscheidungsmerkmale lassen sich aus der römisch-katholischen (vgl. Sekretariat der Deutschen Bischofskonferenz, 24.09.2003, Umnutzung von Kirchen – Beurteilungskriterien und Entscheidungshilfen) und evangelischen Definition für Sakralbauten ableiten. Während die bauliche Substanz katholischer Bauten den sakralen Status nach ihrer Weihung erhält, sind die heiligen Handlungen während des Gottesdienstes ausschlaggebend für den Sakralstatus evangelischer Bauten (vgl. Erne, 2011), was wiederum die Drittverwendungsfähigkeit in unterschiedlicher Weise beeinflussen kann.

4.4.2 Ziel

Die Zielsetzung bzw. der Auftrag des kirchlichen Immobilienmanagements leitet sich zuallererst von den jeweiligen Kirchenverfassungen der über- und untergeordneten Organisationsebene ab. Am Beispiel der evangelischen Kirche in Bayern ergibt sie sich aus Art. 1 Abs. 1 und 2 der Bayerischen Kirchenverfassung: „Die Evangelisch-Lutherische Kirche in Bayern hat die Aufgabe, Sorge zu tragen für den Dienst am Evangelium von Jesus Christus in Wort und Sakrament, für die geschwisterliche Gemeinschaft im Gebet und in der Nachfolge Jesu Christi, für die Ausrichtung des Missionsauftrages, für das Zeugnis in der Öffentlichkeit, für den Dienst der helfenden Liebe und der christlichen Erziehung und Bildung. Alle Kirchenmitglieder und die kirchlichen Rechtsträger tragen die Verantwortung für die rechte Lehre und für die zeit- und sachgemäße Erfüllung des Auftrages der Kirche“ (Verfassung der Evangelisch-Lutherischen Kirche in Bayern, In der Neufassung vom 6.12.1999, http://www.bayern-evangelisch.de/downloads/ELKB-Kirchenverfassung-2014.pdf). Für die evangelische Kirche bedeutet dies fortführend, „... dass ihre Haushalte wirtschaftlich und sparsam zu führen und das für die Aufgabenerfüllung notwendige kirchliche Vermögen zu erhalten [ist]. Zukünftigen Generationen soll das notwendige Vermögen weiterhin zur Verfügung stehen.“ (vgl. EKD, Grundkonzept für ein kirchliches Haushalts- und Rechnungswesen auf Basis der kirchlichen Doppik, S. 1 sowie für die katholische Kirche: Synodalstatuten der katholischen Kirche – Grundsätze für die Verwaltung des Kirchenvermögens).

Abgeleitet für das kirchliche Immobilienmanagement bedeutet dies, dass für die unterschiedlichen „Leistungsbereiche“ der Kirche Immobilien benötigt werden. Dabei dienen die Immobilien sowohl als Ort der Verkündung der jeweiligen kirchlichen Lehre (Immobilien der unmittelbaren Auftragserfüllung), beherbergen beispielsweise die kirchliche Verwaltung oder karitative Einrichtungen (mittelbare Auftragserfüllung) oder leisten „... unter den strategischen Zielsetzungen einen finanziellen Beitrag (Rendite) zur nachhaltigen Existenzsicherung der Kirche ...“ (vgl. von der Lieth, 2009, S. 94). Hieraus lassen sich für die Umsetzung des operativen kirchlichen Immobilienmanagements wiederum unterschiedliche Zielsetzungen ableiten. Für die Immobilien der unmittelbaren sowie der mittelbaren Auftragserfüllung sind die vorhandenen Flächen zu optimieren sowie die Kosten der Bewirtschaftung zu senken, wohingegen für die Immobilien des Finanzvermögens die Ertragsoptimierung neben der Kostensenkung die vorrangigen Zielsetzungen sind (siehe Abb. 1).

4.4.3 Erhaltung und Nutzung

Die kirchlichen Immobilien der mittelbaren Auftragserfüllung sowie die des Kirchenfinanzvermögens sind auch unter dem Aspekt der Objekterhaltung und der Nutzung vergleichbar mit denen der öffentlichen Hand als auch der Privatwirtschaft. Davon abweichend sind Sakralbauten weder in der Erhaltung noch Nutzung mit anderen Immobilienarten gleichzusetzen. Sie stellen, wie bereits einleitend erwähnt, Spezialimmobilien im engeren Sinn dar und unterscheiden sich hauptsächlich von gängigen Immobilienarten.

Die Erhaltung des kirchlichen Immobilienvermögens stellt bei beiden Konfessionen einen beträchtlichen Teil des jährlichen Finanzaufwands dar. So betrug der Aufwand für den Unterhalt und die Pflege der Gebäude am Beispiel der evangelischen Kirche in Deutschland nach Schätzungen im Jahr 2013 ca. eine Milliarde Euro (1.040 Mio. €) und damit über 10 % der Gesamtausgaben (EKD, 2014, S. 38). Am Beispiel des katholischen Bistums Aachen zeigt sich das Missverhältnis zwischen den vorhandenen und benötigten Finanzpositionen zum Unterhalt der kirchlichen

Immobilien. Einem Finanzbedarf in Höhe von ca. 18 Mio. € standen lediglich etwa 12 Mio. € vorhandener Mittel für die Instandhaltung kirchlich genutzter Bauten im Bistum gegenüber (KIM, Kirchliches Immobilienmanagement im Bistum Aachen). Die Erhaltungsaufwendungen ergeben sich unter anderem durch den hohen Anteil an denkmalgeschützten Gebäuden und deren erhöhten Unterhalt. Am Beispiel der katholische Kirche unterhielt diese 2007 über 60.000 denkmalgeschützte Immobilien mit finanziellen Mitteln in Höhe von 418 Mio. € (Deutsches Nationalkomitee für Denkmalschutz, 2007), welche sich zu einem Drittel aus Kirchen und zwei Drittel aus Gebäuden und Liegenschaften zusammensetzten.

Die Nutzung der kirchlichen Immobilien leitet sich aus dem Auftrag bzw. der Zielsetzung ab. Bei Sakralbauten ist diese häufig bereits durch eine entsprechende Widmung/Weihe vorgegeben/definiert und dient überwiegend der unmittelbaren Ausübung sakraler Handlungen (vgl. Sahli/Wüthrich, 2006). Eine Ausnahme stellen eine entsprechende Nutzungserweiterung, Umnutzung bzw. Verkauf von Sakralbauten dar, wobei diese aufgrund ihrer Charakteristika nur eine eingeschränkte Drittverwendungsfähigkeit aufweisen. Eine im Jahr 2005 durchgeführte Untersuchung in einem Großteil der katholischen Bistümer kam zu dem Ergebnis, dass seit 1990 ca. 1,7 Prozent der Sakralbauten profaniert[4] wurden und für den Zeitraum von 2005 bis 2015 mit weiteren 700 Nutzungsaufgaben gerechnet wird (vgl. Allensbach, 2009, S. 1). Gemäß der Statistik der Evangelischen Kirche in Deutschland (EKD) (Stand 31.12.2010) wurden seit 1990 insgesamt 208 kirchlicher Gebäude neugebaut, 234 einer dauerhaften Nutzungsänderung wie Umnutzungen vollzogen und 202 Veräußerungen sowie 75 Abrisse durchgeführt (EKD, 2010). Nach einer im Rahmen einer Fachtagung vorgetragenen Schätzung sind in Deutschland konfessionsübergreifend rund zehn Prozent der insgesamt 46.000 Kirchen von einer Aufgabe aufgrund von substanzschädigenden Instandhaltungsstaus sowie der rückläufigen Zahl an Gläubigen gefährdet („Weimarer Votum" gegen Umwidmung von Kirchengebäuden, 2008).

4.4.4 Portfoliomanagement

Analog der Nutzung des CREM und PREM kann auch das Portfoliomanagement, als strategiebezogener Aspekt der Immobilienökonomie Anwendung für das kirchliche

4 Becker-Huberti, Lota; 2009: „(lat. profanare = „entweihen", „verweltlichen"); die „Entweihung" bzw. „Verweltlichung" eines sakralen Gebäudes (z. B. Kirche). Sie ist Folge von Zerstörung oder zweckfremder Nutzung, oder sie wird durch ein Dekret des Bischofs vorgenommen. Das Dekret wird am Ende der letzten Messe verlesen, die die Gemeinde in ihrer Kirche feiert; es folgen einige Riten, die das Ende der bisherigen Nutzung markieren. Das Gebäude kann danach eine andere Zweckbestimmung erhalten.".

Immobilienmanagement finden. Hierbei sind die Besonderheiten kirchlicher Immobilien im Hinblick auf die:
- Nutzung (insbesondere bei Immobilien der unmittelbaren Auftragserfüllung),
- Heterogenität im Bestand,
- Anzahl und Lage,
- geographische Streuung sowie die
- Granularität der Eigentümerstrukturen zu beachten (vgl. Reiß-Fechter, 2009, S. 47 ff. sowie Schmidt, 2009, S. 22 ff.).

Unter Immobilien-Portfolio-Management „... ist ein komplexer, kontinuierlicher und systematischer Prozess der Analyse, Planung, Steuerung und Kontrolle von Immobilienbeständen, der die Transparenz für den Immobilieneigentümer bzw. -investor erhöhen soll, um eine Balance zwischen Erträgen und den damit verbundenen Risiken von Immobilienanlage- und Managemententscheidungen für das gesamte Immobilien-Portfolio herzustellen“ (Wellner 2003, S. 35) oder „... der methodische, wertoptimale Umgang mit Immobilien unter Analyse der einzelnen Objektgegebenheiten ebenso wie deren Wechselwirkungen untereinander“ (vgl. Teufelsdorfer, 2009, S. 143) zu verstehen.

Der erste Schritt für ein nachhaltiges Portfoliomanagement ist es deshalb, umfassende Kenntnis über die sich im Portfolio befindlichen Immobilien zu erhalten (Immobilienbestandserfassung) sowie diese in all ihren Dimensionen zu analysieren. Hierbei empfiehlt sich die Verwendung eines zweidimensionalen Modells, welches die Immobilie im Hinblick auf Standort (Lage, Infrastruktur, etc.) sowie immobilienspezifische Merkmale (Gebäudequalität, Rechtliche Situation, Nutzungskonzept, etc.) innerhalb einer Vier-Felder-Matrix einordnet. Im Rahmen der Portfolioanalyse von kirchlichen Immobilien sind die vorhandenen Dimensionen je nach Klassifizierung des Objektes um entsprechende Aspekte zu erweitern. Immobilien, die der unmittelbaren Auftragserfüllung dienen, sind um bauhistorische (Denkmalschutz und Funktionalität) sowie kirchenspezifische Aspekte (Anzahl der Gemeindemitglieder und Intensität des Gemeindelebens) zu erweitern (vgl. von der Lieth, S. 95). Diese Erweiterung ist auch auf die Immobilien der mittelbaren Auftragserfüllung anzuwenden, wobei diese noch um nutzungsbedingte Daten (Entwicklung der Einwohnerzahl und Altersentwicklung, etc.) zu ergänzen sind (vgl. von der Lieth, S. 97 ff.). Die Dimensionen des kirchlichen Finanzvermögens sind um die Funktionalität der vorgesehenen Nutzung sowie wirtschaftliche Faktoren zu erweitern.

Der Erhebung des Bestandes steht die aktuelle und zukünftige Analyse der kirchlichen Aufgabenerfüllung und davon abgeleitet der Bedarf an hierfür notwendigen Flächen bzw. Immobilien gegenüber (Bischöfliches Generalvikariat Münster, Januar–März 2006). Aufgrund der bereits einleitend festgestellten veränderten Rahmenbedingungen verfügen beide Konfessionen bereits heute über einen überproportionalen Immobilien- bzw. Flächenbestand im Vergleich zum derzeitigen

Umfang der Aufgabenerfüllung; ein Verhältnis, welches sich in den kommenden Jahren noch weiter verschlechtern wird (vgl. Heller, 2008). Darauf aufbauend sollte eine Klassifizierung im Hinblick auf die Betriebs- und Nicht-Betriebsnotwendigkeit der Immobilien bzw. Entscheidungen über Desinvestition und notwendige Neubauten getroffen werden (Vgl. von der Lieth, S. 99). Im Anschluss an die strategische Analyse des kirchlichen Immobilienbestandes folgt die Wahl einer geeigneten Strategie zur Erreichung des von der Vision bzw. dem Auftrag abgeleiteten Zielbildes (vgl. Abb. 1). Als Bereitstellungsstrategien stehen grundsätzlich die Eigenentwicklung bzw. der Kauf, die Miete und das Immobilienleasing als Handlungsalternativen zur Verfügung. Bei den Bewirtschaftungsstrategien kommen kennzahlenbezogene Vergleiche (Benchmark), Rücklagen (objektbezogene Instandhaltungsrücklage) für und Planung (strategische Planung) von Instandhaltungsmaßnahmen sowie der Zusammenfassung ehemals rechtlich eigenständiger Rechtsträger zur Bündelung der Entscheidungsfindung als Instrumente zur Optimierung von Immobilien im kirchlichen Bestand zum Tragen (vgl. Heller, 2008). Die Wahl der endgültigen Strategie hängt dabei von unterschiedlichsten Rahmenbedingungen, wie beispielsweise der Immobilienklasse, der Verfügbarkeit von alternativen Flächen, der steuerlichen Ansetzbarkeit sowie weiterer rechtlicher Restriktionen ab (vgl. Heller, 2008 sowie von der Lieth, S. 101).

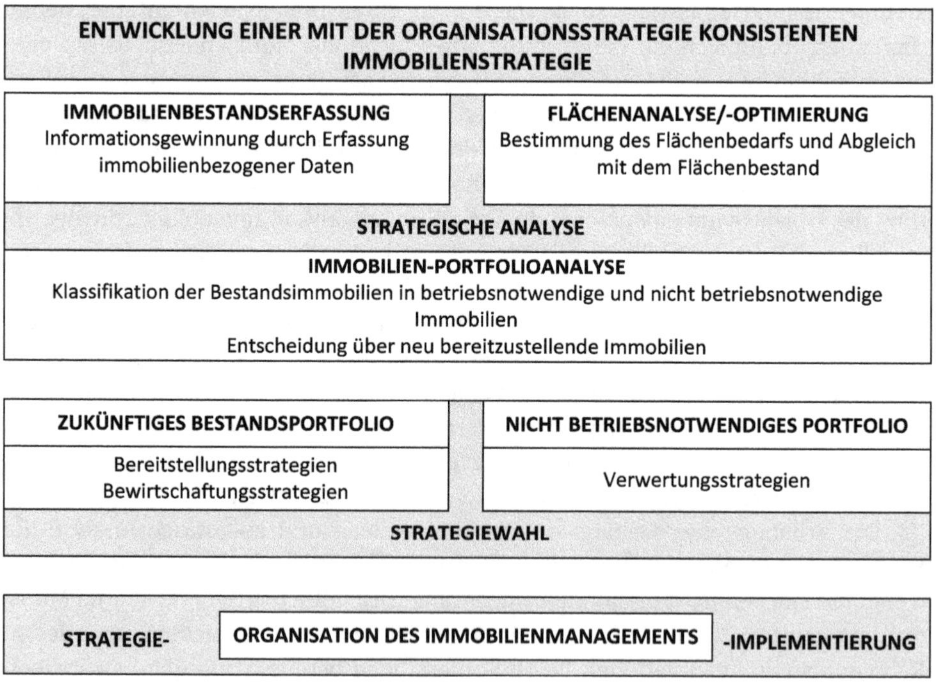

Abb. 1: Komponenten eines strategischen Immobilienplanungsprozesses (Quelle: Heller, 2008)

4.5 Traditionelle Bewertungsverfahren von Sakralbauten

Die Wertermittlung von Sakralbauten gestaltet sich aufgrund baulicher, rechtlicher und monetärer Besonderheiten als Herausforderung. Die gängigen deutschen Bewertungsverfahren für die Wertermittlung von Immobilien der unmittelbaren Auftragserfüllung finden eingeschränkte Anwendung, da Sakralbauten Besonderheiten aufweisen, die unter Berücksichtigung der Verfahrensannahmen nicht vollständig erfasst werden (können). Dazu zählen insbesondere die geringe Drittverwendungsfähigkeit und der nicht vorhandene (Transaktions-) Markt, mit Hilfe dessen einen Verkehrswert grundsätzlich ermittelt werden könnte. Aus rechtlicher Sicht sind Sakralbauten zudem aufgrund ihrer Zugehörigkeit zum kirchlichen Verwaltungsvermögen und religiöser Widmung (res sacra) eingeschränkt veräußerbar. Kirchengrundstücke sind im Fall der Wertermittlung den Gemeinbedarfsflächen zuzuordnen[5] und nehmen somit am allgemeinen (Transaktions-) Markt grundsätzlich nicht teil (extra commercium, vgl. Kleiber, 2010, S. 173 sowie Becherer, 2011, S. 4). Trotzdem sind hierfür die allgemeinen Grundsätze zur Verkehrswertermittlung für deren Wertermittlung anzuwenden, da die Grundstücke dennoch einen Wert aufweisen (vgl. Kleiber, 2010, S. 173 sowie Becherer, 2011, S. 4).

Bei der Bewertung von Sakralbauten ergibt sich das anzuwendende Bewertungsverfahren grundsätzlich aus der beabsichtigen zukünftigen Nutzung und je nachdem, ob Marktdaten für einen geeigneten Vergleich notwendig bzw. vorhanden sind. Hierbei unterscheidet man hauptsächlich zwei Bewertungsanlässe. Bei Sakralbauten, deren künftige Nutzung voraussichtlich aufgegeben wird, spricht man von einer „Marktwertermittlung auf der Grundlage einer alternativen Nutzung“ bzw. von „Kirchenflächen im Eigentum der Kirche, deren Sakralbindung aufgegeben wird“ (Kleiber, 2010, S. 2340 ff. (VI/11)). In diesem Fall sind öffentlich-kulturelle Nutzungen einer Alternativnutzung vorzuziehen. Bei Sakralbauten, deren künftige kirchliche Nutzung beibehalten wird, spricht man von einer „Marktwertermittlung auf Grundlage der ausgeübten Nutzung“ bzw. von „Kirchenflächen im Eigentum der Kirche, die auf absehbare Zeit einer sakralen Zweckbindung vorbehalten bleiben“ (Kleiber, 2010, S. 2340 ff. (VI/11)). Die Vergleichs- und Ertragswertverfahren scheiden in der Regel in diesem Fall aufgrund mangelnder Vergleichswerte bzw. fehlenden Erträge aus. Das Sachwertverfahren ist im Regelfall anzuwenden, wobei sich hier der Bodenwert nach den Bewertungsgrundsätzen für Gemeinbedarfsflächen der Wertermittlungsrichtlinie ergibt.

5 Definition: Gemeinbedarfsflächen dienen der Errichtung öffentlich genutzter Einrichtungen (BauGB § 5 & § 9).

Die Anwendung des **Vergleichswertverfahren** gemäß § 13 ImmoWertV erfordert die Preisermittlung anhand bereits gehandelter Vergleichsobjekte, die in hinreichender Übereinstimmung mit den zu bewertenden Objekt stehen müssen. Nicht nur aufgrund der geringen Anzahl an Transaktionen von Sakralbauten, sondern vielmehr aufgrund der Voraussetzungen des Vergleichswertverfahren zur Berücksichtigung ähnlicher Vergleichsobjekte in unmittelbarerer Nähe, gestaltet sich die Anwendung dieses Verfahrens als sehr eingeschränkt. Das **Ertragswertverfahren** gemäß §§ 17 bis 20 der ImmoWertV setzt sich aus dem Bodenwert und dem Ertragswert der baulichen Anlage zusammen, wobei für die Bodenwertermittlung die Grundsätze der Vergleichswertberechnung durchzuführen sind. Der Ertragswert der baulichen Anlage entspricht einer Barwertberechnung und wird bei der Bewertung von Sakralbauten nur dann relevant, wenn eine künftige Nutzung mit der Ertragserzielung beabsichtigt wird, denn anderenfalls scheidet das Verfahren aufgrund mangelnder Erträge aus. Das **Sachwertverfahren** des §§ 21 bis 25 der ImmoWertV wird in der Regel bei Objekten angewendet, die keine zukünftigen dauerhaften Erträge erzielen und nicht unmittelbar am Immobilienmarkt gehandelt werden. Anstatt dessen bestimmt sich der Immobilienwert aus den aktuellen (Neu-) Errichtungskosten. Der Immobilienwert im Sachwertverfahren setzt sich aus (Bau-) Kosten zusammen, die sich im gewöhnlichen Geschäftsverkehr und anhand der Normalherstellungskosten (NHK)[6] ableiten lassen und ergibt sich nicht aus den mit der Nutzung der Immobilie verbundenen zukünftigen Erträgen, weshalb dieses bei Sakralbauten entgegen dem Vergleichs- und Ertragswertverfahren eher Anwendung findet.

4.6 Weitere relevante Einflussgrößen von Sakralbauten

4.6.1 Sakralbauten und die demographische Entwicklung

Gemessen an der Anzahl der Gläubigen sind die katholische und evangelische Kirche die führenden Konfessionen in Deutschland. In den letzten zehn Jahren hat sich jedoch gezeigt, dass es in Deutschland eine steigende Tendenz zur Entkirchlichung gibt. Diese Entwicklung wurde durch mehrere Skandale, insbesondere in der katholischen Kirche, deutlich beschleunigt. Weitere Faktoren, die den Mitgliederrückgang negativ beeinflussen, sind die rückläufigen Geburtenzahlen sowie eine immer älter werdende Gesellschaft. Diese Entwicklung stellt beide Konfessionen vor die Herausforderung der Entwicklung neuer Lösungsansätze, um das

6 Die Ableitung der Normalherstellungskosten kann sich im Hinblick auf historische Baumaterialien/Sonderausstattungen (Bleiglasfenster in Kirchen, etc.) als schwierig darstellen.

Gleichgewicht zwischen Glauben und gegenwärtigen (gesellschaftlichen) Anforderungen wiederherzustellen. Gleichzeitig haben diese Entwicklungen einen erheblichen Einfluss auf das Management kirchlicher Immobilien, insbesondere der unmittelbaren Auftragserfüllung, denn die sinkende Anzahl von Gläubigen bzw. ein verändertes Verhalten im Hinblick auf die Ausübung des Glaubens schränkt ihre effiziente Nutzung ein.

Folgende Abbildung (vgl. Abb. 2) veranschaulicht das Ausmaß der Entkirchlichung der Gläubigen der evangelischen und der katholischen Kirche in Deutschland seit der Wiedervereinigung. Die positive demographische Entwicklung in Deutschland von 1990 bis ca. 2005 wurde konfessionsübergreifend von einer sinkenden Gläubigeranzahl begleitet. Die Wende in der demographischen Entwicklung mit sinkenden Einwohnerzahlen seit 2005 scheint den Mitgliederrückgang signifikant verschärft zu haben, da der Rückgang der Mitgliederanzahlen seitdem etwa 1 % pro Jahr beträgt. Im Jahr 1998 verzeichnete die Evangelische Kirche in Deutschland zum ersten Mal seit der Wiedervereinigung weniger Mitglieder als die Römisch-Katholische Kirche.

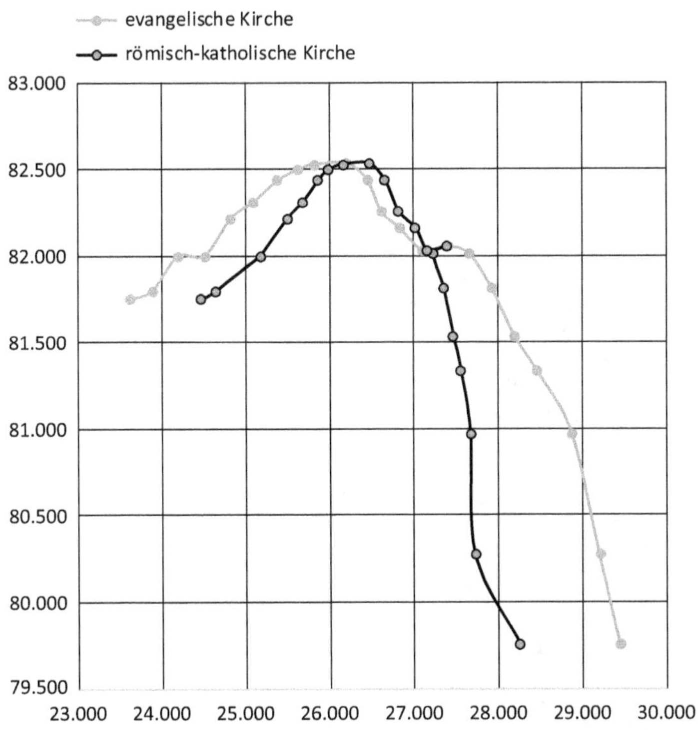

Abb. 2: Mitgliederentwicklung und Bevölkerungsentwicklung (Quelle: Destatis, 2011)

Ein wichtiger Faktor zur Analyse des kirchlichen Lebens in Deutschland ist – neben der Feststellung rückläufiger Zahlen – auch die regionale Verteilung der Mitglieder. Der in Deutschland durchgeführte Zensus im Jahr 2011 ermöglichte zum ersten Mal einen tiefen Einblick in das Leben der deutschen Bevölkerung hinsichtlich Einkommen, Wanderungen aber auch des religiösen Glaubens. Anhand der erhobenen Daten (vgl. Abb. 3) lässt sich feststellen, dass sich die Konfessionszugehörigkeit räumlich deutlich unterscheidet. Während beispielsweise in Lüneburg, Kassel oder Gießen nahezu jede zweite Person der evangelischen Kirche angehört, ist jede dritte Person in Niederbayern, der Oberpfalz oder Unterfranken Mitglied der katholischen Kirche. Auffallend ist zudem die geringe Anzahl an Gläubigen beider Konfessionen in Sachsen-Anhalt, Leipzig und Brandenburg von nur ca. 20 % der Bevölkerung. Die Zensusdaten des statistischen Bundesamtes zeigen zudem, dass im Jahr 2011 zweidrittel der deutschen Bevölkerung entweder der katholischen oder evangelischen Kirche mit einem jeweiligen Anteil von ca. 31 % angehörten.

Abb. 3: Anteil der Gläubige an der Bevölkerung nach Regierungsbezirken in 2011 (Quelle: Eigene Berechnungen aus Destatis, 2011)

4.6.2 Immaterielle Werte als wertbestimmende Faktoren von Sakralbauten

Sakralbauten sind Liegenschaften zur religiösen Kommunikation, deren Bau dem Zusammenkommen der Christen, dem Hören des Wort Gottes und der Antwort der Gemeinde dienen (vgl. Sahli/Wüthrich, 2006). In diesem Zusammenhang erfüllen sie eine gesellschaftliche Aufgabe, welche sich in verschiedenen Facetten des menschlichen Lebens wiederspiegeln. Kirchen gelten als transzendente Liegenschaften, die das Stadtbild prägen und als Identifikationssymbol einer Stadt oder Region herangezogen werden können. Zwar lässt sich der Wert der baulichen Substanz über die traditionellen Bewertungsverfahren der ImmoWertV annähernd monetarisieren, dieser liegt allerdings vermutlich unterhalb des immateriellen Wertes, den eine Gesellschaft dem Sakralbau für dessen Erhalt zuschreiben würde. In diesem Fall spricht man von sogenannten positiven Externalitäten, denn Kirchen stiften Menschen einen positiven (intangiblen) Nutzen, deren Wohlfahrt durch den Vollzug religiöser Aktivitäten und örtlicher Präsenz positiv beeinflusst wird. Sakralbauten bewahren zudem die Geschichte verschiedener Familiengeneration und gelten zudem durch ihre architektonische Transzendenz als Erkennungssymbole und als Anziehungspunkte, was das Stadtbild anziehend(er) macht. Der stiftende gesellschaftliche Nutzen erstreckt sich zudem über mehrere Generationen. Die gesellschaftliche Bedeutung eines Sakralbaus für eine Gesellschaft oder Stadt äußert sich in diesem Zusammenhang am Wunsch zerstörte Kirchen – wie die Dresdner Frauenkirche – wiederaufzubauen oder an der Gründung von Vereinen zum Schutz bestehender Kirchen vor einer potentiellen Umnutzung (vgl. Kirchenkamp in Bielefeld oder Stiftung KiBa). Diese Argumente zeigen somit, dass die Wertbetrachtung von Sakralbauten aus einer rein bewertungstechnischen bzw. wirtschaftlichen Perspektive nicht den stillen positiven gesellschaftlichen Nutzen/Wert erfasst, der insbesondere in Deutschland seit mehreren Jahrhunderten existiert und von Generation zu Generation übertragen wurde.

4.7 Fazit

Durch die skizzierte kontinuierliche Veränderung des kirchlichen Lebens in Deutschland wird der Druck auf die beiden Großkirchen, sich den aktuellen gesellschaftlichen und wirtschaftlichen veränderten Rahmenbedingungen anzupassen, zunehmend größer. Die Zahl der Kirchenaustritte steigt seit Anfang der 90er Jahre stetig an und es ist nicht zu erkennen, ob sich dieser Trend, unabhängig von der vorherrschenden demographischen Entwicklung, umkehren lässt. Das sich daraus ergebende schrumpfende Kirchensteueraufkommen zusammen mit dem kontinuierlichen Glaubenswandel stellt beide Kirchen hinsichtlich ihrer (finanziellen)

Existenzsicherung sowie der Erfüllung ihrer gesellschaftlichen Verantwortung vor große Herausforderungen. Das kirchliche Immobilienportfolio im Allgemeinen sowie das kirchliche Immobilienmanagement im Besonderen stellen einen essentiellen Bestandteil der kirchlichen Verwaltung bzw. Organisation dar, welche somit auch umfassend von den sich verändernden Rahmenbedingungen auf kurze sowie lange Sicht direkt betroffen sein werden. Insbesondere auf der Ausgabenseite steht der kirchliche Immobilienbestand und dessen Erhaltung in direkter Konkurrenz zu den gesellschaftlichen Fürsorgeaufgaben und damit letztendlich auch den kirchlichen Personalausgaben. Aufgrund der besonderen Fürsorgepflicht der kirchlichen Arbeitgeber gelten Einschränkungen der kirchlichen Aufgaben sowie ein damit verbundener Personalabbau als ultima ratio, wodurch wiederum Veränderungen im kirchlichen Immobilienmanagement, unter Berücksichtigung der beschriebenen Charakteristika, besondere Bedeutung zukommt. Durch ein professionelles und nachhaltiges kirchliches Immobilienmanagement, welches alle Möglichkeiten nach besonderer eingehender Prüfung auf die Nachhaltigkeit derartiger Entscheidungen nutzt, ist zu erwarten, dass beide Konfessionen die gegenwärtigen und zukünftigen Herausforderungen bewältigen.

4.8 Literatur

Allensbach (2009): Reaktion der Bevölkerung auf die Umwidmung von Sakralbauten, Institut für Demoskopie http://www.ifd-allensbach.de/uploads/tx_studies/7442_Sakralbauten.pdf.

Becherer, Linus (2011): Bewertung und Bilanzierung kirchlicher Immobilien, In: GuG Grundstücksmarkt und Grundstückswert, Jg.: 21, Nr. 1, 2011, S. 4–7.

Becker-Huberti, Manfred/Lota, Ulrich: Katholisch A–Z. Das Handlexikon, Herder-Verlag, Freiburg 2009, ISBN 978-3-451-32199-3.

Bienert, Sven (2005b): Grundlagen der Bewertung von Spezial- bzw. Sonderimmobilien, In: Bienert, Sven, 2005 (Hrsg.): „Bewertung von Spezialimmobilien", S. 3–26.

Bischöfliches Generalvikariat Münster: Januar–März 2006, Kooperationen der Kirchengemeinden – Immobilienmanagement- in: Informationsveranstaltung „Mit Sicherheit in die Zukunft" in den Kreisdekanaten im Bistum Münster, http://www.bistum-muenster.de/downloads/Verwaltung/Immobilienmanagement-Abt_640-Bauwesen.pdf.

Brockhoff, Petra (2009): Immobilienmanagement der öffentlichen Hand (Public Real Estate Management/PREM), in: Reiß-Fechter, Dagmar (2009), Berlin, Kirchliches Immobilienmanagement – Der Leitfaden.

Deutsche Bischofskonferenz (2012): Katholische Kirche in Deutschland – Zahlen und Fakten 2011/2012.

Deutsches Nationalkomitee für Denkmalschutz (2007): Die katholische Kirche in Deutschland und die Denkmalpflege Hintergründe, Fakten, Perspektiven, 2007, http://www.dnk.de/_uploads/media/911_Kath-Kirche-D-Denkmalpflege.pdf.

EKD (Evangelische Kirche in Deutschland): Grundkonzept für ein kirchliches Haushalts- und Rechnungswesen auf Basis der kirchlichen Doppik, http://www.ekd.de/kirchenfinanzen/assets/120911_Grundkonzept_fuer_die_kirchliche_Doppik.pdf, abgerufen am 10.12.2014.

EKD (2014): Zahlen und Fakten 2014, http://www.ekd.de/download/zahlen_und_fakten_2014.pdf.

Erne, Thomas (2012): Das Modell kirchlicher Orte – gesellschaftliche Herausforderungen – Losungen für die Zukunft. In: Reis-Fechter, Dagmar (Hrsg.): Kirche im Wandel – den Wandel gestalten, Berlin 2011.

Heller, Uwe (2008): Immobilienmanagement in Nonprofit-Organisationen mit Schwerpunkt auf kirchlichen und karitativen Organisationen – Ergebnisse einer quantitativen und qualitativen Analyse, in: Vortrag am 29. Juli 2008; Zukünftiger Flächenbedarf in religiösen Organisationen mehrheitlich sinkender Flächenbedarf, http://www.verbandsforschung.de/fileadmin/svv/pdf/Vortrag_auf_1_Muenchner_Verbaendetag_Heller.pdf, abgerufen am: 10.12.2014.

Heller, Uwe (2010): Charakteristika der Immobilien und Rahmenbedingungen des Immobilienmanagements in kirchlichen und sozialen Organisationen, in: Immobilienmanagement in Nonprofit-Organisationen – Analyse und Konzeptentwicklung mit Schwerpunkt auf kirchlichen und sozialen Organisationen.

Katholisch.de, Bonn, 06.02.2013: http://www.katholisch.de/de/katholisch/themen/kirche_2/2013_interview_kirchenumnutzung.php, Abruf: 10.12.2014.

KIM: Kirchliches Immobilienmanagement im Bistum Aachen, http://www.kim-bistum-aachen.de

Kleiber, Wolfgang (2010): WertR 06. Wertermittlungsrichtlinien und ImmoWertV 2010; Sammlung amtlicher Texte zur Ermittlung des Verkehrswerts von Grundstucken mit Normalherstellungskosten – NHK; [mit ImmoWertV!]. 10. Aufl. Köln: Bundesanzeiger-Verlag.

Reiß-Fechter, Dagmar (2009): Berlin, Kirchliches Immobilienmanagement – Der Leitfaden.

Sahli, Markus, Wüthrich, Matthias D. (2006): Kirchen zu verkaufen? – Ein Beitrag zur Umnutzung von Kirchengebäuden aus evangelischer Sicht, in: Pahud de Mortanges, Zufferey, Jean-Baptiste (Hrsg.), Bau und Umwandlung religiöser Gebäude.

Schäfers, Wolfgang/Trübestein, Michael (2009): Immobilienmanagement in der Wirtschaft (Corporate Real Estate Management/CREM), in: Reiß-Fechter, Dagmar (2009), Berlin, Kirchliches Immobilienmanagement – Der Leitfaden.

Schmidt, Adalbert (2009): Immobilien der Kirche – eine Übersicht, in: Reiß-Fechter, Dagmar (2009), Berlin, Kirchliches Immobilienmanagement – Der Leitfaden.

Schulte, Karl-Werner (2005): Immobilienökonomie. Band I Betriebswirtschaftliche Grundlagen. 3. Auflage. München: Oldenbourg.

Sekretariat der Deutschen Bischofskonferenz: 24.09.2003, Umnutzung von Kirchen – Beurteilungskriterien und Entscheidungshilfen, http://www.ctu-uk.cz/downloads/NBK_Umnutzung.pdf, abgerufen am: 10.12.2014.

Teufelsdorfer, Herwig (2009): Portfolio-Analyse, Benchmark, Balanced Scorecard, in: Reiß-Fechter, Dagmar (2009), Berlin, Kirchliches Immobilienmanagement – Der Leitfaden.

von der Lieth, Jörn (2009): Immobilienmanagement in der Kirche (Ecclesiastic Real Estate Management/EREM), in: Reiß-Fechter, Dagmar (2009), Berlin, Kirchliches Immobilienmanagement – Der Leitfaden.

„Weimarer Votum" gegen Umwidmung von Kirchengebäuden (2008): http://www.ekd.de/aktuell_presse/news_2008_02_21_2_kirchennutzung.html, abgerufen am 10.12.2014

Wellner, Kristin (2003): Entwicklung eines Immobilien-Portfolio-Management-Systems – Zur Optimierung von Rendite-Risiko-Profilen diversifizierter Immobilien-Portfolios, Reihe „Immobilienmanagement" (Band 3), Diss. Univ. Leipzig.

Rolf Tilmes, Ralph Jakob, Christoph Pitschke*

5 Privates Immobilienmanagement

Inhalt

* In früheren Auflagen dieses Werkes hat auch Peter Schaubach an diesem Kapitel mitgewirkt. Die Herausgeber danken ihm für seinen Beitrag zur Entwicklung des vorliegenden Kapitels.

5.1 Konzeptionelle Grundlagen

5.1.1 Einleitung

Dem Management direkter wie indirekter Immobilienanlagen im privaten Vermögensmanagement kommt trotz der großen Bedeutung von Immobilien als Asset-Klasse häufig eine sehr geringe Bedeutung zu. Dabei ist gerade dieses aufgrund der immobilienspezifischen Besonderheiten, wie einem gegenüber einer Wertpapieranlage typischerweise deutlich längeren Anlagehorizont, hohen Mindestanlagevolumina, standortspezifischer Faktoren und Heterogenität mehr als geboten. Weiterhin ist auch das Wissen und Know-how um Immobilienanlagen im Privatvermögen gegenüber liquiden Wertpapieranlagen nicht nur bei Privatanlegern sondern auch bei Banken und Finanzdienstleistern vergleichsweise gering ausgeprägt. Zwar bestehen im Bereich der Immobilienvermittlung oder -finanzierung einzelne Anknüpfungspunkte, es fehlt jedoch vielfach ein ganzheitliches Private Real Estate Management.

5.1.2 Definition

Private Real Estate Management bezeichnet das umfassende Management privater, also von Einzelpersonen oder Familienverbünden gehaltener Immobilieninvestments, unabhängig davon, ob die Immobilienbestände direkt oder aus steuerlichen oder operativen Gründen durch vermögensverwaltende Gesellschaften gehalten und verwaltet werden. Im Rahmen einer ganzheitlichen Betrachtungsweise werden beim Private Real Estate Management sowohl direkt gehaltene Objekte als auch indirekte Immobilieninvestitionen, wie beispielsweise Beteiligungen an offenen oder geschlossenen Publikums-AIFs oder Spezial-AIFs oder Immobilienaktien betrachtet. Ob es sich bei den direkt gehaltenen Objekten um eine Selbst- oder Fremdnutzung für private oder gewerbliche Zwecke handelt, ist für die konzeptionelle Anknüpfung von Private Real Estate Management unerheblich (vgl. Ulrich, S. 14).

Private Real Estate Management wird somit als die „[...] Gesamtheit aller Aktivitäten des Planens, Realisierens, Steuerns und Kontrollierens sämtlicher direkter und indirekter Immobilienanlagen einer Privatperson oder einer Familie, unabhängig von ihren juristischen Eigentumsverhältnissen, die es ihr ermöglichen, heute oder in Zukunft Einkommens- oder sonstige Nutzenerträge zu generieren" (Schaubach/Tilmes, S. 924, vgl. in Anlehnung an Ulrich S. 208 f) definiert. Private Real Estate Management ist damit zentraler Bestandteil des Private Wealth Managements und leistet die Betrachtung von Details und Wechselwirkungen von Immobilienvermögen vor dem Hintergrund der gesamten individuellen Vermögenssituation einer Privatperson.

Ein professionelles, institutionalisiertes Management privater Immobilieninvestitionen mit Fokus auf Einzelobjekt-, Immobilienportfolio- und Gesamtportfolioebene findet bislang häufig nur bei institutionellen Immobilieneigentümern statt. Im Bereich privater Investoren bildet eine derartige Betrachtung in der Regel die Ausnahme. Lediglich bei Privatpersonen mit umfangreichem Gesamtvermögen, die bereits aufgrund der Höhe des in Immobilien investierten Vermögens quasi als institutionelle Immobilieninvestoren angesehen werden, finden derartige Ansätze in der Praxis bereits Anwendung (vgl. Bone-Winkel/Müller/Pfrang, S. 31).

5.1.3 Prozess

Wie aus Abbildung 1 hervorgeht, umfasst Private Real Estate Management auf der Ebene des einzelnen Objektes unter anderem Aspekte wie Standortoptimierung, Immobilienanalyse, Immobilienbewertung, Immobilienfinanzierung, steuerliche Optimierung, Vermietung, Hausverwaltung sowie bauliche Erhaltung und Modernisierung, wobei die einzelnen Leistungen auch ausgelagert sein können. Auf der Ebene des gesamten Immobilienportfolios umfasst Private Real Estate Management Leistungen wie Immobilien-Reporting, Überprüfung und Optimierung des Immobilienportfolios, Absicherung von Währungsrisiken, Prognose der Immobilienpreisentwicklung und Analyse von Marktfaktoren des Immobilienmanagements sowie Cash Management. Im Kontext des Gesamtvermögensmanagements finden immobilienspezifische Themen Einfluss in die Vermögensstrukturplanung, Liquiditätsplanung, Rentabilitätsplanung, Erbschaftsplanung, Finanzplanentwicklung und Überwachung der Gesamtstrategie (vgl. Tilmes/Schaubach, S. 201). Während auf Ebene der strategischen Asset Allocation die Grundlage für die prinzipielle Immobilienallokation getroffen wird, erfolgt die geografische und sektorale Aufteilung über die taktische Asset Allocation.

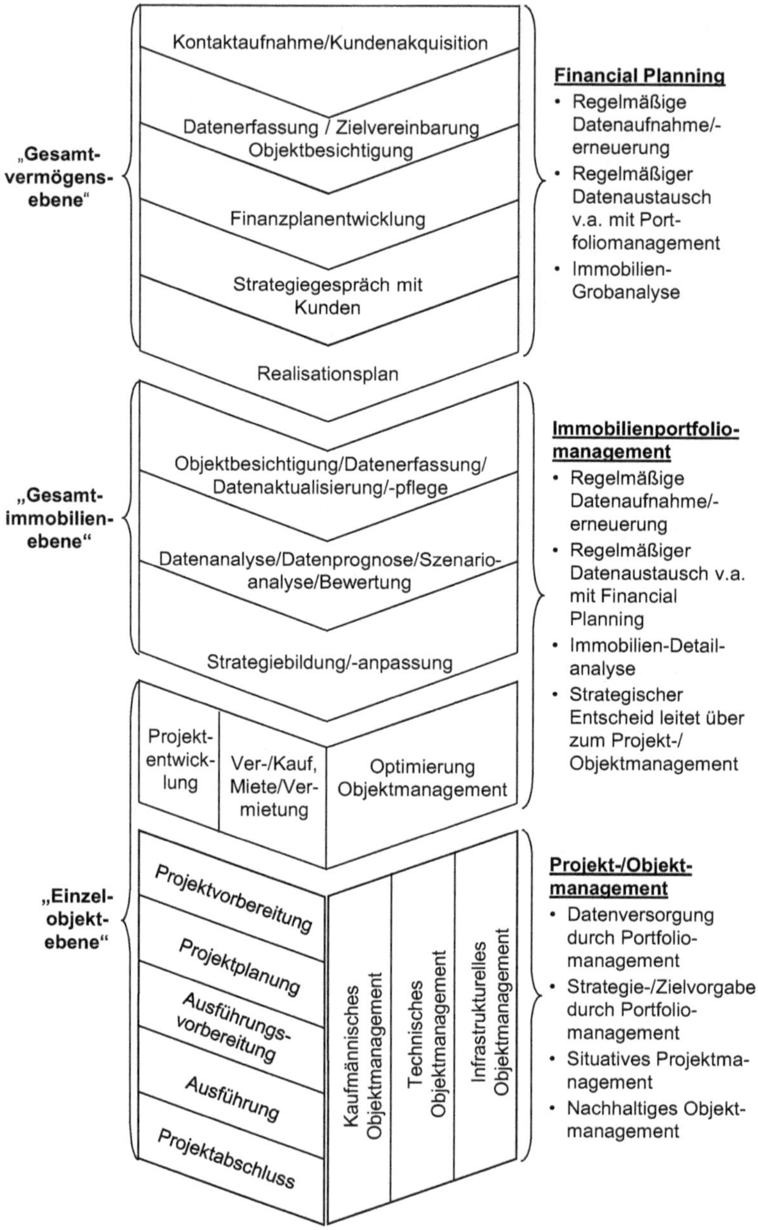

Abb. 1: Ebenen des Private Real Estate Managements (Quelle: Ulrich, S. 257)

5.1.4 Wissenschaftliche Einordnung

Wissenschaftstheoretisch lässt sich Private Real Estate Management an der Schnittstelle von Finanzökonomie und Immobilienökonomie einordnen, wie Abbildung 2 verdeutlicht (zur wissenschaftlichen Einordnung der Finanzökonomie vgl. Tilmes, S. 9). Dabei werden die theoretischen Ansätze des Wealth Management und des Financial Planning als übergeordnete Beratungsphilosophie auf die Immobilie als Asset-Klasse übertragen.

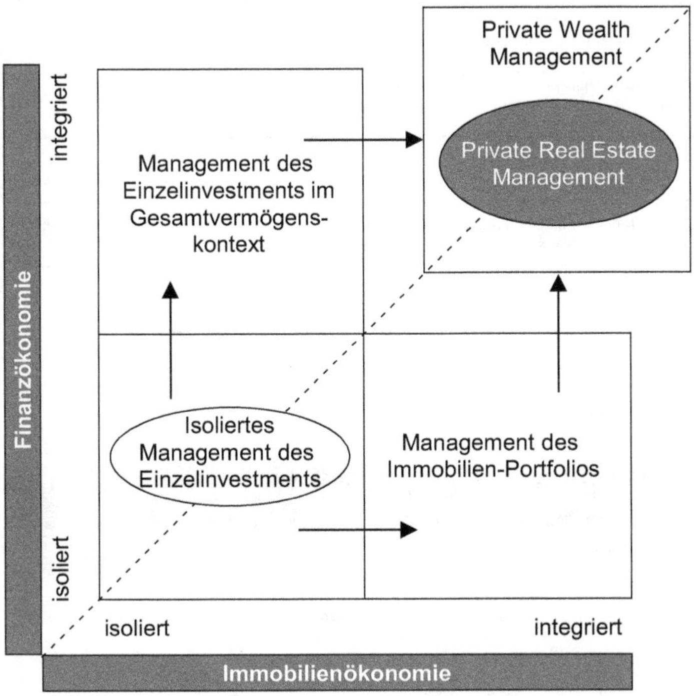

Abb. 2: Private Real Estate Management an der Schnittstelle von Immobilienökonomie und Finanzökonomie (Quelle: Eigene Darstellung)

5.1.5 Abgrenzung zu Corporate und Public Real Estate Management

Ähnlich der Vorgehensweise von Corporate Real Estate Management und Public Real Estate Management nutzt Private Real Estate Management, wie Tabelle 1 verdeutlicht, als Management privater Immobilienbestände entsprechende Managementansätze und professionelle Herangehensweisen für die private Vermögenssphäre und bildet so den Rahmen für die Integration der Asset-Klasse Immobilien in ein ganzheitliches Vermögensmanagement.

Tab. 1: Konzeptionelle Abgrenzung des Private Real Estate Management (Quelle: In Anlehnung an Tilmes/Jakob, S. 387)

Konzeptionelle Abgrenzung des Private Real Estate Managements			
	Corporate Real Estate Management	Public Real Estate Management	Private Real Estate Management
Gegenstand	aktives, ergebnisorientiertes, strategisches und operatives Immobilienmanagement	bedarfsgerechte, wirtschaftliche und nachhaltige Immobilienbereitstellung	Planen, Realisieren, Steuern, Kontrollieren der Immobilienanlagen
Bezugsobjekt	Betriebsnotwendige, nicht-betriebsnotwendige Immobilien	Betriebsnotwendige, nicht-betriebsnotwendige Immobilien	Eigen- und fremdgenutzte Immobilien
Adressat	Non-Property-Companies	Öffentliche Hand	Privatpersonen
(Haupt)-Stakeholder	Unternehmen, Mitarbeiter, Staat, Dienstleister	Staat, Beamte, Dienstleister, Öffentlichkeit	Privatpersonen, Dienstleister, Mieter, Staat
Zweckbeziehung des Bezugsobjekts	Produktionsfaktor	Infrastruktur	Asset-Klasse

Tab. 2: Immobilienanlagen im Vergleich (Quelle: Eigene Darstellung)

	Immobilien-Aktien	Offener Spezial AIF	Offener Publikums AIF	Geschlossener AIF	Private Placements	Direktanlagen
Investitions-volumen	Sehr kleines Volumen	Großes Volumen (ab ca. 5 Mio. €)	Kleines Volumen (ab ca. 50 €)	Mittleres Volumen (ab ca. 10.000 €)	Größeres Volumen (ab ca. 200.000 €)	Hohes Volumen
Anlegerkreis	Sehr groß	Klein (i.d.R. max. 10)	Sehr groß	Mittel bis Groß	Klein	Einzeln bis Klein
Diversifikation	Geringe / Mittlere Diversifizierung	Gesetzlich vorgeschrieben. Breite Streuung	Gesetzlich vorgeschrieben. Breite Streuung	Relativ geringe Diversifizierung	Relativ geringe Diversifizierung	Gering
Laufzeit/ Fungibilität	I. d. R. sehr hohe Fungibilität	Rücknahmepflicht nach Kündigungs-frist	Rücknahmepflicht nach Kündigungs-frist	Keine Rücknah-mepflicht, geringe Fungibilität	Keine Rücknah-mepflicht, Geringe Fungibilität	Geringe Fungibilität
Laufzeit	Unbestimmt	Unbestimmt und sehr langfristig	Unbestimmt und langfristig	Bestimmte Fondslaufzeit	i.d.R. bestimmte Fondslaufzeit	Unbestimmt
Besteuerung	Abgeltungssteuer +Soli	Abgeltungssteuer + Soli	Abgeltungssteuer +Soli	i.d.R. V+V-Einkünfte	i.d.R. V+V-Einkünfte	i.d.R. V+V-Einkünfte
Einfluss-möglichkeit	Auf Aktionärsver-sammlung	Gegebenüber dem Anlage-ausschuss	Nicht gegeben	Nicht gegeben	Je nach vertraglicher Ausgestaltung	Voll gegeben
Totalverlust-risiko	Gegeben	Nein	Nein	Gegeben	Gegeben	Gegeben

AIF = Alternativer Investmentfonds

5.1.6 Anlageformen für Privatinvestoren

Private Real Estate Management erfasst direkte und indirekte Immobilieninvestments und ermöglicht damit eine ganzheitliche Sichtweise auf die gehaltenen Immobilienanlagen, die bei einer rein auf Ebene der einzelnen Anlagevehikel erfolgenden Betrachtung nicht möglich wäre. Tabelle 2 gibt einen Überblick über die Spezifika der privaten Immobilieninvestoren zur Verfügung stehenden Typen von Immobilienanlagen.

5.2 Struktur und Umfang des privaten Immobilienvermögens

Mit circa sechs Billionen Euro ist gut die Hälfte des Privatvermögens der Deutschen in Immobilien investiert. Bevor in Immobilien als Geldanlage investiert wird, erfolgt häufig der Kauf eines Eigenheims. Da das Eigenheim jedoch in der Regel nicht unter investiven Gesichtspunkten erworben wird und damit auch als indisponibel für die Vermögensallokation betrachtet werden muss, scheidet der reine Eigenheimbesitzer als Zieladressat für ein Private Real Estate Management typischerweise aus.

Immobilien als eigenständige Asset-Klasse sind daher primär bei vermögenden Haushalten etabliert. 10 % der Immobilieneigentümer mit dem höchsten Netto-

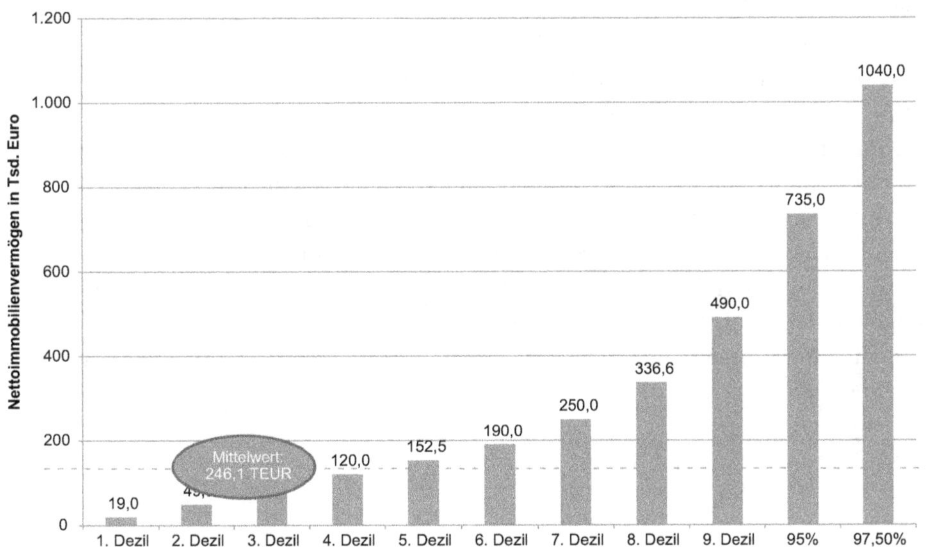

Abb. 3: Verteilung des Nettoimmobilienvermögens der Deutschen (Quelle: Deutsche Bundesbank, S. 45)

Immobilienvermögen halten einen Anteil am gesamten Immobilienvermögen der Deutschen von 43,9 % (vgl. Deutsche Bundesbank, S. 45). So zeigen Untersuchungen der Bundesbank, dass das Nettoimmobilienvermögen der Deutschen im Durchschnitt bei 246.100 Euro liegt, während ab dem 9. Dezil der Durchschnittswert des Nettoimmobilienvermögens bereits bei einer knappen halben Million liegt, wie Abbildung 3 zeigt.

Damit stellen vermögende Haushalte eine attraktive Zielgruppe für entsprechende Beratungsleistungen im Private Real Estate Management dar (vgl. Deutsche Bundesbank, S. 44 ff.). Nach einer empirischen Untersuchung von ULRICH verfügen Personen mit einem Gesamtvermögen zwischen acht und zwölf Millionen Euro über einen Immobilienanteil zwischen 58,3 % und 45,3 % (vgl. Ulrich, S. 107). Der Zusammenhang zwischen Gesamtvermögenshöhe und Immobilienquote ist jedoch nicht linear, da gerade höchst vermögende Privatpersonen in der Regel über umfangreiche Immobilienbestände verfügen, diese jedoch in Relation zu Personen mit geringerem Gesamtvermögen nur einen kleineren Teil ihres gesamten Vermögens ausmachen. Der Grund liegt vielmals darin, dass bei vielen, häufig durch Wealth Management-Anbieter und Family Offices betreuten Privatpersonen mit einem Gesamtvermögen von über 30 Millionen Euro unternehmerische Tätigkeiten stark verbreitet sind. Der größte Teil des Vermögens ist damit in der Regel nicht in Immobilien, sondern in den jeweiligen unternehmerischen Beteiligungen gebunden (vgl. Schaubach, S. 325; vgl. Tilmes/Schaubach, S. 186).

Eine Betrachtung des Finanzvermögens von High Net Worth Individuals (HNWI) in Abbildung 4 zeigt, dass der Immobilienanteil am Finanzvermögen in den letzten sieben Jahren relativ konstant zwischen 14 % und 24 % und in 2014 bei 19 % liegt. Damit hat die Asset-Klasse Immobilien in der strategischen Asset Allocation vermögender Privatpersonen und High Net Worth Individuals mit Schwankungen einen ähnlich großen Anteil wie Anleihen und Aktien.

Damit weisen wohlhabende Familien mit einem Portfolioanteil von ca. 19 % sogar noch einen deutlich höheren Immobilienanteil auf als institutionelle Investoren. Das Anlageportfolio des Allianz-Konzerns zum 31.12.2012 weist beispielsweise einen Immobilienanteil von lediglich zwei Prozent aus (vgl. Allianz SE, S. 177).

Im Bereich von Family Offices und den von diesen in der Regel betreuten Vermögen von Ultra High Net Worth Individuals (UHNWI) zeigt ein Vergleich unterschiedlicher Studien in Tabelle 3 sogar Immobilienquoten von bis zu 35 % (vgl. Kübel, S. 15).[1]

---

1 Aufgrund unterschiedlicher Zielgruppendefinition und -abgrenzung der einzelnen Studien sind die angegebenen Immobilienquoten nicht direkt vergleichbar und geben lediglich eine Indikation.

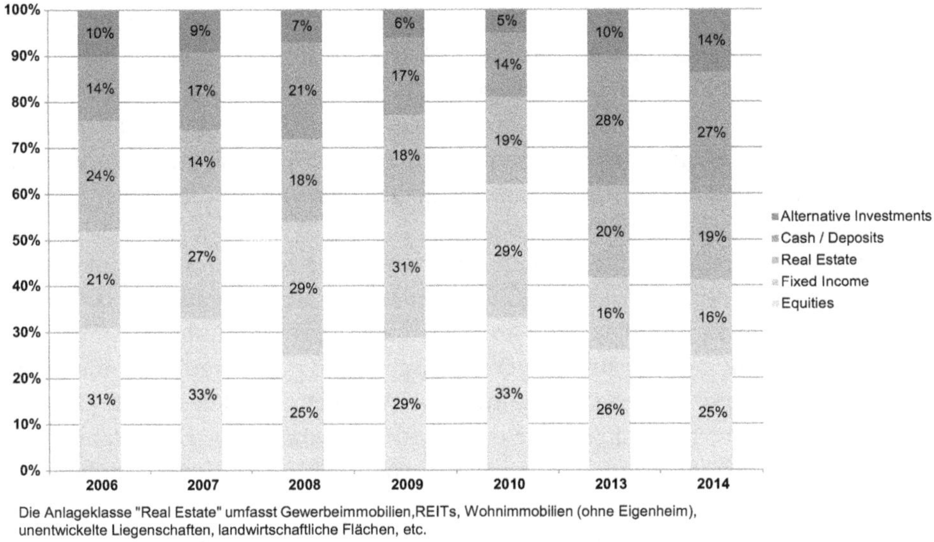

Abb. 4: Zusammensetzung des Finanzvermögens von High Net Worth Individuals (Quelle: In Anlehnung an Capgemini/RBC Wealth Management 2013, S. 16; 2014, S. 19)

Tab. 3: Gegenüberstellung unterschiedlicher Studien zum Immobilienanteil am Gesamtvermögen wohlhabender Familien

Studienautor	Studie	Immobilien-quote
Famos Immobilien GmbH	Immobilienvermögen in Family Offices	35,00%
PricewaterhouseCoopers AG	Multi-Family Offices im Aufwind	17,00%
Bayerisches Finanz Zentrum, complementa, J.P. Morgan Asset Management	Mythos Family Office	14,00%
Middle East Best Select GmbH	Sichere Rendite in Zeiten volatiler Märkte	26,10%
Lloyd Fonds AG	Studie zu Anlagestrategien professioneller Investoren	19,80%
Wharton University of Pennsylvania, IESE Business School	Single Family Offices: Private Wealth Management in the Family Context	14,00%
Knight Frank	The Wealth Report 2013	22,00%
Capgemini / RBC Wealth Management	World Wealth Report 2013	26,70%

In Anbetracht des nicht nur absolut, sondern auch in Prozent vom Gesamtvermögen erheblichen Immobilienvermögens vermögender Haushalte verwundert es, dass dem Immobilienvermögen häufig eine verglichen mit dem liquiden (Wertpapier-) Vermögen untergeordnete Bedeutung beigemessen wird. Trotz des hohen Anteils am Gesamtvermögen und des daraus resultierenden großen Stellhebels hat eine systematische und ganzheitliche Beschäftigung mit dem Management privater Immobilienbestände im Sinne eines Private Real Estate Management bei vermögenden Privatkunden bisher kaum stattgefunden.

Institutionelle Investoren haben in den letzten beiden Jahrzehnten ihr Immobilienmanagement signifikant professionalisiert. So sind regelmäßige Bewertungen, ein Reporting- und Controlling sowie Risikomanagementsysteme heute bei den meisten institutionellen Investoren im Einsatz.

Bei privaten Immobilieninvestoren findet man hingegen nur selten einen ähnlich hohen Professionalisierungsgrad. Eine aggregierte und strukturierte Datenlage ist zudem selten anzutreffen. Das Anlageverhalten privater Anleger ist bei Immobilien oft stark selektiv und opportunistisch geprägt. Sie verfolgen mit ihren Investitionen häufig keine definierte Strategie. Vielmehr handelt es sich eher um einen „naiven" Portfolioaufbau, der entlang der geografischen Entwicklung von Lebensläufen, Erwerbsbiografien, aufgrund von Liebhaberei oder emotionalen Präferenzen oder durch Erbgänge über einen historischen Zeitraum entwickelt. Ebenso erfolgen im Immobilienbereich häufig reine Buy & Hold-Strategien, so dass ungeachtet der Wertentwicklung und der möglichen Veränderung von wertbeeinflussenden Parametern häufig kein aktives Management der Immobilienbestände erfolgt.

5.3 Bedarf für ein Private Real Estate Management

5.3.1 Die Immobilie als Grundbedürfnis

Im gesamten Anlageuniversum ist die Immobilie die einzige Asset-Klasse, bei der rational zu treffende Anlageentscheidungen regelmäßig durch emotionale Einflussfaktoren beeinflusst werden. Hiervon sind insbesondere private Immobilieninvestoren betroffen. Die Immobilie ist damit die einzige Asset-Klasse, die auf jeder Ebene der in Abbildung 5 dargestellten Bedürfnispyramide von Maslow eine Rolle spielt. Dies ist insbesondere der Fall, weil das physiologische Bedürfnis nach Wohnraum eines der menschlichen Grundbedürfnisse ist, das durch eine Immobilie gedeckt wird. Dadurch dass neben diesem fundamentalen Grundbedürfnis eines „Daches über dem Kopf" auch Sicherheitsbedürfnisse sowie soziale Bedürfnisse gedeckt werden, steigt der individuell wahrgenommene Nutzwert einer Immobilie auf ein sehr hohes Niveau. Zudem ist insbesondere bei Privatpersonen im Private Wealth Segment zu beobachten, dass über Immobilien das Wertschätzungs- und Selbstverwirklichungsbedürfnis realisiert wird.

Abb. 5: Maslow'sche Bedürfnispyramide (Quelle: In Anlehnung an Maslow, S. 370 ff.)

5.3.2 Renditen und Renditeerwartungen privater Immobilieninvestoren

Betrachtet man Immobilieninvestitionen privater Anleger so zeigt sich eine deutliche Diskrepanz zwischen Renditeerwartungen und tatsächlich erzielten Renditen. Laut einer Studie der Feri AG und der CORESIS Management GmbH aus dem Jahr 2012 erwarten rund 70 % der befragten vermögenden Privatkunden eine jährliche Rendite ihrer Immobilienanlagen von mehr als 5 % p. a. Davon erhoffen sich 42 % eine jährliche Rendite von 5 bis unter 6 %, 23 % eine Rendite von 6 bis unter 8 % und 5 % mehr als 8 %. Weniger als 3 % p. a. erwartet keiner der Befragten, wie Abbildung 6 verdeutlicht.[2]

Daten des DIW zeigen jedoch, wie in Abbildung 7 dargestellt, dass sich beim vermieteten Immobilienvermögen der Deutschen im Durchschnitt eher geringere Renditen ergeben. In 43 % der erfassten Fälle sind die Renditen sogar nahe null oder negativ. Lediglich 33 % liegen bei der erzielten Bruttomietrendite im Zielkorridor der Renditeerwartungen von mehr als 3 % p. a.

2 Die in der Studie angegebene Renditeerwartung vermögender Privatpersonen bezieht sich auf die Cashflow-Rendite nach Kosten und vor Steuern.

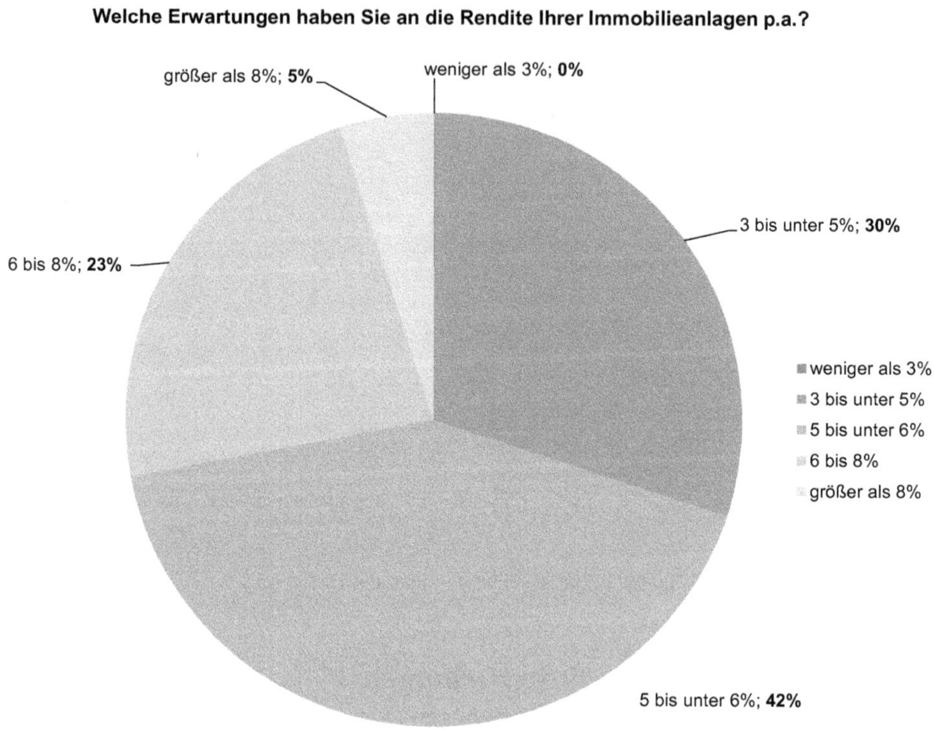

Abb. 6: Renditeerwartungen vermögender Privatpersonen an Immobilienanlagen (Quelle: Feri AG/ CORESIS Management GmbH, S. 13)

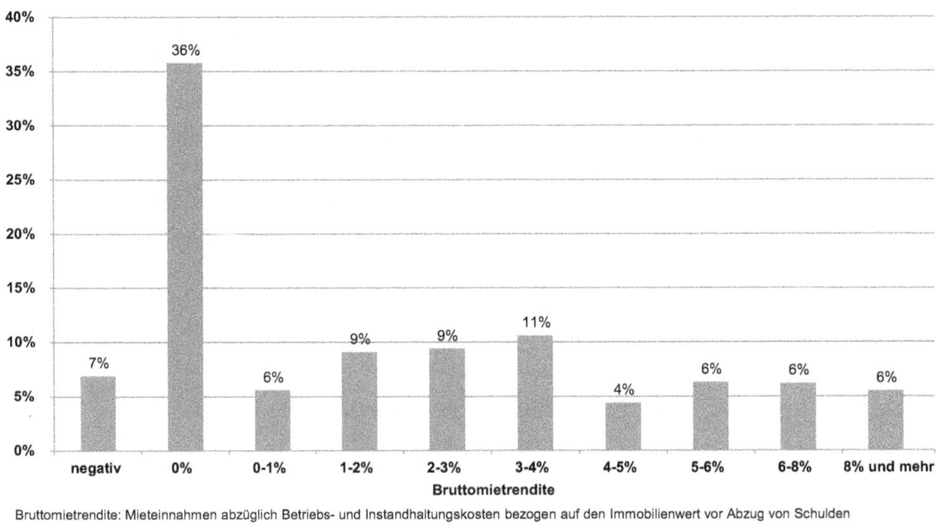

Abb. 7: Bruttomietrenditen privater Immobilienbesitzer in Deutschland (Quelle: In Anlehnung an DIW, S. 12)

Die erzielten Bruttomietrenditen weisen auf offensichtliche Mängel im Management und der Bewirtschaftung privater Immobilienbestände hin. Während durch Unternehmen und öffentliche Hand gehaltene Immobilienbestände (Corporate und Public Real Estate) mittels ausgefeilter kaufmännischer Bewirtschaftungsverfahren professionell gemanagt werden, finden sich im Bereich privater Immobilien kaum vergleichbare Ansätze.

Begünstigt durch ein solides und wertstabiles Image der Asset-Klasse Immobilien – insbesondere auch als möglicher Inflationsschutz und Sachwertinvestment im Zuge der Finanzmarktkrise – wurde die Notwendigkeit für eine Professionalisierung des privaten Immobilienmanagements lange Zeit verkannt, was eine kritische Auseinandersetzung mit der Materie und die strikte Anwendung rationaler Beurteilungskriterien im privaten Immobilienbereich bislang verhindert hat. Aus diesem Grund besteht ein professionelles Immobilienmanagement im privaten Bereich – wenn überhaupt – häufig nur in Form der kaufmännisch-operativen Verwaltung von Objekten. In der Konsequenz sind Privatinvestoren häufig nicht umfassend über die spezifischen Eigenschaften ihrer Immobilieninvestments, wie beispielsweise aktuelle Wertansätze, Renditen, steuerliche Auswirkungen oder (Netto-) Zahlungsströme, informiert. Hinzu kommt bei vielen privaten Immobilieneigentümern, dass Immobiliendaten einen mehr oder weniger ausgeprägten Strukturierungsbedarf aufweisen. Unterlagen sind typischerweise bei den Eigentümern selbst, bei den beauftragten Hausverwaltungen und Steuerberatern zu finden. Die Eigentümer selbst verfügen oftmals über ein aus diversen Gründen knappes Zeitbudget.

In einigen Fällen ist auch eine eher geringe Präferenz dafür zu beobachten, sich proaktiv mit dem Immobilienvermögen zu beschäftigen, da dieses mental unter dem Blickwinkel einer Buy & Hold-Strategie gesehen wird. Ebenso kann auch eine zu starke emotionale Verbindung zu einzelnen Immobilieninvestitionen einer professionellen Steuerung des Immobilienvermögens im Wege stehen. Insbesondere emotionale Faktoren und kognitive Beschränkungen führen in Kombination mit den besonderen Charakteristika der Asset-Klasse Immobilien dazu, dass es bei der Betrachtung von Immobilien als Asset-Klasse zu den in Abschnitt F.5.3.4 genannten Verhaltensanomalien bei privaten Investoren kommt.

5.3.3 Immobilie als Asset-Klasse für private Investoren

Die Asset-Klasse Immobilien ist durch eine Vielzahl von Charakteristika gekennzeichnet, die sie grundlegend von anderen Asset-Klassen, wie zum Beispiel Aktien oder Anleihen unterscheidet.

Die Standortgebundenheit, Heterogenität, begrenzte Teil- und Substituierbarkeit, fehlende kurzfristige Liquidierbarkeit und eingeschränkte Liquidität, räumliche und sachliche Teilmärkte, Höhe der Transaktionskosten sowie eine relative Intransparenz und Ineffizienz von Teilmärkten machen es erforderlich, auf ein Private Real Estate Management zurückzugreifen, um mit entsprechenden Spezialisten Informationsvorsprünge nutzen zu können. Aktives Management hat in der Asset-Klasse Immobilien damit eine viel größere Daseinsberechtigung als in vielen anderen, wesentlich effizienteren Anlageklassen.

Gleichzeitig sorgt insbesondere die fehlende kurzfristige Liquidierbarkeit und eingeschränkte Liquidität dafür, dass die Asset-Klasse Immobilien im magischen Dreieck zwischen Rendite, Risiko und Liquidität gegenüber Aktien und Anleihen in der Dimension Liquidität klare Nachteile aufweist, wie in Abbildung 8 skizziert. Dabei können aber auch Aktien und Anleihen in engen Märkten und in besonderen Marktszenarien ebenfalls über eine eingeschränkte Liquidität verfügen. Die Erfahrungen der letzten Jahre haben jedoch gezeigt, dass aufgrund von Konstruktionsmängeln verschiedener indirekter Anlagevehikel und irrationalem Anlegerverhalten, eine Illiquiditätsprämie bei Immobilien nicht immer realisiert werden kann.

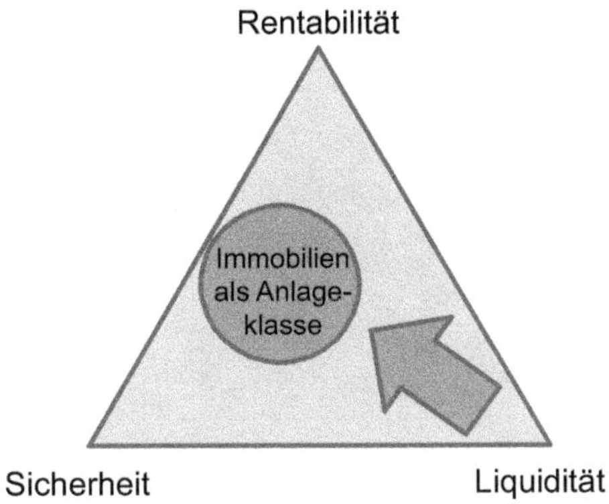

Abb. 8: Die Asset-Klasse Immobilien im Magischen Dreieck der Vermögensanlage (Quelle: Eigene Darstellung)

Gerade bei vermögenden Privatkunden und High Net Worth Individuals zeigt sich jedoch eine starke Präferenz für Direktanlagen. Ähnlich wie beim Aufbau eines Wertpapierportfolios mit Einzeltiteln stellt sich bei jeder einzelnen Direktinvestition die Frage nach der Risiko- und Renditeauswirkung auf das Gesamtportfolio. Gemäß der modernen Portfoliotheorie kann durch Diversifikation das so genannte unsystematische Risiko reduziert werden, wobei das Marktrisiko (systematisches Risiko) gegeben und nicht durch Diversifikation eliminierbar ist. Die Asset-Klasse Immobilien ist durch die vorstehend genannten Charakteristika durch ein höheres, unsystematisches Risiko gekennzeichnet (vgl. Sanders/Pagliari/Webb, S. 130). Fisher und Lori haben für Aktienportfolios gezeigt, dass bereits mit 20 Einzeltiteln eine Reduktion des unsystematischen Risikos, gemessen als annualisierte Standardabweichung des Portfolios, um ca. 95 % erreicht werden kann (vgl. Fisher/Lorie, S. 99 ff). Der Aufbau eines gut diversifizierten Immobilienportfolios auf der Basis von Direktinvestments erfordert hingegen eine deutlich höhere Anzahl an Einzelabschnitten, wie Abbildung 9 verdeutlicht.

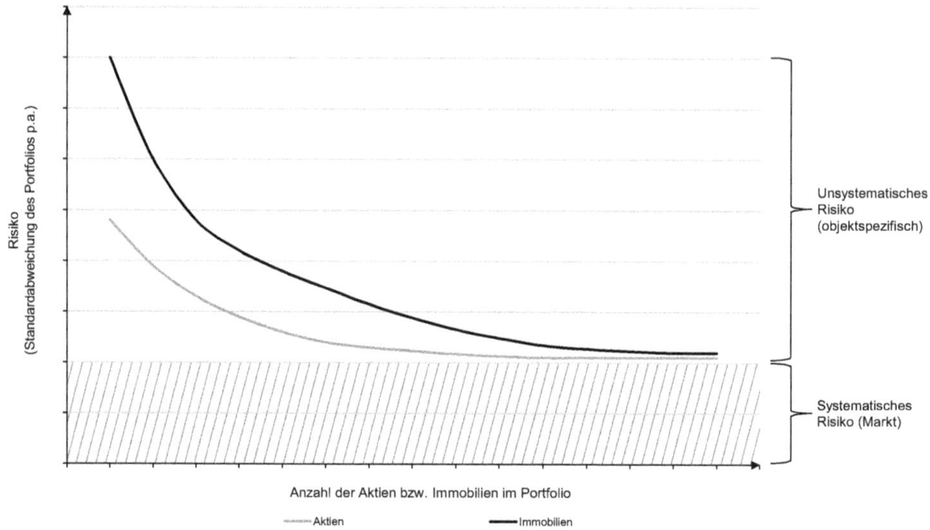

Abb. 9: Unsystematisches und systematisches Risiko von Immobilien- und Aktieninvestments im Vergleich (Quelle: In Anlehnung an Sanders/Pagliari/Webb, S. 130)

Die aufgezeigten besonderen Charakteristika der Asset-Klasse Immobilie bedingen, dass an den Aktienmärkten beobachtbare und nachstehend näher erklärte Verhaltensanomalien bei Immobilieninvestments in besonderer Weise und verstärkt beobachtbar sind und damit die Notwendigkeit für ein Private Real Estate Management verstärken.

5.3.4 Anlageverhalten privater Anleger im Immobilienbereich unter Behavioral Finance-Gesichtspunkten

In Ermangelung realistischerer Annahmen basieren die meisten der heute verwendeten Kapitalmarkttheorien auf der Prämisse der Kapitalmarkteffizienz. Nach FAMA zeichnen sich effiziente Kapitalmärkte dadurch aus, dass „[...] security prices at any time ‚fully reflect' all available information" (Fama, S. 383). Darüber hinaus wird von Transaktionskosten abstrahiert und Informationen werden als sofort und überall kostenlos verfügbar angenommen, so dass sich durch Informationsvorsprünge keine systematische Überrendite erzielen lässt. In der Praxis lassen sich jedoch Belege finden, die die generelle Gültigkeit der schwachen und semi-strengen Form der Effizienzhypothese in Frage stellen.

Tab. 4: Verhaltensanomalien bei Immobilieninvestoren (Quelle: In Anlehnung an Jakob/Pitschke 2014)

Verhaltensanomalie	Beschreibung	Immobilienspezifischer Bezug
Home-Bias-Effekt	Tendenz von Investoren, Geldanlagen auf dem Heimatmarkt überproportional zu gewichten	Starke Präferenz für Immobilieninvestments auf dem Heimatmarkt, z. B. aufgrund von Informationsdefiziten, Transaktionskosten, Wechselkursrisiken
Anker-Effekt	Urteilsheuristik, bei der sich das Urteil an einem willkürlichen Anker orientiert, mit einer systematische Verzerrung in Richtung des Ankers als Konsequenz	Fehlende regelmäßige marktnahe Wertansätze begünstigen mentale Anker bei Immobilien-investments, wie z. B. historische Kaufpreise, die mit einer Wertsteigerungsannahme zur Approximation des Marktwertes verwendet werden
Endowment-Effekt	Wertbeimessung, bei der der Wert eines Gutes höher ist, wenn man es besitzt	Überschätzung der Werthaltigkeit des eigenen Immobilienbestandes, insbesondere bei selbstgenutzten Immobilien
Overconfidence-Effekt	Systematische Überschätzung eigener Fähigkeiten	Überschätzung der eigenen Fähigkeit, Risiken zu beherrschen und Immobilienbestände ohne professionelle Unterstützung erfolgreich managen zu können. In Ermangelung zeitnaher Marktdaten werden negative Ergebnisse des eigenen Handelns häufig auch erst zu spät und teilweise gar nicht erkannt.
Kontrollillusion	Glaube, Vorgänge kontrollieren zu können, die nicht beeinflussbar sind	Vermeintliche Vertrautheit in Bezug auf die Anlageklasse Immobilien führt häufig zu Kontrollillusion

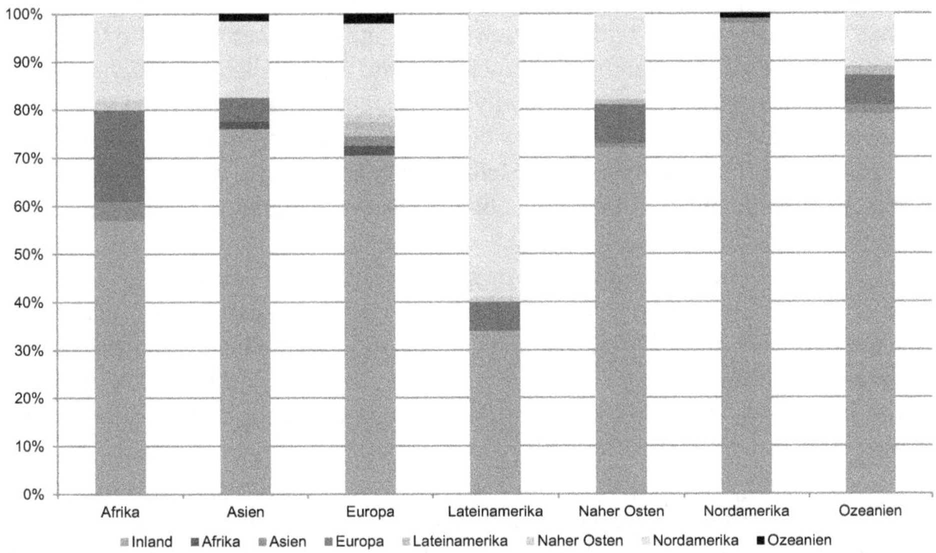

Abb. 10: Geografische Verteilung der Immobilien-Direktinvestments von Ultra High Net Worth Individuals nach Herkunftsland (Quelle: Savills, S. 13)

Die Annahme effizienter Märkte kann aufgrund der vorstehend geschilderten besonderen Eigenschaften der Asset-Klasse für Immobilienmärkte umso mehr in Frage gestellt werden. So lassen sich auch die im Rahmen der Behavioral Finance untersuchten systematisch auftretenden Verhaltensanomalien an Immobilienmärkten in besonderer Weise feststellen, wie Tabelle 4 verdeutlicht (für einen ausführlichen Beitrag zur Anwendung der Behavioral Finance auf Immobilienmärkte vgl. Jakob/Pitschke 2014).

Dass die Ausprägung von Verhaltensanomalien von Investoren weder mit Herkunft noch mit Vermögenshöhe etwas zu tun hat, verdeutlicht Abbildung 10 anhand des Home Bias, welcher selbst bei Ultra High Net Worth Individuals sehr stark ausgeprägt ist.

5.3.5 Erfordernis eines strategischen Immobilienmanagements

Die vorstehenden Abschnitte haben aufgezeigt, dass es nicht nur aufgrund der Besonderheiten der Asset-Klasse und den dadurch verstärkten Verhaltensanomalien, sondern auch aufgrund der tatsächlich erzielten Renditen und der Bedeutung und Größe der Asset-Klasse im Verhältnis zum Gesamtvermögen geboten ist, den hierin liegenden Stellhebel für das Gesamtvermögen zielgerichtet durch ein aktives Private Real Estate Management zu bewirtschaften.

Dieses kann jedoch in der Regel weder durch Hausverwalter noch durch Steuerberater geleistet werden. Während sich erstere aufgrund eines verstärkten Wettbewerbs und resultierenden Margendrucks sich auf die Erledigung ihrer vertraglich zugesagten Kerntätigkeiten im operativen Management konzentrieren, liegt der Fokus von Steuerberatern primär auf der einkommen- und erbschaftsteuerlichen sowie jahresabschlussbezogenen Betrachtung von Immobilien, nicht jedoch auf der ganzheitlichen finanz- und immobilienökonomischen Betrachtung des Immobilienvermögens.

Die strategische Steuerung eines Immobilienvermögens mit dem Ziel des Werterhalts und der Wertmaximierung verbleibt in der Konsequenz die Aufgabe des Eigentümers oder seines Wealth Managers. Nur auf dieser Ebene kann das Immobilienvermögen über eine strategische Asset Allocation in den Gesamtvermögenskontext eingeordnet und pro-aktiv im Rahmen der taktischen Asset Allocation gesteuert werden.

In der Praxis zeigt sich jedoch, wie in Abbildung 11 dargestellt, dass bisher nur eine geringe Anzahl vermögender Immobilieninvestoren auf die Unterstützung professioneller Anbieter zurückgreift (vgl. Pitschke/Jakob). So verwalten mehr als die Hälfte vermögender privater Immobilieninvestoren ihre Immobilienbestände ohne externe Unterstützung. Mit 24 % sucht der größte Teil der Befragten Unterstützung bei Property Managern, die als Hausverwaltungen in der Regel jedoch keine ganzheitliche Beratungsleistung erbringen.

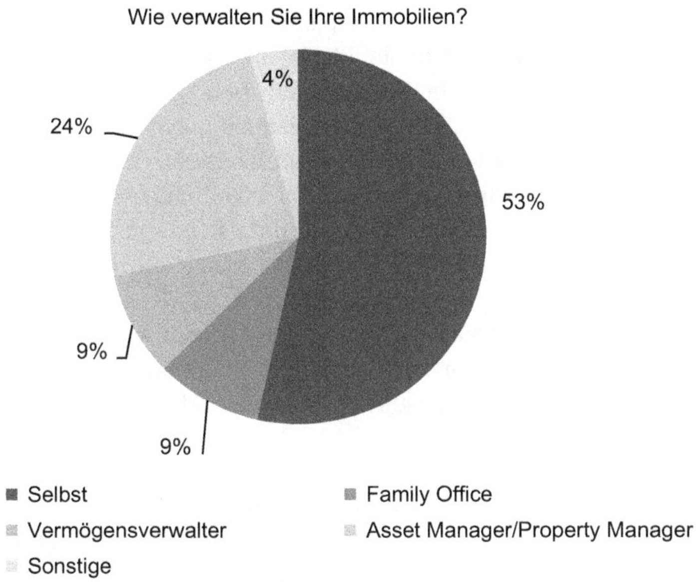

Abb. 11: Immobilienmanagement privater Investoren (Quelle: Feri AG/CORESIS Management GmbH, S. 16)

Eine Übergabe des Immobilienmanagements an professionelle Asset Manager im Rahmen diskretionärer Mandate findet aber zunehmend statt und ist insbesondere bei Erbengemeinschaften zu beobachten. Dabei holt die Immobilie als Asset-Klasse das nach, was bei liquiden Asset-Klassen seit je her akzeptierte Praxis ist: die Beauftragung und Bezahlung externer Manager für ein professionelles und strategiebasiertes Immobilienmanagement.

5.4 Ausgestaltung eines Private Real Estate Management

5.4.1 Leistungsspektrum und -bestandteile

In der Wealth Management-Praxis lag anbieterseitig der Betrachtungsfokus lange Zeit primär auf der Verwaltung und dem Management des liquiden Wertpapiervermögens. In den letzten Jahren etablieren vermehrt einzelne Privatbanken und spezialisierte Family Offices ein umfangreiches Dienstleistungsspektrum rund um direkte und indirekte Immobilieninvestments (vgl. Jakob/Pitschke 2012).

In Anlehnung an die individuellen Bedürfnisstrukturen einzelner Kundensegmente ergibt sich ein segmentspezifisch idealtypisches Leistungsspektrum, wie in Abbildung 12 dargestellt. Basisleistungen, wie beispielsweise Objektfinanzierung und vermittlung, werden von den meisten Immobilienbesitzern und potenziellen Objekteigentümern nachgefragt. Darüber in Umfang und Tiefe hinaus gehende Zusatzleistungen (z. B. Maklerservice oder Facility Management) werden potenziell von Private Banking-Kunden mit umfangreicherem Immobilienbesitz nachgefragt. Spezialleistungen erweitern das Leistungsspektrum zu einem vollumfassenden und ganzheitlichen Private Real Estate Management und gewährleisten die eingehende Betrachtung der Objekte im Lichte des in diesem Segment prinzipiell hohen und komplexen Gesamtvermögens.

Ein voll umfassendes Private Real Estate Management ist primär für Privatpersonen mit umfangreicherem vorhandenem oder geplantem Immobilienvermögen attraktiv, die vornehmlich ab dem Marktsegment des Private Bankings und Private Wealth Managements betreut werden.

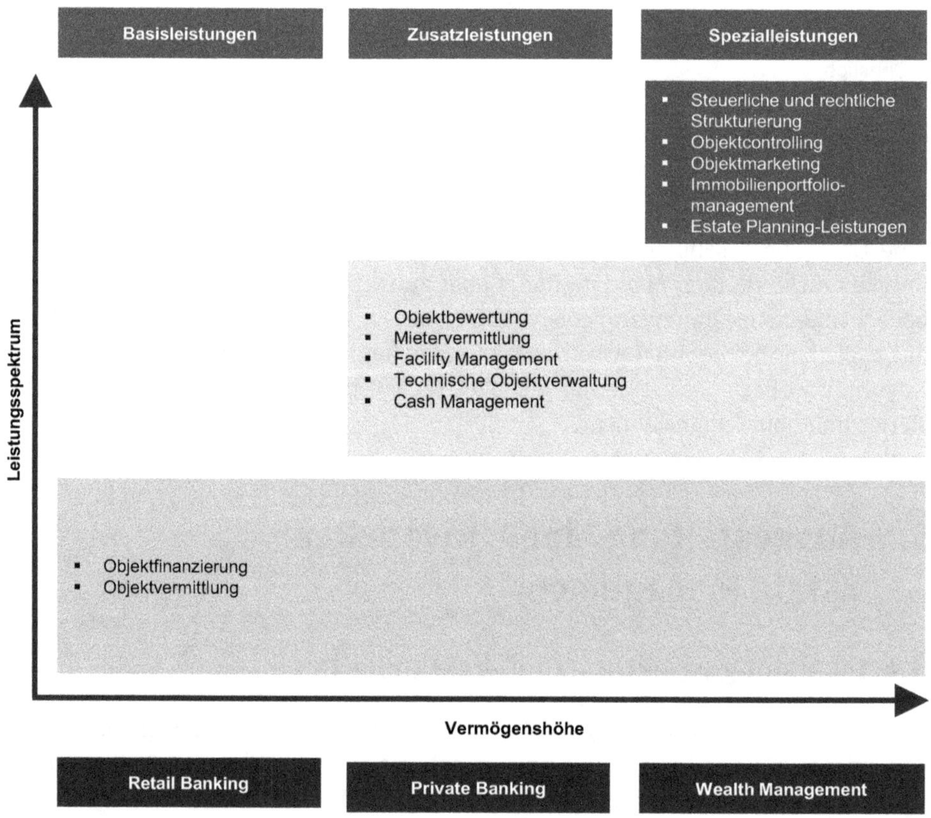

Abb. 12: Segmentspezifische Leistungsspektren von Private Real Estate Management (Quelle: Tilmes/Jakob, S. 388)

5.4.2 Dienstleistungsangebot

Private Real Estate Management kann, wie in Abbildung 13 exemplarisch dargestellt, beratungsprozessual in die drei ineinander übergreifenden Bestandteile Strategieberatung, Immobilienmanagement und Immobilienreportnig und -Controlling untergliedert werden.

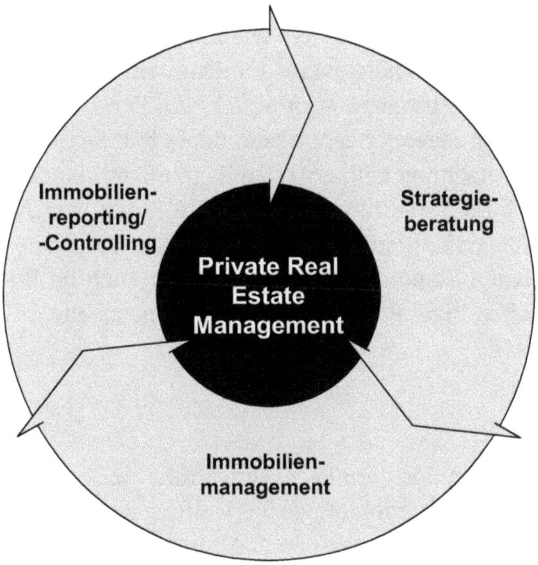

Abb. 13: Beratungsprozess Private Real Estate Management (Quelle: Eigene Darstellung in Anlehnung an Deutsche Oppenheim Family Office AG)

Die Immobilienstrategieberatung liefert auf Ebene der strategischen Asset Allocation die Basis für ein Immobilienmanagement auf Einzelobjekt- und Portfolioebene. Sie umfasst die Erfassung und Analyse der Anlageziele des Mandanten sowie die Ableitung einer individuellen Immobilienvermögensstrategie inklusive Handlungsempfehlungen.

Das Immobilienmanagement umfasst auf Ebene der taktischen Asset Allocation Aspekte wie Immobilien- und Standortanalyse, die Immobilienbewertung, Finanzierungsstrukturierung, Immobilienvermittlung, Transaktionsdurchführung, die Immobilienfonds-, und Hausverwalterselektion sowie die Beratung bei der (Weiter-) Entwicklung und Neupositionierung von Immobilien.

Das Immobilienreporting/-controlling bietet auf aggregierter Portfolio- und Einzelinvestment-Ebene eine fortlaufende Immobilienbewertung und Renditeberechnung und eine Messung des Erfolgsbeitrages des Einzelobjekts zum Gesamtportfolio. Insbesondere bei der Berechnung von Renditekennzahlen und dem Controlling besteht in vielen privat gehaltenen Immobilienbeständen Handlungsbedarf (für einen ausführlichen Beitrag zum Immobilienreporting vgl. Jakob/Pitschke 2014).

Dabei ist eine aktuelle Immobilienbewertung eine notwendige Bedingung, um Immobilienvermögen steuern und reporten zu können. Diese Aufgabe kann von Wealth Managern selbst nach Maßgabe der Immobilienwertermittlungsverordnung im Vergleichswert-, Sachwert oder Ertragswertverfahren durchgeführt werden.

Während sich im Bereich der liquiden Asset-Klassen anerkannte Reporting-Standards mit klar definierten Rendite- und Risikokennzahlen etabliert haben, ist in der Immobilienbranche zu beobachten, dass die Marktteilnehmer oftmals ein sehr unterschiedliches Verständnis der verwendeten Renditekennzahlen haben. Das betrifft bereits grundlegende statische Renditekennzahlen, wie z. B. die Brutto- oder Netto-Anfangsrendite. Die Verwendung eines allgemein anerkannten Marktstandards für die Renditeberechnung ist daher dringend erforderlich, um Vergleichbarkeit und Transparenz zu ermöglichen. Im Bereich der Markstandards hat die Gesellschaft für immobilienwirtschaftliche Forschung e. V. (gif) bereits mit dem Standard für gewerbliche Flächen eine hohe Marktdurchdringung erreicht. Mit den vom Arbeitskreis Real Estate Investment Management erarbeiteten gif-Renditedefinitionen hat die gif zusätzlich im Jahr 2007 einen Standard veröffentlicht, der auch im Private Wealth Management als allgemeingültiger Reportingstandard dienen sollte.

5.4.3 Vergütungsformen

Das Management liquider Anlagen wird in der Vermögensverwaltung in der Regel über eine volumen- und teilweise performanceabhängige Verwaltungsgebühr vergütet. Teilweise werden dabei insbesondere bei Banken auch All-in-Fees berechnet, welche zusätzlich die Transaktionskosten mit abdecken. Die kundenseitige Transparenz über derartige Vergütungsstrukturen und typische Vergütungshöhen ist gerade im Private Banking und Wealth Management sehr ausgeprägt, so dass sich Anbieter hier häufig einem starken Konditionenwettbewerb ausgesetzt sehen, wo teilweise noch auf Ebene von Basispunkten verhandelt wird.

Die Bereitschaft privater Immobilieninvestoren für ein externes Management von Immobilienvermögen zu bezahlen ist demgegenüber eher eingeschränkt. Im operativen Management ist bei Hausverwaltungen ein Prozent- bzw. Promillesatz bezogen auf die Jahresmiete die Regel. Leistungen im Bereich der Wahrnehmung von Eigentümeraufgaben, wie zum Beispiel die Planung und Umsetzung einer geeigneten Immobilien-Investmentstrategie, werden hingegen aber nur häufig nur ungern vergütet, da die Notwendigkeit nicht erkannt wird.

Während die Verwaltung von Wertpapiervermögen als abstraktes und komplexes Gebilde wahrgenommen wird, bei dem die genauen Leistungen eines Managers schwer nachvollziehbar sind, ist die Immobilie ein sehr konkretes Wirtschaftsgut, bei dem die Leistungen einer operativen und strategischen Verwaltung weniger Wertschätzung erfahren.

Da Immobilien investorenseitig eher als konservative, renditeärmere Asset-Klasse eingeordnet werden, wird deren aktives Management entweder als nicht erforderlich angesehen oder aufgrund des in Abschnitt F.5.3.4 dargestellten Overconfidence Effektes als durch den Eigentümer eigenständig besser und kostengünstiger darstellbar empfunden werden. Zudem wird auf die regelmäßige Feststellung des Immobilienwertes gerne verzichtet und dieser vielmehr – häufig unter Verzerrung durch den Anker-Effekt – selber approximiert.

Tabelle 5 fasst die in der Praxis typischerweise anzutreffenden Vergütungsformen für Dienstleistungen des Private Real Estate Managements tabellarisch zusammen. Die konkrete Höhe der Vergütung ist indes wenig standardisiert und in der Regel von der betreuten Vermögenshöhe, der Gesamtkundenbeziehung, dem Wettbewerbsumfeld und dem jeweiligen beiderseitigen Verhandlungsgeschick abhängig.

Tab. 5: Typische Vergütungsformen von Dienstleistungen im Private Real Estate Management

Dienstleistung	Vergütungsform
Strategieberatung	aufwandsbezogen
Immobilienmanagement	
Asset Management-Leistungen	volumenabhängig
Beratung und Vermittlung in An- und Verkaufsprozessen direkter Immobilienanlagen	volumenabhängig/Vermittlungsprovision
Finanzierungsberatung und -vermittlung	volumenabhängig/Vermittlungsprovision
Hausverwalterselektion	aufwandsabhängig
Beratung und Vermittlung indirekter Immobilienanlagen	volumenabhängig/Vermittlungsprovision
Immobilienreporting/-Controlling	aufwandsbezogen, Pauschalen

Die teilweise fehlende Zahlungsbereitschaft berücksichtigt jedoch dabei nicht den aufgrund der Portfoliogewichtung relativ großen Werthebel, den ein professionelles Private Real Estate Management entfalten kann. Die Tatsache, dass es sich bei Private Real Estate Management und dessen Leistungen um ein noch relativ neues Dienstleistungsfeld für Banken und Finanzdienstleister handelt sowie die Heterogenität der Asset-Klasse selbst und ihrer Dienstleistungen erschweren den im Bereich der wertpapierbezogenen Vermögensverwaltung inzwischen üblichen Konditionenvergleich und -wettbewerb, so dass der Anbieter – wenn denn die Notwendigkeit für ein Private Real Estate Management erkannt wurde – zumindest von der Wettbewerbsseite relativ wenig Margendruck erfährt.

5.5 Zusammenfassung und Ausblick

Die Integration der Asset-Klasse Immobilien in ein ganzheitliches Vermögensmanagement ist mit zahlreichen Herausforderungen behaftet. Trotz eines nicht nur absolut sondern auch relativ zu anderen Asset-Klassen wie Aktien und Anleihen hohen Anteils am Gesamtvermögen von Privatpersonen wird die Asset-Klasse vielfach nicht mit der gleichen Intensität und Professionalität gemanagt wie sie es eigentlich erfordern würde. Dies ist teilweise auch mit den besonderen Charakteristika der Asset-Klasse, falschen Renditevorstellungen und verschiedenen, aus der Behavioral Finance bekannten Verhaltensanomalien privater Investoren erklärbar. Hier weisen private Anleger gegenüber institutionellen Anlegern trotz im Private Wealth Management gegebener, ähnlich großer Investmentabschnitte deutliche Defizite im Anlageverhalten und Management der Immobilienbestände auf. Während im Bereich der liquiden Asset-Klassen regelmäßig auf professionelle Vermögensverwalter zurückgegriffen wird und deren Leistungen und Kosten häufig einer strikten Performance-, Risiko- und Kostenkontrolle unterliegen, wird im Immobilienbereich deutlich seltener auf professionelle Anbieter von Private Real Estate Management zurückgegriffen bzw. das Immobilienmanagement einem ähnlichen Monitoring-Prozess unterzogen. Zudem ist bei privaten Immobilieninvestoren immer wieder eine nur eingeschränkte Bereitschaft zur Zahlung einer qualifizierten Immobilienberatung zu beobachten.

Private Real Estate Management bietet aber in seiner ganzheitlichen Konzeption einen großen Stellhebel zur Vermögenssicherung und Wertsteigerung. Private Real Estate Management bietet daher nicht nur für Banken und Finanzdienstleister, sondern insbesondere auch für private Immobilieninvestoren aufgrund bisher nicht realisierter Performancegewinne durch aktives Management ein erhebliches Potenzial im Sinne einer Win-Win-Situation.

5.6 Literatur

Allianz SE: Allianz Konzern Geschäftsbericht 2012 – Auf dem Weg zur stärksten Finanzgemeinschaft, abrufbar unter: https://www.allianz.com/v_1363330179000/media/investor_relations/de/berichte_und_finanzdaten/geschaeftsbericht/gb2012/gb2012_gruppe.pdf. Stand: 21.5.2013.

BoneWinkel, S./Müller, T./Pfrang, D.: Bedeutung der Immobilienwirtschaft, in: Schulte, K.-W. (Hrsg.): Immobilienökonomie – Band 1, Betriebswirtschaftliche Grundlagen, 4. Aufl. München 2008, S. 27–47.

Capgemini/RBC Wealth Management: World Wealth Report 2013.

Capgemini/RBC Wealth Management: World Wealth Report 2014.

Deutsche Bundesbank: Monatsbericht Januar 2012, 64. Jahrgang, Nr. 1, Frankfurt am Main 2012.

DIW Berlin: Renditen von Immobilieninvestitionen privater Anleger, Forschungsprojekt im Auftrag der WERTGRUND Immobilien AG, Berlin 2014.

Fama, E.: Efficient Capital Markets – A Review of Theory and Empirical Work, in: The Journal of Finance, Vol. 25, No. 2, S. 383–417.

Feri AG/CORESIS Management GmbH: Immobilieninvestitionen von Family Offices und vermögenden Privatkunden – Anlegerstimmungen und Anforderungen, Bad Homburg 2012.

Fisher, L./Lorie, J.: Some Studies of the Variability of Returns on Investment in Common Stocks, in: Journal of Business, 1970, Vol. 43, No. 2, S. 99–134.

Jakob, R./Pitschke, C.: In jeder Immobilie steckt mehr, in: private wealth, 2/2012, S. 66–69.

Jakob, R./Pitschke, C.: Immobilienreporting im Private Wealth Management, in: Die Bank, 1/2013, S. 30–34.

Jakob, R./Pitschke, C.: Behavioral Finance im privaten Immobilienmanagement, in: Die Bank, 06/2014, S. 50–55.

Kübel, A.: Immobilien im Private Wealth Management – Family Offices als moderne Vermögensverwalter, Bachelor Arbeit, Hochschule Aschaffenburg 2013.

Maslow, A.: A Theory of Human Motivation, in: Psychological Review, Vol. 50 (1943), S. 370–396.

Pitschke, C./Jakob, R.: Immobilien als Herausforderung in der Gesamtvermögenssteuerung von Familien, in: Immobilien & Finanzierung, 9/2014, S. 284–287.

Sanders, A./Pagliari, J./Webb, J.: Portfolio Management Concepts and their Application to Real Estate, in: Pagliari, J.(Hrsg.): The Handbook of Real Estate Portfolio Management, Boston 1995, S. 117–142.

Savills plc.: Around the World in Dollars and Cents – How Private Money Moves Around the Real Estate World.

Schaubach, P./Tilmes, R.: Private Real Estate Management, in: Schulte, K.-W. (Hrsg.): Immobilienökonomie – Band 1, Betriebswirtschaftliche Grundlagen, 4. Aufl. München 2008, S. 921–940.

Statistisches Bundesamt: Einkommens- und Verbrauchsstichprobe (EVS) – Wohnverhältnis privater Haushalte, Tabellendarstellung, Wiesbaden 2009.

Tilmes, R.: Financial Planning im Private Banking – Kundenorientierte Gestaltung einer Beratungsleistung, 3. durchges. und erw. Aufl., in: Schulte, K.-W./Tilmes, R. (Hrsg.): Financial Planning, Band 1, Bad Soden 2002.

Tilmes, R./Jakob, R.: Private Real Estate Management, in: Eller, R./Heinrich, M./Perrot, R./Reif, M. (Hrsg.): Jahrbuch Treasury und Private Banking 2010 – Produkte, Märkte und Strategien zum Nachschlagen und Verstehen, Potsdam 2009, S. 374–393.

Tilmes, R./Schaubach, P.: Private Real Estate Management – Bestandsaufnahme und erste Ansätze für eine theoretische und praktische Beschäftigung, in: Bone-Winkel et al. (Hrsg.): Stand und Entwicklungstendenzen der Immobilienökonomie, Köln 2006, S. 179–212.

Ulrich, J.: Private Real Estate Management im Private Banking, in: Schulte, K.-W./Tilmes, R. (Hrsg.): Financial Planning, Band 2, Bad Soden 2001.

Teil G: **Managementfunktionen in Immobilienunternehmen**

Jeannette Raethel*

1 Immobilien-Rechnungslegung

Inhalt

* In früheren Auflagen dieses Werkes haben auch Christoph Pischke und Karl-Werner Schulte an diesem Kapitel mitgewirkt. Die Herausgeber danken ihnen für ihren Beitrag zur Entwicklung des vorliegenden Kapitels.

1.1 Deutsche Rechnungslegung im Umbruch

Das betriebliche Rechnungswesen umfasst Verfahren zur systematischen Erfassung und Auswertung aller quantifizierbaren Beziehungen und Vorgänge eines Unternehmens. Das interne Rechnungswesen erfolgt für Zwecke der Dokumentation und Kontrolle sowie der Planung und Steuerung. Das externe Rechnungswesen dagegen, das Gegenstand dieses Kapitels ist, dient der Rechenschaftslegung und Information über die Vermögens-, Finanz- und Ertragslage des Unternehmens.
Mit der im Juli 2002 veröffentlichten EU-Verordnung 1606/2002 zur Einführung der International Financial Reporting Standards (IFRS) bzw. deren Vorgänger, der International Accounting Standards (IAS) innerhalb der europäischen Gemeinschaft ergeben sich gravierende Auswirkungen auf die Rechnungslegung deutscher kapitalmarktorientierter Unternehmen, auch der Immobilienunternehmen.

Ziel der Vereinheitlichung durch die Übernahme internationaler Rechnungslegungsstandards in Form der IAS/IFRS ist es, die von Unternehmen vorgelegten Finanzinformationen vergleichbarer zu machen und einen hohen Grad an Transparenz zu schaffen. Zudem sollen Informationsasymmetrien zwischen Management und Kapitalgebern abgebaut werden, um eine effiziente, kostengünstige Funktionsweise des Kapitalmarktes vor dem Hintergrund der Vollendung des gemeinschaftlichen Binnenmarktes zu ermöglichen.

Die EU hat bei der Auswahl unter den beiden Weltstandards bewusst die IAS/IFRS den US-amerikanischen Generally Accepted Accounting Principles (US-GAAP) vorgezogen. Die US-GAAP sind nationale amerikanische Rechnungslegungsnormen, die von den rechtlichen, ökonomischen und auch kulturellen Rahmenbedingungen in den USA geprägt sind. Die IAS/IFRS sind dagegen dem Grundsatz nach allgemeiner gehalten und ermöglichen deshalb eine länderspezifische Auslegung (vgl. z. B. Coenenberg/Haller/Schultze, S. 55 ff.). Nicht zuletzt durch die EU-Entscheidung angetrieben, sind die beiden Standardisierungsvereinigungen International Accounting Standards Board (IASB) als Entwickler und Promotor der IAS/IFRS und das Financial Accounting Standards Board (FASB) für die US-GAAP im Oktober 2002 übereingekommen, sowohl bei der Entwicklung zukünftiger Rechnungslegungsstandards, als auch bei der Anpassung bestehender Standards eng zusammenzuarbeiten. Damit war ein wichtiger Schritt hin zu einem einheitlichen Regelwerk weltweiter Rechnungslegungsnormen getan.

Seit 1.1.2005 sind kapitalmarktorientierte Gesellschaften innerhalb der EU verpflichtet, ihre konsolidierten Abschlüsse (Konzernabschlüsse) nach IAS/IFRS aufzustellen. Für die Konzernabschlüsse von nicht-kapitalmarktorientierten Gesellschaften, d. h. Unternehmen, deren Wertpapiere nicht zum Handel in einem geregelten Markt zugelassen sind, werden den nationalen Gesetzgebern in der EU-Verordnung weite Umsetzungsmöglichkeiten eingeräumt. Deutsche Kapitalgesellschaften ohne

Börsennotierung dürfen im Konzernabschluss die IAS/IFRS verwenden. Dieses Wahlrecht ist in § 315a Abs. 3 HGB verankert.

Ebenso stellt die EU-Verordnung den Mitgliedstaaten frei, börsennotierten Unternehmen vorzuschreiben oder zu gestatten, den Jahresabschluss (Einzelabschluss) gemäß IAS/IFRS aufzustellen. Im Jahresabschluss ist für alle deutschen Kapitalgesellschaften das HGB anzuwenden. Sofern eine Kapitalgesellschaft den Jahresabschluss jedoch nach § 325 Abs. 1 HGB offenlegen muss, kann sie anstelle des HGB-Abschlusses einen IFRS-Abschluss veröffentlichen. Dieses Wahlrecht ergibt sich aus § 325 Abs. 2a HGB.

Einzelunternehmen und Personenhandelsgesellschaften sind in Deutschland verpflichtet, ihren Jahresabschluss nach dem HGB zu erstellen. Nur auf freiwilliger Basis ist die Erstellung eines IFRS-Abschlusses, zusätzlich zum HGB-Abschluss, möglich. Unternehmen können ihre Entscheidung somit unter Berücksichtigung der jeweiligen Interessen und der Belange der Bilanzadressaten selbst treffen.

Es gibt heute im Wesentlichen drei unterschiedliche Abschlüsse für deutsche Unternehmen:
- Einzelabschlüsse nach deutschem Handelsrecht,
- Konzernabschlüsse nach deutschem Handelsrecht und nach internationalen Standards,
- Steuerbilanzen für Zwecke der Einkommen-, Körperschaft- und Gewerbesteuer.

1.2 Immobilien-Rechnungslegungsnormen nach HGB

1.2.1 Adressaten der Rechnungslegung

Begreift man die Unternehmung als Koalition von Personen (erstmals vgl. Cyert/March, S. 26 f.), die mit der Unternehmung in unterschiedlicher Weise in Beziehung stehen, so lassen sich hierbei drei Gruppen unterscheiden (vgl. Küting, S. 11):
- finanzwirtschaftlich orientierte Gruppierungen (Anteilseigner, Gläubiger – vor allem Banken und die Finanzbehörden),
- leistungswirtschaftlich orientierte Gruppierungen (Kunden, Lieferanten, Belegschaft und konkurrierende Unternehmen) sowie
- Meinungsbildner (Finanzanalysten, Presse und Öffentlichkeit).

Jeder der Koalitionäre (Stakeholder) verfolgt zwar individuelle
- finanzielle Ziele (z. B. Erhalt bzw. Steigerung von Vermögen und Ertrag) und/oder
- nicht-finanzielle Ziele (z. B. Erhalt des Arbeitsplatzes oder einer Lieferbeziehung, Erzielen eines bestimmten Images, Erreichen und Festigen von Macht);

gemeinsam ist ihnen jedoch das Interesse, Informationen über das Erreichen der gesetzten monetären Unternehmensziele zu erhalten.

In managergeleiteten Unternehmen besteht ein Zustand der asymmetrischen Informationsverteilung, da die mit der Geschäftsführung Beauftragten (Agents) qualitativ und quantitativ bessere Informationen über die wirtschaftliche Lage des Unternehmens haben als die externen Eigen- und Fremdkapitalgeber (Principals). Zudem besteht die Gefahr, dass die Manager nach der Kapitalüberlassung nicht mehr im Interesse der Kapitalgeber handeln (vgl. z. B. Franke/Hax, S. 411 f.).

Die Werte von Immobilien interessieren den externen Bilanzleser vor allem zu folgenden drei Anlässen:

- Kreditwürdigkeitsprüfungen,
- Unternehmensverkäufe,
- Aktienbewertungen.

Bei grundpfandrechtlich gesicherten Krediten stellen Immobilien eine Sicherheit für den Darlehensgeber dar. Im Falle der Zahlungsunfähigkeit oder -unwilligkeit des Kreditnehmers fallen die Rechte an den Immobilien dem Darlehensgeber zu. Im Rahmen der Kreditvergabe und bei jeder Prolongation ist daher eine Immobilienbewertung bzw. Bewertungsüberprüfung unerlässlich.

Dagegen wird der Unternehmensverkäufer dann ein besonderes Interesse an der gesonderten Bewertung der Immobilien seines Unternehmens haben, wenn die Liegenschaften nur suboptimal genutzt werden; eine solche Situation liegt z. B. vor, wenn Produktions-, Handels- und Dienstleistungsunternehmen ihre Verwaltungseinheiten in zentralen Innenstadtlagen unterbringen, ohne dass dies – mangels Kundenverkehr – geschäftsnotwendig wäre.

1.2.2 Bestandteile der Rechnungslegung und deren Funktionen

Die Immobilien-Rechnungslegung bildet – sowohl bei „Property-Companies" als auch bei „Non-Property-Companies" – einen Teilbereich der handelsrechtlichen Rechnungslegung; letztere beruht auf der Finanzbuchführung eines Unternehmens.

Ihre Rechnungsgrößen sind:

- die Aufwendungen (periodisierte Ausgaben) und die Erträge (periodisierte Einnahmen) als Stromgrößen, die in der Gewinn- und Verlustrechnung vom vorherigen bis zum aktuellen Stichtag kumuliert werden und deren Saldo den Jahresüberschuss (Gewinn) oder Jahresfehlbetrag (Verlust) ergeben,
- das Vermögen und die Schulden als Bestandsgrößen, die sich stichtagsbezogen in der Bilanz niederschlagen und deren Saldo das Eigenkapital der Unternehmung bildet.

Bei Einzelkaufleuten und Personenhandelsgesellschaften (OHG, KG, GmbH & Co. KG) bilden die Bilanz und die Gewinn- und Verlustrechnung (GuV) den handelsrechtlichen Jahresabschluss (§ 242 Abs. 3 HGB), während Kapitalgesellschaften (AG, KGaA, GmbH) und bestimmte offene Handelsgesellschaften und Kommanditgesellschaften den handelsrechtlichen Jahresabschluss um einen Anhang erweitern müssen und zusätzlich die Pflicht zur Aufstellung eines Lageberichts haben (§ 264 Abs. 1 HGB i. V. m. § 264a Abs. 1 HGB). Der Anhang ist ein Berichtsinstrument innerhalb des Jahresabschlusses. Hier wird die Bilanz und GuV sowohl erläutert als auch ergänzt, es erfolgen zusätzliche Angaben zur Vermeidung von Fehlinterpretationen und über die Inanspruchnahme von Ausweiswahlrechten (vgl. z. B. Coenenberg/Haller/Schultze, S. 851 ff.). Der Lagebericht dagegen stellt ein eigenständiges Berichtsinstrument außerhalb des Jahresabschlusses dar. Hier sind der Geschäftsverlauf, dessen Ergebnis und die Lage der Kapitalgesellschaft nach deren tatsächlichen Verhältnissen abzubilden (§ 289 Abs. 1 Satz 1 HGB). Die Adressaten der Rechnungslegung sollen insbesondere durch Informationen über die Situation des Unternehmens innerhalb der Branche (z. B. Immobilieninvestmentmärkte, Vermietungsmärkte in den entsprechenden Regionen), über das unternehmensspezifische Risikomanagement einschließlich der bestehenden Chancen und Risiken sowie durch Angaben über den zukünftigen Geschäftsverlauf in die Lage versetzt werden, die voraussichtliche Entwicklung des Unternehmens in der Zukunft einschätzen zu können (vgl. z. B. Coenenberg/Haller/Schultze, S. 921 ff.).

Kapitalmarktorientierte Kapitalgesellschaften gemäß § 264d HGB, die nicht zur Aufstellung eines Konzernabschlusses verpflichtet sind, müssen des Weiteren den Jahresabschluss um eine Kapitalflussrechnung und einen Eigenkapitalspiegel erweitern; ein Wahlrecht dagegen besteht für die Segmentberichterstattung (§ 264 Abs. 1 Satz 2 HGB). Die Kapitalflussrechnung wurde als ein Instrument zur Bilanzanalyse entwickelt, um zusätzliche Informationen über die Finanzlage eines Unternehmens bereitzustellen. Mit der Kapitalflussrechnung werden Zahlungsströme transparent gemacht: Sie zeigen die Fähigkeit eines Unternehmens auf, aus der operativen Geschäftstätigkeit Geld zu erwirtschaften, das für Investitionen, für Auszahlungen an Eigen- und Fremdkapitalgeber und zur Erhöhung des Finanzmittelfonds bereit steht (vgl. z. B. Coenenberg/Haller/Schultze, S. 811 ff.). Der Eigenkapitalspiegel dagegen, auch Eigenkapitalveränderungsrechnung genannt, dient der Darstellung aller Eigenkapitalveränderungen inklusive Unternehmenserfolg innerhalb einer Rechnungsperiode (vgl. z. B. Coenenberg/Haller/Schultze, S. 594 ff.). Die Segmentberichterstattung hat zum Ziel, finanzielle Informationen zu einzelnen Teilbereichen des Unternehmens zu geben. Sie soll dem Rechnungslegungsadressaten ermöglichen, diversifizierte und globalisierte Unternehmen, deren heterogene Geschäftsbereiche erheblichen Risiko- und Erfolgsunterschieden ausgesetzt sind, differenziert beurteilen zu können (vgl. z. B. Coenenberg/Haller/Schultze, S. 894 ff.).

Bei Immobilienunternehmen ist eine Unterteilung nach operativen Geschäftsbereichen wie z. B. Investment (Bestand, Projektentwicklung) und Fonds (z. B. Spezialfonds, geschlossene Fonds), nach Nutzungsarten (z. B. Einzelhandel, Büro, Logistik, Wohnen) und/oder eine Abgrenzung nach geografischen Segmenten (z. B. Länder, Kontinente) üblich. Mit dem handelsrechtlichen Jahresabschluss insgesamt soll die wirtschaftliche Lage des rechnungslegenden Unternehmens gegenüber unternehmensexternen und -internen Adressaten abgebildet werden.

Darüber hinaus ist eine Kapitalgesellschaft, unter deren einheitlicher Leitung weitere Unternehmen stehen und an denen die Kapitalgesellschaft in bestimmter Form beteiligt ist, verpflichtet, einen Konzernabschluss sowie einen Konzernlagebericht aufzustellen (§ 290 Abs. 1 HGB). Der Konzernabschluss stellt die Zusammenfassung der Einzelabschlüsse der rechtlich selbständigen, wirtschaftlich jedoch von der übergeordneten Kapitalgesellschaft (Mutterunternehmen) beeinflussten Unternehmen (Tochtergesellschaften) dar. Seine Aufgabe besteht in einer reinen Informationsfunktion und zwar, ein den tatsächlichen Verhältnissen entsprechendes Bild der Vermögens-, Finanz- und Ertragslage der wirtschaftlich als geschlossene Einheit zu betrachtenden Gruppe zu vermitteln (vgl. z. B. Coenenberg/Haller/Schultze, S. 609 ff.).

Grundsätzlich ist der Jahresabschluss nach den Grundsätzen ordnungsmäßiger Buchführung aufzustellen (§ 243 Abs. 1 HGB). Für Kapitalgesellschaften regelt § 264 Abs. 2 HGB explizit, dass der Jahresabschluss unter Beachtung der Grundsätze ordnungsmäßiger Buchführung „ein den tatsächlichen Verhältnissen entsprechendes Bild der Vermögens-, Finanz- und Ertragslage“ zu vermitteln hat.

Die Generalnormen gewinnen vor allem dann an praktischer Bedeutung, wenn rechnungslegerische Ermessensspielräume bestimmte Entscheidungsbandbreiten zulassen (z. B. bei Rückstellungen), und wenn für die bilanzielle Abbildung besonderer Sachverhalte oder rechtlicher Konstruktionen keine speziellen Rechnungslegungsvorschriften zur Verfügung stehen (z. B. beim Leasing).

Die steuerliche Gewinnermittlung ist in diesem Kapitel nur von untergeordneter Bedeutung.

Im Vordergrund stehen die Fragen:

- Wie werden Immobilien in der Handelsbilanz ausgewiesen und bewertet?
- Welche Aussagefähigkeit kommt den Wertansätzen für Informationsempfänger zu?

1.2.3 Bilanzierungs- und Bewertungsgrundsätze

Die rechtlichen Grundlagen für Bilanzausweis und -bewertung von Immobilien finden sich im Dritten Buch des HGB. Diese grundsätzlich auf alle Vermögensgegen-

stände anzuwendenden Vorschriften werden nachfolgend in Bezug auf Immobilien erläutert. Dabei werden drei Schwerpunkte gesetzt:
- Zuordnung von Immobilien zum Anlage- oder Umlaufvermögen,
- Anschaffungs- oder Herstellungskosten als Immobilienbewertungsmaßstab sowie
- Abschreibungen und Zuschreibungen als Ausdruck von Wertveränderungen.

1.2.4 Zuordnung zum Anlage- oder Umlaufvermögen

Nach dem Vollständigkeitsgebot des § 246 Abs. 1 HGB hat der Jahresabschluss „sämtliche Vermögensgegenstände" zu enthalten, dazu zählen auch Immobilien.

Immobilien können sowohl dem Anlagevermögen als auch dem Umlaufvermögen zugeordnet werden.

Immobilien, die zur Eigennutzung oder Vermietung und damit „bestimmt sind, dauernd dem Geschäftsbetrieb zu dienen", gehören zum **Anlagevermögen** (§ 247 Abs. 2 HGB). Hier werden sie unter den „Sachanlagen" in der Position „Grundstücke, grundstücksgleiche Rechte und Bauten einschließlich der Bauten auf fremden Grundstücken" (§ 266 Abs. 2 HGB) ausgewiesen; für zukünftig eigengenutzte Immobilien, die sich noch in der Planungs- und Bauphase befinden, ist die Sachanlagen-Position „geleistete Anzahlungen und Anlagen im Bau" vorgesehen.

Grundstücke, die zu Zwecken der Entwicklung oder des Verkaufs gehalten werden, sind dem **Umlaufvermögen** zuzuordnen. Vorgesehen ist der Ausweis unter den „Vorräten"; für den Gliederungspunkt selbst existiert keine gesetzliche Definition, üblich ist „nicht abgerechnete Bauarbeiten/Bauleistungen" bzw. „Vorratsgrundstücke" (oder ähnliches).

Lediglich für **Wohnungsunternehmen** sieht der Gesetzgeber über § 330 HGB konkrete Gliederungsvorschriften im Rahmen der Verordnung über Formblätter für die Gliederung des Jahresabschlusses von Wohnungsunternehmen (FormblattVO) vor. Als Wohnungsunternehmen gelten Gesellschaften in Rechtsform der AG, KGaA, GmbH oder der eingetragenen Genossenschaft, deren Unternehmensgegenstand den Bau von Wohnungen, die Betreuung von Wohnungsbauten oder die Errichtung und Veräußerung von Eigenheimen, Kleinsiedlungen und Eigentumswohnungen umfasst (§ 1 Abs. 4 FormblattVO). Deren Aktiva bestehen zu einem überwiegenden Teil aus Immobilien und befinden sich zudem in den unterschiedlichen Phasen ihres Lebenszyklus (Planung, Bauvorbereitung, Bau, Nutzung, Verkauf). Tabelle 1 zeigt die wesentlichen Gliederungspunkte des Anlage- und Umlaufvermögens nach der FormblattVO.

Ein Vergleich der Gliederungen nach FormblattVO und HGB zeigt einen erheblichen Differenzierungsgrad sowohl in Bezug auf das Anlagevermögen, bei den Sachanlagen (II, Positionen 1 bis 5 und 9, FormblattVO) als auch in Bezug auf das Umlaufvermögen, bei den zum Verkauf bestimmten Grundstücken und anderen

Vorräten (I, Positionen 1 bis 4, FormblattVO) und bei den Forderungen und sonstigen Vermögensgegenständen (II, Positionen 1 bis 3, FormblattVO).

Die Zuordnung einer Immobilie zum Anlage- oder Umlaufvermögen ist besonders deshalb von Bedeutung, da hiervon der Umfang der notwendigen bzw. möglichen planmäßigen und außerplanmäßigen Abschreibungen abhängt (vgl. dazu Punkt G.1.2.6).

Tab. 1: Ausschnitt Bilanz-Gliederung von Wohnungsunternehmen nach der FormblattVO

A. Anlagevermögen	**B. Umlaufvermögen**
I. Immaterielle Vermögensgegenstände	I. Zum Verkauf bestimmte Grundstücke und andere Vorräte
II. Sachanlagen	1. Grundstücke und grundstücksgleiche Rechte ohne Bauten
1. Grundstücke und grundstücksgleiche Rechte mit Wohnbauten	2. Bauvorbereitungskosten
2. Grundstücke und grundstücksgleiche Rechte mit Geschäfts- und anderen Bauten	3. Grundstücke und grundstücksgleiche Rechte mit unfertigen Bauten
3. Grundstücke und grundstücksgleiche Rechte ohne Bauten	4. Grundstücke und grundstücksgleiche Rechte mit fertigen Bauten
4. Grundstücke mit Erbbaurechten Dritter	5. Unfertige Leistungen
5. Bauten auf fremden Grundstücken	6. Andere Vorräte
6. Technische Anlagen und Maschinen	7. Geleistete Anzahlungen
7. Andere Anlagen, Betriebs- und Geschäftsausstattung	II. Forderungen und sonstige Vermögensgegenstände
8. Anlagen im Bau	1. Forderungen aus Vermietung
9. Bauvorbereitungskosten	2. Forderungen aus Grundstücksverkäufen
10. Geleistete Anzahlungen	3. Forderungen aus Betreuungstätigkeit
III. Finanzanlagen	4. Forderungen aus anderen Lieferungen und Leistungen
	5. Forderungen gegen verbundene Unternehmen
	6. Forderungen gegen Unternehmen, – mit denen ein Beteiligungsverhältnis besteht
	7. Sonstige Vermögensgegenstände
	III. Wertpapiere
	IV. Flüssige Mittel und Bausparguthaben

1.2.5 Anschaffungs- oder Herstellungskosten

Auch für Immobilien gilt der Grundsatz der Bewertung zu Anschaffungs- oder Herstellungskosten; insofern gibt es keinen Unterschied zu anderen Vermögensgegenständen. Dazu heißt es in § 253 Abs. 1 Satz 1 HGB: „Vermögensgegenstände sind höchstens mit den Anschaffungs- oder Herstellungskosten, vermindert um Abschreibungen nach den Absätzen 3 bis 5 anzusetzen ...“.

Anschaffungskosten sind die Aufwendungen, die geleistet werden, um einen Vermögensgegenstand zu erwerben und ihn in einen betriebsbereiten Zustand zu versetzen, soweit sie diesem einzeln zugeordnet werden können (§ 255 Abs. 1 HGB).

Anschaffungskosten setzen sich demgemäß zusammen aus:
Anschaffungspreis,
vermindert um
Anschaffungspreisminderungen (z. B. Rabatte, Skonti),
zuzüglich
Anschaffungsnebenkosten (z. B. Gutachter-, Vermessungs-, Notariats- und Gerichtskosten, Grunderwerbsteuer, Maklergebühr) und
nachträglichen Anschaffungskosten (z. B. Erschließungsbeiträge, Abbruchkosten).

Herstellungskosten sind die Aufwendungen, die durch den Verbrauch von Gütern und die Inanspruchnahme von Diensten für die Herstellung eines Vermögensgegenstands, seine Erweiterung oder für eine über seinen ursprünglichen Zustand hinausgehende wesentliche Verbesserung entstehen (§ 255 Abs. 2 HGB). Pflichtbestandteile der Herstellungskosten nach HGB sind:
- Materialeinzelkosten (z. B. Bauteile, Baustoffe, technische Anlagen des Bauwerks),
- Fertigungseinzelkosten (z. B. Löhne, Architekten- und Ingenieurleistungen für Planung/Ausführung, Kosten der Baugenehmigung),
- Sondereinzelkosten der Fertigung (z. B. Gutachten von Sonderfachleuten, Kosten zur Beseitigung von Baumängeln),

sowie angemessene Teile
- der Materialgemeinkosten (z. B. Kosten für Beschaffung und Lagerung der Bauteile, -stoffe),
- der Fertigungsgemeinkosten (z. B. Baustellenkosten wie Transport-, Bewachungskosten, Sachversicherungen, Miete für Baumaschinen),
- des Werteverzehrs des Anlagevermögens, soweit dieser durch die Fertigung (Herstellung eines Bauwerks) veranlasst ist.

Wahlbestandteile der Herstellungskosten nach HGB sind insbesondere:
- Angemessene Teile der allgemeinen Verwaltungskosten,
- Zinsen für Fremdkapital, das zur Finanzierung der Herstellung eines Vermögensgegenstandes verwendet wird, soweit sie auf den Zeitraum der Herstellung entfallen (§ 255 Abs. 3 HGB).

1.2.6 Abschreibungen und Zuschreibungen

Planmäßige Abschreibungen werden nur auf das Anlagevermögen vorgenommen. Sie orientieren sich an der voraussichtlichen Nutzungsdauer des Vermögensgegenstandes (§ 253 Abs. 3 S. 1 HGB). Ist die Nutzungsdauer unbegrenzt, wie dies z. B. bei Grund und Boden und bei Wertpapieren der Fall ist, erfolgt keine planmäßige Abschreibung. Grundsätzlich zulässig sind die folgenden Abschreibungsmethoden:

- Zeitbedingte Abschreibungsverfahren:
  - Lineare Abschreibung,
  - Degressive Abschreibung,
  - Progressive Abschreibung (unter bestimmten Voraussetzungen);
- Leistungsbedingte Abschreibungsverfahren.

Da das Handelsrecht keine Anhaltspunkte über die betriebsgewöhnliche Nutzungsdauer von Vermögensgegenständen mit begrenzter Nutzungsdauer, wie z. B. von Gebäuden, bietet, erfolgt eine Orientierung an den relevanten steuerlichen Vorschriften. Das Einkommensteuergesetz schreibt hier – in Abhängigkeit von Nutzungsart, Betriebszugehörigkeit und Zeitpunkt des Bauantrags bzw. der Fertigstellung – Zeiträume von 33 bis 50 Jahre vor; Tabelle 2 gibt einen Überblick.

Tab. 2: Nutzungsdauer und planmäßige Abschreibung von Gebäuden nach § 7 Abs. 4 EStG

GEBÄUDE	Im Betriebsvermögen, nicht Wohnzwecken dienend und Bauantrag nach dem 31.03.1985	**33 Jahre (3 % p. a.)** § 7 Abs. 4 Satz 1 Nr. 1 EStG	
GEBÄUDE	Alle übrigen	Fertigstellung: vor dem 1.1.1925	**40 Jahre (2,5 % p. a.)** § 7 Abs. 4 Satz 1 Nr. 2b EStG
GEBÄUDE	Alle übrigen	Fertigstellung: nach dem 31.12.1924	**50 Jahre (2 % p. a.)** § 7 Abs. 4 Satz 1 Nr. 2a EStG

Ist die tatsächliche Nutzungsdauer eines Gebäudes geringer, so dient diese zur Ermittlung der Abschreibungsbeträge (§ 7 Abs. 4 Satz 2 EStG).

Außerplanmäßige Abschreibungen (§ 253 Abs. 3 S. 3 HGB) sind zwingend vorzunehmen, wenn bei einem Vermögensgegenstand des Anlagevermögens eine voraussichtlich dauernde Wertminderung eintritt, die sonst nicht erfasst würde. Eine dauernde Wertminderung bedeutet, dass der Wert des Vermögensgegenstandes voraussichtlich während eines erheblichen Teils der weiteren Nutzungsdauer (länger als 50 % der Restnutzungsdauer) unter dem planmäßigen Restbuchwert liegt (vgl. z. B. Coenenberg/Haller/Schultze, S. 162 ff.). Der Buchwert des Vermögensgegenstandes muss dann auf den niedrigeren Wert am Abschlussstichtag reduziert werden (gemildertes Niederstwertprinzip); dies ist z. B. bei einer nachhaltigen Kontamination der Fall, wenn eine Sanierung nicht zur Wiederherstellung des ursprünglichen Buchwertes führt. Das Institut der Wirtschaftsprüfer hat in einer in 2002 veröffentlichten Stellungnahme des Wohnungswirtschaftlichen Fachausschusses zur Rechnungslegung (IDW RS WFA 1) u. a. für die Frage, wann eine Wertminderung von Wohnimmobilien infolge strukturellen Leerstands voraussichtlich dauerhaft sei, den Prognosezeitraum mit größer fünf Jahren angegeben.

Dagegen nur steuerrechtlich zulässige Abschreibungen sind:
- Sonderabschreibungen, die zusätzlich zur Normal-AfA (Absetzung für Abnutzung, Gebäudeabschreibung, siehe Tabelle 2) vom Steuergesetzgeber gewährt werden (z. B. § 7 g EStG zur Förderung kleiner und mittlerer Betriebe),
- Erhöhte Absetzungen, die anstelle der Normal-AfA gewährt werden (z. B. § 7 h EStG bei Gebäuden in Sanierungsgebieten und städtebaulichen Entwicklungsbereichen, § 7i EStG bei Baudenkmalen),
- Bewertungsabschläge von den Anschaffungs- oder Herstellungskosten (z. B. § 6b EStG, sog. 6b-Rücklage, die das Übertragen stiller Reserven von veräußerten auf neu angeschaffte oder hergestellte Immobilien mit dem Ergebnis eines Steuerstundungseffekts erlauben).

Bei Vermögensgegenständen des Umlaufvermögens, wie z. B. zum Verkauf bestimmte fertige und unfertige Gebäude, wird davon ausgegangen, dass diese nur für kurze Zeit im Unternehmen verbleiben und eine planmäßige Abschreibung von daher nicht nötig ist. Der Gesetzgeber fordert jedoch die Abschreibung auf einen niedrigeren Marktpreis am Abschlussstichtag und zwar unabhängig davon, ob die zugrunde liegende Wertminderung dauerhaft ist oder nicht (strenges Niederstwertprinzip, § 253 Abs. 4 S. 1 HGB).

Bei Wegfall des Grundes für außerplanmäßige Abschreibungen des Anlagevermögens und Abschreibungen des Umlaufvermögens müssen nach § 253 Abs. 5 S. 1 HGB **Zuschreibungen** vorgenommen werden, maximal bis zu den fortgeführten Anschaffungs- oder Herstellungskosten.

Zusammenfassend ist davon auszugehen, dass die Bewertungswahlrechte und faktischen Ermessensspielräume hinsichtlich
- der Bemessung der Anschaffungs- oder Herstellungskosten,
- der Wahl der Abschreibungsmethoden,
- des Ansatzes von Nutzungsdauern,
- sowie der Vornahme und Bemessung von außerplanmäßigen Abschreibungen

der Bilanzpolitik unterliegen und die ausgewiesenen Buchwerte von Immobilien damit nach oben bzw. unten verzerrt sein können (vgl. Schulte, 1986, S. 128, 405 ff.).

Kapitalgesellschaften müssen nach § 284 HGB über die angewandten Bilanzierungs- und Bewertungsmethoden sowie Stetigkeitsdurchbrechungen im Anhang berichten, ebenso über außerplanmäßige Abschreibungen (§ 277 Abs. 3 HGB).

1.2.7 Aussagefähigkeit der Wertansätze

Bei der Bewertung von Aktien gewinnt das Immobilienvermögen zunehmend an Bedeutung, da Immobilien den inneren Wert – oder auch Net Asset Value (NAV) – einer Aktiengesellschaft maßgeblich beeinflussen und damit für die Ermittlung des fairen Aktienkurses relevant sind.

Die veröffentlichten Jahresabschlussdaten lassen sich jedoch aus mehreren Gründen nicht zur Analyse des Immobilienbestandes verwenden. Zum einen sind Grund und Boden sowie aufstehende Gebäude nach § 266 Abs. 2 HGB in einer Bilanzposition auszuweisen – je nach Zweckbestimmung im Anlage- oder Umlaufvermögen. Die Aufteilung in die beiden Komponenten ist für den Bilanzleser jedoch nicht erkennbar. Zum anderen wird bei Immobilien des Anlagevermögens aufgrund der planmäßigen Abschreibungen auf Gebäude stets ein abnehmender Wert in der Bilanz ausgewiesen, wie aus Abbildung 1 hervorgeht; dabei wird unterstellt, dass das Gebäude linear abgeschrieben wird und seine tatsächliche Nutzungsdauer die Abschreibungsdauer übersteigt. Die tatsächliche Wertentwicklung einer Immobilie im Unternehmen dürfte dagegen in vielen Fällen den in Abbildung 2 dargestellten oder einen ähnlichen Verlauf nehmen.

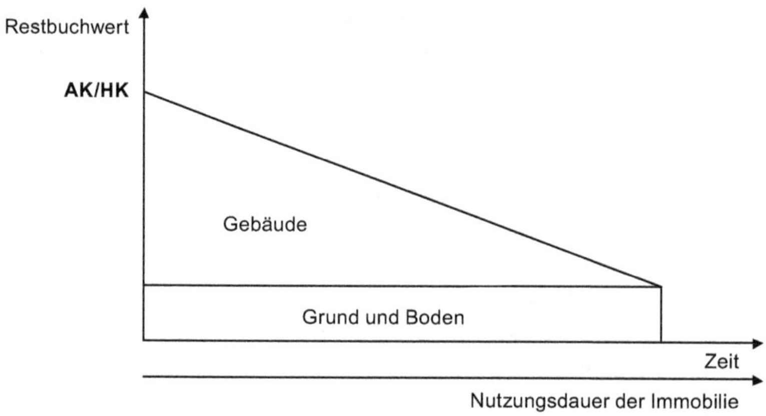

Abb. 1: Entwicklung des Buchwertes einer Immobilie im Anlagevermögen (Quelle: Eigene Darstellung)

Die Wertentwicklung einer Immobilie wird durch zwei, sich überlagernde Effekte geprägt:

- Grund und Boden unterliegen in der Regel einem kontinuierlichen Aufwertungsprozess; bedingt durch das Anschaffungs-/Herstellungskostenprinzip (§ 253 Abs. 1 Satz 1 HGB) entstehen damit stille Reserven.
- Auch Gebäude können bei einem konsequenten Instandhaltungsmanagement und gelegentlichen Renovierungen an Wert gewinnen.

Aufgrund der Kurzfristigkeit der geplanten Verwendung von im Umlaufvermögen erfassten Immobilien können stille Reserven dort nur vorübergehend bestehen.

Viele große Aktiengesellschaften (z. B. Deutsche Telekom, Siemens, ThyssenKrupp) verfügen nach wie vor im Anlagevermögen über einen erheblichen Bestand von Grundstücken und Gebäuden, die sie für ihr Kerngeschäft nicht mehr benötigen. Hier sind beträchtliche stille Reserven zu vermuten, die zur Steigerung des Shareholder Value durch aktives Corporate Real Estate Management eingesetzt werden können (vgl. dazu Kapitel F.2).

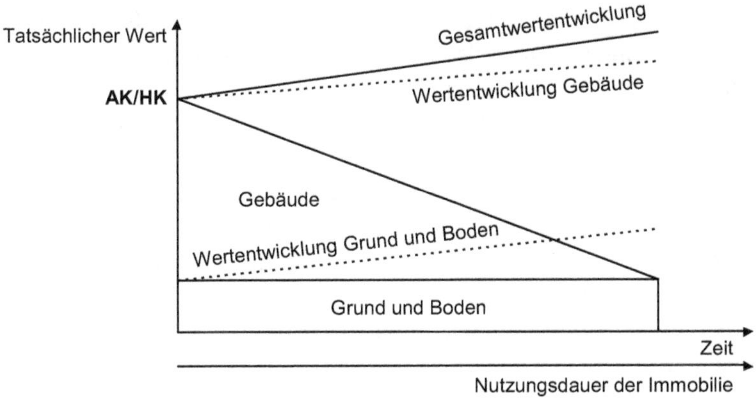

Abb. 2: Entwicklung des tatsächlichen Wertes und des Buchwertes einer Immobilie im Anlagevermögen (Quelle: Eigene Darstellung)

Trotz der seit mehr als einem Jahrzehnt anhaltenden, intensiv geführten Diskussion um mehr Transparenz gegenüber Anlegern, Investoren und Öffentlichkeit sind die deutschen Immobilien-Aktiengesellschaften nach wie vor zurückhaltend, im Rahmen der Geschäftsberichtserstattung Angaben über die Verkehrswerte ihrer Immobilien zu machen (Ausnahme z. B.: POLIS Immobilien AG, alstria office REIT-AG, IVG Immobilien AG).

Für die Institutionalisierung einer offenen Berichterstattung – insbesondere der kapitalmarktorientierten Immobilienunternehmen – treten neben der Deutschen Vereinigung für Finanzanalyse und Anlageberatung (DVFA) mit den entwickelten Bewertungsstandards die Initiative Corporate Governance der deutschen Immobilienwirtschaft mit ihrem Branchenkodex und – auf europäischer Ebene – die European Public Real Estate Association (EPRA) mit ihren Best Practices Policy Recommendations aktiv ein. Gemeinsam ist ihren Empfehlungen u. a. die Forderung nach regelmäßiger Offenlegung der Fair Values auf der Basis von stichtagsbezogenen Marktwerten (Verkehrswerten).

1.3 Immobilien-Rechnungslegungsnormen nach IAS/IFRS

1.3.1 Zwecke und Bestandteile der Rechnungslegung

Als supranationale Normen entfalten die **IAS/IFRS** zunächst keine rechtsbindende Wirkung. Voraussetzung dafür ist vielmehr die Anerkennung durch nationale Regulierungsinstanzen bzw. die Übernahme der IAS/IFRS als verbindliche Standards in nationale Gesetzgebungssysteme. Ein Abschluss nach IAS/IFRS soll in erster Linie der Information von Investoren, aber auch von Arbeitnehmern, Kreditgebern, Lieferanten und Kunden dienen. Ein vollständiger Abschluss (Einzel- und Konzernabschluss) enthält nach IAS 1.10 die folgenden Bestandteile:

- Bilanz, d. h. einer Aufstellung von Vermögenswerten und Schulden am Abschlussstichtag,
- Gesamtergebnisrechnung, d. h. einer Aufstellung zur Ermittlung des Periodenerfolgs und des sonstigem Ergebnisses für das Geschäftsjahr,
- Eigenkapitalveränderungsrechnung, d. h. einer Aufstellung zur Ermittlung der Eigenkapitalveränderung für das Geshäftsjahr,
- Kapitalflussrechnung, d. h. einer Aufstellung zur Ermittlung des Cashflows für das Geschäftsjahr und
- Anhang, d. h. einer Darstellung der wesentlichen Rechnungslegungsmethoden sowie sonstige Erläuterungen.

Kapitalmarktorientierte Unternehmen sind des Weiteren nach IFRS 8.1 ff. zur Segmentberichterstattung verpflichtet und müssen gemäß IAS 33.1 f. zusätzlich das Ergebnis je Aktie (Earnings per Share) darstellen; deutsche Unternehmen ergänzen darüber hinaus ihren Abschluss um einen Lagebericht.

Die Form der IAS/IFRS-Standards ist in Anlehnung an das angloamerikanische Fallrecht ausgestaltet: Es besteht kein abgeschlossenes, aufeinander aufbauendes und nach dem Abstraktionsprinzip formuliertes Regelwerk wie das Dritte Buch des HGB. Fragen der Rechnungslegung werden fallweise in Standards geregelt, die chronologisch in der Reihenfolge ihres Erscheinens nummeriert werden und nicht zwingend aufeinander aufbauen. Das Rahmenkonzept, das die Grundzüge der IAS/IFRS-Rechnungslegung enthält, stellt die Basis für die Entwicklung neuer IAS/IFRS dar. Für die Bilanzierung von Immobilienvermögen besitzen die Standards IAS 2, IAS 11, IAS 16, IAS 40, IFRS 5 und IFRS 13 die größte Relevanz.

1.3.2 Bilanzierungs- und Bewertungsgrundsätze

Während in der Rechnungslegung nach HGB das Vorsichtsprinzip den Primärgrundsätzen zugerechnet wird und das HGB damit gläubigerschutzorientiert ist, steht nach IAS/IFRS die Vermittlung von investorenrelevanten Informationen im Vordergrund (vgl. Achleitner/Behr/Schäfer, S. 59 ff.). Dies führt zu unterschiedlichen Abbildungen von Geschäftsvorfällen im Abschluss nach HGB und IAS/IFRS. Charakteristisch für die Rechnungslegung nach IAS/IFRS sind die umfangreichen Anforderungen an die Erläuterung der Bilanzierung und Bewertung im Anhang (Notes) des Abschlusses. Insbesondere die Kriterien für die Immobilienklassifikation sowie die für die Verkehrswertermittlung herangezogenen Wertermittlungsverfahren sind im Anhang zu erläutern. Zudem sind umfangreiche Angaben zu den in der Gesamtergebnisrechnung verrechneten Beträgen erläuterungspflichtig. Dies gilt insbesondere dann, wenn eine Änderung des **beizulegenden Zeitwertes** (**Fair Value**) der Immobilien vorliegt.

Der beizulegende Zeitwert gemäß IFRS 13 („Fair Value Measurement") ist definiert als der Preis, den man in einer regulären Transaktion zwischen Marktteilnehmern am Bewertungsstichtag für den Verkauf eines Vermögenswertes erhalten oder für die Übertragung einer Verbindlichkeit zahlen würde, unabhängig von einer unternehmensspezifischen Veräußerungsabsicht und/oder -fähigkeit (Exit Price). Bei der Ermittlung des beizulegenden Zeitwertes eines nicht-finanziellen Vermögensgegenstands hat das Management dessen bestmögliche Nutzung durch die Marktteilnehmer anzunehmen (Konzept des highest and best use). Nach IFRS 13 stellt die zum Bewertungsstichtag bestehende Verwendung die bestmögliche Nutzung der Immobilie dar, es sei denn, dass aus dem Immobilienmarkt eine bessere Verwendung zu folgern ist (z. B. Umnutzung von nicht marktfähigen Büroflächen in Wohneinheiten, Ausschöpfen von vorhandenen Baureserven). Unterstellt werden weiterhin gewöhnlicher Geschäftsverkehr (z. B. Nichtbeachtung von Zwangsverwertungen) und sachkundige, ausreichend informierte, vertragswillige und voneinander unabhängige Marktteilnehmer.

Die vom IASB im Rahmen eines umfangreichen Reformpaketes im Mai 2011 publizierte IFRS 13 gilt für Geschäftsjahre ab 1. Januar 2013 und löst damit insbesondere die Definition des beizulegenden Zeitwertes für Sachanlagen nach IAS 16.6 und für als Finanzinvestition gehaltene Immobilien nach IAS 40.5 ab. Mit der Veröffentlichung des IFRS 13 erfolgte sowohl eine Bündelung und Präzisierung sowie Vereinheitlichung der Regelungen zur Ermittlung des beizulegenden Zeitwertes als auch eine Erweiterung der Offenlegungsregeln insbesondere in Hinblick auf verwendete Bewertungsverfahren und –parameter im Anhang. Hervorzuheben ist, dass es mit der Einführung des Konzepts des highest and best use im Rahmen der Ermittlung des beizulegenden Zeitwertes von Immobilien zum Angleich an das Grundkonzept der nationalen und internationalen Immobilienbewertungslehre kam, das den highest and best use – Ansatz grundsätzlich für jede Immobilie unterstellt. Die im IFRS 13 publizierte Fair Value Definition ist in ihren inhaltlichen Kernelementen (wenn auch nicht im Wortlaut) identisch mit den nationalen und internationalen Marktwertdefinitionen, wie z. B. der Verkehrswertdefinition gemäß § 194 BauGB oder der Marktwertdefinition (Definition of Market Value) der RICS oder des IVS. Hervorzuheben ist folgende, sehr wichtige Klarstellung im IFRS 13 in Bezug auf die Fair Value Definition bzw. die Ermittlung des Fair Value: Der Fair Value ist explizit als Nettokapitalwert definiert. Damit ist die Inkludierung von Erwerbsnebenkosten in den Fair Value ausdrücklich ausgeschlossen. Durch die vorgenannten Definitionen und Klarstellungen des IFRS 13 kann der Fair Value in Verbindung mit IAS 16 und IAS 40 in der Praxis mit dem Marktwert bzw. dem Verkehrswert gleichgesetzt werden (vgl. dazu Kapitel E.2).

1.3.3 Zuordnung zu Vermögenskategorien

Die Bilanzierung und Bewertung von Immobilien nach IAS/IFRS erfordert eine Klassifizierung der Immobilien als Vermögenswerte des Umlaufvermögens (IAS 2 – Vorräte, IFRS 5 – Zur Veräußerung gehaltene langfristige Vermögenswerte, IAS 11 – Fertigungsaufträge), des Betriebsvermögens (IAS 16 – Sachanlagen) oder des Finanzanlagevermögens (IAS 40 – Als Finanzinvestition gehaltene Immobilien).

1.3.4 Bilanzierung und Bewertung bei zum Verkauf bestimmten Immobilien

Besteht die gewöhnliche Geschäftstätigkeit einer Unternehmung in der Entwicklung und dem Verkauf von Immobilien, so ist für die Bilanzierung der Immobilien während und nach der Fertigstellungsphase IAS 2, Vorräte, maßgeblich. Diese Immobilien werden wie nach HGB im Umlaufvermögen bilanziert, da sie zur Veräußerung bestimmt sind. Zu den Anschaffungs- oder Herstellungskosten von solchen Immobilien gehören alle Kosten des Erwerbs, der Be- und Verarbeitung sowie sonstige Kosten, die angefallen sind, um die Immobilien in einen verkaufsfähigen Zustand zu versetzen (IAS 2.10 ff.).

Fremdkapitalzinsen, die direkt dem Erwerb, dem Bau oder der Herstellung eines qualifizierten Vermögenswertes zugerechnet werden können, sind in die Anschaffungs- oder Herstellungskosten einzubeziehen (IAS 2.17, 23.8). Immobilien gelten als „qualifizierte Vermögenswerte“ im Sinne der IAS 23.5 und 23.7.

Die Gewinnrealisierung aus zum Verkauf bestimmten Immobilien erfolgt bei Eigenheimen und Eigentumswohnungen wie im HGB nach dem Realisationsprinzip bei Fertigstellung und Verkauf (Completed-Contract Methode). Für stichtagsübergreifende langfristige Fertigungsaufträge ist allerdings nach IAS 11 die sogenannte Percentage-of-completion Methode zwingend anzuwenden. Diese Methode ermöglicht die Realisierung von kalkulatorischen Teilgewinnen während des Zeitraums der Herstellung, also vor dem Zeitpunkt des Übergangs von Rechten und Pflichten, der für die handelsrechtliche Bilanzierung von Bedeutung ist. Bei der Percentage-of-completion Methode werden Auftragskosten und Auftragserlöse (als Forderung gegen den Auftraggeber) entsprechend dem Leistungsfortschritt am Bilanzstichtag anteilig erfasst, was dazu führt, dass Erträge nicht erst bei Beendigung des Auftrags, sondern schon laufend während der Leistungserstellungsphase sukzessive gebucht werden (vgl. Pellens, B./Fülbier, R. U./Gassen, J./Sellhorn, T., S. 389 ff.).

Diese Methode ist für Objekt- und Projektgesellschaften, die größere bzw. langfristige Entwicklungsvorhaben für feste Auftraggeber abwickeln, von großer Bedeutung. Dies gilt insbesondere für Individualbauten bzw. komplexe Anlagen und Spezialimmobilien. Ein Beispiel hierfür ist die Hamburger Elbphilharmonie, mit deren Errichtung der Baukonzern HOCHTIEF beauftragt wurde. Das seit 2007 im Bau befindliche Konzerthaus wird nach aktuellem Planungsstand im Frühjahr 2017 eröffnen. Das Auftragsvolumen soll sich nunmehr auf 789 Mio. EUR belaufen. Für das Geschäftsjahr 2013 setzten sich die Umsatzerlöse in Höhe von 25,7 Mio. EUR zu 90 % aus langfristigen Fertigungsaufträgen zusammen (vgl. HOCHTIEF, Geschäftsbericht 2013, S. 160). Wäre das Realisationsprinzip anzuwenden, würden die Gewinne aus solchen Aufträgen erst zum Fertigstellungszeitpunkt ausgewiesen werden. Dies würde bei Bauunternehmen und Projektentwicklern massive Schwankungen der Gewinn- und Verlustrechnungen bewirken und die Aussagekraft der Ergebnisse im Mehrjahresvergleich erheblich beeinträchtigen (vgl. Achleitner/Behr/Schäfer, S. 167).

Unabdingbare Voraussetzung für die Anwendung der Percentage-of-completion Methode ist allerdings das Vorliegen eines zuverlässigen **Projektcontrollings**, denn für die Feststellung des Fertigstellungsgrades müssen zuverlässige Schätzungen vorliegen. Die folgende Tabelle 3 stellt die Anwendung der Methoden der Gewinnrealisierung systematisch dar:

Tab. 3: Anwendung unterschiedlicher Methoden der Gewinnrealisierung

	Percentege-of-completion method	**Completed contract method**
Individualbau von Gebäuden	✓	☐
Rückbau von Gebäuden	✓	☐
Bau von Infrastrukturmaßnahmen	✓	☐
Verkauf standarisierter Eigenheime bzw. Eigentumswohnungen (Vorratsbau von Bauträgern)	☐	✓
Verkauf standarisierter Objekte über standardisierter Verkaufskanäle (Auftragsbau von Bauträgern und Generalübernehmern)	☐	✓
Beratungsleistungen (baukaufmännische oder bautechnische Leistungen) nach HOAI bzw. BVO	✓	☐

Soll eine als Sachanlage gehaltene Immobilie veräußert werden, wird sie nicht mehr im Produktionsprozess eingesetzt. Bilanziell erfolgt eine Umgliederung der Immobilie vom Anlagevermögen in das Umlaufvermögen, als separate Kategorie der kurzfristigen Vermögenswerte, „Zur Veräußerung gehaltene Vermögenswerte". Der Buchwert der Immobilie ist nicht mehr durch die fortgesetzte Nutzung, sondern durch die konkreten Veräußerungspläne geprägt. Mit IFRS 5 sind für zur Veräußerung gehaltene Immobilien besondere Ausweis- und Bewertungsvorschriften gegeben. IFRS 5 betrifft nur langfristige Vermögenswerte, d. h. Sachanlagen und als Finanzinvestitionen gehaltene Immobilien. Als Vorräte eingestufte Immobilien zählen zu den kurzfristigen Vermögenswerten und unterliegen dieser Vorschrift damit nicht. Voraussetzungen für die Umklassifizierung in ein sog. asset held for sale sind gemäß IFRS 5.7 ff:

- Verfügbarkeit zum sofortigen Verkauf im gegenwärtigen Zustand,
- höchste Wahrscheinlichkeit eines Verkaufs,
- Verkauf grundsätzlich innerhalb von zwölf Monaten.

Da deren Nachweis oftmals schwierig ist, findet in der Praxis die Umgliederung innerhalb der Bilanz teils erst mit Vorlage eines notariell beurkundeten Kaufvertrags oder einer konkret gefassten Absichtserklärung (Letter of Intent) statt. Sind alle Voraussetzungen gem. IFRS 5 erfüllt, erfolgt die Bewertung der Immobilien grundsätzlich zum niedrigeren Wert aus Buchwert bzw. beizulegendem Zeitwert abzüglich Veräußerungskosten (IFRS 5.15). Eine Wertminderung ist als Aufwand zu erfassen (IFRS 5.20). Ab dem Zeitpunkt der Umgliederung werden die Vermögenswerte nicht mehr planmäßig abgeschrieben. Werden dagegen als Finanzinvestitionen gehaltene Immobilien, die zum Fair Value bewertet wurden, nach IFRS 5 umqualifiziert, erfolgt deren Bewertung weiterhin nach IAS 40 (IAS 40.76).

1.3.5 Bilanzierung und Bewertung bei betrieblich genutzten Immobilien

Handelt es sich um eine vom Eigentümer bzw. Unternehmen betrieblich genutzte Immobilie, die langfristig dazu bestimmt ist, in der Vermögenssphäre des Unternehmens zu verbleiben, so findet IAS 16, Sachanlagen, Anwendung.

Hiermit sind solche Immobilien gemeint, die zum Zwecke der Herstellung oder der Lieferung von Gütern bzw. der Erbringung von Dienstleistungen oder für Verwaltungszwecke genutzt werden. Auch Immobilien, die sich im Bau- bzw. Entwicklungsstadium befinden, werden nach IAS 16 bilanziert, wenn sie dazu bestimmt sind, im Rahmen der gewöhnlichen Geschäftstätigkeit durch das erstellende Unternehmen eigengenutzt zu werden.

Der erstmalige bilanzielle Ansatz dieser Immobilien nach IAS/IFRS erfolgt zu Anschaffungs- oder Herstellungskosten einschließlich der Erwerbsnebenkosten und abzüglich Anschaffungspreisminderungen. Nachträgliche Anschaffungs- oder Herstellungskosten sind dem Buchwert der Immobilie hinzuzurechnen, wenn es wahrscheinlich ist, dass diese Ausgaben künftig einen zusätzlichen Nutzenzufluss aus der Immobilie versprechen. Alle anderen nachträglichen Ausgaben sind in der Periode, in der sie anfallen, als Aufwand zu erfassen.

Die Ermittlung der Herstellungskosten für selbsterstellte Immobilien folgt denselben Grundsätzen wie beim Erwerb von Immobilien. Wenn ein Unternehmen ähnliche Vermögenswerte für den Verkauf im Rahmen seiner normalen Geschäftstätigkeit herstellt, sind die Herstellungskosten einer für die betriebliche Nutzung bestimmten Immobilie normalerweise dieselben wie die für die Entwicklung einer zu veräußernden Immobilie (IAS 2). Wie bei der Herstellung bzw. beim Bau von zum Verkauf bestimmten Immobilien sind die Fremdkapitalkosten, die direkt zuordenbar sind, als Teil der Herstellungskosten der Immobilie zu aktivieren (IAS 23.8).

Für die Folgebewertung eigengenutzter Immobilien besteht ein Wahlrecht zwischen dem **„Anschaffungskostenmodell (Cost model)“** und dem **„Neubewertungsmodell (Revaluation model)“**.

Nach dem Anschaffungskostenmodell ist eine Immobilie nach dem erstmaligen Ansatz als Vermögenswert zu ihren Anschaffungskosten oder Herstellungskosten abzüglich der kumulierten Abschreibungen und kumulierten Wertminderungsaufwendungen anzusetzen (IAS 16.30). Gem. IAS 16.43 sind Teile einer Sachanlage, deren Anschaffungswerte im Verhältnis zum Gesamtwert dieser Sachanlage bedeutsam sind, separat abzuschreiben (sog. Komponentenansatz). Die einzelnen Komponenten werden über ihre Nutzungsdauer abgeschrieben. Damit soll eine genauere Aufwandsverrechnung erreicht werden. Aus Gründen der Praktikabilität sollte die Aufteilung der Anschaffungskosten bzw. Herstellungskosten jedoch nur auf wertmäßig größere Komponenten mit deutlich abweichenden Nutzungsdauern erfolgen (z. B. Gebäudehülle (Stein massiv) 60 %, 40 Jahre Nutzungsdauer; Dach 20 %, 20 Jahre Nutzungsdauer; Fenster 20 %, 10 Jahre Nutzungsdauer).

Nach dem Neubewertungsmodell ist eine Immobilie nach dem erstmaligen Ansatz als Vermögenswert zu seinem, nach IFRS 13 zu ermittelnden beizulegenden Zeitwert (Fair Value) anzusetzen. Neubewertungen haben in hinreichender Regelmäßigkeit zu erfolgen, damit der Buchwert nicht wesentlich von dem Wert abweicht, der sich bei einer Bewertung mit dem beizulegenden Zeitwert am Bilanzstichtag ergeben würde (IAS 16.31). Die Häufigkeit der Neubewertungen hängt von den Bewegungen des beizulegenden Zeitwertes bzw. Verkehrswertes der Immobilie ab. Sind keine erheblichen Veränderungen des entsprechenden Immobilien-Teilmarktes zu verzeichnen und ändert sich der Verkehrswert nur geringfügig, so kann für Immobilien eine Neubewertung alle drei bis fünf Jahre ausreichend sein (IAS 16.34). Nach der Neubewertung werden die weiteren planmäßigen Abschreibungen vom aktuellen Fair Value vorgenommen, der über die restliche Nutzungsdauer verteilt wird.

Wird der Buchwert einer Immobilie aufgrund einer Neubewertung erhöht, so wird die Erhöhung im Eigenkapital innerhalb der Neubewertungsrücklage erfasst und ist damit nicht erfolgswirksam (IAS 16.39).

Die in Tabelle 4 dargestellte Bilanz zum Stichtag t_0 stellt die Ausgangssituation dar. Im Rahmen einer Neubewertung wird für das Grundstück zum Stichtag t_1 eine Wertsteigerung um 1.000 Geldeinheiten (GE) festgestellt. Dies führt zur Bildung einer Neubewertungsrücklage in dieser Höhe, die als Teil des Eigenkapitals auf der Passivseite bilanziert wird.

Tab. 4: Beispielbilanzen IAS 16, Grund und Boden

Bilanz zum Stichtag t_0			
Aktiva		Passiva	
Grundstücke	2.000	Gezeichnetes Kapital	1.000
Sonstige Aktiva	4.000	Fremdkapital	5.000
Summe	6.000	Summe	6.000
Bilanz zum Stichtag t_1			
Aktiva		Passiva	
Grundstücke	3.000	Gezeichnetes Kapital	1.000
		Neubewertungsrücklage	1.000
Sonstige Aktiva	4.000	Fremdkapital	5.000
Summe	7.000	Summe	7.000
Bilanz zum Stichtag t_2			
Aktiva		Passiva	
Grundstücke	1.500	Gezeichnetes Kapital	1.000
		Neubewertungsrücklage	0
		Jahresfehlbetrag	−500
Sonstige Aktiva	4.000	Fremdkapital	5.000
Summe	5.500	Summe	5.500

Wird der Buchwert einer Immobilie aufgrund einer Neubewertung vermindert, so wird die Abwertung als Aufwand erfasst (IAS 16.40). Dies wird durch die Bilanz zum Stichtag t_2 illustriert. Hier mindert sich annahmegemäß der Wert des Grundstückes auf 1.500 GE. Es ist zunächst eine erfolgsneutrale Verrechnung mit der zuvor gebildeten Neubewertungsrücklage notwendig, bevor die Position „Jahresfehlbetrag" gebildet wird.

Generell ist zu beachten, dass eine Neubewertung nicht nur einzelne ausgewählte Immobilien betreffen darf. Sie muss eine ganze Gruppe bzw. alle unter einer Bilanzposition (z. B. Grundstücke und Gebäude) erfassten Vermögensgegenstände umfassen. Die Neubewertungsrücklage im Eigenkapital kann direkt den Gewinnrücklagen zugeführt werden, sofern die Rücklage realisiert ist, d. h. wenn die Immobilie veräußert wird (IAS 16.41).

Die IAS/IFRS verpflichten dazu, den voraussichtlichen tatsächlichen Werteverzehr über Abschreibungen abzubilden. Dabei soll die Abschreibungsmethode dem Verbrauch des wirtschaftlichen Nutzens der Liegenschaft entsprechen (IAS 16.60 f.). Wie auch in der Rechnungslegung nach HGB sind Grundstücke und Gebäude als getrennte Vermögenswerte zu behandeln, auch wenn sie zusammen erworben wurden. Grundstücke haben eine unbegrenzte Nutzungsdauer und werden deshalb nicht planmäßig abgeschrieben. Gebäude haben eine begrenzte Nutzungsdauer und stellen daher abschreibungsfähige Vermögenswerte dar (IAS 16.58). Für die planmäßige Abschreibung kommt eine Vielzahl an Methoden in Betracht, um das Abschreibungsvolumen einer Immobilie systematisch über ihre Nutzungsdauer zu verteilen (IAS 16.62). Hierzu zählen die lineare Abschreibungsmethode, die geometrisch-degressive Methode (Buchwertabschreibung) und die leistungsabhängige Abschreibungsmethode. Die für einen Vermögenswert herangezogene Methode ist nach dem erwarteten wirtschaftlichen Nutzenverlauf auszuwählen und so lange beizubehalten, bis eine wesentliche Änderung im erwarteten Nutzenverlauf eintritt.

Die Nutzungsdauer ist dabei periodisch zu überprüfen. Sollten die Erwartungen erheblich von früheren Schätzungen abweichen, sind die Abschreibungsbeträge für die gegenwärtige Periode und für die Folgeperioden anzupassen.

Die folgende Tabelle 5 erfasst das Szenario einer Wertsteigerung eines Gebäudes und auch die abschreibungstechnische Berücksichtigung der Neubewertungsrücklage.

Die Bilanz zum Stichtag t_0 stellt wiederum die Ausgangssituation dar. Im Rahmen einer Neubewertung wird für das Gebäude zum Stichtag t_1 eine Wertsteigerung um 3.000 GE festgestellt. Dies führt zur Bildung einer Neubewertungsrücklage in dieser Höhe, die als Teil des Eigenkapitals auf der Passivseite bilanziert wird.

Der Wertverzehr des Gebäudes wird durch die planmäßige Abschreibung erfasst. In diesem Beispiel wird eine Restnutzungsdauer des Gebäudes von 25 Jahren unterstellt. Der Zeitwert des Gebäudes beträgt aktuell 5.000 GE, was einen jährlichen Abschreibungsbetrag von 200 GE (5.000/25) zur Folge hat. Dieser wird auch erfolgswirksam erfasst. Der jährliche Abschreibungsbetrag betrug 80 GE (4.000/50) bei einer Gesamtnutzungsdauer von 50 Jahren. In Höhe der Differenz muss nun die Auflösung der Neubewertungsrücklage erfolgen (200 – 80 = 120), dies entspricht auch 3.000/25. D. h., die Neubewertungsrücklage muss ebenfalls planmäßig über die Restnutzungsdauer des Gebäudes abgeschrieben werden.

Außerplanmäßige Abschreibungen erfolgen für betriebsnotwendige Immobilien gemäß IAS 36, Wertminderung von Vermögenswerten. Wird ein Indikator für eine solche außerplanmäßige Wertminderung identifiziert, muss erfolgswirksam auf den erzielbaren Betrag (recoverable amount) des Vermögenswertes abgeschrieben werden. Der erzielbare Betrag ist definiert als der höhere der beiden Beträge aus beizulegendem Zeitwert abzüglich der Verkaufskosten und Nutzungswert der Immobilie (IAS 36.18). Der erzielbare Betrag entspricht grundsätzlich dem zum Bilanzstichtag ermittelten Marktwert der Immobilie. Sind gegebenenfalls die Gründe für die außerplanmäßige Abschreibung an den folgenden Abschlussstichtagen entfallen, ist zwingend eine Wertaufholung bis zum neu festgestellten erzielbaren Betrag vorzunehmen. Dieser darf aber die fortgeführten Anschaffungs- oder Herstellungskosten, die sich ohne eine außerplanmäßige Abschreibung ergeben hätten, nicht übersteigen. Eine solche Zuschreibung findet durch die erfolgswirksame Buchung außerplanmäßiger Erträge statt.

Tab. 5: Beispielbilanzen IAS 16, Gebäude

Bilanz zum Stichtag t_0			
Aktiva		Passiva	
Gebäude	2.000	Gezeichnetes Kapital	1.000
Sonstige Aktiva	4.000	Fremdkapital	5.000
Summe	6.000	Summe	6.000
Bilanz zum Stichtag t_1			
Aktiva		Passiva	
Gebäude	5.000	Gezeichnetes Kapital	1.000
		Neubewertungsrücklage	3.000
Sonstige Aktiva	4.000	Fremdkapital	5.000
Summe	9.000	Summe	9.000
Bilanz zum Stichtag t_2			
Aktiva		Passiva	
Gebäude	4.800	Gezeichnetes Kapital	1.000
		Neubewertungsrücklage	2.880
		Gewinnvortrag	120
		Jahresfehlbetrag	−200
Sonstige Aktiva	4.000	Fremdkapital	5.000
Summe	8.800	Summe	8.800

1.3.6 Bilanzierung und Bewertung bei als Finanzinvestition gehaltenen Immobilien

Immobilien, die zur Erzielung von Mieteinnahmen und/oder zum Zwecke der Wertsteigerung gehalten werden, gelten als Finanzinvestition. Als Finanzinvestition gehaltene Immobilien erzeugen Cashflows, die weitgehend unabhängig von den anderen vom Unternehmen gehaltenen Vermögenswerten anfallen. Darin unterscheiden sich als Finanzinvestition gehaltene Immobilien von durch den Eigentümer selbst genutzten Immobilien.

Für solche Finanzinvestitionen bzw. Anlageimmobilien (Investment Property) gilt IAS 40. Dieser Standard ist nicht nur für Anlageimmobilien von Immobilienunternehmen, sondern für alle Unternehmen relevant.

Beispiele für als Finanzinvestition gehaltene Immobilien sind:

- Ein Grundstück, das langfristig zum Zwecke der Wertsteigerung, und nicht kurzfristig zum Verkauf im Rahmen der gewöhnlichen Geschäftstätigkeit gehalten wird.
- Ein Grundstück, das für eine gegenwärtig unbestimmte künftige Nutzung gehalten wird. (Legt ein Unternehmen nicht fest, ob das Grundstück zur Selbstnutzung oder kurzfristig zum Verkauf im Rahmen der gewöhnlichen Geschäftstätigkeit gehalten wird, ist das Grundstück als zum Zwecke der Wertsteigerung gehalten zu behandeln.)
- Ein Gebäude, welches sich im Eigentum des berichtenden Unternehmens befindet, für das Mietverhältnisse bestehen.
- Ein leer stehendes Gebäude, das zur Vermietung bestimmt ist.
- Immobilien, die für die künftige Nutzung als Finanzinvestition erstellt oder entwickelt werden (IAS 40.8).

Liegt ein Zugang und damit eine erstmalige Bewertung einer Immobilie vor, so ist diese dann als Vermögenswert zu bilanzieren, wenn

- es wahrscheinlich ist, dass dem Unternehmen der zukünftige wirtschaftliche Nutzen, der mit den als Finanzinvestition gehaltenen Immobilien verbunden ist, zufließen wird und
- die Anschaffungs- oder Herstellungskosten der als Finanzinvestition gehaltenen Immobilien zuverlässig bemessen werden können (IAS 40.16).

Als Finanzinvestition gehaltene Immobilien sind bei Zugang mit ihren Anschaffungs- oder Herstellungskosten zu bewerten. Die Transaktions- bzw. Erwerbsnebenkosten sind in die erstmalige Bewertung mit einzubeziehen. Wie beim Bau bzw. bei der Herstellung von zum Verkauf bestimmten Immobilien und bei der Herstellung von betrieblich genutzten Immobilien sind die direkt zuordenbaren Fremdkapitalkosten als Teil der Herstellungskosten der Immobilie zu aktivieren (IAS 23.8).

Nachträgliche Anschaffungskosten sind nur dann hinzuzurechnen, wenn über den ursprünglich kalkulierten wirtschaftlichen Nutzen hinaus wahrscheinlich ein zusätzlicher Nutzen geschaffen wird. Ist dies nicht der Fall, so sind die nachträglichen Ausgaben als Aufwand in der Periode zu erfassen, in der sie angefallen sind.

Für die Folgebewertung hat ein Unternehmen das Wahlrecht, die als Finanzinvestitionen gehaltenen Immobilien entweder nach dem Anschaffungskostenmodell (Cost model) oder nach dem Modell des beizulegenden Zeitwerts (Fair value model) zu bewerten (IAS 40.32 A).

Sofern sich ein Unternehmen nach der erstmaligen Einwertung in die Bilanz für das Anschaffungskostenmodell entscheidet, hat es seine gesamten als Finanzinvestitionen gehaltenen Immobilien nach den Vorschriften des IAS 16, Sachanlagen, für dieses Modell zu bewerten und auszuweisen, d. h. zu Anschaffungs- oder Herstellungskosten abzüglich der kumulierten Abschreibungen (IAS 40.56).

Generell wird empfohlen, den beizulegenden Zeitwert der Immobilie zu ermitteln und offenzulegen (IAS 40.32).

Entscheidet sich das Unternehmen nach der erstmaligen Einwertung in die Bilanz für die Bewertung nach dem Modell des beizulegenden Zeitwerts, so sind alle als Finanzinvestition gehaltenen Immobilien zum beizulegenden Zeitwert (IFRS 13) zu bewerten und auszuweisen. Im Unterschied zum Neubewertungsmodell gemäß IAS 16 ist ein Gewinn oder Verlust, der durch die Änderung des beizulegenden Zeitwertes der als Finanzinvestition gehaltenen Immobilie entsteht, im Jahresergebnis erfolgswirksam zu berücksichtigen (IAS 40.35). Dies kann erhebliche Auswirkungen auf die Ergebnisentwicklung haben, wie das Beispiel in Tabelle 6 anhand einer stark vereinfachten Gewinn- und Verlustrechnung (GuV) zeigt:

Tab. 6: Erfolgswirksame Verrechnung vom Wertänderungen

1.) GuV ohne Berücksichtigung von Zeitwertänderungen			**2.) GuV unter Berücksichtigung von Zeitwertänderungen**		
Umsatzerlöse	100		Umsatzerlöse	100	
Sonstige betriebliche Erträge	20		Sonstige betriebliche Erträge	20	
		120			120
Materialaufwand	−50		Materialaufwand	−50	
Personalaufwand	−50		Personalaufwand	−50	
		20			20
Abschreibungen	−50		Abschreibungen	−50	
					−30
			Erträge aus Zeitwertänderung	50	
Ergebnis der gewöhnlichen Geschäftstätigkeit		−30	Ergebnis der gewöhnlichen Geschäftstätigkeit		20

Im Ausgangsfall, der GuV 1 wird unterstellt, dass das Ergebnis der gewöhnlichen Geschäftstätigkeit eines Immobilienunternehmens in Höhe von 30 GE negativ ist. In GuV 2 wird unter sonst gleichen Bedingungen angenommen, dass durch erzielte Wertsteigerungen des Immobilienbestandes Erträge aus Zeitwertänderungen in Höhe von 50 GE gebucht werden. Dies hat zur Folge, dass sich das Ergebnis der gewöhnlichen Geschäftstätigkeit in Höhe von 20 GE positiv darstellt.

Durch die Möglichkeit einer Bewertung von als Finanzinvestition gehaltenen Immobilien zum beizulegenden Zeitwert wird der Vorstellung Rechnung getragen, dass Performancemaßstäbe eines professionellen Immobilienmanagements nicht ausschließlich Erträge aus der Vermietung und Verpachtung, sondern insbesondere auch (unrealisierte) Marktwertsteigerungen sind (vgl. Baumunk, S. 355).

Das Wahlrecht kann nur einheitlich für das gesamte vermietete und verpachtete Anlagevermögen ausgeübt werden. So weit sich ein Unternehmen entschieden hat, seine Anlageimmobilien zu Zeitwerten anzusetzen, ist es nur in außergewöhnlichen Fällen zulässig, einzelne Objekte mit den fortgeführten Anschaffungs- bzw. Herstellungskosten anzusetzen. Dies gilt insbesondere dann, wenn der Verkehrswert einer Immobilie nicht feststellbar ist.

Ein Wechsel zwischen beiden Bewertungsmodellen ist zulässig, wenn dadurch der Einblick in die Vermögens-, Finanz- und Ertragslage verbessert wird. Allerdings ist die einmal gewählte Methode auf alle Immobilien anzuwenden und auch in den Folgejahren beizubehalten.

1.4 Fazit

Die Rechnungslegungspraxis in Deutschland ist zunehmend von internationalen Standards und insbesondere von den IAS/IFRS geprägt. Das Prinzip der zutreffenden Darstellung der tatsächlichen Verhältnisse (True and fair view) wird dabei anstelle des Vorsichtsprinzips zum beherrschenden Maßstab. Dabei bietet IAS 40 im Unterschied zum deutschen Handelsgesetzbuch ausdrücklich bilanzpolitische Ermessensspielräume bei der Bewertung von Anlageimmobilien. Als Folge des Fair-Value-Modells entfällt die Möglichkeit der Bildung stiller Reserven. Zudem wird die Möglicheit eröffnet, bei Vorliegen positiver Marktentwicklungen ergebniswirksame Erhöhungen des Wertansatzes über die Anschaffungs- oder Herstellungskosten hinaus vorzunehmen. Als Konsequenz von IAS 40 werden die Periodenergebnisse stärkeren Schwankungen unterliegen. Informationen über die Ertragslage und damit auch über die Eigenkapitalsituation können verzerrt werden. Die mit der Bilanz verbundene Außendarstellung eines Immobilien-Unternehmens kann sich durch diese Abweichungen deutlich verändern. Es empfiehlt sich deshalb, die möglichen Auswirkungen internationaler Rechnungslegungsgrundsätze auf die Immobilienbewertung und Bilanzierung des eigenen Unternehmens rechtzeitig zu analysieren.

1.5 Literatur

Achleitner, A./Behr, G./Schäfer, D.: Internationale Rechnungslegung, 4. Aufl., München 2009.

Brönner, H. et al.: Die Bilanz nach Handels- und Steuerrecht – Einzel- und Konzernabschluss nach HGB und IFRS, 10. Aufl., Stuttgart 2011.

Baumunk, H. et al.: Die Bilanzierung von Immobilien nach International Accounting Standards, in: Grundstücksmarkt und Grundstückswert, Nr. 6, 2002, S. 354–361.

Coenenberg, A. G./Haller, A./Schultze, W.: Jahresabschluss und Jahresabschlussanalyse, 23. Aufl., Landsberg/Lech 2014.

Cyert, R. M./March, J. G.: Eine verhaltenswissenschaftliche Theorie der Unternehmung, 2. Aufl. (Deutsche Ausgabe herausgegeben vom Carnegie Bosch Institut, Originaltitel: A Behavioral Theory of the Firm, Englewood Cliffs (N.J.), übersetzt von Gerda Bernhardt und Siegfried Gagsch), Stuttgart 1995.

Franke, G./Hax, H.: Finanzwirtschaft des Unternehmens und Kapitalmarkt, 6. Aufl., Berlin, 2009.

IFRSC (Hrsg.): IAS 1 (überarbeitet 2007) Darstellung des Abschlusses, übernommen durch VO (EG) Nr. 1274/2008 vom 17.12.2008 (ABl. Nr. L 339, S. 3, 5), zuletzt geändert durch ÄndVO (EU) 301/2013 vom 27.3.2013 (ABl. Nr. L 90, S. 78).

IFRSC (Hrsg.): IAS 2 Vorräte, übernommen durch VO (EG) Nr. 1126/2008 vom 3.11.2008 (ABl. Nr. L 320, S. 1, 22), zuletzt geändert durch ÄndVO (EU) 1255/2012 vom 11.12.2012 (ABl. Nr. L 360, S. 78).

IFRSC (Hrsg.): IAS 11 Fertigungsaufträge, übernommen durch VO (EG) Nr. 1126/2008 vom 3.11.2008 (ABl. Nr. L 320, S. 1, 46), zuletzt geändert durch ÄndVO (EG) 1274/2008 vom 17.12.2008 (ABl. Nr. L 339, S. 3).

IFRSC (Hrsg.): IAS 16 Sachanlagen, übernommen durch VO (EG) Nr. 1126/2008 vom 3.11.2008 (ABl. Nr. L 320, S. 1, 72), zuletzt geändert durch ÄndVO (EU) 301/2013 vom 27.3.2013 (ABl. Nr. L 90, S. 78).

IFRSC (Hrsg.): IAS 23 Fremdkapitalkosten, übernommen durch VO (EG) Nr. 1260/2008 vom 10.12.2008 (ABl. Nr. L 338, S. 10, 12), zuletzt geändert durch ÄndVO (EG) 70/2009 vom 23.1.2009 (ABl. Nr. L 21, S. 16).

IFRSC (Hrsg.): IAS 33 Ergebnis je Aktie, übernommen durch VO (EG) Nr. 1126/2008 vom 3.11.2008 (ABl. Nr. L 320, S. 1, 195), zuletzt geändert durch ÄndVO (EU) 475/2012 vom 5.6.2012 (ABl. Nr. L 146, S. 1).

IFRSC (Hrsg.): IAS 36 Wertminderung von Vermögenswerten, übernommen durch VO (EG) Nr. 1126/2008 vom 3.11.2008 (ABl. Nr. L 320, S. 1, 215), zuletzt geändert durch ÄndVO (EU) 243/2010 vom 23.3.2010 (ABl. Nr. L 77, S. 33).

IFRSC (Hrsg.): IAS 40 Als Finanzinvestition gehaltene Immobilien, übernommen durch VO (EG) Nr. 1126/2008 vom 3.11.2008 (ABl. Nr. L 320, S. 1, 323), zuletzt geändert durch ÄndVO (EU) 1255/2012 vom 11.12.2012 (ABl. Nr. L 360, S. 78).

IFRSC (Hrsg.): IFRS 5 Zur Veräußerung gehaltene langfristige Vermögenswerte und aufgegebene Geschäftsbereiche, übernommen durch VO (EG) Nr. 1126/2008 vom 3.11.2008 (ABl. Nr. L 320, S. 1, 405; ber. ABl. 2010 Nr. L 29, S. 34), zuletzt geändert durch ÄndVO (EU) 1255/2012 vom 11.12.2012 (ABl. Nr. L 360, S. 78).

IFRSC (Hrsg.): IFRS 8 Geschäftssegmente, übernommen durch VO (EG) Nr. 1126/2008 vom 3.11.2008 (ABl. Nr. L 320, S. 1, 432; ber. ABl. 2010 Nr. L 29, S. 34), zuletzt geändert durch ÄndVO (EU) 1255/2012 vom 11.12.2012 (ABl. Nr. L 360, S. 78)

IFRSC (Hrsg.): IFRS 13 Bemessung des beizulegenden Zeitwerts, übernommen durch VO (EU) Nr. 1255/2012 vom 11. 12.2012 (ABl. Nr. L 360, S. 78, 87).

Küting, K. H.: Erhebliche Gestaltungsspielräume: Das Spannungsverhältnis zwischen Bilanzpolitik und Bilanzanalyse, in: BddW, 22. Juli 1996, S. 11.
Leffson, U.: Die Grundsätze ordnungsmäßiger Buchführung, 7. Aufl., Düsseldorf 1987.
Pellens, B./Fülbier, R. U./Gassen, J./Sellhorn, T.: Internationale Rechnungslegung, 8. Aufl., Stuttgart 2011.
Schulte, K.-W.: Bilanzpolitik und Publizitätsverhalten deutscher Aktiengesellschaften, Bergisch-Gladbach/Köln 1986.

Wolfgang Schäfers, Claudia Nebauer, Jessica Ruscheinsky

2 Immobilien-Controlling

Inhalt

2.1 Einleitung

Die Funktion des Controllings ergibt sich aus der Fragestellung, wie bei Anpassungen an eine zunehmende Umweltdynamik und -komplexität die Ausrichtung auf die Zielsetzungen der Unternehmung als Ganzes sichergestellt werden kann (vgl. Horváth (2006), S. 10; Reichmann (2001), S. 3). Aufgrund verschiedener Auffassungen existieren unterschiedlichste Konzeptionen über die Ziele und Funktionen des Controllings. Hinzu kommt, dass sich das Verständnis des Controllings in praktischer Hinsicht im Laufe der Zeit gewandelt hat. Gleichwohl definiert die herrschende Auffassung die Koordination als die zentrale Aufgabe des Controllings (vgl. Horváth (2006), S. 60).

In diesem Kontext begründet sich die Notwendigkeit von Immobilien-Controlling in den charakteristischen Besonderheiten, die eine Immobilie von anderen Wirtschaftsgütern unterscheidet. Beispielhaft kann hier das Investitionsvolumen herangezogen werden. Die besonders hohe Kapitalbindung bei direkten Immobilien-Investitionen erfordert eine sehr sorgfältige Überwachung und Steuerung sowohl der getätigten Investition als auch während der Bestandhaltung bis zu einem möglichen Verkauf oder Abriss bzw. Revitalisierung der Immobilie (vgl. Nebauer (2012), S. 37 ff.). Das große Investitionsvolumen sowie die Bedeutung der Kosten im Immobilienlebenszyklus bilden somit den Rahmen für die Entwicklung eines speziell angepassten Immobilien-Controlling-Systems.

Vor diesem Hintergrund ist ein ganzheitlicher Ansatz zur Planung, Kontrolle und Steuerung für die im Bestand befindlichen Immobilien-Investitionen erforderlich. Das so verstandene Immobilien-Controlling soll einerseits die Handlungsfähigkeit in einem dynamischen und komplexen Umfeld gewährleisten, als auch die Vorzüge der Anlageklasse ausschöpfen und somit die nachhaltige Fortentwicklung des Unternehmens gewährleisten. Im Folgenden werden die Grundlagen für eine Konzeption und ausgewählte Instrumente für ein Immobilien-Controlling-System erörtert.

2.2 Begriff und Funktion des Immobilien-Controllings

Um den Begriff Immobilien-Controlling abgrenzen zu können, wird zunächst das Controlling im Allgemeinen näher beleuchtet, um darauf aufbauend das Immobilien-Controlling herzuleiten und im nächsten Schritt die Anforderungen an eine tragfähige Controlling Konzeption einzugrenzen.

Das Verständnis des Controllings hat sich über die Zeit gewandelt. Zu Beginn handelte es sich um ein vergangenheitsorientiertes System, das Kennzahlen aufgelistet, aber keine Konsequenzen daraus abgeleitet hat (Vgl. Horváth (1995), S. 5; Serfling (1992), S. 11 ff.; Reichmann (2006), S. 1 ff).

Ein wettbewerbsintensiveres Umfeld durch eine steigenden Anzahl an zur Verfügung stehenden Produkten, mit zunehmender Dynamik, immer neuen Technologien und kürzeren Produktlebenszyklen stellt heute neue Anforderungen an die Qualität von Management und Controlling. Mit der ergebniszielorientierten Koordination als zentrale Aufgabe (vgl. Horváth (2006), S. 60) dient das Controlling der Versorgung der Unternehmensführung mit Informationen zur Sicherung und Erhaltung der Koordinations-, Reaktions- und Adaptionsfähigkeit (vgl. Horváth (2006), S. 132 ff.).

Horváth unterteilt die Koordination in zwei Aufgabenbereiche: einerseits die Tätigkeit des Koordinierens durch die Bildung aufeinander abgestimmter formaler Systeme in Form einer Gebilde- und Prozessstruktur und andererseits die systeminternen Abstimmungsprozesse (vgl. Horváth (2006), S. 108 f).

Mit einer zunehmend aktiven und strategisch orientierten Nutzung und Verwendung von Immobilien hat sich das Immobilienmanagement und damit auch das Immobilien-Controlling als ein führungsunterstützendes Subsystem etabliert. Die Aufgabe des Immobilien-Controllings besteht in der Unterstützung des Immobilienmanagements, um eine „(...) an den Unternehmenszielen orientierte Verwendung der Ressource Immobilie effektiv zu gewährleisten." (Schulte/Homann (1996), S. 329).

An dieser Stelle erscheint die Erwähnung der Unterscheidung zwischen sogenannten „Property-Companies", bei denen der primäre Geschäftszweck die Erbringung von immobilienspezifischen Leistungen als extern gerichtete Primär- bzw. Marktleistung für ihre Kunden darstellt und „Non-Property Companies", bei denen die immobilienspezifischen Leistungen als Sekundärleistung erbracht werden, um die primären Aufgaben der Unternehmen erfüllen zu können, von Bedeutung (vgl. Schäfers (1997), S. 16 f). Obwohl sich die Zielsysteme dieser Formen voneinander unterscheiden hat das Immobilien-Controlling in beiden Fällen die Aufgabe, entscheidungsrelevante Informationen über alle Lebenszyklusphasen der Immobilie hinweg mit Hilfe eines immobilienspezifischen Planungs-, Kontroll-, Steuerungs- und Koordinationssystems für das Immobilienmanagement bereitzustellen (vgl. Schulte/Homann (1996), S. 330).

Die zentralen Aufgaben des Immobilien-Controllings können mithin als die Sammlung entsprechender Informationen, ebenso die Kontrolle des Erfolges und die Steuerung zur planmäßigen Realisierung der Ziele in Immobilienunternehmen beschrieben werden. Grundsätzlich gilt, dass das Management die Entscheidungen trifft, während das Controlling die dafür nötigen Informationen liefert und die Zielerreichung koordiniert und kontrolliert. Als interner betriebswirtschaftlicher Berater aller Entscheidungsträger trägt der Controller zur Erhöhung der Wirtschaftlichkeit in Immobilienunternehmen bei (vgl. Homann (1999), S. 18 ff.).

Die Aufgabenabgrenzung zwischen dem Immobilienmanagement und dem Immobilien-Controlling ist dabei nicht trennscharf; vielmehr ist es eine ständige Zusammenarbeit im Sinne einer permanenten Abstimmung der Tätigkeiten notwendig, um Schnittstellen zwischen den Aufgabenbereichen zu koordinieren (vgl. Nebauer (2012), S. 45).

2.3 Konzeption eines Immobilien-Controlling-Systems

Wie im vorangegangenen Abschnitt hergeleitet dient das Immobilien-Controlling grundsätzlich dazu, die Handlungsfähigkeit des Unternehmens im Rahmen der Investition von Kapital in Immobilien sicherzustellen, mit dem übergeordneten Ziel, das Management zu unterstützen. Um nunmehr eine mögliche Konzeption eines Immobilien-Controllings aufzuzeigen, müssen zuvor die Anforderungen eines solchen Systems näher definiert werden.

Voraussetzungen für ein Immobilien-Controlling-System sind zum einen eine deutliche Aufgabenabgrenzung und -zuweisung zwischen den verschiedenen Bereichen eines Immobilienunternehmens sowie zum anderen eine klare Definition der Mitsprache und Entscheidungsrechte der beteiligten Mitarbeiter. Um die Funktionsfähigkeit der Kommunikation zwischen den Mitarbeitern sowohl innerhalb der einzelnen Aufgabenbereiche als auch zwischen den verschiedenen Aufgabenbereichen zu gewährleisten, sind auch die betreffenden Informationswege klar zu definieren. Dies gilt darüber hinaus auch für die Kommunikation zu den gewünschten Berichts- bzw. Hierarchieebenen (vgl. Horvath (1996), S. 118 f.).

Trotz dieser notwendigen klaren Abgrenzungen bzw. Regelungen ist es entscheidend, dass die einzelnen Bereiche des Immobilien-Controllings systematisch miteinander verknüpft sind, damit der erforderliche inhaltliche Austausch an den relevanten Schnittstellen stattfinden kann (vgl. Nebauer (2012), S. 48).

Des Weiteren sollte das Immobilien-Controlling-System so flexibel aufgebaut sein, dass es an die jeweiligen Rahmenbedingungen angepasst werden kann. Auch der Anspruch der inhaltlichen Ganzheitlichkeit ist von Bedeutung, sodass der gesamte Lebenszyklus der Immobilie umfasst wird.

Um einerseits der gewünschten Flexibilität des Controlling-Systems auf sich verändernde Gegebenheiten und andererseits dem Anspruch der inhaltlichen Vollständigkeit gerecht zu werden, empfiehlt sich ein modulartiger Aufbau des Immobilien-Controlling-Systems. Die Module bilden dabei die verschiedenen Inhalte des Immobilien-Controlling-Systems ab und können entsprechend der jeweiligen Rahmenbedingungen flexibel hinzugezogen und miteinander kombiniert werden. Die gewählten Module werden dann systemtechnisch miteinander verbunden, sodass die erforderlichen Verknüpfungen institutionalisiert sind. Der modulartige Aufbau sorgt zudem für eine gute Übersichtlichkeit des Systems, mit der Folge, dass die gesuchten Daten und Informationen schnell zur Verfügung stehen. Der Zeitfaktor, im Sinne einer schnellstmöglichen Entscheidung, kann bei einer Investition ein entscheidender Wettbewerbsvorteil sein und ist in Bezug auf die Vermeidung eines unnötigen Ressourcenverbrauchs von Bedeutung (vgl. Deisenrieder (2007), S. 268).

Die folgende Abbildung (siehe Abbildung 1) veranschaulicht die Konzeption des Immobilien-Controlling-Systems. Eine Aufteilung der Module in Basis- und Ergänzungsmodule ist die Grundform. Als Basismodule werden diejenigen Module bezeichnet, die das Immobilien-Controlling-System aller Immobilienunternehmen auf jeden Fall mindestens enthalten muss und die regelmäßig verwendet werden. Das System kann um Ergänzungsmodule erweitert werden, die in Abhängigkeit von den individuellen Rahmenbedingungen aktionsbedingt und lebenszyklusphasenbezogen in Betracht gezogen werden (vgl. Nebauer (2012), S. 48 f).

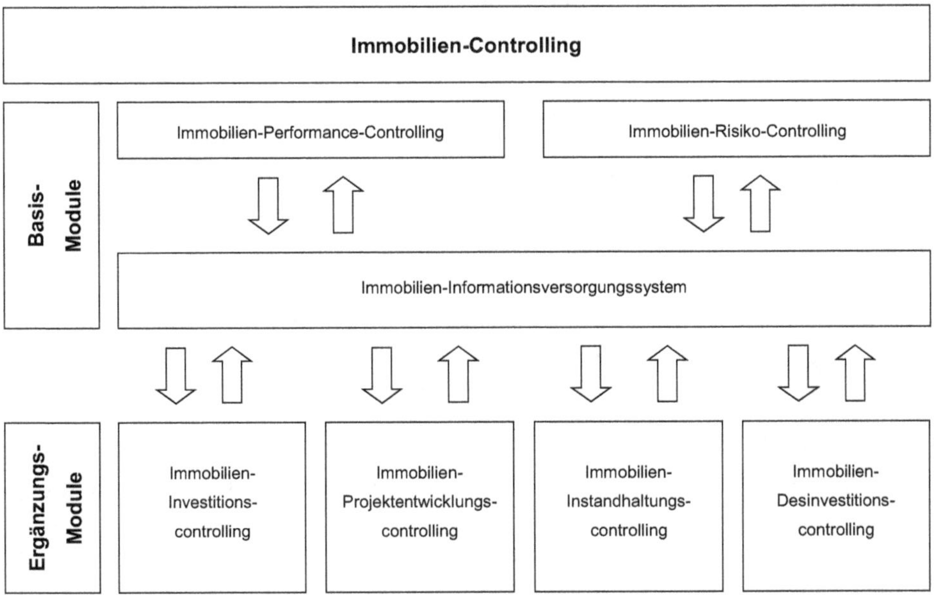

Abb. 1: Module eines Immobilien-Controlling-Systems (Quelle: Nebauer (2012), S. 50)

Wie in der Grafik verdeutlicht ist das Immobilien-Informationsversorgungssystem mit allen anderen Modulen verbunden und hat deswegen eine zentrale Stellung im System. Die Pfeile stellen dabei die Verknüpfung der Module über den Informationsfluss zwischen den Modulen dar. Daneben gibt es mit dem Immobilien-Performance-Controlling und dem Immobilien-Risiko-Controlling zwei weitere Basismodule.

Zu den Ergänzungsmodulen zählen das Immobilien-Investitionscontrolling sowie das Immobilien-Projektentwicklungscontrolling. Die Wichtigkeit des Immobilien- Instandhaltungscontrollings wird oft unterschätzt, jedoch haben die Instandhaltungskosten einen sehr großen Anteil an den gesamten Kosten einer Immobilie im Laufe ihres Lebenszyklus. Im Sinne der Ganzheitlichkeit ist ein weiteres Ergänzungsmodul das Immobilien-Desinvestitionscontrolling.

2.4 Ausgewählte Module eines Immobilien-Controlling-Systems

2.4.1 Immobilien-Informationsversorgungssystem

Das Immobilien-Informationsversorgungssystem ist die informatorische Grundlage aller Module des Immobilien-Controllings und deshalb das zentrale Basismodul im System. In Immobilien-Unternehmen liegen im Allgemeinen eine große Menge an objekt- und marktbezogene Daten vor, die für das Immobilen-Controlling erfasst werden können (vgl. Gesellschaft für Immobilienwirtschaftliche Forschung e. V. (2002), S. 46). Die Aufgaben bestehen in der Beschaffung, Speicherung, Verarbeitung, Aufbereitung und Übermittlung von Daten und Informationen, welche beim Informationsempfänger potentiell zu einer Erhöhung des Wissensstandes führen. Weiterführend beinhaltet es auch das anschließende Management und die Koordination der Daten.

Die Zusammenarbeit zwischen den einzelnen Modulen zum Austausch von Informationen ist essentiell um eine zentrale Datenverwaltung und Bereitstellung ohne unnötigen Ressourcenverbrauch zu garantieren und den Lerneffekt aus der Rückkoppelung nutzen zu können. Werden beispielsweise die Ursachen der Abweichungsanalysen im Rahmen der Überwachung gespeichert, kann ein wiederholtes Begehen ähnlicher Fehler vermieden und damit der Erfolg gesteigert werden (vgl. Nebauer (2012), S. 51).

Gerade in diesem Basismodul ist darauf zu achten, die richtige Datenbalance zu halten, denn auch zu viele Informationen können negative Auswirkungen haben, wie zum Beispiel den Verlust der Übersichtlichkeit. Daher ist es notwendig, das Informationsangebot stetig mit der Informationsnachfrage abzustimmen, sodass alle notwendigen Informationen zur Verfügung stehen wenn sie gebraucht werden.

Hierbei zu unterscheiden sind interne Informationen, wie aus dem eigenen Immobilienunternehmen, und externen Informationen, wie beispielsweise Berichte von Gutachterausschüssen oder Behörden. Die Informationsbeschaffung als notwendige Entscheidungsgrundlage schließt auch die fortlaufende Aktualisierung sowie die Prüfung der Daten auf Relevanz ein (vgl. Nebauer (2012), S. 52).

Von außerordentlichem Stellenwert ist die ordnungsgemäße Speicherung der Informationen für Kontroll-, Analyse- und Planungszwecke, da die Wiederbeschaffung verlorener Informationen unnötige Ressourcen bindet.

Um den Informationsempfängern als Entscheidungsgrundlage dienen zu können, sollten die Informationen empfängerorientiert aufbereitet und präsentiert werden. In Verbindung mit der Informationsaufbereitung steht das Berichtswesen, das ausgehend von den Daten alle formellen internen und externen Informationen umfasst, die den Verantwortlichen für die Erfüllung ihrer Aufgaben zur Verfügung gestellt werden (vgl. Diesenrieder (2013), S. 198).

Die notwendige lebenszyklusübergreifende Sichtweise einerseits und die Informationsbekundung und anschließende Entscheidungsmitteilung der einzelnen Module an das Informationsversorgungssystem andererseits, bilden die informatorische Grundlage für alle Module des Immobilien-Controllings (vgl. Nebauer (2012), S. 53). Deshalb ist es unabdingbar, die Anforderungen an das System und dessen Inhalte festzulegen, wie sie in der nachfolgenden Abbildung 2 aufgezeigt werden.

Anforderungen an das Immobilien-Informationsversorgungssystem	
Einheitlichkeit und Konsistenz	⇨ Gleich benannte Größen müssen den gleichen Inhalt besitzen
Richtigkeit und Verlässlichkeit	⇨ Gespeicherte Informationen müssen fehlerfrei sein
Zeitnähe und Aktualität	⇨ Informationen müssen rechtzeitig geliefert und aktuell gehalten werden
Problem- und Entscheidungsrelevanz	⇨ Informationen müssen zweckorientiert sein und zur Entscheidungsunterstützung beitragen
Überprüfbarkeit	⇨ Informationen müssen objektiv sein
Wirtschaftlichkeit	⇨ Der Nutzen der Informationen muss größer sein als die Kosten der Beschaffung
Genauigkeit	⇨ Detailliertheit bei gleichzeitiger Wahrung der Übersichtlichkeit
Zeitbezug	⇨ Notwendig sind Ist-, Soll-, Plan-, Prognose- und Vergangenheitsdaten

Abb. 2: Anforderungen an das Immobilien-Informationsversorgungssystem (Quelle: Vgl. Nebauer (2012), S. 54)

Der Aufbau eines Informationsversorgungssystems kann mehrere Formen haben. Entscheidend ist, dass die benötigten Informationen schnell gefiltert und dem Informationsempfänger zugänglich gemacht werden. Eine Möglichkeit wäre eine objektbezogene Gliederung mit den jeweiligen hierarchischen Nutzungsebenen – Objekt, Grundstück, Gebäude und Mieteinheiten. Als Folge dessen wäre beispielsweise eine konkrete Verrechnung von Kosten für Instandhaltungsmaßnahmen an die einzelnen Mieter möglich. Andere Varianten sind nach der Nutzungsart (Wohn-, Gewerbe- oder Spezialimmobilie) oder der Lebenszyklusphase (Planung, Entwicklung, Nutzung, Verwertung) zu unterscheiden.

Der modulare Aufbau des gesamten Immobilien-Controlling-Systems legt nahe, auch die Informationen den Modulen entsprechend zu gliedern und diese wiederum objektbezogen zu untergliedern. Übergreifend relevante Informationen können in einem allgemeinen Teil verwaltet werden, ebenfalls untergliedert nach den Objekten.

Selbstverständlich ist es möglich, dass die den einzelnen Modulen zugeordneten Informationen ebenfalls anderen Modulen zugeordnet werden könnten und es daher zu Überschneidungen kommen kann (vgl. Nebauer (2012), S. 55).

Die Abbildungen 3 und 4 stellen die wichtigsten Aufgaben und Informationen, die das Immobilien-Informationsversorgungssystem enthalten sollte, zusammen.

Das Informationsversorgungssystem erfüllt Aufgaben und hält Informationen für die einzelnen Module des Immobilien-Controllings bereit. Im Folgenden wird eine Übersicht darüber gegeben (vgl. Nebauer (2012), S. 59 ff.):

Immobilien-Informationsversorgungssystem für Immobilien-Performance-Controlling:

- Ziel- und bedarfsorientierte Erfassung, Berechnung und Speicherung von Soll-, Plan-, Ist- und Wird-Kennzahlen,
- Erfassung, Berechnung und Speicherung z. B. der Spitzenkennzahl „Total Return“ und der mit ihr verbundenen Kennzahlen-Pyramide auf Ebene einzelner Objekte sowie des Portfolios,
- Kontinuierliche Verbesserung der Kennzahlenpyramide/-systeme,
- Dokumentation der Verkehrswertermittlung (als Bemessungsgrundlage für die Performanceermittlung),
- Abweichungs- und Ursachenanalyse im Rahmen der Immobilien-Performance-Kontrolle,
- Entwicklung und Speicherung von Gegensteuerungsmaßnahmen.

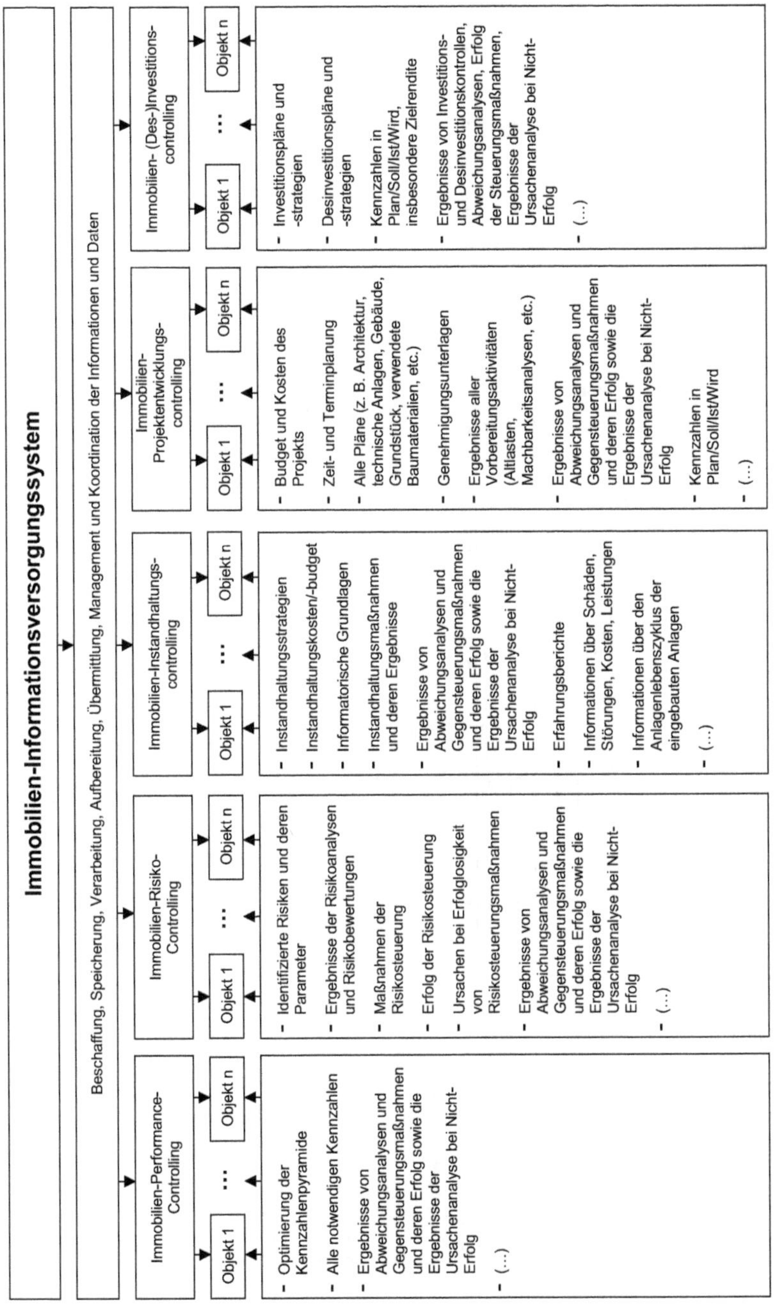

Abb. 3: Aufgaben und Inhalte des Immobilien-Informationsversorgungssystems – Teil I (Quelle: Nebauer (2012), S. 57)

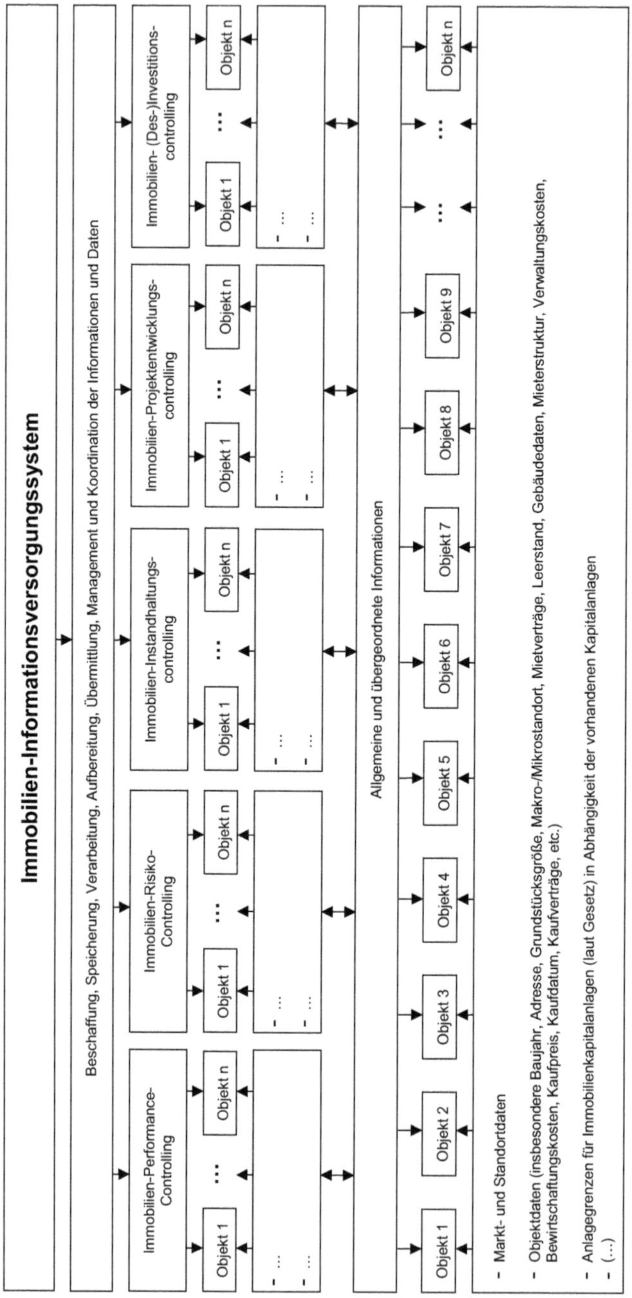

Abb. 4: Aufgaben und Inhalte des Immobilien-Informationsversorgungssystems – Teil II (Quelle: Nebauer (2012), S. 58)

Immobilien-Informationsversorgungssystem für Immobilien-Risiko-Controlling:
- Dokumentation der identifizierten Risiken und deren Eintrittswahrscheinlichkeit sowie der jeweiligen Schadenshöhe,
- Speicherung der Bewertung und Analyse,
- Dokumentation von Maßnahmen und deren Erfolg zur Steuerung der Risiken.

Immobilien-Informationsversorgungssystem für Immobilien-Instandhaltungscontrolling:
- Bereitstellung der informatorischen Grundlagen (z. B. Inspektions-, Wartungs- und Instandsetzungskosten),
- Speicherung von Erfahrungsberichten über Qualität verwendeter Baumaterialien, Abnutzungsverhalten, Instandsetzungsintervalle oder (Nicht)Eignung von Materialien zur Lieferung von Entscheidungsgrundlagen für zukünftige Projektenwicklungen,
- Instandhaltungsstrategien und -maßnahmen im Plan-, Soll-und Ist-Zustand und bezüglich Objekt, Zeit und Art,
- Budgethinterlegung und -verfolgung.

Immobilien-Informationsversorgungssystem für Immobilien-Projektentwicklungs-Controlling:
- Speicherung des Budgets und der Kosten im Plan-, Soll-, Wird- und Ist-Zustand,
- Termin und Zeitpläne von Beginn bis Fertigstellung eines Projektes,
- Sammeln und Speichern von Plänen, Dokumenten, Aufzeichnungen, technischen Anlagen, verwendeten Baumaterialen, Genehmigungsunterlagen, Altlastenuntersuchungen, Machbarkeitsstudien.

Immobilien-Informationsversorgungssystem für Immobilien-Investitionscontrolling und -Desinvestitionscontrolling:
- Dokumentation der Strategien und Pläne für Investitionen/Desinvestitionen,
- Speicherung von Abweichungsanalysen und deren Ursachenanalyse,
- Dokumentation des Erfolges von Steuerungsmaßnahmen,
- Ermittlung der Zielrendite (z. B. Total Return).

Ineinander übergreifend mit dem Immobilien-Informationsversorgungssystem ist das Berichtswesen. Es benötigt eine Vielzahl an Informationen die idealerweise im Immobilen-Informationsversorgungssystem vorhanden sind. Im idealen Fall muss das Berichtswesen nur das Basismodul Immobilien-Informationsversorgungssystem kontaktieren und nicht die einzelnen Module selbst, um die notwenigen Informationen zu erhalten, wodurch die Geschwindigkeit erhöht und kostenintensive Ressourcen eingespart werden können (vgl. Nebauer (2012), S. 61).

2.4.2 Immobilien-Performance-Controlling

Das zweite Basismodul, das Immobilien-Performance-Controlling (IPC) dient dazu, die vergangene und gegenwärtige Performance der Immobilien-Investitionen zu messen, um Rückschlüsse auf die Entwicklung der Performance ziehen und so die gegenwärtige Zielerfüllung beurteilen zu können. Darüber hinaus werden die Erfolgs- bzw. die Problemfaktoren, die zum gegenwärtigen Erfolg bzw. Misserfolg geführt haben, identifiziert. Das Vorliegen von Daten über die Entwicklung von der Vergangenheit in die Zukunft bestimmter Parameter liefert die Grundlage für zukünftige Planungen sowie die Identifizierung von zukünftigen Chancen und Potentialen, Risiken und Problemfeldern. Durch die Festlegung zukünftiger Ziele und Portfoliostrategien des Investors, so genannten Plan-Werten, kann die momentane und zukünftige Zielerreichung kontrolliert und bei Abweichungen gegebenenfalls mit zu entwickelnden Handlungsvorschlägen eingegriffen werden (vgl. Gesellschaft für Immobilienwirtschaftliche Forschung e. V. (2002), S. 40).

Das Immobilien-Performance-Controlling ist der Ausgangspunkt für Allokationsentscheidungen, dass marktliche und gesetzliche Anforderungen der Rechnungslegung erfüllt sowie die Maßnahmen des Immobilien-Risikomanagements effektiv organisiert werden (vgl. Gesellschaft für Immobilienwirtschaftliche Forschung e. V. (2002), S. 40).

Um diesen Aufgaben gerecht zu werden, stellt das Immobilien-Performance-Controlling einen besonderen Anspruch an die Aktualität, sowie an die Objektivität und die Bedarfsorientierung der Informationen.

Zu einem vollständigen Immobilien-Performance-Controlling gehört auch das Immobilien-Benchmarking, dessen Hauptanwendungsgebiet Erfolgs- und Wirtschaftlichkeitsanalysen in Form von unternehmensinternen und -externen Vergleichen sind (vgl. Nebauer (2012), S. 78).

Bevor der Aufbau dieses Moduls näher erläutert wird, werden zum besseren Verständnis die notwendigen theoretischen Grundlagen dargelegt. Das Immobilien-Performance-Controlling basiert auf Kennzahlen und Kennzahlensystemen.

Kennzahlen und Kennzahlensysteme

Kennzahlen sind Maßzahlen, die quantitativ erfassbare Informationen verdichten, damit sonst nicht erkennbare Abhängigkeiten verdeutlichen, Komplexität reduzieren und dem Empfänger übersichtlich Sachverhalte präsentieren (vgl. Reichmann/Lachnit (1976), S. 706 und Vollmuth (2000), S. 7 ff.). Darüber hinaus ermöglichen sie eine Betrachtung über einen längeren Zeitraum und bieten somit die Möglichkeit einer Trendanalyse und in Folge dessen eine Entscheidungsgrundlage für zukünftige Handlungen. Kennzahlen stellen dadurch die Grundlage eines jeden Controllingmodules in Form eines Plan-Ist- oder Soll-Ist-Vergleiches mit anschließender Abweichungsanalyse und der Erarbeitung bzw. Einleitung relevanter Steuerungsmaßnahmen dar (vgl. Form (2005), S. 72.). Wichtig ist, dass eine Kennzahl alleine in der Regel nur begrenzt aussagekräftig ist, weshalb sie in einem Kennzahlensystem zusammengeführt werden. Kennzahlensysteme sind eine Zusammenstellung von in einer sachlichen Beziehung zueinander stehenden, einander ergänzenden und insgesamt auf ein gemeinsames Ziel ausgerichteten Kennzahlen (vgl. Form (2005), S. 77; Reichmann (2006), S. 22).

Nicht zu vernachlässigen ist die Tatsache, dass durch die Aggregation und Verdichtung von einzelnen Werten zu Kennzahlen, Detailinformationen und Realitätsnähe verloren gehen, was zu Fehlentscheidungen führen kann (vgl. Diesenrieder (2013), S. 172).

Aus den bekannten Kennzahlensystemen werden die grundsätzlichen Anforderungen an den Aufbau eines Kennzahlensystems für das Immobilien-Performance-Controlling abgeleitet:
- Ausweis von finanzieller Kennzahlen und nicht-finanzieller Kennzahlen,
- Verwendung von aussagekräftigen Kennzahlen,
- Pyramidenartiger Aufbau der Kennzahlen,
- Besitz einer einzigen, klar definierten Spitzenkennzahl (z. B. Total Reutrn, NOI, NAV),
- Aufspaltung der Spitzenkennzahl in Ihre Bestandteile, sodass die Formulierung von „Etappenzielen" auf verschiedenen untergeordneten Ebenen möglich ist,
- Gewährleistung der Aktualität der Informationen, um zukünftige Erfolgspotentiale erkennbar zu machen (vgl. Nebauer (2012), S. 64 ff.).

Schließlich kann eine Kennzahlenpyramide sowohl die Vergangenheit, die Gegenwart als auch die Zukunft abbilden und somit Grundlage für Kontrolle, Planung und Steuerung der Performance von direkten Immobilien-Investitionen sein (vgl. Nebauer (2012), S. 68).

Performance und Performancemessung

Der Begriff Performance ist bisher weder in der Theorie noch in der Praxis einheitlich definiert, weshalb im Folgenden unter dem Begriff Performance die Rendite im Sinne des Total Returns der Immobilien-Investition zu verstehen ist. Damit ist die Messung des absoluten Anlageerfolges im Sinne eines Vermögenszuwachses der Immobilien-Investition möglich (vgl. Nebauer (2012), S. 70).

Als zentrale Aufgabe der Performancemessung wird die Quantifizierung des Erfolges einer Immobilien-Investition, sowie dessen Analyse und Kontrolle, angesehen (vgl. Wittrock (1996), S. 11; Kurzrock (2007), S. 50).

Der Total Return erfüllt die wesentliche Anforderung als Entscheidungsgrundlage für die Alternativen Halten, Verkaufen oder Investieren, da er auf dem derzeit erzielbaren Marktwert und der zukünftig auf dieses gebundene Kapital erzielbaren Rendite basiert (vgl. Gondring/Zoller/Dinauer (2003), S. 318). Des Weiteren spricht für die Verwendung des Total Returns, dass er sowohl vergangenheitsorientiert sein als auch durch Einsetzen von Plan-Werten zukunftsorientierte Daten liefern kann.

Des Weiteren definiert IPD den Total Return als wichtigste Kennzahl um die gesamte Investment-Performance verschiedener Assets über die Zeit hinweg zu messen. Er ist die prozentuale Wertveränderung plus die Netto-Einnahmens im Verhältnis zum eingesetzen Kapital (vgl. Investment Property Databank (2014), S. 12 ff.).

Je nach Zielsetzung und Möglichkeit der Einflussnahme auf Kapitalbewegungen der Unternehmung kann der Total Return bei intraperiodischen Kapitalzuflüssen und -abflüssen auf zwei Arten berechnet werden, nämlich als zeit- oder geldgewichtete Rendite. Finden keine intraperiodischen Kapitalflüsse statt, genügt es, eine diskrete oder stetige Rendite zu berechnen (vgl. Schulz (2008), S. 60 ff.). Der zeitgewichtete Total Return misst die marktbedingte Wertentwicklung des Portfolios. Der geldgewichtete Total Return bringt den Aspekt der Timing-Fähigkeit des Investors hinzu, was voraussetzt, dass der Manager die Fähigkeit besitzt den Zeitpunkt der Kapitalbewegungen zu beeinflussen (vgl. Poddig/Dichtl/Petersmeier (2008), S. 117 ff.).

Zeitgewichteter Total Return pro Monat:

$$TR_M = \frac{\sum_{i=1}^{n}\left(MW_{it} - MW_{i(t=1)} - GKA_{it} + GKE_{it} + NM_{it}\right)}{\sum_{i=1}^{n}\left(MW_{i(t=1)} + GKA_{it}\right)}$$

TR_M = Total Return pro Monat

MW_{it} = Marktwert des Grundstücks i im Monat t

$MW_{i(t-1)}$ = Marktwert des Grundstücks i im Vormonat

GKA_{it} = Gesamte Kapitalaufwendungen des Grundstücks i im Monat t (inkl. aller Zukäufe, Projektentwicklungen und sonst. Kapitalaufwendungen)

GKE_{it} = Gesamte Kapitaleinnahmen des Grundstücks i im Monat t (inkl. aller Verkäufe anderer Kapitaleinnahmen)

NM_{it} = Nettomieteinnahmen für das Grundstück i im Monat t

Dieser kann auf einen Total Return pro Jahr aggregiert werden:

$$TR_{J(z)} = \left[\prod_{t=1}^{12}\left(1 + TR_{Pt}\right)\right] - 1$$

TR_J = Total Return des Portfolios pro Jahr

TR_{Pt} = Total Return des Portfolios pro Monat t

Geldgewichteter Total Return pro Jahr:

$$TR_{J(g)} = \frac{\sum_{i=1}^{n}\left(MW_{it} - MW_{i(t=1)} - I_{it} - Z_{it} + V_{it} + NM_{it}\right)}{\sum_{i=1}^{n}\left(MW_{i(t=1)} + \frac{1}{2}I_{it} - \frac{1}{2}NM_{it} + \left(1 - \frac{X_Z}{12}\right)Z_{it} - \left(1 - \frac{X_V}{12}\right)MW_{i(t=1)}\right)}$$

mit zusätzlich:

I_{it} = Summe der Nettoinvestitionen des Grundstücks i zum Zeitpunkt t (Kapitalaufwendungen – Kapitaleinnahmen)

Z_{it} = Bruttokaufpreis des Grundstücks i zum Zeitpunkt t

V_{it} = Nettokaufpreis des Grundstücks i zum Zeitpunkt t

X_Z = Transaktionsmonat des Zukaufs

X_V = Transaktionsmonat des Verkaufs

Im Falle der Existenz von intraperiodischen Mittelzuflüssen und -abflüssen stellt sich die Frage, nach welchem Konzept die Spitzenkennzahl berechnet werden soll, da dies den Normalfall darstellt. Für die Verwendung der zeitgewichteten Rendite spricht, dass die Wertänderungen der Objekte ab dem Zeitpunkt der Wertermittlung auch unterjährig erfasst werden können (vgl. Thomas/Piazolo (2007), S. 214) und die Vergleichbarkeit zu anderen Kapitalmarktprodukten erhöht ist, da etablierte Dienstleister der Immobilienperformance-Messung (z. B. IPD) den zeitgewichteten Total Return berechnen. Gegen den zeitgewichteten Total Return spricht, dass zum Zeitpunkt jeder Mietzahlung, jeder Transaktion, sowie jeder Zahlung aufgrund von Modernisierung, Projektentwicklung usw., eine Bewertung des Immobilienbestandes durchzuführen wäre, was in der Praxis nicht realisierbar ist (vgl. Thomas (2002), S. 77).

Aufbau des Immobilien-Performance-Controllings

Der Total Return pro Jahr wird mithin als oberste Kennzahl in der Kennzahlenpyramide festgelegt und dient zur Steuerung einzelner Objekte. In den nächsten Ebenen werden die Kennzahlen für jeden Monat weiter in ihre Bestandteile zerlegt und damit eine detaillierte Analyse, sowie Planung, Kontrolle und Steuerung des Total Returns ermöglicht (vgl. Nebauer (2012), S. 80).

Dadurch entsteht schrittweise, wie Abbildung 5 zeigt, der Kennzahlenbaum des Immobilien-Performance-Controllings.

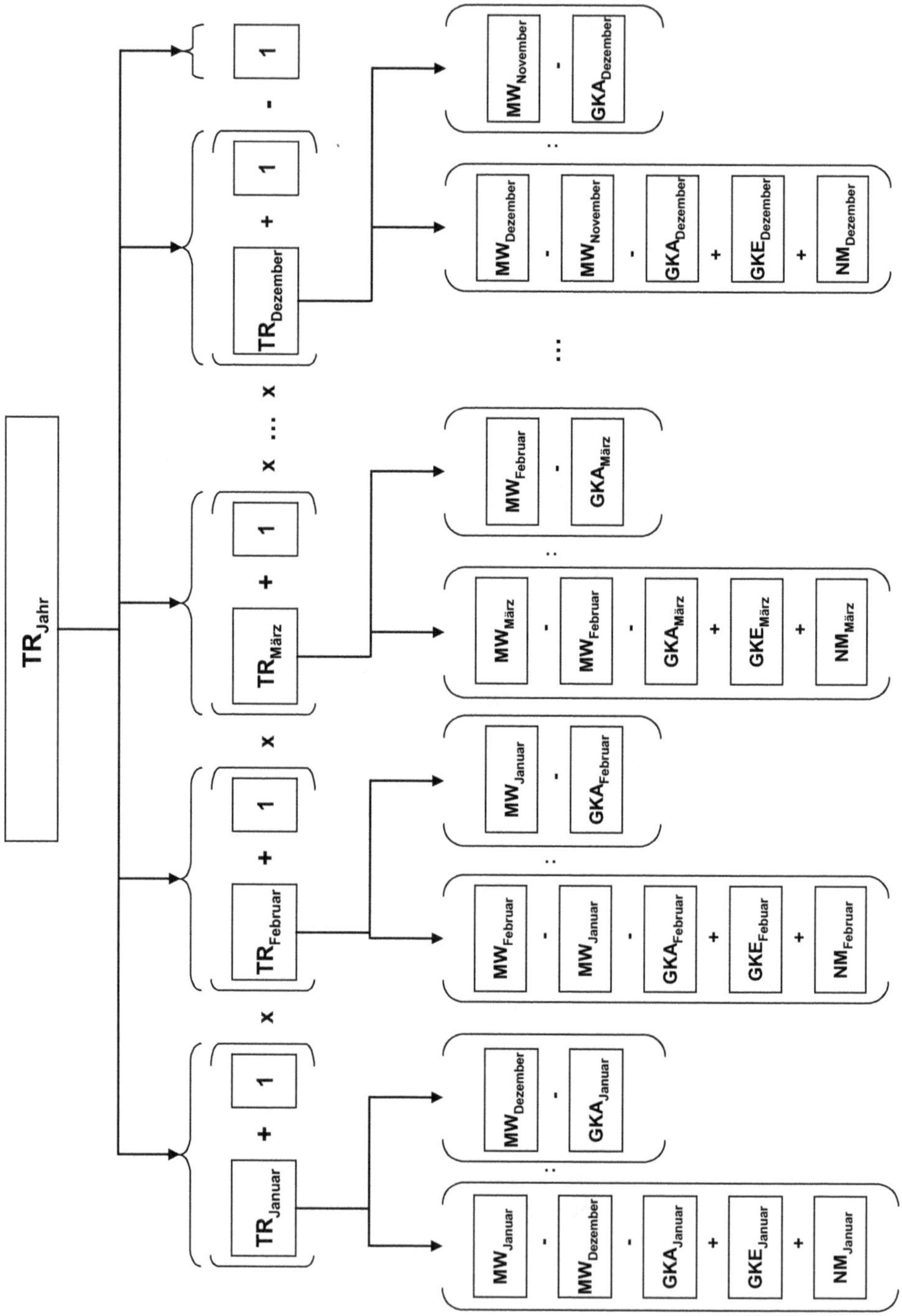

Abb. 5: Die ersten drei Ebenen der Total Return-Kennzahlenpyramide für ein einzelnes Objekt (Quelle: Nebauer (2012), S. 81)

Die Bestandteile des monatlichen Total Returns sind der Marktwert (MW), die gesamten Kapitalaufwendungen (GKA), die gesamten Kapitaleinnahmen (GKE) und die Nettomieteinnahmen (NM).

Der Markt- oder Verkehrswert wird gemäß § 194 BauGB „(...) durch den Preis bestimmt, der in dem Zeitpunkt, auf den sich die Ermittlung bezieht, im gewöhnlichen Geschäftsverkehr nach den rechtlichen Gegebenheiten und tatsächlichen Eigenschaften, der sonstigen Beschaffenheit und der Lage des Grundstücks oder des sonstigen Gegenstands der Wertermittlung ohne Rücksicht auf ungewöhnliche oder persönliche Verhältnisse zu erzielen wäre" (BauGB (2004), § 194). Zur Ermittlung des Verkehrswertes stehen das Vergleichswertverfahren, das Ertragswertverfahren oder das Sachwertverfahren zur Verfügung (ImmoWertV, (2008) § 8 (1)). Alternativ können nicht-normierte, internationale Bewertungsverfahren zur Ableitung des Marktwertes herangezogen werden. Der Verkehrswert wird dabei aus dem Ergebnis des herangezogenen Verfahrens unter besonderer Berücksichtigung von Zu- bzw. Abschlägen zur Marktanpassung und objektspezifischen Merkmalen hergeleitet.

Die gesamten Kapitalaufwendungen ergeben sich aus Aufwendungen für Instandsetzungen, Modernisierungen, Gebäudeerweiterungen, Gebäudeänderungen, den Kauf weiterer Teile des Gebäudes, Fremdkapitalzinsen und sonstigen Kapitalaufwendungen. Die gesamten Kapitaleinnahmen subsummieren alle Kapitaleinnahmen, wie beispielsweise die Einnahmen aus dem Verkauf von Gebäudeteilen und andere sonstige Kapitaleinnahmen (Kurzrock (2007), S. 53).

Ein Beispiel, welches den damit verbundenen weiteren Aufbau der Kennzahlenpyramide zeigt, sind die Nettomieteinnahmen (siehe Abbildung 6). Die Nettomieteinnahmen ergeben sich aus den Bruttomieteinnahmen abzüglich der nicht umgelegten Bewirtschaftungskosten, wie zum Beispiel Betriebs-, Instandhaltungs- und Verwaltungskosten.

Die Nettomieteinnahmen leisten mithin einen wesentlichen Beitrag zum Ergebnis einer Immobilien-Investition, weshalb deren Optimierung über das Immobilien-Controlling von besonderer Bedeutung ist. Es ist daher wichtig, die genauen Bestandteile zu definieren, um so mögliche Potentiale zur Erlössteigerung erkennen zu können. Beispielhaft kann durch die Erhöhung des Mietpreises bei Kenntnis der Marktlage oder der Erweiterung der Mietfläche, der Reduzierung des Leerstandes, der Sicherstellung der Mieteinnahmen durch die Auswahl solventer Mieter u.v.m die Nettomieteinnahmen und damit der Total Return optimiert werden (vgl. Kurzrock (2007), S. 127). Die Abbildung 7 zeigt wie eine Kennzahlenpyramide des Total Returns für ein einzelnes Objekt pro Monat aussehen kann.

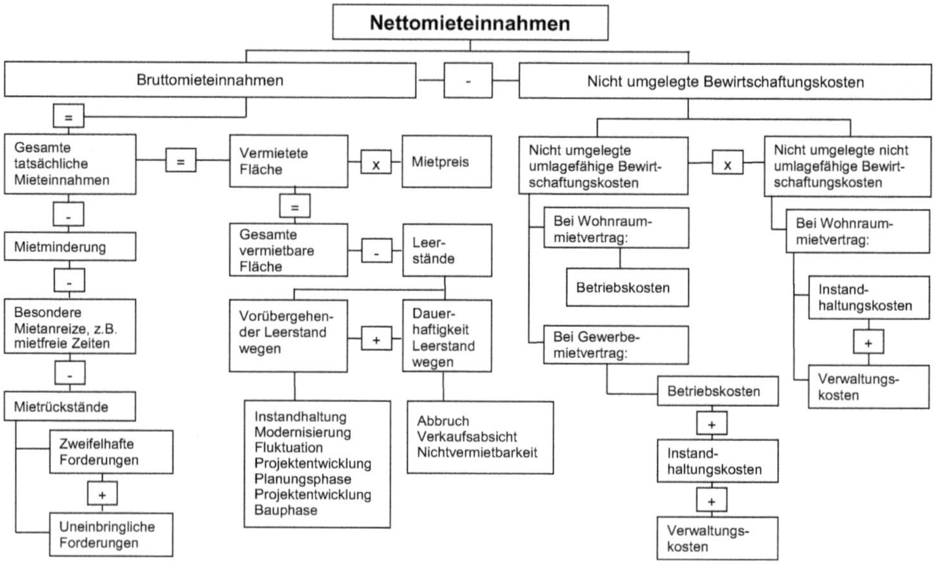

Abb. 6: Ausschnitt aus der Kennzahlenpyramide zur Ermittlung der Nettomieteinnahmen (Quelle: Nebauer (2012), S. 93)

Mit Hilfe des Kennzahlenbaumes können verschiedene Szenarien simuliert und die Veränderung einzelner Komponenten sichtbar gemacht werden. Dadurch ist zu erkennen, welche Veränderung bestimmte Parameter hervorrufen und auch, wie stark diese jeweils sind.

Durch das Einsetzen von Plan-, Ist-, Wird- und/oder Soll-Werten kann der Kennzahlenbaum sowohl zukunftsbezogen, stichtagsbezogen als auch rückblickend im Rahmen des Reportings, zur Schwachstellenanalyse oder zu Feedback- und Feedforward-Kontrolle verwendet werden (vgl. Nebauer (2012), S. 97 ff.). Das eben Beschriebene ist analog auf die Performance eines Immobilien-Portfolios übertragbar. Soll nun der Total Return des Portfolios pro Jahr näher analysiert und beeinflusst werden, muss schrittweise die entsprechenden Ebenen der Kennzahlenpyramide hinabgegangen werden, um die Einflussmöglichkeiten zu analysieren und zu bewerten.

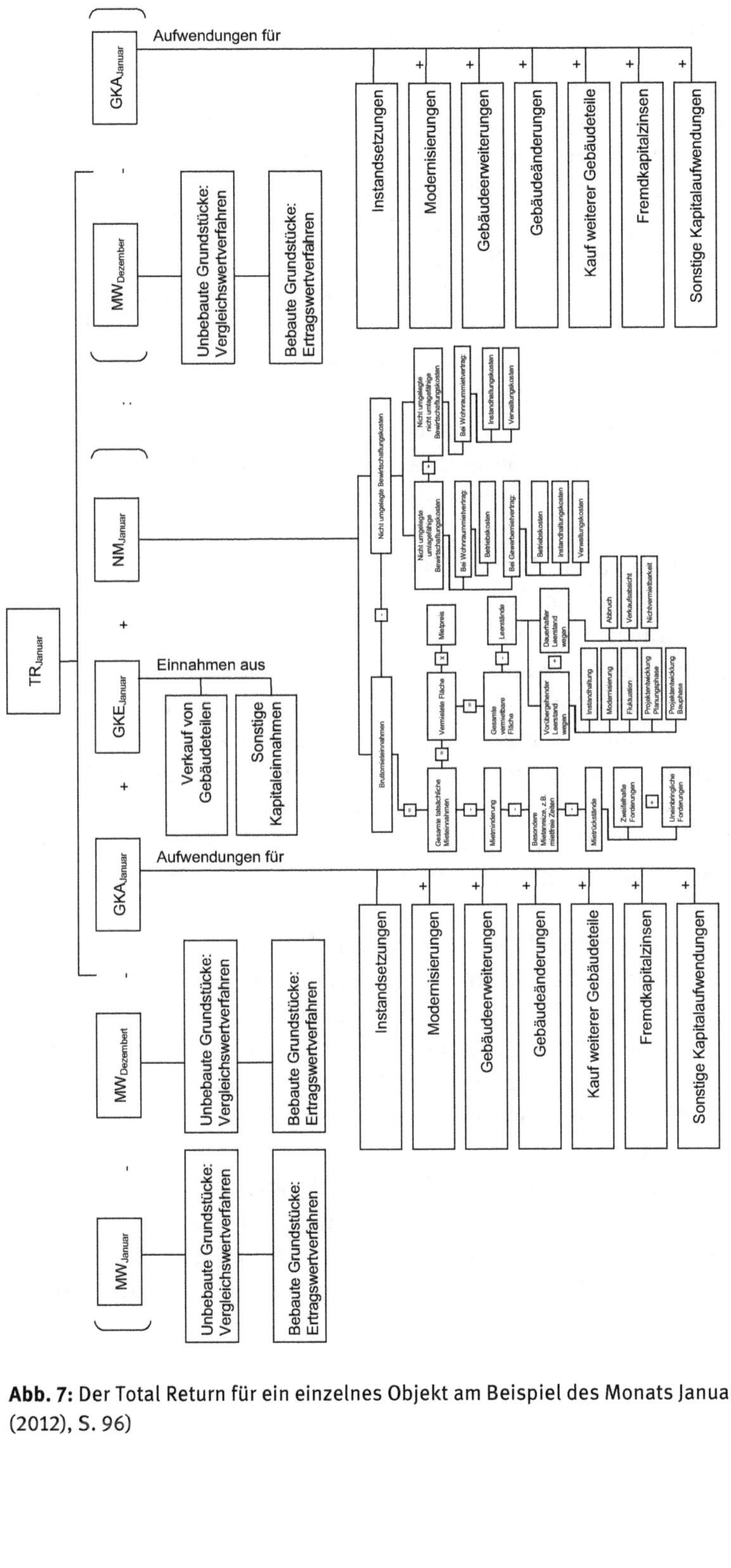

Abb. 7: Der Total Return für ein einzelnes Objekt am Beispiel des Monats Januar (Quelle: Nebauer (2012), S. 96)

2.4.3 Immobilien-Risiko-Controlling

Um ein angemessenes Risikomanagement gewährleisten zu können, ist ein entsprechendes Immobilien-Risiko-Controlling notwendig, welches Risiken im Immobilienbereich identifiziert, quantifiziert und steuert. Denn die Gefährdung im Umgang mit Risiken geht von der darin enthaltenen Unsicherheit aus, welche durch ein adäquates Risiko-Controlling eingegrenzt werden kann (vgl. Gesellschaft für Immobilienwirtschaftliche Forschung e. V. (2011), S. 10).

Da ein Risikomanagement heutzutage nicht nur Gefahren vermeiden, sondern auch Chancen erkennen können sollte, wird hier der spekulative Risikobegriff zugrunde gelegt, welcher sowohl negative als auch positive Abweichungen vom geplanten Zielwert umfasst (vgl. Mensch (2012), S. 102).

Investoren bevorzugen meist einen möglichst sicheren Erwartungswert der Rendite bei akzeptablem Verlustrisiko. Diese Unternehmen können folglich als risikoneutral bis risikoavers eingestuft werden (vgl. Nebauer (2012), S. 103). Weiterhin werden Investoren zukünftig transparente, vergleichbare Produkte in ihren Allokationsentscheidungen bevorzugen. Daraus folgt die Steigerung der Ansprüche hinsichtlich einer risiko- und ergebnisbezogenen Berichterstattung (vgl. Gesellschaft für Immobilienwirtschaftliche Forschung e. V. (2011), S. 9).

Das Immobilien-Risiko-Controlling hat dafür zu sorgen, dass das Risiko begrenzt und gleichzeitig der Ertrag optimiert wird. Damit hat es die Aufgabe, zukünftige, risikobehaftete Entwicklungen so früh wie möglich zu identifizieren, zu bewerten, zu kontrollieren, zu steuern und zu beobachten, um eine kontinuierliche Anpassung des Unternehmens an sich stetig verändernde Umweltbedingungen zu unterstützen (vgl. Diedrichs (1994), S. 12). Dies erfordert, dass das Immobilien-Risiko-Controlling nicht nur reaktiv ist, sondern fortlaufend proaktiv arbeitet (vgl. Pfennig (2000), S. 1324 ff.).

Das Ausmaß der Zielbeeinträchtigung in Verbindung mit der Höhe der Eintrittswahrscheinlichkeit dieser Zielbeeinträchtigung ist in der Entscheidungstheorie die Grundlage zur Berechnung des Risikos (vgl. Müller (1993), Sp. 3814; Menges (1976), Sp. 1518). Problematisch ist in diesem Zusammenhang die Modellierung der sehr komplexen Wirklichkeit (vgl. Baumeister (2004), S. 11). Gerade in diesem Modul zeigt sich, von welcher Bedeutung das schon mehrfach erwähnte Zusammenwirken der einzelnen Module ist.

Das Immobilien-Risiko-Controlling unterstützt die Reaktions-, Anpassungs- und Koordinationsfähigkeit hinsichtlich der Risikosituation und hat darüber hinaus die Aufgabe der Auswertung, Dokumentation und Berichterstattung (vgl. Lück (1998), S. 1929; Reichmann (2006), S. 626). Dabei sollte immer der Fokus auf den eigenen Zielprioritäten im Auge behalten werden.

Aufbau des Immobilien-Risiko-Controllings

Die Abbildung 8 gibt einen Überblick über die Phasen des Immobilien-Risiko-Controllings, die im Folgenden näher erläutert werden.

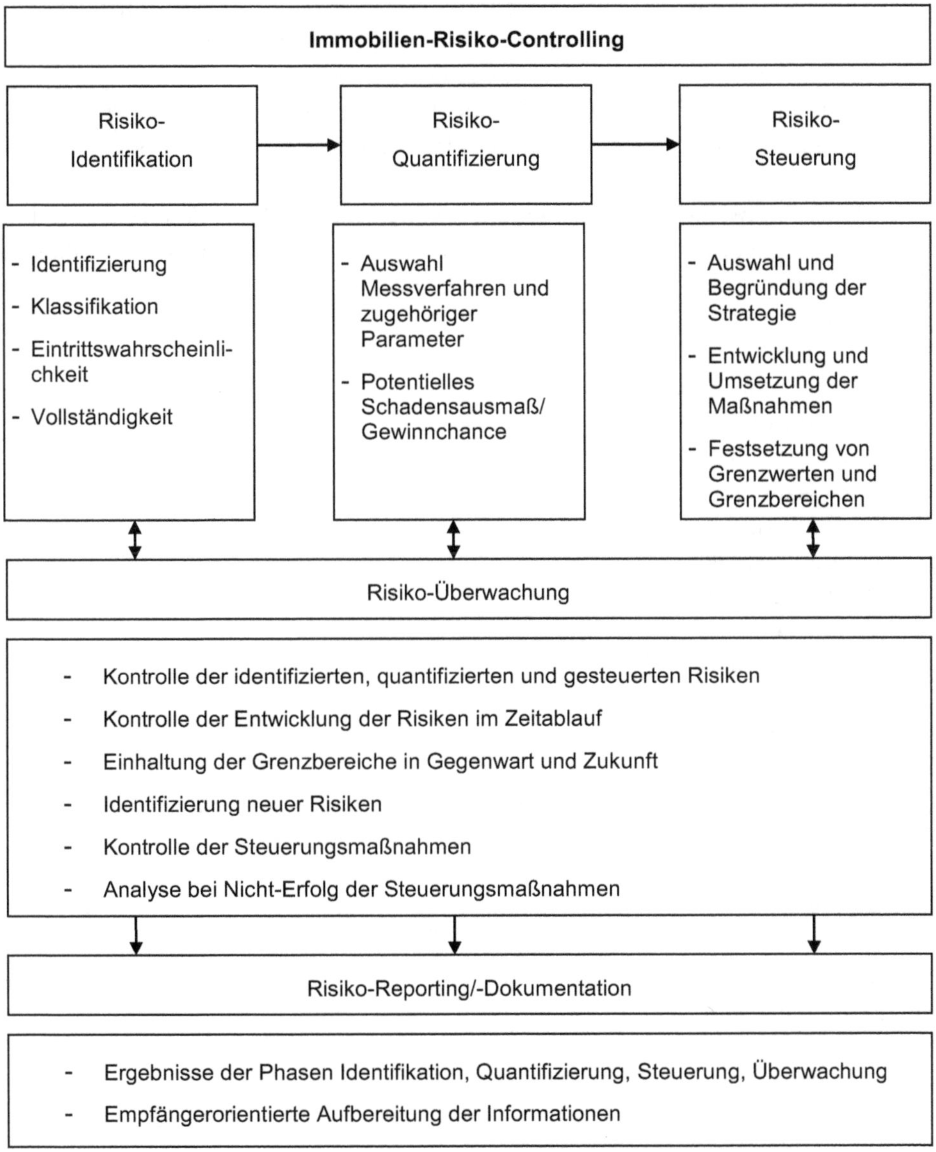

Abb. 8: Aufbau des Immobilien-Risiko-Controllings (Quelle: Nebauer (2012), S. 175)

2.4.3.1 Risikoidentifikation

Die Aufgaben innerhalb der Risikoidentifikation können als Identifikation möglicher Risiken, Klassifikation dieser und Bestimmen deren Eintrittswahrscheinlichkeit zusammengefasst werden. Entscheidend ist, dass Risiken nicht nur prinzipiell entdeckt werden müssen, sondern dass dies auch so frühzeitig geschieht, dass Steuerungsmaßnahmen wirksam eingeleitet werden können.

Da die unternehmensexternen Rahmenbedingungen einem ständigen Wandel unterliegen, ist die Risikoidentifikation ein fortlaufender Prozess (vgl. Diedrichs (2004), S. 108).

Das hier entwickelte Immobilien-Controlling-System bildet alle Phasen des Immobilien-Lebenszyklus ab, weshalb die Auflistung einiger Risiken nach diesem Zyklus sinnvoll ist (vgl. Nebauer (2012), S. 108 ff.):
- Planungsrisiko,
- Baurisiko,
- Grundstücksrisiko,
- Grunderwerbsrisiko,
- Finanzierungsrisiko,
- Organisationsrisiko,
- Timing-Risiko,
- Bewertungsrisiko,
- Objektwertänderungsrisiko,
- Mietausfallrisiko,
- Leerstandsrisiko,
- Betriebsrisiko,
- Drittverwendungsrisiko.

Daneben gibt es Risiken, die keiner speziellen Phase im Lebenszyklus einer Immobilie zuzurechnen sind, sondern jederzeit präsent sein können:
- Verwertungsrisiko,
- Länderrisiko,
- Währungsrisiko,
- Zinsänderungsrisiko,
- Liquiditätsrisiko,
- Konjunkturrisiko,
- Standortrisiko.

Risikoquantifizierung

Im nächsten Schritt müssen die erkannten Risiken in ihrer Bedeutung für das Unternehmen quantifiziert und Erkenntnis darüber gewonnen werden, welche Risiken überhaupt beeinflussbar sind. Ziel der Bewertung ist insbesondere der Vergleich und die Priorisierung der Risiken, damit die knappen Ressourcen des Risiko-Controllings auf die wesentlichen Risiken konzentriert werden können (vgl. Pfennig (2000), S. 1312).

Quantifizierung einzelner Immobilien-Risiken

Zunächst wird die Quantifizierung einzelner Immobilien-Risiken betrachtet. Hierbei kann zwischen zwei Verfahren unterschieden werden: Verfahren, welche die Wahrscheinlichkeit des Eintritts des Risikos mit einbeziehen und solchen die darauf verzichten.

Mehrere dieser Methoden basieren auf einer Ergebniskennzahl. Der Total Return eignet sich jedoch nicht für das Immobilien-Risiko-Controlling, da eine mehrperiodige Betrachtung der Zukunft notwendig ist und der Total Return auf einer einperiodigen Betrachtung abstellt. Hierfür geeignet sind klassische, meist investitionstheoretische Rentabilitätskennziffern, die eine zeitraumbezogene, mehrperiodige Betrachtung der Zukunft ermöglichen, wie zum Beispiel der Internal Rate of Return (IRR) oder der VOFI-Rendite (vgl. Nebauer (2012), S. 119).

Verfahren, welche die Eintrittswahrscheinlichkeit nicht berücksichtigen:
- Kennzahlenanalyse,
- Scoring-Verfahren,
- Korrekturverfahren,
- Sensitivitätsanalyse,
- (Verfahren kritischer Werte, Alternativenrechnung, Szenario-Analyse).

Verfahren, welche die Eintrittswahrscheinlichkeit berücksichtigen:
- Schadenerwartungswert,
- Vollenumeration,
- Monte Carlo-Methode,
- Latin Hypercube-Verfahren.

Die genannten Verfahren sind hilfreich, um die Stabilität des Entscheidungskriteriums zu testen und diejenigen Variablen zu identifizieren, die im Rahmen einer weiteren Risikoanalyse eingehender betrachtet werden sollten. Hervorzuheben ist, dass diese Methoden kein Optimierungsverfahren darstellen.

All diese Verfahren haben jedoch die Problematik, dass die Inputvariablen oft subjektiv gewählt werden und deshalb nur bedingt repräsentativ bzw. zur Risikoquantifizierung genutzt werden können. Folglich hängt beispielsweise die Qualität der Ergebnisse der Szenarioanalyse von der Urteilsfähigkeit und den Erfahrungen der analysierenden Personen, insbesondere von deren Kenntnissen über weitreichende Zusammenhänge und der Fähigkeit zur Abschätzung der Auswirkungen auf die Zielgröße ab. Darüber hinaus ist die Durchführung solcher Verfahren im Regelfall ein sehr zeitaufwendiger und komplexer Prozess, der umfassende Recherchearbeiten zur Erstellung der Szenarien erfordert (vgl. Gondring (2007), S. 103). Des Weiteren haben die Verfahren die Schwierigkeit der Ermittlung der Wahrscheinlichkeitsverteilungen aufgrund der Komplexität und Dynamik der Umwelt (vgl. Nebauer (2012), S. 141). Trotz alledem helfen diese Methoden, die Unsicherheit über mögliche Entwicklungen in der Zukunft transparent zu machen und unterstützen bei der Entscheidung möglicher Gegensteuerungsmaßnahmen.

Quantifizierung von Immobilienportfolio-Risiken

Die Untersuchung einzelner Risiken liefert wesentliche Informationen zur Steuerung von Immobilienrisiken, zusätzlich ist eine gesamthafte Analyse der Risiken auf Portfolio-Ebene empfehlenswert.

Für die Analyse qualitativer Portfolio-Risiken kann ein erweitertes Scoring-Verfahren herangezogen werden. Zur Quantifizierung finanzwirtschaftlicher Immobilienportfolio-Risiken sind die Möglichkeiten vielfältig (vgl. Nebauer (2012), S. 147):

- Volatilität,
- Varianz,
- Shortfall-Probability,
- Lower Partial Moments,
- Value at Risk,
- Cash Flow at Risk,
- Conditional Value at Risk,
- Sharpe Ratio.

Grundsätzlich lässt sich sagen, dass die Verwendung eines einzigen Verfahrens für die Risikoquantifizierung regelmäßig nicht ausreichend ist, sondern eher eine Kombination verschiedener Instrumente zum gewünschten Ergebnis führt. Die Monte Carlo-Methode z. B. empfiehlt sich als erste Sondierung der Risiken um dann den Einsatz weiterer Verfahren zur Risikoquantifizierung zweckgemäß selektieren zu können. Darüber hinaus können die Verfahren der Sensitivitätsanalyse sowie die wahrscheinlichkeitsbasierten Verfahren, speziell für die Risikoanalyse finanzwirtschaftlicher Einflussfaktoren, empfohlen werden. Hingegen für die Analyse nicht-finanzwirtschaftlicher bzw. qualitativer Einflussfaktoren eignen sich insbesondere die Scoring-Modelle und die Kennzahlenanalyse (vgl. Nebauer (2012), S. 168).

2.4.3.2 Risikosteuerung

Im Rahmen der Risikosteuerung werden die in der Risikoidentifikation und -quantifizierung entdeckten und bewerteten Risiken gezielt beeinflusst, wobei die individuelle Geschäftspolitik und die Risikostrategie des Unternehmens zu berücksichtigen sind (vgl. Hornung/Reichmann/Diedrichs (1999), S. 320 ff.). Hierdurch soll entweder die Eintrittswahrscheinlichkeit vermindert bzw. erhöht oder das potentielle Ausmaß des Schadens bzw. Gewinns verändert werden (vgl. Nebauer (2012), S. 168).

Zu unterscheiden sind Strategien der aktiven und der passiven Risikosteuerung. Risikovermeidung, Risikoverminderung, Risikodiversifikation zählen hierbei zu den aktiven Strategien. Die passiven Strategien der Risikosteuerung, die Risikoakzeptanz und die Risikoüberwälzung versuchen nicht die Risikostrukturen zu beeinflussen und zielen demnach insbesondere auf die Steuerung von Downside Risiken ab.

2.4.3.3 Risiko-Überwachung und Risiko-Dokumentation

Die Risikoüberwachung hat die Aufgabe, die identifizierten Risiken bezüglich ihrer Entwicklung und der Einhaltung der vorgegebenen Grenzbereiche zu überprüfen und zu prognostizieren, ob die Grenzbereiche auch in Zukunft eingehalten werden. Die Risikodokumentation sammelt alle Ergebnisse. Das Risikoreporting ist die laufende Bereitstellung von Informationen über die Risikosituation.

Als Instrument des Immobilien-Risiko-Controllings eignet sich ein Risiko-Controlling-Bogen zur systematischen Auseinandersetzung mit Risiken, die den Erfolg einer Immobilien-Investition gefährden können. Ziel ist es, dem Nutzer anhand eines strukturierten Erfassungsrasters mit einer Kombination aus verschiedenen Instrumenten, wie etwa Checklisten oder Fragebögen, ein adäquates Werkzeug zur Verfügung zu stellen.

Tabelle 1 zeigt wie ein solcher Risiko-Controlling-Bogen aussehen kann.

Tab. 1: Aufbau des Risiko-Controlling-Bogens (Quelle: Nebauer (2012), S. 177)

	Risikoidentifikation					Risikoquantifizierung			Risikosteuerung						
Klassifizierung	Risiko	Beschreibung	Ursache	Wirkung	Eintrittswahrscheinlichkeit	Auswahl Instrument zur Quantifizierung	Potentielles Schadensausmaß	Potentielle Gewinnchance	Grenzbereich	Grenzwert	Ampel	Auswahl Maßnahme	Begründung	Erfolg	Ursachenanalyse Nicht-Erfolg
Entwicklung	A														
	B														
	...														
Nutzung	C														
	D														
	...														
Verwertung	E														
	F														
	...														
Phasenübergreifend	G														
	H														
	...														

2.4.4 Zusammenführung zu einem ganzheitlichen Immobilien-Controlling-System

Die Bedeutung des Zusammenhangs zwischen den Modulen und die deshalb notwendige Zusammenarbeit der einzelnen Bereiche im Sinne einer Sicherheit und Rendite optimierenden, Lebenszyklus betrachtenden, Sichtweise wird durch die Abbildung 9 noch einmal hervorgehoben.

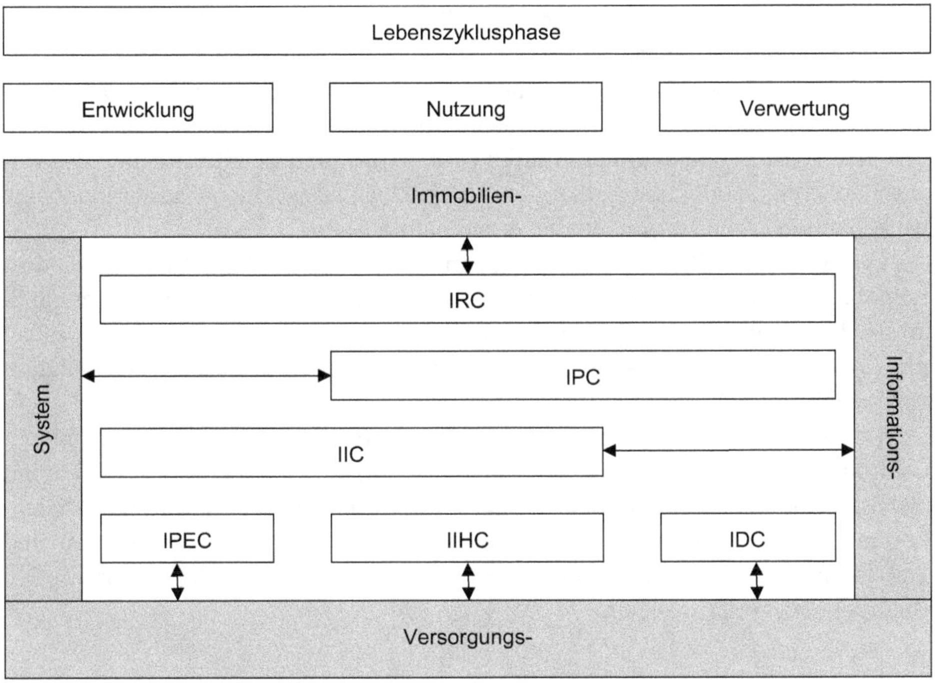

Abb. 9: Immobilien-Controlling als ganzheitliches System (Quelle: Nebauer (2012), S. 212)

Der Informationsaustausch zwischen den Modulen ist für die Effizienz des Immobilien-Controlling-Systems entscheidend; daher hat dieser grundsätzlich über das Immobilien-Informations-Versorgungssystem zu erfolgen. Nur so besteht die Möglichkeit Informationen zentral und einheitlich zu sortieren, zu speichern, aufzubereiten und bedarfsgerecht zur Verfügung zu stellen.

Dies ermöglicht es, Zusammenhänge zu erkennen, Schlussfolgerungen zu ziehen und für zukünftige Maßnahmen bereits gesammelte Kenntnisse anzuwenden und damit Zeit und Kosten zu sparen und relevante Hinweise für die Planung von neuen Projekten zu geben. Nur wenn die Ergebnisse der verschiedenen Analysen ordnungsgemäß dokumentiert werden, können Fehler in der Zukunft vermieden werden. Ferner ist eine Kontrolle von Zielwerten nur möglich, wenn die Plan-Daten entsprechend gespeichert wurden.

2.5 Ausblick

Ausgehend von der Feststellung, dass Immobilien-Investitionen sowohl in „Property Companies“ als auch „Non-Property Companies“ in der Vergangenheit wesentlich an Bedeutung gewonnen haben, legt dieser Artikel die Grundlagen für ein effizientes Immobilien-Controlling.

Die drei Basismodule eines Immobilien-Controlling-Systems, Immobilien-Informationsversorgungsystem, Immobilien-Performance-Controlling und Immobilien-Risiko-Controlling wurden in ihren Grundzügen dargestellt. Im Sinne des veranschaulichten modularen Aufbaus kann je nach Lebenszyklusphase der Immobilie bei Bedarf ein Ergänzungsmodul hinzugezogen werden.

Wie aus diesem Beitrag hervorgeht, kann ein professionellerer Umgang mit dem Immobilien-Controlling ein strategischer Wettbewerbsvorteil sein und die Rentabilität des Unternehmens erhöhen. Bei Immobilien sind viele Kosten- und Erlöstreiber nicht auf den ersten Blick erkennbar, sondern nur über differenzierte Tiefenanalyse zugänglich.

Deshalb spielt es auch zukünftig eine entscheidende Rolle das Immobilien-Controlling zu optimieren und weiter in die Unternehmen zu integrieren. Während bislang vornehmlich Instrumente und Strukturen eines rein operativen Immobilien-Controlling den Umsetzungsstand darstellen, ist in Zukunft die Integration und Etablierung der strategischen Steuerung durch das Immobilien-Controlling in den Unternehmen voranzutreiben.

2.6 Literatur

Baumeister, A. (2004): Risikomanagement bei Immobilieninvestments – Entscheidungshilfen für institutionelle Anleger, Wiesbaden 2004.

Deisenrieder (2007): Controlling von Immobilienportfolios, in: Schulte, K.-W./Thomas, M. (2007): Handbuch Immobilien-Portfoliomanagement, Köln 2007, S. 246–268.

Diesenrieder (2013): Risikomanagement und Risikocontrolling, München 2013.

Diederichs, C. J. (1994): Grundlagen der Projektentwicklung, in: BW, 48. Jg., 1994, H. 12, S. 55–58.

Form, S. (2005): Chancen- und Risiko-Controlling, in: Reichmann, T./Welge, M. K. (Hrsg.): Controlling und Management, Bd. 30, Frankfurt a. M. 2005, zugl. Diss. Dortmund 2004.

Gesellschaft für Immobilienwirtschaftliche Forschung e. V. (2002): Zeitschrift für Immobilienökonomie 1/2002, Wiesbaden 2002.

Gesellschaft für Immobilienwirtschaftliche Forschung e. V. (2011): gif im Fokus: Immobiliencontrolling, Wiesbaden 2011.

Gondring, H./Zoller, E./Dinauer, J. (2003): Real Estate Investment Banking: Neue Finanzierungsformen bei Immobilieninvestitionen, Wiesbaden 2003.

Homann, K. (1999): Immobiliencontrolling – Ansatzpunkte einer lebenszyklusorientierten Konzeption, Wiesbaden 1999, zugl. Diss. Universität Freiburg 1998.

Hornung, K./Reichmann, T./Diederichs, M. (1999): Risikomanagement. Teil I: Konzeptionelle Ansätze zur pragmatischen Realisierung gesetzlicher Anforderungen, in: Controlling, 11. Jg., 1999, S. 317–325.

Horváth, P. (1995): Das Controllingkonzept, 2. Aufl., München 1995.

Horváth, P. (1996): Controlling, München 1996.

Horváth, P. (2006): Controlling, 10. vollst. überarb. Aufl., München 2006.

Investment Property Databank (2014): Indexes and Benchmark Methodology Guide, London 2014.

Kurzrock, B.-M. (2007): Einflussfaktoren auf die Performance von Immobilien-Direktanlagen, in: Rottke, N. B./Thomas, M. (Hrsg.): Schriftenreihe zur immobilienwirtschaftlichen Forschung, Bd. 1, Köln 2007, zugl. Diss. Wiesbaden 2007.

Lück, W. (1998): Der Umgang mit unternehmerischen Risiken durch ein Risikomanagementsystem und durch ein Überwachungssystem. Anforderungen durch das KonTraG und Umsetzung in der betrieblichen Praxis, in: DB, 51. Jg., 1998, S. 1925–1930.

Menges, G. (1976): Risiko und Ungewissheit, in: Büschgen, H. (Hrsg.): HWF, Stuttgart 1976, Sp. 1516–1531.

Mensch, G. (1991): Risiko und Unternehmensführung – Eine systemorientierte Konzeption des Risikomanagement, in: Peter Lang Verlagsgruppe (Hrsg.): Reihe Europäische Hochschulschriften, Reihe 5: Volks- und Betriebswirtschaft, Bd. 1142, Frankfurt a. M. 1991.

Müller, W. (1993): Risiko und Ungewißheit, in: Wittmann, W. (Hrsg.): Handwörterbuch der Betriebswirtschaft (HWB), 5., völlig neu gest. Aufl., Stuttgart 1993, S. 3813–3824.

Nebauer, C. (2012): Immobilien-Controlling für institutionelle Investoren – Eine theoretische und empirische Untersuchung, in: Schulte, K.-W. (Hrsg.): Schriften zur Immobilienökonomie, Bd. 62, Köln 2012.

Pfennig, M. (2000): Shareholder Value durch unternehmensweites Risikomanagement, in: Johanning, L./Rudolph, B. (Hrsg.): Handbuch Risikomanagement, Band 2: Risikomanagement in Banken, Asset-Management-Gesellschaften, Versicherungs- und Industrieunternehmen, Bad Soden 2000, S. 1295–1334.

Poddig, T./Dichtl, H./Petersmeier, K. (2004): Statistik, Ökonometrie, Optimierung – Methoden und ihre praktischen Anwendungen in Finanzanalyse und Portfoliomanagement, 3. Aufl., Bad Soden 2004.

Reichmann, T. (2001): Controlling mit Kennzahlen und Managementberichten – Grundlagen einer systemgestützten Controlling-Konzeption, 6., überarb. u. erw. Aufl., München 2001.

Reichmann, T. (2006): Controlling mit Kennzahlen und Managementberichten – Grundlagen einer systemgestützten Controlling-Konzeption, 7., überarb. u. erw. Aufl., München 2006.

Reichmann, T./Lachnit, L. (1976): Planung, Steuerung und Kontrolle mit Hilfe von Kennzahlen, in: Schmalenbachs Zeitschrift für betriebswirtschaftliche Forschung, 28. Jg., 1976, H. 11/12, S. 705–723.

Serfling, K. (1992): Controlling, 2., überarb. u. erw. Aufl., Stuttgart 1992.

Schäfers, W. (1997): Strategisches Management von Unternehmensimmobilien – Bausteine einer theoretischen Konzeption und Ergebnisse einer empirischen Untersuchung, in: Schulte, K.-W. (Hrsg.): Schriften zur Immobilienökonomie, Bd. 3, Köln 1997, zugl. Diss. Östrich-Winkel 1996.

Schulte, K.-W./Homann, K. (1996): Immobilien-Controlling, in: Schulte, C. (Hrsg.): Lexikon des Controlling, München/Wien 1996, S. 329–334.

Schulz, M. (2008): Performance-Messung und Copula-Funktionen – eine Synthese, Berlin 2008, zugl. Diss. Universität Augsburg 2008.

Thomas, M. (2002): Performancemessung im Immobilien Asset Management, in: Schulte, K.- W./ Achleitner, A.-K./Schäfers, W./Knobloch, B. (Hrsg.): Handbuch Immobilien-Banking – Von der traditionellen Immobilien-Finanzierung zum Immobilien-Investmentbanking, Köln 2002, S. 689–714.

Thomas, M./Piazolo, D. (2007): Performancemessung und Benchmarking, in: Schulte, K.-W./ Thomas, M. (Hrsg.): Handbuch Immobilien-Portfoliomanagement, Köln 2007, S. 207–222.

Vollmuth, H. J. (2000): Kennzahlen, Planegg 2000.

Wittrock, C. (1996): Messung und Analyse der Performance von Wertpapierportfolios – Eine theoretische und empirische Untersuchung, in: Steiner, M. (Hrsg.): Reihe Portfoliomanagement, Bd. 2, 2., durchgesehene Aufl., Bad Soden 1996, zugl. Diss. Wilhelms-Universität Münster 1995.

Helmut Schleich

3 Corporate Social Responsibility in Immobilienunternehmen

3.1 Einleitung

Das Thema „Corporate Social Responsibility (CSR)“ hat in den letzten Jahren in der Unternehmensführung zunehmend an Bedeutung gewonnen. Als inhaltliche Beschreibung des CSR-Konzepts hat sich das sogenannte Drei-Säulen-Modell etabliert, welches die freiwillige Berücksichtigung von sozialen und ökologischen Belangen im Rahmen einer ökonomisch-nachhaltigen Unternehmenstätigkeit beschreibt (Elkington, 1994).

Die wachsende Bedeutung von CSR-Aspekten in Unternehmen kann auf eine Vielzahl von Impulsgebern zurückgeführt werden. Große Umweltverschmutzungen und die Verletzung von Sozialstandards können unmittelbare negative Auswirkungen auf Unternehmen haben. Zum Beispiel waren Shell Oil nach Bekanntwerden des Plans die Brent Spar Plattform in der Nordsee zu versenken und BP nach der Deepwater Horizon Ölkatastrophe erheblichen Protesten durch Umweltschutzorganisationen, negativer Berichterstattung in den Medien und Boykotten durch Verbraucher ausgesetzt. Der Sportartikelhersteller Nike war ebenso von Verbraucherboykotten betroffen nachdem in den Medien Vorwürfe über die Arbeitsbedingungen in seinen Produktionsstätten in Billiglohnländern erhoben wurden. Gleichermaßen hat die Brandkatastrophe im Jahr 2013 in einer Textilfabrik in Bangladesch mit zahlreichen Todesopfern große Entrüstung in der Öffentlichkeit ausgelöst. Die unzureichenden Sicherheitsbestimmungen und schlechten Arbeitsbedingungen waren für Wochen Gegenstand negativer Berichterstattung mit entsprechend negativen Folgen für die betroffenen Textilhersteller. In solchen Fällen ist die Berücksichtigung von CSR-Aspekten in Unternehmensentscheidungen im Selbstinteresse der Unternehmen, um negative Folgen zu verhindern und ihren langfristigen wirtschaftlichen Erfolg sicherzustellen (Porter/Kramer, 2006).

Über solche mit direktem Schaden verbundene Ereignisse hinaus gibt es zahlreiche weitere Gründe die für eine verstärkte Berücksichtigung ökologischer und sozialer Aspekte in der Unternehmensstrategie sprechen. Spezifische, für die Immobilienwirtschaft wichtige, Faktoren sind beispielsweise die sich stetig verschärfenden gesetzlichen Umwelt- und Energieeffizienzvorschriften. Die Umsetzung eines ganzheitlichen CSR-Konzepts kann zudem für Immobilienunternehmen vielfältige Vorteile bringen. Beispielsweise kann die Realisierung von Maßnahmen zur Verbesserung der Energieeffizienz im Immobilienbestand die Attraktivität von Gebäuden für Mieter erhöhen und hierdurch zu höheren Mieten beitragen. Von der Implementierung einer CSR-Strategie kann auch das Image eines Unternehmens insgesamt profitieren und seine Attraktivität als Arbeitgeber erhöhen. Zahlreiche Studien u. a. von DEGI (2009), Dixon et al. (2008) und Myers et al. (2008) haben die zunehmende Bedeutung des Themas CSR in der Immobilienwirtschaft dokumentiert. In der Arbeit von Dixon bewerteten z. B. 60 % der 4.600 befragten Teilnehmer ökologische und soziale Nachhaltigkeitsaspekte als wichtig oder sehr wichtig für ihren Tätigkeitsbereich (DEGI Deutsche Gesellschaft für Immobilienfonds, 2009; Dixon et. al., 2008a; Myers et. al, 2008).

Ungeachtet der gestiegenen Akzeptanz der CSR-Agenda in der Immobilienwirtschaft gibt es noch immer eine Kontroverse bezüglich der Frage inwieweit und auf welche Art und Weise CSR-Aspekte in die Entscheidungsprozesse von Unternehmen integriert werden sollen. Der vorliegende Artikel beleuchtet mögliche Ansatzpunkte, Strategien und Werkzeuge zur Berücksichtigung des Themas CSR in Immobilienunternehmen.

3.2 CSR-Verständnis

Für das Konzept CSR existiert weder in der wissenschaftlichen Literatur noch in der Unternehmenspraxis eine allgemein anerkannte und eindeutige Definition hinsichtlich Inhalten und Umfang. Die Entwicklung eines einheitlichen Begriffsverständnisses wurde in der Vergangenheit zudem durch das Aufkommen einer Vielzahl weiterer, teilweise überlappender, Konzepte und Theorien erschwert. Relevante verwandte bzw. synonym verwendete Begriffe in der Fachliteratur sind Nachhaltigkeit (bzw. Sustainability), Corporate Sustainability, Stakeholder Management, Corporate Responsibility, Corporate Social Performance und Corporate Citizenship. Diese Begriffsvielfalt und Vielzahl an unterschiedlichen Definitionen und Beschreibungen mündet häufig in die Schlussfolgerung, dass es sich bei dem Konstrukt CSR um kein „one size fits all"-Konzept handelt. Stattdessen müssen Unternehmen CSR als individuell anzupassendes Unternehmenskonzept verstehen, in welchem die Besonderheiten eines Unternehmens z. B. seine Größe, der geographische Tätigkeitsbereich oder seine Branche bzw. Sektor zu berücksichtigen sind (Garriga/Mele, 2004; van Marrewijk/Werre, 2003). Ungeachtet des Fehlens einer einheitlichen Begriffsdefinition haben sich in jüngster Vergangenheit bestimmte gemeinsame Grundelemente als feste Bestandteile eines CSR-Konzepts herausgebildet. Sein zentrales Charakteristikum ist die gleichzeitige Berücksichtigung ökonomischer, ökologischer und sozialer Aspekte in der Unternehmenstätigkeit auf freiwilliger Basis über die gesetzlichen Mindestanforderungen hinaus (Dahlsrud 2008). Die Verwendung dieses sogenannten „Drei-Säulen-Modells" zur Beschreibung des CSR-Konzepts impliziert eine Erweiterung der unternehmerischen Zielsetzung über die ausschließliche Gewinnmaximierung hinaus, um eine Minimierung der negativen Auswirkungen und eine Maximierung der positiven Effekte der Unternehmensaktivitäten auf die Umwelt zu realisieren. Die Berücksichtigung der Interessen einer Vielzahl von Stakeholdern (inklusive den Unternehmenseigentümern) in der Unternehmenstätigkeit wird im Rahmen des CSR-Konzepts als elementarer Beitrag zur Sicherung des langfristigen wirtschaftlichen Unternehmenserfolgs interpretiert (Porter/van der Linde, 1995). Die explizite Einbeziehung von CSR-Aspekten in die Unternehmenstätigkeit kann somit als ein möglicher Ansatz zur Erzielung von Wettbewerbsvorteilen angesehen werden. Abbildung 1 zeigt eine grafische Darstellung des „Drei-Säulen-Modells“ sowie eine mögliche Abgrenzung zwischen den Begriffen CSR, Corporate Governance und Corporate Citizenship (Rottke/Reichardt, 2009; UNEP Finance Initiative, 2008b).

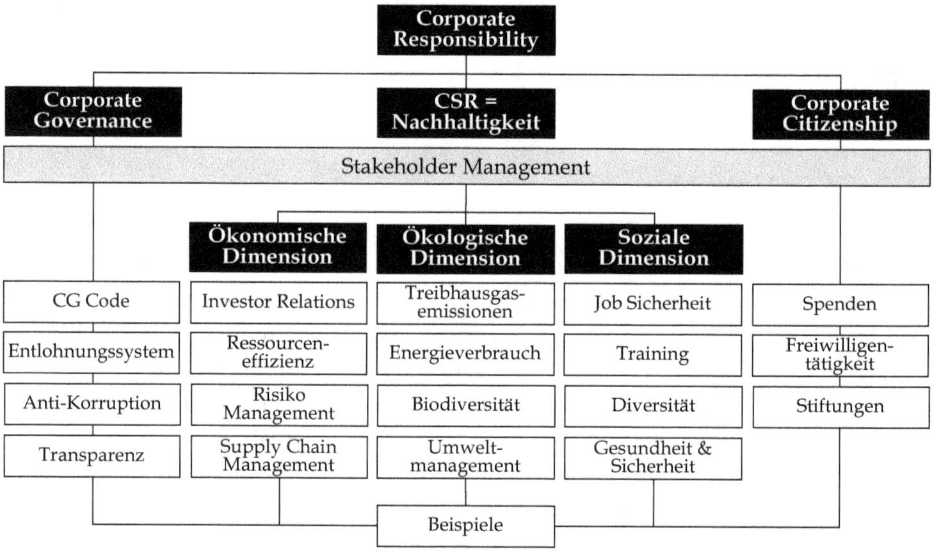

Abb. 1: Drei-Säulen-Modell (Quelle: UNEP FI: Responsible Property Investing; Rottke/Reichardt, 2009)

Im Rahmen der Unternehmenstätigkeit können in den drei Dimensionen der Nachhaltigkeit – Ökologie, Soziales und Ökonomie – eine Vielzahl von Aspekten adressiert werden. Für unterschiedliche Unternehmen kann die Bedeutung einzelner Aspekte in Abhängigkeit ihres Tätigkeitsfelds und Unternehmensgröße variieren. Die Implementierung eines wirksamen Ansatzes erfordert deshalb die wesentlichen Aspekte und Herausforderungen individuell auf Unternehmensebene zu bestimmen und die CSR-Strategie speziell hierauf abzustimmen.

Um Unternehmen Richtlinien und Anhaltspunkte für die Ausgestaltung ihrer CSR-Strategie zu geben, haben zahlreiche Verbände und Organisationen CSR-Standards entwickelt. Die für Immobilienunternehmen bedeutendsten Leitfäden hinsichtlich der Anforderungen an eine CSR-Strategie sind der vom Zentralen Immobilien Ausschuss e. V. (ZIA) entwickelte ZIA Nachhaltigkeitsleitfaden, der Deutsche Nachhaltigkeitskodex, der international anerkannte Leitfaden für Gesellschaftliche Verantwortung (ISO 26000) sowie die UN Principles for Responsible Investment und Prinzipien des Global Compact der Vereinten Nationen. Diese Standards und Werkzeuge zielen darauf ab einen verbindlichen Referenz- und Ordnungsrahmen für ein

CSR-orientiertes Unternehmensleitbild zu setzen (Stibbe/Voigtländer, 2013). Über diese Standards hinaus gibt es eine Vielzahl weiterer, auf einzelne Teilbereiche des CSR-Spektrums fokussierte, Leitfäden. Anzuführen sind insbesondere der Umweltstandard ISO 14001, der Sozialstandard SA 8000 oder der Arbeits- und Menschenrechteleitfaden der International Labour Organisation (ILO). Weitere wertvolle Hinweise für den Umfang und die Inhalte von CSR-Aktivitäten in Immobilienunternehmen lassen sich aus den Anforderungen zur Nachhaltigkeitsberichterstattung der Global Reporting Initiative (GRI) und der European Public Real Estate Association (EPPRA) ableiten. Zudem können die von RobecoSAM und FTSE erstellten, nachhaltigkeitsbasierten Indexreihen (Dow Jones Sustainability Index und FTSE4Good Index) und ihre Bewertungsmethodiken Anhaltspunkte für die Ausgestaltung einer CSR-Strategie von Immobilienunternehmen geben.

Die im Rahmen einer CSR-Strategie von Unternehmen durchgeführten Aktivitäten werden durch die jeweils geltenden rechtlichen Standards erheblich beeinflusst. In Deutschland müssen diese freiwilligen Maßnahmen durch vergleichsweise sehr hohe Sozial- und Umweltstandards auf sehr hohem Niveau angesetzt werden. In Ländern mit niedrigeren rechtlichen Maßstäben wird es Unternehmen deutlich leichter fallen gesetzliche Mindestanforderungen im Rahmen freiwilliger CSR-Aktivitäten zu übertreffen.

3.3 Impulsgeber für die Umsetzung einer CSR-Strategie bei Immobilienunternehmen

Im Allgemeinen wird CSR als Management-Rüstzeug angesehen um die Wettbewerbsfähigkeit eines Unternehmens ganzheitlich und dauerhaft zu erhöhen und die Unternehmensstrategie und Prozesse fit für die Zukunft zu machen (Peters, o. A.). In der Immobilienwirtschaft wurde das Thema CSR bisher hauptsächlich auf den Bereich Ökologie reduziert. In den Industrienationen ist der Bau, Betrieb und Rückbau von Gebäuden für ca. 40 % des Energie- und Ressourcenverbrauchs sowie für ca. 35–40 % der globalen Treibhausgasemissionen verantwortlich (UNEP Sustainable Buildings & Construction Initiative, 2009). Durch das hieraus resultierende Potential zur Emissionsreduzierung und Bewahrung der Umwelt beizutragen, ist die Immobilienwirtschaft in den Fokus der weltweiten Umweltschutzbemühungen gerückt. Regierungen erlassen oder verschärfen zunehmend Gesetze um die Umweltverträglichkeit von Immobilien zu verbessern, Pensionsfonds fordern zunehmend die Berücksichtigung von Nachhaltigkeitsaspekten in ihren indirekten Immobilienanlagen und Mieter bevorzugen zunehmend nachhaltige und energieeffiziente Gebäude (Falkenbach/Lindholm/Schleich, 2010). Die folgende Abbildung 2 fasst die für Immobilienunternehmen wichtigsten Impulsgeber zusammen.

Im Folgenden werden die wichtigsten Impulsgeber für die Umsetzung einer CSR- bzw. Nachhaltigkeitsstrategie in Immobilienunternehmen im Detail beleuchtet.

Abb. 2: Nachhaltigkeitsstrategie (Quelle: Eigene Darstellung)

3.3.1 Strengere gesetzliche Anforderungen

In Deutschland setzt die Energieeinsparverordnung (ENEV) hohe gesetzliche Maßstäbe hinsichtlich der ökologischen Gebäudequalität, die alle Gebäude erfüllen müssen. Die stetige Verschärfung dieser gesetzlichen Verordnung (ENEV, ENEV 2007, ENEV 2009, ENEV 2014) hat nicht nur dazu geführt, dass die Anforderungen an den Neubau ein im weltweiten Vergleich sehr hohes Niveau erreicht haben, sondern erfordert mittlerweile auch unter bestimmten Umständen eine Aufwertung von Bestandsgebäuden. Neben der Definition energetischer Mindestanforderungen für Gebäude, ist die Zielsetzung der ENEV die Vergleichbarkeit und Transparenz hinsichtlich der Energieeffizienz von Gebäuden zu verbessern und die Auswirkungen von Immobilien auf die Umwelt ins Bewusstsein der Marktteilnehmer zu rücken. Zu diesem Zweck wurde in die ENEV die Verpflichtung zur Erstellung eines Energieausweises aufgenommen. Im Falle der Veräußerung oder Vermietung müssen Investoren bzw. Eigentümer den Interessenten einen Energieausweis vorlegen. Hierdurch gewinnt die Energieeffizienz automatisch an Bedeutung in der Investitions- bzw. Mietentscheidung (Deutscher Bundestag).

Weitere gesetzliche Anforderungen bezüglich der Energieversorgung von Gebäuden sind im Erneuerbare-Energien-Wärmegesetz (EEWärmeG) definiert. In § 1 des EEWärmeG setzt der Gesetzgeber fest, dass bis zum Jahr 2020 mindestens 14 % des Energiebedarfs von Gebäuden durch erneuerbare Energien zu decken sind. Um dieses Ziel zu erreichen, muss der Energiebedarf von Neubauten entsprechend des EEWärmeG zu einem vorgeschriebenen Prozentsatz mit erneuerbaren Energien erzeugt werden (Deutscher Bundestag, 2009).

Die sich permanent erhöhenden energetischen Anforderungen erfordern von Unternehmen sich intensiv mit den Umweltaspekten und der Energieeffizienz ihrer Neuentwicklungen bzw. Bestände zu beschäftigen. Die Auswirkungen dieser gesetzlichen Verschärfungen auf die Immobilienwirtschaft sind dabei vielfältig. Im Bereich der Neuentwicklung sind Projektentwickler von stetig komplexer werdenden Planungs- und Genehmigungsprozessen sowie steigenden Baukosten für die zunehmend aufwändigere Gebäudetechnik (z. B. für Dämmung, Heizung und Lüftung) betroffen. Für Investoren können sich negative Folgen auf ihre Immobilienbestände beispielsweise durch höhere Kosten bei Revitalisierungen und höhere Wartungs- und Instandsetzungskosten für die aufwändigere Gebäudetechnik ergeben (Dixon et. al, 2008b). Im Core- bzw. Premiumsegment können die stetig höheren gesetzlichen Anforderungen zudem zu einer schnelleren Abschreibung und Obsolezenz von Bestandsgebäuden beitragen. Die Mieter im Spitzensegment – häufig große, multinationale Konzerne – erwarten, dass die von ihnen genutzten Gebäude die neuesten technischen Spezifikationen aufweisen. Stetige und in kurzen Zeitabständen steigende Gebäudestandards verlangen von den Eigentümern somit verstärkte und häufigere Investitionen um die permanent anspruchsvollere Markterwartung zu erfüllen und die Konkurrenzfähigkeit ihrer Immobilie sicherzustellen.

3.3.2 Neue Marktstandards und gestiegene Nutzeranforderungen

Neben der stetigen Verschärfung der rechtlichen Mindestanforderungen haben in jüngster Vergangenheit freiwillige Zertifizierungssysteme für Gebäude (z. B. DGNB, LEED oder BREEAM) an Bedeutung gewonnen und die Nutzeranforderungen erheblich beeinflusst. Ziel dieser Zertifizierungssysteme ist es einen allgemein anerkannten Standard zu schaffen mit welchem die Nachhaltigkeit von Gebäuden objektiv messbar und vergleichbar wird. Die öffentlichkeitswirksame Auszeichnung besonders nachhaltiger Immobilien soll darüberhinaus langfristig zu einer Verbesserung der Gebäudequalität beitragen (Reed et. al, 2009).

Der Bedeutungszuwachs dieser Zertifizierungssysteme ist auf eine Vielzahl von Faktoren zurückzuführen. Durch die explizite Berücksichtigung ökologischer und soziokultureller Faktoren in der Erstellung zertifizierter Gebäude erhoffen sich Mieter niedrigere Betriebskosten sowie eine höhere Mitarbeiterproduktivität und -zufriedenheit zu erzielen. Die Bedeutung der Neben- bzw. Betriebskosten in der Anmietungsentscheidung von Unternehmen ist sowohl in Theorie als auch Praxis umstritten. Eine Studie von Jones Lang LaSalle (2008) identifiziert steigende Betriebskosten als einen wichtigen Faktor für das steigende Interesse von Unternehmen am Thema Nachhaltigkeit (Jones Lang LaSalle, 2008). Im Gegensatz hierzu kommen Holmes und Hudson (2002) und Cushman & Wakefield (2009) zu dem Ergebnis, dass die Betriebskosten nur von sehr untergeordneter Bedeutung in der Anmietungsentscheidung sind. Dieser Umstand dürfte insbesondere auf den geringen Anteil der Betriebskosten an den Gesamtkosten von Unternehmen zurückzuführen sein (Cushman/Wakefield, 2009; Holmes/Hudson, 2002). Die Steigerung der Produktivität und des Wohlbefindens der Mitarbeiter ist für die meisten Unternehmen hingegen von wesentlich größerer Bedeutung. Zahlreiche Studien u. a. von Miller (2009) und Kats (2003) haben einen positiven Zusammenhang zwischen Innenraumqualität und Mitarbeiterproduktiviät/–wohlbefinden dokumentiert (Miller et. al, 2009; Kats, 2003). Zum Beispiel kommt die Untersuchung von Miller zu dem Ergebnis, dass 55 % der befragten Teilnehmer nach einem Umzug in ein zertifiziertes Gebäude eine höhere Produktivität bei sich wahrgenommen haben. Gleichzeitig beobachteten 45 % dieser Unternehmen einen Rückgang der Krankheitstage. Trotz dieser positiven Studienergebnisse ist der Zusammenhang zwischen der Produktivität von Mitarbeitern und der Gebäudequalität immer noch umstritten. Diese Tatsache ist zum einen auf die häufig subjektive und vage Ermittlung der Produktivitätsveränderungen und zum anderen auf die große Schwankungsbreite der Ergebnisse in den bisherigen Studien zurückzuführen.

Die Anmietung zertifizierter Gebäude stellt für Unternehmen zudem eine einfache Möglichkeit dar einer breiten Öffentlichkeit ihr Umweltbewusstsein zu demonstrieren. Zahlreiche Unternehmen haben eine eigene CSR-Agenda und der Umzug in ein zertifiziertes Gebäude kann die Ziele und Aktivitäten in diesem Bereich sehr gut unterstützen. Um ökologische und soziale Aspekte stringent in ihren Entscheidungsprozessen zu berücksichtigen, nutzen einzelne Unternehmen mittlerweile Zertifizierungssysteme wie DGNB, LEED und BREEAM um Mindeststandards für die Anmietung von Gebäuden zu definieren. Als Vorreiter dieser Bemühungen sind insbesondere große multinationale Unternehmen zu beobachten. Die definierten Anforderungen werden unter anderem auch aus eigenen CSR-Zielen, wie z. B. das Ziel der Münchner Rück CO_2 neutral zu werden, abgeleitet. Das in Deutschland bekannteste Beispiel für die Nutzung eines zertifizierten Gebäudes als Marketingwerkzeug sind die Green Tower der Deutschen Bank in Frankfurt (Deutsche Bank, 2014). Die zunehmende Bedeutung von Nachhaltigkeitskriterien in der Anmietungsentscheidung wurde bereits in diversen Marktuntersuchungen dokumentiert. Jones Lang LaSalle veröffentlichte beispielsweise bereits 2008 Studienergebnisse wonach 47 % der Teilnehmer das Thema Nachhaltigkeit als wichtiges Entscheidungskriterium in ihrer Anmietungsentscheidung bezeichneten (Jones Lang LaSalle, 2008). Erste empirische Studien untermauern hingegen lediglich die Bedeutung großer Unternehmen in der Vermietung zertifizierter Gebäude. Eichholtz et al. (2009) kommen in ihrer Untersuchung zu dem Ergebnis, dass große Unternehmen als Vorreiter in der Anmietung zertifizierter Gebäude fungieren, während die große Mehrheit der Nutzer noch keine nachweisbare signifikante Präferenz entwickelt hat. Die Autoren weisen jedoch darauf hin, dass zertifizierte Gebäude in der Regel jünger, von höherer Qualität und größer sind. Einige Unternehmen könnten deshalb nur aufgrund Ihres Wunsches nach einer hochwertigen Immobilie mit sehr gutem Standort ein zertifiziertes Gebäude angemietet haben (Eichholtz et. al, 2009a).

3.3.3 Höhere Mieten und Marktpreise

Aufgrund der, insbesondere im Premiumsegment, gestiegenen Nutzeranforderungen an die ökologischen und sozio-kulturellen Gebäudeeigenschaften ist eine wachsende Zahl an Investoren der Meinung, dass zertifizierte Gebäude einen Wettbewerbsvorteil besitzen, die Nutzernachfrage sich zunehmend auf zertifizierte, nachhaltige Gebäude fokussiert und zertifizierte Gebäude langfristig in bestimmten Märkten zum Marktstandard werden. Diese Annahmen liefern die Basis für die Vermutung höherer erzielbarer Mieten, einer besseren Wiedervermietbarkeit und höherer Marktpreise bzw. einer besseren Wertstabilität zertifizierter Gebäude im Vergleich zu nicht-zertifizierten Immobilien.

In zahlreichen Studien, u. a. von Sayce et al. (2007), Jones Lang LaSalle (2008) und Roland Berger (2010), wurde die Zahlungsbereitschaft von potentiellen Mietern und Investoren für zertifizierte Gebäude mit Hilfe von Umfragen untersucht. Die große Mehrzahl der befragten Marktteilnehmer zeigte dabei die Bereitschaft ein Premium für die Anmietung bzw. den Ankauf eines nachhaltigen, zertifizierten Gebäudes zu zahlen (Roland Berger Strategy Consultants, 2010; Jones Lang LaSalle, 2008; Sayce et. al, 2007).

Im Gegensatz zu den zahlreichen interview- bzw. fragebogenbasierten Studien gibt es nur wenige Untersuchungen, welche die tatsächlich erzielten Mieten und Kaufpreise zertifizierter Gewerbeimmobilien im Vergleich zu nicht zertifizierten Gebäuden dokumentieren. Sämtliche verfügbaren Arbeiten fokussieren sich auf den US Immobilienmarkt. Fürst und McAllister (2008, 2009), Wiley et al. (2009) und Eichholtz et al. (2009, 2010) betrachten die Mietpreise von LEED und Energy Star zertifizierten Immobilien basierend auf Immobiliendaten der CoStar Datenbank. Die Ergebnisse dieser Studien zeigen ein Mietpremium für zertifizierte Gebäude zwischen 0 % und ca. 17 %. Die Schwankungen resultieren insbesondere aus den Unterschieden in der Modellspezifikation sowie den unterschiedlichen Zertifizierunglevels (Energy Star, LEED Certified, Silver, Gold oder Platinum). Die einzige nicht auf CoStar Daten basierende Arbeit stammt von Pivo und Fisher (2009). Diese beiden Autoren verwenden NCREIF Immobilienrenditen und analysieren neben der Gebäudezertifizierung weitere, separate Nachhaltigkeitskriterien z. B. die ÖPNV-/Verkehrsanbindung. Die festgestellten Aufschläge liegen zwischen 5,9 % für zertifizierte und 4,5–12,7 % für besonders gut angebundene Immobilien.

Ein ähnliches Bild zeigt sich hinsichtlich der Marktwerte. Die Ergebnisse der Studien von Miller (2008), McAllister (2008, 2009), Wiley et al. (2009) und Eichholtz et al. (2009, 2010) zeigen zwischen ca. 5 und ca. 25 % höhere Marktpreise für zertifizierte Gebäude im Vergleich zu nicht zertifizierten Immobilien. Pivo und Fisher (2009) erhalten hingegen 13.5 % höhere Marktpreise für zertifizierte und zwischen 10–16 % höhere Preise für besonders gut angebundene Gebäude (Eichholtz et. al, 2009b, 2010; Fuerst/McAllister, 2009, 2008; Wiley/Benefield, 2009).

Ungeachtet der Ergebnisse dieser Studien wäre es verfrüht auf dauerhafte und pauschal höhere Miet- und Marktwerte zertifizierter Gebäude zu schließen. Der große Unterschied zwischen den Ergebnissen der verschiedenen Studien zeigt, dass die angewandte Modellspezifikation – insbesondere die herangezogenen Kontrollvariablen – von entscheidender Bedeutung für die Resultate der Arbeiten sind. Des Weiteren fokussieren sich die wenigen vorhandenen Arbeiten hauptsächlich auf die LEED und Energy Star Zertifizierung sowie ausschließlich auf den US Markt. Aussagen über andere Zertifizierungssysteme und andere Märkte können hieraus nicht ohne weiteres abgeleitet werden. Zudem basieren die bisherigen Studien auf einer sehr kleinen Anzahl zertifizierter Gebäude. Aufgrund ihrer im Verhältnis zum Gesamtmarkt sehr geringen Menge konnte bisher nicht die Frage geklärt werden, ob die höheren Miet- und Marktpreise ein nur kurzfristiges Phänomen, resultierend aus einem kurzfristig kleinen Angebot zertifizierter Gebäude bei gleichzeitig höherer Nachfrage, sind. In diesem Zusammenhang zeigen Fürst und McAllister (2009) in einem theoretischen Modell, dass die langfristigen Preiseffekte bei zertifizierten Gebäuden vom technologischen Fortschritt, der Marktdurchdringung und den zukünftigen gesetzlichen Rahmenbedingungen abhängen. Unter der Annahme positiver Skaleneffekte und einer weiter steigenden Marktdurchdringung zertifizierter Gebäude vermuten die Autoren ein zukünftiges Absinken des Preispremiums. Ursächlich hierfür sind aus ihrer Sicht einerseits Angebotsfaktoren z. B. niedrigere zusätzliche Kosten für die Erstellung zertifizierter Gebäude mit zunehmender Erfahrung der Marktakteure, sowie andererseits Nachfragefaktoren z. B. nachlassende Imagefaktoren mit zunehmender Marktdurchdringung (Fuerst/McAllister, 2009). In ähnliche Richtung argumentiert Jones Lang LaSalle (2008) mit ihrer Vermutung, dass mit zunehmender Verbreitung von Nachhaltigkeitsstandards, Immobilien im Topsegment diese Nachhaltigkeitsstandards erfüllen müssen und weniger nachhaltige Gebäude Abschläge erleiden werden bzw. nicht mehr zum Premiumsegment zählen werden (Jones Lang LaSalle, 2008).

3.3.4 Höhere Kapitalmarkt- und Investorenanforderungen

Eine wachsende Zahl institutioneller Anleger und Vermögensverwalter ist in den vergangenen Jahren dazu übergegangen neben ökonomischen auch ökologische und soziale Faktoren in die Unternehmensbewertung, Auswahl und das längerfristige Engagement ihrer Investments einzubeziehen. Die CSR-Strategie und Aktivitäten eines Immobilienunternehmens beeinflussen somit zunehmend seine Zugangsmöglichkeiten zu institutionellen Investorenkapital (Sethi, 2005).

Die Idee des Socially Responsible Investment (SRI) hat insbesondere im Bereich der Investments in börsennotierte Unternehmen an Bedeutung gewonnen. Das SRI-Konzept beschreibt einen Investmentansatz, in welchem die finanziellen Ziele eines Investors mit seinen ökologischen und sozialen Anliegen zusammengeführt werden. Eine Vorreiterrolle in der Anwendung des SRI-Ansatzes haben insbesondere große Pensionskassen und Staatsfonds übernommen. Durch das große öffentliche und politische Interesse an ihren Investmentaktivitäten haben diese beiden Investorengruppen einerseits häufig umfangreiche eigene CSR-Strategien, welche durch entsprechende Aktivitäten glaubhaft umgesetzt werden müssen. Andererseits sind diese Investoren oftmals das Ziel regulatorischer Eingriffe des Gesetzgebers. Beispielsweise sind Pensionskassen in Großbritannien und Deutschland dazu angehalten die ökologischen, sozialen und ethischen Auswirkungen ihrer Investments offenzulegen (Eurosif, 2013). Ein weiterer Impulsgeber für die zunehmende Bedeutung des SRI-Sektors ist das Wachstum von Nachhaltigkeitsindizes (z. B. Dow Jones Sustainability Index oder FTSE4Good Index) sowie Nachhaltigkeitsinitiativen von Regierungsorganisationen wie z. B. die UN Principles for Responsible Investment (UN PRI).

Die Mehrheit der institutionellen Investoren fokussierte ihre SRI-Bemühungen bisher auf ihre börsennotierten Investments. Erst in jüngster Vergangenheit wurde damit begonnen auch nicht-börsennotierte Anlagen, insbesondere Immobilienfonds und direkte Immobilieninvestments, hinsichtlich ihrer ökologischen und sozialen Auswirkungen zu untersuchen. Die bekannteste Initiative ist in diesem Bereich die Beauftragung der Maastricht Universität durch drei der größten europäischen Pensionskassen zur Untersuchung der ökologischen Nachhaltigkeitsaktivitäten von börsennotierten und nicht-börsennotierten Immobilien- und Fondsgesellschaften. Hieraus entwickelte sich die Organisation Global Real Estate Sustainability Benchmark (GRESB) mit mittlerweile 51 Mitgliedsunternehmen. Auf Basis einer jährlichen Umfrage untersucht GRESB die Themengebiete Nachhaltigkeitsmanagement, Strategie & Berichterstattung, Risiken & Chancen, Monitoring & Umweltmanagementsysteme, Leistungsindikatoren (Energieverbrauch, Treibhausgasemissionen, Abfallaufkommen, Wasserverbrauch), Gebäudezertifizierungen und Stakeholder Engagement. Im Jahr 2013 nahmen 543 Immobilienunternehmen und -fonds an dieser Umfrage teil. Investoren, welche Mitgliedsunternehmen von GRESB sind, haben die Möglichkeit die Ergebnisse der Immobilienunternehmen und -fonds, in welche sie investiert sind, einzusehen und die jährlichen Veränderungen mit Hilfe der GRESB-Studie zu überwachen (Global Real Estate Sustainability Benchmark, 2014). Neben dem Druck sich an solchen Initiativen und Umfragen zu beteiligen, verlangen immer mehr institutionelle Investoren, dass ihre Investmentmanager Informationen zum Thema ökologische und soziale Nachhaltigkeit sammeln und in das regelmäßige Fondsreporting integrieren. Umgekehrt greifen viele Investmentmanager das Thema Nachhaltigkeit mittlerweile freiwillig und proaktiv in ihren bestehenden Fonds auf, um sich Wettbewerbsvorteile für das Einwerben weiterer Eigenkapitalmittel zu sichern.

3.4 Etablierte CSR-Standards

Wie im vorherigen Kapitel einleitend dargestellt, gibt es eine Vielzahl von Standards welche Immobilienunternehmen als Richtschnur für die Ausgestaltung ihrer CSR-Strategie verwenden können. Die im Folgenden vorgestellten Konzepte wurden zu unterschiedlichen Zwecken entworfen und müssen vor dem Hintergrund ihrer jeweiligen Zielsetzung betrachtet werden.

Die Global Reporting Initiative (GRI) hat den weltweit verbreitetsten Standard zur CSR-/Nachhaltigkeitsberichterstattung geschaffen und liefert hierdurch einen weithin anerkannten Leitfaden für Umfang und Inhalte einer CSR-Unternehmensstrategie. Über 90 % der weltweit 250 größten Unternehmen bzw. insgesamt über 1.300 Unternehmen verwenden den GRI-Standard zur Veröffentlichung ihrer CSR-Aktivitäten (Global Reporting Initiative, 2013). Die Immobilienverbände EPRA und ZIA empfehlen gleichermaßen die Anwendung des GRI-Standards und untermauern auf diese Weise seine herausragende Bedeutung auch in der Immobilienwirtschaft. Der GRI-Berichterstattungsrahmen definiert Prinzipien und Kriterien zur ganzheitlichen Erfassung und Darstellung der ökonomischen, sozialen und ökologischen Leistungen eines Unternehmens. Um den Anforderungen unterschiedlicher Branchen gerecht zu werden, stellt GRI sektorspezifische Ergänzungen mit separaten Messkriterien zur Verfügung. Insbesondere gibt es auch für den Immobiliensektor einen spezifisch angepassten Reportingkatalog (Global Reporting Initiative, 2014). Neben der qualitativen Erläuterung der Strategie und des Managementansatzes zur Berücksichtigung von CSR-Aspekten sowie der Darstellung der Auswirkungen des Unternehmensprofils und -umfelds auf ihre CSR-Aktivitäten, müssen Unternehmen ihre CSR-Leistung anhand zahlreicher quantitativer Leistungsindikatoren darlegen. Tabelle 1 gibt einen Überblick über die Reportinganforderungen des GRI-Berichterstattungsrahmens.

Parallel zu GRI hat der Immobilienverband EPRA (European Puplic Real Estate Association) einen ausschließlich auf die Immobilienwirtschaft fokussierten Leitfaden zur Nachhaltigkeitsberichterstattung entworfen. Derzeit umfasst der Berichtskatalog lediglich ökologische Leistungsindikatoren und Verbrauchsdaten des Investmentportfolios sowie der vom Unternehmen selbstgenutzten Flächen.

Als Richtschnur für die Ausgestaltung einer CSR-Strategie können auch die Anforderungs- und Prüfkriterien von Nachhaltigkeitsindizes dienen. Der Dow Jones Sustainability Index (DJSI) und der FTSE4Good Index sind aufgrund ihrer großen

Verbreitung die bedeutendsten Indexserien. Ihr Einfluss spiegelt sich beispielsweise in der Ankündigung von 266 Unternehmen ihre Umweltmanagementprozesse zu verbessern nachdem die Umweltkriterien, welche zur Aufnahme in den FTSE4Good Index berechtigen, verschärft wurden (FTSE Group, 2004). Während es in der Methode der Zusammenstellung größere Unterschiede zwischen den Indizes gibt, ähneln sich die Anforderungs- und Prüfkriterien. Im Folgenden wird beispielhaft der Dow Jones Sustainability Index dargestellt.

Für die Zusammenstellung des DJSI wird die Nachhaltigkeitsleistung von Unternehmen anhand einer Vielzahl von ökonomischen, ökologischen und sozialen Faktoren bestimmt. Für eine Aufnahme müssen die Unternehmen ein bestimmtes Mindestniveau erreichen sowie unter den besten 10 % ihrer Branche sein. Der Anforderungskatalog umfasst sowohl allgemeine also auch branchenspezifische Prüfkriterien und dient dazu die Unternehmen zu identifizieren, die Nachhaltigkeitsthemen am erfolgreichsten adressieren.

Tab. 1: Reportinganforderungen des GRI-Berichterstattungsrahmens (Quelle: GRI G4 Leitlinien zur Nachhaltigkeitsberichterstattung, GRI (2013))

Allgemeine Standardangaben

1. Strategie und Analyse
2. Organisationsprofil
3. Ermittelte wesentliche Aspekte und Grenzen
4. Einbindung von Stakeholdern
5. Berichtsprofil
6. Unternehmensführung
7. Ethik und Integrität

Spezifische Standardangaben

Angaben zum Managementansatz

Wirtschaftlich	**Ökologisch**	**Gesellschaftlich**
– Wirtschaftliche Leistung	– Materialien	– Arbeitspraktiken und menschenwürdige Beschäftigung (u. a. Arbeitssicherheit und Gesundheitsschutz, Aus- und Weiterbildung)
– Marktpräsenz	– Energie	– Menschenrechte (u. a. Gleichbehandlung, Kinderarbeit, Bewertung der Lieferanten)
– Indirekte wirtschaftliche Auswirkungen	– Wasser	– Gesellschaft (u. a. Korruptionsbekämpfung, Compliance)
– Beschaffung	– Biodiversität	– Produktverantwortung (u. a. Kundengesundheit, Werbung)
	– Emissionen	
	– Abwasser und Abfall	
	– Produkte und Dienstleistungen	
	– Compliance	
	– Transport	
	– Insgesamt	
	– Bewertung der Lieferanten	
	– Beschwerdeverfahren	

Tab. 2: Nachhaltigkeitsleistung von Unternehmen (Quelle: RobecoSAM (2014): Sustainability Yearbook 2014; RobecoSAM (2014): Measuring Intangibles – RobecoSAM's Corporate Sustainability Assessment Methodology)

Ökonomische Dimension (Gewichtung 26 %)	
Allgemeine Kriterien	
Corporate Governance	u. a. Größe und Zusammensetzung der Gremien, Transparenz der Corporate Governance Umsetzung, Auswahl der externen Prüfer, Entlohnungs- und Bonussystem
Risko & Krisenmanagement	u. a. Zuständigkeit für Risikomanagement, einheitlicher, strukturierter Ansatz für Risikoanalysen, Durchführung von Sensitivitäts- und Stresstests
Verhaltenskodizes, Compliance & Umgang mit Korruption und Bestechung	u. a. Schwerpunkte der Verhaltenskodizes, Richtlinien zur Vermeidung von Bestechung, Berichterstattung zu Übertretungen der Verhaltenskodizes
Sektorspezifische Kriterien (Auszug)	
Kartell & Wettbewerbspolitik	
Ökologische Dimension (Gewichtung 40 %)	
Allgemeine Kriterien	
Umweltstrategie, Ökoeffizienz	u. a. Erfassung und Auswertung von Energieverbrauch, Treibhausgasemissionen, Wasserverbrauch, Abfallaufkommen
Umweltberichterstattung	u..a. Inhalt, Umfang und Qualität der Berichterstattung (z. B. Ziele, Strategie), externe Prüfung der Berichterstattung
Sektorspezifische Kriterien (Auszug)	
Gebäudematerialien, Biodiversität, Ressourcenbewahrung und -effizienz, Klima- und Energiestrategie	
Soziale Dimension (Gewichtung 34 %)	
Allgemeine Kriterien	
Personalentwicklung	u. a. Prozess für Mitarbeiterentwicklung, Kriterien für Mitarbeitergespräche und -bewertung
Nachwuchsförderung und Mitarbeiterbindung	u. a. Mitarbeiterzufriedenheit, Anteil an leistungsabhängiger Bezahlung, Ausgestaltung Bonussystem (Kriterien, Bewertung, Auszahlungsform etc.), zusätzliche Leistungen für Mitarbeiter
Mitarbeiter-Beziehung (Labor Practice Indicators)	u. a. KPIs & Reporting bzgl. Mitarbeiterdiversität, faire/gleiche Bezahlung, Streiks und Arbeitsniederlegungen, Gesundheit und Sicherheit der Mitarbeiter
Gesellschaftliches Engagement	u. a. Spenden und Philanthropie
Soziale Berichterstattung	u..a. Inhalt, Umfang und Qualität der Berichterstattung (z. B. Ziele, Strategie), externe Prüfung der Berichterstattung
Sektorspezifische Kriterien (Auszug)	
Standards für Dienstleister, Soziale Integration	

Eine stärkere Berücksichtigung ökologischer und sozialer Belange im Investmentprozess ist die Zielsetzung der von den Vereinten Nationen gestarteten Nachhaltigkeitsinitiative Principles for Responsible Investment (PRI). Im Gegensatz zu anderen CSR-Initiativen beschränkt sich der Anwendungsbereich der PRI ausschließlich auf Investoren und den Bereich des Investment Managements. Aufgrund der internationalen Reichweite der Vereinten Nationen finden die PRI weltweit Anwendung und Anerkennung. Bisher haben 1.200 Investoren mit einem verwalteten Vermögen von US$ 34 Billionen die PRI unterzeichnet und unterstützen hierdurch die Wichtigkeit und Verbreitung des Themas Nachhaltigkeit im Investmentbereich (UNEP Finance Initiative, 2014). Teilnehmende Unternehmen verpflichten sich auf freiwilliger Basis, die im Rahmen der PRI definierten Nachhaltigkeitsstandards zu erfüllen und gleichzeitig aufzuzeigen an welchen Stellen die Richtlinien nicht erfüllt wurden. Neben den sechs grundlegenden Nachhaltigkeitsprinzipien (siehe Tabelle 3) beinhalten die PRI auch einen umfangreichen Maßnahmenkatalog, welcher mögliche Einzelmaßnahmen zur Erfüllung der PRI aufzeigt (UNEP Finance Initiative, 2006; Lexikon der Nachhaltigkeit, 2014).

Um das Thema Nachhaltigkeit stärker in der deutschen Immobilienwirtschaft zu platzieren, hat der Branchenverband Zentraler Immobilien Ausschuss (ZIA) einen Nachhaltigkeitskodex entwickelt. Zentrales Merkmal des ZIA Nachhaltigkeitskodex ist die freiwillige Selbstverpflichtung der teilnehmenden Unternehmen zur Berücksichtigung ökologischer und sozialer Aspekte in der Unternehmensführung. Die ZIA hat hierzu zehn allgemeine Nachhaltigkeitsgrundsätze für alle Unternehmen sowie zusätzliche, darüber hinausgehende, branchenspezifische Ergänzungen definiert. Kernelemente der zentralen Grundsätze sind unter anderem die Anerkennung der Bedeutung der Immobilienwirtschaft für eine nachhaltige Entwicklung der Gesellschaft, die Integration von Nachhaltigkeitsprinzipien in die Strategien, Strukturen und Ziele des Unternehmens, die Berücksichtigung des Themas Nachhaltigkeit in der Entwicklung von Produkten und Dienstleistungen, die Einbeziehung in die Auswahl von Geschäftspartner sowie das Bemühen in der Fortbildung und Führung von Mitarbeiter Nachhaltigkeitsgrundsätze zu berücksichtigen. Zudem sollen Unternehmen gesetzliche Mindestanforderungen im ökologischen und sozialen Bereich übertreffen und ihre Ziele, Aktivitäten und Fortschritte jährlich in Nachhaltigkeitsberichten oder in ihren Geschäftsberichten veröffentlichen. Die branchenspezifischen Ergänzungen definieren zusätzliche Anforderungen an Unternehmen in Abhängigkeit ihres Tätigkeitsbereichs im Immobilienlebenszyklus (Erstellen, Betreiben & Vermieten, Investieren, Finanzieren, Nutzen, Beraten sowie Forschen & Lehren) (Zentraler Immobilien Ausschuss e.V., 2012).

Die in diesem Kapitel dargestellten CSR Standards können Unternehmen wertvolle Hinweise für die Ausgestaltung ihrer CSR-Strategie liefern. Unabhängig der unterschiedlichen Zielsetzungen mit denen diese Standards entwickelt wurden, weisen sie hinsichtlich ihrer Themenschwerpunkte große Ähnlichkeiten auf. Insbesondere wird deutlich, dass in den dargestellten Standards dem Themenbereich Ökologie in der Immobilienwirtschaft die größte Bedeutung beigemessen wird.

Tab. 3: Nachhaltigkeitsprinzipien (Quelle: UNEP Finance Initiative (2006): „Principles for Responsible Investment – The six Principles."; Lexikon der Nachhaltigkeit (2014): „Prinzipien für nachhaltiges Investieren (UNPRI)")

UNPRI Prinzipien	Mögliche Handlungsmöglichkeiten (Auszug)

1. Wir werden Ökologie-, Sozial- und Governance-Themen in Investmentanalyse- und Entscheidungsfindungsprozesse einbeziehen.	– Einbeziehen von CSR-Themen in die Investitionspolitik- und Strategie
	– Unterstützung der Entwicklung von CSR-bezogenen Instrumenten, Messgrößen und Analysen
	– Eintreten für CSR-Training für Investmentprofis
	– *Immobilienspezifische Handlungsmöglichkeiten (Auszug)*
	– Etablieren von klaren Verantwortlichkeiten und Bereitstellung von personellen Kapazitäten für das Thema Nachhaltigkeit
	– Berücksichtigung von ökologischen und sozialen Aspekten in
	  – der Zusammenstellung von Portfolios
	  – der Auswahl von Investmentmanagern und Dienstleistern (z. B. Property Manager)
	  – der Immobilienakquisition und Immobilienentwicklung
	  – Asset Management-Prozess

2. Wir werden aktive Inhaber sein und CSR Themen in unsere Eigentümerpolitik und -praxis integrieren.	– Entwicklung und Veröffentlichung einer aktiven Eigentümerpolitik, die in Einklang mit den Grundsätzen steht – Teilnahme an der Entwicklung in Politik, Regulierung und dem Setzen von Standards – Aufforderung an externe Investmentmanager CSR-Aspekte zu berücksichtigen und ein CSR-Reporting einzuführen – *Immobilienspezifische Handlungsmöglichkeiten (Auszug)* – Zusammenarbeit mit Dienstleistern, Joint venture Partnern und Mietern in der Berücksichtigung von Nachhaltigkeitsaspekten
3. Wir werden auf angemessene Offenlegung von ESG-Themen bei den Unternehmen achten, in die wir investieren.	– Forderung nach Umsetzung standardisierter CSR-Berichterstattung (z. B. Global Reporting Initiative) – Einholen von Informationen von Unternehmen betreffend die Übernahme/das Befolgen von relevanten Normen, Standards oder internationalen Initiativen (z. B. UN Global Compact)
4. Wir werden die Akzeptanz und die Umsetzung der Grundsätze in der Investmentindustrie vorantreiben.	– Aufnehmen von CSR-Aspekten in Ausschreibungen – Berücksichtigung von CSR-Aspekten in der Ausrichtung von Investmentmandaten, Monitoringprozessen, KPIs und Anreizstrukturen – Kommunizieren von ESG-Erwartungen an Investmentmanager und -berater

Tab. 3: (fortgesetzt)

UNPRI Prinzipien	**Mögliche Handlungsmöglichkeiten (Auszug)**
5. Wir werden zusammenarbeiten, um die Effektivität bei der Umsetzung der Grundsätze zu steigern.	– Zusammen mit anderen Unternehmen gemeinsames Ansprechen von relevanten CSR-Themen – Zusammenarbeit mit anderen Unternehmen und Unterstützung von Verbands- oder Gemeinschaftsinitiativen
6. Wir werden jeder über unsere Aktivitäten und Fortschritte bei der Umsetzung der Grundsätze berichten.	– Offenlegung wie CSR-Aspekte innerhalb des Investmentprozesses umgesetzt werden – Offenlegung der aus den PRI Prinzipien abgeleiteten Anforderungen an Investmentberater – Veröffentlichung der Fortschritte und/oder der Erfolge bezüglich der Umsetzung der PRI Prinzipien

3.5 Wesentliche Aspekte im Rahmen der Umsetzung einer CSR-Strategie in Immobilienunternehmen

Um die aufgeführten positiven Effekte und Vorteile erzielen zu können, müssen Unternehmen CSR-Maßnahmen in ihrem Kerngeschäft implementieren. Aufgrund des großen Anteils von Gebäuden am Energie- und Ressourcenverbrauch sowie den globalen Treibhausgasemissionen sind in der Immobilienwirtschaft CSR-Aktivitäten im Bereich Ökologie von besonderer Bedeutung. Für die Bewahrung der Umwelt sind neben einer möglichst ressourcenschonenden Erstellung, die bauliche Qualität und ein effizienter Betrieb der Immobilien die wichtigsten Faktoren. Die bei Unternehmen in der Immobilienwirtschaft derzeit am meisten verbreiteten Aktivitäten zur Verbesserung ihrer Umweltbilanz sind die verstärkte Zertifizierung des Immobilienbestands, die Einführung von „Grünen Mietverträgen" sowie die zunehmende Erfassung von Verbrauchsdaten zur Identifizierung von Optimierungsmaßnahmen.

3.5.1 Bestandteile einer CSR-Strategie und Managementansatz

Die erfolgreiche Umsetzung von CSR- bzw. Nachhaltigkeitsmaßnahmen in einem Immobilienunternehmen erfordert einen strategischen und gut strukturierten Managementansatz. Voraussetzung ist hierfür einerseits die Definition einer langfristigen Vision mit darauf abgestimmten, konkreten kurz- und mittelfristigen Zielen. Andererseits muss eine klare Zuordnung von Verantwortlichkeiten bzw. die Bereitstellung personeller Resourcen erfolgen.

Die explizite Formulierung und Veröffentlichung einer langfristigen Nachhaltigkeitsstrategie untermauert die Bereitschaft eines Unternehmens CSR-Maßnahmen als Werkzeug zur Erzielung von Wettbewerbs- und Innovationsvorteilen anzuerkennen und nicht lediglich als Kostentreiber zu interpretieren. Kurz- und mittelfristige Ziele hingegen liefern Meilensteine, die eine regelmäßige Standortbestimmung der Umsetzung der langfristigen Nachhaltigkeitsstrategie ermöglichen und sicherstellen, dass der Vision tatsächliche Aktivitäten folgen (Saloner et. al, 2001). Die Festsetzung einer wirkungsvollen und wertgenerierenden CSR-Strategie erfordert ein genaues Verständnis von den verschiedenen Impulsgebern für Nachhaltigkeit und deren Auswirkung auf das eigene Unternehmen zu entwickeln. Die aktuelle GRESB-Studie bestätigt die weite Verbreitung eines solchen strukturierten Managementsansatzes in der immobilienwirtschaftlichen Unternehmenspraxis. 93 % der befragten Teilnehmer haben eine langfristige Nachhaltigkeitsvision entwickelt, während 80 % der Unternehmen zusätzlich über kurz- und mittelfristige Zielsetzungen verfügen (Global Real Estate Sustainability Benchmark, 2014).

Die Umsetzung einer CSR-Strategie erfordert zudem eine klare Organisation und Koordination von Verantwortlichkeiten, Prozessen und personellen Ressourcen. Voraussetzung für eine erfolgreiche Implementierung von CSR-Maßnahmen im Tagesgeschäft eines Unternehmens ist insbesondere die Einbeziehung einer möglichst großen Anzahl von Mitarbeitern in die Erarbeitung von Zielen und Aktivitäten. Der Standardansatz in der Immobilienwirtschaft um dieses Ziel zu erreichen, ist die Gründung von spezialisierten Arbeitsgruppen/-kreisen bestehend aus Mitarbeitern unterschiedlicher Unternehmensbereiche (z. B. Akquisition, Asset Management und Portfolio Management). Darüberhinaus haben einzelne Unternehmen zusätzlich nur auf das Thema Nachhaltigkeit fokussierte Mitarbeiter abgestellt. Durch die Etablierung von Arbeitsgruppen und gleichzeitiger Ernennung von spezialisierten Nachhaltigkeitsbeauftragten können Unternehmen von zwei verschiedenen Organisationsformen profitieren. Abteilungsübergreifende Arbeitsgruppen stellen sicher, dass alle Abteilungen in die CSR-Bemühungen eines Unternehmens eingebunden werden und die Aktivitäten nicht auf einen Bereich beschränkt werden. Andererseits haben spezialisierte Mitarbeiter mehr Möglichkeiten CSR-Maßnahmen unternehmensweit zu koordinieren, Wissen aufzubauen und den neuesten Entwicklungen und Trends zu folgen (Wood, 2009a). Als weitere Erfolgskomponente ist die Unterstützung und Einbeziehung der oberen Führungsebene anzusehen. Als relativ neuer Bestandteil einer Unternehmenspolitik kann das Thema CSR immer noch auf viele Skeptiker stoßen. Aus diesem Grund sind gerade Befürworter in der Führungsebene eines Unternehmens für den Erfolg einer CSR-Strategie von erheblicher Bedeutung. In diesem Zusammenhang zeigen die Ergebnisse der letzten GRESB-Studie, dass ungefähr die Hälfte der Teilnehmer einen spezialisierten Nachhaltigkeitsbeauftragten abgestellt und 84 % eine Arbeitsgruppe zum Thema Nachhaltigkeit eingesetzt hat. Die regelmäßige Überprüfung und Bewertung ihrer Nachhaltigkeitsstrategie und -aktivitäten obliegt bei 80 % der Befragungsteilnehmer einem Mitglied der obersten Unternehmensebene (Global Real Estate Sustainability Benchmark, 2014).

3.5.2 Freiwillige Zertifizierung von Immobilien

Die am deutschen Immobilienmarkt verbreitetsten Zertifizierungssysteme sind das DGNB Siegel sowie das US System LEED. In Deutschland besitzen derzeit ca. 530 Gebäude ein Zertifikat oder Vorzertifikat des DGNB und mehr als 360 Immobilien eine LEED Zertifizierung. Weitere international bedeutende, jedoch in Deutschland weniger verbreitete, Zertifizierungen sind BREEAM (UK), HQE (Frankreich) und Casabee (Japan). Die DGNB und LEED Zertifizierungssysteme sind für eine Vielzahl verschiedener Gebäudeklassen (u. a. Büro-, Einzelhandel- oder Wohngebäude) verfügbar und sind hierdurch in der Lage die spezifischen Besonderheiten eines Gebäudetyps zu erfassen. Zudem werden unterschiedliche Anforderungen für Neubau und Bestandsgebäude definiert. Bei Bestandsgebäuden wird insbesondere dem effizienten Betrieb und der nachhaltigen Bewirtschaftung einer Immobilie eine größere Bedeutung beigemessen.

Für die Beurteilung der Gebäudequalität im Rahmen einer DGNB oder LEED Zertifizierung werden eine Vielzahl an Indikatoren bzw. Nachhaltigkeitskriterien bewertet. Für jedes Bewertungskriterium sind feste, messbare Vergleichsmaßstäbe und Leistungsziele definiert und Gebäude bekommen in Abhängigkeit des Erfüllungsgrades Leistungspunkte. Je nach Anzahl der erreichten Punkte erhalten Immobilien eine Auszeichnung in Bronze, Silber oder Gold im Zuge einer DGNB Zertifizierung bzw. eine zertifiziert, Silber, Gold oder Platinum Plakette bei Nutzung des LEED Systems. Die Themenfelder der DGNB und LEED Zertifizierungssysteme und ihre Gewichtung sind in Abbildung 3 zusammengefasst (DGNB, 2014; U.S. Green Building Council, 2013).

Der Vergleich der beiden Zertifizierungssysteme zeigt, dass das LEED System den ökologischen und sozialen Aspekten einer Immobilien eine überragende Bedeutung beimisst, während die DGNB Zertifizierung darüber hinaus verstärkt auch wirtschaftliche Aspekte (Lebenszykluskosten, Flexibilität, Umnutzungsfähigkeit) in Betracht zieht. Weitere Unterschiede ergeben sich auch hinsichtlich der geforderten Standards und Leistungsziele in den einzelnen Kriterien. Im Allgemeinen definieren Zertifizierungssysteme Anforderungen, welche die lokalen, gesetzlichen Mindeststandards überschreiten. Die gesetzlichen Rahmenbedingungen in Deutschland gelten weithin als die weltweit höchsten. Aus diesem Grund setzt das DGNB System die höchsten Anforderungen, insbesondere im Bereich der Energieeffizienz (Mösle et. al, 2009).

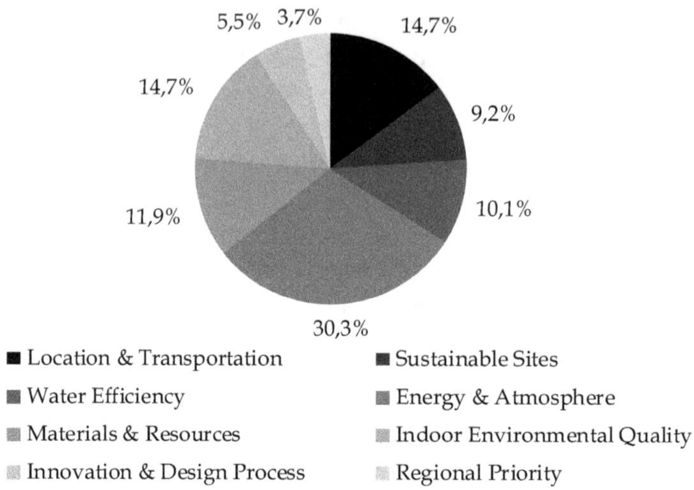

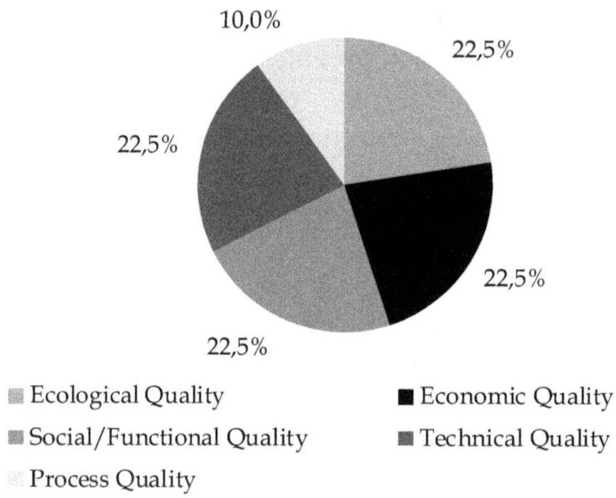

Abb. 3: DGNB und LEED Zertifizierungssysteme (Quelle: DGNB (2014): „DGNB Systembroschüre – Nachhaltig bauen mit System."; U.S. Green Building Council (2013): „LEED V4 for Building Design and Construction")

Die zunehmende Bedeutung der freiwilligen Zertifizierungssysteme erfordert von Immobilieninvestoren eine frühzeitige Berücksichtigung von Nachhaltigkeitsaspekten im Projektentwicklungs- und Akquisitionsprozess. Im Rahmen einer sorgfältigen Markt- und Standortanalyse muss in Zukunft insbesondere die Notwendigkeit bzw. das Vorhandensein einer Gebäudezertifizierung vor dem Hintergrund der Anforderungen der gewünschten Mieterzielgruppe und der vorherrschenden Marktstandards untersucht werden. Im Projektentwicklungsprozess ist die Zertifizierung von neuentwickelten Projekten insbesondere im Premiumsegment mittlerweile Standard. Viele Unternehmen haben aus diesem Grund standardisierte Prozesse zur optimalen Berücksichtigung von Nachhaltigkeitskriterien in ihren Projektentwicklungen eingeführt. In der Akquisition ist es aufgrund der bisher geringen Anzahl zertifizierter Gebäude insbesondere für Großinvestoren nicht möglich sich ausschließlich auf zertifizierte Gebäude zu beschränken. Die technische Due Diligence im Akquisitionsprozess muss deshalb mögliche Akquisitionsobjekte hinsichtlich der technischen Möglichkeiten und erforderlichen Maßnahmen für eine mögliche zukünftige Nachzertifizierung und die hierfür erforderlichen Kosten prüfen. Mögliche neue Prüfkriterien können beispielsweise das Vorhandensein hochentwickelter Zähler- und Messeinrichtungen, die Gebäudedokumentation sowie die Gebäudematerialien umfassen (Schleich, 2012). Ein gutes Beispiel für die Berücksichtigung von Nachhaltigkeitskriterien im Projektentwicklungs- und Ankaufsprozess sind der „Sustainability Brief for Developments" und der „Sustainability Brief for Acquisitions" des Immobilienunternehmens British Land (British Land, 2014). Die Erweiterung der Ankaufs-Due Diligence um eine Nachhaltigkeitskomponente ermöglicht Investoren frühzeitig Kosten für die eventuell notwendige Anpassung des Gebäudebestands an neue ökologische und sozio-kulturelle Markt- und Gesetzesstandards zu berücksichtigen.

3.5.3 Messung von Verbrauchsdaten

In den Industrienationen ist der Bau, Betrieb und Rückbau von Gebäuden für ca. 25–40 % des Energie- und Ressourcenverbrauchs verantwortlich. Auf die Betriebsphase entfällt hierbei der Großteil des Energieverbrauchs, während die Bau- und Abrissphase nur für einen kleinen Anteil verantwortlich sind. Im Hinblick auf die Umweltbilanz ist die Nutzungsphase somit die bedeutendste Komponente im Lebenszyklus einer Immobilie. Entscheidende Einflussgrößen für den Energie- und Ressourcenverbrauch sind neben der Gebäudequalität (z. B. Fassade inkl. Außenwände und Dämmung, Qualität der technischen Gebäudeausrüstung) insbesondere das Nutzerverhalten und die optimale Einstellung der technischen Gebäudeausrüstung. Die regelmäßige Messung von Verbrauchsdaten ist aus diesem Grund eine wichtige Voraussetzung zur Sicherstellung eines möglichst effizienten operativen Betriebs von Gebäuden. Ohne die Verfügbarkeit verlässlicher Verbrauchsdaten ist es nicht möglich Veränderungen und Ineffizienzen zu erkennen, die Wirkung von Verbesserungsmaßnahmen zu beurteilen und zukünftige Investitionen zur Verbesserung der Umweltbilanz von Gebäuden sinnvoll zu planen. Darüber hinaus stellt die Verfügbarkeit und Veröffentlichung von Verbrauchsdaten eine wichtige Komponente in vielen Reportingstandards dar. Neben den bereits beschriebenen ganzheitlichen CSR-Reportingstandards, gibt es zahlreiche Initiativen, welche sich ausschließlich auf Erfassung, Vergleich und Veröffentlichung von Verbrauchsdaten von Immobilien fokussieren. In diesem Zusammenhang sind insbesondere das

EPRA Nachhaltigkeitsreporting sowie die Standards der Greenprint Foundation hervorzuheben. Die EPRA Anforderungen sind durch ihre Identität mit den, in den GRI Nachhaltigkeitsreporting definierten, Anforderungen für Immobilienunternehmen von besonderer Bedeutung.

Ziel des EPRA Leitfadens ist es Immobilienunternehmen relevante Indikatoren zur Messung ihrer ökologischen Leistung aufzuzeigen und Handlungsempfehlungen zur Messung und Veröffentlichung der Daten zu geben. Die verwendeten Indikatoren umfassen ausschließlich ökologische Verbrauchsdaten des Investmentportfolios sowie der vom Unternehmen selbstgenutzten Flächen. Die EPRA Richtlinie unterscheidet hierbei zwischen zur Erfüllung des EPRA Standards unabdingbaren Schlüsselkriterien und ergänzenden, optionalen Indikatoren. Tabelle 4 gibt einen Überblick über die Pflichtkriterien des EPRA Reportingkatalogs. Langfristig plant die EPRA den Berichtskatalog um Indikatoren zur Abbildung der sozialen und ökonomischen Nachhaltigkeitsdimension zu erweitern (European Public Real Estate Association, 2011).

Tab. 4: Pflichtkriterien des EPRA Reportingkatalogs (Quelle: European Public Real Estate Association (2011): „Best Practices Recommendations on Sustainability Reporting")

Indikator	**Ökologische Leistungsmessung**	**Maßeinheit**
Gesamtverbrauch		
Energieverbrauch	Direkter Energieverbrauch aufgeschlüsselt nach Primärenergiequellen	kWH
	Indirekter Energieverbrauch aufgeschlüsselt nach Primärenergiequellen	kWH
Treibhausgasemissionen	Gesamte direkte Treibhausgasemissionen	Tonnen CO_2e
	Gesamte indirekte Treibhausgasemissionen	Tonnen CO_2e
Wasserverbrauch	Gesamtwasserentnahme aufgeteilt nach Quellen	Kubikmeter (m^3)
Abfall	Gesamtgewicht des Abfalls nach Art und Entsorgungsmethode	Tonnen
	Prozentanteile des Abfalls nach Entsorgungsmethode	Anteil nach Gewicht (%)
Durchschnittlicher Verbrauch		
Energie	Energieverbrauch im Verhältnis zum Immobilienbestand	kWh/m^2/Jahr kWh/Person/Jahr
Treibhausgasemissionen	Treibhausgasemissionen im Verhältnis zum Immobilienbestand	kg CO_2e/m^2/Jahr kg CO_2e/Person/Jahr
Wasserverbrauch	Wasserverbrauch im Verhältnis zum Immobilienbestand	m^3/m^2/Jahr Liter/Person/Tag

Der umfangreiche EPRA Anforderungskatalog verlangt neben der Erfassung des Energie- und Wasserverbrauchs auch die Ermittlung der Treibhausgasemissionen und der Abfallmenge. Für diese Indikatoren sind sowohl der Gesamtverbrauch als auch der Durchschnittsverbrauch (pro m^2 oder Person) anzugeben. Die Angabe des Gesamtenergieverbrauchs ermöglicht die Auswirkung der Unternehmenstätigkeit auf die Umwelt zu beurteilen. Mithilfe des Durchschnittsverbrauchs können Unternehmen die Effizienz verschiedener Gebäude und die Entwicklung von Verbrauchsdaten im Zeitablauf vergleichen. Die Angabe von Daten auf Basis von Durchschnittswerten erlaubt zudem die Auswirkungen von Neuakquisitionen, Modernisierungen und Verkäufen zu bewerten. Neben der Definition des Datenumfangs, enthält die EPRA Richtlinie detaillierte Hinweise zur Datenerhebung und Messung eines jeden Indikators. Relevante Punkte sind beispielsweise die Auswahl der Objekte (z.B. inklusive oder exklusive von Tochtergesellschaften und Minderheitsbeteiligungen) sowie der Umfang der Flächen (z.B. inklusive oder exklusive der Mieterflächen) die in die Datenerhebung mit einbezogen werden sollen. Weitere Anforderungen betreffen die Art der Auswertung und Veröffentlichung der Zahlen (European Public Real Estate Association, 2011).

Die Erfassung der in der EPRA Richtlinie definierten Verbrauchsdaten wird häufig sowohl die Einbeziehung externer Dienstleister (insbesondere der Property Manager) als auch der Mieter erfordern. Aus diesem Grund ist es sinnvoll frühzeitig diese beiden Stakeholdergruppen in die Umsetzung einer CSR-Strategie einzubinden. Entsprechende Regelungen werden in Zukunft zunehmend in die Verträge zwischen den Parteien Eingang finden und zum Standard in der Immobilienwirtschaft werden.

3.5.4 Grüner Mietvertrag

Die Mieter, als Nutzer von Gebäuden, haben entscheidenden Einfluss auf die Umweltbilanz einer Immobilie. Aus diesem Grund haben „Grüne Mietverträge" – an Nachhaltigkeitsgedanken ausgerichtete Mietverträge – in jüngster Vergangenheit zunehmend an Bedeutung gewonnen. Ziel eines „grünen Mietvertrags" ist die Festsetzung verbindlicher Regelungen für Mieter und Vermieter um eine möglichst effiziente und nachhaltige Nutzung und Bewirtschaftung von Gebäuden zu erreichen (Conradi et. al, 2012). Ungeachtet dieses generellen Verständnisses was ein „grüner Mietvertrag" bewirken soll, gibt es bisher weder in Wissenschaft noch Praxis einen allgemein anerkannten Standard für seine inhaltliche Ausgestaltung.

Anerkannte Vorschläge zur Berücksichtigung ökologischer und sozio-kultureller Faktoren in der Mietvertragsgestaltung lieferten für den angelsächsischen Raum die RICS und die Vereinigung Better Buildings Partnership (Better Buildings Partnership, 2009). Aufgrund unterschiedlicher Rechtsgegebenheiten und Marktstandards können diese Vorschläge jedoch nicht unmittelbar auf den deutschen Immobilienmarkt übertragen werden. Beispielsweise ist eine größtenteils verbrauchsabhängige Erfassung und Abrechnung der Betriebskosten in Deutschland marktüblich bzw. teilweise gesetzlich vorgeschrieben. In anderen Immobilienmärkten hingegen wird eine solche mietvertragliche Regelung als Fortschritt im Rahmen eines „grünen Mietvertrags" angesehen. Der umfassendste Regelungskatalog zur Einbeziehung von Nachhaltigkeitsaspekten in ein Mietvertragsverhältniss für den deutschen Immobilienmarkt stammt von einer Projektgruppe unter Führung der Anwaltskanzlei Freshfields Bruckhaus Deringer. Dieser Leitfaden umfasst 50 mögliche Regelungen und beinhaltet sowohl Vertragsklauseln hinsichtlich der Gebäudequalität und Ausstattung als auch Empfehlungen zur Sicherstellung einer nachhaltigen Nutzung und Bewirtschaftung von Gebäuden. Die Berücksichtigung ökologischer und soziokultureller Aspekte in der Mietvertragsgestaltung erfolgt im Rahmen dieses Leitfadens insbesondere in folgenden Bereichen: Nachhaltigkeitskodex, Zertifizierung, allgemeine Nutzung und Bewirtschaftung des Gebäudes, Reinigung und Abfall, Ausstattung und Baumaßnahmen des Mieters, Baumaßnahmen des Vermieters, Schönheitsreparaturen, Elektrische Energie, Beleuchtung, Elektrogeräte, Kühlung und Wärme, Verbrauch und Emissionen, Betriebs- und Nebenkosten, Nachhaltigkeitshandbuch, Nachhaltigkeitsausschuss sowie Schadensersatz und Sanktionen. Mögliche detaillierte Ausgestaltungsbeispiele sind u. a. die Realisierung umweltfreundlicher Baukonzepte und Ausstattungsmerkmale in der Baubeschreibung, die Zertifizierung eines Gebäudes, die Verpflichtung zur Erhaltung einer Zertifizierung, die Nutzung regenerativer Energiequellen oder die Verwendung umweltfreundlicher Reinigungsmittel (Conradi et. al, 2012).

Ungeachtet der Weiterentwicklung des Verständnisses eines „grünen Mietvertrags" ist es kaum vorstellbar, dass sich in Zukunft ein allgemein anerkannter, universell anzuwendender Katalog an Vertragsregelungen herausbildet. Die großen Unterschiede zwischen Immobilien (u. a. Neubau vs. Bestandsgebäude, Nutzungsart, Single-tenant vs. Multi-tenant Immobilie, Mietvertragslänge) sowie die unterschiedlichen Ziele und Bedürfnisse der Vertragsparteien erfordern stets individuell angepasste Lösungen zur Einbeziehung ökologischer und sozio-kultureller Aspekte im Mietvertrag.

Vorreiter bei der Implementierung „grüner Mietverträge" sind insbesondere britische und australische Immobilienunternehmen (z. B. British Land, Hammerson und Investa Property Group). Im deutschen Immobilienmarkt gaben insbesondere die IVG AG und AXA Investment Management medienwirksam die Einführung und Nutzung „grüner Mietverträge" bekannt. Die zunehmende Verbreitung von Nachhaltigkeitsaspekten in Mietverträgen wird auch in der jüngsten GRESB-Studie bestätigt. „Grüne Mietverträge" verwenden demnach 39 % der befragten Unternehmen aus Europe, 62 % der Unternehmen aus Australien und 36 % der Unternehmen aus den USA (Global Real Estate Sustainability Benchmark, 2014).

Neben der formalen Einbindung von Mietern in die CSR-Bemühungen über „grüne Mietverträge" nutzen Immobilienunternehmen die Bereitstellung von Nachhaltigkeitshandbüchern, die Organisation von Veranstaltungen um das Bewusstsein für das Thema Nachhaltigkeit zu fördern und die Zurverfügungstellung detaillierter Verbrauchsdaten als Werkzeuge zum „Nachhaltigkeitsdialog" mit Mietern.

3.5.5 CSR-Berichterstattung

Das gestiegene Interesse aller Stakeholder – insbesondere von Investoren, Kunden, Mitarbeitern und der Öffentlichkeit – an den Aktivitäten von Unternehmen hat eine umfangreiche Berichterstattung zu einer wesentlichen Komponente einer ganzheitlichen CSR-Strategie werden lassen. Das Ziel einer CSR-Veröffentlichung ist es die wichtigsten ökologischen und sozialen Belange eines Unternehmens zu erläutern, den Managementsansatz und Ziele zu erklären und die Wirksamkeit der eingeleiteten Maßnahmen aufzuzeigen. Durch das Schaffen von Transparenz gelingt es Unternehmen die notwendige Glaubwürdigkeit herzustellen und ermöglicht Stakeholdern die Aktivitäten eines Unternehmens zu bewerten. Die große Bedeutung einer CSR-Berichterstattung in der Immobilienwirtschaft zeigt sich in der Tatsache, dass 88 % der Teilnehmer der letztjährigen GRESB-Studie relevante Informationen öffentlich bereitstellen. Für die Veröffentlichung können Unternehmen verschiedene Medien beispielsweise separate Nachhaltigkeitsberichte, spezielle Sektionen auf ihrer Internetseite oder das reguläre Kapitalmarktreporting (z. B. der jährliche Geschäftsbericht) nutzen (Global Real Estate Sustainability Benchmark, 2014).

Die Erstellung von eigenständigen Nachhaltigkeitsberichten findet zunehmend Anwendung in der Immobilienwirtschaft, stellt jedoch auch die aufwändigste Alternative dar. In diesem Zusammenhang sind der angewandte Reportingstandard (z. B. GRI-Standard, CDP, AccountAbility AA 100), der Umfang und die Qualität der veröffentlichten Informationen sowie die Prüfung durch externe Dritte von entscheidender Bedeutung. Die Anwendung des GRI-Standards, welcher sowohl im Grünbuch der EU als auch von den Immobilienverbänden ZIA und EPRA als Best Practice herausgestellt wird, findet mittlerweile auch in der immobilienwirtschaftlichen Unternehmenspraxis zunehmend Anwendung (siehe Abbildung 4).

Indem sie sich medienwirksam zur Umsetzung der GRI-Richtlinien bekannten, haben sich in Deutschland insbesondere die Alstria Office AG, IVG AG und die DIC AG als Vorreiter positioniert. Als wesentliche Bestandteile des GRI-Standards sind sowohl die Darstellung des Managementansatzes, die Darlegung der wesentlichen Ziele sowie die Veröffentlichung quantitativer Daten anzusehen. Für die Immobilienwirtschaft liegt der Schwerpunkt der Reportinganforderungen im ökologischen Bereich. Die Weiterentwicklung des bisher aktuellen GRI-3 Standards zur GRI-4 Version erfordert von Unternehmen anstatt der Festsetzung einer fest definierten Erfüllungsebene zuerst die für sie und ihre Stakeholder wesentlichen Themenfelder zu definieren und entsprechend in ihrer CSR-Berichterstattung zu berücksichtigen. Unternehmen haben somit die Möglichkeit, die für sie relevanten Indikatoren in bestimmten Umfang selbst auszuwählen, ohne dass ihr CSR-Implementierungsgrad durch die Nichterfüllung von für sie nicht relevanten Indikatoren herabgesetzt wird (Stibbe/Voigtländer, 2013). Die Prüfung von Nachhaltigkeitsberichten durch externe Auditoren stellt die höchste Erfüllungsstufe dar. 34 % der Teilnehmer der GRESB-Studie haben in unterschiedlichen Ausmaß die Korrektheit der Informationen ihrer Nachhaltigkeitsveröffentlichung durch externe Prüfer bestätigen lassen (Global Real Estate Sustainability Benchmark, 2014).

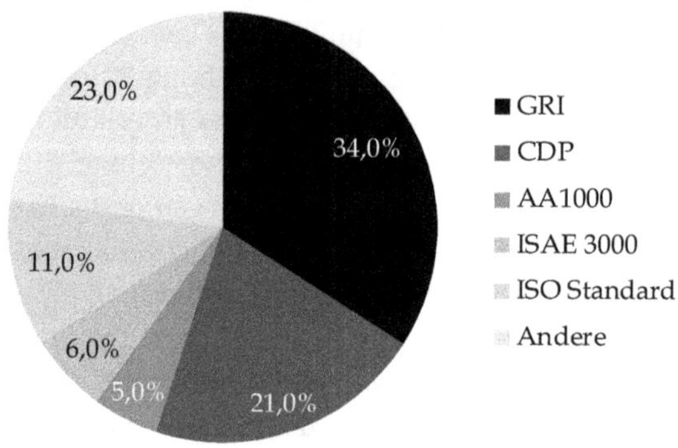

Abb. 4: Angewandte Reportingstandards (Quelle: Global Real Estate Sustainability Benchmark (2014): „2013 GRESB Report")

3.6 Einfluss einer CSR-Strategie auf die Performance von Immobilienunternehmen

Ungeachtet der jüngsten CSR-Popularität herrscht noch immer eine Kontroverse darüber inwieweit CSR-Prinzipien in der Unternehmensführung berücksichtigt werden sollen. Die zentrale Frage ist hierbei ob Unternehmen lediglich die (wirtschaftlichen) Interessen der Eigentümer oder auch die vielfältigen – ökologischen und sozialen – Interessen anderer Stakeholder in ihr unternehmerisches Kalkül einbeziehen müssen.

Aufgrund dieser Kontroverse hat die Wissenschaft ein großes Interesse entwickelt die Auswirkungen von CSR-Maßnahmen auf den wirtschaftlichen Erfolg von Unternehmen zu bestimmen. Die Ergebnisse der bisherigen (nicht immobilienspezifischen) Studien sind jedoch widersprüchlich. Während beispielsweise Cohen et al. (1997) keinen statistisch signifikanten Zusammenhang herstellen konnte, zeigten die Resultate der Arbeiten von Guenster et al. (2005) und Dowell (2000) einen positiven Zusammenhang zwischen Unternehmensergebnis und CSR-Leistung (Guenster et. al, 2005; Dowell et. al, 2000; Cohen et. al, 1997). Als Ursache für diese gegensätzlichen Ergebnisse ist insbesondere das Fehlen einer einheitlichen, allgemein anerkannten Definition von Nachhaltigkeit anzusehen, da die Verwendung unterschiedlicher CSR-Begriffsinhalte zwangsläufig zu Verzerrungen führt.

In Bezug auf die Immobilienwirtschaft gibt es bisher lediglich sehr wenig relevante Forschungsarbeiten. In einer ersten Arbeit konnte Cajias et al. (2011) einen positiven Zusammenhang zwischen den CSR-Aktivitäten eines Unternehmens und seinem Rendite-Risiko Profil nachweisen. Die verwendete Nachhaltigkeitsdefinition war angelehnt an die GRI-Richtlinie und umfasste die Aspekte Menschenrechte & Soziale Verantwortlichkeit, Ökologische Nachhaltigkeit, Finanzielle Nachhaltigkeit und Transparenz. Unternehmen mit höheren CSR-Bewertungen zeichneten sich in dieser Arbeit durch eine bessere Fähigkeit Erträge zu generieren sowie ein niedrigeres idiosynkratisches Risiko aus (Cajias et. al, 2011). In einer zweiten Arbeit untersuchten Fürst et al. (2011) den Einfluss der Nachhaltigkeitsleistung von Unternehmen auf ihren Marktwert. Unter Verwendung des KLD ESG Nachhaltigkeitsindex, welcher sieben Nachhaltigkeitskategorien berücksichtigt, wurde ein positiver Zusammenhang zur Kennzahl Tobin's Q (Marktwert-Substanzwert-Verhältnis) nachgewiesen. Dieser positive Zusammenhang beruhte jedoch nicht auf höheren Marktwerten von im Nachhaltigkeitsbereich führenden Unternehmen, sondern auf Abschlägen, welche Unternehmen mit einer schlechten CSR-Bewertung hinnehmen mussten (Fürst et. al, 2011).

3.7 Schlussbemerkung

Das Thema CSR bzw. Nachhaltigkeit hat in den vergangenen Jahren in der Immobilienwirtschaft kontinuierlich an Bedeutung gewonnen und sein Einfluss auf Unternehmen wird in Zukunft zweifellos weiter zunehmen. Die Impulsgeber für diese Entwicklung sind vielfältig. Als wichtigste Gründe in der Immobilienwirtschaft können die Verschärfung der gesetzlichen Rahmenbedingungen, die erhöhten Anforderungen von Mietern sowie das gestiegene Interesse von Investoren angesehen werden.

Eine wirkungsvolle CSR-Strategie mit dem Ziel Verbesserungen im Immobilienportfolio zu erreichen, erfordert einen ganzheitlichen Ansatz, welcher über die Zertifizierung von Gebäuden bzw. den Erwerb zertifizierter Gebäude hinausgeht. Wichtige weitere Komponenten eines solchen ganzheitlichen CSR-Managementansatzes sind insbesondere eine klare, die besonderen Umstände des Unternehmens berücksichtigende, CSR-Strategie, die Einbeziehung von Mietern (z. B. über „grüne Mietverträge") und Dienstleistern in die Nachhaltigkeitsbemühungen, die Messung und Veröffentlichung der wichtigsten Verbrauchsdaten sowie die klare Regelung von Verantwortlichkeiten innerhalb des Unternehmens. Die Bedeutung der einzelnen Maßnahmen wird dabei unter anderem von der Portfoliostruktur als auch vom Unternehmen selbst und seinen Zielen abhängen. Beispielsweise wird das Thema Zertifizierungen für Investoren mit Fokussierung auf Core-Objekte in A-Städten und A-Lagen mit Großunternehmen als Mieterklientel von wesentlich größerem Einfluss sein als für Investoren mit Schwerpunkt auf B- und C-Lagen mit einer diversifizierten Mieterstruktur aus klein- und mittelständischen Unternehmen.

Aus Unternehmenssicht soll die Implementierung und Umsetzung einer CSR-Strategie die langfristige Wettbewerbsfähigkeit verbessern und Geschäftsrisiken minimieren. Obwohl es erste Indizien gibt, dass sich CSR-Maßnahmen positiv auf die Unternehmensperformance auswirken, ist eine definitive Aussage aufgrund der bisher mangelnden Datenlage nicht möglich. Parallel zu diesen ersten Studien auf Unternehmensebene, gibt es auch erste Erkenntnisse auf der Objektebene. Bei zertifizierten Objekten scheint sich insbesondere in der akademischen Literatur ein Konsens für ihre bessere Wirtschaftlichkeit im Vergleich zu nicht-zertifizierten Objekten abzuzeichnen. Es ist hierbei anzumerken, dass diese Studien größtenteils auf gleichem Datenmaterial beruhen, die Ergebnisse sehr stark von der Modellspezifikation abhängen, nur sehr kurze Zeiträume betrachtet wurden und das Datenmaterial unausgewogen erscheint. Eine bessere Wirtschaftlichkeit zertifizierter Gebäude sollte aus diesem Grund nicht pauschal angenommen werden. Ungeachtet der nicht abschließend geklärten wirtschaftlichen Auswirkungen von CSR-Aktivitäten wird es sich in Zukunft kein Unternehmen auf Dauer leisten können, die ökologischen und sozialen Auswirkungen ihrer Unternehmenstätigkeit unberücksichtigt zu lassen und das Thema Nachhaltigkeit zu vernachlässigen.

3.8 Literatur

Better Buildings Partnership (2009): Green Lease Toolkit – Working together to improve sustainability. London, Verfügbar unter: http://www.betterbuildingspartnership.co.uk/download/bbp-green-lease-toolkit.pdf, abgerufen April 20, 2014.

British Land (2014): Sustainability Brief for Acquisitions. Verfügbar unter: http://www.britishland.com/~/media/Files/B/British-Land/downloads/investor-downloads/BL-Sustainability-Brief-for-Acqusitions.pdf, abgerufen Juni 20, 2014.

Cajias, Marcelo/Geiger, Peter/Bienert, Sven (2011): Green Agenda and Green Performance: Is there a link? Verfügbar unter: http://papers.ssrn.com/sol3/papers.cfm?abstract_id=1920223, abgerufen Januar 14, 2014.

Cohen, Mark A./Fenn, Scott A./Konar, Shameek (May 1997): Environmental and Financial Performance: Are they related? Working Paper Series, Available at: http://sitemason.vanderbilt.edu/files/d/dLwFkQ/Environmental%20and%20Financial%20Performance.pdf, retrieved September 02, 2013.

Conradi, Johannes/Binkowski, Sergio/Spenke, Christina (2012): Green Lease – Der grüne Mietvertrag für Deutschland. Verfügbar unter: http://www.der-gruene-mietvertrag.de/downloads/greenLease_der-gruene-Mietvertrag.pdf, abgerufen Juni 20, 2014.

Cushman & Wakefield (Spring 2009): European Landlord & Tenant Survey 2009. Business Briefing.

Dahlsrud, Alexander (2008): How Corporate Social Responsibility is Defined: an Analysis of 37 Definitions. in: *Corporate Social Responsibility and Environmental Management*, Vol. 15:1, pp. 1–13.

DEGI Deutsche Gesellschaft für Immobilienfonds (September 2009): Online-Befragung unter Fondsmanagern: Die Bedeutung von Nachhaltigkeit bei Immobilienfonds. Frankfurt.

Deutsche Bank (2014): Grüne Immobilien – Ein wichtiger Beitrag zum Klimaschutz. Verfügbar unter: https://www.db.com/cr/de/konkret-gruene-immobilien.htm, abgerufen Juli 15, 2014.

Deutscher Bundestag (2009): Gesetz zur Förderung Erneuerbaren Energien im Wärmebereich (Erneuerbare-Energien-Wärmegesetz – EEWärmeG.

Deutscher Bundestag: Verordnung über energiesparenden Wärmeschutz und energiesparende Anlagetechnik bei Gebäuden – Energieeinsparverordnung – EnEV.

DGNB (2014): DGNB Systembroschüre – Nachhaltig bauen mit System. Deutsche Gesellschaft für Nachhaltiges Bauen e. V., Stuttgart.

Dixon, Tim/Colantonio, Andrea/Shiers, David/Reed, Richard G./Wilkinson, Sara J./Gallimore, Paul (2008a): A green profession? A global survey of RICS members and their engagement with the sustainability agenda. in: *Journal of Property Investment & Finance*, Vol. 26:6, pp. 460–481.

Dixon, Tim/Keeping, Miles/Roberts, Claire (2008b): Facing the future: energy performance certificates and commercial property. in: *Journal of Property Investment & Finance*, Vol. 26:1, pp. 96–100.

Dowell, Glen/Hart, Stuart/Yeung, Bernard (2000): Do Corporate Global Environmental Standards Create or Destroy Market Value? in: *Management Science*, Vol. 46:8, pp. 1059–1074.

Eichholtz, Piet/Kok, Nils/Quigley, John M. (2009a): Why Companies Rent Green: CSR and The Role of Real Estate. ERES Conference 2009, Verfügbar unter: http://eres.architexturez.net/doc/oai-eres.id-eres2009_176.pdf, abgerufen Juni 23, 2014.

Eichholtz, Piet/Kok, Nils/Quigley, John M. (2009b): Doing Well by Doing Good? – Green Office Buildings. Working Papers, Verfügbar unter: http://repositories.cdlib.org/cgi/viewcontent.cgi?article=1076&context=iber/bphup, abgerufen Mai 20, 2014.

Eichholtz, Piet/Kok, Nils/Quigley, John M. (April 2010): Sustainability and the Dynamics of Green Building. Verfügbar unter: http://www.usgbc.org/Docs/Archive/General/Docs7094.pdf, abgerufen Juli 15, 2014.

Elkington, John (1994): Towards the Sustainable Corporation: Win-Win-Win Business Strategies for Sustainable Development. in: *California Management Review*, Vol. 36:2, pp. 90–100.

European Public Real Estate Association (2011): Best Practices Recommendations on Sustainability Reporting. Verfügbar unter: http://www.epra.com/files/3313/3093/7734/EPRA_BPR_2011_Sustainability_FINAL.pdf, abgerufen Juni 20, 2014.

Eurosif (2013): European SRI Study 2012. Verfügbar unter: http://www.eurosif.org/images/stories/pdf/1/eurosif%20sri%20study_low-res%20v1.1.pdf, abgerufen Mai 16, 2014.

Falkenbach, Heidi/Lindholm, Anna Liisa/Schleich, Helmut (2010): Environmental Sustainability: Drivers for the Real Estate Investor. in: *Journal of Real Estate Literature*, Vol. 18:2, pp. 203–225.

FTSE Group (2004): FTSE4Good Index Series – Criteria Development and Company Engagement Programme 2003–2004 Report. Verfügbar unter: http://www.ftse.com/Indices/FTSE4Good_Index_Series/Downloads/FTSE4Good_Company_Engagement_Report.pdf, abgerufen Mai 09, 2014.

Fuerst, Franz/McAllister, Patrick (June 2008): Green Noise or Green Value? Measuring the Effects of Environmental Certification on Office Property Values. Working Paper Series, Verfügbar unter: SSRN: http://ssrn.com/abstract=1140409, abgerufen August 10, 2014.

Fuerst, Franz/McAllister, Patrick (April 2009): New Evidence on the Green Building Rent and Price Premium. Available at: SSRN: http://ssrn.com/abstract=1372440, retrieved August 10, 2009.

Fuerst, Franz/McAllister, Patrick (April 2009): New Evidence on the Green Building Rent and Price Premium. Verfügbar unter: SSRN: http://ssrn.com/abstract=1372440, abgerufen August 10, 2014.

Fürst, Franz/Cajias, Marcelo/McAllister, Patrick/Nanda, Anupam (2011): Do Responsible Real Estate Companies Outperform their Peers. Verfügbar unter: http://papers.ssrn.com/sol3/papers.cfm?abstract_id=1808701, abgerufen Januar 14, 2014.

Garriga, Elisabet/Mele, Domenec (2004): Corporate Social Responsibility Theories: Mapping the Territory. in: *Journal of Business Ethics*, Vol. 53:1–2, pp. 51–71.

Global Real Estate Sustainability Benchmark (2014): 2013 GRESB Report. Verfügbar unter: https://gresb-public.s3.amazonaws.com/2013/2013%20GRESB%20Report.pdf, abgerufen Mai 16, 2014.

Global Reporting Initiative (2013): GRI – 2012/2013 Sustainability Report, Verfügbar unter: https://www.globalreporting.org/resourcelibrary/2012–2013-Sustainability-Report.pdf, abgerufen Juni 5, 2014.

Global Reporting Initiative (2014): G4 Sector Disclosures Construction and Real Estate, Amsterdam, Available at: https://www.globalreporting.org/resourcelibrary/GRI-G4-Construction-and-Real-Estate-Sector-Disclosures.pdf, abgerufen Mai 20, 2014.

Guenster, Nadja/Derwall, Jeroen/Bauer, Rob/Koedijk, Kees (July 2005): The Economic Value of Corporate Eco-Efficiency. Verfügbar unter: http://papers.ssrn.com/sol3/papers.cfm?abstract_id=675628, abgerufen Juni 22, 2014.

Holmes, John/Hudson, Gordon (2002): The application of BREEAM in corporate real estate: A case study in the design of a city centre office development. in: *Journal of Corporate Real Estate*, Vol. 5:1, pp. 66–78.

Jones Lang LaSalle (2008): Global Trends in Sustainable Real Estate: An Occupier's Perspective. Verfügbar unter: http://www.joneslanglasalle.com/csr/SiteCollectionDocuments/Global_Sustainability_Feb08.pdf, abgerufen Juli 15, 2014.

Kats, Greg (2003): The Costs and Financial Benefits of Green Buildings. Verfügbar unter: http://www. http://www.usgbc.org/sites/default/files/costsofgreen_0.pdf, abgerufen Mai 05, 2009.

Lexikon der Nachhaltigkeit (2014): Prinzipien für nachhaltiges Investieren (UNPRI), Verfügbar unter: http://www.nachhaltigkeit.info/artikel/un_prinzipien_fuer_verantwortliches_investieren_un_1625.htm, abgerufen Mai 20, 2014.

Miller, Norm/Pogue, Dave/Gough, Quiana/Davis, Susan (2009): Green Buildings and Productivity. in: *Journal of Sustainable Real Estate*, Vol. 1:1, pp. 65–90.

Mösle, Peter/Bauer, Michael/Hoinka, Thomas (2009): Green Building Zertifikate auf dem Prüfstand. In: Pöschk, Jürgen (ed.): "*Energieeffizienz in Gebäuden. Jahrbuch 2009.*" Verlag und Medienservice Energie, Berlin.

Myers, Georgia/Reed, Richard G./Robinson, Jon (2008): Sustainable Property – the future of the New Zealand Market. in: *Pacific Rim Property Research Journal*, Vol. 14:3, pp. 298–321.

Peters, Anna (o. A.): Wege aus der Krise – CSR als strategisches Rüstzeug für die Zukunft, Bertelsmann Stiftung, Verfügbar unter: http://www.bertelsmann-stiftung.de/cps/rde/xbcr/SID-C62CD669-0B59C24B/bst_engl/CSR-Trendstudie_Wege_aus_der_Krise_final.pdf, abgerufen Mai 20, 2014.

Porter, Michael/Kramer, Mark (2006): Strategy & Society. The Link Between Competitive Advantage and Corporate Social Responsibility. in: *Harvard Business Review*, Vol. 84:12, pp. 78–92.

Porter, Michael/van der Linde, Claas (1995): Green and Competitive. Ending the Stalemate. in: *Harvard Business Review*, Vol. 73:5, pp. 120–135.

Reed, Richard/Bilos, Anita/Wilkinson, Sara J./Schulte, Karl-Werner (2009): International Comparison of Sustainable Rating Tools. in: *Journal of Sustainable Real Estate*, Vol. 1:1, pp. 2–22.

Roland Berger Strategy Consultants (2010): Nachhaltigkeit im Immobilienmanagement – Kurzfassung der Studie. Henzelmann, Torsten, Büchele, Ralph and Engel, Michael, Available at: http://www.rolandberger.com/media/pdf/Roland_Berger_Nachhaltigkeit_im_Immobilienmanagement_final_20100401.pdf, retrieved March 25, 2010.

Rottke, Nico B./Reichardt, Alexander (2009): Nachhaltigkeit in der Immobilienwirtschaft: Implementierungsstand und Beurteilung. In: Rottke, Nico B. (ed.): *Ökonomie versus Ökologie: Nachhaltigkeit in der Immobilienwirtschaft?* Immobilien Informationsverlag Rudolf Müller, Köln.

Saloner, Garth/Shepard, Andrea/Podolny, Joel (2001): Strategic Management. John Wiley & Sons, New York.

Sayce, Sarah/Ellision, Louise/Parnell, Philip (2007): Understanding investment drivers for UK sustainable property. in: *Building Research & Information*, Vol. 35:6, pp. 629–643.

Schleich, Helmut (2012): Sustainable Property Portfolio Management. Immobilien Manager Verlag, Köln.

Sethi, Prakash (2005): Investing in Socially Responsible Companies is a Must for Public Pension Funds. Because There is No Better Alternative. in: *Journal of Business Ethics*, Vol. 56:2, pp. 99–129.

Stibbe, R./Voigtländer, M.: Corporate Social Responsability in der Immobilienwirtschaft, iw Trends, Institut der deutschen Wirtschaft Köln e. V., Köln 2013.

U.S. Green Building Council (2013): LEED V4 for Building Design and Construction. Washington, DC, Verfügbar unter: http://www.usgbc.org/resources/leed-v4-building-design-and-construction-ballot-version, abgerufen Juni 20, 2014.

UNEP Finance Initiative (2006): Principles for Responsible Investment – The six Principles. Verfügbar unter: http://www.unpri.org/about-pri/the-six-principles/, abgerufen Mai 20, 2014.

UNEP Finance Initiative (2008b): Responsible Property Investing – What the leaders are doing. Principles for Responsible Investment, Available at: http://www.unepfi.org/fileadmin/documents/responsible_property_investing_01.pdf, abgerufen Juli 16, 2009.

UNEP Finance Initiative (2014): Principles for Responsible Investment – Annual Report of the PRI Initiative 2013, Verfügbar unter: http://d2m27378y09r06.cloudfront.net/viewer/?file=wp-content/uploads/AnnualReport20131.pdf, abgerufen Juni 05, 2014.

UNEP Sustainable Buildings & Construction Initiative (2009): Buildings and Climate Change – Summary for Decision-Makers. Paris, Available at: http://www.unep.org/sbci/pdfs/SBCI-BCCSummary.pdf, retrieved October 02, 2009.

van Marrewijk, Marcel/Werre, Marco (2003): Multiple Levels of Corporate Sustainability. in: *Journal of Business Ethics*, Vol. 44:2–3, pp. 107–119.

Wiley, Jonathan A./Benefield, Justin D. (2009): Green Design and the Market for Commercial Office Space. in: *Journal of Real Estate Finance and Economics*, online first.

Wood, David (2009a): Committing and Engaging – First in a Series of Toolkits on Responsible Property Investing. Verfügbar unter: http://www.unepfi.org/fileadmin/documents/responsible_property_toolkit1.pdf, abgerufen Juli 16, 2014.

Zentraler Immobilien Ausschuss e. V. (2012): Nachhaltigkeit in der Immobilienwirtschaft: Kodex, Berichte und Compliance; Berlin.

Wolfgang Schäfers, Nicolas Kohl

4 Corporate Governance bei Immobilienunternehmen

Inhalt

4.1 Einleitung

Im Wettbewerb um internationales Kapital ist Corporate Governance zu einem entscheidenden Wettbewerbsfaktor avanciert, dem sich Entscheidungsträger in Unternehmen, insbesondere seit der Finanz- und Immobilienkrise im Jahr 2008/2009, nicht länger entziehen können. Im Gegenteil, für Unternehmen wird es immer wichtiger, gezielt auf die Anforderungen von Kapitalgebern und Investoren einzugehen. Dazu zählt neben dem Wunsch nach mehr Transparenz vor allem die Forderung nach effektiveren Kontrollmechanismen für das unternehmerische Handeln von Managern. Vor diesem Hintergrund hat das Thema „Corporate Governance" in verschiedenen Bereichen der Forschung als auch in der Praxis besondere Aufmerksamkeit erhalten. Im Gegensatz zu Unternehmen anderer Sektoren weisen Immobiliengesellschaften einige Besonderheiten hinsichtlich ihrer Governance-Struktur auf, was eine eigenständige wissenschaftliche Auseinandersetzung mit der Thematik rechtfertigt.

4.2 „Corporate Governance"-Konzept

4.2.1 „Corporate Governance"-Definition

In der Literatur ist der Begriff „Corporate Governance" nicht einheitlich definiert. Es existieren zahlreiche Definitionen, die im Detail voneinander abweichen.

> Corporate Governance ist ein System, durch das Unternehmen geführt und kontrolliert werden.
> (Cadbury, 1992, S. 15)

> Corporate Governance beschäftigt sich mit der Art und Weise, wie Kapitalgeber von Unternehmen sicherstellen, dass sie eine Verzinsung auf ihr investiertes Kapital erhalten.
> (Shleifer/Vishny, 1997, S. 737)

> Corporate Governance ... beinhaltet eine Reihe von Beziehungen zwischen dem Management, dem Aufsichtsrat, den Anteilseignern und anderen Interessensgruppen eines Unternehmens. ... Gute Corporate Governance sollte einerseits angemessene Anreize für Aufsichtsrat und Unternehmensführung schaffen, um bei der Verfolgung von Zielen Interessensgleichheit mit den Anteilseigner sicherzustellen, und andererseits eine effektive Kontrolle erleichtern, ...
> (OECD, 1999, S. 11)

> Corporate Governance betrifft vor allem die Funktionsweise der Leitungsorgane, ihre Zusammenarbeit und der Kontrolle ihres Verhaltens.
> (Baums, 2001, S. 20)

> Corporate Governance bezeichnet prinzipiell die organisatorische und inhaltliche Ausgestaltung des Managements eines Unternehmens.
> (ZIA, 2012, S. 36)

Im Wesentlichen umschreibt Corporate Governance ein System von internen und externen Mechanismen zur Kontrolle der Leitungsorgane eines Unternehmens mit dem Ziel, das investierte Kapital der Anteilseigner vor einem potenziellen Missbrauch zu schützen.

Die Forderung nach einem funktionsfähigen Corporate Governance-System beruht im Kern auf der Trennung von Unternehmenseigentum und -kontrolle sowie den daraus resultierenden Interessenkonflikten zwischen Anteilseignern und Management, mit denen sich die „Principal Agent“-Theorie näher befasst (vgl. Abbildung 1).

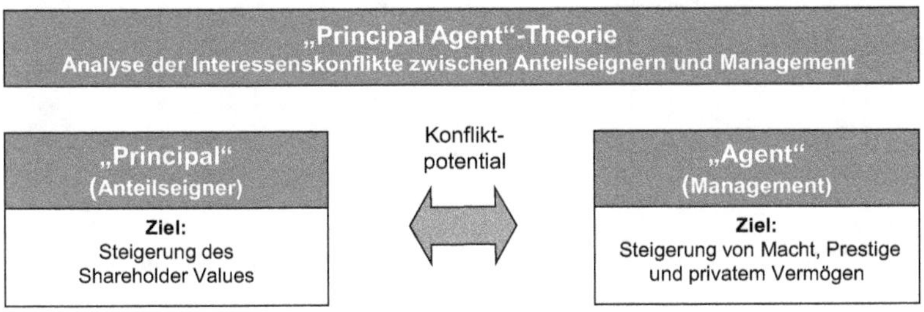

Abb. 1: Darstellung der im Rahmen der „Principal Agent“-Theorie untersuchten Interessenskonflikte zwischen Anteilseignern und Management (Quelle: In Anlehnung an Kohl (2009), S. 15)

Gemäß dem Verständnis des „Shareholder Value“-Konzeptes, welches sich ausschließlich an den Zielen der Anteilseigner orientiert, hat das Management den grundlegenden Auftrag, das Unternehmen im Sinne der Anteilseigner so zu führen, dass der Unternehmenswert langfristig gesteigert wird (vgl. Jensen, 2001, S. 299). Aufgrund divergierender Zielvorstellungen handeln Manager jedoch nicht immer im besten Interesse der Anteilseigner (vgl. Berle/Means, 1932, S. 6 f; Jensen/Meckling, 1976, S. 308), da sie beispielsweise aus Vergütungs-, Macht- oder Prestigegründen in wertvernichtende Projekte investieren oder die Umsetzung wertsteigernder Projekte unterlassen. Um solche Interessenskonflikte zu reduzieren, bedarf es geeigneter Kontrollmechanismen, die in ihrer Gesamtheit die Corporate Governance-Struktur eines Unternehmens darstellen.

4.2.2 „Corporate Governance“-Struktur

Bei der Corporate Governance-Struktur eines Unternehmens ist grundsätzlich zwischen einer internen und einer externen Corporate Governance-Struktur zu unterscheiden (vgl. Abbildung 2).

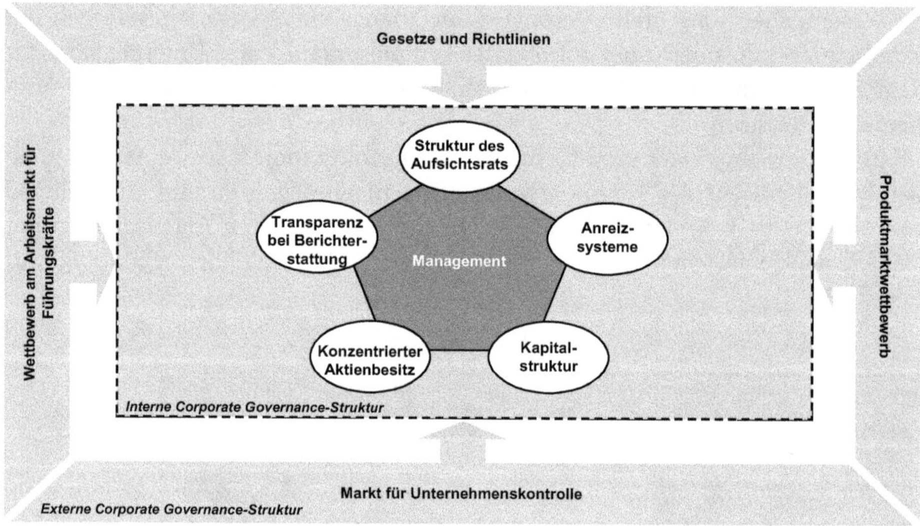

Abb. 2: Allgemeine Darstellung eines Corporate Governance-Systems (Quelle: In Anlehnung an Kohl (2009), S. 32)

4.2.2.1 Interne „Corporate Governance"-Struktur

Die interne Corporate Governance-Struktur umfasst sämtliche Kontrollmechanismen, die durch das Unternehmen bzw. dessen Anteilseigner beeinflusst werden. Hierzu zählen die Struktur des Aufsichtsrates, Anreizsysteme für das Management, die Kapitalstruktur, die Konzentration von Aktienbesitz und die Transparenz bei der Berichterstattung.

Struktur des Aufsichtsrates

Als primäres unternehmensinternes Kontrollgremium kommt dem Aufsichtsrat eine wesentliche Funktion im Rahmen der Corporate Governance zu. Hierbei handelt es sich um ein gesetzlich geregeltes Gremium, dass die Eigentümer repräsentiert und idealerweise dafür Sorge trägt, dass das Unternehmen im Sinne der Eigentümer geführt wird. Der Aufsichtsrat erfüllt dabei insbesondere drei wesentliche Funktionen: die Auswahl und Berufung von Mitgliedern der Geschäftsführung/Vorstandes, die Kontrolle der Entscheidungen und des Handelns von Geschäftsführern/Vorständen und der Austausch von Mitgliedern der Geschäftsführung/Vorstandes, sofern diese die an sie gestellten Erwartungen nicht erfüllen. Es ist weithin anerkannt, dass Aufsichtsräte nur unter bestimmten Bedingungen, d. h. bzgl. ihrer Struktur und Größe, als effektives Governance-Instrument fungieren. So üben insbesondere solche Aufsichtsräte eine gute Kontrollfunktion aus, die sich aus überwiegend vom Management unabhängigen Mitgliedern zusammensetzen (vgl. John/Senbet, 1998, S. 373) und eine tendenziell geringere Anzahl von Mitgliedern aufweisen (vgl. Lipton/Lorsch, 1992, S. 65).

Anreizsysteme

Anreizsysteme gelten als ein weiterer wichtiger Kontrollmechanismus im Rahmen der Corporate Governance. Eine gute Anreizstruktur beeinflusst nicht nur wie sich Führungskräfte verhalten, sondern auch welche Art von Führungskräften das Unternehmen als potenzieller Arbeitgeber anzieht und an sich bindet. Dabei zieht eine stärkere Fokussierung auf eine leistungsorientierte variable Vergütung i. d. R. motiviertere und kompetentere Manager an, da diese sich besser stellen als in Unternehmen ohne eine solche Vergütungsstruktur (vgl. Fama, 1980, S. 292; Jensen/Murphy, 1990, S. 139). Idealerweise sollte eine leistungsorientierte Vergütung auf den Marktwert des Unternehmens abstellen, um eine Interessensangleichung zwischen Management und Anteilseignern herzustellen („Convergence of Interest"-Hypothese). Werden Manager durch eine variable Vergütung in Form von Anteilen am Unternehmen zu Miteigentümern, haben sie weniger Anreize wertvernichtende Entscheidungen zu treffen (vgl. u. a. Jensen/Murphy, 1990, S. 139).

Kapitalstruktur

Ein Teil der Corporate Governance-Literatur weist auf die Bedeutung der Finanzierungs- bzw. Kapitalstruktur von Unternehmen im Hinblick auf die Reduzierung von „Agency"-Kosten hin. In diesem Zusammenhang soll ein höherer Fremdkapitalanteil (Leverage) dazu beitragen, die Verschwendung von Free Cash Flows durch das Management zu verhindern („Free Cash Flow"-Hypothese; vgl. Jensen, 1986). Der dieser Hypothese zu Grunde liegende Gedanke ist der, das eine höhere Fremdfinanzierung Manager dazu anhält, einen größeren Teil der Free Cash Flows eines Unternehmens zur Begleichung des Kapitaldienstes zu verwenden und Managern damit weniger Möglichkeiten für Investitionen in nicht-profitable, wertvernichtende Projekte bietet (vgl. Stulz 1990, S. 4; Hart/Moore, 1995, S. 568). Zudem üben Gläubiger im eigenen Interesse eine Kontrollfunktion gegenüber dem Management aus, um sicherzustellen, dass sie das zur Verfügung gestellte Kapital inkl. Zinsen nach Ablauf der Vertragslaufzeit zurückerhalten (vgl. Friday, 1997, S. 2).

Konzentrierter Aktienbesitz

Neben den oben beschriebenen Mechanismen wird auch dem konzentrierten Besitz von Unternehmensanteilen durch große private oder institutionelle Anteilseigner eine bedeutende Kontrollfunktion im Rahmen der Corporate Governance beigemessen (vgl. Zeitlin, 1974, S. 1089 ff; Stiglitz, 1985, S. 144; Shleifer/Vishny, 1986, S. 463). Dies ist u. a. darauf zurückzuführen, dass bei größeren Anteilseignern der Mehrwert durch das Monitoring die damit verbundenen Kosten übersteigt (vgl. Gillan/Starks, 1998, S. 14; Maug, 1998, S. 67) und eine höhere Stimmgewalt dazu beiträgt, die eigenen Belange durchzusetzen („Shareholder Activism") (vgl. Sirmans, 1999, S. 22).

Transparenz bei der Berichterstattung

Transparenz im Zusammenhang mit der Berichterstattung von Unternehmen bezieht sich auf die zeitnahe, strukturierte und vollständige Bereitstellung bzw. Veröffentlichung sämtlicher Fakten und Informationen, die seitens der Investoren und anderer Stakeholder für ihren Entscheidungsprozess notwendig sind. Die Berichterstattung unterliegt der Verantwortung des Managements und wird i. d. R. durch die Investor Relations Abteilung von Unternehmen koordiniert. In der Literatur wird häufig die Auffassung vertreten, dass die Berichterstattung dazu beiträgt, Informationsasymmetrien zwischen Management und Anteilseignern zu reduzieren (vgl. Williamson, 1984, S. 1205; Diamond/Verrecchia, 1991, S. 1325; Bushman/Smith, 2001, S. 239). Dies bedeutet, dass eine transparentere Berichterstattung Anteilseignern dabei hilft, die finanzielle und wirtschaftliche Situation des Unternehmens besser einzuschätzen und Managern weniger Möglichkeiten bietet, bestimmte Sachverhalte zu verschleiern bzw. den Anlegern vorzuenthalten. Vor diesem Hintergrund kann die Transparenz bei der Berichterstattung als nicht zu vernachlässigender Mechanismus im Rahmen der Corporate Governance von Unternehmen betrachtet werden (vgl. Eisenberg, 1976, S. 35; Williamson, 1985, S. 306; Jensen/Murphy, 1990, S. 144).

4.2.2.2 Externe „Corporate Governance"-Struktur

Im Gegensatz zur internen beinhaltet die externe Corporate Governance-Struktur sämtliche Kontrollmechanismen, die durch externe Institutionen, wie z. B. den Staat oder den Markt, beeinflusst werden. Hierbei handelt es sich um Gesetze und Richtlinien, den Markt für Unternehmenskontrolle (z. B. via Übernahme von Unternehmen) sowie den Wettbewerb auf Produkt- und Arbeitsmärkten.

Gesetze und Richtlinien

Die rechtlichen bzw. regulatorischen Rahmenbedingungen eines Unternehmens, d. h. Gesetze und deren Durchsetzung, können als ein weiteres Element der Corporate Governance betrachtet werden. Ein wesentlicher Grund für die grundsätzliche Bereitschaft von Investoren, in Unternehmen zu investieren, ist, dass ihre Rechte und Ansprüche durch das Gesetz geschützt sind (vgl. Shleifer/Vishny, 1997, S. 752;

La Porta et al., 2000, S. 4). Es gibt zahlreiche Gesetze und Richtlinien, die Anteilseigner gegenüber dem Management von Unternehmen schützen, z. B. gesetzliche Regelungen zu Stimmrechten, Berichterstattung, „Insider"-Geschäften oder Anti-Korruption, um nur einige zu nennen. Dennoch sind Anteilseigner dem opportunistischen Verhalten von Managern eher ausgeliefert als Gläubiger, da ihre Rechte vertraglich weniger präzise spezifiziert (vgl. Lombardo/Pagano, 2002, S. 1) und Vertragsverletzungen durch Gerichte und Aufsichtsbehörden schwieriger festzustellen sind (vgl. Shleifer/Vishny, 1997, S. 752). Aus diesem Grund bieten Gesetze nur einen begrenzten Schutz im Rahmen der Corporate Governance-Struktur.

Markt für Unternehmenskontrolle

In der Literatur wird oft darauf verwiesen, dass Kapitalmärkte durch den sog. Markt für Unternehmenskontrolle eine disziplinierende und kontrollierende Funktion ausüben (vgl. Manne, 1965, S. 112; Winter, 1977, S. 289; Jensen/Ruback (1983), S. 6). Der Markt für Unternehmenskontrolle wird repräsentiert durch Finanziers bzw. Finanzinvestoren, die versuchen, die Kontrolle über ein Unternehmen zu gewinnen, um das bestehende, nicht-performende Management auszutauschen und die Ressourcenallokation des Unternehmens zu verbessern. Eine wesentliche Prämisse im Zusammenhang mit dem Markt für Unternehmenskontrolle ist, dass die Effizienz und Leistungsfähigkeit des Managements korrekt im Aktienpreis abgebildet wird. Demzufolge wird ein Unternehmen mit hoher Wahrscheinlichkeit zu einem Übernahmeziel, sobald der Aktienkurs in Folge schwacher Managementleistungen sinkt (vgl. Manne, 1965, S. 112; Scharfstein, 1988, S. 186). Im Rahmen der Corporate Governance-Struktur von Unternehmen kommt dem Markt für Unternehmenskontrolle eine nachgelagerte Rolle zu, da dieser erst wirksam wird, nachdem zuvor andere, vor allem interne Corporate Governance-Mechanismen versagt haben.

Wettbewerb auf Produkt- und Arbeitsmärkten

Neben Gesetzen und Richtlinien sowie dem Markt für Unternehmenskontrolle zählt der Wettbewerb auf Produkt- und Arbeitsmärkten zur externen Corporate Governance-Struktur von Unternehmen. Hintergrund für die Governance-Wirkung von Wettbewerb auf Produkt- und Arbeitsmärkten ist die Annahme der Neoklassischen Ökonomie, dass Ineffizienzen marktseitig bereinigt werden. Ineffizienzen können beispielsweise aus Missmanagement resultierende Kosten beinhalten, die sich in Produktpreisen widerspiegeln. Der Wettbewerb auf Produktmärkten hält das Management dazu an, Unternehmensressourcen effizient einzusetzen und das Unternehmen kostenbewusst zu führen, um langfristig am Markt bestehen zu können (vgl. Hart, 1983, S. 366; Jensen, 1986, S. 323). Manager dürften kein Interesse daran haben, dass ihr Unternehmen die Wettbewerbsfähigkeit verliert und möglicherweise in eine nachhaltige Restrukturierungssituation gerät, zum einen wegen des Verlustes der mit ihrer Tätigkeit verbundenen Privilegien (vgl. Grossman/Hart, 1982, S. 108, 131) und zum anderen wegen Reputationsschäden, die ihre Aussicht auf eine attraktive zukünftige Beschäftigung verschlechtert. Zudem befinden sich Manager im ständigen Wettbewerb mit Managern innerhalb und außerhalb des Unternehmens. Vor diesem Hintergrund sollten Manager nicht bloß ein Interesse daran haben, schlechte Nachrichten im Zusammenhang mit ihrer Person zu vermeiden, sondern zwecks Beförderung oder interessanter beruflicher Angebote außerordentlich gute Leistungen zu erbringen (vgl. Alchian/Demsetz, 1972, S. 788, Stapledon, 1996, S. 11). Unter der Annahme, dass Arbeitsmärkte für Führungskräfte durch einen hohen Wettbewerb gekennzeichnet sind (vgl. Fama, 1980, S. 292), können Top-Manager ihre Position nur halten bzw. verteidigen, wenn sie erfolgreich sind, d. h. langfristig den Wert des Unternehmens steigern.

Ähnlich wie beim Markt für Unternehmenskontrolle handelt es sich bei dem Wettbewerb auf Produkt- und Arbeitsmärkten um einen nachgelagerten Corporate Governance-Mechanismus, der erst wirksam wird, nachdem zuvor andere, vor allem interne Corporate Governance-Mechanismen ihre Wirkung nicht entfaltet haben.

4.3 Gründe für die steigende Bedeutung von Corporate Governance

Für die weltweit steigende Bedeutung von Corporate Governance gibt es drei grundsätzliche Erklärungen. Eine erste Erklärung ist der Trend zur Institutionalisierung von Aktienbesitz und -beteiligungen an den Kapitalmärkten (vgl. Smith, 1996, S. 227; Nestor/Thompson, 2001, S. 20; Gillan/Starks, 2003, S. 3; Becht et al., 2002, S. 11 f, Drobetz et al., 2004, S. 268). Hierunter ist insbesondere der Prozess des Erwerbs und des Managements von Kapital durch professionelle institutionelle Investoren zu verstehen. Institutionelle Investoren verwalten und managen das Vermögen von Privatpersonen mit Hilfe von modernsten analytischen Methoden unter dem Gesichtspunkt der Portfoliodiversifikation und treffen Anlageentscheidungen erst nach sorgfältiger Prüfung verschiedener Investitionsalternativen. Im Rahmen eines solchen Anlageentscheidungsprozesses stellt gute unternehmensspezifische Corporate Governance ein entscheidendes Auswahlkriterium für institutionelle Investoren dar. Gemäß einer Studie von McKinsey & Company aus dem Jahr 2002, wird Corporate Governance im Rahmen der Investitionsentscheidung beispielsweise bei Unternehmen aus Nord-Amerika und West-Europa von ca. 55 % aller befragten institutionellen Investoren als gleich wichtig oder sogar wichtiger angesehen als Finanzkennzahlen (vgl. Abbildung 3). Zudem gaben rund 75 % der Befragten an, dass sie bereit wären, für Unternehmen mit guter Corporate Governance eine durchschnittliche Prämie von 20 % zu zahlen (vgl. Abbildung 4 und 5).

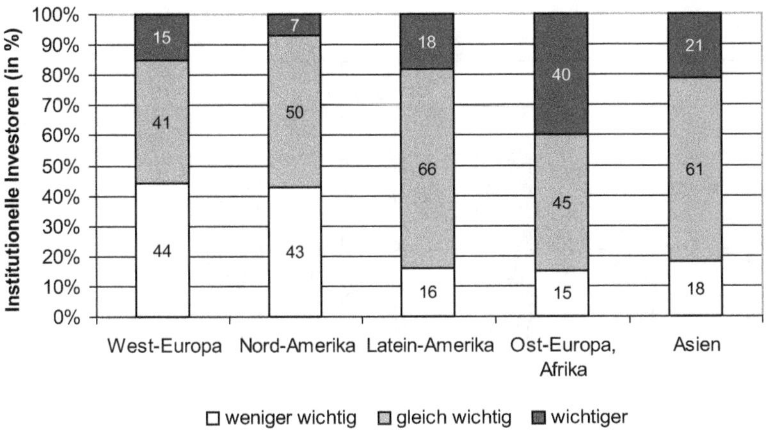

Abb. 3: Bedeutung von Corporate Governance im Vergleich zu Finanzkennzahlen im Rahmen des Anlageentscheidungsprozesses institutioneller Investoren (nach Regionen) (Quelle: McKinsey & Company (2002))

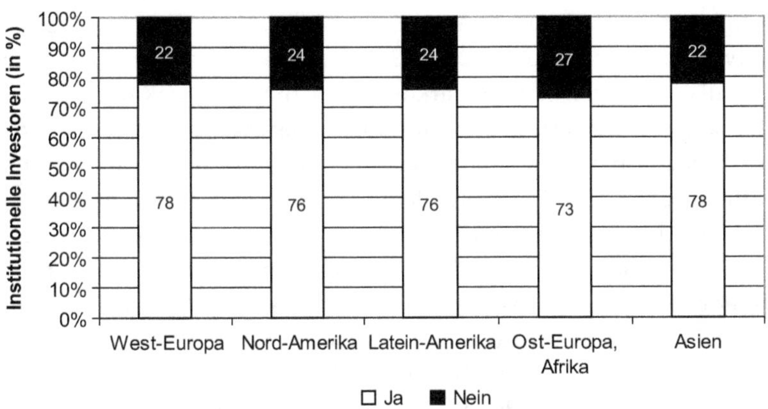

Abb. 4: Bereitschaft institutioneller Investoren zur Zahlung einer Prämie für Unternehmen mit guter Corporate Governance (nach Regionen) (Quelle: McKinsey & Company (2002))

Da institutionelle Investoren als Kapitalsammelstellen über erhebliche finanzielle Mittel und damit über einen großen Einfluss am Kapitalmarkt verfügen, sind sie in der Lage, indirekt durch den Verkauf von Anteilen oder durch direkte Einflussnahme auf das Management Druck auf (Immobilien-) Unternehmen auszuüben, die sich nicht an international anerkannten Corporate Governance-Richtlinien orientieren (vgl. Gillan/Starks, 2003, S. 1).

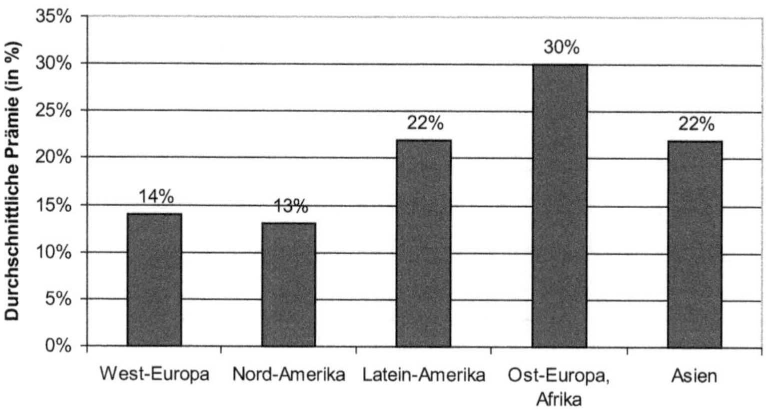

Abb. 5: Durchschnittliche Höhe der Prämie, die institutionelle Investoren für Unternehmen mit guter Corporate Governance zu zahlen bereit sind (nach Regionen) (Quelle: McKinsey & Company (2002))

Ein weiterer Grund für die zunehmende Bedeutung von Corporate Governance ist die Integration internationaler Kapitalmärkte sowie der Wettbewerb um internationales Kapital (vgl. Nestor/Thompson, 2001, S. 19 f; Becht et al., 2002, S. 12 f). Im Rahmen der Globalisierung von Kapitalmärkten sucht produktives Kapital unabhängig von Landesgrenzen die bestmögliche Risiko-Verzinsung. Anleger investieren beispielsweise nicht nur in nationale sondern auch in internationale Kapitalmärkte, um eine breite Streuung ihres Portfolios und dadurch positive Diversifikationseffekte zu erzielen. Gleichzeitig suchen auch Unternehmen den Zugang zu internationalem Kapital. Die Entscheidung zur Erweiterung des Anlegerkreises auf eine internationale Ebene erfordert jedoch, dass sich die entsprechenden Unternehmen an international anerkannten Corporate Governance-Richtlinien orientieren.

Ein dritter Grund für die intensivere Auseinandersetzung mit dem Thema „Corporate Governance" sind die durch das Fehlverhalten von Managern ausgelösten Finanzskandale (z. B. Enron, Worldcom, Tyco, Parmalat) der Vergangenheit (vgl. Becht et al., 2002, S. 14). In einigen Fällen wurden Bilanzzahlen von Unternehmen bewusst manipuliert, um einen höheren Jahresgewinn auszuweisen. Nach Bekanntwerden dieser Manipulationen sind die Aktienkurse der betroffenen Unternehmen eingebrochen, was eine nachhaltige Wertvernichtung für Anteilseigner bedeutete. Als Folge solcher Ereignisse fordern Investoren mehr Transparenz und bessere Kontrollmechanismen.

4.4 Corporate Governance in der Immobilienwirtschaft

4.4.1 „Corporate Governance"-Thematik bei Immobilienorganisationen und -verbänden

Neben anderen Branchen hat auch die Immobilienbranche das Thema „Corporate Governance" aufgegriffen und durch Gründung immobilienspezifischer Corporate Governance-Initiativen dazu beigetragen, Grundsätze einer transparenten und professionellen Unternehmensführung in der Immobilienwirtschaft zu erarbeiten und zu etablieren. Im Rahmen dieser Bemühungen entstanden vereinzelt, speziell auf Immobilienunternehmen ausgerichtete Corporate Governance-Richtlinien, die die Besonderheiten der Immobilienwirtschaft berücksichtigen.

Die inhaltliche Auseinandersetzung führender internationaler Immobilienorganisationen und -verbände mit dem Thema „Corporate Governance" soll nachfolgend näher betrachtet werden. In diesem Zusammenhang ist auch von Interesse, ob die betrachteten Institutionen eigene Corporate Governance-Standards entwickelt und veröffentlicht haben. Darüber hinaus werden die Aktivitäten der Initiative Corporate Governance der deutschen Immobilienwirtschaft im Einzelnen kurz vorgestellt.

4.4.1.1 RICS Corporate Governance-Aktivitäten

Die Royal Institution of Chartered Surveyors (RICS) ist der renommierteste, weltweit tätige Berufsverband von Immobilienfachleuten mit mehr als 120.000 Mitgliedern in über 120 Ländern, der den Berufsstand auf der Grundlage hoher fachlicher Standards und einer strengen Berufsethik regelt und fördert.

> The RICS is committed to being the publicly recognized authority on all aspects of surveying and the ownership occupation, development and management of property in the UK and to expand its recognition worldwide.
>
> (vgl. RICS, 2006)

Die Gründung der RICS Europe im Jahr 1993 und zahlreicher nationaler Verbände, z. B. in Deutschland, Frankreich und den Niederlanden, hat zu einer Verbreitung von RICS-Standards in anderen Ländern, vor allem in Kontinental-Europa, beigetragen.

Wesentliche Ziele, die die RICS im Rahmen ihrer Tätigkeit verfolgt, umfassen die Wahrung der hohen Qualifikationsstandards ihrer Mitglieder sowie die Einhaltung ihres Verhaltenskodex, den sog. „Rules of Conduct". Dieser Kodex beinhaltet ethische Grundsätze und verpflichtet jeden Chartered Surveyor, im Interesse seines

Auftraggebers, seines Arbeitgebers sowie der Öffentlichkeit zu handeln. Um dies zu gewährleisten, müssen sich Chartered Surveyors daher ...
- integer verhalten,
- fair und offen gegenüber ihren Kunden sein,
- jegliche Interessenskonflikte offen darlegen,
- mit der gebotenen Vertraulichkeit agieren und
- die ihnen von Kunden anvertrauten Vermögen schützen.

Die RICS bietet Branchenunternehmen die Möglichkeit, sich durch die international gültige Unternehmenszertifizierung „Regulated by RICS" zertifizieren zu lassen. In Kontinentaleuropa haben sich bereits rund 200 Unternehmen hierzu entschlossen. Das internationale Qualitätssiegel „Regulated by RICS" bestätigt, dass sich das jeweilige Unternehmen zu dem strengen Verhaltenskodex der RICS, den „Rules of Conduct", bekennt und sich dazu verpflichtet, hohe berufliche und ethische Standards in ihren Geschäftspraktiken einzuhalten.

Obwohl die RICS bislang noch keine eigenen Corporate Governance-Standards entwickelt hat, nimmt sie in unterschiedlichen Zeitungen und Fachzeitschriften gelegentlich zu Corporate Governance-Sachverhalten Stellung.

4.4.1.2 EPRA Corporate Governance-Aktivitäten

Die European Public Real Estate Association (EPRA) ist eine gemeinnützige Organisation, der ein Großteil der führenden börsennotierten Immobilienunternehmen und Immobilien-Investmentgesellschaften Europas angehören. Die aktive Mitwirkung von Führungskräften der Mitglieder garantiert, dass die EPRA ein repräsentatives Forum und gleichzeitig eine handlungsfähige, wie auch wegweisende Institution darstellt. Die Qualität ihrer Mitglieder ist dabei für die Umsetzung ihrer Ziele besonders wichtig. Zu den zentralen Zielen der EPRA zählen die Förderung, die Entwicklung und die Repräsentation europäischer Immobilien-Kapitalmärkte. In diesem Zusammenhang ist die EPRA bestrebt, „Best-Practice"-Standards hinsichtlich Rechnungslegung, Offenlegung und Corporate Governance zu etablieren, um die Bereitstellung von qualitativ hochwertigen Informationen für Investoren zu fördern bzw. sicherzustellen.

Im Dezember 2014 hat das EPRA Best Practices Committee eine Reihe von überarbeiteten „Best-Practice"-Empfehlungen veröffentlicht, deren Bestrebung es ist, Geschäftberichte von Immobilienunternehmen transparenter zu gestalten und länderübergreifend vergleichbar zu machen. Die EPRA-Richtlinien ergänzen die IFRS Pflichtangaben um immobilienspezifische Informationen in den Bereichen:
- EPRA General Recommendations,
- EPRA Performance Measures,
- Investment Property Reporting,
- Additional Recomended Disclosures (vgl. Tabelle 1).

Tab. 1: EPRA Best Practices Policy Recommendations Checkliste (Quelle: EPRA (2014), S. 28 f.)

EPRA BPR Checklist Summary table

ref	Recommendation	EPM	Core	Additional Disclosure
2.	EPRA BPR - General Recommendations			
2.1	**Language of financial reporting**			
	Financial reports in English		x	
	Websites and press releases in English		x	
2.2	**Compliance with EPRA BPR**			
	Include summary table similar to the one on page 3 which includes the EPRA Performance Measures		x	
	Clearly indicate within management report or website which EPRA BPR have been disclosed and where a user can find these disclosures within the report		x	
3.	EPRA Performance Measures			
3.1	**EPRA Earnings and EPS**			
	Disclose EPRA Earnings and EPRA Earnings per Share in accordance with the recommendations in Section 3.1	x		
3.2	**EPRA NAV**			
	Disclose EPRA NAV	x		
3.3	**EPRA NNNAV**			
	Disclose EPRA NNNAV	x		
3.4	**EPRA Net Initial Yield (NIY) and 'topped-up' NIY**			
	Disclose EPRA NIY and 'topped-up' NIY using a format comparable with that included in Section 3.4 on page 13	x		
3.5	**Vacancy Rate**			
	Disclose EPRA Vacancy Rate	x		
3.6	**EPRA Cost Ratios**			
	Disclose EPRA Cost Ratios			
4.	Investment Property Reporting			
4.1	**Accounting basis under IAS 40**			
	Account for their property investments based upon the fair value model		x	
	Where real estate companies decide not to follow the above recommendation and instead account for their investment properties based upon the depreciated cost model, the rationale for this should be clearly explained in the notes to the accounts		x	
4.2	**Valuation information**			
	Use an external valuer at least annually to determine the valuation of the entire investment portfolio and disclose the names of the firms undertaking the valuations		x	
	Valuations should be in accordance with the International Valuation Standards		x	

Tab. 1: (fortgesetzt)

ref	Recommendation	EPM	Core	Additional Disclosure
	Disclose the basis for the valuer's fees		x	
	Either provide a summary of the valuation report/certificate approved by the valuer or a table which reconciles the amounts provided by the valuers to the amounts included in the financial statements		x	
4.3	**Investment assets**			
	Information on completed investment properties in their management narrative or in an exhibit in accordance with 4.3 including:		x	
	Information on sub-portfolios as appropriate (e.g. sector, region or city)		x	
	A list of the major properties owned, containing the information detailed on page in 4.3 for each major property/building in the portfolio		x	
4.4	**Development assets**			
	Information in management narrative on development assets, as detailed on 4.4		x	
4.5	**Like-for-like rental growth reporting**			
	Disclose the like-for-like rental growth for each significant sector of the portfolio and each geographical business segment at least twice a year		x	
	Growth figures should be calculated year-on-year. Publish the growth in absolute amounts, applying fixed foreign currency exchange rates, as well as on a percentage basis		x	
	Describe the size, in value, of the total portfolio or investment portfolio on which the like-for-like rental growth is based		x	
	Disclose the basis and assumptions underlying the like-for-like information			
4.6	**Additional portfolio information**			
	Disclose the following additional information on property portfolio as follows:			
	Rental data		x	(x)
	Valuation data		x	(x)
	Development and redevelopment property		x	(x)
	Lease data		x	(x)

Diese Empfehlungen erfüllen die Informationsbedürfnisse von Investoren als auch von Analysten und tragen dadurch wesentlich zu einer Steigerung der Transparenz und zu einer besseren Vergleichbarkeit von Immobilienunternehmen in Europa bei.

4.4.1.3 NAREIT Corporate Governance-Aktivitäten

Die National Association of Real Estate Investment Trusts (NAREIT) ist eine repräsentative Organisation für US-REITs und börsennotierten Immobilienunternehmen weltweit. Zu ihren Mitgliedern zählen Real Estate Investment Trusts (REITs) und andere in der Immobilienwirtschaft tätige Unternehmen, Beratungsgesellschaften und Forschungsinstitute. Im Namen von über 2.000 REITs, Immobilienunternehmen, Investoren, Professionals der Branche und Wissenschaftlern, repräsentiert NAREIT die Interessen ihrer Mitglieder am Kapitalmarkt, in der Politik als auch in den Medien.

Im Jahr 2005 hat NAREIT eine von FPL Associates durchgeführte Studie unterstützt, die sich mit Corporate Governance und anderen Themen, wie z. B. „Tenant und Investor Relations“ beschäftigte. Darüber hinaus veröffentlicht NAREIT gelegentlich Berichte zum Themenbereich „Corporate Governance und Transparenz“. Bislang gab es jedoch keine Bemühungen, eigene Corporate Governance-Standards, „Best-Practice“-Empfehlungen oder Verhaltensregeln zu entwickeln.

4.4.1.4 ICG Corporate Governance-Aktivitäten

Die Initiative Corporate Governance der deutschen Immobilienwirtschaft e. V. (ICG) ist vor dem Hintergrund entstanden, Grundsätze einer transparenten und professionellen Unternehmensführung in der Immobilienwirtschaft zu erarbeiten und zu etablieren. Ziel dabei ist es, gute Corporate Governance zu fördern und dadurch zu einer Verbesserung des Ansehens und der internationalen Wettbewerbsfähigkeit von deutschen Immobilienunternehmen beizutragen. Seit ihrer Gründung im Herbst 2002 haben sich viele führende Unternehmen und zahlreiche prominente Vertreter der Immobilienbranche der Initiative als Firmen- bzw. als persönliche Mitglieder angeschlossen.

Im Rahmen bisheriger Bemühungen sind u. a. die „Grundsätze ordnungsmäßiger und lauterer Geschäftsführung der Immobilienwirtschaft“ aufgestellt und verabschiedet worden. Diese Leitlinien verpflichten die Mitglieder der Branche, Werte wie Professionalität und Transparenz zu pflegen. Darüber hinaus fordern sie die Vermeidung von Interessenkonflikten oder zumindest deren Offenlegung und verpflichten die Unternehmen, beispielsweise bei der Auswahl von Prüfern, auf Kriterien wie Sachkunde und Unabhängigkeit zu achten.

Ferner wurde im Jahr 2003 der „Corporate Governance Kodex der deutschen Immobilienwirtschaft“, ein speziell auf Immobilienunternehmen ausgerichteter Corporate Governance-Kodex, vorgestellt, der zuletzt im September 2010 aktualisiert wurde. Dieser Kodex ergänzt den allgemeinen „Deutschen Corporate Governance Kodex“ aus dem Jahr 2002 mit dem Ziel, die Besonderheiten der Immobilienwirtschaft zu berücksichtigen. Bei den immobilienspezifischen Anpassungen stehen eine erhöhte Professionalität und Transparenz, insbesondere durch aktuelle Immobilienbewertungen, Regelung von Interessenkonflikten und wachsende Fachqualifikation, im Vordergrund. Die immobilienspezifischen Ergänzungen der allgemeinen Corporate Governance-Regelungen werden im Einzelnen nachfolgend aufgeführt:

3.1.i Vorstand und Aufsichtsrat in Konzernobergesellschaften sollen die Führung der Geschäfte von abhängigen Gesellschaften, insbesondere hinsichtlich der Immobilienaktivitäten, sorgfältig überwachen.

3.3.i Bei Immobilienunternehmen gilt dies *[Festlegung von Zustimmungsvorbehalten zugunsten des Aufsichtsrats durch Satzung oder Aufsichtsrat für Geschäfte von grundlegender Bedeutung]* insbesondere für grundlegende Änderungen von Bewertungsverfahren sowie Immobilienan- und -verkäufe sowie Projektentwicklungen von eigenen Grundstücken oberhalb einer in Abhängigkeit von der Unternehmensgröße festzulegenden Schwelle.

3.9.i Immobiliengeschäfte zwischen dem Unternehmen und Mitgliedern des Vorstands oder des Aufsichtsrats sollen vermieden werden. Soweit sie dennoch abgeschlossen werden, sollen sie der Zustimmung des Aufsichtsrats unterliegen.

4.2.i Vorstandsmitglieder von Gesellschaften, die im Immobiliengeschäft tätig sind, sollen über eine einschlägige Ausbildung oder ausreichende Erfahrungen verfügen. In Vorständen von Unternehmen, deren Konzerngesellschaften in einem Maße im Immobiliengeschäft tätig sind, das auf die Vermögens-, Finanz- und Ertragslage des herrschenden Unternehmens nicht unerheblichen Einfluss haben kann, sollte mindestens ein Mitglied des Vorstands besondere Kenntnisse oder ausreichende Erfahrungen im Immobiliengeschäft aufweisen.

4.3.6.i Bei Immobiliengeschäften des Unternehmens sollte schon der Anschein eines Interessenkonfliktes vermieden werden. Bei jedem derartigen Geschäft müssen ausschließlich die Interessen des Unternehmens beachtet werden. Mitglieder des Vorstands dürfen keinesfalls persönliche Vorteile aus Geschäften des Unternehmens ziehen. Privat durchgeführte Immobiliengeschäfte und private Aufträge zu solchen Geschäften durch Mitglieder des Vorstands sollen dem Vorsitzenden des Aufsichtsrats offengelegt werden. Die Mitglieder des Vorstands sollen auf die Einhaltung der Grundsätze zur Vermeidung von Interessenskonflikten achten, insbesondere bei Geschäften zwischen verbundenen Unternehmen, bei Immobilienan- und -verkäufen, bei Auftragsvergaben im Immobilienbereich. Der Aufsichtsrat sollte Verfahrensregeln für den Einzelfall festlegen.

5.1.1.i Bei Immobiliengeschäften von erheblicher Bedeutung soll der Aufsichtsrat die frühzeitige und ausreichende Information seiner Mitglieder sicherstellen, Frequenz und Zeitbudget für Sitzungen entsprechend dem Geschäftsvolumen und den Geschäftserfordernissen angemessen regeln, insgesamt den Mitgliedern die Wahrnehmung ihrer Kontrollfunktion erleichtern. Kreditinstitute können für Rettungserwerbe besondere, auch abweichende, Regeln festlegen.

5.3.2.i Bei Immobilienunternehmen soll der Aufsichtsrat bzw. das Audit Committee mit der Bewertung des Immobilienbestandes befasst werden. Diese Aufgabe kann auch einem gesonderten Bewertungsausschuss übertragen werden.

5.4.1.i In Aufsichtsräten von Unternehmen, deren Konzerngesellschaften in einem Maße im Immobiliengeschäft tätig sind, das auf die Vermögens-, Finanz- und Ertragslage des herrschenden Unternehmens nicht unerheblich Einfluss haben kann, sollte mindestens ein Mitglied des Aufsichtsrats besondere Kenntnisse oder ausreichende Erfahrung im Immobiliengeschäft aufweisen. In Aufsichtsräten der Immobiliengesellschaften soll eine hinreichende Zahl von Aufsichtsratsmitgliedern über derartige besondere Kenntnisse oder Erfahrungen verfügen.

5.5.1.i Ziffer 4.3.6.i gilt entsprechend für die Mitglieder des Aufsichtsrats.

6.1.i Immobiliengesellschaften sollen auch Immobiliengeschäfte unverzüglich veröffentlichen, deren jeweiliges Gesamtvolumen 5 % des Bilanzwertes der Grundstücke und Gebäude, die als Anlage-, Umlauf- und Beteiligungsvermögen ausgewiesen sind, überschreitet. Dies gilt nicht für Rettungserwerbe durch Kreditinstitute.

7.1.1.i Für die Bewertung von Immobilien sind rechtlich anerkannte Bewertungsmethoden anzuwenden. Diese Bewertungsmethoden sowie Änderungen hiervon sollen unter Angabe der Gründe im Anhang des Jahresabschlusses erläutert werden. Der Geschäftsbericht oder der Anhang soll auch den Marktwert – unter Ausschluss selbstgenutzter Immobilien des Anlagevermögens – angeben sowie die zu deren Ermittlung angewandten Bewertungsmethoden und deren etwaige Änderungen. Soweit kein Marktwert bezogen auf die Einzelimmobilie angegeben wird, sollte eine möglichst große Transparenz durch Angabe von allgemein gültigen (etwa DIX) regionalen und/oder nutzungsspezifischen Clustern erreicht werden, die auf Basis der Einzelmarktwerte ermittelt wurden.

7.2.2.i Verträge mit Abschlussprüfern über zusätzliche Beratungsleistungen bei Immobiliengesellschaften sollen dem Aufsichtsrat zur Zustimmung vorgelegt werden, soweit die kumulierten Honorare hieraus 50 % der Vergütung für die jährliche Abschlussprüfung übersteigen. § 114 AktG gilt insoweit entsprechend (vgl. ICG, 2010).

Neben dem Corporate Governance Kodex der deutschen Immobilienwirtschaft hat die ICG ein Zertifizierungssystem entwickelt, das die Implementierung und Aufrechterhaltung eines international angemessenen Compliance Managements sicherstellt. 9 Unternehmen haben sich bereits zertifizieren lassen, darunter u. a. Aberdeen, Bilfinger SE, CA Immo, IVG, Jones Lang LaSalle, und RREEF. Gegenstand des

Auditierungs- und Zertifizierungsverfahrens der ICG ist die Überprüfung (Auditierung) und Bestätigung (Zertifizierung), ob das zu evaluierende Unternehmen ein Wertemanagement-System gemäß § 7.7 der Satzung der ICG in Verbindung mit dem „Pflichtenheft zum Compliance Management in der Immobilienwirtschaft" der ICG eingerichtet hat. Eingerichtet bedeutet in diesem Zusammenhang, dass das Unternehmen die vorgesehenen Maßnahmen der fünf Bausteine des Wertemanagement-Systems:

- Baustein 1: Grundwerteerklärung,
- Baustein 2: Verhaltensstandards,
- Baustein 3: Verbindlichkeit,
- Baustein 4: Kommunikation,
- Baustein 5: Sicherstellung ...

... realisiert hat und Managementprozesse aktiv betreibt. Die Zertifizierung erfolgt durch den Vorstand der ICG. Der Vorstand stützt sich dabei auf die Empfehlung eines unabhängigen Prüfers, der nach den Maßgaben dieser Auditierungs- und Zertifizierungsordnung Prüfungshandlungen durchführt und entsprechend dem Prüfungsergebnis eine Empfehlung ausspricht (Auditierung) (vgl. ICG, 2011).

Vergleicht man die Corporate Governance-Aktivitäten der verschiedenen Organisationen, fällt auf, dass lediglich der Corporate Governance-Katalog der Initiative Corporate Governance der deutschen Immobilienwirtschaft eine vergleichsweise umfassende Betrachtung der Corporate Governance-Problematik bei Immobilienunternehmen vornimmt.

4.4.2 Besonderheiten der Corporate Governance-Struktur von Immobiliengesellschaften

Im Gegensatz zu Unternehmen anderer Sektoren weisen Immobiliengesellschaften einige Besonderheiten hinsichtlich ihrer Governance-Struktur auf, was u. a. auf die Besonderheit von Immobilien als Wirtschaftsgut und insbesondere bei REITs auf die strengen regulatorischen Vorschriften bzgl. der Ertrags-, Vermögens- und Anlagestruktur, der Eigentümerstruktur und der Dividendenausschüttung zur Erlangung einer steuerbegünstigten Gesellschaftsstruktur zurückzuführen ist (vgl. Tabelle 2).

Im Vergleich zu vielen anderen Produkten zeichnen sich Immobilien durch ihre hohe Heterogenität aus, die vor allem aus der lokalen Ausprägung von Immobilienmärkten resultiert (vgl. Bone-Winkel, 1994, S. 28; Friday, 1997, S. 77). Dies führt dazu, dass Marktwerte von Immobilien relativ intransparent sind, was letztlich mit größeren Informationsasymmetrien und einer geringeren Markteffizienz verbunden ist. Anteilseignern von börsennotierten Immobiliengesellschaften fällt es entsprechend schwer, Immobilientransaktionen zu beurteilen bzw. zu prüfen, was die Agency-Problematik verstärkt.

Tab. 2: Besonderheiten hinsichtlich der Corporate Governance-Struktur von Immobiliengesellschaften (REITs) (Quelle: Schäfers/Kohl/Schulte (2008))

	Merkmal	Beschreibung	Einfluss auf Agency-Problematik
Asset-merkmal	1 **Besonderheit der Immobilie als Wirtschaftsgut**	▪ Nicht-standardisiertes, heterogenes Produkt ▪ Geringe Transparenz bzgl. der Marktwerte von Immobilien aufgrund der lokalen Ausprägung von Immobilienmärkten ▪ Größere Informationsasymmetrion (Beschaffung von Informationen ist mit relativ hohen Kosten verbunden) ▪ Geringere Markteffizienz	**Verstärkte Agency-Problematik** (Immobilientransaktionen können von Anteilseignern nur unzureichend bewertet bzw. kontrolliert werden)
Restriktionen i.Z.m. steuerbegünstigter Gesellschaftsstruktur	2 **Ertrags-, Vermögens- und Anlagestruktur**	▪ Restriktionen verringern die Möglichkeit von Managern, immobilienfremde Akquisitionen durchzuführen ▪ Managementerfahrung auf Immobiliensektor beschränkt (begrenzter, sektorspezifischer Arbeitsmarkt für Führungskräfte) ▪ Erhöhte Wahrscheinlichkeit der Abwehr von feindlichen Übernahmen durch Manager wegen eingeschränkten Beschäftigungsmöglichkeiten	**Verstärkte Agency-Problematik** (Schwächung des Marktes für Unternehmenskontrolle)
	3 **Eigentümerstruktur**	▪ Restriktionen verhindern die Konzentration von Aktienbesitz und somit die Formierung von sog. Blockholdern, die ihrerseits eine Kontrollfunktion ausüben	**Verstärkte Agency-Problematik** (Schwächung des Marktes für Unternehmenskontrolle)
	4 **Dividendenausschüttung**	▪ Vorschrift zu hohen Dividendenausschüttungen verringert den Zugriff der Manager auf den Free Cash Flow des Unternehmens und verhindert damit, dass Manager das Kapital wertvernichtend investieren bzw. entfremden ▪ Vorschrift zu hohen Dividendenausschüttungen reduziert zurückbehaltene Gewinne und zwingt die Unternehmen dazu, sich Kapital zur Finanzierung des Unternehmenswachstums über den Kapitalmarkt zu beschaffen	**Geringere Agency-Problematik** (Reduzierter FCF-Zugriff durch das Management und erhöhte Kontrolle durch den Kapitalmarkt)

Die Einschränkungen im Zusammenhang mit der Gesellschaftsstruktur eines REITs wirken sich unterschiedlich auf die „Agency"-Problematik aus. Restriktionen bzgl. der Ertrags-, Vermögens- und Anlagestruktur verringern beispielsweise die Möglichkeit von Managern, immobilienfremde Akquisitionen durchzuführen, womit deren Managementerfahrung weitestgehend auf den Immobiliensektor beschränkt bleibt. Aufgrund des begrenzten und sektorspezifischen Arbeitsmarktes für Führungskräfte besteht eine erhöhte Wahrscheinlichkeit, dass Manager von REITs versuchen, feindliche Übernahmen abzuwehren, um ihre Position zu sichern. Dies bedingt eine Schwächung des Marktes für Unternehmenskontrolle und führt zu einer verstärkten „Agency"-Problematik.

Auch Eigentümerstrukturrestriktionen, die den individuellen Anteilsbesitz auf einen bestimmten Prozentsatz begrenzen, schwächen den Markt für Unternehmenskontrolle, da die Formierung von sog. Blockholdern, d. h. Großaktionären mit einem Aktienpaket von mindestens 5 %, verhindert wird.

Restriktionen hinsichtlich der Dividendenpolitik, die REITs dazu anhalten, einen Großteil ihrer erwirtschafteten Gewinne an Aktionäre auszuschütten, tragen hingegen zu einer Reduzierung der „Agency"-Problematik bei. Einerseits, wird durch hohe Dividendenausschüttungen der Zugriff auf die Free Cash Flows des Unternehmens reduziert und damit die Möglichkeit zu wertvernichtenden Investitionen weitestgehend unterbunden. Andererseits werden REITs aufgrund der relativ geringen zurückbehaltenen Gewinne dazu gezwungen, sich das zur Finanzierung des Unternehmenswachstums erforderliche Kapital über den Kapitalmarkt zu beschaffen. Aus diesem Grund unterliegen REITs einer erhöhten Kontrolle durch den Kapitalmarkt.

In diesem Zusammenhang besteht bislang ein mangelndes Verständnis dahingehend, welche Kontrollmechanismen in der Corporate Governance-Struktur von

Immobiliengesellschaften besonders wichtig sind. Aus theoretischer und praktischer Sicht stellt sich insbesondere die Frage, ob Corporate Governance vom (Immobilien-)Kapitalmarkt durch eine höhere Kapitalmarktbewertung honoriert wird.

4.5 Einfluss von Corporate Governance auf den Unternehmenswert von Immobiliengesellschaften

„Agency"-Kosten als unternehmensspezifischer Risikofaktor

Um den theoretischen Zusammenhang zwischen Corporate Governance und Unternehmenswert zu verstehen, ist es hilfreich, zunächst auf die Grundlagen der Unternehmensbewertung einzugehen. Danach wird der Unternehmenswert bestimmt, indem man zukünftige Free Cash Flows mit einem angemessenen Opportunitätskostensatz, der das unternehmenspezifische Risiko reflektiert, abdiskontiert. Einen Teil des mit dem Unternehmen verbundenen Risikos stellen „Agency"-Kosten dar, die als die Summe sämtlicher Kontrollausgaben, Kosten im Zusammenhang mit Anreizsystemen und Verlusten als Folge von wertvernichtenden Investitionen bzw. entfremdetem Kapital definiert werden (vgl. Jensen/Meckling, 1976, S. 308). Je höher die „Agency"-Kosten, desto größer sind das zugrunde liegende Risiko und die Kapitalkosten und desto geringer ist der Wert eines bestimmten Unternehmens. Aus theoretischer Perspektive trägt gute Corporate Governance zu einer Reduzierung der „Agency"-Kosten und dadurch zu einer Erhöhung des Unternehmenswertes bei (vgl. Lombardo/Pagano, 2002, S. 1).

Corporate Governance-Studien in der Finanz-Literatur

Die Erfolgswirkung von Corporate Governance ist auch Gegenstand ausgewählter Studien in der wissenschaftlichen Literatur. Zum einen handelt es sich um Studien, die lediglich einzelne Corporate Governance-Aspekte isoliert betrachten, so z. B. rechtliche Vorschriften, den Aktienbesitz von Insidern bzw. Führungskräften, institutioneller bzw. konzentrierter Aktienbesitz, Mechanismen zur Abwehr von Firmenübernahmen sowie die Größe und die Zusammensetzung von Kontrollgremien. Die Aussagekraft solcher Untersuchungen kann jedoch angesichts eines möglichen „Omitted Variable Bias" in Frage gestellt werden, da nur ein kleiner Ausschnitt eines komplexen Systems von Kontrollmechanismen betrachtet wird.

Zum anderen existieren zahlreiche Studien, die den Einfluss eines Sets von Corporate Governance-Mechanismen und der Unternehmensperformance untersuchen (vgl. Tabelle 3). Diese unterscheiden sich jedoch im Einzelnen hinsichtlich des Länderfokus, der Wahl der Corporate Governance-Mechanismen, der jeweiligen Datenquellen und der Wahl des Regressionsmodells. Die meisten Studien konnten jedoch einen positiven Zusammenhang zwischen Corporate Governance und dem Marktwert von börsennotierten Unternehmen feststellen.

Tab. 3: Eine Auswahl von Corporate Governance-Studien aus der Finanz-Literatur (Quelle: Eigene Darstellung (2014))

Autoren	Jahr	Stichprobe	Methodik	Bemerkungen
Agrawal et al. (USA)	1996	n = 400 (USA)	Empirische Studie mit multivariater Regressionsanalyse (2SLS)	- Auswahl von 7 Instrumenten zur Kontrolle von Agency-Konflikten zwischen Management und Anteilseignern - Positiver Zusammenhang zwischen Kontrollmechanismen und Unternehmensbewertung (Abhängigkeit der Mechanismen untereinander)
Black (USA)	2001	n = 21 (Rußland)	Empirische Studie mit univariater Regressionsanalyse (OLS)	- Heranziehung eines CG-Rankings einer russischen Investmentbank - Starker positiver Zusammenhang zwischen CG und der Bewertung von börsennotierten Unternehmen in Russland
Gompers et al. (USA)	2003	n = 1.500 (USA)	Empirische Studie mit multivariater Regressionsanalyse (OLS)	- Erstellung eines CG-Index unter Heranziehung von 24 Governance-Regeln zur näherungsweisen Darstellung von Aktionärsrechten (Fokus auf Maßnahmen zur Verteidigung von feindlichen Übernahmen) - Unternehmen mit stärkeren Aktionärsrechten weisen höheren Wert auf
Bauer et al. (Niederlande)	2004	n = 249 (Europa)	Empirische Studie mit multivariater Regressionsanalyse (OLS)	- Heranziehung eines CG-Ratings der Firma Deminor - Positiver Zusammenhang zwischen CG und der Bewertung von Unternehmen, die im FTSE Eurotop 300 gelistet sind
Drobetz et al. (Schweiz)	2004	n = 91 (Deutschland)	Empirische Studie mit multivariater Regressionsanalyse (OLS)	- Erstellung eines breiten CG-Index in Anlehnung an den DCGK (Umfrage) - Positiver Zusammenhang zwischen CG und der Bewertung von börsennotierten Unternehmen in Deutschland
Beiner et al. (Schweiz)	2006	n = 235 (Schweiz)	Empirische Studie mit multivariater Regressionsanalyse (3SLS)	- Erstellung eines breiten CG-Index (Umfrage) - Positiver Zusammenhang zwischen CG und der Bewertung von börsennotierten Unternehmen in der Schweiz
Black et al. (USA)	2006	n = 515 (Korea)	Empirische Studie mit multivariater Regressionsanalyse (3SLS)	- Erstellung eines breiten CG-Index (Umfrage) - Starker positiver Zusammenhang zwischen CG und der Bewertung von börsennotierten Unternehmen in Korea

Corporate Governance-Studien in der Immobilien-Literatur

Auch in der Immobilien-Literatur sind einige Studien zur Erfolgswirkung verschiedener Corporate Governance-Mechanismen zu finden (vgl. Tabelle 4), z. B. dem Aktienbesitz von Insidern, der Vergütung von Führungskräften, dem Aktienbesitz von institutionellen Investoren, dem externen bzw. internen Management, der Struktur von Kontrollgremien und dem Markt für Unternehmenskontrolle.

Hingegen liegen nur äußerst wenige Untersuchungen vor, die den Einfluss mehrerer Corporate Governance-Faktoren auf die Kapitalmarktbewertung von börsennotierten Immobiliengesellschaften untersuchen. Diese Studien beschränken sich jedoch weitgehend auf den Markt der US-REITs. So können Hartzell et al. (2004) unter Verwendung von Governance-Daten aus Proxy Statements und Bauer et al. (2010) unter Heranziehung von Governance-Daten der Firmen Institutional Shareholder Services (ISS) und Governance Metrics International (GMI) keinen signifikanten Zusammenhang zwischen Corporate Governance und der Kapitalmarktbewertung von US-REITs feststellen.

Ergänzend zur bestehenden Immobilien-Corporate-Governance-Literatur führte Kohl (2009) eine empirische Studie durch, die den Zusammenhang zwischen wesentlichen Corporate Governance-Mechanismen und der Kapitalmarktbewertung

Tab. 4: Eine Auswahl von Corporate Governance-Studien aus der Immobilien-Literatur (Quelle: Eigene Darstellung (2014))

Autoren	Jahr	Stichprobe	Methodik	Bemerkungen
Davis/Shelor (USA)	1995	n = 130 (USA)	Empirische Studie mit multivariater Regressionsanalyse (OLS)	▪ Heranziehung von Jahresberichtsdaten ▪ Signifikanter positiver Zusammenhang zwischen Vorstandsvergütung und der Performance (u.a. EPS, total assets/total equity) von Immobilien-unternehmen
Friday/Sirmans (USA)	1998	n = 135 (USA)	Empirische Studie mit multivariater Regressionsanalyse (OLS)	▪ Erhöhter Anteil von externen Vertretern im Board of Directors (bis 50%) und größere Beteiligung des Vorstandes am Unternehmen durch Aktien führt zu höherem Shareholder Value (market-to-book ratio) bei US-REITs
Hartzell et al. (USA)	2004	n = 66 (USA)	Empirische Studie mit multivariater Regressionsanalyse (OLS)	▪ Heranziehung von Governance-Daten aus den Aktionärsinformationen (Proxy-Statements) ▪ Kein signifikanter Zusammenhang zwischen Corporate Governance und der Bewertung von US-Equity REITs
Campbell et al. (USA)	2005	n = 53 (USA)	„Event"-Studie	▪ Emission von wandelbaren Wertpapieren (convertible securities) durch UPREITs zum Zweck des Kaufs von Immobilien von privaten Verkäufern fungiert als Governance-Mechanismus
Han (USA)	2006	n = 156 (USA)	Empirische Studie mit multivariater Regressionsanalyse (OLS)	▪ Signifikanter positiver Zusammenhang zwischen Bewertung von US-Equity REITs und „Insider Ownership" ▪ „Insider Ownership" spielt eine wichtige Rolle bei der Reduzierung der Agency-Problematik
Eichholtz et al. (Niederlande)	2008	n = 95 (Weltweit)	Uni- und multivariate Regressionsanalyse (OLS) und „Event"-Studie	▪ Markt für Firmenübernahmen hat einen geringen Einfluss bei der Kontrolle von REIT-Vorständen ▪ Transparenz der REIT-Struktur als Erklärung für die geringere Bedeutung des Marktes für Firmenübernahmen als Governance-Mechanismus
Kohl (Deutschland)	2009	n = 110 (Europa)	Empirische Studie mit multivariater Regressionsanalyse (3SLS)	▪ Bei 3 von 6 CG-Variablen (Größe des Aufsichtsrats, Aktienbasierte Vergütung des Managements, Transparenz bei immobilienspezifischer Berichterstattung) signifikanter Zusammenhang mit der Bewertung von börsennotierten Immobiliengesellschaften in Europa
Bauer et al. (Niederlande)	2010	n = 134 - 228 (USA)	Empirische Studie mit multivariater Regressionsanalyse (OLS)	▪ Heranziehung der von Institutional Shareholder Services (ISS) und Governance Metrics International (GMI) bereitgestellten CG-Indices ▪ Kein signifikanter Zusammenhang zwischen CG und der Bewertung von US-REITs

[grau hinterlegt] Fokussierung auf mehrere CG-Mechanismen [weiß] Fokussierung auf einen CG-Mechanismus

von börsennotierten Immobiliengesellschaften der vier nach Marktkapitalisierung größten Europäischen Immobilienkapitalmärkte untersucht (vgl. hierzu auch Kohl/Schäfers, 2012). Dabei wurde durch die Modellspezifizierung sowie durch die Anwendung des sog. „Three stage least Squares (3SLS)"-Verfahrens zur Schätzung simultaner Gleichungssysteme den ökonometrischen Problemen vergangener Corporate Governance-Studien explizit Rechnung getragen.

Die Untersuchung umfasste eine Stichprobe von insgesamt 110 börsennotierten Immobiliengesellschaften, davon 39 aus Großbritannien, 34 aus Frankreich, 7 aus den Niederlanden und 30 aus Deutschland. Bei 42 der 110 Gesellschaften handelte es sich um REITs.

Die zentralen Variablen des Modells waren Tobins Q, ein Marktwert-Substanzwert-Verhältnis, das als Maß für die Kapitalmarktbewertung herangezogen wurde, und sechs wesentliche Kontrollmechanismen, die als Maßstab für unternehmensspezifische Corporate Governance dienten. Hierbei handelte es sich um Größe und Unabhängigkeit des Aufsichtsrates (Näherungsvariablen für die Struktur des Aufsichtsrates), Anteilsbesitz des Managements am Unternehmen (Näherungsvariable für die Anreizstruktur), institutionellen Aktienbesitz (Näherungsvariable für konzentrierten Aktienbesitz), Leverage bzw. Fremdkapitalanteil (Näherungsvariable für die Kapitalstruktur) und Transparenz bei der immobilienspezifischen Berichterstattung, gemessen an einem auf den EPRA Best Practice Policy Recommendations basierenden Tranzparenzkriterienkatalog (Näherungsvariable für die Transparenz).

Die ökonometrische Untersuchung hat ergeben, dass drei der sechs Corporate Governance-Variablen, d. h. die Größe des Aufsichtsrates, der Anteilsbesitz durch das Management und die Transparenz der immobilienspezifischen Berichterstattung, einen signifikanten Einfluss auf die Kapitalmarktbewertung von börsennotierten Immobiliengesellschaften haben. Dabei bewirken kleinere Aufsichtsräte, eine höhere Beteiligung des Managements am Unternehmen sowie eine höhere Transparenz bei der immobilienspezifischen Berichterstattung eine höhere Kapitalmarktbewertung.

Diese Ergebnisse stützen einige Thesen der allgemeinen Corporate Governance-Literatur, z. B. dass kleinere Aufsichtsräte effizienter arbeiten (vgl. Lipton/Lorsch, 1992) und dadurch eine bessere Kontrollfunktion ausüben oder, dass ein höherer Anteilsbesitz des Managements am Unternehmen zu einer Interessensangleichung und somit zu einer Reduzierung der „Agency"-Kosten beiträgt (vgl. Jensen/Meckling, 1976).

Von den drei oben genannten Corporate Governance-Mechanismen hatte jedoch die Transparenz bei der immobilienspezifischen Berichterstattung den stärksten Effekt auf die Kapitalmarktbewertung. Dies kann insbesondere darauf zurückgeführt werden, dass die Transparenz der Berichterstattung bei Immobiliengesellschaften aufgrund der vergleichsweise hohen Intransparenz auf Immobilienmärkten aus Sicht der Investoren von erheblich größerer Bedeutung ist als für Unternehmen anderer Sektoren.

4.6 Schlussbemerkung

Nicht zuletzt vor dem Hintergrund der steigenden Professionalisierung von Aktienbesitz und -beteiligungen, des zunehmenden Wettbewerbs um internationales Kapital, den Finanzskandalen der Vergangenheit sowie der relativ hohen Intransparenz von Immobilienmärkten, sollte das Management von Immobiliengesellschaften im Sinne der Anteilseigner bzw. Investoren nachhaltig an der Verbesserung ihrer Corporate Governance-Strukturen arbeiten.

Wissenschaftliche Untersuchungen deuten darauf hin, dass Corporate Governance auch auf Immobilienkapitalmärkten eine signifikante Rolle spielt. Kohl (2009) zeigt in einer der letzten fundierten Untersuchungen in diesem Forschungsgebiet, dass in diesem Zusammenhang insbesondere die Größe des Aufsichtsrates, die Beteiligung des Managements am Unternehmen und die Transparenz bei der immobilienspezifischen Berichterstattung für die Corporate Governance-Struktur von Immobiliengesellschaften von wesentlicher Bedeutung sind. Für die Praxis lassen sich aus den gewonnen Erkenntnissen der Studie folgende Handlungsempfehlungen ableiten. Zum einen wird Führungskräften von Immobiliengesellschaften empfohlen, sämtliche Bemühungen zur Reduzierung der Größe des Aufsichtsgremiums (Aufsichtsrat, Verwaltungsrat) zu unterstützen, eine Eigenkapital-basierte Vergütungsstruktur, die auf die nachhaltige Performance des Unternehmens abstellt, einzuführen sowie die Transparenz der immobilienspezifischen Berichterstattung durch Orientierung an den EPRA Best Practice Policy Recommendations zu verbessern.

Eine gute Corporate Governance kann dazu beitragen, das Vertrauen der Investoren bzw. Kapitalgeber nachhaltig zu stärken, Unternehmen den Zugang zum Kapitalmarkt zu erleichtern und die Kapitalkosten zu reduzieren.

4.7 Literatur

Agrawal, A./Knoeber, C. R.: Firm performance and mechanisms to control agency problems between managers and shareholders, in: Journal of Financial and Quantitative Analysis, Vol. 31, 1996, S. 377–397.

Alchian, A. A./Demsetz, H.: Production, information costs, and economic organisation, in: American Economic Review, Vol. 62, 1972, S. 777–795.

Bauer, R./Eichholtz, P. M. A./Kok, N.: Corporate governance and performance: The REIT-effect, in: Real Estate Economics, Vol. 38, 2010, S. 1–29.

Bauer, R./Guenster, N./Otten, R.: Empirical evidence on corporate governance in Europe: The effect on stock returns, firm value and performance, in: Journal of Asset Management, Vol. 5, 2004, S. 91–104.

Baums, T.: Bericht der Regierungskommission Corporate Governance, Köln 2001.

Becht, M./Bolton, P./Röell, A.: Corporate governance and control, Working Paper, 2002.

Beiner, S./Drobetz, W./Schmid, M./Zimmermann, H.: An integrated framework of corporate governance and firm valuation, in: European Financial Management, Vol. 12, 2006, S. 249–283.

Berle, A. A./Means, G. C.: The modern corporation and private property, New York 1932.

Black, B. S.: The Corporate Governance Behavior and Market Value of Russian Firms, in: Emerging Markets Review, Vol. 2, 2001, S. 89–108.

Black, B. S./Jang, H./Kim, W.: Does corporate governance predict firms' market values? Evidence from Korea., in: Journal of Law, Economics and Organization, Vol. 22, 2006, S. 366–413.

Bone-Winkel, S.: Das strategische Management von offenen Immobilienfonds unter besonderer Berücksichtigung der Projektentwicklung von Gewerbeimmobilien, in: Schulte, K.-W. (Hrsg.): Schriften zur Immobilienökonomie, Band 1, Köln 1994.

Bushman, R. M./Smith, A. J.: Financial accounting information and corporate governance, in: Journal of Accounting and Economics, Vol. 32, 2001, S. 237–333.

Cadbury, A.: Report of the committee on the financial aspects of corporate governance, London 1992.

Campbell, R. D./Gosh, C./Sirmans, C. F.: Value creation and governance structure in REIT mergers, in: Journal of Real Estate Finance & Economics, Vol. 31, 2005, S. 225–239.

Davis, B. J./Shelor, R. M.: Executive compensation and financial performance in the real estate industry, in: Journal of Real Estate Research, Vol. 10, 1995, S. 141–151.

Diamond, D. W./Verrecchia, R. E.: Disclosure, liquidity, and the cost of capital, in: Journal of Finance, Vol. 46, 1991, S. 1325–1359.

Drobetz, W./Schillhofer, A./Zimmermann, H.: Corporate governance and expected stock returns: Evidence from Germany, in: European Financial Management, Vol. 10, 2004, S. 267–293.

Eichholtz, P. M. A./Kok, N.: How does the market for corporate control function for property companies?, in: Journal of Real Estate Finnacial Economics, Vol. 36, 2008, S. 141–163.
Eisenberg, M. A.: The structure of the corporation: A legal analysis, Boston 1976.
EPRA, European Public Real Estate Association: Best Practice Recommendations, Brüssel 2014.
Fama, E. F.: Agency problems and the theory of the firm, in: Journal of Political Economy, Vol. 88, 1980, S. 288–307.
Friday, H. S.: The control and pricing of agency costs in Real Estate Investment Trusts, Diss., Florida State University, 1997.
Friday, H. S./Sirmans, G. S.: Board of director monitoring and firm value in REITs, in: Journal of Real Estate Research, Vol. 16, 1998, S. 411–427.
Gillan, S. L./Starks, L. T.: A survey of shareholder activism: Motivation and empirical evidence, Working Paper, University of Texas, 1998.
Gillan, S. L./Starks, L. T.: Corporate governance, corporate ownership, and the role of institutional investors: A global perspective, Working Paper, University of Delaware, 2003.
Gompers, P./Ishii, J./Metrick, A.: Corporate governance and equity prices, in: Quarterly Journal of Economics, Vol. 118, 2003, S. 107–155.
Grossman, S. J./Hart, O. D.: Corporate financial structure and managerial incentives, in: McCall, J. J. (Hrsg.): The economics of information and uncertainty, Chicago, 1982, S. 107–140.
Han, B.: Insider ownership and firm value: Evidence from Real Estate Investment Trusts, in: Journal of Real Estate Finance and Economics, Vol. 32, 2006, S. 471–493.
Hart, O. D.: The market mechanism as an incentive scheme, in: Bell Journal of Economics, Vol. 14, 1983, S. 366–382.
Hart, O. D./Moore, J.: Debt and seniority: An analysis of the role of hard claims in constraining management, in: American Economic Review, Vol. 85, 1995, S. 567–585.
Hartzell, J. C./Sun, L./Titman, S.: The effect of corporate governance on investment: Evidence from Real Estate Investment Trusts (REITs), Arbeitspapier, University of Texas, 2004.
ICG, Initiative Corporate Governance der Deutschen Immobilienwirtschaft: Corporate Governance Kodex der deutschen Immobilienwirtschaft, Berlin, 2010.
ICG, Initiative Corporate Governance der Deutschen Immobilienwirtschaft: Richtlinie zur Durchführung von Auditierungs- und Zertifizierungsverfahren „ComplianceManagement in der Immobilienwirtschaft“ der Initiative Corporate Governance der deutschen Immobilienwirtschaft e. V. („Auditierungs- und Zertifizierungsordnung“), Berlin, 2011.
Jensen, M. C.: Agency costs of free cash flows, corporate finance, and takeovers, in: American Economic Review, Vol. 76, 1986, S. 323–317.
Jensen, M. C.: Value maximization, stakeholder theory and corporate objective function, in: European Financial Management, Vol. 7, 2001, S. 297–360.
Jensen, M. C./Meckling, W. H.: Theory of the firm: Managerial behavior, agency costs and ownership structure, in: Journal of Financial Economics, Vol. 3, 1976, S. 305–360.
Jensen, M. C./Murphy, K. J.: CEO incentives: It's not how much you pay but how, in: Harvard Business Review, Vol. 68, 1990, S. 138–149.
Jensen, M. C./Ruback, R. S.: The market for corporate control: The scientific evidence, in: Journal of Financial Economics, Vol. 11, 1983, S. 5–50.
John, K./Senbet, L. W.: Corporate governance and board effectiveness, in: Journal of Banking and Finance, Vol. 22, 1998, S. 371–403.
Kohl, N.: Corporate governance and market valuation of publicly traded real estate companies: A theoretical and empirical analysis, in: Schulte, K.-W./Bone-Winkel, S. (Hrsg.): Schriften zur Immobilienökonomie, Band 50, Köln 2009.

Kohl, N./Schäfers, W.: Corporate Governance and Market Valuation of Publicly Traded Real Estate Companies: Evidence from Europe, in: Journal of Real Estate Finance and Economics, Vol. 44, 2012, S. 362–393.
La Porta, R./Lopez-De-Silanes, F./Shleifer, A./Vishny, R. W.: Investor protection and corporate governance, in: Journal of Financial Economics, Vol. 58, 2000, S. 3–27.
Lipton, M./Lorsch, J. W.: A modest proposal for improved corporate governance, in: Business Lawyer, Vol. 48, 1992, S. 59–77.
Lombardo, D./Pagano, M.: Law and equity markets: A simple model, Working Paper, University of Salerno, 2002.
Manne, H. G.: Mergers and the market for corporate control, in: Journal of Political Economy, Vol. 73, 1965, S. 110–120.
Maug, E.: Large shareholders as monitors: Is there a trade-off between liquidity and control?, in: Journal of Finance, Vol. 53, 1998, S. 65–98.
McKinsey & Company: Global investor opinion survey, 2002.
Nestor, S./Thompson, J. K.: Corporate governance patterns in OECD economies: Is convergence under way?, OECD Working Paper, 2001.
OECD, Organisation for Economic Co-operation and Development: OECD principles of corporate governance, Paris 1999.
RICS, Royal Institution of Chartered Surveyors: RICS Professional Conduct: Rules of conduct and disciplinary procedures, London 2006.
Schäfers, W./Kohl, N./Schulte, K.-W.: Corporate Governance bei Real Estate Investment Trusts, in: Bone-Winkel, S./Schäfers, W./Schulte, K.-W. (eds.): Real Estate Investment Trusts, Köln, 2008.
Scharfstein, D.: The disciplinary role of takeovers, in: Review of Economic Studies, Vol. 55, 1988, S. 185–199.
Shleifer, A./Vishny, R.: Large shareholders and corporate control, in: Journal of Political Economy, Vol. 94, 1986, S. 461–488.
Shleifer, A./Vishny, R.: A survey of corporate governance, in: Journal of Finance, Vol. 52, 1997, S. 737–783.
Sirmans, C. F.: Governance issues in real estate investing: The case of REITs, RICS Working Paper, 1999.
Smith, M. P.: Shareholder activism by institutional investors: Evidence from CalPERS, in: Journal of Finance, Vol. 51, 1996, S. 227–252.
Stapledon, G. P.: Institutional shareholders and corporate governance, Oxford 1996.
Stiglitz, J. E.: Credit markets and the control of capital, in: Journal of Money, Credit, and Banking, Vol. 17, 1985, S. 133–152.
Stulz, R. M.: Managerial discretion and optimal financing policies, in: Journal of Financial Economics, Vol. 26, 1990, S. 3–27.
Williamson, O. E.: Corporate Governance, in: Yale Law Journal, Vol. 93, 1984, S. 1197–1230.
Williamson, O. E.: The economic institutions of capitalism: Firms, markets, relational contracting, New York 1985.
Winter, R. K.: State law, shareholder protection, and the theory of the corporation, in: Journal of Legal Studies, Vol. 6, 1977, S. 251–292.
Zeitlin, M.: Corporate ownership and control: The large corporation and the capitalist class, in: American Journal of Sociology, Vol. 79, 1974, S. 1073–1119.
ZIA, Zentraler Immobilien Ausschuss e. V.: Nachhaltigkeit in der Immobilienwirtschaft – Kodex, Berichte und Compliance, Berlin 2012.

Wolfgang Schäfers, Daniel Wurstbauer

5 Immobilien-Risikomanagement

Inhalt

5.1 Einleitung

Unternehmerische Tätigkeiten sind von künftigen Entwicklungen abhängig und daher immer mit Risiken verbunden. Risikomanagement umfasst die Gesamtheit aller organisatorischen Maßnahmen zur Risikoerkennung und zum Umgang mit Risiken (vgl. gif 2009, S. 8). Es handelt sich um eine Querschnittfunktion, die alle wertschöpfenden Bereiche einer Organisation überblickt und beeinflusst. Bei Projekten und Objekten im Bau- und Immobilienbereich gehört Risikomanagement zu den wesentlichen Aufgaben der Unternehmensleitung. Der Regelkreislauf des Risikomanagements kann durch die Phasen Risikoidentifikation, Risikoanalyse, Risikobewertung, Risikosteuerung, Risikocontrolling sowie Dokumentation und Berichtswesen beschrieben werden. Risikomanagementsysteme legen dabei alle Aufgaben, Regelungen und Träger des Risikomanagements fest. Je nach Form, Größe, Zweck und Zielen einer Organisation bzw. eines Unternehmens können diese Systeme unterschiedlich stark ausgeprägt bzw. formalisiert sein.

Bestimmte Unternehmen müssen gesetzliche Mindestanforderungen an das Risikomanagement erfüllen. In der Immobilienwirtschaft gilt dies besonders für die Bereiche des institutionellen Immobilien-Investmentmanagement und der Immobilienfinanzierung, außerdem generell bei bestimmten Rechtsformen. So schreibt das Gesetz zur Kontrolle und Transparenz im Unternehmensbereich (KonTraG) in Deutschland für AGs, KGaAs und einige GmbH-Formen unternehmensweite Risikofrüherkennungssysteme vor. Darin sind insbesondere ein Risikoinventar aller wichtigen Risiken sowie Umfang, Verantwortlichkeit und Turnus der Risikoüberwachung zu definieren. Wesentliche Risiken sind in alle wichtigen betrieblichen Entscheidungen mit einzubeziehen. Auch der Deutsche Corporate Governance Kodex (DCGK), dem Aktiengesellschaften in Deutschland folgen sollen (§ 161 AktG), verlangt, dass der Vorstand für ein angemessenes Risikomanagement und Risikocontrolling im Unternehmen sorgt (DCGK 4.1.4). Dies ist ebenso im branchenspezifischen „Corporate Governance Kodex der deutschen Immobilienwirtschaft“ der „Initiative Corporate Governance“ geregelt. Die Bundesanstalt für Finanzdienstleistungsaufsicht (BaFin) hat darüber hinaus Mindestanforderungen zur Ausgestaltung des Risikomanagements bei deutschen Kreditinstituten (MaRisk BA), Versicherungsunternehmen (MaRisk VA) und Kapitalverwaltungsgesellschaften (InvMaRisk) definiert. Die Eigenkapitalvorschriften für Banken (Basel II, Basel III) und Versicherungsunternehmen (Solvency II) stellen zusätzliche Anforderungen an Risikomanagementsysteme dieser Unternehmen. Kapitalverwaltungsgesellschaften müssen „über angemessene Risikomanagementsysteme verfügen, die insbesondere gewährleisten, dass die für die jeweiligen Anlagestrategien wesentlichen Risiken der Investmentvermögen jederzeit erfasst, gemessen, gesteuert und überwacht werden können.“ (§ 29 (2) KAGB). Dabei ist zu beachten ist, dass die Unternehmensleitung bei ungenügendem Risikomanagement persönlich haftbar gemacht werden könnte und ggf. Schadensersatzzahlungen leisten müsste.

Ausprägungsformen des Risikomanagements können mithin in sechs Stufen unterschieden werden (vgl. Gleißner 2011, S. 6–8):

Stufe 1 kein Risikomanagement („sporadische Berücksichtigung von Risiken"),

Stufe 2 Schadensmanagement („punktuelle Abwehr, speziell wesentlicher Gefahren"),

Stufe 3 KontraG-Risikomanagement („explizite individuelle Risikobewältigungsstrategien"),

Stufe 4 Ökonomisches Risikomanagement („ausgeprägtes Bewusstsein über Risiken und Chancen"),

Stufe 5 Integriertes wertorientiertes Risikomanagement („stochastische Budgetierung"),

Stufe 6 Holistisches Risikomanagement („robustes Unternehmen").

Während die ersten beiden Stufen selbsterklärend sind, verdienen besonders die Stufen 4, 5 und 6 nähere Betrachtung. Auf Stufe 4 ist das Risikomanagement in Unternehmensprozesse integriert und durch eine adäquate IT-Lösung unterstützt. Rendite und Risiko werden gemeinsam betrachtet. Auf Stufe 5 können darüber hinaus alle Planungen im Unternehmen (Finanz- und Unternehmensplanung) durch Zuordnung von Risiken als Wahrscheinlichkeitsverteilungen beschrieben werden. Sämtliche strategischen Handlungsoptionen können so unter Berücksichtigung der Risiken bewertet werden. Ein holistisches Risikomanagement betrachtet alle wichtigen strategischen und operativen Entscheidungen in Bezug auf den Risikonutzen. Das Risikonutzenkalkül spiegelt die individuellen Risikopräferenzen und Restriktionen der Eigentümer wider (vgl. Gleißner 2011, S. 7–8). Der hohe Anspruch von Stufe 6 ist sicherlich nur in bestimmten Unternehmen mit Aufwand und konsequentem Handeln zu erreichen. Die praktische Herausforderung besteht dabei bereits in der Erstellung des Risikoinventars und der Risikoaggregation, jeweils mit Kenntnis der Ursache-Wirkungs-Beziehungen.

5.2 Definitorische Grundlagen

Unsicherheit, Risiko und Ungewissheit

Unsicherheit umfasst als Oberbegriff sowohl Risiko als auch Ungewissheit. Risiko ist die aus der Unvorhersehbarkeit der Zukunft resultierende Möglichkeit der Abweichung von geplanten Zielen aufgrund zufälliger Störungen (vgl. Gleißner 2011, S. 10). Bei Entscheidungen unter Risiko können – anders als bei solchen unter Ungewissheit – Eintrittswahrscheinlichkeiten für mögliche künftige Umweltzustände

(Schadenshöhen) spezifiziert werden. Risiko im weiteren Sinne wird als mögliche Abweichung einer tatsächlichen Größe von einer geplanten Größe definiert. Eine positive Abweichung wird als Chance und eine negative Abweichung als Gefahr angesehen. Risiko im engeren Sinne wird meist als Gefahr der negativen Abweichung von einem erwarteten Ergebnis aufgefasst. Das Produkt aus Schadenshöhe und Eintrittswahrscheinlichkeit stellt dabei den erwarteten Verlust dar.

Viele Entscheidungen, die durch Menschen unter Unsicherheit getroffen werden, dürften auf einer Mischung von erfahrungsbasiertem (heuristischem) und analytischem Abwägen beruhen (vgl. Zajonc 1980). Dem Abwägungsprozess von Vor- und Nachteilen einer Handlungsmöglichkeit geht oftmals eine individuelle Entscheidung voraus, für die erst im Nachhinein eine Begründung konstruiert wird. Empfindungen wie Emotionen oder Gefühle können Entscheidungen maßgeblich beeinflussen (z. B. „Affektheuristik", vgl. u. a. Kahneman 2012). Im Immobilienbereich kommt hinzu, dass vielfach Spezialisten (z. B. Fachingenieure), Generalisten (z. B. Unternehmer) oder Laien (z. B. Privatkunden) mit asymmetrischer Informationsverteilung in Unternehmen, Projekten oder Transaktionen beträchtlicher Größenordnungen aufeinandertreffen.

Wahrscheinlichkeit

Eine einfache Beschreibung von Risiken durch Schadenshöhe und Eintrittswahrscheinlichkeit ist Merkmal von Stufe 3 des Risikomanagements (vgl. oben). Grundsätzlich können mehrere Interpretationen von Wahrscheinlichkeit unterschieden werden:

- **Klassisch:** Anzahl der relevanten Ausgänge eines statistischen Vorgangs in Relation zur Gesamtzahl der möglichen Ausgänge: z. B. einfacher Münzwurf, Eintrittswahrscheinlichkeit $p = 0{,}5$,
- **Frequentistisch:** relative Häufigkeit (Frequenz) eines Ausgangs in einer Serie gleichartiger Vorgänge: z. B. wiederholter Münzwurf, ($p = 0{,}5$); Problem: Einzelereignis kann keine Wahrscheinlichkeit zugewiesen werden,
- **Propensity-Interpretation:** Wahrscheinlichkeit als Maß der Neigung (engl. propensity) eines Vorgangs zu einem bestimmten Ausgang: z. B. Münzwurf unter Berücksichtigung von Form, Gewicht, Umwelteinflüssen etc.,
- **Bayesianisch:** Grad der (subjektiven) Überzeugung über den Ausgang eines statistischen Vorgangs (Proband leitet p rational ab und wäre bereit, eine Wette abzuschließen; dabei berücksichtigt er fortlaufend neue Informationen).

Allgemein kann also zwischen objektiven und subjektiven Wahrscheinlichkeiten unterschieden werden. Während objektive Wahrscheinlichkeiten unmittelbar empirisch ableitbar sind, stellen subjektive Wahrscheinlichkeiten individuelle Schätzungen zur Eintrittswahrscheinlichkeit einer bestimmten Situation dar. Die Propensity-Interpretation (objektive Wahrscheinlichkeit) oder der Bayesianische

Wahrscheinlichkeitsbegriff (subjektive Wahrscheinlichkeit) stellen die wohl relevantesten Wahrscheinlichkeitsbegriffe für das Risikomanagement im Allgemeinen und Immobilien-Risikomanagement im Speziellen dar.

Fragilität, Robustheit und Antifragilität
Robustheit (oder: Resilienz) gegenüber Störungen bzw. Schocks (z. B. Finanz- oder Wirtschaftskrisen) wird häufig als wünschenswerte Eigenschaft von Systemen aufgefasst. Robuste Systeme widerstehen Störungen und verändern sich daher nicht. Fragile Systeme hingegen sind auf Störungsfreiheit angewiesen. Taleb (2013) hält beiden Begriffen entgegen, dass Systeme durch Störungen besser werden können. Dieses Prinzip sieht er hinter allem, was sich im Laufe der Zeit zum Positiven geändert hat. Da es kein Wort für das genaue Gegenteil von Fragilität gibt, führt er dafür den Begriff Antifragilität ein. Antifragile Systeme zeichnen sich dadurch aus, dass Zufälligkeit, Ungewissheit und bestimmte Arten von Irrtümer, die es erlauben zu lernen, durchaus erwünscht sind (vgl. Taleb 2013, S. 21–22, 45).

Risikomanagement, das ausschließlich auf Robustheit ausgelegt ist, könnte positive Entwicklungen sogar behindern. Insofern sollte ein holistisches Risikomanagement zwar wachsam gegenüber Irrtümern sein, diese aber in gewissem Umfang auch zulassen. Im Immobilienbereich erscheint diese Eigenschaft aufgrund der vielfältigen Interdependenzen und Trägheit einiger Prozesse (z. B. Vielzahl an Beteiligten, lange Planungs- und Realisierungsdauer im Bau) besonders wesentlich.

5.3 Kategorisierung von Immobilienrisiken

Risiken sind sehr abhängig vom Geschäftszweck, der Unternehmensstrategie und der Risikopolitik eines Unternehmens. Die Identifikation von Risiken muss in jeder Organisation spezifisch und wiederkehrend erfolgen. Taleb (2008) bemerkt, dass extreme Ereignisse zwar höchst unwahrscheinlich, aber dennoch möglich sind. Mitunter wird der kompletten Elimination eines extrem unwahrscheinlichen oder kleinen Risikos mehr Aufmerksamkeit geschenkt, als der unvollständigen Reduktion eines größeren, gegenwärtigen Risikos (sog. „Zero-Risk-Bias"). Im Risikoinventar muss daher für jedes Einzelrisiko auch dessen Relevanz beschrieben sein.

Allgemein können Risiken z. B. in strategische Risiken, Marktrisiken, Finanz(markt)risiken, rechtliche und politische Risiken, Risiken aus Corporate Governance (Führung und Organisation) und Leistungsrisiken unterschieden werden (vgl. Gleißner 2011, S. 57). In der Immobilienliteratur existieren bereits verschiedene weitere Kategorisierungssysteme für (Immobilien-)Risiken. So kann beispielsweise anhand des Ursprungs- und Wirkungskreis der Risiken (also z. B. Länderrisiken, Marktrisiken, Unternehmensrisiken etc.) kategorisiert werden. Weiterhin haben sich

Kategorisierungssysteme etabliert, die auf den Lebenszyklus der Immobilie abstellen. Aufgrund der Besonderheit von Immobilienunternehmen erscheint daher eine umfassende Betrachtung der relevanten Immobilienrisiken im engeren und weiteren Sinne sowohl auf Objektebene (immobilienspezifische Risiken) als auch Unternehmensebene (unternehmensspezifische Risiken) am zielführendsten (vgl. Urschel, 2010, S. 101). Die in Abbildung 1 dargestellte Kategorisierung von Immobilienrisiken erhebt dabei keinen Anspruch auf Vollständigkeit und kann im Einzelfall um spezielle Einzelrisiken ergänzt werden. Zudem können Risiken durchaus in verschiedenen Kategorien relevant sein, da sie sowohl weitreichende Konsequenzen auf Objekt- als auch Unternehmensebene nach sich ziehen könnten. Beispielhaft wäre hierbei die Einführung der Mietpreisbreme in Deutschland zu nennen, welche sowohl auf Objektebene ein Bewertungs- bzw. Wertänderungrisiko, aber zugleich auch ein politisches und rechtliches Risiko auf Unternehmensebene darstellt. Eine weitere Unterteilung der Risikokategorien erfolgt im weiteren Verlauf dieses Abschnitts.

Abb. 1: Kategorisierung von Immobilienrisiken (Quelle: eigene Darstellung in Anlehnung an Urschel 2010, S. 113)

5.3.1 Immobilienspezifische Risiken

Immobilienspezifische Risiken umfassen alle Risiken, die sich unmittelbar anhand der Eigenschaften der konkreten Immobilie ableiten lassen. Maßgeblich beeinflusst werden immobilienspezifischen Risiken daher von der Lage der Immobilie, also dem konkreten Standtort und relevanten Immobilienmarkt, und den spezifischen Objekteigenschaften (vgl. Urschel 2010, S. 87 ff; vgl. Schäfers 1997, S. 193).

Standort- und Marktrisiken

Standort- und Marktrisiken werden auf höchster Ebene von nationalen und regionalen Faktoren beeinflusst. Typische Risiken auf nationaler und regionaler Ebene sind hierbei vor allem:
- Gesamtwirtschaftliche Entwicklung (national),
- Soziodemographische Entwicklung,
- Politische, steuerliche und rechtliche Rahmenbedingungen,
- Wirtschaftliches Umfeld (regional).

Hinsichtlich des konkreten Standorts sind die maßgeblichen Risiken vor allem vom Mikro- und Makroumfeld der jeweiligen Immobilie abhängig. Anhand folgender beispielhafter Kategorien lassen mögliche Risiken für einen konkreten Standort identifizieren:
- Relevanter Immobilienmarkt (regionaler Teilmarkt, Teilmärkte nach Nutzungsart),
- Mikro- und Makrostandort (harte und weiche Standortfaktoren),
- Politische und rechtliche Risiken,
- Soziale Risiken,
- Ökologische Risiken,
- Großschadensereignisse (Sturm, Hochwasser, Hagel etc.).

Objektspezifische Risiken

Eine mögliche Ableitung der objektspezifischen Risiken erfolgt am besten anhand der typischen Risiken, die sich im Laufe des **Lebenszyklus** einer Immobilie (Entwicklung, Nutzung, Verwertung) identifizieren lassen.

Während der Bauphase bzw. Projektentwicklung sind folgende **Entwicklungsrisiken** besonders relevant:
- Fehlkonzeptionsrisiken (z. B. Nutzungsmix),
- Genehmigungsrisiken (z. B. Baurechtschaffung),
- Politisch-öffentliche Risiken (z. B. öffentlicher Widerstand),
- Finanzierungsrisiken (z. B. „Eigenkapitallücke"),
- Boden- und Baugrundrisiko (z. B. Altlasten, Erschließung),
- Kostenrisiken (z. B. Baukostenüberschreitung),
- Terminrisiken (z. B. verspäteter Baubeginn),
- Technische Risiken (z. B. Baustellenzufahrt),
- Qualitätsrisiken (z. B. Baustoffqualität).

Risiken, die während der **Nutzung der Immobilie** auftreten können, sind typischerweise:
- Vertragsrisiko (Miethöhe, Mietermix, Restlaufzeiten),
- Leerstandsrisiko bzw. Wiedervermietungsrisiko,

- Bewirtschaftungskosten (z. B. während Leerstand),
- Wertänderungsrisiko,
- Technische Ausstattung und Gebäudesubstanz (z. B. Instandhaltung),
- Ökologische Risiken,
- Rechtliche Risiken.

Im Falle eines möglichen Verkaufs der Immobile haben sich folgende **Verwertungsrisiken** als wichtige Risikofelder herausgestellt:
- Drittverwendungsrisiko,
- Ertragsausfallrisiko,
- Veräußerungsrisiko.

Unabhängig von der Phase des Lebenszyklus einer Immobilie, sind weitere typische Risiken konkret anhand der spezifischen Objektmerkmale ableitbar. Hinsichtlich der **Objekteigenschaften** lassen sich hierbei vor allem folgende Risikofelder herleiten:
- Architektonische Gestaltung,
- Image,
- Bauweise,
- Ausstattung,
- Ökologische Qualität,
- Soziale Qualität.

5.3.2 Unternehmensspezifische Risiken

Neben den eben aufgezeigten immobilienspezifischen Risiken auf Objektebene sind ebenso Risikofelder auf Unternehmensebene identifizierbar, welche in einem vollumfänglichen Risikomanagementsystem eines Immobilienunternehmens zwingend Beachtung finden müssen. Hierzu zählen im Besonderen Managementrisiken, Finanzierungsrisiken und politische und rechtliche Risiken.

Managementrisiken

Managementrisiken in Immobilienunternehmen betreffen v. a. den Aufbau und die Prozesse im jeweiligen Unternehmen. Weiterhin umfassen Managementrisiken strategische Risiken, die die langfristigen Erfolgsfaktoren eines Immobilienunternehmens betreffen. Dazu gehören insbesondere Kernkompetenzen, Geschäftsfeldstruktur, Gestaltung der Wertschöpfungskette und daraus resultierende Wettbewerbsvorteile. Beispiele für Managementrisiken umfassen dabei u. a.
- Führungs- und Organisationsrisiken (z. B. konkurrierende Geschäftsbereiche),
- Personalrisiken (z. B. durch mangelndes Wissensmanagement),

- Risiken aus Supportprozessen (z. B. Wegfall eines externen Dienstleisters),
- Qualität des Führungssystems (Controlling, Corporate Governance, Compliance),
- Managementstrategie und -qualität (z. B. Vertrauensverlust an den Kapitalmärkten),
- Wegfall unternehmensspezifischer Begünstigungen (z. B. Verlustvorträge).

Finanzierungsrisiken

Immobilienunternehmen zeichnen sich klassischerweise durch eine stark fremdkapitalorientierte Finanzierungsstruktur aus. Sie sind nicht zuletzt deswegen im Zuge der zurückliegenden Finanz- und Wirtschaftskrise besonders unter Druck geraten. Dies verdeutlicht den hohen Stellenwert der Finanzierungsrisiken auf Ebene des Unternehmens. Finanzmarktbezogene Immobilienrisiken umfassen daher beispielhaft folgende Punkte:

- Eigenkapitalstärke bzw. Finanzierungsstruktur (z. B. Eigenkapitalquote, Loan-to-Value),
- Klumpenrisiken,
- Zins- und Währungsänderungsrisiken (z. B. Finanzierungen in lokaler Währung),
- Risiken aus dem Einsatz von Derivaten (z. B. Swap-Bewertungen),
- Finanzielle/nicht-finanzielle Covenants in Darlehensverträgen,
- Liquiditätsrisiko (z. B. Zahlungsausfälle).

Politische und rechtliche Risiken

Wie eingangs bereits erwähnt, unterliegen Immobilienunternehmen sowohl auf Objekt- als auch auf Unternehmensebene politischen und rechtlichen Risiken, die schwer quantifizierbar sind, jedoch auf viele Weisen substanzielle Auswirkungen auf Unternehmen im Immobilienbereich haben. Zu den wichtigsten politischen und rechtlichen unternehmensspezifischen Risiken zählen:

- Änderungen im Steuerrecht (z. B. Abschreibungsregeln),
- Änderungen im Sachenrecht,
- Änderungen im Mietrecht (z. B. Einführung „Mietpreisbremse"),
- Änderungen im Baurecht.

5.4 Systematisierung von Immobilienrisiken

In der Literatur existieren weit verbreitete theoretische Ansätze zur Systematisierung von Risiken. Allgemein unterscheidet man zwischen vier verschiedenen

Systematisierungsansätzen. Es kann differenziert werden zwischen (vgl. Meier 2007, S. 10):

- systematischen und unsystematischen Risiken,
- ein- und zweidimensionalen Risiken,
- quantifizierbare und nicht quantifizierbare Risiken,
- existenzielle und finanzielle Risiken.

Von besonderer Bedeutung für Immobilienrisiken ist dabei die Unterscheidung in systematische und unsystematische Risiken. Diese Unterscheidung geht auf die Portfoliotheorie nach Markowitz (1952) zurück, wonach Risiken durch die Portfoliobildung reduziert werden können. Systematische Risiken umfassen dabei Gefahren und Chancen aufgrund von allgemeinen Marktentwicklungen. Daraus folgt, dass systematische Risiken innerhalb einer Assetklasse nicht durch Diversifikation verringert werden können. Unsystematische Risiken werden von immobilienspezifischen Determinanten beeinflusst – die Risikoursachen liegen in den einzelnen Investitionsobjekten- bzw. -projekten begründet. Unsystematische Risiken sind daher diversifizierbar und das Gesamtrisiko kann durch eine geeignete Risikostreuung in unterschiedliche Objekte verringert werden. Eine exemplarische Gegenüberstellung von typischen systematischen und unsystematischen Risiken im Lebenszyklus einer Immobilie ist in nachfolgender Tabelle 1 veranschaulicht. So können beispielsweise Wertänderungsrisiken über eine regionale und typologische Diversifikation der Immobilien reduziert werden, der systematische Einfluss von makroökonomischen Einflussgrößen, wie z. B. Inflation, kann jedoch nicht diversifiziert werden.

Tab. 1: Systematische und unsystematische Immobilienrisiken (Quelle: eigene Darstellung)

Beispiel Immobilienrisiko	Systematische Risiken	Unsystematische Risiken
Entwicklungsrisiko	Marktrisiko	Fertigstellung, Kostenüberschreitung
Wertänderungsrisiko	Inflation	Standort
Ertragsausfallrisiko	Besteuerung	Mieterbonität-/struktur
Veräußerungsrisiko	Marktzyklus, Kapitalmarkt	Funktionsfähigkeit

5.5 Auswirkungen von Risiken auf Bilanz, GuV & Cash Flow

Im Zuge des Risikomanagements sind in besonderem Maße die potentiellen Auswirkungen der identifizierten und analysierten Risiken auf Bilanz, GuV und Cash Flow des Immobilienunternehmens zu beachten. Die erwarteten Belastungen auf Ertrags- und Bewertungsseite haben unmittelbar bilanzielle und nicht-bilanzielle Auswirkungen. Vom einzelnen Gebäude werden hierzu die Daten auf Ebene von (Teil-)Portfolio(s) bzw. Einzel- oder Zweckgesellschaften (SPVs) auf das Gesamtunternehmen bzw. die Unternehmensgruppe hochaggregiert. Dies sollte im Idealfall anhand einer integralen Planung erfolgen, mithilfe derer man unmittelbar die bilanziellen und nicht-bilanziellen Auswirkungen von potentiellen Risiken ablesen kann.

Besonders bei Immobilien-Bestandshaltern ist die Differenzierung der Auswirkungen auf Bilanz, GuV und Cash Flow durch die meist beträchtliche Kapitalbindung, das „Financial Engineering" und resultierende Haftungsregelungen wesentlich. Bestimmte Risiken können zu Wertänderungen von (Teil-)Beständen führen, die zwar nicht unmittelbar liquiditätswirksam sind, aber schnell existenzgefährdende Folgen nach sich ziehen können; in der Regel zumindest eine Verschlechterung der Konditionen bei Anschlussfinanzierungen, im schlimmsten Fall Überschuldung bzw. Insolvenz der jeweiligen Unternehmung. Je nach Art und Umfang der Finanzierung müssen Anforderungen der Kapitalgeber aus Darlehensbestimmungen (Covenants) und einzuhaltende Kennzahlen regelmäßig überwacht und berichtet werden. Nicht budgetierte Erlösminderungen (bei Mieten, Veräußerungen) oder unvorhergesehene Kostenabweichungen (z. B. außerplanmäßige Instandsetzungen, unvorhergesehene Steuerzahlungen, Vertragsstrafen usw.), die liquiditätswirksam sind, können ebenfalls bilanziell das Eigenkapital belasten und müssen ggf. kurzfristig gegenfinanziert werden. Der Eigenkapitalquote bzw. Zinsquote und Kapitaldienstdeckungsgrad kommt dadurch bei Bestandshaltern besondere Bedeutung zu. Folglich ist es unerlässlich, diese Kennzahlen im Rahmen des Risikomanagements mithilfe von Sensitivitätsanalysen, Szenarioanalysen oder Simulationen laufend zu analysieren und zu bewerten. Eine genauere Darstellung und Würdigung dieser Methoden erfolgt im weiteren Verlauf dieses Beitrags.

5.6 Regelkreislauf des Risikomanagements

Das Risikomanagementsystem nach ISO 31000 basiert auf dem PDCA-Zyklus (Plan-Do-Check-Act). Angelehnt hieran umfasst das Risikomanagement für Immobilienunternehmen, wie von der Gesellschaft für Immobilienwirtschaft für die Immobilienwirtschaft (gif e. V.) vorgeschlagen, als Regelkreislauf die in Abbildung 2 dargestellten Schritte.

Abb. 2: Regelkreislauf Risikomanagement (Quelle: eigene Darstellung in Anlehnung an gif 2009, S. 10; ISO 31000:2009 (5))

Risikomanagement ist organisatorisch nah an der Unternehmensleitung angesiedelt. Eine mögliche Organisationsform sieht – je nach Größe des Unternehmens – die Einrichtung eines zentralen Risikobeauftragten als Stabsstelle z. B. im Bereich des Controllings oder die Einrichtung einer eigenen Risikomanagement-Abteilung vor. Der Risikobeauftragte berichtet regelmäßig in Form eines Risikoberichts mit einer **komprimierten Zusammenstellung von Risikoinformationen an** die Unternehmensleitung. Dezentrale Risikoverantwortliche (Riskowner) verantworten und steuern risikobehaftete Prozesse operativ. Sie berichten an den Risikobeauftragten (vgl. gif 2009, S. 11–12). Risikoverantwortliche für immobilienspezifische Risiken können z. B. auf Ebene des Portfolio Managements, Asset Managements oder des Projektmanagements bzw. der Projektsteuerung eingerichtet sein.

5.6.1 Festlegung der Risikopolitik

Die Formulierung und Kommunikation risikopolitischer Grundsätze ist Aufgabe und Verantwortungsbereich der Unternehmensleitung. Die Risikopolitik (oder auch Risikostrategie) ist fester Bestandteil der Unternehmensstrategie und muss bis in das

Risikobewusstsein der Mitarbeiter reichen (vgl. Gleißner 2011, S. 50–51). Durch die Risikopolitik werden Art und Höhe der Risiken festgelegt, die das Unternehmen tragen kann (Maximum) und soll (Optimum). So können Ist-Situationen bewertet und Maßnahmen zur Bewältigung von Gefahren oder zum Nutzen von Chancen eingeleitet werden. Nachdem Risiken einmal identifiziert, analysiert und bewertet wurden, können Zielwerte angepasst werden. Für einzelne Bereiche bzw. Geschäftsfelder kann eine individuelle Risikopolitik abgeleitet werden. Dabei sind Interdependenzen zu beachten, die Einzelrisiken verstärken oder abschwächen können. Gleichartige Risiken sollten aus Unternehmenssicht daher auch gemeinsam betrachtet werden. Insgesamt sollte die Risikopolitik einfach und nachvollziehbar dargestellt und sowohl internen als auch externen Anspruchsgruppen nachvollziehbar kommuniziert werden (vgl. gif 2009, S. 13–14).

5.6.2 Risikoidentifikation

Das Ziel der Risikoidentifikation besteht in der möglichst frühen Erfassung, Formulierung und Strukturierung der relevanten Risiken. Dies bedeutet zunächst die Sammlung möglicher Ursachen und Zusammenhänge. Analyse und Bewertung von Ursachen und Wirkungen folgen in weiteren Schritten. Ergebnis der Risikoidentifikation ist das sogenannte Risikoinventar, welches sinnvoller Weise bereits eine erste Bündelung von Risiken mit möglichen Interdependenzen berücksichtigt. Immobilienbezogene Risiken sind, wie bereits erwähnt, mannigfaltig und wie in jedem Unternehmen sehr abhängig vom Geschäftszweck, der Unternehmensstrategie und der Risikopolitik. Checklisten oder Kategorisierungen wie in Abschnitt G.3 können daher nur als Anregung aufgefasst werden, die Erhebung muss in jeder Organisation spezifisch und wiederkehrend erfolgen.

Die Risikoidentifikation kann aus mehreren Teilschritten bestehen: Das zentrale Risikomanagement identifiziert Risikoverantwortliche (Riskowner) innerhalb der operativen Bereiche des jeweiligen Immobilienunternehmens. Gemeinsam werden die wesentlichen Risiken aufgenommen, strukturiert und im Risikoinventar erfasst. Risiken können darin bereits nach Relevanz priorisiert werden, z. B. auf einer mehrstufigen (ordinalen) Relevanzskala von „unbedeutend“ bis „bestandsgefährdend“. Die Relevanz-Bewertung dient zunächst der Eingrenzung derjenigen Risiken, die im Detail analysiert, gesteuert und kontrolliert werden sollen, und wird im Rahmen der Risikobewertung präzisiert (Abschnitt G.5.6.4). Um von einem möglichst vollständigen Risikoinventar auszugehen, sollte neben den Fähigkeiten einiger weniger Risikobeauftragter oder Risikoverantwortlicher die kollektive Intelligenz (Schwarmintelligenz) einer größeren Anzahl auch weniger gut geschulter oder weniger involvierter Personen an der Risikoidentifikation beteiligt werden. Im Immobilienbereich kann dies z. B. den Bereich Asset-/Property Management einschließen, die Entwicklungen im und um ein Gebäude laufend zur Kenntnis nehmen. Zu einem kontinuierlichen Verbesserungsprozess, der fortlaufend wichtige Impulse zur Risikoidentifikation beisteuern kann, gehören entsprechende Anreizsysteme (z. B. Prämien, Empowerment). Wichtig ist dabei, ein Bewusstsein im Unternehmen zu schaffen, dass Risiken gesteuert und kontrolliert werden können und auch müssen. Schließlich gehört das (bewusste) Eingehen von Risiken im Rahmen der gewählten Risikopolitik zum Wesen jeder Unternehmung.

Einige Methoden zur Risikoidentifikation, die sich in der Praxis bewährt haben, sind z. B. in Gleißner (2011, S. 58–69) und IEC (2009, S. 22–26) ausführlich beschrieben, abgegrenzt und bewertet:
- Analyse der strategischen Planung,
- Risiko-Checklisten, ggf. in Kombination mit Prozesskostenanalysen,
- Risikoworkshops, Brainstorming, Mindmapping,
- ABC-Analysen,
- Experten- und Mitarbeiterbefragung (auch: Delphi-Panels),
- Structured-What-If-Analyse (SWIFT),
- Fehler-Möglichkeits- und Einflussanalyse (FMEA),
- Due Dilligence,
- Objektbesichtigungen (v. a. bei technischen Risiken).

5.6.3 Risikoanalyse

Die Risikoanalyse beschreibt die Eigenschaften der identifizierten Risiken und bildet damit die notwendige Grundlage für die später zu erfolgende Risikobewertung. Sie wird auf Initiative des Risikobeauftragten durch die Risikoverantwortlichen durchgeführt. Jedes identifizierte Risiko wird dabei auf die nachfolgend aufgezählten Eigenschaften hin untersucht. Im Zuge dessen können bereits erste Abschätzungen über mögliche Risikosteuerungsmaßnahmen abgeleitet werden (in Anlehnung an gif 2009, S. 23–24):
- Ursachen/Einflussfaktoren auf die Einzelrisiken (z. B. Marktrezession),
- Entstehungsorte der Risiken, d. h. örtlich, zeitlich; exogen/endogen (z.B Objekt, monatlich),
- Wirkungen: Abschätzung der grundsätzlichen Wirkung ohne Berücksichtigung von Schadenshöhe und/oder Eintrittswahrscheinlichkeit (z. B. Mietausfall),
- Interdependenzen: Korrelationen mit anderen Risiken, Wirkungsketten, Neben- und Fernwirkungen (Risikokumulationen), Rückkopplungen, Verstärkungseffekte (z. B. gleicher Mieter in mehreren Objekten),
- Beschaffenheit: systematisch/unsystematisch, quantifizierbar/nicht quantifizierbar (z. B. diversifizierbar oder nicht diversifizierbar).

Bereits die Datenerhebung als erster Schritt auf dem Weg zur Risikoanalyse stellt eine grundlegende Herausforderung dar. So sind Fragen nach der Relevanz, Objektivität,

Validität, Reliabilität und Vollständigkeit der Daten im Vorfeld zu klären. Viele immobilienbezogene Daten sind aufwändig zu erheben und zu pflegen, sodass Kosten und Nutzen (Relevanz) sorgfältig abgewogen werden müssen. Die Bedeutung einzelner Daten und deren Ausprägungen können (und werden) in der Regel im Zeitverlauf einem Wandel unterliegen. Zusätzlich müssen die zu erhebenden Daten auf Betrachtungsebenen wie Portfolio, Gebäude oder Nutzer abgestimmt und in darunter bzw. darüber liegende Ebenen aufteilbar bzw. aggregierbar sein. In den weiteren Schritten der Analyse und vor allem der Bewertung der Risiken erfolgt die Umwandlung von Daten in Informationen. Kennzahlen (vgl. auch Abschnitt G.5.6.4.1) stellen in diesem Kontext eine besonders praxisrelevante Möglichkeit dar, Daten sinnvoll in Informationen zu transferieren. Informationen können zur Schaffung von Wissen genutzt werden. Wissen wiederum setzt Erfahrungen, Kontext und Vernetzungen voraus, die von Menschen geleistet werden. Erst mithilfe von Wissen können Schlüsse über die Relevanz einzelner Informationen für die Lösung eines Problems gefolgert werden. Das Ergebnis kann anschließend als Grundlage für Entscheidungen angesehen werden.

Einige immobilienbezogene Daten teilen die Eigenschaft, objektiv messbar zu sein. Subjektive Wahrnehmungen wie Mieterzufriedenheit oder Lagepräferenzen sind wesentlich schwieriger zu fassen. Rückblickend lassen sich Prozesse (z. B. Gentrifizierung, Filtering) relativ leicht beschreiben, Wandel für einzelne Stadtteile, Lagen oder Gebäude zu antizipieren, ist hingegen ein komplexes Problem. Je gründlicher Ursachen analysiert und dargestellt werden, umso gezielter können Maßnahmen gefunden werden, um unerwünschte Entwicklungen im Vorfeld abzuwenden.

Verschieden Methoden zur Risikoanalyse werden z. B. in IEC (2009, S. 32–89) ausführlich dargelegt. Relevante Ansätze für ein Immobilien-Risikomanagement, insbesondere auch zur Analyse von technischen Leistungsrisiken sind beispielsweise:

- PAAG (Prognose, Auffinden Ursache, Abschätzen Auswirkungen, Gegenmaßnahmen),
- Business-Impact-Analyse (BIA),
- Fehler-Ursachen-Analyse (RCA),
- Ursache-Wirkungs-Analyse (CCA)/Kausalstrukturnetze, Feedback-Diagramme.

Die Risikoanalyse sollte in besonderem Maße Prozesse und Anreizstrukturen für interne und externe Anspruchsgruppen (Stakeholder) beleuchten. Menschen neigen dazu, mögliche Verluste höher zu gewichten als mögliche Gewinne (sog „Verlustaversion“, vgl. u. a. Kahneman/Tversky 1979, Kahneman 2012). Vor diesem Hintergrund gilt Risikoeinschätzungen, die als Entscheidungsgrundlage gebraucht werden sollen, besonderes Augenmerk. Selbst umfassende, akkurate und transparente Risikomodelle sind nutzlos oder sogar hinderlich, wenn Entscheidungen intuitiv getroffen oder aus Verunsicherung unterlassen werden.

5.6.4 Risikobewertung

Risikobewertung bedingt immer Blicke in die Zukunft und die Aggregation quantifizierbarer Einzelrisiken. Im Folgenden werden generelle Instrumente und Methoden vorgestellt, die zur Bewertung von Immobilienrisiken angewendet werden können. Diese unterscheiden sich dahingehend, ob explizit eine Wahrscheinlichkeitsverteilung der Risiken unterstellt wird oder nicht (vgl. Abbildung 3). Nachfolgend werden nur die wichtigsten und relevantesten Verfahren zur Risikobewertung vorgestellt. Tiefergehende Beschreibungen und weitere Verfahren zur Quantifizierung von Risiken finden sich beispielsweise in Gleißner (2011), Urschel (2010) oder Stock (2009).

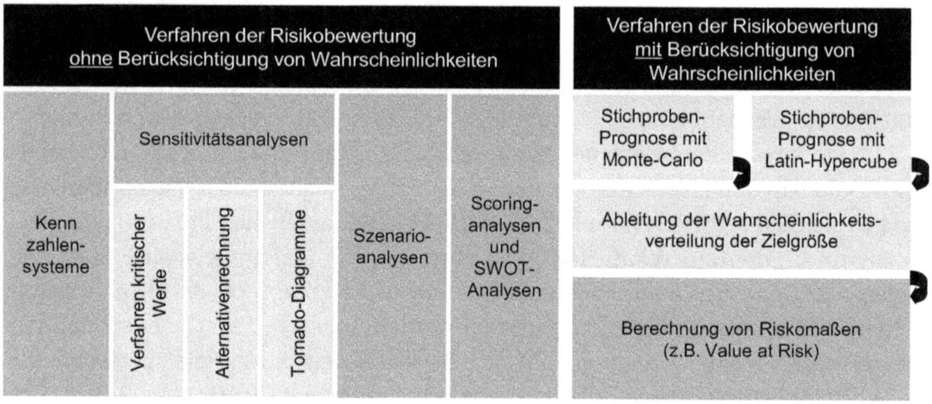

Abb. 3: Methoden zur Risikobewertung (Quelle: eigene Darstellung)

5.6.4.1 Risikobewertung ohne Berücksichtigung von Wahrscheinlichkeitsverteilungen

Zu den Methoden der Risikobewertung ohne Berücksichtigung von Wahrscheinlichkeitsverteilungen gehören insbesondere Kennzahlensysteme, Sensitivitätsanalysen, Szenario-analysen und Scoring-Modelle, welche im folgenden Kapitel kurz vorgestellt und voneinander abgegrenzt werden.

Kennzahlensysteme

Für eine erste Analyse und Bewertung von möglichen Risiken eigenen sich insbesondere Kennzahlen, die einen ausgewählten Sachverhalt in komprimierter Form beschreiben. Risikobewertung anhand von Kennzahlen bedeutet, unterschiedliche Ausprägungen einer wie auch immer ermittelten Kennzahl zu vergleichen und deren Abweichung zu beurteilen. Der Vergleich kann einerseits anhand von Vergleichswerten (intertemporaler Vergleich) oder anhand unterschiedlicher Betrachtungsgegenstände (intersubjektiver Vergleich) erfolgen. Der intersubjektive Vergleich kann im Rahmen eines gezielten Benchmarkings weiter ausgebaut werden, insbesondere wenn die Betrachtungsebene des eigenen Unternehmens verlassen und die Ergebnisse anderer Unternehmen mit einbezogen werden. Kennzahlensysteme eignen sich weiterhin als Frühindikatoren, welche Warnsignale auslösen können, sobald Schwankungen von gewissen Kennzahlen den zuvor definierten Bereich verlassen. In der Folge können unmittelbar Gegensteuerungsmaßnahmen (Risikosteuerung) ergriffen werden (vgl. Stock 2009, S. 124 ff.).

In der Immobilienwirtschaft lassen sich insbesondere drei Arten von Risikokennzahlen identifizieren:

- **Finanzwirtschaftliche Risikokennzahlen** (z. B. auslaufende Mietverträge, Durchschnittliche Laufzeit der Mietverträge, Leerstandsrate, Mieterfluktuationsrate etc.),
- **Strukturelle Risikokennzahlen** (z. B. Nutzflächenfaktor, Bauzustand, Instandhaltungsstau, Restnutzungsdauer etc.),
- **Kennzahlen mit Bezug auf immobilienwirtschaftliche Rahmenbedingungen** (z. B. Wirtschaftswachstum, Inflation, Zinsumfeld etc.).

Sensitivitätsanalyse

In Sensitivitätsanalysen wird untersucht, wie empfindlich Betrachtungsgrößen für ein Untersuchungsfeld auf kleine Änderungen von Einflussfaktoren (Eingangsparametern, Inputvariablen) reagieren. Damit können kritische Einflussgrößen identifiziert und bewertet werden. Sensitivitätsanalysen können ein- oder mehrdimensional durchgeführt werden. Je mehr Dimensionen berücksichtigt werden, umso mehr gleicht (wenn gleiche Annahmen für die jeweiligen Parameter getroffen werden) die Sensitivitätsanalyse der Szenarionalyse. Typische Sensitivitätsanalysen sind dabei das Verfahren kritischer Werte, Alternativenrechnungen oder Tornado-Diagramme.

Im Verfahren **Kritischer Werte** werden Eingangsparameter solange einzeln variiert, bis das Ergebnis der Betrachtungsgröße bzw. Zielgröße einen bestimmten Grenzwert unterschreitet. Der kritische Wert der Eingangsgröße wird als „Break-Even-Point" bezeichnet. Es handelt sich streng genommen bei diesem Verfahren also um eine „Break-Even"-Analyse. Bei der **Alternativenrechnung** wird eine Funktion bestimmt, die den Zusammenhang zwischen einem Eingangsparameter und der Zielgröße darstellt. Der zu untersuchende Parameter wird variiert und anschließend die Veränderung der Zielgröße festgehalten. Graphisch können Sensitivitätsanalysen in Form sog. **Tornado-Diagramme** dargestellt werden. Dabei werden für relevante Einflussfaktoren zunächst eine positive und eine negative (prozentuale) Abweichung vom wahrscheinlichen Wert definiert. Im Tornadodiagramm werden dann für jeden Einflussfaktor die resultierenden Spannen der Zielgröße als prozentuale Abweichungen vom Ausgangswert dargestellt. Üblicherweise sind auf der y-Achse die Einflussfaktoren und auf der x-Achse die Abweichungen vom Ausgangswert in negativer und positiver Richtung dargestellt. Die Einflussfaktoren sind dabei nach der Stärke des Einflusses von oben nach unten in einem Balkendiagramm angeordnet, womit die Stärke des Einflusses jedes einzelnen Parameters auf die Zielgröße abgelesen werden kann und das Diagramm optisch einem Tornado ähnelt (daher „Tornado-Diagramm“, vgl. Abbildung 4). Tornadodiagramme können auch in Szenarioanalysen zur Visualisierung eingesetzt werden.

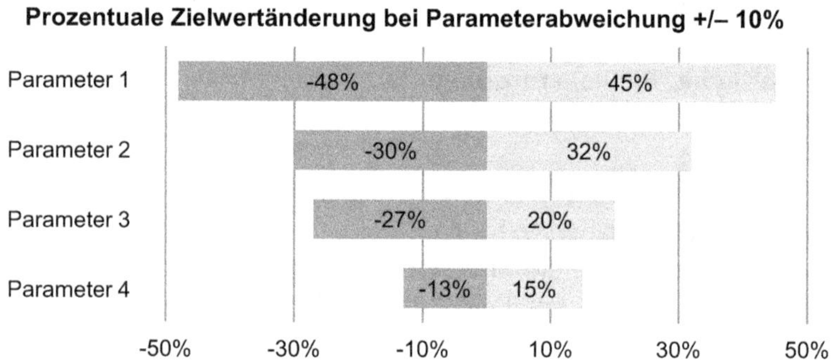

Abb. 4: Tornado Diagramm (Quelle: eigene Darstellung)

Typische Untersuchungszwecke von Sensitivitätsanalysen im immobilienwirtschaftlichen Kontext sind dabei z. B. Fragestellungen, wie sensitiv der Ertrag aus einer Immobilie in Abhängigkeit der erzielbaren Monatsmiete und der konkret vereinbarten Mietfläche reagiert. Bei Tornado-Diagrammen werden verschiedene unsichere Variablen (z. B. Mieteinnahmen, Inflation, Cap Rates) um einen festgelegten Prozentsatz variiert (z. B. +/–10 %) und die resultierende Veränderung des Zielwerts (z. B. Immobilienwert) festgehalten und anschließend der Größe nach in einem Balkendiagramm abgetragen. Somit kann die absolute (oder relative) Änderung des Immobilienwertes bei einer z. B. 10 %-Änderung einer unsicheren Variable direkt abgelesen werden.

Szenarioanalyse

Als Szenario wird die Zusammenfassung aller relevanten Informationen hinsichtlich einer zukünftigen Entwicklung für ein Untersuchungsfeld bezeichnet. Hierzu werden konsistente Annahmebündel gebildet und die Wirkungen auf das Untersuchungsfeld quantifiziert. Im sog. Drei-Werte-Verfahren werden die Eingangsparameter für eine optimistische (Best-Case), eine wahrscheinliche (Base-Case, Trendszenario) und eine pessimistische Variante (Worst-Case) geschätzt. Die grundsätzliche Vorgehensweise lässt sich in folgende acht Schritte unterteilen (vgl. Gleißner 2011, S. 117–118.; Stock 2009, S. 86–87):

1. Schritt Strukturierung und Definition des Untersuchungsfelds,
2. Schritt Identifizierung und Strukturierung der wichtigsten Einflussfaktoren auf das Untersuchungsfeld (Umfeld),
3. Schritt Ermittlung von Entwicklungstendenzen und kritischer Kenngrößen des Umfelds (exogene Einflussfaktoren),
4. Schritt Bildung und Auswahl alternativer konsistenter Annahmebündel bzgl. Zukunftsentwicklung (Betrachtungsgrößen) des Untersuchungsfelds,
5. Schritt Interpretation der ausgewählten Szenarien,
6. Schritt Analyse der Konsequenzen der ausgearbeiteten Szenarien,
7. Schritt Ausarbeitung der Szenarien für das Untersuchungsfeld (Betrachtungsgrößen),
8. Schritt Ableiten sinnvoller Maßnahmen.

In der Praxis kann man mithilfe dieser Analysemethoden beispielsweise die möglichen Auswirkungen einer Mietvertragsverlängerung anhand von verschiedenen Neuvermietungsszenarien ablesen oder den potentiellen Jahresreinetrag einer Immobilie in Abhängigkeit verschiedener Szenarien ablesen (vgl. Tabelle 2). Gründlich erstellte Szenarioanalysen können relativ einfach und schnell erstellt werden und geben einen ersten Einblick in das Spektrum der möglichen Ergebnisse. Sie können außerdem als Grundlage für weiterführende Modelle wie z. B. Simulationen dienen.

Tab. 2: Drei-Werte-Verfahren (Quelle: eigene Darstellung)

	Worst Case	Base Case	Best Case
Vermietbare Fläche	10.000 m²	11.000 m²	12.000 m²
Monatsmiete	24,00 €/m²	25,00 €/m²	26,50 €/m²
Bewirtschaftungs-kosten	280.000 €	275.000 €	270.000 €
Jahresreinertrag	**2.600.000 €**	**3.025.000 €**	**3.546.000 €**

Scoring- und Ratingsysteme (Punktwertmethode)

Mit Scoring- oder Ratingsystemen werden quantitative und qualitative Merkmale eines Untersuchungsfelds (z. B. Markt- und Objektdimension einer Immobilie) durch Punktwerte operationalisiert, gewichtet und bewertet. Für Merkmalsausprägungen werden Punkte z. B. auf einer Skala von Null bis 100 gegeben, die mit unterschiedlichen Gewichtungen zusammen einen Gesamtscore (Rating) ergeben. Der Scoring-

Prozess umfasst im Wesentlichen die folgenden fünf Schritte (vgl. Urschel 2010, S. 260–272):

1. Schritt Aufstellung der Kriterien,
2. Schritt Messung der Kriterien,
3. Schritt Bewertung der Kriterien,
4. Schritt Gewichtung der Einzelbewertungen,
5. Schritt Aggregation der Teilergebnisse zu einem Gesamtergebnis.

Die Beurteilung von weichen qualitativen Kriterien folgt in der Regel subjektiven Einschätzungen von Einzelpersonen, die allgemein nachvollziehbar sein müssen. Bei absolut qualitativen Faktoren, für die keine quantifizierbaren Bewertungsmaßstäbe existieren oder mit angemessenem Aufwand erhoben werden können, ist die Erstellung einer genau beschriebenen Bewertungsskala ratsam. Die Menge von Faktoren und Kriterien muss operationalisierbar sein, da sonst die Gefahr von Scheingenauigkeit oder Fehlern in der Datenerhebung besteht. Scoring-Modelle eigenen sich daher insbesondere zur Quantifizierung von qualitativen Risiken wie Marktattraktivität oder Wettbewerbsvorteile von Immobilien. Je nach Ausgestaltung des Kriterienkatalogs sind mögliche Korrelationen zwischen Faktoren bei der Gewichtung zu berücksichtigen. Urschel (2010) schlägt eine dynamische Gewichtung vor, mit der deutlich vom Erwartungswert abweichende Chancen und Risiken stärker gewichtet werden. Aus den Bewertungen von vorgelagerten Risiken werden im Ansatz von Urschel (2010) Zu- und Abschläge ermittelt, die Risikointerdependenzen mit anderen Kriterien abbilden sollen.

Weitere qualitative Risikoanalyse- und bewertungsmethoden stellen beispielsweise Stärken-Schwächen-Analysen, oder auch **SWOT-Analysen**, dar, welche ein weitverbreitetes Instrument der strategischen Planung sind. Eine SWOT-Analyse beleuchtet und definiert einerseits (interne) Stärken und Schwächen und gleichzeitig (externe) Chancen und Risiken. SWOT-Analysen beschreiben zunächst Zustände, keine Ziele oder Strategien. Durch eine gründliche Gegenüberstellung der Chancen und Risiken mit internen Stärken und Schwächen werden Standort und Perspektiven des jeweiligen Untersuchungsfelds (z. B. Unternehmen, Immobilie) bestimmt. Eine SWOT-Analyse sollte dabei neben der reinen Beschreibung immer auch die Ableitung von konkreten Handlungsstrategien bzw. Entscheidungen umfassen. Konsequenterweise wird das Risikomanagement alle vier Aspekte der SWOT-Analyse in Risikobewertungen mit einbeziehen.

5.6.4.2 Risikobewertung mit Berücksichtigung von Wahrscheinlichkeitsverteilungen

Die größte Kritik an den bisher dargestellten Methoden ist die mangelnde Berücksichtigung von Eintrittswahrscheinlichkeiten der jeweils betrachteten Szenarien bzw. Eingangsgrößen. Insofern ist es unerlässlich, in weiteren Analysen eine individuelle Annahme über die Wahrscheinlichkeitsverteilung von unsicherheitsbehafteten Variablen zu treffen. Im nachfolgenden Kapitel werden daher methodische Verfahren zur Berücksichtigung von Wahrscheinlichkeitsverteilungen in der Risikobewertung vorgestellt. Grundsätzlich sind dazu drei Schritte notwendig (vgl. Stock 2009, S. 135 ff.):

1. Schritt Festlegung der Zielgröße und der Wahl Eingangsgrößen,
2. Schritt Methoden zur Generierung von Zufallszahlen (Simulationsverfahren),
3. Schritt Risikomessung mithilfe von Risikomaßen.

Zunächst muss mithin die Zielgröße (z. B. Immobilienwert, Interner Zinsfuß einer Immobilieninvestition, Eigenkapitalquote des Immobilienunternehmens) festgelegt werden und die notwendigen Eingangsgrößen unter Berücksichtigung von deren Abhängigkeiten ermittelt werden. Mithilfe von Simulationsverfahren kann im zweiten Schritt auf Basis von objektiven Daten eine Wahrscheinlichkeitsverteilung für die eingehenden Variablen ermittelt werden. Aus diesen wird anschließend mittels stichprobentheoretischer Verfahren die sich ergebene Verteilung der Zielgröße ermittelt. Diese kann im dritten Schritt mit verschiedenen Verfahren zur Risikomessung (z. B. Value at Risk, oder kurz: VaR) analysiert und bewertet werden. Im Weiteren soll daher kurz auf die zwei bedeutendsten Simulationsverfahren eingegangen und anschließend die wichtigsten und in der Praxis relevantesten Risikomaße vorgestellt werden.

Simulationsverfahren

Simulationen basieren auf Wahrscheinlichkeitsverteilungen und ergeben Verteilungen für mögliche Zukunftsszenarien bestimmter Zielgrößen. Dazu bietet sich besonders die Methode der **Monte-Carlo-Simulation** an, die bei Risikomanagementsystemen und für Kostenschätzungen (z. B. im Bereich der Immobilieninstandhaltung) mehr und mehr Anwendung findet. Durch Monte-Carlo-Simulationen können Risiken als Wahrscheinlichkeitsdistribution der Zielgröße dargestellt werden. Diese Methode ist somit einfachen Szenarioanalysen überlegen, da rechnerbasiert mehrere tausend Szenarien berechnet und ausgewertet werden können. Die Variation aller Eingangsparameter erfolgt stochastisch (randomisiert) mit Stichproben anhand individueller Wahrscheinlichkeitsverteilungen für jeden Parameter. Im Ergebnis resultiert eine Wahrscheinlichkeitsverteilung der Zielgröße, welche grafisch veranschaulicht werden kann. Mit kumulierten Häufigkeiten können zudem Quantile aufgezeigt werden und aus der Wahrscheinlichkeitsverteilung der Zielgröße im Anschluss Risikomaße berechnet werden. Monte-Carlo-Algorithmen können auch falsche (und paradoxe) Ergebnisse liefern. Im Mittel sollen sich solche Ergebnisse jedoch ausgleichen. Die Qualität von Monte-Carlo-Algorithmen kann durch eine obere Schranke für die Fehlerwahrscheinlichkeit beschrieben werden. Zur Monte-Carlo-Simulation existieren spezielle Software oder Ergänzungsmodule für Standardsoftware (z. B. Crystal Ball oder @Risk für Microsoft Excel). Die Software sollte unbedingt eine Reihe unterschiedlicher Verteilungsfunktionen (z. B. Normalverteilung bzw. Lognormalverteilung, Poissonverteilung, Dreiecksverteilung, Paretoverteilung, kombinierte Verteilungen) beinhalten, um die Distribution der Eingangsparameter angemessen abbilden zu können. Eine bewusste Auswahl der Verteilungen ist dringende Voraussetzung für sinnvollen Gebrauch der Monte-Carlo-Methode. Grundlage hierfür können Zeitreihenanalysen von Vergangenheitsdaten oder Expertenschätzungen sein.

Eine weiteres Simulationsverfahren zur Generierung von stichprobenbasierten Wahrscheinlichkeitsverteilungen einer Zielgröße stellt die **Latin-Hypercube-Methode dar**. Dieses Verfahren ist eine Erweiterung der Monte-Carlo-Simulation, bei der die Wahrscheinlichkeitsverteilungen in Intervalle mit gleicher Wahrscheinlichkeitsdichte eingeteilt und Stichproben aus jedem Intervall statt aus der gesamten Verteilung gezogen werden. So resultiert ein geringerer Rechenaufwand. Praktisch ist die Latin-Hypercube-Methode wohl nur bei sehr aufwändigen und komplexen Modellen von Bedeutung.

Risikomaße

Auf Basis der mittels Simulationsverfahren ermittelten Wahrscheinlichkeitsverteilung der Zielgröße kann diese nun mithilfe von Risikomaßen analysiert und bewertet werden. Weitverbreitete Risikomaße wie die Standardabweichung (σ) oder der Value-at-Risk (VaR) basieren auf Verteilungsfunktionen und ermöglichen somit die Bewertung und den Vergleich von Risiken. Risikomaße sind grundsätzlich (vgl. Gleißner 2011, S. 137):

- lageabhängig (Höhe des Erwartungswerts der Zielgröße) oder lageunabhängig (Ausmaß der Abweichung von Zielgröße) und
- einseitig (positive oder negative Abweichungen) oder zweiseitig (positive und negative Abweichungen).

Die **Standardabweichung** als lageunabhängiges zweiseitiges Abweichungsmaß misst die Streuung der Werte einer Zufallsvariable um ihren Erwartungswert. Im Risikomanagement ist sie weit verbreitet, setzt aber – genau wie z. B. Korrelationen – in der oben beschriebenen Form zufällig normalverteilte Daten voraus (vgl. Taleb 2008, S. 290). Eine praxisrelevante Alternative stellt dabei die sogenannte (einseitige) **Semistandardabweichung** dar, welche lediglich Werte unterhalb eines bestimmten Erwartungs- bzw. Zielwerts (Downside-Risikomaß) berücksichtigt. Die Semistandardabweichung bildet mithin asymmetrische Verteilungen ab. Viele immobilienbezogene Daten sind nicht zufällig normalverteilt, so sind z. B. Zeitreihen von Total Returns bei Immobilien regelmäßig autokorreliert.

Der **Value-at-Risk (VaR)** ist das bekannteste quantilbasierte Risikomaß und wird vor allem in der Bank- und Versicherungsbranche häufig angewendet. Der VaR ist definiert als der maximale Verlust, der in einem festgelegten Zeitraum mit einer bestimmten Wahrscheinlichkeit nicht überschritten wird. Mit der Cornish-Fisher-Erweiterung kann der VaR für beliebige Verteilungen bestimmt werden. Dazu werden Schiefe und Wölbung der Verteilung variiert, womit sich andere Quantile als bei der Normalverteilung ergeben. Der VaR kann sich auch auf Zahlungsströme beziehen (z. B. als Cash-Flow-at-Risk oder Earnings-at-Risk). Weitere in der Praxis vielfach verwendete Risikomaße stellen die sogenannten **Lower Partial Moments (LPM)** oder der **Conditional Value-at-Risk (CVaR)** dar.

Abbildung 5 veranschaulicht den Output einer Monte-Carlo Simulation mittels Cristal Ball. Dargestellt wird die simulierte Verteilungsfunktion des Marktwertes einer konkreten Immobilie, die im Durchschnitt mit ca. 57,6 Mio. Euro bewertet wird. Der Wert der Immobilie liegt dabei mit einer Wahrscheinlichkeit von 95 % über 54,6 Mio. Euro. Dementsprechend beträgt der maximal zu erwartende Verlust im Sinne des Value at Risk (mit 95 % Konfidenzintervall) in diesem Beispiel 54,6 Mio. Euro – 57,6 Mio. Euro = –3,0 Mio. Euro. Folglich kann der Immobilieneigner das Risiko möglicher Abwertungen der Immobilie direkt bewerten und entsprechend handeln.

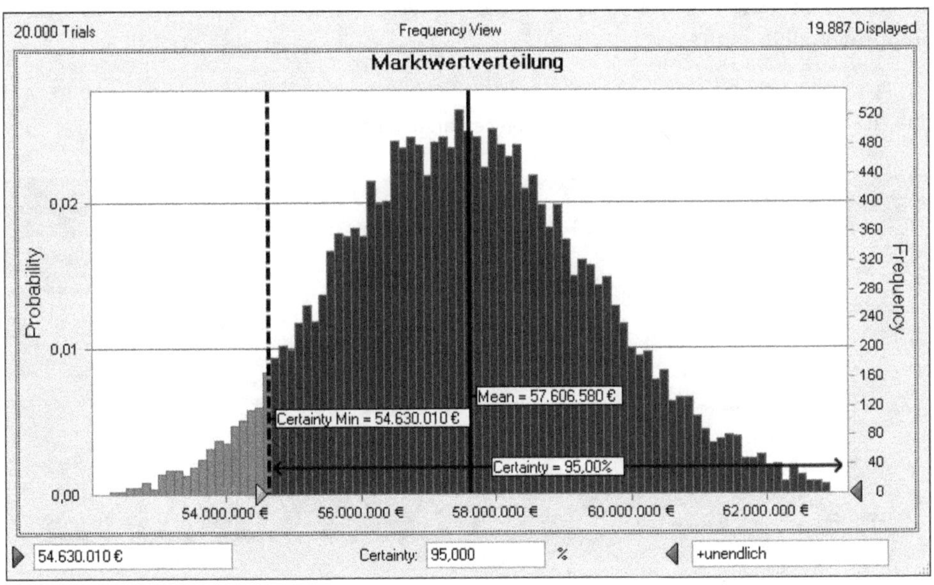

Abb. 5: Monte-Carlo Simulations (Quelle: eigene Darstellung)

5.6.5 Risikosteuerung

Mit Maßnahmen der Risikosteuerung werden die identifizierten und bewerteten Risiken so gesteuert, dass sie den Vorgaben der Risikopolitik des Unternehmens entsprechen. Zum Umgang mit Risiken können grundsätzlich folgende Strategien unterschieden werden (in Anlehnung an gif 2009, S. 36–38):

- Meiden: Verzicht auf risikobehaftetes Geschäft,
- Mindern, Teilen: ursachorientierte Minderung der Eintrittswahrscheinlichkeit oder wirkungsorientierte Minderung der Schadenshöhe; ggf. Aufteilung auf mehrere Risikoträger,
- Begrenzen, Kompensieren: Festlegung von Quoten und Limits, Hedging,
- Übertragen: Insurance-Risk-Transfer (durch Versicherung) oder Non-Insurance-Risk-Transfer (durch sonstige Geschäftspartner),
- Selbsttragen: bewusstes oder sogar gezieltes Eingehen von Risiken, insbesondere Kernrisiken des Unternehmens,
- Vorsorgen: allgemeine Maßnahmen zur Erhöhung der generellen Risikotragfähigkeit.

Die Risikobewältigungsmatrix in Tabelle 3 stellt beispielhaft einige Maßnahmen bezogen auf die Risikokategorien aus Abschnitt G.5.3 dar. Wie eingangs erwähnt sind bestimmte Risiken („Kernrisiken") unumgänglich und gehören sogar zum Wesen eines Immobilienunternehmens. Risikominderung, Risikoteilung und Risikoübertragung gehen in der Regel je nach Umfang mit entsprechenden Kosten bzw. Renditeverzicht einher.

Tab. 3: Risikobewältigungsmatrix (Quelle: eigene Darstellung)

	Standort- und Marktrisiken	Objektspezifische Risiken	Managementrisiken	Finanzierungsrisiken	Politische und rechtliche Risiken
Meiden	Ausstieg aus Markt(segment)	Verzicht auf Projekt bzw. Objekt	Freistellung von Mitarbeitern bei Vertrauensverlust	Verzicht auf Fremdkapital	Ausstieg aus Marktsegment (z.B. Wohnimmobilien)
Mindern, Teilen	Diversifikation, neue Geschäftsfelder	Joint-Ventures	Kontrollsystem, IT-Backups	Konsortialfinanzierungen	Vertragsoptimierung/ Vertragsmanagement
Begrenzen, Kompensieren	Begrenzung Segmentanteile	Ausgewogener Mietermix	Forderungsmanagement	Zinscaps, Finanzierungen in Landeswährung	Lobbying
Übertragen	Indexmieten, Umsatzmieten	Zweckgesellschaft (SPV)	Factoring	Währungsswap	Versicherungen
Selbsttragen, Vorsorge	Research	Erhöhung Eigenkapital	Schulung/ Weiterbildung	Einführung Rating	Rechtliche Due Diligence

5.6.6 Risikocontrolling

Die Funktion des Risikocontrollings kann je nach Größe der Unternehmung z. B. in Form eines zentralen Risikobeauftragten als Stabsstelle im Bereich des Controllings oder als eigener Bereich zum Risikomanagement eingerichtet sein. Der Risikobeauftragte übermittelt regelmäßig einen Risikobericht an die Unternehmensleitung. Er ist auf funktionierende Informationsflüsse aus dezentralen Bereichen durch die dort tätigen Risikoverantwortlichen angewiesen. Insbesondere aufgrund der in der Einführung genannten gesetzlichen Anforderungen umfasst modernes Risikocontrolling Frühwarnsysteme, die beim Über- oder Unterschreiten definierter Sollwerte oder Toleranzschwellen Handlungsbedarfe aufzeigen. Im Laufe der Zeit haben sich unterschiedlich differenzierte Systeme aus Frühwarnung, Früherkennung und Frühaufklärung herausgebildet (vgl. Späth 2014, S. 30–31):
- Frühwarnung: einfache Systeme basierend auf Kennzahlen und Hochrechnungen,
- Früherkennung: Systeme zur Erkennung von Risiken und Chancen (Ertragsoptimierung) durch Frühindikatoren,
- Frühaufklärung („strategisches Radar“): bezieht auch „schwache Signale“ ein.

Fehlalarme ohne tatsächliches Risiko werden als Fehler erster Art bezeichnet. Werden Risiken übersehen, ohne dass ein Alarm ausgelöst wurde, spricht man von Fehlern zweiter Art. Robuste oder antifragile Systeme (Abschnitt G.5.2) werden Fehler erster Art eher tolerieren als Fehler zweiter Art. Fehlalarme können mitunter auf andere verdeckte Probleme oder Missverständnisse hindeuten, die nach ihrer Behebung das System wiederum stärker machen können. Immobilienbestandshaltern wird empfohlen, Systeme zur Frühaufklärung in Portfoliomanagement-Systeme zu integrieren (vgl. Späth 2014, S. 222).

5.6.7 Risikodokumentation und -Berichterstattung

In allen Phasen des Regelkreislaufs ist eine angemessene Dokumentation von Maßnahmen und Teilergebnissen entscheidend. Die Gesamtheit aller Dokumentationen, die für ein Risikomanagementsystem relevant sind, wird als Risikohandbuch bezeichnet. Typische Inhalte sind (in Anlehnung an Gleißner 2011, S. 219 und gif 2009, S. 43–44):
- Risikopolitik des Unternehmens,
- Bedeutung der identifizierten Risiken,
- Aufbau- und Ablauforganisation (Verantwortlichkeiten und Vorgehensweise im Regelkreislauf des Risikomanagements),

- Erläuterungen und Verfahrensanweisungen: Definition von Risikofeldern, Berichtswesen (Musterberichte, Überwachungsmeldungen, Eskalationsstufen), internes Überwachungssystem etc.,
- Limits für die Akzeptanz von Risiken.

Die Dokumentation dient zur Sicherstellung der dauerhaften, personenunabhängigen Funktionsfähigkeit des Risikomanagements und zum Nachweis der Erfüllung von rechtlichen oder normativen Pflichten der Unternehmensleitung. Sie trägt darüber hinaus zum bewussten Umgang mit Risiken im Immobilienunternehmen bei. Das Risikohandbuch wird durch den obersten Risikobeauftragten regelmäßig aktualisiert. Das Berichtswesen ist möglichst effizient bzw. standardisiert zu gestalten mit exakter Darlegung der Informationspflichten von Risikoverantwortlichen an den Risikobeauftragten und die Unternehmensleitung. Bei der Beschreibung von Berichtspflichten werden Eskalationsstufen mit Zeiträumen definiert, die angeben, wann und wie schnell bestimmte Risiken bis zu welcher Hierarchiestufe zu melden sind (vgl. gif 2009, S. 46).

Grundlage für ein Immobilien-Risikomanagement ist, dass zugrundeliegende Daten und Informationen im Unternehmen vorhanden und zugänglich sind. Anforderungen an Daten sind außerdem Relevanz, Objektivität, Validität, Reliabilität und Vollständigkeit. Angesichts aufwändiger und komplexer Gebäudetechnologien, gestiegener Nutzeranforderungen und neuer rechtlicher Bestimmungen in Bereichen wie z. B. Nachhaltigkeit, Datenmanagement im Risikobereich, zu immer wichtigeren Aufgabenfeldern bei Immobilienunternehmen werden.

5.7 Zusammenfassung und Ausblick

Immobilien-Risikomanagement umfasst die Gesamtheit aller organisatorischen Maßnahmen zur Risikoerkennung und dem anschließenden Umgang mit Risiken. In Deutschland existieren inzwischen umfangreiche gesetzliche Mindestanforderungen an das Risikomanagement von Unternehmen, die insbesondere auch Immobilienunternehmen betreffen. Der Regelkreislauf des Risikomanagements kann durch die Phasen Risikoidentifikation, Risikoanalyse, Risikobewertung, Risikosteuerung, Risikocontrolling sowie Dokumentation und Berichtswesen beschrieben werden. Risikomanagementsysteme legen alle Aufgaben, Regelungen und Träger des Risikomanagements fest. Durch die Risikopolitik werden Art und Höhe der Risiken konkretisiert, die das Unternehmen tragen kann (Maximum) und soll (Optimum). Der Risikowertbeitrag beschreibt die Relevanz (Gesamtbedeutung) von Risiken für ein Unternehmen bzw. für den Unternehmenswert (analog: für Immobilien bzw. Immobilienwert).

Zur Risikobewertung und Aggregation von quantifizierten Einzelrisiken wurden generelle Instrumente und Methoden vorgestellt. Dabei sei der Hinweis erlaubt, dass Abbilder der Realität nur so gut sein können wie die Datenbasis und Annahmen, die ihnen zugrunde liegen. Effiziente Risikomodelle zeichnen sich durch Transparenz und Nachvollziehbarkeit aus. Insbesondere Annahmen, Zusammenhänge und Limitationen müssen offengelegt sein. Solche Modelle ermöglichen erst das Hinterfragen und Verstehen einer Situation, um anschließend zu einer Lösung eines konkreten Problems zu gelangen. Schon Renn (1998, S. 49) bemerkt:

> The problem with the worldwide routinization of the risk assessment methodology is [...] that formal analysis may obscure the conceptual foundations and limitations [...] and may induce a false degree of certainty when dealing with potential side-effects of human actions and interventions. One of the main tasks of the risk community should be to emphasize the necessity of integrated risk assessment and the development of innovative risk management strategies that build upon the insights of the natural, technical and social sciences.

In diesem Kontext sei auch auf die Grundidee von „Lean Brain Management" (Dueck 2006) verwiesen, welche besagt, dass Prozesse so intelligent modelliert werden müssen, dass alle handelnde Personen in der Lage sind, diese fehlerfrei auszuführen. Somit können Risiken frühzeitig aufgedeckt und in vielen Fällen bewältigt werden. Der Ansatz zur Reduktion von Komplexität lässt sich prinzipiell auf jeden Prozess in Unternehmen übertragen. In der Immobilienwirtschaft, dessen Prozesse und Systeme sich laufend im Wandel befinden und ständig weiterentwickeln, darf dies besonders beachtet werden.

5.8 Literatur

Dueck, Gunter (2006): Lean Brain Management. Berlin 2006.

Gesellschaft für Immobilienwirtschaftliche Forschung e. V. (gif) (Hrsg.) (2009): Implementierung Immobilien-Risikomanagement, Arbeits- und Diskussionspapier, Wiesbaden 2009.

Gleißner, Werner (2011): Grundlagen des Risikomanagements im Unternehmen – Controlling, Unternehmensstrategie und wertorientiertes Management, 2. Aufl. München 2011.

IEC (Hrsg.) (2009): IEC/FDIS 31010:2009(E). Risk management – Risk assessment techniques, Genf 2009.

Kahneman, Daniel (2012): Schnelles Denken, langsames Denken. München 2012.

Kahneman, Daniel/Tversky, Amos (1979): Prospect Theory: An Analysis of Decision under Risk, in: Econometrica, 47, 1979, S. 263–292.

Maier, Kurt/Graf, Karl Herbert/Schwatlo, Winfried/Steinbrenner, Hans-Peter (2007): Risikomanagement im Immobilien- und Finanzwesen – Ein Leitfaden für Theorie und Praxis, 3., überarb. und erw. Aufl. Frankfurt am Main 2007.

Lingnau, Volker/Willenbacher, Patrick (2014): Leitmaximen legitimierter Unternehmensführung – Die Bedeutung von Unternehmensinteresse, Unternehmenszielen und Unternehmenszweck, in: Lingnau, Volker (Hrsg.): Beiträge zur Controlling-Forschung, Bd. 25, Kaiserslautern 2014.

Renn, Ortwin (1998): Three decades of risk research: accomplishments and new challenges, in: Journal of Risk Research, 1:1, 1998, S. 49–71.

Roperter, Sven-Eric (1998): Investitionsanalyse für Gewerbeimmobilien, in: Schulte, Karl-Werner/ Bone-Winkel, Stephan: Schriften zur Immobilienökonomie, Bd. 5, Diss., Köln 1998.

Späth, Rupert (2014): Frühaufklärungssystem für Immobilienportfolios- Integrativer Ansatz für marktgängige Mietobjekte, Diss., Wiesbaden 2014.

Stock, Alexandra (2009): Risikomanagement im Rahmen des Immobilien-Portfoliomanagements institutioneller Investoren, in: Schulte, Karl-Werner/Bone-Winkel, Stephan: Schriften zur Immobilienökonomie, Bd. 54, Diss., Köln 2009.

Taleb, Nassim Nicholas (2013): Antifragilität. Anleitung für eine Welt, die wir nicht verstehen. München 2013.

Taleb, Nassim Nicholas (2008): Der Schwarze Schwan. Die Macht höchst unwahrscheinlicher Ereignisse. München 2008.

Urschel, Oliver (2010): Risikomanagement in der Immobilienwirtschaft: ein Beitrag zur Verbesserung der Risikoanalyse und -bewertung, in: Lützkendorf, Thomas (Hrsg.): Karlsruher Schriften zur Bau-, Wohnungs- und Immobilienwirtschaft, Bd. 4, Diss., Karlsruhe 2010.

Zajonc, Robert B. (1980): Feeling and Thinking: Preferences Need No Inferences, in: American Psychologist, 35, 1980, S. 151–175.

Autorenverzeichnis

Dr. **Georg J. Allendorf** (FRICS), Head of Alternatives and Real Assets Germany/Austria/Switzerland Georg Allendorf ist CEO der Deutsche Asset & Wealth Management (DeAWM) Alternatives and Real Assets in Deutschland, Österreich und der Schweiz. Seit April 2003 ist er für die Immobilientochter der Deutschen Bank tätig und wurde mit Wirkung zum 1. Juli 2003 zum Geschäftsführer der Gesellschaft berufen, er fungiert seit 1. Oktober 2009 als Sprecher der Geschäftsführung der DeAWM Real Estate Deutschland.
Er vertritt den Alternatives and Real Asset Bereich in dem Excecutive Committee von Asset & Wealth Management Deutschland und vertritt Deutschland im globalen Executive Committee von Alternatives and Real Assets.
Zuvor war er bei der R+V Versicherung, Wiesbaden für das Immobilien Portfolio Management verantwortlich. Zwischen den Jahren 1989 und 1998 war er bei der ebs IMMOBILIENAKADEMIE, Oestrich-Winkel in leitender Funktion für die Bereiche Immobilienberatung und Weiterbildung beschäftigt. Seit Oktober 2011 vertritt er im Vorstand des BVI (Bundesverband der Investment und Asset Management) die Interessen der Immobilien Kapitalanlagegesellschaften. Dr. Allendorf ist seit Gründung bei INREV (European Association of Investors in Non Listed Real Estate Funds) aktiv (8 Jahre Vorstand davon 3 Jahre Vice Chairman). Im Mai 2013 wurde er zum Fellow of the Royal Institution of Chartered Surveyors (FRICS) ernannt. Er ist im Präsidium des Zentralen Immobilienausschusses (ZIA) und leitet für diesen Verband den Arbeitskreis Transparenz und Benchmarking.
Dr. Allendorf hat an der European Business School Schloss Reichartshausen einen Diplom zum Betriebswirt erworben, hat ein Studium an der American Graduate School of International Management, Glendale AZ mit dem Master abgeschlossen und hat im Bereich Finanzierung wiederum an der European Business School Schloss Reichartshausen promoviert. Er ist Immobilienökonom (ebs).

Prof. Dr. **Jenny Arens** ist seit 2012 Professorin für Lehraufgaben an der Fakultät Wirtschaft der Dualen Hochschule Baden-Württemberg in Stuttgart. Ihr Schwerpunkt ist Immobilienfinanzierung und -research. Daneben ist sie stellvertretende wissenschaftliche Leiterin und Dozentin an der ADI Akademie der Immobilienwirtschaft und Mitherausgeberin der Zeitschrift für immobilienwirtschaftliche Forschung und Praxis (ZfiFP). Jenny Arens studierte Betriebswirtschaftslehre an der European Business School in Oestrich-Winkel, der DePaul Universität in Chicago sowie der Universität in Sevilla. Im Jahr 2009 schloss sie ihre Promotion bei Professor Dr. Karl-Werner Schulte am IREBS Institut für Immobilienwirtschaft an der Universität Regensburg ab.

Dr. **Thorsten Bischoff** hat einen Abschluss als Wi.-Ing. Bauingenieurwesen an der TU Braunschweig, als Immobilienökonom (ebs) und als Dr. rer.-pol. an der Universität Regensburg im Bereich des Public Private Partnership. Nach seiner mehrjährigen Tätigkeit in der Bauleitung als auch im Chancen- und Risikomanagement bei der Dyckerhoff & Widmann AG arbeitete Herr Dr. Bischoff als technischer sowie kaufmännischer Projektleiter und später Leiter Projektentwicklung bei der HOCHTIEF Projektentwicklung GmbH, Berlin. Heute ist Herr Dr. Bischoff Geschäftsführer der BISCHOFF Property Solutions UG und darüber hinaus als Projektpartner von DC Values GmbH in mehreren Projekten tätig. Neben seinem beruflichen Werdegang widmete sich Herr Dr. Bischoff stets der der wissenschaftlichen Arbeit, zum einen direkt in der Forschung als wissenschaftlicher Mitarbeiter im Bereich Immobilienökonomie (ebs IMMOBILIENAKADEMIE GmbH) und zum anderen als Dozent an der irebs IMMOBILIENAKADEMIE.

Prof. Dr. **Stephan Bone-Winkel** ist Vorstand der BEOS AG, ein auf die Entwicklung und das Asset Management von Unternehmensimmobilien spezialisierter Dienstleister mit Hauptsitz in Berlin. Mit 80 Mitarbeitern an fünf Standorten hat BEOS heute bundesweit 51 Immobilien mit 1,7 Mio. qm Mietfläche und mit 750 überwiegend mittelständischen Nutzern „under Management". In 2010 und 2012 hat BEOS zwei Spezialfonds für Unternehmensimmobilien aufgelegt, die über ein Anlagevolumen von über 1 Mrd. € verfügen.
Dr. Bone-Winkel verfügt über 25 Jahre Erfahrung in der Immobilienwirtschaft. Vor Gründung der BEOS in 1997 arbeitete er für den Deutsche Bank Konzern im Bereich Projektentwicklung in Berlin, war der erste Mitarbeiter von Professor Dr. Karl-Werner Schulte und später Geschäftsführer der Berliner Niederlassung der ebs Immobilienakademie und hatte in den ersten Berufsjahren kleinere Gewerbeobjekte in Rheinland-Pfalz entwickelt.
Dr. Bone-Winkel studierte Betriebswirtschaftslehre an der Universität zu Köln und der HEC (F), ist Absolvent des 1. Jahrgangs des Kontaktstudiums Immobilienökonomie und wurde 1994 an der EBS mit summa cum laude promoviert. Von 2003 bis 2006 war er Inhaber des Stiftungslehrstuhls Immobilien-Projektentwicklung an der European Business School. Seit September 2006 ist er Honorarprofessor für Projektentwicklung an der Universität Regensburg (IREBS).
Dr. Bone-Winkel ist Herausgeber und Autor zahlreicher Publikationen zu den Themen Projektentwicklung und Immobilieninvestment. Für die BEOS veröffentlicht er regelmäßig den „weiter denken Impuls" und den „BEOS Survey".
Dr. Bone-Winkel ist Gründungsmitglied von immo-ebs und gif. Darüber hinaus ist er aktiv in einigen Gremien und Verbänden, u. a. bei dem ZIA, dem ULI, der INREV und der Expo-Real. Im November 2014 erhielt er den ULI Leadership Award in der Kategorie Immobilienwirtschaft des Urban Land Institute Germany.

Dr. **Marcelo Cajias** studierte, nach dem Abitur an der deutschen Schule in La Paz, Bolivien, Betriebswirtschaftslehre auf Diplom an der Universität Regensburg mit den Schwerpunkten Statistik, Ökonometrie und Immobilienwirtschaft. Von 2010 bis 2012 war er wissenschaftlicher Mitarbeiter am IRE|BS Institut für Immobilienwirtschaft am Kompetenzzentrum für Nachhaltigkeit in der Immobilienwirtschaft, wo er zum Dr. rer. pol. mit dem Thema „Economic Implications of Sustainability for Listed Real Estate Companies" promovierte. Im Rahmen seiner Dissertation wurde ihm im Jahr 2011 der Best Paper Award der Royal Institution of Chartered Surveyors (RICS) und im Jahr 2013 der Forschungspreis für die Immobilienwirtschaft der Deutschen Immobilienakademie (DIA) verliehen.
Dr. Cajias nahm seine Tätigkeit in der Forschungsabteilung der PATRIZIA Immobilien AG im Dezember 2013 auf, wo er unter Anwendung fortschrittlicher ökonometrischer Modelle für die Analyse und Prognosen europäischer Immobilienmärkte verantwortlich ist und zudem die Entwicklung und Optimierung der Nachhaltigkeitsstrategie des Unternehmens begleitet.

Marian Dietzel (MScRE, MSc) studierte zunächst Betriebswirtschaftslehre an der Universität Regensburg. Darauf folgte ein Masterstudium der Immobilienwirtschaft am IRE|BS Institut für Immobilienwirtschaft der Universität Regensburg sowie der Master of Science in Real Estate an der Henley Business School der University of Reading (Großbritannien). Praktische Erfahrung sammelte er unter anderem bei der Sparkasse, UBS Real Estate, Bayerische Hausbau und im Bauträgergeschäft. Seit Oktober 2012 ist Marian Dietzel als wissenschaftlicher Mitarbeiter und Doktorand bei Prof. Dr. Wolfgang Schäfers am Lehrstuhl für Immobilienmanagement der IRE|BS International Real Estate Business School tätig, wo er sich vornehmlich mit dem Thema „Big Data" und seiner Anwendbarkeit in der Vorhersage von Immobilienmärkten beschäftigt.

Dr. **Christian Ecke** studierte Wirtschaftsingenieurwesen mit der Fachrichtung Bauingenieurwesen an der Technischen Universität Braunschweig und absolvierte einen Master in Management Studies an der Victoria University of Wellington in Neuseeland. Im Rahmen empirischer Untersuchungen zum „Strategischen Immobilienmanagement der öffentlichen Hand" promovierte er 2003 bei Prof. Dr. Karl-Werner Schulte an der EUROPEAN BUSINESS SCHOOL Schloss Reichartshausen.
In seiner Tätigkeit als Unternehmensberater bei Andersen Consulting (heute Accenture) und Roland Berger Strategy Consultants war einer seiner Aufgabenschwerpunkte die Beratung von Bauunternehmen sowie privaten und öffentlichen Immobilieneigentümern und -dienstleistern. Heute ist Dr. Ecke als Senior Director bei eBay International in einer globalen Führungsrolle tätig.

Dr. **Philipp Feldmann** studierte Betriebswirtschaftslehre mit dem Schwerpunkt Immobilienökonomie an der European Business Scholl in Oestrich-Winkel, der University of Hongkong und der San Francisco State University und promovierte an der IREBS Universität Regensburg über die strategische Entwicklung neuer Stadtquartiere auf brach gefallenen Industriearealen. Nach Stationen bei JLL, Vivico (heute CA Immo) und der BEOS AG von 2008 bis 2013 gründete er die YPPS Immobilien GmbH, die Entwickler und Investor in gewerbliche Bestandsimmobilien ist, insbesondere in den Bereichen Büro, Lager und Fertigung. Darüber hinaus berät YPPS dritte Projektentwickler und Asset Manager von gewerblichen Bestandsimmobilien und Brachflächen mit Schwerpunkt in den Regionen Rhein-Main und Rhein-Ruhr. Innerhalb dieser Tätigkeit leitet er seit 2014 u. a. das Büro der BEOS AG für die Rhein-Ruhr-Region in Köln. Zudem ist er Lehrbeauftragter u. a. am IREBS Institut für Immobilienwirtschaft und der New York University.

Dr. **Carsten Fischer** hat einen Abschluss als Dipl.-Ing. Bauwesen an der TU Braunschweig, als Immobilienökonom (ebs) und als Dr. rer.-pol. an der European Business School. Nach seiner fünfjährigen Tätigkeit als Consultant und Projektleiter bei der Drees & Sommer AG und der BEOS Projektentwicklung GmbH, Berlin, arbeitete er seit 2002 in der institutionellen Kapitalanlage, zunächst als Investmentmanager bei der DIFA AG, Hamburg, (heute Union Investment) und seit 2004 bei der Generali Deutschland Immobilien GmbH, Köln. Er verantwortete dort das operative deutsche Investment-Geschäft der Anlagegesellschaft und war neben seiner Tätigkeit als Bereichsleiter deutscher Vertreter im europäischen Investment-Komitee des Generali Real Estate Funds in Paris. Ende 2009 gründete Dr. Fischer gemeinsam mit seinem Partner Lothar Schubert und der Dahler & Company Group GmbH die DC Values GmbH, die sich auf die Entwicklung maßgeschneiderter Einzelhandelsimmobilien in innerstädtischen 1-A-Lagen spezialisiert hat.

Prof. Dr. **Christian Focke** studierte Betriebswirtschaftslehre an der Universität Münster, der EUOPEAN BUSINESS SCHOOL und der Georgia State University, Atlanta. Nach dem Abschluss als Diplom-Kaufmann und Master of Science in Real Estate (USA) wurde er wissenschaftlicher Mitarbeiter am EBS Stiftungslehrstuhl der Immobilienökonomie, wo er 2005 bei Prof. Dr. Karl-Werner Schulte zum Thema Gewerbeimmobilien-Investments in Polen promovierte. Als geschäftsführender Gesellschafter der C. Focke Immobilien GmbH ist Prof. Dr. Focke seit 1997 für verschiedene institutionelle und private Immobilieninvestoren in den Bereichen Investmentstrukturierung und Immobilienoptimierung beratend tätig. Seit 2012 ist er Inhaber einer Professur für Immobilienbetriebswirtschaftslehre an der Hochschule Aschaffenburg. Neben dem Bereich der klassischen Investmentimmobilien verfügt er über eine besondere Expertise im Bereich der land- und forstwirtschaftlichen Immobilien, in dem er auch selbst unternehmerisch aktiv ist.

Mirjam Franz absolvierte ihr Masterstudium der Betriebswirtschaftslehre (M.Sc.) an der Universität Regensburg und der Université Pierre-Mendès-France (Grenoble, Frankreich) mit den Schwerpunkten Strategisches Management, Technologiemanagement sowie Personalführung und Marketing. Praktische Erfahrungen sammelte sie u. a. bei der Deutsch-Indischen Außenhandelskammer (Bangalore, Indien) sowie bei internationalen Marktführern aus der Elektrotechnik, Medizintechnologie und Spezialchemie. Seit März 2013 ist Frau Franz an der Honorarprofessur für Immobilienentwicklung von Prof. Dr. Stephan Bone-Winkel am IRE|BS Institut der Universität Regensburg als Wissenschaftliche Mitarbeiterin und Doktorandin tätig. Neben der Lehre widmet sie sich in ihrer Forschung insbesondere der Thematik Digitalisierung in der Immobilienwirtschaft und deren Einfluss auf Vermarktungsstrukturen.

Dr. **Nicolai Gerstner** (MRICS), studierte Betriebswirtschaftslehre an der EUROPEAN BUSINESS SCHOOL (ebs) International University Schloss Reichartshausen. Nach seinem Studium war er von 2003 bis 2006 als wissenschaftlicher Mitarbeiter am Stiftungslehrstuhl für Immobilien-Projektentwicklung des ebs Department of Real Estate in Oestrich-Winkel beschäftigt. An der Universität Regensburg promovierte er in 2008 mit einer Dissertation zu Entscheidungsprozessen in der Anmietung von Büroimmobilien. Von 2008 bis 2011 war er im Asset Management für Argoneo Real Estate GmbH in Hamburg, von 2011 bis 2013 für BEOS AG als Senior Projektmanager in Köln beschäftigt. Seit 2013 ist er als Verwaltungsrat für die UNIMO Real Estate Asset AG in Zug im Asset Management und in der Entwicklung von innerstädtischen Einzelhandelsimmobilien und großflächigem Einzelhandel tätig. Er ist Mitglied der Royal Institution of Chartered Surveyors, des Urban Land Institute, des German Council of Shopping Centers sowie der Gesellschaft für immobilienwirtschaftliche Forschung.

Dr. **Sonja Gier** studierte Betriebswirtschaftslehre mit den Schwerpunkten Immobilienökonomie sowie Bank- und Finanzmanagement an der European Business School (ebs) sowie an der James Madison University, Harrisonburg. Nach ihrem Abschluss als Dipl.-Kffr. und BSc in Computer Science (J.M.Univ./USA) war sie Wissenschaftliche Assistentin am EBS Stiftungslehrstuhl Immobilienökonomie, wo sie in 2005 mit dem Thema „Bereitstellung und Desinvestition von Unternehmensimmobilien" zum Dr. rer. pol. promovierte. Derzeit ist sie bei Corestate Capital tätig.

Dr. **Kerstin Hennig,** Immobilienökonom (ebs), studierte Betriebswirtschaftslehre an der EUROPEAN BUSINESS SCHOOL (ebs) International University Schloss Reichartshausen. Nach ihrer Ausbildung war sie von 1993 bis 1996 als freie wissenschaftliche Mitarbeiterin an der ebs IMMOBILIENAKADEMIE in Oestrich-Winkel beschäftigt. Von 1994 bis 1996 war sie Assistentin der Geschäftsleitung der Firma SÜWOBAU in Augsburg. 1996 bis 1997 war Frau Dr. Hennig Leiterin des Bereichs Marketing und Research der Daimler-Benz Inter-Services Immobilienmanagement GmbH in Berlin, 1997 bis 1999 Projektleiterin an der ebs IMMOBILIENAKADEMIE in Oestrich-Winkel sowie ab 1998 Geschäftsführerin der gif (Gesellschaft für Immobilienwirtschaftliche Forschung e. V.) in Wiesbaden. 1998 promovierte sie an der EUROPEAN BUSINESS SCHOOL zum Dr. rer. pol. mit einer Dissertation zur strategischen Marketingplanung. Anschließend war sie mehrere Jahre European Marketing und Research Director bei Tishman Speyer Properties in London/New York. Nach ihrer Rückkehr nach Deutschland wechselte sie zu UBS Sauerborn, um dort das Real Estate Family Office aufzubauen. Von dort ging es für mehrere Jahre zur UBS AG nach Zürich als Director Investment Solutions, im Bereich Real Estate Investment Management. Von dort wechselte Frau Dr. Hennig zur IVG AG als Zentralbereichsleiterin und später Managing Director für den Bereich Marketing & Communications. Heute ist Frau Dr. Hennig bei Groß & Partner GmbH für den Bereich Strategische Projekte verantwortlich und hat zudem seit 2014 die Geschäftsführung der Grundstücksgesellschaft Gateway Gardens mbH übernommen.

Dr. **Johannes Högner** studierte Bauingenieurwesen und Betriebswirtschaft an der TU München. In den Jahren 2005 bis 2008 war er wissenschaftlicher Mitarbeiter am Lehrstuhl für Immobilienmanagement des IREBS Institut für Immobilienwirtschaft der Universität Regensburg bei Herrn Prof. Dr. Wolfgang Schäfers. Der Schwerpunkt seiner wissenschaftlichen Tätigkeit liegt in der Betrachtung öffentlich-privater Partnerschaften im Bereich von Immobilien- und Infrastrukturmaßnahmen. Dr. Högner konnte im Wintersemester 2009/2010 seine Dissertation zum Thema „Private Investitionen in die Verkehrsinfrastruktur – eine theoretische Analyse und empirische Untersuchung anhand von Fallstudien" erfolgreich abschließen. Dr. Högner ist Mitglied der Bayerischen Ingenieurkammer und des Bundesverbandes Public Private Partnership (BPPP). Seit 2013 ist Dr. Högner geschäftsführender Gesellschafter der Högner Bau GmbH und Prokurist der Högner Beraten – Planen GmbH.

Dr. **Philip Hofmann**, Immobilienökonom (ebs), studierte Betriebswirtschaftslehre mit den Schwerpunkten Immobilienökonomie und Bank- und Finanzmanagement an der EUROPEAN BUSINESS SCHOOL (ebs) International University Schloss Reichartshausen und absolvierte ein Master-Studium an der Georgia State University in Atlanta mit dem Fokus Real Estate Development. Nach seinem Abschluss als Dipl.-Kfm. und Master of Science in Real Estate (GSU/USA), war er von Anfang 2003 bis 2006 als wissenschaftlicher Mitarbeiter an der ebs IMMOBILIENAKADEMIE in Berlin beschäftigt. Er promovierte im Sommer 2007 mit einer Dissertation über Projektentwicklung als Dienstleistung am IREBS Institut für Immobilienwirtschaft der Universität Regensburg. Von Frühjahr 2006 bis Anfang 2012 war Herr Dr. Hofmann für die Groß & Partner Grundstücksentwicklungsgesellschaft mbH schwerpunktmäßig im Rhein-Main-Gebiet tätig. Nach Bewährung im Team des geschäftsführenden Gesellschafters und eines Einsatzes in der Niederlassung Beijing, China, war Herr Dr. Hofmann ab 2007 als leitender Projektentwickler unter anderem mit Entwicklungen im Frankfurter Ostend, in der HafenCity Hamburg und zuletzt mit der Entwicklung des neuen Hauptquartiers für einen internationalen Elektronikzulieferer in Neu-Isenburg betraut. Im Jahr 2012 hat Herr Dr. Hofmann die Hofmann Projekt GmbH & Co. KG mit Sitz in Frankfurt am Main gegründet als spezialisierten Anbieter von Projektentwicklungsdienstleistungen für institutionelle Auftraggeber.

Dr. **Christoph Holzmann** (MRICS MSRE) studierte Betriebswirtschaftslehre mit den Schwerpunkten Immobilienökonomie und Finanzen und Banken an der EUROPEAN BUSINESS SCHOOL (ebs) in Oestrich-Winkel. Als Teil dieses Studiums verbrachte er ein Jahr an der Georgia State University in Atlanta (USA) und erwarb dort den Titel Master of Science in Real Estate, den er zusammen mit dem Titel Diplom-Kaufmann an der ebs verliehen bekam. Nach einer Promotion zum Thema Immobilienzyklen an der ebs arbeitete Dr. Holzmann mehrere Jahre als Associate im Bereich Real Estate Investment Banking bei der Deutsche Bank AG in Frankfurt am Main und begleitete dort Übernahmen, Börsengänge und Kapitalmaßnahmen sowie Fondsplatzierungen. Nach weiteren Stationen als Prokurist bei der Berenberg Bank und als Leiter der Konzeption bei der Quantum Immobilien Kapitalanlagegesellschaft in Hamburg wechselte er zur BEOS AG in Berlin. Seit 2011 verantwortet Dr. Holzmann als Leiter Finanzen zusammen mit einem Team von 12 Mitarbeitern die Bereiche Finanzierung (Fremd- und Eigenkapital, mit Ausnahme der Investor Relations), Controlling, Rechnungswesen und Steuern der BEOS AG.

Dr. **Björn Isenhöfer**, Immobilienökonom (EBS), ist seit 2003 geschäftsführender Gesellschafter der CONCEPTA Projektentwicklung GmbH in Düsseldorf, die er mit zwei Partnern gründete. Das Unternehmen ist auf die Entwicklung gewerblicher Immobilienprojekte, insbesondere innerstädtischer Einkaufsgalerien, und auf die Revitalisierung von Bestandsimmobilien spezialisiert. Von 1998 bis 2004 war er als Prokurist bei der Brune Consulting GmbH in Düsseldorf tätig. Dort verantwortete er als Projektleiter die Entwicklung bedeutender Handelsimmobilien und die Akquisition neuer Projekte. Herr Dr. Isenhöfer hat Betriebswirtschaftslehre an der European Business School (EBS) in Oestrich-Winkel und London sowie der UADE Universidad Argentina de la Empresa in Buenos Aires studiert. 1998 promovierte er an der EBS zum Thema „Strategisches Management von Projektentwicklungsunternehmen." Seine Dissertation wurde 1999 mit dem Immobilien-Forschungspreis der Gesellschaft für Immobilienwirtschaftliche Forschung e. V. (gif) ausgezeichnet. Herr Dr. Isenhöfer ist Mitglied des Urban Land Institute (ULI), der Gesellschaft für Immobilienwirtschaftliche Forschung e. V. (gif) und des German Council of Shopping Centers e. V. (GCSC). Er doziert regelmäßig an der IREBS Immobilienakademie der Universität Regensburg und am Real Estate Management Institute der EBS.

Dr. **Ralph Jakob**, CFP, CEP, CFEP ist wissenschaftlicher Direktor des PFI Private Finance Institute und des Lehrstuhls Private Finance & Wealth Management an der EBS Business School. Seine Forschungsschwerpunkte liegen in den Bereichen Geschäftsmodell-, Beratungs- und Vertriebsstrategien für Banken und Finanzdienstleister mit Schwerpunkten in den Bereichen Financial Planning, Private Banking und Private Wealth Management. Auf der Basis seiner Forschungstätigkeit und Promotion stellen insbesondere die Schnitt stellen regulatorischer Anforderungen, inhaltlicher Beratungs- und Betreuungskonzepte und deren erfolgreiche vertriebliche Implementierung einen Schwerpunkt seiner Arbeit dar.

Dr. **Manuel Käsbauer**, Dipl.-Kfm., Dipl.-Verwaltungswirt (FH) studierte Volks- und Betriebswirtschaftslehre sowie Verwaltungswissenschaften. Er wurde an der International Real Estate Business School (IREBS) der Universität Regensburg promoviert. Seine kumulative Dissertation „Geco – Google Econometrics and its potential for real estate research" befasste sich mit dem neuen Feld der „Consumer-Sentiment"-Forschung im Bereich internationaler Immobilienmärkte und wurde in mehreren Beiträgen renommierter Journals weltweit veröffentlicht sowie mehrfach prämiert.
Dr. Käsbauer ist als Head of Fund Management Residential bei der PATRIZIA Immobilien AG tätig. Parallel lehrt er an der Hochschule Augsburg.

Dr. **Nicolas Kohl** studierte Betriebswirtschaftslehre mit den Schwerpunkten Finanzen und Immobilienökonomie an der EUROPEAN BUSINESS SCHOOL Schloss Reichartshausen (ebs), der University of Florida und dem Ecole Supérieure de Commerce de La Rochelle. Nach einem Trainee-Programm bei der Oppenheim Immobilien KAG arbeitete er als wissenschaftlicher Mitarbeiter und Doktorand bei Prof. Dr. Wolfgang Schäfers am Lehrstuhl für Immobilienmanagement der Universität Regensburg. Seine Forschungsschwerpunkte lagen u. a. in den Bereichen Wertorientierte Unternehmensführung, Immobilienkapitalmärkte und Corporate Governance. Er promovierte zum Thema „Corporate Governance and Market Valuation of Publicly Traded Real Estate Companies". Im Anschluss arbeitete Dr. Kohl an verschiedenen Restrukturierungsprojekten im Bereich Unternehmensentwicklung der IVG Immobilien AG sowie am Aufbau eines Fondsgeschäfts bei der Frankonia Immobilienfonds GmbH. Seit 2012 ist Dr. Kohl bei der KGAL GmbH & Co. KG beschäftigt und leitet dort aktuell den Bereich Unternehmensentwicklung.

Dr. **Stephan Lang** studierte Betriebswirtschaftslehre mit den Schwerpunkten Immobilienwirtschaft und Finanzierung an der Universität Regensburg sowie am University College Dublin. Während seines Studiums sammelte er praktische Erfahrungen bei diversen Unternehmen der Finanz- und Immobilienbranche und arbeitete als wissenschaftliche Hilfskraft am Lehrstuhl für Immobilienfinanzierung des IRE|BS Instituts für Immobilienwirtschaft. Nach seinem Abschluss zum Master of Science war er bis April 2015 wissenschaftlicher Mitarbeiter und Doktorand am Lehrstuhl für Immobilienmanagement der IRE|BS International Real Estate Business School. Sein Forschungsschwerpunkt umfasste dabei die Bepreisung börsennotierter Immobilienunternehmen (Real Estate Asset Pricing). Herr Dr. Lang ist aktuell als Assistent der Geschäftsführung der Bayerischen Hausbau GmbH & Co. KG tätig.

Prof. Dr. **Gerrit Leopoldsberger** (FRICS MAI), geboren 1965, promovierte nach seinem betriebswirtschaftlichen Studium an den Universitäten von Paderborn, Lock Haven (USA) und Puebla (Mexiko) an der European Business School, Oestrich-Winkel. Der Fellow der Royal Institution of Chartered Surveyors leitet die Grundstückssachverständigengesellschaft Dr. Leopoldsberger + Partner in Frankfurt am Main, die sich mit der Bewertung von Investmentimmobilien im In- und Ausland befasst. Am Campus of Real Estate hat er die Professur für Immobilien- bewertung inne. Darüber hinaus lehrt er seit vielen Jahren an ausländischen Universitäten. Er war in verschiedenen Expertenkommissionen des Bundesministeriums für Verkehr, Bau und Stadtentwicklung sowie der EU-Kommission tätig und engagiert sich auf Vorstandsebene bei verschiedenen Verbänden der Immobilienwirtschaft.Als erster deutscher Sachverständiger erwarb er den höchsten amerikanischen Sachverständigenabschluss „MAI“. Seine Promotionsschrift zum Thema „Kontinuierliche Wertermittlung von Immobilien“ wurde vom „Immobilien Manager“ mit dem „Immobilien-Innovationspreis“ ausgezeichnet. Von der „Immobilien Wirtschaft“ wurde er zu einer der 40 führenden Persönlichkeiten der deutschen Immobilienwirtschaft gewählt.

Dr. **Philipp Naubereit** studierte Betriebswirtschaftslehre mit den Schwerpunkten Immobilienökonomie sowie Bank- und Finanzmanagement an der EBS Universität für Wirtschaft und Recht, Oestrich-Winkel sowie an der James Madison University, Harrisonburg. Nach seinem Abschluss als Dipl.-Kfm. und Bachelor of Science in Computer Science (J.M.Univ./USA) war er als wissenschaftlicher Assistent am Lehrstuhl für Immobilienökonomie der EBS tätig. In 2008 promovierte er an der IRE|BS International Real Estate Business School der Universität Regensburg zum Thema „Harmonisierung internationaler Immobilienbewertungsansätze“. Zwischen 2008 und 2010 unterstützte er die Geschäftsführung der MEAG MUNICH ERGO AssetManagement GmbH in München als Spezialist für Grundsatzfragen und Sonderaufgaben Immobilien. In 2010 wechselte er zur MEAG MUNICH ERGO Kapitalanlagegesellschaft mbH, bei der er für das Fondsmanagement eines europäischen Büroimmobilienportfolios verantwortlich ist.

Dr. **Claudia Nebauer** studierte Betriebswirtschaftslehre und Volkswirtschaftslehre an der Universität Regensburg. Anschließend promovierte Frau Dr. Nebauer im Rahmen ihrer Tätigkeit als wissenschaftliche Mitarbeiterin am Lehrstuhl für Immobilienmanagement des IRE|BS Instituts für Immobilienwirtschaft zum Thema „Immobiliencontrolling für institutionelle Investoren“. Ab September 2010 war Frau Dr. Nebauer im Controlling der Deutsche Pfandbriefbank AG tätig, von wo sie im Januar 2013 zu einem Münchner Finanzdienstleister in den Bereich Finance & Controlling wechselte.

Prof. Dr. **Andrea Pelzeter** studierte Architektur an der Universität Stuttgart und arbeitete anschließend für zehn Jahre als Architektin in Berlin. 2002 studierte sie Immobilienökonomie an der ebs Immobilienakademie, Berlin und war dort als Wissenschaftliche Assistentin bis 2005 tätig. An der ebs European Business School, Oestrich Winkel promovierte Frau Pelzeter über „Lebenszykluskosten von Immobilien – Einfluss von Lage, Gestaltung und Umwelt", wofür sie den GEFMA Förderpreis erhielt. 2007 wurde sie an die Hochschule für Wirtschaft und Recht (HWR) in Berlin als Professorin für Allgemeine Betriebswirtschaftslehre, insbesondere Facility Management berufen. Am Fachbereich Duales Studium leitet sie den Studiengang Facility Management. Im GEFMA Deutscher Verband für Facility Management e. V. ist sie die Leiterin des Arbeitskreises Nachhaltigkeit, der die Richtlinie GEFMA 160 „Nachhaltigkeit im Facility Management" herausgegeben hat.

Dominique C. Pfrang studierte Betriebswirtschaftslehre an der European Business School (ebs) in Oestrich Winkel sowie an der University of Technology in Sydney (UTS) und am Instituto Tecnológico y de Estudios Superiores de Monterrey (ITESM) in Guadalajara. Nach seinem Abschluss war er als wissenschaftlicher Assistent und Doktorand der ECE Stiftungsprofessur für Immobilienwirtschaft von Prof. Dr. Karl-Werner Schulte an der IREBS International Real Estate Business School der Universität Regensburg tätig, wo seine Forschungsschwerpunkte in der strategischen Markenführung lagen. Seit 2011 ist er bei der Ernst & Young Real Estate GmbH im Bereich der Real Estate Strategic Advisory Services tätig und begleitet europaweit Beratungsprojekte und Studien im Umfeld der strategischen Entwicklung von Immobilienunternehmen. Ferner ist Dominique C. Pfrang Mitglied der Gesellschaft für Immobilienwirtschaftliche Forschung e. V. (gif), Mitglied der Royal Institution of Chartered Surveyors (RICS) und Mitinitiator der IREBS Community of Real Estate e. V. (IREBSCore).

Dr. **Christoph Pitschke** studierte Betriebswirtschaftslehre an der European Business School in Oestrich-Winkel (ebs) nach seiner Berufsausbildung zum Kaufmann in der Grundstücks- und Wohnungswirtschaft. Im Hauptstudium legte er den Schwerpunkt auf das Fach Immobilienökonomie. Im Rahmen eines Austauschprogrammes mit der Georgia State University, Atlanta vertiefte er diese Fachrichtung und erhielt neben dem Diplom-Kaufmann der ebs den US-Abschluss Master of Science in Real Estate. Herr Dr. Pitschke promovierte an der ebs zu dem Themenbereich „Die Auswirkungen von Basel II auf die Finanzierung gewerblicher Immobilien-Projektentwicklungen". Für seine Diplomarbeit und auch für seine Dissertation erhielt er den gif-Forschungspreis. 2003 wechselte Herr Dr. Pitschke in das Portfoliomanagement der Deutsche Bank Real Estate Investment GmbH und war ab 2005 bei der Oppenheim Immobilien Kapitalanlagegesellschaft als Fondsmager von Immobilien-Spezialfonds eingesetzt. Seit 2008 ist Herr Dr. Pitschke bei der Deutsche Oppenheim Family Office AG (vormals Oppenheim Vermögenstreuhand GmbH) tätig. Sein besonderer Verantwortungsbereich ist die Immobilienberatung. Herr Dr. Pitschke ist Dozent, Fachbeirat und Mitglied der Prüfungskommission der IREBS Immobilienakademie. Seit 2005 ist er Professional Member der RICS und seit 1998 Mitglied der gif.

Prof. Dr. **Jeannette Raethel**, Immobilienökonom (ebs), studierte Betriebswirtschaftslehre an der Technischen Universität Berlin. Nach ihrem zweijährigen Berufseinstieg als Prüfungsassistentin bei einer renommierten Wirtschaftsprüfungs- und Steuerberatungsgesellschaft war sie vier Jahre als wissenschaftliche Mitarbeiterin an der ebs IMMOBILIENAKADEMIE GmbH in Berlin tätig und promovierte zum Thema „Die Besteuerung von Gewerbeimmobilien in Europa – Effektive Steuerbelastung und Steuerbeständigkeit in einem Fünf-Länder-Vergleich" an der EUROPEAN BUSINESS SCHOOL, Schloss Reichartshausen. 2001 wechselte sie zu einem börsennotierten Immobilieninvestmentunternehmen, zuletzt als Leiterin Konzernkoordination mit Prokura. Seit 2005 ist sie selbständige Beraterin im Bereich interne und externe Finanzkommunikation speziell für börsennotierte Immobiliengesellschaften. Anfang 2010 erfolgte der Ruf zur Professorin für Allgemeine Betriebswirtschaftslehre, insbesondere Immobilienmanagement, an die Hochschule für Wirtschaft und Recht Berlin. Ende 2010 wurde Jeannette Raethel zur Fachleiterin für die Fachrichtung Immobilienwirtschaft an der Hochschule für Wirtschaft und Recht Berlin, Fachbereich 2, Duales Studium, bestellt.

Prof. Dr. **Verena Rock** (MRICS) studierte Betriebswirtschaftslehre an der EBS Universität für Wirtschaft und Recht. Nach ihrem Studium war sie von 2002 bis 2005 als wissenschaftliche Mitarbeiterin am Lehrstuhl von Prof. Dr. Karl-Werner Schulte HonRICS in Oestrich-Winkel tätig. In dieser Zeit erwarb sie an der EBS Immobilienakademie die Zusatzqualifikation als Certified Shopping Center Manager als Jahrgangsbeste. 2006 promovierte sie an der EBS zum Dr. rer. pol. mit einer Dissertation zur Revitalisierung von Shopping Centern. Von 2005 bis 2007 war Prof. Dr. Rock als Manager International Real Estate Advisory bei der Sireo Real Estate (heute Corpus Sireo) in Heusenstamm beschäftigt. Von dort wechselte sie zur Morgan Stanley Real Estate Investment nach Frankfurt, wo sie für das Fondsmanagement eines international investierten Immobilienspezialfonds verantwortlich war. Seit 2010 hält Prof. Dr. Rock die Professur für Immobilieninvestment- und portfoliomanagement an der Hochschule Aschaffenburg und leitet dort den Masterstudiengang Immobilienmanagement.

Dr. **Sven-Eric Ropeter-Ahlers** studierte Betriebswirtschaftslehre an der European Business School mit dem Abschluss Diplom-Kaufmann, absolvierte das Kontaktstudium Immobilienökonomie an der ebs Immobilienakademie und promovierte an der European Business School zum Dr. rer. pol. Seit über 15 Jahren ist er als selbständiger Unternehmensberater auf dem Gebiet der Immobilien-Investitionsanalyse sowie als Dozent für Investitionsrechnung, Risikoanalyse und Immobilienbewertung, an namhaften Institutionen, u. a. an der IREBS International Real Estate Business School der Universität Regensburg tätig.

Jessica Ruscheinsky studierte Betriebswirtschaftslehre mit dem Schwerpunkt Immobilienwirtschaft an der Universität Regensburg. Darauf folgte ein Doppel-Masterstudium der Immobilienwirtschaft an der Universität Regensburg und dem Master of Science in Real Estate an der Henley Business School der University of Reading, Großbritannien. Beide Studiengänge beendete sie erfolgreich im Sommer 2014. Praktische Erfahrung sammelte sie unter anderem bei Hines, der ACREST Property Group und der HIH Projektentwicklung GmbH. Während ihrer langjährigen Vorstandstätigkeit bei IRE|BS Core (Community of Real Estate) leistete sie einen wesentlichen Beitrag zum Aufbau und Etablierung dieses Netzwerkes von Studierenden der Immobilienwirtschaft. Seit Oktober 2014 ist sie Doktorandin am Lehrstuhl für Immobilienmanagement sowie Mitarbeiterin beim Marketing & Career Service des IRE|BS Instituts für Immobilienwirtschaft der Universität Regensburg.

Prof. Dr. **Wolfgang Schäfers** wurde 1965 in Erwitte/Westfalen geboren. Nach Schulzeit und Lehre zum Bankkaufmann studierte er von 1987 bis 1991 Betriebswirtschaftslehre an der Universität Mannheim mit dem Abschluss Diplom-Kaufmann. An der European Business School, Oestrich Winkel, absolvierte er 1992 das Kontaktstudium Immobilienökonomie und beendete 1996 seine Promotion zum Dr. rer. pol. Von 1996 bis 2002 wirkte er bei Arthur Andersen, wo er den Bereich Real Estate Corporate Finance in Frankfurt seit 2000 als Partner verantwortete. 2002 wechselte er zu Sal. Oppenheim Jr. & Cie. KGaA, wo er in der Funktion eines Managing Directors den Bereich Real Estate Investment Banking leitete. Von 2009 bis 2011 war er Vorstandsmitglied und Finanzvorstand (CFO) sowie seit 1. November 2011 bis 31. März 2014 Sprecher des Vorstands (CEO) der IVG Immobilien AG. Seit 2004 lehrt Prof. Dr. Schäfers am IRE|BS Institut für Immobilienwirtschaft der Universität Regensburg als Universitätsprofessor (C4) und Inhaber des Lehrstuhls für Immobilienmanagement.

Dr. **Helmut Schleich** studierte Betriebswirtschaftslehre mit den Schwerpunkten Immobilienmanagement und Finanzierung an der Universität Regensburg. Ab September 2007 war er wissenschaftlicher Mitarbeiter und Doktorand an der Honorarprofessur Immobilienentwicklung (Prof. Dr. Stephan Bone-Winkel) am IRE|BS Institut für Immobilienwirtschaft, Universität Regensburg. Abschluss der Promotion 2012 zu dem Thema Nachhaltigkeit im Immobilien-Portfoliomanagement. Von 2011 bis 2013 Tätigkeit im Immobilien-Portfoliomanagement bei LaSalle Investment Management mit Schwerpunkt in der Betreuung zweier Value-add Einzelhandelsfonds. Seit 2014 Mitglied der Geschäftsführung der Schleich & Haberl/Bayernland Firmengruppe, einem der führenden Projektentwicklungsunternehmen für den Bereich Sozialimmobilien. Dort verantwortet er den Ankauf und die Projektentwicklung von Pflegeheimen und Wohnimmobilien.

Dr. **Alexander Scholz** studierte Betriebswirtschaftslehre mit den Schwerpunkten Immobilienwirtschaft und Finanzierung an der Universität Regensburg und am University College Dublin, Irland. Während seines Studiums arbeitete er als wissenschaftliche Hilfskraft am Lehrstuhl für Immobilienmanagement des IRE|BS Instituts für Immobilienwirtschaft der Universität Regensburg und sammelte praktische Erfahrung bei verschiedenen Unternehmen der Finanz- und Immobilienbranche. Bis April 2015 war er als wissenschaftlicher Mitarbeiter und Doktorand am Lehrstuhl für Immobilienmanagement des IRE|BS Instituts für Immobilienwirtschaft der Universität Regensburg tätig. Sein Forschungsschwerpunkt lag dabei auf der Bepreisung von börsennotierten Immobilienunternehmen auf dem europäischen Kapitalmarkt. Seit Mai 2015 ist Herr Dr. Scholz als Executive Assistant to the CEO im Vorstandsstab der PATRIZIA Immobilien AG tätig.

Dr. **Kai-Magnus Schulte** studierte von 2004 bis 2009 Betriebswirtschaftslehre an der Universität Regensburg (Dipl.-Kfm. Univ.) sowie von 2006 bis 2007 an der University of Reading in England (MSc Real Estate). 2007 wurde er für die beste Masterarbeit in Real Estate Finance & Investment (University of Reading) sowie 2009 als bester Student des Jahres im Bereich Betriebswirtschaftslehre (Universität Regensburg) ausgezeichnet. Für seine Diplomarbeit erhielt er 2009 sowie für eine Veröffentlichung seiner Dissertation 2011 den Immobilienforschungspreis der gif Gesellschaft für Immobilienwirtschaftliche Forschung e. V. Von 2009 bis 2012 promovierte er am Lehrstuhl für Immobilienmanagement der IREBS Universität Regensburg zum Thema „Asset Pricing in European Real Estate Capital Markets“ mit der Note Summa Cum Laude. Seit 2012 ist Dr. Kai-Magnus Schulte Associate für Akquisition und Entwicklung bei der Hines Immobilien GmbH in Berlin.

Prof. Dr. **Karl-Werner Schulte** wurde 1946 in Warstein geboren. 1970 schloss er sein Studium der Betriebswirtschaftslehre als „Diplom-Kaufmann“ an der Universität Münster ab und promovierte dort 1974 zum Dr. rer. pol. 1986 wurde er von der European Business School auf den Lehrstuhl für Investition & Finanzierung berufen. 1990 gründete er die ebs Immobilienakademie und war rund 15 Jahre deren wissenschaftlicher Leiter. 1994 übernahm er den Stiftungslehrstuhl Immobilienökonomie. Unter seiner Leitung wurde durch die Berufung weiterer Professoren das ebs Department of Real Estate aufgebaut. 2006 wechselte Karl-Werner Schulte an die IREBS International Real Estate Business School der Universität Regensburg, wurde zum Honorarprofessor für Immobilienwirtschaft am IREBS Institut für Immobilienwirtschaft ernannt und übte die wissenschaftliche Leitung der IREBS Immobilienakademie (vormals ebs Immobilienakademie) bis 2011 aus.
Seitdem leitet er das IREBS African Real Estate Center und ist Vorsitzender der IREBS Foundation for African Real Estate Research. Seit vielen Jahren ist er Board Member der African Real Estate Society, Mitglied des Editorial Board of the Journal for African Real Estate Research und External Examiner an der University of Nairobi und an der Ardhi University, Dar es Salaam. Prof. Dr. Karl-Werner Schulte war Gründungspräsident der gif Gesellschaft für Immobilienwirtschaftliche Forschung, Präsident

der European Real Estate Society und Präsident der International Real Estate Society. In seiner Laufbahn hat er zahlreiche Awards und Ehrenmitgliedschaften von wissenschaftlichen Vereinigungen, Berufsorganisationen und Fachzeitschriften erhalten.

Dr. **Matthias Segerer** studierte Betriebswirtschaftslehre und Geografie an der Universitäten Regensburg. Nach seinem Abschluss als Dipl.-Kfm. (Univ.) und Dipl.-Geogr. (Univ.) war er als wissenschaftlicher Mitarbeiter an der Professur für Handelsimmobilien am IREBS Institut für Immobilienwirtschaft an der Universität Regensburg tätig. Dort verantwortete mehrere Drittmittelprojekte und promovierte zum Dr. rer. pol. Seit Februar 2014 ist Herr Dr. Segerer bei der IHK Regensburg für Oberpfalz/Kelheim der zuständige Referent für Handel, Geographische Informationssysteme (GIS) und Stadtentwicklung.

Prof. Dr. **Ramón Sotelo**, Immobilienökonom (ebs) und Certified Shopping Center Manager, studierte Betriebswirtschaftslehre an der Freien Universität Berlin und wurde im Jahre 2001 zum Thema „Ökonomische Grundlagen der Wohnungspolitik" von der European Business School promoviert. Nach Tätigkeiten als Makler und Bauträger sowie als Generalsekretär von Haus und Grund Deutschland wurde Herr Sotelo 2003 zum Juniorprofessor für Immobilienökonomie und 2009 zum Honorarprofessor für Immobilienanlageprodukte an der Bauhaus-Universität Weimar ernannt. Professor Sotelo leitete sieben Jahre den Arbeitskreis Immobilienanlageprodukte der Gesellschaft für Immobilienwirtschaftliche Forschung e. V. (gif), ist Mitherausgeber der Zeitschrift für Immobilienökonomie (ZIÖ) sowie des European Journals of Real Estate Research und ist als past-president Mitglied im Vorstand der European Real Estate Society (ERES), für dessen Jahreskonferenz 2006 in Weimar er verantwortlich war. Im Juni 2013 wurde Herr Sotelo zum Präsidenten der International Real Estate Society (IRES) für die Amtszeit 2015 gewählt. Seit 2009 ist Herr Sotelo als geschäftsführender Gesellschafter der Flächendepot GmbH & Co. KG in Berlin als Investor tätig.

Prof. Dr. **Matthias Thomas** studierte nach seiner Ausbildung zum Bankkaufmann Betriebswirtschaftslehre mit den Schwerpunkten Banken und Finanzierung an der Universität Münster. Anschließend promovierte er zum Thema Immobilienindizes an der European Business School. Heute ist er Chief Executive Officer von INREV, dem in Amsterdam ansässigen Europäischen Verband der Investoren in Nicht-börsennotierte Immobilienanlagevehikel.
Zuvor war er Inhaber des Stiftungslehrstuhls Immobilienmanagement an der EBS Universität für Wirtschaft und Recht, Wiesbaden/Oestrich-Winkel sowie Gründungsgesellschafter und Geschäftsführer der in Frankfurt ansässigen IPD Investment Property Databank GmbH.
Er ist Gründungsmitglied der gif Gesellschaft für Immobilienwirtschaftliche Forschung und war deren Präsident von 2009 bis 2015. Prof. Dr. Matthias Thomas ist Mitglied des Board of Directors der ERES European Real Estate Society und war President in 2006/07. Er ist Mitglied der RICS Royal Institution of Chartered Surveyors und Member der Editorial Boards nationaler wie internationaler wissenschaftlicher Zeitschriften.

Prof. Dr. **Rolf Tilmes**, CFP, HonCFEP ist Inhaber des Stiftungslehrstuhls Private Finance & Wealth Management und wissenschaftlicher Leiter des PFI Private Finance Institute der EBS Business School. Zu seinen Forschungsschwerpunkten gehören u. a.: Zukunft des Private Banking, Finanzdienstleistungsvertrieb, Demografische Effekte im Privatkundengeschäft, Beratungs- und Vertriebsstrategien der Zukunft, Financial und Estate Planning. Darüber hinaus ist Prof. Dr. Rolf Tilmes Gründungs- und Vorstandsmitglied des Financial Planning Standards Board Deutschland e. V. sowie stellvertretendes Vorstandsmitglied des Bundesverband Alternative Investments e. V. (BAI).

Prof. Dr. **Michael Trübestein** ist Professor und Projektleiter an der Hochschule Luzern (CH). Michael Trübestein studierte internationale Betriebswirtschaftslehre an der EBS Universität für Wirtschaft und Recht in Oestrich-Winkel (D), an der University of Illinois at Urbana-Champaign (IL/USA) und an der Ecole Supérieure de Commerce de Dijon (F). Von Oktober 2004 bis Oktober 2008 forschte und lehrte Michael Trübestein als wissenschaftlicher Assistent und Promotionsstudent bei Herrn Prof. Dr. Wolfgang Schäfers am Lehrstuhl für Immobilienmanagement an der Universität Regensburg (D). Im April 2008 schloss er das Intensivstudium Real Estate Asset Management in Berlin (D) ab und erhielt im September 2008 einen Ruf zur Professur für Immobilienmanagement an der Fachhochschule Kufstein (A). Im September 2013 nahm er einen Ruf an die Hochschule Luzern (CH) an und ist dort als Professor und Projektleiter tätig. Ferner lehrt er seit 2011 an der Politecnico di Milano in Mailand (I) sowie an der hochschule 21 Buxtehude (D) und der Hochschule Aschaffenburg (D). Seit 2011 ist er darüber hinaus als Gutachter bei der FIBAA – Foundation for International Business Administration Accreditation tätig. Michael Trübstein ist Autor diverser Veröffentlichungen und Studien zu immobilienwirtschaftlichen Themen, Herausgeber des Praxishandbuches „Immobilieninvestments", Co-Autor der Kompakteditionen zur Immobilienfinanzierung und Organisator zahlreicher Fachkonferenzen. Er erhielt in 2010 das „James R. Webb"-Stipendium der American Real Estate Society und ist seither Distinguished Fellow of the American Real Estate Society. Michael Trübestein ist aktives Mitglied der gif e. V. Gesellschaft für immobilienwirtschaftliche Forschung und dort Mitglied in den Arbeitskreisen Real Estate Investment Management (seit 2009) und Indirekte Immobilienanlagen (seit 2010). Der Schwerpunkt seiner wissenschaftlichen Tätigkeit liegt insbesondere in den Bereichen Real Estate Investment and Finance, Real Estate Asset Management, Real Estate Capital Markets und Real Estate Valuation.

Dr. **Arno Väth**, Immobilienökonom (ebs), MRICS, studierte Betriebswirtschaftslehre an der Universität Bamberg und absolvierte ein MBA-Programm an der George Washington University in Washington, D.C (USA). Danach war er am Stiftungslehrstuhl Immobilienökonomie der European Business School (ebs) in Oestrich-Winkel als wissenschaftlicher Mitarbeiter tätig und promovierte 1998 über ein REIT-Konzept für den deutschen Markt. Seine weitere Laufbahn umfasst Positionen im Immobilienconsulting der HypoVereinsbank, im Immobilien-portfoliomanagement bei MEAG Real Estate und bei FERI Real Estate sowie bei Sietz & Partner, wo er vorwiegend in der Beratung großer Immobilientransaktionen tätig war. Seit 2008 verantwortet er bei Fidelity Worldwide Investments die Immobilienanlagen im deutschen Markt.

Dr. **Victoria Walbröhl** (MRICS), Immobilienökonomin (ebs), studierte Betriebswirtschaftslehre an der EUROPEAN BUSINESS SCHOOL (ebs) Schloss Reichartshausen. Anfang 2001 schloss sie dort ihre Dissertation zum Thema der Immobilienanlageentscheidung institutioneller Anleger ab. Seit 2000 ist sie im Immobilien-Portfoliomanagement für unterschiedliche Investorengruppen praktisch tätig. Zu ihren Stationen zählen MEAG Real Estate Management, Lasalle Investment Management, Union Investment Real Estate und Allianz Real Estate. Seit 2012 ist sie für Corpus Sireo Asset Management Commercial tätig und dort u. a. auch für das Portfoliomanagement verantwortlich

Daniel Wurstbauer studierte Betriebswirtschaftslehre und Immobilienwirtschaft an der Universität Regensburg sowie an der „Hanken School of Economics" in Helsinki, Finnland. Während seines Studiums sammelte er praktische Erfahrungen bei diversen Unternehmen der Finanz- und Immobilienbranche. Seit Oktober 2012 ist er als wissenschaftlicher Mitarbeiter und Doktorand am Lehrstuhl für Immobilienmanagement des IRE|BS Instituts für Immobilienwirtschaft der Universität Regensburg tätig. Sein Forschungsschwerpunkt liegt dabei auf Infrastrukturinvestitionen als alternative Anlageklasse.

Sachverzeichnis